国家社会科基金
GUOJIA SHEKE JIJIN HOUQI ZIZHU XIANGMU
后期资助项目

明代勋臣制度研究

Inquiry into the System of Meritorious Aristocrats during
the Ming Dynasty

秦 博 著

中华书局
ZHONGHUA BOOK COMPANY

图书在版编目(CIP)数据

明代勋臣制度研究/秦博著. —北京:中华书局,2023.10
(国家社科基金后期资助项目)
ISBN 978-7-101-16332-2

Ⅰ.明… Ⅱ.秦… Ⅲ.官制-研究-中国-明代
Ⅳ.D691.42

中国国家版本馆 CIP 数据核字(2023)第 165359 号

书　　名	明代勋臣制度研究	
著　　者	秦　博	
丛 书 名	国家社科基金后期资助项目	
责任编辑	吴爱兰	
责任印制	陈丽娜	
出版发行	中华书局	
	(北京市丰台区太平桥西里 38 号　100073)	
	http://www.zhbc.com.cn	
	E-mail:zhbc@zhbc.com.cn	
印　　刷	天津善印科技有限公司	
版　　次	2023 年 10 月第 1 版	
	2023 年 10 月第 1 次印刷	
规　　格	开本/710×1000 毫米　1/16	
	印张 43½　插页 2　字数 687 千字	
国际书号	ISBN 978-7-101-16332-2	
定　　价	198.00 元	

国家社科基金后期资助项目出版说明

　　后期资助项目是国家社科基金设立的一类重要项目，旨在鼓励广大社科研究者潜心治学，支持基础研究多出优秀成果。它是经过严格评审，从接近完成的科研成果中遴选立项的。为扩大后期资助项目的影响，更好地推动学术发展，促进成果转化，全国哲学社会科学工作办公室按照"统一设计、统一标识、统一版式、形成系列"的总体要求，组织出版国家社科基金后期资助项目成果。

全国哲学社会科学工作办公室

目　录

序

彭　卫

近代以来的知识与此前一个重要区别是其内在专业化程度日益细密和分明，由此产生的结果是，知识不再是一个统一体，不同门类以其对各自独有知识和技术的掌握而独立；没有受过专业训练或者没有持续从事专业研究的人，都被视为业外人；各专业之间的关系不仅愈来愈疏远，有时更相互鄙薄。如果人类在精神上有一个共同的目标，而任何一个学科都无法单独完成人类生活世界和知识世界所面对的全部任务，我们该如何在知识分工的同时，获得必要的相对完整的智慧？这是一个很困难的问题。已有的某些尝试的成效如跨学科研究还不能让人满意，因为在今天任何一个人都很难兼有几个专业日新月异的知识。然而，在知识的"杂多"和"一"之间似乎还有另一条更加可行的桥梁：如果我们相信人类所有观念和实践都有人性这个共同基础，相信所有的知识活动都有着内在一致性，就会发现通过感觉和知觉、情感和理性，我们不仅可以对不熟悉却有兴趣的知识领域有所感受，而且可能由此扩展自身原有的知识范围，增加认识的活力，将感受和认识传达给专业者。虽然这种感受和认识大概率是非专业性的，如果幸运却有可能对知识统一体在超越具体专业之外的集合有所帮助。

有了这几句题外话，下面我这个明史专业的业外人就可以谈一下阅读秦博博士《明代勋臣制度研究》一书的感受。

一

一个作者的著作通常都会反映出他写作时候的心态，这是读者对此想象的前提。我明显感到，本书作者是在宁静的心灵状态下完成这部著作的。按照我的理解，这种状态可以表述为"沉思"，即它是对研究目标免于任何非知识因素干扰的关注。我不赞同有的思想家对"沉思"给出的"无所为而为"的定义,它是"有所为而为"的。但这种"为"不是对功利的急近热衷,不是对时尚的迎合附庸,不是为着急于求成而草率速成,而是对真知不懈和耐心的追求;在境界上略近于毕达哥拉斯说的奥林匹亚赛会上的第三种人——观众,即人生运动场上的旁观者和思考者[①];在实践上略近于洛克《人类理智论》所说的"抱任何主张时不怀有超出这主张依据的证明所能保持的自信"[②]。

秦博博士用了将近十年的时间,仔细考察他能想到的与论题有关的所有方面,对每一个方面都付之以足够的耐心,慎重斟酌;他拒绝史料的检索主义和堆砌主义;凡此都体现出"沉思"的特质。还有一点我想特别提到,《明代勋臣制度研究》许多判断都不是独断主义的,"可能"或"不大可能"这类语词在这部著作中随处可见,这表明作者并没有把自己作为历史事件或过程真实性的裁断者,而是一个理性的推测者,这是科学精神的体现。

科学精神是近代人类理智进步的最伟大标志。与传统权威或宗教权威的根本不同是,它不害怕无知,但拒绝对无知的无知。它并不自诩掌握了绝对真理,因而它的努力是尝试性的,是在探索和纠错过程中展开的,是在通过批判也包括自我批判在内的追求真知的活动中完成的。它的结论是通过假说的提出和验证,选择出最为合理的那个结论;而且这个结论也不是终极性的,它相信当下的公认的判断有可能被更好的判断所取代。科学精神是包括历史学在内的人类一切知识蓬勃生长的氧气。

二

"非宁静无以致远"语出《淮南子·主术》,它像许多古代中国智慧的格言一样,有着永恒的启迪意义;但它也如同有些古代格言一样是感悟的而不是论证的,因此就有缺陷。"宁静"是"致远"的必要条件,却不是充足条件。一种创造性的工作,仅有境界是不够的,还需要有专业知识的依托和洞见力

[①] [古希腊] 第欧根尼·拉尔修(Diogenes Laertius)著,马永翔、赵玉兰、祝和军、张志华译:《名哲言行录(下)》第 8 卷第 1 章《毕达哥拉斯》,长春,吉林人民出版社,2011 年,第 426 页。

[②] 引自[英]罗素(Bertrand Russell)著,马元德译:《西方哲学史——及其从古代到现代的政治、社会情况的联系》下卷,北京,商务印书馆,1976 年,第 148 页。

量的帮助。作者的题目不是宏大的选题,但是他却发现了这个选题的重要
意义,即它之于一个时代的必有性和特殊性。作者对明代"勋臣"的界定包
括以公、侯、伯三等勋爵受封的有功大臣及其子孙承袭不替者;在性质上,作
者对"勋臣"的判断是它是具有"显著"军事贵族色彩的阶层;作者认为勋
爵封任是"国家政治与军事管理体系的重要部分",因此他设定的历史视角
是政治史和制度史。

作者大体沿着变化、事件(或个案)和结果(或意义)三个方面展开研究。

时间是历史学的根基,作者将古代中国的爵制分为三个阶段:西周和春
秋时期的五等爵制、战国至汉代的军功爵制和唐宋以及之后王朝的封爵制
度,最后一个阶段作者认为是中国古代爵制的"定型时期",明代在其间获得
了"整合与成熟"的历史地位。这个地位不是一蹴而就的,它既是对唐宋制
度的某种继承,也经过了本朝的反复雕琢。具体说,经历了洪武开国大封,
"靖难"后的大封,洪熙以下至崇祯诸朝重大军事活动和政治变局对封爵制
度的整合。

除去开国和靖难这两件最重大的事件之外,作者考虑了在历史过程中
有影响的其他一些事件,并且将其作为个案予以仔细考究。其中有两个案
例设专章讨论。第一个案例是王守仁之封爵。正德末王守仁平定宁王叛
乱,且在嘉靖初膺封新建伯,这是明中叶的重要事件。作者从制度入手,对
嘉靖前爵制积弊,王守仁与皇帝和各种政治势力关系进行了综合考虑,指出
这个案例反映出明代封爵制度存在的严重问题,它的历史后果是将对新建
伯停嗣举措,转化为制度导向,进而对明代中后期军功封爵制度的演化造成
重大影响。第二个案例是沐氏黔国公世镇云南体制。其典型性在于它是贵
族政治色彩浓厚的地方军政管理体制,地理位置在远离中央的西南边陲,因
此具有了比一般勋臣更多的政治和社会内容。作者指出,中央政府为震慑
边方和制衡抚绥西南世袭土官设置黔国公体制,稳定了西南局势;但世镇具
有潜在的独立性又造成中央对其的严密防范,最后的结果是中央派驻地方
的各级官员代替黔国公的一些重要职能。至明末,朝廷面对云南世镇困局
举措无方,却又不得不保留此旧制以图西南稳定,最终持一种勉强维系的消
极态度。

历史学所说的"结果",通常指被处理成有关联的一段人或事的最后状
态,大致属于事实判断;历史学所说的"意义",则是指被研究者所想象的

"结果"所产生对"当下"和"后来"的影响,属于价值判断。这两者是不能分开的,也就是说没有不存在"意义"的"结果"(即使没有"意义"也是一种意义),也不存在没有"结果"的"意义"。作者也是在这种思想框架中展开讨论的。全书 14 章中前 12 章集中于相对具体的人或事的"结果"及其"影响",侧重"人"和"事",延伸出其在明代政治方面的多种影响。

最后两章集中讨论勋臣与国家礼制以及勋臣与晚明政局,直接分析勋臣在明代政治结构中被愿望的作用和实际表现的作用。在前者,作者发现,勋贵因与朱明王朝存在山河带砺的军功盟誓,故相比外戚和驸马,他们在国家礼制体系中起到了更加突出的作用。在明中后期,一些久居两京的袭爵勋臣在实际兵权上少有掌管,参与国家礼仪祭祀则成为他们主要和频繁的职责;这就强化了他们代表王朝统治秩序的重要地位,使得他们仍然作为朝中不可忽视的力量而存在。在后者,作者指出,永乐朝以后,明廷实行一整套勋爵制度以维持勋臣尊崇并世袭罔替,同时限制勋贵参与国政,致使勋贵群体在政治结构中处于尴尬的地位。其间虽有个别调整如嘉靖帝拉拢勋贵制衡朝局,但并无大的变化,直至晚明国事危难,勋臣群体作为在矛盾而渐趋畸形的体制下形成的特权寄生阶层,缺乏政治是非观与责任感,他们凭借贵族身份肆意干政,又集体投降新朝希求继续坐享富贵,终至弃山河带砺之誓于不顾。在本书"结语"部分,作者更明确地提出了一个判断:"明代勋爵封袭与勋臣任用体制始终紧密依附于皇权本身。"我认为这些内容是这部著作对勋臣制度最精彩的分析之一,揭示了从秦汉开始的皇权官僚时代王朝覆亡的历史必然:对政治设计各种自我破坏的表象,更深层上说是周期性的体制腐败和体制崩溃,在实质上乃是皇权专制属性无法逃离的宿命。

在历史学,一种有价值的研究是它提供了有信任度的历史状态,是对这个状态合理的因果说明和意义说明,也是对不同类型读者产生或多或少的启发;如果做到了这三点,我们就可以说它是一个有着某种程度的"致远"成果。在我看来,《明代勋臣制度研究》在这三个方面都有出色的表现,它是近年来明代政治史也是中国古代政治制度史的重要著作。

三

我这样评价《明代勋臣制度研究》还有一个必须提到的理由,那就是作者高度重视"细节"在历史研究工作中的意义,这在我读过的历史研究著作中是不多见的,可以看作该书一个重要的学术特色,值得特别讨论。

"细节"一词在《明代勋臣制度研究》中出现了 16 次,所指不尽相同。

作者指出,官修正史的两个缺陷是对历史真相的遮蔽以及对历史细节的忽略,在洪武、永乐两朝实录中篡改遮蔽史实的情况比较突出,而正德、万历两朝《明会典》虽能大体反映某一时段制度构建的情况,但疏于对制度长期演化细节的记载。同时,他也看到有较多细节记述的私著杂史或墓志资料虽常能保留史事细节,但或失于夸张。因此在遇到不同史籍记事相互抵牾时,作者就不依照官私之别偏信某一方,而是"在充分考订辨析相关记载的基础上力图得出相对客观与全面的结论"。这是批判与平实相结合的科学态度,而且帮助了他在具体研究中有了一些发现。

作者意识到历史记述中"细节"的重要性,自然也就意识到"细节"之于历史研究的重要性,意识到忽视"细节"是以往研究工作的缺陷,表明了作者对"细节"认识的自觉性。第一章《洪武"开国"大封与明代勋臣爵、官及职权的概况》开篇,作者表示要"尝试从宏观和细节两方面探讨朱元璋构建功臣封爵制度与授予勋臣官职的过程"。在后面的研究中,通过对细节的观察,作者指出洪武"开国"文臣封爵安排反映出朱元璋不重视文臣功劳,尽可能压制文官爵赏的倾向,这对后世封爵制度的影响深远;朱元璋还特别称道方技术士的"能耐",这有违军功封爵的严肃性,可见朱元璋对文臣军功的认定又较随意。第二章《"靖难"大封与勋臣任官五府制度》,作者指出明代五军都督府机构沿革与公、侯、伯勋爵封赏任职制度之间存在密切的关系,但由于以往学者多着力探究五府本身职权衰落的过程,而极少关注与勋臣相关的五府制度细节,这样明代勋臣五府任官制度就不够清晰。由宏观和细节的结合,作者设定了 3 个问题:永乐朝及仁宗初部分勋臣被特准兼领五府都督官的状况和原因;洪熙、宣德之后勋臣专掌两京五府机制的形成;勋臣带俸五军都督府制度。第十章《明代勋臣的管军职权》,作者指出学界对嘉靖朝以后勋臣管军职权虽有所论及,但对制度演化细节重视不够,通过细节考察可以看到朝廷任用嗣爵旧勋重其祖宗功德与亲臣身份,旧勋在整个勋爵群体中占据优势,新封勋臣处于从属位置,因此许多新晋勋贵选择通过与旧勋结成姻党以维持权势。这样的状况意味着什么是可以想见的。第十四章《勋臣与晚明政局》,作者从历史细节出发专辟此章集中考察嘉靖以后勋臣价值取向的变化,分析勋臣介入晚明党争的原因并梳理其线索,揭示当时勋臣对政局的影响,最终落脚有明一代勋臣制度的弊病。

关于明代公、侯、伯封爵制度的基本情况,作者没有拘泥于史书中的一般性描述,指出这样的记述并不能反映洪武初年功臣封爵复杂多样的过程。作者提到的一个细节是洪武三年正式大封功臣前,朱元璋特召翰林学士宋濂入"宿大本堂",与宋濂"讨论达旦",宋濂"历据汉、唐以来故实,量其中而奏之",最终制定了五等军功封爵的基本制度原则。我认为,这个细节是极其重要的,它表明了明代初年最高统治集团有意识地向历史寻求借鉴的努力:这个历史不是文明以来的所有历史,而是被明代统治者认定的"最重要"的汉唐以来的历史时代,这些时代的制度设置和实践即"故实"具有指导性。由此,读者和评论家看到明初封爵实施的思想线索,也可以启发我们去观察这类线索是否影响了类似的政治构建,甚至也有裨益于明代史学的研究。

有时,作者关注的细节与人性有关,这却是有些理论家和历史学家不去考虑但对历史活动和变化是很值得玩味的方面。成化十五年以后出现了封爵乱象,作者通过成化朝笔记史料对李震被罢细节的记载,指出汪直心腹锦衣卫缉事千户吴绶兄弟与李震等人的宿怨,导致汪直滥用职权罗织罪责,李震是朝廷钦封的勋爵重臣,受封仅一年就受诬陷而落爵。从这个细节叙述中,可以感到政治局势恶性循环之所以可能,在很大程度上是因为个人恶行与制度败坏在互动中的加剧,这不仅在明代而且在此前后也都如此,实可视为皇权时代的通则。

明代整个武官袭任体制皆有一定的贵族世袭色彩,其中又以作为高级武胄的勋臣世袭与任事最为典型。明代勋臣的职权状况符合中国古代贵族政治的一般特征,但又在具体制度细节方面独具特色。军事职权之外,明代勋臣还广泛参与主持国家重大礼制事务。明代勋贵及部分领爵外戚、驸马作为两京地位最高的臣子,取代了汉、唐三公及宋朝宰相在国家大典中的重要位置,又在一定程度上代替不居京师的宗室参与皇家礼事。在明代前中期,勋臣与外戚、驸马的礼仪职权各有偏向,勋臣主要负责代告天地、社稷、知经筵、监修实录等国家礼仪事务;外戚、驸马主持具有皇家礼仪性质的各种典礼。由于正德、嘉靖两朝驸马数量稀少,嘉靖帝又裁抑外戚封爵,使得明中后期勋臣在礼制活动中的职权逐步增多、重要性不断增强。至晚明时期,一部分勋臣执掌的祭礼事务甚至比军政事务还要繁多,他们有从军事贵族向宫廷贵族转变的倾向,在形式上,这一点与欧洲近代贵族的权力转向有一定的相似性,但背后的历史成因又不尽相同。虽然明代中后期勋臣军事职权渐有萎缩之趋势,但礼仪职权却无疑强化了勋臣在朝中的尊贵地位,客观上将勋臣置于国家礼法规仪的突出位置。

这里提到的作者对"细节"的考察,还有限于篇幅没有提到的其他类似讨论,给我印象最深的是,揭开了某些历史表象,犹如进入到云雾缭绕的山间,对道路有了清晰之感。作者没有明言何为"细节",我们对此应有所界定和有所论述。我扼要陈述个人意见如下:

其一,"细节"是微观、具体和个别之物的活动或状态。

其二,"细节"从属于更大之物,此物之所以存在可由必要数量的"细节"解释;已知"细节"越多,解释就越充分。

其三,"细节"是个别的——因为细节以个别而呈现于事物中,它也是普遍的——因为事物都是细节的集合;前者使细节具有了偶然性和特殊性,后者则使细节具有了普遍性和必然性。

其四,由于过去不能再现,其遗留均为残迹,其中许多内容是事物整体被时间分解的各种各样的"细节",因此对自然和人类的历史的考察在很大程度上就必须是对"细节"的考察。

其五,人类活动与无生命物质运动之本质不同是前者是人性即感知觉、情感和理智生命体的活动,在活动中人性表现出其意志力量,即对愿望的执行。因此,人类历史不仅是由无数"细节"组成的,而且是由能够感知、具有情感和思想并行动着的人组成的,从而"细节"更为重要。

其六,没有"细节"就没有历史;而一切"细节"都是有意义的。

这样,"细节"之于历史研究的正当性,不仅有了人们早已感知到的经验基础,也有了形而上学的逻辑基础。它不仅可以而且应该成为历史学家重视的内容。

对"细节"的忽视有其思想根源。远源是柏拉图的理念论(形式论),近源是黑格尔的唯理论。黑格尔思辨历史哲学的要旨是:人类历史的发展是纯粹理性的展开过程,历史事件不过是早已具于"人心之中"的理性顺序的发展:"理性是世界的主宰,世界历史因此是一种合理的过程。"[1] 按照他的描

---

[1] [德]黑格尔著,王造时译:《历史哲学》,北京,生活·读书·新知三联书店,1956年,第47页。

述,这个过程如同一幅名画,所有历史上的事迹早已画在这幅画上,而这幅画按着既定的次序来展开。如同历史上一些伟大的思想家,黑格尔在许多方面留给了后来者永恒的思想光芒,也留下了许多偏颇和错误的内容;在历史哲学方面,他的错误是主要的。的确,黑格尔反对康德宣称的哲学只是概念知识,因为我们不可能通过抽象概念穷尽"实在"。但他所说的"实在"不是我们观察到的任何现象,而是绝对理性认识到的精神,也就是上面引文所说的那位"主宰"。这样,一切历史事实都是并且必然都是不合理、不真实和没有意义的;而构成历史事实的一切细节就更加不合理、不真实和无意义。罗素一针见血地批评说,如果要说黑格尔的历史理论似乎还有道理,就必须对已知的历史事实作出"歪曲",对更多的历史事实保持"无知"①。黑格尔的绝对精神与柏拉图的理念(形式)一样,夸大了思辨力量的广度和有效范围,没有反思思辨自身的局限,因而这个主张是不能得到根本辩护的。

　　虽然从 20 世纪前期开始,在世界范围内黑格尔哲学远不如 19 世纪末那样时髦了,但在中国的历史哲学中它的影响却一直存在着,并以多种方式表现在历史研究实践中,现在已经被研究者抛弃的"以论代史"就是过往时代的代表性例证,而它最近的一个表现是在"碎片化"讨论中出现的。反对研究工作完全沦陷在资料之中,这是正确的前提,但是由此提出放弃"琐碎"资料和对它的考察,选择"宏大"课题,就多少有些黑格尔式错误的意味了。它的假设是,我们在研究之前就已经知道什么是有"意义"的目标,什么是有"价值"的资料;然而这种以及其他一切预先设定的主观意愿都必然与实际情形存在着某种距离。惟有"知"才可能有"识",惟有"学"才可能有"问",惟有"见"才可能有"解",这是科学认识论和方法论的精髓。

四

　　值得注意的是,在学科分工日益细密的同时,20 世纪的历史研究却出现了集合不同知识的趋势。对中国思想史有兴趣的读者都知道,侯外庐明确主张,思想的历史要与社会的历史结合在一起。实际上他的理念和实践正

---

①［英］伯兰特·罗素(Bertrand Russell)著,马元德译:《西方哲学史——及其从古代到现代的政治、社会情况的联系》下卷,北京,商务印书馆,1976 年,第 308 页。

是 20 世纪学术潮流的组成部分。两本有着广泛和持久影响的西方哲学通史的宗旨表明,哲学史正是与其他门类的历史紧密地联系一起的。一本是 1914 年出版的《西方哲学史》。该书作者梯利在"序论"中指出:哲学史不只是对历史上哲学家本人、哲学理论及其彼此之间联系的研究,更是对产生哲学理论时代的研究,因此哲学史必须努力将每一种世界观放到与其相适应的时代背景中,将其理解为历史有机整体的一部分;哲学史研究者"要涉猎那些足以使他了解他所探讨的时代精神的研究领域","诸如科学、文学、艺术、道德、教育、政治和宗教等一切人类活动的历史"[①]。另一本是 1946 年出版的罗素《西方哲学史——及其与从古代到现代的政治、社会情况的联系》,它的副标题明确表达了作者的意图。在该书序言中,作者提出"哲学乃是社会生活和政治生活的组成部分"这一命题[②]。不仅在思想史,在其他一些领域也有着类似情形。1929 年出版的丹皮尔的《科学史》副标题是"及其与哲学和宗教的关系"。在该书的"绪论"中,作者写道:"我们不但需要科学,而且需要伦理学、艺术和哲学。"[③]在经济史领域,20 世纪 30 年代初"经济社会史"成为被普遍接受的学术概念;在社会史领域,年鉴学派倡导的"全面的历史"向研究者和读者提供了最为广阔的知识空间。

　　制度史研究视野也在拓展,但有一个重要方面似乎没有受到足够关注,这就是思想。思想是时代的精华,也是人类行动的精神基础。要认识一个时代和文化,就必须了解其历史,历史是人类活动和其思想相互影响的过程,离开了一方,历史就不能得到完整理解和充分解释。将制度史研究与思想史研究结合在一起,这是我对秦博博士未来研究的期待。

2023 年 7 月 30 日北京潘家园寓所

---

①[美]梯利(Frank Thilly)著,伍德(Ledger)增补,葛力译:《西方哲学史》,北京,商务印书馆,1995年,"绪论"第 3 页。

②[英]罗素(Bertrand Russell)著,何兆武、李约瑟译:《西方哲学史——及其从古代到现代的政治、社会情况的联系》上卷,北京,商务印书馆,1963 年,"美国版序言"第 1 页。

③[英]丹皮尔(William Cecil Dampier)著,李珩译,张今校:《科学史——及其与哲学和宗教的关系》(上),北京,商务印书馆,1975 年,第 21 页。

前　言

一　明代勋臣制度研究的学术意义

　　明代以公、侯、伯三等爵位册封有功大臣并准世爵子孙承袭不替,封袭爵位的功臣通常被称为勋臣、勋贵。这些大臣又与外戚、驸马等其他异姓贵族合称为勋戚或贵戚。本书的研究对象就是明代勋爵封任制度以及勋臣在国家权力结构中的地位与作用。由于明代既设立了有关勋爵封任的正式典章规制,又采用诸多相沿成规的封任策略与模式,其间还涉及多个国家机构的权力运作,因此勋爵封任从根本上来说是国家政治与军事管理体系中重要的一部分,故笔者采用"勋臣制度"这一概念用以涵盖相关研究议题,其目的在于从政治史与制度史的层面对明代勋臣进行系统的研究。

　　君主将具有身份性、荣誉性的尊贵爵位赐予臣下,用以激励臣子为国尽忠,并强化国家统治秩序,这是历史上大多数国家通常采用的制度。封袭爵位的大臣一般享有相应的权力与待遇,进而形成贵族阶层。中国古代的爵位册封制度可谓源远流长,明太祖朱元璋初封功臣时曾称依据汉、唐以来"故实"构建本朝勋封,但事实上明代勋臣封任制度与历代相比具有十分鲜明的特点,因此有必要从整个中国古代爵制演变的角度对明代勋臣封袭与任职的基本特征做一简述,以便进一步明确明代勋臣制度的研究价值。

　　中国古代的爵制有两大传统,一为起源于西周、春秋的五等爵制,一为起源于战国、秦汉的二十等军功爵制。五等爵与军功爵的册封标准本有差异,二者对后世爵制的影响亦有所不同。五等爵制奠定了公、侯、伯、子、男的等级、爵号与血统世袭原则;而军功爵确立了不论出身、惟崇功勋的酬赏机制。五等爵制的起源尚未有定论,所谓周代齐整的公、侯、伯、子、男五等爵是出于后人的附会,但可以肯定,西周存在一套与当时的宗法制、世卿世禄制紧密相依的爵位分封制度,而这种分封制度与秦汉以后的封爵制度有所不同[①]。

――――――――――

[①]关于周代分封与秦汉以后各个朝代封爵性质的不同,见杨光辉:《汉唐封爵制度》第二章《封国、食邑户及衣食租税》,北京,学苑出版社,2002年,第54—55页。

周天子在册封诸侯时,主要依据他们与王室的血缘亲疏,兼顾他们在伐商战争中的功勋授爵赐土,因此周代各封臣多系周室宗亲、外臣或残存的殷商旧贵族。各级诸侯受封后具有相当的独立性,他们世代承袭爵禄,掌管封地内的土地和人民,掌握集政治、经济、司法、军事为一体的权力。二十等军功爵制的出现晚于五等爵制,其在战国时期初具形制,当时各大诸侯国普遍致力于把各类新爵位授予新晋有功人士,赋予他们相应的田土、禄米等待遇,以激励诸色人等为国效力,最终秦国发展出较严格的二十等军功爵制。秦统一六国后,延续了军功封赏机制并进一步加以完善,尔后这二十等军功爵制又被汉代所承袭。在军功爵制建立初期,爵位的加授主要根据臣下的功劳大小而定,不再完全依据出身与血统而论,得爵者也大多不可传爵于子孙[1]。二十等军功爵在一定程度上打破了爵位被旧贵族垄断的局面,更符合秦汉大一统时期君主专制统治的需要。另外,西汉在军功爵之上又设王爵,特用以加封刘姓宗室,形成了宗室子孙封王、列侯,而其他有功大臣封列侯及以下各等爵位的规制。

二十等军功爵制虽然在原则上以臣子功勋而定授,但在西汉前期,也已有恩封宰相、外戚之例,而列侯子孙世袭者也屡屡出现[2],这种加恩近臣并强化身份世袭的情况可谓是贵族制度演化过程中所难免的。至东汉,二十等封爵就更趋冒滥,宦官得侯者比比皆是,皇帝甚至任意出卖爵位,军功封爵的原则被严重破坏。由于封爵渐滥,东汉也出现爵位"虚封"的情况,得爵位者只领爵名,不一定享受相应的特权[3]。魏晋南北朝时期军功爵制进一步衰败,以致失去积极意义而逐渐退出历史舞台,各政权转而主要遵循五等爵制册封公卿大臣,从而形成王、公、侯、伯、子、男的封爵主体序列,这是中国古代爵制发展进程中具有"承上启下"的特殊时期[4]。

唐、宋是中国古代封爵逐步定型的时期。两朝大体设置王、郡王两级王爵,再设公、侯、伯、子、男五等爵,公爵内又划分为国公、郡公、县公各级[5]。

---

①朱绍侯:《军功爵制考论》上编《军功爵制史考辩》,北京,商务印书馆,2008年,第165—167页。

②朱绍侯:《军功爵制考论》下编《军功爵制在西汉的变化》,第321—333页。

③朱绍侯:《军功爵制考论》上篇《军功爵制史考辩·东汉时期军功爵制的恢复与没落》,第160页。

④杨光辉:《汉唐封爵制度》第一章《封爵的形式》,第9—11页。

⑤见《新唐书》卷四六《百官志一·吏部》,北京,中华书局1975年标校本,第1188页;《宋史》卷一六九《职官志九·爵》,北京,中华书局1977年标校本,第4061页。宋代爵制的文献记载与实际册封情况相距较大,学者对此多有辨析,近期的集大成之作可见龚延明:《宋代爵制的名与实——与李昌宪、郭桂坤等学者商榷宋代十二等爵制》,《中国史研究》2019年第2期。

从爵位品秩与封爵者权力地位的情况来说,唐代王爵定为正一品,国公为从一品,郡公为正二品,各爵依次递减,至最低的县男一爵为从五品①,仅是中等官员的级别,领县男爵位者实际上并无特别高贵的身份。而且唐、宋两朝"官本位"体制已经确立,官品高低成为臣僚掌握政治权力的主要依据,爵位与实际权力的关系更是大大减弱②。唐、宋两朝没有严格的爵位子孙世袭制度,一般官僚父祖享高爵而后代无爵禄者颇有其人。就封爵的资格与标准来说,唐、宋两朝基本遵循宗室封王、郡王两爵或公爵,开国功臣及一般文武大臣封公、侯、伯、子、男等爵的制度③。唐初设爵,在其形制上属五等爵制,在册封时又兼顾军功原则。但唐中期为嘉奖平定安史之乱及其他藩镇叛乱有功之臣,又大肆加封王爵给异姓大臣,致使王爵册封不无荚滥④。宋代虽也有军功封爵的情况,但绝大多数的封爵与军功脱离,宗室例封袭王、郡王、国公等高爵⑤,文武官达到一定品级并所赐食邑也达到一定级别后可循资加封五等爵⑥,爵位主要是作为赐予文武大臣的进阶之衔随官、勋、阶等并列相授。在北宋末年与南宋末年,奸臣把持朝政,爵制更显紊乱,北宋末年蔡京一人得多次封公,南宋末年贾似道、韩侂胄等皆得封郡王⑦。元代承辽、金之余风,轻封爵位的现象更加严重,按照明代史家王世贞的总结,对元代统治民族来说,"王爵尤易,即将相非勋德可以一嚬笑而得之",但"独汉人至国公而止"⑧。

与前朝相比,明代可谓中国古代爵制发展的整合与成熟时期。洪武朝设立封爵制度时,朱元璋君臣在继承汉唐旧制的基础上有针对性地厘正前朝弊政,使得明代封爵制度呈现出以下一些基本特征:

第一,封爵的原则性加强,对内册封中,王爵只授予朱姓宗室,异姓大臣

①《新唐书》卷四六《百官志一·吏部》,第1188页。
②阎步克:《从爵本位到官本位——秦汉官僚品位结构研究》上编第六章《从爵—秩体制到官品体制:官本位与一元化》,北京,生活·读书·新知三联书店,2009年,第232—233页。
③《新唐书》卷四六《百官志一·吏部》,第1188页;《宋史》卷一六九《职官志九·爵》,第4061页。
④[清]赵翼:《陔余丛考》卷一七《唐时王爵之滥》,石家庄,河北人民出版社,2003年,第320—321页。
⑤《宋史》卷一六九《职官九·爵》,第4061页。
⑥《宋史》卷一七〇《职官十·实封、叙封》,第4076、4079页;[宋]宋敏求:《春明退朝录》卷上,北京,中华书局,1980年,第16页。
⑦[清]孙承泽:《春明梦余录》卷三〇《五军都督府·封拜考》,北京,北京古籍出版社,1992年,第457页。
⑧[明]王世贞:《弇山堂别集》卷三九《公侯伯表总叙》,北京,中华书局,2006年,第656页。

生前不能封王 ①。第二，勋爵等级简化为实封公、侯、伯三等，同时勋爵品秩提高，永乐朝以后勋爵皆列正一品之上。第三，公、侯、伯爵要求"非社稷军功不封"，具有显著的军事贵族制度特色。公、侯、伯军功封爵原则在明初贯彻得比较到位，这首先表现在明初外戚推恩与佞幸冒滥得爵的状况相对前朝为轻。洪武朝确切的外戚推恩封爵仅一例，即曹国公李文忠父亲李贞，因李贞是尚存的皇亲，以子功推赠为恩亲侯，又晋曹国公，父子同号 ②。外戚恩泽授爵在宣德之后渐多，明中期佞幸滥封的情况也有所抬头，但明代推恩、冒滥封爵的规模整体上依然小于前朝。另外，明代有"文臣不许封爵邑，惟有武功者不在令" ③ 的定制。洪武三年（1370）的封爵中，文臣中只有李善长为公爵，余下如刘基、汪广洋仅为伯爵。第四，明代封爵重世袭，明制封爵有流、有世，功劳突出者封世袭勋爵，子孙世代承袭爵禄不替。由于明代勋爵封袭制度的特殊性，形成了以武将出身为主、人数较少、世居两京且世袭长久的勋贵群体。

关于明代勋臣的政治地位，明代史家王世贞有"大抵视汉以下独隆崇" ④ 的总体评论，认为明代勋臣的权势较前代功臣世家尤为显赫。另外，明代勋臣的政治地位也与本朝其他贵族以及一般文臣有着显著区别。首先，明代对宗室、外戚、驸马等贵族政治权力的控驭甚严，而勋臣不同于这些贵族，他在政治与军事领域中发挥着更重要的作用。其次，与一般文臣武将不同，勋臣有资格专掌部分国家高级军政与礼仪职权，甚至形成身份性的权力垄断。

---

① 明代异姓大臣无生前封王爵者，但封公爵者死后可以追封郡王。此外，明朝亦以王爵册封少数民族首领及藩属国。另永乐朝有金忠封王的特例需要特别说明。永乐时归降的蒙古王子也先土干被封为忠勇王，并赐名金忠，这属于对境内少数民族首领的册封，但金忠受封后久居内地，参与各种军事行动，与一般勋臣无异，故皇帝令金忠上朝时座次居公、侯之后，伯之上，实际上将金忠归入勋臣序列，但与其他勋臣加以区别（见［明］何乔远：《名山藏》卷六一《臣林记六·永乐臣二·金忠》，福州，福建人民出版社，2010年，第1685—1686页）。

② 王世贞认为，洪武朝另有胡显以姑母胡氏为上妃而被恩泽受封为梁国公（见［明］王世贞：《弇山堂别集》卷三九《恩泽公侯伯表》，第698页）。但钱谦益指出，胡显并未在洪武朝封爵，而且胡显是昭靖皇妃之父，并非其侄（见［明］钱谦益：《牧斋初学集》卷一〇五《太祖实录辩证五》，上海，上海古籍出版社，2009年，第2146—2147页）。故胡显外戚推恩之说存疑。

③ ［明］李贤：《古穰集》卷一一《奉天翊卫推诚守正文臣特进光禄大夫柱国兵部尚书靖远伯追封靖远侯谥忠毅王公神道碑铭》，景印《文渊阁四库全书》第1244册，上海，上海古籍出版社，1987年，第591页。终明一代，文臣生前得爵者只有李善长、刘基、汪广洋、茹瑺、王骥、杨善、徐有贞、王越、王守仁九人，其中除李善长外，均是伯爵，除王骥、王守仁是世袭勋爵外，其余人均为流爵或曾被革除爵位。

④ ［明］王世贞：《弇山堂别集》卷三七《公侯伯表总叙》，第657页。

对于明代勋臣的具体执掌，《明史》中《功臣世表》总结为"典宿卫、领京营、镇陪京、督漕运、寄隆方岳"[①]。王世贞《凤洲笔记》载，勋臣例可"朝贺班首，代祀天地，知经筵，监修国史，主进士礼部宴"[②]。世贞《弇山堂别集》又补充，勋臣"入则掌参五府，总六军，出则领将军印为大帅，督留都筦钥，辖漕纲，独不得预九卿事"[③]，其中"独不得预九卿事"表明勋臣在国家行政事务方面受到较大限制。实际上，明廷对勋臣的职权任授在一定程度上区别于一般臣工的选任，同时又将勋臣权力纳入官僚体制的管控之内，形成一种贵族政治色彩较强但又不完全脱离官僚管理的任用体制。这种勋臣任用体制反映了明代国家权力结构的配置状况，即在国家政治体系的架构中，一般文武臣工仅可视为朝廷的雇员，而勋臣本质上是皇室的家臣，他们享山河带砺之尊，构成皇权统治的重要基础，为直接服务于皇权而发挥重要且独特的作用。

以上仅对明代勋臣制度的特征做了简单的概括，实际上勋臣制度经历了长期的演化过程，各种封任规则与策略是在洪武朝制度框架的基础上又经后世不断调整而最终形成的。而明代勋臣制度之所以会呈现出不同于前朝的特殊性，实与明朝立国方式、皇权统治方略以及国家权力结构的演化密切相关。甚至可以说，勋臣制度的发展几乎受到明代所有重大政治事件与制度更替的影响，反映了整个明代政治发展的脉络，从这个意义上说，勋臣制度无疑是明史研究的重大课题。

本书的研究显示，勋臣制度研究有助于拓宽明代政治史与政治制度史的研究领域，并在一定程度上丰富了明代军事制度史的内容，对于深入探讨明代国家权力结构以及揭示君主专制体制中的贵族政治因素都具有重要的学术意义。

二　学术界相关研究的回顾与本书内容、史料简述

自中国现代明史学科构建伊始，即有学者着力于对勋臣的研究。作为明史研究拓荒者之一的吴晗先生，就曾较多关注洪武朝功臣的历史，他在

---

①《明史》卷一〇五《功臣世表一》，北京，中华书局1974年标校本，第3000页。

②［明］王世贞：《凤洲笔记·续集》卷二《续说二》，《四库全书存目丛书》集部第114册，济南，齐鲁书社，1997年，第746页。

③［明］王世贞：《弇山堂别集》卷三七《公侯伯表总叙》，第657页。

《胡惟庸党案考》①一文中特别剖析了明初勋贵的派系构成以及朱元璋晚年大规模屠戮胡惟庸、蓝玉等勋臣的事件。此后，有关"胡蓝党案"的研究成为明史显学，相关论文数量不胜枚举。进入二十一世纪，学术界普遍对朱元璋剪除功臣的过程与原因有了较为统一的认识，类似研究渐渐减少。不可否认，勋贵遭受屠戮确实是明初政坛大案，但不少研究仅谈论人物与事件，不能与具体的国家制度及当时统治方略相结合，不利于促进学界进一步关注勋臣制度在永乐朝以降的演化过程，无益于推动整个明代勋爵研究的发展。

　　与国内学者长期陷于"洪武大案"的讨论不同，早在二十世纪七十年代，日本学者谷光隆《明代の勲臣に關する一考察》②一文通过统计《明史·功臣世表》中所载勋臣履历，对勋臣任职五府、京营、侍卫、地方总兵的铨选机制进行了规律性的分析，可谓勋臣政治制度研究的先行者。然而由于谷光氏没有充分挖掘档案、实录、文集等更为原始的资料，故所论尚不够具体深入。二十世纪九十年代以来，国内一些学者也开始从个别的制度梳理入手，对明代勋臣相关问题进行研究。如王剑《铁券、铁榜与明初的贵族政治》③与朱子彦《从铁券制、铁榜文看明初朱元璋和功臣的关系》及《论明代铁券制度与皇权政治》④等文，虽仍以朱元璋打击功臣的历史现象为研究对象，但转而着重讨论与勋爵封袭相关的铁券与铁榜制度。其中《铁券、铁榜与明初的贵族政治》一文引入"贵族政治"这一概念分析洪武朝勋臣的权力状况，不过"贵族政治"的概念定义以及其在中国古代，尤其是在明代的适用性仍待进行深入分析。曹循《明代臣僚封爵制度略论》及《论明代勋臣的培养与任用》⑤是近年来发表的有关明代勋爵的综合性研究，两文分别对勋封制度与勋臣权力做了初步探析，不过限于两文的字数限制，相关问题的研究空间仍较大。近些年有关"洪武大案"的研究中，李新峰《明初勋贵派系与胡蓝党案》⑥一文，提出朱元璋按照"与诸将间的亲疏关系"为先后顺序屠戮功臣的观点，为进一步探析洪武朝勋臣权位提供了新的视角。叶群英在《明代外戚

①吴晗：《胡惟庸党案考》，《燕京学报》1934 年。

②［日］谷光隆《明代の勲臣に関する一考察》，《东洋史研究》29 卷 4 号，1971 年。

③王剑：《铁券、铁榜与明初的贵族政治》，《西南师范大学学报（哲学社会科学版）》1999 年第 6 期。

④朱子彦：《从铁券制、铁榜文看明初朱元璋和功臣的关系》，《上海大学学报（社科版）》1989 年第 5 期；《论明代铁券制度与皇权政治》，《东岳论丛》2006 年第 6 期。

⑤曹循：《明代臣僚封爵制度略论》，《西北师范大学学报（社会科学版）》2011 年第 1 期；《论明代勋臣的培养与任用》，《云南社会科学》2012 年第 3 期。

⑥李新峰：《明初勋贵派系与胡蓝党案》，《中国史研究》2011 年第 4 期。

研究》① 一书中专辟章节讨论外戚与勋臣的关系,对于全面认识勋臣政治权力有所裨益。

由于勋臣群体主要负责军政事务,勋臣与都督府、京营、南京守备、各镇总兵、京军军卫等机构的关系紧密,因而部分学者在研究上述这些机构、职官时也会多少涉及勋爵问题,此类论著数量较多,不便一一列举。笔者将在具体论述中吸收这些已有成果,并与之展开必要的对话,同时转换研究视角,以勋臣制度为中心重新梳理评析明代军政制度。

还有一些学者致力于勋臣与勋臣家族的个案研究。其中代表作有顾诚《靖难之役和耿炳文、沐晟家族——婚姻关系在封建政治中作用之一例》②、李建军《明代云南沐氏家族研究》③、罗晓翔《从刘世延案看明末南京治安管理与司法制度》④、胡吉勋《郭勋刊书考论——家族史演绎刊布与明中叶政治的互动》⑤、李谷悦《明朝历代诚意伯》⑥、黄阿明《明代临淮郭氏家族若干史实辨正》⑦ 及朱忠文的学位论文《明代开国功臣家族研究》⑧ 与论文《论永乐到宣德年间开国功臣家族命运的变化——以巩固新政权合法性为视角的研究》《论武定侯家族的袭爵之争——以族权与皇权关系为视角的研究》⑨ 等。另外,邵磊等人的论文及考古报告公布、考订了大批明代南京勋臣家族墓志资料⑩,对弥补传世文献的缺漏有所帮助。

在政治制度史研究以外,前辈明史大家王毓铨先生早在二十世纪五六十年代就曾探讨过明代勋戚庄田以及勋臣对国家生产资料、劳动力的

① 叶群英:《明代外戚研究》,北京,中国人民大学出版社,2018 年。

② 顾诚:《靖难之役和耿炳文、沐晟家族——婚姻关系在封建政治中作用之一例》,《北京师范大学学报》1992 年第 5 期。

③ 李建军:《明代云南沐氏家族研究》,沈阳,辽宁人民出版社,2002 年。

④ 罗晓翔:《从刘世延案看明末南京治安管理与司法制度》,《明清论丛》第 12 辑,北京,故宫出版社,2012 年。

⑤ 胡吉勋:《郭勋刊书考论——家族史演绎刊布与明中叶政治的互动》,《中华文史论丛》2015 年第 1 期。

⑥ 李谷悦:《明朝历代诚意伯》,《古代文明》2014 年第 2 期。

⑦ 黄阿明:《明代临淮郭氏家族若干史实辨正》,《历史教学问题》2019 年第 3 期。

⑧ 朱忠文:《明代开国功臣家族研究》,华中师范大学 2017 年博士学位论文。

⑨ 朱忠文:《论永乐到宣德年间开国功臣家族命运的变化——以巩固新政权合法性为视角的研究》,《安徽史学》2016 年第 2 期;《论武定侯家族的袭爵之争——以族权与皇权关系为视角的研究》,《安徽史学》2018 年第 5 期。

⑩ 如邵磊:《明初开国功臣墓志校正》,《四川文物》2008 年第 6 期;《南京出土明初勋贵及其家族成员墓志考》,《文献》2010 年第 3 期,等。

占有与侵夺等经济问题①,从而提出了贵族群体对皇权的依附性、共生性关系及家长制皇权统治体系等核心理论,对研究明代皇权体系下的勋臣制度具有高屋建瓴的指导意义。笔者在展开讨论时对王先生的学术遗产多有继承与借鉴。

不难看出,以往学界对明代勋臣的研究仍显零散疏阔,倾向于探究个别事件、个别人物、个别时期和个别制度,尚未形成系统化与理论化的学术评价体系。有鉴于数十年来明代勋爵研究的不足,笔者认为,只有从明代国家体制、机制演进与皇权体系下权力分配的多角度入手,以政治史与制度史相结合的方法,将勋爵封袭制度变迁与勋臣职权调整作为一个整体性的课题进行综合研究,才能准确把握勋臣制度发展的关键环节与特殊形态变化。因此笔者尝试跳出事件与人物研究的狭窄范畴,综合探究勋臣的封爵与任职,逐一探析勋臣各类职衔的任授模式与权力的运作规律,以期全面梳理总结勋臣制度的演化进程,揭示勋臣群体在明代历史上所起的作用。

具体而言,笔者着眼于政治史、政治制度史与军事制度史领域中与勋臣有关的但尚未引起学界重视或尚未解决的问题展开全面而细致的论述。在勋爵封袭与勋臣权位两个研究框架下,本书集中探讨的学术内容包括:一、明代公、侯、伯爵封袭制度的构建、演化与蜕变过程。二、勋臣爵、官及钦差职权的基本任授模式。三、勋臣各类军事职权的流变与分化。四、勋臣在明代国家礼仪制度中的作用。五、勋臣对朝政的影响。六、勋臣与文臣、外戚驸马、内臣及一般武职大臣的职权关系。七、勋臣制度作为中国传统贵族政治模式与明代皇权统治的关系。全书共分十四章,不同章节将有针对性地围绕上述议题展开讨论,以求形成兼顾整体性与专题性的研究体系。本书对勋臣经济状况、家族、婚姻、文化活动等社会经济议题暂不多作涉及。

关于明代勋臣制度的基本特征可提炼为:明代勋臣制度具有复杂而矛盾的特性,造成这种特性的原因仍在于该体制与皇权统治的紧密联系。勋爵封袭与勋臣任用的基本制度与规制在洪武朝初步确立,在永乐朝进一步调整,但在后世又常有变动甚至畸变。如始于洪熙、宣德朝的外戚恩封,"土木之变"后的战时激劝封赏,天顺朝以封爵平衡政局的策略,天顺、成化、弘治各朝专用勋旧外戚管军的倾向,正德朝冒滥封爵的激增,嘉靖朝以后勋爵

①王氏的系列论文可见收录在《莱芜集》中的《明朝勋贵兴贩牟利》《明朝勋贵怙势豪夺》《明代勋贵横暴之一斑》,以及收录在《王毓铨集》中的《明黔国公沐氏庄田考》与《明代勋贵地主的佃户》等。

的停封趋势,南明弘光朝勋臣干扰政局的现象等。以上所举这些制度变化均直接与皇权统治的需要或皇帝自身的境况密不可分。就勋爵封袭制度而言,勋爵封袭一方面是朝廷体现酬赏公议与强化等级威严的军国大典,另一方面又常作为皇帝恩赉而授予近臣。就勋臣权位状况而言,勋臣一方面是与国休戚肩负重大军事与礼法权责的统军大将与贵族世臣,另一方面又是朝廷着重制衡与着重控驭的对象,其权位状况十分尴尬。在国家管理较平稳的时期,勋臣制度有强化皇权统治秩序的重要作用;在政局发生动荡或异变时,皇帝可借助勋臣制度整饬朝纲,平衡局势;在皇权统治趋于瓦解之时,勋臣制度的弊端就会凸显,成为加速王朝覆灭的因素。

如上所论,本书是以政治史以及政治制度史和军事制度史为核心的综合性勋臣研究,基于研究对象的拓展与研究的深化,对比以往的相关研究,本书对史料的收集范围有较大的扩展,现对此略作说明。明代勋臣制度包括各种封任机制、策略以及某些特殊的运作模式,涉及诸多国家行政与军事机构的运行,其中有些制度被记入实录及会典政书,还有一些相沿成例的策略或模式并不详载于典章之中,需要通过了解分析具体的册封与勋臣任用事例才能得以揭示。有鉴于此,本书广泛利用实录、政书、档案、明人文集、明代笔记杂史、明清方志以及出土碑志等多元史料进行研究。需要指出的是,上举各类文献性质不同,史料价值也各有优劣。如《明实录》是官修正史,但洪武、永乐两朝实录中篡改遮蔽史实的情况比较突出。再如官修正德、万历两朝《明会典》虽能大体反映某一时段制度构建的情况,但疏于对制度长期演化细节的记载。又如私著杂史或墓志资料虽常能保留史事细节,但或失于夸张。因此在遇到不同史籍记事相互抵牾时,笔者并不完全依照官私之别就偏信某一方,而是在充分考订辨析相关记载的基础上力图得出相对客观与全面的结论。

就本研究运用史料的情况来说,笔者比较多利用了具有档案文书性质且能够反映制度运行实况的资料,这既包括《中国明朝档案总汇》与《天一阁明代珍本政书丛刊》等大综文书档案资料,也包括黄金《皇明开国功臣录》等主要依据官方文件、诰券文书编写的私修史传,还有散见于明人文集、奏议集中的奏疏与敕谕以及少量传世的勋臣铁券实物等。在各类档案文书中,《明功臣袭封底簿》与《皇明功臣封爵考》两书对勋臣研究尤显重要。现存《明功臣袭封底簿》是明代吏部勘验勋爵承袭时的专用文册,系由吏部验

封司在正德、嘉靖两朝三次补录誊编而成。该书逐一记录了嘉靖二十六年
（1547）以前每家勋爵始封祖的功次履历、封爵缘由以及后代承袭状况，保
留了较多原始记录，但也存在记事较为简略，编纂偶有错乱的弊病。《皇明
功臣封爵考》一书由万历初年吏部验封司郎中郑汝璧主持编纂，该书在誊录
《明功臣袭封底簿》原有内容的基础上续编了嘉靖后期至万历初年各勋家爵
位承袭的情况，并且补入了勋臣世袭诰券文辞以及勋家世系宗图等重要内
容，史料价值颇高，其中勋爵世系宗图更可视为官修的勋臣族谱家史，对探
析勋臣家族内部状况颇有裨益。

此外，郭氏巩昌侯、武定侯兄弟后裔所辑家族文献《毓庆勋懿集》与土官
李氏会宁伯、高阳伯家族文献《西夏李氏世谱》既收录郭、李家族成员的墓
志碑传、书信赠序，又留存有大量明廷赐予两家的制敕、诰券文书，是第一手
的勋臣史料集成。此两种史料不仅仅对研究郭、李两家历史意义重大，更是
反映勋臣制度运行规律的珍贵文献，因此笔者多有参考。总而言之，在研究
过程中，笔者尽可能地利用了目前所能见到与勋臣制度有关的材料。

第一章 洪武"开国"大封与明代勋臣爵、官及职权的概况

明代勋爵册封始于洪武朝,因此研究明代勋臣制度,首先要从朱元璋"开国"大封与洪武勋臣权力的状况开始考察。而洪武朝勋臣权力的特征集中体现在他们受封后担任品官与所授钦差职务的情况。可以说,探究勋臣爵、官、职三者之间的关系,是揭示洪武朝乃至整个明代勋臣政治状况的关键。为此,笔者在这一章尝试从宏观和细节两方面探讨朱元璋构建功臣封爵制度与授予勋臣官职的过程,并借助政治学和行政学的视角,分析论述洪武初年政坛的贵族政治倾向、勋臣军事贵族特征以及朱元璋统治中后期勋臣政策的矛盾性等问题。由于洪武朝勋臣制度的构建对此后明代勋臣制度的沿革与调整影响深远,因此本章在论析洪武朝勋臣封任特征的基础上,还简述永乐之后朝廷授予勋臣职权的规制,以对明代勋臣制度的整体发展趋势作一概论。

一 洪武朝勋臣官爵制度的构建

(一)公、侯、伯三等军功爵制的形成

明代的封爵可大致可分四种,一是对宗室册封亲王、郡王以至奉国中尉各爵;一是对有功勋的文武大臣册封公、侯、伯诸爵,得爵者泛称勋臣或勋贵,由于公侯伯封爵一定程度上扩及到外戚,有的勋贵又兼有外戚身份,故明人常将勋臣外戚合称为勋戚;一是孔子后裔衍圣公的封袭;一是对少数民族首领、外国藩属的册封。本章详论勋臣爵位问题,不涉及宗室、孔府、外藩,对外戚封爵有所简评,亦不作详论。关于明代公、侯、伯封爵制度的基本情况,明人总结大略如下:

> 公、侯、伯爵凡三等,以封功臣。皆有流有世,并给铁券。高广凡五等,号凡三等。佐高皇定天下,曰"开国辅运"云云。佐成祖曰"奉天

靖难"云云。余曰"奉天翊运"云云。其武臣也,曰"宣力功臣",文臣曰"守正文臣"。岁禄视公有差,多不过五千石。已封而又有功者,仍爵或进爵加禄……其袭替,征券诰,论功过,覈適孽。幼而嗣者,学于国子监。有过革冠服,平巾学于国子监。坐罪夺禄,重夺爵。①

这样的记载并不能反映洪武初年功臣封爵的细节。朱元璋吸收前朝旧制,裁定损益,为明代勋臣封爵制度构建了框架,这其中的过程是复杂多变的。

元末群雄纷争之时,朱元璋便因袭元朝爵制,以吴王的身份封李善长为宣国公、徐达为信国公、常遇春为鄂国公,并赠死事的武将为国公、郡公、郡侯、县子及县男等②,用以加强政权的凝聚力。至明洪武二年(1369)九月,朱元璋以浙江台州吴越钱王后裔钱允一"家藏唐昭宗所赐铁券"为样本而略"加损益",确定了明代铁券的形制,开始为大封功臣做准备③。明代功臣铁券文书与功臣封爵诰命在文字上多存重合,即铁券"刻封诰于其上"④。铁券、诰命合称"诰券",是勋臣身份的物质凭证,诰券文辞详载功臣"履历""恩数"⑤,据此可判断勋臣功封缘由。待洪武三年正式大封功臣之前,朱元璋特召翰林学士宋濂入"宿大本堂",与宋濂"讨论达旦",宋濂"历据汉、唐以来故实,量其中而奏之",最终制定了五等军功封爵的基本制度原则⑥。

按《明太祖实录》记载,洪武三年六月最初颁布的勋爵等级是"爵正一品国公、郡公、从一品郡侯、正从二品郡伯、正从三品县伯、正从四品县子、正从五品县男"⑦,虽泛称五等爵,但细分为七个爵级,十等品秩。再查元代爵制,将王爵与五等爵并列,设"王正一品,郡王从一品,国公正二品,郡公从二

①[明]郑晓:《今言》卷一,"六十二条",北京,中华书局,1984年,第35页。

②[明]王圻:《续文献通考》卷一九七《封建考·皇明异姓封建》,台北,文海出版社,1979年,第11684页。

③《明太祖实录》卷四五,洪武二年九月丙寅,台北"中研院"史语所1962年校勘影印本,第903—904页。铁券是明代勋爵封袭的实物凭证,也是勋臣享受法律豁免权的"免死金牌"。学界对明代铁券问题的研究较多,此处不再赘述,可参见徐启宪:《金书铁券与明代功臣封爵》,《紫禁城》1993年第6期;朱子彦:《论明代铁券制度》,《史林》2006年第5期,等。

④万历《明会典》卷六《吏部五·验封清吏司·功臣封爵》,北京,中华书局,1989年,第30页。

⑤[明]俞汝楫:《礼部志稿》卷九八《隆典备考·定功臣铁券》,景印《文渊阁四库全书》第598册,上海,上海古籍出版社,1987年,第757页。又明功臣铁券文书与功臣封爵诰命在文字上多存重合,铁券"刻封诰于其上"(见万历《明会典》卷六《吏部五·验封清吏司·功臣封爵》,第30页)。

⑥[明]郑楷:《学士承旨潜溪宋公行状》,[明]徐纮辑:《皇明名臣琬琰录》前集卷八,周骏富辑:《明代传记丛刊》第43册,台北,明文书局,1991年,第265页。

⑦《明太祖实录》卷五三,洪武三年六月甲子,第1308页。

品,郡侯正三品,郡侯从三品,郡伯正四品,郡伯从四品,县子正五品,县男从五品"①。可知洪武三年(1370)初定的爵级基本上仍是承袭元代爵等框架,只不过不用异姓王爵,再加县伯一级,又将国公以下诸等依次提升一个品秩。明代政书典籍又常载,五等勋爵中子、男两爵后革废不用,只存公、侯、伯三等以封功臣②,但不言废止子、男爵位的原因及具体时间。实际上,所谓郡公、郡侯、郡伯、县子、县男等爵一直就是朱元璋专用于大臣死后追封的爵位,而县伯一爵更是从未真正使用③,大臣生封公爵称某国公,生封侯爵、伯爵时只单称某某侯、某某伯,不加"郡"或"县"字。故此,明代实际的异姓大臣生前功封勋级,从一开始就只有国公、侯与伯三等,子爵与男爵本仅用于死后追封,所谓废用子、男诸爵,是指明廷不再用这些爵位追封死臣。明代公、侯、伯三等实封爵位的制度在一定程度上也沿袭自元朝,元代爵位虽设十等,但用以大臣生前加封的不过郡王与国公两爵,其余也主要用于臣下封赠④。可以说,明代勋爵等次被大大简化,其原因在于,一方面是朱元璋从简务实的统治风格的体现,另一方面,从某种程度上说也是中国传统爵制流变的必然结果。自魏、晋经唐、宋历代演化,中国传统五等爵制愈发繁复,而至元代爵级在实封层面已趋于简省,至明代异姓大臣生前实封勋爵进一步确立为公、侯、伯三级。

明王圻所编《续文献通考》又载,朱元璋将公、侯二爵定为一品以上,伯爵定为二品以上⑤,公、侯、伯实际上不再设具体品级,但可与品官相较而高于一般品官,这已与洪武三年六月所定的勋爵品级有明显区别,更一反唐、宋各朝五等勋爵依次设为一至五品实品品级的惯例⑥。王圻《续文献通考》等文献未载朱元璋改定勋爵品级的时间,从《明太祖实录》的一些记载中可知,洪武四年以前公、侯、伯爵等次已与一般品官不同,"爵"与"官"存在制度性的高下之别,由此确定朱元璋是在洪武三年十一月正式大封"开国"功臣时就重新确立了勋爵超越品官秩序的制度。如洪武四年十二月,明廷定

---

①《元史》卷九一《百官志》,北京,中华书局 1976 年标校本,第 2319 页。

②正德《明会典》卷八《吏部七·验封清吏司·封爵》,东京,汲古书院,1989 年,第 1 册,第 98 页;万历《明会典》卷六《吏部五·验封清吏司·功臣封爵》,第 30 页。

③见[明]王世贞:《弇山堂别集》卷四〇《追封王公侯伯表》(第 726—728、727—728、731、734—735 页)的统计。

④《元史》卷九一《百官志》,第 2319 页。

⑤[明]王圻:《续文献通考》卷一九七《封建考·皇明异姓封建》,第 11684 页。

⑥见《新唐书》卷四六《百官志一·吏部》,第 1188 页;《宋史》卷一六九《职官志九·爵》,第 4061 页。

官员父祖封赠规制,朱元璋初命中书省、吏部以"功臣封爵为一例",又以"常铨官品秩为一例",吏部请议:"公、侯、伯、子、男不论品级,取自上裁,不在封赠常例,其余一品至七品不限文武内外,应封赠者验本身品级,皆止封赠散官。"朱元璋答曰:

> 爵以报功,汉高帝不功不侯,此最可法。朕今非吝封爵也,但无功受封,则有功于国者又将何以待之耶?自今五等之爵不论品级,非有大功于国家者,虽官丞相亦不得封。其开国功臣已封公、侯、伯者,则其祖、父亦依见授封爵封赠。若不系功臣,止依品级授散官职事。盖功臣封爵与常选之品不同。①

另外,洪武五年(1372)六月朱元璋诏定官民婚丧礼仪用物制度,有"公、侯、品官一品至四品红文绮"②的规定,也是将勋爵与品官分列,同样反映出勋爵与品官身份不同。朱元璋之所以不再因循前朝故政,而是将勋爵直接设置在品官序列之上,无疑是为着重凸显大臣功勋,以强调自己凭借大规模战争推翻元朝底定天下的正统性。

综上所述,朱元璋构建的勋爵制度具有特重军功、层级大大简化、阶序列于一般品官之上的基本特征。

洪武朝共三次集中册封功臣。第一次是洪武三年十一月,徐达、李文忠等征西、征北还,朱元璋特封李善长、徐达等六人为公,汤和、唐胜宗等二十八人为侯,不久又封刘基、汪广洋二人为诚意、忠勤伯③。第二次是洪武十年,封沐英为西平侯,两年后再封仇成、蓝玉等十二人侯爵④。洪武十七年册封征云南功臣的规模也比较大⑤。此外,洪武中后期还有零星的勋臣封爵。

洪武三年十一月正式大封"开国"功臣时,朱元璋特"命大都督府、兵部录上诸将功绩,吏部定勋爵,户部备赏物,礼部定礼仪,翰林院撰制诰"⑥。由此可见,封爵的两个最核心环节,即题请大臣功绩与拟定爵等、爵名分别由大都督府、兵部与吏部完成。洪武中期大都督府解体后,吏、兵二部仍是

①《明太祖实录》卷七〇,洪武四年十二月乙酉,第1298页。
②《明太祖实录》卷七四,洪武五年六月丙申,第1363页。
③《明太祖实录》卷五八,洪武三年十一月丙申、乙卯,第1126—1134、1144页。
④《明太祖实录》卷一一五、卷一二七,洪武十年九月戊午,洪武十二年十一月甲午,第1886—1887、2021—2022页。
⑤《明太祖实录》卷一六一,洪武十七年四月壬午,第2490页。
⑥《明太祖实录》卷五八,洪武三年十一月壬辰,第1125—1126页。

主要处理勋爵册封具体事务的衙门。每逢将帅上报重大战功,朝廷拟议封爵时,一般先由兵部覆论爵赏高低,兵部上奏后移交吏部拟定爵名、勋号、勋阶、禄米等,再呈报皇帝最终定夺并颁下正式封爵敕命,勋臣诰命、铁券等物则由吏部督办,此制度流程经明一代大体沿袭不变。如天顺朝封定远伯石彪时,兵部论功初题请封流伯,移吏部再议时改封定远伯世袭并授完整勋号、勋阶"奉天翊卫宣力武臣、特进荣禄大夫、柱国"①。又如正德宁夏游击将军仇钺获立平安化王叛乱大功,武宗初准兵部所拟仇钺"出奇奋勇,首建大功,封伯爵世袭"的意见,再移咨吏部,最后正式封仇钺推诚宣力武臣、特进荣禄大夫、柱国、咸宁伯②。明中后期遇封爵朝议不决时,内阁作为辅政机构对封爵事务的参议力度则显得比较突出。

需要指出的是,在明代初期,尤其是洪武、永乐两朝,由于"开国""靖难"功臣与君主有汗马从征的紧密关系,因此封爵事务主要由皇帝亲自决断,吏部、兵部等衙门官员更多只是处理具体的册封流程。如朱元璋册封"开国"勋臣时就曾说:"爵赏次第,皆朕所自定。"③朱棣第一次大封"靖难"功臣后,又觉册封存在遗漏,故向"靖难"元勋淇国公丘福等人咨议补封部分将领④,可见封爵基本由成祖亲自定夺,或有二三勋旧从旁参议。直至正统、景泰朝以后,文官各衙门对封爵的参议权才逐步增强,甚至科道言官也开始参驳封爵事宜。明中后期"以文统武"体制的发展对议功封爵制度也产生一定的影响。笔者将在后续章节逐一论述这些问题。

朱元璋还初步明确了爵位承袭制度,勋臣的爵位"有流有世",以功劳大小而定。世爵勋贵子孙承袭本爵,流爵勋贵或子孙降等袭爵,如公爵降袭侯爵,侯爵降袭伯爵,或子孙改袭指挥使等高级武官。明朝洪武、永乐朝有册封流侯子孙仅准世袭指挥使的情况,洪熙、宣德以后流侯一般子孙降袭伯爵,只有流伯子孙才只袭指挥使,因此流伯在某种意义上仅是对功臣个人的嘉奖,其后代不再进入勋臣行列。明"开国"初封功臣时,朱元璋许诺公侯皆世世承袭,并准当时因父功得袭封而年纪尚幼的常茂如果以后无子,爵位

---

①《明功臣袭封底簿》卷二《定远伯》,周骏富辑:《明代传记丛刊》第55册,台北,明文书局,1991年,第285页。

②《明功臣袭封底簿》卷一《咸宁伯今为咸宁侯》,第33页。

③《明太祖实录》卷五八,洪武三年十一月丙申,第1126页。

④《明太宗实录》卷二〇上,永乐元年五月丁亥,第362页。

"兄终弟及",同样承荫父亲康茂才之功的康铎"嫡终如无后嗣,庶长及之"①。除对常、康二人的特殊规定外,其余勋臣死后,一般由嫡长子优先继承爵位。如洪武十年(1377)邓愈死,长子邓镇袭爵位,但改封申国公②。勋臣如果无子,会被除爵。如洪武四年,广德侯华高无子,"以铁券纳之墓中"③。洪武初年有关勋臣爵位承袭的制度尚欠完备,但嫡长子继承制的框架已基本建立,遵循先嫡后长、无子国除、遇特殊情况可酌情改议的原则。

(二)勋臣的爵位、勋号、散阶、勋官与品官

在唐、宋以后"官本位"体制形成后,官品高低成为臣僚取得政治权力与地位的主要依据,爵位与职权的关系更是大大减弱④。而朱元璋列公侯爵位于整个官品秩序之上,又在赐爵时以勋臣爵位为中心,将诸多头衔、优待与礼遇附加于爵位,使得勋贵一旦得爵即享受相应的地位与待遇,反映出重功、重爵的制度设计理念。这种爵位与优遇连带关系的直接证明即勋臣的完整封号。自洪武三年初封,每位首封勋臣都领一繁复的名号,其中以本爵为主,附带勋号、散阶、勋官、职官、禄米以及承袭方式等。集体封爵时,受封者依功劳大小而排次序,他们的封号也可以反映所享地位待遇的高低不同。"开国"首臣魏国公徐达完整勋臣官名为:

> 开国辅运推诚宣力武臣、特进光禄大夫、左柱国、太傅、中书右丞
> 相、魏国公,参军国事,食禄五千石。⑤

现以徐达为例,稍加阐释。

徐达封号中"魏国公"是本爵。明代官修政书中未透露爵名的制定原则,但明代史学家王世贞将其归纳为"国郡邑名"和"取事名"两种⑥。所谓"国郡邑名"即地名,明代公爵的爵名均是"国"一级,如魏国公徐达、韩国

①《明太祖实录》卷五八,洪武三年十一月丙申,第1129、1134页。常遇春在正式封爵前先死,洪武三年(1370)追封鄂国公,子常茂继承爵位,但改封郑国公。功臣康茂才也在受封前身死,其子康铎代父受封为蕲春侯。
②《明太祖实录》卷一一六,洪武十年十一月癸未,第1896—1897页。
③《明太祖实录》卷六四,洪武四年四月乙未,第1217页。
④阎步克:《从爵本位到官本位——秦汉官僚品位结构研究》上编第六章《从爵—秩体制到官品体制:官本位与一元化》,第232—233页。
⑤《明太祖实录》卷五八,洪武三年十一月丙申,第1128页。
⑥[明]王世贞:《弇山堂别集》卷四〇《追赠王公侯伯表》,第736—737页。

公李善长、曹国公李文忠等,所谓"邑名"也就是府州县名,这种爵名用于侯爵与伯爵,如河南侯、延安侯、定远侯等,"郡名"爵位不与生者,全部用于功臣死后的追封和赠封,如花云殉难后追封东丘郡侯、赵天麟战死后追封天水郡伯等。所谓"取事名"即形容性的荣誉称号,多描述了勋臣的性格特征及功勋特色,如刘基封诚意伯、汪广洋封忠勤伯等①。勋臣得封爵位后,如果再立新功,可以进爵或增加优待条件,即所谓"已封而又有功,仍爵或进爵增禄"②。首封明代勋臣死后一般追赠一级爵位,公爵赠郡王,侯爵赠公爵,如洪武开国公爵徐达死后追封为中山王、常遇春开平王、李文忠歧阳王、邓愈宁河王、汤和东瓯王;而东平侯韩正死后追封郓国公、宣宁侯曹良臣追封安国公③等等。嗣爵功臣无大功者一般不再追授爵位。

"开国辅运推诚宣力武臣"是与爵位相关的荣誉性勋号或封号,它同样凸显着勋贵的尊荣。赐有爵功臣勋号的制度源于南北朝,在唐、宋继续发展,明代通常对首封勋臣加勋号,嗣爵勋臣除改封他爵或晋升爵位外,一般不加勋号。洪武初年设置的勋号有三种,即武将的"开国辅运推诚宣力武臣",文臣李善长的"开国辅运推诚守正文臣"及文臣刘基、汪广洋的"开国翊运守正文臣"。至洪武中后期,又零星出现几类勋号。如洪武二十年(1387)封元朝降将纳哈出为海西侯时用"推诚辅运钦承效力武臣"④。洪武二十一年八月,改封海西侯纳哈出子察罕为沈阳侯时,用"钦承父业推诚效力武臣"号⑤。洪武二十一年十月,朱元璋以"罔思报国之意,亏忠违礼"罢黜常遇春子常茂郑国公爵位,改封常遇春次子常昇为开国公,并赐常昇"钦承父业推诚宣力武臣"之号⑥。洪武二十三年封桑敬为徽光伯时,加"推忠协谋

①[明]王世贞:《弇山堂别集》卷四〇《追赠王公侯伯表》,第736—739页;《明史》卷一〇五《功臣表一》,第3086页。有的地名封号可反映受封勋臣的功劳与任职履历,如江阴侯吴良,长兴侯耿炳文曾在朱元璋起兵时镇守江阴、长兴两地(见[明]何乔远:《名山藏》卷五七《臣林记二·洪武臣二》,福州,福建人民出版社,2010年,第2506页)。另一些地名封号可能与勋臣出身有关,如康茂才是蕲州人,封蕲国公,王弼是安徽定远人,封定远侯(见《弇山堂别集》卷三七《高帝功臣公侯伯表》,第664—667页)。
②《明史》卷七六《职官五》,第1855—1856页。
③[明]王世贞:《弇山堂别集》卷四〇《追封王公侯伯表》,第721—722页。
④《明太祖实录》卷之一八五,洪武二十年九月戊寅,第2775页。《明太祖实录》录纳哈出勋号原文为"推诚辅运钦承效力辅臣",其中"辅"似应为"武"。
⑤《明太祖实录》卷一九三,洪武二十一年八月癸丑,第2894页。
⑥《明太祖实录》卷一九四,洪武二十一年十月丙寅,第2912—2913页。

武臣"号①。洪武朝结束后,"推诚辅运""钦承父业""推忠协谋"等号很少再被使用。永乐以后为了册封新勋臣,还出现了诸如"奉天靖难""奉天翊运"等勋号,此不赘述。还要指出的是,勋号可以反映出明代得爵者勋贵身份的双重性。第一,大臣封爵成为勋贵,身份地位自然与一般文武相区别并高于一般文武。第二,勋臣同时兼有原来的文武大臣身份,以勋号中的"武臣"和"文臣"来表明。也就是说,一名大臣得爵后,便进入特殊的勋臣序列,但他又不完全脱离原有的文武大臣身份。

"特进光禄大夫"及"左柱国",分别为散阶、勋官。明代继承唐、宋制度,文武大臣皆有散阶、勋官,以示荣宠。而自洪武初年,勋臣的散阶、勋官就高于一般臣僚,以相当于一品的光禄大夫、荣禄大夫及左、右柱国、柱国为主。其中"特进光禄、荣禄大夫"又是最尊贵的散阶,洪武三年初封功臣时,只有李善长、徐达等六位国公功勋最大者得。洪武十二年(1379)以平西番功封功臣时,即不再使用"特进"之衔②,而只加"荣禄"。

"参军国事"是朱元璋借鉴元朝制度授予公爵的特殊称号,这类称号的使用仅限于洪武初年,且与勋臣具体职权相关,情况详见后文。

"太傅"与"中书右丞相"是实品官职,乃笔者论述的一个重点。洪武初年封爵时,部分勋贵封爵后完整封号中带有品官,部分勋贵封号中不加品官,封号中带品官者情形见表1:

表1　洪武初年功臣官爵表③

勋臣	封前官职	封后封号中所带官职	排名
韩国公李善长	太子少师、中书左丞相	太师、中书左丞相,不久因病致仕	公爵第一
魏国公徐达	太子少傅、中书右丞相	太傅、中书右丞相	公爵第二
曹国公李文忠	浙江行省平章政事	大都督府左都督	公爵第四

①《明太祖实录》卷二〇四,洪武二十三年九月壬寅,第3055—3056页。
②《明太祖实录》卷一二七,洪武十二年十一月甲午,第2021—2022页;[明]王世贞:《弇山堂别集》卷三七《高帝功臣公侯伯表》,第659—661、666页。"特进"一词始于东汉,是当时授予三公勋旧等顶级大臣的荣誉称号。
③本表主要依照《明太祖实录》卷五八,洪武三年十一月丙申,第1128—1134页记载,参考《明太祖实录》其他内容及《明功臣袭封底簿》及《皇明开国功臣录》等史料而制。另《弇山堂别集·高帝功臣公侯伯表》所载功臣官情况详细,但多有与《明实录》等相左处。因《明实录》与《底簿》等资料系原档或早出,故以其为准。

续表

勋臣	封前官职	封后封号中所带官职	排名
宋国公冯胜	大都督府右都督兼太子右詹事	洪武三年十一月封爵时封号中不带品官,至洪武三年十二月,被授予大都督府右都督	公爵第五
中山侯汤和	御史台左御史大夫兼太子谕德	洪武三年初封时封号中不加品官。洪武十一年晋封信国爵时加任大都督府左都督①	侯爵第一,晋升公爵
吉安侯陆仲亨	同知大都督府事	同知大都督府事	侯爵第三
淮安侯华云龙	燕相府左相兼同知大都督府事、北平等处行中书省参知政事	燕相府左相兼北平等处行中书省参知政事、燕山卫都指挥②	侯爵第五
济宁侯顾时	副大都督府事兼太子右率府事	同知大都督府事	侯爵第六
长兴侯耿炳文	秦王相府左相兼陕西等处行中书省右丞	秦王相府左相仍兼陕西行省右丞	侯爵第七
临江侯陈德	金大都督府事	同知大都督府事	侯爵第八
六安侯王志	平阳卫指挥使	同知大都督府事	侯爵第十
荥阳侯郑遇春	朔州卫指挥使司副使	同知大都督府事	侯爵第十一
江阴侯吴良	金大都督府事	同知大都督府事	侯爵第十三
靖海侯吴祯	吴王相府左相兼金大都督府事	吴王相府左相。洪武五年坐事谪定辽卫指挥使	侯爵第十四
南雄侯赵庸	中书左丞兼太子副詹事③	同知大都督府事	侯爵第十五

①《明太祖实录》所收汤和传记系汤和升公爵加左都督时间为洪武十一年正月(见《明太祖实录》卷二四〇,洪武二十八年八月戊辰,第3490—3491页);而汤和神道碑及具有档案性质的《明功臣袭封底簿》将汤和晋升公爵的时间记为洪武十年(见[明]方孝孺:《方孝孺集》卷二二《大明故开国辅运推诚宣力武臣特进光禄大夫左都督左柱国议军国事信国公追谥襄武封东瓯王神道碑铭》,杭州,浙江古籍出版社,2013年,第818页;《明功臣袭封底簿》卷一《信国公今为灵璧侯》,第26页)。此处从《明实录》。

②据《明实录》载,"燕山卫都指挥"一职务不见于华云龙完整封号中,但据宋濂为华云龙所撰神道碑记,淮安侯华云龙封爵后被命令"前职如故",又兼燕山卫都指挥一职(见[明]宋濂:《宋濂全集》卷五三《敕赐开国辅运推诚宣力武臣荣禄大夫柱国淮安侯华君神道碑铭》,北京,人民文学出版社,2014年,第1253页)。

③《明太祖实录》卷五八洪武三年十一月丙申条记赵庸封爵前任中书右丞,但同书在卷二九洪武元年正月辛巳条(第490页)、卷五三洪武三年六月丁丑条(第1045页)皆记赵庸已任中书左丞,故此处改为中书左丞。

续表

勋臣	封前官职	封后封号中所带官职	排名
颍川侯傅友德	江淮等处行中书省参知政事	同知大都督府事	侯爵第二十二
忠勤伯汪广洋	中书右丞	中书右丞。洪武四年升中书右丞相,后贬广东行省参政,复召为御史大夫,洪武十年又升中书右丞相	与刘基同封伯爵

表中可见,洪武三年(1370)封号加品官的勋臣中,除耿炳文、陆仲亨二人封前封后官职不变外,其他人得爵后官职都有所变化,或升迁或改授或解除某一兼职。由此引发出一个问题,即那些封号中不带品官的勋臣是得爵后即脱去官职,抑或官职未解,仅由于封爵前后职官没有改变,故不在封号中特别表示出?史籍中对此没有明确记载,笔者通过排查对比相关史料认为,李善长、徐达等人兼领的品官出于皇帝的特别任命,而其他勋臣确实脱去了实品职官,现分析如下:

根据《明实录》等史料的记载,朱元璋在洪武三年封爵后会对领品官的勋臣进行正式的职官任命,使他们专门负责相应事务。如洪武三年十一月,朱元璋命曹国公李文忠"领大都督府事",颍川侯傅友德、吉安侯陆仲亨、济宁侯顾时、临江侯陈德、六安侯王志、荣阳侯郑遇春、江阴侯吴良、南雄侯赵庸"同知都督府事"①,落实他们管理都督府的大权。《皇明开国功臣录》亦载,江阴侯吴良担任同知大都督府后,被朱元璋"寻命视都督府事"②。同样是在封爵后不久,朱元璋令靖海侯吴祯专为吴王傅"并解都督府事"③,这与吴祯封号中只有王府官不见都督官的情形相符。再如担任秦王相府左相兼陕西行省右丞的耿炳文,在洪武五年又被加任"署陕西行都督府事",集陕西军政大权于一身④。淮安侯华云龙封爵后被特别命令"前职如故",又加燕

①《明太祖实录》卷五八,洪武三年十一月戊戌,第1141页。
②[明]黄金:《皇明开国功臣录》卷四《吴良》,周骏富辑:《明代传记丛刊》第23册,台北,明文书局,1991年,第329页。
③《明太祖实录》卷五八,洪武三年十一月乙巳,第1142页。按,吴祯封爵时兼任吴王左相,此条又作吴王傅,而实录之后在洪武四年十二月仍记吴祯为吴王左相,故疑此洪武三年十一月乙巳条有讹误,但并不妨引此条以佐证吴祯封爵后不再兼任大都督官的史实。
④《明太祖实录》卷七七,洪武五年十二月戊子,第1412页。

山卫都指挥使职①。另如中书右丞相徐达,他长期领兵在外,不预中书省事务②,但《明实录》仍在洪武四年至洪武九年间(1371—1376)多次连称他为"右丞相魏国公"③。可见徐达之官虽为遥领,但还是在较长时间内得以保留。相反,史籍记载封号中不带品官的勋臣的事迹时,均不再提及其封爵前的原官。如封爵前任左、右御史大夫兼太子谕德的汤和、邓愈二人起初封号中皆不带品官④,朱元璋在洪武六年三月令多位勋臣出征时,仅说明徐达、李文忠等人的丞相、都督之职,不提及汤和、邓愈的实品官职:

> 教太傅、中书右丞相、魏国公徐达做总兵官、征虏大将军,大都督府左都督、曹国公李文忠做左副将军,右都督、宋国公冯胜做右副将军,卫国公邓愈做左副副将军,中山侯汤和做右副副将军,统领内外各卫军马于北平、山西等处从便驻札,相机调遣。⑤

神道碑具有务实反应传主履历、表彰宦业功勋的特点,但邓愈死后,其神道碑中也未提到他封爵后担任过任何实品职官⑥。诚意伯刘基封爵前已被罢御史中丞职官⑦,封爵后随即遣回乡里养老⑧,其情况与其他勋臣不同,可勿论。

那么,朱元璋为何要专使一部分勋臣兼领职官呢? 分析上文所列表1所反映的状况,可以发现一些线索。

第一,担任品官的勋贵都是功劳最大,且与朱元璋关系最紧密、最受信任的干将。首先,地位最高的六位公爵中有四位领有品官⑨。再看侯爵的情况,有学者把洪武初年的侯爵分为两个等级,前十四位是渡江前最早投奔朱元璋的心腹,后十四名是关系稍远的"归附者"⑩,可知朱元璋虽自诩其量功

---

① [明]宋濂:《宋濂全集》卷五三《敕赐开国辅运推诚宣力武臣荣禄大夫柱国淮安侯君华神道碑铭》,第1253页。

② 孟森:《明史讲义》第二编《各论》第一章《开国》,上海,上海古籍出版社,2008年,第62页。

③ 《明太祖实录》卷六○、卷一○三,洪武四年正月丁亥、洪武九年正月壬午,第1168、1737页。

④ 《明太祖实录》卷五八,洪武三年十一月丙申,第1129页。

⑤ [明]王世贞:《弇山堂别集》卷八六《诏令杂考二》,第1647页。

⑥ [明]朱梦炎:《卫国邓公宁河武顺王神道碑》,[明]徐纮辑:《皇明名臣琬琰录》前集卷二,周骏富辑:《明代传记丛刊》第43册,第56页。

⑦ 见杨讷:《刘基事迹考述》,北京,北京图书馆出版社,2004年,第137页。

⑧ [明]黄金:《皇明开国功臣录》卷一《刘基》,周骏富辑:《明代传记丛刊》第23册,第129页。

⑨ 公爵中常茂不领任何品官的原因可能是袭爵时尚幼,没有管理大政的能力。如果这样理解,当时值壮年的公爵中只有邓愈一人不领品官。

⑩ 李新峰:《明初勋贵派系与胡蓝党案》,《中国史研究》2011年第4期;《明前期军事制度研究》第二章《兵权分配》第二节《派系之间》,北京,北京大学出版社,2016年,第102—106页。

钦定的勋臣次第"公而无私"①,但在论功定赏的同时又明显偏向最亲近的部从。通过这一侯爵排序来看,即使不计晋升公爵后再任大都督府左都督的汤和在内②,前十四名与朱元璋关系紧密的侯爵中有九名初封时就领有品官。后十四名中的第一名赵庸也兼大都督府官。赵庸是原巢湖水军的头领,他虽属稍后归附者,但曾为朱元璋水上力量的加强立下汗马功劳。朱元璋称赞赵庸的功勋曰:"以所部舟师从人来附,东渡大江如履平地,乃克采石,定金陵。"但又认为他"其功不细,然有小过,只封为侯"③。可见赵庸之贡献足可与公爵比肩。傅友德虽然是排名靠后的侯爵,但功勋才干突出,史称他"丰功威烈,足以冠策府"④。而忠勤伯汪广洋是少有的文臣勋贵,一直被朱元璋视为接替李善长的储相。

第二,勋贵所担任的大多是丞相、都督官、重要行省的长官及重要王府的辅臣,这些职务皆位高权重且关系国家安危。

第三,朱元璋较灵活地授免这些勋贵品官,不拘文、武职官之分野。有的勋臣完全保留了受封前的官职,如陆仲亨、耿炳文。有的勋臣受封后品官得以晋升,如济宁侯顾时由大都督府副使升同知大都督府事,官位升前升后都是武职,而忠勤伯汪广洋由中书右丞升任御史大夫以至中书右丞相,皆文职。另如李文忠受封前为浙江行省右丞,属文官序列,封爵后任大都督府左都督。有的勋臣受封后解除原来多个兼职中的一部分,如华云龙、吴祯。

第四,公爵又兼以太师、太傅等高品秩加衔。朱元璋特与李善长、徐达以太师、太傅之类的公孤官,这些职官一般勋贵也不可担任。《明史》载:"太师、太傅、太保为三公,正一品;少师、少傅、少保为三孤,从一品。掌佐天子,理阴阳,经邦弘化,其职至重。"⑤可见公孤官虽不具实权,但有顶级的品秩,领公孤者名义上是皇帝的老师,尊荣又非比寻常。

---

① 《明太祖实录》卷五八,洪武三年十一月丙申,第1126页。

② 汤和初封时就应得公爵,照理也应领品官。但他曾醉酒口出狂言,犯有过失,故朱元璋先封他侯爵以示惩罚(见《明史》卷一二六《汤和传》,第3754页)。

③ [明]黄金:《皇明开国功臣录》卷九《赵庸》,周骏富辑:《明代传记丛刊》第23册,第579页。

④ [明]黄金:《皇明开国功臣录》卷五《傅友德》,周骏富辑:《明代传记丛刊》第23册,第370页。傅友德参与了朱元璋平定湖北及中原的历次战役。洪武四年(1371),朱元璋再把平定四川的重任交给傅友德,还以密谕给傅友德安排进攻方略,此后朱元璋又多次安排傅友德出征,并最终晋封他为颍国公(见[明]朱国桢辑:《皇明开国臣传》卷二《颍国傅公》,周骏富辑:《明代传记丛刊》第25册,台北,明文书局,1991年,第144—150页),可见傅友德是朱元璋器重信任的才干之臣。

⑤ 《明史》卷七二《职官志一·三公三孤》,第1731页。

综上所述，明初庶政繁多，政局不稳，中书省、大都督府是最重要的国家中枢机构，需要可靠的能臣管理。辅佐亲王、镇守要地也是明初重务，非才干突出的心腹干城不能胜任，而嫡系勋贵是可堪此任的不二人选。有史料称，淮安侯华云龙兼领北平军政大职，就是因为“北平新入职方，非勋旧大臣不足厌服之”，而华氏以朱元璋“邻郡子，且恩遇之深，不翅骨肉至亲”，故可托以方面重任①。是故朱元璋安排功劳最大、最值得信任的勋贵兼任实品职官，是为了名正言顺地让他们专门处理紧要庶务，以维护政局，而高爵者再加公孤，是为了体现他们特殊的尊荣。可以说，朱元璋以“开国”功劳大小及与皇帝关系亲疏来定勋臣的爵位与排序，再大体以地位高下定勋贵是否兼领品官以专管具体军国大政。

当然，勋臣封爵而不兼领品者也并不意味着他们的实际权力就被削弱，只是说明他们不再专理某一衙门或地方事务。如汤和、邓愈二人初封时皆不兼固定品官，是因为他们封爵后仅两个月就被派往四川、湖广负责指挥征伐明氏政权的战事②，这无疑是当时重大战略事务之一。实际上，那些兼领品官的勋臣，其权力与官衔相统一的情形也并未维持很久。随着各种战端又起以及地方繁杂事务的增多，军政经验丰富的勋贵们多被派往前线直接指挥军队或派往地方处理庶务，对于那些领有品官，尤其是中枢职官的勋贵来说，其实际职权逐渐和职官分离。比如徐达虽然封爵后继续领中书省职，但他长期在外征战，并不管理中书省事务，丞相之职对他们来说形同虚设，几属荣誉职衔。《明史·宰辅年表》自洪武五年（1372）始，即不再把徐达列入宰相序列中③，可见修史者认为徐氏事实上已解除中书省职务。《明太祖实录》中最后提及徐达的丞相之职是在洪武九年，文曰：“册太傅中书右丞相魏国公徐达长女为今上（朱棣）妃。”④至洪武十三年中书省被废除，徐达的省臣之衔更无所寄托。洪武十八年徐达死，朱元璋追封他为中山王，并亲撰“追封之命词”，命词中称徐氏的完整封号为“开国辅运推诚宣力武臣、特进光禄大夫、左柱国、太傅、魏国公，参军国事”⑤，不再提及中书省左丞相一官

---

① [明]宋濂：《宋濂全集》卷五三《敕赐开国辅运推诚宣力武臣荣禄大夫柱国淮安侯华君神道碑铭》，第1253页。
② 《明太祖实录》卷六〇，洪武四年正月丁亥、戊子，第1167、1168页。
③ 《明史》卷一〇九《宰辅年表十》，第3306—3308页。
④ 《明太祖实录》卷一〇三，洪武九年正月壬午，第1737页。
⑤ 《明太祖实录》卷一七一，洪武十八年二月己未，第2617页。

职。不过,在御撰徐达神道碑中,徐氏的官、爵、职衔又被记为"大明开国辅运推诚宣力武臣、特进光禄大夫、左柱国、太傅、中书右丞相、征虏大将军、魏国公追封中山武宁王"①,并未避讳"中书右丞相"一职。神道碑需详载传主生前履历事迹,故碑文保留徐达省臣之职,这并不能证明徐氏始终在任。

品官虚化的情况也发生在领大都督府官的勋贵身上。如洪武三年(1370)十一月兼任同知大都督府事的颍川侯傅友德、济宁侯顾时均在洪武四年初与汤和、邓愈一道派出西征巴蜀②,傅、顾二人执掌大都督府的时间甚短。四川平定后,兼左都督职领大都督府事的李文忠也被派往四川"镇抚军民"③,实际管理都督府的时间仅半年。不久,陆仲亨、陈德、王志、郑遇春、吴良、赵庸等领都督官的勋臣都陆续被派出征战。至洪武十二年四川、河湟等地趋于安定,朱元璋才诏西征的李文忠"还京师"④,并提出在李文忠等人离京期间,大都督府"佥事已任,左右都督、同知都督未职"⑤。可见原任各级都督官衔的勋臣由于长期不视大都督府事务,其官、职相分离,所领品官渐与实际职权无关。

另外,担任吴王府官的靖海侯吴祯后曾因过被夺去爵位,复爵后,吴祯负责海运和沿海防守,不再专门辅弼吴王。洪武五年吴祯因过失被黜职为定辽卫指挥使,这实际是一种惩罚警示措施,皇帝并非想让吴祯长期屈尊担任指挥使,不久吴祯即被召还。此后吴祯常"往来海道,总理军务"⑥,不再担任固定职官。韩国公李善长于洪武四年正月乞求致仕并获准,也解除了丞相之职⑦。宋国公冯胜在洪武三年十二月被授予大都督府右都督之职⑧,中山侯汤和在洪武十一年晋封公爵时加任大都督府左都督⑨,但翻检他们的履历,二人从未真正管理过大都督府,都督官从一开始就具有荣誉兼衔的

①徐达神道碑原物位于南京市太平门外板仓街徐达墓地前。
②《明太祖实录》卷六〇,洪武四年正月丁亥,第1167页。
③[明]黄金:《皇明开国功臣录》卷一《李文忠》,周骏富辑:《明代传记丛刊》第23册,第92页。
④《明太祖实录》卷一二五,洪武十二年闰五月丙申,第2004页。
⑤[明]朱元璋:《明太祖集》卷八《命曹国公李文忠提调都督府事敕》,合肥,黄山书社,2014年,第177页。
⑥[明]刘崧:《槎翁文集》卷一八《敕赐开国辅运推诚宣力武臣征南副将军靖海侯追封海国公谥襄毅吴公神道碑铭》,《四库全书存目丛书》集部第24册,济南,齐鲁书社,1997年,第598页;[明]黄金:《皇明开国功臣录》卷八《吴祯》,周骏富辑:《明代传记丛刊》第23册,第514页。
⑦《明太祖实录》卷六〇,洪武四年正月丙戌,第1167页。
⑧《明太祖实录》卷五九,洪武三年十二月戊寅,第1163页。
⑨《明太祖实录》卷二四〇,洪武二十八年八月戊辰,第3490—3491页。

性质①。

在洪武朝,一直担任品官负责对应事务的勋贵并不多。忠勤伯汪广洋封爵后任中书右丞相,后被贬为广东参政,又升御史大夫以至中书右丞相,始终专职专授②,这种状况应与他的文臣出身有关。陕西右丞兼管陕西行都督府事的耿炳文在洪武初年长期镇守陕西,负责地方军政事务,但他在洪武十六年(1383)以后也不再专视陕西事务,受命在云南等处巡戍③。可以说,出于各种主客观原因,洪武初封勋臣的品官大部分脱去或出现了与实际事权相分离的状况。

二　勋臣的钦差职权

既然洪武初年出现了勋臣品官与实际职权脱离的现象,那么当时勋臣的实际职权模式是什么样的呢? 在明代职官系统的发展过程中,形成了大量无品职事,文臣有总督、巡抚、参赞,武臣有总兵、挂印将军等等。大臣充任这些职事时需专领皇帝敕书,依照敕文规定的具体权限履职,这类似于唐、宋职官系统里的"差遣",可泛称"钦差"。由于勋臣功勋地位高出一般文武官员,且与皇帝关系密切,故终洪武一朝,朱元璋主要是依自己的需要,随时委派勋臣以本爵领受各种钦差职事以应对复杂朝局,而非命令勋贵担任品官以专事专责。

(一)勋贵的军事权力

明初勋臣大多数出身行伍,封爵后当然亦主掌军事。他们或统筹管理全国军事部署,或统兵负责具体的任务,可谓兼军事行政与指挥权并有之,这与明代中期以后文官统领军事事务,分割武臣权力的情形大不相同,故明初有"兵事专任武臣"④之说。

先论勋臣领都督府的情况。洪武初年,大都督府尚未分为五军都督府,

①汤和在洪武二十三年(1390)大都督府分为五军都督府后曾实际"掌都督府事"(见《明太祖实录》卷二〇二,洪武二十三年乙卯,第3026页)。
②《明史》卷一二七《汪广洋传》,第3774页。
③[明]黄金:《皇明开国功臣录》卷四《耿炳文》,周骏富辑:《明代传记丛刊》第23册,第316—317页。
④万历《明会典》卷一二八《兵部十一·镇戍三·督抚兵备》,第661页。

"凡天下将士、兵马大数,荫授、迁除与征讨进止机宜"① 皆归大都督府掌管,朱元璋曾下令让各卫所知事官"就令大都督府选除"②。可见这一时期大都督府是名副其实的国家最高军事管理部门。勋臣作为顶级武将,当然成为掌管都督府大权的不二人选。上文提到,洪武三年(1370),朱元璋就任命曹国公李文忠以左都督"领大都督府事",颖川侯傅友德、吉安侯陆仲亨、济宁侯顾时、临江侯陈德、六安侯王志、荥阳侯郑遇春、江阴侯吴良、南雄侯赵庸同知都督府事,而到洪武十二年,朱元璋又认为大都督府"于机也甚密,特以机密托之腹心,所以都督天下兵马,谓裁其事耳",故命李文忠"专行提调"府事,并下令"都府一应迁选调遣",务从李文忠议,然后上奏③。这时李文忠虽然仍兼左都督之职,但该官职已经无关紧要,他实际上是以勋臣之尊领"提调大都督府事"的钦差统辖戎马大权。

统领中枢军政以外,勋臣更是广泛执掌征战、镇守、屯种、漕运、建造营缮等各类具体的兵戎事务,与一般武官无异且权责更重。据《明史》载,洪武初年"诸勋臣多出行边"④,如洪武四年,徐达以大将军"驻师北平"镇戍,以北平新定,徙山后之民三万余户"散处"北平卫、府,各分军、民以组织屯田⑤;再如西平侯沐英曾会"颖川侯傅友德率师三十万征云南",云南平定后,沐英长期留镇当地⑥。当时军队的后勤保障事务也多由勋贵负责,这主要体现在督理粮草运输上,如延安侯唐胜宗曾一度总督海运⑦。明代常动用军队进行基础设施的修建,所以勋臣亦多督理营造,如汤和曾指挥过通州、彰德城墙的兴造⑧。对此史家有评,汤和"用兵数失利,不任将"但坚忍多智,"故时委以综理之任"⑨,所谓"综理之任"即指战争外的综合性事务。

①[清]孙承泽:《春明梦余录》卷三〇《五军都督府》,第455页。关于明初大都督府权重的现象,见李新峰:《明代大都督府略论》,《明清论丛》第2辑,北京,紫禁城出版社,2001年。

②[明]刘辰:《国初事迹》,[明]邓士龙辑:《国朝典故》卷四,北京,北京大学出版社,1993年,第105页。

③[明]朱元璋:《明太祖集》卷八《命曹国公李文忠提调都督府事敕》,第177页。

④《明史》卷一三〇《华高传》,第3833页。

⑤《明太祖实录》卷六六,洪武四年六月戊申,第1246页。

⑥[明]朱国桢辑:《皇明开国臣传》卷二《黔宁沐昭靖王》,周骏富辑:《明代传记丛刊》第25册,第111页。

⑦《明太祖实录》卷一二六,洪武十二年八月庚辰,第2011页。

⑧[明]方孝孺:《方孝孺集》卷二二《大明故开国辅运推诚宣力武臣特进光禄大夫左都督左柱国议军国事信国公追谥襄武封东瓯王神道碑铭》,第817页。

⑨[清]傅维鳞:《明书列传》卷九二《东瓯王汤和世家》,周骏富辑:《明代传记丛刊》第87册,台北,明文书局,1991年,第215页。

(二)勋臣参预军国庶务

明初勋臣虽多赳赳武夫,但皇帝依然在一定程度上给予他们管理各级行政事务的权力。

首先,部分勋臣可以兼管中枢文职,参决国家大政。朱元璋大封功臣前,就以李善长、徐达为左右丞相,"统六部事"[1]。至洪武三年(1370)封爵时,朱元璋依据元朝传统,给公爵的封号中均加"参军国事""同知军国事""同参军国事"等官号[2],而这些称号仅在洪武一朝被使用。"参、录军国事"之类的官号具有礼仪称号的性质,不过一些文化素养较高的勋贵也确实被委派处理文职事务。士人出身的韩国公李善长勿论,朱元璋外甥曹国公李文忠即以武勋实预文职。洪武十年五月,朱元璋以太师韩国公李善长、曹国公李文忠"共议军国重事,凡中书省、都督府、御史台悉总之,议事允当,然后奏闻行之"[3],《皇明开国臣传》总结这种国家管理体制的实质是"大事皆取"李善长、李文忠"二公处分"[4]。李文忠的这种参决大权虽属于一时权宜之制,在当时勋臣中也堪称特例,但仍反映出朱元璋对亲信勋臣不吝委任的基本方略。

其次,明初勋臣可多受命巡视地方,兼而管理部分地方行政事务。如朱元璋曾"移江南民十有四万诣凤阳,使各农田而实地,以壮京畿"。考虑到"斯民之众,下人不能驭",朱元璋"特留"韩国公李善长、江夏侯周德兴、江阴侯吴良等勋臣"督责其事而提调之"[5]。这是勋臣统筹移民的例子。而魏国公徐达洪武十四年镇守北平期间"军民悉听节制"[6],可见徐达有权实掌民政。镇守云南的西平侯沐英对地方行政事务的参与度也极大,具有很强的代表性。史载:

> (沐英)镇云南也,简官僚,修惠政,剔奸蠹,抚兵农,兴学校,治水利,严城堡,谨斥堠,通盐井,来商旅,垦田至一百一万二千亩,军食赢

①[明]王圻:《续文献通考》卷八五《职官考·宰相》,第5111页。

②[明]王世贞:《弇山堂别集》卷六《皇明异典述一·录军国重事》,第111页。

③《明太祖实录》卷一一二,洪武十年五月庚子,第1858页。

④[明]朱国桢辑:《皇明开国臣传》卷一《岐阳李武靖王》,周骏富辑:《明代传记丛刊》第25册,第80页。

⑤[明]朱元璋:《明太祖集》卷六《谕太师韩国公李善长、江夏侯周德兴、江阴侯吴良等》,第85页。

⑥《明太祖实录》卷一三九,洪武十四年九月壬午,第2186页。

足,恩威并施,德化大行。①

从沐英所管事务中可见,除去军务外,他的权力已经大大超出一般武将的职权范畴,广泛涉及云南的吏治、文教和经济开发,俨然一名地方守令。这种权力的获得是皇帝为了维护边疆稳定而特别允许的。

勋臣还拥有参与、主持国家礼仪与祭祀的职权。洪武九年(1376)十月,新太庙告成,朱元璋命李善长、汤和等功臣及"省、府、台臣分祀在京群神"②。朱元璋还以"新造邦基,民生方治,未或亲往"为由,命领兵在外的功臣代祭祀各地名山大川③。儒家伦理认为国君是上苍在人间的化身,负有"代天理民"的职责,国家祭祀象征天地神祇与皇帝的沟通,意味着皇权的合法性获得了神灵的认可。勋贵可代天子祭祀神灵体现的是勋贵与皇帝的特殊关系,作为与天子休戚与共的心腹重臣,他们处于封建礼法等级中的高位,是代祭的不二人选,中书省右丞相忠勤伯汪广洋曾作《韩国公、曹国公暨中山侯等官奉旨诣岳镇海渎行报祀礼早朝赋诗呈别》一诗,诗中"此行端为通幽显,倚注唯应属老臣"④正指此意。

(三)勋臣钦差的贵族政治特征

前文提到李善长洪武四年以病致仕不再担任中书省左丞相,后来皇帝再次起用李善长,钦命他与汤和"董建临濠宫殿",又同李文忠"悉总"中书省、都督府、御史台事务。这其中的"董"与"总"等字眼皆表示临时委派,并不等于恢复李善长中书省丞相一职。类似的,李文忠"提调大都督府事"的"提调",也具有相同意义,是让他们权宜署理相关事务,但并不授予他们固定官职。而徐达、常遇春担任将军、总兵时,称为挂佩某将军印或"出充某总兵官",所谓"挂印将军"是指出征时佩印领军,回军时上缴印章,解除职务;而所谓"充",也是指总兵官非品官,它随事而授,事毕而解。勋臣所领礼仪祭祀同样出于皇帝的临时任命,无职官依托。

勋臣所领的这些职权虽属临时钦差,但仍关乎军国大政,事体极重。李

---

① [明]郭勋:《三家世典》,[明]邓士龙辑:《国朝典故》卷四三,第1054页。
② 《明太祖实录》卷一一〇,洪武九年十月己未,第1820页。
③ [明]朱元璋:《明太祖集》卷六《命功臣祀岳镇海渎敕》,第91页。
④ [明]汪广洋:《凤池吟稿》卷七《韩国公、曹国公暨中山侯等官奉旨诣岳镇海渎行报祀礼早朝赋诗呈别》,景印《文渊阁四库全书》第1225册,上海,上海古籍出版社,1987年,第535页。

善长、李文忠总览省、府,权压群僚的情况勿论,明代还有所谓国初"以总兵官为极重,先朝公侯伯专征者,皆列尚书之上"[1]及"国朝将军挂印者,事权甚重,可以生杀人"[2]的说法。而且朱元璋不考虑文、武职分,直接授命勋臣总中枢,掌大军,这种任命显然不需要再经过官僚体制的铨选。朱元璋还常下达不加修饰的口语化圣旨或手谕委派勋臣[3],甚至给外甥李文忠发以"保儿知道"[4]为抬头的私人信件以布置机要军事任务。

总而言之,朱元璋利用勋臣功勋卓著且与自己关系密切的特点,不拘官僚选任常规与文武分野,随时授予他们权力极重的无品钦差,这样就既可以充分、灵活地利用勋臣以稳定动荡的局势,又可防范勋臣因在某地、某衙门担任固定职官而形成尾大不掉之势。而勋臣凭借特殊身份直接受命于皇帝,广泛管理国家庶务,形成独特的权力机制,这在一定程度上具有贵族政治的特征。

西方近代政治学中封建君主制度下的"贵族政治"概念主要来源于欧洲中世纪及近代早期的历史经验,其典型模式,即接受国王册封的领主在领地或采邑内拥有集行政、经济、司法与军事为一体的权力,而与王权存在一定的分离[5]。若以此为标准,在古代中国,西周分封制度有着明显的贵族政治特征,周天子分封的地方诸侯各有治土临民的统治权。秦汉以后的帝制王朝多抑制贵族分封的发展,并在皇权大一统的基础上构建起以人才选拔为核心的官僚政治制度,是为中国传统政治体制的主流。相比贵族政治强调身份与血统,官僚政治显然具有先进性。不过,在秦汉之后,贵族政治的因素始终存在,并与官僚政治相调配。从官制设计层面而言,历代王朝多保留王、公、侯、伯、子、男等贵族爵位以册封臣子,领爵者受到官僚体制的约束,一般不会裂土治民,但享受一系列的特殊优待。从国家权力分配的层面而言,仍有一些群体在皇帝的允许下凭借身份与血缘优势掌握国家权力,魏晋乃至隋唐的门阀政治即其中一种形态,当时各世家大族通过累世的社会名

---

① [明]沈德符:《万历野获编》卷二二《督抚·提督军务》,北京,中华书局,1959年,第554页。
② [明]王世贞:《弇山堂别集》卷八《皇明异典述三·大将军》,第139页。
③ [明]王世贞:《弇山堂别集》卷八六《诏令杂考二》,第1647—1648页。《明太祖实录》在收录这些口语化的圣旨时多作了修饰,失去原文面貌。
④ [明]王世贞:《弇山堂别集》卷八六《诏令杂考二》,第1648页。
⑤ 关于西方封建贵族政治模式的经典论述,见〔意大利〕加塔诺·莫斯卡著,贾鹤鹏译:《统治阶级》第三章《封建和官僚制度》,南京,译林出版社,2002年,第131页。

望占据朝中官位,而皇帝是贵族的代表,与"贵族合议"大政①。可以说,门阀政治与皇权共存,但门阀世族又具有一定的相对独立性②。另外,中国历代王朝皆以皇帝"家天下"为统治的根本,皇权的稳固又离不开宗藩、外戚、功臣等与皇室存在特殊亲密关系的身份性政治群体,这些亲旧大臣也常被皇帝以特殊方式授予权力与地位,可视作更普遍的中国古代皇权体制下的贵族政治形态。亲贵大臣的权力紧密依附于皇帝本身,但在某些情况下甚至会反噬皇权,典型者如汉、唐各代外戚权臣干政等。宋代之后,门阀制度瓦解,但身份性政治群体仍对历代王朝政局具有影响力,贵族政治的因素得以延续,其中朱元璋超越官僚选拔体制重用亲近勋爵广泛执掌国政的做法就具有贵族政治的色彩。

朱元璋本社会底层的游僧出身,他在夺取天下的过程中缺乏传统意义上宗亲、外戚及其他世家大族势力的支持,自然特别信重随之出生入死的功臣宿将,加之明初大乱初粹,人才相对匮乏,整个国家又充斥着军事暴力风气与蒙元贵族遗风,因此朱元璋依靠新晋军事贵族强化统治也是一种历史必然。另外,明朝第一代"开国"勋臣主要以社稷军功封爵并掌权,这与更多凭借血缘、裙带关系管事的嗣爵贵族及外戚近臣毕竟有所不同。

朱元璋本想委任亲贵勋臣以高级军政职官以管理国家要害部门,但不久勋臣即以贵族身份受领钦差行使各种职权,原本授予勋臣的品官有转变为荣誉兼衔的趋势。但公、侯勋臣爵列正一品以上,继续兼领品官也不能给公、侯带来特殊的荣宠。洪武十三年(1380),朱元璋正式诏命公侯称号,"自今封公侯不必加以散官,已授券诰者且仍其旧",于是礼部奏定封爵者只称"开国辅运推诚宣力武臣、某公侯,食禄若干石",不兼领品官,也不再领散阶及勋官③。此后,终洪武一朝,几乎所有再新封及嗣爵的勋贵均不加授品官④。

对于那些已经兼领品官的勋臣而言,一般在名义上可终生兼职如故,如江阴侯吴良、曹国公李文忠死后,其神道碑中依然称其生前官爵为"同知

①见〔日〕内藤湖南著,林晓光译:《东洋文化史研究·概括性的唐宋时代观》,上海,复旦大学出版社,2016年,第104—106页。
②日本学者川胜义雄即指出,"魏晋贵族并非得到君主自上而下的特殊保护,它的形成是具有普遍性的士大夫舆论由下来保证的",因此"贵族超越了王朝的更迭,绵延不绝"(见〔日〕川胜义雄著,徐谷芃、李沧济译:《六朝贵族制社会研究》第一篇《贵族社会的形成》,上海,上海古籍出版社,2007年,第16页)。
③《明太祖实录》卷一三〇,洪武十三年三月乙卯,第2075—2076页。
④〔明〕王世贞:《弇山堂别集》卷三七《高帝功臣公侯伯表》,第666—667页。

大都督府事江阴侯"①"大都督府左都督曹国公"②。在洪武十三年（1380）与十四年，明廷还一度用新设的五军都督府都督官作为追封公侯的兼官。如洪武十三年朱元璋追封去世的都督佥事王简为霍山侯，加赠开国辅运推诚宣力武臣、荣禄大夫、中军都督府同知③。再如洪武十四年去世的左军都督佥事何德追赠封开国辅运推诚宣力武臣、荣禄大夫、同知左军都督府事、庐江侯④，同年去世的江阴侯吴良也被追赠特进光禄大夫、上柱国、中军都督府右都督，追封江国公等⑤。但至洪武十五年礼部奏定封赠官制，"凡封侯赠谥，不加散官、职事"，如江阴侯吴良，"原赠特进荣禄大夫、上柱国、中军都督府右都督，追封江国公，谥襄烈"，更定为"开国辅运推诚宣力武臣、柱国，追封江国公，谥襄烈"⑥，其余死后加封者如例更正。这种封赠制度的调整可以看成是对勋爵大臣生前不领品官制度的落实。

至朱棣大封"靖难"功臣时，又恢复了勋臣兼都督品官及散勋的制度，尔后勋臣可加散勋之制终明一世不变，部分勋臣兼领都督品官之制维持至仁宗登极之初，宣德朝始武官勋臣受封后仍不兼任何品官，此制度流变笔者将在后文详论。此外，公孤及东宫三师是特殊荣誉兼衔，无所谓脱去不脱去的问题。

（四）洪武勋臣神道墓志中特异的兼官记载

依据成化初刊刻的刘三吾《坦斋先生文集》，洪武朝翰林学士刘三吾所撰勋臣神道碑文与墓志中，有洪武三年（1370）"开国"大封巩昌侯郭子兴神道碑题名作《敕赠开国辅运推诚宣力武臣荣禄大夫柱国同知大都督府事巩昌侯追封陕国公谥宣武郭公神道碑》，指郭子兴封爵后兼领大都督府都督同知官衔。又有洪武十二年所封征西番定远侯王弼的追封三代神道碑题作《敕赐开国辅运推诚宣力武臣阶荣禄大夫勋金大都督府事柱国爵定远侯王

---

①［明］吴宗伯：《江国襄烈吴公神道碑铭》，［明］徐纮辑：《皇明名臣琬琰录》前集卷五，周骏富辑：《明代传记丛刊》第43册，第135页。

②［明］董伦：《曹国李公岐阳武靖神道碑铭》，［明］徐纮辑：《皇明名臣琬琰录》前集卷二，周骏富辑：《明代传记丛刊》第43册，第45页。

③《明太祖实录》卷一三一，洪武十三年五月辛卯朔，第2082页。

④《明太祖实录》卷一三八，洪武十四年七月己亥，第2177页。

⑤《明太祖实录》卷一四〇，洪武十四年十一月丁未，第2205—2206页。

⑥《明太祖实录》卷一四四，洪武十五年四月辛丑，第2261—2262页。

弼食禄二千石追封三代神道碑铭》①，还有洪武十七年（1384）所封征云南东川侯胡海的墓志开头第一句书其官爵为"开国辅运推诚宣力武臣、荣禄大夫、柱国、金大都督府事、东川侯"②，指王弼、胡海封爵后仍保留大都督府都督金事官衔。这三例有关勋臣兼领品官的记载较为特异，应当加以考辨。

郭子兴神道碑题名中虽称其兼大都督府同知，但碑铭正文却丝毫未提及郭子兴任大都督府都督同知一事。巩昌侯郭子兴弟武定侯郭英后裔编有郭氏家族文献集成《毓庆勋裔集》，藉之通考郭子兴诰券文书与墓志，可知他封爵前曾任大都督金事，但无论封爵前后，子兴从未曾担任大都督府同知一职③。郭子兴逝于洪武十七年④，当时大都督府已解体，而且朱元璋也确立了"封侯赠谥，不加散官、职事"的定制，因此不可能再以大都督府同知之职追赠郭子兴。现仅知朱元璋曾追赠郭子兴父郭山甫为同知大都督府事，并追封巩昌侯⑤，但这与郭子兴本身的官爵无关。

再看王弼、胡海的情况。首先，王弼追封三代神道题名中"勋金大都督府事、柱国"的写法本身在官制上就有显著的谬误，"金大都督府事"是品官而非勋官，不当与柱国合而称之。进一步考察可知，包括王弼、胡海在内，洪武十二年所封平西番与洪武十七年所封平云南功臣封爵前普遍任大都督府都督金事或五府都督金事，但详核可考的征西、征滇勋臣诰券文书，不见封爵后仍兼任都督官者⑥。与王弼同封的安庆侯仇成、安陆侯吴复，以及与胡海同封的武定侯郭英三人也有碑铭志文出土或存世，而且吴复神道碑文同样是由刘三吾所撰，其中仇成墓志中称其完整官爵称号为"开国辅运推诚宣力

---

① [明]刘三吾：《坦斋先生文集》卷二，明成化朝刻本。按郭子兴神道碑题名中"敕赠"应为"敕赐"之误。另万历重刻《坦斋刘先生文集》（《四库全书存目丛书》集部第25册，济南，齐鲁书社，1996年）中相应内容与成化朝刻本一致。
② [明]刘三吾：《坦斋先生文集》卷二《东川侯胡海墓志石》。
③ [明]郭良、郭勋辑：《毓庆勋懿集》卷三《诰券·封巩昌侯讳子兴及汪氏夫人》、卷八《陕国宣武公墓志》，台北"中央"图书馆藏明正德朝刻本。
④ 《明太祖实录》卷一六八，洪武十七年十一月癸酉，第2568页。
⑤ [明]刘三吾：《坦斋先生文集》卷二《敕赠开国辅运推诚宣力武臣荣禄大夫柱国同知大都督府事巩昌侯追封陕国公谥宣武郭公神道碑》。
⑥ 《明太祖实录》卷一二七，洪武十二年十一月甲午，第2022页；[明]朱元璋：《明太祖集》卷三《安庆侯仇成诰文》，第49页；[明]黄金：《皇明开国功臣录》卷一三《陈桓》，周骏富辑：《明代传记丛刊》第23册，第769—770页；[明]郭良、郭勋辑：《毓庆勋懿集》卷三《诰券·武定侯讳英历官封爵及马氏夫人》。

武臣、荣禄大夫、柱国、安庆侯,追封皖国公,谥庄襄"①,吴复神道碑题名作《大明敕赐开国辅运推诚宣力武臣柱国安陆侯追封黔国公谥威毅吴公神道碑铭》②,郭英神道碑称其官爵为"开国辅运推诚宣力武臣、柱国、武定侯"③,皆不见兼任都督官。另外,刘三吾在胡海墓志中提到封爵前的郭英时称"郭英都督今武定侯"④,这说明刘三吾也谙知当时勋臣封爵后就不再兼任都督官的惯例。

综上所论,巩昌、定远、东川三侯碑铭墓志中有关勋臣都督兼官的记载既有违史实,又不符合当时官爵制度与追封制度。郭子兴神道碑与王弼追封三代神道碑分别是洪武二十年(1387)与洪武二十三年(1390)由朱元璋钦准修建。洪武二十年十一月,朱元璋命礼部立故巩昌侯郭子兴、永城侯薛显、六安侯王志、安陆侯吴复墓碑,"仍命翰林院制文刻石"⑤。尔后二十三年四月,朱元璋又钦赐宋国公冯胜、江夏侯周德兴、永平侯谢成、定远侯王弼、会宁侯张温、武定侯郭英、江阴侯吴高、鹤庆侯张翼、崇山侯李新、安庆侯仇正、南雄侯赵庸等勋臣钞各二千锭,"令建先茔神道碑"⑥,还准各公侯自行聘请翰林文臣撰写碑文⑦。按理这些御赐神道铭文的抬头题名不应出现官爵称谓的谬误。万历朝重刻刘三吾文集序言有载,成化朝初刻刘三吾集存在"校雠未详,字句多讹缺"⑧的问题,据此推测很可能是成化朝编订刘三吾文稿的刘氏后人不熟悉明初制度,导致某些神道墓志的题名或开头出现错写⑨。

──────────

① 《大明开国辅运推诚宣力武臣荣禄大夫柱国安庆侯追封皖国公谥庄襄仇成圹志》,转引自邵磊:《江苏南京白马村明代仇成墓发掘简报》,《文物》2014年第9期。

② [明]刘三吾:《坦斋先生文集》卷二。

③ [明]杨荣:《文敏集》卷一七《开国辅运推诚宣力武臣柱国武定侯赠营国公谥威襄郭公神道碑铭》,景印《文渊阁四库全书》第1240册,上海,上海古籍出版社,1987年,第263页;[明]杨荣:《武定侯神道碑》,[明]郭良、郭勋辑《毓庆勋懿集》卷七。

④ [明]刘三吾:《坦斋先生文集》卷二《东川侯胡公海墓志石》。

⑤ 《明太祖实录》卷一八七,洪武二十年十一月辛丑,第2801页。

⑥ 《明太祖实录》卷二〇一,洪武二十三年闰四月戊子,第3017页。

⑦ 定远侯王弼在钦准修建祖宗陵墓神道碑后四年,又亲自延请刘三吾为其祖先撰写神道碑文(见[明]刘三吾:《坦斋先生文集》卷二《敕赐开国辅运推诚宣力武臣阶荣禄大夫勋金大都督府事柱国爵定远侯王弼食禄二千石追封三代神道碑铭》)。

⑧ [明]刘应峰:《坦斋先生文集序》,[明]刘三吾:《坦斋刘先生文集》,《四库全书存目丛书》集部第25册,第83页。

⑨ 实际上,万历朝重新编刻的刘三吾文集仍沿袭成化朝刻本中的这些问题,而且甚至在郭子兴神道碑题名中将郭氏追封陕国公爵误写作"陕西公"(见[明]刘三吾:《坦斋刘先生文集》卷上《敕赠开国辅运推诚宣力武臣荣禄大夫柱国同知大都督府事巩昌侯追封陕西公谥宣武郭公神道碑铭》,《四库全书存目丛书》集部第25册,第115页)。

　　值得注意的是,正德朝编成的郭氏家族文献《毓庆勋裔集》所收郭子兴神道碑文题名也有“开国辅运推诚宣力武臣、荣禄大夫、柱国、同知大都督府事、巩昌侯”①的称谓,与刘三吾文集中相同,这颇不合常理,对此笔者依据目下史料尝试给一解释。郭子兴死后,由其子郭景振袭爵,再后子兴被追论“胡党”,子孙诛废②,而编订《毓庆勋裔集》的郭英子孙非郭子兴直系后裔,这就造成《毓庆勋裔集》中有关郭子兴的资料不一定精准齐全。例如《毓庆勋裔集》所录朱元璋赐郭英制敕有八道,历官封爵的诰命券文有八道,但却未收郭子兴制敕,仅收郭子兴封爵诰券四道。另外该书中所谓郭子兴追封三代诰命只记子兴父母、祖父母、曾祖父母追赠官爵,但没有具体文辞③,显然编者没有抄录到这些诰命原文,相比之下郭英追封三代诰文中就有“人臣为国之用,能以功名自著者,必因其前人积德所致”云云的制词④。因此笔者推断,《毓庆勋裔集》中郭子兴神道碑文并非誊写自刘三吾写与郭家的原稿,也不是根据郭子兴神道碑实物拓录⑤,只不过是摘自成化以后辑刻的刘三吾文集等文献;而且对比成化刻本《坦斋先生文集》中的郭子兴神道碑文,《毓庆勋裔集》中的子兴神道碑文还存在明显的文字疏漏,将“中山王以公之勇功闻”一句误作“中山勇之功闻”⑥,此亦可见编者对郭子兴神道碑铭的辑录并不十分用心。二十世纪初南京出土了郭子兴神道碑残存碑额部分,上书“大明敕赐陕国公神道碑”⑦,不过碑体部分不存,也无法借之比勘确定巩昌侯神道碑实物上的文辞是否存在问题。

　　又《毓庆勋裔集》所收正统十二年(1447)去世的武定侯郭英孙南京锦衣卫指挥佥事郭琮(又作郭珍)墓志铭中追记郭英完整官号为“开国辅运推诚宣力武臣、光禄大夫、柱国、前军都督府都督、武定侯,追封营国公”⑧,指武定侯郭英封爵后也保留都督官,但这与洪武年间写定的郭英诰券以及原内

①[明]刘三吾:《巩昌侯神道碑》,[明]郭良、郭勋辑:《毓庆勋懿集》卷七。
②[明]郭良、郭勋辑:《毓庆勋懿集》卷三《袭封巩昌侯郭景振诰》;《明史》卷一三一《郭兴传》,第3844页。
③[明]郭良、郭勋辑:《毓庆勋懿集》卷三《巩昌侯追封三代诰》。
④[明]郭良、郭勋辑:《毓庆勋懿集》卷三《武定侯追封三代诰》。
⑤根据郭英孙辈定襄伯郭登的记载,景泰朝郭子兴神道碑还立于郭氏南京祖茔之内(见[明]郭登:《郭氏重修先茔记》,[明]郭良、郭勋辑:《毓庆勋懿集》卷七)。
⑥[明]刘三吾:《巩昌侯神道碑》,[明]郭良、郭勋辑:《毓庆勋懿集》卷七。
⑦《1865旧厂房下挖出朱元璋猛将郭子兴神道碑额》,《南京晨报》2011年4月15日。
⑧[明]魏骥:《故明威将军南京锦衣卫指挥佥事郭公墓志铭》,[明]郭良、郭勋辑:《毓庆勋懿集》卷八。

阁大学士杨荣所撰郭英神道①中郭英封爵后不兼品官的记载皆不相符,应属误写。况且郭珹墓志仅泛记郭英兼"前军都督府都督",未详写是哪一级的都督官,从一个侧面反映出郭氏后人与郭珹墓志撰者很可能已不十分熟悉洪武朝勋臣制度与史事。除误写的可能外,由于永乐朝及仁宗登极之初明廷曾通过加兼都督官的方式提高勋戚重臣的荣宠②,而获此殊荣准封彭城伯仍任左都督的仁宗外戚张昶至正统三年(1438)才去世③,因此武定侯家有可能参照当时这一特殊的制度,故意要求撰者在家族后裔墓志中编写祖先郭英封爵后仍兼都督一事用以凸显郭英的元勋地位。

三 朱元璋勋臣政策的变化与矛盾

(一)从优待到全面削弱的渐进性管控

明太祖以草莽起家夺取天下,而明初国家局势尚不稳定,征战不停,朱元璋极力优待重用勋旧,以达到江山永固的目的。除前文所论直接附着于爵位的各类勋臣待遇外,朱元璋还采取各种手段,进一步优宠勋臣。

在经济上,洪武朝勋臣岁享禄米分为五千石、三千石、一千五百石、九百石、六百石、三百六十石、二百四十石各等,依功勋大小爵位高低而有别,平均达到一千五百石左右。勋臣坐享物质特权,兼官另有加俸,相比明初一般文武的低俸境遇可谓优隆④。洪武四年(1371)以后,朱元璋还不断给予受封勋贵金银玉帛以及大量田土、宅邸、佃户、守坟人户、仪仗户供其享受役使⑤。此为勋贵政治权力之经济基础。

在礼制上,朱元璋在南京鸡笼山建立功臣庙,庙中陈列多位去世勋贵的

---

①郭英神道碑原文应该是仁宗登极之初袭武定侯的郭英裔孙郭玹在宣德至正统初年延请杨荣所撰,《毓庆勋懿集》所录郭英神道碑又在原碑文基础上补充了郭英子孙及曾孙辈的信息。
②此制度变化详见本书第二章第一、二节的相关讨论。
③《明仁宗实录》卷四上,永乐二十二年十一月壬申,第130—131页;《明英宗实录》卷四三,正统三年六月乙卯,第829页。
④朱元璋定的官俸水平极低,正一品月俸八十七石,一年下来不过千余石。如果考虑到经常出现的实物折俸的情况,品官俸禄就更低了(见赵翼:《廿二史札记校证》卷三二《明官俸最薄》,北京,中华书局,1984年,第750页)。
⑤[明]高岱:《鸿猷录》卷六《封赏功臣》,上海,上海古籍出版社,1992年,第134页。有学者指出,朱元璋统治初年,是以赐与勋贵的田土租税来供给他们的禄米的,赐田与岁禄是合二为一的关系(见张海瀛:《明代的赐田与岁禄》,《明史研究论丛》第4辑,南京,江苏古籍出版社,1991年)。

塑像,皇帝派专官以时祭祀之。洪武二年(1369),明太祖又命功臣死后神位可陪享太庙①。相比一般文武大臣,勋臣在服饰等级上也尤显尊荣。洪武元年(1368)十一月,朱元璋下令规范官民服饰规制。他规定公爵朝服通天冠八梁,侯爵及丞相、大都督、御史大夫七梁,并"俱加笼巾、貂蝉"等以体现勋臣的尊贵地位②。

在司法上,勋臣本有免死铁券可赎免谋逆大罪以外的罪行。另外,朱元璋洪武六年(1373)颁布《大明律》时,还延续前代旧法,设"八议"减罪优待,以"议亲""议故""议贤""议能""议功""议贵""议勤""议宾"的名义给某些臣僚减免罪责。其中"议功""议故""议能""议贵""议亲"等均涉及勋臣。享受"八议"的勋臣若犯罪,法律部门不能擅自捉拿审问,须将案情实封上奏,请皇帝自裁③。如果皇亲国戚及功臣的亲属里党犯罪,《明律》对其也有较优待的处理办法④。勋贵的铁券免死制度已经给予了他们超越一般法律约束的豁免权,而"八议"又授予勋贵及亲属法律内的优待。

此外,朱元璋还选择与勋旧联姻以"假干城之寄,重维城之古"。如明太祖以长女嫁李善长子李祺,次女宁国公主嫁汝南侯梅思祖侄梅殷等⑤,懿文太子娶鄂国公常遇春女,太祖六子楚王娶定远侯王弼女,太祖二十三子唐王娶安陆侯吴复孙女等等⑥。诸如此类,学者尽知,不胜枚举。

但朱元璋在统治初年也同时表现出猜忌功臣的端倪,洪武中前期即实行过制约勋臣的种种措施。朱元璋初起兵时,便对武将保持警惕,他曾下令:"与我取城子的总兵官,妻子俱要在京住,不许搬取出外。"⑦此令明显旨在挟持武臣家眷作为人质以确保他们的忠诚。立国以后,朱元璋常有"念天下

---

①关于功臣庙祭祀和功臣陪享太庙的具体情况,见赵克生:《试论明朝太庙的功臣配享及其变动》,《故宫博物院院刊》2005年第3期。

②《明太祖实录》卷三六,洪武元年十一月甲子,第693页。

③[清]薛允升:《唐明律合编》卷二《明律卷一之二》,北京,法律出版社,1999年,第22页。

④《大明律》规定,皇亲国戚及功臣的父母、祖父母、妻、子犯罪,法司不许擅问,要上请皇帝。宗室勋戚的近亲犯罪"有司依律追问",但审判结果还要上请皇帝钦裁。宗室勋戚的其余亲属及家人、奴仆有依势欺压良民、凌犯官府者,罪加一等,但只坐犯主,不连坐(见《大明律》卷一《应议者之父祖有犯》,北京,法律出版社,1998年,第6页)。

⑤《明太祖实录》卷一○七、卷一二○,洪武九年七月壬戌、洪武十一年十月乙卯,第1779—1780、1955—1956页。

⑥[明]王世贞:《弇山堂别集》卷一《皇明盛事述一·勋臣国戚》,第10页。

⑦[明]刘辰:《国初事迹》,[明]邓士龙辑:《国朝典故》卷四,第70页。

承平无事,不欲诸大将屡典兵"①的想法,这说明朱元璋已经意识到功臣权力的膨胀可能会威胁皇位。当时很多勋臣也察觉到朱元璋的猜忌防范。如据《逆臣录》记载,丞相胡惟庸曾对韩国公李善长、怀远侯、会宁侯、安庆侯等勋贵说:"想上位已前用着你这官人每定了天下,虽是都封了公侯,我看如今有些疑你每,久后必然不得久长享富贵。"②

明初一些功臣恃权恣肆、巧取豪夺的情况也很严重。对此,明太祖采取了相对强硬的手段以警示。洪武五年(1372)六月,朱元璋发布铁榜,有学者即将铁榜的作用总结为"更进一步地申诚,把贵族们的行为约束在合法的范围内"③。总体而言,明太祖这一时期对勋贵的惩处尚不残酷,在责罚的同时或辅以优礼,如永城侯薛显封爵前就常擅自杀人,故朱元璋以"天下初定,即杀有功之臣,又所不忍"④的名义封其爵,但贬谪海南,分岁禄给被他杀害者的家属。

洪武十三年以后,朱元璋对勋臣权力的限制与人身的打击进一步加强。首先,朱元璋在国家制度设置层面压缩勋臣的权力。大都督府是主要由勋臣掌管的国家最高军事机关,洪武十三年正月,继废中书省后,朱元璋将大都督府一分为五,其职能趋于下降,这势必会影响到勋臣权力的维系。其次,对于尚存的"开国"大封勋爵以及洪武十二年以后陆续新封与新袭的勋臣,朱元璋通常选派他们执掌具体的平乱与练兵事宜,不再轻准其参预中枢大政或地方民政事务。以洪武中期以后权势最盛的勋臣蓝玉为例,他在洪武十八年以后所领事权先后有充副将练兵北平⑤,充副将升主将征讨北元王廷⑥,往四川整理城池、军马并节制都司以下属卫官军⑦,领兵平定四川番部

① [清]傅维鳞:《明书列传》卷九二《东瓯王汤和世家》,第215页。
② 《逆臣录》卷一,北京,北京大学出版社,1991年,第31页。按,《逆臣录》将此事系于洪武十一年十一月,时间上明显有漏洞,因为安庆侯仇成、怀远侯曹兴、会宁侯张温等人是在洪武十二年十一月明廷征西番之役结束后才获封爵的,据此条记载或有誊抄刊刻之误,或极有可能是法司为罗织勋臣而编造出的罪情,但这条记载仍能反映出洪武中期以前朱元璋逐渐加强对勋臣猜忌的事实。
③ 王剑:《铁券、铁榜与明初的贵族政治》,《西南师范大学学报(哲学社会科学版)》1999年第6期。
④ [明]朱国桢辑:《皇明开国臣传》卷五《永国薛桓襄公》,周骏富辑:《明代传记丛刊》第25册,第447页。
⑤ 《明太祖实录》卷一七四,洪武十八年八月庚戌,第2653页。
⑥ 《明太祖实录》卷一八〇、卷一八五,洪武二十年正月癸丑、洪武二十年九月丁未,第2721、2784页。
⑦ 《明太祖实录》卷一九五,洪武二十二年二月己未,第2931页。

与蛮部变乱①,往陕西、甘肃等地练兵备边、整饬卫所②,充主将平定四川土司月鲁帖木儿等③,所奏之事也是具体的军事部署与地方武官升替④,权位更近边将,对朝中大政无多影响。另外,朱元璋又采取一种较平和的削弱策略,多次劝慰勋贵放弃手中兵权,颐养天年。如朱元璋曾对徐达说:"天下已定,宜少休免朝请。"⑤又如洪武二十二年(1389),朱元璋"以天下无事,且悯诸将老,欲保全之,厚加赐赍,遣归其乡"。第二年,他独召武定侯郭英还京,"命统禁兵及在京诸军"。对此,史评:"盖上春秋高,知英忠谨,特倚重焉。"⑥可知,朱元璋遣散老将的真正原因是对功臣的怀疑猜忌。最终,朱元璋选择系统性地清洗勋贵功臣,此即人所尽知的自洪武二十三年(1390)爆发的胡惟庸、蓝玉诸案,这直接导致了开国勋臣存者不及三四⑦。

近年来学界普遍认为,朱元璋大杀功臣的主要原因在于两点,一是功臣恃功犯罪,掠夺国家财富;二是功臣权力过大,对皇权构成潜在威胁,以致朱元璋必除之以后快⑧。显然后一种原因更为关键,晚明阁臣朱国桢即言:

> 大抵飞扬跋扈,自武人常事,难以为非……太祖谆谆告诫,未必即从。熟窥情状,先事诛夷,宁过无不及,前后坐者至三万余人,当时已难分别……盖曹公事已有确据,傅、颍二公亦太仓促,故朱亮祖诘而不服,即蓝玉面叱詹徽,徽非反者。雷霆之下,何所不靡,为圣人生,即为圣人

①《明太祖实录》卷一九九、卷二〇〇,洪武二十三年正月辛巳,洪武二十三年二月癸亥,第2985、3000页。
②《明太祖实录》卷二一三、卷二一七,洪武二十四年十一月丙申,洪武二十五年三月癸未,第3148、3187—3188页。
③《明太祖实录》卷二一七,洪武二十五年四月戊寅,第3195页。
④如洪武二十三年蓝玉在四川各地训练兵士听征西番时,上请朝廷下发盔甲一万,朱元璋诏从之(见《明太祖实录》卷二〇一,洪武二十三年四月庚子,第3008页)。同时期蓝玉还曾与景川侯曹震、蜀王一同核实拟定南征将士升授排名单以备选用(《明太祖实录》卷二〇三,洪武二十三年七月癸卯,第3038—3039页)。另如《逆臣录》所记,蓝玉曾奏请加升长淮卫指挥邹成(见《逆臣录》卷五,第272—273页)。
⑤[明]朱国桢辑:《皇明开国臣传》卷一《中山徐武宁王》,周骏富辑:《明代传记丛刊》第25册,第44页。
⑥[明]杨荣:《文敏集》卷一七《开国辅运推诚宣力武臣柱国武定侯赠营国公谥威襄郭公神道碑铭》,景印《文渊阁四库全书》第1240册,第266页;[明]杨荣:《武定侯神道碑》,[明]郭良、郭勋辑:《毓庆勋懿集》卷七;[明]郭勋:《三家世典》,[明]邓士龙辑:《国朝典故》卷四三,第1058页。
⑦[明]郑晓:《今言》卷二,"一百四十条",第83页。
⑧见高寿仙:《明代的皇帝、皇权与帝都·皇帝制度·明初专制皇权的空前加强》,张显清、林金树主编:《明代政治史》第二章第一节,桂林,广西师范大学出版社,2003年,第177页。

死,乘化往来,其亦何憾之有。^①

可见,明代本朝已有人隐约指出朱元璋对勋旧的打击面过大,超出了惩罚犯罪的范畴。实际上,朱元璋统治中后期对待勋贵的措施呈现出不断变化的特色,而大规模屠戮功臣只是其中的一个方面,单单研究这一极端历史现象容易产生片面之嫌。因此有必要跳出对明太祖屠戮勋臣行为本身的关注,将"胡、蓝之狱"前后明太祖的勋臣政策及勋贵职权状况联系起来考察,才能全面揭示洪武中后期勋臣制度的发展情况。

(二)完善封爵制度与重用部分亲近勋贵

洪武中后期,朱元璋打击乃至屠戮勋贵的做法明显与洪武初年勋贵受到优待的情形存在巨大差异。然而,朱元璋在不断打压勋贵的同时,还继续完善和勋臣有关的各项制度,并重用部分亲近贵戚。这些情况以往常为史家所忽视,有必要重点论析。

明代勋臣封爵制度的不少细则是在洪武十三年(1380)以后勋贵遭受致命打击之时形成的。洪武二十三年,正逢大规模株连"胡惟庸党",朱元璋命儒臣考察宋代旧制,明确了勋贵爵位追封的条款。他以"勋臣开国之功,虽加封爵,未足以尽报功之典"的名义,追封徐达、李文忠三代祖先皆为中山王、岐阳王,又认为"三代俱封王爵,出自特恩,难为定例",于是下令:"凡开国功臣死后,俱追封三代。其袭爵子孙非建立奇功者,生死止依本爵,著为令。"^②同一时期,勋臣爵位承袭的制度也得以落实。洪武朝所编《诸司职掌》载其制如下:

> 受封官身死,须以嫡长男承袭。如嫡长男事故,则嫡孙承袭。如无嫡子嫡孙,以嫡次子孙承袭。如无嫡次子孙,方许庶长子孙承袭。不许挽越。仍用具奏,给授诰命。劄付翰林院撰文,具手本送中书舍人书写,尚宝司用宝完备。^③

---

①[明]朱国桢辑:《皇明开国臣传》卷五《杞国陈定襄公》,周骏富辑:《明代传记丛刊》第25册,第439—440页。

②《明太祖实录》卷二〇四,洪武二十三年九月乙未,第3052页。

③《诸司职掌·吏部·司封部·封爵》,《续修四库全书》史部第748册,上海,上海古籍出版社,2002年,第598页。

不少增强勋贵礼仪荣宠的规制也在洪武中后期进一步确立。如洪武十六年(1383),朱元璋诏定朝参官员座次,每当奉天门赐坐时"公侯至都督金事坐于门内,守卫指挥坐于都督金事之后",而"稍南六部尚书及署都督府事官坐于门外"[①],勋臣依然居臣僚序列的前端。洪武二十四年,朱元璋再次厘正舆服制度,勋臣服饰规制也全面完善。勋臣公、侯、伯及外戚驸马的朝服梁冠梁数在朝臣中最多,"公冠八梁,侯、伯冠七梁"。公、侯、驸马、伯梁冠上还加"笼巾、貂蝉、立笔"及香草、雉尾、金玉玳瑁蝉牌等彰显贵戚身份的装饰,这些装饰其他文武大臣均不得领[②]。公、侯、驸马、伯公服的"服色、花样、腰带与一品同"[③],而他们常服上的补子花纹为"麒麟、白泽"等神异之兽[④],不同于一般文武的飞禽走兽。

朱元璋仍注重拉近与个别勋贵,尤其是嗣爵勋臣的关系,特许他们参处部分中央行政事务,或准许其全权执掌方面军马,这也是洪武中后期勋臣政策矛盾的一种表现。如洪武十三年,朱元璋诏李文忠"参赞国事"[⑤]。洪武十六年,明太祖又因"公侯子弟在太学者多骄慢不习训",命李文忠领国子监,此事被明代后世史家王世贞评为"异典"[⑥]。洪武二十五年,镇守云南的沐英死,朱元璋命英长子沐春嗣位,授权"云南各卫军马悉听"沐春节制,"一切事务应奏者必经由,然后来闻"[⑦]。洪武二十九年,朱元璋以"国子师生日多",不甄别高下无以惩劝,故命继徐达为魏国公的徐辉祖"帅礼部、翰林院臣"到国子监,试监生文,"分别送吏部铨用"[⑧]。另外,大都督府解体衰落后,五府仍是名义上的最高武职衙门,朱元璋依然会把"掌某都督府事"或"署都督府事"的职责授予徐达长子徐辉祖及驸马王宁、李坚等年轻一辈的皇亲

①《明太祖实录》卷一五八,洪武十六年十一月甲寅,第2444页。

②万历《明会典》卷六一《礼部十九·冠服二·文武官冠服·朝服》,第383页。

③万历《明会典》卷六一《礼部十九·冠服二·文武官冠服·公服》,第386页。

④万历《明会典》卷六一《礼部十九·冠服二·文武官冠服·公服》,第386页。

⑤[明]董伦:《曹国李公岐阳武靖王神道碑铭》,[明]徐纮辑:《皇明名臣琬琰录》前集卷二,周骏富辑:《明代传记丛刊》第43册,第53页。

⑥《明太祖实录》卷一五一,洪武十六年正月壬申,第2381页;[明]王世贞:《弇山堂别集》卷九《皇明异典述四·勋戚理太学》,第157页。

⑦[明]唐愚士:《西平惠襄公沐春行状》,[明]焦竑辑:《国朝献征录》卷五《公一·世封公》,周骏富辑:《明代传记丛刊》第109册,台北,明文书局,1991年,第152页。

⑧[明]王世贞:《魏国公徐辉祖传》,[明]焦竑辑:《国朝献征录》卷五《公一·世封公》,周骏富辑:《明代传记丛刊》第109册,第146页。

贵胄①。

实际上,重亲的统治倾向在洪武中后期十分凸显。朱元璋在洪武十二年(1379)以后特别倚重的战将凉国公蓝玉本身是懿文太子妃常氏之舅,蓝氏与皇室存在较近的姻亲关系,但在朱标早卒的情况下,蓝玉及与蓝氏关系密切的勋旧反而成为日后威胁太孙朱允炆统治的隐患,故朱元璋不得不除之②。而在"洪武大案"中没有受到致命打击的徐达家族是开国首臣之后,李文忠家族是朱元璋外甥,他们是与皇室关系最亲密、最无需提防的嫡系。在云南的沐氏本朱元璋养子,地位又关乎边境安危,也不宜打击。可以说,朱元璋选择清洗蓝玉等虽与皇室关系较近但具有潜在威胁的勋臣,但保全重用徐辉祖、李文忠等最亲近的勋臣,仍反映出对勋臣择亲而任的策略。

以上所述现象表明,朱元璋虽然打击、屠戮勋贵,但并不想彻底废除勋臣制度,相反他还在强化某些制度细节,朱元璋对勋臣的矛盾心态于此可见一斑。在这样的政治背景下,出现两种结果:一方面很少有勋贵能够长期安享这些制度带来的尊荣与权势;而另一方面朱元璋仍然建立了相对完整的可为后世所遵循的勋臣制度框架。至朱棣以藩王篡夺天下后,首先面临的就是统治基础相对薄弱的问题,因此他特别需要依靠燕军"靖难"功臣强化皇权基础,于是洪武末年矛盾的勋臣封任制度与策略就被大体延续并得到进一步调整,新封的"靖难"勋臣仍是朝中重要的政治力量。

四 明代管控勋臣权力的基本规制

(一)勋臣"不得预九卿事"原则

永乐朝以后,明廷在沿袭洪武中后期遗制的基础上,逐渐确立了仍重用勋臣执掌具体军务,但限制勋臣,尤其是武将出身的勋贵参预国家大政的方略。从永乐朝"靖难"勋臣的履历来看,他们中再无循洪武旧例直管中央或

①"掌某都督府事"或"署都督府事"本是非都督官兼管府事的任命方式,如洪武二年八月,朱元璋命江西行省平章陆仲亨署大都督府事(见《明太祖实录》卷四四,洪武二年八月戊子,第873页)。至洪武中后期,它被较广泛使用,如洪武十七年七月,朱元璋命徐达长子徐允恭(后改名徐辉祖)署左军都督府事(见《明太祖实录》卷一六三,洪武十七年七月己亥,第2524页);洪武二十六年三月,皇帝命驸马都尉王宁掌后军都督府事,驸马都尉李坚掌前军都督府事(见《明太祖实录》卷二二六,洪武二十六年三月乙卯、甲子,第3305、3307页)。
②刘长江:《明初皇室姻亲关系与蓝玉案》,《北大史学》第5辑,北京大学出版社,1998年。

地方重要行政机构者。朱棣"靖难"大封后不久，就陆续派遣年富力强的勋臣领兵镇守各地，轻易不召回。最典型者，如武安侯郑亨永乐元年（1403）往宣府备御①，后屡守开平、宣府各边②，期间除预备随驾北征外久不回京③。仁宗登极后，郑亨又专镇大同④，及至宣德朝不替⑤。郑亨最初遣备宣府时，武城侯王聪、安平侯李远分任副总兵随守⑥。再如保定侯孟善永乐元年出镇辽东，至永乐七年白首老迈才召回⑦；襄城伯李濬永乐元年镇守江西，在镇两年病重召还⑧；成安侯郭亮封爵后随即出镇永平、山海等处，操练军马⑨，七年改备御开平⑩，直永乐二十年仍在镇，寻病逝⑪。永乐四年，成祖又派成国公朱能、丰城李彬、新城侯张辅、云阳伯陈旭各充主副总兵、参将南征交阯⑫。后朱能病逝军中⑬，张辅代总其兵挂印征讨交阯⑭。永乐八年张辅回朝，寻改提督宣府、万全、兴和等处城池军马以配合御驾北征⑮，后又复返交阯，至永乐十四年底才召回⑯。而丰城侯李彬在平交阯后调至浙江防倭，继而又历镇陕西、甘肃、交阯等地，极少还朝⑰。还有宁阳伯陈懋永乐六年出镇宁夏，永乐末短暂召回掌五府，宣宗登极后复镇宁夏⑱。

①《明太宗实录》卷二一，永乐元年六月丙辰，第391页。

②《明太宗实录》卷九四、卷一一〇、卷二五〇，永乐七年七月庚寅，永乐八年十一月乙丑，永乐二十年八月壬寅，第1249、1409、2344页。

③[明]杨荣：《文敏集》卷七《故奉天靖难推诚宣力武臣特进荣禄大夫柱国中军都督左都督武安侯追封漳国公谥忠毅郑公神道碑铭》，景印《文渊阁四库全书》第1240册，第268—269页。

④《明仁宗实录》卷一下，永乐二十二年八月乙未，第24页。

⑤《明宣宗实录》卷二二，宣德元年十月己丑，第591页。

⑥《明太宗实录》卷二一，永乐元年六月丙辰，第391页。

⑦《明太宗实录》卷一二九，永乐十年六月甲戌，第1602—1603页。

⑧《明太宗实录》卷四八，永乐三年十一月戊戌，第731页。

⑨《明太宗实录》卷一五，洪武三十五年十二月丁卯，第280页。

⑩《明太宗实录》卷九七，永乐七年十月丁巳，第1284页。

⑪《明太宗实录》卷二五〇、卷二五七，永乐二十年七月甲申，永乐二十一年三月庚寅，第2337—2338、2373页。

⑫《明太宗实录》卷五六，永乐四年七月辛卯，第822页。

⑬[明]杨士奇：《成国公赠东平王谥武烈朱公能神道碑》，[明]焦竑辑：《国朝献征录》卷五《公一·世封公》，《明代传记丛刊》第109册，第162页。

⑭《明太宗实录》卷六〇、卷八八，永乐十四年十一月丙午，永乐七年二月壬午，第878、1170页。

⑮《明太宗实录》卷一〇一，永乐八年二月甲子，1322页。

⑯《明太宗实录》卷一一二、卷一八二，永乐九年正月己卯，永乐十四年十一月丙午，第1432、1966页。

⑰[明]倪谦：《丰城侯李彬传》，[明]焦竑辑：《国朝献征录》卷七《侯一·世封侯》，周骏富辑：《明代传记丛刊》第109册，第243页。

⑱[明]李贤：《古穰集》卷一〇《奉天靖难推诚宣力武臣特进荣禄大夫柱国太保宁阳侯追封濬国公谥武靖陈公神道碑铭》，景印《文渊阁四库全书》第1244册，第583—584页。

朱棣任命这些"靖难"元勋久镇各地,甚至终生留任,无疑旨在利用可信赖的旧部来稳固地方,特别是边镇的统治,但同时也起到将勋臣隔绝在中枢政局之外的作用。尤其是不同于洪武初年朱元璋仍需派遣功臣四出征战以求统一全国,朱棣攻克南京后各地守臣望风归附,大规模战争随即告停,因此朱棣指派功臣长期在外镇戍的措施并非仅仅出自军事需要,而是兼有削弱他们政治影响力的目的。

上举这些"靖难"公侯伯之外,永乐第一功臣淇国公丘福封爵后留京时间较长,但通查《明太宗实录》的记载,丘福在京期间除负责礼仪祭祀活动外,未领有重要权责。至永乐七年(1409),丘福授命领兵北征,中伏兵败身死[1]。对于其他老迈勋臣或军事能力尚不足的嗣爵勋臣,朱棣常命他们留京执掌都督府,但永乐朝五军都督府已无军事参决之权,而是主要负责军令与军奏的传达,实权有限。如永乐元年五月,掌前军都督府的老臣隆平侯张信上报福建金门卫官兵追剿海贼之功,朱棣转命兵部与礼部议定剿捕海寇的功赏,前府不参与合议[2]。再如永乐六年,朱棣谕令兵部及掌中军都督府的定国公徐景昌移文天下卫所,申明卫所武职比试不中的惩罚措施[3]。又如永康侯徐忠以老成留守南京,兼管都督府事,以"清静简易"[4]著称,可知其权责并非显要。

对于这种委任勋臣负责具体职事,而整体上削弱其政治影响力的方略,王世贞《弇山堂别集》一书较早总结为"凡公、侯、伯之任,入则掌参五府,总六军,出则领将军印为大帅,督留都筦钥,辖漕纲,独不得预九卿事"[5],可简称为"禁勋臣预九卿事"原则。在明代,"九卿"有大、小之分。"大九卿"指六部、都察院、大理寺、通政使;"小九卿"所括说法不一,一般认为是太常寺、詹事府、顺天府、光禄寺、太仆寺、鸿胪寺、国子监、翰林院、尚宝司,苑马寺、

①《明太宗实录》卷九四、卷九五,永乐七年七月癸酉、八月甲寅,第1243、1260页。
②《明太宗实录》卷二〇上,永乐元年五月辛巳,第356—357页。前军都督府分管福建都司,见正德《明会典》卷一七九《五军都督府·前军都督府》第3册,第548页。
③《明太宗实录》卷七六,永乐六年二月己酉,第1039页;《明功臣袭封底簿》卷三《定国公》,第369页。
④[明]杨士奇:《东里文集》卷一三《奉天靖难推诚宣力武臣特进荣禄大夫柱国前军都督府左都督永康侯追封蔡国公谥忠烈徐公神道碑铭》,北京,中华书局,1998年,第186页;《明太宗实录》卷一一四,永乐九年三月壬午,第1458页。
⑤[明]王世贞:《弇山堂别集》卷三七《公侯伯表总叙》,第657页。

钦天监、太医院有时也名列其中①。可见，所谓九卿泛指中央文职部门，它们分掌国家行政职权，对相关事务进行参议。"不得预九卿事"意味着勋臣不可参与中枢议政与行政，简而言之就是不能干预朝政。

洪武中后期至永乐朝，明代职官文武分野日益清晰，文臣官僚选拔任用制度也步入正轨。在这种情况下，永乐以后朝廷更加常态化、体制化地防止洪武前期勋臣凌驾于国家职能机关之上的局面再度出现，而将勋臣的职权限定在军事训练指挥、军事行政与礼仪主持等方面，这就是"禁勋臣预九卿事"原则形成的历史背景。限制勋臣参预九卿庶务本质上是为削弱贵族特权而加强皇权，同时也有利于国家行政的有序运行，从根本上符合秦汉以来中国官僚政治的发展大势。

需要说明的是，禁止勋臣参预九卿政事不是朝廷明文典章，而是一种政策性与导向性的任用方略，在执行层面并非绝对严格，这一点在明代前期较为突出。在永、洪、宣三朝，乃至正统朝，部分第一代"靖难"旧勋仍在世，个别第二代"靖难"勋裔也较受皇帝宠信，这些勋臣不时以元勋之尊论奏国事，其中以军事事务为主，也旁及其他庶政。如淇国公丘福甚至曾多次建议永乐帝废太子朱高炽，改立汉王朱高煦为储君②。再如成祖第三次北征前特命英国公张辅会同六部官员共议大军馈运事宜③。另如仁宗初登极时曾下诏求言，长期总管漕运的永乐朝老臣平江伯陈瑄首疏陈七事，包括南京防务、边防兵饷、兵员缺乏、漕运制定、官吏考察、人才拔举等，仁宗阅罢陈瑄的奏章，"命有司咸即施行"④。在正统朝，当朝廷有大事不决，皇帝命文武大臣廷辩时，第二代襄城伯李隆常"侃侃正言"，且所论"当于人心"，文臣士夫也多尊重其人⑤。宣宗还常命兵部就兵士选练、西北防务等大事边政专与成国公朱勇计议，听取朱勇的意见⑥。

由于议政与行政执行常紧密相连，因此在议政的过程中，勋贵也会参与

①［明］沈德符：《万历野获编》卷二〇《京职·小九卿》，第519页。
②［明］郑晓：《吾学编》第十九《皇明异姓诸侯传》卷下《丘福》，《四库禁毁书丛刊》史部第45册，北京，北京出版社，2000年，第208页。
③《明太宗实录》卷二四六，永乐二十年二月乙巳，第2308页。
④［明］杨士奇：《东里文集》卷一三《奉天翊卫推诚宣力武臣特进荣禄大夫柱国追封平江侯谥恭襄陈公神道碑铭》，第191页。
⑤［明］王直：《襄城伯李公隆墓志铭》，［明］焦竑辑：《国朝献征录》卷九《伯一·世封伯》，周骏富辑：《明代传记丛刊》第109册，第292页。
⑥《明宣宗实录》卷九〇、卷一〇二，宣德七年五月丁丑，宣德八年五月辛酉，第2061、2281页。

铨选官将等兵部主要行政事务的流程。如明廷曾下诏令文武大臣"举将校之可任者",襄城伯李隆"慎择以进,使必当其用"①。另如宣德二年(1427)镇守广西总兵镇远侯顾兴祖因事被罢,宣宗又命"公侯大臣别举良将代之"②,可见当时勋臣不时特许参与重要将领的推选。宣宗外出巡战时,通常会命令地位较高的勋戚会同文武大臣留守,商议处理军国庶政。宣德元年八月,宣宗亲征汉王朱高煦,由郑王朱瞻埈、襄王朱瞻墡居守北京,并有驸马广平侯袁容、武安侯郑亨、都督张昇、都督山云及尚书黄淮、黄福、李友直一道"协同赞辅"③。宣德四年八月,宣宗领兵巡边,他又敕令广平侯袁容、隆平侯张信两位勋戚及行在兵部尚书张本、大学士张瑛、户部尚书郭敦、都察院右都御史顾佐等居守北京,并命他们:"大小事须同计议,措置得宜,不可怠忽。遇警急机务,审议停当即行,仍遣人驰奏。"④

在看到明初某些勋臣仍有一定大政参议权的同时,也应当注意的是,议政在明代是非常泛泛的权力,社会各个阶层的人士都可上书言事,但效力不一。永乐朝以后朝廷最高的议政权集中在内阁与六部,内阁承担皇帝的高级政务顾问职责,直接帮助皇帝决策;六部九卿各文职衙门负责日常国家行政,随时需要参议商讨各类庶务以待皇帝批准后再执行。由于勋臣不能在内阁或九卿衙门任职,因此其议政权缺少必要的体制支撑,常出于皇帝临时特命,实际效力没有保障。永乐时即有勋臣题奏国家大事而不为皇帝重视的情形。如镇远侯顾成在永乐时上疏论国事,涉及"国家宜早建储"及北方边将的功赏定制问题,但成祖仅"降敕褒达",并没有过多回应⑤。对于上举襄城伯李隆等举荐官员之权也需客观看待,由于明代前中期推举制度发达,因此文武大臣都可举荐才干之士,而提名只是举荐的第一步,铨选过程的关键更在于吏部、兵部对候选官员的覆验以及皇帝最终的决定,这些环节勋臣通常无法干预。再举一例,即宣德六年,宣宗命成国公朱勇、新建伯李玉与五府都督、六部堂官合选京卫精壮军官补充外卫官缺,朱勇等上奏拟选名单

---

① [明]王直:《襄城伯李公隆墓志铭》,[明]焦竑辑:《国朝献征录》卷九《伯一·世封伯》,周骏富辑:《明代传记丛刊》第109册,第292页。

②《明宣宗实录》卷二九,宣德二年七月己亥,第763页。

③《明宣宗实录》卷二〇,宣德元年八月己巳,第529页。

④《明宣宗实录》卷四六,宣德三年八月癸卯,第1133页。

⑤ [明]杨士奇:《镇远侯赠夏国公谥武毅顾成神道碑》,[明]焦竑辑:《国朝献征录》卷七《侯一·世封侯》,周骏富辑:《明代传记丛刊》第109册,第231页。

后，宣宗命"付兵部，令依所拟调用"①。此事反映出当时遇有重大武职选调，需文武大臣集议商定，勋臣只是参与者之一，而且最终的铨选执行权也是由兵部掌控。此外，宣德朝留守京师赞辅的勋戚只是负责处理日常庶务，而宣宗出巡时常命吏部尚书蹇义、户部尚书夏原吉、大学士杨荣等重臣随驾，以便及时参处军国大政②，这些随驾官员才是辅政的核心人物。整体来看，不应因部分元老勋臣保留一定政治话语权就高估永乐至宣德朝勋臣群体对朝局的影响力。

英宗、景帝统治时期，新嗣与新封的勋爵资历更浅，从这时起，勋臣即使献言也主要限于专门的军事领域，较少涉及其他政务。在瓦剌也先入寇之际，皇帝尤其重视大将武清侯石亨、昌平侯杨洪等人的献策，兵、户等部例与石亨、杨洪及定襄伯郭登、安远侯柳溥等在北京保卫战中功勋突出的将领协议守备、粮储等事宜③。然而，当时并非所有勋臣的军事建言均有如此高的效力。北京保卫战前夕，景泰帝召集群臣谋划应对方案，原封成山侯的都督王通提议"挑筑京师外城墙"以为防御，被太监兴安所鄙夷，未果④。王通原以"靖难"功封武义伯，再因督修成祖长陵加封成山侯，后镇守交阯时弃城私逃，罢爵为民，正统十四年（1449）瓦剌逼近北京时，王通复被起用，加都督金事职衔，专守天寿山陵寝以效力⑤。王通虽为"靖难"旧勋，但显然建言效力还不及石亨等新贵。

至成化、弘治以后，勋臣群体在朝中的参议权威已日趋减弱，只有领京营提督、五府堂官、南京守备及要地镇守总兵等职衔的勋贵仍有相对固定的专事奏理权，其中京营总兵勋臣对重大军事布划的参议权较强，如成化十六年（1480）明廷欲遣兵大征"北虏"，宪宗命兵部会同京营总兵保国公朱永合议具体部署⑥。另外，皇帝每下诏命群臣合议大政时，勋臣普遍列席参与。正德十三年（1518），定国公徐光祚、吏部尚书陆完、兵部尚书王琼同议开设武

---

① 《明宣宗实录》卷八五，宣德六年十二月丁未，第 1967—1968 页。
② 《明宣宗实录》卷四六，宣德三年八月癸卯，第 1132 页。
③ ［明］于谦：《于谦集》奏议卷一《北伐类·兵部为军务事》、卷七《杂行类·兵部为建言事》，杭州，浙江古籍出版社，2016 年，第 31、303 页。
④ ［明］叶盛：《水东日记》卷一《徐元玉、王通进策》，北京，中华书局，1980 年，第 2 页。
⑤ 《明英宗实录》卷二一五，废帝郕戾王附录第三十三，景泰三年四月戊子，第 4638—4639 页；［明］郑晓：《今言》卷一，"二十七条"，第 15 页。
⑥ 《明宪宗实录》卷二〇七，成化十六年九月乙未，第 3608 页。

举之事[①]。至于徐光祚在此次多官合议中的具体表现,史无详载。通过更多的事例可知,勋贵通常只在朝议时随众附和。如嘉靖九年(1530),世宗命朝臣大议天地祭祀分合事宜,勋戚文武大臣皆需表态,其中外戚昌国公张鹤龄、勋臣定国公徐延德等顺承皇帝心意而支持天地分祀,勋臣英国公张崙等甚至不置可否[②]。又如嘉靖朝成国公朱希忠"每廷议大事,常逊居后不敢发论"[③],刻意避免过多地参预朝事。

明代中期以后勋臣也不时被授权参与一些与军事相关的专门行政事务。五府管事勋臣负责管理军事文档的情况勿论,另如京、团营提督总兵勋臣有权保举或与兵部合议推选下属各分营、分司管操官[④]。此外,正德年间始设军政考选制度,皇帝曾命翰林院官一员"并兵部、公、侯、伯皆为考研官"[⑤],但这种考选是多官会考,实以兵部大臣等文官为主导。至于军事以外的国家行政庶务,勋贵一般被限制参与。如据万历《明会典》记载,五府勋臣例不能参加九卿会推[⑥]。在万历朝,皇帝曾一度允许五府勋臣参与对陕西三边总督等边关督抚的推举,不久这项权力即被取消[⑦]。

总而言之,永乐朝以后,明廷在体制与机制层面整体上限制勋臣参议国家大政与介入部院重要行政事务,勋臣对朝政的影响力趋于弱化。

(二)"以文统武"与"以内制外"机制对勋臣军事职权的限制

永乐以后,武将勋臣的职权从洪武初年的广泛涉及军国大政逐渐集中在具体的军事事务方面。除个别情况外,无论是首封还是嗣爵勋臣,他们均循洪武旧例不兼任实品职官,而是作为贵胄领钦敕职衔掌事。至明代中期,如《明史》所归纳总结,勋臣的固定职权主要是担任宫廷侍卫长官、京营提督、坐营官、五府掌印、金书堂上官、南京守备、协同守备、南京提督操江武臣

[①] [明]王琼:《晋溪本兵敷奏》卷一四《为武举事》,《续修四库全书》史部第476册,上海,上海古籍出版社,2002年,第201页。
[②]《嘉靖祀典考》卷一《分郊会议第一疏》,北京大学图书馆藏抄本。
[③] [明]张居正:《张太岳集》卷一二《特进光禄大夫柱国太师兼太子太师成国公追封定襄王谥恭靖朱公神道碑》,上海,上海古籍出版社,1984年,第153页。
[④]《明宪宗实录》卷一二二,成化九年十一月戊申,第2355页;《明孝宗实录》卷八一,弘治六年十月甲申,第1543页。
[⑤] [明]黄佐:《翰林记》卷一四《考武举》,《丛书集成初编》,上海,商务印书馆,1936年,第183页。
[⑥] 万历《明会典》卷五《吏部四·推升》,第27页。
[⑦] 万历《明会典》卷五《吏部四·推升》,第27页。

及各地镇守总兵①。不难看出,这些事权仍为国家最高级的军事职务,可知明廷虽然倾向于削弱勋臣对朝政的影响,但依旧视勋臣群体为支撑皇权统治根基的重要力量,并通过更加规范而稳定的选任机制授予勋臣相应的权力,将勋臣任用纳入官僚铨选体制之内。

在任用勋臣执掌戎务的同时,永乐以后明朝历代皇帝也注意防范勋武权力的过度膨胀,因此设置各种制约机制,使掌军勋臣与文臣、内臣形成相互制衡的态势。大约自正统、景泰两朝始,从中央到地方,文官在职权上渐趋压制武职,形成学界熟悉的"以文统武"的军政管理机制。勋臣虽不同于一般武职,但他们的军事权力也在一定程度上受到文官的制约。文职大臣以外,明廷还广设内官监督、监视军务,这些管军太监也与勋爵相互束制②。嘉靖朝以后,各处提督内臣多被罢黜,文职大臣成为制衡勋臣军权的主要力量。不过,在不同部门,文臣、内臣对勋臣的管制方式与力度各有不同,现扼要分述如下:

以素为勋臣统辖的五军都督府为例,根据学界已有的研究可知,洪武中期之后兵部职能逐步增强,明代中期兵部协助皇帝综揽武官铨选、军事指挥等大权,而五军都督府自永乐朝之后虽保留一定权责,但重要性不断下降③,这一评价是比较合乎史实的。五府主要负责各类军事文档的保管与行移,兼管城门钥匙、符牌等器物及宫廷日用物料的征收④,缺少参决、执行军政大事的职能。按照万历《明会典》的规定,管五府勋臣较重的事权是每逢京营提督、坐营官及各地镇守总兵有阙,五府可与兵部会同推举人选⑤。但兵部在选将时占据绝对的主导权,以至郑晓《今言》中载有大将出征,"必由兵部

①《明史》卷七六《职官五·公侯伯》、卷一〇五《功臣世表一》,第 1856、2999 页。

②关于明代太监掌军及内臣制外的经典研究,见方志远:《明代国家权力结构及运行机制》第十章《明代军事力量及领导系统的"三权分立"》第二节《明代军事领导系统中的"三权分立"》(北京,科学出版社,2008 年,第 207、212—214 页)及胡丹:《明代宦官制度研究》第三章《宦官对外政的全面参预》、第四章《"钦差内官衙门":宦官的使与职》中的相应论述(杭州,浙江大学出版社,2018 年)。

③见李新峰:《明前期军事制度研究》第二章《兵权分配》第三节《文武之间》(第 117 页)及肖立军:《明代中后期军事制度研究》第三章《军户制与募兵制——明代中后期的兵源双规制》二《五府、兵部的职权及其消长》(南开大学 2005 年博士学位论文)。

④万历《明会典》卷二二七《五军都督府》,第 1113—1115 页。自洪武十八年始,朱元璋命中军都督府专管"门禁锁钥、铜牌",历代相沿成制(见《明太祖实录》卷一七六,洪武十八年十一月庚午,第 2670 页)。而后军都督府有专督所辖卫所采办供宫廷用度的冰块、柴炭等物料的特殊执掌,与其他府分有所不同。

⑤万历《明会典》卷二二七《五军都督府·五府通行事例》,第 1116 页。

请,五府亦不得干预"①的评价。

实际上,五府长官本身也由兵部题请选任。《明英宗实录》在宣德十年(1435)三月辛巳条有行在兵部题请五府缺官掌事,英宗命兵部从侯、伯勋臣中推选补任的记载②。可知在英宗登极之前,兵部荐名勋臣任官五府的制度就已形成。又据万历《明会典》载,"凡五军都督府缺掌印官、佥书官",需"兵部具奏",再由兵部会同多官廷推,从公、侯、伯及都督、都指挥官中选拔,然后上呈皇帝裁夺③。所谓五府"掌印"与"佥书",是明代中期以后逐渐形成的无品秩钦差,被用作各都督府的长官、副官职衔,并主要由勋臣充任。勋臣膺选管掌五府后,在府内不会受到其他类型官员的制衡,但五府事权较轻,掌府勋臣也少有伸展权势的余地。

京、团营提督又称京、团营总兵,其职在训练指挥十余万在京官军,内卫京师而外御敌患,即便明中期以后京营制度衰败,兵士逃亡不断,但不可否认,京、团营提督总兵仍几乎是明代武官所领权力最重的职衔,而该职例由勋臣充任。营政提督总兵之下,坐营、坐司将官也多兼用勋贵。明廷对各级京、团营勋臣的管选制衡体现在以下两点:

首先,按明代中期以降的定制,在选任环节,京、团营高级将官的选授要先经过兵部奏请,再由多官会议,从勋臣或都督武臣中推举,最终由皇帝钦定④。以京营最高指挥提督总兵的选任为例,据弘治朝保国公朱晖墓志记载,孝宗简黜京营提督,"兵部会荐可代者,以公(指朱晖)名上,上亲御便殿,召内阁臣面议,亲书手敕",命朱晖总管三千营⑤。至嘉靖设戎政府总管京军后,明廷对戎政总督勋臣的选任流程一循京、团营提督总兵选任的旧例,而且更为谨慎。如嘉靖四十二年(1563),科道官弹劾总督戎政勋臣镇远侯顾寰不职,兵部尚书杨博上奏,请"先期开报应会官员,各举所知,具揭送部,听臣等酌议停当,然后照例会推",世宗准其奏。之后有右军都督府、通政使司、六科、十三道等衙门举荐戎政总督人选,最后兵部会同后府掌印勋臣成国公朱希忠、吏部尚书严讷等官斟酌合议,认为顾寰"居重驭轻,尚在可用",请仍令

①[明]郑晓:《今言》卷一,"五十条",第27页。

②《明英宗实录》卷三,宣德十年三月辛巳,第68页。

③万历《明会典》卷一一九《兵部二·铨选二·推举》,第616页。

④万历《明会典》卷一三四《兵部十七·京营》,第685页。

⑤[明]李东阳:《李东阳集·文后稿》卷三〇《明故太保保国公墓志铭》,长沙,岳麓书社,2008年,第1337页。

其"策砺供职",获得批准 ①。

其次,在权力运行环节,京营与团营提督、坐营勋臣的具体职权要受到内臣与文臣的约束与监督。在宣德至正统朝,京营由地位极高的第二代"靖难"勋裔成国公朱勇等人全权总管 ②,因此未添设文臣以分勋将之权,但按照《明会典》的记载,京营在"永乐间,始兼用内臣"管操,又特用内臣监管神机营火器 ③,可知明初京营就有内官从旁制衡提督勋臣。至正统、景泰两朝交替之际,神机营、三千营已有太监刘永诚、阮让专管营操 ④,与勋将对掌兵权。"土木之变"后,景帝为加强京营防御,一度钦命兵部尚书于谦加总督军务职衔与总兵武清侯石亨等同管三大营,但天顺复辟后,英宗为清除于谦在军中的影响,又革去京营文臣提督 ⑤。天顺、成化两朝重用亲旧勋戚会昌侯孙继宗、英国公张懋等久典京营兵权 ⑥,又用亲信太监刘永诚等同管营务 ⑦,同时仍不专设文臣坐营督操,兵部官员主要通过与提督将领合议兵士选拔、点阅军伍的方式参与京营日常管理。

团营权力配置的情况与京营略有不同。景泰初年兵部尚书于谦与武清侯石亨议定在三大营外别立十团营时,十团营各营有坐营武官,又设太监与坐营武官一同管操,而团营各营武职、内官俱上听京营提督勋臣、太监及总督军务兵部于谦等官的"约束调遣" ⑧。循此制度,尔后团营提督武职一般由京营提督勋臣兼任 ⑨。宪宗复设十二团营,命提督京营的勋戚会昌侯孙继宗、

①[明]杨博:《杨襄毅公本兵奏议》卷一二《会议总督戎政镇远侯顾寰留用以责后效疏》,《四库全书存目丛书》史部第61册,济南,齐鲁书社,1996年,第537页。

②[明]李贤:《古穰集》卷一〇《特进荣禄大夫右柱国太保成国公追封平阴王谥武愍神道碑铭》,景印《文渊阁四库全书》第1244册,第581页。

③正德《明会典》卷一一一《兵部六·营操·团营》第2册,第487页。

④[明]于谦:《于谦集》奏议卷二《北伐类·钦差总督军务少保兼太子太傅兵部尚书于谦等为军务事》,杭州,浙江古籍出版社,2016年,第86页。

⑤天顺八年(1464)七月,有兵科给事中秦崇上言认为"兵戎国之大事,京师天下之根本,宜并用文武以协心济事",因此建议拣选文职大臣"才望素著者一员,与诸总戎武臣协同"总督京营军务。事下兵部议,兵部覆论云:"正统己巳多事之秋,实尝命前少保兵部尚书于谦以总督军务之任,天顺改元,尽归各营,已敕太监刘永诚、太保会昌侯孙继宗等提督矣,今欲专用文臣,未敢专决。宪宗批答曰:'姑置之。'"将此议搁置(见《明宪宗实录》卷七,天顺八年七月己卯,第173页)。

⑥《明武宗实录》卷一二二,正德十年三月丙戌,第2461页。

⑦[明]岳正:《类博稿》卷一〇《明故御马监太监刘公墓志铭》,景印《文渊阁四库全书》第1246册,上海,上海古籍出版社,1987年,第449—450页。

⑧《明英宗实录》卷二二四,废帝郕戾王附录第四十二,景泰三年十二月癸巳,第4856—4857页。

⑨早在景泰朝团营初设时,督操总兵石亨、柳溥、张軏等就兼管五军、神机等营,此后相沿成例(见《明英宗实录》卷二三四,废帝郕戾王附录第五十二,景泰四年十月丙申,第5109页)。

定襄伯郭登、抚宁伯朱永、襄城伯李瑾与太监刘永诚、傅恭协同总管十二团营,"其五军、神机、三千大营存留军马"仍令孙、郭等勋戚"照旧提督"[1]。尔后,宪宗始命兵部尚书白圭与定襄伯郭登共襄总管团营,提督训练[2],自此团营常设兵部大臣一员协同提督。由于团营提督总兵一般由京营提督勋臣兼任,而且团营官军系由京营精选,因此团营增设文职提督在一定程度上弥补了京营无文职重臣监管的制度缺失。但团营文职提督大臣的座次在提督勋臣之下[3],这说明勋帅仍是名义上的戎政主官。

至嘉靖二十九年(1550),世宗罢团营及两官厅,并革除京营提督太监,复三大营之制而上统于戎政府,设勋臣一名为总督戎政,同时别设兵部尚书或侍郎一员为协理戎政[4],使文、武大臣对掌戎政以达到权力的平衡。崇祯朝戎政府又间复设提督太监管操[5]。

除京营、团营内部提督勋臣、文臣、内臣等职官相互制衡外,朝廷还定期派遣给事中、御史科道按期巡视营操,"以振弛惰"[6]。

综上所述,明代前中期三大营不常设文臣提督,仅以内臣协制勋臣武职提督,明中期以后团营虽例设内臣与文臣协管,但在很大程度上仍以京营提督勋爵兼充团营主帅,明代中后期京营戎政府又长期不设内臣管操,而以勋臣任戎政总督,并派兵部官协理。因此可以认为,勋臣始终在营政统帅事务中占据突出地位,相对而言受其他类型官员的制约较轻,营政提督总兵无疑是勋爵群体最重要的军事实权所系。

再来看南京守备及协同守备勋臣。早在永乐七年(1409)、永乐十一年成祖北巡时,即令"敦厚老成"的"靖难"功臣永康侯徐忠协助监国太子留守南京,处理南京军务[7],徐忠之任可视为勋臣守备制度的渊源。至仁宗登极之始,特命"靖难"勋裔遂安伯陈英充总兵往山海、永平一带巡视,整肃兵

①[明]郭良、郭勋辑:《毓庆勋懿集》卷二《制敕·定襄伯郭登·成化元年四月初八日敕》。
②《明宪宗实录》卷四一,成化三年四月癸丑,第841页。
③[明]沈德符:《万历野获编》卷五《勋戚·大臣恣肆》,第140—141页。
④万历《明会典》卷一三四《兵部十七·京营》,第686页。
⑤实例可见《京营戎政提督张国元为营军分班操练分别造册支放粮饷事题本》,《中国明代档案总汇》第22册,桂林,广西师范大学出版社,2001年,第170页。
⑥《京营巡视事宜》五《巡视·沿革一条》,美国国会图书馆藏明万历刻本。
⑦《明太宗实录》卷一四二,永乐十一年八月己巳,第1700页;[明]杨士奇:《东里文集》卷一三《奉天靖难推诚宣力武臣特进荣禄大夫柱国前军都督府左都督永康侯追封蔡国公谥忠烈徐公神道碑铭》,第186页。

备,同时命"靖难"勋旧襄城伯李隆及成祖公主驸马宋琥、沐昕"于南京操
兵守备"①。成祖在北征途中猝然驾崩,仁宗慌忙继位,内外局势紧张,而山
海关一线是北京门户,南京是留都重地,因此仁宗甫继大统就派遣勋戚重臣
分莅两地,以确保南北两京局势稳固。尤其是南京贵为都邑,但不驻皇室,
故特需尊隆勋戚留守以体现皇权的存在,此为南京守备制度形成的根本原
因。在洪熙朝,仁宗还专遣数名守备太监镇守南京,尔后宣宗进一步确立
由勋臣一名任南京守备、内臣任南京守备太监及由文臣充任南京参赞机务
的制度,景泰帝又设立由勋臣领任的协同守备官职,文臣参赞军务在成化
朝之后例由南京兵部尚书兼任。守备勋臣、协守勋臣兼管南京五府,与备
守内臣及参赞机务文臣共同负责南京城防、江防,节制南京卫所,巡管南京
京营操练,并掌理一应军民庶务,勋臣、文臣、内臣三方既互相协作,又彼此
钳制②。

　　具体而言,南京诸守备大臣中,守备勋臣在名义上权位最高,协守勋臣
是守备勋臣的副官。如第一位守备勋臣襄城伯李隆镇守南京时"富贵尊严
拟于王者""上下官僚无不敬畏"③。另如成化、弘治间守备南京的成国公朱
仪为皇帝所重,其所上南畿赈济、漕运、粮储、城防、军队管理等奏议多为皇
帝所报允执行,南京内外文武大臣四十余名皆曾与朱仪商议政事④。不过,守
备太监作为皇帝最直接的代表,实际地位常更煊赫,《金陵琐事》记南京守备
各官在守备厅的座次时就云,"增内守备太监据首席"⑤。如果将南京守备勋
臣视为一种特殊形态的镇守总兵,那么南京参赞机务最初仅是守备勋臣的
佐贰官。明初文臣常领"参赞"职衔充当武臣主帅的军中参佐,随着明中后
期"以文统武"机制在全国逐步推行,统兵文职大臣主要领总督、巡抚、提督

①《明仁宗实录》卷二下,永乐二十二年九月戊子,第67页。
②正德《明会典》卷一七九《五军都督府·南京中军都督府》第3册,第558页;万历《明会典》卷
　一五八《兵部四十一·南京兵部》,第1116页;[明]王世贞:《弇山堂别集》卷六四《南京守备协同
　参赞大臣年表》,第1201—1202页。关于南京守备体制的综合研究,见周忠:《明代南京守备研究》
　(南京师范大学2013年博士学位论文)及苏辰:《明代南直隶兵防体制研究》第一章第三、四节,第
　二章第三节,第三章第二、三节的相关内容(东北师范大学2017年博士学位论文)。
③[明]李贤:《古穰集》卷二九《杂录》,景印《文渊阁四库全书》第1244册,第784页。
④成国公赠太师谥庄简朱仪神道碑,[明]焦竑辑:《国朝献征录》卷五《公一·世封公》,周骏富辑:
　《明代传记丛刊》第109册,第164—165页。
⑤[明]周晖:《金陵琐事》卷一《守备厅坐次》,《中国方志丛书·华中地方》第440号,台北,成文出
　版社,1983年,第63—64页。

等更高名位的钦差官衔,或兼领"赞理军务"职衔,以便节制各级武职①。文臣督抚制度建立后,南京参赞军务兵部尚书却仍仅领"参赞"职名,显然是为凸显守备勋臣的地位,这可谓旧总兵镇守体制的残留,已不甚符合"以文统武"的制度模式。不过,在明中后期,南京参赞机务的权势也不断抬升,并在很大程度上权压勋臣。谙熟南都政事的王世贞就指出,参赞机务"佐留守勋贵臣"而能"制其柄"②。嘉靖朝郑晓《今言》一书又载,"留都诸司,无事时似闲,有事则参赞机务、守备武臣、操江都宪、总兵最为要职,不可不择其人"③,将参赞尚书名列在守备勋臣之前。

自成化二年(1466)开始,明廷还正式在南京设立武职操江提督,负责南京周边长江下游一带的巡防缉盗,此职终明一世例由勋臣担任。操江勋臣起初独自领事,但成化三年因第一任操江遂安伯陈韶收取贿赂、私纵盐贩,明廷又以南京都察院都御史领任的文臣操江或巡江官来监督勋臣,文臣操江官在明代中后期权势渐重,亦对操江武臣产生较强的束制④。学界以往对操江提督武臣制度沿革的讨论虽较多,但却未能深入剖析成化朝突然设此勋臣职事的原因,现简要分析如下:

从首任勋臣操江提督遂安伯陈韶所领"兼巡捕沿江盐徒、贼盗"⑤及第二任成山伯王琼所领"自仪真至九江巡捕盐徒、盗贼"⑥的敕命可以看出,操江勋臣起初的重要职责是保障盐政。再详查前几任操江武臣的身世背景,可知他们除系勋裔外,其家族还多与英宗、宪宗父子两代皇帝有某种特别的亲近关系,甚至在特殊时期为皇室做出过重大牺牲与贡献。如陈韶兄原遂安伯陈埙正统十四年(1449)扈从英宗死难土木堡,陈韶与叔陈瑄皆有嗣爵资格,景帝以"朝廷用人之际",着选陈瑄、陈韶二人中"老成堪任事的先袭",陈瑄年老疲病,陈韶因"身量长成"故得以袭爵,陈韶于是随总兵操习武艺,以

①见拙文《明代文臣参赞军务制度沿革考——兼论王竑、王越等最后参赞官的任职履历》,《王竑文化学术研讨会论文集》,昆明,云南人民出版社,2015年。

②[明]王世贞《弇州续稿》卷六三《增校南京兵部题名续记》,景印《文渊阁四库全书》第1282册,上海,上海古籍出版社,1987年,第824页。

③[明]郑晓:《今言》卷四,"二百七十九条",第171页。

④林为楷:《明代的江防体制》第三章《江防体制的建制》第一节《江防体制中的职官设置》,《明史研究丛刊》,明史研究小组出版,2003年,第33—39页;苏辰:《明代南直隶兵防体制研究》第二章《明中叶操江和巡江的强化与统合》第一节《操江都御史的成立》,第63—65页。

⑤《明宪宗实录》卷二九,成化二年四月丁卯,第580页。

⑥《明宪宗实录》卷四八,成化三年十一月癸亥,第983页。

土木堡忠烈子弟而成为朝廷重点培养的年轻勋爵[①]。继陈韶之后在成化三年（1467）提督操江的成山伯王琮是原成山侯王通子。王通先在永乐朝督管修建长陵，又在"土木之变"后受命护卫天寿山陵寝，对保障皇明祖宗体魄贡献颇大。至天顺复辟，王琮被英宗特恩还封成山伯，并准子孙世袭[②]。王琮之后又有定西侯蒋琬以南京协同守备兼任提督操江。蒋琬在"土木之变"后以十六岁少年临危袭爵，特准掌左军都督府事，天顺朝又专管宫廷宿卫，任事"忠勤"，为英宗所信赖，至成化朝先出镇甘肃，后转协守南京，成长为明中叶国之干城之一[③]。接替蒋琬者有武安侯郑宏、宣城伯卫颖以南京京营管操官兼督操江[④]。郑宏家族与皇室无特殊的亲近关系。卫颖本系"夺门"封爵者，封爵后随即久镇甘肃有功，是成化朝以后仅有的两名被保留爵禄的"夺门"勋臣[⑤]，可谓被英宗、宪宗所信赖的新贵。成化十三年专任操江的定襄伯郭嵩是英宗母舅、宪宗舅爷外戚会昌侯孙继宗的侄女婿[⑥]，而会昌侯孙氏又是明中期权势最重的戚臣家族。

通过以上论述可知，与其说宪宗意在独用勋爵操江，不如更确切地说是优先选任亲近贵臣巡江监督盐政。盐课税收对于历代王朝而言都是至关重

①《明宪宗实录》卷二九，成化二年四月丁卯，第580页；《明功臣袭封底簿》卷三《遂安伯》，第514—515页。

②《明宪宗实录》卷四三，成化三年六月癸卯，第877页；《明功臣袭封底簿》卷三《成山伯》，第524—525页。

③《明宪宗实录》卷一二七，成化十四年四月甲子，第2416页；[明]程敏政：《篁墩文集》卷四四《太保兼太子太傅掌左军都督府事定西侯追封凉国公谥敏毅蒋公墓志铭》，景印《文渊阁四库全书》第1253册，上海，上海古籍出版社，1987年，第64、65页。

④《明宪宗实录》卷一三〇、卷一六二，成化十年闰六月庚子，成化十三年二月丙子，第2464—2465、2957页。

⑤[明]李东阳：《李东阳集·文后稿》卷二二《明故奉天翊卫宣力武臣特进荣禄大夫柱国宣城伯赠宣城侯谥壮勇卫公墓志铭》，第1224—1225页。英宗以"夺门"复位，但拥戴"夺门"的首臣忠国公石亨骄横干政，太监曹吉祥侄昭武伯曹钦更举兵谋反，因此英宗在天顺本朝就开始陆续革除"夺门"冒升官爵，宪宗登极后更统一停罢"夺门"封赏，仅怀宁侯孙镗因与曹钦叛军对战，以忠勇之臣许子孙世袭本爵（见《明功臣袭封底簿》卷三《怀宁侯》，第474—476页），另宣城伯卫颖久守甘肃有功，获准世爵不罢。另卫颖常驻西北极边，或与石亨等人党援不密，这也应是他被豁免保留爵禄的原因。

⑥《明史》记郭嵩为会昌侯孙继宗女婿（见《明史》卷一七三《郭登传》，第4621页），不确。根据各类碑铭墓志资料，郭嵩实系孙继宗孙孙显宗女婿（见[明]倪岳：《青谿漫稿》卷二二《南京前军都督府掌府事定襄伯郭公墓志铭》，景印《文渊阁四库全书》第1251册，上海，上海古籍出版社，1987年，第311、312页；[明]刘定之：《呆斋续稿》卷三《镇国将军锦衣卫都指挥同知孙公显宗淑人吴氏墓铭》，《四库全书存目丛书》集部第34册，济南，齐鲁书社，1997年，第201页）。

要的财富来源，但成化初年长江下游私犯横行①，是故宪宗简命亲信勋裔沿江缉盗，以保障朝廷财税不失②。不料陈韶上任不久就私通盐贩，有负皇帝托付，被罢职发辽东充军③，因此朝廷不得不再设文臣都御史以制约勋臣权柄，而成化朝之后，操江武职专用勋臣之例就沿袭成为祖制而不再更替。值得注意的是，首任操江勋臣遂安伯陈韶因贪墨罢贬后，又在弘治朝被重用，甚至累升至京营提督总兵的高位，但时称也不过"谬掌兵权"，坐享禄位而已④。实际上，自天顺中期经成化、弘治两朝，直至正德朝，明廷长期奉行一套选用勋旧执掌两京要害兵权的保守策略，尤其倚重"土木之变"殉难勋裔及与皇室存在姻亲或其他密切关系的亲臣故旧，甚至不顾这些勋戚子弟的才能与操守而强行委任，有关明中期的这一勋臣选用机制笔者将在后章详论。

最后来看勋臣充任总兵与将军的情况。按正德《明会典》的记载，凡"镇戍地方，或遇事增添改革"，俱兵部"奏请、定夺"⑤，勋臣出镇亦循此制度。反映勋将选派流程的事例，如弘治十一年（1498），贵州镇守武臣员缺，"大司马合廷臣推荐"，认为南京提督操江兼掌南京前府事的东宁伯焦俊"宜膺是任，遂疏公名以闻，诏可，即降制谕"遣焦俊赴贵州统兵镇守⑥。《明孝宗实录》还记，弘治朝永康侯徐锜出任湖广挂印总兵，但"出镇不由廷荐，及至任不胜索债之扰，因得疾"⑦。综合这两条记载可知，勋臣任镇守总兵者一如五府长官、京营提督总兵，需经兵部奏请，多官廷推以定铨选。另外，永康侯徐锜借债行贿以谋出镇的行径可谓明代武职"债帅"的典型。与徐锜类似，正德朝有平江伯陈熊借助族党之力，打通关节，得任漕运总兵⑧。崇祯朝又有诚意伯刘孔昭、武侯薛濂等勋贵图谋行贿兵部及内阁诸臣，私谋漕帅之职⑨。

---

① 当时有盐徒彭钊、强贼李相等在长江下游私犯劫掠为患（见《成国公赠太师谥庄简朱仪神道碑》，［明］焦竑辑：《国朝献征录》卷五《公一·世封公》，周骏富辑：《明代传记丛刊》第109册，第164页）。

② 根据《南京都察院志》的记载，南京操江提督文臣都御史之设，是由于"南京系国家根本重地，江淮东南财赋所出"，这一理由同样适用于操江勋臣的设立（见［明］施沛：《南京都察院志》卷九《操江职掌·敕谕》，《四库全书存目丛书补编》第73册，济南，齐鲁书社，1997年，第233页）。

③《明宪宗实录》卷四四，成化三年七月壬午，第913页。

④《明孝宗实录》卷一六一，弘治十三年四月癸丑，第2902页。

⑤ 正德《明会典》卷一一〇《兵部五·镇戍》第2册，第478页。

⑥［明］倪岳：《青谿漫稿》卷一九《赠总兵官东宁焦公镇贵州诗序》，景印《文渊阁四库全书》第1251册，第257页；《明孝宗实录》卷一三四，弘治十一年二月戊寅，第2358页。

⑦《明孝宗实录》卷一八五，弘治十五年三月甲午，第3414页。

⑧《明武宗实录》卷八二，正德六年十二月庚子，第1786页。

⑨《崇祯长编》卷三一，崇祯三年二月丙辰，第1725—1726页。

这些情况也从一个侧面反映出勋臣任职受到文职官僚系统的管控。

　　不过,在永乐、洪熙、宣德各朝,勋臣一旦被派出战守,即可行使较大的军事权力。在军镇或战区,总兵一度是最高指挥官,很少受到文臣制约。《四友斋丛说》追叙明初故事云:"祖宗朝遣大将提兵,则设一都御史与之督粮,不与兵事。"① 如永乐时期镇守西北的总兵都督宋晟被委以重权,领敕命可便宜行事②。明中叶以前,勋臣被广泛外派,布列于各镇,统兵主将之外,"虽参将、游击、把总,亦多有充以勋戚都督等官"③。如成祖派兵征讨安南时,以丰城侯李彬充左参将,又以云阳伯陈旭充右参将④。

　　但随着明中期参赞、提督、巡抚、总督等文臣统兵制度的不断加强,文臣逐渐成为战区最高长官,"将官皆受制于总督,无论赏罚,虽出师之期亦必请命而行"⑤,勋臣领总兵者同样被文臣制衡。如景泰二年(1451),大同提督军务副都御史年富权压大同总兵勋臣定襄伯郭登,引起山西军士不满上告,兵部覆议指出,年富奉"敕旨"提督军务,"凡军中一应大小事务,悉皆提挈纲维,自总戎而下咸听节制",况"都御史为风纪之官,与侯伯无相统属,既系钦命提督,当居总兵之左"⑥。再如天顺八年(1464),明廷命定襄伯郭登、武安侯郑宏、修武伯沈煜、都督颜彪等勋武大臣任总兵出镇甘肃、辽东、山海、宣府,同时命文臣都察院左都御史滕昭、都察院右佥都御史李秉等人巡抚辽东、宣府各镇,总兵所领敕命云"凡一应军机之事,须与镇守、巡抚等官从长计议",巡抚文臣所领敕命云"一应军务事情,听尔从宜处置,该与镇守、总兵等官会同者,须从长计议而行"⑦,显然巡抚文臣的职权范围更广,权力层级更高,而勋臣任总兵者与都督武臣任总兵者一样,皆受到文臣巡抚的管束。又如成化十年(1474)春,朝廷设总制府于固原,举定西侯蒋琬为总兵官,而以左都御史王越提督军务,王越可在陕西、甘宁、延绥三边行使便宜之权,"总兵、巡抚等官悉听节制"⑧。明末名士陈子龙一语道破督抚与总兵之间的权力关系,即"武臣不可专任,而设巡抚、设总督,似用文将矣;然佩将

<hr>

① [明]何良俊:《四友斋丛说》卷一一《史七》,北京,中华书局,1999年,第94页。
②《明太宗实录》卷三五,永乐二年十月壬申,第611页。
③《明史》卷七六《职官志五·总兵》,第1866页。
④《明太宗实录》卷五六,永乐四年七月辛卯,第822页。
⑤ [明]何良俊:《四友斋丛说》卷一一《史七》,第94页。
⑥ [明]于谦:《于谦集》奏议卷五《杂行类·兵部为陈言边务事》,第243—244页。
⑦《明宪宗实录》卷三,天顺八年三月壬申,第83—85页。
⑧《明宪宗实录》卷一二四,成化十年正月癸卯,第2375页。

印者,实总兵官也,而调度则听于督抚"①。这说明文臣负责军中大事的统筹、部署与指挥,武将负责执行具体的军事任务,在指挥权上受制于人。督抚文臣之外,各地镇守太监自然也对武将勋臣的职权形成制衡。前引天顺八年(1464)定襄伯郭登等各边总兵勋臣所领"凡一应军机之事,须与镇守、巡抚等官从长计议"敕文中的"镇守",就专指镇守内官。

自弘治、正德朝两朝交替之际始,嗣爵勋臣外任总兵将领者逐步减少,朝廷"渐以流官充总镇"②代替勋裔征戍,唯云南、两广、湖广、漕运四总兵在明代中后期仍长期专以勋臣领职,对此类勋臣专镇制度的形成原委与特征,笔者亦将在后续章节专门论述。

另外,勋臣也与其他朝臣一样,时时受到科道言官的监督与纠劾。勋臣若任事不职,或犯有过失,言路亦会对其弹击不怠。明前期言路抨击勋臣之例,如正统元年(1436),给事中、御史纠奏应城伯孙杰"诱取良家子为妾",事发,英宗判令孙杰戴头巾在国子监读书习礼③。再如正统十四年十一月,六科给事中及十三道监察御史交章劾奏领军平定闽、浙"矿盗"的宁阳侯陈懋及嗣爵勋臣保定伯梁珤、平江伯陈豫等"逡巡畏缩,久无成功,又供亿浩繁,民心怨苦"④,完全不顾陈懋"靖难"老臣的尊隆地位。天顺、成化朝以后,言路秉持风裁之气更加凌厉,科道诸臣对勋臣失机失事、贪赃侵夺的揭发与弹奏更无所忌惮,甚至上疏质疑勋臣的军功封爵资格,成化朝名勋武靖伯赵辅、宁晋伯刘聚就都曾被弹击军功不实。不过,每当言路抨击勋臣时,皇帝一般会对诸勋有所回护,非犯重大罪责者多被从轻处罚,甚至宽宥免责。

以上仅对永乐以后勋臣军政职权的概况做一整体性论述,可知明廷通过文臣官僚体制管选与束制勋臣的相关权力,但勋臣仍是皇权统治所倚靠的核心力量之一,他们以贵族之尊掌握一定的军事实权,是朝中不可忽视的政治力量。至于勋臣职权的具体运行与演化情况,以及五府长官、南京守备、征镇总兵以外勋臣管领的内廷侍卫与朝廷礼仪等事权,笔者将在后文专辟章节逐一探讨。

---

①[明]陈子龙:《陈子龙全集·陈忠裕公全集》卷二三《议二·储将才》,北京,人民文学出版社,2011年,第727页。

②[明]沈德符:《万历野获编》卷二二《督抚·提督军务》,第554页。

③《明英宗实录》卷一四,正统元年二月丁未,第256页。

④《明英宗实录》卷一八五,正统十四年十一月辛巳,第3674—3675页。

（三）明前中期勋臣权力的特例

明代前中期还存在几例极其特殊的勋臣权力状况，其一是隆平侯张信在永乐朝领命秘密监视太子、藩王及地方动向，又在宣德朝受命巡抚陕西地方，处置边粮筹措事务；其二是宣德朝英国公张辅以公、孤老臣辅政；其三是景泰朝忠国公石亨以权臣干政。这些特例并不能反映当时勋臣职权的一般情况，其出现原因比较复杂，故需专门加以论析。

在永乐、宣德朝，"靖难"勋旧隆平侯张信被授予非常规的监察与地方行政权。张信本建文北平守臣，但暗中转投燕王，为燕王传报消息而得异宠，他在"靖难"之役中虽实战军功不多，但仍被朱棣封为隆平侯。在永乐朝，张信因系成祖亲信，故被授予非常规的秘密监察权，常在北京监视太子及诸藩王行动，并刺探各方"密要事"以向成祖通报[1]。尔后，在宣德二年（1427）八月至宣德三年五月间，张信又以勋爵兼公孤少师之尊领敕命与户部尚书郭敦同往陕西整饬庶务，会同陕西三司官计议处置粮草等事[2]。根据《明宣宗实录》的记载，张信在陕西有"巡抚"之名衔，可奏请蠲免地方赋役、增设官员监督粮草运输、开设纳米赎罪之例[3]，所涉事权关乎一方军民生计，与当时大多数勋臣专管军事事务明显不同。宣德朝沿袭永乐旧例极重西北边防，但宣德二、三年间陕西州县遭遇重大旱灾[4]，西北军镇粮储告急，在这种情况下，张信作为永乐朝备受信任的勋旧老臣，被特命与户部尚书全权处理陕西粮草筹措事宜。总而言之，张信平生战功并不突出，封爵后也未执掌重兵，反而因忠信宠臣的身份在永乐、宣德朝领特命临时负责机密或紧要事务，这显然是极为特殊的任用情况，不在勋臣职权的常例。

宣德四年二月，宣宗命太师英国公张辅辍管中军都督府事务，以公孤老臣身份朝夕在皇帝左右，"相与究论"军国重事以专备顾问[5]。与张辅同时解除固定职务而备顾问的还有领少师、少傅等职衔的阁臣杨士奇、杨荣及部臣蹇义、夏原吉。这些公孤元老广泛地议论军国大政，不以原官职执掌为限，

---

① [明]郑晓：《吾学编》第十九《异姓诸侯传》卷下《张信》，《四库禁毁书丛刊》史部第45册，第195页。

② 《明宣宗实录》卷三〇、卷四三，宣德二年八月丁丑、宣德三年五月己未，第786、1047页。

③ 见《明宣宗实录》卷三二、卷三三、卷四〇，宣德二年十月甲子、宣德二年十一月癸巳、宣德三年三月甲午，第819、841—842、975页。

④ 《明宣宗实录》卷三一，宣德二年九月乙未，第797页。

⑤ 《明宣宗实录》卷五一，宣德四年二月癸未，第1216—1217页。

甚至一定程度上取代了内阁的地位。宣宗极大地提高了部分老臣的议政权限，并给予这种顾问权以制度化保证，这种参议形式可称"公、孤辅政组"，在制度运行上可称"公、孤辅政机制"。

公、孤辅政组或者说公、孤辅政机制的产生与永乐北征直接相关。在永乐历次北征过程中，一部分阁臣随成祖北上，另一部分阁臣与太子留守南京，内阁中枢辅政的职能在一定程度上被分散。与此同时，一些非内阁出身的六部官员也因在北京辅佐太孙而非制度性地跻身辅臣行列。又由于当时汉王、赵王在成祖与太子之间百般离间，成祖为惩戒太子，屡屡以各种罪名罢废南京留辅官员，这就导致南京辅政体制趋于失调，而北上的内阁或非内阁的辅政官员却得以长期较平稳地参政。在永乐北征造成内阁制度异变的情况下，宣宗于是在登极后直接授予朝中地位最稳固、辅政经验最丰富的元老重臣以高级议政之权，以弥补中枢辅政体制的缺陷①。

值得注意的是，英国公张辅是公、孤辅政老臣中唯一的勋爵。张辅作为当时地位最高、功勋最卓著的"靖难"老臣，又是永乐托孤之臣②，势必为宣宗皇帝所特别倚重。不过，张辅解除固定职务后，实际上以主持各类礼仪活动为主要职事③，相比"三杨"与蹇夏等人，并未真正进入辅政核心。这应是由于张氏武人出身，政治素质有限，加之年事已高，缺少向皇帝提供专门意见的能力。英宗登极后，张辅继续与杨士奇等人"同心辅政"④，在一定程度上参议与军事边防相关的事务⑤，并依旧承担礼仪职责，"屡知经筵，从容进退，凛乎儒者气象"⑥。

英宗复辟后，又启用恭顺侯吴瑾"以勋戚随侍，应对"，于是"日备顾问"⑦。吴瑾祖吴允诚本蒙古降将，永乐时被赐汉人姓名并封恭顺伯，吴允诚有女儿及孙女先后为成祖与宣宗妃，因此允诚子克忠后又"以戚里恩进封恭

---

①见拙文《洪熙、宣德朝公孤辅政再探》，《明史研究》第12辑，合肥，黄山书社，2012年。

②成祖死榆木川时，特下遗命令张辅全权掌控北征大军（见［明］朱睦㮮：《英国公赠定兴王张辅传》，［明］焦竑辑：《国朝献征录》卷五《公一·世封公》，周骏富辑：《明代传记丛刊》第109册，第170—176页）。

③［明］何乔远：《名山藏》卷六一《臣林记六·永乐臣二·张辅》，第1681页。

④［明］何乔远：《名山藏》卷六一《臣林记六·永乐臣二·张辅》，第1681页。

⑤《明英宗实录》卷二五，正统元年十二月丁丑、己卯，第499—500、501页。

⑥［明］朱睦㮮：《英国公赠定兴王张辅传》，［明］焦竑辑：《国朝献征录》卷五《公一·世封公》，周骏富辑：《明代传记丛刊》第109册，第177页。

⑦［明］李贤：《古穰集》卷一〇《恭顺侯追封凉国公谥忠壮吴公神道碑铭》，景印《文渊阁四库全书》第1244册，第589页。

顺侯",吴克忠即吴瑾父①。在天顺初年,石亨等"夺门"功臣恣横难治,而吴瑾是英宗可特别亲赖的勋戚大臣,于是英宗模仿前朝张辅备之例而重用吴瑾备顾问,明显是为制衡石亨等人。天顺四年(1460)石亨败后,吴瑾即被任命专掌左军都督府事②,他侍从备顾问的时间比较短暂。

如果说张辅、吴瑾专备顾问是一种非常规的权宜制度,那么天顺朝武清侯石亨的参治活动就可谓是国家权力结构的突变。石亨因主谋"夺门之变",帮助英宗复辟而深得皇帝宠信,后晋爵为忠国公。史载,石亨日日与参与"夺门"的太监曹吉祥"出入禁廷,在上左右弄权",以"进退文武大臣"③为能事。石氏曾向英宗进谗言:"吏部尚书王翔老矣,可令致仕。"又借知县考满赴京的机会将同乡孙弘留升为吏部左侍郎,协助自己操弄铨政④。石亨还请前朝"以罪削爵,子孙不得袭已久"的故广平侯袁容、富阳侯李茂芳、安顺侯薛贵、成山侯王通、保定侯孟瑛的子侄复嗣爵位,英宗也许之⑤。天顺元年,英宗诏户、兵各部,认为各处巡抚、提督乃"一时权宜添设",命将其召回,仍以武职总兵统领边务⑥,而根据一些资料显示,英宗裁革巡抚是石亨奏请的结果⑦。

石亨如此变更成法,干预官员任免,已经完全突破"禁勋臣预九卿事"的限制。而且他攻击、排挤文臣,张大武职势力,也严重冲击了正在形成中的"以文统武"体制。《明史》对石亨的评价是"大权悉归亨,数预政事"⑧,这虽不免夸张,但也有史实依据。英宗之所以如此纵容石亨,一是对石亨谋划"夺门"的回报,二是仓促复辟后一时难以大权专断。英宗年少时由张太后听政,"三杨"辅政,王振干政,成年后又历"土木之变"与南宫幽禁等磨难,这导致他实政经验不足,不得不在一定程度上依靠石亨等"夺门"功臣巩固

---

①[明]李贤:《古穰集》卷一〇《恭顺侯追封凉国公谥忠壮吴公神道碑铭》,景印《文渊阁四库全书》第1244册,第589页;奇文瑛:《碑铭所见明代达官婚姻关系》,《中国史研究》2011年第3期。

②[明]李贤:《古穰集》卷一〇《恭顺侯追封凉国公谥忠壮吴公神道碑铭》,景印《文渊阁四库全书》第1244册,第589页。

③[明]郑晓:《吾学编》第十九《皇明异姓诸侯传》卷下《石亨》,《四库禁毁书丛刊》第45册,第221页。

④[明]李贤:《天顺日录》,[明]邓士龙辑:《国朝典故》卷四九,第1111、1116页。

⑤《明英宗实录》卷二八〇,英宗天顺元年七月壬午,第6014页。

⑥《明英宗实录》卷二七四,天顺元年正月辛卯,第5820—5821页。

⑦[明]郑晓:《吾学编》第十九《皇明异姓诸侯传》卷下《石亨》,《四库禁毁书丛刊》第45册,第221页。

⑧《明史》卷一七三《石亨传》,第4615页。

统治。英宗听信石亨建议革去文臣巡抚后,就曾慨叹:"朕初复位,奉迎之人纷然变更,以此不便,只得依从,今乃知其谬。"① 实际上,石亨的擅权是对皇帝权威的极大挑衅,英宗对此早已不满,"厌左右干预",当时石亨频频入见,而大学士李贤安谨,不召即不入见,英宗于是对李贤说:"先生有文书整理,每日当来。其余总兵等官无事亦频来,甚不宜。令左顺门阍者,今后非有宣召,不许擅进。"② 嗣后,英宗又向阁臣李贤咨问如何遏制石亨等人的势力,李贤对曰:"人君之权不可下移,果能自揽,彼之势自消。"③ 皇帝就此大悟。天顺三年(1459),石亨侄石彪奸状发,英宗片纸即将他逮捕④。第二年皇帝判决石亨死罪下狱,并穷治其党羽,石亨不久瘐死⑤。由此可见,石亨只是皇权的依附者,他的权力完全来自皇帝的特许,君主可授之,亦可夺之。

本章结语

朱元璋以武力推翻元朝,一统天下,他立国伊始便构建了一套具有军事贵族特征的勋爵封袭制度以彰显国威并巩固自己的统治基础。与汉唐前朝相比,明代公、侯、伯封爵在原则上唯重军功,又具有爵级简化、爵秩极高、得爵者主要为武将等特征,臣僚一旦得爵便成为身份凌驾于一般朝臣之上的贵胄勋臣。朱元璋以身份性的爵位为基础,给予勋臣各种优待并命亲信勋臣兼领高级品官以委重任,不久,明太祖不再囿于品官专事专任的限制,直接钦派勋贵以本爵体统代管各种国家庶政,形成"爵"与"钦差"相结合的职权模式。从整个明代职官任用体制的发展来看,朱元璋的勋臣任用机制使得明初政坛呈现出较强的贵族政治特征。然而,朱元璋始终对勋臣既信任重用,又猜忌约束,这种心态导致他不断在勋臣封爵、领职问题上制定自相矛盾的制度与策略。至洪武中后期,朱元璋对勋贵渐增防范,其勋臣任用方略也随之复杂,呈现出显著的制度矛盾性。一方面,明太祖不愿意继续扩大勋臣的职权,反而系统地打击勋贵,最终将大部分功臣革爵废职以致屠戮;

①[明]李贤:《天顺日录》,[明]邓士龙辑:《国朝典故》卷四九,第1115—1116页。

②[明]李贤:《天顺日录》,[明]邓士龙辑:《国朝典故》卷四九,第1114、1117页。

③[明]李贤:《天顺日录》,[明]邓士龙辑:《国朝典故》卷四九,第1119页。

④《明英宗实录》卷三〇六,天顺三年八月庚戌,第6443页。

⑤[明]郑晓:《吾学编》第十九《皇明异姓诸侯传》卷下《石亨》,《四库禁毁书丛刊》第45册,第222页。

另一方面,他不断完善封爵制度,并加大力度任用个别亲近勋贵与驸马。朱元璋在勋臣问题上的反复无常,正是他作为专制君主在历史局限性的制约下政治智慧枯竭的结果,而朱元璋这一套充满矛盾的勋臣制度又成为明代一种难以突破的祖制。永乐以后,朝廷既维系勋臣的尊隆地位,任用勋臣执掌一定的高级职权,又逐渐制度化地限制勋臣参与国家庶政,形成"禁勋臣预九卿事"与"以文统武"两大机制,二者共同作用以实现对勋臣的有效管理。皇帝限制勋臣参与九卿事务,就是强调武将勋臣不可彻底脱离武职身份,防范他们以贵族之尊左右国家大政庶务;而"以文统武"体制又使得勋臣武将需在文臣的节制下行使军事职权。

第二章　"靖难"大封与勋臣任官五府制度

明代五军都督府机构沿革与公、侯、伯勋爵封赏任职制度之间存在密切的关系,但由于以往学者多着力探究五府本身职权衰落的过程,而极少关注与勋臣相关的五府制度细节①,致使明代勋臣五府任官制度尚不清晰,有鉴于此,本章将集中探讨与勋臣册封及任职相关的几个重要问题:一是永乐朝及仁宗登极之初这段时间内,部分勋臣被特准兼领五府都督官的状况和原因;二是洪熙、宣德以后,勋臣不再兼领有品都督官,而以本爵身份领无品钦差专掌两京五府机制的形成,以及这种专任机制的作用;三是对勋臣带俸五军都督府制度进行剖析。深入探讨上述问题,不仅可以揭示勋爵群体与五府职官、机构之间复杂的制度联系,也有助于了解勋臣在明代国家权力结构中的地位。

一　朱棣复授"靖难"勋臣都督兼衔的原因

(一)"靖难"大封功臣的官爵概况

关于明洪武朝勋臣爵位及职权任授的基本模式,笔者前章已有专论,现大略总结如下:明代公、侯、伯三等勋爵不设具体品级,朝廷采取将勋爵与职官品秩相比较的方式以定爵位的高低等次。洪武朝曾规定,公爵、侯爵列正一品之上,伯爵列正二品之上。洪武初年,部分"开国"功臣在受封公、侯、伯爵的同时,还兼领大都督府各级都督、中书省宰相及地方行政军事长官

---

① 已有的相关研究中,日本学者谷光隆通过统计《明史·功臣世表》,较早对勋臣任职五府的情况做了概述,但由于没有充分挖掘档案、实录、文集等更为原始的资料,故仍存诸多问题可议(见〔日〕谷光隆:《有关明代勋臣的一个考察》,《东洋史研究》29卷4号,1971年)。曹循注意到勋臣兼任五军都督府职权的问题,有宣宗以后勋臣"落去都督等武职"而"只充任差委"的结论,但尚未完全探明洪武、永乐间勋臣兼领品官的复杂演变过程(见曹循:《明代勋臣的培养与任用》,《云南社会科学》2012年第3期;《明代臣僚封爵制度略论》,《西北师大学报(社会科学版)》2011年第1期)。李新峰近著分析了明初勋臣执掌五府的状况,然未论及明中后期史实(见李新峰:《明前期军事制度研究》第二章《兵权分配》,北京,北京大学出版社,2016年,第120—121页)。

等有实际品级的高级官职,以专管相应的军国大政。不久,朱元璋又广泛授予勋贵各类没有品级的钦差职衔,更加灵活地指派他们统管各类军政庶务,于是造成了勋臣所领品官与实际钦派职务不相一致的状况。如曹国公李文忠,虽在洪武三年(1370)封爵并准兼领大都督府左都督,但他洪武四年以后就长期领兵外出征戍,实际上无法真正执掌都督府事。至洪武中期,再封和嗣爵的勋臣即不再担任有品官职,惟领皇帝钦命行事。洪武十三年,大都督府一分为五,每府各设左右都督、都督同知及都督佥事等官,所有勋臣均不兼领各级都督官,但有徐辉祖等个别勋戚以"掌某府事"的无品钦差管辖五府庶务。

　　然而,成祖夺取天下后,在建文四年(1402)九月及永乐元年(1403)五月大封"靖难"功臣时,又复授部分新封勋贵以都督府左右都督、都督同知、都督佥事等有品级的五府官职。为方便讨论分析,笔者不惮其烦,将成祖建文四年所封二十六名燕军将领的爵名、兼官以及封号、散阶、禄米、世袭、排名等情况尽数胪列如下表(表2):

表 2　建文四年九月"靖难"初封功臣官爵表 [①]

功臣姓名	封前所任官职	封后所兼官职	封号	勋阶	爵名	禄米	承袭方式	排名
丘福	都督佥事 [②]	中军都督府左都督	奉天靖难推诚宣力武臣	特进荣禄大夫、右柱国	淇国公	二千五百石	子孙世袭	1
朱能	都督佥事	左军都督府左都督	奉天靖难推诚宣力武臣	特进荣禄大夫、右柱国	成国公	二千二百石	子孙世袭	2
张武	都督佥事	中军都督府都督同知	奉天靖难推诚宣力武臣	特进荣禄大夫、柱国	成阳侯	一千五百石	子孙世袭	3
陈珪	都督佥事	后军都督府都督同知	奉天靖难推诚宣力武臣	特进荣禄大夫、柱国	泰宁侯	一千二百石	子孙世袭	4

---

①《明太宗实录》卷一二上,洪武三十五年九月甲申,第194—199页。

②根据《明太宗实录》建文四年统一封除"靖难"功臣的记录,丘福是以中军都督佥事封淇国公爵。《明太宗实录》丘福小传却别有其封爵前任中军都督同知的记载,这一记载的可信度不高。关于燕军将领封爵前职官升授问题的具体论述,详见下文。

续表

功臣姓名	封前所任官职	封后所兼官职	封号	勋阶	爵名	禄米	承袭方式	排名
郑亨	都督佥事	中军都督府左都督	奉天靖难推诚宣力武臣	特进荣禄大夫、柱国	武安侯	一千五百石	子孙世袭	5
孟善	都督佥事	右军都督府都督同知	奉天靖难推诚宣力武臣	特进荣禄大夫、柱国	保定侯	一千二百石	子孙世袭	6
火真	都督佥事	中军都督府都督佥事	奉天靖难推诚宣力武臣	特进荣禄大夫、柱国	同安侯	一千五百石	子孙世袭	7
顾成	右都督	后军都督府右都督	奉天翊运推诚宣力武臣	特进荣禄大夫、柱国	镇远侯	一千五百石	子孙世袭	8
王忠	都督佥事	右军都督府都督同知	奉天靖难推诚宣力武臣	特进荣禄大夫、柱国	靖安侯	一千石	子孙世袭	9
王聪	都指挥使	中军都督府都督佥事	奉天靖难推诚宣力武臣	特进荣禄大夫、柱国	武城侯	一千五百石	子孙世袭	10
徐忠	都督佥事	前军都督府左都督	奉天靖难推诚宣力武臣	特进荣禄大夫、柱国	永康侯	一千一百石	子孙世袭	11
张信	都督佥事	无	奉天靖难推诚宣力武臣	特进荣禄大夫、柱国	隆平侯	一千石	子孙世袭隆平伯	12
李远	都督佥事	中军都督府都督同知	奉天靖难推诚宣力武臣	特进荣禄大夫、柱国	安平侯	一千石	子孙世袭安平伯	13
郭亮	都督佥事	左军都督府都督同知	奉天靖难推诚宣力武臣	特进荣禄大夫、柱国	成安侯	一千二百石	子孙世袭成安伯	14
房宽	都督佥事	无	无	无	思恩侯	八百石	子孙世袭指挥使	15
徐祥	都指挥使	无	奉天翊卫宣力武臣	特进荣禄大夫、柱国	兴安伯	一千石	子孙世袭	16

功臣姓名	封前所任官职	封后所兼官职	封号	勋阶	爵名	禄米	承袭方式	排名
徐理	都督佥事	无	奉天翊卫宣力武臣	特进荣禄大夫、柱国	武康伯	一千石	子孙世袭	17
李濬	都指挥同知	无	奉天翊卫宣力武臣	特进荣禄大夫、柱国	襄城伯	一千石	子孙世袭	18
张辅	都指挥同知	无	奉天翊卫宣力武臣	特进荣禄大夫、柱国	信安伯	一千石	子孙世袭	19
唐云	都督佥事	无	奉天翊卫宣力武臣	特进荣禄大夫、柱国	新昌伯	一千石	子孙世袭指挥使	20
谭忠	故都指挥同知谭渊子	无	无	特进荣禄大夫、柱国	新宁伯	一千石	子孙世袭	21
孙岩	都指挥佥事	无	奉天翊卫宣力武臣	特进荣禄大夫、柱国	应城伯	一千石	子孙世袭	22
房胜	都指挥佥事	无	奉天翊卫宣力武臣	特进荣禄大夫、柱国	富昌伯	一千石	子孙世袭指挥使	23
赵彝	都指挥使	无	奉天翊卫宣力武臣	特进荣禄大夫、柱国	忻城伯	一千石	子孙世袭	24
陈旭	都督佥事	无	奉天翊卫宣力武臣	特进荣禄大夫、柱国	云阳伯	一千石	子孙世袭	25
刘才	都督佥事	无	奉天翊卫宣力武臣	特进荣禄大夫、柱国	广恩伯	九百石	子孙世袭指挥同知	26

　　表 2 所列勋臣中,除镇远侯顾成为燕军在真定之役俘虏的南军高级将领,其余皆为燕山护卫部队以及北平、北平行等都司各卫所出身的早期归附者。

　　成祖在册封上列二十六名功臣的同时,还以"有默相事机之功"为由,推恩升授攻克南京时自建文帝一方归附投诚的曹国公李景隆、兵部尚书茹瑺、都督同知王佐及都督佥事陈瑄四人爵赏。其中李景隆循洪武旧例,不再兼都督官职衔,仅加授新封号、勋阶及师保荣衔。茹瑺依文臣例,封忠诚伯仍兼兵部尚书。王佐与陈瑄二人受封后都保留了五府都督职衔,王佐为"奉天翊运宣力武臣、特进荣禄大夫、柱国、中军都督府都督同知、顺昌伯";陈瑄为

"奉天翊运宣力武臣、特进荣禄大夫、柱国、右军都督府都督佥事、平江伯" [1]。

及至永乐元年（1403）五月，朱棣补封建文四年（1402）六月未及封赏的原燕军将领李彬、陈懋、王通、王友、陈贤、张兴、陈志为勋臣，其中封丰城侯的李彬受封后仍兼右军都督同知职衔，而宁阳伯陈懋、武义伯王通、清远伯王友、荣昌伯陈贤、安乡伯张兴、遂安伯陈志仅享伯爵爵禄，不再兼领五府都督官职 [2]。

通览以上所列述的全部"靖难"大封功臣的官爵状况，可见都督官任授的一个显著规律，即公、侯两爵普遍保留都督职衔，而绝大多数伯爵不再领兼职。不过，亦有个别不符合规律的情况，如侯爵张信、房宽等不兼都督官，而伯爵中又有王佐、陈瑄领有都督衔。另有数位侯爵的名次与兼官、禄米不相配，也值得着重关注，如郑亨名列功臣第五名，却兼领左都督、加禄米一千五百石的优遇，高于排名第三、四位的张武与陈珪。

（二）"靖难"功臣兼官与原燕军五军所属的延续关系

了解了"靖难"功封情况后，现依据大部分"靖难"公、侯的情况，先试对成祖复授勋臣五府职衔的主要原因做一解释，再于此基础上探析"靖难"勋臣都督官任授过程中的规律与特例。

首先必须明确的是，成祖加授部分功臣以都督职衔，其目的并非是专命这些勋臣固定实管五府事务。在永乐朝兼任都督职衔的公爵与侯爵中，确实有几人曾负责过五府事务。其中领左府左都督的成国公朱能曾亲掌左军都督府事 [3]，而领后府都督同知的泰宁侯陈珪一度受命"兼掌北京行后军都督府事" [4]。兼领前府左都督的永康侯徐忠在永乐十一年（1413）着"衣冠坐都督府" [5] 时突发风疾死，据此可知他也实管都府事。不过，同样有很多领都督官的"靖难"勋臣不曾实际管理过五府事务。如在《明太宗实录》中，丝毫不见兼任中军左都督的丘福执掌中府的记载。再如武安侯郑亨，封爵后即

---

① 《明太宗实录》卷一二上，洪武三十五年九月甲申，第199—200页。
② 《明太宗实录》卷二〇上，永乐元年五月丁亥，第362—363页。
③ 《明太宗实录》卷三三，永乐二年七月乙卯，第577页。
④ 《明太宗实录》卷一八五，永乐十五年二月甲戌，第1984—1985页。
⑤ ［明］杨士奇：《东里文集》卷一三《奉天靖难推诚宣力武臣特进荣禄大夫柱国前军都督府左都督永康侯追封蔡国公谥忠烈徐公神道碑铭》，第186页。

受命领兵出巡,久在北边各地备御,几乎不在京师久驻①。另如后军都督府右都督镇远侯顾成,封爵后一个月即出镇贵州,此后他除在成祖北巡时短暂入京外,一直专守黔地直至去世,从未实预右军都督府事务②。另外,也有未领都督兼衔的云阳伯陈旭掌后军都督府事③,隆平侯张信掌前军都督府事④,陈旭、张信即是以本爵执掌五府。综上可知,"靖难"功臣所兼都督品官与实际职权并不一定相关。实际上,朱棣特意保留加升部分勋臣的五府都督兼职的原因,实与"靖难之役"中燕军将领的官职升迁过程密切相关,现具体论述如下:

《明太宗实录》洪武三十五年(1402)九月甲申条记"靖难"勋臣封爵时,对诸臣封爵前的官职记载比较模糊,仅言"都督佥事"及"都指挥"之类,不具体说明其所领是何都督府或何都司的官职。不过,查《奉天靖难记》一书可知,朱棣起兵期间曾两次集中给下属武官升职。第一次是建文二年(1400)七月至九月间,将大部分武官铨入北平都司:

> (七月甲申)升燕山右卫指挥使朱崇、燕山右护卫指挥同知张武为北平都司都指挥佥事。(九月辛未)升守永平都(督)指挥佥事郭亮为北平都司指挥同知。(九月)壬申,上以诸侯从征有功,俱升其职,都督佥事陈亨升后军都督府都督同知。都指挥同知张信、房宽升北平都司都指挥佥事。都指挥佥事张玉、丘福、朱能、徐忠、李彬、陈文、谭渊、何寿、郑亨、朱荣、李濬、陈旭、孟善、景福、端亮、李远、张安、刘才、徐理、沈旺、张远、徐祥、赵彝、徐谅俱升北平都司都指挥同知。济南卫指挥陆荣、济阳卫指挥使纪清、燕山中护卫指挥使火真、指挥佥事王友、王聪俱升北平都指挥佥事。⑤

第二次是建文三年十一月,朱棣将军功最高的武将统一升为五军都督府都

①[明]杨荣:《文敏集》卷一七《故奉天靖难推诚宣力武臣特进荣禄大夫柱国中军都督府左都督武安侯追封漳国公谥忠毅郑公神道碑铭》,景印《文渊阁四库全书》第1240册,第268—269页。
②[明]杨士奇:《镇远侯赠夏国公谥武毅顾成神道碑》,[明]焦竑辑:《国朝献征录》卷七《侯一·世封侯》,周骏富辑:《明代传记丛刊》第109册,第230—231页;[明]金幼孜:《金文靖集》卷九《追封夏国武毅公祠堂之碑》,景印《文渊阁四库全书》第1240册,上海,上海古籍出版社,1987年,第816页。
③《明太宗实录》卷一四,洪武三十五年十一月甲申,第250页。
④《明太宗实录》卷二〇上,永乐元年五月辛巳,第356页。
⑤王崇武:《奉天靖难记注》卷二,洪武三十三年七月甲申、九月壬申,上海,商务印书馆,1948年,第122—124页。

督佥事：

> 升都指挥丘福、张信、刘才、郑亨、李远、张武、火真、陈圭为中军都
> 督府都督佥事。李彬、王忠、陈贤为右军都督府都督佥事。徐忠、陈文
> 为前军都督府都督佥事。房宽为后军都督府都督佥事。[1]

至于上举各官具体任职于五府中的哪一府，又基本源自建文元年
（1399）十月燕王收编大宁骑兵后燕军主力大军分为五部的编制，相关记载
见《奉天靖难记》：

> 乙卯，大军至会州卫，指挥张玉将中军，升密云卫指挥郑亨、会州卫
> 指挥何寿为都指挥佥事，充中军左右副将。都指挥朱能将左军，升大宁
> 前卫指挥朱荣、燕山右卫指挥李濬为都指挥佥事，充左军左右副将。都
> 指挥李彬将右军，升营州中护卫指挥徐理、永平卫指挥孟善为都指挥佥
> 事，充右军左右副将。都指挥徐忠将前军，升营州右护卫指挥陈文、济
> 阳卫指挥吴达为都指挥佥事，充前军左右副将。都指挥房宽将后军，都
> 指挥和允中充后军左副将。升蓟州卫指挥毛整为都指挥佥事，充后军
> 副将。以大宁归附之众分隶各军。[2]

燕军主力系由燕山三护卫及陆续收编的北平都司下属卫所军士构成，
有功将领自然升入北平都司系统，而燕军的五部军编制显然是在效仿中央
五府的设置，故五军各将领分别升为相对应的五府都督官。如李彬曾主将
右军，即升右府都督佥事；徐忠主将前军，即升前府都督佥事；房宽主将后
军，即升后府都督佥事。升为中军都督佥事的丘福、张信、刘才、郑亨、李远、
张武、火真、陈珪八人中，郑亨也明确曾在原中军主帅张玉麾下任副将，虽然
《奉天靖难记》中没有郑亨以外其余七人在燕军中军效力的直接记载，但按
理他们也应是中军将领。细考史料就可知，郑亨以外七人中的丘福，确实曾
任燕军的中军统帅。《奉天靖难记》在建文三年十一月条下有"五军总兵官
丘福等"[3] 的说法，五军都督府按地位高下的排序为中、左、右、前、后，"以中
军都督府为各府之首"[4]，燕王五军也应遵此成例，故《奉天靖难记》特举丘

---

① 王崇武：《奉天靖难记注》卷三，洪武三十四年十一月壬辰，第169页。按"陈圭"一般多作"陈珪"。
② 王崇武：《奉天靖难记注》卷一，洪武三十二年十月乙卯，第68—69页。
③ 王崇武：《奉天靖难记注》卷三，洪武三十四年十一月丁亥，第169页。
④ 正德《明会典》卷一七九《五军都督府·中军都督府》第3册，第539页。

福之名代指全部五军总兵,说明丘福无疑是排名第一位的中军主将。建文二年(1400),原中军主将张玉在东昌战役中战死[①],因此丘福应在此时接替了张玉的职位。

需要指出的是,《奉天靖难记》漏记了全部燕军左军军将在"靖难之役"中升任左府都督佥事的情况。不过《明功臣袭封底簿》却明确记载,统领左路大军的朱能在建文三年"有功升左府都督佥事"[②],而同年又有郭亮任左府都督佥事[③],可知郭亮也应是原燕军左军军官。

另外,《明功臣袭封底簿》还载,建文三年孟善升"中府都督佥事"[④],徐理升"左府都督佥事"[⑤],此不见于《奉天靖难记》。不过,孟善、徐理二人在《奉天靖难记》中皆被记为燕军右军副将,而孟善建文四年封保定侯时又加兼右府右都督职衔,因此孟、徐二人在建文三年理应升为右府都督府佥事。由于没有其他权威文献可作旁证,故不知《明功臣袭封底簿》所载孟善领中府都督佥事、徐理领左府都督佥事是朱棣的特意安排还是记载有误[⑥]。

通过上述这些勋贵的五军所属、封爵前最高官职及封爵后保留的官职,可总结三者之间的延续关系如下表(表3):

表3　功臣五军归属与所领官职关系表[⑦]

勋臣	"靖难"中所属五军	封爵前官职	封爵后官职
淇国公丘福	中军	中军都督府都督佥事	中军都督府左都督
隆平侯张信	应为中军	中军都督府都督佥事	中军都督府都督同知
武安侯郑亨	中军	中军都督府都督佥事	中军都督府左都督
安平侯李远	应为中军	中军都督府都督佥事	中军都督府都督同知
成阳侯张武	应为中军	中军都督府都督佥事	中军都督府都督同知

①王崇武:《奉天靖难记注》卷二,洪武三十三年十二月乙卯,第130页。

②《明功臣袭封底簿》卷三《成国公》,第383页。

③《明功臣袭封底簿》卷三《成安伯》,第500页。

④《明功臣袭封底簿》卷一《保定侯》,第96页。

⑤《明功臣袭封底簿》卷二《武康伯》,第302页。

⑥以详考明初勋臣事迹见长的嘉靖、万历朝名臣王世贞在《永乐以后功臣公侯伯年表》中认为孟善封爵前实为"右军都督佥事",其说与《明功臣袭封底簿》不合,可聊备一说(见[明]王世贞:《弇山堂别集》卷三八《永乐以后功臣公侯伯年表》,第674页)。

⑦本表根据《奉天靖难记》及《明太宗实录》,选取有明确所属五军及封爵前后职官记录的十一位功臣加以比照。由于伯爵封爵后基本脱去职官,故此表主要反映的是公、侯勋臣的领职情况。

续表

勋臣	"靖难"中所属五军	封爵前官职	封爵后官职
同安侯火真	应为中军	中军都督府都督佥事	中军都督府都督佥事
成国公朱能	左军	左军都督府都督佥事	左军都督府左都督
丰城侯李彬	右军	右军都督府都督佥事	右军都督府左都督
保定侯孟善	右军	一说中军都督府都督佥事；一说右军都督府都督佥事	右军都督府右都督
永康侯徐忠	前军	前军都督府都督佥事	前军都督府左都督
泰宁侯陈珪	应为中军	中军都督府都督佥事	后军都督府都督同知

上表中泰宁侯陈珪原为中府都督佥事，封爵后却转任为后府都督同知，这不符合"靖难"功臣一般的任职规律，应当加以说明。从《皇明功臣封爵考》收录的勋臣铁券诰命可知，陈珪领泰宁侯爵时确实由"佥中军都督府事"改职为"同知后军都督府事"[1]。陈珪之所以改官，应是由于原燕军后军主帅及后军都督佥事房宽封爵后不再兼都督官，而当时兼任后军右都督的镇远侯顾成系自建文方归附者，这就造成无燕王亲近勋臣兼后军都督府职衔，故成祖添补陈珪领任后军都督同知。房宽虽历有军劳，但他在白沟河战役中兵败失职，成祖勉强"以旧臣，略其过"[2]而封为思恩侯。所谓"思恩"，属于带有贬义的"取事"类爵名，有警醒房宽悔过的意味。房宽不再领都督官，无疑也是出于成祖的降惩。

综上所述，燕王朱棣起兵时将全军整编为中、左、右、前、后五部，在"靖难"战争过程中不断升迁五部军官的官职，至燕军攻占南京前，功劳最大的功臣依五军建置升为对应的五军都督府都督佥事。朱棣无视南京朝廷，以燕王身份加授麾下武官以中央五府职衔，这在当时属擅授"伪官"。因此，朱棣在正式夺取皇位后，除了以勋爵之位封赏这些"从龙"大将外，还特意保留并提升了部分功臣的都督职衔，这样做不仅名正言顺地表彰他们在"靖难之役"中的战功，同时也保持了军功授衔的延续性和完整性，因此，"靖难"功臣的五府都督官衔是一种特殊的荣誉职衔。

---

[1] [明]郑汝璧:《皇明功臣封爵考》卷三《泰宁侯》,《四库全书存目丛书》史部第258册,济南,齐鲁书社,1997年,第381页。
[2]《明史》卷一四五《房宽传》,第4096—4097页。

(三)《明太宗实录》对"靖难"功臣升迁史事的遮蔽

值得注意的是,朱棣特以"清君侧"的名义举兵,无非是为了掩饰志在夺取皇位的野心,但他在任燕王时私自提升燕军将领为都司及五府军职,却已显露出与建文朝廷分庭抗礼之意,因而,在作为官修《明太宗实录》一部分的《奉天靖难事迹》中,建文四年(1402)以前"靖难"功臣升任五府都督的情况被完全删去,以为隐讳①。

《明太宗实录》中直到建文四年六月癸酉,才出现一则朱棣集中升赏武将的记录,称指挥使丘福、朱能、郑亨、徐忠、张武、陈珪、孟善、李彬、王忠、火真、陈贤、李远、郭亮、房宽、徐理、唐云、陈旭、刘才"俱为都督佥事";王聪、徐祥、赵彝"俱为都指挥使";张辅、陈志、李濬、张兴、王友"俱为都指挥同知";孙岩、房胜"为都指挥佥事"②,这基本就是《明太宗实录》中所见"靖难"功臣封爵前的最后官职。不过,这一记载明显故意将不同时期武官的授职情况错杂记于建文四年六月癸酉这一时间点。如前文所论,其中丘福等大多数五府都督官升职的时间是建文三年,而陈旭又确实是在建文四年才升都督佥事③。都督佥事以外,上举升都指挥一级的武将也并非都是在建文四年六月被统一升迁。如张辅是在其父张玉死后袭职为都指挥同知,领职当不晚于建文二年④。另如李濬在建文二年升北平都指挥同知。而据碑铭资料载,孙岩实际是在建文三年升都指挥佥事⑤。

建文四年六月是一个重要的时间节点,当月朱棣恰好攻下南京,并宣称建文帝已死,准备正式登极称帝,此时朱棣业已具备任命都司及五府都督高级武职的资格。《明太宗实录》的编纂官选择将不同时期"靖难"功臣升职的情况统一记在建文四年六月内,显然是为给朱棣起兵期间就擅授朝廷高级职官意在夺取天下的行为做一掩饰。而这种用曲笔遮蔽真相的做法在《明太宗实录》中颇为常见。此一修史原则也在朝臣私撰墓志碑铭时被遵守,如阁臣杨士奇在为永康侯徐忠撰写的神道碑中,不言徐氏封爵前已升

①王崇武:《奉天靖难记注》卷一,洪武三十二年十月乙卯,第69页。

②《明太宗实录》卷九下《奉天靖难事迹》,洪武三十五年六月癸酉,第138页。

③《明功臣袭封底簿》卷二《云阳伯》,第289页。

④《明英宗实录》卷一八一,正统十四年八月壬戌,第3500页。

⑤[明]杨荣:《翼城侯孙公神道碑铭》,《皇明名臣琬琰录》卷一四,周骏富辑:《明代传记丛刊》第43册,第482页。

都督佥事,仅言他任世袭济阳卫指挥佥事,后因功"自指挥同知历都指挥佥事"[1]而封爵,隐讳程度甚至超过《明太宗实录》。

二 作为勋臣荣誉职衔的五府都督官

(一)都督兼衔区别"靖难"功臣地位

上文已揭示成祖复准勋臣兼领都督官的原委,现可进一步分析"靖难"功臣五府都督官的任授规律与特例,从而揭示都督官作为荣誉职衔区别勋臣功资与地位的作用。

现以"靖难"所封思恩侯房宽为参照,将所有建文四年(1402)九月所封勋臣的兼官情况与他们的封号、散阶、禄米、名次以及过往战功结合起来考察,可见如下事实:不领都督官的房宽在侯爵中位列最后,房宽之前的公、侯中,除隆平侯张信外,无论封前是否为都督官,封后皆晋升或保留五府职衔。排除顺昌伯王佐、平江伯陈瑄、忠诚伯茹瑺三名南京降臣,房宽之后的伯爵均脱去五府品官。由于犯有重大过失,房宽虽为侯爵,但与伯爵一样不领都督官,除此之外,还不加勋号、散阶、勋官,享最少的八百石禄米,子孙仅承袭指挥。明显可见,成祖是置房宽于功臣阶序的过渡位置,以区隔公爵、侯爵与伯爵。至于隆平侯张信贵为侯爵而不领都督的原因,也是因为他的过往功勋比较特殊。张信建文二年即以北平都司都指挥身份暗通朱棣以传送重要军事情报,朱棣称之为"恩张",但他并没有实际军功[2]。故此,朱棣封张信为流爵隆平侯,位列诸世侯之后而在其他两名流侯李远、郭亮之前,并夺其原中军都督佥事职,以区别于有战功的武将。

房宽之前,公、侯的基本领职规律是公爵领左都督,约半数的侯爵兼都督同知,阶序特征较为明显。但侯爵中如郑亨、徐忠、顾成等排名并不十分靠前,却领左、右都督之职务,与公爵相俦而高于其他侯爵。考虑到都督官的荣誉属性,郑亨等特异现象便可以得到合理解释,下面略作分析。

如前所述,《明太宗实录》洪武三十五年(1402)六月癸酉条是将诸武

---

①[明]杨士奇:《东里文集》卷一三《奉天靖难推诚宣力武臣特进荣禄大夫柱国前军都督府左都督永康侯追封蔡国公谥忠烈徐公神道碑铭》,第185—186页。
②《明英宗实录》卷九二,正统七年五月丁卯,第1859页。

官不同时间的升职强行拼凑在一起的伪史,具体内容不足训。但这条记录
却也提供了一个封爵前"靖难"功臣的排名次序:丘福、朱能、郑亨、徐忠、张
武、陈珪、孟善、李彬、王忠、火真、陈贤、李远、郭亮、房宽、徐理、唐云、陈旭、
刘才、王聪、徐祥、赵彝、张辅、陈志、李濬、张兴、王友、孙岩、房胜。这一排序
可视为朱棣初拟的"功劳簿",其与封爵时的排位有所出入。其中丘福、朱能
封爵前后排名不变,皆位列第一、二名,功资地位无可非议,故二人理所当然
享公爵封赏,并晋兼左都督。郑亨、徐忠二人封爵前原本位列诸将中第三、
四位,仅次于丘福、朱能,但封爵后却掉落至第五、第十一位。郑、徐名次被
置后的原因,有可能是由于二人非燕山护卫出身①,不是朱棣最嫡派的将领,
故被压低排位。另外,一些史料也反映出郑亨的总体军功确实在张武之下。
如据《明太宗实录》与《吾学编》所载,张武"靖难之役"中立有"斩获首
将"、率先锋败敌等重要战绩,封爵时以"当时武功第三"替代了郑亨的原位
次,晋封成阳侯,张武逝后成祖甚至"出内厩鞍马赙之"②,可见皇帝对其功勋
的肯定。又徐忠神道碑记他领兵"惟执兵迎拒者不容,而诱谕招徕,绥抚降
附多效力"③,反映出徐忠所部多收编归降军卒,或非燕军核心主力,因此徐
忠军功自不如其他将领。郑亨、徐忠虽在正式封爵时被调后排名,但郑、徐
二人早在建文二年(1400)就已分领中军副帅及前军主帅,久有汗马之劳,
不宜过于贬降,于是成祖就通过授予他们中、左二都督府左都督高官以补裨
之,又特加郑亨一千五百石的高禄,这就造成郑、徐二人名次与职官、俸禄的
不对等。

镇远侯顾成的情况更显特殊。顾成在洪武年间即长期镇守贵州,乃明
初开疆之重臣,洪武末期已升任右军都督府都督金事④。建文元年,顾成被
加升为左军都督,随耿炳文军抵御燕师,真定战役中顾成兵败被燕军俘虏,

①郑亨以密云卫指挥金事从朱棣起兵(见[明]杨荣:《文敏集》卷一七《故奉天靖难推诚宣力武臣特
　进荣禄大夫柱国中军都督府左都督武安侯追封漳国公谥忠毅郑公神道碑铭》,景印《文渊阁四库全
　书》第1240册,第268页)。徐忠"靖难"之初以镇守开平济阳卫指挥金事归附朱棣(见[明]杨士
　奇:《东里文集》卷一三《奉天靖难推诚宣力武臣特进荣禄大夫柱国前军都督府左都督永康侯追封
　蔡国公谥忠烈徐公神道碑铭》,第185页)。
②《明太宗实录》卷二四,永乐元年十月戊申,第433—434页;[明]郑晓:《吾学编》第十九《异姓诸
　侯传》卷下《张武》,《四库禁毁书丛刊》史部第45册,第212页。
③[明]杨士奇:《东里文集》卷一三《奉天靖难推诚宣力武臣特进荣禄大夫柱国前军都督府左都督永
　康侯追封蔡国公谥忠烈徐公神道碑铭》,第186页。
④《明太祖实录》卷二四六,洪武二十九年七月癸未,第3576页。

朱棣惊呼"岂非皇考之灵以汝授我",并转派顾成至北平辅佐世子"居守"①。顾成是资历颇高的洪武朝老将,故特为朱棣所重视,他归燕以后仍被累加官职,在建文三年(1401)任燕军的后军都督府右都督②,而当时燕军嫡系将领丘福、朱能等才刚刚被加升为都督佥事,因此朱棣将顾成的原左府职衔改调为后府职衔,是为稍屈其尊。至正式封爵时,成祖将顾成排在十五名公、侯中的第八位这一中间位置,既在一定程度上尊崇他洪武老臣的地位,又不至于使他在"靖难"诸臣中显得过于突出,以盖过原燕军亲信重臣。顾成的特殊性还体现在其他方面,如他的封号是"奉天翊运",区别于燕军功臣的"奉天靖难"及"奉天翊卫"封号,而与南京归附诸臣陈瑄、王佐相同。另外顾成领千五百石的禄米,在侯爵中处于最高一级。可以说,顾成独享一套封爵荣誉系统,明代佚名史籍《靖难功臣录》依据勋臣封号功业对他们进行了分类,其中就将顾成单列在其他公、侯次序之外以示区别③。

(二)"靖难"伯爵不领兼衔及部分侯、伯的兼官特例

按照公爵兼领左都督、侯爵兼领都督同知的大致阶序,位列房宽之后的伯爵似也可以兼都督佥事一级的品官以添荣宠,但成祖却不加授,这应与当时伯爵相应品级的调整有关。洪武年间定,公与侯两等爵列在正一品之上,伯爵列为正二品之上④,而据孙承泽《春明梦余录》载,永乐初年伯爵亦被提升至"正一品之上"⑤。实际上,明初文献中不见伯爵提为超一品的确切记载,明末清初人孙承泽也是通过综合各类史料提出了模糊的"永乐初"之说。所谓"永乐初",应该就是指建文四年朱棣大封功臣时,理由如下:所有"靖难"大封侯爵、伯爵的散阶、勋级都是"特进荣禄大夫、柱国",而洪武朝

---

① 王崇武:《奉天靖难记注》卷一,洪武三十二年八月壬戌,第57页;[明]杨士奇:《镇远侯赠夏国公谥武毅顾成神道碑》,[明]焦竑辑:《国朝献征录》卷七《侯一·世封侯》,周骏富辑:《明代传记丛刊》第109册,第230页。学者王崇武认为,顾成有此前就曾与燕王一方结连的嫌疑(见王崇武:《奉天靖难记注》卷一,第59—60页)。
② 王崇武:《奉天靖难记注》卷二、卷三,洪武三十三年九月丙子,洪武三十四年十二月乙卯,第124、172页。
③ 《靖难功臣录》,[明]陆楫编:《古今说海》卷一三八,景印《文渊阁四库全书》第886册,上海,上海古籍出版社,1987年,第143—144页。
④ [明]王圻:《续文献通考》卷一九七《封建考·皇明异姓封建》,第11684页。
⑤ [清]孙承泽:《春明梦余录》卷三〇《五军都督府·封拜考》,第457页。

《诸司职掌》即有规定,特进荣禄大夫是文、武官正一品初授散阶[1],柱国是文、武官从一品所授勋官[2],至正德《明会典》进一步规定,"凡勋阶如特进光禄大夫、柱国之类,乃一品官所该给授,公、侯、伯间有特旨给授"[3],说明特进光禄大夫、柱国是一品勋阶,可特旨授予部分侯、伯勋臣。依此,成祖所封伯爵如果依旧循洪武旧例为正二品以上,就与他们所领一品的勋官及散阶不合,可知伯爵当时必定已列在正一品之上。同理可推,在公、侯、伯勋爵皆列正一品以上的情况下,授公、侯以正、从一品的左右都督及都督同知兼官,尚可凸显勋臣的特殊地位,但若使伯爵兼正二品的都督佥事,反而会出现爵、官品级不匹配的尴尬情况。因此,成祖直接脱去伯爵品官的做法反而更为妥当。

　　成祖将伯爵也提为超一品的原因也很简单。洪武时期,朱元璋轻视儒士功劳,故伯爵基本上是专门用来册封刘基、汪广洋等极个别文官的,因而伯爵势必在相应品级上明显低于公及侯爵。与洪武功臣身份各异、派系复杂的状况不同,"靖难"功臣本多燕山护卫及北平都司中级军官出身,他们之中功劳稍低者即被大量封为伯爵。伯爵在资历、功绩方面与侯爵相差并不十分巨大,比如武康伯徐理、襄城伯李濬早就担任五军副将,云阳伯陈旭、广恩伯刘才封爵前已任都督佥事,而全部伯爵的禄米皆高于被勉强封为侯爵的张信、房宽。在这种情况下,朱棣为安抚这批旧臣,自然将伯爵提升为正一品之上,以缩小与公、侯之间的差距。

　　侯、伯之中还有一些爵、官不匹配的特例需要说明。其中王聪、火真虽封武城、同安侯爵,但却被授予伯爵都不宜兼领的都督佥事一职,这一反常任职也有其合理之处。王聪是唯一一名由都指挥使直接封侯爵的勋臣,他起家燕山中护卫总旗[4],资历本比其他公、侯低。火真以燕山护卫千户起家,其悍勇为南军所忌惮,封爵前已领都督佥事,封爵后兼官却未得提升,明显是故意贬抑,这或与他鞑靼人的外族出身有关[5]。不过火真、王聪二人所享禄米是一千五百石,高于排名在他们之前的侯爵,这也是成祖降其官职后的一

①《诸司职掌·吏部·司封部·散官》《诸司职掌·兵部·司马部·诰敕》,《续修四库全书》史部第748册,第602、716页。

②《诸司职掌·吏部·司勋部·勋级》,《续修四库全书》史部第748册,第604页。

③正德《明会典》卷八《吏部七·验封清吏司·封爵》第1册,第98页。

④《明功臣袭封底簿》卷一《武城侯》,第113页。

⑤《明太宗实录》卷九五,永乐七年八月甲寅,第1261页。

种弥补。另外,陈瑄、王佐封伯爵却保留都督官,是因为二人本建文帝一方重臣,他们在燕军围南京时方投降朱棣,以迎驾功封爵[1],成祖为表示安抚,特别保留了他们的都督官。陈瑄墓志即称其"知天命有归,即率舟师迎济,论功授奉天翊运宣力武臣、特进荣禄大夫、柱国、平江伯,食禄一千石,仍兼旧职"[2]。

综上所述,由于成祖以非正常手段篡夺天下,且"靖难"功臣在出身、战功方面差别较小,故"靖难"大封具有既重视区别勋臣功过,也同时兼顾平衡的特点。于是永乐皇帝将五府各级都督官作为荣誉职衔颁赐于部分勋臣,以达到区别等级与均赏的双重目的。

(三)"靖难"大封以后勋戚兼领都督职衔的情况

在永乐元年(1403)之后的一段时间内,朝廷依然将五府都督作为一种荣誉职衔授予部分功劳、地位特殊的勋戚。例如永乐三年,久镇西北的元勋老将甘肃总兵官都督宋晟,招降蒙古"部众五千,马驼万六千来归",事后,朱棣遣使持节至军中封宋晟为西宁侯,"赐推诚辅运宣忠效力武臣、柱国"的封号与勋阶,并特准他"仍后军都督府左都督,食禄千一百石"[3]。再如永乐七年,成祖又命行在左军都督金事何濬等持节封甘肃总兵官右军都督府左都督何福为宁远侯,加号"推诚辅运宣忠劲力武臣、特进荣禄大夫、柱国",保留右军都督府左都督衔[4]。不过,同样是在永乐朝,一些不需要特别嘉奖的勋臣,即便被封侯爵,也不再加授都督官。如永乐十八年朝廷封都督薛禄阳武侯、郭义安阳侯,二人晋封后便不再保留原都督职衔,封号中无品官之兼[5]。

迟至仁宗登极之初,在永乐二十二年十一月推恩加封当朝外戚都督张昶为彭城伯时,仍准张昶兼领"中军都督府左都督如故"[6],明显也是为了增加至亲戚畹的荣宠。张昶之后,所有武将出身的勋贵在受封时,均不加包括

①《明太宗实录》卷一二,洪武三十五年九月甲申,第199页。

②[明]杨荣:《文敏集》卷二五《平江侯圹志》,景印《文渊阁四库全书》第1240册,第397页。

③[明]杨士奇:《东里文集》卷一二《故推诚辅运宣忠效力武臣柱国后军都督府左都督西宁侯宋公神道碑铭》,第172页。

④《明太宗实录》卷九六,永乐七年九月庚午,第1267页。

⑤《明太宗实录》卷二三二,永乐十八年十二月甲寅,第2242页。

⑥《明仁宗实录》卷四上,永乐二十二年十一月壬申,第130—131页。

五府都督在内的武职品官,仅封爵后循资可加兼太师、太保等师保荣衔,一如洪武中期之旧制,永乐朝领都督官的勋贵后代们袭爵时,亦不再担任都督官,此制终明一代不再变更。

　　洪武朝五府各级都督已经出现"寄禄化"趋势,五府职衔的尊隆程度已较之大都督府都督官有所降低,而永乐帝复加勋臣都督品官,只是为应对大封功臣的一时之需。此后,五府都督官更被广泛授予勋臣以外的军将,寄禄无常员,如《春明梦余录》所言,"其左、右都督以下至同知,皆以加边将之有功者,其佥事,以待序迁者"①。在公、侯、伯爵本已位列正一品以上的情况下,大量加授给一般武职的五府都督职衔已无法凸显勋爵的至高荣宠。通过墓志碑铭资料可见,随着时间的推移,一些"靖难"勋臣的都督官不再被刻意提及,基本失去了作为荣誉职衔而存在的意义。如内阁元老杨士奇在为平江伯陈瑄撰写的神道碑中云:"内难平,上正大统,录功赐公奉天翊卫推诚宣力武臣、特进荣禄大夫、柱国,封平江伯,赐诰券。"② 不言陈瑄封爵后尚领品官的事实。又如天顺朝内阁大学士李贤在追述成国公朱能的功绩时,称能官爵为"太子太傅,成国公"③,将"左军都督府左都督"一职直接忽略。

三　勋臣专掌五府体制的形成

(一)勋臣执掌五府的职衔变化

　　需要着重强调的是,洪熙、宣德两朝之后,明廷虽然不再加授勋臣五府各级都督品官,但勋臣作为朝廷最高军事大臣,仍然有资格执掌五军都督府政务。如仁宗登极伊始,就命英国公张辅掌中府、阳武侯薛禄掌左府、安远侯柳升掌右府、宁阳侯陈懋掌前府、成山侯王通掌后府④。张辅等勋臣都不领五府的具体职衔,纯以本爵身份,再凭"掌某府事"的无品级皇帝钦命实管各府。勋臣之外,各级都督武将作为本衙门法定职官,当然同样有资格掌管

①[清]孙承泽:《春明梦余录》卷三〇《五军都督府》,第455页。
②[明]杨士奇:《东里文集》卷一三《奉天翊卫宣力武臣特进荣禄大夫柱国追封平江侯谥恭襄陈公神道碑铭》,第189页。按,《明实录》等官方文献记载,陈瑄伯爵封号为"奉天翊运",此处神道碑有误。
③[明]李贤:《古穰集》卷一〇《特进荣禄大夫右柱国太保成国公追封平阴王谥武愍神道碑铭》,景印《文渊阁四库全书》第1244册,第581页。
④《明仁宗实录》卷一下,永乐二十二年八月戊戌朔,第23页。

五府,不过由于都督官寄禄无定员,他们也需专领"掌府事"的敕命行事。

"掌某府事"作为一种无品级的钦差职衔,在洪武、永乐以来就被惯用。"掌府事"之外,勋贵、都督还领"视府事"①、"管府事"②等衔名,这些官名区别职权的意义不明显,存在一定的随意性。不过,在永乐年间,北京留守行后军都督府内也已出现"掌府事"与"副掌府事"的长、次官职责分工③。宣德以后,朝廷经常委任两到三名将领同时掌一府事务,并有主、辅之别④。明代中叶的史料中还有五府"佐理"⑤的说法,更体现出佐贰官之意。需要指出的是,"理"作为五府职衔,也并不都代表"佐理"之意。如据《明宪宗实录》载,宪宗命定襄伯郭登充神机营总兵官"兼理中军都督府事"⑥,而郭登墓志、神道碑文中称其"总管神机营,掌中军都督府"⑦,这里"理"与"掌"即可换用。

约自弘治、正德朝始,朝廷普遍授予勋臣及各级都督"掌印"及"佥书"等无品级钦差职衔,命他们管理五府庶务,任五府掌印、佥书的勋臣或都督,统称五府堂上官⑧。"掌印"顾名思义,指掌管衙门印信的正官。"佥书"本"签署"⑨之意,指有权在公文案牍上签名的部门副官。掌印、佥书虽逐渐成为更加正式的五府堂上官职名,但直至明亡以前,"掌府事""管府事"之类的职名也并不废止。如崇祯朝一份军事档案中录有魏国公徐弘基的奏疏,弘基自称"南京前军都督府掌府事太子太傅魏国公臣徐弘基",而兵部咨议

---

① 《明英宗实录》卷一八〇,正统十四年七月戊子,第3482—3483页。
② 《明宪宗实录》卷三〇,成化二年五月己卯,第595页。
③ 《明太宗实录》卷二〇下,永乐元年五月下庚子、辛丑,第373页。
④ 《明宣宗实录》卷一〇,洪熙元年十月己巳,第264页;《明宣宗实录》卷一九、卷二二,宣德元年七月乙未、宣德元年十月丙寅,第496、573页。
⑤ [明]李东阳:《李东阳集·文后稿》卷三〇《明故荣禄大夫后军都督府都督同知郭公鋐墓志铭》,第1329页。
⑥ 《明宪宗实录》卷一〇,天顺八年十月庚子,第223页。
⑦ [明]彭时:《定襄忠武侯神道碑》,[明]商辂:《奉天翊卫宣力武臣特进荣禄大夫柱国追封定襄侯谥忠武郭公墓志铭》,[明]郭良、郭勋辑:《毓庆勋懿集》卷七、卷八。
⑧ 《明实录》中五军都督府掌印及佥事职名的最早记载,分别见于弘治十三年及弘治三年(见《明孝宗实录》卷一六五,弘治十三年八月己亥,第3009—3010页;《明孝宗实录》卷四二,弘治三年九月辛未,第874页)。早在明代前中期,朝廷为解决官多职少问题,即在卫所、内官诸衙门设置掌印、佥书各无品差衔,五府或循其例(见曹循:《明代卫所军政官述论》,《史学月刊》2012年第12期)。
⑨ 明代私人著述亦有直接写为"签署"者。如焦竑在为万历朝军官万达甫作传时,言其"晋签署闽阃"一职,即指达甫曾任福建都司佥书(见[明]焦竑:《澹园集》卷二五《万纯斋传》,上海,上海古籍出版社,1999年,第361页)。

徐弘基提议时称其为"南京前军都督府掌印太子太保魏国公徐弘基"①。又据晚明笔记《掌记》载,"嘉靖间会议疏列五府衔,金书与带俸者,概称管府事"②。查嘉靖三十九年(1560)兵部军政考选文档,武选司上呈章奏中以某府"管府事"称呼待考诸勋爵,兵部尚书答覆中称其为"五军都督府金书"③等官。可见明中后期"掌府事"为五府掌印别称,"管府事"为五府金书的别称,二者有明确区别。

掌印、金书体制确立后,五府堂上官的数量也被固定下来。排查《明实录》所收嘉靖二十九年五府军政考选名录及隆庆元年(1567)正月五府官自陈名录等一些具有五府堂上官完整名册性质的资料④,可知北京五府各府例设掌印一名,金书两名。另外,南京五府事务较清闲,故"凡各府掌府事及协同管事官各一员"⑤。

(二)明中后期勋臣占据五府职位

在明代前期,勋臣和都督官本都是五府长官的法定候选者,郑晓《吾学编》对此有总结言,五府事务由"公、侯、伯及三等都督领之,贰亦如之"⑥。所谓"三等都督",即指左右都督、都督同知与都督金事。所谓"领之"及"贰亦如之",即指勋臣和各级都督都有资格充任五府的主官和副官。宣德十年(1435)三月英宗登极之初,行在兵部奏五府长官缺员,英宗下命"都督府事宜以侯伯掌之,更选以闻"⑦。可见当时明廷已有专用勋爵执掌五府的政策倾向。不过,以宣德十年五月的实际任命为例,朝廷命阳武侯薛诜掌前军都督府事,安乡伯张安掌左军都督府事,左都督马亮、把台,右都督高文、任礼、冯斌、程忠及都督同知韩僖、梁成、王敬、把歹、沈清、王彧、李通在本府"视事如故"⑧。这批管五府事的勋臣、都督共计十五名,恰每府三名,其中前、后府的

---

①《南京前军都督徐弘基为恭谢加封等事奏本》,《中国明代档案总汇》第 8 册,第 52 页。

②[明]茅元仪:《掌记》卷二,《四库禁毁书丛刊》集部第 110 册,北京,北京出版社,2002 年,第 371 页。

③[明]杨博:《杨襄毅公本兵奏议》卷五《覆左军都督等府管府事侯伯自陈分别去留疏》,《四库全书存目丛书》史部第 61 册,第 369 页。

④据《明世宗实录》卷三六七、卷三六八,嘉靖二十九年十一月己未,嘉靖二十九年十二月庚午,第 6574、6584 页;《明穆宗实录》卷二、卷三,隆庆元年正月己巳,隆庆元年正月甲戌,第 62—63、71 页。

⑤万历《明会典》卷二二七《五军都督府》,第 1118 页。

⑥[明]郑晓:《吾学编》第六十六《百官述》卷下,《四库禁毁书丛刊》史部第 45 册,第 685 页。

⑦《明英宗实录》卷三,宣德十年三月辛巳,第 68 页。

⑧《明英宗实录》卷五,宣德十年五月丙申,第 110—111 页。

主官无疑是阳武侯与安乡伯,另各有两名都督任副职,其他左、中、右三府的正、副长官都是都督。

至明中叶,五府堂上官铨选偏于勋爵的方略得到进一步落实,甚至五府副官也为勋臣专任。如景泰七年(1456),景泰帝命广宁伯刘安、崇信伯费钊、武安侯郑宏、应城伯孙继先、泰宁侯陈泾、建平伯高远、安乡伯张宁、修武伯沈煜八人"往南京五军都督府视事"[1],按照南京五府每府例设两名堂上官的配置,可知南京五府职务几乎全为勋臣占据。又据陆容《菽园杂记》载成化二十一年(1485)事云:

> 文武诸司之设,各有正官主之。如五军都督府,则左右都督……近年各以尊官处之。中军都督府英国公张懋,右军都督府保国公朱永,皆太子太傅;左军都督府定西侯蒋琬,前军都督府新宁伯谭祐,后军都督府襄城侯李瑾,皆太子太保。[2]

可见当时北京五府主官也完全由勋臣担任。在一般情况下,各级都督需由中级武职逐级立功升任,与之相比,后代嗣爵的勋臣多无战勋,他们之中间有庸碌荒淫之辈,因而嗣爵勋臣凭血统优势任职的特征逐步凸显。如前引《菽园杂记》中所记成化朝掌中府的英国公张懋,"日事淫佚"而"五十余年未尝一经行阵,优游福履"[3]。另如新宁伯谭祐,"值时承平,无征战之功"[4]。

随着弘治、正德朝五府掌印、金书职衔制度的确立,明廷专选勋臣执掌五府的倾向也愈发明显。关于五府掌印官铨选机制的系统记载,最早见于嘉靖八年(1529)的兵部题奏意见:

> 成化以前,五府掌印及两广等处挂印将军俱于公、侯、伯、都督等官相兼推选用。近岁始专用侯、伯,进贤之路似乎未广。合无容臣等今后遇五府掌印及两广、湖广等处总兵官有缺,照依先年旧规,于任公、侯、伯、都督内惟才是举。[5]

---

①《明英宗实录》卷二六九,废帝郕戾王附录第八十七,景泰七年八月甲寅,第5702页。

②[明]陆容:《菽园杂记》卷九,北京,中华书局,第106页。

③《明武宗实录》卷一二二,正德十年三月丙戌,第2461—2462页。

④[明]费宏:《费宏集》卷一八《明故特进光禄大夫柱国太傅兼太子太傅新宁伯谥庄僖谭公墓志铭》,上海,上海古籍出版社,2007年,第624页。

⑤《兵部武选司条例·推举五府官类》,《天一阁藏明代政书珍本丛刊》第14册,北京,线装书局,2010年,第333—334页。

世宗对此的批复是："今后五府掌印并两广、湖广等处总兵官，若都督内有才望素著，众所推服的，与相应侯、伯一体推用。"①嘉靖八年（1529）世宗钦准的这条五府掌印推选条例也被列于万历《明会典》中②，可见当时世宗至少在表面上同意在勋臣以外别选都督执掌五府。关于五府佥书的选任资格，万历《明会典》又载，五府佥书官缺时，由兵部"于各府带俸公、侯、伯、都督及在京各营都指挥等官，在外正副总兵内推举二员"③，可知名义上都督官，甚至都指挥官，都可与勋臣一同备选五府佥书。

然而，《春明梦余录》另有明代五府"掌印、佥书之类，必以属公、侯、伯，间有属老将之实为都督者，不能什一"④的说法，相比万历《明会典》的记载，此说无疑更贴近事实。以嘉靖二十九年北京五府掌印、佥书任职情况为例，当年五名五府掌印官成国公朱希忠、靖远伯王瑾、东宁伯焦栋、遂安伯陈鏸、宣城伯卫錞皆系勋爵⑤，而任五府佥书的十人中，有定国公徐延德、定西侯蒋傅、应城伯孙永爵、南宁伯毛重器、崇信伯费炜、怀宁伯孙秉元、襄城伯李应臣、彭武伯杨儒、成山伯王维熊九人是勋爵，仅孙堪一名都督流官⑥。再举隆庆四年（1570）的状况，当年五名北京五府掌印仍均由勋臣领任⑦，另外勋臣任五府佥书者有九名，仅有"署都督佥事"周于德一名非勋臣的佥书官⑧。由此可见，在嘉靖朝以后，无论五府掌印还是佥书官，由都督担任者皆非常有限，整个五府的任职资格都体现出勋臣贵族身份性的壁垒。

勋臣作为钦封的异姓世袭贵族，与皇朝休戚与共，勋爵册封及任职体制本具有维系朝廷礼法秩序的功能。如洪武十六年（1383），朱元璋即规定勋爵朝会时位列群臣之首⑨。又如明代列朝实录名义上例由勋贵一人负责监修以保证皇朝正史的权威性⑩。再如英宗皇帝统治之初，特"敕勋臣一人知经

①《兵部武选司条例·推举五府官类》，《天一阁藏明代政书珍本丛刊》第 14 册，第 334 页。
②万历《明会典》卷一一九《兵部二·铨选二·推举》，第 616 页。
③万历《明会典》卷一一九《兵部二·铨选二·推举》，第 616 页。
④［清］孙承泽：《春明梦余录》卷三〇《五军都督府》，第 455 页。
⑤《明世宗实录》卷三六七，嘉靖二十九年十一月己未，第 6574 页。
⑥《明世宗实录》卷三六八，嘉靖二十九年十二月庚午，第 6584 页。
⑦《明穆宗实录》卷二，隆庆元年正月己巳，第 62—63 页。
⑧《明穆宗实录》卷五二，隆庆四年十二月辛亥，第 1298—1299 页。
⑨《明太祖实录》卷一五八，洪武十六年十一月甲寅，第 2444 页。
⑩［明］黄佐：《翰林记》卷一三《修实录》，第 160 页。

筵"① 以凸显"金貂玉蟒护真龙"② 的朝仪。明廷坚持以高级贵胄专掌作为最高军事机关的五府,无疑也有彰显军国体统对等性与皇权统治阶序性的作用,具有鲜明的政治象征意义。不过,古代国家治理的普遍经验表明,专依贵族身份来铨任职官,极易形成恃尊专权的局面。明廷之所以敢于安排勋贵全权统领五府,实与五府衙门及勋臣群体位高权低的政治特性密切相关。明代中期以后,五府职在"理常行政务"③,万历朝内阁大学士沈鲤即谓,五府设置掌印、金书官,专为处理"堆积相仍"的文案④,可见五府日常不过是主要负责文档的收集与传达⑤,南京五府更是"尤闃寂不事事"⑥。嘉靖朝武定侯郭勋长期提督京营与团营,权势过重,且贪恣酷暴,引起世宗警惕不满,当时内阁大学士杨一清密报世宗,认为郭勋"拥兵日久,党与众多,跋扈之迹已彰,留之京师,恐终不能安静",继而建议将郭勋"着令南京中府金书管事,则既不失督府之尊,而又潜消声势之倚"⑦。可见南京五府勋臣甚至在一定程度上是勋臣的贬斥之所。明廷任用勋臣的基本方略就是限制其掌握实权,但又维护他们的尊隆身份,勋爵与五府的结合,可以强化二者的既有地位,但不会有尾大不掉之害。

值得注意的是,由于五府堂官由勋贵专领,又由于勋贵之间联姻关系复杂,因此掌印、金书官之间例有亲属回避制度。如据明代档案记载,崇祯二年(1629),诚意伯刘孔昭奉命掌后府,但"因本府金书系母舅",刘氏只能"报疏请回避"⑧。

在晚明时期,很多勋臣惯领的外派军职,如湖广总兵、两广总兵等,陆续转由历经战阵的都督大将充任⑨,勋臣主要集中在南北两京任职管事,又以充任五府长官为多,对此,日本学者谷光隆提出勋臣任职有被"中央吸收的

---

① 万历《明会典》卷五二《礼部十·经筵》,第 338 页。
② [明]朱国桢:《涌幢小品》卷二《经筵词》,上海,上海古籍出版社,2012 年,第 23 页。
③ [明]郑晓:《今言》卷二,"五十条",第 27 页。
④ [明]沈鲤:《亦玉堂稿》卷八《用人议》,景印《文渊阁四库全书》第 1288 册,上海,上海古籍出版社,1987 年,第 311 页。
⑤ 万历《明会典》卷二二七《五军都督府》,第 1113 页。
⑥ [明]叶向高:《苍霞续草》卷九《南京前军都督府掌府事灵璧侯汤公墓志铭》,《四库禁毁书丛刊》集部第 125 册,北京,北京出版社,2000 年,第 65 页。
⑦ [明]杨一清:《杨一清集·密谕录》卷五《政谕上·论郭勋罪状奏对》,北京,中华书局,2001 年,第 1010 页。
⑧ 《诚意伯刘孔昭为匿揭倾陷恳乞罢斥以免谗忌事奏本》,《中国明代档案总汇》第 22 册,第 263 页。
⑨ [清]孙承泽:《春明梦余录》卷三〇《五军都督府·封拜考》,第 457 页。

倾向"，但对这一历史现象背后的本因，谷光氏并未做出透彻揭示①。实际上，在五府军事职权不断减弱的情况下，五府掌印、金书官的选任反而日益僵化，专用勋爵，这正充分反映出明廷任用勋爵的基本原则，即弱化他们的实权，但保留其崇高的贵族地位以彰显军国体统。

（三）勋臣府、营兼掌惯例

由于五府事权较轻，明代常有勋臣、都督在管理其他事务的同时兼掌五府的事例。如天顺五年（1461）怀宁侯孙镗在"掌府军前卫事"的同时兼掌中军都督府②，另如南京守备勋臣例兼掌中府，另一名南京协同守备勋臣例兼掌南京某一府事③。另外京营提督勋臣兼掌五府的定制尤能反映出勋臣职权的特征，当着重说明。

明代京、团营提督总兵多选勋臣领任，按郑晓《今言》所载："在内营操官，止管操练者，无开设衙门，亦无印信。在内五府，有衙门印信，理常行政务，至于营操，非特命不得干预。盖五府、三营、十二营，职掌不相侵也。"④不过，这种强调五府、京营职权绝然分离的论断实为士大夫对"祖制"理想化的描述，并不完全准确。明中期以后更普遍的情况是京、团营总兵勋臣例兼任五府掌印官。如天顺至正德朝在爵的英国公张懋提督京、团的同时久兼管前、后等军都督府⑤，同时期别有新宁伯谭祐久总京、团营兵而兼领前、右、后等府事⑥。另保国公朱晖自署官衔为"敕管三千营兼提督十二营总兵官，掌右军都督府诸军事"⑦，武定侯郭勋自署"后军都督府掌府事，奉敕提督五军营兼提督十二团营诸军事总兵官"⑧。明廷虽不设京、团衙门与印信，但由于营政提督勋臣依例兼掌五府，因此他们用五府印信钤盖营务文案，《军政备例》

①〔日〕谷光隆：《有关明代勋臣的一个考察》。
②《明英宗实录》卷三三四，天顺五年十一月甲子，第6842页。
③《明史》卷七六《职官志五》，第1864页。
④〔明〕郑晓：《今言》卷一，"第五十条"，第27页。
⑤〔明〕杨一清：《明故特进光禄大夫左柱国太师兼太子太师英国公谥恭靖追封宁阳王墓志铭》，《北京市文物研究所藏墓志拓片》，北京，北京燕山出版社，2003年，第229页。
⑥〔明〕费宏：《费宏集》卷一八《明故特进光禄大夫柱国太傅兼太子太傅新宁伯谥庄僖谭公墓志铭》，第623—624页。
⑦《明故内官监太监吴公（振）墓志铭》篆盖，《新中国出土墓志·北京一》下册，第140页。
⑧《明故御马监太监邵公（恩）墓志铭》篆盖，《新中国出土墓志·北京一》下册，第188页。

对此制度总结为"团营武臣一向因管理府事,一应文移俱借府印"①。至于嘉靖朝世宗改设戎政府统领原京、团营军士,并铸戎政之印以授戎政总督勋臣的情况,笔者将在后续章节中详论,此处暂略之。

明代京营之所以不设衙门与印信,起初是由于京营演化自成祖北征大军在京集结训练的临时建制,故在宣德朝以前制度性较差②。但随着天顺、成化朝以后京、团营体制的发展与完善,明廷仍不设正式的营务衙门与官印,而是通过府、营兼任的权宜之法解决营务通达的问题,这就显然有在一定程度上虚化、弱化京营、团营总兵勋臣权位的深意。与五府堂官行常"不事事"不同,京营提督总兵统管数十万京军操习,权势较重,因此明廷势必会在建制层面加强对京政主将的节制。然而,借府印处理营事的机制也助长了管营勋臣阴行贪腐的风气。如明代中后期京营每年罚班官军名录皆由兵部经中府移咨京营选定,在嘉靖初年,巡营给事中魏良弼弹劾五军营提督兼掌中军都督府保定侯梁永福既掌中府印信,"而该营又系本爵提督,彼此文移皆出一人之手",梁永福得以借机卖放罚班银以中饱私囊,而"坐营把总莫得而知"③。

值得注意的是,北京后军都督府因专督内廷惜薪司柴、炭、荆条等取暖物料的征收④,所管事务相较其他四府繁杂,而又与皇室生活密切相关,故一般掌府勋臣不兼管其他职事。嘉靖年间,兵部因后府缺官上奏:"看得后军都督府掌府印员缺,推得丰城侯李旻、惠安伯张伟俱相应,乞简命一员。"丰城侯李旻、惠安伯张伟当时都任营政总兵,故世宗下旨云:"后府事务繁重,提督营务大臣不许兼掌,另推两员来勘。"⑤

京、团营提督总兵以下的分营、分司坐营管操官也有兼五府金书者。如正德三年(1508)六月怀宁侯孙应爵受命在后军都督府金书管事,同月兼坐

---

①[明]赵堂:《军政备例》,《续修四库全书》史部第852册,上海,上海古籍出版社,2002年,第609页。

②见罗丽馨:《明代京营之形成与衰败》,《明史研究专刊》第6期,台北,大立出版社,1983年,第11页。

③[明]魏良弼:《太常少卿魏水洲先生文集》卷一《奏议类·纠正贪邪疏》,《四库全书存目丛书》集部第85册,济南,齐鲁书社,1997年,第21页。

④[明]杨博:《杨襄毅公本兵奏议》卷八《覆成国公朱希忠议处柴炭商人疏》,《四库全书存目丛书》史部第61册,第440页。

⑤《明代档册》,《中国明代档案总汇》第86册,第354页。

神机营五千下分营①。再如嘉靖二十四年（1545）有团营振威营坐营官惠安伯张镧被命金书后府，仍管营操②。另有嘉靖二十八年坐团营扬威营南和伯方东被准"不妨营务"兼金书右军都督府管事③。不过分营、分司管操官员数较多，兼任五府金书并非通例。至嘉靖二十九年戎政府设立后，京营内部架构出现重大调整，勋臣营、府兼任的制度才逐步告罢。

（四）勋臣专掌与五府员缺

五府虽非紧要衙门，但由于勋家数量固定，排除其中老疲、幼弱及纨绔恶劣者，可备选官府之人实在有限，这就造成各府长官常不能满员。嘉靖朝兵部尚书杨博曾委婉疏陈，"各爵或质美而谙练未经，或才优而年龄已迈"，因而五府"每遇员缺，停推日久"④。五府金书缺员的情况尤为严重。如嘉靖三十九年军政考选时，待考的五府金书官系左府宁阳侯陈维藩，右府永康侯徐乔松，中府南宁伯毛邦器，前府宁晋伯刘斌、安乡伯张铎，后府丰城侯李儒、宣城伯卫守正⑤。前、后两府是两金书并任，其余各府皆缺。南京五府更是有"金书类多员缺，一遇调发，仓皇失措"⑥的时弊。面对这种情况，嘉靖四十年，兵部武选司及本部奏报：

> 南京左府、右府缺掌印官，又缺操江武臣，北京五府金书官左府、右府各缺一员，前府缺二员，例该于公、侯、伯内推用……缘各爵人数本少，兼之未任者则少不更事，不堪推举；已任者则多被论劾，不应推举。该司既称乏人，委当酌议题请，合候命下，容臣等于革任公、侯、伯内查有因公罢闲，原与行检无碍者，各另疏名请旨简用。令其洗心策励，以盖前愆，以收后效。⑦

---

①《明武宗实录》卷三九，正德三年六月乙亥、癸酉，第913、914页。

②《明世宗实录》卷三〇五，嘉靖二十四年十一月辛酉，第5765—5766页。

③《明世宗实录》卷三四四，嘉靖二十八年正月乙未，第6234—6235页。

④［明］杨博：《杨襄毅公本兵奏议》卷二三《推英国公张溶掌后军都督府事疏》，《四库全书存目丛书》史部第61册，第785页。

⑤［明］杨博：《杨襄毅公本兵奏议》卷五《覆左军都督等府管府事侯伯自陈分别去留疏》，《四库全书存目丛书》史部第61册，第369页。

⑥［明］潘璜：《留条疏》，［明］陈子龙辑：《明经世文编》卷一九九《潘简肃公文集三》，北京，中华书局，1962年，第2081页。

⑦［明］杨博：《杨襄毅公本兵奏议》卷六《议起用闲住公侯伯使过疏》，《四库全书存目丛书》史部第61册，第387页。

兵部着重提出启用罢废勋臣勉强支撑五府运作,可见朝廷对勋臣专掌原则的坚持,这说明五府体现皇权统治基础和秩序的功能不亚于其实际军政职能。

可以说,五府事务对任职者的军政素养和从政经验没有过高要求,又由于勋爵的任用资格得益于先天的血统优势,故勋臣充掌五府时往往年貌不丰。如第七代平江伯陈王谟嘉靖三十五年(1556)充后府佥书时二十五岁①,成国公朱希忠嘉靖二十一年"掌右军都督印"兼提督营务时年二十八岁②。与之相比,一般武官由最初世袭的职务升至都督一级,需历经数十年不等,及至具备管府资格时,或垂垂老矣。如正统九年(1444),英宗怜后军都督同知王彧年老,召其回京,"俾归私第",但不久又命彧"仍莅府事"③。又如万历二年(1574),俞大猷入京为"后军都督府佥书"兼提督京师车营训练时,年已七十有余④。如此五府事务常由青年勋贵与年迈的老将交相对掌,亦颇具讽刺性。

四　勋臣带俸五府制度

五军都督府寄禄无常员,各府都督的所谓"带俸",是指他们在该府领职而不管事的情况⑤,勋臣带俸有类似之处,即他们的世袭俸禄专由某一都督府支给。明初不见勋臣带俸五府的记录,《明实录》中最早见者为彭城伯张瑾,他正统三年袭祖爵,于中军都督府带俸⑥。勋爵带俸五府在明代中期基本成为定制,成化、弘治间相关记载层出不穷。崇祯朝史玄所著《旧京遗事》一

① [明]余继登:《太子太保平江伯赠少保谥武靖万峰陈公墓志铭》,[明]焦竑辑:《国朝献征录》卷九《伯一·世封伯》,第298页。

② [明]张居正:《张太岳集》卷一二《特进光禄大夫柱国太师兼太子太师成国公追封定襄王谥恭靖朱公神道碑》,第152页;《明世宗实录》卷二六二,嘉靖二十一年五月壬子,第5206页。

③ [明]黄养正:《明故荣禄大夫后军都督都督同知王公(彧)墓志铭》,《新中国出土墓志·北京一》下册,北京,文物出版社,2003年,第73页。

④ [明]赵恒志:《后军都督府都督同知赠左都督俞公大猷行状》,[明]焦竑辑:《国朝献征录》卷一〇七《都督二·都督同知》,第513页。

⑤ 如《謇斋琐缀录》记一则轶事,正统间"朝廷敕一边将,本左军都督府之职而误写右军都督府。边将既受敕,具疏请于何府支俸",朝臣一时无措。时任内阁大学士的杨士奇认为"王言如丝,其出如纶",敕书"既云右府,即令于右府带俸"(见[明]尹直:《謇斋琐缀录》卷二,[明]邓士龙辑:《国朝典故》卷五四,第1262页)。

⑥ 《明宪宗实录》卷二〇二,成化十六年四月壬申,第3548页。

书载，"累朝勋贵，皆带衔五府"①。除世代镇守云南的黔国公家族外，基本所有两京勋贵皆在五府带俸，各自的带俸之府也常被写入勋臣完整官衔中，如明代文献中称呼勋臣时有"中军都督府带俸安顺伯薛瑶"②、"后军都督府带俸太傅英国公张惟贤"③ 等等。需要指出的是，明代外戚驸马也都在五府带俸，如嘉靖朝驸马李和后军都督府带俸，岁禄两千石④，神宗李太后父武清侯李伟带俸中军都督府等⑤。

明代的勋贵体制具有鲜明的军事化特征，勋臣多系武官出身，外戚及其子弟一般也授予高级武职或推恩封勋爵，故朝廷安排勋戚驸马在五府带俸以为方便。单就勋贵而言，他们之所以普遍带俸五府，还有一个原因是便于被差调专掌各府事务，这正体现了明代中期以后五府为勋臣专掌的倾向。勋贵不类文武百官，无固定国家机构统辖，故带俸五府，相当于将他们皆铨注于各府衙门下。明代文献中提及勋爵带俸时，常有"注某府"或"改注某府"，明武宗在荒唐自封为镇国公时，也特意要求自己"注后府"⑥，皆是此意。

带俸勋臣虽不一定实管事务，但在名义上可以备选管领其所带俸之府，万历《明会典》即载，五府"缺金书官，于各府带俸公、侯、伯、都督"⑦ 中推举。排查一些事例可知，勋臣所管之府，很多情况下就是其带俸之府。如成化朝袭爵的清平伯吴琮在"南京后军都督府带俸"，至弘治十一年（1498）"掌本府事"⑧。中府带俸的成国公朱辅曾"历掌左、中二都府事"⑨。又如隆庆四年（1570），朝廷命后军都督府带俸惠安伯张元善"金书本府事"⑩。

在一份崇祯朝京官参加祭典的名录档案中⑪，亦可见有大量勋戚注名五

① ［明］史玄：《旧京遗事》，北京，北京古籍出版社，1986年，第22页。
② 《明孝宗实录》卷三五，弘治三年二月己丑，第755页。
③ ［明］毕自严：《度支奏议·云南司》卷一六《覆英国公萧家河庄田未明疏》，《续修四库全书》第490册，上海，上海古籍出版社，2002年，第53页。
④ 《明世宗实录》卷四二一，嘉靖三十四年四月丙子，第7296页。
⑤ 《明神宗实录》卷一四九，万历十二年五月丁丑，第2768页。
⑥ 《明武宗实录》卷一六七，正德十三年十月癸酉，第3231页。
⑦ 万历《明会典》卷一一九《兵部二·铨选二·推举》，第616页。
⑧ 《明孝宗实录》卷二一〇，弘治十七年四月乙卯，第3924—3925页。
⑨ 《明世宗实录》卷三一，嘉靖二年九月己丑，第825—826页。
⑩ 《明穆宗实录》卷四三，隆庆四年三月乙亥，第1082页。
⑪ 《右军都督府等部门官员职名清单》，《中国明代档案总汇》第48册，第154—162页。该名单中所列官员名下有"嗽""病目""有服"等名目，可知系因各种缘由不能参加祭典者。

府的情况。其中"左军都督府"条下,列有"管府事"与"添注管府事"两类。"管府事"者为镇远侯顾肇迹与成安伯郭邦栋;"添注管府"者为勋戚惠安伯张庆臻、怀柔伯施壮猷、安乡伯张国柱、光宗生母王太后弟新城侯王昇、崇祯周皇后父嘉定伯周奎以及都督王世盛、刘岱等①。按照嘉靖朝五府"金书与带俸者概称管府事"的列衔规定,顾肇迹、郭邦栋二人应为实任五府金书管事官,此可证于《崇祯长编》及《国榷》二书。查《崇祯长编》,顾肇迹于崇祯元年(1628)七月任"金书左军都督府事"②;另据《国榷》载,崇祯二年二月,郭邦栋为"左军都督府金事",其中"金事"应为"金书"之误③。而所谓在左府"添注管府事"④的勋戚都督,系带俸不实管府事者,如其中惠安伯张庆臻崇祯元年七月任总督京营戎政⑤,都督王世盛专掌锦衣卫事⑥,可知二人明确不管左府事,其余带俸勋戚或多无事奉朝请。

带俸制度使得勋臣与五府衙门紧密共生,这主要体现在三个方面:第一,勋臣在哪一府带俸,应在其初袭爵时就被朝廷所指定。查《明实录》中勋臣小传,有彰武伯杨瑾"成化十四年袭父信伯爵,命于后军都督府带俸"⑦。又有"前军都督府带俸优给清平伯吴尊周承袭祖爵"⑧的记载,说明吴尊周在正式袭爵前,已在前府支取优给禄米。第二,勋臣因故不任事后,依然带俸五府。如隆庆五年(1571)十一月,镇远侯顾寰以"年近七十,精力委果衰迟"而"屡疏求闲",朝廷准其解职任,仍"在府带俸"⑨。第三,勋臣亦可提请在南、北两京转领带俸之府。如成化七年(1471)袭爵的南宁伯毛文,在弘治元年(1488)任协同南京守备兼理右府,解任后仍在南京右府带俸,弘治六年取回北京,改"注右军都督府带俸"⑩。至隆庆三年(1569),朝廷正式准

---

①《右军都督府等部门官员职名清单》,《中国明代档案总汇》第 48 册,第 154—155 页。

②《崇祯长编》卷一一,崇祯元年七月己卯,第 632 页。

③《国榷》卷九〇,思宗崇祯二年二月乙巳,北京,中华书局,1958 年,第 5470 页。

④在明代铨选制度中,"添注"一般指在某衙门无官缺的情况下,将闲冗官员添入该衙门官籍以候补,文、武职官皆有添注,各类添注官的境遇状况比较复杂,不可混而相论。以勋戚外戚带俸添注五府,这较多体现为朝廷优养贵胄之意,但嘉靖朝以后,武职队伍冗滞异常,因此也有部分老疲、罪废都督武将权且添注于各府以候金书任,这些添注武职就属于被冷遇的对象,显然与勋戚的地位不同。

⑤《崇祯长编》卷一一,崇祯元年七月己巳,第 615 页。

⑥《明熹宗实录》卷四二,天启三年十二月丙申,第 2192 页。

⑦《明孝宗实录》卷二五,弘治二年四月丁未,第 569 页。

⑧《明神宗实录》卷五五七,万历四十年五月丁丑,第 10501 页。

⑨[明]杨博:《杨襄毅公本兵疏议》卷五《覆都给事中张国彦等论总督京营戎政镇远侯顾寰解任疏》,《四库全书存目丛书》史部第 61 册,济南,齐鲁书社,1996 年,第 784 页。

⑩《明孝宗实录》卷七九,弘治六年八月辛未,第 1512 页。

五府侯、伯,若"会推南京驻扎管事"者愿于南京各府带俸,"题请改注"①。

　　若进一步细致搜诸《明实录》等材料,可以发现诸勋所带俸之府,常与其祖先封爵前担任都督之府相一致,这又体现了勋爵与五府的历史性联系。如第二任彭城伯张瑾中军都督府带俸,其祖仁宗外戚彭城伯张昶封爵前任中军都督府都督②。再如天顺四年(1460)袭爵的保定伯孟昂在"右府带俸"③,其曾祖"靖难"功臣孟善以右军都督同知封爵并仍兼职。某些勋臣家族甚至世代在某一府带俸。如三任成安伯郭镛、郭宁、郭瓒皆在左府带俸④。又如前军都督府金事高士文在永乐五年(1407)以战死交阯追封建平伯准世袭⑤,而高士文后代中,有洪熙朝袭爵的高远初掌前军都督府,后调南京左府,成化中"还带俸"前府⑥,又有弘治年间袭爵的高霑被吏部称为前军都督府建平伯高霑⑦,可知高霑也在前府带俸。

　　带俸五府制度还对勋爵的各类日常事务产生影响。例如勋臣袭爵时,需要吏部验封司会同五府堂上官会勘本府带俸勋爵世系⑧。景泰五年(1454)规定,公、侯、伯家配设的教书教官经该勋臣奏保后,再由朝廷考勘,中者可授训导一职,"于本都督府带俸"⑨。正德九年(1514),礼部建议,逢朝堂大宴,若公、侯、伯爵有"临宴争坐次者","爵同者以中、左、右、前、后为序,府与爵俱同者,则序以历年深浅,不得临宴执论"⑩。

本章结语

　　永乐年间,皇帝一度复将五府都督官作为荣誉职衔授予部分勋臣,这主

①万历《明会典》卷一一八《兵部一·勋禄》,第615页。

②《明仁宗实录》卷四上,永乐二十二年十一月壬申,第130—131页;《明宪宗实录》卷二〇二,成化十六年四月壬申,第3548页。

③《明宪宗实录》卷一一一,成化八年十二月戊子,第2167页。

④《明孝宗实录》卷六九,弘治五年十一月丙子,第1312页;《明世宗实录》卷二一,嘉靖元年十二月庚子,第623页;《明世宗实录》卷五七,嘉靖四年十一月庚午,第1381页。

⑤《明太宗实录》卷七〇、卷八一,永乐五年八月庚戌,永乐六年七月癸丑,第984、1081页。

⑥《明孝宗实录》卷一六,弘治元年七月丁亥,第402页。

⑦[明]高拱:《高拱全集·掌铨题稿·题行查建平伯孙高添爵疏》,郑州,中州古籍出版社,2006年,第472页。

⑧相关事例见[明]高拱:《高拱全集·掌铨题稿·题行查建平伯孙高添爵疏》,第472—473页。

⑨[明]李默:《吏部职掌·文选三·求贤·公侯教读》,《四库全书存目丛书》史部第258册,济南,齐鲁社,1997年,第52页。

⑩《明武宗实录》卷一一九,正德九年十二月癸卯,第2404页。

要是为了彰显武将在"靖难之役"中的功勋,属一时之变通。自洪熙、宣德朝始,随着"靖难"功臣老死凋零,新封与嗣爵勋臣不领品官之制逐渐恢复,此后终明亡而未变。然而,无论勋臣是否兼领都督品官,他们皆有资格以最高军官身份充任五府堂上长官。从明初至明中叶,勋臣、都督统领五府时所领各种无品职衔逐步演化为更加正式的"掌印"与"佥书",五府堂官的人员配置也渐趋稳定。随着明中期五府体制的完善,即出现勋爵专掌府事的情况,这在嘉靖朝以后尤为突出。朝廷还设置五府带俸制度,使勋爵直接铨注于五府,更相管事。

就皇权统治的结构而言,仅有一套官僚体制和一批臣工并不足以支撑君主的合法与权威;而勋爵册封制度是上古封建的遗存,勋臣是帝王夺取天下和统治天下的基础之一,他们与君主休戚与共,其身份非一般臣僚可同日而语;五府又系名义上的国家最高职官衙门,因此勋臣与五府在位阶上具有对应性,任用勋臣专掌五府充分体现了皇权统治的秩序与威严。另一方面,由于明中期以后,朝廷对勋臣实际权力的限制较强,而五府衙门本身也实权无多,勋臣与五府机构的结合亦不足以威胁皇权,故明廷更不吝任用勋爵掌府事。勋臣与五府紧密相连,二者相合依存,这种机制是明初重贵、重武统治特色在明代中后期最顽固的遗存之一,实与国家整体官僚管理体制有所抵牾,但二者结合所体现的皇权统治的权威性和阶序性,其政治意义大于实际军政功能。

第三章 明初"开国""靖难" 大封以外的封爵

朱元璋与朱棣以"开国""靖难"不世大功统一册封功臣后,还陆续开过数次封赏,这些封拜同样构成明代封爵制度构架的基础。洪武十年(1377)、十二年朱元璋以征河西、征云南之功集体册封部分武将,洪武十二年河西之赏受封者达十一人,规模仅次于"开国"大封,但领爵者初皆世袭指挥使,禄米待遇也偏低,至洪武十七年才有部分征河西功臣再以征云南延世、增禄。可以说,探析西征之封爵等级低而人数多的原因,是揭示洪武朝"开国"大封以后册封标准的关键。征西、征滇封爵以后,洪武中后期的零星封爵又多有以旧功推恩老将之意,此又为朱元璋晚年变制之一。朱棣正式登极后,按"开拓疆土"与"削平僭乱"的大功标准册封了征安南、平辽东倭寇的将领数人。至永乐十八年(1420)与二十年,朱棣采取新的累功册封模式,以加封此前在"靖难"之役中大功不足,但又长期征战、积有较高功资的将帅。至此,明代形成了大功与累功两种并立的军功封爵衡量标准,大功勋臣多封世爵,累功勋臣多封流爵,军功封爵制度的基本框架进一步完善。另外,永乐朝宋晟、何福、陈懋、吴克忠、金忠五名勋臣的膺爵功次,不能简单概括为大功或累功类。宋晟、何福、陈懋三人受封或进爵的原因,实与明初西北防御形势及明廷治边方略密切相关。吴克忠、金忠是以西北归附蒙古王公的身份,被特与封爵赏赉,他们的封赏在事实上形成了一种介于功臣封爵与外藩册封之间的特殊册封,而成祖对达官、土官的优赉勋封政策也对后世影响深远。

一 洪武十年以后功封考

(一)征西、征滇功封的异同

朱元璋除在洪武三年以"开国"大功册封勋爵之后,还曾两次集中册封功臣,其一是洪武十年(1377)及十二年的征河西之封,其二是洪武十七年的征云南之封。

洪武十年,朱元璋先封平定河州西番川藏部族有功的征西副将军、都督同知沐英为西平侯世袭[1]。至洪武十二年十一月,朱元璋再封当年随沐英征讨西番归来的都督佥事蓝玉为永昌侯,谢成为永平侯,张龙为凤翔侯,吴复为安陆侯,金朝兴为宣德侯,曹兴为怀远侯,叶昇为靖宁侯,曹震为景川侯,张温为会宁侯,周武为雄武侯,王弼为定远侯,这十一人皆食禄两千石,子孙世袭指挥使。另有都督佥事仇成虽未参加西征,但同时封安庆侯,食禄两千石,子孙世袭指挥使[2]。

洪武十七年四月,朱元璋又加封平定云南的总兵官颍川侯傅友德为颍国公,子孙世袭,食禄三千石[3]。在洪武十二年已封侯的副总兵蓝玉、仇成、王弼等由流爵晋世爵,加禄米至二千五百石;后军都督府佥事陈桓、右军都督佥事胡海、前军都督佥事郭英、张翼分别封普定侯、东川侯、武定侯、鹤庆侯,俱子孙世袭,食禄二千五百石[4]。洪武十九年,平定云南战争中染病身死的原安陆侯吴复、宣德侯金朝兴二人也准子孙世袭侯爵,加禄至两千五百石[5]。另外,明末清初史家潘柽章考订洪武十二年所封景川侯曹震与凤翔侯张龙二人也因在平滇战役中立功并准子孙世袭其爵[6],其说可信。

洪武十二年册封的功臣皆为子孙降袭指挥使的流侯,食禄两千石,低于"开国"列侯普遍的两千五百石[7];而征滇诸臣皆封世爵,晋封公爵的傅友德禄三千石,余封侯爵者食禄两千五百石,与"开国"各爵相埒。蓝玉、仇成、王弼、吴复、金朝兴等先在洪武十二年封流侯,再以征云南加世袭本爵。征滇之封在爵位流世及禄米多寡等待遇上要明显优于征西之封。对此,征西、征滇勋臣封爵诰券的制头部分有云:

①《明太祖实录》卷一一五,洪武十年十月戊午,第1886—1887页。

②《明太祖实录》卷一二七,洪武十二年十一月甲午,第2021—2022页。

③《明太祖实录》卷一六一,洪武十七年四月壬午,第2490页。

④《明太祖实录》卷一六一,洪武十七年四月壬午,第2490页。

⑤[明]黄金:《皇明开国功臣录》卷一二《吴复》、卷一二《金朝兴》,周骏富辑:《明代传记丛刊》第23册,第695、708页;[明]刘三吾:《坦斋刘先生文集》卷上《敕赠开国辅运推诚宣力武臣荣禄大夫柱国安陆侯追封黔国公谥威毅吴公神道碑铭》,《四库全书存目丛书》集部第25册,第115页。

⑥[清]潘柽章:《国史考异》卷二《高皇帝中·二十》,《续修四库全书》史部第452册,上海,上海古籍出版社,2002年,第38—39页。

⑦洪武七年,朱元璋增武三年所封诸侯禄米为两千五百石(见《明太祖实录》卷九二,洪武七年八月乙卯,第1616页)。

　　　　昔者圣君定赏报功,惟贤者受之。朕观古制,汉封最多,然侯之名
　　则同,其食禄、世守者各有等差,为功有先后,业有巨微,所以食禄有等,
　　阶级有序,以辨轻重也。①

但蓝玉等十一人同时以西征加爵,这又是洪武朝除"开国"大封外一次性授
爵人数最多的颁赐大典,有封赏"独西番之役最盛"②的历史评价,可知朱元
璋仍对征西一战较为重视。因此,研究西征、征滇诸臣功劳大小及征西封爵
待遇低而人数多的原因,是揭示洪武朝流爵、世爵册封区别的关键。

　　朱元璋在洪武三年(1370)赐"开国"各爵诰券时,着重记载受封者历
次攻守的城池、省份或地域③,王世贞据此又将"开国"功臣细分为"平中
原""平江淮""战守""平楚、浙、闽、广"及"平南"等功类④。可知控制土地
是朱元璋尤为重视的战果。而嘉靖六年(1527),吏部追溯封爵原则时,总结
前朝有"开拓疆土"与"削平僭乱"⑤两种并列的大功封爵标准。所谓"削平
僭乱",是指平定严重威胁王朝统治的变乱的功绩。征河西、征云南之役无
疑同时具有"开拓疆土"与"削平僭乱"的历史意义。查征滇总兵傅友德加
封公爵的诰命⑥,就着重强调"惟开疆者赏重"的理念:

　　　　稽古赏功,惟开疆者赏重。朕臣傅友德,每从大将军征讨,累有战
　　功,已封侯爵。乃者率诸军越崇山,西取巴蜀,功尤著焉。洪武十四年,
　　命率甲士三十万,又西取云南,转战二年,今已平定,宜受上赏。⑦

其余滇封功臣诰券的正文非常简练直接,仅举云南战功之盛,文曰:"开国
以来,屡效勤劳,今从征云南,功勋尤著,宜加封爵。"⑧在洪武初年,故元宗

───────────────

①[明]朱元璋:《明太祖集》卷三《安庆侯仇成诰文》,第49页。征西、征滇勋臣封爵诰券制头部分的
　文字基本相同,故仅引仇成诰文以为例。
②[明]王世贞:《弇山堂别集》卷三七《高帝功臣公侯伯表》,第657页。
③如曹国公李文忠铁券特载,"取应昌,其功最大,宜列公爵"(见[明]黄金:《皇明开国功臣录》卷一
　《李文忠》,周骏富辑:《明代传记丛刊》第23册,第90页)。
④[明]王世贞:《弇山堂别集》卷三七《高帝功臣公侯伯表》,第658—665页。
⑤《明功臣袭封底簿》卷一《宁晋伯》,第67—68页。
⑥《明太祖实录》此处原文用"制"字,但其指代的就是诰命文书。明代封任大臣的诰命起源自唐宋
　两朝封拜群臣的制书,故《万历野获编》又有铁券"面刻制词"之说(见[明]沈德符:《万历野获编》
　卷五《勋戚·左右券内外黄》,第137页)。从现存明代诰命文书来看,开头皆云"奉天承运皇帝制
　曰"。
⑦《明太祖实录》卷一六一,洪武十七年四月壬午,第2496页。
⑧[明]黄金:《皇明开国功臣录》卷一三《陈桓》,周骏富辑:《明代传记丛刊》第23册,第770页。

室梁王据守云南,潜通漠北,为西南大患。傅友德、沐英、蓝玉等领大军,自洪武十四年(1381)九月出征滇省,至洪武十六年七、八月间方议撤回[①],其间又敉平乌蒙、东川诸部的反复叛乱[②],历时两年震服云南,相当于朱元璋平定整个中原的时间长度。至此,云南之地尽归明廷,"得郡县百有八,民七万四千六百余户"[③]。傅友德等人开疆之广,平复之艰,在当时罕有人匹,朱元璋赞其曰"功并亘古,勋著彤庭,英风传播于华夷",而"其劳至矣"[④],因此朱元璋认定诸将理应加封世侯。相比滇封各爵的诰券文辞,洪武十二年西封诰券中所论具体功次的内容较复杂,曰:"去岁命将西征,以平羌戎,今岁获功以归,虽首恶未擒,其部落已经剪除,势孤力弱,将自殄灭。"[⑤]不难看出,朱元璋在这部分文字中流露出些许不满之意,"首恶未擒"一句更是明指诸将战绩不足。至于征西功绩不足的具体原因,当结合番酋生乱背景、朱元璋出兵目的以及具体的战争进程加以论析[⑥]。

(二)洪武十一、十二年西番变乱性质再探

洪武初年,明廷在番族聚集的河西故元吐蕃等处宣慰司设置河州卫指挥使司,统辖常阳、十八族等八个千户所及洮州军民千户所,后又在故元吐蕃等路、乌斯藏二宣慰司设立朵甘、乌斯藏二卫。洪武七年,朱元璋以河州卫为中心设置西安都卫即陕西行都司,又升朵甘、乌斯藏为行都卫、行都司,以陕西行都司管理河州卫并节制朵甘、乌斯藏二行都司。陕西行都司长官

---

① 根据《弇山堂别集·诏令杂考》,朱元璋洪武十六年七月曾敕谕征云南诸将,命他们讨论大军撤回时地方留守军队的粮饷筹措问题。至洪武十六年八月初五日,朱元璋最后一次给云南统帅傅友德等下敕谕,褒扬其军功,并称"奈山川险远,速不及赴",可知当时诸将仍未正式回还(见[明]王世贞:《弇山堂别集》卷八七《诏令杂考三》,第1662—1663页)。
② 《明太祖实录》卷一四四,洪武十五年四月己亥,第2267—2268页。
③ [明]黄玉:《黔宁王神道碑》,正德《云南志》卷二七《文章五》,方国瑜主编:《云南史料丛刊》第6卷,昆明,云南大学出版社,2000年,第341页。
④ [明]朱元璋:《明太祖集》卷八《谕征南将军颍川侯、永昌侯、西平侯》,第162页。
⑤ 《明太祖实录》卷一二七,洪武十二年十一月甲午,第2022页。
⑥ 虽然学界对洪武朝平定西番变乱及明廷后续在河州、洮州的军事措施研究较多,不过以往学者多选择从西北军事地理、民族关系角度讨论西番变乱这一事件本身及影响,并未充分认识到西番之役与洪武朝军功封爵政策之间的密切关系,这是明初制度史研究中的缺憾。实际上,若从爵制严格的角度进行分析,还可进一步深化对西番变乱前后原委的研究。有关洪武朝河、洮事务的代表著作有王继光《明代的河州卫——〈明史·西番诸卫传〉研究之一》(《西北民族研究》1986年第1期)、王玉祥《论朱元璋经略洮州》(《甘肃社会科学》2003年第6期)、武沐《岷州卫:明代西北边防卫所的缩影》(《中国边疆史地》2009年第2期)、胡小鹏与魏梓秋《〈明兴野记〉与明初河州史事考论》(《西北师范大学学报(社会科学版)》2011年第6期)及李新峰《纪事录笺证》中的考析等。

及河州卫指挥使多以汉官领之,但洮州等千户所则由故元长官统领,朵甘、乌斯藏行都司更以土官酋长羁縻而治,这些土官叛服不常①。

洪武九年(1376)七月,明廷通事舍人巩哥锁南招抚吐蕃,被河州当地川藏部落所截杀②,至第二年四月,朱元璋遣卫国公邓愈为征西大将军,都督同知沐英为副将军进征川藏③。在这次战役中,邓愈、沐英麾下明军"斩首不可胜计","获马牛羊十一余万"④,邓愈将川藏部族一带地理绘制"进上"⑤,朱元璋继而遣凉州等卫将士"分戍碾北、河州等处"⑥。"碾北"指碾伯河以北,其地介于河州卫以北、西宁卫以东、庄浪卫以南⑦,即今青海省东海市乐都区的碾伯镇,河州即今甘肃临夏。朱元璋派军队进驻碾北、河州两地,这应是明朝建立以来对这一地区最直接、最深入的统治⑧。此外,从朱元璋所赐西平侯诰词中可知,沐英被封侯爵除本次西征功勋外,也兼有追论旧功,及一定的推恩亲旧因素,其文曰:

> 德懋懋官,功懋懋赏。帝王定制,思亲念旧,人事之常。曩者朕于扰攘之时,年已二十五未有子嗣,尔沐英亦因兵起,父母不存,年始八岁,难必生全。朕怜其孤幼,特抚育如子。后因朕有诸子,尔亦长成,以人情天理度之,不晦尔名,俾复尔姓,祀尔祖宗。尔克卓立,屡著功勋,今念尔劳,复以旧恩,特封尔为西平侯,食禄二千五百石,使尔子孙世世承袭爵禄。⑨

考虑到沐英自幼"从龙",累年征战,故以新旧诸功补封侯爵亦不甚过,但这

---

①关于洪武时期明廷对河西、河湟一带的羁縻统治,学者论述已多。最近的系统研究可见周松:《军卫建置与明洪武朝的西北经略》,《中国边疆史地研究》2018年第6期。

②《明太祖实录》卷一〇七,洪武九年七月丁丑,第1795页。按,《明太祖实录》中所谓"吐蕃",专指前元吐蕃等处宣慰司故地。"川藏"系河州地区一部族名,非指今四川与西藏等省区,万历《临洮府志》云河州"纳马番族"中有"川藏族"一部(见万历《临洮府志》卷一〇《茶马政·纳马番族》,东京图书馆藏)。

③《明太祖实录》卷一一一,洪武十年四月己酉,第1851页;[明]俞本撰,李新峰笺证:《纪事录笺证》卷之下,洪武九年丙辰第1条,北京,中华书局,2015年,第397页。

④[明]朱梦炎:《卫国邓公宁河武顺王神道碑》,[明]徐纮辑:《皇明名臣琬琰录》前集卷二,周骏富辑:《明代传记丛刊》第43册,第62页。

⑤[明]俞本撰,李新峰笺证:《纪事录笺证》卷之下,洪武九年丙辰第1条,第397页。

⑥《明太祖实录》卷一一二,洪武十年五月辛卯,第1857页。

⑦康熙《碾伯所志·名称·疆域》,西宁,青海人民出版社,2016年,第1、5页。

⑧需要指出的是,《名山藏》称邓愈、沐英的这次西征"开土数千里",有失夸张(见[明]何乔远:《名山藏》卷五六《臣林记一·洪武臣一·沐英》,第1467页)。

⑨《明太祖实录》卷一一五,洪武十年十月戊午,第1886—1887页。

一册封仍反映出爵禄具有皇帝私赏的一面。朱元璋以"开国"大功册封功臣时自言:"定封行赏,非出己私,皆仿古先帝王之典……爵赏次第,皆朕所自定,至公而无私。"[1]但至册封义子沐英时,朱元璋又以"帝王定制,思亲念旧"为理由加以拔擢。

邓愈、沐英初平川藏并非意味着河西动乱完全的消弭。根据《明太祖实录》的记载,洪武十一年(1378)十一月"时西番屡寇边",沐英再度率军出征[2]。《明实录》又载,洪武十二年正月,有洮州十八族三副使、汪舒朵儿、瘿嗦子、乌都儿及阿卜商叛据纳邻七站,沐英移兵讨之[3]。《皇明开国功臣录》中叶昇的传记对《明实录》这两条记载有所补充,其文云:

> 先是番酋在朵甘之地有万户乞失迦者为乱,尝命卫国公邓愈讨平之,至是复肆侮,延连数月。昇等并兵击之,降乞失迦,夷其部落,俘获不可胜计,复讨平延安伯颜帖木儿,生擒洮州十八族番首三副使、颖滕子。[4]

引文中提到的"朵甘",就是当时的朵甘行都司,位于今四川阿坝、青海玉树一带;"尝命卫国公邓愈讨平"之事,无疑指洪武十年平河州川藏动乱。朵甘在河州西南,但邓愈所部当时曾追剿至所谓"昆仑山"[5],应顺带打击过朵甘的乞失迦部[6]。综合《明太祖实录》及《皇明开国功臣录》的记载可以断定,洪武十一年最初起乱意的是朵甘等部,而他们的变乱与此前川藏之乱具

①《明太祖实录》卷五八,洪武三年十一月丙申,第1126页。

②《明太祖实录》卷一二一,洪武十一年十一月庚午,第1960页。

③《明太祖实录》卷一二二,洪武十二年正月甲申,第1972页。

④[明]黄金:《皇明开国功臣录》卷一三《叶昇》,周骏富辑:《明代传记丛刊》第23册,第758页。按"复讨平延安伯颜帖木儿"一句有误。根据《明实录》记载,朱元璋遣兵征讨洮州诸酋时曾祭祀西岳之神,祭辞有云:"前者延安伯颜帖木儿密迩中国,屡抚不顺,告神进讨已行殄灭,自陕西迤北,民无兵祸之忧,惟河州西南土番川藏及洮州三副使、瘿嗦子虽尝以子入侍,而叛服不常。"(见《明太祖实录》卷一二二,洪武十二年正月甲申,第1972页)其中"延安伯颜帖木儿"指此前在陕西北部与明军对抗的故元遗将,与陕西西南河州、洮州诸酋无关,但《皇明开国功臣录》编纂者应根据朱元璋的这条祭文将讨平伯颜帖木儿一事误与讨平河湟酋长一事相混。

⑤明初昆仑山所指不一,李新峰综合多家研究,提供了两个邓愈所攻昆仑山的具体位置,一为"朵思甘东北大雪山",即今阿尼玛卿山,一为大通山西端一带。依笔者判断,此两山中前者更近朵甘,邓愈进攻这一山区的可能性更大(见[明]俞本撰,李新峰笺证:《纪事录笺证》卷之下,洪武九年丙辰第1条及注释二,第397—398页)。

⑥明清两朝西番诸部及诸酋名号的汉字写法不统一,常引起错讹。如"乞失迦"明人又作"乞失加""迄失迦"等,按清朝人习惯常被写作"切实嘉""且达尔嘉依"等,有学者就根据清修史籍误将朵甘酋长乞失迦辨作洮州酋长三副使。还有学者将朵甘乞失迦与陕西保安驿丞宗失加相混淆。

有一定的关联性。其他一些史料反映出,洪武十二年(1379)洮州之乱也与洪武九年河州川藏之乱存在延续性。如洪武十二年正月明军正式转战洮州前,朱元璋明确讨伐对象为"河州西南土番川藏及洮州三副使、瘿嗉子"[①],说明川藏再次参与变乱。再如洪武十年初平川藏时,朱元璋曾赦免番首"汪束朵儿只、赵朵只巴"[②],命其献子来朝,但洪武十二年洮州叛酋中仍有"汪舒朵儿"一名,此"汪束朵儿只"与"汪舒朵儿"极有可能就系同一人。

　　依照《明实录》所言,明军在洪武十一年十一月出兵朵甘,而按《皇明开国功臣录·叶昇传》的记载,乞失迦部在明军到达前已为祸"延连数月",其乱应起于洪武十一年年中。又《皇明开国功臣录》金朝兴传还记,洪武十一年"夏,西番朵干及洮州戎寇复叛"[③]。这里朵甘、洮州番族同时生乱的说法与多数记载不合,孤证当存疑,不过关于河湟一带早在洪武十一年夏季就出现变乱的说法,有其他记载可作补证。洪武十一年六月二十四日,朱元璋曾下诏谕给"西番罕东、毕里、巴一撒"等部,斥责他们既"不将差发来,又不与俺马匹牛羊"[④],诸部显然已生叛心。其中"毕里",即指洪武四年所设必里千户所,该所属河州卫,位于河州与朵甘之界[⑤]。至于"巴一撒"具体位置不详,但大致应在西宁、河州之间的黄河沿岸。俞本《纪事录》有载,陕西行都指挥韦正曾"自归德州渡黄河,由巴亦啞延西海边抵北而进",此"巴亦啞"地明显在黄河以北,似即朱元璋所谓的"巴一撒"[⑥]。又成化朝南京礼部尚书倪谦《明故昭勇将军万全都指挥使司都指挥金事致仕李公墓表》中载,"河州迤西"有"巴撒川"[⑦]诸番,万历、康熙两种《临洮府志》也载,河州西部归德守防千户所以南有巴撒川,此地"达虏"及"番彝"[⑧]出没。此"巴撒川"名称也与"巴一撒"相仿,且同样地近归德,但在黄河以南。据此,"巴一撒"可能

①《明太祖实录》卷一二二,洪武十二年正月甲申,第1972页。

②[明]朱元璋:《明太祖集》卷一《赦汪束朵儿只召》,第2—3页。从赦文中"不十年之间,中国安宁"一句,可知该文在洪武十年发下。

③[明]黄金:《皇明开国功臣录》卷一三《金朝兴》,周骏富辑:《明代传记丛刊》第23册,第706页。

④[明]朱元璋:《明太祖集》卷一《谕西番罕东、毕里等诏》,第13页。

⑤《明太祖实录》卷六九,洪武四年十一月丁丑,第1292页。

⑥[明]俞本撰,李新峰笺证:《纪事录笺证》卷之下,洪武五年壬子第4条及注释九,第364、367页。

⑦[明]倪谦:《倪文僖集》卷二六《明故昭勇将军万全都指挥使司都指挥金事致仕李公墓表》,景印《文渊阁四库全书》第1245册,上海,上海古籍出版社,1987年,第510页。

⑧万历《临洮府志》卷三《山川考》,康熙《临洮府志》卷三《山川考》、卷五《兵制考》,《中国西藏及甘青川滇藏区方志汇编》第21册,北京,学苑出版社,2003年,第292、303页。按万历《临洮府志》卷三中"巴撒"二字脱落,对照康熙志可知其文。

泛指活动在归德地区黄河两岸的部众。

综上所论,洪武十一年(1378)、十二年的西番之乱波及范围大,持续时间长,且应与洪武九年的变乱形成绵延之势,其背后应有更复杂的动因。有学者根据俞本《纪事录》的记载,将洮州番乱的直接起因总结为二,其一是洪武十二年洮州番酋主动作乱,其二是洮州七站土官在洪武十一年被明军将领诬陷后不得已激变[1],但这一论断仍不能解释洮州以外的朵甘、川藏等处也接连动荡的缘由。

进一步搜检史料,洪武朝被贬官云南的程本立在为沐英撰写《黔宁昭靖王庙碑》时称乞失迦为"伪万户"[2],说明乞失迦已接受明朝敌对势力的委任。王景《黔宁昭靖王祠堂记》一文更直接称叛乱各酋为"西番降元万户乞失加、三副使、舒尕儿只、阿乌都儿"[3],明指他们投靠了故元政权。此外,在洪武十一年,沐英指挥大军进驻西番时,还曾命陕西行都指挥韦正追袭"叛虏朵儿只巴"[4]。洪武十二年八月洮州基本平定时,朱元璋又给甘肃庄浪、凉州、碾北三卫指挥下敕曰:"番将朵儿只巴部下有人来降,备言朵儿只巴与阿卜商、三副使乌合之由,未审然否,然不可不为之备,吾度其人马不下数万,不久必将入寇凉州、庄浪、碾北之地。"[5]所谓"朵儿只巴",在明代史籍中又作"朵儿只班",指洪武年间盘踞在河西地区始终未能归降明廷的故元皇亲岐王[6]。沐英大军在征剿西番的同时追击岐王,朱元璋又严防岐王收集番酋残部报复性北犯,这些事实可进一步证明北元对甘、青番首的支持。其实早在洪武六年(1373),三副使、阿都儿等酋就曾以出猎为名邀约岐王共同袭击明朝[7],双方已有通款。同在洪武六年,北元皇帝爱猷失里答剌遣和林国师携带金银铜印、宣敕、牌面"游说朵甘思、乌思藏、朵思麻及临洮、巩昌等处土

①胡小鹏、魏梓秋:《〈明兴野记〉与明初河州史事考论》,《西北师范大学学报(社会科学版)》2011年第6期。

②[明]程本立:《巽隐程先生文集》卷二《黔宁昭靖王庙碑》,《明别集丛刊》第1辑第20册,合肥,黄山书社,2013年,第127页。

③[明]王景:《黔宁昭靖王祠堂记》,[明]徐纮辑:《皇明名臣琬琰录》前集卷三,周骏富辑:《明代传记丛刊》第43册,第79页。

④《明太祖实录》卷二四五,洪武二十九年四月甲寅,第3564页。

⑤《明太祖实录》卷一二六,洪武十二年八月壬辰,第2013页。

⑥樊永学、邓文韬:《黑城出土的举荐信与北元初期三位宗王的去向》,《西夏学》第11辑,上海,上海古籍出版社,2015年。

⑦《明太祖实录》卷八三,洪武六年七月己巳,第1492页。

官"①。此更可证明北元朝廷一直试图影响、拉拢刚刚归附明廷的西北番区土官势力。

以往学者研究洪武朝河州、洮州之乱时,没有充分认识到这些事件之间潜在的关联性。依前文所论,洪武十一年、十二年的西番之乱应非一般的地方动乱,而是有故元势力介入的重大危机。当时前元梁王据守云南,四川番部也频频作乱,因此河州之乱有可能酿成甘、青、藏、滇等地故元势力的结合,严重威胁到整个明代西部的战略安全。

(三)"征西"战略目标的萎缩与功臣降等封爵

有学者指出,朱元璋西征不仅为勘乱,更是借机加强对洮州地区的直接统治②,其观点是符合当时历史情况的。不过,面对如此严峻的危机,朱元璋最初的军事目标也不限于攻占洮州一隅,而是尽可能肃清今甘肃、青海一带乃至四川的番区变乱以拓展西部战略纵深③,这可从朱元璋的一些举措与命令中得以证明。

第一,明廷在西征时两次特开祭祀大典。洪武十一年(1378)大军西进前,太祖超规格地亲撰祭文合祭镇、岳、海、渎、钟山、大江及旗纛,将此战视作关乎国家社稷的大战。至洪武十二年,太祖又专为征西之事自撰祭文,遣祭西岳华山、西镇吴山及黄河,祭文云"维神磅礴西土,为是方之岳镇","今予统中国,兼抚四夷"④等。朱元璋凡举剪灭一国或攻占大片土地的征伐时,多会祭拜所攻方向的山川江海,以求当地神祇庇佑。如东灭张士诚前祭告大江之神⑤,入海追击方国珍时命祭海上诸神⑥,北伐中原时命李善长祭江、河、淮、济之神⑦,灭四川明昇时亲祭上下神祇⑧。由此可见,明廷西征的作战目标应不亚于灭吴、灭夏、平中原等战。

---

① [明]俞本撰,李新峰笺证:《纪事录笺证》卷之下,洪武六年癸丑第1条,第370页。
② 王玉祥:《论朱元璋经略洮州》,《甘肃社会科学》2003年第6期。
③ 周松指出,洪武十年以后,朱元璋对整个西北的经营战略都发生了变化,即更注重以军事手段直接夺取、控制河西走廊一线,此说对史实的把握较准(见周松:《军卫建置与明洪武朝的西北经略》,《中国边疆史地研究》2018年第6期)。
④ [明]朱元璋:《明太祖集》卷一七《祭西岳华山、西镇吴山文》,卷一七《祭大河文》,第402—403页。
⑤《明太祖实录》卷二一,丙午年八月庚戌,第295页。
⑥《明太祖实录》卷二七,吴元年十一月己丑,第413页。
⑦《明太祖实录》卷三〇,洪武元年二月丁巳,第528页。
⑧《明太祖实录》卷六〇,洪武四年正月丁亥,第1167页。

第二,朱元璋几乎把当时能抽调的精兵强将全部派往河西,对番酋形成强兵压境之势。洪武十一年(1378)初兴兵时,明廷调集"京卫及河南、陕西、山西"[1]四地官兵开赴西番地面。从洪武十二年西征功封者的履历来看,当时河南、陕西、山西的最高军事长官多亲临指挥,如曹震时任河南都指挥使[2],叶昇时以都督佥事署任陕西都指挥使[3],谢成任都督佥事兼晋王府左相[4]。从京师派出的都督也多有在山、陕各地征战或为官的经历,熟悉西北戎务。如王弼曾随徐达取山西及陕西凤翔、巩昌、庆阳等处[5]。张温早在洪武三年就以都督佥事兼陕西行都督府事[6]。吴复也在洪武三年随大将"征吐蕃,克河州"[7]。曹兴曾长期担任晋王相及大同卫都指挥使、指挥佥事等职[8]。此次西征的将领中,沐英、蓝玉、金朝兴、王弼、张温等都是洪武三年就已升为大都督府佥事的宿将[9],战功在诸将中称先。洪武十二年二月,朱元璋又补派外甥曹国公李文忠往河州等处料理军务、修整城池,并节制攻守事宜[10]。

第三,朱元璋起初对河西番部采取穷征策略,甚至有意向西南四川番区方向继续征进。洪武十二年三月,朱元璋曾敕命李文忠与沐英将"地方人十分要打荡得干净",并追捕逃窜的番酋,尤其要北上到"黑章咱地面"捉拿阿卜商[11]。当年四月,朱元璋又命李文忠、沐英二将率军继续"顺天时追击番寇"[12]。洪武十二年三月初二,洮州基本底定后,朱元璋下敕给曹国公李文忠、西平侯沐英云:"本处事务都了,可令岷、洮、陕西等处官军乘此就扎叠州,免

①《明太祖实录》卷一二一,洪武十一年十一月庚午,第1960页。

②《明太祖实录》卷一一一,洪武十年正月甲午,第1841页。

③[明]朱元璋:《明太祖集》卷三《西安卫都指挥使叶昇、林济峰诰》,第38页。陕西都司初名西安都卫,洪武八年(1375)改都指挥使司(见《明太祖实录》卷一〇一,洪武八年十月癸丑,第1711页)。

④《明太祖实录》卷一〇三,洪武九年正月甲戌,第1736页。

⑤[明]黄金:《皇明开国功臣录》卷一三《王弼》,周骏富辑:《明代传记丛刊》第23册,第747页。

⑥[明]黄金:《皇明开国功臣录》卷一四《张温》,周骏富辑:《明代传记丛刊》第23册,第798页。

⑦[明]刘三吾:《坦斋刘先生文集》卷上《敕赠开国辅运推诚宣力武臣荣禄大夫柱国安陆侯追封黔国公谥威毅吴公神道碑铭》,《四库全书存目丛书》集部第25册,第114页。

⑧《明太祖实录》卷六一、卷八六,洪武四年二月戊午,洪武六年十二月庚申,第1184、1540页。

⑨《明太祖实录》卷五二、卷五八,洪武三年五月己酉,洪武三年十一月戊戌,第1026、1141页。

⑩《明太祖实录》卷一二二,洪武十二年二月戊戌,第1974页。

⑪[明]朱元璋:《明太祖集》卷八《谕曹国公李文忠、西平侯沐英等(第三篇)》,第176页。"黑章咱"即"占咂""章咂"部族,应居河州北部靠近黄河之处(见[明]俞本撰,李新峰笺证:《纪事录笺证》卷之下,洪武二十五年壬申第1条及注释五,第462、464页)。

⑫《明太祖实录》卷一二四,洪武十二年四月乙丑,第1991页。

致再三动众。此事在于彼中定拟,朝中所料未可必然,斟酌奉行。"① 敕中所谓"本处",无疑指洮州,而叠州在洮州南一百八十里②,其地"介四川松潘、陕西洮州之中"③。几乎在敕谕李文忠、沐英的同时,朱元璋还命令剿灭四川松潘番羌的平羌将军御史大夫丁玉,称"松州已克","叠州不须穷兵,料彼闻大军声势,理必自服"④。可见朱元璋命河西的明军继续向西南深入,或意在使其与四川明军形成汇合之势。从御敕中"免致再三动众"与"此事在于彼中定拟,朝中所料未可必然"等言辞来看,明太祖对深入用兵西南也没有十足的把握。但沐英征西大军撤回之际的洪武十二年(1379)九月,朱元璋又命在军中的河南都指挥使曹震"为大都督府佥事兼四川都指挥使"⑤,这反映出朱元璋仍有意强化今甘肃与四川番区之间的军事联系,以最大限度地平息西部番患。

　　明朝大军进入河西后,虽迅速击溃诸酋,但由于当地环境复杂险恶,各部"星散"⑥不降,导致明军"馈运甚艰,民劳不便",李文忠甚至一度奏请弃守洮州,朱元璋严斥之曰:"自汉唐以来,备边之要地也,今羌虏既斥,若弃之不守,数年之后,番人将复为边患矣,虑小费而生大患,非计也。"⑦ 不过,面对客观的军事困境,朱元璋最终还是放弃了全力打击河西番族的布划,甚至连首要的叛酋势力也没有彻底擒获。依《明太祖实录》记载,洪武十二年十月明军回京时,仅献俘"三副使、瘿嗉子等"⑧,命斩之,未提及其他酋长的名号,结合征西功臣诰券中有"首恶未擒"⑨ 的文辞,可知阿卜商、汪舒朵儿、乌都儿等酋应当未获⑩。万历《西宁卫志》别记,在洪武十三年,包括可能窝藏阿卜商的章咱族在内,西宁附近各个部落普遍受到明朝的招抚⑪,这也可证

---

① [明]朱元璋:《明太祖集》卷八《谕曹国公李文忠、西平侯沐英等(第二篇)》,第175页。
② [清]顾祖禹:《读史方舆纪要》卷六〇《陕西九》,北京,中华书局,2005年,第2891页。
③ [明]陈全之:《蓬窗日录》卷一,《续修四库全书》子部1125册,上海,上海古籍出版社,2002年,第22页。
④ 《明太祖实录》卷一二三,洪武十二年三月辛未,第1982—1983页。
⑤ 《明太祖实录》卷一二六,洪武十二年九月乙巳,第2015页。
⑥ [明]朱元璋:《明太祖集》卷八《谕曹国公李文忠、西平侯沐英等(第二篇)》,第175页。
⑦ 《明太祖实录》卷一二三,洪武十二年三月乙亥,第1986页。
⑧ 《明太祖实录》卷一二六,洪武十二年十月己卯,第2018页。
⑨ 《明太祖实录》卷一二七,洪武十二年十一月甲午,第2022页。
⑩ 依据《皇明开国功臣录》金朝兴传所载,阿卜商亦被擒获,应有误(见[明]黄金:《皇明开国功臣录》卷一三《金朝兴》,周骏富辑:《明代传记丛刊》第23册,第707页)。
⑪ 万历《西宁卫志·蕃族》,西宁,青海人民出版社,2016年,第65—70页。

明当时朱元璋对河西番族由剿到抚的策略转变。另外,前元岐王朵儿只巴依旧虎视西陲,对明朝构成潜在威胁。

明廷通过洪武十一年(1378)、十二年对西番征讨,设置洮州等新卫,"平尕甘、纳邻七站地"[①] 而"归于职方"[②],遏制了故元势力对河西的渗透。其展土之绩实不亚于洪武十年的西征。基于这样的战果,朱元璋一次性册封十一名参战都督为勋爵,另升任陕西都指挥使濮英、萧成及府军前卫指挥张翼为都督佥事[③]。相比而言,同时期在松潘征剿的主将御史大夫丁玉升左都督[④],督建松州卫城的宁川卫指挥高显升都督佥事[⑤],但无一人膺爵,可知皇帝仍较肯定蓝玉、王弼等人的功业。从另一方面而言,作为一次动用全国力量的大征伐,征讨河西的最终战绩并未尽如朱元璋原意,战略目的没有完全达到,因此各臣未能骤加世爵,这也反映出当时对军功封爵标准的把控比较严格。至洪武十四年,朱元璋又派遣蓝玉、王弼、吴复、金朝兴、曹震、张龙等西征将领随傅友德出征云南,并最终准这几人爵位世袭,这实有以诸将云南之功补河西之失的意味。

(四)仇成与"征西"功臣同封的原因

洪武十二年十一月与蓝玉、王弼等同时受封流爵的还有大都督府佥事仇成,但他并未参加西征之战。按照《皇明开国功臣录》所载,朱元璋欲加封西征诸将,而"念成勋旧",首封仇成为安庆侯[⑥]。又安庆侯诰文云"从朕渡江,所向皆战,每必当先,为敌众而我寡,尔效力于当时,后彭蠡之战,尔有巨功,今已年迈,朕思前日之劳"[⑦],赐安庆侯爵位。仇成逝后,其子仇正的袭爵诰命仍称仇成"累有成功,彭蠡之役,厥绩尤著,所以生赐侯封"[⑧]。

可知仇氏是以"开国"旧功,尤其是江西灭陈友谅之功被明太祖补封为勋臣。查仇成传记,他累有"从龙"功次,在朱元璋与陈友谅鏖战期间,仇

①[明]王景:《黔宁昭靖王祠堂记》,[明]徐纮辑:《皇明名臣琬琰录》前集卷三,第79页。

②[明]黄金:《皇明开国功臣录》卷一三《王弼》,周骏富辑:《明代传记丛刊》第23册,第748页。

③《明太祖实录》卷一二七,洪武十二年十一月己亥,第2023页;[明]黄金:《皇明开国功臣录》卷一四《张翼》,周骏富辑:《明代传记丛刊》第23册,第809页。

④《明太祖实录》卷一二八,洪武十二年十二月甲申,第2033页。

⑤《明太祖实录》卷一二四、卷一二七,洪武十二年四月丙寅,洪武十二年十一月己亥,第1993、2023页。

⑥[明]黄金:《皇明开国功臣录》卷一三《仇成》,周骏富辑:《明代传记丛刊》第23册,第729页。

⑦[明]朱元璋:《明太祖集》卷三《安庆侯仇成诰文》,第49页。

⑧《明太祖实录》卷二〇一,洪武二十三年闰四月丙戌,第3016页。

成夺取安庆有功,又率部与"伪汉"军"大战于鄱阳湖,相持几月余,以死自效",终"从平武昌"①,不愧功在"彭蠡"。与陈友谅的拉锯战几乎是朱元璋统一全国过程中最艰巨的战役,仇成以平汉旧功膺爵,似也有一定的合理性。不过,洪武朝征西及征滇勋贵其实都是在原"开国"战绩的基础上再立新功而加爵,他们之中很多人的既往功资并不亚于仇成。仇成"开国"大封时未得封爵,此后也未立新功,何以能在皇帝册封西征功臣时被补封为流侯,当从仇成同侪武将的整体升迁状况来分析。

朱元璋底定中原后,在洪武三年(1370)十一月,同时加升仇成、沐英、蓝玉、金朝兴、王弼、王成②、单发、何文辉、陈桓、庄龄、王简、费震及胡德十三人为大都督府都督佥事③。洪武三年十一月也是朱元璋大封"开国"功臣之期,当时大都督府左、右都督及都督同知多由勋爵兼领,因此都督佥事是紧随"开国"公侯之后,功勋、地位较高的大将④。这些洪武三年的都督佥事大多与仇成一样,历经"开国"各战,特别在攻灭陈友谅的战事中功业突出,这应是他们较早被晋升高职的重要原因。如单发乃徐达麾下"前部"猛将,曾击败陈友谅鄱阳湖水军先锋⑤。沐英以广武卫亲军都指挥"调守广信,略铅山"⑥。何文辉任江西行省参政而随大都督朱文正"讨平江西"⑦。陈桓所部在鄱阳大战中"率先迎战"⑧敌军进犯。王成、金朝兴、王弼、胡德协同主将攻克安庆、九江、武昌等要地⑨。庄龄、王简所存事迹简略,但也有转战湖广、江浙的历历劳

① [明]黄金:《皇明开国功臣录》卷一三《仇成》,周骏富辑:《明代传记丛刊》第23册,第728页。
② [明]黄金:《皇明开国功臣录》卷一五《王成》,周骏富辑:《明代传记丛刊》第24册,第34页。按,《明太祖实录》中有多位政治人物名"王成"或"王诚",其中有同名而非一人者,有系同一人但"成""诚"二字混用者。比照《皇明开国功臣录·王成》传记,可知洪武三年升任都督的王成在《明太祖实录》又常作"王诚"。此人洪武十一年调任浙江都指挥使,次年复任大都督府都督佥事,后改左都督佥事征滇,有过罪降指挥使,洪武十九年复升右军都督佥事。
③ 《明太祖实录》卷五八,洪武三年十一月戊戌,第1141页。
④ 明初武职品级多次调整,洪武十二年以前定都督佥事为从二品,而洪武初年地方还有一些任正二品卫所指挥使及从二品行省参政的武臣,他们的官品高于或等同于大都督佥事。
⑤ [明]黄金:《皇明开国功臣录》卷一五《单发》,周骏富辑:《明代传记丛刊》第24册,第38页。
⑥ [明]黄玉:《黔宁王神道碑》,正德《云南志》卷二七《文章五》,第340页。广信即今江西上饶,铅山即江西铅山。
⑦ [明]黄金:《皇明开国功臣录》卷一五《何文辉》,周骏富辑:《明代传记丛刊》第24册,第9页。
⑧ [明]黄金:《皇明开国功臣录》卷一三《陈桓》,周骏富辑:《明代传记丛刊》第23册,第766—767页。
⑨ [明]黄金:《皇明开国功臣录》卷一二《金朝兴》、卷一三《王弼》,周骏富辑:《明代传记丛刊》第23册,第700—701、743—744页;[明]黄金:《皇明开国功臣录》卷一五《胡德》,周骏富辑:《明代传记丛刊》第24册,第52页。

绩①。蓝玉早年经历失载，不过蓝玉是常遇春的亲属部从，而常遇春在灭汉、灭吴及平定北方各战役中充副总指挥，据此蓝玉无疑也有平汉大功次。费震的履历不详②。另有张温、叶昇与仇成等人升任大都督金事的时间十分相近。张温在洪武三年（1370）五月即由兰州卫指挥使晋大都督金事，其升职在十一月大封赏之前③。叶昇在洪武三年、四年之际升大都督府金事④。张温、叶昇之所以较早升任都督金事，或因为二人随徐达平定西北立有大功。

洪武十二年征西番战役结束之时，以上所举仇成、张温等十五位洪武三年大都督金事中，沐英已晋封勋爵，而蓝玉、金朝兴、王弼、叶昇、张温五人因参战取得膺爵资格，这六人已占十五名洪武三年所升都督金事的三分之一强。其余同侪武将中，何文辉已卒⑤，庄龄、费震、胡德应也已过世⑥，王简年老解职在家⑦，仇成于洪武五年以防守辽东失利被降为指挥使⑧，单发在洪武五年罪降为南宁卫指挥金事⑨，陈桓、王成在洪武十一年由都督金事调任

---

① ［明］黄金：《皇明开国功臣录》卷一四《庄龄》，周骏富辑：《明代传记丛刊》第23册，第812页；［明］黄金：《皇明开国功臣录》卷一五《王简》，周骏富辑：《明代传记丛刊》第24册，第40页。

② 《明太祖实录》中关于武将费震的记载仅有洪武三年升大都督府都督金事一条。洪武朝别有一文官费震，历任汉中知府、户部尚书、湖广布政使等职，与洪武三年任都督金事的费震绝非一人（见［明］雷礼：《国朝列卿纪》卷三一《国初户部尚书行实·费震》，周骏富辑：《明代传记丛刊》第34册，台北，明文书局，1991年，第251页）。另据《皇明开国功臣录》记载，有费子贤在洪武三年被升为大都督金事，此事不见于《明实录》，而《明实录》中有关费子贤的记载止于洪武元年，此费子贤或即武将费震。费子贤主要在浙、闽征战，曾领三千兵士退张士诚八万之众，有功不在耿炳文之下的称誉，但未有"平汉"功次，与其他洪武三年升都督金事者不同（见［明］黄金：《皇明开国功臣录》卷一七《费子贤》，周骏富辑：《明代传记丛刊》第24册，第101—103页）。

③ 《明太祖实录》卷五二，洪武三年五月己酉，第1026页。另有吴良在洪武三年三月由苏州卫指挥使升都督金事，获职时间甚至早于张温，不过他也因功劳更巨于当年十一月得封江阴侯兼都督同知，故不当在都督金事群体讨论之列（见《明太祖实录》卷五〇、卷五八，洪武三年三月庚戌，洪武三年十一月丙申，第981、1131页）。

④ 《皇明开国功臣录》中叶昇传言他在洪武三年冬升大都督府都督金事，未有确切月份（见［明］黄金：《皇明开国功臣录》卷一三《叶昇》，周骏富辑：《明代传记丛刊》第23册，第755页）。根据《明实录》的记载，叶昇在洪武三年十二月任羽林卫指挥使，至洪武四年正月西征四川之际已升都督金事（见《明太祖实录》卷五九、卷六〇，洪武三年十二月戊午，洪武四年正月丁亥，第1147、1167页）。可知《皇明开国功臣录》中模糊的叶昇升任都督金事的时间，是由实录的记载推断而来。

⑤ 《明太祖实录》卷一〇六，洪武九年六月壬辰，第1771页。

⑥ 《明太祖实录》中对庄龄的记载止于洪武四年，费震、胡德在任都督金事后记载全无。

⑦ 王简洪武十三年去世时，朱元璋称"以尔耄迈，俾食全禄，优老于家，何期婴疾，遽然长逝，朕甚悯焉"，并仍命其子王虎任留守右卫指挥使，而王虎在洪武七年已袭龙襄卫指挥，可知当时王简应已致仕（见《明太祖实录》卷八七、卷一三一，洪武七年二月戊午，洪武十三年五月辛卯，第1554、2082页）。

⑧ 《明太祖实录》卷七六，洪武五年十一月壬申，第1407页。

⑨ 《明太祖实录》卷七三，洪武五年三月癸酉，第1340页。

浙江都司都指挥[①]。至洪武十二年（1379）七月，仇成再次升任都督佥事，而同时复任都督佥事的是征西番有功的陕西都指挥叶昇[②]，可知此时朱元璋已有意加升仇成，四个月后仇成即与征西诸臣一起膺封。

　　综上所述，朱元璋是考虑到洪武三年任大都督佥事者已多数跻身勋爵，未晋爵级者又存世无多，这才补封仇成以爵禄。不过，当时同辈武将中除仇成外还有单发、陈桓、王成在世且在任，但唯独仇成领受恩命，这可能与仇氏年龄较长有关。仇成封爵诰词就有"今已年迈"一句，查仇氏墓志，他在洪武十二年时五十五岁[③]，已近一般官员的致仕之年。其余年龄可知的洪武三年大都督佥事中，金朝兴洪武十二年时四十九岁[④]，王弼四十八岁[⑤]，单发四十二岁左右[⑥]，沐英三十五岁[⑦]，他们的年齿均在仇成之下。蓝玉、王成、叶昇、陈桓、张温的年龄难以准确判断。不过洪武二十六年"蓝玉案"发时，蓝玉次子蓝太平年二十二岁，王成次子王序二十四岁[⑧]，按此推算，蓝玉、王成被诛时应不过五十岁左右，二人年龄当小于仇成。另叶昇在洪武二十五年以"胡党"，陈桓、张温在洪武二十六年以"蓝党"被诛[⑨]，而仇成在洪武二十一年已病卒[⑩]，按照一般情况而言，叶、陈、张三人的年龄也应不会大过仇氏。当然，朱元璋赐爵仇成也并非仅仅为优恤故旧，而是有重新启用的目的。仇成膺爵后两年即受命随傅友德出征云南，并以此新功加晋世爵。另外，朱元璋在洪武十二年册封仇成等人后不久，又将陈桓、王成由浙江都指

---

①《明太祖实录》卷一一七，洪武十一年三月己丑，第 1919 页。

②《明太祖实录》卷一二五，洪武十二年七月甲寅，第 2005 页。

③《大明开国辅运推诚宣力武臣荣禄大夫柱国安庆侯追封皖国公谥庄襄仇成圹志》，转引自邵磊：《江苏南京白马村明代仇成墓发掘简报》，《文物》2014 年第 9 期。

④金朝兴洪武十五年七月卒时年五十二岁（见《明太祖实录》卷一四六，洪武十五年七月丙子，第 2296 页）。

⑤［明］黄金：《皇明开国功臣录》卷一三《王弼》，周骏富辑：《明代传记丛刊》第 23 册，第 752 页。

⑥洪武朝规定文武官六十以上可致仕（见《明太祖实录》卷一三〇，洪武十三年二月戊辰，第 2060 页），而单发在洪武三十年（1397）致仕以子袭职（见黄金：《皇明开国功臣录》卷一五《单发》，周骏富辑：《明代传记丛刊》第 24 册，第 39 页），倘严格按年六十即致仕的规定计算，单发在洪武十二年时年四十二岁，但考虑到单发可能久任，故四十二岁只是约数。

⑦［明］黄玉：《黔宁王神道碑》，正德《云南志》卷二七《文章五》，第 342 页。

⑧《逆臣录》卷一，第 2、32 页。《逆臣录》中王成名作"王诚"。

⑨《明太祖实录》卷二二〇、卷二二五、卷二二六，洪武二十五年八月丙子，洪武二十六年二月乙酉，洪武二十六年三月壬戌，第 3227—3228、3297、3306 页。

⑩《大明开国辅运推诚宣力武臣荣禄大夫柱国安庆侯追封皖国公谥庄襄仇成圹志》，转引自邵磊：《江苏南京白马村明代仇成墓发掘简报》，《文物》2014 年第 9 期。

挥复调回京任都督佥事[①]。洪武十四年(1381)征云南时,陈桓、王成也作为指挥官参战,陈氏晋封普定侯,王氏失律被降罚[②]。

值得注意的是,上文所论洪武十年以后崛起的勋将永昌侯晋凉国公蓝玉、鹤庆侯张翼、普定侯陈桓、景川侯曹震、东川侯胡海、靖宁侯叶昇、会宁侯张温等人长期并肩作战,他们除共襄指挥征西或征南战役以获爵赏外,还在洪武二十一年协同指挥了征讨北元王廷的重大战事[③],是洪武中后期朱元璋尤为倚重的将领。这些勋臣由此在军中结合成紧密而强大的势力,也正因如此,当朱元璋洪武二十六年诛戮蓝玉之时,势必要借党案之名一并将张翼、陈桓、曹震、胡海、张温等人的家族清洗殆尽[④],而叶昇早在前一年就因党案而遭夷灭。

(五)洪武中后期优抚性封爵的增多

征西、征滇集中封爵以外,朱元璋在洪武中后期还陆续册封过一些功臣,依《明太祖实录》记载,列爵情况如下表(表4)所示:

表4　洪武中期以后封爵表

姓名	时间	封前职务	爵名	封爵原因	食禄	流世
李新	洪武十五年	都督佥事	崇山侯	老臣修筑孝陵功	一千五百石	未定
何真	洪武二十年	致仕浙江左布政使	东莞伯	"开国"献岭南归附	一千五百石	世
朱寿	洪武二十年	都督佥事	舳舻侯	老臣督海运功	二千石	世
张赫	洪武二十年	都督佥事	航海侯	老臣督海运功	二千石	世
纳哈出	洪武二十年	故元降将	海西侯	自北元归附	二千石	世,子察罕改袭沈阳侯
蓝玉	洪武二十一年	永昌侯	凉国公	征漠北功	三千石	不详
孙恪	洪武二十一年	都督佥事	全宁侯	父孙兴祖战死旧功与自身随蓝玉征漠北功	二千五百石	世

①《明太祖实录》卷一二七,洪武十二年十一月己亥,第2023页。
②《明太祖实录》卷一七九,洪武十九年十二月甲午,第2715页。
③《明太祖实录》卷一八九,洪武二十一年三月壬午,第2835页。
④见《逆臣录》卷一,第11—23页。

续表

姓名	时间	封前职务	爵名	封爵原因	食禄	流世
濮玙	洪武二十一年	无	西凉侯	父濮英随大将冯胜、蓝玉等招降纳哈出,事成率军南归殿后,遇伏力战不胜,被俘自尽,追封金山侯,濮玙以父死节封	二千五百石	世
桑敬	洪武二十三年	都督佥事	徽先伯	父桑世杰洪武三年战死勋迹与本身战功	一千七百石	世
张铨	洪武二十三年	都督佥事	永定侯	旧臣平云南、贵州土官之乱功	一千五百石	世
俞渊	洪武二十五年	都督佥事	越嶲侯	次兄南安侯俞通源先死,追论"胡党",朱元璋念俞渊父廷玉及长兄通海旧功改封	二千五百石	世

　　上列功臣中,蓝玉、李新、朱寿、张赫、张铨、孙恪、桑敬有新立功勋,但孙恪、桑敬二人获封又得益于父辈的殉难烈迹,其中桑敬功资尤其不突出[1],在很大程度可视作追论其父桑世杰国初殉难勋迹而推恩封爵。前举蓝玉等七人之外,濮玙本身无重要功绩,他在其父濮英死难追封金山侯后不久获封西凉侯,这相当于承袭父爵;俞渊在兄南安侯俞通源死后改封越嶲侯,本质上也属于袭爵之类。何真、纳哈出以归附降臣封爵,其性质与战将之封不完全相同。

　　又蓝玉、李新、朱寿、张赫、张铨五人中,蓝玉有领兵直捣北元大营、俘获北元王子的重大战果[2],以是自侯爵加封至公爵的高隆地位。张铨洪武十一

_____

[1] 桑敬封爵诰文中言:"朕当群雄鼎沸之秋,提虎旅东渡大江,尔桑敬父世杰率舟师来归,由是被坚执锐,数著勤劳,既而殁于战阵,已赠侯爵,然功在国家,朕不能忘,遂升尔为中军都督佥事,俾承先业,屡从征伐,克底成功,兹又擒除奸凶,竦观内外,岂不彰美于前人。"(见《明太祖实录》卷二○四,洪武二十三年九月壬寅,第3055—3056页)至于桑敬"擒除奸凶"的新功具体何指,结合当时历史背景,应是洪武二十一年、二十二年随颍国公傅友德南平云南、贵州土司叛乱,桑敬封爵之后一个月,参与平东川等处叛乱的张铨也获封侯爵。但有关傅友德此次南下平乱的记载中都不见桑敬的情况,洪武二十一年十二月傅友德大军北返,朱元璋为进一步巩固西南局势,命友德所部各路领军将领分驻湖广、四川卫所训练布防(见《明太祖实录》卷一九四,洪武二十一年十二月壬戌,第2918—2920页),其中也不见桑敬之名,可知桑敬作用并不突出,功勋不显。

[2]《明太祖实录》卷一九四,洪武二十一年十二月壬戌,第2918—2920页。

年(1378)已升大都督佥事,后改右府都督佥事,十四年从江夏侯周德兴平定四川诸洞之乱[①],不久转随颍川侯傅友德等平云南,其间"以事左迁复州卫指挥佥事",至洪武十九年复官都督佥事[②]。洪武二十一年,张铨再次随傅友德出战平云南东川及贵州阿资各地土司的变乱[③],战后封永定侯。从张铨履历来看,他任都督佥事后仍数从大将征讨,在军中功资较深,仅次于在平西番、平云南之战中任偏裨而受封的功臣,但他在洪武十四年平滇过程中犯过受惩,因此失去这一晋升机会,迟至洪武二十三年复征云南东川后才获封,封爵时间较晚。不过,平云南土司叛乱战役的规模与战果显然不能与此前平西番、平云南全境之战相比,张铨永定侯诰文中称其征战三十余年"苍颜皓首"而"尚能不惮鞍马之劳","年虽高矣志实壮"[④],这反映出张铨之封带有明显老臣优抚的意味。蓝玉、张铨以外,其余李新、朱寿、张赫的新功又非实战之绩,他们爵赏中老臣旧功恩赉的成分更为凸显,现分述如下。

洪武十三年,曹国公李文忠、都督佥事李新董理民匠修造孝陵[⑤],洪武十五年底陵寝完工,朱元璋授李新崇山侯爵。洪武朝勋臣大多以城邑为爵名,但李新"崇山"的爵名取事意义鲜明,用以表彰他高筑山陵的业绩。中国古代常驱使大量民力甚至军队营建皇家建筑,皇陵建造更系关乎帝王体魄所藏的社稷重工,因此李新指挥修造孝陵确实可视为一种特别的军功。但朱元璋开国时强调以"征讨四方、战胜攻取"[⑥]册封群臣,按此标准,如果李新仅以修造封爵,已违背朱元璋自己最初定立的封爵原则。再查崇山侯诰券云:

> 起义之初,即委身来附,滁和既定,翊渡大江,克采石,复太平,战溧水,从攻建业、京口、毗陵、宣城、江阴、池阳,又从征金华,援安丰,征合肥,佐大将军拔荆襄,定浙西,咸预有功。始掌千夫,继职列卫,遂佥都府,勋劳益著。乃者俾营孝陵,尽心所事,卒底成功。是用加尔开国辅

[①]《明太祖实录》卷一一八、卷一三九,洪武十一年五月己亥,洪武十四年九月丙午,第1931、2192页。
[②]《明太祖实录》卷二〇五,洪武二十三年十月甲申,第3065—3066页。实录此条原文没有明载张铨降职的具体原因,但联系前文所述都督王诚从征云南犯过同样降任辽东复州卫指挥,可知张铨也是因在云南有过降职。
[③]《明太祖实录》卷一九五,洪武二十二年三月庚午,第2934—2935页。
[④]《明太祖实录》卷二〇五,洪武二十三年十月甲申,第3066页。
[⑤][明]俞本撰,李新峰笺证:《纪事录笺证》卷之下,洪武十三年庚申第1条及注释九,第422、425页。
[⑥]《明太祖实录》卷五八,洪武三年十一月丙申,第1126页。

运推诚宣力武臣,封崇山侯,食禄一千五百石。尔其毋怠,益展忠勤,使
勋业并著于旂常,德泽永流于后裔。[①]

虽然上引崇山侯诰文明言李新得爵的直接原因是督造山陵,但文中历数李
氏"开国"功劳的内容反而更多,这说明"开国"旧功是李新最终获爵的另一
个重要原因。李新诰文还有一个细节,即未言子孙世袭情况,这应不是实录
编修者漏抄所致,也不是因为李新无子可承袭爵位[②],而是朱元璋考虑到李
新单凭修造之功本不足封爵,以旧功恩封的色彩较重,故暂时悬置李氏后代
的承袭。由于李新在洪武二十八年(1395)以"有罪"的名义被诛除爵[③],因
此无法判断在一般情况下朱元璋最终会如何处理崇山侯的流世问题。王世
贞《高帝功臣公侯伯表》径言李新为流爵[④],此说不见于明初文献,当存疑。
由于除征西番诸臣外,朱元璋在洪武中期之后所封功臣皆是世爵,因此李新
获封世爵的可能性也很大。

由于修造不比实战,故明代只有朱元璋、朱棣两代强势君主力行册封为
自己建造陵寝的武将。永乐十一年(1413)长陵修成时,明成祖又晋封主持
修造的武义伯王通为成山侯[⑤]。与李新所封"崇山侯"类似,王通的爵名也有
"修成山陵"的取事含义。但王通先因其父王真"靖难"战死被准封袭武义
伯,也非仅以修造膺爵[⑥]。洪熙朝以后,朝廷不再册封修造皇陵之武臣,除个
别冒滥轻封外,其他主持各类营造的武将一般也不再享爵禄之荣。

洪武二十年,张赫、朱寿以总督海运之功分别受封航海侯、舳舻侯,爵
名也有表彰劳职的取事含义。据《皇明开国功臣录》记载,张赫洪武十一年

---

① 《明太祖实录》卷一五〇,洪武十五年十二月乙亥,第2366—2367页。

② 按光绪《黄冈县志》记载,李新子名李勋,建文时录功臣后代,李勋录为黄州卫指挥使世袭(见光绪
　 《黄冈县志》卷一一《忠义》)。

③ 李新亡故的具体情形《明实录》不载,有学者辨析方志、《明史》中有关李新死因的记载,但仍不能
　 定谳(见王韦:《洪武中后期南京重大工程的主持者——崇山侯李新生平考略兼谈〈明史·李新传〉
　 考证》,"第十八届明史国际学术研讨会暨首届阳明文化国际论坛",江西崇义,2017年)。据现有
　 资料,李新主持胭脂河疏通期间受贿被杀的可能性比较大,因万历朝任刑部侍郎、都察院都御史等
　 职的王樵在其家族文献《王氏家传》中即采此说,而王樵祖先王荣洪武时任杭州府同知,曾佐崇山
　 侯李新开凿胭脂河河道,与李新熟稔而被罪同诛(见[明]王樵:《方麓集》卷一〇《王氏家传》,景
　 印《文渊阁四库全书》第1285册,上海,上海古籍出版社,1987年,第324页)。不过,在朱元璋晚
　 年大规模清洗功臣的背景下,李新无论以何种原因被诛灭,都属"欲加之罪",其具体罪名其实无关
　 紧要。

④ [明]王世贞:《弇山堂别集》卷三七《高帝功臣公侯伯表》,第667页。

⑤ 《明太宗实录》卷一四〇,永乐十一年五月壬寅,第1684页。

⑥ 《明功臣袭封底簿》卷三《成山伯》,第523页。

（1378）升任大都督府佥事后，曾在洪武十六年、十七年、十八年、二十年数次押送粮草至辽东①，朱寿应有类似功劳。不可否认，粮草转运对军事成败至关重要，筹划军饷虽无实战之劳，但无疑可视作重大军功，明末人茅元仪论及朱元璋册封张赫、朱寿一事时云："非军功不侯，良法也，然军以饷先，故督运之功为最。"② 朱元璋"开国"加封文臣丞相李善长的理由也是"虽无汗马之劳，然事朕最久，供给军食未尝缺乏"③。不过，从航海、舳舻两侯诰辞中可知，张赫、朱寿之封爵也极大有赖于二人的"开国"旧功与老臣身份，其文曰："从朕开国，多著勋劳，今已年高，屡涉风涛之险，服勤漕运以给辽海之军，既懋厥功，必加崇劝。"④

李新、张赫、朱寿爵赏中的旧功推恩因素在洪武朝新定功臣次第中也有所体现。朱元璋在洪武二十三年（1390）⑤曾榜示包括五十七名公侯的功臣

①［明］黄金：《皇明开国功臣录》卷一四《张赫》，周骏富辑：《明代传记丛刊》第23册，第789页。
②［明］茅元仪：《掌记》卷四，《四库禁毁书丛刊》第110册，北京，北京出版社，2000年，第384页。
③《明太祖实录》卷五八，洪武三年十一月丙申，第1127页。
④《明太祖实录》卷一一六，洪武二十年十月戊申，第2785页。
⑤改定勋臣次第一事实录不载，明中期私撰史书始对此有所提及。按梅纯《损斋备忘录》云，"逮至洪武三年大封功臣，则增多矣"，又言"后十七年所定功臣次第，其因革又异于前所定"（见［明］梅纯：《损斋备忘录上·纪事》，［明］邓士龙辑：《国朝典故》卷五〇，第1210—1211页）。不过，考梅纯采录所谓洪武十七年新定功臣名次，其中竟有洪武二十年所封张赫、朱寿及洪武二十一年所晋、封的蓝玉及孙恪、濮玙等人，故"十七年"颁定之说应存疑，此钱谦益已有质论（见［明］钱谦益：《牧斋初学集》卷一〇四《太祖实录辨证》，上海，上海古籍出版社，2009年，第2141页）。另黄金在《皇明开国功臣录》冯胜、朱寿等人传中称，朱元璋在洪武二十三年春"肃清逆党"，榜示勋臣五十七人，分"首功高望"等"各以类为标目"（见［明］黄金：《皇明开国功臣录》卷一《遗补·冯胜》、卷一四《朱寿》，周骏富辑：《明代传记丛刊》第23册，第181—182、808页），与梅纯所记事情相同，但在时间上有所出入。明代中期以后的杂史笔记在转述此重定勋爵类次事件时，或采洪武十七年之说，或采洪武二十三年之说，未有定论。明末钱谦益在《太祖实录辨证》中考证认为黄金所记为确，洪武二十三年肃清所谓"胡党"与榜列功臣次第同时发生，对于为何李善长等"戴罪"之人仍出现在新定五十七位功臣名录中，钱谦益解释曰："其榜列勋臣，所谓刑人于市与众弃之者也，岂以是优异善长等耶？"（见［明］钱谦益：《牧斋初学集》卷一〇四《太祖实录辨证》，第2141页）从李善长"专薄书而听指示"的重定名类中虽看不出"刑人于市"的诛灭之意，但李善长本"开国"第一文臣公爵，这样的名号隐然有所贬斥。至于顾时、陆仲亨、唐胜宗、华云龙等"胡党"罪臣（见［明］祝允明：《野记一》，［明］邓士龙辑：《国朝典故》卷三一，第501—502页）虽与大多数"开国"勋爵混杂编排，但四人被列在"未有总兵之名而论旧封"的最末，显然也被贬损。不过，同在榜中得"功高望重"名类的徐达等人无疑是受到了朱元璋的"优异"表彰，这反映出朱元璋在清洗所谓"胡党"成员的同时向整个勋臣群体传达恩威并施之意。另外，《损斋备忘录》作者梅纯是明"开国"功臣汝南侯梅思祖侄驸马殷玄孙，而梅思祖正名列胡惟庸"逆党"之中，又在新定功臣次第中被列在"持兵负固于两间，可观望而不观望来归者"类，因此梅纯本不当错记榜列功臣的时间。笔者推测，梅纯应是为先人讳，故意将新定功臣次第的时间错系于洪武十七年，以与株连"胡党"事件相区别。由于洪武十七年朱元璋新封"征滇"诸臣，又晋"征西"功臣为世爵，这是洪武朝最后一次集中封赏，至此勋臣群体基本稳定，是故梅纯将新定功臣次第的时间记于当年以混淆史实。

名录,按功次将他们分类排序。其中安庆侯仇成、崇山侯李新、航海侯张赫、舳舻侯朱寿以及征西、征滇所封永平侯谢成、凤翔侯张龙、普定侯陈桓属"所在随军征讨,累有战将之功,未有总兵之名而论旧封"①类,颍国公傅友德、凉国公蓝玉、靖宁侯叶昇、景川侯曹震、会宁侯张温、定远侯王弼、武定侯郭英、怀远侯曹兴、雄武侯周武、安陆侯吴复、宣德侯金朝兴、东川侯胡海、鹤庆侯张翼等其他绝大多数征西及征滇功臣属于"建功者十五人"类②。与仇成、李新、张赫、朱寿等同属"论旧封"的江夏侯周德兴、巩昌侯郭子兴、南雄侯赵庸、南安侯俞通源、靖海侯吴祯、德庆侯廖永忠、临江侯陈德、济宁侯顾时、延安侯唐胜宗、吉安侯陆仲亨、淮安侯华云龙都系洪武三年(1370)"开国"大赏时所封。可知洪武新定功臣次第中的"论旧"功封类即指以"开国"功劳膺爵的非主帅勋臣,"建功"类指洪武朝另立新功者。据此,李新、张赫、朱寿主要是以"开国"旧功得封,其修造、督运等新立功次在某种程度上反而居次。至于谢成、张龙、陈桓为何被归为"论旧"而非"建功"类,其中原因不详。张龙在西番地面曾中流矢而头部受伤③,他或因伤未能全程参与战役,故被认定征西之功不足而以旧功补录。

另外,新定功臣次第中的"旧功"类诸臣列在"建功"类诸臣之前,而永嘉侯朱亮祖、永城侯薛显本在洪武三年"开国"时封侯,但却归在"建功"④类,应该是由于二人曾因过失受到严惩⑤,因此被降杀名次,这凸显了"开国"功勋的高隆地位。然而,仇成、李新、张赫、朱寿等以"开国"旧功而占据较高的名位,这对征西、征滇等新立战功的勋臣而言多少有失公允。

以上所述这些情况反映出,朱元璋在洪武中期统治日趋稳固之后,放宽对诸将新立战功的审定,转而更加注重通过封爵来抚绥老臣旧属、死难故将及其子弟。这也说明明代勋爵册封在基本的制度框架之内具有一定的灵活性,军功标准常随皇权统治的需要而产生变化。

---

① [明]梅纯:《损斋备忘录上·纪事》,[明]邓士龙辑:《国朝典故》卷五〇,第1211页。
② [明]梅纯:《损斋备忘录上·纪事》,[明]邓士龙辑:《国朝典故》卷五〇,第1211—1212页。
③ [明]黄金:《皇明开国功臣录》卷一三《张龙》,周骏富辑:《明代传记丛刊》第23册,第738页。
④ [明]梅纯:《损斋备忘录上·纪事》,[明]邓士龙辑:《国朝典故》卷五〇,第1212页。
⑤ 《明太祖实录》卷五九、卷一三三,洪武三年十二月戊辰,洪武十三年九月庚寅,第1153—1155、2109—2112页。

二 永乐朝大功与累功封爵并行机制的形成

朱棣夺取天下后,延续洪武朝军功封爵的旧制又做调整以册封新贵。这些新封勋臣之间明显存在以一次大功封世爵与积年累次功勋封流爵的两种模式。所谓"大功",也就是明代后世所总结的"开拓疆土、削平僭乱"[①]。由于永乐朝之后真正达到开疆拓土级别的征伐逐渐减少,"大功"更多是指"削平僭乱"之功。除"靖难"大封勋臣外,明成祖所封大功勋臣包括征安南诸臣及辽东剿倭都督刘荣。累功流爵之封是永乐朝开始出现的新的封爵模式,用以褒扬久历战成但缺少社稷大功的高级将领,洪熙、宣德以后相沿成例。虽然累功封爵主要作为大功封爵的辅助机制而运作,并未被明廷大量采用,但仍是军功封爵制度演化的重要环节,反映了皇朝统治稳妥时期勋封制度的调整趋向,因此有必要详加考论。

(一)征南、剿倭大封与封爵的事例法特性

永乐六年(1408),成祖加升南征将士,这是永乐朝仅次于"靖难"大封的集体封赏,挂征夷将军印充征讨安南总兵官的"靖难"新城侯张辅被晋封英国公,充征讨安南左副将军的"开国"功臣西平侯沐晟晋封黔国公,战功卓著的"靖难"清远伯王友被加升清远侯,时任都督佥事的柳升也因"抒忠效力,数立奇功,穷追海滨,生执贼首"而被封安远伯,战死沙场的都督佥事高士文被追加建平伯,以上诸爵皆子孙世袭[②]。《明功臣袭封底簿》及郑晓、王世贞等人所编功臣年表有关柳升、高士文封爵功次的记载与《明实录》相一致。永乐朝征讨交阯并设布政等三司专门统辖,是"开郡县于万里,拓振古之封疆"[③]的重要战绩,统军大帅及功勋突出的战将理应得封世爵。需要说明的是,明代比较注重褒奖战死将士,对一般将士而言,正德《明会典》录有洪武十九年(1386)条例,即"从征官没于阵所者,子孙袭职升一等",又有永乐四年规定一家阵亡二三人者,升二级[④]。对于统兵主副大将临阵死节疆场,更不吝优恤升赏,如交阯死难都督高士文准子孙世袭建平伯就属典型一例。但如果领兵将帅指挥不当,陷土失地,兵败而亡,多会遭到严重责罚。

①《明功臣袭封底簿》卷一《宁晋伯》,第 68 页。
②《明太宗实录》卷八一,永乐六年七月癸丑,第 1079—1081 页。
③[明]郑汝璧:《皇明功臣封爵考》卷四《黔国公》,《四库全书存目丛书》史部第 258 册,第 450 页。
④正德《明会典》卷一〇六《兵部一·除授官员·升赏功次·事例》第 2 册,第 428 页。

广宁伯刘荣的爵赏也得自于一次大功,即永乐十七年(1419)夏的辽东剿倭之捷。根据《明太宗实录》所附刘荣小传所载,当时镇守辽东的左都督刘荣将海上来犯的倭寇诱至空堡,"合兵围数匝,尽覆之"①,因此被赐伯爵世袭。永乐十七年的这场剿倭之战无开疆展土之功,在战争规模及战事激烈程度等方面不能与洪武朝征西、征滇及永乐朝征南等持续数年的大战相比,但此役仍可称"削平僭乱"的重要战事。首先,刘荣所部歼擒甚多,据《明太宗实录》所载,"斩首千余级,俘其余众送京师"。查朝鲜王朝方面的记载,云刘荣此役"生擒百十人,斩七百余级"②;而万历朝辽东督抚考覆辽东往年守将功次时也称刘荣以斩"倭首七百级"封广宁伯③。综合这些记载可知,即便《明太宗实录》中"斩首千余级"的说法有所夸张,刘荣军起码也有斩杀并俘虏倭寇共计八九百人的战绩。除斩获可观外,更重要的是,明军通过此战遏制了明初倭寇连年来犯的势头,刘荣因此有"寇害屏息,傍海千余里,兵民安生乐业"④的时誉。

另外,刘荣虽主要以歼灭大股倭寇而一战封爵,但仍有其他优势条件。再考《皇明功臣封爵考》所录刘荣铁券文辞,其曰:

> 昔奉天靖难之时,间关行阵,破锐摧坚,殄戮奸回,屡建勋绩。论功行赏之际,以尔从征几误事机,是以止授都督。暨朕征讨胡寇,尔能奋忠贾勇,勉效劳勤。比者命守边陲,益殚心膂,乃克遵朕号令,殄灭倭寇。眷此功能式副委托之重,用申恩数以示崇报之公。⑤

朱棣在铁券中尤其指出,刘荣其实本有以"靖难"功勋直接膺爵的资格,只因"几误事机,是以止授都督"。这里提到的"几误事机",在《奉天靖难记》中有具体记载。建文四年(1402)二月,燕王麾下有"都指挥刘江将兵三千往徐州断贼粮道,趑趄不进,上怒,欲斩之,诸将叩头固请"⑥,此刘江即刘荣,因

---

①《明太宗实录》卷二二四,永乐十八年四月戊午,第 2206 页。

②《朝鲜李朝世宗实录》卷四,世宗元年七月乙卯,京城帝国大学图书馆影印本。

③[明]瞿九思:《万历武功录》卷一二《速把亥列传》,《四库禁毁书丛刊》史部第 36 册,北京,北京出版社,2000 年,第 219 页。

④[明]杨荣:《文敏集》卷一七《故奉天翊卫宣力武臣特进荣禄大夫柱国广宁伯追封广宁侯谥忠武刘公神道碑铭》,景印《文渊阁四库全书》第 1240 册,第 270 页。

⑤[明]郑汝璧:《皇明功臣封爵考》卷五《广宁伯》,《四库全书存目丛书》史部第 258 册,第 527 页。

⑥王崇武:《奉天靖难记注》卷四,洪武三十五年三月丙午,第 183 页。

刘荣在袭职之后曾冒父名为刘江[1]。刘荣死后被追封为广宁侯,再加勋号为"奉天靖难推诚宣力武臣"[2],仍属"靖难"功臣序列。与刘荣情况类似者还有清远侯王友。王友在"靖难"战役中功勋卓著可当封侯,却"以骄纵特挫抑"为伯爵,后王友南征交阯时又"摧锋破敌,屡著茂勋",因此得以晋世侯,并补加"奉天靖难"之勋号[3]。从刘荣的事迹中不难看出,明廷册封燕邸出身的军将时,无论他们以何种功勋膺爵,所颁铁券文书中常要首镌其"靖难"战绩。对于燕军老将而言,即使他们未以"靖难"大功遽封,但"靖难"之役中的表现仍对他们以后能否晋阶勋爵起重要作用。

永乐朝征安南、剿倭寇两次大封体现了如下两个封爵规律:第一,受封者都是都督佥事以上的统军主副将,不再有"靖难"大封时以都指挥越级直封侯、伯者。第二,新封的功臣多为伯爵,少有公、侯,公、侯两爵需由伯爵再立功才可累加。这两个册封规律也为明代后世所遵循成制,反映出王朝统治进入稳定时期以后,军功封爵阶序性的增强。

还需要指出的是,中国古代王朝常以攻城略地与斩俘数量作为赏功的主要标准,朱元璋不仅十分重视将领开拓疆土之功,也颇注重战役的斩获数级。如《明太祖实录》记邓愈、沐英在洪武十年(1377)平西番川藏部落时"斩首甚众"[4],又详记洪武十五年征南将军颍川侯傅友德等平云南乌撒等部,"大败其众,斩首三万余级,获马牛羊以万计"[5]。记载"靖难"事迹的史料中也常见燕军将士斩首平安军五千余级、斩首李景隆大军"十余万级"[6]、"万余级"[7]等,这些记载或失于夸大,但也反映出朱棣强调斩获功级的事实。在永乐以后开疆拓土大征伐逐渐减少的情况下,明廷议功定爵的标准进一步确立,除军事行动的规模、军事胜利的战略意义外,斩获级数作为封爵参考条件的重要性进一步凸显,如刘荣指挥辽东剿倭一役斩捕敌寇近千人的数量就着实可观,这也是他得以封爵的原因之一。

战争规模与战略意义的大小难以量化考核,需视具体战况而论,只有斩

---

①[明]叶盛:《水东日记》卷四〇《刘江本名荣》,第385页。

②《明太宗实录》卷二二四,永乐十八年四月戊午,第2207页。

③《明太宗实录》卷八一,永乐六年七月癸丑,第1080页。

④《明太祖实录》卷一一二,洪武十年五月癸卯,第1858页。

⑤《明太祖实录》卷一四六,洪武十五年七月乙亥,第2295页。

⑥王崇武:《奉天靖难记注》卷二,洪武三十三年四月己未、庚申,第112、115页。

⑦王崇武:《奉天靖难记注》卷二,洪武三十三年五月己卯,第117页。

获数量是比较客观可衡量的战功标准,但在永乐以后普通军官斩获功升制度不断细化的情况下[①],查历朝会典与政书,也不曾详列将帅指挥战役斩获首虏多少可拟封爵。实际上,明廷不对封爵斩擒级数做特别细化的规定也有一定的原因。首先,重大战役的战场形势通常复杂多变,在这种情况下,设置过于僵化的斩擒封爵条规并不现实。另外,勋爵册封制度不同于一般的军功升除,是非常开设的朝廷至高赏赉,与皇朝统治紧密相关,具有彰显皇权威严的特殊作用,同时也常随皇权统治的需要而适时调整,因此明朝官方一向强调勋爵"不论品级,取自上裁"[②],或"封爵大典,原系特恩",需"请自上裁"[③]。所以朝廷册封勋爵时就不宜设置过于细致且固定的斩擒数级以免弱化军国要典与朝廷重赏的意义。不过,从历朝封爵的情况来看,封爵的斩获量级也有一个大致标准。明代依照征战对象不同划分斩获功次的轻重,以斩擒迤北蒙古各部为最重,"辽东女真次之,西番及苗蛮又次之",剿捕内地变乱者最轻[④],如将领指挥与蒙古各部的战役,一般需斩擒三四百级以上才可定为封爵大功;指挥平定内地民乱、苗乱与西番之乱的战事时,则要至少斩擒至少千级才可拟议封爵。

由于封爵大典不常开设,也不定细化标准,因此在一般情况下,每遇将领获立重要战功,明廷吏、兵等部除覆议本次战胜的具体情况外,还需参酌此前的封爵成例,以考量指挥将帅能否封爵,明代政书《皇明功臣封爵考》对此流程总结为,"遇封拜则核故实,议可否以闻"[⑤]。如正德八年(1513),武宗欲以平刘六、刘七之乱冒加监军太监谷大用弟都督大亮、陆訚侄锦衣卫指挥陆永为勋爵,特命兵部依照此前宁夏游击仇钺平定宁王之乱封爵的成例拟议封拜[⑥]。再如万历朝辽东督抚等臣为总兵李成梁请封时,历数包括永乐十七年(1419)刘荣剿倭之功在内的诸次辽东封拜功次[⑦]。吏部覆议勋臣子孙袭爵事宜时,也常比照前朝封拜典例奏请该爵停袭或降袭。如嘉靖五年

①见《明宪宗实录》卷一七七,成化十四年四月庚子,第3191页;正德《明会典》卷一〇六《兵部一·武选清吏司·铨选·升赏功次》第2册,第428—431页。

②《明太祖实录》卷七〇,洪武四年十二月乙酉,第1298页。

③[明]赵志皋:《内阁奏题稿》卷四《题边功爵赏》,《续修四库全书》史部第479册,上海,上海古籍出版社,2002年,第48页。

④正德《明会典》卷一〇六《兵部一·除授官员·升赏功次》第2册,第428页。

⑤[明]郑汝璧:《皇明功臣封爵考·凡例》,《四库全书存目丛书》史部第258册,第301页。

⑥《明武宗实录》卷九七,正德八年二月丙午,第2037页。

⑦[明]瞿九思:《万历武功录》卷一二《速把亥列传》,《四库禁毁书丛刊》史部第36册,第219页。

(1526),丰润伯应袭子孙曹栋奏请嗣爵,吏部审核丰润伯获封缘由后认为,曹栋祖先第一代丰润伯曹义虽历有镇守边功,但其功难与"开国""靖难"勋臣相比,后代似应降袭为一般军官[1]。总之,明朝很多制度都有参照前例执行、最终前后事例相沿成规的特色,这一点在勋爵册封制度上体现得尤为明显。

(二)永乐十八年及二十年的累功封爵

成祖在永乐十八年(1420)及永乐二十年还集中册封了郭义等六名武将,依照《明实录》《明功臣袭封底簿》及碑铭资料,兹将六人的受爵情况制表总结如下(表5):

表5 永乐十八年、二十年所封勋臣表

勋臣姓名	出身	封爵前所获最高官职时间及职位	封爵时间及爵号	爵位流世
郭义	燕山右护卫官	永乐五年任中军右都督	永乐十八年封安阳侯	流爵,子孙世袭指挥使
薛禄	燕山右护卫官	永乐八年任右军右都督	永乐十八年封阳武侯	流爵,子孙世袭指挥使,仁宗时准世袭侯爵
金玉	燕山左护卫官	永乐三年任中军都督佥事	永乐十八年封惠安伯	流爵,子孙世袭指挥使
薛斌	原名脱欢,父薛台故元官,洪武中归附,授燕山右护卫指挥佥事,斌代其职[2]	永乐八年任都督同知	永乐十八年封永顺伯	流爵,仁宗时准世袭伯爵
朱荣	大宁前卫副千户	永乐八年任左都督	永乐二十年封武进伯	世爵
薛贵	薛斌弟,原名脱火赤,燕山右护卫达官舍人	永乐八年任都督佥事	永乐二十年封安顺伯	流爵,仁宗时准世袭伯爵

如表所示,这六名功臣被封的基本特征有三:第一,他们均出身"靖难"燕军旧部,且以最嫡系的燕山三护卫为多,是朱棣的亲从近臣。第二,他们

---

[1]《明功臣袭封底簿》卷一《丰润伯》,第59页。

[2]《明太宗实录》永乐十九年十月丁未条载薛斌初任燕山右卫指挥佥事(见《明太宗实录》卷二四二,永乐十九年十月丁未,第2292页),但结合《明功臣袭封底簿》及《明宪宗实录》所附薛斌后代薛辅的小传,可知薛斌家族本任职燕山右护卫,而非燕山右卫。

在封爵之前，均有超过十年任都督佥事以上高级军职而不升迁的经历，其中郭义、薛禄、朱荣三人更是任最高军职正一品左右都督十年以上。第三，所封勋爵子孙承袭指挥使的流爵占五名，世袭伯爵仅一名。

至于郭义等六臣的封爵缘由，《明实录》与《明功臣袭封底簿》等官方文献不详载，而《皇明功臣封爵考》一书又不录流爵铁券文书。由于文献不足征，明中期以后的史家倾向于以"修造""征北"或"战胜"等概括六臣的封爵功次。实际上，六爵被封的原因较为复杂，不能简单归类，兹在挖掘、考析明代官私诸家相关著述的基础上，对郭义等人的膺爵功次做具体阐述。

据《明太宗实录》永乐十八年（1420）十二月甲寅条记载，郭义、薛禄、金玉、薛斌四人同时被封流爵，子孙世袭指挥使[1]，然而该条目未明载四人所凭军功。作为官方档案的《明功臣袭封底簿》也不详列四人具体的封爵功次[2]。杨士奇在所撰阳武侯薛禄神道碑中云，薛禄在永乐十五年"董修缮"北京宫殿，至十八年宫殿成，加封勋爵[3]。依照杨士奇行文，薛禄是因督理京城修建之功而受封。王世贞《弇山堂别集·永乐以后功臣公侯伯年表》就将薛氏功勋归类为"督造宫殿"[4]类，所言当本士奇的记载。《永乐以后功臣公侯伯年表》又以薛禄为标准，将同在永乐十八年十一月被封的郭义、金玉、薛斌三人一概视为"督造宫殿"或"督营造"[5]功臣。不同于《弇山堂别集》的说法，《吾学编》《皇明功臣封爵考》别将薛禄、金玉、薛斌三人归为"征胡"勋臣，《吾学编》又列安阳侯郭义为"战胜"功臣，《皇明功臣封爵考》列郭义为"靖难"功臣[6]。诸书记载互有出入，又讹误颇多，可从以下三个方面进行辨析：

第一、《弇山堂别集·永乐以后功臣公侯伯年表》将郭义、薛禄、金玉、薛斌统归为"督造宫殿"功臣，明显有误。核对《明太宗实录》所录永乐十五年

①《明太宗实录》卷二三二，永乐十八年十二月甲寅，第 2242—2243 页。

②见《明功臣袭封底簿》卷一《安阳侯》、卷二《惠安伯》《永顺伯》、卷三《阳武侯》，第 148、295、365、447 页。

③［明］杨士奇：《东里文集》卷一二《奉天靖难推诚宣力武臣特进荣禄大夫柱国太保阳武侯追封鄞国公谥忠武薛公神道碑铭》，第 183 页。

④［明］王世贞：《弇山堂别集》卷三八《永乐以后功臣公侯伯年表》，第 678 页。

⑤［明］王世贞：《弇山堂别集》卷三八《永乐以后功臣公侯伯年表》，第 678、686、687 页。

⑥［明］郑晓：《吾学编》第十七《皇明异姓诸侯表》，《四库禁毁书丛刊》史部第 45 册，第 158 页；［明］郑汝璧：《皇明功臣封爵考·总录》，《四库全书存目丛书》史部第 258 册，第 305 页。

京城修建大臣名录,内有薛禄、金玉,但不见郭义、薛斌之名①。再查薛斌、郭义二人履职情况,薛斌长期专管三千鞑靼马队②,郭义永乐十八年(1420)受封时身在南京③,二人应没有参与过北京督建。至于薛禄、金玉是否如王世贞所言仅仅凭营造之功封爵,亦可质疑。明代武官提督营造,尤其是主持北京城建这种重大工程,确实可视作一种特殊军功,但修造又不比实战军功,因此如本章前节所叙,明初就少有武将单凭此功膺爵者,直至明代中期,单纯以修造功直接封爵者更被视为冒滥。

　　第二,《吾学编》《皇明功臣封爵考》等书仅视薛禄、金玉、薛斌为"征胡"功臣,也不尽准确。明代文献中所谓"征胡"功,泛指出击北方蒙古诸部,具体到薛禄、金玉、薛斌三人,实指随成祖扫北。薛禄在永乐八年(1410)、十二年两次从征漠北④,八年曾充北征"骠骑将军"⑤。金玉也曾两随大驾北征,永乐八年领"鹰扬将军"⑥职衔专督大军殿后⑦十二年又充北征大营副将⑧。可知薛禄、金玉二人在扫北过程中有比较重要的作用。薛斌在永乐八年也曾任北征骠骑将军⑨,并在回朝后自左军都督佥事升同知⑩。成祖第二次北征时薛斌也曾任扈从骑将⑪。但通查《明太宗实录》,仅有安远伯柳升一人明确因"北征功"⑫被晋封为侯爵,此为加爵而非首次册封,其他历次北征中充将军、副将的都督武臣,不见单纯凭借北征之功被径授爵级。明成祖历

①《明太宗实录》卷一八八,永乐十五年五月戊子,第2003页。
②《明太宗实录》卷一四五,永乐十一年十一月乙未,第1716页。
③《明太宗实录》卷二三三,永乐十九年正月戊寅,第2253页。
④[明]杨士奇:《东里文集》卷一二《奉天靖难推诚宣力武臣特进荣禄大夫柱国太保阳武侯追封鄞国公谥忠武薛公神道碑铭》,第183页。
⑤《明太宗实录》卷一〇二,永乐八年三月戊辰,第1323页。
⑥《明太宗实录》卷一〇二,永乐八年三月戊辰,第1323页。
⑦《明太宗实录》卷一〇二,永乐八年三月戊辰,第1323页;[明]王世贞:《弇山堂别集》卷八八《诏令杂考四·北征军情事宜》,第1689页。
⑧《明太宗实录》卷一四八,永乐十二年二月庚戌,第1732页。
⑨[明]王世贞:《弇山堂别集》卷八八《诏令杂考四·北征军情事宜》,第1681页。
⑩《明太宗实录》卷一〇七,永乐八年八月丙辰,第1386页;《明功臣袭封底簿》卷二《永顺伯》,第365页。
⑪据《明太宗实录》记载,永乐十一年末朱棣准备第二次御驾北征时,薛斌奏称所领随驾三千马队官军品缺,成祖于是命在京及扬州、高邮、泗州各卫并浙江各都司"选精者壮者"补之(见《明太宗实录》卷一四五,永乐十一年十一月乙未,第1716页)。又永乐十二年四月,成祖正式北征时曾特下蒙古文敕命给薛脱欢、吴允成等随征达官以传达军令(见[明]王世贞:《弇山堂别集》卷八八《诏令杂考四·北征军情事宜》,第1693页),此薛脱欢无疑就是薛斌。
⑫《明太宗实录》卷一〇七,永乐八年八月壬寅,第1382页。

次北征虽然声势浩大,但明军或以巨大伤亡为代价取得胜利,或根本未取得战略性成果[1],因此单独某次北征功在当时均未被认定为可直接加爵的大功。

第三,郭义的膺爵资格尤其不明。排查《明太宗实录》所载郭义军事履历,他终永乐一朝久驻南京执掌五府,除原"靖难"功勋外少有其他战功。

综上所论可知,郭义等六人既非单纯以修造功封爵,也不完全是因随驾北征而获封。进一步查永乐十九年(1421)五月成祖正式颁赐薛禄、金玉、薛斌铁券时所下诏书云:"卿等事朕久,勤劳亦多,所以致此不易。"[2]由此可大致认定三人因久在军中效力,积累功劳得爵。按照这一标准,以履历最详的阳武侯薛禄而言,他在"靖难"与北征战事中居功较大,于永乐八年升为右都督正一品军职后,十年未再升迁,在此期间内,薛氏又有从驾扫北及修筑宫殿诸军功[3]。在成祖眼中,薛禄的这些积年功业不足以获膺世爵,但可加子孙世袭指挥的流侯以为酬赏。金玉的情况与薛禄类似,他随燕王"靖难",至永乐三年升任都督佥事后,十五年未再升迁,其间又两次随驾北征,充任主要将领,并参与主持营建京城,还平定过山西广灵等地的"山贼"之乱[4],累有功次,终晋流伯之爵。

再试解薛斌得爵之原委。薛斌本名脱欢,其父薛台洪武朝以故元遗官归降,隶燕山右护卫为指挥佥事,薛斌后袭父职并与弟薛贵随朱棣起兵"靖难"[5]。从现有资料的记载来看,薛斌经"靖难"与永乐第一次北征升都督同知后十年未再晋职,这期间曾随驾扫北一次,虽属久任都督不升,但所积事功并不多,不及阳武侯薛禄与惠安伯金玉。不过,薛斌是燕军胡骑旧部,与永乐皇帝具有非常紧密的扈从关系,这应是他最终得以晋封流爵的重要原因。据《双槐岁钞》记载,在"靖难"小河之役中,朱棣所乘枣骝马中箭,当时有"胡骑官军最近左右"之一的脱火赤为枣骝拔箭,此脱火赤即薛斌弟薛

---

[1]林延清:《朱棣五征漠北应重新评价》,《南开史学》1989年第2期。

[2]《明太宗实录》卷二三七,永乐十九年五月壬戌,第2273页。另郭义在永乐十九年正月死,故未及领受铁券。

[3][明]杨士奇:《东里文集》卷一二《奉天靖难推诚宣力武臣特进荣禄大夫柱国太保阳武侯追封鄞国公谥忠武薛公神道碑铭》,第183页。

[4]《明太宗实录》卷一七六,永乐十四年五月甲午,第1923页。

[5][明]郑晓:《吾学编》第十九《皇明异姓诸侯传》卷下《薛斌》《薛贵》,《四库禁毁书丛刊》史部第45册,第216页。

贵①,可知薛氏兄弟潜邸亲近的身份。终永乐一朝,薛斌延续胡骑统帅的职
责,执掌随驾三千鞑靼马队,仍为成祖侍从近臣。

　　郭义封爵的原委与薛禄、金玉、薛斌三人均有所不同。郭氏燕山护卫出
身,"靖难"后升都指挥佥事,在永乐五年(1407)由都指挥佥事直接升为右
都督②,可谓超擢。但郭义除"靖难"从征外,此前参与的重要战事仅有永乐
初随清远伯王友巡海捕倭,然而这次剿倭并不成功,甚至引起皇帝震怒③,
难称战绩。又《明太宗实录》附郭义小传有载,郭氏在"靖难"之役中有"奋
不顾身,杀伤过当"④之能。由此可知,郭氏在永乐五年之所以能越五级蹿升
右都督,应得益于"靖难"期间较突出的功劳。自永乐五年任右都督始直至
封爵前的十三年内,郭义长期执掌南京五府事务,老而不衰⑤,但未再领兵。
《明史》有云,郭义"数从出塞,有功,封安阳侯"⑥,指他以累从北征封爵,这
一记载应不确。逐年详核《明实录》记载,郭义永乐八年二月私役军士贩运
被御史弹劾,皇太子以其"武人不谙法,且老矣"⑦,故赦免之。当时皇太子
留居南京监国,可知永乐八年郭氏身在南京,不可能参与第一次北征。又
《明实录》永乐十三年六月己丑条载,郭义"先坐受赇"而免职,至是"上念
其功命复之"⑧。因此,永乐十二年时郭氏很有可能仍在罪废中,更难侍驾
北上。

　　通观郭义升都督之后的为官事迹,非但少有军功,反而常因诸不法事被
言官弹劾,皇帝、太子在惩戒他的同时又多有宽宥回护⑨。综上所述,郭义一
生所立重要功勋仅有"靖难"从征一项,但他的功劳与地位又不及当时遽封
爵赏的侯伯。从《皇明功臣封爵考》列郭义为"靖难"勋臣的情况来看,郭氏

①[明]黄瑜:《双槐岁钞》卷三《长陵八骏》,北京,中华书局,1999年,第47页。
②《明功臣袭封底簿》卷一《安阳侯郭义》,第147页。
③《明太宗实录》卷三二,永乐二年六月乙未,第574页。
④《明太宗实录》卷二三三,永乐十九年正月戊寅,第2253页。
⑤《明太宗实录》卷二三三,永乐十九年正月戊寅,第2253页。
⑥《明史》卷一五五《郭义传》,第4249页。按郭义曾在洪武年间数随燕王朱棣北伐,《明史》编纂者
　或将这一史实错记为郭义在永乐朝曾随驾扫北(见《明功臣袭封底簿》卷一《安阳侯》,第147—148
　页)。
⑦《明太宗实录》卷一〇一,永乐八年二月甲寅,第1319页。
⑧《明太宗实录》卷一六五,永乐十三年六月己丑,第1856页。
⑨又永乐九年,郭义与诸掌府都督徐膺绪、周长、费义、曹隆"坐旷职,发交阯立功",成祖"寻宥之";
　一年后郭义又因不陪享太庙祭祀,被弹奏拘问(见《明太宗实录》卷一一二、卷一二四,永乐九年正
　月庚辰,永乐十年正月戊申,第1432—1433、1561页)。

基本上是以"靖难"旧功被强行补封为流侯。另外,《吾学编》仅模糊言郭氏为"战胜"功臣[①],可见相比永乐朝所封其他流爵,郭义功勋不显,膺爵资格比较勉强。

　　综合对比郭义、薛禄、金玉、薛斌的"靖难"旧功及自永乐改元至永乐十八年(1420)封爵前的诸种军功,郭义并非经年功劳最显者,但四人同封时,郭义反而排名最先,且郭义与总体功资较高的薛禄同享岁禄一千一百石,高于金玉八百石与薛斌九百石之禄[②]。朱棣这样的安排略显不公,应另有缘由。再考郭义、金玉、薛斌生平,有一现象值得注意,即他们在得爵第二年均相继去世,郭义甚至生前没能及时接到封爵敕命[③],可见三人封爵前已老病将逝。这表明成祖册封郭义、金玉、薛斌三人,有集中抚慰老臣的目的[④],这也可以解释郭义为何在未立显著新功的情况下被放宽授予流侯爵禄。另据《功臣袭封底簿》记载,郭义在元至正二十六年(1366)即投朱元璋选充百户,后转燕王护卫军伍,连续为朱元璋、朱棣父子效劳五十年,至永乐十九年卒时应已年逾古稀[⑤]。薛禄早年以燕军小卒历战起家,至宣德五年(1430)以七十三岁寿终,在永乐十八年得爵时六十三岁[⑥]。金玉袭父职为羽林卫百户,后调燕山左护卫[⑦],薛斌袭父职为燕山右护卫官[⑧],二人都是第二代明军军官,年资更低。从优恤老臣的角度而言,郭义是四人中年龄最长、从军时间最长的"靖难"老臣,这应该是他在排名、岁禄方面被特别提升的重要原因。

　　在揭示永乐十八年郭义等人封爵原因的基础上,可进一步分析永乐二十年九月所封朱荣与薛贵的情况。朱荣、薛贵二人同在成祖第三次北征结束后被授爵禄[⑨],朱荣曾任北征先锋官[⑩],而薛贵也参与了此次御驾征讨。

---

①[明]郑晓:《吾学编》第十七《皇明异姓诸侯表》,《四库禁毁书丛刊》史部第45册,第158页。

②《明太宗实录》卷二三二,永乐十八年十二月甲寅,第2242—2243页。

③《明太宗实录》卷二三三、卷二三九、卷二四二,永乐十九年正月戊寅,永乐十九年七月戊寅,永乐十九年十月丁未,第2253、2283、2292页。

④永乐十八年恰北京宫殿落成,虽然薛禄等四人并非全以修造功膺爵,但成祖选择在当年册封诸老臣,或许也有与老将共享太平盛世之意。

⑤《明功臣袭封底簿》卷一《安阳侯》,第147—148页。

⑥[明]杨士奇:《东里文集》卷一二《奉天靖难推诚宣力武臣特进荣禄大夫柱国太保阳武侯追封鄞国公谥忠武薛公神道碑铭》,第182、184页。

⑦《明太宗实录》卷二三九,永乐十九年七月戊寅,第2283页。

⑧《明功臣袭封底簿》卷二《永顺伯》,第365页。

⑨《明太宗实录》卷二五一,永乐二十年九月辛未,第2350—2351页。

⑩《明太宗实录》卷二四七,永乐二十年三月辛巳,第2314页。

查《明功臣袭封底簿》中的勋臣履历，言朱荣"永乐八年迤北征进有功，永乐二十年九月十九日封奉天翊卫宣力武臣、特进荣禄大夫、柱国、武进伯"[①]，又言薛贵永乐二十年（1422）随驾北征，"大获克捷，本年九月十七日升安顺伯"[②]，主要强调二人因随驾北征而膺爵。《吾学编》《皇明功臣封爵考》将朱荣、薛贵归入"征胡"[③]勋臣，无疑也是强调随驾北征。另王世贞《永乐以后功臣公侯伯年表》更直接认定朱荣、薛贵以"北征功"[④]封爵。不过，《皇明功臣封爵考》中收录有武进伯铁券原文，另曾任大同巡抚的罗亨信为朱荣撰写有神道碑，比读朱荣铁券文书及碑铭资料，可知他得爵的直接契机虽然是参与永乐二十年第三次北征，但他又并非仅以北征功受封，而属久任都督总兵战守，累功封爵。根据朱荣神道碑铭，朱氏以大宁前卫副千户归降燕王，凭"靖难"功升都督佥事，经安南之役升右都督，在永乐八年因北征功升至左都督，此后又参与了永乐十二年及永乐二十年的北征，且自永乐十二年后接连镇守大同、辽东等地，直至封爵[⑤]。再核对武进伯铁券文书，其中明确罗列的朱氏功勋有三，除"靖难"旧勋之外，另外两条是"往征胡寇"和"镇守边陲"[⑥]，"往征胡寇"即指扈从征北，"镇守边陲"即指守卫大同、辽东诸镇。券文又言，朱荣"茂膺隆眷，积有岁年"，因与明成祖"相从之久，用申恩数之荣"[⑦]以获封，其意表明通计朱氏积年功劳，并非特别强调"往征胡寇"的"北征"之功。

武进伯朱荣是永乐朝所有累功勋臣中唯一封世爵者，这与他在"靖难"军将中较突出的地位与功劳有关。朱荣在成祖燕军旧部中一直官阶较高，"靖难"起兵之初他已任燕军左军副将，与"靖难"后封侯伯的李濬、孟善、徐理等相俦[⑧]。南征交阯时，朱荣与张辅、柳升等大帅协同战守，他"虽效劳勤，然屡以怠忽废事"，被成祖"略过叙功"升左军都督府右都督[⑨]。可见，以朱荣

①《明功臣袭封底簿》卷三《武进侯》，第537页。

②《明功臣袭封底簿》卷一《安顺侯》，第132页。

③［明］郑晓：《吾学编》第十七《皇明异姓诸侯表》，《四库禁毁书丛刊》史部第45册，第158页；［明］郑汝璧：《皇明功臣封爵考·总录》，《四库全书存目丛书》史部第258册，第305页。

④［明］王世贞：《弇山堂别集》卷三八《永乐以后功臣公侯伯年表》，第678、679页。

⑤［明］罗亨信：《觉非集》卷四《武进伯朱公神道碑铭》，《四库全书存目丛书》集部第29册，济南，齐鲁书社，1997年，第550页。

⑥［明］郑汝璧：《皇明功臣封爵考》卷四《武进伯》，《四库全书存目丛书》史部第258册，第467页。

⑦［明］郑汝璧：《皇明功臣封爵考》卷四《武进伯》，《四库全书存目丛书》史部第258册，第467页。

⑧王崇武：《奉天靖难记注》卷一，洪武三十二年十月乙卯，第68—69页。

⑨《明太宗实录》卷八一，永乐六年七月癸丑，第1081页。

的军功资格,他早在南征交阯时就有机会以一次大功晋封世爵。另外,朱荣升任左都督之后又数从北征,且久镇辽东、大同近十年,这些功劳已超越当时所有其他累功封爵者,因此享世爵也不为过。

安顺伯薛贵即永顺伯薛斌之弟,兄弟二人同为达官出身的燕邸护卫军将。薛贵先在"靖难"之役中有救驾之功,永乐八年(1410)随驾北征升都督佥事,后又护驾北征两次以至封伯①,虽可概称以北征获封,但本质上仍是以久任累功得爵。另外,薛贵历年军资与同封伯爵的朱荣有一定的差距,由此可见,薛贵膺爵显然多得益于胡骑忠臣的背景。

综上所述,永乐十八年、二十年的六臣之封已与此前"开国""靖难"大封及各种征战大封"开拓疆土、削平僭乱"的封爵标准不尽相同。其中薛禄、金玉、朱荣可视为典型的久任都督积功封爵者;薛斌、薛贵在久任积功的基础上旧侍恩封的因素突出;郭义虽久有劳苦,但"靖难"之役后新立军功着实不足,在很大程度上已属于老臣抚恤授爵。以薛禄、金玉、薛斌、朱荣、薛贵为成例,能够大体总结出永乐朝累功封爵的模式,即在"靖难"战役中有较高功资的武职,官至五府各级都督后十年以上未再升迁,其间又有若干战守功劳,可酌情授予子孙承袭指挥使的流爵以为嘉奖,个别功勋突出者可直授世伯。相比大功封爵以指挥战役的规模、战略意义及斩获数目为主要考虑标准,永乐朝累功封爵更偏向考量功臣在军中的任职年限与常平资历。

(三)累功流爵机制的利弊

实际上,明代勋臣的"开国""靖难"大功在某种程度上其实也是由累次战功通计而成。朱元璋"开国"战争经十余年才结束,洪武三年(1370)册封功臣之时,他在诰券中详列诸将累年节次战绩。朱棣前后四年征战夺取天下,在开"靖难"大封时,也历数勋臣各次攻城占地的事迹,如成国公朱能世券云:

> 咨尔金左军都督府事朱能,事朕藩邸,匡济艰难。首擒凶恶,即夺九门。克蓟州,复遵化,收密云,追获于滦河,乃破雄县,遂定漠州。击真定而援永平,战壩上而取广昌。西下蔚州,迎敌白沟,战无遗力,大捷沧州。至于夹河之剿戮,藁城、西水之俘擒,破垒东阿而遂收东平,摧坚

①《明功臣袭封底簿》卷一《安顺侯》,第131—132页。

汶上而剪敌淝水。小河之决策南行,灵璧之先登陷阵,涉淮泗,取盱眙,
爰渡大江,遂清畿甸。[1]

只不过"开国""靖难"诸功绩具有"改朝换代"的重大历史意义,故视为
一体之大功。相比"开国""靖难"大功及洪武、永乐两朝"平西番""平云
南""平安南"等一次大功,永乐朝所封薛禄、朱荣等人的累功,则专指平常
征战与镇守中所立功劳。

由于朱棣以武力强夺其侄朱允炆之帝位,"靖难"战争的规模与进程又
不比洪武"开国"战争,兼之永乐朝以后严格意义上开疆扩土的征伐减少,因
此朱棣所封功臣的大功资格在明人看来实有可商榷的余地。明初朝野人士
慑于成祖威严,对此避而不谈,至明代中后期士人才偶作批评。如明代中后
期的士人何乔远在《名山藏》一书中言:"永乐之间,内难削平,以七战论功,
既而北驱残虏,南缚交酋,西靖羌番,东捕倭韩,降胡厮养,往往登封。"[2]再如
王世贞也认为,"靖难"诸将"大战不过十余,所定军府不过三四而已,毋论
中山、开平,其视曹、卫、宋、颖而下,抑何径庭"[3]。朱棣自己必然深知这种不
可言说的情状,因此在"靖难"大封时就多封伯爵而少封公侯,登极后又多
以累功册封流侯、流伯。累功流爵的册封机制既能保证勋爵体制在国家承
平时期的运行,又可在一定程度上把控爵赏等级,故具有相对的合理性。

但也要看到,累功授爵的考功标准比较模糊,难免掺杂亲旧推恩的因
素,与老臣轻封的界限不严。相比大功封爵以将帅一次重大战绩为评判对
象,累功封爵的评判更难把握,即使有吏部与兵部议功论赏,也较难全面且
公平地衡定武职累年功勋的高下。在永乐一朝,累功资历相仿的军官孰封
孰不封,也无绝对的准则。例如,随驾北征是永乐朝重要的累功功次,永乐
第一次北征中,有都督曹得、马荣、朱荣任各营领兵副官[4],又有都督刘江、薛
禄、冀中、金玉领将军名号统前哨作战[5];第二次北征有都督马旺、陈翼、程
宽、金玉、马英、章安、朱崇、费瓛、胡原、曹得、谭青、马聚充各营主副将,都督

①[明]郑汝璧:《皇明功臣封爵考》卷二《成国公》,《四库全书存目丛书》史部第258册,第365—
　366页。
②[明]何乔远:《名山藏》卷四一《勋封记上》,第1101页。
③[明]王世贞:《弇山堂别集》卷三七《永乐以后功臣公侯伯年表》,第671页。
④《明太宗实录》卷一〇二,永乐八年三月丁卯,第1323页。
⑤《明太宗实录》卷一〇二,永乐八年三月戊辰,第1323页。

刘江、朱荣领先锋[1]；第三次北征有都督朱荣任前锋官[2]。可以说，以上这些都督将帅都是久随朱棣征战，累功资格较突出，整体勋资仅次于"靖难"大封功臣的宿将。其中刘江、薛禄、金玉、朱荣四人在永乐朝得享爵禄，费瓛在宣德朝初封崇信伯[3]，而其余诸将的功资也并不一定就比这五人低。如曹得"靖难"中"以一当百"，升都督职衔后又有数次随驾北征等功劳，至永乐十九年卒，终身未晋爵级[4]。另外马荣、朱崇、程宽三人死后被朝廷分别追封为景城伯、平阴伯及保昌伯[5]，可见朝廷也认为他们的生前功业接近可封爵的水平。

由于累功封爵存在不易审定的特点，因此这一机制在洪熙、宣德朝以后主要作为大功封爵的补充机制而运作，并未被广泛采用以封拜大臣。至天顺朝以后，明廷间以累功封爵议封爵时，还要通计将领历年所积首虏数，强化对他们斩获情况的考量，笔者将在之后的章节中对此制度调整加以考论。

还需要指出的是，流伯作为勋爵秩级的最低一等，爵禄不延世，子孙仅承袭原指挥使一级官位，封流伯者的实际地位与一、二品的都督武职差距尚不大[6]，因此明廷对流爵的册封有时比较随意，部分臣子也因特殊政治缘由被滥授流伯之位。早在永乐三年（1405），成祖就封左军都督同知许成为推忠效义宣力武臣、特进荣禄大夫、柱国、永新伯，流爵子孙世袭指挥使，受封原因是以其"发谭深等之奸也"[7]。所谓"发谭深等之奸"，是指当年都督金事谭深、锦衣卫指挥赵曦在太祖宁国公主驸马梅殷上朝时，趁机将梅殷推入御河淹死之事[8]。梅殷是明"开国"功臣汝南侯梅思祖之侄，同时也是燕王朱棣的妹夫，但梅殷在"靖难"期间为建文帝坚守淮安，与燕军对战[9]。按照郑晓《吾学编》等史料的说法，朱棣登极后表面上宽恤梅殷，但仍预计除之：

①《明太宗实录》卷一四八，永乐十二年二月庚戌，第 1732 页。

②《明太宗实录》卷二四七，永乐二十年三月辛巳，第 2314 页。

③《明宣宗实录》卷二〇，宣德元年八月丁卯，第 527 页。

④《明太宗实录》卷二三九，永乐十九年七月丁亥，第 2283—2284 页。

⑤《明太宗实录》卷一〇七、卷二四六，永乐八年八月癸亥，永乐二十年二月己亥、丁未，第 1391—1392、2307、2309 页。

⑥单就禄米而言，明代伯爵无论流、世，一般岁禄千石上下，而洪武二十年，朱元璋谕户部定大臣禄米，文武正一品月俸米八十七石，从一品七十四石（见《明太祖实录》卷一八五，洪武二十年九月丙戌，第 2778 页），据此五府左右都督、都督同知等官一年所领禄米也有八百至一千石不等。

⑦《明太宗实录》卷四七，永乐三年十月丙子，第 721 页。

⑧《明太宗实录》卷四七，永乐三年十月乙丑，第 717—718 页。

⑨［明］梅纯：《损斋备忘录上·纪事》，［明］邓士龙辑：《国朝典故》卷五〇，第 1215 页。

　　永乐二年冬,都御史陈瑛言殷招藏亡命,私匿胡人,与女秀才刘氏
朋邪诅祝,几得罪。明年冬入朝,殷仇家都督谭深、指挥赵曦令人挤殷
死笪桥下,曦又诬殷自投水死,都督许成发其事。上怒,罪深、曦,二人
对曰:"此上命也,奈何杀臣?"上大怒,立命力士持金瓜落二人齿,斩
之。①

梅殷玄孙成化朝任凤阳中都副留守的梅纯只称梅殷被"奸谀乃擅窃害之",
未敢明言梅殷之死与朱棣有关②。按常理来说,想必是朱棣曾授意谭深、赵曦
二人罗织梅殷罪名,陷害梅氏于死地,但谭深、赵曦的行动反而泄露了朱棣
的阴谋,使皇帝威严大失。在这种情况下,朱棣只能再安排都督许成假意揭
发谭深、赵曦的罪责,将谭深、赵曦下狱灭口以收拾残局,并安抚宁国公主及
梅殷后代。综合来看,许成之封伯不过是朱棣清洗梅殷失策后借以挽回颜
面的手段。流伯待遇虽不及世袭勋爵,但仍是军功封爵的一个正式秩级,因
此滥授流伯仍是对军功封爵公平性的破坏。

三　永乐朝对西北守将的册封

(一)宋晟初封流爵与宋瑄建文忠臣身份的关系

　　不同于成祖所封大多数大功与累功勋臣,宋晟非"靖难"燕军出身,但却
是明代元勋老将,他在元末随父宋朝用、兄宋国兴归附朱元璋部,累升至都指
挥,洪武十二年(1379)始历镇凉州、甘肃。洪武十九年宋晟以都督金事镇守
甘肃后,连续十五年久守西北,间又在湖广、大同等地征战,没有再升职③。

　　朱棣初取皇位时,宋晟进京入觐,即刻被升为后府左都督,挂平羌将军
印仍守甘肃④。据《明太宗实录》所载,至永乐三年(1405)十一月,成祖遣都
督徐膺绪及礼部左侍郎赵羾持节赍诰券诣甘肃军中,册封宋晟为"推诚辅运
宣忠劲力武臣、特进荣禄大夫、柱国、西宁侯,后军都督府左都督如故,食禄

---

① [明]郑晓:《吾学编》第五十五《逊国臣记》卷四《驸马都尉梅殷》,《四库禁毁书丛刊》史部第45
　　册,第528页。
② [明]梅纯:《损斋备忘录上·纪事》,[明]邓士龙辑:《国朝典故》卷五〇,第1215页。
③ [明]杨士奇:《东里文集》卷一二《故推诚辅运宣忠效力武臣柱国后军都督府左都督西宁侯宋公神
　　道碑铭》,第171—172页。
④ 《明太宗实录》卷一三,洪武三十五年十月己卯,第247页。

千一百石，子孙世袭"①。对于宋晟是否初封时就被授予世侯，《皇明功臣封爵考》所收宋晟铁券文书及《明功臣袭封底簿》的记载与《明实录》不尽相同。根据券文及《底簿》档文，朝廷最初仅准宋晟"子孙世袭指挥使"，永乐五年（1407）晟死，至永乐六年，成祖钦召晟子宋琥于武英门听旨，命他承袭父爵并子孙世袭②。另大学士杨士奇所撰宋晟神道碑中同样不言宋氏在永乐三年初封时就领世爵③。宋晟券文、《底簿》及宋氏碑铭三种记载相一致，所言应比《明太宗实录》更为准确。

明成祖对侯爵加授比较谨慎，"靖难"大封功臣受封侯爵者仅十三名④，宋晟作为边将径封侯爵，可见成祖对他的优隆。更属异典的是，成祖特命魏国公徐达第三子徐皇后三弟都督徐膺绪⑤这样的勋戚重臣，代表朝廷千里持节册封宋晟，并准许宋晟领爵后保留后军都督府左都督一职，如此礼遇绝非一般勋臣可得享⑥。然而，宋晟起初只被许可子孙世袭指挥，又明显与他所享爵位的其他待遇不匹配。

朱棣此前册封"靖难"功臣时，侯爵中最后一名思恩侯房宽，虽立有大功，但因曾犯严重军事过失，故仅许子孙世袭指挥使⑦。比照房宽的事例，成祖一开始赐宋晟流爵，似乎也有惩戒之意。万历朝专录建文死节臣子事迹的《忠节录》，对宋晟爵位承袭一事有如下解释：

> 宋瑄，郧国忠顺公晟之长子，建文中为府军右卫指挥使，数从诸将御北兵有功。战于灵璧，瑄披甲跃马先登，斩首数级。已而诸营兵败，瑄犹格斗，力尽死之。靖难后，晟功名大，着封西宁侯。永乐中兵部上

①《明太宗实录》卷四八，永乐三年十一月甲午，第 730 页。
②［明］郑汝璧：《皇明功臣封爵考》卷四《西宁侯》，《四库全书存目丛书》史部第 258 册，第 444 页；《明功臣袭封底簿》卷三《西宁侯》，第 421—422 页。
③［明］杨士奇：《东里文集》卷一二《故推诚辅运宣忠效力武臣柱国后军都督府左都督西宁侯宋公神道碑铭》，第 172—173 页。
④《明太宗实录》卷一二上，洪武三十五年九月甲申，第 194—199 页。
⑤《大明骠骑将军中军都督府都督金事徐公圹志》，转引自邵磊：《明中山王徐达家族成员墓志考略》，《南方文物》2013 年第 4 期。
⑥虽然朝廷遣使册封宋晟的原因之一是甘肃在极边，距京师辽远，镇将不便进京受封，但以勋戚高级册使持节钦封，仍表现出朝廷对宋晟的高度重视。明朝在洪武中年已形成勋臣只领爵位而不加兼都督等品官的制度。成祖大封"靖难"功臣时，又将五府都督作为荣誉虚职加授与公、侯一级的勋臣。此后，历永乐、洪熙、宣德三朝，皇帝不时特许个别勋戚近臣兼领都督官，以增其荣宠。
⑦《明史》卷一四五《房宽传》，第 4096—4097 页。

列侯子孙名,乞嗣封,瑄子本晟长孙当嗣,文皇恶瑄,以瑄弟琥嗣之。①

何乔远《名山藏》也有类似的记录,其文曰:"初,(宋)晟长子瑄拒靖难兵,死灵璧,成祖恶之,夺其世侯。"②据以上两书所说,成祖因厌恶宋晟长子宋瑄,不乐宋瑄子孙承嗣,故起初只授西宁侯流爵,后才准宋瑄弟宋琥袭爵。关于宋瑄抗燕死难的事迹,明清史家多有传抄,可互为佐证③。但《忠节录》《名山藏》等书所谓成祖因厌弃宋瑄而不授宋晟世爵的观点仍值得质疑。根据杨荣在宣德朝为宋晟父宋朝用撰《追封西宁侯宋公墓碑》所载,宋晟先有子宋茂,后依次有诸子宋瑄、宋瑜、宋琥、宋玘、宋瑛、宋瑾④,宋茂因早逝,故《忠节录》等书载宋瑄为宋晟长子⑤。再查《皇明功臣封爵考》附西宁侯家族宗图,明示宋瑄系"故绝"⑥,无后代可继承家爵。由此可以断定,《忠节录》所谓"瑄子本晟长孙当嗣"侯爵的说法不实。

实际上,成祖非但没有因宋瑄的既往经历而追罪宋家,反而为安抚宋晟,准许宋瑄弟宋瑛承袭瑄生前旧职以为优恤。《追封西宁侯宋公墓碑》记,成祖初登极时,兵部"言晟第二子瑄先任府军右卫指挥使,而战死于灵璧,为请,上特命晟之第六子瑛袭瑄职"⑦。宋瑛墓志铭亦云:"公之兄瑄,尝从征伐,

---

① [明]张朝瑞:《忠节录》卷四《府军右卫指挥使宋瑄》,《续修四库全书》史部第537册,上海,上海古籍出版社,2002年,第73页。

② [明]何乔远:《名山藏》卷六一《臣林记·永乐臣二·宋晟》,第1674页。

③ 如《革除逸史》云,建文四年丁丑,南军在灵璧"战败,指挥宋瑄死之"(见《革除逸史》卷二,景印《文渊阁四库全书》第410册,上海,上海古籍出版社,1987年,第543页)。另如李乐《见闻杂记》"报国诸臣姓名"中有"指挥宋瑄,忠顺公晟之子,灵璧之战力屈,死之"的记载(见[明]李乐:《见闻杂记》卷一〇,《北京图书馆古籍珍本丛刊》第66册,北京,书目文献出版社,2000年,第583页)。另外,南明弘光朝廷在补谥建文死难诸臣时,有指挥宋瑄谥果节(见[明]黄宗羲:《弘光实录钞》卷二,《中国历史研究丛书》,上海,上海书店,1982年,第218页)。

④ [明]杨荣:《文敏集》卷一九《追封西宁侯宋公墓碑》,景印《文渊阁四库全书》第1240册,第300—301页。此墓碑记宋朝用有七子,其中第四子即宋晟,宋晟第二子名宋瑄、第四子名宋琥、第六子名宋瑛,又记宋朝用有孙男七人宋茂、宋瑄、宋瑜、宋琥、宋玘、宋瑛、宋瑾,再对照《皇明功臣封爵考》所附西宁侯宗图记宋晟有宋瑄、宋瑜、宋琥、宋玘、宋瑛五子,可以断定宋茂、宋瑄、宋瑜、宋琥、宋玘、宋瑛、宋瑾七人皆是宋晟之子,只不过宋晟长子宋茂、次子宋瑄、三子宋瑜、五子宋玘、七子宋瑾皆早卒,故常失其名。

⑤ 另杨士奇所撰宋晟神道碑中称晟长子曰"某某",失其名,应是宋茂(见[明]杨士奇:《东里文集》卷一二《故推诚辅运宣忠效力武臣柱国后军都督府左都督西宁侯宋公神道碑铭》,第173页)。《明太宗实录》中也有宋琥为宋晟长子的记载,可知当时宋茂、宋瑄、宋瑜已死,宋琥是宋晟在世诸子中年龄最长者(见《明太宗实录》卷一五,洪武三十五年十二月庚戌,第269页)。

⑥ [明]郑汝璧:《皇明功臣封爵考》卷四《西宁侯》,《四库全书存目丛书》史部第258册,第447页。

⑦ [明]杨荣:《文敏集》卷一九《追封西宁侯宋公墓碑》,景印《文渊阁四库全书》第1240册,第300页。

积功至府军右卫指挥使,以卒,乃命公袭其职,综理军政。"①复核《明太宗实录》洪武三十五年(1402)十月己卯条,确有宋晟子宋瑛被擢为府军右卫指挥使②,可知宋家碑铭所记不虚,但《明实录》没有明言宋瑛是承袭兄职,反映出官方记载对建文朝事的隐晦。提议宽恤建文臣子在永乐朝是重大禁忌,非成祖亲许,任何人不得轻言③,因此《追封西宁侯宋公墓碑》所谓的"兵部为请",理应是朱棣直接授意的结果。从宋家自身的角度来看,宋氏也不甚忌讳提及宋瑄的旧闻,更将宋瑛袭职一事视为家族荣宠反复镌记在碑铭中。综上所述,笔者认为,成祖至少在表面上并不在意宋瑄的建文旧臣身份,也不会仅仅因厌恶宋瑄就降封宋晟为流爵。

(二)宋晟招抚功勋在永乐初年的战略意义

既然宋晟初封流爵的原因与宋瑄无关,就应当从宋晟本身的功勋地位方面来讨论西宁侯的流世问题。查永乐三年(1405)成祖颁赐宋晟的西宁侯铁券文书,对宋氏功勋的记载如下:

> 尔后军都督府左都督宋晟,器识超迈,韬略弘深。昔镇侯藩,克任干城之寄,继登大府,屡开翊替之勤,虽皇考之所属心,而朝廷益加眷厚。肆在朕躬缵承丕绪,特委安边之托,遂膺节钺之荣,乃益尽于忠诚,诞布宣于德意,广绥怀之道,开招纳之门,边境辑宁,寇氛殄息,是以戎狄款附而西北无虞,使命往来而职贡不绝。眷兹劳勋,宜有褒嘉,庸举彝章,特申恩数,是用授尔推诚辅运宣忠效力武臣、特进荣禄大夫、柱国、后军都督府左都督、西宁侯。④

明代史籍大多记载宋氏以永乐三年招降西北鞑靼把都帖木儿、伦都儿灰部众五千余人的一次功绩得爵,即券文中所载:"广绥怀之道,开招纳之门","以戎狄款附而西北无虞,使命往来而职贡不绝"。再如《明太宗实录》所附

---

①[明]王直:《故驸马都尉西宁侯宋公墓志铭》,藏《溧水县档案馆》,拓印本由南京博物院邵磊先生提供。

②《明太宗实录》卷一三,洪武三十五年十月己卯,第247页。

③至永乐二十二年,成祖临终前才御笔指示礼部尚书吕震,准"建文奸臣"家属发配教坊司、锦衣卫、浣洗局并习匠及功臣家奴,"今有存者,既经大赦,可宥为民"(见[明]宋端仪:《立斋闲录》卷三,《续修四库全书》子部第1167册,上海,上海古籍出版社,2002年,第591页)。

④[明]郑汝璧:《皇明功臣封爵考》卷四《西宁侯》,《四库全书存目丛书》史部第258册,第444页。

宋晟小传载,宋晟因"招降西北虏酋把都帖木儿、伦都儿灰等五千余人"[①]而封西宁侯。又如杨士奇在宋晟神道碑中明言,宋晟招降"事闻"后,成祖"赐敕奖谕","即军中封西宁侯"[②]。宋晟父宋朝用的墓碑载,"西北部落相率降附",晟"由是进封西宁侯"[③]。西北部落降附,当然也是指招降把都帖木儿等部一事。《弇山堂别集》一循《明实录》与碑铭的记载,认为宋晟"论招虏功"[④]而被封。把都帖木儿、伦都儿灰原为鞑靼平章,永乐三年(1405)自塔滩率部归附甘肃总兵宋晟,晟遣人送把、伦两酋至京,永乐皇帝设宴款待,钦赐把都帖木儿、伦都儿灰姓名为吴允诚、柴秉诚,并授二人都督佥事[⑤]。

应该说明的是,早在洪武十八年(1385),时任陕西都指挥凉州镇守的宋晟就曾招徕鞑靼国公吴把都等一万八千余人[⑥]。相较永乐三年归附的鞑靼平章把都帖木儿、伦都儿灰五千余众,吴把都的官阶更高,麾下部属数量也更多,但宋晟在当时仅被加升一级为右军都督佥事[⑦],并未加一爵赏。不过,从一些记载来看,不同于朱元璋对北元以军事手段打击为主的战略倾向,朱棣在统治初期更重对北方蒙古部众的招抚,将之上升为朝廷战略。《名山藏》一书即云:"当是时,成祖欲招怀边塞,胡酋鞑官有内附者,皆授之官。"[⑧]这一重招抚的策略也可以从明成祖给当时北方各镇守臣的敕令中得以反映。如永乐元年,朱棣敕辽东镇守保定侯孟善职责为"所宜招怀远人,靖安边境"[⑨]。永乐二年,成祖专敕宁夏总兵官何福:"为将之道,贵能抚辑招徕,以靖边圉。"[⑩]当年又敕大同镇将吴高,称鞑靼降附者众,但"来归者虑有诈谋",需严加辨别[⑪]。

---

①《明太宗实录》卷六九,永乐五年七月癸丑,第966页。

②[明]杨士奇:《东里文集》卷一二《故推诚辅运宣忠效力武臣柱国后军都督府左都督西宁侯宋公神道碑铭》,第172页。

③[明]杨荣:《文敏集》卷一九《追封西宁侯宋公墓碑》,景印《文渊阁四库全书》第1240册,第301页。

④[明]王世贞:《弇山堂别集》卷三八《永乐以后功臣公侯伯年表》,第677页。

⑤《明太宗实录》卷四四,永乐三年七月壬寅、癸卯,第691、692页。

⑥[明]杨士奇:《东里文集》卷一二《故推诚辅运宣忠效力武臣柱国后军都督府左都督西宁侯宋公神道碑铭》,第172页。

⑦[明]杨士奇:《东里文集》卷一二《故推诚辅运宣忠效力武臣柱国后军都督府左都督西宁侯宋公神道碑铭》,第172页。

⑧[明]何乔远:《名山藏》卷六一《臣林记六·永乐臣二·何福》,第1679页。

⑨《明太宗实录》卷二六,永乐元年十二月甲申,第480页。

⑩《明太宗实录》卷三五,永乐二年十月丙申,第616页。

⑪《明太宗实录》卷三五,永乐二年十月庚午,第607页。

成祖当时之所以倾向于招降北族的策略,既与他初夺皇位后统治尚不稳固,不宜即刻组织大军出塞征伐有关,也是为适应草原政权内部政局的变化。洪武末年至永乐初年,北元鞑靼大汗及漠西瓦剌两部及其下属部落纷争不断[①],导致部众离散,失势的大小头目争相归降明朝以求安身。由于把都帖木儿、伦都儿灰部基本是永乐朝最早来奔的大股部众,能否将把、伦集团安置得当,事关朱棣招抚方略的顺利推行,对西北地区的稳定意义重大,因此在永乐初年特定的历史背景下,宋晟招纳之劳可称甚伟,其战略意义在某种程度上甚至不亚于开疆斩敌之功。不过,招抚降人与疆场实战之功仍有区别,这应是宋晟未能遽封世侯的多方面原因之一。

(三)宋氏家族的独特地位

西宁侯铁券诰文还云:"昔镇侯藩,克任干城之寄,继登大府,屡开翊替之勤。"诰文有意在强调宋晟久守西北,有"屹然长城"[②]的威望地位。除招抚之功的特殊性外,宋晟得享高爵重礼但初不准爵禄世袭的原因,更与他这种固有的权位状况密切相关。

朱棣夺取皇位后的首要任务是稳定全国统治,巩固统治的重点在于抚平各边镇,而各边之中又以西北甘肃镇的战略位置殊为关键。明初甘肃镇"南控羌番,西通回纥、东北阻鞑靼,四面受敌"[③],防务尤其艰巨。另外,明朝西北与蒙古相邻的塔滩地区素来较为安定,因此南下部落常选择在甘肃、宁夏一线沿边款附[④],使得甘肃、宁夏守臣面临较重的招抚任务。宋晟系洪武遗老,又二十余年久镇甘凉,其举动关乎西北安稳。在这种情况下,保障乃至强化甘肃镇将宋晟的权位就尤显重要。因此,成祖在登极不久的建文四年(1402)十月,即加升宋晟为左都督,这一升迁仅比大封"靖难"功臣晚一个月,可见朱棣对宋氏的高度重视。《明太宗实录》宋晟小传有评:"上即位,

①朱风、贾敬颜:《汉译蒙古黄金史纲》,呼和浩特,内蒙古人民出版社,2007年,第60—61页;相关详细论述,另可见白翠琴:《瓦剌史》第二章《崛起漠北统一蒙古》,长春,吉林教育出版社,1991年,第45—47页;曹永年:《蒙古民族通史》第三卷第一章《元室北迁,南北对峙形成》,呼和浩特,内蒙古大学出版社,2002年,第26—27页。

②[明]杨士奇:《东里文集》卷一二《故推诚辅运宣忠效力武臣柱国后军都督府左都督西宁侯宋公神道碑铭》,第173页。

③顺治《肃镇志》卷二《建置志·公署·兵府》,《中国方志丛书·华北地方》第348号,台北,成文出版社,1970年,第33—34页。

④见周松:《洪武朝塔滩蒙古与明朝的关系》,《中国边疆史地研究》2011年第2期。

以晟旧臣,威信素著西鄙,升后军左都督,命镇甘肃。"①

如前文所述,升迁宋晟官职的同时,成祖不计宋晟次子宋瑄的前嫌,准宋瑄弟宋瑛承袭乃兄府军右卫指挥之职,又命宋晟侄宋端为锦衣卫指挥金事,向宋家展现皇恩浩荡。嗣后,成祖又迅速将宋晟家族吸纳为外戚近臣,以进一步笼络。建文四年(1402)末,成祖封第三女为安成公主②,同时将安成公主选配宋晟第四子宋琥,封琥为驸马都尉③,当时成祖其他皇女尚未由郡主晋升公主,其夫婿也未由仪宾晋封驸马。在永乐元年(1403)二月,朱棣将第四女咸宁公主下嫁宋晟第六子宋瑛,宋瑛即刻由府军右卫指挥使晋封为驸马都尉,与宋瑛同时册封驸马的是原燕邸仪宾袁容、李让,袁容选尚成祖长女永安公主,李让选尚成祖次女永平公主④。成祖另有第五女封常宁公主⑤,永乐元年六月下嫁西平侯沐英子沐昕⑥。历永乐一朝,"靖难"诸勋绝少联姻帝室,但成祖公主中除在藩邸已选配者外,一女嫁久镇西南的沐氏子弟,两女嫁久镇西北的宋氏子弟,由此可见朱棣笼络"开国"老臣及守边重臣的意图。

宋晟在外领重兵而镇边,宋瑛、宋琥兄弟在内联姻帝室,宋家累膺荣宠,地位近乎当时镇守将领之极。而当时成祖五名驸马中,沐昕之兄沐晟承袭西平侯之爵,袁容、李让也在永乐元年五月以"靖难"守北平之功分别加封广平侯、富阳侯世袭⑦。在这种情况下,宋氏已不可不封爵。恰永乐三年七月宋晟招抚西北部众五千余人,成祖便册封他为西宁侯继镇甘肃。不过,宋晟毕竟不是"靖难"嫡派臣子,却父子一侯两驸马并立,其中一子早晚会承袭父位,家族富贵权势已在大多数燕邸旧臣之上,故成祖不得不对其稍加抑制,暂时不许西宁侯爵位世袭。

综上所述,造成宋晟爵高典重但最初仅许子孙世袭指挥使的主要原因有二,其一是宋晟招抚之功虽在当时战略意义重要,但非实在战功;其二是宋家在永乐初年被累加的权位太高,其本身又非"靖难"嫡系将领,故先封流爵以作节制。出于同样的原因,成祖赐予宋晟的岁禄是一千一百石,这在当时侯爵

①《明太宗实录》卷六九,永乐五年七月癸丑,第966页。
②《明太宗实录》卷一四,洪武三十五年十一月甲午,第259页。
③《明太宗实录》卷一五,洪武三十五年十二月庚戌,第269页。
④《明太宗实录》卷一七,永乐元年二月乙丑,第309—310页。
⑤《明太宗实录》卷二〇下,永乐元年五月甲午,第367—368页。
⑥《明太宗实录》卷二一,永乐元年六月戊申,第377页。
⑦《明太宗实录》卷二〇上,永乐元年五月甲申,第360页。

一级的勋臣中也是偏低的,已接近"靖难"伯爵普遍领受的一千石禄米①,甚至比此后安远伯柳升一千三百石②、广宁伯刘荣一千二百石③的禄米还要低。

由于宋氏有"西北长城"的紧要地位,一些私撰野史还认为,宋晟因在"靖难"中"通谋于燕",使朱棣无西顾之忧,故被厚赉以爵禄④。但明初官私文献中不见宋晟曾与燕军直接接触的记载,故宋晟曾"通燕"的证据不足,仅可知宋晟在"靖难"期间依旧固守西北军镇,未表现出明显的政治倾向。《明太祖实录》载,洪武二十八年(1395)正月,朱元璋敕燕王朱棣"发北平二都指挥使司,并辽东都指挥使司属卫精锐骑兵七千,步兵一万",同右军都督佥事宋晟、刘贞"往三万卫等处剿捕野人"⑤。据此可知,宋晟还曾随朱棣所部出征,二人似有主从旧谊。但宋晟神道碑不载宋晟曾受燕王节制,仅言宋晟因"虏寇辽东,命充副总兵,往征之"⑥,而学界对《明实录》及《明史》中燕王朱棣在洪武末期节制诸将出关征战记载的真实性素有争议⑦,因此《明太祖实录》洪武二十八年正月甲子日的记载未必为信史。退一步而言,假使《明太祖实录》所谓宋晟曾在朱棣麾下征战辽东的记载为真,但当时同征辽东的都督佥事刘贞在"靖难"期间仍与燕军对战⑧,故即便宋晟早年确实曾属燕王麾下,也不能认定他在"靖难"期间就必然会通款燕军。总而言之,对于宋晟与朱棣之间是否存在某种较隐秘的交结,仍不能肯定。实际上,无论宋晟与朱棣的既往关系如何,凭他在西北边庭举足轻重的影响,足以使朱棣在登极后不得不给予高度重视。

---

①《明太宗实录》卷一二上,洪武三十五年九月甲申,第194—199页。

②《明功臣袭封底簿》卷三《安远侯》,第431页。

③《明功臣袭封底簿》卷三《广宁伯》,第532页。

④[明]郎瑛:《七修类稿》卷一八《义理类·父子异性》,北京,文化艺术出版社,1998年,第213页。

⑤《明太祖实录》卷二三六,洪武二十八年正月甲子,第3446页。《明实录》此处原文写作"刘真",在明代文献中,洪武、永乐朝镇守辽东、大宁等处的都督刘贞也常被写作"刘真"。

⑥[明]杨士奇:《东里文集》卷一二《故推诚辅宣忠效力武臣柱国后军都督府左都督西宁侯宋公神道碑铭》,第172页。神道碑将此事系于洪武二十七年,与《明实录》洪武二十八年的记载不合,应是神道碑记载有误,或也有故意错写时间以为隐晦的可能。

⑦黄彰健《读明刊〈毓庆勋懿集〉所载明太祖与武定侯郭英敕书》(《"中研院"史语所集刊》第34本下册,1963年)一文通过比照武定侯家族文献,认定《明太祖实录》中收录的记载朱棣统领诸王、大军出塞防护的两篇敕书皆为永乐史官伪造,朱棣在当时没有如此高的权位,又证《明史·宋晟传》中洪武三十一年宋晟随朱棣出塞的记载不实。但南炳文《关于燕王朱棣的两篇敕书造假案献疑》(《西南大学学报(社会科学版)》2011年第3期)又认为朱棣不一定伪造敕书,他确实曾在洪武末年屡次节制大军出边防秋。

⑧王崇武:《奉天靖难记注》卷一,洪武三十二年七月庚寅,第49—50页。

(四)西北守将的固定封赏模式

明成祖在很长一段时间内倾向于不计前嫌任用前朝旧臣镇守边方。登极伊始,朱棣除留任宋晟仍镇甘肃外,还派左都督刘贞镇守辽东节制辽东卫所兵马[①],又派左都督何福佩印镇守陕西、宁夏并节制陕西都司、陕西行都司、河南都司官军[②]。永乐元年(1403),"开国"功臣江阴侯吴良嗣子吴高受命镇守大同,节制山西行都司卫所[③]。刘贞、何福、吴高三人都在"靖难之役"中效忠于建文帝。此外,永乐初年镇守贵州的镇远侯顾成也本系建文臣子,曾与燕军激战,但后投降朱棣,立下功勋[④]。

如前文所述,成祖在登极之初尤重各边镇的稳定,而他之所以多用原建文朝武将防守各镇,除了为安抚这些前朝老臣外,主要原因应是新封的"靖难"功臣多系原燕山护卫及北平都司卫所中级军官出身,与洪武、建文守边旧将相比,"靖难"近臣缺乏执掌军事重地的经验,较难应对复杂的边镇机务。例如同在永乐元年,成祖还敕命原燕军军官武安侯郑亨充总兵官、武城侯王聪充左副总兵、安平侯李远充右副总兵,"率师驻宣府备御"[⑤]。郑亨等三人共守一地,只领"备御"权责,相较以挂印将帅"镇守"并"节制"地方的宋晟、何福、刘贞等职权名位要低。辽东在永乐元年正月较早改由"靖难"旧臣保定侯孟善领镇[⑥],是由于刘贞镇守辽东屡不用命,御敌失利,被成祖所厌弃[⑦],必须有新的将领接替其职。其他北方各镇中,宁夏至永乐六年始才由与成祖关系紧密的宁阳伯陈懋分镇[⑧],而何福仍镇甘肃,大同更是到永乐

①《明太宗实录》卷一一,洪武三十五年八月壬子,第175页。

②《明太宗实录》卷一一,洪武三十五年八月己未,第178页。

③《明太宗实录》卷一八,永乐元年三月戊辰,第319页。

④《明太宗实录》卷一三,洪武三十五年十月丙寅,第238页;[明]杨士奇:《镇远侯赠夏国公谥武毅顾成神道碑》,[明]焦竑辑:《国朝献征录》卷七《侯一·世封侯》,周骏富辑:《明代传记丛刊》第109册,第230页。

⑤《明太宗实录》卷二一,永乐元年六月丙辰,第391页。

⑥《明太宗实录》卷一六,永乐元年正月癸巳,第294页。

⑦《明太宗实录》卷一四、卷一七,洪武三十五年十一月辛巳、永乐元年二月己未,第249、307页。

⑧《明太宗实录》卷七七,永乐六年三月癸丑,第1041页。陈懋父陈亨早年投朱元璋军,累升燕山左卫指挥佥事,再升北平行都司都指挥,后被建文帝升都督佥事,与刘贞、卜万镇守大宁,仍执掌北平行都司事。朱棣起兵时,亨遂率众归降燕军,贡献颇大。陈亨后充燕军五军总兵官为朱棣效力,终病卒军中(见[明]金幼孜:《金文靖集》卷九《明故荣禄大夫后军都督府同知陈公赠奉天靖难推诚宣力武臣特进荣禄大夫右柱国追封泾国公谥襄敏神道碑铭》,景印《文渊阁四库全书》第1240册,第813页)。

十二年（1414）才由较早归附燕军的都督朱荣代替吴高临镇①。

明成祖对甘肃、宁夏将领何福、陈懋的拔擢又优于其他镇守将官。如前文已述，在永乐朝，甘肃等西北各镇"所节制处"蒙古部众"归附为多"②，故素为成祖落实招抚政策的要地，尤其是永乐七年以后，鞑靼新汗本雅失里甫立，各部"众情不附"，大规模涌向甘肃、宁夏两镇地区③，促使两镇总兵何福、陈懋有机会施展辑抚之能。对何福与陈懋，成祖也一循宋晟升赏的前例，以既论招抚功封爵又联姻帝室的模式使其跻身勋戚重臣的行列。

何福出镇西北不久，成祖就命第三子朱高燧娶何福外甥女徐氏为妃④，高燧封赵王之后的永乐二年四月，成祖又正式册封徐氏为赵王妃⑤。至永乐七年七月，鞑靼王子脱脱不花、把秃等率众归附，"止于亦集乃"地区，这些蒙古部落最终都被何福等所招抚安置⑥。当年九月，朱棣遣行在左军都督佥事何濬等持节至甘肃镇册封何福为宁远侯，并仍准兼左都督职衔，其册封流程及仪轨皆拟于宋晟。何福所受敕谕曰：

> 尔以卓越之才，弘伟之量，事予皇考，多历岁年，典兵督府，小心诚愨，故特加优待，以贻后人。自朕即位之初，遂联戚好，寄以边务，倚重干城，益尽乃心，招怀降附，勋绩之茂，宜有褒嘉。今特封尔为推诚辅运宣忠效力武臣、特进荣禄大夫、柱国、右军都督府左都督、宁远侯，赐以诰券。⑦

成祖在册封何福的敕谕中并未提及宁远侯流世与禄秩。王世贞《弇山堂别集》载何福"岁禄一千二百石，流爵"⑧；《明史》云何福"禄千石"⑨，但这些应该都是后世撰史者的推断，并无确切根据，宁远侯爵的承袭及禄米问题显然是被朝廷所刻意搁置，而这种搁置与宋晟初封流爵及仅享禄米一千一百石的原因应不完全相同。

---

①《明太宗实录》卷一五六，永乐十二年九月丁卯，第 1796 页。

②[明]何乔远：《名山藏》卷六一《臣林记六·永乐臣二·何福》，第 1679 页。

③《明太宗实录》卷八七，永乐七年正月戊午，第 1154—1155 页。

④《明太宗实录》卷一三、卷一一四，洪武三十五年十月壬子，永乐九年三月乙亥，第 227、1454 页。

⑤《明太宗实录》卷三〇，永乐二年四月甲戌，第 539 页。

⑥《明太宗实录》卷九四，永乐七年七月丁亥，第 1248 页。

⑦《明太宗实录》卷九六，永乐七年九月庚午，第 1267 页。

⑧[明]王世贞：《弇山堂别集》卷三八《永乐以后功臣公侯伯年表》，第 677 页。

⑨《明史》卷一〇六《功臣世表二》，第 3174 页。

何福毕竟在"靖难"战役中曾长期直接与燕军鏖战，故成祖不尽授其勋爵待遇，必有观后效再作定夺之意。按《明实录》的说法，何福在永乐初年屡受安抚，渐生骄纵，永乐八年（1410）他随成祖北征违节制，又遭弹劾而有怨言，被都察院覆论，最终自杀[1]，作为建文旧将，他难免落得如此结局。同样作为建文忠臣的大同总兵江阴侯吴高，在永乐十二年也被皇帝加罪罢黜[2]。永乐中期以后，明朝内外局势趋稳，成祖开始主动出击鞑靼等部，已不特别需要依赖建文旧臣守边，他此时处置何福、吴高，甚有兔死狗烹之意。

陈懋在永乐七年一年中曾屡次迎纳归附的鞑靼部众[3]，当年十二月，成祖遣册使至军中加封陈懋宁阳侯，仍子孙世袭伯爵，食禄一千三百石，并赐诰辞曰："奋力招徕远人，剿戮叛逆，使边境靖宁。"[4] 对比宋晟、何福初封侯爵时只准子孙世袭指挥使而不定世袭与否的情况，陈懋也先封流侯而子孙仍世袭伯爵，可见成祖册封招徕功臣时不轻封世袭高爵的惯例。再与宋晟、何福的禄米、兼官相比，可见陈懋所享禄米数较多，但不加兼都督荣衔，这显然是由于陈懋系"靖难"旧臣出身，受到皇帝的信赖，故被赐予较优厚的实际待遇，而无需再酬以作为荣誉职衔的都督官以示宠赉。此后，成祖又自纳陈懋女为丽妃[5]，其联姻规格甚至在宋晟、何福之上。

综上所述，宋晟、何福、陈懋三人循一较固定的模式晋封，这无疑反映出永乐皇帝对西北防务的高度重视。有学者指出，明成祖尤重甘肃、宁夏两镇建设，是为以两道防线防范帖木儿帝国的威胁[6]。但从宋晟、何福、陈懋封爵的前后过程来看，成祖专注西北防务建设，应更多是为经略与明朝关系

---

[1]《明太宗实录》卷一〇七，永乐八年八月乙卯，第1386页。

[2]《明太宗实录》卷一五七，永乐十二年十月丙申，第1799页。

[3]《明太宗实录》卷九三、卷九四、卷九七，永乐七年六月丁巳，永乐七年七月乙未，永乐七年十月辛丑，第1235—1236、1250—1251、1281页。

[4]《明太宗实录》卷九九，永乐七年十二月壬子，第1296—1297页。《明实录》此条原文记陈懋晋爵时直接准子孙世袭侯爵，但《明仁宗实录》洪熙元年正月己丑条又记，仁宗命宁阳侯陈懋、安顺伯薛贵子孙皆世袭其爵（见《明仁宗实录》卷六下，洪熙元年正月己丑，第218页）。再查《明功臣袭封底簿》确载，陈懋永乐七年升宁阳侯，子孙世袭伯爵，洪熙元年正月十八日准与世袭侯爵（见《明功臣袭封底簿》卷三《宁阳侯》，第454页）。可知《明太宗实录》永乐七年十二月壬子条记载有阙。

[5]〔明〕李贤：《古穰集》卷一〇《奉天靖难推诚宣力武臣特进荣禄大夫柱国太保宁阳侯追封濬国公谥武靖陈公神道碑铭》，景印《文渊阁四库全书》第1244册，第583页。

[6]〔日〕和田清著，潘世宪译：《明代蒙古史论集》三《兀良哈三卫之研究（上）》，呼和浩特，内蒙古人民出版社，2015年，第137页；赵现海：《明代九边长城军镇史——中国边疆假说视野下的长城制度史研究》第五章《十五世纪前后亚洲内陆地缘政治与西北边疆甘肃、宁夏二镇最早建立》，北京，社会科学文献出版社，2012年，第280页。

更密切的鞑靼、瓦剌等蒙古政权。永乐七年（1409）淇国公丘福北征鞑靼大汗本雅失里败绩，成祖也随即敕命甘肃何福及宁夏陈懋二勋将云："然虏新附，鞑靼闻之，恐或有异志，又虑虏或乘胜侵边，当谨斥堠严侦伺周查人情，以防不虞。"[①] 此亦可见明代当时强化西北防务仍主要是为应对迤北蒙古各部。

另外，宋晟、何福、陈懋晋升勋戚重臣的方式虽具有一致性，但由于三人的出身与履历各不相同，导致他们在爵位流世、禄米多少、兼职与否等勋臣礼遇上又互有不同，而何福因原系建文忠臣，其最终结局与宋晟及陈懋相比可谓不啻天壤。

（五）藩臣与勋臣之间：西北降酋的招徕与封爵

明成祖对西北防护的重视，还体现在册封降将吴允诚一事上。如前文所述，吴允诚本名把都帖木儿，系故元河西世宦，在甘肃镇守都督宋晟的招纳下率众归附，直接被加官右军都督金事，仍居西凉。根据《明太宗实录》的记载，永乐十年成祖册封吴允诚为恭顺伯，所下敕谕云：

> 昨岁从朕北征，益克效力，妻子亦能秉心忠孝，不惑憸邪，非尔德刑
> 于家，何以致是。比阿脱赤等叛亡，尔率先追捕斩获有功，虽古名将何
> 过哉。今特封尔为恭顺伯。[②]

当时成祖给甘肃总兵西宁侯驸马宋琥的敕谕中也言："阿脱赤等逃叛，都督吴允诚首能率众追捕，忠诚可嘉，今已进封为恭顺伯。"[③] 又《双槐岁钞》对阿脱赤叛走的情形有更具体记载："部将胁其妻子，亦不肯叛，（吴允诚）乃擒叛者以献，累功封恭顺伯。"[④] 这一记载可与《明太宗实录》中允诚"妻子亦能秉心忠孝，不惑憸邪"的记载相对应。

依照明代常规军功标准而言，一次追捕叛臣与大功相距甚远，实难封爵。不过，吴允诚是较早率众归降成祖的鞑靼高官，他长期留居西北统御族众，实为明廷藩屏，在妻子被其他酋长挟持的情况下，吴氏仍对明朝忠心无二，因此成祖册封吴允诚有安抚归附达人并向塞外蒙古诸部展现朝廷皇恩

---

① 《明太宗实录》卷九六，永乐七年九月乙亥，第 1270 页。
② 《明太宗实录》卷一二四，永乐十年正月戊子，第 1555 页。
③ 《明太宗实录》卷一二五，永乐十年二月乙丑，第 1567 页。
④ ［明］黄瑜：《双槐岁钞》卷四《赐降虏姓名》，第 80 页。

的政治意图,吴允诚所领"恭顺"爵名的含义也在于此。

　　吴允诚有镇守将领与塞外"降虏"的双重身份,因此皇帝对他的册封也介于朝臣封爵与藩臣封爵之间,虽在一定程度上兼顾军功,但又不可以一般武职的军功封爵来看待。吴允诚封爵不给"奉天靖难"之类的封号及散阶,初不定爵位流世,只有诰命,未给铁券[1],这应是由于他作为番将功勋较浅,封爵太骤,故被降杀礼遇,且朱棣需考验吴氏家族作为达官能否继续报效朝廷,故暂缓定其流世待遇。嗣后,成祖又纳吴允诚女为妃[2],将吴氏由边庭降将抬升为当朝贵戚,以确保他们尽忠朝廷。永乐十五年(1417)吴允诚卒,第二年成祖准其子吴克忠承袭父爵,但克忠仍仅有诰命,不领勋臣铁券[3]。至洪熙元年(1425)正月,仁宗以外戚推恩加晋吴克忠为世袭恭顺侯时,才正式授予吴家世袭诰券[4]。此时吴氏已久效朝命,又联姻帝室,因而得以完全坐稳世袭贵胄的地位。

　　仁、宣两朝后,恭顺侯家族久居北京,其降臣、达官的身份色彩逐步淡化,而与其他勋戚混同。至天顺朝大学士李贤为吴克忠嗣子吴瑾撰写神道碑时,仅言吴允诚"累以战功"[5]获封,这说明当时吴家有意回避祖先以降人招抚而得爵的史事,倾向于将自家归为累功封爵的武职。

　　永乐朝还曾授予归附的鞑靼贵族金忠以王爵。日本学者和田清早已指出:"金忠虽系大酋,但并非北元宗室,明朝官方却把他的投降捏造成无比重大事件。"又夸大其身份为"鞑靼王子",是因为明成祖第四次北征几无斩获,故用招降金忠"来作为差强人意的面子"[6],以便宣称胜利班师回朝。这一观点是符合永乐二十一年北征的情形的,但朱棣招纳、册封金忠,无疑也是贯彻既有的安抚"降虏"的方略,与重用并册封吴克忠的做法相似。

　　永乐二十年(1422),前元太保不花[7]六世孙也先土干因与鞑靼权臣阿

①《明太宗实录》卷一二四,永乐十年正月戊子,第1555页。
②见奇文瑛:《碑铭所见明代达官婚姻关系》,《中国史研究》2011年第3期。后宣宗又纳吴允诚孙女为妃,吴氏两代联姻帝王。
③《明太宗实录》卷一八七、卷一九七,永乐十五年四月己卯,永乐十六年二月戊申,第2000、2064页。
④《明仁宗实录》卷六下,洪熙元年正月戊子,第217页;《明功臣袭封底簿》卷三《恭顺侯》,第428页。
⑤[明]李贤:《古穰集》卷一○《恭顺侯追封凉国公谥忠壮吴公神道碑铭》,景印《文渊阁四库全书》第1244册,第589页。
⑥[日]和田清著,潘世宪译:《明代蒙古史论集》一《明初的蒙古经略——特别是它的地理研究》,第78页。
⑦《明宣宗实录》卷八二,宣德六年八月辛酉,第1909页。所谓"太保不花",应该是元世祖时期任中书左丞相的者勒蔑之孙不花。

鲁台不合,故率众归降当时在漠北进征的明军①。明成祖大喜,赐也先土干汉
名金忠,封他为忠勇王,赐燕享,令金忠座次居侯爵之后,伯爵之上,又赐随
金忠来降的其外甥把台罕名蒋信,授予都督金事职衔②。明代对内册封中,
王爵只授予同姓宗亲,异姓诸侯生不得封王,部分公爵死后可追封至郡王一
级。因此,金忠的忠勇王爵,在一定程度上与明朝所封鞑靼和宁王阿鲁台、
哈密忠顺王等类似,属于对少数民族首领的册封,本不依据军功而定。如明
末茅元仪《暇老斋杂记》认为,忠勇王金忠与和宁王阿鲁台都系"降虏"封
王,而非朝内"将帅"③。又如南明永历朝时,孙可望求封王爵,援引"哈密之
忠顺,金忠之忠勇"的成例,给事中金堡臣驳斥曰:"此夷狄也,国家因其夷狄
之俗而王之耳。"④

　　不过,从另一个角度而言,成祖赐也先土干"金忠"之名,显然是取事汉
代匈奴休屠王子金日磾归留汉庭的典故,有意让金忠留居明廷效力⑤。金忠
受封后确实久住北京,参与成祖北征⑥、宣宗巡缴⑦等各种军事行动,又主持
王妃册封等国家典礼⑧,这又与一般朝中勋臣的权责相仿。

　　可以说,金忠的"忠勇王"爵位介于藩臣王爵与朝内公侯伯勋爵之间。
比如金忠既领金印,又领诰券⑨,其金印应与明廷专门颁赐给藩属、土官、国
师的金印形制、属性近似⑩,而诰券是明朝勋爵的专领之物。再如仁宗登极
赏赐群臣时,命公、侯、忠勇王赐宝钞财帛若干,驸马、伯、都督若干⑪,将忠勇
王单独列出以区别于其他勋胄武臣。另如仁宗葬礼时,朝廷命"公、侯、伯、

①《明太宗实录》卷二六四,永乐二十一年十月甲寅,第 2405 页。
②《明太宗实录》卷二六四,永乐二十一年十月己巳,第 2407—2408 页。按,《明实录》此后通常将"把
　　台罕"记作"把台"。
③[明]茅元仪《暇老斋杂记》卷三一,《续修四库全书》子部第 1133 册,上海,上海古籍出版社,2002
　　年,第 746 页。
④[明]金堡:《岭海焚余》卷中《论滇封疏》,台北,台湾大通书局,1987 年,第 51—52 页。
⑤明宣宗曾直接将明廷任用金忠比为"汉用金日磾"(见《明宣宗实录》卷四七,宣德三年九月壬戌,
　　第 1143 页)。《双槐岁钞》一书也云,金忠"效用,虽汉之金日磾,唐之契苾何力,亦无以过"(见
　　[明]黄瑜《双槐岁钞》卷四《赐降虏姓名》,第 80 页)。
⑥《明太宗实录》卷二六九,永乐二十二年三月戊寅,第 2436 页。
⑦《明宣宗实录》卷五〇,宣德四年正月丁卯,第 1204 页。
⑧《明仁宗实录》卷三上,永乐二十二年十月己酉,第 96 页。
⑨《明太宗实录》卷二六五,永乐二十一年丙戌,第 2412 页。
⑩明代同姓藩王用金印,各文武衙门职官用各种形制的银、铜印及木制关防,而外藩朝鲜、安南等国国
　　王及蒙古、西域王公与西番法王、国师也常特授金印。
⑪《明仁宗实录》卷二下,永乐二十二年九月庚子,第 81 页。

忠勇王、外国四夷使臣"共祭一坛①,仍把"忠勇王"单列,既不混于列侯,也不归于"外夷"。但也要看到,随着金忠久在明廷效力,他的身份渐与朝内勋爵趋同,藩臣色彩有所淡化,王世贞《弇山堂别集》对此有言,金忠以降人得王爵"奉朝请",但职位又"非四夷封爵比"②。

永乐、洪熙、宣德三朝如此重赉金忠,无疑是将金氏塑造为招抚政策的标志性人物来"明中国广大气奋"③。成祖在给金忠的册封敕书中特别强调,金忠是蒙古诸酋中"共畏服"者,转而又言:"今既稽首军门,敷陈诚悃,以为天命在朕,不敢违越。"④ 由此可见,明廷是希望借助金忠的归附达到"呼韩邪归汉,突厥颉利归唐"⑤的强大宣传功效。通过金氏的号召力,明廷就可进一步抚绥控驭迤北部众⑥。

金忠死后,其外甥蒋信在正统九年(1444)以随军出剿兀良哈部被封为忠勇伯⑦,这在某种意义上是朝廷恩准蒋信降等承袭金忠的原忠勇王爵,如明末笔记《槎庵小乘》直云,金忠"封忠勇王,甥把台袭封忠勇伯"⑧。由于蒋信子蒋善早卒无后,忠勇伯爵未能继续承袭⑨。倘金忠、蒋信家族还有直系男丁,大概其子孙也会与恭顺伯吴氏家族一样,逐步融入明代勋戚群体之中。

---

①《明宣宗实录》卷八,洪熙元年八月辛卯,第214页。

②[明]王世贞:《弇山堂别集》卷六《皇明异典述一·异姓封王》,第108页。

③[明]黄景昉:《国史唯疑》卷二,《续修四库全书》史部第432册,上海,上海古籍出版社,2002年,第26页。

④[明]孔贞运:《皇明诏制》卷二《永乐二十一年》,《续修四库全书》史部第458册,上海,上海古籍出版社,2002年,第37页。

⑤《明太宗实录》卷二六四,永乐二十一年十月乙亥,第2410页。

⑥仁宗登极后对少傅吏部尚书蹇义云:"朕嗣位以来,文武大臣皆有进职,此人(指金忠)在列,不无希觊之意,亦宜有以慰安其心。"蹇义对曰:"漠北归附之人居京师者甚众,今皆瞻望朝廷待此如何,虽赐赉已厚,然名爵亦宜略示优待,此怀远之道也。"仁宗又言:"然其他职名渠所不诸,虏人所诸者惟三师为重,可与太子太保,但不令预职事。"随即再加金忠太子太保,并二俸俱支(见《明仁宗实录》卷二下,永乐二十二年九月辛丑,第85页)。又仁宗当时曾授予部、阁、勋老臣蹇义、夏原吉、杨荣、杨士奇、张辅等以三公、三孤、三师职衔,命他们以公、孤老臣的身份协同辅政,这些大臣的权责颇重(见拙文《洪熙、宣德朝公、孤辅政再探》,《明史研究》第12辑),因此仁宗着重强调准金忠领傅职衔但"不令预职事",原因就在于不许金忠也介入辅政事务。

⑦《明功臣袭封底簿》卷二《忠勇伯》,第279页。

⑧[明]来斯行:《槎庵小乘》卷四一《外夷仕官》,《四库禁毁书丛刊》子部第10册,北京,北京出版社,2000年,第653页。

⑨《明功臣袭封底簿》卷二《忠勇伯》,第280页。

本章结语

朱元璋甫定天下时,就一反宋元等前朝大臣普遍授爵的旧制,主要论战功而定文武官僚爵赏,以此厚赉功臣,并凸显他凭武力取代元朝统治的合法性。至朱元璋册封征河西、征云南功臣时,仍比照"开国"大功开疆拓土的原则。进讨西番本是一次重大的战略性征伐,但由于西番地区艰苦的作战环境,朱元璋拓展西部战略纵深的军事目的没有完全实现,因此他起初仅封征西诸将为流侯,可见当时对爵赏的把控比较严格。洪武二十年(1387)以后,朱元璋转而以非实战功劳兼录"开国"旧功以册封年老旧将,又接连册封年幼的殉难将帅子弟,并直加这些臣子为世侯。由于洪武中期之后大征伐逐渐减少,因此朱元璋降低封爵标准也属正常的制度调整。另外,"开国"军功在明代属不世大业,"从龙"老臣多年后以旧功补录勋爵,亦非完全冒滥。然而,朱元璋授爵方略的变化也反映出一个问题,即勋爵册封作为明廷至高功勋嘉奖,与皇权的关联过于紧密,因此相比一般职官任命,更受到君主个人意志的左右。封爵的基本条则虽列在典章,但执行时却留有很大的变通余地,册封标准或宽或严,赐爵流程或繁或简,常取决于皇帝的一时私意。朱元璋晚年比较任意地册封勋爵,又几乎同时频兴党案,穷诛早年册封的功臣,这种混乱的施政举措无疑在一定程度上动摇了他钦定的勋爵体制。

明成祖朱棣登极后,延续洪武旧例,按照主将指挥战役的规模、战略价值及斩获多少封赐爵禄,大功封爵机制进一步完善。至永乐末年,朱棣又册封部分十年以上不曾升迁但久积功勋的都督佥事以上武将,形成相对注重考量将帅积年勋资的累功封爵机制。至此大功、累功两种封爵机制并存,大功功臣主要封世爵,累功一般先封流爵。相比大功封爵,累功封爵更适应国家承平少征伐时代的需要,是因时制宜的制度调整,但其量功标准不易把控,因此累功封爵虽在洪熙、宣德以后相袭成制,但并未频繁采用。在永乐朝还存在一种相对固定的册封西北守将的模式,可视为当时专为贯彻西北边政而特设的勋封策略。明成祖夺取天下伊始,就志在稳固北部各边镇,尤其是西北甘肃镇的守御,并大力招抚沿边蒙古诸部落,此永乐初年北边经略之要旨。在这种政治背景下,久镇甘肃的老将宋晟因地位特殊,先准联姻帝室,后被论招抚功封流爵,其册封仪轨又高于一般勋臣。嗣后,西北守将何福、陈懋等一循宋晟先例被升封爵赏。永乐中期成祖转而主动出击蒙古之后,这一封爵模式随即停用,何福等具有守边经验的建文"旧臣"也陆续被罢职处置。另外,永乐朝自西北一线归附的吴克忠、金忠等蒙古酋长以"降虏"获封侯爵、王爵,这又可视作明代册封体制中外藩册封与功臣封爵相结合的特殊形式,其中金忠的情况尤为特异,不宜与一般的大臣军功封爵并论。整体而言,永乐朝册封西北诸功臣,这是为应对一时边廷局势所需,而对原有封爵制度的调整,这充分体现了封爵册封的制度弹性以及皇权对勋臣封袭制度的利用与控驭。

第四章 洪熙、宣德、正统朝封爵制度的异变与整合

明代勋爵册封制度的基本框架在洪武及永乐两朝构建完成,而洪熙、宣德、正统三朝是各种封爵机制与模式进一步整合并开始出现异变的时期,封爵案例表现出特有的多样性与复杂性。在洪熙与宣德朝,仁、宣二帝朝虽遵循前朝成规册封勋臣,但同时也逐步打破了军功限制,推恩加封少功或无功的外戚与近侍之臣。部分勋绩并非十分突出本可先封流爵的老将旧臣也被超授为世袭伯爵。另外,在洪熙、宣德两朝,明廷延续永乐朝优赉迤北降臣的潜在策略,对土官、达官的封赏较多,体现出当时达官群体的特殊地位。至正统初年,正常的大功与累功封爵仍有序推行,但太监王振把持朝政之后,又妄图以军功固宠并干扰封爵,导致轻封冒滥间出。现就三朝封爵制度的流变分析论述如下。

一 仁宗、宣宗对亲旧大臣的册封

(一)洪熙朝旧侍近臣的封爵

明仁宗、宣宗父子承国家守成之势,故以优隆前朝老臣及旧臣为重要统治方略[①]。在洪熙、宣德两朝,文武故僚不时加升,宿将元勋尤受优待。仁宗就曾自云:"朕嗣位以来,文武大臣皆有进职。"[②]宣宗"待勋旧尤厚",也曾亲下口谕,称诸老将因"效力先朝,所宜与国家同享悠久",故"奖贤褒能,赏功不吝"[③]。

封爵作为异姓大臣的至高荣宠,自然也被仁、宣二帝用于优赉勋旧故人,

---

①关于明仁宗任用旧僚的研究,可见朱鸿:《论明仁宗监国南京之宫僚及其笃念旧人之政》,《"国立编译馆"馆刊》第21卷第2期,1992年。

②《明仁宗实录》卷二下,永乐二十二年九月辛丑,第85页。

③《明宣宗实录》卷一一五,宣德十年正月丁酉,第2600页。

这首先体现在提升永乐原封勋臣的爵禄待遇上。如仁宗登极后，立即加原子孙世袭伯爵的"靖难"隆平侯张信以少师兼衔，本爵与兼衔并支俸禄，并准张氏子孙世袭侯爵①，加原子孙世袭指挥使的阳武侯薛禄太子太保，并子孙世袭本爵②。再如"靖难"成安侯郭亮本子孙世袭伯爵，但永乐二十二年（1424）郭亮死后，仁宗特准其庶长子郭晟"还袭做侯爵，等他这一辈了再定夺"③，提高了成安侯家的世袭待遇。又如流爵永顺伯薛斌永乐十九年已逝，薛斌弟安顺伯薛贵将薛斌子薛寿童引见仁宗，仁宗钦准寿童袭父爵，并赐改名薛绶④。洪熙元年（1425），仁宗另准原封流爵安顺伯薛贵子孙世袭本爵⑤。至宣德元年（1426），宣宗以薛贵原系"靖难"成祖救驾故臣，再进封他为"奉天靖难推诚宣力武臣、特进荣禄大夫、柱国、安顺侯，子孙世袭，食禄一千二百石"⑥。

　　阳武侯薛禄与达官永顺伯薛斌、安顺伯薛贵都是永乐中期以后册封的累功勋臣，从军功层面考量，薛禄封爵前累功功资较高，在永乐末期又有两次随驾北征及指挥平定浙江寇乱等战功⑦，故获准延世比较合理。薛斌、薛贵兄弟虽久从成祖征讨，而且薛贵在"靖难"之役中还有救驾之功，但二人并非独当一面的将领，他们在洪熙、宣德朝被累加爵赏待遇，更多是出于仁、宣二帝对前朝近卫侍从的特殊厚待。

　　除提升永乐"靖难"旧勋的爵赏外，洪熙、宣德两朝新封将领也多有旧侍近臣的身份背景，先看洪熙朝的情况。不计外戚推恩封爵者，仁宗册封的第一位纯武职勋贵是保定伯梁铭。永乐二十二年八月，仁宗先升后军都督佥事梁铭为都督同知⑧，充总兵官外出镇守宁夏⑨，四个月后的永乐二十二年十二月，又加封梁氏为保定伯并准世袭⑩。梁铭由一般武职晋封为勋爵速度

---

① 《明仁宗实录》卷二下，永乐二十二年九月丙申，第78页。
② ［明］杨士奇：《东里文集》卷一二《奉天靖难推诚宣力武臣特进荣禄大夫柱国太保阳武侯追封鄞国公谥忠武薛公神道碑铭》，第183页。
③ 《明功臣袭封底簿》卷三《成安伯》，第501页。
④ 《明功臣袭封底簿》卷二《永顺伯》，第365—366页。《明功臣袭封底簿》中记该事的原文云："永乐二十二年八月二十九日，尹叔将安顺伯薛寿童引见。"其中"将"字位置应有错讹，当为"尹叔安顺伯将薛寿童引见"。
⑤ 《明仁宗实录》卷六下，洪熙元年正月己丑，第218页。
⑥ 《明宣宗实录》卷一九，宣德元年七月庚申，第514页。
⑦ ［明］杨士奇：《东里文集》卷一二《奉天靖难推诚宣力武臣特进荣禄大夫柱国太保阳武侯追封鄞国公谥忠武薛公神道碑铭》，第183页。
⑧ 《明仁宗实录》卷一下，永乐二十二年八月丙寅，第32页。
⑨ 《明仁宗实录》卷二上，永乐二十二年九月乙亥，第41页。
⑩ 《明仁宗实录》卷五下，永乐二十二年十二月己巳，第192页。

超过永乐朝所封累功诸勋,颇为特别。关于梁铭受封所依军功,《明实录》明确记载,他曾在"靖难"期间跟随燕王世子朱高炽"居守北平,多效劳绩",因此被仁宗"念之不忘"①。《皇明功臣封爵考》一书多将仁、宣两朝册封的勋臣归为"征胡"类,唯独将梁铭归为"靖难"②类勋臣,可旁证梁氏确实是以"靖难"守城旧功被补录为勋爵。

需要指出的是,明成祖朱棣在世时较不重视"靖难"守城之功。早在建文元年(1399)九月,南军将领曹国公李景隆兵临北平时,朱棣曾曰:"守城之众,以战则不足,御贼则有余,若军在城,祗自示弱,彼得专攻,无复他顾,甚非良策。"于是朱棣亲领燕军主力北上支援永平,只留燕王世子守城③。又根据《壬午功赏别录》的记载,"靖难"战争结束后,朱棣功赏将士,专设"北京等处守城功赏"一项,列于征战五军、哨马功赏之后,守城都指挥以下各级官员所赐白金、文绮、宝钞比之五军、哨马各级官军要少④。可知在朱棣所定的"靖难"赏功体系中,守城功勋相较征战功勋为轻,而这也体现在对勋臣的册封上。如"靖难"大封功臣中有新昌流伯唐云一名,系侍从燕王朱棣最久的燕邸故旧,唐云因在诸将中"年最高"但"勇智为人所信服",故在"靖难之役"中不曾常随朱棣出战,而是久辅燕世子高炽坚守北平⑤。唐云可谓北京守城之功最突出的"靖难"老臣之一,但他战后不过加赐流伯之爵。再如"靖难"期间镇守通州,屡次击退建文军围攻,为朱棣南下渡江创造有利条件的燕邸将领孙岩,最高不过封为世袭应城伯⑥。还有"靖难"守城有功的燕军将领都督同知陈恭也仅升一级为右都督⑦。

通过其他事例可知,"靖难"守城功臣务必再有随驾征战之功,方可获封侯爵及以上的高爵。如"靖难"大封中排名第四位的泰宁侯陈珪虽然在"靖难"战争后期主要职在辅佐世子居守⑧,但陈珪此前历随燕王征战雄县、莫

---

①《明仁宗实录》卷五下,永乐二十二年十二月己巳,第192页。

②[明]郑汝璧:《皇明功臣封爵考·目录》,《四库全书存目丛书》史部第258册,第309页。

③王崇武:《奉天靖难记注》卷一,洪武三十二年九月戊寅,第63—64页。

④[明]都穆:《壬午功赏别录》,[明]邓士龙辑:《国朝典故》卷一五,第290页。

⑤《明太宗实录》卷二一,永乐元年七月甲午,第399—400页。

⑥[明]杨荣:《翼城侯孙公神道碑铭》,《皇明名臣琬琰录》卷一四,周骏富辑:《明代传记丛刊》第43册,第482—483页。

⑦《明太宗实录》卷二〇下,永乐元年五月庚子,第373页。

⑧《明太宗实录》卷二一一,永乐十七年四月甲辰,第2135页。

州、真定、永平、大宁、杨村、通州及蓟州各地,屡破南军[①],实战之功在诸将中较突出,因此才被赐予世侯之爵。"靖难"大封勋臣中排名第六的保定侯孟善主要以坚守保定城池而获封,但孟善也有松亭关、白沟河等处征战之功[②]。陈珪、孟善二人虽封世侯,却食禄一千二百石,相比多数"靖难"大封侯爵所食一千五百石的禄米要低[③],可见二人因主要功在守城,故勋爵待遇仍在一定程度上受到裁减。另外还有丰城侯李彬,他在"靖难"初期任先锋将官,历有攻城略地的战绩,升为都督佥事,后在杨村战场受伤,被朱棣遣回北平辅佐世子居守[④]。至第一次"靖难"大封时,李彬未被授爵,永乐元年(1403)五月朱棣考虑到"靖难"功臣有升赏"未当"者,这才补封李彬为丰城侯[⑤]。李彬被推迟封爵显然也与他"靖难"后期未能亲随征战有一定的关系。

就梁铭的情况而论,他"靖难"期间曾侍从燕世子,协助防守北平,"据守益力"[⑥],对击退南军李景隆的围城出力甚大。但查《奉天靖难记》《明实录》《明功臣袭封底簿》等史料可知,梁铭除留守北平外,并无其他征战功劳,因此按照永乐朝所定功赏标准,梁铭绝无机会封爵。明代史料以"劳绩""益力"形容梁铭协守北平期间的表现,而不用"功"或"勋"等词,这也说明在明人眼中"靖难"守城难比力战军功。不过,朱棣所定"靖难"守城之功封赏较低的量功标准其实并不完全合理。以梁铭参与的建文元年(1399)冬北平防守一役来说,当时燕世子朱高炽督率老弱兵卒不足万人力拒李景隆大军的围城,昼夜更番作战,甚至城内妇女儿童都参与城防,最终迫使李景隆军退营十数里,保证了燕军根本之地的安全[⑦],其情甚危,其功甚巨。只不过朱棣当时专宠随驾征进的第二子朱高煦,因此有意隐没世子朱高炽的守城之绩[⑧],以致影响到对燕军将士守城功勋的整体评

---

① 郑汝璧:《皇明功臣封爵考》卷三《泰宁侯》,《四库全书存目丛书》史部第258册,第381页。

② 《明太宗实录》卷一二九,永乐十年六月甲戌,第1603页。

③ 《明太宗实录》卷一二上,洪武三十五年九月甲申,第194—197页。

④ [明]倪谦:《丰城侯李彬传》,[明]焦竑辑:《国朝献征录》卷七《侯一·世封侯》,周骏富辑:《明代传记丛刊》第109册,第243页。

⑤ 《明太宗实录》卷二〇上,永乐元年五月丁亥,第362页。

⑥ [明]屠叔方辑:《建文朝野汇编》卷三,建文元年十月六日,《四库全书存目丛书》史部第51册,第66页。

⑦ 《明仁宗实录》卷一上,第3页。

⑧ 王崇武:《奉天靖难记注》卷一,洪武三十二年九月戊寅,第64页。"靖难之役"结束后,燕王朱棣第二子朱高煦就自恃曾随父征战,功劳高过长兄高炽,意图夺嫡长之位,燕军元帅丘福及驸马王宁等也曾建议朱棣言,二郡王高煦"有扈从功,宜为储贰"(见《明宣宗实录》卷二〇,宣德元年八月壬戌,第518页)。

价。至仁宗登极后,自然会抬高"靖难"守城将领的功劳,以巩固自己的统治,这在某种程度上也可视为对前朝功赏机制的适度调整,而梁铭就是在这一历史背景下膺封伯爵。

另外,梁铭获封还得益于其久从太子侍卫的近臣身份,《弇山堂别集·永乐以后功臣公侯伯年表》就明言,梁铭以"宿将及东宫旧恩"[①]膺爵。终永乐一朝,梁铭仍以侍从太子为主要职责。据《明太宗实录》所载,永乐八年(1410),梁铭随侍皇太子监国期间"擅用有过卫士带刀入直",而被论罪下狱[②]。所谓"擅用有过卫士",大概是欲加之罪,梁铭因与太子关系密切,极有可能被牵连到成祖与太子之间的矛盾中而受到打击。永乐八年及十二年两次北征期间,成祖命太子留守南京监国,授权太子处理部分军国庶务,成祖与监国太子二人事实上各有一辅政班子,国家部分最高决策权在一定程度上出现了分割。成祖与太子千里相隔,而汉王及赵王又从中离间,导致成祖不时借各种理由惩办太子身边的亲近大臣,以加强对太子的警戒与约束[③]。梁铭出狱后,于永乐十九年充副将领兵随大军巡捕广东倭寇,但未有大获[④],仁宗登极后他出任宁夏镇守总兵,不久即封拜保定伯。

综上所述,梁铭在永乐朝以后实战功绩不多,但他"靖难"期间协赞世子坚守北平,对朱棣夺取天下的助力颇大,此守城之功仍不可泯,兼之梁铭是长伴仁宗左右的心腹近臣,又曾在随侍期间被成祖论罪下狱,因此在仁宗登极后被骤加世爵以为赏酬。梁铭的获封虽有推恩近臣的因素,但也在一定程度上属于军功封爵制度的适度调整。

值得注意的是,明代前中期有两家勋爵皆以"保定"为爵邑名。朱棣大封"靖难"功臣时,就曾授予功绩排列第六的大将孟善以保定侯爵位,该爵在孟善死后由其子孟瑛承袭[⑤]。永乐二十一年,孟瑛兄常山中护卫指挥孟贤密谋推戴赵王朱高燧继位,事发后孟贤一党被成祖"悉诛之"[⑥],孟瑛也在永乐二十二年(1424)十一月被仁宗罢爵流放[⑦]。孟氏的保定侯爵位被废一个月

---

① [明]王世贞:《弇山堂别集》卷三八《永乐以后功臣公侯伯年表》,第687页。
②《明太宗实录》卷一一〇,永乐八年十一月壬午,第1411页。
③ 见拙文《洪熙、宣德朝公、孤辅政再探》,《明史研究》第12辑,合肥,黄山书社,2012年。
④《明太宗实录》卷二三四,永乐十九年二月辛丑,第2257页。
⑤《明功臣袭封底簿》卷一《保定侯》,第97页。《明功臣袭封底簿》作"孟英",《明实录》一般作"孟瑛",此处从实录。
⑥《明太宗实录》卷二五九,永乐二十一年五月己丑,第2379—2381页。
⑦《明仁宗实录》卷四下,永乐二十二年十一月辛卯,第150—151页。

后,即有梁铭的保定伯之封。虽然明代常有前朝停罢勋爵邑名在后代又被重复使用的情况①,但仁宗再赐梁铭以"保定"爵名,隐然有以亲信之臣梁氏替代"逆臣"孟氏的含义。梁铭嗣子梁珤在景泰三年(1452)以征苗功加封为保定侯,天顺初准梁珤子孙世袭侯爵,珤子梁传成化四年(1468)袭侯②。而在天顺初,英宗下诏补录前朝失爵勋臣子弟,永乐朝所封保定侯孟瑛孙孟俊又被赐封保定伯爵,俊子孟昂在天顺、成化朝承袭伯爵一辈,至昂子孟达再降为京卫指挥使③。在这种情况下,明代中期就出现了原梁氏保定伯进为侯爵,原孟氏保定侯降为伯爵,两家保定侯、伯又同时并立朝堂的特异局面。

与梁铭之封不同,仁宗嗣后对燕邸旧侍忠勤伯李贤的册封就明显不合理。关于李贤的身世经历,《明宣宗实录》所附小传及《明功臣袭封底簿》有载,李贤是鞑靼人,旧名丑驴,元朝末年官至尚书,洪武中归附后在燕王府翻译文书,被擢为府纪善,朝夕侍从燕王世子读书而"摅忠效勤"。仁宗登极后,先在永乐二十二年九月升李贤后府都督佥事,至洪熙元年(1425)正月再升李贤为右都督,当日又晋封其为忠勤流伯④,累加升封不辍。若再细致考察李贤的前后为官履历,可知他在军事方面几无作为。李贤归附明朝后最初所任燕王府纪善之职,系正八品藩府文职教官,掌"讽导礼法,开谕古谊,及国家恩义大节"诸事"以诏王善"⑤。至永乐元年,成祖一次性加升几十名克平南京九门的燕军将士,其中有正千户李丑驴被擢为孝陵卫指挥使⑥。此李丑驴系李贤无疑⑦,可知他在"靖难"期间已由王府教官转升为正五品武职并参战。但永乐元年的这次加官无疑是一次集中优抚拔擢,凡曾参与围攻南京城门者"功小不在升例者亦升一级",而升迁"未及数与未升者通升之"⑧。在这种宽松的升赏标准下,李贤仍只升至指挥使一级,说明他在"靖难"之役中战绩平平。嗣后,李贤在永乐三年(1405)又被提升为辽东都指

---

① [明]沈德符:《万历野获编》卷五《勋戚·外戚封爵同邑》,第149页。
②《明功臣袭封底簿》卷三《保定侯》,第444—445页。
③《明功臣袭封底簿》卷一《保定伯》,第97—99页。
④《明功臣袭封底簿》卷二《忠勤伯》,第245页。
⑤《明史》卷七五《职官志四·王府长史司》,第1836、1837页。
⑥《明太宗实录》卷一八,永乐元年三月丁亥,第321、325页。
⑦ 王世贞亦考订称,永乐初燕府纪善李贤升都指挥佥事(见[明]王世贞:《弇山堂别集》卷九《皇明异典述四·文臣改武》,第161页)。
⑧《明太宗实录》卷一八,永乐元年三月丁亥,第321页。

挥佥事①。至洪熙元年(1425)正式封爵时,仁宗赐与李贤的玺书中也未详列他的过往军功,反而重点提及李氏任赞善时伴读左右的经历:

> 尔昔恭顺天道,归我皇祖,继奉我皇考之命,以书学侍予,蚤夜惓惓,小心谆切,久而不懈,予念尔未尝忘。今朕缵承天位,图报劳前,虽尝进尔禄位而未惬朕志,今特封尔为忠勤伯,食禄千一百石,敕吏部赐尔诰命。尚强医药,力饮食,颐养精神,益膺寿福,以副朕眷待之意。②

《明仁宗实录》特别记载,仁宗登极时李贤已年近八十而病重,仁宗"闻而悯之"③,因此在超擢李氏为都督官的基础上,又紧急封他为流伯,封爵五个月后,李贤即故去,生前只有诰命而未来得及领授功臣铁券④。李贤本燕邸文章侍臣,军功微弱,他转升高级武职乃至晋爵,皆是依赖成祖、仁宗二帝的加恩拔擢,尤其是他加爵的过程甚是无章法,完全出于仁宗对临终老旧的抚恤,封爵可称冒滥。

(二)宣德朝勋封中的旧臣推恩因素

明宣宗也倾向于以爵禄优赉亲从老臣,比之乃父仁宗对忠勤伯李贤的轻率恩封,宣德一朝的封爵仍能相对顾及军功准则。

宣宗在登极之初的洪熙元年(1425)七月,首封左都督吴成为清平伯世袭⑤。查清平伯铁券诰文所载吴成的封爵功勋有三项,其一为"奋从义旅,建靖难之勋";其二为"敌忾沙场,著平胡之绩";其三为"侍朕春宫,益效诚节"⑥。所谓"建靖难之勋"无疑指吴氏的"靖难"旧功。吴成蒙古名本买驴,洪武中归附为永平卫总旗,"靖难"中投燕军为百户,在建文四年(1402)年底以"征讨累立战功"不次升至都指挥使⑦,是有一定资历的燕军老臣。"著平胡之绩",指吴成从成祖北征及守卫开平时期所立勋绩。吴成在永乐八年

---

①《明太宗实录》卷四六,永乐三年九月丙午,第713页。

②《明仁宗实录》卷六上,洪熙元年正月戊寅,第202—203页。

③《明仁宗实录》卷六上,洪熙元年正月戊寅,第203页。

④《明宣宗实录》卷二,洪熙元年六月癸丑,第32—33页;《明功臣袭封底簿》卷二《忠勤伯》,第245页。

⑤《明宣宗实录》卷四,洪熙元年七月壬辰,第113页。

⑥[明]郑汝璧:《皇明功臣封爵考》卷四《清平伯》,《四库全书存目丛书》史部第258册,第471页。

⑦《明功臣袭封底簿》卷三《清平伯》,第541页;《明太宗实录》卷一五,洪武三十五年十二月戊辰,第281、283页。

（1410）以随驾北征升都督佥事，此后又三次从征漠北①，永乐十八年始领鞑官守备开平②，至洪熙元年（1425）正月以前次军功升左都督③。洪熙元年二月，吴成随阳武侯薛禄在大松岭抗击蒙古入犯而有斩获④，这是吴成封爵前比较突出的战绩。

　　一些史料就认为吴成是以大松岭一次大功而封伯，如《明功臣袭封底簿》载，在宣宗登极之初，吴成"征大松，生擒斩首有功"，回还后被封为清平伯⑤。郑晓《吾学编》更直接称吴成以"大松岭破虏封清平伯"⑥。关于大松岭战役详情，据薛禄神道碑载，当时薛禄奉命出巡，"适虏寇云州"，薛氏随即"率兵追至大松岭，斩获甚众"⑦。再根据《明实录》记载，薛禄所部此役具体的斩擒数量是"杀死百余人，生擒十余人"⑧。可见大松岭之役是明朝与蒙古部落一次常见的突发遭遇战，并非明廷有特殊战略目的的重大征讨，而明军所获百余人的斩擒数量虽比较可观，但仍难称重大战果。大松岭战后，主帅阳武侯薛禄被加世禄五百石，偏裨都督吴成、高文、程忠一并被加补本色俸禄十之三⑨。朝廷以加授禄米的方式报赏大松岭参战将官，而未即刻升其官爵，这也说明此战本非大功之役。只不过这场战役是仁宗登极改元之后第一次边关奏捷，故朱高炽对此功较为重视。薛禄等捷报至京，仁宗曾降敕褒扬参战将领薛禄、吴成、高文、程忠、宫得、马兴，云："使边将皆然，何患不除，何功不立，朕甚嘉悦。"⑩

　　可以说，吴成大松岭战功不足直接封爵，但综合考量吴成的"靖难"旧

---

① [明]郑晓：《吾学编》第十九《皇明异姓诸侯传》卷下《吴成》，《四库禁毁书丛刊》史部第45册，第202页。

②《明太宗实录》卷二二七，永乐十八年七月丁亥，第2221页。

③《明功臣袭封底簿》卷三《清平伯》，第541页。

④ [明]杨士奇：《东里文集》卷一二《奉天靖难推诚宣力武臣特进荣禄大夫柱国太保阳武侯追封鄞国公谥忠武薛公神道碑铭》，第183页；《明仁宗实录》卷七下、卷八上，洪熙元年二月乙丑、洪熙元年三月壬申第243、247页。在《明宣宗实录》这两条记录中，"吴成"被写作"吴诚"。

⑤《明功臣袭封底簿》卷三《清平伯》，第541页。

⑥ [明]郑晓：《吾学编》第十九《皇明异姓诸侯传》卷下《吴成》，《四库禁毁书丛刊》史部第45册，第202页。

⑦ [明]杨士奇：《东里文集》卷一二《奉天靖难推诚宣力武臣特进荣禄大夫柱国太保阳武侯追封鄞国公谥忠武薛公神道碑铭》，第183页。

⑧《明仁宗实录》卷七下，洪熙元年二月癸亥，第240—241页。按馆本《明实录》作"生擒千余人"，广方言馆本、抱经楼本作"生擒十余人"，生擒"千余人"之数明显不确（见《明仁宗实录校勘记》卷七下，第121页）。

⑨《明仁宗实录》卷八上，洪熙元年三月壬申，第247页。

⑩《明仁宗实录》卷七下，洪熙元年二月乙丑，第243页。

功与升都督佥事职衔后的累年"平胡"功资,基本达到永乐朝累功封爵的条件。永乐朝累功勋臣中只有永乐二十年(1422)所封武进伯朱荣为世爵,余皆子孙世袭指挥使。朱荣"靖难"后曾南征交阯,又扈从北征,并久镇辽东等镇[1],吴成的累年功绩显然与朱荣存在较大差距,因此吴成本宜先封流伯,宣宗径封吴成为世袭清平伯爵做法就有所轻率。吴成被超封的关键,与他东宫旧臣的过往经历有关,即清平伯券文中所列吴成第三项功劳"侍朕春宫,益效诚节",对此《明实录》也载,吴成因"事祖宗效劳居多",又"至上嗣位,尝献忠悃,故加封爵"[2]。吴成的宫廷侍从功劳难比实在军功,却被宣宗镌入清平伯铁券特以表彰,又被史官如实记入实录,这恰恰说明侍臣身份对吴成晋封的重要性。《明史》云,吴成"以尝宿卫东宫,录旧劳"[3]而封爵,相比《明宣宗实录》中吴成"事祖宗效劳"在先而"上嗣位尝献忠悃"在后的行文顺序,《明史》的编纂者把吴成"宿卫东宫"之劳放在"旧功"之前,突出吴成作为东宫近臣的推恩因素,这是有事实依据的。总而言之,吴成之所以能获封世袭伯爵,得益于两方面条件,其一是他确实有一定的积年战功,其二是其侍从近臣的特殊身份,而军功以外的身份优势显然起到很大作用。

稍晚于吴成领爵的是费瓛。洪熙元年(1425)十月,宣宗先升时任甘肃总兵、都督佥事的费瓛为左都督[4],转年八月,正式册封费瓛为崇信伯,子孙世袭指挥使[5]。成化《中都志》载费瓛单以"征乐安州有功"封爵,此说明显不确切,不足为据[6]。所谓"征乐安州"指宣宗亲征平定汉王朱高煦,据《明宣宗实录》的记载,费瓛确实参与了平汉王战役[7],但官军是在宣德元年(1426)八月壬午日擒获高煦[8],而宣宗册封费瓛的命令是在此前的宣德元年八月丁卯日发出[9],是故费瓛平汉王时已经封伯。此外,宣宗亲征,不逾旬日就"兵不血刃"械归高煦[10],朱瞻基又视此战为至亲之争,实乃"国家不

---

①[明]罗亨信:《觉非集》卷四《武进伯朱公神道碑铭》,《四库全书存目丛书》集部第29册,第550页。
②《明宣宗实录》卷四,洪熙元年七月壬辰,第113页。
③《明史》卷一五六《吴成传》,第4273页。
④《明宣宗实录》卷一〇,洪熙元年十月丙寅,第259页。
⑤《明宣宗实录》卷二〇,宣德元年八月丁卯,第527页。
⑥成化《中都志》卷五《费瓛》,《天一阁藏明代方志选刊续编》第33册,上海,上海书店,1990年,第490页。
⑦《明宣宗实录》卷二〇,宣德元年八月丁丑,第536页。
⑧《明宣宗实录》卷二〇,宣德元年八月壬午,第541页。
⑨《明宣宗实录》卷二〇,宣德元年八月丁卯,第527页。
⑩[明]杨士奇:《三朝圣谕录下》,[明]邓士龙辑:《国朝典故》卷四七,第1097页。

幸",战后不准开庆贺大典①,仅宴赏参战臣子并赐绢币等物②,故也不可能仅凭此功再专行封爵之赏。

至宣德元年九月,宣宗又准费瓛子孙承袭伯爵,颁赐世袭诰券,铁券文辞明确其封爵原因,曰:

> 乃祖愚常从太祖高皇帝平定海宇,屡效劳绩,继事皇祖太宗文皇帝于藩邸,茂勤赞辅,暨尔父肃,克绍先业。尔瓛资禀纯厚,亦克承乃祖考之志。我皇祖举义靖难,尔奋从师旅,崎岖百战,用著茂勋,以跻于禄秩。继守西陲,益勤诚恳,绥抚劳徕,绩久弥彰。肆朕缵承大统,眷念旧人,特隆恩命。③

券文中提到费瓛自身的功勋有"奋从师旅"与"继守西陲"两项。"奋从师旅"指费氏"靖难"旧功,建文四年(1402)以此功升都指挥佥事④;"继守西陲"指瓛久镇甘肃之劳,自永乐十二年(1414)以都督佥事充总兵镇守甘肃,且在镇十余年没有升职⑤。综合来看,费瓛的功劳与永乐朝累功流爵的标准相合,他起初被封之流伯较为恰当。

至于费氏得延世爵的理由,《明宣宗实录》称是宣宗"盖念其历世功"⑥,所谓"历世功",即指前辈累代之功。检《明太祖实录》记载,费瓛祖费愚在洪武九年(1376)由燕府左傅升任左相⑦,跻身燕邸最高王官。洪武十三年,朱元璋更改官制,费愚由左相转任燕山中护卫指挥使⑧,仍是燕王最亲近的护卫之臣。费愚洪武十六年患风疾,由子费肃袭职,费肃洪武二十五年(1392)卒,由子费瓛嗣职⑨。崇信伯券文中也着重记载费瓛祖、父两代的事迹,这种情形并不常见,可知费氏家族的藩府要臣身份是崇信伯爵得以延世的原因所在。

宣德四年(1429)所封的新建伯李玉的出身较以上诸臣皆微贱,他本是

①《明宣宗实录》卷二一,宣德元年九月丁酉,第551页。
②《明宣宗实录》卷二一,宣德元年九月壬寅,第555页。
③[明]郑汝璧:《皇明功臣封爵考》卷四《崇信伯》,《四库全书存目丛刊》史部第258册,第474页。
④《明太宗实录》卷九下,洪武三十五年六月甲戌,第139页。
⑤《明太宗实录》卷一五七,永乐十二年十月戊戌,第1800页。
⑥《明宣宗实录》卷二一,宣德元年九月己亥,第552页。
⑦《明太祖实录》卷一○三,洪武九年正月甲戌,第1736—1737页。
⑧《明太祖实录》卷一三四,洪武十三年十二月辛酉,第2132—2133页。
⑨《明功臣袭封底簿》卷三《崇信伯》,第545页。

营州兵卒,归附燕王后以"靖难"及北征诸功升府军前卫指挥使,永乐中领幼军随侍皇太孙①。所谓随侍幼军,是永乐朝成祖金选各地青壮子弟三万名隶属府军前卫以专职扈从太孙的特殊宫廷侍卫②。李玉因久掌幼军,故与宣宗之间存在紧密的亲从关系。宣宗即位后,立即升李玉为都指挥同知仍管府军前卫幼军③,宣德元年(1426)三月又升其为行在中府都督佥事④,寻以都督佥事掌府军前卫事⑤。之后,李玉曾随征汉王并短暂镇守彰德⑥。宣德三年九月,宣宗御驾亲征兀良哈部,李玉等扈从出战,明军至宽河、会州一带与兀良哈军遭遇,宣宗亲率领铁骑退兀良哈军,又分遣将领捣巢⑦。宣宗驾还北京后,于宣德四年二月封李玉为新建伯,同时又加授扈从将领忠勇王金忠太保兼衔,升封清平伯吴成为清平侯⑧。

宣德三年的亲征是宣宗登极后发动的一次战略性征伐,此战也取得了一定的成果,但宣宗在班师诏中所谓"斩馘虏首万余级,擒其酋长百余人",并"尽获其人口、兵器、马匹、牛羊、辎重不可胜计"⑨的说法无疑是虚夸之词。因为根据《明宣宗实录》的记载,宣宗仅亲率三千骑兵就击退兀良哈军,又自领百余人追击迫使兀良哈军"悉下马罗拜请降"⑩,可知明军应并未与兀良哈主力大战。另外,在亲征大军回师后不到一个月,宣宗就速命阳武侯薛禄任总兵,遂安伯陈瑛、武进伯朱冕分任参将领军驻守临近宽河、会州的蓟州、永平、山海一线,特敕薛禄三人严防"残寇怀忿复来侵扰"⑪,不久又加派都督陈景先镇守蓟州、永平等处⑫。明廷如此急迫强化京师东北方向的戒备,

①[明]杨溥:《新建伯荣僖李公墓志铭》,[明]徐纮辑:《皇明名臣琬琰录》前集卷一五,周骏富辑:《明代传记丛刊》第43册,第508—509页。

②详见本书第十二章关于明代府军前卫侍从体制的考论。

③《明宣宗实录》卷一〇,洪熙元年十月辛巳,第272页。

④《明宣宗实录》卷一五,宣德元年三月辛丑,第399页。

⑤《明宣宗实录》卷一五,宣德元年三月丙辰,第413页。

⑥[明]杨溥:《新建伯荣僖李公墓志铭》,[明]徐纮辑:《皇明名臣琬琰录》前集卷一五,周骏富辑:《明代传记丛刊》第43册,第509页。

⑦《明宣宗实录》卷四七,宣德三年九月乙卯、丙辰,第1141页。

⑧《明宣宗实录》卷五一,宣德四年二月辛丑,第1231—1232页;[明]杨溥:《新建伯荣僖李公墓志铭》,[明]徐纮辑:《皇明名臣琬琰录》前集卷一五,周骏富辑:《明代传记丛刊》第43册,第509页。

⑨《明宣宗实录》卷四七,宣德三年九月甲子,第1145页。

⑩《明宣宗实录》卷四七,宣德三年九月乙卯、丙辰,第1141页。《三朝圣谕录》也载,宣宗仅率"铁骑数百绕出阵后"即斩获兀良哈酋长(见[明]杨士奇:《三朝圣谕录》卷中,[明]邓士龙辑:《国朝典故》卷四七,第1104页)。

⑪《明宣宗实录》卷四七,宣德三年十月甲申,第1153—1154页。

⑫《明宣宗实录》卷四七,宣德三年十月甲申,第1154页。

可见兀良哈部仍实力颇强,绝未遭到折损兵士万余人、头领百余人的重创。

　　笔者在前章已论,明成祖曾五次御驾北征,但仅明确以第一次北征功升封安远伯柳升一人为安远侯。永乐二十年(1422)第三次北征结束后所封武进伯朱荣与安顺伯薛贵二人皆久任五府都督十余年,积有功劳以至膺封,并非仅以一次护驾征进就得晋爵级。宣德三年(1428)的御驾亲征在战争规模与战果等方面都很难超越永乐历次北征,尤其难与永乐前三次北征相俦,但宣宗却直接加封扈从将领李玉、金忠、吴成三人的爵级与师保荣衔,这样的升赏显然有所轻进。因此,在这种情况下,宣宗也只能晋封李玉为新建流伯①、吴成为清平流侯②,未按大功世爵的惯例遽加二人世袭,其意也是为在一定程度上维护军功封爵的秩序。

　　事实上,与同侪武职相较,新建伯李玉的功劳也非绝对突出。如同为"靖难"兵卒出身的任礼,在永乐二十年已升至都督佥事③,后又有侍从成祖北征④、从宣宗征汉王⑤、巡徼⑥诸功业,但任礼在宣宗统治时期不过升一级为都督同知⑦。李玉之所以以一次扈从功劳就受封伯爵,必然与他曾率幼军亲随宣宗的经历密切相关。正统六年(1441)李玉陈请爵位子孙世袭,英宗下旨言:"李玉军功已升赏了他伯爵,是先帝特恩与他,吏部、兵部只依旧例行。"⑧此可证明李玉爵禄中的恩授因素。若扩大考察范围,可知宣宗对凡府军前卫出身的军官多加恩无常。如原府军前卫指挥使王彧,在宣宗登极后以"念旧勋"的名义越级"特升都指挥同知"⑨。又府军前卫指挥佥事吕俊,越两级直升都指挥佥事,仍在原卫带俸⑩。

　　在《吾学编》《皇明功臣封爵考》《弇山堂别集》等明中后期史书中,洪熙、宣德两朝所封保定伯梁铭、忠勤伯李贤、清平伯吴成、崇信伯费瓛、新建

①《明功臣袭封底簿》卷二《新建伯》,第352页。
②吴成侯爵诰券中无世袭字样,宣德十年其孙吴英袭原清平伯爵(《明宣宗实录》卷一〇七,宣德八年十二月甲寅,第2395页;《明功臣袭封底簿》卷三《清平伯》,第542页)。
③《明太宗实录》卷二四九,永乐二十年五月庚午,第2323页。
④《明太宗实录》卷二五〇,永乐二十年七月己巳,第2334页。
⑤《明功臣袭封底簿》卷二《宁远伯》,第268页。
⑥《明宣宗实录》卷四七,宣德三年九月癸亥,第1144页。
⑦《明宣宗实录》卷一〇,洪熙元年十月己卯,第271页。
⑧《明功臣袭封底簿》卷二《新建伯》,第352页。
⑨[明]黄养正:《明故荣禄大夫后军都督府都督同知王公(彧)墓志铭》,《新中国出土墓志·北京一》下册,第73页。
⑩《明宣宗实录》卷三五,宣德三年正月甲辰,第884页。

伯李玉各爵常被泛泛归入"征胡""征西"或"北征"类勋臣,但通过前文的论述可知,实际上梁铭是以录"靖难"守城旧功兼仁宗近侍而封;李贤纯以燕邸老臣优恤获爵;吴成、费瓛、李玉三人"靖难"后各有新的战守功绩,但同时又多少得益于其侍从旧臣的身份。洪熙、宣德朝所封勋臣几乎均有旧侍恩封的色彩,尤其是忠勤伯李贤终生勋资乏善可陈,也幸享流伯之位数月,则反映出仁宗、宣宗对亲从之臣的优赉无度。

(三)外戚封爵限制的突破

洪熙、宣德两朝勋爵册封制度更突出的变化体现在对外戚封爵限制的打破①。

明代对外戚、驸马等戚臣封爵的限制有一个从严到松的过程。洪武朝曹国公李文忠虽系朱元璋外甥,但本身功勋卓著,其父李贞获爵也是"父以子贵",并非完全的戚臣恩封。永乐朝驸马宋琥、宋瑛父西宁侯宋晟有久镇西北、招抚蒙古部众之功,且军政地位特殊,在永乐初年的政治形势下也宜封爵。不过,成祖永乐元年(1403)以"靖难"军功册封驸马袁容、李让为世袭广平侯、富阳侯的理由是否充分,则较值得考量。

袁容、李让在"靖难"之役初期曾参与大宁、郑村坝等战役,战绩平平,建文二年(1400)以后二人不再随朱棣征战,而是长期留守北平②。但"靖难"战争中最激烈的北平防守战役发生在建文元年十月间,当时燕王世子朱高炽力拒曹国公李景隆的大军围困,建文二年以后北平基本安全,因此袁容、李让的守城之功也不突出。而且如前文所论,朱棣较不重视"靖难"守城之功,参照前举永乐、洪熙朝守城功勋较著的将领唐云、陈恭、陈珪、孟善、梁铭等人的功资及升赏情况,不难看出,袁容、李让若非依凭皇亲的地位,绝不可能在当时获封世侯高爵。除了袁容、李让等参与"靖难"的燕邸亲戚之臣,朱棣登极之后,还册封自建文一方暗通燕军的太祖怀庆公主驸马王宁为世袭永春侯,这无疑是纯粹的推恩安抚之封③。另外,朱棣徐皇后弟魏国公徐达别子徐增寿被成祖追封为世袭定国公爵,在一定程度上有赖徐达的"开国"

①叶群英《明代外戚研究》一书对明代外戚封爵制度做了专门的探讨(第二章《外戚的政治待遇与政治活动》第一节《政治待遇》,第76—97页),可资参见。笔者本节旨在从整个明代勋爵册封制度流变以及洪熙、宣德朝优恤旧臣政策的角度对外戚封爵做进一步的论析。
②《明功臣袭封底簿》卷一《富阳侯》《广平侯》,第117、122—123页。
③《明太宗实录》卷一一九,永乐九年九月丙子,第1508页。

不世功勋,但根本原因还在于增寿曾自南京暗通燕军①。

如果说以上袁容、李让、王宁、徐增寿等皇亲旧臣得以推恩晋爵还是依托"靖难"刚刚结束时特殊的政治背景,那么仁、宣二帝加封轻功甚至无功的外戚为勋爵,则使明代封爵制度就此大变。

永乐二十二年(1424)十一月,仁宗登极后首封张皇后大兄左都督张昹为彭城伯②。张昹父张麒本河南永城县平民出身,洪武二十六年(1393)因女选配燕王世子妃被授东城兵马副指挥,后取至北平与燕世子住坐,永乐九年卒,被追封彭城伯③。张昹长期随父留居北平侍从燕世子,"靖难"中曾从征任职。查彭城伯铁券,券文明指张昹以"推恩"外家得爵,但又言张氏虽"久联戚里之荣",然"益谨人臣之节"④,这里的"人臣之节",主要是指张昹别有军劳。明代后世论者也多强调张昹的"靖难"战绩是他封爵的重要原因,如称张家虽连戚里但"半有军功"⑤。结合杨士奇为张氏所撰墓志铭及《明功臣袭封底簿》的记载可知,朱棣起事后,张昹从征大宁、郑村坝,超升义勇中卫指挥同知,又战蓟州、守北平,永乐二年升义勇中卫指挥使⑥。不可否认,张昹确实参与了"靖难"诸战役,但从他历经大战却仅升为指挥使一级的武职来看,他实际上战功并不突出。嗣后,在永乐一朝,张昹历调金吾右卫、锦衣卫、府军右卫等卫指挥使⑦,但未见升职,说明他不再随军立功,而是依戚臣例在亲军卫食禄优养。仁宗继承皇位后,随即迅速将张昹由正三品指挥使躐擢为正一品中军左都督⑧,再授世袭伯爵爵禄。

张昹是在"靖难"之役结束二十余年后,又被追论有限的"靖难"旧功

①《明太宗实录》卷九下,洪武三十五年六月辛未,第137页。

②《明仁宗实录》卷四上,永乐二十二年十一月壬申,第130—131页。

③《明功臣袭封底簿》卷三《彭城伯》,第549—550页。杨士奇为张昹所撰的墓志中称张麒洪武中"仕至昭勇将军、指挥使",这显然是张家为标榜祖先军功出身的篡改之词。张麒应在永乐朝因子张昹官义勇中卫、金吾右卫、锦衣卫指挥使等职,而获赠官阶,但绝无可能在洪武朝就自立功升指挥(见[明]杨士奇:《特进荣禄大夫柱国彭城伯张公墓志铭》,[明]焦竑辑:《国朝献征录》卷三《戚畹》,周骏富辑:《明代传记丛刊》第109册,第107页)。

④《明功臣袭封底簿》卷三《彭城伯》,第550页。

⑤[明]张居正:《张太岳集》卷四五《论外戚封爵疏》,上海,上海古籍出版社,1984年,第555页。

⑥《明功臣袭封底簿》卷三《彭城伯》,第549—550页;[明]杨士奇:《特进荣禄大夫柱国彭城伯张公墓志铭》,[明]焦竑辑:《国朝献征录》卷三《戚畹》,周骏富辑:《明代传记丛刊》第109册,第107页。

⑦《明功臣袭封底簿》卷三《彭城伯》,第550页;[明]杨士奇:《特进荣禄大夫柱国彭城伯张公墓志铭》,[明]焦竑辑:《国朝献征录》卷三《戚畹》,周骏富辑:《明代传记丛刊》第109册,第107页。

⑧《明仁宗实录》卷三下,永乐二十二年十月甲寅,第112页。

而封世伯,这种军功追录不在常例①,因此张旵主要还是以外戚被推恩赐爵。宣德十年(1435),英宗继位,太皇太后张氏致书长兄彭城伯张旵及三兄都督张昇,云:"吾起于寒微,叨蒙国恩,荣及祖宗,显受褒宠。诸兄嗣膺,崇爵厚禄,合门富贵与功臣等,此皆列圣天地之赐也,顾岂尝有汗马之劳哉?"②张太皇太后甚至认为张旵的"汗马之劳"甚至可以忽略不计,这样的劝诫之词虽有所夸张,但也为张氏以亲恩封爵提供了最直接的明证。此外,仁宗特许张旵兼领"中军都督府左都督如故"③,这无疑又是因循"靖难"大封时加部分勋爵都督兼官以为荣衔的旧制,一是为凸显张旵所谓的"靖难"旧功,二是为增加张氏至亲戚畹的荣耀。

张旵弟张昇在正统朝也被赐予伯爵之位,其外戚推恩的色彩更加浓厚。张昇军功资历较张旵更低,他在"靖难"战争结束后仅凭守城功升义勇卫正千户,洪熙、宣德朝累以戚臣加升至左都督,尚未能封爵,至正统五年(1440)去世前才被英宗加封为惠安伯世袭④。张昇生平军功十分有限,明代后世常称彭城、惠安两家"以恩泽封,而军功居半"⑤,这已拔高了张昇的功资。

洪熙元年(1425)正月,仁宗又晋封恭顺伯吴允诚嗣子吴克忠为恭顺侯,同时册封克忠弟都指挥同知吴管者为广义伯,皆准世袭⑥。吴克忠系第二代嗣爵勋臣,本身虽有扈从成祖北征之功⑦,但径升世侯,已属超擢。相较乃兄的晋爵,吴管者的获封更显违制无稽。吴管者在封爵之前的重要功勋只有永乐八年(1410)随父征战及永乐二十年从驾北征⑧,他在永乐十七年以后就久在京侍卫大驾⑨,少再外派征战镇守,但却被仁宗由都指挥同知越四级军职直接授予世袭伯爵。事实上,吴克忠、吴管者并非仅以军功超封,而

①朱元璋完全以"开国"旧功名义补录的勋臣只有安庆侯仇成一名,且仇成起初仅封流爵。其余李新、朱寿、张赫、张铨等人虽也凭借"开国"老臣身份加爵,但毕竟还有各类新立功勋。成祖在"靖难"大封之后继封的旧臣基本都有新立军功,唯安阳侯郭义战功不足,推恩色彩较浓。
②《明英宗实录》卷二,宣德十年二月丁巳,第53—54页。按,此书由内阁大学士杨士奇代拟(见[明]杨士奇:《东里文集·东里别集·代言录》,《太皇太后谕二兄书》,第477页)。
③《明仁宗实录》卷四上,永乐二十二年十一月壬申,第130—131页。
④《特进荣禄大夫柱国惠安伯永城张公圹志》,[明]焦竑辑:《国朝献征录》卷三《戚畹》,周骏富辑:《明代传记丛刊》第109册,第108页。
⑤《明世宗实录》卷一〇六,嘉靖八年十月己巳,第2504—2505页。
⑥《明仁宗实录》卷六下,洪熙元年正月戊子,第217页。
⑦《明英宗实录》卷一八一,正统十四年八月庚申,第3497页。
⑧《明功臣袭封底簿》卷二《广义伯》,第297页。
⑨《明太宗实录》卷二一一,永乐十七年四月戊戌,第2134页。

是有赖于吴氏与皇帝戚臣旧属的特殊身份。吴氏系西北降附重臣，克忠兄弟又有姑、妹分别选配成祖、宣宗为妃①，查天顺朝内阁大学士李贤所撰吴克忠子吴瑾神道碑文，明确记载洪熙初克忠“以戚里恩进封恭顺侯”②。至宣德四年(1429)，宣宗延续乃父故政，推恩封皇后孙氏父孙忠为会昌伯世袭③。相比张昶及吴克忠兄弟，孙忠更无任何军事背景。孙忠原任河南永城县主簿，后管领民夫修造皇陵升任鸿胪寺序班，洪熙初其女选为太子妃，他也渐循外戚例转升中军都督佥事等军职，直至封伯④。会昌伯孙忠毫无军功，纯以戚臣恩泽获封，嗣后他的封爵又被明廷援引成例，最终发展为明中叶外戚例恩泽封爵的定制。

洪熙、宣德两朝素称清明之治世，宣宗也曾自诫：“升赏之法，所以酬前劳，勉后效。”又云：“无功而得，则侥幸之心启，将来何以使人。”⑤然而在实际的升封问题上，仁、宣二帝多优待近侍，又推恩加封无功戚臣的举措却有悖于他们明君圣主的美名，这一现象应当引起治史者的重视。洪熙、宣德两朝多优赉册封亲旧老臣确实有其客观原因。首先，这些故老亲将多参加过“靖难”之役，仁、宣二帝尊隆优恤他们无疑是为凸显永乐以后国家统治秩序的延续。其次，至宣德年间，明初“老将宿兵，消亡过半，武备渐不如初”⑥，朝廷也确实需要“简任老成，分莅边镇”⑦，依靠不多的旧将故臣维系军备，这也促使仁宗、宣宗对老帅不吝厚赉。另外，一般来说，在承平少征战的时代，军功封爵的考量标准难免有所降低，洪熙、宣德两朝的功封自然不能完全比照洪武“开国”与永乐“靖难”诸臣的勋资。不过，仁、宣二帝突破外戚封爵之限，仁宗又册封几乎没有军功的原燕邸赞善官李贤，这就严重违背了祖宗军功封爵旧法，对此还可从更深的层面加以剖析。爵禄封赐本就具有国家大典与皇帝私赏的制度双重性，“开国”大封时，朱元璋就有优先重赏渡江前

①见奇文瑛：《碑铭所见明代达官婚姻关系》，《中国史研究》2011年第3期。

②[明]李贤：《古穰集》卷一〇《恭顺侯追封凉国公谥忠壮吴公神道碑铭》，景印《文渊阁四库全书》第1244册，第589页。

③《明宣宗实录》卷五二，宣德四年三月辛亥，第1242页。

④[明]李贤：《古穰集》卷一〇《推诚宣忠翊运武臣特进荣禄大夫柱国会昌伯累赠奉天佐理推诚宣力武臣特进光禄大夫右柱国太傅安国公谥恭宪孙公夫人董氏合坟神道碑铭》，景印《文渊阁四库全书》第1244册，第587页。

⑤[明]余继登：《典故纪闻》卷一〇，北京，中华书局，1981年，第176页。

⑥[明]马文升：《马端肃奏议》卷七《修武备以防不虞事》，景印《文渊阁四库全书》第427册，上海，上海古籍出版社，1987年，第771页。

⑦[明]罗亨信：《觉非集》卷四《武进伯朱公神道碑铭》，《四库全书存目丛书》集部第29册，第551页。

旧部的倾向,尔后洪武、永乐两朝虽也不时追论旧功推恩臣下,但朱元璋、朱棣仍大体维系军功封爵的公平原则,实质上是借助爵制体现天子以武力统御天下的合法性与正统性。至洪熙、宣德承平时代,明朝的统治根基已稳,征伐大功减少,勋爵册封反而更容易作为皇帝的私赏而运作,这也是当时军功不足的外戚与旧侍累被加爵或超封的根本原因。

二　洪熙、宣德朝土官、达官的封爵

(一)土官李英封爵功资考

仁宗、宣宗所封李贤、吴管者、吴成三人除了是亲旧故臣外,还是蒙古达官出身,根据一些史料的记载,保定伯梁铭也有可能是故元遗官后裔[①],而宣德朝所封会宁伯李英、顺义伯金顺、奉化伯滕定三人是与皇室没有明显亲戚侍从关系的土官、达官勋臣,深入研究这些达官、土官的封爵事例,可以进一步揭示明代封爵机制的某些特征。

宣德二年(1427)九月,宣宗封西宁卫土官指挥佥事出身的西宁守将左都督李英为会宁伯,食禄千一百石[②]。宣宗赐李家的一份敕书曾明言李英封爵的原因,宣德三年,宣宗敕李英父致仕西宁卫土官指挥佥事李南哥时云,李英以"擒戮强寇,肃清道路,以通使臣往来",故被"屡进其禄位,锡以伯爵"[③]。此"擒戮强寇,肃清道路"的功次实指安定、曲先之役。

依照《明实录》相关记载可知,早在永乐末年,明廷遣使西域时,使臣太监就曾被安定、曲先两卫"番寇"劫掠杀害[④]。李英神道碑载:"洪熙改元,安

<hr>

①《明史》卷一五四《梁铭传》,第4239页;武迪:《明保定侯梁瑶墓志探析》,《北京文博文丛》2021年第3期。

②《明宣宗实录》卷三一,宣德二年九月戊申,第811页。宣德朝所封会宁伯李英及天顺朝所封李英任高阳伯李文的家族,是元明清三朝河湟地区世袭土官巨族,因此,学界历来对该李氏家族的关注颇多,相关研究涉及李氏族属、宦迹、历代世系等问题,恕不一一列举。但这些研究均未对李英封爵的原因及封爵性质做出准确判断。

③《明宣宗实录》卷四九,宣德三年十二月辛丑,第1192页。《西夏李氏世谱》所收这通敕书在文字上与《明实录》稍有出入,《西夏李氏世谱》中作"擒灭强寇,开通道路,以通使臣往来"(见李鸿仪编纂,李培业整理:《西夏李氏世谱》卷三《敕诰谱·敕李南哥》,沈阳,辽宁人民出版社,1998年,第64页)。

④《明宣宗实录》卷七,洪熙元年八月戊辰,第182页。明初陆续在嘉峪关迤西设置安定、阿端、曲先、罕东等七个羁縻卫,通过各卫土官控制今甘肃、青海及新疆东部地区。

定、曲先诸番部结聚强寇,害使臣,掠赐物,边土纷扰,诏公率番汉兵剿之。"①
因仁宗"必欲得"安定王,故李英与必里卫土官指挥康寿等率西宁卫军及
"十二番族之兵"追击至昆仑山以西,斩杀安定、曲先族众四百八十级,擒获
七百余人。宣宗继位后,李英、康寿等奏捷,得到宣德皇帝的亲敕嘉奖②,战
败的安定王桑尔加失夹也随即躬诣阙请罪③。

　　安定、曲先之役一次斩首四百余人,若再计俘虏人数,共斩获超过千人,
数量相当可观,又替明代解决明廷西北交通之患,有安边之功。不过,安定、
曲先战后,李英并未立即受封,而是先被升为右军都督府左都督④。李英初立
功时没有直接加爵的原因大体有三:其一,李英立功时官阶偏低,时任都指
挥同知,明代永乐"靖难"大封之后,都指挥级别的武官就没有直接膺爵者,
而李英以安定、曲先一功越四级直升为正一品左都督,这已属不拘常格的大
功超擢。其二,明代计功的基本原则是以"剿杀北虏为首,辽东女真次之,
西番及苗蛮又次之,内地反贼又次之"⑤,故西番斩获功等级偏低。宣德八年
(1433),总兵都督佥事蒋贵在西北任昌等处"擒斩番贼首级一千七百四十五
颗",仅以斩擒数量而言,蒋贵此战已超过李英在安定、曲先的斩俘,但蒋贵
事后也不过升一级为都督同知⑥。其三,安定、曲先战役的参战双方主要是土
官、土兵,明朝正规军队动员无多,因此这又仅是边远地区一次"以夷制夷"
的军事行动,非朝廷大征伐。安定王款诚归顺后,宣宗还对侍臣曰:"安定本
畏兀儿之地,我朝置卫设官,以安集其人,待之素厚。夷狄见利忘义,今之败
实其自取。然朝廷驭夷,叛则讨,顺则抚,彼能悔过归诚,朕何吝宽贷。"⑦

　　成化朝兵部尚书马文升所撰李英神道碑还载,"宣德二年,西番即儿加
族扰边,公奉命剿平之,朝廷最其前后功"⑧而加绩会宁伯。"朝廷最其前后
功"的"最"字,当作集合、总计解。所谓李英的"前功",应主要指洪熙元年

---

①[明]马文升:《明故前推诚宣力武臣特进荣禄大夫柱国会宁伯李公神道碑》,李鸿仪编纂,李培业整
　理:《西夏李氏世谱》卷二《碑志谱》,第49页。
②《明宣宗实录》卷七,洪熙元年八月戊辰,第182—183页。
③《明宣宗实录》卷七,洪熙元年八月戊辰,第183页;万历《西宁卫志·四卫》,第74页。
④《明宣宗实录》卷一〇,洪熙元年十月辛未,第265页。
⑤正德《明会典》卷一〇六《兵部一·除授官员·升赏功次》第2册,第428页。
⑥《明功臣袭封底簿》卷三《定西侯》,第470页。
⑦《明宣宗实录》卷七,洪熙元年八月戊辰,第183页。
⑧[明]马文升:《明故前推诚宣力武臣特进荣禄大夫柱国会宁伯李公神道碑》,李鸿仪编纂,李培业整
　理:《西夏李氏世谱》卷二《碑志谱》,第49页。

（1425）平安定、曲先的功劳,而"后功"无疑就是李英封爵之前最新获立的平即儿加族之功。查《明实录》的记载可知,马文升所记李英平即儿加族功,应指宣德元年（1426）十一月李英捕获西宁与河州所属番族一事 ①。这是一次因部族摩擦引发的小型军事行动。起初,陕西行都司土官都指挥金事康寿奏其家属为西宁、河州"番贼"截杀,李英等奏请朝廷讨之,宣宗准其调附近卫所军士前去追捕杀人的番众,但仍告诫官军"无妄杀戮,激变番人"②。

　　李英基本是在职级较低的情况下,先立安定、曲先功直升为左都督,再于大功的基础上获即儿加小功,以至封爵,可以说他最终封爵主要还是依靠战胜安定、曲先的功勋,以至于清康熙修《西宁府志》仍载李英因平定安定、曲先封爵③。

（二）李英"土官勋臣"身份的双重性

　　总体来说,李英功资比较突出,但在封爵待遇上相比一般武职仍有所超擢。李英之所以较早受封,这显然得益于李氏家族西北土官的特殊身份④。有学者结合底簿、诰敕、实录等文献的记载指出,李英的会宁伯在宣德二年初封时是流爵,至宣德三年,宣宗才准李英子孙世袭,宣德四年颁赐世袭诰券⑤,这一论断是符合史实的。明廷暂不准李英子孙世袭爵禄的原因,也应与他加封较骤有关⑥,尤其是李英作为土酋,易生反复,故朝廷还需考验他能否进一步效力于边方。联系到永乐朝归附达官吴允诚虽较轻易就被加封为恭顺伯,但在较长时期内不定爵位流世,不给勋臣铁券,这与李英初封爵时的情形有一定的相似性,都反映出明廷对达官、土官勋爵既厚待又限制的统驭方略。

　　嗣后,李英也是通过呈表忠心又被加延世袭。宣德三年（1428）七月,

①《明宣宗实录》卷二二,宣德元年十一月丙辰,第600—601页。

②《明宣宗实录》卷二二,宣德元年十一月丙辰,第601页。

③康熙《西宁府新志》卷二〇《武备志·明塞外四卫》,西宁,青海人民出版社,2016年,第343页。

④宣宗初升李英为左都督时,就规定他食禄不视事,同陕西都指挥金事的必里、庄浪卫土官康寿、鲁失加等也食禄不准视事。明代武职升至都督一级者,即使不入两京执掌都督府,一般也有管理五府的资格,但以戚畹子弟恩荫都督者及罪废带俸的都督多明确食禄不许执掌府事,另以西北、西南土酋升都督者,通常也没有资格入掌五府,他们在明朝常被称为"土官都督"（见《明宣宗实录》卷一〇、卷二二,洪熙元年十月辛未、宣德元年十一月丙辰,第266、601页）。

⑤武沐、陈亮:《明代西宁李氏家族补阙》,《青海民族研究》2016年第1期。

⑥宣德二年李英封爵时尚未生子,这可能也是朝廷起初未准他爵禄世袭的原因之一。不过宣德三年李英加爵世袭时同样未生子嗣,可知有无子嗣又不是他爵赏能否延世的关键原因所在。

宣宗许李英会宁伯爵子孙世袭时特敕云："近者连举边将违法之事,悉是罔上厉民之为,非卿发之,被失刑矣。已遣近臣,往临纠治。卿之子尽心于国,所宜旌以策恩。今特命卿之子孙世袭会宁伯。"[①] 其中"卿之子尽心于国,所宜旌以策恩"一句中"子"字疑为衍文,因宣德三年李英独子李昶尚未出生[②]。所谓"连举边将违法"之事,史无明载,但从宣宗"非卿发之,被失刑矣"及"已遣近臣,往临纠治"的敕文来看,李英所奏应该是西北土官中各类行私作奸的秘事。李英献忠的具体方式是充当天子耳目,而非另立新功,这又体现了朝廷土官封爵恩赉的复杂性与多样性,与内地功臣封爵规制有所不同。明廷颁与李英的世袭铁券诰辞曰:

> 尔右军都督府左都督李英,蕴器深宏,秉性方直,世守西土,效忠朝廷。事我皇祖、皇考,屡著勤诚。暨朕纂承大统,益克尽臣职,常效劳于征伐,亦殚力于抚绥。酬厥勋庸,宜隆恩命,今特授尔推诚宣力武臣、特进荣禄大夫、柱国、会宁伯,食禄千一百石,子孙世袭。[③]

券文就着重强调了李氏"世守西土"及"殚力于抚绥"等西北土官的特有权责。

虽然李英赐爵位世袭后不久就被宣宗召入京师留居[④],然而明廷仍有意延续李英的土官身份,目的是将李氏作为连接朝廷与西北部族的纽带,并借助李氏势力以控驭番众、抚绥西土,这可以从李英获领的一些特异符牌标识反映出来。如据李家袭任履历档案载,明廷除颁给李英勋臣常规的勋臣铁券外,还特赐有印信[⑤],此印信应与永乐朝忠勇王金忠的金印相似,系土官外藩专持信物,内地勋臣不授。另据清顺治朝修《重刊西宁志》的记载,李英还被颁赐"虎头符验"[⑥]一种。明代各衙门驿传所用符验是织绘船马之状[⑦],李英所领的"虎头验符"与此不同,其特殊形制很可能与元朝赐予军官的"虎

---

①李鸿仪编纂,李培业整理:《西夏李氏世谱》卷三《敕诰谱·敕李英》,第66—67页。

②李英独子李昶宣德五年生人(见[明]程敏政:《篁墩文集》卷四六《骠骑将军右军都督府都督佥事李公墓志铭》,景印《文渊阁四库全书》第1253册,第118页)。

③李鸿仪编纂,李培业整理:《西夏李氏世谱》卷三《敕诰谱·敕赐李英金书铁券文》,第66页。

④《明宣宗实录》卷四五,宣德三年七月丁卯,第1106页。

⑤李鸿仪编纂,李培业整理:《西夏李氏世谱》卷二《典册谱·供状·东府世袭祖职履历》,第93页。

⑥顺治《重刊西宁志·西宁卫》。

⑦[明]潘焕宿编辑:《南京尚宝司志》卷二《符牌志》,《金陵全书》(乙编·史料类)第33册,南京,南京出版社,2016年,第56—57页。

符金银牌"① 类似,用以凸显他的土酋地位。由于李英兼具勋爵与土官的双重身份②,可姑且称李氏为"土官勋臣"。

李英最终也因未能继续履行维护部族稳定的职责,肆意干涉其他土官家族承袭事务而被停罢爵禄。李英封世爵居京后,就屡被兵部、科道、巡按等官揭发其家族在西宁营私枉法之事③。至宣德七年(1432),李英又介入西宁卫土指挥祁震家族官职承袭事务,甚至趁祁氏族亲家人入京讼告之机,遣人私自在途中拦截拘捕,并将祁氏亲众打死。事发后,李英被收监下狱,正统朝免死放出,但革爵闲住④。

(三)达官金顺、滕定的传奉封爵

宣德四年七月,宣宗同时封都督金事金顺为顺义伯、滕定为奉化伯,俱食禄八百石⑤。除禄米较少外,顺义、奉化二伯爵初不定流世,不授封号、勋阶,也不言诰券颁发与否。至金顺死后,宣宗方准其五岁的幼子金忠优养,长成后袭指挥金事⑥。滕定迟至封爵八年后的正统二年(1437),经本爵再次上奏,方被英宗准赐诰券⑦。金顺、滕定爵禄待遇较差,且授爵仪规较随意不正规,说明二人的爵位得之不正。《明功臣袭封底簿》明言,当时宣宗命内官

---

① [元]拜住等纂修:《通制条格》卷七《军防》,《续修四库全书》史部第787册,上海,上海古籍出版社,2002年,第721页。李英父李南哥升西宁卫土镇抚时,也曾被赐符验,并被准"但有以无理相加者,许驰驿来奏",有可能也属此类"虎头验符"(见[明]金幼孜:《金文靖集》卷九《会宁伯李公墓志铭》,景印《文渊阁四库全书》第1240册,第829页)。

② 另学者米海平业已指出李英的爵赏具有"羁縻性",张兴年也认为李氏土官在政治身份上呈现出多元性,但惜未能从封爵制度的层面进行剖析(见米海平:《明代土官李英事略》,《青海民族研究》1996年第2期;张兴年:《明初河湟土官身份调适与构建——以李氏土官为例》,《青海民族大学学报(社会科学版)》2013年第3期)。

③ 《明宣宗实录》卷八一、卷八三,宣德六年七月辛未、九月甲申,第1875—1876、1922—1923页。

④ 《明宣宗实录》记,"时西宁卫指挥同知祁震卒,其嫡子成当袭职,庶子监藏,英之甥也,与成争袭,震叔太平与成诣京师辩明,震右监藏,怒太平右成,遣千户海林及家人撒礼等出京城外数十里,捕执太平及其义儿等至家,用大杖殴击,尽夺其所赍赀,致其义儿死"(见《明宣宗实录》卷九〇,宣德七年五月壬午,第2064页)。据此,祁监藏系李英外甥。但查李英父李南哥墓志铭,李英有妹三人,分别嫁班贵、汪福、薛某,没有嫁祁震者(见[明]金幼孜:《金文靖集》卷九《会宁伯李公墓志铭》,景印《文渊阁四库全书》第1240册,第829页)。《明英宗实录》记,"会宁伯李英有罪,革其爵,先是西宁卫指挥祁震死,其子幼,震庶弟之子监藏,李出也,谋袭职,震之叔太平与争,俱诣京,英恃强执太平及其义子,拷掠于家"(见《明英宗实录》卷二八,正统二年三月癸巳,第554页)。据此,祁监藏是祁震侄,而非庶子,且祁震系"李出",很可能也不是李英亲外甥,而是李英同族姐妹之子。

⑤ 《明宣宗实录》卷五六,宣德四年七月乙丑,第1338页。

⑥ 《明宣宗实录》卷一〇六,宣德八年九月癸卯,第2366页。

⑦ 《明英宗实录》卷二七,正统二年二月壬申,第539页。

王振传奉圣旨：“都督佥事金顺封做顺义伯。”①据此可知，金顺应是明代最早一例有明确记载的传奉授爵者。凡传奉授官爵者，不经吏部、兵部议定，属皇帝私开的轻封滥赏。与金顺同封的滕定由传奉升爵的可能性也很大。

再查金顺、滕定二人的军事履历，他们都是凭随成祖北征功升至都指挥一级，在宣宗登极之初升都督佥事，之后既无显著大功，也无较长时间的积功就直接加爵。具体而言，金氏系永乐七年（1409）内附瓦剌人，从成祖北征升都指挥同知，宣宗登极之初升都督佥事，宣德三年（1428）“扈从巡边有禽寇功”，四年即被宣宗以“远人从皇祖多效劳勤”②而赐爵。滕定家族本山后人，滕定父锁住原任元枢密知院，洪武二十二年（1389）归降明廷，后以“靖难”功升燕山左护卫指挥使，锁住死后由长子滕安先袭职，升大宁都司都指挥同知，滕安卒后，即由滕定嗣职，改金吾左卫指挥使。滕定永乐八年出塞征胡有功升都指挥使，洪熙元年（1425）升任督府佥事，宣德四年“节次迤北征进有功”封奉化伯③，不过滕氏升都督官后确切可查的北征功也仅有宣德三年一次扈从宣宗征兀良哈④。

可以肯定，金顺、滕定单凭战功并不足封爵，二人主要是以降臣受到优抚而获封，他们爵名中的“顺义”“奉化”，是取顺化归义、奉慕王化之意，而非取顺义县、奉化县的郡邑名。不过，金顺、滕定的勋迹即使在诸多归附达官中也不突出，且就目前所见史料而言，尚未发现二人与皇室存在特殊亲近关系的记载，因此宣宗不惜公然违背“祖宗”封爵制度，传降中旨执意册封金顺，这背后是否还有安抚降臣以外的其他原因，仍值得进一步研究。

需要指出的是，奉化伯滕定在封爵近十年以后才被补授诰券，这在明代非常特殊。滕定封爵甚为随意，故很可能初封时就被宣宗故意不授诰券，以与正规封爵者相区别。此外，永乐朝所封恭顺伯吴允诚、洪熙朝所封忠勤伯李贤生前只有诰命而未授铁券，二爵的诰券待遇也比较特殊，应与他们以降臣、亲旧特恩加封有关。

在一般情况下，明代勋臣的诰券也经常被迟授。诰敕、铁券的制作与颁授过程比较繁复，需经翰林院、中书科、工部、吏部等多个部门协作完成，若非前期仪规准备较为充分的集体大封赏，诰券时常无法即刻就颁与勋家。对边

---

① 《明功臣袭封底簿》卷二《顺义伯》，第 265 页。
② 《明宣宗实录》卷一〇六，宣德八年九月癸卯，第 2366 页。
③ 《明功臣袭封底簿》卷二《奉化伯》，第 349—350 页。
④ 《明宣宗实录》卷五〇，宣德四年正月丁卯，第 1204 页。

方镇将及土官勋爵而言,迟领诰券的情况更为普遍,相关事例不胜枚举。如永乐朝镇守辽东的都督朱荣,封武进伯近一年后才被给授诰券[1]。另如正统三年(1438)以征阿台、朵儿只伯功勋封会川伯的土官赵安,获封近两年后的正统五年三月才准颁授诰券[2],又经数月铁券才正式制造[3]。

(四)永、洪、宣三朝优赉册封达官的策略

通计洪熙、宣德两朝所封张昪、梁铭、李贤、吴管者、吴成、费瓛、孙忠、李玉、李英、金顺、滕定十一人中,有李贤、吴管者、吴成、金顺、滕定五名达官及一名西番土酋李英,梁铭也有可能是达官出身。若再计永乐所封达官吴克忠、薛斌、薛贵及忠勇王金忠四人,永、仁、宣三朝所封达官、土官就有十一名,几乎占"靖难"大封以外永、仁、宣三朝封爵人数的一半。

由于朱棣祖孙三代帝王崛起于元朝旧都,因此燕邸亲从中多有前元故僚,当皇帝优抚亲旧时,这些达官自然首被恩泽,薛斌、薛贵、李贤、梁铭、吴成等皆属此类。因此这些勋臣从根本上来说是作为燕邸亲故而非塞外达官受到朝廷优赉。另外,成祖登极后重新构建一套优待西北降人的方略,这一策略又被仁、宣二帝所继承,更促使永乐以后的新附达官也多被封为勋贵。不过,成祖"靖难"大封时尚未厚赏燕军中的达官,当时仅有一名蒙古将领火真晋封同安侯,且火真虽封超出正一品的侯爵之位,却仅兼领二品都督金事兼职,在兼官方面受到贬抑[4]。成祖起初并未特别厚赉达官,一是因为"靖难"之役是皇室内部争夺皇位的战争,而且朱棣本就冒谋反之名起兵,故不宜再多封番将;二是因为达官在"靖难"之役中多职在近卫[5]或巡哨[6],少被

---

[1] [明]罗亨信:《觉非集》卷四《武进伯朱公神道碑铭》,《四库全书存目丛书》集部第29册,第550—551页;《明太宗实录》卷二六六,永乐二十一年十二月癸亥,第2418页。

[2]《明英宗实录》卷六五,正统五年三月丙午,第1239页。

[3] 传世的会川伯铁券上镌刻的时间是"维正统五年岁次庚申七月辛丑朔越二十二日壬戌"。据称会川伯铁券世代由赵安后裔保留,今藏甘肃文物商店(见刘光煜:《明会川伯赵安金书铁券》,《中国文物报》2018年4月13日)。

[4]《明太宗实录》卷一二上,洪武三十五年九月甲申,第194页。

[5] 永顺伯薛斌、安顺伯薛贵兄弟"靖难"期间就长随燕王朱棣左右扈从。又如朱棣率燕军渡白沟河南下时,有建文军"胡骑三百来降",朱棣"令其宿卫",但燕军胡骑指挥省吉恐此三百归降胡骑乘夜生变,解其兵尽杀之。据此可知朱棣例以达官军日夜侍卫(见王崇武:《奉天靖难记注》卷二,洪武三十三年四月己未,第113页)。

[6] 如"靖难"中燕军胡骑指挥款台曾领十二人侦查敌军消息,胡骑都指挥薛脱欢即永顺伯薛斌,曾"领兵哨宿州"(见王崇武:《奉天靖难记注》卷四,洪武三十五年二月甲寅、三月甲辰,第177、183页)。

委以统御之任，军功自然不足。总之，由于朱棣祖孙三代皇帝的燕藩历史渊源与实际统治需要，使得永、洪、宣三朝的封爵在某种程度上具有偏向达官、土酋的特点，这对整个明代封爵制度也有较深远的影响。

从永、洪、宣三朝达官勋贵所享爵禄状况来看，薛斌、薛贵、李贤、吴成、滕定等洪武朝归附的前元遗臣在贵胄待遇上不及吴克忠、金忠及金忠外甥蒋信等永乐以后新附的塞外降将。吴允诚、金忠家族权位更加显赫的原因，无疑是由于他们节制有大批随之而来的族众，对明廷边政影响更大，故得到特别安抚。吴允诚家族联姻帝室后，地位更与其他达官相悬隔。金忠除自率部属外，又系蒙古世胄权臣，对迤北诸部具有较强的感召力，故被永乐皇帝特别委以王爵。

薛斌、薛贵、李贤、吴成、滕定、吴克忠、金忠、蒋信八人作为达官中地位最高的勋爵，他们的权位状况与明初任用达官群体的普遍规律大体相仿[①]。顺义伯金顺虽是永乐中归附的瓦剌人，却仅授流伯，这应是由于金顺在北族中原本职位一般，所带部属稀少或只身来投。金顺更早之前被任命为大宁都司都指挥佥事后，也循一般武职常例逐级升任都指挥同知、都督佥事等官[②]，未如吴克忠、蒋信等甫归降就直接被授予都督高职。另外，会宁伯李英的情况也比较特殊。首先，李英本身战绩较显赫。其次，李英家族作为西北土官，虽也在洪武朝就归附，但仍管束大量族众，与铨注内地卫所的旧附达官不同，故更受朝廷重视。

三　正统朝大功封爵、累功封爵与冒滥封爵的混杂

正统一朝共举行三次大功并封及两次单人封爵。其中三次并封，即正统三年（1438）四月，以败阿台、朵儿只伯功封总兵官左都督任礼为宁远伯、左副总兵右都督蒋贵为定西伯、右副总兵都督同知赵安为会川伯[③]；正统七年五月以平云南麓川功加封征蛮将军、总兵定西伯蒋贵为定西侯，总督军务

①有学者通过研究明代蒙古、女真归附人的职位状况，认为洪武朝归附的故元"遗官""遗兵"进入军卫管理系统后，地位与一般卫所官军无异，但可借助"靖难"等特殊机缘立功高升，而永乐以后"新附"达官因麾下带管大批部众，故少受一般军户制度约束，多在锦衣等卫带俸优养，实际地位相较洪武朝归附者更高（见奇文瑛：《论明初卫所制度下归附人的安置与任用》，《民族研究》2012年第6期）。

②《明宣宗实录》卷一〇六，宣德八年九月癸卯，第2366页。

③《明英宗实录》卷四一，正统三年四月丙寅，第800页。

兵部尚书王骥为靖远伯[①]；正统九年初以出塞"剿杀达贼"功加成国公朱勇
兼衔为太保,恭顺侯吴克忠兼衔为太子太保,晋封兴安伯徐亨为兴安侯,准
故忠勇王金忠外甥都督同知蒋信封忠勇伯,又分别新封左都督陈怀为平乡
伯、马亮为招远伯[②],正统九年的这次封拜由太监王振等主导,功轻冒进比较
严重。两次单独封爵,一次是正统六年十月封都督同知沈清为修武伯[③],这
是一例冒修造功封爵；另一次是老将久任累功封爵,即正统六年十一月封宣
府总兵左都督谭广为永宁伯[④]。正统朝册封受到洪武、永乐、洪熙、宣德列朝
爵制演化的影响,又有权阉王振干政等特殊情况,故存在大功封爵、累功封
爵及冒滥封爵并存的特征,现分别论析正统朝历次封爵的具体情况如下。

（一）征阿台、朵儿只伯功封

正统三年,英宗以西征鞑靼阿台、朵儿只伯首封功臣,学界对这次征阿
台、朵儿只伯战役及战后功封的研究素来较少,值得详细讨论。阿台是原鞑
靼太师和宁王阿鲁台扶植的傀儡北元大汗,宣德末年,阿鲁台为瓦剌攻灭
后,阿台失去庇佑,与辅臣朵儿只伯率部众游移至甘、凉一带。因与明廷交
涉无果,阿台部属在宣德、正统之际不断越入内地抢掠,甘肃当地将官对其
防守不利[⑤]。由于阿台领有北元大汗的名号,对明朝西北的潜在威胁较大,因
此明廷特举重兵伐之。

正统元年(1436)八月,英宗就敕左军右都督蒋贵"率领京兵二千五百,
并往调潼关、甘肃精锐战士五千,往剿达贼",又敕甘肃副总兵赵安"领洮、
岷等卫锐兵五千,亦于沿边哨捕"[⑥]。蒋贵是"靖难"军卒出身而屡立战功的
大将,此次入镇甘肃除随带京营战士外,还可节制陕西及甘肃、凉州等处官
军[⑦]。赵安本宋元以来临洮土官后裔,专管甘、凉土兵[⑧],他正统元年正月充

---

①《明英宗实录》卷九二,正统七年五月壬申,第1861页。
②《明英宗实录》卷一一四、卷一一五、卷一一六,正统九年三月丙寅、四月己丑、五月壬戌,第2303、
　　2319、2340页；《明功臣袭封底簿》卷三《恭顺侯》《兴安伯》,第428、507页。
③《明英宗实录》卷八四,正统六年十月己丑,第1679页。
④《明英宗实录》卷八五,正统六年十一月癸卯,第1704—1705页。
⑤王雄:《关于阿台汗》,《蒙古史研究》第5辑,呼和浩特,内蒙古大学出版社,1997年。
⑥《明英宗实录》卷二一,正统元年八月甲戌,第410页。
⑦[明]钱溥:《定西侯泾国武勇蒋公神道碑》,[明]徐纮辑:《皇明名臣琬琰录》卷一四,周骏富辑:
　　《明代传记丛刊》第43册,第474页。
⑧[明]罗亨信:《觉非集》卷二《临洮赵氏族谱序》,《四库全书存目丛书》集部第29册,第503页。

副总兵镇守甘肃①。正统二年初，明廷再派行在兵部尚书王骥领"便宜行事"
全权视师甘凉，八月回京②。

明廷在西北集中兵力之初，仍不能有效肃清阿台势力，阿台、朵儿只伯
劫掠如故。正统元年、二年之间，就屡有大臣弹劾蒋贵等征进不力。如正统
元年十二月，明军在庄浪与阿台对战，战死一百四十余人，参赞甘肃军务的
行在兵部尚书徐晞弹奏蒋贵曰："身居将帅，心罔朝廷，比者达贼出没庄浪，
贵乃逗留不进，以致官军轻敌失利。"③又如正统二年五月，镇守陕西右副都
御史陈镒上奏："都督蒋贵等奉敕征虏，兵至鱼海子，逗遛弥月而还。"④二年
六月，英宗甚至降敕切责蒋贵、赵安及宁夏总兵史昭曰：

> 去冬达贼匿宁夏山后，草枯马瘠，正殄灭之时也。朕屡敕尔等及都
> 督蒋贵、赵安合兵剿之，尔等不遵朝廷之命，欲自为功。适贵进兵，而尔
> 报云："贼往亦集乃去。"致贵趑趄不进。及瞭贼起营，驰报则缓不及事
> 矣。尔等虽云领兵追剿，去贼仅一二程，乃畏缩不前，使贼得遁，失此事
> 机。今贼又犯唐来渠，纵横劫掠，实尔等之咎，欲诿之于下可乎？廷臣
> 论尔等罪不可宥，其洗心涤虑，图以自赎，否则以军法处之，无赦。⑤

不过，明军起初的失利也不能仅归咎于将领的怯懦怠战或争功不协。从徐
晞、陈镒的弹奏及英宗敕书中可以看出，阿台、朵儿只伯部众在东南至甘肃
庄浪、东北至宁夏贺兰山麓、西北至前元亦集乃路故址的广阔地带不时出
没，"无巢穴可捣"，明军较难准确定位并打击其主力⑥。英宗在另一份敕书中
也承认，阿台部众"甫侵我西，又掠我东，诚不可测"⑦。

至正统二年（1437）十月，明廷进一步整备甘肃武装力量，并动员宁夏
镇及全陕兵力，复遣行在兵部尚书王骥往前线监督全军，《明英宗实录》对
此载：

> 命中军左都督任礼佩平羌将军印充总兵官，左军右都督蒋贵充左

①《明英宗实录》卷一三，正统元年正月甲午，第244页。
②［明］李贤：《古穰集》卷一一《奉天翊卫推诚守正文臣特进光禄大夫柱国兵部尚书靖远伯追封靖远
　侯谥忠毅王公神道碑铭》，景印《文渊阁四库全书》第1244册，第592页。
③《明英宗实录》卷二四，正统元年十一月丁未，第479—480、481页。
④《明英宗实录》卷三〇，正统二年五月丙午，第600页。
⑤《明英宗实录》卷三一，正统二年六月丙寅，第612页。
⑥《明英宗实录》卷二五，正统元年十二月丁丑，第499页。
⑦《明英宗实录》卷二四，正统元年十一月丁未，第480页。

副总兵,左军都督同知赵安充右副总兵,兵部左侍郎柴车、右佥都御史曹翼、罗亨信俱参赞军务,率领军马剿捕虏寇阿台、朵儿只伯等。仍命行在兵部尚书王骥、太监王贵监督之,而以都督李安、侍郎徐晞等居守甘肃。并敕宁夏总兵官都督史昭、监察御史郭智选军,付参将丁信统领,以俟调遣。且敕骥曰:"命卿监督诸军,剪除残寇,凡百机务,悉听便宜处置,有功者赏,不用命者诛,事得专制。"①

上引这段史料提到的遣征文武大臣中,任礼自宣德十年(1435)九月即往凉州备边②,正统元年元月正式"佩平羌将军印,充左副总兵",与赵安并镇甘肃,是甘肃本地最高镇守将领之一。都督李安及兵部侍郎徐晞原在宣德十年六月任甘肃副总兵及甘肃参赞军务③,当年十一月,朝廷以行在兵部左侍郎柴车至甘肃,"协同总兵、镇守官整饬边备",召试右侍郎徐晞还京④。正统二年十月,柴车被派往"剿捕"前线参赞,而徐晞复调回甘肃与李安留守本镇。另一名甘肃参赞军务曹翼原任陕西巡按御史,正统元年升佥都御史,仍在甘肃"提调兵备"⑤。第三名甘肃参赞军务罗亨信本在宣德十年正月与都指挥魏荣、朱通往陕西平凉、庄浪、河州、西宁、洮州、临洮、巩昌八卫,"督操军马备边"⑥。另外,兵部职方司主事侯琎等兵部僚属也随王骥赴甘、凉以筹划军务⑦。又据战后王骥奏报,为征伐阿台、朵儿只伯,明廷在"甘、凉等处"布置"原操官军三万五千"⑧人。可见明廷对此次西征准备之充分、布划之精密,几乎是永乐北征之后最大规模的北边军事行动。

正统三年(1438)二月至四月,明军终于等到一举荡平阿台王庭的战机。二月,王骥先上奏朝廷:"朵儿只伯潜往狼山等处,先调左副总兵都督蒋贵率轻骑杀败,过黄河遁去,臣同太监王贵、总兵官都督任礼等领马步军继进,仍行宁夏总兵官都督佥事史昭等各率精锐轻骑分路搜剿。"英宗敕谕王

---

① 《明英宗实录》卷三五,正统二年十月甲子,第678—679页。
② 《明英宗实录》卷九,宣德十年九月戊戌,第184页。
③ 《明英宗实录》卷六,宣德十年六月辛丑,第116页。
④ 《明英宗实录》卷一一,宣德十年十一月壬午,第208页。
⑤ 《明英宗实录》卷一七,正统元年五月辛丑,第329—330页。
⑥ [明]罗泰:《通议大夫都察院左副都御史罗公年谱》,[明]罗亨信:《觉非集》卷一〇《附录》,《四库全书存目丛书》集部第30册,第52页。
⑦ [明]陈循:《芳州文集》卷七《兵部尚书侯公神道碑铭》,《四库全书存目丛书》集部第31册,济南,齐鲁书社,1997年,第220页。
⑧ 《明英宗实录》卷四四,正统三年七月辛卯,第853页。

骥等曰:"此贼计穷粮尽,逃必不远,尔等追袭,务在殄灭。"① 至四月,王骥在战后全面奏报战况:

> 臣同总兵官都督任礼、蒋贵击败胡虏朵儿只伯于石城,残虏食尽,窜于兀鲁乃地,依阿台。贵将轻骑二千五百人出镇夷,间道兼行三日夜及之,虏众迎拒,指挥毛哈剌奋入其阵,诸将率麾下乘之,执其伪左丞脱脱罗及部属百人,斩首三百有奇,逐杀八十余里,获金银牌六面,玺印二颗,马骡驼牛四百有余,兵甲衣袠称是,阿台与朵儿只伯以数骑遁。是日,礼兵至梧桐林,执伪枢密同知、院判、佥院等官十五人。明日至亦集乃地,执伪万户二人,云朵儿只伯窜野狐心,礼令为乡道,将二千骑追袭五百余里,至黑泉而还。伪平章阿的干招其余党来降。右副总兵都督赵安等出昌宁,至刁力沟,执伪右丞、都达鲁花赤等三十人及马驼械器。盖兵出沙漠千有余里,东西夹击,虏众几尽,边境用宁。②

蒋贵神道碑中有蒋部作战经过的详细记载:

> 谍报阿台屯伏河西,遂蹑踪倍道至乱山,奋勇冲入,且追且杀,至石城泉,斩首二百余,尽获其马驼衣械。虏有逃奴来言阿台所在,公议即往,副将李安沮之,公拔剑厉声曰:"汝任边寄,肉食且数年,坐视其纵横不制,尚掉三寸舌以挠我师,敢复谏者死。"乃策马前驰,见贼遂整阵而前,生擒男妇数十人送营。谍复知其不远,令军士疾走至兀鲁,猝见虏牧马,遂约冲马群,以鞭击箭槖声惊之,马尽佚。虏既失马,皆軃弓步战,不决,即令众跃马挥刀齐入,以旗牌手督之,遂大捷。内擒一胡,译审自石城泉败衄,止余八百精勇者。公得其情,乃分为犄角势,列五百骑,为左右翼,纵百骑登高峻疑之。既遇贼,夹击,转战逾九十里。③

当时在甘肃军中参谋的兵部主事侯琎的神道碑中记载有赵安部的战况:"自凉州迤北,直抵亦林真集、大小铁门关、钮隆池,分兵夹攻。"④ 以上《明实录》

---

①《明英宗实录》卷三九,正统三年二月辛巳,第764页。
②《明英宗实录》卷四一,正统三年四月乙卯,第790—791页。
③[明]钱溥:《定西侯泾国武勇蒋公神道碑》,[明]徐纮辑:《皇明名臣琬琰录》卷一四,周骏富辑:《明代传记丛刊》第43册,第474—475页。
④[明]陈循:《芳州文集》卷七《兵部尚书侯公神道碑铭》,《四库全书存目丛书》集部第31册,第220页。

中王骥战报及蒋贵、侯琏神道碑等数条史料所记内容基本吻合,又能相互补充,可大致了解明军行军及作战的进程。

蒋贵最初在正统三年(1438)二月与朵儿只伯单独对阵黄河附近之"狼山",无疑就是今内蒙古自治区巴彦淖尔南部的狼山一带,可知朵儿只伯部活动于今宁夏、内蒙古交接的阴山山脉西端。比照王骥奏报,蒋贵所至的"乱山",似在"狼山"附近。明军合力破朵儿只伯之"石城""石城泉",具体位置不明 [①],暂只能认定是狼山附近大漠中某处地点。

明军在石城泉败敌后,朵儿只伯部逃向兀鲁一带,明军应回兵重新集结 [②],之后大约在正统三年三月、四月间按王骥部署的"东西夹击"战略进一步出击。其西路军,即蒋贵所率先头轻骑部队及王骥、任礼的殿后大军,此路为明军主力。蒋贵所出的"镇夷",就是明代陕西行都司镇夷守御千户所,该所在陕西行都司西北三百里 [③],处于行都司辖区的偏西部。又《殊域周咨录》有载,兵部尚书王骥、太监鲁安、都督任礼所帅马步与蒋贵相约"以狼心山举火为号" [④]。据乾隆《重修肃州新志》记载,狼心山位于清代镇夷堡,亦即明代镇夷所附近五百里外处 [⑤],此山素为"蒙古经过之地,探听者常至此取红玛瑙石为记" [⑥],是大漠中一个具有辨识度的要冲地点。蒋贵袭破阿台部众的"兀鲁""兀鲁乃地",在清《秦边纪略》中作"兀鲁乃湖",距镇夷堡五百里 [⑦],应即今内蒙古巴丹吉林沙漠西端古日乃湖一带。兀鲁乃湖周边皆是大漠,故西北游牧部族"常聚此"休养 [⑧],这是阿台选择在此处安置大营的原

---

① 今内蒙古阿拉善右旗境内沙漠中有一"石城泉",但此石城泉靠近甘肃省高台县,显然与蒋贵率兵所至的阴山山脉西侧的石城泉相距过远。明代固原州西北一百五十里处有一"石城堡",堡内有宽井五口可储水,成化朝土酉满四即据此为乱,但此地又在内地,也绝不是蒋贵军所至之处(见嘉靖《固原州志》卷一《古迹》,银川,宁夏人民出版社,1985年,第15页)。

② 按照蒋贵神道碑的记载,蒋贵部在狼山、石城败敌后随即追击至兀鲁,但按王骥所奏,蒋贵率西路兵马由镇夷千户所出塞进攻盘踞在兀鲁的敌军,而镇夷所位于明陕西都司西北部,距离偏东的宁夏狼山一带辽远,故蒋贵神道碑所记不精准,明军在狼山、石城第一次破敌后,应重新入塞集结,再分兵两路出击。

③ [明]何景明:《雍大记》卷八《考易》,《四库全书存目丛书》史部第184册,济南,齐鲁书社,1996年,第55页。

④ [明]严从简:《殊域周咨录》卷一七《鞑靼》,北京,中华书局,1993年,第559页。

⑤ 乾隆《重修肃州新志·高台县·关隘》,《中国地方志集成·甘肃府县志辑》第48册,南京,凤凰出版社;上海,上海书店;成都,巴蜀书社,2008年,第317页。

⑥ 乾隆《甘肃通志》卷六《山川·直隶肃州·肃州》,景印《文渊阁四库全书》第557册,上海,上海古籍出版社,1987年,第259页。

⑦ [清]梁份:《秦边纪略》卷四《肃州卫·肃州北边》,西宁,青海人民出版社,2016年,第319页。

⑧ [清]梁份:《秦边纪略》卷四《肃州卫·肃州近疆》,第332—333页。

因。任礼军行至的"梧桐林",在清代建有墩台,其位置在肃州城西北四十五里处①,清代肃州大体即明代肃州卫,是陕西行都司所辖最西北端的卫所,其东毗邻镇夷所。任礼军继续行到的"亦集乃",显然是故元亦集乃路旧址,在镇夷北一千二百里外②,今属内蒙古自治区额济纳旗。任礼再领二千骑"追袭五百余里"最终到达的"黑泉",无疑已至大漠深处③。

其东路军,即右副总兵赵安所率部队出之"昌宁","昌宁"在镇番卫西界④,镇番卫在陕西行都司东部,即今甘肃省民勤县所在。赵安军行至"亦林真集",其地应在明凉州卫附近⑤,而明凉州卫在镇番卫以南,两卫毗邻而设。赵安所过的大小铁门关,据清乾隆《甘州府志》载,即"古居延道",在甘州府城西北三十里处⑥。清代甘州府大体即明代甘州卫位置,此卫又在镇番、凉州两卫西北,而甘州西北的铁门关无疑已接近今内蒙古额济纳旗沙漠中的汉居延遗址。亦林真集、铁门关一线,是明甘肃驻军出塞追击蒙古诸部的惯行孔道,早在永乐十年(1412),镇守甘肃总兵丰城侯李彬就曾"由铁门关至亦林真集,追袭叛达"⑦。"钮隆池"具体位置暂无考。另外乾隆《甘州府志》还载甘州府西一百二里外有一"楂历沟墩"⑧,按读音推测,此楂历沟墩有可能是赵安所至的刀力沟。总而言之,赵安军自甘肃东部出关,一路向西北推

①乾隆《重修肃州新志·肃州·烽堠》,《中国地方志集成·甘肃府县志辑》第48册,第237页。
②嘉靖《陕西通志》卷一三《土地十三·古迹下》,国家图书馆藏缩微胶片。
③根据梁份《秦边纪略》的记载,在镇夷堡南三十里处有一"黑泉",但此黑泉已在明边墙以南,绝不是任礼领兵在大漠中追袭所至的黑泉([清]梁份:《秦边纪略》卷四《肃州卫·肃州北边》,第317页)。
④[明]何景明:《雍大记》卷八《考易》,《四库全书存目丛书》史部第184册,第54页。
⑤清乾隆朝修《狄道州志》有载,景泰朝协镇凉州的甘肃土官赵英曾"同副总兵萧敬征亦林真集",赵英驻地在凉州,他被召协征亦林真集,可由此判断此亦林真集应在凉州附近(见乾隆《狄道州志》卷八《人物上·勇略·赵英》,《中国方志丛书·华北地方》第324号,台北,成文出版社,1970年,第563页)。另外,一些史籍中将"亦林真集"误作"赤林",如《殊域周咨录》有载,赵安军由"东凉州逾白鸦狐口,北抵赤林"及铁门诸关(见[明]严从简:《殊域周咨录》卷一七《鞑靼》,第559页)。
⑥乾隆《甘州府志》卷四《古迹·三门关》,《中国方志丛书·华北地方》第561号,台北,成文出版社,1976年,第449页。另《明实录》有载,宣德七年甘肃总兵刘广曾奏"鞑靼脱脱不花等二十余户既降复叛,今在铁门关西",学者白翠琴推测此脱脱不花潜居的"铁门关",指"今银川至巴彦浩特的途中,贺兰山西麓之铁门关"(见白翠琴:《瓦剌史》第二章《崛起漠北统一蒙古》三《脱欢击败政敌统一蒙古》,长春,吉林教育出版社,1991年,第56页下注②)。虽然阿台部众曾在宁夏贺兰山后潜住,但贺兰山西的铁门关位置偏僻,不符合正统三年三、四月间明军偏向陕西行都司西部的追击路线,因此赵安所至之铁门关应该还是古居延道上的铁门关。
⑦嘉靖《陕西通志》卷一九《文献七·全陕名宦·甘肃总兵》。
⑧乾隆《甘州府志》卷八《墩铺》,第758页。

进,配合策应西路主力大军,以便堵截并擒捕向东溃逃的阿台部众 ①。

从明军东西夹击的战术安排及实际上几乎横贯甘肃大漠的追击路线来看,战役总指挥王骥贯彻了朝廷"务在殄灭"的命令。从具体战果来看,综合王骥奏报及蒋贵碑志可知,明军在石城杀敌二百,在兀鲁乃擒斩超过四百,共约获首六百以上,数量可观,基本肃清了阿台的势力。此战之后,阿台、朵儿只伯部众离散,不久阿台被其他蒙古王公击杀 ②,明朝西北局势得以稳定。王骥、蒋贵、任礼、赵安获此较重大的战绩,已属难得。但值得注意的是,明军兵分两路后,西路的斩擒主要由副将蒋贵的先头骑兵获得,由文武主帅王骥、任礼督领的大军反而战果较少,没有充分发挥战力,赵安的东路军也仅擒敌"三十人",难与蒋贵的功次相俦。任礼作为主将,在战争末期又亲领孤军深入不毛五百里,甚至有劳师犯险之嫌,很可能也有弥补斩擒不足的目的,但仍然几乎无功而返。

蒋贵部作为偏路先锋却斩获最多的原因大致有三:其一是蒋贵本卒伍出身,骁勇善战,临阵"必当先直冲",后"子弟及士卒如蚁追随,以死向敌",常"亲手击杀数十人" ③,故能常胜不殆。其二是蒋贵在正统元年(1436)、二年屡被弹劾逗留不进,延误军机,正统三年出征时,蒋贵又接到总督军务王骥"遇敌不捷,无复相见" ④ 的严厉训诫,由是促使蒋氏奋勇杀敌以弥补前失。其三在于阿台、朵儿只伯部经过辗轧内部相争后,本身已较为羸弱。阿台部落虽以汗王名号在较长时间内频繁袭扰明朝西北地区,但按英宗正统元年(1436)十月敕谕中的估计,阿台麾下"败亡残虏不过二三千人" ⑤,此说有可能略夸张,但仍反映出阿台部众军事实力并不雄厚。只是由于明朝甘肃、宁夏诸镇防线漫长,指挥不一,镇守诸将起初又怯战不前,故阿台部能够凭借游击战术屡屡成功破关劫掠。明军重新整合兵力后,在石城一次遭遇战就致阿台、朵儿只伯所部"精勇"减损至八百人,"食尽"而奔逃,蒋贵部追其至兀鲁乃时,又轻易冲散阿台马群,阿台部不得不徒步作战,足可见其疲

①[明]罗亨信:《觉非集》卷一《送赵廷杰省亲还洮阳序》,《四库全书存目丛书》集部第29册,第472页。

②《明英宗实录》卷四六,正统三年九月丁未,第899页。

③[明]李贤:《古穰集》卷二九《杂录》,景印《文渊阁四库全书》第1244册,第786页。

④[明]李贤:《古穰集》卷一一《奉天翊卫推诚守正文臣特进光禄大夫柱国兵部尚书靖远伯追封靖远侯谥忠毅王公神道碑铭》,景印《文渊阁四库全书》第1244册,第592页。

⑤《明英宗实录》卷二三,正统元年十月癸酉,第461页。

敝之态。

总而言之,明廷平定阿台之役在战争规模、战略意义与斩获数量等方面均较突出,该战指挥将领一体同功,宜开封拜之赏。但由于各方面原因,参战各部实际所获战果又相差较大,这无疑增加了议功酬赏的难度。具体封赏时,任礼、蒋贵、赵安虽皆以一次大功并封为勋贵,但量具体的战绩高低,在爵禄待遇上各有等差。战勋最高的左副总兵蒋贵加封侯爵食禄一千二百石①,有统筹全军之劳,但所部斩获偏少的总兵官任礼食禄一千二百石未准世袭②,没有因其主将身份就获得最高爵赏。右副将赵安一路非主攻方向,所部功劳最轻,故赵安本不宜直接封爵,但他出身西北土酋,被授爵禄应有一定的土官安抚因素。赵安享禄米一千石,不但未获世袭③,其初封时封号荣衔也较蒋贵、任礼要低④,可知他的勋爵地位被刻意压低,以与蒋贵、任礼二人相区别。相比此前洪熙、宣德两朝的部分封爵,正统三年的征阿台封赏无疑更遵循军功原则,对诸臣爵赏待遇的把控也比较恰当,可谓既激励了将帅,又避免冒进。当时英宗虽仍年幼,但宦官王振尚未干预朝政,故这一较稳妥的册封应主要是由"三杨"与王骥等阁部老臣依据明军实际战况而谨慎议定的。

(二)征麓川及征兀良哈功封简述

鉴于以往学界对正统七年(1442)平麓川战役及正统九年征兀良哈战役的研究比较充分,故笔者在此仅就两次功封作扼要论述。

正统朝三征麓川的大战在明代就素有争议,后世学者对于"麓川之役"的评价也有较大分歧,部分论者以宦官王振参与战争决策为理由,常将麓川

①[明]钱溥:《定西侯泾国武勇蒋公神道碑》,[明]徐纮辑:《皇明名臣琬琰录》卷一四,周骏富辑:《明代传记丛刊》第43册,第474—475页。
②任礼爵位初未准世袭,至正统十二年,他又以镇守甘肃、收捕沙洲都督喃哥等,被准子孙世袭伯爵(见《明功臣袭封底簿》卷二《宁远伯》,第268—269页)。
③赵安至死未给世袭诰券,子孙世袭指挥使(见《明功臣袭封底簿》卷二《会川伯》,第346页;刘光煜:《明会川伯赵安金书铁券》《中国文物报》2018年4月13日)。
④曾任甘肃参赞的罗亨信在《送赵廷杰省亲还洮阳序》中言,赵安最初晋爵"为会川伯,阶荣禄大夫",未言其封号、勋官等荣衔(见[明]罗亨信:《觉非集》卷一《送赵廷杰省亲还洮阳序》,《四库全书存目丛书》集部第29册,第472页)。但《明英宗实录》所录赵安小传及刘光煜《明会川伯赵安金书铁券》中收录的会川伯铁券券文都载赵安封"奉天翊卫宣力武臣、特进荣禄大夫、柱国、会川伯"(见《明英宗实录》卷一二四,正统九年十二月壬戌(第2479页);刘光煜:《明会川伯赵安金书铁券》),这些封号、勋阶应该是朝廷之后补授赵安的。

战役斥为内阁好大喜功的军事冒险,但近期学界更倾向于肯定此次战役的积极意义[①]。笔者无意进一步评述三次麓川战役的功过是非,单从军功封爵的角度来看,麓川土酋思任发在宣德年间就开始频繁袭扰云南,至正统六年,明廷开始连续调集重兵予以打击,这无疑是一次目标明确、布置周密的重大征伐,此战初步平息了思任发之乱,也符合开拓疆土、削平僭乱的赏爵标准。领军主帅定西伯蒋贵指挥得当,能身先士卒[②],他以平麓川功加封世袭定西侯,比较合乎军功封爵原则。兵部尚书王骥作为明代首位正式领"总督军务"职衔统领全军出战的文帅,酬一爵赏亦不为过。不过,值得注意的是,王骥正统七年初封时仅授靖远流伯,且加封号、勋阶为"推诚宣力武臣、特进荣禄大夫、柱国、靖远伯"[③],其世袭、封号待遇皆被降杀,更因以文臣加"宣力武臣"之号而显失体统[④]。又经两次麓川战役后,至景泰朝,王骥才被准授世伯,而其封号、勋阶至英宗天顺复辟后才被改为"奉天翊卫推诚守正文臣、特进光禄大夫"[⑤]。

王骥爵赏较低且封号混乱,这实际上反映出明代文臣封爵的一般问题。朱元璋在名义上唯论军功封爵,他自己仅册封有公爵李善长,伯爵汪广洋、刘基、何真四名文臣勋贵,且汪广洋与刘基的勋号、禄米、世袭、铁券等各类待遇颇低,实际上开启了明代此后少封与低封文臣的基本方略。此外,朱元璋还颁布"文官非有大功勋于国家"而"不许封公侯"的律法[⑥],进一步限制了文臣所封爵级。自成祖"靖难"以非军功的迎驾之劳封南京兵部尚书茹瑺

---

① 代表性观点,如早期研究者百川对麓川战役的评价较谨慎,认为此役既有加强明朝西南统治的积极作用,也有"滥施武力"的消极作用(百川:《明代麓川之役述评》,《思想战线》1986年第2期)。之后,如赵毅总结正统朝处理麓川事务时犯有"用剿不用抚""大举兴师不纳乞降"及"谕木邦、缅甸参与征剿"等三项重大政策性失误,基本对"麓川之役"持否定态度(见赵毅:《论麓川之役》,《史学集刊》1993年第3期)。而陆韧认为,明廷发动"麓川之役"是"形势所迫",此战有"维护边疆、反对分裂"的意义,并提醒当代研究者不应受明清"泛朝政化议论"的影响,简单以王振专权、英宗刚愎、朝政腐败等否定麓川之役的历史意义(见陆韧:《泛朝政化与史料运用偏差对边疆史地研究的影响——以明代"三征麓川"研究为例》,《中国边疆史地研究》2010年第1期)。

② [明]钱溥:《定西侯泾国武勇蒋公神道碑》,[明]徐纮辑:《皇明名臣琬琰录》卷一四,周骏富辑:《明代传记丛刊》第43册,第474—476页。

③ [明]李贤:《古穰集》卷一一《奉天翊卫推诚守正文臣特进光禄大夫柱国兵部尚书靖远伯追封靖远侯谥忠毅王公神道碑铭》,景印《文渊阁四库全书》第1244册,第592—593页。

④ [明]王世贞:《弇山堂别集》卷六《皇明异典述·文职冒武号》,第111页。

⑤ [明]李贤:《古穰集》卷一一《奉天翊卫推诚守正文臣特进光禄大夫柱国兵部尚书靖远伯追封靖远侯谥忠毅王公神道碑铭》,景印《文渊阁四库全书》第1244册,第592—593页。

⑥ 《大明律》卷二《吏律一·职制·文官不许封公侯》,北京,法律出版社,1999年,第30页。

为忠诚伯后，明代近四十年未尝再册封文臣，文臣封爵几乎停罢。按明代最初封爵特重军功的制度设计，文臣少封本属正常，但明廷长期不封文官，又不明确文臣授爵的功勋标准，这就容易造成文臣封爵制无定法的弊病。

明廷在正统九年（1444）大封功臣，是缘起于征讨兀良哈部的胜利。当时兀良哈部屡不驯顺，英宗于是在正统九年正月选京师精锐四万，遣成国公朱勇、恭顺侯吴克忠、太监僧保出喜峰口，兴安伯徐亨、太监曹吉祥出界岭口，都督马亮、太监刘永诚出刘家口，都督陈怀、太监但住出古北口，四路人马每路各一万人，又有都督蒋信等参战，追剿兀良哈部，辽东、大同、宣府等北边各镇军伍也多被调遣策应①。不难看出，明廷颇重视这次征讨兀良哈的战役，仅就各路指挥将领来说，若非元勋重臣，就是谙熟"虏情"且亲信可用的骁将。如朱勇、徐亨是第二世"靖难"元勋后裔，吴克忠是第二代达官勋戚，蒋信是永乐朝归附蒙古贵族忠勇王金忠外甥，都督陈怀、马亮也素以惯战知名。其中陈怀以通州卫千户从朱棣"靖难"②，宣德初以都督同知任总兵镇守宁夏③，后调四川清剿松潘之乱④，正统二年以左都督调任大同镇守总兵⑤，历有南北战绩。马亮本"靖难"兵卒出身，屡从成祖、宣宗亲征，以"勇悍善骑射"著称，每战"即先士卒，所向克捷"⑥。明军征兀良哈回师后，上举这些将领悉获升赏，加封爵级者就有四人，即兴安伯徐亨升侯爵、都督蒋信封忠勇伯、马亮封招远伯，陈怀封平乡流伯。

正统九年（1444）的北征声势虽大，但日本学者和田清考证明军行进路线后认为，此战实系王振等宦官为邀功固宠而主导的盲目军事行动，部分将领虽偶有斩获，但整体上报功不实，升赏轻率⑦。这种观点其实早在清修《明史》中就已被提出，《明史》在正统九年所封招远伯马亮的传记有言："是役也，王振主之，故诸将功少率得封。"⑧根据《明英宗实录》马亮小传所载，他正统九年征兀良哈时"为前锋，日夜巡视营垒，至黑山、大松林、流沙河诸处，

---

①《明英宗实录》卷一一二、卷一一三，正统九年正月辛未、壬申、甲戌，二月丁未，第2256—2257、2258、2284—2285页。

②《明功臣袭封底簿》卷二《平乡伯》，第329—330页。

③《明宣宗实录》卷一九，宣德元年七月壬子，第509页。

④《明宣宗实录》卷二九，宣德二年七月辛丑，第764页。

⑤《明英宗实录》卷三二，正统二年七月辛卯，第626页。

⑥《明英宗实录》卷一四三，正统十一年七月壬辰，第2834—2835页。

⑦〔日〕和田清著，潘世宪译：《明代蒙古史论集》十三《关于正统九年征伐兀良哈》，第719—723页。

⑧《明史》卷一五五《马亮传》，第4257页。

遇虏与战,辄败之,归奏捷,诏嘉其功"[1]。可知马亮所部仅与敌稍有接触即告捷撤回,并无力战之绩。当时兵部也曾奏劾主将朱勇一路"不能会合诸路军马以成大功,却逗遛不进,旋即回师",英宗诏姑置朱勇等不问罪[2]。此可见英宗本无意深入清剿兀良哈,明军这次出征虽声势浩大,但实际战略目标性并不强。另外,从四路北征军中各有太监钱僧保、曹吉祥、刘永诚与但住随行的情况来看,内官在此战中的作用确实不可小觑。这些内阉很有可能共同怂恿英宗草率遣兵出战以邀功固宠。从某种意义上说,正统十四年王振诱导英宗亲征瓦剌,是他正统九年主导征兀良哈军事冒险的进一步发展。

(三)沈清冒功封爵与谭广久镇封爵

和同辈武将相比,正统六年所封修武伯沈清的早年战绩并不突出。沈清初袭燕山前卫百户世职,从成祖"靖难"升本卫指挥同知,数扈北征,并参与修造北京城池[3],至仁宗登极之初的永乐二十二年(1424)八月升都督佥事[4]。以沈清的既往军资,他由指挥同知越四级直升都督佥事,这已明显属仁宗对旧将的优抚超拔,而参与修造京城应该是沈清得以高升的主要原因。永乐二十二年至宣德元年(1426)初,沈清曾先后短暂协镇大同,居守居庸关,但他在大同时留下"贪浊之风作矣"[5]的恶名,守居庸关时再被弹劾犯有十八件"惟务贪虐"的罪责,都察院请严惩之,宣宗却以"督府大臣,非有重过,宜存恩意"为由对他开恩不究[6],取回京师另用,由此又可见宣宗对老臣优赉过滥的秕政。嗣后沈清长期在京管神机营,兼理行在后军都督府,间或负责粮草押运、建筑修造等非实战庶务,正统四年(1439)升左都督[7]。至于沈清之封,根据《明英宗实录》载,正统六年十月以三殿二宫成,赐太监阮安、僧保金银彩钞,升都督同知沈清修武伯[8]。《明英宗实录》所收沈清小传还载,沈氏正统五年督修奉天、华盖诸宫殿,工毕,封世袭修武伯,食禄

---

①《明英宗实录》卷一四三,正统十一年七月壬辰,第 2835 页。

②《明英宗实录》卷一一四,正统九年三月甲子,第 2300 页。

③《明功臣袭封底簿》卷二《修武伯》,第 259 页。

④《明仁宗实录》卷一下,永乐二十二年八月丙寅,第 32 页。

⑤[明]叶盛:《水东日记》卷一六《武安、阳武两侯遗事》,第 164 页。

⑥《明宣宗实录》卷一七,宣德元年五月丙申,第 450 页。

⑦《明功臣袭封底簿》卷二《修武伯》,第 259—260 页;《明宣宗实录》卷二二,宣德元年十月丙寅,第 573 页。

⑧《明英宗实录》卷八四,正统六年十月己丑,第 1679 页。

一千一百石,又补充言:"清阿附中官王振,未有军功,以营造累升官爵,素行贪淫,不足取。"①

在沈清之前,明代以修造功封爵者,只有洪武朝督修孝陵的崇山侯李新、永乐朝督修长陵的成山侯王通两人,但李新系"开国"老臣②,终生功资非后世一般武将可比,王通初以父"靖难"功封武义伯,又以修造山陵加晋爵级③,也非仅凭营造直接封爵。在沈清之后,大臣主持营建者可量升品秩或加兼公孤职衔,但不能遽封爵赏。沈清以修建宫殿就直封伯,无疑属轻滥授爵。沈清封爵后,因其嫡子沈鉴早逝,仅有沈清外妇所生子沈荣为嗣,因沈荣出身不正,沈清恐沈荣不得袭爵,故"预为奏请,令荣习武艺,结托中贵",以保证沈荣孙应袭,至正统八年,沈清死,朝廷果然命"沈清庶长子荣袭封修武伯"④。

综上所论,沈清平生功少而过多,其个人及家族多赖夤缘内臣以非常手段谋取爵位。沈清冒封虽然是权阉王振干政背景下爵制的一时畸变,但在某种程度上也是仁、宣两朝不断降低甚至打破军功标准推恩加封亲旧臣僚的必然结果。沈清冒爵之例一开,正统九年(1444)出现宦官主导大封征兀良哈诸臣的情况,也就不足为奇了。

正统六年十一月,英宗封宣府总兵谭广为永宁伯,食禄千一百石,不世袭⑤。谭广本军卒出身,以燕山护卫百户从燕王"靖难",战白沟河、夹河,后以指挥使领孤军守保定四十日,其功尤大,累升大宁都司都指挥佥事,永乐朝护驾北征,渐升至都督佥事⑥。仁宗初立的永乐二十二年八月,谭广升左

①《明英宗实录》卷一〇三,正统八年四月戊戌,第2083页。按,《明英宗实录》正统六年十月己丑条记沈清食禄一千石(见《明英宗实录》卷八四,正统六年十月己丑,第1679页),但存世的修武伯铁券、《明实录》沈清小传及《明功臣袭封底簿》皆云沈清食禄一千一百石,故可知《明英宗实录》正统六年十月己丑条记载有错漏。修武伯铁券现藏辽宁旅顺博物馆(见吕媛媛:《明正统七年的沈清铁券》,《历史档案》2015年第4期)。

②《明太祖实录》卷一五〇,洪武十五年十二月乙亥,第2366—2367页。

③《明功臣袭封底簿》卷三《成山伯》,第523页。

④《明英宗实录》卷一〇六,正统八年七月己卯,第2160页。

⑤《明实录》正统六年十一月癸卯条仅载谭广封永宁伯,不言禄米、流世,结合《明功臣袭封底簿》可知,谭广食禄一千一百石,子孙世袭指挥使(见《明功臣袭封底簿》卷二《永宁伯》,第342页)。

⑥《明功臣袭封底簿》卷二《永宁伯》,第341—342页;[明]王伟:《永宁伯谭公行状》,[明]徐纮辑:《皇明名臣琬琰录》卷一五,周骏富辑:《明代传记丛刊》第43册,第491—492页。需要指出的是,焦竑《国朝献征录》中也录有所谓永宁伯谭广行状,但此"行状"其实是截取部分王伟所撰行状原文,又掺入郑晓《吾学编》中谭广传记的文句,故史料价值大打折扣(见[明]王伟:《特进荣禄大夫柱国镇朔将军永宁伯谭□□行状》,[明]焦竑辑:《国朝献征录》卷一〇《伯二·除封》,周骏富辑:《明代传记丛刊》第109册,第335页;[明]郑晓:《吾学编》第十九《皇明异姓诸侯传》卷下《谭广》,《四库禁毁书丛刊》史部第45册,第219页)。

都督,充总兵官镇守宣府①。景泰朝任兵部侍郎的王伟在所撰谭广行状中记:"正统六年,以杀剿胡寇功,诏封永宁伯。"②《明功臣袭封底簿》也记谭广正统六年封爵前有"生擒达贼并马匹"③之功。再查《明英宗实录》,正统六年十一月,谭广上奏云:

> 十月二十四日,左参将都督佥事黄真等率兵巡哨至伯颜山,遇虏骑百余,击走之,获其马八匹。明日至闵安山,复与兀良哈三百余骑遇,都指挥朱谦、文弘广等率众又败之,生擒二人,获马四匹,贼溃。④

可知此战规模较小,斩获数量也颇少,是一次微弱功胜。更重要的是,直接指挥此战的甚至都不是谭广本人,而是参将黄真及都指挥朱谦、文弘广等,谭广不过坐镇遥制而已。

实际上,"生擒达贼并马匹"只是谭广封爵前最近的一次功劳,查谭广行状中所录永宁伯诰券文辞,可知谭氏被封的真正原因。永宁伯券文除列举谭广早年"靖难"从征及随驾"扫北"之功外,还重在强调他,"至于今日,镇守边方几二十载,屹然长城之固,疆宇晏然",以"劳勤之既久,宜恩数之涣颁"⑤。由此可见,谭氏是典型的久任累功封爵功臣。谭广膺封后,大同、宣府巡抚罗亨信在《赠永宁伯谭公荣升序》中也明载,谭广在镇"岁久"但"未阶爵赏",终因"勋绩已多"而膺永宁伯爵⑥。谭广燕军低级军官出身,屡从征伐升迁,再以左都督最高军职总兵宣府十五年以上,几乎是唯一一名自永乐末年至正统朝连续在任不替的总兵级镇帅,从军资历在当时罕有人可比⑦,故最终被授予流伯之爵。

---

① 《明仁宗实录》卷一下,永乐二十二年八月壬戌,第 29 页。

② [明]王伟:《永宁伯谭公行状》,[明]徐纮辑:《皇明名臣琬琰录》卷一五,周骏富辑:《明代传记丛刊》第 43 册,第 493 页。

③ 《明功臣袭封底簿》卷二《永宁伯》,第 342 页。

④ 《明英宗实录》卷八五,正统六年十一月乙未,第 1697 页。

⑤ [明]王伟:《永宁伯谭公行状》,[明]徐纮辑:《皇明名臣琬琰录》卷一五,周骏富辑:《明代传记丛刊》第 43 册,第 494 页。

⑥ [明]罗亨信:《觉非集》卷一《赠永宁伯谭公荣升序》,《四库全书存目丛书》集部第 29 册,第 452 页。

⑦ 至正统初年,与谭广履职经历相近的镇边之臣还有宁夏总兵史昭及辽东总兵巫凯等人,但细究史昭、巫凯的为将资历,与谭广相比仍有所不及。史昭在永乐末年以都指挥镇守西宁,洪熙朝升都督佥事,至宣德七年始以都督佥事领印挂总兵官镇守宁夏,正统初升右都督(见《明史》卷一七四《史昭传》,第 4631—4632 页)。巫凯宣德初以都督佥事充挂印总兵官镇守辽东,正统初升都督同知,正统三年卒(见《明史》卷一七四《巫凯传》,第 4633—4634 页)。而谭广永乐二十二年即升任左都督,并挂印充总兵久守宣府直至正统朝中叶。

从谭广封爵的事例还可见，当时累功封爵仍比照永乐朝旧例，主要以功臣在军年资为册封标准，不特别侧重考覈具体的累战斩获数级。实际上，谭广虽对宣府军事建设颇有贡献①，但在镇期间可称道的实战功绩并不多。行状、底簿等文献除记谭广封爵前最近的一次捕获微劳外，对他十余年镇守任内的斩擒状况皆无详列。查《明英宗实录》谭广小传，也只泛言他"奋迹戎伍，至总兵，大小百余战，未尝败"②，没有举出他在宣府具体指挥作战的情况。事实上，在谭广守塞的大部分时间内，蒙古鞑靼、瓦剌两部频于内斗③，明朝边镇局势相对平稳。若逐一排查《明实录》中永乐二十二年至正统六年（1424—1441）的记载便可详见，虽然当时蒙古部落间或窥探、袭扰宣府一带，但多为小股劫掠④，少见大规模进犯，直至正统二年年底至正统四年间，才有兀良哈部落在瓦剌唆使下袭扰宣府⑤。因此，就现有史料的记载来看，谭广镇守宣府期间指挥实战的斩获数量有限，他被封永宁伯，在一定程度上也有加恩慰劳守边老将、"靖难"故臣的意味⑥。

实际上，与永宁伯谭广一样，正统朝所封宁远伯任礼、定西侯蒋贵、平乡伯陈怀、招远伯马亮、修武伯沈清等人，均出身于"靖难"燕军。其中陈怀最初以通州卫正千户、谭广以燕山护卫百户、沈清以燕山前卫百户⑦等中低级军官参与"靖难"，而任礼、蒋贵、马亮三人各以马步军卒随朱棣起兵⑧。这些军将的地位已难与永乐、洪熙及宣德初年所封的"靖难"元勋与燕邸亲信相比，但燕军旧部的身份仍是他们得以较快升任高级将领乃至封爵的重要条

---

① 《明史》总结谭广镇守宣府有"修屯堡，严守备，增驿传，又请颁给火器"等业绩，而且"抚士卒有恩"（见《明史》卷一五五《谭广传》，第4255页）。

② 《明英宗实录》卷一二二，正统九年十月甲子，第2452页。

③ 〔日〕和田清著，潘世宪译：《明代蒙古史论集》三《兀良哈三卫之研究（上）》，第137页；白翠琴：《瓦剌史》第二章《崛起漠北统一蒙古》，第53—57页。

④ 典型者，如宣德四年十月，"虏寇入境，抄掠人畜，杀死军士，守关千户苏斌等不能御"，谭广亲领兵追击。至十一月十九日夜，又有"虏寇百余人入雕鹗"，杀伤驿站官军，抢掠牲畜，谭广又派兵追剿（见《明宣宗实录》卷五九，宣德四年十月壬午、十一月乙丑，第1402、1420页）。

⑤ 《明英宗实录》卷三六、卷五七，正统二年十一月己亥，正统四年七月癸酉，第702、1100页。

⑥ 谭广正统九年在任上去世，时年八十二岁，可知他正统六年获封时已年近八旬（见《明英宗实录》卷一二二，正统九年十月甲子，第2452页）。

⑦ 《明功臣袭封底簿》卷二《修武伯》《平乡伯》，第259、329页；〔明〕王伟：《永宁伯谭公行状》，〔明〕徐纮辑：《皇明名臣琬琰录》卷一五，周骏富辑：《明代传记丛刊》第43册，第491页。

⑧ 《明功臣袭封底簿》卷二《宁远伯》，第267页；〔明〕钱溥：《定西侯泾国武勇蒋公神道碑》，〔明〕徐纮辑：《皇明名臣琬琰录》卷一四，周骏富辑：《明代传记丛刊》第43册，第472页；《明英宗实录》卷一四三，正统十一年七月壬辰，第2834页。

件。换一个角度来说，直到正统朝，明廷勋爵册封的对象仍主要限于有"靖难"资历的军士，由此可见"靖难"军官在明军中的核心地位。

（四）"中律"封爵与"升"爵考

关于正统朝封爵，还有两类既特殊又与整个勋爵册封制度密切相关的记载应当加以论析，其一是所谓勋臣"中律"封爵之说，其二是官方文献中册封勋臣用"升"字不用"封"字的情况。所谓"中律"封爵的说法，可见郑晓《吾学编》中永乐朝恭顺伯吴允诚、正统朝永宁伯谭广及宁远伯任礼的传记[①]。何乔远著《名山藏》又增补正统朝定西伯蒋贵、会川伯赵安、景泰朝抚宁伯朱谦、正德朝泾阳伯神英为"中律"封伯[②]。实际上，上举这些勋臣的封爵功次与原委不尽相同，未循一定成规。其中吴允诚以降臣效忠而封，谭广以老臣久镇加封，任礼、蒋贵、赵安等有征阿台的一次大战功，朱谦在瓦剌入犯之际有策应京师的大功，沈清以修造封爵，神英以依附太监刘瑾传奉封爵，沈、神二人基本属冒滥膺封。故"中律"只是郑晓等明中后期史家记述封爵史事时惯用的一种修饰性文辞，并非确指明代形成了唯一且固定的封爵标准。

明代公私文献一般使用"封""进封"或"进"等词专记勋爵册封，以区别于普通品官的"升"任，但一些史料中也可见"升"爵的说法。《明实录》中第一次出现"升"爵的记载，即正统六年（1441）十月己丑条记沈清"升修武伯"[③]。其他明代权威文献也多将沈清记作"升"爵，如《明功臣袭封底簿》载，英宗圣旨："沈清升修武伯，与他世袭，食禄一千一百石。"[④]沈清墓志铭中作"特升今爵，赐诰券，子孙世袭"[⑤]。《明功臣袭封底簿》记与沈清同年受封的谭广时也作"升永宁伯，食禄一千一百石"[⑥]。若排检集中收录封爵行移旨令的《明功臣袭封底簿》，还有数例明代早期"升"爵的记载。其中洪武朝征西番功臣张龙作"洪武十二年升凤翔侯"，不过这应不是洪武本朝的记录，

①［明］郑晓：《吾学编》第十九《皇明异姓诸侯传》卷下《吴允诚》《任礼》《谭广》，《四库禁毁书丛刊》史部第 45 册，第 201、219 页。

②［明］何乔远：《名山藏》卷四二《勋封记下》，第 1159、1160、1161、1164、1176 页。

③《明英宗实录》卷八四，正统六年十月己丑，第 1679 页。

④《明功臣袭封底簿》卷二《修武伯》，第 261 页。

⑤沈清墓在清康熙年间被盗掘，清代学者王士禛将挖出的沈清墓志抄录在笔记中（见［清］王士禛：《香祖笔记》卷六，景印《文渊阁四库全书》第 870 册，上海，上海古籍出版社，1987 年，第 450 页）。

⑥《明功臣袭封底簿》卷二《永宁伯》，第 342 页。

而是宣德十年（1435）张龙曾孙张纲奏请袭爵时吏部查验的备案①。此外，《明功臣袭封底簿》有记成祖驸马李让"永乐元年三月内封驸马都尉，本年五月内升富阳侯"②，永乐朝薛贵"升安顺伯"③，洪熙元年（1425）"靖难"隆平侯张信"升世袭隆平侯"④及第二代恭顺伯吴克忠"钦升恭顺侯"⑤等。这些"升"爵的记载，与一般的"封"爵仅是文词不同，还是反映了制度层面的区别，颇值得探讨。

　　先以沈清、谭广为例以作分析。传世的修武伯铁券⑥及《明英宗实录》沈清小传皆确载沈清领授"奉天翊卫宣力武臣、特进荣禄大夫、柱国、修武伯"的完整勋臣名号，不过记沈清初封时情形的《明英宗实录》正统六年十月己丑条及《明功臣袭封底簿》都只言沈清爵名与禄米状况，未提及他的封号和勋阶。这表明，他初封时很可能未定封号与勋阶，而沈清诰券实际颁降时间则较迟⑦，故文献所记不同。

　　谭广之作"升"爵与沈清的情况类似。《明实录》谭氏小传有载："封永宁伯，赐诰券，授奉天翊卫宣力武臣、特进荣禄大夫、柱国，食禄一千二百石。"⑧但罗亨信所撰《赠永宁伯谭公荣升序》仅言正统六年（1441）"仲冬"，"玺书下临，封公为永宁伯，食禄一千一百石"⑨，不载谭氏的封号及勋阶。又据谭广行状载，他正统六年"诏封永宁伯"，七年"给诰券"，诰券文辞录有完整勋臣名号"奉天翊卫宣力武臣、特进荣禄大夫、柱国、永宁伯"⑩。由此可知，谭广正统六年十一月初封时只明确爵名、禄米，至稍后才正式授予封号、勋阶，并颁下诰券。

---

① 《明功臣袭封底簿》卷一《凤翔侯》，第 162 页。
② 《明功臣袭封底簿》卷一《富阳侯》，第 117—118 页。
③ 《明功臣袭封底簿》卷一《安顺侯》，第 132 页。
④ 《明功臣袭封底簿》卷一《隆平侯》，第 186 页。
⑤ 《明功臣袭封底簿》卷三《恭顺侯》，第 428 页。
⑥ 吕媛媛：《明正统七年的沈清铁券》，《历史档案》2015 年第 4 期。该券现藏辽宁旅顺博物馆。
⑦ 根据《明实录》的记载，修武伯沈清封爵后一个月被准颁赐诰券，但今存修武伯铁券上所镌颁降时间是正统七年四月二十二日，比沈清初封的正统六年十月二十六日晚大约六个月。
⑧ 《明英宗实录》卷一二二，正统九年十月甲子，第 2452 页。
⑨ ［明］罗亨信：《觉非集》卷一《赠永宁伯谭公荣升序》，《四库全书存目丛书》集部第 29 册，第 452 页。
⑩ ［明］王伟：《永宁伯谭公行状》，［明］徐纮辑：《皇明名臣琬琰录》卷一五，周骏富辑：《明代传记丛刊》第 43 册，第 493—494 页。谭广行状所谓他正统七年被给诰券，确切而言应是指正统六、七年之际。据《明英宗实录》记载，谭广正统六年十二月被授诰券（见《明英宗实录》卷八七，正统六年十二月壬寅，第 1740 页），这应是朝廷下令准赐与制造诰券的时间，而正统七年是正式颁发诰券的时间，故实录、行状的记载并不矛盾。

明代颇重功臣封号、散阶、勋官的加授。早在洪武朝编定的《诸司职掌》中，就有勋臣封号"非特奉圣旨不与"的规制，正德、万历两朝《明会典》中关于封号非特旨不钦授的条文一如《诸司职掌》[①]。至于勋臣散阶、勋官，《明会典》有载，功臣散阶、勋官"间有特旨给授"，且"惟本身受封始得，后袭封者或有之"[②]。部分战功不突出或推恩加爵的勋臣，终生不受领封号、散勋者，如"靖难"中有过失的思恩侯房宽[③]及宣德朝传奉授爵的顺义伯金顺等。另外，"靖难"之役后以父谭渊战死功绩袭封的新宁伯谭忠，也只领"特进荣禄大夫、柱国"散阶、勋官而无封号[④]。

勋臣封号、散阶由吏部咨议封爵时专门拟定，功臣初封时若未定封号、散阶，需再经吏部奏请，由皇帝批准后才能补授。如宣德朝所封奉化伯滕定，至正统二年(1437)奏请补授诰券后，才一并钦准补封"奉天翊卫宣力武臣、特进荣禄大夫、柱国、奉化伯"[⑤]。外戚推恩加爵者尤循此例，如嘉靖初年世宗推恩册封外戚邵喜为昌化伯时，吏部奏："本爵封号、散官、勋阶拜免，未曾奉有明旨"，世宗再下旨令，邵喜才又加"推诚宣忠翊运武臣、特进荣禄大夫、柱国"[⑥]的完整爵位称号。质言之，所谓"升"爵，应指勋臣仅先定爵禄而暂不授封号、勋阶的情况，相对于"封"爵，"升"爵有册封流程不完整、封爵仪轨不正式之意。

不过，在明代文献中，"升"爵和"封"爵的使用也常不严格。前举房宽、谭忠、金顺、滕定等人虽不领或迟领封号、勋阶，但均未被记为"升"爵。再如《明功臣袭封底簿》中记李玉"宣德四年二月二十四日封新建伯"，三月初八日再"授奉天翊卫宣力武臣、特进荣禄大夫、柱国"[⑦]，李玉勋号、勋阶相比爵名迟授十余日，却仍然被记为"封"爵。前举《明功臣袭封底簿》所列洪武、永乐两朝诸"升"爵功臣，在《明实录》的记载中均领有封号、勋阶。如驸

①《诸司职掌·吏部·司封部·封爵》，《续修四库全书》史部第 748 册，第 597—598 页；正德《明会典》卷八《吏部七·验封清吏司·见封》，第 98 页；万历《明会典》卷六《吏部五·验封清吏司·功臣封爵》，第 30 页。

②正德《明会典》卷八《吏部七·验封清吏司·见封》第 1 册，第 98 页；万历《明会典》卷六《吏部五·验封清吏司·功臣封爵》，第 31 页。

③《明太宗实录》卷一二上，洪武三十五年九月甲申，第 197 页。

④《明太宗实录》卷一二上，洪武三十五年九月甲申，第 198 页。

⑤《明功臣袭封底簿》卷二《奉化伯》，第 350 页。

⑥《明功臣袭封底簿》卷二《昌化伯》，第 358 页。底簿原文"免"字后有一"死"字，文意不通，疑衍文。

⑦《明功臣袭封底簿》卷二《新建伯》，第 352 页。

马富阳侯李让在《明功臣袭封底簿》作"永乐元年三月内封驸马都尉,本年五月内升富阳侯",这里的"升"字,应仅有自驸马加进侯爵之意,非指册封流程不完整。另如隆平侯张信原子孙世袭伯爵,在仁宗登极后被加少师兼衔,准子孙世袭侯爵[①],故"升世袭隆平侯",也应指一般意义上的加升一级。《明功臣袭封底簿》记安顺伯薛贵永乐二十年(1422)"九月十七日升安顺伯,赏赐宝钞、段匹,给授诰券,封奉天翊卫宣力武臣、特进荣禄大夫、柱国、安顺伯,食禄九百石,子孙世袭指挥使"[②],明显将其封赏流程分为"升"爵与加"封"封号、勋阶两个阶段,但由于缺少其他文献以资旁证,故仍不能确定薛贵是否属于先授爵名后再赐封号、散阶者。凤翔侯张龙被记作"升"爵的原因也暂无法确定。

本章结语

从整体上看,洪熙与宣德两朝勋爵封拜的亲旧推恩色彩比较浓重。这一时期虽然天下相对安定,战事较少,但南疆交阯战役并未停歇,北疆故元政权的威胁也没有完全解除,朝中还有汉王、赵王等宗室势力觊觎皇位,因此明廷仍迫切需要攘外而安内。面对这种局面,仁、宣二帝秉持一套优隆前朝老臣的方略,对仍在世的永乐朝勋旧故臣不吝升赏勋爵以加强笼络,于是在一定程度上突破了依据军功大小授爵的既定原则。如清平伯吴成、崇信伯费瓛是有一定资历的燕邸"靖难"旧臣,永乐以后又历经劳苦,本可按累功惯例先加流伯以为优待,但皆以燕邸亲信或侍从旧将身份被遽加世袭伯爵。忠勤伯李贤本燕府赞善,属文职出身,既往军功甚低,但也以燕府故旧在病逝前被推恩授一流伯爵位。洪熙、宣德两朝外戚张泉、吴管者、孙忠二人或军功平平,或毫无战绩,皆被授予世袭伯爵,此更系明代爵制之一变,开后世外戚推恩冒爵之源头。洪熙、宣德两朝对达官土酋的优抚封爵延续了永乐朝重视经略西北、恩待招抚降臣的政策,与册封朝中大臣的标准本有所不同,但宣宗传奉封拜归附旧臣金顺、滕定的举动无疑颇显轻滥。正统初

[①]《明仁宗实录》卷二下,永乐二十二年九月丙申,第78页。
[②]《明功臣袭封底簿》卷一《安顺侯》,第132页。

年，"三杨"等老臣布列朝堂，他们对军功封爵原则的把控比较妥洽，大功、累功等封爵机制有效推行，但权阉王振干扰朝局后，宦官内幸多求以军功固宠，某些武职也夤缘攀附，封拜无序的现象又间或出现。在洪熙、宣德、正统三朝，大功封爵、累功封爵、外戚恩泽封爵、亲旧恩待封爵、轻功冒滥封爵、达官土官优抚封爵等情况并行甚至交错，封爵的多面性得以充分表现，反映出军功封赏制度在承平时期的因袭与震荡。

第五章　景泰、天顺两朝时局对军功封爵制度的影响

　　自正统末年经景泰一朝直至天顺中期,明代发生了"土木之变""夺门之变""曹石之变"等数次重大政治军事动荡,与此同时,各地起义变乱也此起彼伏,明廷面临严重的统治危机。在这一历史背景下,景泰、天顺两朝战事频繁,一批将领凭借御外安内的功绩受赏封爵,跻身朝中勋臣的行列,这一段时间也是继洪武"开国"与永乐"靖难"之后以军功册封勋爵人数最多的时期。在景泰、天顺两朝,勋爵册封作为国家最高军功嘉奖制度的基本原则没有大的改变,但复杂的战事与动荡的政局也会影响到朝廷的册封策略。如大将石亨、杨洪二人在北京保卫战前未立大功的情况下就已经分别被加授武清伯、昌平伯爵位,这可视为特殊的战时激封。而天顺一朝的诸臣册封也多与英宗复辟后安抚新旧功臣平衡朝中各方势力的意图有关。景泰、天顺的封爵反映出国家制度在特殊历史时期的相应调整,同时也体现了勋爵册封对维系朝政平稳、巩固皇权统治的重要作用。

一　"土木之变"与杨洪、石亨的战时加爵

(一)杨洪与石亨北京保卫战前的升爵

　　击退瓦剌大军围攻北京是明中期最重要的社稷大功,指挥北京城防的总兵石亨和镇守宣府以为策应的总兵杨洪二人,具有"中兴"勋臣的地位。不过,石亨、杨洪二人是在北京保卫战前尚未立功的情况下,就分别被授予了武清伯、昌平伯爵位,他们的爵赏最初可视为一种战时的激励,与一般情况下战后议定的封赏不同。

　　杨洪系中下级世袭军官汉中卫百户出身,自正统三年(1438)升都指挥同知充参将协守宣府,后久在宣府、独石、永宁等处守备,正统九年升至左都督,正统十三年挂印充总兵镇守宣府,成为北边权位最重的宿将之一。正统

十四年(1449)七月英宗亲征之时,杨洪随军出征[1]。关于杨洪封爵的情况,《明功臣袭封底簿》载,杨氏"正统十四年七月内领军前去大同栲栳山等处督军与贼厮杀,生擒贼人则不丁等,并挐获马匹牛羊,又于宣府杀退攻城达贼,累有军功,本年八月内钦升昌平伯"[2]。按此说,杨洪的爵禄应得自大同栲栳山及宣府附近战功。大学士陈循所撰杨洪神道碑对杨氏大同栲栳山等处战事的所记更详:

> 十四年秋虏众大举入寇,车驾亲征,至沙岭。公入见,命公前行,即又命守阳和、开山二口。公进至栲栳山,生擒贼虏则不丁等三人,并获被掠人马以献,驾还,命公为殿,寻命还守宣府。贼以精兵来攻,公出连战,败之,贼不敢近……今上令谕升公为昌平伯。[3]

根据神道碑所记,杨洪在"土木之变"前后有"擒贼虏三人"与"连战"守卫宣府等功绩,但只是小有斩获,并没能抵御瓦剌的进一步进犯,与一般意义上的大功标准相差较远。虽然栲栳山、宣府等战役是杨洪封伯的直接契机,但应该不是他得爵的根本原因。《明功臣袭封底簿》着重提到杨洪"累有军功,本年八月内钦升昌平伯",该句在《明史·杨洪传》中被改写作"景帝监国,论(杨洪)前后功,封昌平伯"[4]。"累有军功"和"论前后功"等,是杨洪"土木之变"前后短时期内的功劳,还是历年积累战功,所指均不明。

实际上,杨洪在明军与瓦剌交战初期,非但未立大功,甚至犯有过失。有学者指出,杨洪在正统十四年七月,瞒报其子杨俊等将官弃守宣府东路马营各堡的军情,导致瓦剌军由宣府东路包抄英宗亲征军队,这是造成土木堡溃败的原因之一[5],笔者亦持此观点。根据景泰朝协赞独石、马营军务参政叶盛的奏议可知,杨俊等官军捐弃独石、马营不守,导致瓦剌骑兵长驱直入,"宣府迤东、居庸迤西"各地皆为其兵锋所犯,大同与宣府之间的道路就此梗绝。另外,杨俊逃离独石、马营后,单抛弃粮料就有"九十九万有零",这对明

---

①《明功臣袭封底簿》卷一《昌平侯》,第137—139页;[明]陈循:《芳洲文集》卷七《故奉天翊卫推诚宣力武臣特进荣禄大夫柱国昌平侯追封颍国公谥武襄杨公神道碑铭》,《四库全书存目丛书》集部第31册,济南,齐鲁书社,1997年,第213—215页。

②《明功臣袭封底簿》卷一《昌平侯》,第138—139页。

③[明]陈循:《芳洲文集》卷七《故奉天翊卫推诚宣力武臣特进荣禄大夫柱国昌平侯追封颍国公谥武襄杨公神道碑铭》,《四库全书存目丛书》集部第31册,第215页。

④《明史》卷一七三《杨洪传》,第4609页。

⑤李新峰:《土木之战志疑》,《明史研究》第6辑,合肥,黄山书社,1999年。

廷而言损失颇大①。只不过"土木之变"后瓦剌乘势南下,局势危急,而朝廷正值用人之际,故杨俊未受深究,而是被准撤守到居庸关一带②。

有学者还曾分析认为,杨洪在"土木之变"时拥重兵而不出,是因为他坐镇宣府期间与瓦剌关系素睦,故仍欲"苟且相安",这一判断或有武断。明军土木堡溃败后,杨洪确实不曾出援,而是闭城防守,但这应是杨洪迫于当时条件而做出的选择。按天顺朝阁臣李贤在《天顺日录》中的分析,杨洪之所以未能及时率兵救驾,主要是由于宣府将士没有与瓦剌军队大规模正面对阵的经验,故"惊惶"不敢迎战③,所评比较中肯。又按杨洪神道碑记载,杨洪所率官兵曾在英宗亲征大军中充先锋及殿后部队④,这些随大驾征进的宣府军士必多死伤于土木堡,导致宣府本镇兵员减损。杨洪正统十四年(1449)九月曾上奏报:"先是有敕,令臣选官军七千往土木焚瘗将士遗骸,恐宣府军马一出,贼人猝至,难以提备。"⑤根据杨洪所报,抽调七千官军外出就会导致宣府城防难以为继,可见"土木之变"后宣府所存兵员有限,已没有与瓦剌大军进行野战的实力。总之,杨洪是在前方主力大溃、宣府城防吃紧的情况下,选择坚守不出战以保存有生力量的。由于宣府是拱卫北京的战略要地,若宣府失陷,京师无援,后果不堪设想,因此杨洪采取闭门防守的策略,也有其合理性。于谦在北京保卫战后就指出,"幸存宣府一城,有洪以守之,虽不救土木之危以解君父之难,然足以为京师及居庸之应援"⑥,这在一定程度上认可了杨洪的策略。

杨洪镇守宣府期间,还曾拒开城门迎接被瓦剌挟至宣府城下的英宗。据英宗侍从袁彬《北征事迹》的记载及《明实录》中根据《北征事迹》编纂的内容,正统十四年八月十七日也先挟持英宗至宣府,当晚前往叫门,宣府"城上放短枪不得近",英宗又遣袁彬代传口谕:"杨洪、范广、朱谦、罗亨信着

①[明]叶盛:《叶文庄公奏议·边奏存稿》卷一《详陈军务疏》《请重卫边大将名爵疏》《请止杨俊督兵疏》,《续修四库全书》史部第475册,上海,上海古籍出版社,2002年,第317、322、324页。
②《明英宗实录》卷一八一,正统十四年八月壬申,第3526页。
③[明]李贤:《天顺日录》,[明]邓士龙辑:《国朝典故》卷四八,第1159—1160页。
④[明]陈循:《芳洲文集》卷七《故奉天翊卫推诚宣力武臣特进荣禄大夫柱国昌平侯追封颍国公谥武襄杨公神道碑铭》,《四库全书存目丛书》集部第31册,第215页。英宗亲征大军曾在宣府周边驻跸、盘桓多日(见《明英宗实录》卷一八○、卷一八一,正统十四年七月辛丑、正统十四年八月丁巳、戊午、庚申,第3492、3496页),因此明廷抽调部分宣府官军加入御驾军伍是合乎情理的。
⑤《明英宗实录》卷一八三,废帝郕戾王附录第一,正统十四年九月辛丑,第3588页。
⑥《明英宗实录》卷一八五,废帝郕戾王附录第三,正统十四年十一月辛卯,第3687页。

开门接我城上去。"宣府城上人回答:"今日晚不敢开门,这城池军马是爷爷的,杨洪也出去了,不在城里。"瓦剌军于是携英宗北去①。杨洪作为守城主将,在军情危急时刻却贪夜弃城外出,这颇不合情理。与袁彬共同侍从英宗的杨铭就直言,袁彬至宣府叫城,"有城上总兵、太监等官不认"②。《天顺日录》也载,"胡人得上皇至城下呼之",杨洪"不出救"③。因此杨洪故意闭门不迎驾的可能性极大,所谓"杨洪也出去了"只是应付英宗与瓦剌大军的一时托词。

杨洪神道碑文不载英宗曾钦令宣府守臣出见一事,而别记"土木之溃,贼为伪书,遣其下伯颜帖木儿、麻亮等诱公开门,公遣人出,缚送京师"④。又据《明实录》载,正统十四年(1449)八月二十六日,监国郕王令杨洪:"今得尔等差人送原来黄纸文书一张,众辨此文,委系诈伪,或复有文书与人来到,不问真伪,一切拒之,毋堕奸计。"⑤此事可与杨洪神道碑中"贼为伪书"的记载相对应,只不过杨洪神道碑中"缚送"伯颜帖木儿的说法属夸大之词,也先部下伯颜帖木儿其实一直在瓦剌军中,从未被明军俘获⑥。明廷在瓦剌挟英宗兵临宣府城下九天后接到杨洪所报的"黄纸文书",根据宣府到京距离及明代公文传递一般速度可以断定⑦,瓦剌挟英宗临城叫门与瓦剌投伪书设诱是两件事,也就是说,也先在离开宣府后,又再向杨洪投送伪诈文书。英宗被俘后,明军随带"御用器物"及驾牌、旗号等皆为瓦剌所获⑧,而郕王称杨洪曾被瓦剌三次"诈诱"⑨,应该包括临城叫门及投书伪诈。瓦剌兵临城下与瓦剌投书伪诈两事相比,前者无疑更为重大,但杨洪神道碑文却回避前一事而专记后一事,显然是为杨洪闭门不见英宗做掩饰。

①[明]袁彬:《北征事迹》,《续修四库全书》史部第433册,上海,上海古籍出版社,2002年,第149页;《明英宗实录》卷一八一,正统十四年八月甲子,第3509—3510页。

②[明]杨铭:《正统临戎录》,[明]邓士龙辑《国朝典故》卷二八,第443页。

③[明]李贤:《天顺日录》,[明]邓士龙辑:《国朝典故》卷四八,第1160页。

④[明]陈循:《芳洲文集》卷七《故奉天翊卫推诚宣力武臣特进荣禄大夫柱国昌平侯追封颖国公谥武襄杨公神道碑铭》,《四库全书存目丛书》集部第31册,第215页。

⑤《明英宗实录》卷一八一,正统十四年八月癸酉,第3527—3528页。

⑥见[明]袁彬:《北征事迹》,《续修四库全书》史部第433册;[明]杨铭:《正统临戎录》,[明]邓士龙辑:《国朝典故》卷二八。

⑦明宣府至北京约三百五十里(见嘉靖《宣府镇志》卷七《疆域考》,第57页)。又按《大明律》规定,驿站铺兵"递送公文,昼夜需行三百里"(见《大明律》卷一七《兵律五·邮驿·递送公文》,北京,法律出版社,1999年,第126页)。

⑧《明英宗实录》卷一八一,正统十四年八月戊辰,第3516页。

⑨《明英宗实录》卷一八一,正统十四年八月乙亥,第3532页。

当瓦剌破关、英宗被俘后，一时战局难测，在此情形下，瓦剌大军又突然挟持英宗连夜至宣府叫门，必有诱夺城池的企图。因此杨洪坚守不出，虽显怯懦，但无疑又是保证宣府安全的最简单有效的举措。当时各镇也普遍采取闭门坚守策略以拒瓦剌大军，监国郕王就严诫各镇守将，若瓦剌"诈言大驾回还，胁尔开关"，切勿轻信①。瓦剌挟英宗至大同城下时，英宗自己也告诫大同守将郭登要"固守城池，人来有所传报，必查诚伪，慎勿轻信"②。不过杨洪拒不迎驾，又难免为英宗所衔恨。

严格地说，杨洪在"土木之变"前后的表现可谓功过相兼，甚至过大于功，但朝廷仍加封他昌平伯，这一封赏本质上是一种非常规的册封，不能以平常军功标准衡量。从《明英宗实录》记册封杨洪一事可见当时背景：

> 辛未（正统十四年八月二十四日），令升都督杨洪为昌平伯，朱谦为右都督，遣右都御史陈镒往顺天府通州等处抚安军民，升闸官罗通为兵部员外郎往居庸关，遣四川按察使曹泰往紫荆关，广东左参议杨信民往白羊口，会同军职守备关隘，抚恤军民。从兵部尚书于谦荐也。③

据此可知，杨洪获爵位的同时，还有其他多位文武官员被加升职衔任事，且这一批升赏均出自兵部尚书于谦的统一上荐，杨洪的膺爵显然未经过单独且严格的议功过程。另外，无论《明实录》《功臣袭封底簿》还是碑铭资料，均言朝廷"升"杨洪昌平伯而非"封"昌平伯。笔者在前章已论，明代文献中常有"升"爵与"封"爵两类说法，通常来讲，所谓"升"爵，多指勋臣仅给爵禄而不授封号、勋阶的情况，相对于"封"爵，"升"爵有册封流程不完整、封爵仪轨不正式之意。比读各类公私文献可知，杨洪之"升"爵时，也暂不授封号、勋阶，未明确子孙流世，并且未提及诰券颁赐。正统十四年（1449）九月，朝廷正式给杨洪岁禄一千石④，但仍不定封号、勋阶、流世与诰券。"土木之变"后，杨洪所部宣府守军成为抵挡瓦剌入犯京城的重要力量，朝廷是在战事紧迫的状况下，遽授杨洪昌平伯名位以作激励，自然来不及规定具体的爵赏规格，又由于杨洪尚未获立大功，朝廷实有先加其爵而后待立功之意，因此暂不明确杨氏勋臣待遇也合乎情理。

---

① 《明英宗实录》卷一八一，正统十四年八月戊辰，第3515—3516页。
② 《明英宗实录》卷一八一，正统十四年八月己巳，第3517页。
③ 《明英宗实录》卷一八一，正统十四年八月辛未，第3525页。
④ 《明英宗实录》卷一八三，废帝郕戾王附录第一，正统十四年九月壬辰，第3575页。

前引史料杨洪神道碑、《明英宗实录》正统十四年（1449）八月辛未条及《功臣袭封底簿》杨洪小传中还有两处记载值得进一步说明或考辨：第一，杨洪神道碑中"令谕升公为昌平伯"及《明英宗实录》中"令升都督杨洪为昌平伯"等句中的"令"字，专指亲王令旨[1]。郕王在正统十四年九月正式登极以前一个多月的兼国期间，凡升迁大臣皆用亲王令旨，而非皇帝圣旨。如《明英宗实录》还载，"令升"礼部尚书胡濙为太子太傅，吏部尚书王直为太子太保，仍兼尚书[2]，诸如此类，不一而足。第二，杨洪神道碑中有言，"今上令谕升公为昌平伯，未几虏犯畿甸，公受诏命入卫"[3]，这一记载有郕王即刻命杨洪进京防御之意，王世贞或受此说影响，就认为杨氏以"勤王"[4]功膺封。事实上，杨洪封爵后仍留镇宣府，并未有"勤王"之举。直至正统十四年十月，杨洪才领命"赴京"[5]。杨洪被召入京时，瓦剌大军已经解围撤退，杨洪转而率部追剿易州以西剽略的瓦剌余部[6]。

石亨获封伯爵的前后过程更为复杂。石亨在正统四年以都指挥同知充参将协同总兵武进伯朱冕镇守大同[7]，正统九年升都督佥事[8]，正统十四年六月升都督同知[9]，其间一直久充参将协守大同。《明史》载，石亨"虽偏将，中朝倚之如大帅"[10]，这种说法并不为过，石亨在正统中后期已成为最重要的北部骁将之一。如石亨正统九年升都督佥事之后，屡上筹边方略，他曾就武职推举之法提出意见[11]，还请镇将操练士卒以备瓦剌[12]，皆被朝廷准行。正统十三年初，石亨闻警，自领兵出巡，因属擅自行动，引起大同总兵武进伯朱冕

---

[1] 宋元历代皆以太子命令称"令旨"，明代因循前朝制度，在永乐六年正式规定，诸司庶务启东宫处分者，则书"皇太子令旨"，其承受于亲王者书"其王令旨"（见《明太宗实录》卷八一，永乐六年七月庚午，第1091页）。

[2] 《明英宗实录》卷一八一，正统十四年八月甲申，第3528页。《明功臣袭封底簿》杨洪传中用"钦升"昌平伯而不用"令升"，这不符合郕王监国时期的制度，显然出自后世改写。

[3] ［明］陈循：《芳洲文集》卷七《故奉天翊卫推诚宣力功臣特进荣禄大夫柱国昌平侯追封颍国公谥武襄杨公神道碑铭》，《四库全书存目丛书》集部第31册，第215页。

[4] ［明］王世贞：《弇山堂别集》卷三八《永乐以后功臣公侯伯年表》，第679页。

[5] 《明英宗实录》卷一八四，正统十四年十月戊辰，第3647页。

[6] 《明英宗实录》卷一八四，正统十四年十月辛未，第3649页。

[7] 《明英宗实录》卷五一，正统四年二月壬子，第974页。

[8] 《明英宗实录》卷一一二，正统九年正月丁丑，第2261页。

[9] 《明英宗实录》卷一七九，正统十四年六月辛未，第3474页。

[10] 《明史》卷一七三《石亨传》，第4614页。

[11] 《明英宗实录》卷一三四，正统十年十月壬子，第2667页。

[12] 《明英宗实录》卷一五六，正统十二年七月甲辰，第3043—3044页。

及镇守太监郭敬的嗔怒，英宗却下敕切责朱冕、郭敬而回护石亨，同时命令石亨需与上司官"和睦商榷行事"①。可知此时石亨的地位已可与总兵勋臣及总镇太监比肩，同时也显现出骄横之态。

正统十四年（1449）七月，瓦剌犯境，镇守大同的总督西宁侯宋瑛、总兵武进伯朱冕等率军出战，遇敌全军覆没，宋瑛、朱冕皆死阵中，参将石亨私自逃回②。当年八月二日，英宗命第二代广宁伯刘安继充大同总兵，都督郭登继任大同参将，石亨降为事官"募兵自效"③。八月十五日，英宗亲征大军在土木堡败没④。八月二十日，石亨又被监国郕王复升右都督掌都督府，"仍管大营操练"，同时有驸马焦敬管神机营，忻城伯赵荣管三千营⑤，可知石亨此时所管"大营"，应专指三大营中的五军营。五天后，石亨再加伯爵。《明英宗实录》与《明功臣袭封底簿》对石亨晋爵情形的记载相仿。实录载，正统十四年八月壬申，郕王"令升都督石亨为武清伯，充总兵官，管军操练"⑥。底簿载，"正统十四年八月二十五日，奉圣旨石亨升武清伯，做总兵官，管军马操练"⑦。石亨晋伯爵后所领的"管军马操练"总兵官，就不再限于管理五军大营，而是与兵部尚书于谦一起总领三大营及在京明军以备瓦剌进犯。刘定之《否泰录》就载，景帝命石亨为"武清伯，总京师军马"⑧。稍后，正统十四年九月，景帝同敕于谦、石亨云："卿等提督操练军马，其中头目多有不胜任者，宜退之，别简其人以备任用。"⑨

石亨在短短一个月内历经几次职位起落，尤其是复升任右都督数日后就晋封伯爵执掌京师重兵，更属越级拔擢，可见石亨的爵赏也没有经过一般的议功流程，而是与杨洪相仿，属郕王在战时用以激励士气的特别封赏。由于是权宜升用，故石亨也与杨洪一样，授爵称"升"而不称"封"，暂不明确爵位流世及禄米、勋阶、铁券等各类勋臣爵享。

<hr>

① 《明英宗实录》卷一六二，正统十三年正月辛亥，第3150页。
② 《明英宗实录》卷一八〇，正统十四年七月癸巳，第3490页。
③ 《明英宗实录》卷一八一，正统十四年八月己酉，第3495页。
④ 《明英宗实录》卷一八一，正统十四年八月壬戌，第3498—3499页。
⑤ 《明英宗实录》卷一八一，正统十四年八月丁卯，第3512页。
⑥ 《明英宗实录》卷一八一，正统十四年八月壬申，第3526页。
⑦ 《明功臣袭封底簿》卷二《忠国公》，第281页。《底簿》这里所用"奉圣旨"的说法，也是后世编改之辞，当时升授皆是郕王下令旨。
⑧ [明]刘定之:《否泰录》，[明]邓士龙辑:《国朝典故》卷三〇，第480页。按，《否泰录》将石亨封伯掌兵马操练一事系于景帝正式继位之后，这在时间上有误。
⑨ 《明英宗实录》卷一八三，废帝郕戾王附录第一，正统十四年九月丙申，第3580页。

　　总而言之,至正统、景泰两朝,明"开国"及"靖难"元勋所存无几,为抵御瓦剌对京师的来犯,朝廷大力擢用新一代镇将杨洪与石亨,甚至在他们犯有过失且尚未击退蒙古军队的情况下就直接授予伯爵,这虽然违反封赏之常例,但从战略全局的角度考虑,昌平伯及武清伯之封又完全是为应对特定局势的需要,不能简单视为冒滥授爵。

(二)石亨封爵若干史事辨误

　　历代史撰中有一些关于石亨的记载存在明显谬误,而这些记载又与石亨封爵的原委密切相关,因此有必要加以辨析。有关石亨的这类错谬记述较早集中见于王世贞所撰《浙三大功臣传·于谦》的传记中,不烦引录其原文如下:

　　　　（于谦）寻进兵部尚书……郕王既即大位,益贤谦,虚己委焉。入对,慷慨泣奏曰:"敌得志,挟我大驾,势必长驱而南。今六军实力、武库兵器尽矣。司马宜急分道募兵,及留漕卒自益。司空宜并日而搜乘缮械。九门要地,宜令都督孙镗、卫颖、雷通、张軏等分守之,都御史杨善、给事中王竑等参焉。凡兵皆出营郭外,毋令避而示弱。郭外之民皆徙入内安插,毋令失所而嚣。通州仓欲守之,或不能委以与敌,则可惜。宜令官军皆给一岁禄,奉听其自运,仍以赢米为之直。敌所急者草,诸厂宜亦听军称力取之,不尽则焚之,毋以饱敌马。"而是时石亨方坐系,杨洪亦以逗遛当谴,谦惜其材勇,请赦之,与安远侯柳溥为大帅,而身总其机宜。[①]

　　以上这段引文里有两个涉及石亨的重要记载,第一,石亨曾因抵御瓦剌不利被追责下狱;第二,景帝登极后,石亨经兵部尚书于谦的保举复任将帅之职。王世贞的这些记载又为明代《皇明世法录》《国朝献征录》《续藏书》《国朝列卿纪》及清代《国榷》、于继先《先忠肃公年谱》等数量众多的明清史籍所因循。《明史·石亨传》不言"石亨坐系、杨洪当谴",但采信石亨为"尚书于谦荐"[②]一说。直至今日,世贞及以后诸家的这类记述仍常常被学者

①［明］王世贞:《弇州续稿》卷八五《浙三大功臣传·于谦》,景印《文渊阁四库全书》第 1283 册,第 248 页。
②《明史》卷一七三《石亨传》,第 4614 页。

征引①。

进一步排查史料可知，王世贞《于谦传》的记述又因袭于更早的于谦行状、碑铭及《双槐岁钞》《吾学编》等笔记杂史。弘治初于谦子于冕亲撰《先肃愍公行状》有如下记载：

> 公见上泣曰："虏贼不道，气满志得，将有长驱深入之势，不可不预为计。迩者各营精锐尽拣随征，军资器械十不存一，宜急遣官分投招募官舍、余丁、义勇，起集附近民夫更替沿河漕运官军，令其悉隶神机等营操练听用。仍令工部齐集料物，内外局厂昼夜并工，成造攻战器具。京城九门最为紧要，令都督孙镗、卫颖、张轨、张义、雷通等，统领军士出城守护，列营操练，振耀军威。遣给事中、御史等官王竑等分投巡视，勿令疏虞。各城门外居民，虏若迫其胁从，则敌势愈众，宜令兵马司排门晓谕，迁徙城内，听各随便居住。通州、壩上等处仓粮不可捐弃，令在官诸人关支，准作月粮之数，一举两得，计无便于此者。大同、宣府等处曾经虏骑往来摽掠者，请敕各处守臣，谕以今日国家之事，必须辑和众庶，固守城池，整搠人马，互为应援，一切关隘、楼橹、墩台、壕堑，务在挑修深固，不许虚应故事。至于选用人材，尤为当今急务，文臣如轩輗者，宜令巡抚，武臣如杨洪、柳溥者，宜为将帅。凡军旅之事，臣请身任其责，不效则治臣之罪。"②

这段史料中已有所谓于谦任兵部尚书后觐见景帝泣奏诸事的内容，不过值得注意的是，于冕及倪岳的原文仅言于谦曾保举杨洪、柳溥，不言石亨被荐一事。而石亨在"土木之变"后被逮下狱一事，最早可见于成化朝黄瑜所撰《双槐岁钞》，其文曰："石亨协守万全，坐不救乘舆，械系诏狱，赦出之，使总京营兵马退虏赎罪。"③嘉靖朝郑晓《吾学编》在《双槐岁钞》的基础上增补

---

① 近期出版的于谦传记《风孰与高——于谦传》即言，于谦向朱祁钰推荐石亨，将其升为右都督，总京营兵（见钱国莲：《风孰与高——于谦传》第四章《屹立于战火》，浙江人民出版社，2006年，第136页）。

② [明]于冕：《先肃愍公行状》，[明]于谦：《于谦集》附录二，第673—674页。另倪岳根据《先肃愍公行状》撰有于谦神道碑，其中泣奏一节与行状所记大同小异（见[明]倪岳：《青谿漫稿》卷二一《大明故少保兼兵部尚书赠特进光禄大夫柱国太傅谥肃愍于公神道碑》，景印《文渊阁四库全书》第1251册，第279页）。《先肃愍公行状》及于谦神道碑是最早的全面记叙于谦生平的史料，故被后世明清史籍辗转传抄，影响深远。

③ [明]黄瑜：《双槐岁钞》卷五《己巳御虏诸将》，第98页。

了如下文字：“（土木堡）王师败绩，亨与总兵官杨洪等并械系锦衣卫狱”，“有言亨勇者，景帝出亨狱，令立功赎罪”①。仍需注意的是，郑晓只是泛泛提到有某人曾请求赦免并复用石亨，但未指明奏请者是何人。

　　综合以上所列史料可以断定，前引王世贞《于谦传》的那段记述完全是对《先肃愍公行状》及《双槐岁钞》《吾学编》诸书记载的拼凑与改写。王世贞取《先肃愍公行状》内于谦泣对景帝一事的叙述框架，又根据《吾学编》提供的线索，认定奏保石亨出狱任事的人是于谦。此后，王世贞的说法又辗转流传，影响深远。然而，无论于冕、倪岳抑或黄瑜、郑晓的记述，本身就存在各种错漏，不可完全视作信史②，遑论依据这些记载而编写的王世贞等人的著述。

　　首先，就史源而论，作为王世贞以后诸家著述重要依据的《先肃愍公行状》中于谦泣奏即存在严重的史实问题。对比《明英宗实录》及时人奏疏可知，《先肃愍公行状》中于谦泣奏的各种方略题请，其实是在正统、景泰两朝陆续报准施行的，并非由某一人在某一时刻统一提议实施③，其中一些奏请的确由于谦单独所上，而另外一些实由兵部衙门统一上报，不能完全认定是出于谦个人的意见④，还有部分建议并非最早由于谦报请⑤，泣奏中提及的

①［明］郑晓：《吾学编》第十九《皇明异姓诸侯传》卷下《石亨》，《四库禁毁书丛刊》第45册，第220页。

②郑晓在《今言》中也指出，倪岳所撰于谦神道碑在记事时间上就存在数处错误（见［明］郑晓：《今言》卷一，“四十九条”，第25页）。

③如升用杨洪、抢运通州仓粮等事发生在郕王监国时期的正统十四年八月（见《明英宗实录》卷一八一，正统十四年八月丙寅，第3511页）；任命轩輗镇守浙江是在景帝登极之后的正统十四年九月（见《明英宗实录》卷一八三，废帝郕戾王附录第一，正统十四年九月癸巳，第3575页）；招募义勇、民夫在正统十四年十月之前（见《明英宗实录》卷一八四，废帝郕戾王附录第二，正统十四年十月乙丑，第3643页）；［明］叶盛：《叶文庄公奏议·西垣奏草》卷二《紧急操练疏》，《续修四库全书》史部第475册，第254页）；分遣诸将守卫京城九门在正统十四年十月（见《明英宗实录》卷一八四，废帝郕戾王附录第二，正统十四年十月甲寅，第3624—3625页）；于谦上请集中修筑各边城堡、墩台、壕堑一事已晚至景泰元年十月（见《明英宗实录》卷一九七，废帝郕戾王附录第十五，景泰元年十月戊戌，第4193—4194页）。

④如《明英宗实录》确载催募义勇一事系由兵部题请，《明英宗实录》未载分派诸将防护城门及遣轩輗镇守浙江诸事的奏请人，但这些提议事关重大，应也是由兵部各衙门题请处理。

⑤如最早请调广西总兵安远侯柳溥回京防护的是外戚会昌伯孙忠（见《明英宗实录》卷一八三，废帝郕戾王附录第一，正统十四年九月甲午，第3578页）。还有一些记载指出，首先提议通州粮储可由在京官兵自行关支取运的是江南巡抚工部侍郎周忱，此计后经群臣朝议得以施行（见［明］王锜：《寓圃杂记》卷二《通州给粮》，北京，中华书局，1984年，第15页），也非全靠于谦一人之力。

官员任用情况也多与事实不符①。可以肯定,于冕是将明廷抵御瓦剌的各类
布划真假错杂地统统归在所谓于谦泣奏的内容中,以凸显乃父运筹帷幄的
形象,甚至于谦泣奏一事本身有可能都是于冕臆造出的戏剧化情节。于谦
在"土木之变"后有临危"救世"的伟业,却在天顺初年被"夺门"群臣迫害
遭戮,此明代历史上一大冤案,但于冕为替乃父正名而编造混淆史事,也有
矫枉过正之失。

其次,《双槐岁钞》《吾学编》中石亨、杨洪"械系"的记载,更属毫无根
据的小说之谈,王世贞自己在《弇山堂别集·史乘考误五》中对此已作辨误,
并明确指出石亨在"土木之变"前后仅受到降为事官效力的处罚,绝无下狱
之惩,杨洪入京前一直驻防宣府一带,也不可能革职被逮②。但王氏在编纂于
谦传记及《弇山堂别集·永乐以后功臣公侯伯年表》时,却又袭用石亨"下
狱,赦出充总兵官"③封伯之说,造成自相矛盾,可见王氏庞大史传著作未经
系统修订的状态④。

再次,对于谦奏保石亨复用一事,也当存疑待考。前引各类笔记私撰皆
谓已任兵部尚书的于谦在景帝登极后保举石亨,这在时间上就存在显见的
错误。事实上,按《明实录》的记载,石亨是在郕王监国期间的正统十四年
(1449)八月二十日复升为右都督的,而石亨复任的时间比于谦由兵部侍郎
升任兵部尚书的时间还早一天⑤。由于于谦曾巡抚山西,谙知大同事务,他在
"土木之变"前后又以侍郎之职实理兵部⑥,故于谦有可能在任兵部侍郎时
就奏保石亨复职入掌京营,但早期的权威史料不能直接证明这一点。值得
注意的是,于冕在《先肃愍公行状》中完全未言石亨复用是否出自于谦的保

①如瓦剌进犯北京时,奉命出城分守北京九门的分别是武清伯石亨、都督陶瑾、广宁伯刘安、应袭武进
伯朱瑛、都督刘聚、原镇远侯顾兴祖、都指挥李端、都督刘得新、都指挥汤节及署都督金事范广、右都
督武兴等,诸将由石亨统一节制(见《明英宗实录》卷一八四,废帝郕戾王附录第二,正统十四年十
月甲寅,第3624—3625页),并非《先肃愍公行状》所谓的都督孙镗、卫颖、张轨、张义、雷通五人。
至景泰元年六月瓦剌军退后,于谦又会同太监吉祥计议,请各营总兵、把总等官"分定京城各门"防
护,这才有张轨、孙镗、卫颖、张义,雷通诸人与石亨、杨洪、柳溥、过兴等将一同领兵据守城门(见
《明英宗实录》卷一九三,景泰元年六月甲午,第4055—4056页)。由此可知,于冕是将北京保卫战
之前九门城防布置一事与景泰元年分遣营将守城一事相混淆。
②[明]王世贞:《弇山堂别集》卷二四《史乘考误五》,第428—429页。
③[明]王世贞:《弇山堂别集》卷三八《永乐以后功臣公侯伯年表》,第673页。
④对王世贞所修明史未成的讨论,可见孙卫国:《王世贞未完成之明史与〈弇州史料〉》,《史学理论与
史学史学刊》2004—2005年卷,北京,社会科学文献出版社,2005年。
⑤《明英宗实录》卷一八一,正统十四年八月戊辰,第3515页。
⑥[明]于冕:《先肃愍公行状》,[明]于谦:《于谦集》附录二,第671、672页。

荐,这样做或许是有意隐蔽于谦与石亨早期的关系①。另外,于谦保举石亨加封武清伯爵并总管京师军队的可能性更不大。虽然于谦已奏荐杨洪加封伯爵,但石亨受命担任北京最高城防武职统帅,其实际权责基本与作为文臣总督的于谦持平或仅稍逊,但名位还要高一些②,这种级别的任命按理应出于皇帝的宸断,不大可能仅由臣子保举而成。

还需要说明的是,在"土木之变"前,杨洪已升为左都督,并挂印充总兵镇守宣府,而石亨由都督同知、参将降为事官效力,但北京戒严期间,杨洪仍留宣府原镇,石亨反而被紧急召入,成为京师最高城防统帅,在权责上超过杨洪。造成杨洪、石亨权位消长的原因大概有三:其一是大同素为蒙古各部入贡的必经之地③,石亨作为原大同参将,相比杨洪更谙熟防御瓦剌的事务。其二是瓦剌破关时,大同官兵迎战死伤殆尽④,而宣府尚存一定的守军,宣府首当其冲成为策应京师的第一战略要地,仍需宿将杨洪坐镇。其三,正统十四年(1449)时杨洪年近七旬⑤,从年龄上说已不是总领京师防务的最佳人选,石亨则相对年富力强一些,故被召入统兵。

(三)刘安朦胧奏爵事件

值得注意的是,明廷对杨洪、石亨的临战加封虽出于一时战略之必须,但却间接引起了其他勋臣的不良举动。

正统十四年九月,镇守大同的总兵广宁伯刘安未经允许就离镇进京朝

---

① 于冕为凸显于谦的形象,将石亨描述为与于谦不协的无能奸佞。据于冕所云,北京保卫战时,于谦计划领兵出战,但石亨只"欲尽闭九门,坚壁以待",又称石亨"虽为主将,其实因人成事",依赖于谦之功而封侯(见[明]于冕:《先肃愍公行状》,[明]于谦:《于谦集》附录二,第674、678页)。故此,即便石亨确系由于谦保举入京,于谦也会刻意回避此事。不过于冕这样的评价抹杀石亨的功勋,未免贬斥过甚,不甚合史实。

② 正统、景泰之际的公私文献常将石亨的名位排在于谦之前,如景帝曾敕太监兴安"往同石亨、于谦等整理军务"(见《明英宗实录》卷一八四,正统十四年十月戊午,第3629—3630页),另如时任兵科给事中的叶盛在奏议中屡次写作"总兵等官石亨、于谦"等(见[明]叶盛:《叶文庄公奏议·西垣奏草》卷二《军情疏》《计移军器疏》,《续修四库全书》史部第475册,第255页)。

③ [明]陆容:《菽园杂记》卷四,第43页。

④ 据于襄伯郭登传记资料,当时大同兵士"多战死,所存皆创残",郭登初至大同时,"战士仅数百,马百余匹"(见[明]袁褧:《定襄伯赠定襄侯谥忠武郭公登传》,[明]焦竑辑:《国朝献征录》卷一〇《伯二·除封》,周骏富辑:《明代传记丛刊》第109册,第344、345页)。

⑤ 杨洪武十四年生,至正统十四年六十八岁(见[明]陈循:《芳洲文集》卷七《故奉天翊卫推诚宣力武臣特进荣禄大夫柱国昌平侯追封颍国公谥武襄杨公神道碑铭》,《四库全书存目丛书》集部第31册,第216页)。杨洪在景泰元年奏请致仕,但未获允(见《明英宗实录》卷一九八,废帝郕戾王附录第十六,景泰元年十一月甲辰,第4201页),至景泰二年卒。

见，自云受英宗上命通报"虏情"，且已经英宗"蒙升"为广宁侯[1]。给事中叶盛等立即劾奏刘安"委弃边境城池"，"无状又敢辄自封侯，暧昧朦胧，不由其道，升除迁拜，莫知所从，既非出于朝廷，事实同于矫伪"[2]，于是景帝将刘安罢职下狱[3]。

根据英宗漠北侍从袁彬所撰《北征事迹》、杨铭所撰《正统临戎录》及《明英宗实录》的记载，此前正统十四年（1449）八月瓦剌大军挟英宗过大同时，英宗曾召刘安等守臣出城接驾，并命令刘安取大同钱粮、金银分赏瓦剌大军，但无论袁彬、杨铭还是《明英宗实录》，都没有提到英宗准许刘安封侯一事[4]。不过，以常理推之，若英宗不曾许诺升赏刘安，刘安应该不敢冒欺君之罪的风险，入京谎称获准升爵。弘治朝许浩所撰《复斋日记》有载，刘安在大同城下面见英宗后，"上皇悦，命加封刘为侯"，刘安入京请告加爵，但被叶盛奏劾，"事遂寝"[5]。根据《复斋日记》的说法，英宗曾口头晋升刘安为侯爵。另外，英宗"夺门"复位后，很快晋封刘安为广宁侯，并在刘安侯爵诰券中着重强调"比守大同，会当天步之艰，委身为主，屡效忠勤之力"[6]，可见英宗始终感念刘安迎驾护主的表现，因此在大同城下准升刘安爵位不是没有可能。

不过，即使英宗确实对刘安有过加封许诺，但在正统、景泰相交之际，局势紧迫，刘安贸然进京奏请落实升爵待遇的做法也十分不妥。当时景帝刚刚临政，正在通过发布各种政令加紧整饬京师及边镇防务，而刘安公开传报英宗的升赏口谕，给人以英宗仍在漠北发号施令的错觉，这很可能会扰乱朝局。故此，景帝不会应允刘安所奏，也不可能再执行英宗的旨令。更重要的是，刘安作为大同镇守主将，不顾城防重任，为一己私利擅离职守，实乃重罪。《明宪宗实录》所附刘安小传为刘安擅自入京的行径有所辩解，云："英庙被虏遮，经过大同，安挺身出见，悉取库中所有金帛以进，潜驰至京师，具

---

①《明英宗实录》卷一八二，正统十四年九月壬午，第3544页。

②［明］叶盛：《叶文庄公奏议·西垣奏草》卷一《大班劾刘安等疏》，《续修四库全书》史部第475册，第251页。

③《明英宗实录》卷一八二，正统十四年九月壬午，第3544页。

④［明］袁彬：《北征事迹》，《续修四库全书》史部第433册，第150页；［明］杨铭：《正统临戎录》，［明］邓士龙辑：《国朝典故》卷二八，第443—444页；《明英宗实录》卷一八一，正统十四年八月戊辰，第3514页。

⑤［明］许浩：《复斋日记》，《续修四库全书》子部第1170册，上海，上海古籍出版社，2002年，第546页。

⑥［明］郑汝璧：《皇明功臣封爵考》卷五《广宁伯》，《四库全书存目丛书》史部第258册，第528页。

陈旁有悔过奉复之意,时不知者劾其擅离城守。"[1]众所周知,当时的情况是,也先挟持英宗,率军直扑北京,并无所谓"悔过"之意,可知刘安小传中的这一套说辞全无道理。刘安被罢爵下狱本属罪有应得,但他被惩处一个月后,又被景帝赦出,复以总兵职衔率军"杀贼"[2]。尔后刘安将功赎罪,被景帝再次授予原广宁伯爵,此又可见北京保卫战前后明廷兵将匮乏的局面。

二　北边守将与南征战将的大功封爵

(一)拱卫京师将领的封爵功资

至北京保卫战胜利后的正统十四年(1449)十月,石亨即以"悉心效力"升武清侯爵[3]。一个月后,杨洪也因在易州、紫荆关一带大破撤退的"残虏",斩获数百,夺回被掳人口、牛羊等,回京升昌平侯,准食禄千一百石[4]。至此石亨、杨洪二人真正凭借战退瓦剌匡扶社稷的大功进封爵级。

继石亨、杨洪以保卫北京之功晋封侯爵后,在景泰初年,又有资历稍逊的大同、宣府总兵郭登、朱谦被授予伯爵之位。郭登是"开国"功臣武定侯郭勋裔孙,最初以勋戚子弟任勋卫侍从宫禁,正统十四年升都督同知充副总兵协守大同[5]。当年九月,原大同总兵广宁伯刘安入京请升爵被罢后,郭登佩将印继任为大同总兵,十一月再升为右都督[6]。朱谦系凤阳留守左卫世袭指挥佥事出身,正统初以"屡追剿达贼"功升万全都司都指挥使充参将守备万全,"土木之变"前后累升都督同知、右都督仍协守万全。原宣府总兵官杨洪封昌平伯领兵入卫后,朱谦升左都督佩印充总兵继镇宣府[7]。

郭登在景泰元年(1450)正月上奏:"贼从顺圣川入寇,驻于沙窝,臣等

---

①《明宪宗实录》卷九五,成化七年九月己卯,第1818—1819页。

②《明英宗实录》卷一八四,废帝郕戾王附录第二,正统十四年十月甲寅,第3624页。

③《明英宗实录》卷一八四,废帝郕戾王附录第二,正统十四年十月壬戌,第3637页。

④《明英宗实录》卷一八五,废帝郕戾王附录第三,正统十四年十一月己丑,第3682页;《明功臣袭封底簿》卷一《昌平侯》,第139页;[明]陈循:《芳洲文集》卷七《故奉天翊卫推诚宣力武臣特进荣禄大夫柱国昌平侯追封颖国公谥武襄杨公神道碑铭》,《四库全书存目丛书》集部第31册,第215页。

⑤《明功臣袭封底簿》卷二《定襄伯》,第253—254页。

⑥《明英宗实录》卷一八三、卷一八五,废帝郕戾王附录第一,废帝郕戾王附录第三,正统十四年九月壬辰,十一月乙酉,第3574、3678页。

⑦《明英宗实录》卷二〇一,废帝郕戾王附录第十九,景泰二年二月丁酉,第4311—4312页;《明功臣袭封底簿》卷三《保国公今袭抚宁侯》,第395页。

督官军与敌,斩首十一级,生擒哈剌等三名,贼众溃散,我军奋勇追至栲栳山复战,又斩首五级,夺所掳男女百十六人,马九十八匹,牛骡驴六百二十一头,马鞍七十五,盔甲、弓箭、腰刀、铜铁器皿四百有余。"景帝诏封郭登为定襄伯,大同参战官兵升赏有差[1]。依照郭氏自陈,沙窝、栲栳山之战是对瓦剌余部的一次阻截,但此战仅擒斩敌军十九名,即使被擒者中有敌方酋长[2],表面上看仍与前朝大功封爵的斩获数量有明显差距。《明功臣袭封底簿》载,此战"生擒、斩首及砍射达贼七十余人"[3],也就是说除擒杀外还曾"砍射"伤敌五十余人,从杀伤敌众的角度而言仍非重大战果。

倘仅以斩获敌首的多寡而论,宣府总兵朱谦的封爵资格也显不足。依照《明实录》的记载,景泰元年(1450)九月六日,朱谦以"宣府城外杀贼功"加升抚宁伯,其他宣府大小将士一体升赏[4]。景泰元年八月也先已送英宗回銮[5],当时瓦剌主力部队已不再威胁明朝,因此朱谦的宣府"城外杀贼功"应非专指某一次杀敌之胜,当指其防御瓦剌的整体军功表现,如《明功臣袭封底簿》就载,朱谦以"镇守宣府,节次擒斩达贼"[6]之功膺爵。瓦剌军在"土木之变"后至景泰元年春夏之交的一段时间内数犯宣府,明、瓦双方互有胜负,朱谦所部未曾取得歼灭敌军的完胜。如景泰元年五月隆门关、关子口之战,宣府兵勇击退瓦剌大军四次进攻的同时,也自损一百四十余人,应援的都督江福所部也"为敌所败"死伤百余人[7],甚至可谓"惨胜"。

进一步分析史料可知,郭登、朱谦当时是以特定的大功资格封爵,并非无序冒滥。景泰元年年底,礼部尚书杨宁质疑当时对官军封赏过多,他上奏称镇将有希求升赏、妄报功次者,请朝廷慎重加升武职,兵部尚书于谦针对杨宁所议覆奏云:

> 如向者所升德胜等门、紫荆关及大同、宣府等处官军,俱系杀败敌众,保全城池有功人数,该总兵等官造册奏要升赏,节行驳勘明白,若不

①《明英宗实录》卷一八八,废帝郕戾王附录第六,景泰元年正月庚午,第3851—3852页。

②[明]倪谦:《倪文僖集》卷三〇《忠义子传》,景印《文渊阁四库全书》第1245册,上海,上海古籍出版社,1987年,第572页。

③《明功臣袭封底簿》卷二《定襄伯》,第254页。

④《明英宗实录》卷一九六,废帝郕戾王附录第十四,景泰元年九月丁未,第4151页。

⑤《明英宗实录》卷一九五,废帝郕戾王附录第十三,景泰元年八月庚寅,第4130页。

⑥《明功臣袭封底簿》卷三《保国公今袭抚宁侯》,第395页。

⑦《明英宗实录》卷一九二,废帝郕戾王附录第十,景泰元年五月辛亥,第3995—3996页。

照例升用,何以激劝人心? 其有退缩覆溃如阳和、口外土木等处官军,虽已死于锋镝,未尝升用一人。况兵家之事,以捷胜破敌为全功,不以斩首多寡为勋绩,若止以斩首多寡定为升赏崇卑,则人皆顾恋首级,未免为敌所制。①

于谦的覆议反映出景泰初年论功行赏的两个重要原则,第一是将大同、宣府守御之功作为与北京保卫战同级别的一体大功来看待,第二是以能否击退威胁京师的瓦剌军众作为衡量官兵功劳的关键,不拘泥于斩获敌首的多少。这样的论功原则比较切合当时实际的作战形势,郭登、朱谦按此标准以大功封爵是比较合理的。首先,大同、宣府战略位置重要,也是瓦剌大军的主攻方向②,两镇的防护直接关系到京师安危,故郭登、朱谦作为主要将领的守御策应之功不可泯没。时任兵科给事中的叶盛曾概言,“朝廷今日防边重镇,其大者大同、宣府”③。正统十四年(1449)末瓦剌大军退后,兵部尚书于谦仍强调“宣府者,京师之藩篱”,“未有藩篱门户之不固而能免盗贼侵扰之患者”④。成化朝大学士尹直在《謇斋琐缀录》中直言:“至守大同,则郭登之绩尤伟。”又云:

> 我朝建都幽燕,迫近胡境,大宁既失,所恃者宣府,少为屏蔽耳。正统之末,当国者惟知保京师,而付宣府于度外,殊弗思宣府苟不守,则山后皆沦寇场,陵寝单外,而胡骑鸣镝北门矣,何以为国?⑤

郭登在原大同总兵广宁伯刘安被罢后,以一将之力坚守大同四个月有余⑥,有效地配合了北京城防,这已堪为大功,沙窝、栲栳山之捷也可视为郭登守城大功的组成部分。需要注意的是,瓦剌军对北京的攻势迅猛,他们围攻北京失利后仍持续抢掠,“去来无常”⑦,不断危及北京及周边地区,仅景泰元年(1450)正月间,明廷就连续接到倒马关“达贼临墙”、大同“达贼累次临城”、

①[明]于谦:《于谦集》奏议卷一《北伐类·兵部为边计事》,第36—37、40—41页。
②白翠琴:《瓦剌史》第三章《挥戈南下威震中原》,长春,吉林教育出版社,1991年,第101页。
③[明]叶盛:《叶文庄公奏议·边奏存稿》卷一《请重卫边大将名爵疏》,《续修四库全书》史部第475册,第322页。
④《明英宗实录》卷一八五,废帝郕戾王附录第三,正统十四年十一月辛卯,第3687—3690页。
⑤[明]尹直:《謇斋琐缀录一》,[明]邓士龙:《国朝典故》卷五三,第1254页。
⑥[明]彭时:《定襄忠武侯神道碑》,[明]商辂:《奉天翊卫宣力武臣特进荣禄大夫柱国追封定襄侯谥忠肃郭公墓志铭》,[明]郭良、郭勋辑:《毓庆勋懿集》卷七、卷八。
⑦《明英宗实录》卷一九〇,废帝郕戾王附录第八,景泰元年三月乙卯,第3907页。

隆庆左卫瓦剌三十余人下营、大同威远卫"达贼三百"四散剿略等敌情[①]。针对瓦剌如此迅猛频繁的袭扰,大同、宣府明军在军力有限的情况下,首要目标无疑是遏制其攻势,确保京师的安全,而非贪战以杀伤敌众。如郭登沙窝、栲栳山一战,据郭登碑铭、墓志的记载,郭军在这次阻击战中"以八百骑破虏数千"[②],可知此战有震慑残敌、鼓舞士气的重要意义,虽斩擒不多,但"时论伟之"[③]。前举朱谦宣府关子口之战的重要性也在于以人员死伤为代价达到阻滞瓦剌军继续进攻的目的。

当时朝中颇有质疑景帝"御虏"封赏过滥者,甚至提议北京保卫战后也不应加封官兵。如翰林侍讲学士刘定之就上奏,称石亨、于谦等未能"迎回銮辂",只是指挥将士与瓦剌"迭为胜负,互相杀伤",故石亨、于谦不宜加升官爵,应"但居旧职"[④]。有史料还载,大学士陈循甚至曾在"夺门之变"发生前"在人前说"石亨"无功封侯"[⑤]。应该说这些负面评论反映出部分朝臣不能客观看待正统、景泰两朝之际抗击瓦剌的战争形势,对大功标准的理解过于僵化偏狭,以致低估了官兵的战绩。

(二)平湖广、贵州苗乱将领之封

在正统、景泰两朝之交,明朝西南地区也出现一次重大动乱,对中央政权的威胁并不亚于瓦剌破关。正统十四年(1449)"苗王"韦同烈乱起,并在短时间内波及贵州、湖广及四川等地。至景泰元年(1450)四月,贵州苗众围攻平越等卫城,明廷命第二代保定伯梁珤佩平蛮将军印充总兵官,由左都督毛福寿、镇守贵州都督同知方瑛分充副总兵,都督同知陈友任参将,另有

①《明英宗实录》卷一八七,废帝郕戾王附录第五,景泰元年正月己卯、癸未、丙申、己亥,第3771、3776、3794、3797页。
②[明]彭时:《定襄忠武侯神道碑》,[明]商辂:《奉天翊卫宣力武臣特进荣禄大夫柱国追封定襄侯谥忠武郭公墓志铭》,[明]郭良、郭勋辑:《毓庆勋懿集》卷七、卷八。袁裹《定襄伯赠定襄侯谥忠武郭公登传》从其说(见[明]袁裹:《定襄伯赠定襄侯谥忠武郭公登传》,[明]焦竑辑:《国朝献征录》卷一〇《伯二·除封》,周骏富辑:《明代传记丛刊》第109册,第345页)。需要注意的是,郭登碑铭、墓志与传记还言沙窝、栲栳山之胜斩擒二百余人,又夺回人口、牛马、弓械以万计,与实录、底簿记载相差较多,显然对该战的战果有所夸大。
③《明宪宗实录》卷一〇三,成化八年四月丙申,第2027页。
④《明英宗实录》卷一八四,正统十四年十月乙亥,第3660页。
⑤[明]宋端仪:《立斋闲录》卷四,《续修四库全书》子部第1167册,第619页。

兵部侍郎侯璡任总督军务,文武诸臣共率官军进剿①。侯璡不久逝于军中,景泰元年(1450)九月,景帝升原河南巡抚副都御史王来升为右都御史,命王来代侯璡总督湖广、贵州军务②。

贵州征苗之役较为艰难曲折,前后历时两年有余。景泰二年初,苗王韦同烈被擒,但余众仍据守贵州香炉山及周边贵州都均、四川播州草塘各地,据兵部尚书于谦所奏,"普定、永宁、毕节等处"变乱"尤甚于前",明军不得不继续弹压③。景泰二年七、八月间,四川巡抚佥都御史李匡屡奏湖广、贵州总督王来与总兵梁珤等不能协同征进草塘等处,妄请回师,贻误战机,后王来与李匡二人又相互攻讦,兵部覆请严责王来、李匡、梁珤等臣,并不许大军班师回京④。直至景泰三年,湖广、贵州局势才基本平复,当年十月,景帝准云南、四川官军一万两千五百仍留守贵州,每年轮班更代⑤,至此方许总督军务都御史王来、总兵保定伯梁珤等领大军返朝,都督方瑛仍镇贵州⑥,都督毛福寿调至云南金齿、腾冲等卫镇守⑦。据《明英宗实录》载,景泰三年十二月,景帝一体升赏贵州、湖广平苗将士:

> 命右都御史王来兼大理寺卿,升保定伯梁珤为保定侯,左都督毛福寿为南宁伯,右都督方瑛为左都督,都督同知陈友、都指挥使李友、都指挥同知李震、都指挥佥事安顺、监察御史焦宽俱升一级,官军一万六千余人升赏有差,以征湖广苗贼功也。⑧

景泰四年大军回撤后,都督方瑛又合四川兵平定"苗王"余部"草塘叛寇",斩获"七千余级",景泰五年方瑛召还京师,"分总五军营",同时被朝廷论前后平乱之功,加封世袭南和伯,食禄一千石⑨,也跻身勋爵行列。

①《明英宗实录》卷一九一,废帝郕戾王附录第九,景泰元年四月丁亥,第3956页;[明]李贤:《古穰集》卷一一《奉天翊卫推诚宣力武臣特进荣禄大夫柱国南和侯谥忠襄方公神道碑铭》《奉天翊卫宣力武臣特进荣禄大夫柱国南宁伯追封南宁侯谥庄毅毛公神道碑铭》,景印《文渊阁四库全书》第1244册,第595、596页。
②《明英宗实录》卷一九六,废帝郕戾王附录第十四,景泰元年九月癸丑,第4158页。
③[明]于谦:《于谦集》奏议卷三《南征类·兵部为题捷音等事》,第105、106、111页。
④[明]于谦:《于谦集》奏议卷三《南征类·兵部为军务事》,第112—126页。
⑤[明]于谦:《于谦集》奏议卷四《南征类·兵部为守备地方事》,第207—208页。
⑥[明]于谦:《于谦集》奏议卷四《南征类·兵部为班师事》,第208页。
⑦《明英宗实录》卷二一四,废帝郕戾王附录第三十二,景泰三年三月戊午,第4614页。
⑧《明英宗实录》卷二二四,废帝郕戾王附录第四十二,景泰三年十二月丁未,第4876页。
⑨[明]李贤:《古穰集》卷一一《奉天翊卫推诚宣力武臣特进荣禄大夫柱国南和侯谥忠襄方公神道碑铭》,景印《文渊阁四库全书》第1244册,第595页。

征苗之役虽屡经周折,但无论就战役性质、战争规模还是最终战绩而言,此战之功都符合明代"削平僭乱"的大功封爵标准,毛福寿、方瑛有较充分的理由加封。毛福寿封爵后改名毛胜,他本故元达官后裔,初袭祖职任羽林卫指挥使,历云南麓川之役、北京保卫战等功升左都督,继以左副总兵指挥贵州、湖广战役以至封爵①。方瑛系明"开国"军官世家,其父方政以右都督战死麓川,方瑛以父荫起家金吾右卫指挥使,后久在云南征战、镇守,升都督同知②。

(三)景泰朝勋爵待遇的迟授

在景泰一朝,勋臣封号、勋阶、诰券等待遇的迟授成为普遍现象,此乃明朝爵制的一个显著变化。现以景泰朝石亨、杨洪、郭登、朱谦、毛福寿的情况为例,集中探讨当时功臣被迟授爵享待遇的原因。

综合官修文献的记载,北京保卫战后石亨、杨洪加升武清侯、昌平侯,但朝廷仍不明确二人封号、勋阶,未定其爵位流世与否,也不正式颁赐诰券③。根据《明英宗实录》记载,迟至景泰元年(1450)九月三日,石亨、杨洪同时被加授奉天翊卫宣力武臣封号、特进荣禄大夫散阶、柱国勋官及世袭侯爵诰券④。《明功臣袭封底簿》言石亨被授封号、勋阶及诰券的时间是景泰元年八月二十一日⑤。杨洪神道碑又载杨氏在景泰二年(1451)三月才被"赐诰券及

---

① 毛福寿伯父毛那海洪武初归附为燕山中护卫官,从"靖难"历升都指挥同知,卒无子,由福寿父毛安太嗣为羽林前卫指挥使,安太死后由福寿兄毛济嗣官,卒无子,终由福寿嗣官(见[明]李贤:《古穰集》卷一一《奉天翊卫宣力武臣特进荣禄大夫柱国南宁伯追封南宁侯谥庄毅毛公神道碑铭》,景印《文渊阁四库全书》第1244册,第596—597页;《明英宗实录》卷二九四,天顺二年八月己巳,第6277页;《明功臣袭封底簿》卷三《南宁伯》,第559—561页)对于毛福寿及其家族传记、碑铭资料的梳解、辨误,见邵磊:《明代首任南宁伯毛胜暨夫人白氏合葬墓志略识》,《苏州文博论丛》第5辑,北京,文物出版社,2014年。另有关毛福寿家族与鞑靼太师阿鲁台的亲缘关系的研究,见周松:《明代内附阿鲁台族人辨析》,《西北民族大学学报(哲学社会科学版)》2011年第5期。
② [明]李贤:《古穰集》卷一一《奉天翊卫推诚宣力武臣特进荣禄大夫柱国南和侯谥忠襄方公神道碑铭》,景印《文渊阁四库全书》第1244册,第594—595页。
③ 《明英宗实录》卷一八四、卷一八五,废帝郕戾王附录第二,废帝郕戾王附录第三,正统十四年十月壬戌,正统十四年十一月己丑,第3637、3682页;《明功臣袭封底簿》卷一《昌平侯》,第139页。
④ 《明英宗实录》卷一九六,废帝郕戾王附录第十四,景泰元年九月甲辰,第4149页。《实录》此条原文记石、杨二人散阶为"特进光禄大夫",但比照《明功臣袭封底簿》与碑铭资料,当为"特进荣禄大夫"之误。
⑤ 《明功臣袭封底簿》卷二《忠国公》,第281页。

勋阶,食禄千一百石,子孙世袭"①。实录、底簿、碑铭史料的相关记载各不相同,颇有蹊跷。笔者认为,三种记载应是各反映出部分史实,又同时各有所阙漏。

明代规定,经兵部量功请封获准后,勋臣"见职受封者"还必须由吏部"随即奏请封号、爵禄等级",至于勋臣诰命,也需由吏部"具奏给授",再"劄付翰林院撰文,具手本送中书舍人书写,尚宝司用印完备",最后吏部上请择日颁降②。按照这一制度流程,首先,《明功臣袭封底簿》中景泰元年八月二十一日很可能是明廷下诏吏部拟赐石亨荣衔与诰券的时间,而《实录》中九月三日是经吏部文移准授石亨、杨洪封号、勋阶、诰券的时间,故两个时间比较接近。其次,杨洪神道碑中杨洪在"景泰二年三月"被赐诰券、封号、勋阶的说法,与实录、底簿所载皆相差较多,但神道碑对其他史事发生的时间记述却无偏差,对此较合理的解释是,景泰二年三月是景帝正式颁下杨洪侯爵诰券、封号、勋阶的时间,此前只是下令准予杨洪相应待遇。

又据《明功臣袭封底簿》载,郭登"钦升定襄伯,食禄一千二百石,封奉天翊卫宣力武臣、特进荣禄大夫、柱国、子孙世袭,本身免一死,有诰券"③,将郭登"升"爵与"封"爵流程相分离。查对《明英宗实录》,郭登被给岁禄的时间是景泰元年四月二日④,与他景泰元年正月被授爵位的时间比较接近,但郭登领取世袭诰券的时间确实较迟。《明英宗实录》载,景泰二年十二月准"赐大同总兵官定襄伯郭登诰命,并追封其三代及妻,从登请"⑤,又载,景泰三年三月准"赐定襄伯郭登诰券并封赠其祖父母、父母、妻,从登请"⑥。而根据定襄伯诰券原文,迟至景泰三年九月二十日,朝廷才真正制成郭勋的诰券文辞⑦。可知郭氏起初只授爵名、禄米,后在较长时间内陆续加补勋号、勋阶并给世袭诰券。

朱谦更是在生前不及领受封号、勋阶、诰券。景泰二年二月,获爵不到

①[明]陈循:《芳洲文集》卷七《故奉天翊卫推诚宣力武臣特进荣禄大夫柱国昌平侯追封颖国公谥武襄杨公神道碑铭》,《四库全书存目丛书》集部第31册,第215页。
②万历《明会典》卷六《吏部五·验封清吏司·功臣封爵》,第30页。
③《明功臣袭封底簿》卷二《定襄伯》,第254页。
④《明英宗实录》卷一九一,废帝郕戾王附录第九,景泰元年四月乙亥,第3934页。
⑤《明英宗实录》卷二一一,废帝郕戾王附录第二十九,景泰二年十二月壬申,第4537页。
⑥《明英宗实录》卷二一四,废帝郕戾王附录第三十二,景泰三年三月戊戌,第4601—4602页。
⑦[明]郭良、郭勋辑:《毓庆勋懿集》卷三《诰券·封定襄伯郭登诰券》。

一年的朱谦卒于宣府总兵任上，当年八月，朱谦子朱永奏请袭爵，获准①。又迟至景泰三年（1452），朱永继续奏请世袭诰券，朝廷才追赐朱谦为"奉天翊卫宣力武臣、特进荣禄大夫、柱国、抚宁伯，食禄一千石，子孙世袭"，所下世袭券文云："尔抚宁伯朱谦，禀性刚勇，秉志忠贞，历事先朝，克著劳勋。朕嗣统之初，式副委托之重，方期益茂于寿禄，胡遽殒逝于边陲。眷此贤能，宜加褒赐。"②

朝廷在景泰三年年底初封毛福寿为南宁伯时，也没有说明爵位流世及封号、勋阶，甚至未定禄米多寡③，至景泰四年正月，经户部奏准，保定侯梁珤岁禄如旧，毛福寿岁支禄米一千石④。又经一年，至景泰五年六月，毛福寿再次奏乞诰券，朝廷才准颁与他南宁伯勋号、勋阶及世袭诰券⑤。

石亨、杨洪、郭登、朱谦、毛福寿诸臣几乎统一被迟授各类勋臣待遇，这一做法颇为特殊。明代此前也有部分首封勋贵迟领甚至不领封号、勋阶，但他们的军资一般较低，不能与石亨、杨洪等社稷大功勋臣相比。另外，明代功臣诰券迟授虽然也较为普遍，但如景泰初功臣集中不赐诰券一年以上的情况也并不多见。

造成景泰朝功臣大多无法及时享有勋爵待遇的原因大致有二：其一，如前文所述，当时屡有朝臣质疑将士升赏太骤，景帝有可能因此暂缓颁赐诸爵各类荣享。其二，也是更重要的原因，即景泰初年全国战备局势紧张，影响了相关封爵仪规的及时举行。朝廷晋封石亨、杨洪为侯爵时，瓦剌的威胁并未完全解除，因此石亨以武清侯继续主持京师防务，杨洪即被委派统领三千营操练，兼掌左军都督府事⑥。至景泰元年二月，石亨又被敕命挂镇朔大将军印领京营大军巡哨大同一带，以截杀入犯的余敌⑦，至当年五月因粮草不济被准予返回北京⑧。景泰元年八月，兵部尚书于谦还题请命石亨、杨洪等奉敕

①《明功臣袭封底簿》卷三《保国公今袭抚宁侯》，第396页；《明英宗实录》卷二〇七，景泰二年八月辛未，第4443页。

②[明]郑汝璧：《皇明功臣封爵考》卷五《抚宁侯》，《四库全书存目丛书》史部第258册，第501页。

③《明功臣袭封底簿》卷三《南宁伯》，第561页。

④《明英宗实录》卷二二五，废帝郕戾王附录第四十三，景泰四年正月癸酉，第4903页。

⑤《明英宗实录》卷二四二，废帝郕戾王附录第六十，景泰五年六月丙戌，第5267页。

⑥《明英宗实录》卷一八五，废帝郕戾王附录第三，正统十四年十一月辛卯，第3687—3690页；[明]陈循：《芳洲文集》卷七《故奉天翊卫推诚宣力武臣特进荣禄大夫柱国昌平侯追封颖国公谥武襄杨公神道碑铭》，《四库全书存目丛书》集部第31册，第215页。

⑦《明英宗实录》卷一八九，废帝郕戾王附录第七，景泰元年二月丙戌，第3877页。

⑧[明]于谦：《于谦集》奏议卷一《北伐类·兵部为备边保民事》，第15页。

领官兵三万往大同、宣府一带巡哨①。自此可知,自正统十四年(1449)年末至景泰元年(1450)八月中,石亨、杨洪授命执掌内外军务,几乎未得停歇。同样,郭登、朱谦加升伯爵后长期继守本镇,不曾回京,根据宣府独石、马营等处协守叶盛的奏报,直至景泰三年十二月,"贼众"仍"出没隐见",有"不知是何部落"在沿边下营②,可见宣府防务之紧张。毛福寿在贵州、湖广平息动乱后,随即远调云南镇戍。在这种情况下,朝廷很难落实勋臣的相应待遇,尤其是勋爵封号、勋阶的议定与诰券的制作颁授过程复杂而隆重,更非短时间内可以完成。如明代规定,仅诰敕卷轴就"俱系南京织造"③,非一时之工。再如王世贞曾作《昌平侯铁券歌》,中有"当时报功恨不极,促制铁券黄金饰"④一句,这虽是晚出的文学描述,但王世贞谙熟明朝勋臣史事,也可从一个侧面说明当时昌平侯铁券的铸造已非常仓促。

实际上,由于战事倥偬,时局艰难,景帝在登极之初简化或推迟了不少朝仪和典礼。如新帝登极后,应颁给文武诸臣赏赐,但景帝因"边境未靖",特命礼部"从俭"颁赏⑤。又如正统十四年冬至,明廷因"祭器未具"而停罢例行的天寿山皇陵祭典一次⑥。至景泰元年中元节,太常寺仍因"修祭器未完",奏请将帝陵祭祀从简,获准⑦。又如景泰元年四月,景帝命赐秦府宝鸡郡主及仪宾樊英诰命、冠服、仪仗、鞍马等件,也是"先因兵务未暇给,至是并给之"⑧。景泰元年八月万寿节,景帝命群臣免行贺礼⑨。可见当时连祭陵、朝会大典皆简化或停罢,封爵颁赐更难以按期举行。

与石亨、杨洪、郭登、朱谦、毛福寿五人不同,方瑛在景泰五年七月"升南和伯"⑩,至当年十月,经方瑛陈乞,朝廷加赐他"诰券、勋级",并"封赠其三

---

① [明]于谦:《于谦集》奏议卷一《北伐类·兵部为军务事》,第31—32页。
② [明]叶盛:《叶文庄公奏议·边奏存稿》卷一《条议边务疏》,《续修四库全书》史部第475册,第321页。
③ 《明宪宗实录》卷一九四,成化十五年九月壬戌,第3421页。
④ [明]王世贞:《弇州四部稿》卷一六《昌平侯铁券歌》,景印《文渊阁四库全书》第1279册,上海,上海古籍出版社,1987年,第207页。
⑤ 《明英宗实录》卷一八三,废帝郕戾王附录第一,正统十四年九月乙酉,第3564—3565页。
⑥ 《明英宗实录》卷一八五,废帝郕戾王附录第三,正统十四年十一月乙巳,第3705页。
⑦ 《明英宗实录》卷一九四,废帝郕戾王附录第十二,景泰元年七月丁巳,第4086页。
⑧ 《明英宗实录》卷一九一,废帝郕戾王附录第九,景泰元年四月庚寅,第3960页。
⑨ 《明英宗实录》卷一九五,废帝郕戾王附录第十三,景泰元年八月甲戌,第4112页。
⑩ 《明英宗实录》卷二四三,废帝郕戾王附录第六十一,景泰五年七月庚午,第5291页。《明英宗实录》此处原文将方瑛爵名误写作"河南伯"。

代并妻"，准子孙世袭伯爵①。景泰五年（1461）全国局势已趋平稳，方瑛当时又在北京管操，故较快就被补全勋臣荣享。

（四）交还思机发与毛福寿勋爵待遇的补授

《明功臣袭封底簿》载毛福寿授爵的前后过程："景泰三年十二月该兵部论功，奏升南宁伯，食禄一千石，前往贯屯、金沙，擒获贼子思机发解京，景泰五年六月初五日封奉天翊卫宣力武臣、特进荣禄大夫、柱国、南宁伯，食禄如旧，本身免一死，子孙世袭伯爵，有诰券。"②底簿在毛氏"升"爵与"封"爵之间着重强调"擒获贼子思机发解京"一事，可知毛福寿是在此事之后向朝廷奏补封号、勋阶、诰券而获准的，故有必要对"思机发解京"一事稍加论述。

思机发是正统朝云南麓川叛酋思任发之子，思任发被明军击败后，思机发遁入缅甸。根据缅甸史籍《琉璃宫史》的记载，在景泰元年，思机发、思卜发（缅甸史料称多锦发、多博发兄弟）与孟养王子明乌底商议反叛缅王，缅王发兵诛杀明乌底，擒获思机发、思卜发妻孥，思机发向缅王投降效忠，缅王赐予思卜发孟养地区③，实际是将他管控起来，作为与明朝交涉的筹码。又《明英宗实录》有载，景泰二年八月，云南镇守总兵官都督沐璘上奏朝廷：

> 缅甸宣慰卜剌浪已擒获贼子思机发、思卜发，不即解京，又将思卜发放回孟养，管食地方。今欲督令起解，恐缅人贪利，视为奇货，需索无厌，但宜示以不急，听其来献，然后升赏。

景帝从其议④。明廷之所以不急于向缅方索取思机发兄弟，应是吸取正统朝缅甸交还思任发时，缅方索要过多，双方难以达成共识的教训⑤。另外，明朝当时已不再视思机发兄弟为严重威胁，故不急于追索其下落⑥，反而将计就

①《明英宗实录》卷二四六，废帝郕戾王附录第六十四，景泰五年十月乙巳，第5345页。
②《明功臣袭封底簿》卷三《南宁伯》，第561页。
③〔缅甸〕《琉璃宫史》中卷《第九篇·中国人讨还多岸发之原由》，北京，商务印书馆，2007年，第486页。
④《明英宗实录》卷二〇七，景泰二年八月癸巳，第4463页。
⑤根据《明实录》记载，思任发兵败后，被缅王所收纳，明廷遣人往缅索之，缅甸请求与明朝协同出兵攻打思任发子思机发，并借机求取孟养之地，明廷"不报"，认为缅甸"以此贼为饵要求土地"，缅甸于是也久不发遣思任发（见《明英宗实录》卷一〇三、卷一〇四，正统八年四月己丑、五月己巳，第2077、2106页）。
⑥景泰五年六月，思机发献俘后，缅甸又奏请协助明朝追剿思机发弟思卜发，景帝回复云："思卜发今复远遁，是有悔过之意，不必穷讨，以示至仁。"可知明廷已无意穷追思氏子孙（见《明英宗实录》卷二四二，废帝郕戾王附录第六十，景泰五年六月辛卯，第5267页）。

计,对缅方采取拖延政策。至景泰五年(1454)三月,经过交涉,缅甸将思机发押送至云南边陲的金沙村[①],由毛福寿领兵至金沙江边"接获"并转送京师[②]。可以说,思机发成擒主要是靠缅甸的效力,毛福寿只是指挥完成明、缅之间的俘虏交接,并非真有"擒获贼子"之功。查南宁伯世袭诰券,文曰:

> 尔南宁伯毛胜,以刚毅之资,果敢之志,历事先朝,克著劳绩。朕当嗣统之初,式副委托之重,乃能靖蛮狄于千里,振威武于三军。守镇边陲,厥绩惟茂,忠情义气,朕复尔嘉。特授奉天翊卫宣力武臣、特进荣禄大夫、柱国、南宁伯,食禄一千石,子孙世袭其爵。[③]

券文着重强调毛福寿在景泰初年"靖蛮狄于千里"的贵州、湖广"平苗"大功,对于他调镇金齿后的业绩,券文中只泛言"守镇边陲,厥绩惟茂",没有具体提及接获俘虏一事,此可证明接获思机发并非大功。不过,思机发献俘对明廷而言具有重要的政治意义,它标志着历时十余年的麓川战事基本结束,因此毛福寿选择在献俘后奏请封号、勋阶和诰券,朝廷自当不吝恩准。

三　天顺元年的"乘时"封爵

(一)"夺门"功封性质再议

天顺元年(1457)册封"夺门"诸臣是天顺朝最集中的一次封爵。天顺元年正月二十一日,英宗首先加封"夺门"首功之臣武清侯石亨为忠国公,都督张軏、张輗分别为太平侯、文安伯,都察院都御史杨善为兴济伯,皆子孙世

---

①《明英宗实录》卷二三九,废帝郕戾王附录第五十七,景泰五年三月庚辰,第5223—5224页。
②[明]李贤:《古穰集》卷一一《奉天翊卫宣力武臣特进荣禄大夫柱国南宁伯追封南宁侯谥庄毅毛公神道碑铭》,景印《文渊阁四库全书》第1244册,第597页;[明]吕原:《明故南宁伯追封南宁侯谥庄毅毛公夫人白氏合葬墓志铭》,转引自邵磊:《明代首任南宁伯毛胜暨夫人白氏合葬墓志略识》。李贤所撰神道碑及吕原所撰墓志皆云福寿在景泰三年封爵时被直接授予封号、勋阶及世袭诰券,又把毛福寿接获思机发的时间系于景泰四年(1453)春,与《明实录》景泰五年的记载不合。据学者邵磊的考辨可知,毛胜神道碑与墓志多有错记史实之处,或因毛家提供的原始行状本身就存在疏漏,故福寿在景泰四年接获思机发之说真实性不高。胡鹏飞《明代首任南宁伯毛胜镇守金腾事迹浅析》一文提出景泰四年是福寿擒获思机发之年,景泰五年是思机发正式押至北京之年的调和之说,尚待进一步验证(见胡鹏飞:《明代首任南宁伯毛胜镇守金腾事迹浅析》,《明代云南治理与开发国际学术研讨会论文集》,昆明,云南人民出版社,2018年,第223—224页)。
③[明]郑汝璧:《皇明功臣封爵考》卷四《南宁伯》,《四库全书存目丛书》史部第258册,第486页。

袭①。正月二十四日，经石亨奏请，石亨亲信都督董兴、孙镗以"靖除内难"分别封海兴伯、怀宁伯，年底许二爵世袭②，二十四日的这次封爵也是针对"夺门"之臣的封赏。至天顺元年（1457）三月，"夺门"主要参与者兵部尚书兼翰林院学士徐有贞，又在石亨奏请下被封为武功伯③。天顺元年十一月，都督卫颖因石亨等"言其有迎驾功"封为宣城伯，准世爵④。当年十二月，太监曹吉祥侄曹钦以"迎复功"封昭武伯世袭⑤。

　　按照《明英宗实录》的记载，上举"夺门"诸爵中，有石亨、张軏、张軏、杨善、徐有贞及曹钦叔太监曹吉祥直接参与了"夺门"当夜的军事政变⑥，而孙镗、卫颖与董兴三人应没有直接潜入宫廷行事，不过这三人都是被石亨、张軏、曹吉祥等纳为心腹的京营将领，他们在政变中起到外围保障的作用。石亨等人在发动政变前曾定下"只约内外典兵柄者三五人密筹异故"⑦的计划，直接指挥政变的石亨、张軏二人本身就分别总领京营五军与三千营⑧，张軏兄都督张軏执掌宫廷侍卫⑨，而孙镗在景泰朝与张軏同提督三千营⑩，卫颖"副石亨总京营诸兵"⑪，董兴是团营坐营管操官⑫，同时也是太监曹吉祥

①《明英宗实录》卷二七四，天顺元年正月丙戌，第5804页。

②《明英宗实录》卷二七四、卷二八五，天顺元年正月己丑，天顺元年十二月丙辰，第5816、6113页。

③《明英宗实录》卷二七六，天顺元年三月癸酉，第5873页。

④《明英宗实录》卷二八四，天顺元年十一月甲子，第6084—6085页；《明功臣袭封底簿》卷三《宣城伯》，第568页。

⑤《明英宗实录》卷二八五，天顺元年十二月壬辰，第6099页。

⑥《明英宗实录》卷二七四，天顺元年正月壬午，第5787页。馆本《明实录》中此条无张軏名，但广方言馆本、抱经楼本有张軏名（见《明英宗实录校勘记》卷二七四，第998页）。按，张軏系张軏兄，且当时职在管大内侍卫将军（见［明］李贤：《古穰集》卷一七《奉天翊卫推诚宣力武臣特进光禄大夫柱国文安伯追封文安侯谥忠僖张公墓志铭》，景印《文渊阁四库全书》第1244册，第660、661页），应是在宫中配合"夺门"的关键人物，不太可能没有直接参与政变行动。而且英宗复辟之后，有府军前侍卫带刀官指挥使穆宁贵等人上奏请赏，称曾随张軏夺东中门、东上门，直抵南宫恭请英宗复位，英宗成功复辟后，这些侍卫军官又马上在文华殿前宿卫护驾（见《明英宗实录》卷二七四，天顺元年正月己丑，第5817页）。可知张軏早已结纳了侍卫军伍中的部分亲信军官，为政变行动做了周密布置，是参与指挥"夺门"的重要人物。

⑦［明］宋端仪：《立斋闲录》卷四，《续修四库全书》子部第1167册，第619页。

⑧《明英宗实录》卷一九二，废帝郕戾王附录第十，景泰元年五月丙寅，第4017页。《明英宗实录》原文将张軏名讹写作"张軏"。

⑨［明］李贤：《古穰集》卷一七《奉天翊卫推诚宣力武臣特进光禄大夫柱国文安伯追封文安侯谥忠僖张公墓志铭》，景印《文渊阁四库全书》第1244册，第660、661页。

⑩《明英宗实录》一九三，废帝郕戾王附录第十一，景泰元年六月壬午，第4037页。

⑪［明］李东阳：《李东阳集·文后稿》卷二二《明故奉天翊卫宣力武臣特进荣禄大夫柱国宣城伯赠宣城侯谥壮勇卫公墓志铭》，第1224页。

⑫《明英宗实录》卷二五〇，废帝郕戾王附录第六十八，景泰六年二月癸巳，第5416页。

姻亲①。只要孙镗、卫颖、董兴这些京营将官按兵不动,即可有力佐助石亨、张
軏、曹吉祥等人的秘密行动。

对于石亨诸人的"夺门"迎复之功,自天顺朝就开始为明廷所逐步否定,
"夺门"诸爵也多次第革除。按照天顺朝内阁大学士李贤的说法,景帝病重
将死且无子,"文武群臣不过俟其不起,请上皇复位耳",而"天命人心无有
不顺",故"何必夺门",将"夺门"斥为奸臣贪图富贵而采取的不必要冒险,
其"贪天之功"不足论②。"曹石之变"后,石亨、曹钦族党败没,英宗更下诏
明确石亨、曹吉祥以迎复"掩为己功",以致"窃弄威权""罪恶滔天"③。尔后
在天顺七年(1463),文安伯张軏嗣子张斌居丧期间与父婢私通,又强娶妹
夫之妾,被言官弹劾败坏伦化,下三法司与锦衣卫论斩,后免死闲住,"不许
还爵",至成化朝张斌子张羽正式降任锦衣卫带俸指挥使,并追夺原文安伯
世袭诰券④。居丧通奸在历朝历代都是大违伦常的重罪,但明廷对犯类似罪
责的勋戚也常减轻责罚,仍保其家族爵位。如天顺五年,丰润伯曹振服祖丧
期间纳妓女为妾,事觉下狱论罪,英宗称:"振本宜削爵,但念前人之劳,其赎
既,令戴儒巾于国子监读书一年",并停禄一年⑤。又如天顺六年,群臣揭发第
二代南和伯方毅未袭时居丧"奸父婢",袭爵后又"奸占家人妹为妾",英宗怒
命:"方毅这厮败伦伤化,革了爵着闲住。"但至成化七年(1471)方毅死后,
宪宗仍准方毅五岁幼子方寿祥优给禄米,待长成后袭爵⑥。只不过英宗当时
已彻底否定"夺门"之功,将石、曹等"夺门"主臣家族夷灭,故也不惜直接将
张斌罢废永停爵禄。至成化元年六月,宪宗再罢太平侯张軏嗣子张瑾、兴济
伯杨善嗣子杨宗爵禄,降授二人为锦衣卫武职,且正式下诏一并不许"夺门"
所封勋爵再子孙世袭⑦。海宁伯董兴先因系曹吉祥姻党,在天顺五年被罢爵
充军广西,后召回复爵,仍任宣府总兵。董兴成化十三年死后,其孙董昇请

①《明英宗实录》卷三五六,天顺七年八月丁未,第 7110 页。

②[明]李贤:《天顺日录》,[明]邓士龙辑:《国朝典故》卷四八,第 1123、1126 页;《明英宗实录》卷
　三〇三,天顺三年五月己酉,第 6420—6421 页。

③《明英宗实录》卷三三〇,天顺五年七月庚戌,第 6786—6787 页。

④《明英宗实录》卷三五六,天顺七年八月丙申,第 7107 页;《明功臣袭封底簿》卷二《文安伯》,第
　247—248 页。

⑤《明英宗实录》卷三三三,天顺五年十一月丁亥,第 6830 页。

⑥《明英宗实录》卷三三九,天顺六年四月丁亥,第 6903 页;[明]郑汝璧:《皇明功臣封爵考》卷四
　《南和伯》,《四库全书存目丛书》史部第 258 册,第 482 页。

⑦《明宪宗实录》卷一八,成化元年六月庚子,第 374 页。

袭祖爵,朝廷依成化元年(1465)条令驳回其请[1]。

"夺门"各爵中只有怀宁伯孙氏与宣城伯卫氏两家特恩世袭。其中怀宁伯孙镗因在"曹石之变"当晚领兵与曹钦叛军激战,被英宗加封世袭侯爵。成化七年孙镗死,其长孙孙辅以孙镗"有剿灭反贼"曹钦之功,仍许承嗣侯爵[2]。卫颖封爵后调至甘肃,久任镇守总兵,其间数次获立新功,尤以天顺八年(1464)平西宁土酋之功最为突出[3]。成化元年,宣城伯因属"夺门"功而被停罢世袭,但卫颖自陈镇守甘肃屡有功勋,经兵部核准,又被宪宗复准伯爵世袭[4]。需要指出的是,由于"夺门"诸爵事后多被罢黜,并追夺诰券,导致诸爵诰券文辞不详,笔者所见具有明代官方文献性质的史料中,仅《皇明功臣封爵考》保留了宣城伯卫颖"夺门"封爵时的诰券原文:

> 尔前军都督府左都督卫颖,性资英爽,谋略深沉,以前人之勋,袭制阃之寄,入参宿卫,出御戎夷,察奸究构逆之情,成忠良拥戴之计,嘉乃丕绩,宜需异恩。[5]

其中"察奸究构逆之情,成忠良拥戴之计"一句很可能普遍用于"夺门"各爵诰券中。

不可否认,"夺门"迎复不是疆场实战军功,而石亨等谋划"夺门"政变显然也是邀取私利的政治投机。但客观来说,景帝突发重疾导致政局走向波诡云谲,无人敢断定景帝是否就此一病不起,即便景帝将死而无后,英宗理应以皇兄之尊再登大宝,但这种皇位更迭方式并非常态,也存在各种不确定性。以当时当事的情形而言,石亨等人以宫廷政变的非常手段迅速扶稳英宗的大位,重开一系帝王之业,在朱明皇朝而言仍可谓有安邦定策的功

---

① 《明功臣袭封底簿》卷二《海宁伯》,第316—317页。

② 《明功臣袭封底簿》卷三《怀宁侯》,第474—476页。

③ [明]李东阳:《李东阳集·文后稿》卷二二《明故奉天翊卫宣力武臣特进荣禄大夫柱国宣城伯赠宣城侯谥壮勇卫公墓志铭》,第1224—1225页。卫颖墓志铭记该战"擒斩获俘共千七百余人",但《明实录》记载,卫颖率军在天顺八年初剿杀马吉思、冬沙等"为恶番贼",生擒男妇八口,斩获首级一百三十六颗,耳记五十五副(见《明宪宗实录》卷四,天顺八年四月庚戌,第114页),两者记载相距过大,卫颖墓志铭的记录或存在衍误。又刘定之在《平西番雅》中称卫颖率军俘西番部属万余(见[明]刘定之:《呆斋续稿》卷一《平西番雅》,《四库全书存目丛书》集部第34册,济南,齐鲁书社,1997年,第183页),这就更属夸张。

④ 《明功臣袭封底簿》卷三《宣城伯》,第568、575页。《明功臣袭封底簿》原书中记宣城伯的册页有编排错讹的情况,中间混插入有关平、南和二伯的内容。

⑤ [明]郑汝璧:《皇明功臣封爵考》卷五《宣城伯》,《四库全书存目丛书》史部第258册,第540页。

勋。明末黄景昉在《国史唯疑》中作评云：

> 复辟之谋，故诸公自为功名地，然亦冒九死为之，机尽危，胆识尽大。如李贤言，景帝果不起，率文武百官请出陛下复位，安用如此劳攘。噫！贤迺呓语。昔称呼吸之际，有雷有风，不见唐武宗、宣宗、宋理宗登极时事乎？无论南城，恐即东宫犹未安贴。[1]

因此英宗为强化新朝统治，也有必要加封石亨等直接指挥"夺门"的大臣以高爵，这与此前朱棣攻下南京时推恩升赏迎驾的南京旧臣曹国公李景隆、兵部尚书茹瑺、都督同知王佐及都督金事陈瑄[2]以为安抚的意义又截然不同。只不过石亨、石彪叔侄恃功宠而恣肆，曹钦更举兵谋逆，而英宗也自觉"夺门"名义不正，故转而彻底否定"夺门"功劳的重要性，此又一时局势之变。

另外，成化朝以后，明代官方文献中对孙镗、董兴等没有直接领兵"夺门"而封爵者一概归为冒功滥封[3]。不过，就宫廷政变的特殊性质来说，自然需要一定的外围配合者才能保证成功，孙镗、董兴、卫颖作为石亨等"夺门"主要策划者在京营中的亲信，也有从旁策应之力，其封爵与外戚推恩、佞幸攘功等轻滥封爵仍有所不同，因此也不能简单视为冒封。而且英宗仓促复辟，为稳固朝局，必然会扩大赏功范围，是故孙镗、董兴、卫颖之爵封在某种意义上又是不可避免的。至于石亨、曹吉祥等人在得势后诛求无厌，奏请升赏自家子弟各数十人[4]，这其中就必然存在大量的夤缘冒赏。

综上所述，笔者认为"夺门"功封有其合理性与必要性，可将此封定性为特殊情况下的大规模非常规功封，但不宜完全视作无意义之封或无序冒滥。

（二）辽东镇守三臣功级考辨

《明史·孙镗传》还有评："镗之冒'夺门'功封伯爵也，都督董兴及曹义、施聚、赵胜等皆乘是时冒封，予世券。"[5]其中提到的赵胜是在成化十九年（1483）被轻封为昌宁流伯，但这显然已与"夺门"封爵完全无关，也非世

---

① [明]黄景昉：《国史唯疑》卷三，《续修四库全书》史部第432册，上海，上海古籍出版社，2002年，第46页。
②《明太宗实录》卷一二上，洪武三十五年九月甲申，第199—200页。
③《明英宗实录》卷三五六，天顺七年八月丁未，第7110页；《明宪宗实录》卷八七，成化七年正月戊子，第1690页。
④《明英宗实录》卷三三〇，天顺五年七月庚戌，第6786页。
⑤《明史》卷一七三《孙镗传》，第4627页。

爵,笔者将在本书第六章对赵胜之封别做讨论。而都督曹义、施聚二人的确是在"夺门之变"后不久即被封世伯,当时同受封者还有都督焦礼。按《明英宗实录》所载,天顺元年(1457)二月,英宗钦封辽东总兵都督曹义为丰润伯,食禄一千三百石;副总兵焦礼为东宁伯,食禄一千二百石;副总兵施聚为怀柔伯,食禄一千一百石;三人俱子孙世袭,"以其久备边方,著有劳绩"①。从《功臣袭封底簿》、施聚墓志铭及《明实录》所附施聚小传可知,施聚其实起初仅封流伯,至天顺二年又以"在边年久,多效勤劳"被准子孙世袭②。曹义等三人受封时远在辽东,并未亲自参与"夺门"之变,从各类文献中"久备边方,著有劳绩"及"在边年久,多效勤劳"的用语来看,他们应是以累功功名加封伯爵,至于曹义、焦礼、施聚三人的受封与"夺门之变"是否还存在特殊关系,以及《明史·孙镗传》编纂者为何将曹义、施聚的封爵视为借"夺门"之机会冒滥,还需进一步探讨再作结论。

曹义、焦礼、施聚三人皆以卫所世袭指挥起家,封爵前久任辽东镇将,三人有着军中袍泽的关系。其中曹义本是燕山左卫世袭指挥佥事出身③;焦礼、施聚二人皆系归附蒙古人后裔,焦礼初任通州卫世袭指挥佥事,施聚祖宗以"靖难"燕山右护卫兵士累升金吾右卫世袭指挥④。从曹义等三人的出身,可知直至明中期,父祖曾参与"靖难"的燕军达官仍是明廷着意擢拔、可委任边帅要职乃至封爵的重要群体,这反映出"靖难"官军后裔在明代军中的核心地位。

曹义在英宗登极之初已任都督佥事,担任副总兵协助总兵巫凯镇守辽东,他自正统三年(1438)起正式升总兵主镇辽东,至正统十四年四月升至左都督,仍以总兵镇守辽左⑤。焦礼、施聚在十余年内几乎一直同步升迁,他

①《明英宗实录》卷二七五,天顺元年二月甲辰,第 5843 页。

②[明]王容:《明故特进荣禄大夫柱国怀柔伯施公墓志铭》,转引自李永强、刘凤亮:《新获明代怀柔伯施聚、施鉴墓志》,《文物春秋》2008 年第 1 期;《明英宗实录》卷三四四,天顺六年九月丙午,第 6961 页;《明功臣袭封底簿》卷一《怀柔伯》,第 62 页。

③[明]刘定之:《丰润伯曹公义墓志铭》,《国朝献征录》卷九《伯一·世封伯》,周骏富辑:《明代传记丛刊》第 109 册,第 309 页;《明功臣袭封底簿》卷一《丰润伯》,第 57 页。

④[明]李贤:《古穰集》卷一一《奉天翊卫宣力武臣特进荣禄大夫柱国东宁伯追封东宁侯谥襄毅焦公神道碑铭》,景印《文渊阁四库全书》第 1244 册,第 597 页;《明功臣袭封底簿》卷一《怀柔伯》,第 61 页;[明]王容:《明故特进荣禄大夫柱国怀柔伯施公墓志铭》,转引自李永强、刘凤亮:《新获明代怀柔伯施聚、施鉴墓志》,《文物春秋》2008 年第 1 期。

⑤《明英宗实录》卷七、卷四九、卷一七七,宣德十年七月甲午,正统三年十二月丙子,正统十四年四月戊午,第 143、953、3413 页。

们均在宣德年间被派往辽东备哨,正统六年(1441),二人在总兵曹义请荐下同升都指挥使①,正统八年又受命分守辽东宁远、义州两地②。施聚在正统九年升都督佥事③,焦礼在第二年升都督佥事④,至正统十二年,二人又以剿兀良哈功同升都督同知⑤,仍分守宁远、义州。正统十四年,焦礼、施聚二人并升为右都督,当年八月寻任左、右副总兵,协同辽东总兵曹义调军,准备抵御瓦剌入犯⑥。自正统十四年三月至天顺元年(1457)二月封爵前,也就是贯穿整个景泰朝的八年时间内,曹义一直任左都督而未再晋秩,施聚、焦礼均在景泰四年(1453)由右都督转迁左都督⑦,但左、右都督同为正一品,二人的实际品秩也未得提升。

简述了曹义三人封爵前的升迁履历后,首先可以肯定的是,曹义等人作为辽东主副帅,在景泰朝抗击瓦剌战役中的表现远远不及宣府、大同守将,故绝无以大功直接获爵的资格。虽然辽东是当时北方除大同、宣府以外与京师距离最近的军镇⑧,但辽东官兵在北京保卫战前后的作用比较有限。瓦剌大军初犯时,辽东本非其主攻方向,仅有脱脱不花的袭扰,但辽东守臣准备不足,仍被瓦剌杀掠甚重,有过而无功⑨。至正统十四年十月,吏科给事中姚夔曾奏曰,“京师腹心也,辽东手足也”,而“剡贼意所图诚不在”辽东,故请调辽东精锐入援,朝廷随即命曹义留镇,焦礼、施聚领兵三万进京⑩。但辽东兵未至,北京戒严就已解除,焦礼、施聚被命暂驻永平城操练听调,不久撤回辽东⑪,并未与瓦剌大军直接接触,对支援京城防守没有显著贡献。

既然曹义、焦礼、施聚在景泰朝缺乏抗击瓦剌入犯的功资,就需进一步

①《明英宗实录》卷八五,正统六年十一月癸卯,第1705页。
②《明英宗实录》卷一〇二,正统八年三月壬戌,第2055页。
③《明英宗实录》卷一一七,正统九年六月庚寅,第2364页。
④[明]李贤:《古穰集》卷一一《奉天翊卫宣力武臣特进荣禄大夫柱国东宁伯追封东宁侯谥襄毅焦公神道碑铭》,景印《文渊阁四库全书》第1244册,第598页。
⑤《明英宗实录》卷一五二,正统十二年四月乙未,第2974页。
⑥《明英宗实录》卷一七七、卷一八一,正统十四年四月戊午、八月己巳,第3413、3518页。
⑦《明英宗实录》卷二三四、卷二三六,废帝郕戾王附录第五十二、第五十四,景泰四年十月乙巳、十二月丙申,第5114、5146页。
⑧时任兵部尚书于谦曾言:“辽东地方,相距京师不远。”(见《于谦集》奏议卷二《北伐类·兵部为边务事》,第57页)
⑨《明英宗实录》卷一八三,废帝郕戾王附录第一,正统十四年九月乙酉,第3566页;[明]马文升:《马端肃公三记中·抚安东夷记》,[明]邓士龙辑:《国朝典故》卷九七,第1947页。
⑩《明英宗实录》卷一八四,正统十四年十月丁巳,第3627—3628页。
⑪《明英宗实录》卷一八七,景泰元年正月庚寅、乙未,第3782、3792页。

探析他们以累功封爵是否合理。明代累功封爵并无固定标准,按照前朝考覆功臣升任一定职级后积累战守年资的成例,在曹义等人封爵之前最近一例镇守总兵累功封爵者是正统六年(1441)所封永宁伯谭广,谭广自永乐二十二年(1424)升左都督任总兵镇守宣府,又领镇十七八年不替而终封流伯[①]。与谭广相比,曹义自正统十四年升左都督最高军职继续镇守辽东,至天顺复辟前近八年未再升迁,可知曹义在最高军职任上的年资尚不及谭广。不过,若自曹义正统三年以都督佥事任辽东总兵算起,他至天顺初镇守辽东的时间已达十九年,又几乎是天顺初年所有镇守总兵中在镇时间最长者。焦礼、施聚正统末年任副总兵,正统、景泰两朝之际升右都督,在镇资历又逊于曹义,但二人也是从宣德朝起就在辽东备御的宿将,若论年龄,焦礼实际上仅比宣府总兵老将杨洪小一岁[②],而施聚与焦俊一样封爵前皆年近八旬[③]。

另外,曹义神道碑中称他在"东北边"立有"前后大小战无虑数十,所俘斩虏众七百五十余人"[④];而万历朝吏部追核辽东封赏时,称曹义、施聚、焦礼在辽累积"首虏四五百级"[⑤],这一数字应出自吏部所存计功档案。从这些记载来看,朝廷册封曹义三臣时,曾通计他们在镇期间指挥战役所积首虏数量,这反映出明中期以后斩获首级作为封爵标准的重要性愈发凸显。相比前朝累功封爵,天顺朝通计镇守边将历年斩擒数量再定爵赏的做法显然更加客观公正,较有利于"土木之变"后国家统治重新稳定的条件下军功封爵制度的有序运行。

不过,曹义神道碑所谓"俘斩虏众七百五十余人"与嘉靖朝吏部奏报"首虏四五百级"两说差异较大,故需进一步考论曹义等人累积首虏的实际情况。先以主帅曹义而论,曹氏墓志铭中所载他指挥的辽东主要战事有正统朝宁远白云山之役、正统九年(1444)随成国公朱勇两汊口之役、正统朝

①[明]罗亨信:《觉非集》卷一《赠永宁伯谭公荣升序》,《四库全书存目丛书》集部第29册,第451页。
②[明]李贤:《古穰集》卷一一《奉天翊卫宣力武臣特进荣禄大夫柱国东宁伯追封东宁侯谥襄毅焦公神道碑铭》,景印《文渊阁四库全书》第1244册,第598页;[明]陈循:《芳洲文集》卷七《故奉天翊卫推诚宣力武臣特进荣禄大夫柱国昌平侯追封颍国公谥武襄杨公神道碑铭》,《四库全书存目丛书》集部第31册,第216页。
③《明英宗实录》卷三〇三,天顺三年五月癸卯,第6418页。
④[明]刘定之:《丰润伯曹公义墓志铭》,《国朝献征录》卷九《伯一·世封伯》,周骏富辑:《明代传记丛刊》第109册,第309页。
⑤[明]瞿九思:《万历武功录》卷一二《速把亥列传》,《四库禁毁书丛刊》史部第36册,第219页。

洋肠河之役、正统十四年辽河广平山及东川洲之役、景泰初梨皮峪鹰湖之役及景泰朝仙灵寺之役等①。以上这些战役中斩获数目可考的，洋肠河之役曹义主力部队及裨将胡源、焦礼共斩首三十二级，生擒七十余众②；广平山之役曹义领军生擒四十九人，斩首一级③；连州、鹰湖等处战役曹义率部斩首七级，擒获四人，另一路部将胡源亦擒斩六人④。另曹义随成国公朱勇征兀良哈的两汊口战役是太监王振主导的邀功行动，应斩获有限⑤。仙灵寺之战是曹义与副将焦礼协同设伏大获全胜的战斗⑥，而嘉靖七年（1528）吏部审核丰润伯承袭时曾奏言"曹义以景泰五年小团山之捷封"⑦，《全辽志》又载景泰五年（1454）焦礼"大破贼众"于小团山⑧，由于宁远卫所辖小团山堡与仙灵寺堡地理位置十分接近⑨，因此曹义、焦礼共同指挥的小团山之战很可能就是曹义墓志中所谓的仙灵寺之战⑩。曹义当然不可能仅以小团山一役即在天顺初被追论封爵，但从嘉靖朝吏部奏议可知，小团山之捷应是曹义历镇辽东以来最重要的勋绩。至于小团山之役的具体斩获数，史无明载，通过景泰三年至七年（1452—1456）辽东提督寇深的墓表可知，当时敌"数犯边"，寇深

①［明］刘定之：《丰润伯曹公义墓志铭》，《国朝献征录》卷九《伯一·世封伯》，周骏富辑：《明代传记丛刊》第 109 册，第 309 页。

②《明英宗实录》卷一五一，正统十二年三月甲子，第 2957 页。按曹义墓志所载，曹氏在羊肠河之役后升右都督，比照《明英宗实录》的记载，曹义正统十二年三月出广宁，击破埋伏林中的兀良哈部众，战后升右都督（《明英宗实录》卷一五二，正统十二年四月乙未，第 2973—2974 页），此役正可与羊肠河之役相对应。

③《明英宗实录》卷一七六，正统十四年三月庚寅，第 3394 页。

④《明英宗实录》卷一九五、卷一九六，废帝郕戾王附录第十三、十四，景泰元年八月戊寅、九月戊午，第 4118、4160 页。

⑤〔日〕和田清著，潘世宪译：《明代蒙古史论集》十三《关于正统九年征伐兀良哈》，第 723 页。

⑥［明］刘定之：《丰润伯曹公义墓志铭》，《国朝献征录》卷九《伯一·世封伯》，周骏富辑：《明代传记丛刊》第 109 册，第 309 页。

⑦《明世宗实录》卷八四，嘉靖七年正月庚寅，第 1897 页。

⑧《全辽志》卷四《官业·国朝·焦礼》，《辽海丛书》第 13 册，沈阳，辽海书社，1934 年。

⑨据明代辽东方志，仙灵寺堡在"宁远城西三十里"，又北沙河在宁远城西三十里，"源出小团山"（见《全辽志》卷四《故迹志》）。另据时任辽东巡抚寇深奏报，景泰三年内有敌军从小团山"入境"，抢掠男妇牲畜并"仙灵寺堡牧放等项官私马"（见［明］于谦：《于谦集》奏议卷一《北伐类·兵部为军务事》，第 65 页），此亦可证小团山、仙灵寺两地近。

⑩需要说明的是，《明实录》中景泰五年四月朝廷"以石嘴台杀贼功"赏焦礼等辽东将士银两钞布一事在时间上与小团山战役较为相合（见《明英宗实录》卷二四〇，景泰五年四月甲申，第 5227 页）。查《辽东志》及《全辽志》中所列宁远小团山堡各墩台空架中并没有石嘴台，但明兵部编《九边图说》所收辽东地图中清晰可见小团山堡以北确有一石嘴台（见隆庆《九边图说·辽东镇图说》，《玄览堂丛书初集》第 5 册，台北，正中书局，1981 年，第 54 页）。再查诸方志，辽东宁前、宁远各边堡中普遍设置有所谓"石嘴台""石嘴空"及"石嘴空台"，"石嘴"应是时人对建于当地山崖突出位置墩台的通称，故小团山的石嘴台很可能有别的名称，故《辽东志》和《全辽志》不用"石嘴台"称之。

"划策部分将士追剿,擒斩七十余徒,获马六百余匹"[①]。辽东提督文臣职在总制一应军务,事关镇守总兵者"共同商榷"[②],故"擒斩七十余人"大致反映出曹义、焦礼等辽东军将在景泰四年以后取得的首虏数量,这其中必又以小团山战役的斩获为主。再据《明英宗实录》记载,曹义曾在正统十四年二月接连两次领军追击沿边蒙古部落,杀败"贼众",前后共擒捕男妇一百一十余人[③]。所谓"男妇"自然包括一定数量的普通蒙古部众,但这两次战胜的斩擒也应较多。

综上所述,可考的曹义历战斩获之数接近三百五十级,又考虑到曹义前后久镇辽东近二十年,还应指挥过另外一些大小战役而未详载于史籍,故嘉靖朝史部所谓曹义积累"首虏四五百级"的说法应更符合事实,而曹义神道碑所谓"俘斩虏众七百五十余人"之说应有所夸张。虽然首虏四五百级是曹义以都督佥事副总兵初调辽东以后所积功资,并非是他升任总兵或左右都督最高军职后的功劳,但这样的斩获数级也比较可观。

相关史料通称曹义、施聚、焦礼累积"首虏四五百级"[④],焦礼、施聚的具体积首数难以量化统计,但仍可通过一些史料大致说明二人的军功情况。参照曹义的计功年限,结合焦礼墓志及《明实录》的记载可知,焦礼自宣德末年以指挥佥事初调辽东守备始,至天顺初封爵前,独立获取或与曹义、施聚协同获取的战功不少,其中不乏大破蒙古的"奇功"及生擒敌酋的大功。如焦礼神道碑中"获士马甚众"[⑤]之功可对应实录中所载"广宁吴家坟杀贼功"[⑥];正统十二年(1447)"败敌于境外"之"奇功"[⑦],即是与曹义、施聚共襄"剿杀兀良哈"[⑧]之功;正统十四年"复袭败虏"[⑨]功,可对应实录中焦礼与曹义、施聚

①[明]彭时:《彭文宪公集》卷四《故都察院左都御史赠少保谥庄愍寇公墓表》,《四库全书存目丛书》集部第35册,济南,齐鲁书社,1997年,第697页。

②《明英宗实录》卷一一八,正统九年七月丁卯,第2386页。

③《明英宗实录》卷一七五,正统十四年二月丁卯、乙亥,第3372、3379页。

④[明]瞿九思:《万历武功录》卷一二《速把亥列传》,《四库禁毁书丛刊》史部第36册,第219页。

⑤[明]李贤:《古穰集》卷一一《奉天翊卫宣力武臣特进荣禄大夫柱国东宁伯追封东宁侯谥襄毅焦公神道碑铭》,景印《文渊阁四库全书》第1244册,第598页。

⑥《明英宗实录》卷一〇二,正统八年三月辛酉,第2055页。

⑦[明]李贤:《古穰集》卷一一《奉天翊卫宣力武臣特进荣禄大夫柱国东宁伯追封东宁侯谥襄毅焦公神道碑铭》,景印《文渊阁四库全书》第1244册,第598页。

⑧《明英宗实录》卷一五一、卷一五二,正统十二年三月甲子、四月乙未,第2957、2974页。

⑨[明]李贤:《古穰集》卷一一《奉天翊卫宣力武臣特进荣禄大夫柱国东宁伯追封东宁侯谥襄毅焦公神道碑铭》,景印《文渊阁四库全书》第1244册,第598页。

同立的"擒捕达贼功"①;景泰五年(1454)"生致渠魁一人"②功,实为与曹义配合取得的小团山战功。另正统九年曹义、焦礼、施聚同随成国公朱勇在老河杀获有功③。景泰元年焦礼独自指挥"宁远千家峪杀贼"④获功。景泰五年辽东巡按御史邢宥的墓志还载,时"副将焦礼有功,主将曹义欲冒之"⑤,这也反映出焦礼军功较突出,甚至引发主将曹义冒争功劳的不良举动。因此,焦礼作为辽东裨将,即使累年功级不及主将曹义,但二人的勋资也应比较接近。与曹义、焦礼相比,施聚的战功则偏少。施聚除曾与曹义、焦礼共襄在正统九年、十二年、十四年取胜立功外,《明实录》还记他有一次独立指挥的战事,即景泰四年十一月"登州营斩获达贼"功,施聚凭此功自右都督转左都督⑥。

　　综合上文分析,至天顺元年初,曹义、焦礼、施聚三人虽未获社稷大功,但久镇辽左,累有战守斩获之功,具备了一定的累功封爵资格,其中曹义受封条件相对成熟,焦礼次之,施聚更次之。明代前朝累功封爵一般先封流伯,间有功劳突出者可径封世伯。由于曹义几乎是当时领镇时间最长的边方总兵,又有较确切的积累四五百级的斩擒数,因此被封世伯尚有一定的条件。但辽东副总兵焦礼、施聚一并被封世袭伯爵,这就未免有所轻进。特别是功资最浅的施聚初封流伯,一年后又加世袭,就更显得升赏较骤。

①《明英宗实录》卷一七七,正统十四年四月戊午,第3413页。
②[明]李贤:《古穰集》卷一一《奉天翊卫宣力武臣特进荣禄大夫柱国东宁伯追封东宁侯谥襄毅焦公神道碑铭》,景印《文渊阁四库全书》第1244册,第598页。
③《明英宗实录》卷一一二、卷一一七,正统九年正月壬申,正统九年六月乙未,第2257、2367页。
④《明英宗实录》卷一九六,废帝郕戾王附录第十四,景泰元年九月己未,第4160—4161页。
⑤[明]彭华:《彭文思公文集》卷五《中宪大夫都察院左金都御史邢公宥墓碑铭》,《四库全书存目丛书》集部第36册,济南,齐鲁书社,1997年,第721页。
⑥《明英宗实录》卷二三四,废帝郕戾王附录第五十二,景泰四年十月乙巳,第5114页。众所周知,明代山东登州设有海防登州营,但由于景泰朝蒙古部众不曾进至山东地区,且施聚作为辽东副将也没有权限渡海,故施聚所部作战的"登州营"绝非山东登州营。因施聚驻防义州,查用嘉靖朝修《辽东志》及《全辽志》,虽未见义州墩堡中有一"登州营",但该辖区内被称为"营"的墩台明显多于辽东其他地区,如有于皋营、平寇营、青阳营等(见《辽东志》卷三《兵食志·沿边城堡墩台·义州城堡墩空操守》;《全辽志》卷二《边防·义州城堡墩台障塞操守》),故"登州营"应该是明中期义州地区曾存在的一个墩堡,只不过其具体位置暂无法确定。另外,《明英宗实录》所记施聚"登州营"之战有文字错讹的可能性不大。因为《明功臣袭封底簿》记施聚履历时也作"领兵登州营等处杀贼有功升左都督"(见《明功臣袭封底簿》卷一《怀柔伯》,第62页);而嘉靖十年,兵部奏请重核前朝军功,其中仍有"景泰四年辽东登州营等处功"的记载(见《明世宗实录》卷一三二,嘉靖十年十一月癸酉,第3136页);此外,万历《明会典》转录嘉靖十年吏部奏请时,同样写作"景泰四年辽东登州营等处功次"(见万历《明会典》卷一二〇《兵部三·铨选三·武职袭替》,第6321页)。各类资料的相关记载完全一致,除非最原始的军功奏报就有错讹,不然不应有误。

英宗在复辟后迅速加封曹义三人为世袭伯爵,无疑有军功以外的特殊考虑。在景泰朝,景帝接连册封宣府总兵杨洪及大同守将郭登、朱谦,而不封辽东守将曹义等人,其做法虽无不妥,但造成了镇守将领之间地位高低有差。而景帝所封定襄伯郭登、昌平侯杨洪及杨洪嗣子杨俊,都曾因接驾不力而被英宗所厌恨。天顺初册封曹义等三人之前,杨洪已逝,杨俊迅速被英宗处死,但杨洪侄杨能、杨信被留用,仍掌军权,郭登也以老臣在京养病。因此,英宗不吝并封辽东镇将为世爵,应有平衡景泰新封功臣势力、扶植本朝勋贵的目的。

总之,曹义、焦礼、施聚等辽东三守将之封,有赖于两个条件:首先,曹义三人各有基本可考的累年功资,因此英宗对他们的封赏并非完全是冒功滥封。其次,曹义等人能够同样获得较高的世伯恩赉,这确实又得益于英宗复位后的特殊时机。

(三)《明史》记曹义、施聚"冒封"的原因

既然丰润伯曹义、东宁伯焦礼、怀柔伯施聚三将都不是简单的冒滥膺爵,就有必要对《明史·孙镗传》斥曹义、施聚为"冒封",而焦礼又不被视作冒滥的原因做一探析,而这先要从嘉靖朝推行停罢前朝冒爵的变革说起。

世宗以外藩继承大统,便开始系统地清理前朝佞幸冒滥及外戚推恩封爵者。正德十六年(1521)四月,世宗下诏裁革正德朝以来传升、乞升官员[1],这项举措应主要还是由当时的大学士杨廷和等具体筹划。至嘉靖五年(1526)十二月,世宗借英宗朝外戚安昌伯钱氏子孙请袭祖爵之机,亲命停罢安昌伯世袭,降授钱氏为世袭锦衣卫军官[2]。嘉靖八年十月,世宗颁诏统一终止外戚世爵承袭,这是嘉靖朝最为强硬的爵位停罢旨令[3]。至嘉靖二十年,弘治朝外戚崇善伯王清子王极被改授为锦衣卫带俸指挥同知[4],嘉靖朝清理前朝封爵的变革才基本结束。

世宗所推行的这一系列政令直接影响到嘉靖朝吏部对勋爵承袭的重新审议。

---

①《明世宗实录》卷一,正德十六年四月壬寅,第12—13页。

②《明功臣袭封底簿》卷二《安昌伯》,第206页。

③《明世宗实录》卷一〇六,嘉靖八年十月己巳,第2504—2506页。

④《明世宗实录》卷二四六,嘉靖二十年二月戊寅,第4944页。

嘉靖五年(1526)四月,第三任丰润伯曹恺去世,其嫡长子曹栋请袭爵位,吏部奏称:"伊祖曹义虽曾历有镇守边功,原非'开国'、'靖难'功臣之比。"这明显质疑丰润伯的世袭资格,但世宗仍许曹栋袭爵①。至嘉靖六年,曹栋病故无子,其庶长兄曹松请袭,吏部又奏称曹义功绩不比"开国元勋",且曹松非嫡派子孙,而丰润伯承袭三世,足以酬曹义功劳,请将曹松"减袭",世宗接到奏报后,命曹松世袭本爵如故②。嘉靖十五年,第四代怀柔伯施瑾逝,施瑾庶长子施焘请袭,吏部查验后上报:

> 查得本舍高祖施聚,并无重大军功,只因天顺元年"夺门"有功,虽封伯,亦止给本身诰券,盖已滥矣。至天顺二年,亦无别项军功,不知何故又给诰券世袭。同封如石亨、徐有贞等皆革袭,只施聚子孙传袭五辈,亦过矣……据实参驳,应否准袭,取自上裁。

世宗未理会吏部的质疑,而是命准施焘承袭祖爵③。上引这段嘉靖朝吏部勘验怀柔伯承袭的官方奏报,无疑就是《明史》中曹义、施聚"乘是时冒封"记载的直接依据。虽然嘉靖朝吏部官员对施聚"夺门"冒爵的评价有失公允,未反映出当时当事的客观情况,而且以"开国""靖难"封爵标准比照曹义等人的边功也并不妥洽,但从严格军功封爵规范的角度来说,按照明代前期的惯例,累功封爵者多先赐流伯,而曹义、施聚皆以累功封爵,尤其是施聚功资更低,故吏部所请丰润、怀柔二伯应子孙降袭的建议仍有一定的合理性。由此可见,在封爵长期不设固定册封标准的情况下,吏部复核具有纠正前朝册封偏谬、维护军国大典严肃性的意向。

实际上,早在成化、弘治、正德各朝吏部奏处勋臣子孙承袭爵位时,就经常依照军功,对前朝所封功臣的世袭资格提出质疑④,加之世宗系统整肃前朝冒滥推恩封爵的举措具有强大的政策导向性,又促使吏部官员进一步严格勘验诸爵封袭原委,这才出现吏部请停丰润、怀柔二伯世爵的奏报。不过,世宗罢黜的主要是正德朝权幸勋爵及与自己关系疏远的前朝外戚诸爵,他主观上并不愿将打击范围扩大至一般军功世爵,以致动摇朝纲,因此依旧准许丰润、怀柔二伯子孙世袭。

①《明功臣袭封底簿》卷一《丰润伯》,第59页。
②《明世宗实录》卷八四,嘉靖七年正月庚寅,第1897页;《明功臣袭封底簿》卷一《丰润伯》,第60页。
③[明]郑汝璧:《皇明功臣封爵考》卷五《怀柔伯》,《四库全书存目丛书》史部第258册,第512页。
④详见本书第九章《明代勋爵承袭制度》第三节《勋爵的革除、复录与停袭》中的相关论述。

与丰润伯、怀柔伯家族子孙频繁请袭不同，东宁伯焦礼玄孙焦栋自正德十六年（1521）二月至嘉靖三十六年（1557）三月长期享爵[1]，焦氏在世宗推行停罢措施期间不曾有子孙嗣爵。至嘉靖三十六年焦栋死，其子焦文燿请袭，当时朝廷整顿推恩与冒封的风潮早已停歇，且前有世宗钦准丰润伯、怀柔伯子孙仍袭本爵的成例，故吏部不再对东宁伯承袭提出异议，而后世文献如《明史》等也就未将焦礼与曹义、施聚同视作"冒封"。

讨论至此，有必要对明代的冒滥封爵做一较确切的定义。冒滥在古代是一个相对宽泛的概念，凡官吏不合资格条件而升赏者皆可称为冒滥。明代封爵在原则上唯论社稷军功而定，因此凡不以军功封爵，或军功较低但仍封爵者均可视作冒封。不过，某些有违军功原则的封赏可再细化分类。如明代外戚无功封世爵的情况在宣德至正德朝相沿成制，这类册封有"推恩爵"或"恩泽爵"等专称，是故笔者也采用这些固定说法，不称之为冒封。同样，对于以归降、迎立等特殊原因封爵者，笔者也沿用明代固定的"归附"封爵、"拥戴"封爵等说法。至于天顺"夺门"之封，如上文所述，可将其定性为大规模的非常规封爵，不宜完全否定"夺门"政变的功勋意义。此外，对于部分具备一定军功资格，但所获爵赏明显高于其军资者，笔者视具体情况将之定义为具有推恩因素的超封或受政治因素影响的超封，也不简单概视为冒滥封爵。本书所定义的典型冒滥封爵，专指将帅无突出功勋，或过大于功，主要凭借亲佞身份或以夤缘内臣、冒报战绩等腐败手段获封的情况，其中最典型的就是太监子弟援功封爵以及佞幸武官夤缘封爵。

（四）武平伯陈友的少功冒封

英宗在天顺元年（1457）复位之初，除加封辽东守将曹义三人外，还以"湖广洪江等处累杀蛮贼功"封原平苗功臣南和伯为南和侯，仍子孙世袭伯爵，右都督陈友为武平伯世袭[2]。英宗之所以再开湖广封赏，是因为景泰六年（1455）十一月，湖广苗乱又起，"贼攻围隆里、新化、铜鼓诸城"，当时文武大臣廷议，共举南和伯方瑛领兵往湖广弹压，于是景帝敕南和伯方瑛佩平蛮将

①［明］郑汝璧：《皇明功臣封爵考》卷五《东宁伯》，《四库全书存目丛书》史部第258册，第515页。
②《明英宗实录》卷二八〇，天顺元年七月戊子，第6022页。实录原文作"进封南和伯方瑛为南和侯，都督陈友为武平伯，俱子孙世袭"。考南和侯诰券文，方瑛实晋流侯，子孙仍袭伯爵（见［明］郑汝璧：《皇明功臣封爵考》卷四《南和伯》，《四库全书存目丛书》史部第258册，第482页）。

军印任总兵出征①，景泰七年（1456）正月，又遣兵部尚书石璞往湖广"抚安军民，禁御盗贼"，以便宜从事②。至天顺元年（1460）四月，湖广局势平息，方瑛报捷，大军撤回③。方瑛指挥大军，历战一年有余，第二次敉平苗乱，量功加流侯不为过，但时任湖广总镇的陈友是否应酬以武平世伯爵位，应另当别论。

陈友系明初西域归附回回人，永乐元年（1403）始为骁骑卫骑卒，因通晓迤北事务，陈友自正统元年（1436）以骁骑右卫副千户通使瓦剌后，长期以塞外通事为职，并在正统朝连年带领瓦剌贡使进京交易驼马，顺道招抚沿边蒙古部众④。陈友在正统九年以前实战军功几无，但依靠出使之劳累升都指挥佥事，带俸锦衣卫，属通事达官升赏无常之类⑤。根据景泰初往瓦剌军中交涉的兵部侍郎李实的记载，也先曾对李实言，瓦剌之所以"动了军马"，只因陈友等通使小人搬弄是非，李实面见英宗时，英宗亦认为"土木之变"系由王振、陈友等"所陷"，并告诫李实"陈友等，不要饶他"，将陈友与王振并列为引发"土木之变"的祸魁⑥。以上也先及英宗对陈友的评价仍有所过激，不完全是事实⑦。也先归罪于陈友，是为他轻开战端推卸责任，以缓和与明廷的关系，而英宗痛斥王振和陈友更系一时泄愤。不过，通过李实的记载，可知陈友与王振关系紧密，陈友出使时必多秉王振指令行事。

---

① 《明英宗实录》卷二六〇，废帝郕戾王附录第七十八，景泰六年十一月乙亥，第5566页。
② 《明英宗实录》卷二六二，废帝郕戾王附录第八十，景泰七年正月己卯，第5595—5596页。
③ 《明英宗实录》卷二七七，天顺元年四月丁酉，第5902—5903页。
④ 《明英宗实录》卷二四、卷六二，正统元年十月己未、正统四年十二月乙酉，第488、1183页；《明功臣袭封底簿》卷三《武平伯》，第571—572、577—579页。笔者所见《明功臣袭封底簿》最后部分编纂有错乱之处，记载武平伯的内容中间混入整篇记载南和伯事务的内容，导致武平伯档册分割为两部分。需要指出的是，近现代学者对陈友家族明代回回人的身份颇多关注。早在1940年代，金吉堂就在《敕赐清真寺的五百年》一文中简单介绍了陈友的家世经历（见金吉堂：《敕赐清真寺的五百年》，李兴华、冯今源编：《中国伊斯兰教史参考资料选编》，银川，宁夏人民出版社，1985年，上册，第488—490页）。近期有关陈友行实履历的研究，有陈亮：《明朝回回人陈友家族考述》，《回族研究》2012年第2期；丁慧倩：《明代军卫与回回人——以北直隶定州〈重修清真礼拜寺记〉为例》，《回族研究》2012年第3期，等。但以往研究未能揭示陈友长期实战功绩不多、得封伯爵实出侥幸的事实。
⑤ 明代列朝通事达官的升迁履历，见姚胜：《"通事锦衣卫"述论》，《明代锦衣卫制度与新田骆氏锦衣卫世家学术研讨会论文汇编》，湖南，新田，2019年。
⑥ ［明］李实：《李侍郎使北录》，［明］邓士龙辑：《国朝典故》卷二九，第464—466页。
⑦ 相关辨析见蒲章霞：《"土木之变"原因考析》，《中国边疆民族研究》第3辑，北京，中央民族大学出版社，2010年。

正统九年(1444)正月,陈友任游击将军往宁夏巡哨[1],当年三月宁夏总兵黄真奏报与陈友率兵至阿良哈、来栲口等地"追杀达贼","获到人口四百余,驼牛羊一万七百有奇"[2],陈友寻自都指挥佥事越升都督佥事[3]。正统九年正月,太监王振等为邀取军功鼓动明军多路出击兀良哈部,辽东、宣府、大同、宁夏各边官军也动员配合,而陈友巡哨宁夏显然也是为协同打击兀良哈部。王振主导的这一军事行动轻进冒险,战后升赏也多有冒滥[4]。以陈友阿良哈、来栲口一战来看,表面上看虽然战果较丰,但《明实录》称陈友所部"追杀"而"获到人口",《明功臣袭封底簿》称陈友"收捕人口"[5],皆不用"杀败达贼"或"斩获贼众"等词,可知陈友并未与敌激战,其所俘也多系蒙古普通部众。陈友仅以一次收捕之功就自都指挥佥事越升为都督佥事,不能排除他夤缘王振以获超擢的嫌疑。当时一同出塞的宣府参将杨洪,在有明确实战勋绩的情况下也不过升两级,而大同参将石亨只升官阶一级[6]。与杨、石二人相比,陈友的升赏更显失当。

正统十四年湖广、贵州苗乱初起,景帝又升陈友为都督同知,命其选领南京官军一千名,准备往征湖广苗民[7]。陈友本回回出身,他所管领的随征官兵也以南京达军为主[8]。正统十四年九月,陈友正式任参将,随大军南下湖广,有功升右都督留镇[9]。景泰六年(1455)、七年,方瑛再率大军平抚湖广之时,陈友作为湖广总镇,却少有协助之功,反而屡犯失机、诈报等罪。景泰

①《明英宗实录》卷一一二,正统九年正月己巳,第2255—2256页。

②《明英宗实录》卷一一四,正统九年三月庚午,第2306页。

③《明英宗实录》卷一一六,正统九年五月辛亥,第2333页。

④〔日〕和田清著,潘世宪译:《明代蒙古史论集》十三《关于正统九年征伐兀良哈》,第719—723页。

⑤《明功臣袭封底簿》卷三《武平伯》,第578页。

⑥正统九年正月,朝廷敕时任大同、宣府参将的杨洪、石亨、朱谦三人自率军卒出关击杀,配合成国公朱勇等三路大军征剿兀良哈(见《明英宗实录》卷一一二,正统九年正月甲戌,第2258页)。杨洪军先败兀良哈于应昌,又进至"朵颜稳都儿以克列苏",斩杀蒙古部众,生擒其酋长,战后杨能自都督同知升左都督(见〔明〕陈循:《芳洲文集》卷七《故奉天翊卫推诚宣力武臣特进荣禄大夫柱国昌平侯追封颍国公谥武襄杨公神道碑铭》,《四库全书存目丛书》集部第31册,第215页)。石亨所部一千七百骑在金山、牛首山之间与兀良哈骑兵偶遇,初战不利,后石亨奋勇督军,"作奇正之阵",战数回合而败敌,石亨后自都指挥使升都督佥事(〔明〕罗亨信:《觉非集》卷一《庆后军都督佥事石公荣升序》,《四库全书存目丛书》集部第29册,第458页)。

⑦《明英宗实录》卷一八三,废帝郕戾王附录第一,正统十四年九月壬寅,第3589页。

⑧景泰二年七月,时任湖广"平苗"左参将的陈友奏报称:"官军欲往平越、草塘等处抚捕苗贼,有原调南京锦衣卫并应天府带管鞑官头目等八十五员畏惧脱逃。"(见《明英宗实录》卷二○六,废帝郕戾王附录第二十四,景泰二年七月丁巳,第4425页)。

⑨《明功臣袭封底簿》卷三《武平伯》,第579页。

七年三月,巡抚湖广兵部尚书石璞上奏:"苗贼攻破晃州堡,杀千户郑铉等及官军余丁,烧毁厅廨仓驿无遗,右都督陈友、都指挥陈泰等不即救援,以致城陷。"景帝命兵部"记友等罪,待宁靖之日奏闻处治"①。景泰七年(1456)五月,又有铜鼓卫都指挥佥事蔡昇奏都督陈友"诈报战功",经湖广巡抚石璞查勘,发现陈友所部"斩获苗贼不过三四十人,而失陷官军一千四百员名,以败为功",谎报军情,兵部仍请将陈友降职立功,景帝下诏姑免陈友罪责,令石璞"督友杀贼,俟贼情宁息之日具闻"②。景帝之所以数次宽宥陈友,应主要是由于陈友管带一定数量的达官军,在军中惩办陈氏,有引发达军激变的危险。

　　按陈友在景泰朝第二次湖广战役中的表现,在正常情况下,他理应在战后被查办降职,不应再加升官爵。不过,天顺初奏捷的湖广平苗之功是英宗复位后的首次大胜,有顺应更化、振奋朝局的特殊意义③,因此英宗非但不再追究陈友的过失,反而将他与主帅方瑛并封爵级。英宗身陷漠北时虽曾痛斥王振、陈友误国,并声称对陈友"不要饶他",但复辟后却不顾陈友功少过多,执意册封他为世袭伯爵。天顺二年(1458)以后,英宗还为王振举行隆重招葬仪式,并设祠祭祀。可见英宗本意仍视这些正统朝亲旧之臣为心腹,对其不吝升赏。

　　嘉靖朝吏部严查诸爵袭封事由时,对武平伯的世袭资格亦提出过质疑,然而,世宗一如处理曹义、施聚子孙承袭时的态度,准陈友子孙世袭伯爵。嘉靖十年(1531)正月,陈友曾孙武平伯陈熹卒,陈熹嫡长孙陈大策年幼请朝廷优给,吏部验后奏报:"本部查得本舍伊祖陈友,宣德间历升都督,揆之军功,已为冒滥,至景泰末年复从征苗,其时总督等官止于犒赏,而陈友乃以偏裨遽封前爵,传之世世,视国初诸将间关百战而后裂封者已滥甚矣,但本舍尚幼,未及承袭,合无量与禄米养赡。"嘉靖十三年,陈大策出幼,乞奏承袭祖爵,吏部奏明:"陈友以征苗封武平伯,似为冒滥,欲要具由另议,但其传袭已经六辈,查验诰券俱有世袭字样,应否承袭,难以定议。"世宗下旨:"还定

────────────

①《明英宗实录》卷二六四,废帝郕戾王附录第八十二,景泰七年三月己卯,第5621页。
②《明英宗实录》卷二六六,废帝郕戾王附录第八十四,景泰七年五月辛未,第5641页。
③英宗在赐给方瑛的侯爵诰辞中有言:"兹朕复位之初,边报平蛮之捷","方奏凯班师,宜隆恩而施报典"(见[明]郑汝璧:《皇明功臣封爵考》卷四《南和伯》,《四库全书存目丛书》史部第258册,第482页)。

拟来说。"吏部最终请准陈大策承袭祖爵,世宗准奏①。

概言之,陈友封伯爵前实战军功较少,在景泰六年(1455)、七年的"征苗"战役中更有严重过失,不具备以大功直封世袭伯爵的资格,而与陈友同在天顺元年(1457)受封的丰润伯曹义等辽东守将起码有明确可查的积年勋绩。相比曹义等人,武平伯陈友才是天顺元年真正以亲旧轻滥封爵的典型。

四 英宗制衡策略与石彪等四臣的封任

(一)"夺门之变"前后石彪、杨能、杨信与李文的官职变化

天顺朝定远侯石彪、武平伯杨能、彰武伯杨信及高阳伯李文四人的爵赏虽然并非直接取自"夺门"迎驾,但仍与"夺门之变"后天顺初年特殊的朝局有关,因此有必要逐一梳理四人在"夺门"前后的官职变化以及相关行实,从而进一步探究他们封爵的原因。为方便论述,先考察出身与资历相近的石彪、杨能和杨信的情况,再单独讨论李文的任职特点。

石彪是石亨之侄,杨能、杨信是杨洪之侄,三人初以舍人跟随伯父征战历官。景泰初年,石彪、杨能各任游击将军领兵巡哨大同、宣府一带②。景泰二年(1451),杨能升都督佥事,任左参将协同挂印将军纪广镇守宣府,寻加升副总兵衔③。杨信正统中升都指挥,景泰改元升都督佥事任参将分守宣府怀来地方④。景泰三年始,石彪也以都督佥事充右参将协同总兵郭登镇守大同⑤。大同、宣府分别是石亨、杨洪的原镇守地,景帝又命二人子侄各在两镇效力,可见景帝对新封家族的信任与依靠。景泰五年,杨能升都督同知,回北京担任神机营总兵,由堂弟杨信代任宣府协镇副总兵⑥,而石彪仍留守大同。

①[明]郑汝璧:《皇明功臣封爵考》卷四《武平伯》,《四库全书存目丛书》史部第258册,第491页。
②[明]于谦:《于谦集》奏议卷一《北伐类·兵部为边务事、兵部为备边保民事》,第13、15页。
③《明英宗实录》卷二〇二,废帝郕戾王附录第二十,景泰二年三月辛巳,第4319页;[明]倪谦:《倪文僖集》卷二八《明故奉天翊卫宣力武臣特进荣禄大夫柱国武强伯杨公墓志铭》,景印《文渊阁四库全书》第1245册,第540页。
④《明宪宗实录》卷一七三,成化十三年十二月庚辰,第3122页。
⑤《明英宗实录》卷二二二,废帝郕戾王附录第四十,景泰三年十月丙辰,第4813页。
⑥《明英宗实录》卷二三八,废帝郕戾王附录第五十六,景泰五年二月辛丑,第5188页。

"夺门之变"发生时,石彪虽不在北京,但天顺元年(1457)正月二十一日,石彪立即被召入京,二月升都督同知[①],这显然是石亨立得迎复功绩后请求英宗对石家子侄辈的特意提拔。天顺元年正月二十四日,杨能升为左都督,同日所升除官员皆石亨、张軏奏报"夺门"可赏者[②],成化朝南京礼部尚书倪谦为杨能所撰神道碑也载,"天顺改元春,迎上复辟,擢左都督"[③]。杨能在"夺门之变"时的具体表现史无明载,他应该没有直接参与迎驾英宗的行动,不过,以"夺门"功封爵的京营将官中,怀宁伯孙镗、宣城伯卫颖、海宁伯董兴等也没有亲身参与黉夜入宫的军事政变,但他们都是石亨等事前笼络的重要人物,这些"典兵柄者"坐镇京营与团营,节制军伍,即可配合石亨等人的密谋。据此,提督神机营的杨能必然也是石亨等拉拢的对象。从杨能身居京营提督要职但未以"夺门"直接封爵的情况来看,他应该是更疏远的知情人。

就杨能自身而言,他也应有与石亨等人建立密切关系的需要。在"夺门之变"前,昌平侯杨氏家族的地位已颇不稳固。这首先在于,作为家族宗长的原第三任昌平侯杨俊当时罪废在家,由杨俊年轻的嗣子杨珍领爵。杨俊素贪暴恣肆,为将多有罪责,但景泰朝边务严峻,杨俊因而被免责留用,累升都督,在父杨洪及嫡兄杨杰死后袭昌平侯爵。经景泰一朝,杨俊仍屡屡犯法生事,景泰七年(1456),他因罪论死,景帝念及其父子功绩,对杨俊较宽宥,判他夺爵闲住,由子杨珍承袭祖爵[④]。另外,英宗素怨杨洪、杨俊父子,这对杨氏家族而言是更严重的潜在危机。明军土木堡兵败的一个重要原因,就是杨俊私自弃守宣府东路马营等堡,而杨洪又对此掩盖不报,导致瓦剌得以东西夹击明军。尔后,杨洪在瓦剌挟持英宗兵临宣府城下时,又闭门拒不迎驾。杨俊以参将分守宣府永宁、怀来时,有传闻瓦剌预送还英宗,他仍效法乃父故政,"密戒军士毋轻纳",英宗归朝后,杨俊又有"是将为祸"的妄言[⑤]。显而易见,至景泰帝病重之际,杨氏家族因过往种种因素,面临着重大的危

①《明英宗实录》卷二七四、卷二七五,天顺元年正月丙戌,天顺元年二月癸丑,第5804、5852页。
②《明英宗实录》卷二七四,天顺元年正月己丑,第5816页。
③[明]倪谦:《倪文僖集》卷二八《明故奉天翊卫宣力武臣特进荣禄大夫柱国武强伯杨公墓志铭》,景印《文渊阁四库全书》第1245册,第540页。
④《明功臣袭封底簿》卷一《昌平侯》,第140页;嘉靖《宣府镇志》卷四二《凶德传·杨俊》,《中国方志丛书·塞北地方》第19号,台北,成文出版社,1970年,第486页。
⑤《明英宗实录》卷二七四,天顺元年正月甲午,第5827—5828页。

机，而杨能当时总管神机营，是杨氏家族中掌握典兵实权者，为确保身家不损，他自然也会在一定程度上支持"夺门"主臣石亨等人的行动。

在杨能升左都督之后数天的天顺元年（1457）正月甲午日，英宗就下令斩杀杨俊，并将第四任昌平侯杨珍革爵流放，彻底夷除昌平侯爵位①。英宗虽素恶杨洪、杨俊，但从他先准杨能升职，后再诛窜杨俊的施政顺序来看，其对杨氏旁支子弟又有特意安抚之意。英宗之所以对杨家采取恩威并施之策，是考虑到其家族在军中仍具有较重要的地位与作用。北京保卫战后，昌平侯杨洪家族迅速跻身为最显赫的武胄勋家之一。至英宗复辟前，杨洪嫡亲子孙杨俊、杨珍虽不任要职，但杨洪侄杨能仍在京提督神机营，杨洪另一侄都督佥事杨信任副总兵，协镇杨氏长期驻守宣府②。杨能、杨信内外共掌兵柄，是不宜轻易动摇的国之干城。天顺元年二月，英宗还同时召回在外镇守的杨信、平江侯陈豫、都督佥事雷通及右都督过兴以示慰劳③，四人皆是景泰朝"御房"有功将领，英宗命他们回朝，显然意在倚重安抚以确保各镇戍要地的稳固。

李文与石彪、杨能、杨信不同，他早年实战经历颇浅，却一直凭借土官的特殊身份被优待提升。李文是宣德朝所封原土司勋臣会宁伯李英从侄，以舍人随李英从军，曾在洪熙年间与李英一起平定安定、曲先，取得大胜。宣德二年（1427），李文以土官子弟任西宁卫指挥佥事，宣德四年升陕西行都司都指挥佥事，代其从叔李英管西宁土兵④。宣宗在宣德六年赐李文的敕书中云："钤束番民不严"，"念尔年幼，姑记不问"⑤。这里的"年幼"当解作较年轻，李文当时年二十六岁⑥，以此年龄任都指挥一级的军官，仍属超擢。可知李文本职在节制本族部众，因土官升迁无常，故很早就铨注在陕西行都司。

另据李文父李观音保墓表所载，李文升陕西行都司佥事后，"寻召还擢

①《明英宗实录》卷二七四，天顺元年正月甲午，第5828页。

②《明英宗实录》卷二三八，景泰五年二月辛丑，第5188页。

③《明英宗实录》卷二七五，天顺元年二月庚辰，第5843页。

④［明］逯英：《明故奉天翊卫推诚宣力武臣特进荣禄大夫柱国高阳伯李公墓志铭》，李鸿仪编纂，李培业整理：《西夏李氏世谱》卷二《碑志谱》，第51页；李鸿仪编纂，李培业整理：《西夏李氏世谱》卷五《艺文谱·重修宁番寺记》，第128页；［明］倪谦：《倪文僖集》卷二六《明故赠金吾将军锦衣卫都指挥使李公同室太夫人郭氏墓表》，景印《文渊阁四库全书》第1245册，第508页；《明宣宗实录》卷五二，宣德四年三月壬戌，第1250页。

⑤李鸿仪编纂，李培业整理：《西夏李氏世谱》卷三《敕诰谱·宣德六年十月初九日敕李文》，第67页。

⑥［明］逯英：《明故奉天翊卫推诚宣力武臣特进荣禄大夫柱国高阳伯李公墓志铭》，李鸿仪编纂，李培业整理：《西夏李氏世谱》卷二《碑志谱》，第51页。

都指挥同知,俾隶锦衣卫,北征有功擢都指挥使"①。李文升锦衣卫都指挥同
知的确切时间不明。查正统元年(1436)英宗赐李文敕书,内称"西宁卫都
指挥佥事"李文以奏报西宁卫管事都指挥佥事穆肃"激变番民"而受到皇帝
褒奖②,可知当时李文仍在西宁,尚未升锦衣卫都指挥同知,但他很可能就是
在此次受朝廷褒扬后不久入京带俸锦衣卫,享土官优养之荣。李观音保墓
表中所谓李文"北征有功擢都指挥使"的"北征",应指扈从英宗亲征瓦剌。
李文不一定在北征过程中真立有军功,应是以随驾土官受安抚升职。《明英
宗实录》景泰三年(1452)十二月丙午条就记,当时兵部奉旨查勘,查得"钦
调并纳粟、补官、报效升职注锦衣卫者二百三十六员",景帝命其中除"都指
挥李文、所镇抚招赛系土人不调"外,余下二百三十四人皆调往别卫③。这是
景帝对正统朝以前无功滥升的锦衣卫冗官进行的集中清理,连元老重臣原
礼部尚书胡濙第三子锦衣卫所镇抚胡𤧟等人④也被改调至武功中卫,仅李
文、招赛二人因土官出身得以开豁留任。与李文同免被调的招赛是云南麓
川叛酋思机发之弟,他正统十二年(1447)自云南被安置入锦衣卫带俸,被
朝廷视为"招徕思机发"的筹码,故屡受优抚⑤。

　　入京任锦衣卫职是李文仕途的重要转折点,他因此又得以与石亨等"夺
门"诸臣产生联系,继而卷入天顺初年复杂的政局之中,以致以镇守大同的
特殊机缘封爵。不过,现有李文碑刻、传记资料普遍存在记叙简略及记事不
清的问题,尤其多阙载李氏早年升迁锦衣卫一事⑥,以致当代研究者对李文
的这一重要经历常常忽略⑦。

　　关于李文夤缘"夺门"功赏一事,可见《明实录》所载英宗在天顺元年

①[明]倪谦:《倪文僖集》卷二六《明故赠金吾将军锦衣卫都指挥使李公同室太夫人郭氏墓表》,景印
　《文渊阁四库全书》第1245册,第508页。
②李鸿仪编纂,李培业整理:《西夏李氏世谱》卷三《敕诰谱·正统元年二月十五日敕李文》,第67页。
　此事在《明英宗实录》中也有记载,见《明英宗实录》卷一六,正统元年四月乙丑,第323—324页。
③《明英宗实录》卷二二四,废帝郕戾王附录第四十二,景泰三年十二月丙午,第4875页。
④[明]李贤:《古穰集》卷一〇《礼部尚书致仕赠太保谥忠安胡公神道碑铭》,景印《文渊阁四库全书》
　第1244册,第605页。
⑤《明英宗实录》卷一五四,正统十二年五月乙卯,第3019页。
⑥具有一手史料性质的逯英所撰李文墓志对李文个人事迹的记载极简略,据此无法还原李文的生平
　履历。李文作为勋爵,生平勋绩较少而不光彩或存在争议的经历较多,如他以土官恩升锦衣卫军
　职,以"夺门"升都指挥,战功无多却被封伯爵等,尤其是他镇守大同失事,又被除爵革职,最终复爵
　无望,闲住终老。李家后人应为尊者讳,故在墓志中对李文生平多作隐蔽。
⑦见崔继红:《明代青海土官李文之籍贯及生平考略》,《青海社会科学》1992年第4期,等。

（1457）二月一日的一道任命：

> 以"夺门"功升忠义前卫指挥使詹忠为后军都督佥事，济州卫都指挥同知刘纪为右军都督同知，永清右卫都指挥佥事王福、武成后卫都指挥佥事赵胜俱为前军都督佥事，羽林前卫都指挥使季伯家奴为左军都督佥事，锦衣卫带俸都指挥使李文为右军都督佥事，俱带俸。①

与李文同升都督官的诸人中，刘纪、赵胜都曾在北京保卫战时与瓦剌大战于西直门外②，可算石亨麾下旧将。刘纪在景泰朝还曾任带刀宿卫③，应与张軏兄弟有旧谊。詹忠、王福及后改名季安④的季伯家奴三人在天顺三年（1459）石亨失势后不久，即以"夺门"冒滥降回原职⑤，几乎是最早被清理者。王福虽主动请辞都督佥事，但仍因"辞涉顾恋"，被发锦衣卫问罪⑥，这说明他们都与石亨有所过从。从这些同升者的情况来看，李文在调任北京锦衣卫后，势必也与"夺门"诸臣建立过一定的关系。不过李文仅以"夺门"恩升一级官阶，且名列同时冒升诸武职的最后一位，据此可知他与石亨等人的关系又非十分密切。

（二）天顺初杨能、李文任总镇而石彪任游击的原因

杨能、李文、石彪"夺门"升都督职衔后不久就被外派巡守各镇。杨能在天顺元年二月十日任总兵镇守宣府⑦。李文在天顺元年二月十二日又升右都督⑧，五天后挂征西将军印任总兵镇守大同⑨。石彪在升都督同知的当天，即

---

①《明英宗实录》卷二七五，天顺元年二月乙未，第5832页。按此条中除詹忠外其余武职皆自都指挥层级晋升，因此詹忠也应任都指挥使，原文记载或有误。

②［明］尹直：《大明故荣禄大夫太保兼太子太师赠昌宁侯谥壮敏赵公墓志铭》，转引自北京市文物研究所：《北京市朝阳区明赵胜夫妇合葬墓发掘简报》，《文物》2008年第9期；［明］尹直：《昌宁伯赠昌宁侯谥壮敏赵公胜墓志》，《国朝献征录》卷一〇《伯二·除封》，周骏富辑：《明代传记丛刊》第109册，第355页；《明宪宗实录》卷四，天顺八年四月己丑，第98页。

③《明英宗实录》卷二五〇，废帝郕戾王附录第六十八，景泰六年二月丁亥，第5412页。

④《明英宗实录》卷二七六，天顺元年三月甲戌，第5875页。

⑤《明英宗实录》卷三〇九、卷三一〇，天顺三年十一月壬寅，天顺三年十二月癸丑、辛酉，第6501、6508、6514页。

⑥《明英宗实录》卷三一〇，天顺三年十二月辛酉，第6514页。

⑦《明英宗实录》卷二七五，天顺元年二月甲辰，第5843页。

⑧《明英宗实录》卷二七五，天顺元年二月丙午，第5845页。

⑨《明英宗实录》卷二七五，天顺元年二月辛亥，第5850页。

天顺元年二月十九日,领敕加游击将军衔复往大同一带巡徼①。天顺元年三月,英宗又调杨信为延安、绥德镇守②。当时英宗急调诸将前往大同、宣府、延绥各镇把守,是为应对随时可能来犯的西北孛来部众。景泰末年至天顺初年,瓦剌也先被阿剌知院攻灭,鞑靼大酋孛来又杀阿剌而扶植元裔自立,孛来趁北方权力真空之际迅速崛起,成为新一代的草原霸主③。英宗复位之初,北边局势忽变,朝廷正值用将之际,这也是英宗虽恨昌平侯杨氏,但仍不吝升任杨能、杨信的直接原因。

值得注意的是,英宗敕命杨能出镇宣府的同时,还命魏国公徐承宗守备南京,命西宁侯宋诚镇守甘肃④。宣府素为杨能伯父昌平侯杨洪旧守之信地,南京是"开国"功臣魏国公家族久居之故土,甘肃也是宋诚祖先第一代西宁侯宋晟原镇之所,因此英宗对杨能、徐承宗及宋晟的委任,也有抚绥新老勋家、恢复前朝旧政的用意。石彪作为大同旧将、"夺门"首臣石亨之侄,又曾任大同参将多年,本应循杨能调镇宣府之例升任大同总兵,但石彪却仍为裨将任大同游击将军,在一定程度上受到压制。与石彪相比,李文除早年曾随李英平安定、曲先番族外,再无重要战绩,更缺乏抵御蒙古进犯的经验,本不具备担任大同总兵的条件,但李文升都督佥事十天后就又越级升为右都督并出镇大同,显然属于强行拔擢。由于石彪的品衔是都督同知,因此英宗升李文为右都督,无疑是为便于李文节制石彪。

李文、石彪甫莅大同的天顺元年(1457)二月,英宗即下敕两道与李文,明确表达通过李文来管束石彪之意,第一道敕云:

> 今命都督佥事马政等伴送迤北使臣皮儿马黑麻等往孛来处公干,已敕游击将军石彪领兵护送,不许轻动,邀功坏事。兹将令尔知令。故敕。⑤

第二道敕云:

> 今已命都督同知马政等往送使臣干事,若游击将军石彪等欲行擅

---

①《明英宗实录》卷二七五,天顺元年二月癸丑,第5852页。

②《明英宗实录》卷二七六,天顺元年三月乙亥,第5877页。

③相关史实见白翠琴《瓦剌史》第五章《瓦剌主力西迁及发展》二《东西蒙古纷争和瓦剌主力西迁》,第147页。

④《明英宗实录》卷二七五,天顺元年二月甲辰,第5843页。

⑤李鸿仪编纂,李培业整理:《西夏李氏世谱》卷三《敕诰谱·天顺元年二月十七日敕李文》,第68页。

动军马出境,邀功生事,尔文即将会同内官陈善等定议固正,不许他妄
动。如其执迷不从尔言,尔差人密切奏报前来。①

所谓"马政等伴送迤北使臣皮儿马黑麻等往孛来处公干",是指当时孛来请
求向明朝通贡,明廷送孛来使臣回还。由于当时迤北局势混乱不明,英宗谨
慎迎送孛来使者,不欲轻开战端。而石彪早在景泰四年(1453)任大同参将
时,就曾向景帝奏请,趁瓦剌入贡之机,出兵"剿杀"瓦剌贡使在边余部,被
景帝制止②。鉴于石彪之前曾贸然题请攻击北使卫队,故英宗责令他不许妄
动以邀功。英宗之所以还特别叮嘱李文,若石彪"执迷不从尔言,尔差人密
切奏报前来",应当是意识到石彪不甘居于李文之下,仍有不顾大局、擅自行
动的可能。

石彪屡历军阵,但颇有"贪功启衅"③、"性尤贪暴"④的恶名,又年纪较
轻,素目无礼法⑤,可能不宜骤升总兵。不过,李文除年齿较长外⑥,军事历
练尚浅,更不适合镇守作为京师重要门户的大同。英宗宁可委用李文而不
用石彪的根本原因,还是为了在一定程度上削弱石亨家族的权势,以避免内
外兵权皆为石氏所把持。李文虽系"夺门"加升武职,但属西北带俸优养土
官出身,非石亨的死忠党徒,故英宗特意安排李文以制约石彪。又由于李文
本身镇守经验不足,势必不会对石彪形成太强的钳制,因此石亨、石彪并未
强烈反对由李文坐镇大同。

天顺元年(1457)五月,英宗又加石彪实品官秩一级为右都督⑦,与李文
品秩相同,可见英宗在限制石氏的同时,仍不忘优赉之。尔后,石彪虽任大
同游击将军,但在某种程度上权势几压巡抚、总兵,他曾奏罢大同巡抚都御
史年富,更"数侮其总兵"李文⑧。不过,石彪毕竟不是真正的大同主帅,因此

①李鸿仪编纂,李培业整理:《西夏李氏世谱》卷三《敕诰谱·天顺元年二月二十五日敕李文》,第
　68页。
②《明英宗实录》卷二三六,废帝郕戾王附录第五十四,景泰四年十二月甲午,第5146页。
③《明英宗实录》卷二三六,废帝郕戾王附录第五十四,景泰四年十二月甲午,第5146页。
④[明]李贤:《天顺日录》,[明]邓士龙辑:《国朝典故》卷四八,第1123页。
⑤石彪叔石亨在景泰年间曾称石彪"年幼粗卤,不知大体",可知石彪年纪较轻(见《明英宗实录》卷
　二五〇,废帝郕戾王附录第六十八,景泰六年二月己丑,第5413页)。
⑥李文在天顺元年时年五十二岁(见[明]逯某:《明故奉天翊卫推诚宣力武臣特进荣禄大夫柱国高阳
　伯李公墓志铭》,李鸿仪编纂,李培业整理:《西夏李氏世谱》卷二《碑志谱》,第51页)。
⑦《明英宗实录》卷二七八,天顺元年五月庚寅,第5964页。
⑧[明]郑晓:《吾学编》第十九《皇明异姓诸侯传》卷下《石亨》,《四库禁毁书丛刊》史部第45册,第
　222页。

石亨一直暗中谋求机会正式以石彪取代李文的总兵职衔。据《复辟录》记载,亨曾与心腹谋曰:"大同人马甲天下,我抚之素厚,今石彪在彼充游击将军,异日以彪代李文挂镇朔将军印。"①

质言之,以李文坐镇大同而以石彪在边巡游,是明英宗与石亨家族相互妥协的结果,对石氏既压制又优抚,也是英宗在复辟之后数年内所秉持的策略。

(三)石彪、杨能、李文磨儿山功封考辨

石彪、李文、杨能、杨信四人等得以跻身勋爵之列的直接机缘,还在于西北孛来部众对大同的袭扰。

根据《明英宗实录》及英宗与李文敕书的记载,天顺元年(1457)二月明军护送孛来使者返还期间,北使五百余人行至高山站,杀伤随行明军,抢夺马匹而逃。此次激变是由于北使对大同参将的"供馈不满",又听闻石亨将领兵行徼,故"致生衅端"②。另有说法是有"其余部落为梗"③,故意破坏明廷与孛来的关系。总之此次激变与石彪无干。又据《明英宗实录》载,天顺元年五月十九日,兵部请报:"比者各边总兵李文等奏称,孛来等各率所部鞑子于近边驻扎,恐有侵犯之谋。"④可知孛来因与明廷交恶,已有意引兵窥边。尔后不久,前往孛来通使的都督马政回报,建议朝廷发粮赈济聚集在明边的孛来部众,缓和与孛部的关系"以系其心",事下兵部覆议。兵部云:"虏贼近边驻扎,侵犯之谋显然明白,但令各边总兵、镇守等官严饬士马,固守要害,一或有警,应机战御,务使边圉坚完,贼人知惧,此策之善者也。"英宗准兵部所论⑤。可知明廷也不再寄希望于与孛来通使交好。

查英宗颁赐给李文的敕书,至天顺元年五月二十七日,英宗命宣府总兵杨能领兵"前去大同",与李文、石彪合力截杀来犯"达贼",强调三将"协合

---

① 《复辟录》,《续修四库全书》史部第433册,上海,上海古籍出版社,2002年,第191—192页。按,"镇朔将军印"为宣府而非大同总兵所佩之印,可见《复辟录》此条属小说之言,但仍能在一定程度上佐证石氏当时之野心。

② 《明英宗实录》卷二七七,天顺元年四月甲寅,第5920页;李鸿仪编纂,李培业整理:《西夏李氏世谱》卷三《敕诰谱·天顺元年三月二十四日敕李文》,第69页。

③ [明]李贤:《天顺日录》,[明]邓士龙辑:《国朝典故》卷四八,第1114页。

④ 《明英宗实录》卷二七八,天顺元年五月辛未,第5942—5943页。

⑤ 《明英宗实录》卷二七八,天顺元年五月壬午,第5958—5959页。

行事,或分或合,出奇取胜,务图成功"①。天顺元年六月初一,英宗继续降敕李文:

> 今得雁门关守备都指挥李端奏报,有达贼自右卫入境,其大势人马约有二千余骑,见在雁门关及山阴以西一带,抢掠入境。朝廷计议,此贼初来入境,既已不及制御,令其深入,正宜邀其归路,相机截杀,不可纵其出去。敕至,尔即会合杨能等,上紧亲督官军截杀,尔等必须齐心协力,随机运谋,出奇制胜,计当万全,不许彼此乖违。②

这支越过长城抢掠的"达贼",显然就是孛来所部,而明廷取"关门捉贼"之计,纵敌深入,欲在山西雁北围歼入犯的鞑靼部众。天顺元年(1457)六月十六日,石彪上报战果:

> 率领官军参将张鹏等出哨,回至磨儿山驻扎,侦报贼至,随布阵五处,设伏据险以待之。少顷贼有千余人马列阵而来,随督官军奋勇冲入贼阵,斩贼首把秃王,搴其旗帜、衣甲,大败贼众,斩首一百二级,生擒二十人,获马二百匹,甲胄六十副,余贼奔散,追至三山墩,连战又败之,斩首七十二级。

石彪奏疏上报后,兵部言:"各边今岁五月以来连被贼虏侵扰,军民被害,今彪等乃能肃将天威,致此克捷,宜升赍彪等,以为各边将官之劝。"英宗下旨:"彪等姑待之,仍将李文、杨能与彪等累次杀贼有功官军,通审明白,具闻以凭升赏。"③当年七月,英宗封石彪为定远伯世袭,杨能、李文分别为武强、高阳流伯④。

据英宗天顺元年六月初六敕书载,鞑靼骑兵当时在"雁门关及山阴以西一带"劫掠,已深入大同以南地区,而石彪奏报称其在"磨儿山"布阵,此山位于"平虏卫城西北五十里"⑤,接近明代山西西部边地,可知石彪所部按照英宗布划,在孛来部众北返时,"邀其归路,相机截杀"。又磨儿山"山形险

①李鸿仪编纂,李培业整理:《西夏李氏世谱》卷三《敕诰谱·天顺元年五月二十七日敕李文》,第69—70页。
②李鸿仪编纂,李培业整理:《西夏李氏世谱》卷三《敕诰谱·天顺元年六月初一日敕李文》,第70页。
③《明英宗实录》卷二七九,天顺元年六月戊申,第5982页。
④《明英宗实录》卷二八〇,天顺元年七月戊子,第6022页。
⑤正德《大同府志》卷一《山川》,《四库全书存目丛书》史部第186册,济南,齐鲁书社,1996年,第215页。

峻", 乃"古今用武之地"①, 石彪必然是刻意选择在此处备战, 以抢占先机。又据成化《山西通志》及正德《大同府志》记载, 朔州卫与大同左卫分别下辖一"三山墩"②, 朔州卫离磨儿山战场距离过远, 故石彪追逼"余贼"所至的三山墩应属大同左卫。相对于塞上的磨儿山, 大同左卫的三山墩应也靠近山西内地, 石彪军追逼鞑靼至此, 是为切断其退路。从石彪所报具体战果来看, 磨儿山、三山墩之役共斩擒鞑靼约二百人, 石彪所部又有"奋勇冲入贼阵, 斩贼首把秃王, 搴其旗帜"的表现, 符合永乐朝所定"勇敢入阵, 斩将搴旗"③的奇功标准, 按明代制度, 将士立奇功者甚至可"不必看验首级, 量贼之多寡, 捷之大小, 具奏超格升职"④。但石彪、李文、杨能凭此一功即直接并封勋爵, 则有必要进一步考察。

明代大功封爵一般需兵部等衙门在战后综合考量战役的规模、战略意义及斩获数量等情况, 并参酌前朝封爵成例, 以拟定指挥将领能否封爵。明代此前的军功封爵中, 距离石彪等人受封时间较近, 且与之有一定相似性可资类比者有二例, 其一是正统三年(1438)四月, 以剿平鞑靼阿台、朵儿只伯部落, 封征讨左副总兵右都督蒋贵为定西伯世袭、总兵官左都督任礼为宁远伯流爵、右副总兵都督同知赵安为会川伯流爵⑤; 其二是景泰初年以守卫城池、抵御瓦剌入犯之功, 封大同总兵郭登为定襄伯世袭、宣府总兵朱谦为抚宁伯世袭⑥。就正统朝平阿台、朵儿只伯的战略意义与斩获数量来说, 阿台以大汗之名长期袭扰甘肃、宁夏各边, 对明朝西北威胁甚大, 蒋贵、任礼、赵安等人率军直捣阿台大营, 斩擒超过六百, 基本肃清其势力⑦, 可谓疏解边患的重大功绩。与蒋贵等人的战捷相比, 石彪等率部只是击退孛来一次常规性劫掠, 斩获不过二百级, 也未伤孛来元气, 仍属一般胜利, 因此封爵较为勉强。而与郭登、朱谦防御瓦剌之功相比, 石彪等磨儿山一战虽获首虏较多,

---

①正德《大同府志》卷一《山川》,《四库全书存目丛书》史部第 186 册, 第 215 页。

②成化《山西通志》卷三,《四库全书存目丛书》史部第 174 册, 济南, 齐鲁书社, 1996 年, 第 79 页; 正德《大同府志》卷二《烽堠》,《四库全书存目丛书》史部第 186 册, 第 235 页。

③正德《明会典》卷一一一《兵部六》第 2 册, 第 491 页。

④万历《明会典》卷一二三《兵部六·军务·功次通例》, 第 633 页。

⑤《明英宗实录》卷四一, 正统三年四月丙寅, 第 800 页。

⑥《明英宗实录》卷一八八、卷一九六, 废帝郕戾王附录第六, 废帝郕戾王附录第十四, 景泰元年正月庚午, 景泰元年九月丁未, 第 3851—3852、4151 页。

⑦《明英宗实录》卷四一, 正统三年四月乙卯, 第 790—791 页; [明] 钱溥:《定西侯泾国武勇蒋公神道碑》, [明] 徐纮辑:《皇明名臣琬琰录》卷一四, 周骏富辑:《明代传记丛刊》第 43 册, 第 474—475 页。

但没有扶保社稷的重大意义。

另外值得注意的是,英宗特敕杨能、石彪、李文三人协同截杀进犯的蒙古骑兵,但石彪在有关磨儿山之战的奏报中完全没有提到李文、杨能的情况,兵部覆奏也仅请求"升赍彪等,以为各边将官之劝",未直接言及杨能、李文之名。查杨能神道碑,他率部"战敌磨儿山及石灰站",仅"生得六人,斩首十五级"①。另天顺二年(1458)四月,李文、杨能再次上报宣府、大同官军"老军营及磨儿山等处功次"以请升赏,英宗答曰:"李文官军擒斩达贼三十余人,而报功者三千余人;杨能官军擒斩二十余人,而报功者一千五百余人,人众功少,难以一概升授。"②由此可见,李文、杨能两军的斩获数量难与石彪军相侔。不过,李文、杨能是与石彪并肩作战、一体同功的军官,李、杨又领体统更高的挂印总兵职衔,即使二人所部战果较少,石彪及兵部官员丝毫不言李、杨参战事迹的做法也实有不妥,其背后原因颇可探析。

据李东阳为其岳父天顺朝阁臣岳正所撰《蒙泉公补传》载,天顺初,石彪曾"遣使献捷",内阁"询其状",传报使者"盛陈战伐,且称斩首无算,皆枭于林木,不能悉致",岳正取地图指示曰:"某地至某地,四面皆沙漠,枭于何所?"③岳正天顺元年六月入阁参预机务,七月即因抵牾石亨而被贬谪为广东钦州同知,在内阁"仅一月耳"④,故《蒙泉公补传》所记之事最有可能在石彪上报磨儿山战功时发生。《蒙泉公补传》虽属家传私史,但时人记时闻,具有较高的可信性,再结合杨能、李文军与石彪军相比斩获悬殊,而石氏又不报杨能、李文战绩等情况,在一定程度上反映出石彪有冒进争功,甚至虚报战果的不良举动,而时任兵部尚书的陈汝言素党附石亨、曹吉祥辈⑤,自然极力配合石氏,专为石彪请赏。

综上所述,天顺元年磨儿山、三山墩之捷本就非关乎社稷安危的重大军

①[明]倪谦:《倪文僖集》卷二八《明故奉天翊卫宣力武臣特进荣禄大夫柱国武强伯杨公墓志铭》,景印《文渊阁四库全书》第1245册,第540页。石灰站是朔州卫、大同右卫、威远卫、云川卫之间连通"边驿、腹里"的诸墩台之一,与石彪追击蒙古军所至的大同左卫三山墩之间的距离不明(见成化《山西通志》卷三《城池》,《四库全书存目丛书》史部第174册,第79页)。

②《明英宗实录》卷二九〇,天顺二年四月庚辰,第6202页。

③[明]李东阳:《李东阳集·文后稿》卷一一《蒙泉公补传》,第1083页。

④[明]叶盛:《泾东小稿》卷七《兴化知府致仕岳君墓志铭》,《续修四库全书》集部第1329册,上海,上海古籍出版社,2002年,第84页。

⑤[明]雷礼:《国朝列卿纪》卷四七《兵部尚书行实·陈汝言》,周骏富辑:《明代传记丛刊》第35册,台北,明文书局,1991年,第436页。

功,而且石彪有冒功争宠之嫌,杨能、李文又确实表现平平。面对这些情况,英宗最初接到石彪捷报及兵部覆议时仅做出"彪等姑待之"的冷淡批示,并仍下命兵部通审"李文、杨能与彪等累次杀贼"功次,有意悬置石彪的赏赉,还把石彪的名次排在李文、杨能之后,明显流露出压制石彪而抬高李文、杨能之意。从英宗这种态度来看,他应觉察到石彪等磨儿山之功不宜轻开封赏,但鉴于石彪所部的确取得一定的战果,更为安抚石亨等"夺门"功臣,故最终迁就授予石彪世袭伯爵之位。为避免石彪在军镇势力独大,英宗又一并册封李文、杨能二人为流伯,以为平衡石彪的策略。查英宗颁赐给李文的高阳伯铁券,论及李文具体功勋时仅言:"兹朕复位之初,授以边方之寄,因胡虏之侵犯,遂克敌以成功。"[1] 券文内容比较简单,没有过多铺陈,此亦可见李文功次无多。总而言之,石彪、杨能、李文三人之所以在磨儿山战后悉数膺封伯爵,与天顺初年"夺门"政局的背景密切关联,军功封赏在很大程度上已受到政治因素的影响。

　　至天顺二年(1458),英宗又加镇守延绥的杨信为伯爵。天顺元年九月,杨信升都督同知仍镇守延安、绥德[2]。天顺二年二月,镇守延绥太监王春奏称"鞑贼"自青阳沟"入境抢掠",杨信率军截杀,"斩获红衣贼首一人,生擒贼徒,获其驼马、盔甲、器械等物,及夺回牛羊驴骡等畜",英宗命兵部移文巡按御史查验延绥官军功赏,随即封杨信为彰武伯流爵,并命他为总兵,佩征虏副将军印仍镇延绥[3]。《明功臣袭封底簿》也载,杨信此次领军在延绥西黄梁等处与贼大战,获功三次,擒斩贼首阿力台王等,并因功封伯爵[4]。虽然相关文献用"斩获红衣贼首""与贼大战""获功三次"等词描述杨信的战功,但延绥之战无论从规模还是斩获数量上而言,都不是封爵大功。即使以累功的标准衡量,杨信的军资也尚不足以酬之爵赏,杨氏景泰二年(1451)年末以都督金事任参将分守宣府怀来地方[5],景泰五年任宣府协镇副总兵[6],封爵前刚升任都督同知镇守延绥不久,从未以挂印总兵的名衔总镇过地方。因此,英宗册封杨信,多有安抚拉拢之意,是为确保杨信能够继续效力于边围,这同样是一例主要出于政治目的的轻功超封。

---

①李鸿仪编纂,李培业整理:《西夏李氏世谱·敕赐李文金书铁券文》,第73页。
②《明英宗实录》卷二七六、卷二八二,天顺元年三月乙亥,天顺元年九月戊寅,第5877、6061页。
③《明英宗实录》卷二八七,天顺二年二月己亥、乙巳,第6146、6150—6151页。
④《明功臣袭封底簿》卷一《彰武伯》,第53页。
⑤《明英宗实录》卷二一○,废帝郕戾王附录第二十八,景泰二年十一月癸亥,第4530页。
⑥《明英宗实录》卷二三八,废帝郕戾王附录第五十六,景泰五年二月辛丑,第5188页。

（四）石彪封侯与除爵的经过

由于天顺初年孛来等部持续南下袭扰，故英宗封石彪为定远伯后，寻命他任总兵，佩征夷将军印，领军往宁夏等处"剿杀贼寇"[1]，并命西北各镇将帅皆需协同配合。征夷将军印在永乐、宣德两朝曾授与南征交阯的成国公朱能、新城侯张辅、黔国公沐晟、成山侯王通等，正统末又授予平定浙江矿乱的宁阳侯陈懋[2]，素为元勋重臣专征时所佩，石彪挂佩此印，可见他已被朝廷倚为大将。不过，石彪虽任征夷将军统领大军，但职在临时征剿，并不长期固守宁夏一地[3]，反而是被调离石家长期任职的大同。另外，石彪领征夷将军印巡边后不久，明廷又命原以游击将军职在陕西征剿的武平伯陈友加升征夷将军印、总兵官，与石彪一起仍"于宁夏等处剿贼"[4]。以上这些举措都说明英宗在任用石彪的同时，仍不忘束制其权势。

石彪受命到宁夏"剿杀贼寇"后，便汲汲于建立新的功勋。天顺三年（1459）正月，石彪向朝廷上报：

> 比者达贼二万余入安边营抢掠，臣与彰武伯杨信、右佥都御史徐瑄、都督佥事周贤、都指挥李监等统领军马往剿之，遇贼连战，掣夺旗号喇叭，斩获贼酋鬼力赤平章首级，余贼奔溃，追至昌平墩出境，贼仍聚众复回，对敌转战六十余里，交锋数十余合，至野马涧、半坡墩，贼众大败，生擒四十七人，斩首五百一十三级，夺驼六十七只，马五百一十四，被掠男妇一十八人，驴骡牛羊二万余。[5]

据万历《延绥镇志》载，"旧安边堡"其地北距"大边一里"，原系宋代盐州地，明正统二年（1437）设置为营堡[6]。嘉靖《宁夏新志》又云，宋盐州旧址

①《明英宗实录》卷二九三，天顺二年七月癸卯，第6262页。
②《明太宗实录》卷五六、卷六〇、卷八二，永乐四年七月辛卯，永乐四年十月丁未，永乐六年八月乙酉，第822、878、1102页；《明宣宗实录》卷一六，宣德元年四月乙丑，第419页；《明英宗实录》卷一七二，正统十三年十一月丙戌，第3302页。
③石彪初以征夷将军巡边时，宁夏还有都督张泰等人专制镇守，而石彪也颇与张泰为难。据《水东日记》记一传闻，石彪在宁夏时曾强行索取张泰家传一古董瓶，张泰不与，石彪故"百方窘辱之"（见[明]叶盛：《水东日记》卷二六《张泰拒石彪索瓶》，第259页）。该条史料中称石彪任"游击将军"，但所记显然是石彪充征夷将军时之事。
④《明英宗实录》卷二九六，天顺二年十月壬午，第6311页。
⑤《明英宗实录》卷二九九，天顺三年正月甲辰，第6353—6354页。
⑥万历《延绥镇志》卷一《建制沿革·城堡》，上海，上海古籍出版社，2011年，第37页。

"今为安边营属"①。可知石彪奏报中提到"达贼"初现的安边营,处于延绥、宁夏两镇北部的交界之地,因此延绥总兵彰武伯杨信等能够协同参与战事。石彪、杨信等凭此一战就斩获首虏五百五十人以上,是此前天顺元年(1457)石彪等磨儿山、三山墩一役斩擒数的一倍多,甚至堪比辽东守将曹义等十余年所积首虏数,且军士奋勇立有斩将夺旗的奇功,战绩颇为可观。然而,当时任陕西巡按御史李裕的神道碑却载,定远伯石彪"在边伪增首功",朝廷命李裕覆实,忠国公石亨"通书求庇",李裕焚其书信而拒之②。按李裕神道碑的说法,石彪所奏安边营等处斩擒五百五十级以上的奏报有不实之情。

不过,李裕神道碑的记载仅系孤证,笔者检核更可信的时人奏报,可知石彪所报擒斩数与实际情况应大体相符。关于石彪这次功胜的情况,成化朝宣府巡抚叶盛在奏议中也有记载。成化元年(1465)十月,叶盛在给安边营等处参战宣府军官江山补报军功时,查照转述有江山所呈相关奏批咨文的内容③,咨报中对安边营等战役敌情及各次斩获数目的记载与石彪所报基本相同,仅"追至昌平墩出境"一事,石彪奏报置于野马涧诸战之前,而江山的呈报置于诸战之后。宣府方面的奏报中还详述明军自天顺二年十二月二十七日至天顺三年正月初三日逐日的战况,显然有所本据,且相关内容又被叶盛作为武官战功凭证而转引,更反映出其可信性。

天顺三年安边营等处战功除斩获较多外,还具有震慑蒙古鞑靼等部的重要战略作用。综合石彪、叶盛等人奏议及时任延绥参将张钦的神道碑④可知,北边孛来、毛里孩、赛罕王等鞑靼大酋都参与了这次入犯,所率军马数量超过两万。这些鞑靼王公纠合大股部众越边,已超出一般性劫掠的规模,应是有计划的联合军事行动,对明朝的威胁甚大,因此石彪、杨信通过此役有效打击了鞑靼的气焰,这对稳固西北局势的贡献较大。石彪上奏安边营各战捷报后,英宗亦不吝赞叹"彪等能奋勇杀贼,忠勤可嘉"⑤,并命将"达贼首

————————

①嘉靖《宁夏新志》卷三《中路灵州·古迹》,《续修四库全书》史部第649册,上海,上海古籍出版社,2002年,第136页。

②[明]杨廉:《杨文恪公文集》卷五九《咨善大夫吏部尚书古淡李公神道碑》,《续修四库全书》集部第1333册,上海,上海古籍出版社,2002年,第216页。

③[明]叶盛:《叶文庄公奏议·上谷奏草》卷三《升赏有功疏》,《续修四库全书》史部第475册,第523—524页。

④[明]程敏政:《篁墩文集》卷四二《荣禄大夫同知中军都督府事赠左都督张公神道碑》,景印《文渊阁四库全书》第1253册,第45页。

⑤《明英宗实录》卷二九九,天顺三年正月甲辰,第6354页。

级沿边枭挂"①,借以宣扬战绩,震慑鞑靼。

　　基于以上分析,天顺二、三年(1458、1459)之际明军在延绥、宁夏的战事是当时一次重要的边关大捷。至天顺三年四月,英宗即以延绥、宁夏战功加封石彪为定远侯②。石彪与其叔石亨一样生平有诸多污点,但称得上是军事能力出众的将材,英宗长期容忍石氏叔侄在内外横行恣肆,主要缘于确实需要石彪这样的猛将主持军镇防务。王世贞《弇山堂别集》有云,评判石彪功过,不可"略其战绩"③,这种看法是比较客观的。

　　石彪晋封定远侯后,更恃功而无所忌惮,妄图直接要挟朝廷代替李文镇守大同。据《明英宗实录》记载,天顺三年秋,石彪"命致仕千户杨斌等五十三人奏保"自己还镇大同,英宗"觉其诈",随即下令拘捕杨斌等审讯,"果得彪所使实情",言官趁机劾奏石彪,英宗命下逮石彪入锦衣卫狱,并除爵④。另据李贤《天顺日录》载,石彪"谋镇大同,邀人奏保,朝廷觉其不实,使人廉察,果得虚诈,置彪于法"⑤。石彪下狱后的第二年,即天顺四年初,英宗又以谋逆大罪收捕石亨,在判处石亨的诏书中,英宗着重训斥曰,石彪"肆为凶逆,暗结人心,图谋镇守,法司论亨罪当连坐"⑥。最终,石亨瘐死狱中,石彪及族党皆斩。

　　谋镇大同是石亨、石彪获罪的直接原因。石亨、石彪不一定真有反意,只不过诛求无度,因此激怒皇帝,落得除爵身亡的下场。英宗起初命李文镇守大同,而由石彪任游击将军,就是专为防止石亨叔侄内外相结。此后英宗虽累加石彪爵级、职事,但始终未命他任镇守总兵,可知不许石彪镇守大同是英宗所坚持的用将准则之一。石彪公然纠集大同军士奏保自己留镇,这就直接触犯皇权的底线,使英宗不得不采取强硬举措。而且,英宗当时已甚恶石亨屡屡干政的行径⑦,石彪的鲁莽举动加剧了皇帝对石氏家族的厌恶。另郑晓《吾学编》还载:"(大同总兵李文)因彪尝奏城威宁海子,遂为流言,诬彪有异志,上固疑彪,欲召彪还,大同人又乞彪为总兵,上遂大怒。或又曰

---

① 《明英宗实录》卷二九九,天顺三年正月甲辰,第6354页。
② 《明英宗实录》卷三〇二,天顺三年四月己巳,第6401页。
③ [明]王世贞:《弇山堂别集》卷二四《史乘考误五》,第430页。
④ 《明英宗实录》卷三〇六,天顺三年八月庚戌,第6443页。
⑤ [明]李贤:《天顺日录》,[明]邓士龙辑:《国朝典故》卷四八,第1123页。
⑥ 《皇明诏令》卷一三《诛石亨诏》,《续修四库全书》史部第457册,上海,上海古籍出版社,2002年,第294页。
⑦ [明]李贤:《天顺日录》,[明]邓士龙辑:《国朝典故》卷四八,第1114、1117页。

彪结死党,必欲留据大同为亨外援,上亦疑出亨意。"[①]据此可知,李文在朝廷惩处石彪的过程中还起到了推波助澜的作用,可聊备一说。

实际上,李文自己的结局也比较惨淡。天顺四年(1460)年底,孛来再犯大同,李文因束手无措,导致鞑靼骑兵深入劫掠,京师震动,被夺爵下狱,后发配延绥立功,复升都督同知,但永失勋臣地位[②]。李文本非独当一面的战将,只赖特殊局势而被勉强委任镇守大同,累至勋爵的地位,他最终以军事失机而罢停爵禄,这在某种程度上说是一种必然。

本章结语

景泰、天顺两朝封爵出现的变化,是在封爵体制业已成熟的情况下,明廷为应对"土木之变"后全国战争形势与"夺门之变"后复杂朝局走向而做出的适时调整。在正统、景泰两朝相交之际,明朝与瓦剌的战势十分严峻,景帝于战前加封曾久守大同、宣府的名将石亨、杨洪为伯爵,激励他们率军抵抗瓦剌,以保卫京师与边关,这虽违反了战后计功封赏的原则,但却是国家处于危难之际采取的非常规升赏。又由于景泰朝南北战事倥偬,因此当时北抗瓦剌、南平内乱的各路大功将领封爵后通常只先加升爵名,而无法及时领享封号、禄米、铁券等勋爵待遇,此也可视为封爵制度在战争形势下的一时权宜之变。至天顺"复辟"后,英宗将勋爵册封作为重新整饬朝纲的手段之一。除加封石亨、曹钦等大批"夺门"策划者外,英宗还授封久守辽东的总兵曹义等为世袭伯爵以平衡景泰朝原封大同、宣府守将昌平侯杨洪、定襄伯郭登家族的势力;又通过抬高杨洪侄杨能、杨信与土官李文的勋臣地位以束制忠国公石亨、定远伯石彪等权势膨胀的"夺门"新贵。天顺一朝的封爵受政局变动的影响颇大,虽然忠国公石亨、定远伯石彪的实战功勋不可完全泯没,但也有高阳伯李文、武平伯陈友等封爵前并无突出功绩,基本属乘时轻滥得爵。从天顺一朝的封爵来看,勋爵封赐不仅仅用来嘉奖军功,同时也是皇权用以调配朝中权力格局的有效机制。

---

①[明]郑晓:《吾学编》第十九《皇明异姓诸侯传》卷下《石亨》,《四库禁毁书丛刊》史部第45册,第222页。

②《明英宗实录》卷三二三,天顺四年十二月乙酉,第6691—6692页;《明宪宗实录》卷一八〇,成化十四年七月庚辰,第3243页。

第六章　成化朝封爵制度的蜕变

成化一朝的封爵可以分为三个阶段：第一个阶段是成化五年（1469）以前，这是封爵相对合理的时期。明代自正统末年起各地动乱不休，虽几经平定，但余波不断，至成化初，明廷不得不数次遣兵戡乱，并以大功册封领兵主帅。虽然成化二年武靖伯赵辅之封曾引发科道及兵部等官员的弹劾，但此封仍基本符合军功封爵标准。成化三年至五年，明廷不再册封左都督以下将领，也不再轻封世爵，封爵的阶序性增强，军功封爵制度在承平时期呈现出正常演化的规律。第二个阶段是成化六年至九年，封爵受搜套战役特殊事态的影响而出现轻滥的倾向。由于搜套战役复杂艰巨，明军一时难以取得决定性胜利，因此不得不与西北蒙古部落持久对峙。为激励官兵的士气，明廷常大开赏赉，搜套主帅刘聚与朱永二人得以凭轻功分别加封伯爵及世袭侯爵。第三阶段是成化十五年以后，封爵出现严重混乱。自成化十五年始，受宪宗宠信的太监汪直开始较多参与军事，并借机干预军功升赏。抚宁侯朱永因阿附汪直得以轻功滥封世袭保国公，而兴宁伯李震仅因与汪直党羽不协即被构陷罢爵，军功封爵作为朝廷重大典制的严肃性被严重削弱。另外，成化朝统兵文臣王越功多而不得膺封，最终也选择党比汪直以邀功获爵，又很快随汪直失势而罢爵流放，这反映出明代文臣封爵制度长久以来的缺陷。

成化朝勋爵册封明显存在一个从严整向紊乱的蜕变过程，而爵制演变又与明中期科道风气勃兴、"以文统武"体制发展以及宦官干政等重要制度变迁及历史事件有着复杂而紧密的关系。成化朝封爵对后世爵制的影响颇为深远，可谓整个明代勋封制度发展的关键时期。

一　成化五年以前封爵阶序性的强化

（一）两广动乱与成化朝大藤峡战役的经过

成化二年十一月，因平定两广大藤峡等地瑶乱，宪宗首开封赏，赐征夷总兵官都督同知赵辅为武靖伯。由于成化初年大藤峡战役的历史背景较为复杂，涉及正统、景泰、天顺三朝两广地区长期变乱的史实，因此有必要先简述此前两广动乱的大体情形，以便更全面地论析成化朝赵辅的功封。

早在正统七年（1442），广西浔州大藤峡一带就有瑶民三五百人聚集举事，且与官军对抗，"拒避不服"①。至正统末年，广东黄萧养及湖广苗民生变，广西"各村峒"部众也"乘虚蜂起"②。黄萧养虽被广东副总兵都督董兴杀败③，但广西之乱久不能平复，导致两广地区在此后十余年内反复动荡。自景泰五年（1454）始，在时任总督两广军务副都御史马昂的指挥下，明军开始在两广采取"剿捕尽绝"④的镇压行动，但效果不明显。至天顺二年（1458）十二月，以广西大藤峡为中心的部众再次大规模起事，时任巡抚的两广右佥都御史的叶盛奏劾广西总兵武进伯朱瑛、副总兵都督陈旺用兵不利，"不思保障，惟务赃贪"，报请朝廷再派大兵弹压⑤。

天顺五年二月，明廷正式集结南京、江西及南直隶九江等卫所军士一万，由佩征夷将军印任总兵官的都督佥事颜彪率领南下⑥。按照两广巡抚叶盛的奏报，在天顺五年十一月至天顺六年五月的半年时间内，颜彪率军击破"巢寨"七百余处，共斩擒两万余人⑦。叶盛在天顺六年三月的一份奏报中还特别强调，"两广盗贼叛服不常"是由于当地军力有限，"地方官军不能擒杀"，而今"出师将及半年，所向靡不克捷，积尸盈野，流血成川"⑧。可见明军贯彻杀伐策略，已近残酷。至天顺六年年底，叶盛改专抚广西，颜彪获准班师还京⑨，两广局势稍有好转。但不久两广又传战报，叶盛向朝廷上奏云："广西流贼分宗水陆前来肇庆、新会等处流劫，且声言劫掠官窑、广城。"⑩ 直

①《明英宗实录》卷八九，正统七年二月丙午，第1794页。
②［明］于谦：《于谦集》卷四《南征类·兵部为陈言边患等事》，第201页。
③《明英宗实录》卷一九二，废帝郕戾王附录第十，景泰元年五月癸丑，第4004页。
④《明英宗实录》卷二四一，废帝郕戾王附录第五十九，景泰五年五月丁卯，第5256页。
⑤［明］叶盛：《叶文庄公奏议·两广奏草》卷四《再劾贪懦将官疏》《请选大将征剿疏》，《续修四库全书》集部第475册，第406、409—410页。
⑥《明英宗实录》卷三二五，天顺五年二月丙申，6719页。
⑦［明］叶盛：《叶文庄公奏议·两广奏草》卷一一《大藤峡捷音疏》《大捷疏》、卷一二《捷音疏》，《续修四库全书》集部第475册，第456、460、465页。
⑧［明］叶盛：《叶文庄公奏议·两广奏草》卷一一《大捷疏》，《续修四库全书》集部第475册，第459—460页。
⑨《明英宗实录》卷三四七，天顺六年十二月癸亥、丙寅，第6991、6992页。
⑩［明］叶盛：《叶文庄公奏议·两广奏草》卷一二《请设梧州帅府事》，第468页。

至天顺八年（1464）叶盛调离两广之时，大藤峡及两广各处变乱仍有愈演愈烈之势。由于大藤峡等处叛乱持续不断，文帅武将屡剿不利，至天顺、成化两朝交替之际，两广平乱已成为国家核心政务之一。

需要指出的是，当时无论皇帝还是各级官僚，普遍倾向于将广西反复变乱的原因简单归结为领兵大臣欺枉无能，故对颜彪与叶盛二人多有斥责之词。如天顺七年九月，叶盛报请再调达官来广西助剿，英宗怒训曰："尔在彼徒弄虚文，全无实效，及观此举，尤见其才识无异于众，何以副朝廷委任？" [1]《明实录》所附颜彪小传也有评，称彪"无他才能，因人成事"，在两广"冒功贻患"，以致"论者鄙之" [2]。成化元年（1465）宪宗登极后，翰林院编修海南人丘濬又向内阁大学士李贤条陈两广机宜，认为此前总兵颜彪等官滥杀无辜，"尤有甚于贼"，以致"两广之人众口一词，皆不愿再调官军" [3]。实际上，明代中期两广难治的原因非常复杂 [4]，上引这些对颜彪、叶盛的批评也不一定完全符合事实 [5]，不过相关记载仍反映出当时朝野上下高度重视两广事态，对两广主帅人选普遍不满，这也促使明廷不得不重新选将再征。

成化元年正月，广西大藤峡动乱进一步扩大，战火波及周边地区，广东界内"十郡疆域，残毁过半，田亩荒芜，遗骸遍野"，江西、湖广亦被害，情势甚为危急，宪宗于是命都督同知赵辅挂征蛮将军印任总兵官，右都督和勇任游击将军，佥都御史韩雍任赞理军务，率军征讨所谓的"两广蛮贼" [6]。根据《炎徼纪闻》的记载，明廷这次为征讨大藤峡，除派遣京师军队外，还特别调集湖广永顺、保靖及两江等处土兵兵力十六万人 [7]。大军开拔之际，兵部尚书王竑

---

① 《明英宗实录》卷三五七，天顺七年九月壬午，第7124—7125页。
② 《明宪宗实录》卷一三八，成化十一年二月癸巳，第2587页。
③ 《明宪宗实录》卷一三，成化元年正月甲戌，第297—298页。
④ 明代两广持续动乱涉及自然环境、历史沿革、民族关系、社会经济状况等诸多因素。明廷常不能深入体察地方详情，将帅也惯以歧视性眼光看待当地起事部众，难免会举措失当，这其实是明代乃至历代中央王朝处置地方民族事务时的通病。如成化初以任赞理军务职衔接替叶盛督战两广的佥都御史韩雍有言："是贼也，毒虐无极，冥顽不悔，与潮之鳄鱼无异，不尽戮则吾民之患不已。"就典用唐韩愈《祭鳄鱼文》，将两广变乱族群皆视作应"尽戮"之"鳄鱼"（见［明］韩雍：《襄毅集》卷七《征途》，景印《文渊阁四库全书》第1245册，上海，上海古籍出版社，1987年，第685页）。
⑤ 某些朝臣对颜彪、叶盛的批驳就可能是出于私怨。根据《菽园杂记》的记载，丘濬与叶盛素"深不合"，丘氏尝"投闲"诋毁叶盛，又援引广西进士张某拜见李贤，使张某在李贤面前称叶盛在两广"杀无辜之民为功"，兵临城下时仍饮酒作诗（见［明］陆容：《菽园杂记》卷五，第61页）。
⑥ 《明宪宗实录》卷一三，成化元年正月甲子，第280—281页。
⑦ ［明］田汝成：《炎徼纪闻》卷二《断藤峡》，《嘉业堂丛书》本，1918年。

请给赵辅、韩雍便宜行事的重权,以期成功①。大军行进途中,宪宗遣使至军中慰劳,韩雍赋诗"当道如询岭表事,皇威定欲翦荒莱"②之句,表达了必胜的信念。总之,成化朝大藤峡之征用兵之多、准备之充足,均超过之前历次两广平乱战事,成化君臣无疑希望凭此一役彻底根除两广祸患。

在天顺朝两广平乱大臣率不得人心的情况下,宪宗之所以选派赵辅担当此次南征的主帅,与赵辅的出身经历及天顺、成化两朝特殊的用将方略密切相关。赵辅系明"开国"元勋追封梁国公赵德胜曾侄孙,父祖皆任地方卫所世袭官员③,他早年以文武才闻名,尤善文翰,初袭祖职任济宁左卫指挥使④,在景帝初登极时为吏部尚书王直推荐,升署都指挥佥事,入京坐管京营操练,后升署都督佥事,任宣府参将出守怀来,有击退"达贼"之功,天顺朝返京提督宫殿及宣宗景陵修缮,累升都督同知⑤。另根据赵辅封爵诰券中"历事先帝,久闻侍卫之忠"⑥的记载,可知赵辅在天顺朝还担任过宫廷侍卫官。

大体而言,赵辅历年军功不算十分突出,他除在宣府积有一定的实战之功外,主要以管理京营训练及督办宫殿修造升职。不过,英宗自"曹石之变"后,就倾向于拣任前朝勋旧子孙、外戚近臣或与皇室有特殊关系的武将执掌兵权。宪宗登极伊始,依旧延续英宗这种保守的用将策略,形成"在京在外总兵者,或以外戚至亲,或以内官姻党"⑦的局面。如"靖难"勋贵嗣爵子孙成国公朱仪自天顺七年(1463)起长期守备南京⑧,成山伯王琮、武安侯郑宏分别在天顺五年、天顺八年镇守辽东⑨。又如英宗母舅会昌伯孙继宗自英宗复辟后就开始总管五军营,成化初又兼总十二团营⑩。再如兼有外戚身份的

①《明宪宗实录》卷一三,成化元年正月辛未,第288页。

②[明]韩雍:《襄毅集》卷六《次赵征夷韵送焦员外》,景印《文渊阁四库全书》第1245册,第682页。

③[明]彭时:《山东都指挥佥事赠武靖伯赵公本神道碑》,[明]焦竑辑:《国朝献征录》卷一一〇《都司》,周骏富辑:《明代传记丛刊》第114册,第609页。

④《明宪宗实录》卷二七九,成化二十二年六月丙戌,第4701—4702页。

⑤《明功臣袭封底簿》卷一《武靖伯》,第39—40页。

⑥[明]郑汝璧:《皇明功臣封爵考》卷四《武靖伯》,《四库全书存目丛书》史部第258册,第495页。

⑦[明]戴冠:《濯缨亭笔记》卷一,《续修四库全书》子部第1170册,上海,上海古籍出版社,2002年,第435页。

⑧《成国公赠太师谥庄简朱仪神道碑》,[明]焦竑辑:《国朝献征录》卷五《公一·世封公》,周骏富辑:《明代传记丛刊》第109册,第165页。

⑨《明英宗实录》卷三三〇,天顺五年七月庚戌,第6791页;《明宪宗实录》卷三,天顺八年三月壬申,第83页。

⑩《明宪宗实录》卷一九七,成化十五年十一月己酉,第3472页。

勋臣广义伯吴琮自成化二年（1466）镇守宁夏①。凡此种种，不一而足。这些勋戚多已在京师优养两三代，军事素养堪忧，纯外戚出身的孙继宗甚至毫无军事历练，但他们因与皇室休戚与共，故被英宗及宪宗所任用。与上举这些勋戚相比，赵辅既具备"开国"后裔及侍从近卫的勋旧背景，又以地方中级武官起家，而且亲掌兵政多年，军政经验相对丰富，还享有儒将之名，优势条件较多，因此被宪宗不吝授予大将之任。

　　赵辅与韩雍等率官军甫进两广，就直捣大藤峡"贼巢"②。成化元年七月至九月间，明军先清扫广西全州及大藤峡周边修仁、荔浦等州县的"峡贼羽翼"，斩擒八千余众③。成化元年年末，明军深入至大藤峡内部，用声东击西、四面合围等战术，历战数月，至成化二年三月，赵辅、韩雍报捷，称破大藤峡"贼大小巢寨三百二十四所，斩首三千二百七级，生擒七百八十二人"，"余贼战伤、溺死者不可胜计"，两广"数十年之寇一旦扫除"。宪宗览罢捷奏，降敕奖谕赵辅等，但仍着重提醒："山洞深峻，今虽平定，倘他日复聚，必为后患，尔等须计议长策，务在处置得宜，永绝后患。"④不久，接替王竑任兵部尚书的王复奏称，广西洛容、博白等县遭受劫掠，"大藤峡等处贼"未如赵辅、韩雍前奏已尽殄灭，而是有漏网者，请令赵辅等调兵分剿以除后患，宪宗准之⑤。成化二年四月，赵辅、韩雍再次上疏云，"既已破大藤峡"，但"其流劫四出，未尽剿除"，故又分兵进击，共斩擒"贼党"四千六百余，并遣官招抚胁从民众⑥。当年五月，赵辅等又奏称"地方稍宁"，意欲班师。兵部尚书王复认为赵辅前后奏词不同，且未详陈可以班师的原因，于是移文赵辅，责令他会同监督及赞理等官详议，"如两广果尽宁靖，保无后患"，即可计划地方治安之策，准备班师回朝⑦。

　　宪宗及兵部官员屡次责成赵辅、韩雍等继续布划剿抚事宜，不许其轻言班师回朝，此仍可见朝廷毕其功于一役之用意。直到成化二年六月，宪宗才

①《明宪宗实录》卷三二，成化二年七月甲午，第644页。
②［明］刘珝：《古直先生文集》卷一五《都察院右都御史致仕韩公墓志铭》，《四库全书存目丛书》集部第36册，济南，齐鲁书社，1997年，第139页。
③［明］刘珝：《古直先生文集》卷一五《都察院右都御史致仕韩公墓志铭》，《四库全书存目丛书》集部第36册，第139页；［明］田汝成：《炎徼纪闻》卷二《断藤峡》。
④《明宪宗实录》卷二七，成化二年三月壬戌，第541—544页。
⑤《明宪宗实录》卷二八，成化二年闰三月戊戌，第562—563页。
⑥《明宪宗实录》卷二九，成化二年四月乙丑，第578—579页。
⑦《明宪宗实录》卷三〇，成化二年五月癸未，第599页。

正式命赵辅领军撤回,太监陈瑄、游击将军和勇、提督军务韩雍留镇两广提督军务,以便"抚剿残贼"①。

(二)赵辅封伯引发的争议

成化二年(1466)十一月,宪宗以"平两广流贼功",钦升赵辅为武靖伯,食禄一千二百石。赵辅受封不久,两广局势又生突变。成化二年十一、十二月间,广西"伪降元凶侯郑昂、王牛儿如前诱党复叛",纠集七百余人"架梯夜入浔州府城"抢掠,提督军务韩雍调兵前去围捕,斩获六十余人,"余贼回巢"②。此次浔州之乱引发给事中与都察院御史对赵辅和韩雍的交相弹劾。兵科参奏韩雍:"先以地方宁靖,奏请班师,今却又奏残贼入城焚掠,前后所言不一。"兵部也并劾韩雍与前总兵赵辅"欺罔蒙蔽"。宪宗下旨:"赵辅宥之,韩雍、欧信令其自陈。"③尔后,成化三年初,巡按广西御史端宏进一步指称赵辅、韩雍的罪责,曰:"如赵辅等讨贼破峡之功,固当行赏,其妄言贼尽民安之罪,尤当加罚。"又言:"今贼衅渐萌,流毒愈甚,不罪辅等,无以示戒。"赵辅上疏自辨,称广西总兵欧信"忌功纵寇,故毁成绩,乞治信罪"。事下兵部,兵部覆论:"初辅等捕贼实未尽殄,所司欲留,稍屯重兵以镇抚之,而辅不从。今宏所奏,切中其病,辅乃不思自咎,反欲咎人,殊乖大体,宜治如法。"可见兵部同意六科及都察院等官惩处赵辅的提议。接到这些题请后,宪宗命赵辅留京不必返回广西,仅责成韩雍会同和勇调动官军剿杀"残寇"④而已。由于受到给事中、都察院及兵部官员交章弹劾,赵辅不得不请辞武靖伯封爵,宪宗仍诏不允⑤。

赵辅因被弹奏而自请辞爵,类似的情况在明代此前从未发生过,可见言路对赵氏抨击之猛烈。首先需要指出的是,成化朝的大藤峡之征确实未达到战前彻底荡平瑶乱的预期目的,因此科道及兵部官员有理由质疑赵辅的封爵功资。根据《明宪宗实录》的记载可知,直至成化三年年末,广西各地

①《明宪宗实录》卷三一,成化二年六月甲辰,第614页。
②[明]韩雍:《襄毅集》卷七《征途》,景印《文渊阁四库全书》第1245册,第684页;《明宪宗实录》卷三七,成化二年十二月庚申,第740页。
③《明宪宗实录》卷三七,成化二年十二月庚申,第740—741页。
④《明宪宗实录》卷三八,成化三年正月己丑,第762—763页。
⑤《明宪宗实录》卷三八,成化三年正月丙申,第770页。

仍不时出现余乱,如有"流贼"掳掠苍梧、北流等县村寨男女五百余人[①],又有"流贼"劫持石康县知县,并抢夺人口、县印为质,以索取赎金[②]。另外,至成化初年,明廷上下已对两广事态高度敏感,而赵辅、韩雍的南征又是一场被寄予重望的大决战,在这种情形下,大军主力撤出两广后,地方又生扰动,这就让部分臣僚认为赵辅与韩雍重蹈了天顺朝颜彪、叶盛冒报战功的覆辙,势必引发广泛的非议。

　　面对科道与兵部官员轮番攻击赵辅,宪宗反而屡屡对赵氏加以回护,这一现象背后的原因大致有三:第一,不可否认,赵辅作为"开国"名将后裔,被宪宗亲简委以南征重任,自然会格外受到庇佑。第二,至成化朝,明代"以文统武"军事指挥机制已基本形成,武臣总兵是名义上的全军主帅,他们名位虽高,但实际权责常不及文臣提督或文臣参赞。就大藤峡战役来说,在出征之前,总兵赵辅"军事一听"[③]于参赞都御史韩雍,由韩雍主要处置战守机宜,因此大征结束后,宪宗准许赵辅回朝而仍留韩雍在两广地方继续负责善后。第三,也是最重要的原因,综合考量成化朝南征大藤峡战役的得失,该战取得的业绩不应被忽视,宪宗回护赵辅也有事实依据,并非无端偏袒。虽然成化二年之后广西部分州县"残寇"间出,但明清两代权威史著普遍认为,赵辅、韩雍的征伐仍在很大程度上遏制了两广动乱不断发展的势头,使地方局势在整体上趋向好转。如《明宪宗实录》左佥都御史王朝远的小传中有论,若非赵辅、韩雍之力,"两广几于不守"[④]。再如田汝成《炎徼纪闻》指出,成化大藤峡之役使两广"民有宁宇三十余年"[⑤]。《国榷》《明史纪事本末》及清修《明史》诸书大抵持与《炎徼纪闻》相似的观点。

　　事实上,对于赵辅奏请撤军后余乱复生一事,也不宜太过苛责。客观地说,两广自正统朝二十余年频繁动荡,一次大征之后,动乱余波很难在短时间内完全消除。参赞军务韩雍自己就预计到余乱有可能发生,故在成化二年三月已尽可能全面地做出稳定地方的长久布划[⑥]。而至成化二年五月,十

①《明宪宗实录》卷五〇,成化四年正月庚寅,第1028页。
②《明宪宗实录》卷五一,成化四年二月甲辰,第1039页。
③[明]王世贞:《名卿绩纪》卷二《韩雍》,周骏富辑:《明代传记丛刊》第42册,台北,明文书局,1991年,第43页。
④《明宪宗实录》卷二〇五,成化十六年七月乙巳,第3588页。
⑤[明]田汝成:《炎徼纪闻》卷二《断藤峡》。
⑥见[明]韩雍:《平蛮录》卷二《奏疏》,转引自朱鸿林:《文献足徵与文献阻徵——从韩雍处置大藤峡事宜的一封奏疏说起》,《文献》2010年第2期。

余万南征大军已出战一年半,当时两广临近暑热,若兵士再不撤回,难免渐生疲敝而军心动摇。另外,同在成化二年(1466),湖广苗民及辽东女真又相继叛乱①,两处急需调兵派将征讨,赵辅于成化三年被派往辽东,是故明廷无法继续在两广维持大量军力。

综上所述,成化朝南征两广之战有不尽人意之处,但同时也取得了显著的阶段性战果。对于赵辅与韩雍的功过,成化朝内阁大学士彭时的评价比较中肯:

> 广西太洞峡(即大藤峡)蛮贼久为害,近年劫两广尤甚,议者咸谓宜调兵往征,然自永乐以来,但能威之,使不出,未能破其巢穴。及是敕都督赵辅、佥都御史韩雍与内臣同往征之,用土兵为先锋,出奇计,破其巢穴。其中盘亘数百里,山洞险阻,有崖名九层楼,尤为险峻,官军抵其上,磨崖纪岁月而还。闻者殆以为不世有之功,而赵获封爵赏以此。然班师未及而贼复集,乃知前所杀者多贼党,而真贼被匿者又出,是以识者谓有遗恨云。但赵都督领兵往返,纪律严明,军士在途,秋毫无犯,非他将可及,为可重也。②

由于成化朝大藤峡之役的功绩与不足都比较突出,故宪宗在初升赵辅伯爵后,就不定其爵位流世③。不轻授赵辅世爵的做法无疑是妥当的,宪宗做此决定,应是在一定程度上受到朝议的影响。

赵辅被劾请罢,可谓明中期朝臣广泛、深入参议勋爵册封的典型事件。相比赵辅南征大藤峡的功绩,洪熙、宣德、正统朝被推恩加封的近臣外戚或达官忠勤伯李贤、会昌伯孙忠、顺义伯金顺、修武伯沈清等人的军功则更显不足,但彼时言官或吏部、兵部官员均未对这些加封提出激烈批驳。洪武三年(1370)朱元璋大封"开国"诸臣时,就曾"命大都督府、兵部录上诸将功

---

① 成化二年三月,湖广守臣上报,靖州"苗贼"势力方张,而"荆襄、两广今俱奏捷",故请调两广兵士前去湖广征苗(见《明宪宗实录》卷二八,成化二年闰三月甲申,第555页)。其中"荆襄"指当时工部尚书白圭、抚宁伯朱永平荆襄流民一事。成化二年九月,辽东总兵官武安侯郑宏急报,"胡寇"大肆抢掠,战火绵延数十里,请兵加征(见《明宪宗实录》卷三四,成化二年九月乙未,第686页)。

② [明]彭时:《可斋杂记》,《续修四库全书》子部第1166册,上海,上海古籍出版社,2002年,第573—574页。

③ 成化三年二月明廷颁赐赵辅伯爵诰券,券文内不载子孙世袭与否(见[明]郑汝璧:《皇明功臣封爵考》卷四《武靖伯》,《四库全书存目丛书》史部第258册,第494页)。

绩,吏部定勋爵"[1],嗣后,吏部与兵部一直是明代主要处理封爵事由的衙门,兵部职在考量大臣军功之高低,吏部职在拟定爵名、爵级及勋阶待遇,并负责勘验勋爵子孙承袭。不过,吏部、兵部等衙门对封爵事务的参议权有一个逐渐增强的过程。在洪武、永乐两朝,由于皇帝与勋武大臣关系紧密,册封何人很大程度上出自皇帝专断,吏部、兵部等官员负责具体的颁授事务。洪熙、宣德两朝承国初遗规,文职衙门对军功封爵事宜的参论程度仍较低。随着正统、景泰、天顺、成化四朝文臣开始广泛参与军政,吏、兵各部与科道官员得以更多且更深入地参与封爵的审核流程。尤其自天顺朝始,科道言官形成"振风裁而耻缄默,自天子、大臣、左右近习无不指斥极言"的敢谏风气[2],同样对军功封爵也形成较强的监督力度。虽然部院科道官在审议军功时可能比较偏激,但对限制皇权专断,维护军功封爵大典的相对合理性具有一定的意义。

(三)建州之役与赵辅升侯

成化四年(1468)正月,宪宗又以平建州女真功加封赵辅为武靖侯[3]。早在正统、景泰两朝,女真建州左卫酋长董山等就趁"土木之变"后瓦剌破关之势,率众屡入辽东抢掠。至成化二、三年间,董山所部更犯边不止,并同时抄掠明朝藩属朝鲜一年近百次[4],杀略甚重,为祸日深。面对建州女真的嚣张气焰,明廷于是在成化三年五月,遣左都御史李秉提督军务,武靖伯赵辅挂靖房将军印任总兵,领军前去剿杀建州董山等部[5]。赵辅刚征两广回京,旋即又被派往辽东征讨,由此可见朝廷对他的信重。

由于清朝皇室追认董山为第五世先祖,因此自二十世纪开始,成化三年

---

①《明太祖实录》卷五八,洪武三年十一月壬辰,第1125—1126页。

②《明史》卷一八〇《列传第六十八赞》,第4803页。

③《明宪宗实录》卷五〇,成化四年正月庚寅,第1027页。

④关于董山袭扰明朝与朝鲜之研究,见刁书仁:《成化年间明与朝鲜两次征讨建州女真》,《史学集刊》1999年第2期。

⑤《明宪宗实录》卷四二,成化三年五月己丑,第865页。成化朝大学士尹直在笔记《謇斋琐缀录》中有评:"成化初,守臣以建州寡弱,贪功赏,请兵征剿。至是,镇守副都御史陈钺又说汪太监立功固宠,己亦倖进,虚张边警,妄请出师。"(见[明]尹直:《謇斋琐缀录六》,[明]邓士龙辑:《国朝典故》卷五八,第1322页)其中"至是"指成化十五年,而陈钺是时任辽东巡抚都御史。不难看出,尹直主要是为批评成化十五年汪直妄开辽东边衅,故一并称成化初年的征辽战役也是贪功冒进之举。不过,从成化初年董山等酋进犯辽东不止的形势来看,当时建州并非"寡弱",明廷无疑有必要对建州女真采取军事行动以遏制其气焰,因此尹直的评价并不符合事实。

的建州之役素被学界认为是满洲民族发展史上的大事,颇受学者关注。早期研究者稻叶君山和孟森就认为:在这次战役中,建州大酋董山先向明廷请降,后又被赵辅拘杀,另一名建州酋长李满住被朝鲜援军擒斩,除侥幸诛杀两酋外,明军其余战果平平,不过"屠小寨若干"而已,但总兵赵辅通过撰写《平夷赋》一文虚夸了自己的战功,因此得以封侯①。必须承认,明廷当时先招抚董山入京,后又遣大军挟制董山至辽东恫吓建州部落,继而攻杀其众②,这多少有背信设诱,胜之不武之嫌。另外,董山与李满住二酋也的确不是由明军实战擒杀。但所谓赵辅以《平夷赋》虚报功绩及明军功不过"屠小寨若干"的看法仍值得商榷,现分条述之。

　　第一,赵辅撰写《平夷赋》应是为向宪宗表忠心,并彰显自己文武全才之能,因此难免铺陈辞藻,叙事有所夸张,但虚报战功的问题并不严重。实际上,赵辅《平夷赋》作于成化四年(1468)三月③,此时赵氏已经凭借辽东战功晋封侯爵,没有必要再虚夸战绩以求封赏。查《平夷赋》原文,赵辅自言征辽明军斩杀擒俘建州女真酋长"等目""千数"名,捕获"贼属、牛马无算",使建州部落"巢穴蓄积荡然一空","余贼"退保山林,"虏境萧然"④。所谓斩擒头目千余之说,无疑有夸耀的成份,但若将其视作全部斩俘女真的数量,就与成化三年十月李秉与赵辅向朝廷上奏的斩首生擒女真"贼众"七百余,收捕男妇一百五十余,获其"牛马器仗无数",焚"巢寨房屋一空",迫使建州女真余部逃散⑤的捷报大体相当。至于李秉与赵辅的官报是否本身就虚妄不实,笔者认为虚报的可能性不大。成化四年宪宗一并封赏李秉、赵辅及麾下征辽将士时,兵部特奏云:

　　　　自正统十四年虏寇也先犯顺,尝令当先杀贼者量加升授,以激人心,然势大事重,不为常例。至天顺间,累定征虏功次,止以有擒斩功者照例升授,余若奋勇当先等功,俱量给赏,不升,已是定例。今征建州有

①〔日〕稻叶君山著,但涛译:《清朝全史》第六章《明与女真之交涉》,北京,中国社会科学出版社,2008年,第48页;孟森:《清朝前纪》第四篇《建州纪略第二》、第七篇《褚宴充善纪(童仓董山)第五》,北京,中华书局,2008年,第47—48、77—78页。
②《明宪宗实录》卷四一、卷四五,成化二年四月癸亥、成化三年八月庚子,第851—852、928—929页。
③〔明〕赵辅:《平夷赋》,〔明〕邓士龙辑:《国朝典故》卷九〇,第1860页。
④〔明〕赵辅:《平夷赋》,〔明〕邓士龙辑:《国朝典故》卷九〇,第1858页。
⑤《明宪宗实录》卷四七,成化三年十月甲寅、壬戌,第975—977、980—981页。

功官军宜准此例行,庶恩赏公平,不致冒滥,事体均一,无复纷更。

宪宗诏"悉从之"①。后辽东提督李秉奏请自罢太子太保兼衔,以求朝廷能再升赏征建州有功将士,宪宗这才准凡"深入虏地杀贼者,升署一级,不为例"②。可知兵部论此功捷时特重依例定赏,以确保公平,倘若李秉、赵辅故意冒报战绩,兵部理当严纠,不会任其随意欺罔。单纯以斩敌数量而论,纵观成化朝以前明代历次辽东战役,斩获最多的一战是永乐十七年(1419)都督刘荣伏击倭寇一战,笔者在本书第三章已述,此战斩擒倭寇千人左右。而成化三年李秉、赵辅指挥明军斩获俘虏女真"贼众"七百余,加上收捕男妇共近九百人,这仅次于刘荣当年的战绩。在明代军功评价体系中,斩擒女真之功的等级较高,仅次于擒斩蒙古③,因此赵辅所立辽东功资可谓不亚于前人。

第二,虽然明人著作如《双槐岁钞》也有成化三年(1467)辽东之役"抵巢征剿,未有成功"④的评价,但更多的明人凡论及辽事,基本能肯定成化此役具有威慑建州女真、遏制其抄掠的战略效果。如成化三年罢官居家的辽东名臣贺钦有评:"清河、羊山之战,虏见我军奋勇追之,即退遁。"⑤另如成化朝名臣马文升有云:"时虽克捷,而所失亦不少矣,然边境亦赖以宁。"⑥贺钦世居辽东,马文升曾在成化朝巡抚辽东,二人谙悉辽事,其所论应比较客观准确。明末名士姚希孟也有论,武靖伯赵辅偕都御史李秉捣建州女真巢穴,"捕斩首虏过当,留副将韩斌筑抚顺、清河、暖阳诸堡,夷稍稍创,乞款塞,而朝廷亦欲与休息,令童山(即董山)、凡察后皆得袭"⑦。这里"捕斩虏过当"的"过当",指明军所斩获超过自身的损失,说明明廷以相对小的代价,通过此役促成女真部落的重新归附,基本稳定了辽东局势。

综合考量成化三年建州之役的规模、战略成效及斩获数量,此战可谓一次重要的安边大捷,赵辅作为战场主将,也应加晋爵级。另据《明功臣袭封底簿》及《皇明功臣封爵考》的记载,赵辅成化四年正月升武靖侯后,仍不定

①《明宪宗实录》卷五〇,成化四年正月庚寅,第1028页。
②《明宪宗实录》卷五三,成化四年四月甲午,第1068—1069页。
③万历《明会典》卷一二二《兵部六·功次》,第631页。
④[明]黄瑜:《双槐岁钞》卷九《建州女直》,第176页。
⑤[明]贺钦:《医闾先生集》卷七《存稿·漫记》,沈阳,辽宁人民出版社,2011年,第106页。
⑥[明]马文升:《马端肃公三记·抚按东夷记》,[明]邓士龙辑:《国朝典故》卷九七,第1947页。
⑦[明]姚希孟:《建夷授官始末》,[明]陈子龙辑:《明经世文编》卷五〇一《姚宫詹文集》,第5527页。

子孙承袭待遇,也未授诰券,至成化七年十一月,赵辅奏请子孙世袭伯爵,经吏部题奏,宪宗准赐赵辅流侯诰券,但诰券文书中依旧没有明确镌记武靖侯子孙如何承袭爵位[1]。除不定世袭待遇外,赵辅升侯爵后,岁禄也没有提升,仍食一千二百石[2]。赵辅此前以两广功封武靖伯时,曾引起朝中较大非议,而他封伯后不到两年就又以辽东战功加升武靖侯爵,即使此次辽东之功可加爵升赏,亦显晋升较骤,因此朝廷采取长期不定赵辅爵位承袭,并不增其岁禄的方式,显然是在一定程度上对赵辅的地位加以裁抑。

需要指出的是,在成化十六年(1481),赵辅曾上奏历数自己生平军功"皆旷古所无"[3],这就明显属虚夸战功,不过赵辅当时之所以上妄诞之词以自矜,实有特殊原因,不能因此认定他早年就曾冒报辽东战果。另外,《明宪宗实录》赵辅小传等官修史料也常概称赵氏"功多矫饰无实,徒以贪缘权幸,一举而封伯,再举而封侯"[4],但《明实录》对赵辅功勋的评价实际上整体上偏低,也有失客观,笔者将在后文详论这些问题。

(四)成化初年封爵制度的演化

在成化五年以前,明廷除封赵辅为武靖伯、侯外,还以军功册封或升封了五名勋爵,为便于讨论,现将这些封爵情况胪列于下表(表6):

表6　成化三年至五年封爵表

封爵时间	勋臣姓名	出身	封爵功绩	封前官爵	封后爵位	爵位流世	资料出处
成化三年正月	朱永	原宣府总兵抚宁伯朱谦嗣子	平荆襄流民	总兵、抚宁伯	抚宁侯	流	《明宪宗实录》卷三八,成化三年正月壬申;《明功臣袭封底簿》卷三《保国公今袭抚宁侯》。

---

[1]《明功臣袭封底簿》卷一《武靖伯》,第40—41页;[明]郑汝璧:《皇明功臣封爵考》卷四《武靖伯》,《四库全书存目丛书》史部第258册,第494—495页;《明宪宗实录》卷九八,成化七年十一月丁巳,第1873页。

[2][明]郑汝璧:《皇明功臣封爵考》卷四《武靖伯》,《四库全书存目丛书》史部第258册,第495页;《明宪宗实录》卷九八,成化七年十一月丁巳,第1873页。

[3]《明宪宗实录》卷二一〇,成化十六年十二月己未,第3659页。

[4]《明宪宗实录》卷二七九,成化二十二年六月丙戌,第4703页。

封爵时间	勋臣姓名	出身	封爵功绩	封前官爵	封后爵位	爵位流世	资料出处
成化三年	毛忠	甘肃达官	累于甘肃镇番、古浪等处"擒斩番夷"，凉州城外"征剿达贼"，在边效劳日久	协同镇守甘肃左都督	伏羌伯	流，成化四年平定满四战殁加世袭	《明宪宗实录》卷四〇，成化三年三月乙酉；《明孝宗实录》卷一二〇，弘治九年十二月己丑；邓廷瓒：《伏羌伯赠伏羌侯谥武勇毛公忠传，焦竑辑：《国朝献征录》卷九《伯一·世封伯》。
成化四年八月	李瑾	第四任"靖难"襄城伯	平四川山都掌蛮	总兵、襄城伯	襄城侯	流	《明宪宗实录》卷五七，成化四年八月己酉；《明功臣袭封底簿》卷三《襄城伯》。
成化四年八月	罗秉忠	沙洲卫都督困即来第三子	平四川山都掌蛮	管达军游击将军、左都督	顺义伯	流	《明宪宗实录》卷五七，成化四年八月己酉；《明宪宗实录校勘记》卷五七；《明功臣袭封底簿》卷二《顺义伯》。
成化五年	和勇	鞑靼太师阿鲁台族亲	继平两广大藤峡之乱	管达军游击将军、左都督	靖安伯	流	《明宪宗实录》卷一百二五，成化五年六月癸亥；周松：《明代内附阿鲁台族人辨析》，《西北民族大学学报（哲学社会科学版）》2011年第5期。

　　将武靖侯赵辅之封与上举五例勋爵受封情况综合分析，可见成化初年爵制演化的几个规律与特征。

　　第一，赵辅、朱永、李瑾、罗秉忠、和勇五人皆以平定内地严重变乱的大功封晋爵位，仅毛忠一人先以累镇甘凉封爵，后仍因在平定满四叛乱的大征中力战死节被准伯爵世袭。成化初年，鉴于正统、景泰、天顺三朝各地动乱余波不断,宪宗数次兴兵平抚。除赵辅指挥的大藤峡平乱之战及辽东平建州之战不再赘述外,如湖广、河南交界的荆襄一带自宣德朝就有流民结集,至成化初年流民首领刘通等聚众起事,公开反抗明廷,宪宗于是敕命抚宁伯朱永任总兵官,都督喜信、鲍政分充左右参将,又命内臣唐慎、林贵奉监军,而以工部尚书白圭提督军务,共统京营及山东下班官军一万五千征之[①]。再如四川山都掌蛮部落自景泰朝就"累岁出没,杀掠良民"[②],因此明廷在成化三年(1467)六月遣襄城伯李瑾佩征夷将军印任总兵官,兵部尚书程信提督军务,调四川、贵州官军前去征讨[③]。由于各征讨主将以大功封爵的机会较多,朝廷就没有必要再常开累功之封。成化初年唯一以久镇累功封伏羌伯的毛忠,是当时各边镇守武臣中资历最老的宿将。毛忠自天顺元年(1457)就以都督同知协同总兵镇守甘肃,天顺三年升右军左都督后仍协同镇守西北,以最高军职积功十年,至成化三年封爵时已年过七旬[④]。另外,毛忠能够膺封还与甘肃总兵官定西侯蒋琬的力荐密不可分。当时蒋琬向朝廷上言毛忠统领官军征剿西番有功[⑤],宜加爵赏,宪宗这才赐毛忠伏羌伯爵。蒋琬祖父蒋贵本英宗正统朝故臣,贵以平蒙古阿台王子及平云南麓川两次大功连封定西伯、侯,蒋琬在"土木之变"后临危承袭祖爵,天顺朝又屡掌内廷侍卫,因表现"忠勤"为英宗所察,至成化朝,蒋琬先以亲故勋裔总管京营,又出守甘肃重镇[⑥],地位非同一般,在朝中影响力较强。

　　第二,封爵的阶序性进一步增强。这方面表现在:首先,除了赵辅以都督同知封武靖伯外,其后成化初年所封伯爵都是以最高军职左都督获功加封,都督佥事、都督同知甚至与左都督同为正一品的右都督都不再直接封爵。更为严格的是,即使臣子以大功膺封,朝廷也不再同时赐其世爵,而是先封流伯、流侯,若受封流伯、流爵者再有新功,方可加准子孙世袭本爵。子

①《明宪宗实录》卷二四,成化元年十二月癸卯,第478—479页。

②《明宪宗实录》卷三二,成化二年七月甲午,第644页。

③《明宪宗实录》卷四三,成化三年六月辛酉,第894页。关于四川都掌蛮变乱始末,可见屈川:《川南"都掌蛮"反明斗争考述》,《民族研究》1987年第4期;《川南"都掌蛮"消亡原因探析》,《贵州民族研究》2003年第4期;刘复生:《"都掌蛮"研究二题——明代"都掌蛮"的构成和消亡》,《四川大学学报》1998年第2期,等。

④[明]邓廷瓒:《伏羌伯赠伏羌侯谥武勇毛公忠传》,[明]焦竑辑:《国朝献征录》卷九《伯一·世封伯》,周骏富辑:《明代传记丛刊》第109册,第312—314页。

⑤《明功臣袭封底簿》卷一《伏羌伯》,第45页。

⑥[明]程敏政:《篁墩文集》卷四四《太保兼太子太傅掌左军都督府事定西侯追封凉国公谥敏毅蒋公墓志铭》,景印《文渊阁四库全书》第1253册,第64—65页。

孙世袭指挥使的流伯与子孙世袭伯爵的流侯在事实上成为两级固定爵等。又由于除个别情况外,明代自洪熙、宣德朝就不再册封世袭公爵,因此至成化朝,勋爵等次已事实上演化为流伯、世伯、流侯、世侯及流公五等。

形成封爵阶序性的原因在于以下几点:其一,自景泰中期至成化初年,朝廷虽屡兴征伐,但全国局势整体上趋于稳定,武职陈冗之弊渐生①,勋爵封拜更应谨慎。其二,成化二年(1466)赵辅以都督同知封伯后引起朝臣强烈的反对,为保证升赏有序,朝廷遂不再册封左都督以下的武将。其三,成化朝历次征讨多旨在平抚各地民众动乱,领兵主将的大功勋资已与国初真正意义上的社稷大功不可同日而语,因此朝廷多封流爵,细化爵位等次,使武职不至升赏过度,这也是军功封爵制度在承平时期的正常调整。

第三,与景泰、天顺朝相比,成化初年受封者多有特殊的身份地位,普通出身的边将很难再得封爵。赵辅、朱永、毛忠、李瑾、罗秉忠、和勇六名勋爵中,朱永、李瑾为嗣爵勋臣,赵辅虽出身卫所军官,但为开国名臣勋裔,而朱、李、赵三人又均为京营管军将领。罗秉忠、和勇为蒙古贵胄出身的达官。仅毛忠一人无特别显赫的家世,但也有重臣定西侯蒋琬为其力请封爵。如前所论,在天顺、成化两朝,明廷例用亲旧武将执掌内外兵事,而在调兵征伐地方时,还贯以京营将士为核心力量,并特遣坐管京营的亲近勋将担任全军主帅。例如,以平定荆襄流民晋封抚宁侯的朱永之所以很早就被宪宗委以总兵重任,就有赖于他和英宗、宪宗两代帝王的特殊亲近关系。明代史家王世贞在朱永传中有如下一段记载:

> 永伟躯貌,举止顾聘有威容。虏之挟上皇而过宣府也,谦出谒,睥睨下有所献金帛、器物、酒炙之类,使永进之。上皇数目属焉。景泰中,永得嗣谦爵,奉朝请。上皇自南城复,睹永而识之曰:"是子侯也,非宣府食我于门者耶?"永谢不敢。即召侍左右,有所询问,辄率意以对,不为浮饰,往往称旨。上虽贵重中贵人吉祥、大将亨,而内疑厌之,以心腹寄永,永亦慎重不泄……上崩,以属皇太子曰:"诸侯伯中独永习兵,可任大事。"②

①至景泰七年,在京各卫所带俸武职通计已不下三万,多系食禄不任事之人(见《明英宗实录》卷二六七,废帝郕戾王附录第八十五,景泰七年六月己亥,第5664页)。

②[明]王世贞:《抚宁侯进保国公朱永传》,[明]焦竑辑:《国朝献征录》卷七《侯一·世封侯》,周骏富辑:《明代传记丛刊》第109册,第258页。

英宗在土木堡被虏后,曾两度途经宣府停驻。一次是正统十四年(1449)八月十七日晚,瓦剌挟英宗至宣府城下叫门,但时任宣府镇守主将的杨洪及副将范广、朱谦等都未开门应答①。第二次是景泰元年(1450)八月瓦剌送还英宗回朝时,英宗在宣府城外住歇,时已升任宣府总兵的抚宁伯朱谦率领其子朱永及万全都司都指挥使董斌等官将至"御前答应",朱谦设宴款待英宗随行人员②。王世贞提到的朱谦、朱永父子出城谒接英宗、进献金帛,无疑是指景泰元年八月之事③。朱永景泰二年袭父爵后,就长期坐管京、团营④,至英宗天顺复辟后,朱永就因曾接驾得力,尤为英宗所信任,他又蒙英宗遗命,继而被宪宗重用,最终跻身成化朝统兵大将的行列。再如总兵征讨四川山都掌蛮战役以至加襄城侯的李瑾,除系"靖难"襄城伯后裔外,其兄原襄城伯李珍还是正统十四年随英宗北征蒙难的勋臣之一⑤,因此李家数代可谓与国休戚之故旧重臣,故李瑾尤被朝廷所信赖。另外,明代自洪武、永乐始就有通过封爵安抚迤北归附王公的传统,而自正统、景泰朝始,朝廷又习惯选派精于骑射的达军平定南方民变,是故罗秉忠与和勇得以蒙古贵胄子孙身份管领达军征讨四川及两广部众变乱,以至量功加封流伯。

　　整体上说,成化五年以前的封爵体现出军功封爵制度在国家局部动荡而整体平稳时期的演化规律。一方面武将仍有一定的机会凭大功封爵;另一方面,朝廷不再册封左都督以下的将领,也不再轻封世爵,而是逐级加封流伯、流侯,封爵的等次进一步繁密,阶序性增强。在这种情况下,一般卫所武职、边镇老臣很难再得一爵赏,受封晋爵者主要是与皇帝关系特殊或有其他优势身份的京营旧将与贵胄达官。

---

①[明]袁彬:《北征事迹》,《续修四库全书》史部第 433 册,第 149 页;《明英宗实录》卷一八一,正统十四年八月甲子,第 3510—3511 页。
②[明]袁彬:《北征事迹》,《续修四库全书》史部第 433 册,第 153 页;[明]杨铭:《正统临戎录》,[明]邓士龙辑:《国朝典故》卷二八,第 457 页。
③当时英宗实际上已经不是处于被瓦剌挟持的状态,故世贞"虏之挟上皇而过宣府也,谦出谒"的说法不甚准确。
④《明孝宗实录》卷一〇九,弘治九年二月戊午,第 1996 页;《明功臣袭封底簿》卷三《保国公今袭抚宁侯》,第 396—399 页。
⑤《明英宗实录》卷一八一,正统十四年八月壬戌,第 3488、3502 页。

二　搜套战役对刘聚、赵辅勋爵地位的影响

（一）刘聚以延绥轻功升爵

　　成化朝明廷在河套地区对蒙古部落的搜套征伐是一场旷日持久的重大战事。自天顺末年至成化年间，蒙古诸部大酋毛里孩、孛加斯兰等率众越过黄河南下，逐步在河套地区驻牧，不时抄掠明朝西北尤其是临近河套的陕西延绥一带。面对蒙古部众日益严重的威胁，宪宗屡屡派遣亲信将领率重兵搜套，成化朝最受宠信的将帅朱永、赵辅、刘聚及统兵文臣王越、太监汪直都曾先后参与河套战役。但囿于各方面条件之限，明军在搜套时较难取得决定性的胜利，只能长期陈兵在延绥一线布防，这种战争态势又进一步影响到明廷对西北搜套诸臣的封赏。现结合河套战事进程，对与成化朝封爵相关的问题做一集中探析。

　　成化二年（1466）九月，明廷接报，毛里孩部随时有可能"入甘、凉等处抢掠"，宪宗命朝中文武奏陈抵御方略，朝臣请以当时在京营管操的刘聚出任副总兵，统调京营官军一万人至陕西庆阳等处驻防，宪宗准之①，但毛里孩部并未入犯。至成化三年正月，山西巡抚都御史李侃又奏请加派兵士在大同一带防备，于是宪宗命京营提督抚宁侯朱永挂平胡将军印任总兵，都督刘聚、鲍政各任左、右参将，统领京营兵两万前往，而且命令京营选练十五万人马随时准备支援西北前线②。不久，毛里孩奏请通贡，朱永、刘聚等分兵把守贡道各处以为戒备③，未与毛里孩发生冲突。成化三年七月，刘聚所部被召还北京④。由此可见，当时明朝君臣虽高度重视河套事态，不惜动用京营官兵前去征剿，但对毛里孩部的真实动向并未准确掌握，故导致大军两次无功而返。

　　与武靖侯赵辅、抚宁侯朱永相似，刘聚之所以连续两次受命出征延绥，也与成化朝任用亲旧武将掌兵的策略有关。刘聚原籍北直隶清丰县，他是明永乐、洪熙、宣德、正统、景泰、天顺、成化七朝统军御马监太监刘永诚之侄。刘永诚在景泰朝之前常年在西北甘、凉一带领兵征战，景泰朝始专督京

①《明宪宗实录》卷三四，成化二年九月辛巳，第679—680页。
②《明宪宗实录》卷三八，成化三年正月丙申，第768、770页。
③《明宪宗实录》卷四〇，成化三年三月癸巳，第826—827页。
④《明宪宗实录》卷四八，成化三年七月甲子，第897页。

营军操,而刘聚自幼随叔父永诚从军,累升职级①。按照天顺朝大学士岳正为刘永诚所撰墓志铭所载,"夺门之变"发生时,刘永诚"乃按甲"②,这说明他没有直接参与当日的政变行动,仅约束京营兵士不出③。不过刘永诚家族显然也是石亨、曹吉祥等"夺门"主谋拉拢的对象,故英宗复位后仍以永诚迎驾有功推恩升刘聚为都督同知④。刘永诚与曹吉祥二人曾同掌兵政多年⑤,但天顺初年,面对曹家骤贵及势力的膨胀,刘永诚有意退避,刘、曹二族渐生不协。岳正所撰刘永诚墓志有云,刘永诚在"南宫之变"后"独以满盈求退,子姓受教,辞去职任,不干戎政,家口累千,遣三之二,杜谢造请,泊如素门"⑥。岳正在刘聚妻葛氏墓志中亦载,刘聚天顺初"简约家众,去十之五"⑦。实际上,天顺年间刘永诚自己仍督京营,子侄也继任高级武职,岳正的记载无疑有夸张之嫌,不过其所载仍反映出刘永诚家族当时不及曹吉祥、石亨等"夺门"首臣得势,故退避求全的情形。而且岳正本身系遭石亨迫害的大臣,岳正为刘永诚家族成员撰写墓志,也从一个侧面说明刘氏与曹、石关系不睦。尔后曹吉祥侄曹钦起兵谋反,刘聚率兵平叛有功,晋升右都督⑧,至此曹氏覆灭而刘氏振兴。

除刘家本族的内阁旧臣身份外,刘聚妻葛妙聪也出自北直隶清丰县一戚畹世家,累代与皇室通婚。妙聪有姑母二人分别为朱元璋葛丽妃、葛美人,其中葛丽妃生朱元璋第二十五子伊王。妙聪又有兄葛隆选为明楚王宗女武昌郡主仪宾,有侄葛昕选靖安郡主仪宾,侄女葛氏配为宗室宁府新昌郡

---

① [明]岳正:《类博稿》卷一〇《明故御马监太监刘公墓志铭》,景印《文渊阁四库全书》第1246册,第449—450页;《明宪宗实录》卷一二七,成化十年四月癸亥,第2416页。

② [明]岳正:《类博稿》卷一〇《明故御马监太监刘公墓志铭》,景印《文渊阁四库全书》第1246册,第449—450页。

③ 《明史》载,英宗复辟,刘永诚"勒兵从",应不确(见《明史》卷三〇四《宦官传》,第7776页)。

④ 《明英宗实录》卷二七四、卷二八一,天顺元年正月丁亥,天顺元年八月壬寅,第5805、6035页。《明英宗实录》天顺元年正月丁亥条记刘聚为刘永诚侄孙,应误,各类官私史料多记刘聚系刘永诚侄。

⑤ 曹吉祥、刘永诚早在正统九年(1444)就各随武将,同时分路出击兀良哈部(见《明英宗实录》卷一一二,正统九年正月辛未,第2257页),景泰朝曹、刘二人长期在京、团营管军操练(见《明英宗实录》卷二二四,废帝郕戾王附录第四十二,景泰三年十二月癸巳,第4857页)。

⑥ [明]岳正:《类博稿》卷一〇《明故御马监太监刘公墓志铭》,景印《文渊阁四库全书》第1246册,第450页。

⑦ [明]岳正:《类博稿》卷九《宁晋伯夫人葛氏墓志铭》,景印《文渊阁四库全书》第1246册,第444页。

⑧ 《明英宗实录》卷三三一,天顺五年八月壬午,第6807页。

王元妃①。

总而言之，刘聚家族兼有内侍、亲旧、忠臣及外戚的四重身份，刘聚早年又有随叔父征战西北的经历，他在宪宗眼中无疑是可托付西征河套重任的不二人选。

成化六年（1470）三月，明廷再次接到西北谍报，称"北虏酋将纠众寇边甚急"，兵部会朝臣合议后认为，"延绥地方阔漫"，而陕西、山西当地兵少，不利防御，请再调内臣及文、武大臣领重兵前去统筹军务，于是宪宗第二次命朱永佩印任总兵，都督刘聚、刘玉任副总兵，又加派监督军务太监傅恭、顾恒及参赞军务文臣右都御史王越等人，共领京营及大同、宣府军士往延绥征进。朱永等出征前，宪宗敕云："若贼人马疲敝，有可乘之势，即分布营阵，各路出境，刻期会剿；如贼势尚强，亦宜分兵据守要冲，毋令突入。"②宪宗在敕令中并未要求朱永等一定要进剿毛里孩部，而是让将领相机行事，可攻可守，这反映出明廷此次出兵最初多有试探之意，并未确立全胜的目标。宪宗有此谨慎态度，显然是受到之前成化二年、三年两次用兵河套皆无战果的影响。至成化六年四月，兵部尚书白圭又上奏称，"虏寇纠合各种丑类，久住河套"，有乘机大举抄掠之意，建议西北守土等官应"严督官军剿杀"③。宪宗准其奏，又转而责成官兵全力剿灭毛里孩部。尔后成化君臣在议决搜套战事机宜时，每每出现这种决策反复、举棋不定的情况。

朱永等人成化六年五月率大军进驻延绥一带后，迅速集结京营军及大同、宣府、宁夏、偏头、甘凉各镇兵士共四万九千余人，分兵驻扎训练，以待敌情④。除总兵勋臣、监督太监、参赞文臣亲统一万二千官兵在延绥首邑榆林卫城内节制外，其余三万七千余兵士被比较平均地布列在东北至孤山、清水诸堡，西南至定边营的延绥最前沿堡寨中⑤，没有设置防御纵深，这种兵员安排显然是为随时出击。不久，明朝大军就与蒙古部众发生数次战斗，取得若干胜利，至当年十月，因出师西北已半年有余，宪宗命太监傅恭、顾恒及副总兵

①［明］岳正：《类博稿》卷九《宁晋伯夫人葛氏墓志铭》，景印《文渊阁四库全书》第1246册，第444页。

②《明宪宗实录》卷七七，成化六年三月壬寅，第1502—1504页。

③《明宪宗实录》卷七八，成化六年四月癸亥，第1515页。

④《明宪宗实录》卷七九，成化六年五月丙午，第1553—1554页。

⑤见《明宪宗实录》卷七九，成化六年五月丙午，第1553—1554页；谭其骧主编：《中国历史地图集·明·陕西一》，北京，中国地图出版社，1982年，第7册，第59—60页。

刘玉、刘聚先行领部分军伍回京，朱永、王越仍留驻延绥"调度官军相机"[①]征讨。根据陕西纪功郎中范文的统计，自成化六年（1470）五月至九月，朱永、刘聚、王越等文武大臣率军取得五次胜利，虽有御敌之功，但前后擒斩仅百余人，并未伤敌元气。此外，都指挥孙钺、徐宁所部兵败一次，死伤千余人，超过明军杀敌之数[②]。范文上报战绩后，经兵部议定，太监傅恭、顾恒加赐岁禄，主将抚宁侯朱永准予侯爵世袭，副将右都督刘聚转升左都督，参赞军务王越升右都御史，其余参将、游击、统兵都指挥以至一般军士升职赐赏者万余人[③]。

　　明军在成化六年的河套之战中几乎没有取得实质性的胜利，甚至得不抵失，但兵部论功时将士仍多被升赐，主将朱永还特许侯爵世袭，这已近轻滥。不难看出，由于搜套战前兵部尚书白圭极力奏请"严督官军剿杀"并得到宪宗认可，故战后兵部为规避责任而宣扬战绩[④]，不吝大请赏赉。至成化七年三月，刘聚不满只由右都督转左都督，又向朝廷自陈功劳，请比例再加升授，兵科随即驳斥云："延绥之地贼情未宁，士马疲敝，馈运耗竭，尚劳宸虑，而聚乃论功不已，宜正其罪。"[⑤]但宪宗不接受兵科意见，钦定"刘聚既有前项功次，准升流伯"[⑥]，刘氏于是获封宁晋伯。在朝廷已经一体超赏西征官兵的情况下，刘聚又再加封伯爵，即使所封为流伯，这一封赏也实属轻率。

　　由于刘聚系明代军功太监刘永诚侄，因而《明宪宗实录》刘聚小传有评，聚"以势家子冒报功籍得升伯爵"[⑦]。后世权威史著如清修《明史》等书皆延续《明实录》的说法，认为刘聚凭借"内援"升爵秩[⑧]。刘聚以轻功得封宁晋伯，必然得益于他近臣子弟的出身，而在成化七年，刘聚叔父刘永诚已年过八十，垂老病重，第二年就故去[⑨]，因此宪宗册封刘聚伯爵，应也有一次性酬

①《明宪宗实录》卷八四，成化六年十月己酉，第1632页。

②《明宪宗实录》卷八六，成化六年十二月乙丑，第1672—1674页。

③《明宪宗实录》卷八六，成化六年十二月乙丑，第1675页。此条记刘聚升右都督，误，刘聚原任右都督，至此转升左都督（见《明功臣袭封底簿》，卷一《宁晋伯》，第65—66页）。

④作为搜套计划的支持者，白圭的神道碑中甚至完全没有记载历次搜套战役的情况，可见白圭家族非但不视搜套为白圭的生平功绩，甚至有所忌讳（见［明］商辂：《商辂集》卷一七《太子少傅兵部尚书白恭敏公墓志铭》，杭州，浙江古籍出版社，2012年，第308—311页）。

⑤《明宪宗实录》卷八九，成化七年三月甲申，第1726页。

⑥《明功臣袭封底簿》卷一《宁晋伯》，第65—66页。

⑦《明宪宗实录》卷一二七，成化十年四月癸亥，第2416页。

⑧《明史》卷一五五《刘聚传》，第4265页。

⑨［明］岳正：《类博稿》卷一〇《明故御马监太监刘公墓志铭》，景印《文渊阁四库全书》第1246册，第449页。

赏刘氏叔侄数十年勋劳之意。

不过，除借助"内援"外，刘聚之所以被轻封，还与当时河套的战局有关。在刘聚受封前一个月的成化七年（1471）二月，留驻延绥的总兵抚宁侯朱永曾急报朝廷："今虏贼数万在边，我军堪战者止可一万，而又分散防守，何以御敌？"朱永继而提出战、守二策，其战策，即仍请加派京营及各边镇军马数万，于三月内俱至榆林以捣敌"巢穴"；而守策，就是命各军镇居民"无事则分哨耕牧，有警则举号避藏，仍令提备官军各守城堡"①。此二策皆无高明之处，不过因循旧法而已。朱永奏上，兵部尚书白圭覆言："马方瘦损，供饷不敷，势难进剿，请命诸将慎为守御，以图万全。"宪宗奏准②。可见因耗费巨大，河套战事在成化七年年初已陷入困顿，明军只能勉强防守，无力出击。因此宪宗晋封刘聚勋爵，无疑也是为激劝留镇延绥的将士，以图他们悉心守疆，奋勇杀敌。

从宁晋伯刘聚封爵的前后过程可见，明廷虽高度重视搜套战事，但由于河套防线漫长，防务艰难复杂，耗费繁巨，一时难见成效，因此成化君臣在具体议处相关事务时常举棋不定，进止无方，最终导致明军不得不在河套一线长期与蒙古对峙。明廷为鼓舞士气，采取重赏轻罚的宽恤策略，在升赏搜套将士时多有轻进，这在一定程度上也对作为最高军功封赏的勋爵制度产生不良影响。

（二）河套战局之困与赵辅、刘聚指挥搜套的表现

自成化六年总兵抚宁侯朱永与参赞都御史王越领兵至延绥后，明军长期与河套鞑靼部众相持不下，未能取得决定性胜利。至成化七年十二月，朱永还京提督京营，王越仍留守延绥③，勉强支撑战事。到了成化八年，明廷为打破河套困局，再次发动搜套战役，不过这次战役的进程更可谓困难曲折。

成化八年二月，兵部尚书白圭首先题请选精兵十万，预计在当年年底前大举搜套。宪宗也认为务必统调大军清剿"虏寇"，但同时指出"今日尤须严加防御"，于是仍命当时在延绥勘察军情的兵部侍郎叶盛及留守都御史王越

①《明宪宗实录》卷八八，成化七年二月壬申，第1720页。
②《明宪宗实录》卷八八，成化七年二月壬申，第1720页。
③《明宪宗实录》卷九九，成化七年十二月癸未，第1905页。

等合议军情来报[①]。叶盛、王越及陕西镇守文武普遍不同意白圭用兵征讨的策略，认为延绥应以"守备为本，攻战次之"[②]，不如"就近分守要害"[③]。当年（1472）五月，宪宗又命朝中大臣当廷集议方略，最终，白圭"痛加剿殄"的提议占据上风，宪宗派武靖侯赵辅佩平虏将军印担任总兵官，节制西北诸路军马，王越仍总督军务，前去剿灭"虏寇"[④]。但大军开拔之时，宪宗又下敕给赵辅、王越等云："若深入河套，穷追远讨，尤在量力审势，不可轻忽。"[⑤]从宪宗的敕书中可见，明廷虽然决定出兵，但对能否真正完成"深入河套"的战略目标信心不足。

明廷这次遣兵河套本出于兵部的临时题请，战前集议时各官意见不统一，并无全胜之算。又由于准备仓促，当时明军兵力与粮草均不足。就兵员数量而言，根据兵部尚书白圭所奏，赵辅麾下实际军伍有七八万人[⑥]，这其实不到白圭事前布划的精兵十万之数。而且这七八万人中由赵辅自京营携带的官兵仅约两万余，西北选调"近边精兵"亦不过两万[⑦]。就军需供给来说，历经多年战守，至成化八年（1472）年初，延绥各营堡物资已普遍匮乏[⑧]，而陕西"时年薄收"，但为支援延绥前线，陕西各府县仍加重粮草、夫马之役的征发，导致延安等地四千余户民众逃窜。成化八年暑夏，陕西境内又瘟疫流行，县官不顾疫情，催逼民众速运草料至榆林，运夫在途中"死亡不可胜计，横尸道路"[⑨]。

赵辅及王越在成化八年八月领军到达延绥。在成化八年八月与九月间，赵辅、王越及西北各路守臣被朝廷严敕不要"拥兵自卫"，坐耗粮草，又被指责"拥兵袖手"[⑩]，不能深入征进。赵、王等人被委以统兵重任，不可能无故延误军机，考虑到当时明军兵力有限，粮草无继，而鞑靼部众在"延袤二千余里"的河套内部迁徙流动，又不时掠夺明军粮饷，致使明军疲惫而应接不

①《明宪宗实录》卷一〇一，成化八年二月乙酉，第1967—1968页。
②《明宪宗实录》卷一〇二，成化八年三月乙卯，第1988页。
③《明宪宗实录》卷一〇二，成化八年三月壬戌，第1998—1999页。
④《明宪宗实录》卷一〇四，成化八年五月癸丑，第2040—2041页。
⑤《明宪宗实录》卷一〇四，成化八年五月癸丑，第2041页。
⑥《明宪宗实录》卷一〇八，成化八年九月癸亥，第2119页。
⑦《明宪宗实录》卷一〇八，成化八年九月癸亥，第2118页。
⑧《明宪宗实录》卷一〇一，成化八年二月壬辰，第1973页。
⑨［明］王越：《黎阳王襄敏公疏议诗文辑录》卷一《处置边务疏》，《四库全书存目丛书》集部第36册，济南，齐鲁书社，1997年，第535—536页。
⑩《明宪宗实录》卷一〇七、卷一〇八，成化八年八月庚午，成化八年九月甲辰，第2082、2099页。

暇^①，因此明军很难落实大举搜套的原定计划。成化五年（1469）九月底，赵辅与王越又上奏提出或请朝廷再派十五万大军进搜套里，或转为"退守之计"^②。赵、王二人疏入，兵部尚书白圭称二人夸大敌情，首鼠两端，但白圭自己也不敢轻下决断。于是宪宗再一次命朝臣集议河套机宜，文武大臣所论大而不当，最后得出"军中事机，理难遥制，宜敕辅、越会同三边巡守统兵之臣，量度事情，具陈方略"^③，又把参决战守的责任推给了延绥前线大臣。

总之，由于客观条件不充分，加之宪宗优柔寡断，群臣参议无方，导致河套战事在成化八年秋再度陷入僵局。

成化八年十月末，赵辅上奏患疾，请以他将更代。兵部覆言："辅自揣事情重大，不克胜任，以疾乞代，恐虏酋知我主将衰病，乘隙入寇，或从所请，选命将臣一人代之，使还，或仍留辅以终其事。"宪宗初下旨曰："赵辅不允代回，仍令尽心调度杀贼。"^④嗣后，陕西纪功兵科给事中郭镗亦奏赵辅"风疾未痊，恐误边务"，仍请选将更代，经兵部覆奏，宪宗这才批复称："辅初称病，恐有推避，故不允，今镗奏既实，其即推堪充总兵者一人代之。"^⑤于是明廷改派晋宁伯刘聚前去延绥任总兵^⑥。

相比此前在延绥支应一年有余的抚宁侯朱永及长期留驻布划的文臣王越，赵辅实际上仅坐镇延绥三个月不到，对西北防务出力甚微。通过一些史料的记载可知，赵辅当时确实突患风疾，四肢不便^⑦，但他返京初期，仍被宪宗任命提督京营，兼掌五府^⑧，这说明赵辅的病症还未严重到无法执掌军事的程度，他奏请更代回京，必有尽快摆脱河套困局的目的。即便搜套战事艰难，但赵辅作为全军主帅，却仅考虑个人得失安危，以致临阵退缩，此举犯兵家大忌，有负朝廷重托，绝非良将所为。

成化八年年末晋宁伯刘聚接替赵辅统兵延绥后，仍未获大捷^⑨，仅在成

①《明宪宗实录》卷一〇八，成化八年九月癸亥，第2118页；[明]王越：《黎阳王襄敏公疏议诗文辑略》卷一《处置边务疏》，《四库全书存目丛书》集部第36册，第535页。

②《明宪宗实录》卷一〇八，成化八年九月癸亥，第2118—2119页。

③《明宪宗实录》卷一〇八，成化八年九月癸亥，第2120页。

④《明宪宗实录》卷一〇九，成化八年十月丁亥，第2130—2131页。

⑤《明宪宗实录》卷一一〇，成化八年十一月壬寅，第2138—2139页。

⑥《明宪宗实录》卷一一〇，成化八年十一月己酉，第2141页。

⑦成化十年十二月，有兵科给事中祝澜奏称武靖侯赵辅"久患末疾"，所谓"末疾"指四肢不便的疾病（见《明宪宗实录》卷一三六，成化十年十二月丙戌，第2545页）。

⑧《明宪宗实录》卷二七九，成化二十二年六月丙戌，第4702页。

⑨《明宪宗实录》卷一一七，成化九年六月己巳，第2259—2260页。

化八年至九年间指挥军队略有斩擒①。不过,明廷经年用兵西北,导致兵疲民困②,兵部为"振士气",故在成化九年(1473)六月奏请一体升赏延绥征进将士,特请加升刘聚的流伯为世伯,宪宗一并准之③。刘聚成化九年六月升世伯,成化十年六月就病重逝去,子刘禄正式袭爵,后刘禄弟刘福再袭时补领世袭诰券④。刘聚在河套战役中的整体表现要略好于赵辅,但他的世袭伯爵也得之侥幸。

(三)赵辅屡被弹劾失势

赵辅称病告罢,宪宗将其召回后,非但没有追究他的责任,还留任他继续执掌京营与五府,这仍反映出宪宗对搜套官兵一贯重赏轻罚的态度。就成化八年搜套战役的具体情形而言,宪宗在赵辅及王越出征西北之前就没有抱定必胜的决心,故他也能在一定程度上容忍赵辅的督战不利。另外,当时延绥战事还在进行,在宪宗看来,惩办前任主帅或不利于军心稳定。不过,相比宪宗在成化六年、七年以轻功升赏朱永、刘聚等将帅,他对赵辅避战不纠,就更显得有悖朝廷赏罚公议。弘治年间,曾任礼部尚书等职的倪岳曾上疏论西北边事,批评此前赵辅无功而返却仍能坐享勋爵权位以致大失人心,其文云:

> 既简精兵以出,复命大将以行,宜其大肆剿除,庶乎少酬委托也。
> 奈何四年三举,一无寸功,或高卧而归,或安行以返,乃析圭担爵以优游
> 于朝行,辇帛舆金以充牣于私室。⑤

倪岳的论奏颇能反映当时朝臣的普遍看法。宪宗施政一贯任意而缺乏原则,对臣下也常宽免过度,这不仅仅体现在宽恤赵辅一事上,还体现在他纵容外戚、滥开传奉以及重用内幸等秕政上。

成化九年元月,六科给事中及都察院御史梁璟等人上章严厉弹劾赵辅,并借以表示对宪宗的不满,其文云:

①[明]王越:《黎阳王襄敏公疏议诗文辑略》卷一《栢油川捷音疏》,《四库全书存目丛书》集部第36册,第532—534页。
②[明]王越:《黎阳王襄敏公疏议诗文辑略》卷一《御寇方略疏》,《四库全书存目丛书》集部第36册,第544页。
③《明宪宗实录》卷一一七,成化九年六月乙亥,第2262—2263页。
④《明功臣袭封底簿》卷一《宁晋伯》,第66—67页。
⑤[明]倪岳:《青谿漫稿》卷一三《论西北备边事宜状一》,景印《文渊阁四库全书》第1251册,第156页。

武靖侯赵辅先征两广，贼未殄而遽班师，继征建州，功甚微而报大捷，滥膺侯爵，骤历崇班。迩以虏寇延绥，复命总制征讨，而辅犹怀故诈，专饰虚文。始欲以精兵十五万直捣贼巢，寻复称地方数千里，难于搜剿。贼屡入境，未闻少挫其锋，事未就绪，辄欲还京自便。曩兵部奏其怀奸罔上，方命误事，竟得代还，力疾朝见，竟图复莅营府，安享（原文作"亨"，应误）富贵。乞正明其罪，以戒将来。①

梁璟等人提到赵辅"先征两广，贼未殄而遽班师"，这与成化二年（1466）科道官论劾大藤峡之战时的意见相一致，但"继征建州，功甚微而报大捷"，却是明代官员首次公开批评赵辅冒报成化三年辽东功绩。不过，如前文所述，兵部在成化四年曾对建州参战将士的功赏做过较严格的勘定，并未发现升赏冒滥的情况，而且在成化四年至成化八年的五年时间内，也没有人对赵辅的征辽战绩提出质疑。因此笔者认为，所谓征建州而冒报大捷，是梁璟等为增强弹击赵辅的力度，凸显赵辅"犹怀故诈，专饰虚文"而做的夸张描述，并不符合成化三年建州战役的真实情况。

接到梁璟等人的批评意见后，宪宗优答曰："尔等所言良是。"但同时姑置赵辅不问，命其自行调养②。兵部尚书白圭随即再次上言："京营总兵比之边方尤重，如辅者用于一方且不可，大军之总岂病人所堪，请罢其兵柄。"宪宗还是答曰："辅既旧疾未痊，姑令调治。"③依然没有解除赵辅的营府之职。由此可知，宪宗本质上仍对赵辅祖护有加，但由于赵辅指挥河套战役时确实没有尽到主将之责，影响较恶，因此宪宗为止息物议，还是在表面上认可了梁璟等人的弹奏，也不再计较其中有关成化三年辽东战功的不确评价。

成化十年六月，赵辅自请辞去流侯，乞改封世袭伯爵，宪宗下旨，赵辅先年征进建州，至今辽东"边上宁静"，故准赵氏子孙承嗣武靖伯，赵辅本身流侯不动，但减去禄米二百石④。由此进一步可证，宪宗其实较看重赵辅早年东征建州的功绩，而减去赵氏禄米，是为抵他前年在延绥的失责。值得注意的是，明代流侯子孙通常降袭伯爵，因此赵辅本无必要辞去流侯之位以换取世伯。但赵辅成化八年统兵延绥不利，怯战归朝，被言路猛烈弹击，故他没有

①《明宪宗实录》卷一一二，成化九年正月甲寅，第2176页。
②《明宪宗实录》卷一一二，成化九年正月甲寅，第2176—2177页。
③《明宪宗实录》卷一一二，成化九年正月甲寅，第2177页。
④《明功臣袭封底簿》卷一《武靖伯》，第41—42页。

底气在保留侯爵的基础上乞请子孙承袭伯爵,于是退而求其次,奏乞降封本身为世伯,以达到既保住赵家禄位,又不致再引发言路攻劾的目的。

然而,赵辅被准许侯爵不降而子孙世袭伯爵后,还是遭到了科道等官新一轮的攻讦,六科给事中章镃等随即上疏云:

> 武靖侯赵辅自指挥使累升都指挥、都督同知,皆非军功。初征两广,骤升伯爵,后征建州,复升流侯,其与宁晋伯刘聚之历正副千户、左右都督与世袭伯爵,皆以军功所致者,自不侔也。而辅妄引为例,复得世袭,宜可休矣。今又奏保书办陈经得除吏目,不畏国法,不恤物议。伏望陛下慎重爵赏,欲与世袭伯爵,则革去流侯,欲存流侯,则勿与世袭。①

从章镃等人的奏疏中可知,赵辅是援引宁晋伯刘聚前例以乞请世袭伯爵的。成化十年(1474)六月,刘聚子刘禄正式承袭父爵②,同月赵辅就上奏乞请降封世伯,两件事发生的时间非常接近。赵辅与刘聚同为宪宗亲信大将,二人资历相近,刘聚获准世袭后,赵辅必然会比照刘聚成例谋加世爵。由于赵辅援引刘聚前例奏请爵位世袭,于是章镃在弹奏中对比了赵辅与刘聚的历年功勋,得出赵辅勋绩"不侔"刘聚的结论,但这一结论显然有失公允,对赵辅既往勋资的贬低过甚。如章镃所言,赵辅早年确实主要以训练京营、提督修造升职,但他升都督官后曾指挥征大藤峡及征建州两场大战,均取得较显著的战果,勋绩不可完全抹杀。相比之下,刘聚终生未立真正的疆场大功,他以"夺门"升都督同知,以参与平曹钦叛乱升右都督,成化六年以后又接连以延绥轻功升左都督,累至加封世伯。可以说,刘聚主要依靠内侍子弟与戚臣世家的身份优势,又借朝廷屡兴兵河套的时机跻身显贵,除在成化八、九年间的延绥战事上表现稍好外,刘聚的整体功资明显在赵辅之下。

给事中章镃等弹奏赵辅的同时,还有都察院御史李钏等人也上章论劾赵辅,云:

> 况流侯之子止袭指挥,乃朝廷驾驭将帅,劝赏勋庸之大权,祖宗酌而定之,使万世遵而守之。辅也何人,敢尔僭紊,且又奏保陈经,匿其前任革职之事,其间必有受赇废法之情,俱宜付之法曹,明正其罪,追寝世

---

①《明宪宗实录》卷一三〇,成化十年闰六月丙寅,第2460—2461页。
②《明功臣袭封底簿》卷一《宁晋伯》,第66页。

袭之命,削去妄求之官,以为人臣罔上之戒。①

李钊等人的这段弹奏中有两个主要观点:第一,"流侯之子止袭指挥"是祖宗旧制,而赵辅以流侯世袭伯爵违背祖宗成宪,应当革除;第二,赵辅奏保陈经升职有"受赇废法"的罪嫌,应严加惩处。

　对于李钊的两点论劾,首先需要明确的是,明代是否真的有"流侯之子止袭指挥"的所谓"祖宗万世"定制。流侯子孙只承袭指挥的情况,集中见于洪武十二年(1379)朱元璋册封征河西番族的功臣②。对此笔者在本书第三章已论,当时征西明军虽取得了较突出的战果,但仍未完全实现朱元璋最初制定的战略目标,因此朱元璋一次性封都督佥事蓝玉等十一名参战将领为侯爵,却只许他们子孙世袭指挥使,以示军功封爵原则的严苛。不过,在洪武十二年西征之封后,明代就很少再有侯爵子孙仅准袭指挥使。朱棣大封"靖难"功臣时,唯一一名子孙世袭指挥使的侯爵是在"靖难之役"中犯严重过失的思恩侯房宽,其余流侯子孙皆世袭伯爵③。永乐朝还有安阳侯郭义、阳武侯薛禄④及西宁侯宋晟⑤三名侯爵初封时子孙世袭指挥使,又有宁远侯何福不定子孙承袭待遇⑥,不过宋晟死后,子宋琥寻承袭侯爵,薛禄也在仁宗登极后加准子孙承嗣本爵⑦。洪熙、宣德朝以后,极少再有大臣被直接加封侯爵,流侯一般由世伯再立新功而升封,这些流侯子孙自然仍袭父祖原伯爵爵位。总而言之,宪宗准赵辅以流侯子孙袭伯爵,这符合永乐朝以后的常例,并不违背祖制,御史李钊等提出"流侯之子止袭指挥"是祖宗万世成宪的说法,也不过是为张大声闻,以增强对赵辅的弹击力度。

　其次,御史李钊提到的赵辅奏保陈经"其间必有受赇废法之情"一事,在给事中章镒的弹奏中作赵辅"今又奏保书办陈经得除吏目",此事也没有恶劣到应"付之法曹,明正其罪"的程度。明代低级文书人员泛称"书办",按明代制度,总兵麾下例有跟随书办,在天顺、成化朝,这些书办官多有经保

①《明宪宗实录》卷一三〇,成化十年闰六月丙戌,第2461—2462页。
②《明太祖实录》卷一二七,洪武十二年十一月甲午,第2021—2022页。
③《明太宗实录》卷一二上,洪武三十五年九月甲申,第194—199页。
④《明太宗实录》卷二三二,永乐十八年十二月甲寅,第2242—2243页。
⑤[明]郑汝璧:《皇明功臣封爵考》卷四《西宁侯》,《四库全书存目丛书》史部第258册,第444页;《明功臣袭封底簿》卷三《西宁侯》,第421—422页。
⑥《明太宗实录》卷九六,永乐七年九月庚午,第1267页。
⑦[明]杨士奇:《东里文集》卷一二《奉天靖难推诚宣力武臣特进荣禄大夫柱国太保阳武侯追封鄞国公谥忠武薛公神道碑铭》,第183页。

举升迁者①,可知陈经就是跟随赵辅办事的文书人员。赵辅保举陈经担任的"吏目",是明代各州县、卫所、太医院、市舶司等衙门中的从九品或不入流文书官②,由于赵辅是军事将领,他推举的吏目应该是都司卫所之职。按照李钤的说法,书办陈经曾被革职,赵辅隐蔽其情,仍保举他任吏目,但赵辅奏保陈经所任的不过是从九品文书小官,且成化朝各类书办人员传奉升赏多有葸滥③,因此赵辅的行为在当时并不构成严重罪责。

宪宗阅罢章镒及李钤的奏章后,批答曰:"陈经请托,赵辅妄举,罪皆宜治,然事已处分,俱宥之。"④可见宪宗承认陈经请托有违法度,只不过此事无关大体,故也没有真正责罚赵辅与陈经二人。另外,宪宗没有理会科道官提出的赵辅功勋不如刘聚以及赵辅世袭伯爵有违祖制等意见,这也反映出言官的这些观点并不完全客观准确。

《明史》卷一八〇天顺及成化两朝科道官的传记中有赞云,天顺以后,言路风裁峻厉,"其言有当有不当,而其心则公",但因言官常对"事之得失有所不顾",故"于匡弼之道或者其未善"⑤。这一评价也适用于言官对赵辅的弹劾。科道官员之所以在成化九年及十年(1473—1474)间不遗余力论斥赵辅,实与当时河套战局的状况密切相关。

自成化八、九年始,河套局势日趋严峻,延绥防务逐渐成为明廷最重要的军国大事之一。仅以《明宪宗实录》成化九年二月一个月的记载为例,当月明廷就接到兵部、户部、陕西布政司等内外衙门,延绥、陕西、大同、山西偏头各军镇以及征套平虏将军刘聚、陕西纪功兵部郎中刘洪各官的河套战备奏议十余条,且多系长篇大论⑥。查《明经世文编》也可见成化朝名臣大僚多强烈关切河套事态,积极上言进策,献替作猷⑦。另外,根据《皇明条法事类纂》的记载,在成化八年至十年(1472—1474)之间,随着延绥战事的持续,明廷对边镇失机、

①[明]沈德符:《万历野获编》卷六《内监·内臣何文鼎(再见)》,第162页。
②《诸司职掌·吏部·选部·官制》,《续修四库全书》史部第748册,第607—608页。
③《明宪宗实录》卷二一二,成化十七年二月戊申,第3685页。
④《明宪宗实录》卷一三〇,成化十年闰六月丙戌,第2462页。
⑤《明史》卷一八〇《列传第六十八赞》,第4803页。
⑥《明宪宗实录》卷一一三,成化九年二月壬戌、乙丑、庚午、壬申、癸未、丙戌、丁亥、戊子,第2185、2186、2187—2191、2193—2194、2199、2201、2202—2204页。
⑦如白圭有《军务七事疏》请求加强总督延绥文臣王越的权限,项忠有《边关缺军防守事》疏进言山西宁武等官兵力布置及防"套虏"进犯事宜,彭时作《民情马政疏》综论山西、陕西各地军需筹集及京畿马匹供应。凡此种种,不一而足(见[明]陈子龙辑《明经世文编》卷四二《白恭敏奏疏》、卷四六《项襄毅公集》、卷四八《彭文宪奏疏》,第327—328、355—357、374—375页)。

失责军官的惩办机制也不断规范与严格,其中成化九、十年(1473—1474)间题准前宁夏中卫指挥使王祯等"推称风疾"误事,导致鞑靼骑兵"入境"抢掠粮储牲畜,杀伤粮户,被罚降职级发原卫差操一例,与赵辅总兵搜套时枉顾军情危急,称病奏请回京的情形十分相似①,赵辅完全可以被依例追责。

在上论这种情形下,赵辅作为曾经的搜套主帅,先不堪委任而轻言回朝,后又未受责罚以安享富贵,凡此种种,皆大大有损于河套战事作为军国要务的严肃性,赵辅势必会成为言路着重抨击的对象。如果说宪宗一味偏袒赵辅体现了皇权的任意与专断,那么科道官弹劾赵辅就有伸张公正的意义。但同时需要注意的是,言官对赵辅的批评过于激烈,以致一概贬低他成化八年以前的历次战功,这又未免失实。

自成化九年起,赵辅曾多次自请解除营府之职,起初均未获宪宗的批准②。至成化十二年,赵辅又自请解职,宪宗免其京营总兵职权,仍令其掌府事如旧③。由于五府主要负责军事文移,无管兵实权,赵辅至此基本上闲居十余年,直至病逝④。赵辅罢解管兵之职,一方面是由于他风疾病情加重,但更重要的原因无疑是他屡遭言路弹劾,已无颜面继续立身朝堂。成化十六年十二月,赵辅又向朝廷上奏了一封"数千言"的自叙书,历数他平生征讨两广、建州及视师延绥的业绩,自诩"其功皆旷古所无",还着重言:

> 自病免之后,门堪罗雀,子承文虽为指挥,不获供职。臣为流侯之时,原禄千二百石,实食八百石,许臣世袭伯爵之后,却减禄二百石,衰老之余,何以自赡。

又言:

> 皇上即位以来,首命内官卢永征南蛮,继命黄顺、汪直诛东夷,继命直剿北虏,皆莫大之功,宜付之史官。⑤

---

① 各类相关处置按理,见《皇明条法事类纂》卷二五《兵部类·失机误事官员不分革前革后一体问罪奏请例》《兵部类·通行内外问刑衙门各边官员失机情轻律重者奏请处置若被贼入境杀伤捉去公差人等事出不测者俱问不应杖罪还职境外被贼杀掳夜不收免其问罪例》,《中国珍稀法律典籍集成》乙编第4册,北京,科学出版社,1994年,第1094—1104页。
② 《明宪宗实录》卷一二〇、卷一四六,成化九年九月乙未,成化十一年十月壬辰,第2311、2685—2686页。
③ 《明宪宗实录》卷一五三,成化十二年五月甲寅,第2790页。
④ 《明宪宗实录》卷二七九,成化二十二年六月丙戌,第4702页。
⑤ 《明宪宗实录》卷二一〇,成化十六年十二月己未,第3658—3659页。

赵辅疏上,宪宗称其"多泛言往事",权且下所司详议,时任兵部尚书余子俊等兵部官于是覆言:"朝廷待辅甚厚,每录其功而略其过。今复希求无已,宜置于法。"科道各官也随之交章劾奏赵辅有罪。宪宗最后下旨:"辅假陈言以希求恩典,本宜究治,第念卧病已久,其姑置之。"①宪宗虽一如既往地调护赵辅,但从他所下的批答来看,此时他对赵辅已有所厌弃。赵辅久废失势,他这次奏请的目的不过是"觊加禄米、从卒",并为在锦衣卫带衔的儿子赵承文谋管事实权,以求在一定程度上挽回家族权势②。为了达到这一目的,赵辅不惜夸大自己的功劳至"皆旷古所无"的高度,并公开献媚于当时得宠的太监汪直,这些举动都为人所不齿。

另外,通过墓志碑铭资料可知,赵辅晚年还汲汲于同外戚权臣构建联系,无疑也是为稳固赵氏的地位。如赵辅嫡长孙赵弘泽与成化朝最有权势的外戚会昌侯孙继宗孙女定有婚约③。另如赵辅嗣爵子赵承庆在成化末年任南京协同守备勋臣时,曾为宪宗王皇后叔南京锦衣卫指挥使王锐撰写墓志盖,赵承庆又为王锐延请名臣南京吏部侍郎童轩撰写墓志铭④,可见赵家与当朝国舅王氏家族渊源颇深。

成化八年(1472)指挥搜套可谓赵辅平生成败的转折点。在此之前,赵辅是征战南北功名显著的大将,但自他视师延绥不利、称病返朝后,就不断被言路质疑军功封爵资格,以致声名扫地,权势衰落。为维持地位,赵辅又公开吹嘘自己的功劳,甚至谄媚权阉,并结交外戚近臣,更为时人所恶。

(四)《明宪宗实录》中对赵辅恶评的形成

《明宪宗实录》中有多条专门针对赵辅军功封爵的官方批评。最早一条见于《明宪宗实录》成化七年三月甲申条记述宁晋伯刘聚封爵之后,其文曰:

> 祖宗之制,公、侯、伯之爵皆论功定议,盖积其前后之功无官可赏,

①《明宪宗实录》卷二一〇,成化十六年十二月己未,第3659—3660页。
②《明宪宗实录》卷二一〇,成化十六年十二月己未,第3659页。
③[明]程敏政:《篁墩文集》卷四二《昭勇将军锦衣卫指挥使孙公墓志铭》,景印《文渊阁四库全书》第1253册,第47页。按,《昭勇将军锦衣卫指挥使孙公墓志铭》原文记赵辅嗣孙名曰"赵宏泽",此人在《明实录》中一般记作"赵弘泽",此处从实录的写法。
④[明]童轩:《大明故南京锦衣卫指挥使王君墓志铭》,转引自邵磊、骆鹏:《明宪宗孝贞皇后王氏家族墓的考古发现与初步研究》,《东南文化》2013年第5期。

然后加爵,非如百户一级可至千户,千户两级可至指挥也。自都督同知
赵辅征两广回,大肆赂遗,得封伯爵,人始不以得爵为难,或袭以为例,
无复旧制矣。[①]

这段评论通过列举所谓"祖宗"封爵之制,提出了赵辅封武靖伯系明中期封
爵滥封之始的观点。因涉及明代爵制演变,这段史评在后世的影响较大,如
万历朝礼部尚书余继登在《典故纪闻》中就大体采录其原文:

> 祖宗之世,最重封爵,如公、侯、伯皆论功定议,盖积其前后之功,无
> 官可酬,乃始加之,非如千百户、指挥可累级升也。自都督同知赵辅征
> 两广回,大肆赂遗,遂得封伯后,太监刘永成侄左都督聚亦以微功得宁
> 晋伯,无复旧制,而人亦不以得爵为难矣。[②]

不过,《明宪宗实录》成化七年(1471)三月甲申条的这一评述多有不
恰当之处。第一,"积其前后之功,无官可酬"乃加封爵,一般指以累功封爵
者,而赵辅以平大藤峡大功得封,不宜比照累功标准。第二,赵辅作为重要
战役的总兵主将以大功封爵,这与一般千户、百户、指挥使累级升职的情况
也不尽相同。第三,明代早有滥封勋爵的先例,而相比前朝外戚推恩与近臣
无功、轻功封爵者,赵辅起码有指挥大规模战役的实在军功,因此明朝军功
封爵制度自赵辅封伯始"无复旧"的观点并不客观。实际上,成化五年以前
的历次封爵都是比较符合军功标准的。第四,赵辅平大藤峡乱的业绩显然
大过刘聚搜套时获立的轻功,因此刘聚轻封是承赵辅成例的说法并不符合
事实。

此外,上引这段评议中还提到赵辅自两广归后以"大肆赂遗"得封武靖
伯,与之类似,《明宪宗实录》成化七年十一月己未条都督刘玉小传中也有
评,刘玉勇猛善战,但生前未能封伯,"较之赵辅、刘聚以赂得伯,不能无不平
云"[③]。刘聚凭内臣子弟身份以平常功劳超封勋爵,其中可能存在"以赂得伯"
的嫌疑,但赵辅贿赂得伯的事实更不清晰。赵辅成化二年初封武靖伯爵时,
确实曾引起言路与兵部的非议,但当时各官抨击的是韩雍、赵辅未能完全平
定两广变乱就奏捷班师,并未检举出赵辅有大肆贿赂以谋爵赏的行径。至

---

① 《明宪宗实录》卷八九,成化七年三月甲申,第1726页。
② [明]余继登:《典故纪闻》卷一五,第263页。
③ 《明宪宗实录》卷九八,成化七年十一月己未,第1875页。

于赵辅南征两广后以何种方式买通了何人,《明实录》中又全无明载。

《明宪宗实录》成化二十二年(1486)六月丙戌条赵辅小传中另有一段对赵辅盖棺定论的评价,称他虽南征北战,有所效劳,但"功多矫饰无实,徒以夤缘权幸,一举而封伯,再举而封侯"①,这一说法也不甚准确。首先,就"功多矫饰无实"的批评而言,赵辅得以封爵的两次大战功中,成化元年大藤峡之捷虽未彻底平复广西动乱,但也不至报功全无实在的程度,成化三年建州之役也取得了显见的成效。其次,明代所称的"权幸",一般指恃宠干政的内阉或佞幸,但在成化初年赵辅立功封爵之时,朝中尚未出现内阉或近佞权势膨胀的情况,成化朝最著名的大珰汪直在大藤峡战役结束后刚刚作为俘虏幼童入宫,其他各类传奉佞臣也还未被任用。另外,赵辅早年以文武才闻名,因此在正统朝曾受吏部尚书王直的举荐而升任,但这符合明代武职保举制度,同时期的武官多经此途进用②,更不能视为"夤缘权幸"。因此赵辅"夤缘"得爵的事实也不清晰③。

总而言之,即使赵辅的勋资地位可待商议,《明宪宗实录》给与赵辅的各种官方评价也明显过低,有强加谴责之意。不难看出,官修史籍中赵辅"功多矫饰无实"及赵辅轻封武靖伯侯引发爵制萎滥"无复旧"等说法,大体沿袭自成化九年、十年言官弹奏赵辅时提出的赵氏"功甚微"而"报大捷",以及赵辅准封世爵有违祖制的意见。但如前文所述,这些意见本就有失客观。另外,赵辅之所以被冠以"功多矫饰无实"及"夤缘权幸"的恶名,还应与他成化十二年以后上疏自夸功高旷古,并献媚权阉汪直,深结外戚的种种行为有关,不过仅因赵辅晚年的这些举动就完全否定他的平生功资也是不恰当的。至于《明宪宗实录》成化七年三月甲申条中赵辅征大藤峡后以"大肆贿遗"得封武靖伯的说法,笔者暂未找到其他的确切根据。

---

① 《明宪宗实录》卷二七九,成化二十二年六月丙戌,第4703页。

② 与赵辅同时期的儒将汤胤绩,早年先为宣德朝江南巡抚周忱保荐入京师,后又得礼部尚书胡濙推荐,前往迎接英宗回朝,最后受知于天顺、成化朝内阁大学士李贤,被保举升金都指挥事充参将守御延绥西路(见[明]程敏政:《篁墩文集》卷二二《东谷遗稿序》,景印《文渊阁四库全书》第1252册,第383页)。

③ 《明宪宗实录》记与赵辅同时期的两广镇守大臣广西总兵泰宁侯陈泾、提督军务吴祯事时,就直言陈泾以会昌侯孙继宗亲属而得"偏徇",吴祯以阿附大学士李贤、太监牛玉得以升用(见《明宪宗实录》卷二六,成化二年二月癸未,第517页)。与之相比,赵辅所谓"夤缘"封爵之说的细节尤显不明。

在成化、弘治两朝，翰林院官以直言敢谏闻名，与科道言官意气相通[①]，从《明宪宗实录》的整体编修状况也可见，翰院编纂史臣对成化朝科道官的各类弹劾意见多大篇幅引录，这应是造成赵辅在《明宪宗实录》中评价较低的原因之一。另外，在弘治初年《明宪宗实录》编纂之时，朝廷"又议复套"，群臣"建白纷纷"[②]，河套事务再次成为朝政的焦点，而赵辅此前指挥搜套时未能尽责，表现不佳，也会影响到史臣对他终生功过的评判。

三　成化十五年以后的封爵乱象

成化朝封爵制度出现重大紊乱是在成化十五年（1479）以后，这包括抚宁侯朱谦冒封保公国世袭，都督李震及兵部尚书兼左都御史王越封伯而旋罢等，而这些封爵乱象皆与太监汪直对朝政军务的干预有关。另有成化朝晚期都督赵辅无功封昌宁伯，虽与太监管军扰政无关，但也属于冒滥轻封之类。现具体论述如下：

（一）朱永阿附汪直冒封世袭公爵

成化一朝取得最高权位的新封勋臣，非以抚宁伯累加抚宁侯以至保国公世袭的朱永莫属。即使在整个明代来说，朱永作为勋臣的地位也非常特殊。终明一世，不计嘉靖朝特恩加封昌国公的外戚孝宗张皇后兄张鹤龄及天启朝冒滥加封宁国公的权阉魏忠贤侄魏良卿，大臣中生前以伯爵累加至公爵者，只有"靖难"元老英国公张辅、"夺门"首臣忠国公石亨及保国公朱永三人而已。朱永死后，又被孝宗追封为宣平王[③]，而明代除洪武、永乐首封元勋重臣外，身后追赠王爵者也仅有天顺朝追封平阴王的第二代成国公朱勇、弘治朝追封宣平王的保国公朱永、正德朝追封宁阳王的第二代英国公张懋及万历朝追封定襄王的成国公朱希忠四人。成国公朱勇、保国公朱永、英

---

①如成化三年有翰林院编修、检讨章懋、黄仲昭及庄㫤等人上章抨击宪宗上元节张灯"妨政害民"，被合誉为"翰林三谏"（见《明宪宗实录》卷四九，成化三年十二月辛丑，第999—1000页；[明]沈德符：《万历野获编》卷一〇《词林·翰林建言知名》，第260—261页）。而成化十年弹奏武靖侯赵辅不应加封世爵的给事中章镒，曾与章懋等人同选为成化二年庶吉士（《明宪宗实录》卷二七，成化二年三月乙卯，第535页。《明宪宗实录》此条原文作"张镒"，查进士题名录可知系"章镒"之误）。
②[明]沈德符：《万历野获编》卷一七《兵部·河套》，第432页。
③《明孝宗实录》卷一〇九，弘治九年二月戊午，第1996页。

国公张懋及成国公朱希忠四人中，又只有朱永不是"开国""靖难"勋裔。不过《万历野获编》有评，"抚宁侯朱永之晋保国"实以"恩倖得之"①，又言朱永生封国公，死追郡王，"不过下附汪直，上欺宪宗，冒功滥赏"②，说明朱永的保国公爵位得之不正。

　　如前文所述，朱永在成化三年（1467）平荆襄流民加封抚宁流侯，这是较合理的军功封赏，他成化六年以搜套小功加准侯爵世袭，已显轻滥，但当时延绥战势紧迫，朝廷在一定程度上也有通过封赏激劝将士的需要。至朱永以成化十五年征辽东功加封保国公，又以成化十七年黑石崖功准公爵世袭，这就严重有违军功封爵制度。

　　结合《明宪宗实录》与马文升《抚按东夷记》的记载可知，成化十四年初，因海西女真酋长散赤哈被辽东守将欺侮，引发海西与建州两部联合"大掠凤集诸堡"，辽东巡抚都御史陈钺等守臣非但防御不利，还谎报军捷。当年三月，朝廷遣兵部左侍郎马文升前去安抚女真，文升主要采取招降策略，兼布兵备防，很快抚定了女真诸部③。根据成化朝辽东副总兵韩斌墓志铭的记载，女真在成化十四年春季曾数次入辽袭扰，有一次甚至出动八千人，不过每次都未与明军激烈交战，多一触即散④。可知当时女真部众声势虽大，但事出偶发，不过沿边抢掠而已，对明朝的威胁不大，与成化初年赵辅征伐建州前女真诸酋借瓦剌余势进犯辽东不绝的形势不同，马文升审时度势，以抚代剿，故能一举成功。

　　在马文升抚辽之前，朝中权势正盛的太监汪直本欲自往辽东招抚以立功固宠，但被朝臣所阻⑤。至成化十五年，汪直开始与总兵抚宁侯朱永、定西侯蒋琬及兵部尚书王越等共同管理京营⑥，直接执掌戎政，而辽东巡抚陈钺希指太监汪直邀功之意，又奏称女真建州、毛怜、海西等部连年进犯，请朝廷调发大军"掩其不备，捣其巢穴"。由于辽东局势当时已基本抚定，因此陈钺奏上后，兵部覆议及群臣廷议皆认为对女真各部应羁縻以"结其心"，不宜

<hr>

① [明]沈德符：《万历野获编》卷五《勋戚·武定侯进公》，第140页。
② [明]沈德符：《万历野获编》卷五《勋戚·定襄王》，第144—145页。
③《明宪宗实录》卷一七六，成化十四年三月辛未，第3174—3176页；[明]马文升：《马端肃公三记·抚按东夷记》，[明]邓士龙辑：《国朝典故》卷九七，第1947—1950页。
④ [明]贺钦：《医闾先生集》卷四《存稿·明故镇国将军辽东副总兵韩公墓志铭》，第49—50页。
⑤《明宪宗实录》卷一七六，成化十四年三月辛未，第3174—3175页。
⑥《明宪宗实录》卷一八九，成化十五年四月庚戌，第3371页。

再发兵征剿,但在汪直力请下,宪宗还是于成化十五年(1479)十月命抚宁侯朱永佩靖虏将军印充总兵,并以汪直监督军务,率京营兵往征女真建州等部[①]。

汪直、朱永率军至辽后,很快在成化十五年十一月上报战绩,称率军深入山林,大破建州等部,"擒斩"六百九十五人,另"俘获"四百八十六人,获得全胜[②]。这里所谓"俘获"之人应指普通男女部众,非精壮战士,故与"擒斩"人数相区别。单就斩擒数级而言,从表面上看,汪直、朱永此战的战果与成化三年赵辅、李秉的战果大体持平,但这基本是汪直虚报之功。《明宪宗实录》就记,汪直、朱永"出兵至辽,不见虏,因杀无辜,掘死人髑髅以报捷"[③]。所谓"不见虏"及"掘死人髑髅"一说可能有所夸张,但同时期其他史料仍多可证明汪直、朱永有功少而冒报的恶举。如按汪直、朱永等奏,此役明军兵分五路进剿[④],其中右哨将官韩斌墓志记该哨官军共斩首五十级,俘获男妇二百八十口[⑤],据此全军有可能收捕到较多缺乏战斗力的女真男女部民,但很难达到临战斩擒六百九十五人的战果。又成化朝内阁大学士尹直所著《謇斋琐缀录》载,汪直诱骗向明廷通贡的建州头目至广宁拘杀,又多擒斩女真老弱,而任由其部落中"壮者逃匿"[⑥]。通过朝鲜《李朝实录》的记载还可知,汪直、朱永所获首虏中很多是被女真抢掠的辽东百姓,这些百姓出道迎接官军,反被"官兵杀之以邀功赏"[⑦]。

汪直、朱永回朝后,宪宗随即以平辽东女真功加汪直岁米至三十六石,又晋封朱永为保国公不世袭,其余从征将士多有升赏[⑧],朱永可谓阿附权阉,冒滥封公。明代非宗室生前不准封王爵,因此公爵是异姓大臣可得最高荣宠,非"开国""靖难"盖世大功者不能得封。自永乐末期始,由于开疆拓土的大征伐逐渐减少,朝廷就基本不再加授公爵,这本符合军功爵制演变的一般规律。在公爵册封已成旷典的情况下,朱永又轻功冒封保国公,这就极大破坏了朝廷最高封赏的严肃性。

①《明宪宗实录》卷一九五,成化十五年十月丁亥,第3437—3438页。
②《明宪宗实录》卷一九七,成化十五年十一月丁未,第3471页。
③《明宪宗实录》卷二四三,成化十九年八月壬申,第4106页。
④《明宪宗实录》卷一九七,成化十五年十一月丁未,第3471页。
⑤[明]贺钦:《医闾先生集》卷四《存稿·明故镇国将军辽东副总兵韩公墓志铭》,第50页。
⑥[明]尹直:《謇斋琐缀录六》,[明]邓士龙辑《国朝典故》卷五八,第1322页。
⑦《朝鲜李朝成宗实录》卷一一三,成宗十一年正月乙酉。
⑧《明宪宗实录》卷一九八,成化十五年十二月辛未,第3481页。

　　汪直成化十五年(1479)轻开建州战端后,又介入西北防务。成化十六年十二月,边报传"有虏入大同"抢掠,宪宗仍以太监汪直监督军务,保国公朱永挂印任总兵,还命当时已封威宁伯的原兵部尚书兼左都御史王越提督军务,太监傅德监管神枪火器,共领京营听征官军开赴大同①。第二年三月,汪直、朱永等领兵截击入犯的鞑靼骑兵,追至大同黑石崖一带,擒斩一百二十余人,获马七百余匹②。此次鞑靼对大同的袭扰规模不大,而黑石崖一战也不过是常见的边镇阻击战,斩获数量中等,但汪直却以"奇功"报捷,取"老幼孱弱"十人送北京献俘。宪宗不吝加汪直太监禄米至史无前例的三百石,并准许主将朱永保国公世袭,其余从征内侍及其子弟家人皆赐赏荫③,可谓升赏无度,大失朝廷体统。朱永因享有异姓臣子世袭公爵的最高地位,至弘治朝病逝后又被追封为宣平郡王之爵,形成一系列累加的冒滥。朱永子朱晖在弘治九年(1496)奏请承袭公爵,吏部会同五府六部各衙门官会议后,建议准朱晖承袭保国公一辈,之后子孙世袭朱永原抚宁侯爵位,孝宗准其奏④,这才抑制了朱氏保国公这一冒封的延续。

　　综上所述,成化十五年的征辽之战是在宪宗纵容下、由太监汪直主导的一次盲目缺乏战略意义的军事行动,战后封赏甚为菱滥,堪称汪直"弄兵之祸"⑤。成化十七年黑石崖功赏也是汪直怙宠操纵的无秩颁赏。由于明代例准宦官参与军务,而御马监等衙门内臣也多凭战功升迁⑥,因此权阉大珰素借军功以自固宠位,又常妄请赏赉,干扰封爵。如正统九年(1444)太监王振、曹吉祥主导明军多路出击兀良哈,虽战果不多,但战后升赏较滥,成国公朱勇加升太保荣衔,左都督陈怀与马亮分别加封平乡伯与招远伯⑦。再如正统十四年王振诱导英宗亲征瓦剌,假使未在土木堡兵败,王振势必在战后大开冒滥之门。另外,明代勋爵只授文武大臣,不曾加封内官,但成化朝御马监太监刘永诚却一度引北宋宦官童贯封王之例自请封伯,被内阁大学士彭

<hr>

① 《明宪宗实录》卷二一○,成化十六年十二月丙寅,第3665—3666页。
② 《明宪宗实录》卷二一三,成化十七年三月辛卯,第3702页。
③ 《明宪宗实录》卷二一三,成化十七年三月辛卯,第3704—3705页。
④ 《明功臣袭封底簿》卷三《保国公今袭抚宁侯》,第399—400页。
⑤ 《明宪宗实录》卷一九五,成化十五年十月丁亥,第3438页。
⑥ 见胡丹:《明代宦官制度研究》第三章《宦官对外政的全面参预》第二节《宦官"柄兵权"的消长》,杭州,浙江大学出版社,2018年,第142—150、171—172页。
⑦ 《明英宗实录》卷一一四,正统九年三月丙寅,第2303页。

时所驳斥而未果 ①。至汪直屡屡以轻功请赏,朱永夤缘封公,更可谓内臣干预封爵制度的一个高峰,而宪宗一味放纵汪直弄兵邀宠,视军国大政如同儿戏,表明皇权本身的腐败程度已非常严重。

(二)兴宁伯李震旋封旋罢

汪直对封爵的干扰还体现在罢停李震兴宁伯爵一事上。李震是原都督佥事李谦之子,他世袭祖职后久在湖广、贵州镇守征战。李震历次功绩清晰可循,天顺元年升都督佥事,天顺四年(1460)任总兵镇守湖广、贵州,成化三年(1467)以征荆襄流民升右都督,成化八年再次以平荆襄流民升左都督,至成化十二年终以讨平清水江苗民、斩首八千余级的大功封兴宁伯流爵 ②。不过,李震封兴宁伯爵不到一年,就卷入汪直与兵部尚书项忠的斗争而罢爵。

按照《明宪宗实录》的记载,在成化十三年六月,兵部尚书项忠因联合各衙门署名“奏革西厂”为汪直所忌恨,汪直于是派遣校尉四出侦缉,拼凑罪名,将项忠革职为民,当时科道各官又弹奏兴宁伯李震等十三名侯伯武臣素与项忠交通,在汪直怂恿下,宪宗又一并降罚李震为左都督,发南京闲住 ③。李震曾在成化七年随时任都御史提督军务的项忠剿抚荆襄流民 ④,二人确实有同僚之旧谊,而武职交结兵部及地方管军文臣在当时是普遍现象,并不足以论罪。李震不过是被汪直指为项忠一党而遭到牵连迫害。

通过成化朝笔记史料对李震被罢细节的记载,可知汪直心腹锦衣卫缉事千户吴绶及吴绶兄湖广参将吴经也是排陷李震的关键人物,尹直《謇斋琐缀录》载:

> (李震)与参将吴经有隙。经弟绶从汪太监刺事,将甘心于震。适南京后府经历卜马益窝一全真道人,学黄白术而为淫,其妻妾榜赴京首。绶即傅会震尝隐道人,私习谶纬,遣人籍逮之。途遇汪,震诉一介武夫,蒙恩僭爵,父子富贵已极,更欲何为? 此雒家绶所为也。汪悟,然

---

① 《明宪宗实录》卷一三九,成化十一年三月辛未,第 2605 页。
② 《明功臣袭封底簿》卷二《兴宁伯》,第 310—312 页。
③ 《明宪宗实录》卷一六七,成化十三年六月甲辰,第 3024—3025 页。
④ 《兴宁伯李公震传》,[明]焦竑辑:《国朝献征录》卷一〇《伯二·除封》,周骏富辑:《明代传记丛刊》第 109 册,第 359—360 页。

已轻信遽发,势不可已。至京,下锦衣狱鞫问,竟无左验,仅得不死,革爵闲住。①

对此《明宪宗实录》也有所记载,谓妖人陈广平"假以黄冠,私习兵法",遍历秦、汴、楚、蜀间,"交结不逞之徒,潜谋不轨",陈广平行至南京时被都督府都事卜马翙"诱获",执送北京,宪宗于是命太监汪直与锦衣卫官并鞫之,得广平奸恶罪状,诏即诛之,"余坐累者罪各有差"②。实录中"都督府都事卜马翙"无疑就是《謇斋琐缀录》中的"南京后府经历卜马益"。都事与经历都是五府中管文书整理的小官,两种记载有所出入,应以实录为准。而"陈广平"就是卜马益所窝藏的道人。至于卜马益先窝藏后捕获妖道及吴绶借此案诬陷李震的过程,《双槐岁钞》一书有更详尽的记载:

> 南京后府经历卜马益者,山后人。其子锡,性猛悍,好拳棒。一全真道士自山西来,以此艺干之,馆谷于家……益以为真仙,礼敬若父母,纵其出入。益妻妾多丽,道士取其发呪之,夜送从门缝奔其卧所,苦其淫毒,涕泣以告。益不胜愤,往守备厅白焉。道士被逮,锁桮辄脱,急涂以狗血,乃囚送京师。会兴宁伯李震与参将吴经有隙,经弟绶以舍人从震讨刘、石立功,官至千户,汪直用为心腹。经使绶谮于直曰:"震尝窝一全真,学谶纬兵法,即其人也。"直信之,奏下震狱,削爵,而诛道士。人皆知事出益父子,而震含冤,无以自明。③

综上所述,李震素与麾下参将吴经不协,吴经弟吴绶倚仗汪直权势,将李震无端罗织入南京妖道陈广平罪案中,导致李震被罢黜爵位。

另外,吴绶本身也早与项忠有隙。项忠成化七年(1471)在湖广剿抚流民时,吴绶以锦衣卫副千户在军中赞画④。项忠当时上奏云:"方整军容,强贼亦有可平之机,乃被参将王信、千户吴绶鼓煽浮言,沮坏臣事,臣具本奏劾,蒙皇上洞察其奸,取回不用。"⑤而据弘治、正德朝内阁大学士李东阳所撰项忠神道碑载,吴绶"先在军中挠法",为项忠"所黜",后吴绶附汪直用事,极

---

① [明]尹直:《謇斋琐缀录六》,[明]邓士龙辑:《国朝典故》卷五八,第1320页。
②《明宪宗实录》卷一七六,成化十四年三月戊辰,第3172页。
③ [明]黄瑜:《双槐岁钞》卷九《卜马益》,第190页。
④《明宪宗实录》卷九八,成化七年十一月辛酉,第1880页。
⑤ [明]项忠:《抚流民疏》,[明]陈子龙辑:《明经世文编》卷四六《项襄毅公集》,第361页。

力构陷项忠,"欲置之死"①。

综合以上各类官私史料的记载可知,汪直及吴经、吴绶兄弟因各种事由与项忠、李震结有宿怨,汪直等人于是罗织罪责,将项忠罢官为民,又将李震免爵闲住。李震作为朝廷钦封的勋爵重臣,受封仅一年就被随意诬陷以致落爵,此可见汪直淆乱朝政、玩弄封爵大典于股掌之上。

(三)王越文臣威宁伯的封罢

在成化十六年(1480),曾久在延绥执掌军务的兵部尚书兼左都御史王越封为世袭威宁伯,这是明代少有的一例文臣封爵。王越之封与汪直染指西北搜套战事有一定的关系,但王越本身的历战功勋也不可磨灭。从王越威宁伯封罢的过程,可窥见明代文臣封爵制度存在的弊病。

成化十六年初,延绥镇守太监张遐等西北守臣奏称"传闻"鞑靼将拥众渡河进犯,事下兵部覆议。太监汪直再次看到战机,故有意亲自带兵搜套,时任兵部尚书余子俊"不敢违拒",只能奏请廷臣集议并建议朝廷"早为措置",宪宗最后在成化十六年正月命汪直监军如故,以保国公朱永佩平虏将军印充任总兵,又命王越提督军务,发京营兵再征河套②。这次随同汪直出征的主将朱永及文臣提督王越均是汪氏故从亲党。朱永与汪直的关系自不必论,而明代官私史书多明确记载,王越素与汪直交结,二人过从甚密,相倚为势③,王越正是通过此次与汪直协同出征的机会得封威宁伯爵。

汪直、朱永与王越出兵后,王、汪二人没有直赴延绥,而是绕道大同,在大同以北河套东部的威宁海子附近取得了一次胜利,《明宪宗实录》记此事云:

> (王越)欲得封爵而无名,会有边警,遽嗾直出师。比命下,越恶保国公朱永先征建州,不为己地,又闻河套有虏潜住,河开则移于威宁,乃

---

① [明]李东阳:《李东阳集文后稿》卷一九《明故兵部尚书致仕进阶光禄大夫赠太子太保谥襄毅项公神道碑铭》,第1175页。

② 《明宪宗实录》卷一九九,成化十六年正月丁酉,第3494—3495页。

③ 如《明宪宗实录》载,王越早在汪直受宠掌西厂侦缉职权时,就"密遣人预通情款"(见《明宪宗实录》卷一六二,成化十三年二月丁丑,第2958页)。《明孝宗实录》王越小传载,王越与汪直同掌团营,越"善事直,两人相得欢甚"(见《明孝宗实录》卷一四五,弘治十一年十二月壬辰,第2524页)。另如尹直《謇斋琐缀录》记,"汪太监出厂,士夫无与往还,惟都御史王越世昌日往候之,滋久相得"(见[明]尹直:《謇斋琐缀录六》,[明]邓士龙辑:《国朝典故》卷五八,第1319页)。

以计绐直,奏令永率大军由南路,己与直将轻骑由宣府、大同,往会于榆林。既至大同,闻有虏营在威宁海子,劫之可树勋以自固,乃说直尽调两镇劲兵,冒险袭击。时威宁虏自以不为寇,不虞官军之至,壮者仓卒或裸体得马而避,老弱者多被杀掠,而直等乃以大捷闻,永独不与。①

又载:

> 西北边有警,(汪)直遂与(王)越(原文作"钺",误)出大同,因伺虏近边住牧者,夜袭其营,斩获其老幼、妇女以归……(王越)见朱永邀功辽东升国公,亦欲觊其封爵,乃因延绥小警,嗾直请出师,而己提督军务,侥倖威宁之捷。②

按照《明宪宗实录》的说法,王越早有攀附汪直邀功封爵的意图,但汪直原与朱永交结更深,故先在成化十五年(1479)与朱永同征辽东,这引发王越对朱永的忌恨。至成化十六年这次西征时,王越趁与朱永分兵行进之机,秘密会同汪直别领轻骑由大同出塞,突袭鞑靼营地,但不过杀伤老弱妇孺,侥幸有所斩获,却报以大捷。《明宪宗实录》对凡有汪直参与的战役皆评价甚低,对此威宁海子之战也不例外。但从《明实录》的记载中仍不难看出,相比成化十五年征辽及成化十七年大同黑石崖两次战事,王越指挥这次威宁海子劫营行动布划较周密,又能敏锐把握战机而做到出奇制胜,不失用兵之道。《明孝宗实录》王越小传中就有王越"河套、贺兰之捷实有功于边"③的相对客观的评价。

有关威宁海子一战更详尽的情况,见于王越自己的战后奏报:

> 臣等俱于二月初三日启行,朱永统领京营官军一万员名,从南路径往榆林,臣与太监本日至居庸关,即先发旗牌官何全等前往大同,若遇贼虏侵犯,督并官军剿杀……臣等密切计算,此贼自去岁冬西入河套,侵扰宁夏、延绥地方,今春又累入大同、宣府边境抢掠。且大同、宣府数十年来无人敢出外边追杀,彼此安心放意,骚扰边方,我若选其精锐,衔枚束甲,掩其不备,捣其巢穴,破之无疑。于本月二十二日,选调京营、

①《明宪宗实录》卷二〇一,成化十六年三月丙戌,第3524—3525页。
②《明宪宗实录》卷二四三,成化十九年八月壬申,第4106—4107、4109页。
③《明宪宗实录》卷一四五,弘治十一年十二月壬辰,第2525页。

大同、宣府官军二万一千员名，自孤店关出兵，昼伏夜行，不动烟火，至
二十七日到于猫儿庄大边……本日晚出境，行至天明，前哨官军到于威
宁海子地方，哨见达贼老营，在彼住牧。贼见官军已近，散漫上马，不知
其数，前来迎敌。孙钺等督令官军，奋勇射杀，贼稍退却，且走且战。追
至北岸，贼虏聚集，约有万余，倚山摆列，拒战冲突二十余次。臣等分遣
官军相机策应，灰尘蔽天，喊声震地，各哨官军乘势争先砍射，就阵掣夺
虏酋旗纛，贼方退走。追奔四十余里，贼复聚众对敌，臣等并合官军，奋
不顾身，各用枪刀弓箭一齐射打，贼遂溃乱，就阵斩首数多。臣等纵其
官军入贼巢穴，虏其男女，夺其马驼牛羊，毁其庐帐、器物……二十九日
回至大同城，查得生擒幼男、妇女一百七十一名口，斩首四百三十七颗，
掣夺旗纛十二面，战马一千八十五匹，沿途乏马，用刀砍死不知其数，驼
三十一只，牛一百七十六只，羊五千一百余只，盔甲、弓箭、皮襖、鞍伏等
项一万余件，阵亡官军三十八员名。[1]

通过王越的奏报可知，他确实有避开主将朱永、密谋争功的企图，另外明军
此役也的确俘获了一定数量的"幼男、妇女"等非战斗人员，但王越率部与
敌骑万余反复对冲，明军"追奔四十余里"，"就阵斩首数多"的实战功绩绝
不可小觑。事实上，无论从"斩首四百三十七颗"的斩获数量，还是从"入贼
巢穴"与"掣夺旗纛"的震慑效果上来看，威宁海子之捷都堪称成化朝历次
搜套战事之最。王越之所以能得此全胜，就在于打破了明廷以往陈兵延绥
的僵化战略，在充分掌握鞑靼动向的基础上，主动出击，直捣敌营。此战结
束后，宪宗不吝加封王越为威宁伯世袭，并赐号"奉天翊卫推诚宣力守正文
臣、特进光禄大夫、柱国"，食禄一千二百石，这也是成化朝第一次直接册封
臣子为世袭勋爵。宪宗在所颁威宁伯诰券中赞曰："载统一旅之师，径造威
宁之海，踏碎氈庐，斩虏首如截瓠，蹂残余孽，扫腥膻似拉枯，天威大振，朔漠
一空。"[2]

王越封威宁伯后，仍与汪直党比结纳，而保国公朱永因没有在威宁海

① [明]王越：《黎阳王襄敏公疏议诗文辑略》卷一《威宁海子捣巢捷音疏》，《四库全书存目丛书》集部
　　第36册，第550—551页。
② 《太子太保威宁伯兼都察院左都御史王越诰券》，[明]王越：《黎阳王襄敏公疏议诗文辑略》，《四库
　　全书存目丛书》集部第36册，第520页。

子获功,颇不自安,故不遑多让"比事汪直"①。当时各边一传警报,王越、朱永就"以利诱"汪直共同出战,以进一步"希旨"而"侥功"②。成化十七年(1481)以后,王越改循武官勋臣领职之例,佩印任总兵,屡随汪直往大同、宣府等处征讨鞑靼③。在成化十七年王越与汪直关系日密的同时,保国公朱永反而与汪氏渐显疏远,基本不再协同汪直出征,这或出于王越的离间。不过,按照《明宪宗实录》的记载,至成化十七年秋以后,宪宗也已对汪直心生厌弃,于是留汪直与王越于大同镇守,不许二人回京④。成化十九年,汪直彻底失宠被遣,王越也随之被宪宗冠以"结党乱政,欺罔弄权,开惹边衅"等罪名,罢黜威宁伯爵禄,发配安陆州为民⑤。朱永反而得以安享公爵之位。

不可否认,王越为谋取权位,交结汪直为内援,为时人所恶,不过,王越之封伯与朱永冒封公爵又有所不同,他并非完全依靠党附汪直,而是确实有卓越的战功。实际上,以王越指挥搜套的功资,即使他不阿附汪直,也本应得一爵赏。

早在威宁海子战役之前的成化九年十月,王越就曾以同样奇袭鞑靼营帐的方式,取得过一次红盐池战捷。成化九年秋,盘踞河套的大酋满都鲁、孛忽、乩加思兰等合兵向延绥西路抢掠,时任延绥参赞军务左都御史的王越接到军报后,一面加强延绥西路的防御,一面趁鞑靼大营空虚之际,亲率精兵四千六百余人,昼夜兼行搜索敌军驻地。明军至延绥边外三百余里红盐池的鞑靼老营后,王越随即分兵设伏,从前后两面突击,鞑靼守营军马仓促应战,"腹背受敌,就行慌惧溃乱"⑥。明军最后生擒斩获三百五十五名,夺回、烧毁牲畜、兵仗、器物无算⑦。

《明宪宗实录》详叙红盐池战役过程后作评:"三虏(指满都鲁、孛忽、乩

---

① [明]王世贞:《威宁伯王越传》,[明]焦竑辑:《国朝献征录》卷一〇《伯二·除封》,周骏富辑:《明代传记丛刊》第109册,第358页。

②《明宪宗实录》卷二〇七,成化十六年九月乙未,第3610页。

③ [明]王世贞:《威宁伯王越传》,[明]焦竑辑:《国朝献征录》卷一〇《伯二·除封》,周骏富辑:《明代传记丛刊》第109册,第358页。

④《明宪宗实录》卷二四三,成化十九年八月壬申,第4109页。

⑤《明宪宗实录》卷二四三,成化十九年八月壬申,第4106、4107页;《明功臣袭封底簿》卷一《威宁伯》,第192—193页。

⑥ [明]王越:《黎阳王襄敏公疏议诗文辑略》卷一《红盐池捷音疏》,《四库全书存目丛书》集部第36册,第546—547页。

⑦ [明]王越:《黎阳王襄敏公疏议诗文辑略》卷一《红盐池捷音疏》,《四库全书存目丛书》集部第36册,第547页。

加思兰）回，见庐帐、畜产皆已荡尽，而妻孥亦多丧亡，相顾悲泣以去，由是不敢复居河套，其势顿衰。议者谓此捷自前所未尝有。"① 其中"不敢复居河套"的记载并不完全准确，此战并未彻底荡平河套"虏患"。《明孝宗实录》王越小传载，红盐池之战后，鞑靼大创，自是"不敢深入"②，显然这一评价比较洽切。总之，王越红盐池一战在一定程度上遏制了鞑靼掠边，使延绥局势有所缓解。当时延绥搜套主帅宁晋伯刘聚坐镇榆林未出③，因此红盐池之捷完全是王越亲自布划指挥取得的功胜，王越作为事实上的统军主帅，已具备获封爵禄的功资。红盐池战后，王越被授太子太保兼衔，支给从一品俸禄，这虽已属厚赉，但与正一品之上的伯爵之位仍不能相侔。

即使参照武官累功封爵之例，王越也堪称功资卓著。王越自天顺七年（1463）以右副都御史巡抚大同始④，巡镇西北各地达十年之久。他在成化六年又转任参赞军务，先后随抚宁侯朱永、武靖侯赵辅及宁晋伯刘聚三任搜套总兵征战，勋臣总兵离任时，王越即以总督文臣留守延绥，专置军务⑤。成化十年（1474）廷议设三边总制于固原，王越又膺选此重任⑥，直至成化十年告病归京⑦。在长期镇守西北的过程中，王越一改此前参赞、提督文臣坐镇后方指挥纪功的常例，选"骁勇跳荡武骑为腹心"，常亲自率兵"与虏搏"⑧，取得红盐池等战捷若干，实战军资已不在武将主帅之下。

总而言之，明廷对王越的战功可谓未能尽赏。从某种程度上来说，王越之所以选择党比太监汪直以邀取封拜，一个重要原因就在于当时文臣在正常情况下很难封爵。明代封爵以军功大小为衡量标准，明初文臣参与军事的程度有限，因此朱元璋大封"开国"功臣时就仅册封了韩国公李善长、诚意伯刘基与忠勤伯汪广洋三名文职勋臣，朱元璋又颁布法令不许文臣无大功者轻封公侯，严格限制文臣封爵的等级。永乐朝以后，文臣封爵长期制无

---

①《明宪宗实录》卷一二一，成化九年十月壬申，第2339—2340页。

②《明宪宗实录》卷一四五，弘治十一年十二月壬辰，第2523页。

③［明］王越：《黎阳王襄敏公疏议诗文辑略》卷一《红盐池捷音疏》，《四库全书存目丛书》集部第36册，第546页。

④《明英宗实录》卷三五五，天顺七年闰七月己未，第7092页。

⑤《明宪宗实录》卷九九、卷一〇四、卷一〇八、卷一一三，成化七年十二月癸未，成化八年五月癸丑，成化八年九月辛亥，成化九年二月壬申，第1905、2040、2108、2193页。

⑥《明宪宗实录》卷一二四，成化十年正月癸卯，第2375页。

⑦《明宪宗实录》卷一三一，成化十年七月庚午，第2477页。

⑧［明］王世贞：《威宁伯王越传》，［明］焦竑辑：《国朝献征录》卷一〇《伯二·除封》，周骏富辑：《明代传记丛刊》第109册，第357页。

定法,历代皇帝或僵化推行祖制少封或不封文臣,或以非常规的迎驾、"夺门"等功封赐文臣。自永乐初期至成化中期的数十年时间内,明廷唯一一例常规的文臣军功册封是正统七年(1442)以平云南麓川功加封首任总督军务兵部尚书王骥为靖远伯。

在景泰、天顺、成化三朝,"以文统武"体制逐步确立,很多统兵文臣的大功勋资并不在王骥之下,完全具备封爵的资格。最典型者如"土木之变"后指挥北京保卫战抵御瓦剌的兵部尚书总督军务于谦,被明代官方认定其功"封侯伯,俾之世袭亦不为过"①。另如成化朝指挥平定两广大藤峡之乱的金都御史韩雍、平定陕西满四叛乱及剿抚荆襄流民的都御史项忠及平定四川山都掌蛮的兵部尚书程信等,其功不在武臣总兵之下。即使遵照朱元璋文臣不准轻封公侯的命令,但对比成化初年形成的武职主将大功亦先赐拜流爵的成例,上举这些总督文臣也皆可量功加升流伯,但他们却无一膺爵者。值得注意的是,在成化朝,包括王越、韩雍、项忠、程信在内的一批总督军务文臣陆续凭军功被准荫授子孙锦衣卫世袭武职,这说明朝廷已意识到文臣军功报赏制度存在漏洞,并做出相应的制度调整②。不过,勋爵册封是明代军功嘉奖体系中的最高典制,不能完全以荫子锦衣卫世职的方式替代,因此明代文臣封爵的制度缺陷在根本上仍未得到修正。对于明代文臣封爵长期存在的制度缺陷,笔者将在本书第八章中专辟一节再做详论。

(四)京营总兵赵胜的冒封

至成化十九年(1483)十月,宪宗又突然敕命吏部,升左都督赵胜为伯爵不世袭,经吏部题奏,赵胜封昌宁伯流爵③。功臣封爵的一般程序是先由兵部论功初拟爵赏,再移咨吏部续定爵名、勋号、勋阶,但宪宗直接敕令吏部加封赵胜,显然没有经过兵部的议功流程,不甚合制度。赵胜领命后奏请辞爵,宪宗下旨慰劳曰:"卿掌理兵戎有年,特兹加爵,所辞不允。"④

从宪宗所言可见,赵胜应属久任累功封爵。但《明宪宗实录》赵胜小传

---

① 《左军都督府为于允忠乞恩继绝疏》,[清]丁丙编:《于公祠墓录》卷三,光绪九年(1883)丁氏嘉惠堂刊《武林掌故丛编》,原书第19—22页。

② 见拙文《明代文官荫子武职制度探析》,《史学月刊》2015年第11期。

③ 《明功臣袭封底簿》卷三《昌宁伯》,第324页。

④ 《明宪宗实录》卷二四五,成化十九年十月丙戌,第4160—4161页。

又有评,赵氏"封爵不以军功,颇为公论所诮"①。查赵胜履历,他永平卫世袭指挥使出身,天顺元年(1459)以"夺门"升前府都督佥事,后佩刀侍卫,又坐三千营管操,天顺五年平曹钦升都督同知,后以参将领京营兵赴陕西固原征剿蒙古,擒斩十余人,宪宗登极初坐管团营果勇营,成化元年(1465)督修承天门,成化二年领兵往山西雁门关备边,未遇敌而还,又充副总兵往延绥征剿,无战功,还京坐团营耀武营,成化四年佩印出任辽东镇守总兵,累斩获兀良哈三卫不过五十余人,成化七年召回提督五军营,后改提督三千营,成化八年与十年,又两次挂印领兵出征蒙古,皆斩获无多而还,成化十二年督领军士修筑北京城垣及九门,以修造功升左都督,成化十四年加兼太子太保,仍提督三千营,直至成化十九年封昌宁伯②。

纵观赵胜为将轨迹,他升五府都督官阶后确实如宪宗所言"掌理兵戎有年",总兵京营的时间尤长,但实战功绩乏善可陈,且征进、镇守辽东、延绥各地的时间均较短,升左都督后更不再出战,即便参照历朝累功成例,他封爵的条件也不充足③。赵胜曾率京营兵修缮京师城门城墙,因此王世贞《弇山堂别集》认定赵胜系以修造功封伯爵④。但赵胜督修承天门是在成化元年,督修京师城墙是在成化十二年,而他受封昌宁伯是在成化十九年,提督修造与封爵之间相隔时间甚久,而且明朝自正统六年(1441)以修造宫殿功封都督沈清为修武伯后,至赵胜封爵前,已四十余年不再轻开修造冒封之例,若赵胜仅以监修京城就加封赏,这也不合情理。

实际上,赵胜是在京营戎政普遍由勋臣统领的情形下,以久督京营的亲信老将被推恩特准加一级流爵。明代京营五军、神机、三千营每例设两名提督总兵,三大营共计六名提督总兵,而团营设两到三名提督总兵,常由六名

---

① 《明宪宗实录》卷二九二,成化二十三年七月乙卯,第4951页。《明实录》原文作"颇为功论所诮",其中"功"应为"公"之误。

② [明]尹直:《大明故荣禄大夫太保兼太子太师赠昌宁侯谥壮敏赵公墓志铭》,转引自北京市文物研究所:《北京市朝阳区明赵胜夫妇合葬墓发掘简报》,《文物》2008年第9期;[明]尹直:《昌宁伯赠昌宁侯谥壮敏赵公胜墓志》,《国朝献征录》卷一○《伯二·除封》,周骏富辑:《明代传记丛刊》第109册,第355—356页。

③ 有学者根据赵胜十余年内屡统兵政,认定其昌宁伯之封是多年为官、为将的"必然结果"(见贾利民、张中华:《明赵胜墓志考》,《文物》2008年第9期)。实际上,按明代正常制度,勋爵颁赐从根本上要考量大臣实际军功,累功封爵者一般也有十年以上在边方征战镇守的经历。在京坐管营政、五府而缺少实际战守经历的都督武臣,即便年久屡职,也没有封爵资格,这类大臣如若封爵,无出例外属特恩超擢甚至黩缘冒滥之类。

④ [明]王世贞:《弇山堂别集》卷三八《永乐以后功臣公侯伯年表》,第694页。

京营总兵中的三人兼任[①]。在“曹石之变”后，历经诸多政治变难的英宗逐渐萌生“思用旧人”[②]以维系朝局稳定的基本策略，这对朝廷高级武职铨选产生了重大影响。在天顺中期以后，京、团营提督总兵渐有专选勋臣、外戚的趋势，少用甚至不用新晋都督流官，至成化朝，这一营将铨用趋势更加更明显。赵胜成化七年（1471）初提督五军营时，同总五军营的是以外戚典兵的会昌侯孙继宗[③]，赵胜成化八年改提督三千营时，同管三千营政者是最受宪宗宠信的勋贵抚宁侯朱永[④]。而自成化六年直至成化末年，还有“靖难”元勋后裔英国公张懋曾提督五军营[⑤]，丰城侯李勇[⑥]、武靖侯赵辅[⑦]提督神机营，定襄伯郭登、定西侯蒋琬提督神机营兼督十二团营[⑧]，另有襄城侯李瑾提督三千营兼十二团营[⑨]。同时期与赵胜一样以流官都督总兵京营者有成化七年管三千营的右都督冯宗[⑩]，但冯宗在职仅一年就改外镇永平、山海，因此成化朝久与勋贵并总兵京营十年以上的都督武职只有赵胜一人。赵胜作为京营提督老将，无功无过，仅因循守职而已，但达到了为皇帝所信赖的标准，因此宪宗权且赐其昌宁伯流爵之位，一方面是为慰劳老臣，另一方面也是使赵胜在身份上与其他京营勋臣总兵相匹配，以强化勋臣统领营政的体统。赵胜的受封无疑有违军功封爵的基本原则，可谓一例特殊的冒滥封赏。考虑到成化中后期勋爵册封愈发萎滥的趋势，赵胜之封的出现也有一定的历史必然性。

四 成化、弘治朝军政诸弊与弘治朝不封勋爵

弘治朝是明前中期唯一未册封军功勋臣的时代，这在明代勋爵制度史

①［明］郑晓：《今言》卷一，“五十条”，第26页。
②［明］李贤《古穰集》卷一一《奉天翊卫推诚守正文臣特进光禄大夫柱国兵部尚书靖远伯追封靖远侯谥忠毅王公神道碑铭》，景印《文渊阁四库全书》第1244册，第593页。
③《明宪宗实录》卷八八，成化七年二月乙巳，第1707页。
④《明宪宗实录》卷一〇一，成化八年二月庚辰，第1963页。
⑤《明宪宗实录》卷一三〇，成化十年闰六月乙未，第2464页。
⑥《明宪宗实录》卷八八，成化七年二月乙巳，第1707页。
⑦《明宪宗实录》卷六、卷二七九，天顺八年六月乙巳、成化二十二年六月丙戌，第159、4702页。
⑧［明］彭时：《定襄忠武侯神道碑》，［明］商辂：《奉天翊卫宣力武臣特进荣禄大夫柱国追封定襄侯谥忠武郭公墓志铭》，［明］郭良、郭勋辑：《毓庆勋懿集》卷七、卷八；［明］程敏政：《篁墩文集》卷四四《太保兼太子太傅掌左军都督府事定西侯追封凉国公谥敏毅蒋公墓志铭》，景印《文渊阁四库全书》第1253册，第64页。
⑨《明宪宗实录》卷七七，成化六年三月丙午，第1506页。
⑩《明宪宗实录》卷八八，成化七年二月乙巳，第1707页。

上尤显特殊。从表面上看,弘治一朝号称安定治世,大规模战争较少,因此军功封爵自然相应减少。但这又不能完全视作孝宗"中兴"之治的成果。实际上,历经天顺、景泰、成化三朝频繁的南北战事,至弘治朝,明代国家统治虽然更加稳定,但与此同时,明军军力也已大大消耗,朝廷难以继续支撑搜套等大规模战役,因此弘治君臣不得不采取更加谨慎的军事策略,即减少征伐,这才是弘治朝不封勋臣的深层原因。此外,在当时兵疲将弱、军政弊端丛生的历史背景下,弘治朝仅有的几次较大军事行动,或无功而返,或斩获甚少,均不宜再开封赏。再次,由于成化中后期封爵趋于轻滥且影响深远,弘治朝管军大臣争功诈报之风依然如故,因此兵部等衙门也有必要严审功级,厘正前朝封爵之弊以整饬军风。为说明问题,现结合具体事例,对弘治朝战事减少以及不封勋爵的原因作更进一步的论析。

　　首先,就对明朝威胁最大的蒙古诸部而言,在弘治初年,鞑靼各部虽仍盘踞河套,但他们对明朝的袭扰有所缓解。根据《明孝宗实录》记载,弘治元年(1488),"潜住大同近边"的鞑靼大汗小王子部落请求通贡,明廷经过合议,最终同意鞑靼使臣、头目及随从五百余人"分为等第赴京"觐见,其余俱留大同"以礼馆待候,给赏赐"[①]。尔后小王子部与明朝在较长时间内保持相对稳定的通贡关系,由此明朝在一定程度上确保了边镇的安定。

　　《明孝宗实录》中所谓的"小王子",即达延汗巴图蒙克。弘治初年,达延汗正在与瓦剌部落相互攻略,争夺草原霸权,为了防止两线作战,他主动向明朝通贡求和[②];而明廷同意小王子入贡,也符合自身的利益需求。明朝自正统末年就面临北边瓦剌、鞑靼诸部的不断威胁,不得不长期布兵于九边各镇,同时又要应对内地两广、湖广、贵州等处此起彼伏的变乱,这些战事旷日持久,耗费繁巨,对明朝的统治形成沉重压力。至成化朝宪宗举兵搜套时,由于选将非人,粮草无继,加之君臣举措不定,明廷实已达到对塞北大规模用兵的极限,只能勉强与蒙古各部对峙,难以取得战略优势。因此弘治初年与小王子停战并准许其入贡,也是明廷顺应时局以图休养生息的必然选择。

　　不过,至弘治中后期,鞑靼火筛等酋对明朝的袭扰又有所加剧[③],对此孝

<hr />

①《明孝宗实录》卷一四、卷一五,弘治元年五月乙酉、六月癸卯,第349—350、368—369页。
②〔日〕和田清:《明代蒙古论集》五《论达延汗》,第362页。
③〔明〕郑晓:《吾学编·北虏考》,《四库禁毁书丛刊》史部第46册,第71页。

宗也曾几次尝试发重兵征讨。弘治十三年(1500)四月,兵部报大同有警,请兵出征,孝宗命平江伯陈锐挂印充任总兵,以太监金辅监督军务,户部左侍郎兼都察院左佥都御史许进提督军务,都督刘宁任充副总兵,率大军前往大同"御寇"[①]。陈锐等所部在边一个月逗留无功,至弘治十三年六月,孝宗取回陈锐等人,改派太监扶安监督军务,保国公朱晖挂征虏大将军印任总兵,都督佥事神英任参将,"再领京营官军五千往大同等处征剿"[②],然而兵至鞑靼已退[③],明军仍无战果。至弘治十四年四月,孝宗复命保国公朱晖挂印任总兵,以太监苗逵监督军务,都御史史琳提督军务,领军二万余出塞,并命大同、宣府、山西、陕西、宁夏、甘凉各镇"游奇等兵俱听随"[④]调用,号称调动十万大军[⑤],势必搜剿鞑靼"巢穴"。而实际上,朱晖所部驻守延绥半年有余,畏缩不前,反而屡被鞑靼破关劫掠;朱晖、苗逵、史琳不得不亲督明军出关,仅斩获三级[⑥];后陕西各处驻军又斩获十二级,以上皆报战捷,"议者耻之"[⑦],朱晖、苗逵、史琳三人也因此屡为群臣所论劾[⑧]。弘治十三年、十四年明军的搜套几乎毫无战绩,这与成化朝延宕数年、三易主将的搜套战事相比尚有不及,固然不可再行封升勋爵。

在弘治十三年、十四年搜套之战无功告罢后,明廷也吸取教训,基本不再轻易遣京营兵将出塞搜巢,而是寄希望于各镇官兵能够相互应援。弘治十六年大同、宣府"传说达贼近边,待马饱时月要来抢掠",孝宗敕命各镇守臣曰,"本镇兵力亦非不足,又有邻境游奇官兵借调应援","邻境有报,无分彼此,星驰策应,如或推奸避难,以致失机误事,自取重罪"[⑨]。

弘治朝搜套失利的原因也比较复杂。按李东阳《燕对录》中的记载,弘治十七年七月,大同又一次传警,"言虏贼势重,近又掘墩杀军",孝宗本欲点选京营兵三万开赴前线征讨,询之内阁,但阁臣刘健、李东阳皆建议罢兵,后

---

①《明孝宗实录》卷一六一,弘治十三年四月乙巳,第2895页。

②《明孝宗实录》卷一六三,弘治十三年六月庚子,第2957页。

③《明孝宗实录》卷一六三,弘治十三年六月己酉,第2965页。

④《明孝宗实录》卷一七三,弘治十四年四月戊子,第3153—3154页。

⑤[明]严从简:《殊域周咨录》卷一七《鞑靼》,第611页。

⑥《明孝宗实录》卷一七六,弘治十四年七月丁卯,第3232—3233页。

⑦《明孝宗实录》卷一七八,弘治十四年八月辛亥,第3271—3272页。

⑧《明孝宗实录》卷一七九、卷一八三,弘治十四年九月戊戌,弘治十五年正月辛卯,第3308—3309、3377页。

⑨《明孝宗实录》卷一九八,弘治十六年四月壬子,第3668页。

孝宗又面谕兵部尚书刘大夏"出师之意",大夏亦"力言京军不可轻出",《燕对录》记孝宗与刘大夏的谈话如下:

> 上曰:"太宗朝频年出兵,逐虏数百里,未尝不利。"大夏对曰:"太宗之时何时也? 有粮有草,有兵有马,又有好将官,所以得利。今粮草缺乏,军马疲弊,将官鲜得其人,军士玩于法令,不能杀贼,亦且因而害人,徒费财物,有损无益。"大意与内阁议同。上纳之,师乃不出。[①]

刘大夏所论"粮草缺乏,军马疲弊,将官鲜得其人,军士玩于法令"等问题在成化朝搜套时同样存在,在这些问题未得到解决的情况下,弘治朝明军自然仍旧无法取得决定性的功胜。

刘大夏所论诸弊政中,"将官鲜得其人"一项其实可以通过广泛遴选将材、健全选拔机制而得以相对改善,但天顺以来明廷僵化保守的勋将任用策略已相沿成制,成化、弘治两朝凡举大规模征伐,多用亲信京营提督勋臣为主帅,导致这些勋臣主帅在很长时间内难以更替。

就弘治朝搜套主帅平江伯陈锐与保国公朱晖的情况来说,他们已属勋裔中才干较为突出者,但实际军事能力仍有限。陈氏出身"靖难"旧勋家族,以持重有节闻名,但并不娴熟将略[②];朱氏乃宪宗最亲信的勋将朱永之子,他老成忠谨,然才不及其父[③]。明廷选派陈锐、朱晖二人担任搜套主将,显然是贯彻了明中期偏用亲信勋裔掌兵的惯例,但陈、朱二人不过守成之材,难堪搜套重任。弘治十三年(1500)六月,南京监察御史李裕中等就上奏言,"陈锐未经战阵",请将"陈锐等留于边城,以壮声势,其战守则择边方将卒用

---

① [明]李东阳:《燕对录》,[明]邓士龙辑:《国朝典故》卷四九,第 1194—1195 页。刘大夏《宣召录》记一事与此事相近,其文曰:"时各边俱有警报。上以兵事属意于太监苗逵,与逵谋,欲举兵出塞,劫虏营。谋已决,而英国公张懋与大夏俱未知。逵因与予在教场论兵事不合,心知予二人不欲此举,密告于上。明日,召大夏,论曰:'尔在两广未来时,苗逵等于延绥、河套阴劫虏营,由是虏不敢犯边。尔知之否?' 大夏对曰:'尝闻从征将士言劫虏营时事。当时全仗朝廷威德,幸而逃脱,不然全军覆没于境外,未可以为善。'上曰:'永乐中,频年出塞破虏,今何不可?' 大夏对曰:'皇上神武,固同于太宗皇帝,奈今之将领、兵力远有所不逮。且在当时,如国公邱福,稍违节制,遂令数万兵俱陷虏地。况今之将,又在邱福之下。不若令各边将料敌战守,犹似得策。'时左都御史戴珊在侧,极赞行言为是。上遽曰:'微尔二人之言,朕几为人所诬!' 遂寝其谋。"(见[明]刘大夏:《刘大夏集》卷二《宣召录》,长沙,岳麓书社,2009 年,第 28 页)。刘大夏年谱中将此事系于弘治十五年,应不确(见[明]刘世节编:《刘忠宣公年谱》,[明]刘大夏:《刘大夏集》卷八《年谱》,第 130—131 页)。此事反映出当时朝中阁部大臣已普遍认识到军政之衰疲,朝廷已无力再支持大规模的搜套战争。
② 《明孝宗实录》卷一九四,弘治十五年十二月甲寅,第 3575 页。
③ 《明武宗实录》卷七八,正德六年八月丁酉,第 1716 页。

之"①,所议未果。不久孝宗也说陈锐确实"非其材",不宜再领"主将重权",于是将其取回。弘治十三年(1500)九月,当陈锐无功回师、保国公朱晖等人即将再次领兵出塞之际,行人司行人王雄直接上疏批评朝廷不顾将才而墨守"故事"的选将方略,其文曰:

> 夫兵部会廷臣议,于将官之中独推陈锐为首,故陛下信而使之,当其会议之时,曾不审陈锐谋勇著闻与否,堪任大将与否,而猥以上请,其所议者何事哉? 若不以为应故事而已,必将曰姑试之何如。夫众之死生,国之存亡,皆系乎将,而可以试之谋勇未闻之人哉? 往事已无及矣。语曰:"前车覆,后车诫。"陛下罢黜陈锐而更用朱晖者,彼朱晖素不更事,固不多于陈锐也。一试于陈锐已为寒心,可再试于朱晖乎? 窃料左右举之者,必曰朱晖尝从父征伐,多见战阵,是必有谋勇者。夫贤者之处世如锥处囊中,其未立见朱晖从父征伐之时,其所出奇者何策,所克敌者何功,既无所闻,是无所有矣。

王雄敢于揭露当时任将之大弊,所论颇中肯綮,但因直犯"天威",引起孝宗的不悦,被降为云南浪穹县县丞②,可见孝宗在意识到勋裔难堪大用的情况下,仍坚持选用勋臣搜套的既定方略。在挂印主帅被京营亲信勋臣所垄断,而这些勋将又罕有作为的情况下,搜套已成困局,其他担任副将、参游的都督流官自然更难以立功封爵。

　　弘治朝另外一次较大的军事行动,是弘治八年兴复哈密之役,但此战劳师犯险,战果颇少。哈密是西域诸国入贡明朝的襟喉孔道,早在永乐朝,明廷就在哈密设置卫所,并册封统治哈密的元朝宗裔为忠顺王,羁縻而治,目的在于"通诸番之消息"③。不过,自成化朝始,哈密以西的土鲁番(即东察合台汗国)就屡犯哈密,劫掠人口并多次霸占城池④。至弘治六年土鲁番王阿黑麻又突袭哈密,掳走明朝新封哈密王陕巴及明朝所赐金印,并派土鲁番酋长牙兰据守哈密城池。明廷接报,孝宗命兵部集群臣合议机宜,朝臣认为"勤

---

①《明孝宗实录》卷一六三,弘治十三年六月戊戌,第 2953—2954 页。

②《明孝宗实录》卷一六六,弘治十三年九月戊辰,第 3019—3020 页。

③[明]马文升:《兴复哈密记》,《续修四库全书》史部第 433 册,上海,上海古籍出版社,2002 年,第 253 页。

④[明]严从简:《殊域周咨录》卷一二《哈密》,第 414—415 页。

兵远夷,兵家所忌",奏请诚谕土鲁番释放陕巴,若"谕而不从,加兵未晚"①。但土酋拒不放还陕巴,同时仍向明朝派遣贡使以谋取经济利益,明廷应对无方。至弘治七年(1494)七月,孝宗又命兵部、礼部会同各衙门合议哈密事宜,朝臣仍请再救土鲁番,若"陕巴未回,城池未献",则"绝其所贡"并拘捕土鲁番贡使。孝宗接奏后认为土鲁番阿黑麻与哈密陕巴"同类",陕巴归还与否于朝廷"无所损益",又质疑道:"哈密残破城池,如其献还,当何以处之?"最终廷臣议定,以哈密都督暂理卫事,召集部众,并与周边罕东、赤斤等明朝羁縻卫头目"互相协辅",而"陕巴未还,不必索取,俟有可乘之机,则动调番汉官兵掩杀牙兰,克复城池",孝宗准其奏②。

不难看出,因哈密与明朝内地相距万里,中隔大漠,故孝宗与朝臣并未将哈密视作朝廷核心利益,在议处哈密事务时态度较为谨慎甚至保守,不敢轻易出兵。但土鲁番强占哈密,又扣押明朝所封哈密王,屡屡生衅,这于明廷而言颇"有亏国体"③,因此明廷也做了与土鲁番一战的准备。

弘治八年以后,土鲁番气焰日盛,对明朝西北战略安全的威胁加强。弘治八年初,甘肃巡抚许进等奏报,称土鲁番王阿黑麻"僭称可汗之号",既占哈密,又袭扰罕东等明朝"属番","为志非小",如阿黑麻若果复东来,请朝廷准发兵征讨④。尔后,兵部尚书马文升在弘治八年七月召会谙熟边情的肃州抚夷指挥杨翥,杨翥向文升面陈机宜,建议用罕东番兵三千为前锋,别用汉兵三千为后援,各持数日熟食,"间道兼程袭"哈密⑤。马文升同意此部署,继而奏请孝宗下敕甘肃军镇守臣,预选甘肃番、汉兵各三千,以"分守肃州副总兵彭清统领,由南山取捷径驰至罕东,急调番兵齐足,乘夜兼道,袭斩牙兰"⑥,以奇兵制敌,获孝宗谕准。不久甘肃方面又接谍报,称八月间土鲁番王阿黑麻与小列秃部落相互攻杀,阿黑麻损兵折将,不敢轻出,导致占据哈密的土鲁番酋长牙兰孤立无援,"根前上马的好汉"不过三四百人,"其余都

①《明孝宗实录》卷七四,弘治六年四月己亥,第1380—1385页。
②《明孝宗实录》卷九〇,弘治七年七月庚戌,第1660—1662页。
③《明孝宗实录》卷九〇,弘治七年七月庚戌,第1660页。
④[明]许进:《平番始末》,《续修四库全书》史部第433册,上海,上海古籍出版社,2002年,第261—262页。
⑤《明孝宗实录》卷一〇二,弘治八年七月甲午,第1866页。
⑥[明]马文升:《兴复哈密记》,《续修四库全书》史部第433册,第255页。

是老小男妇"①,明廷至此得到了克复哈密的良机。

然而到甘肃官兵正式出征哈密时,却采取了与马文升所拟轻兵突袭不尽相同的行动。弘治八年(1495)十月,甘肃巡抚许进、镇守太监陆闇、总兵都督刘宁等亲至肃州部署指挥,准备在肃州初步调集军伍,并备足火器辎重,全军分先锋、赤斤等卫夷兵、运输部队及正军各部,先后从嘉峪关出,再"会于羽集乜川"集结,之后围攻哈密。一个月后的十一月初六日,许进、陆闇、刘宁率部出嘉峪关,沿官道历扇马城、赤斤、苦峪、王子庄等处,"凡八日至羽集乜川",路遇风沙,又等候罕东卫援兵而未果,最终在当月十八日黎明到达哈密城下。当时牙兰已率部潜回土鲁番,明军轻易攻下哈密,并追击残兵,但"仅斩首六十余"②,明军只得哈密空城,由于难以长久留守,寻又撤军东返。

甘肃镇巡诸臣在充分筹备兵力与辎重之后出征,显然是力图一举成功,擒获盘踞哈密的土鲁番将领牙兰,而为保证大军行进有序,他们选择由官道向哈密渐次推进。然而,这一行动却有悖于兵部尚书马文升预定的部署,导致延误战机,最终未获敌酋,斩获无多。马文升在《兴复哈密记》中虽然承认此役在一定程度上扬威于西域,但他对战果不甚满意,指出甘肃"守臣贪功,乃亲率汉兵至肃州,又久驻嘉峪关外,候罕东兵,不至,即命彭清由无水草常道往,牙兰预知之,皆遁去"③。嘉靖朝史家高岱《鸿猷录》一书更直接评曰,"会(甘肃)守臣帅兵往,行不速,事泄"④ 而功少。综上所述,明廷起初就无意全力克复哈密,而甘肃官军的战功又平平,并未真正达到震慑土鲁番的效果,因此朝廷也不宜轻开封赐。

虽然弘治朝搜套与兴复哈密之战未开封爵,但指挥这些战役的文、武将帅却依然妄图邀功请赏。如弘治十四年保国公朱晖等回师之初,纪功御史王用就枉顾战果甚微的事实,奏请一体升赏搜套官军万余名,兵部初减核至

---

① [明]许进:《平番始末》,《续修四库全书》史部第 433 册,第 267 页。一说牙兰属下仅有精锐二百余人(见许进:《平番始末》,《续修四库全书》史部第 433 册,第 260 页;[明]马文升:《兴复哈密记》,《续修四库全书》史部第 433 册,第 255 页)。

② [明]许进:《平番始末》,《续修四库全书》史部第 433 册,第 268—269 页。

③ [明]马文升:《兴复哈密记》,《续修四库全书》史部第 433 册,第 255 页。兵部尚书马文升与甘肃巡抚许进作为哈密之役的两位主要策划者,分别著有《兴复哈密记》与《平番始末》记载此役的原委,但二人在各自的书中都没有详细记录对方的事迹,这在一定程度上反映出二人在平哈密一事上意见相左,互有芥蒂。

④ [明]高岱:《鸿猷录》卷一三《兴复哈密》,第 293 页。

四千四百余人，后孝宗下旨再拟赏格，兵部力拒冒滥，曰："官军捣巢虽有微劳，斩首之功止于三级，若蒙殊恩，诚于国论未协。"又劝诫皇帝曰："将来冒功图赏者不知几何，流弊无穷，渐不可长。"最终孝宗钦准奋不顾身被伤将士二百一十人各升一级，总兵勋臣朱晖、提督太监苗逵、提督文臣都御史史琳赐彩币、白金若干[1]。尔后，在弘治十五年（1502）七月，朱晖、苗逵又夸耀往年搜套军功，奏请遍赐参战军士，兵部仍以"功薄赏滥，执不可"，孝宗勉强以"官军既出境捣巢有劳"为名，准各赏布二匹[2]，未再大开升赏。再如甘肃巡抚许进在《平番始末》中自述，甘肃官军攻下哈密城后，军中"有贪功者冀欲封侯"，乃对许进耳语，请诛杀跟从牙兰的八百哈密人，得其首级以向朝廷报称"奇功"，不然"千里争锋，而以数十百级归，何以为辞"[3]，此议最终被许进所拒。由此可见，甘肃守臣本欲凭此大功谋封爵禄，但劳师远征，最终战果甚微，军中将领也自觉难以向朝廷报赏，故生杀降冒功之恶念。

依照笔者在本章前文所论，自成化中后期，由于搜套战事拖延不绝、太监汪直干扰军事等原因，明廷军功封赏就趋于轻滥，而管军大臣也冒报功级成习，这一弊政在弘治朝仍然延续。尤其是弘治朝大征伐减少，将领罕有获立大功的机会，而与此同时，明廷依斩敌数级论定军功的制度又愈发僵化，在这种历史背景下，北边各镇文武将帅诈报功级的情况就尤显突出。除上论搜套、哈密战事以外，弘治朝最典型一例虚报军功的事件即弘治十二年辽东守臣诱杀朵颜互市民众冒功。弘治十二年，辽东镇巡等臣在一至二月间连续三次奏传捷报，称大胜朵颜部落进犯，三次胜利共斩获三百余级[4]。但朝中"议者以为辽东兵久不振，疑其诱杀"，于是孝宗派遣大通事锦衣卫指挥使杨铭等前往辽东审查功级，发现辽东将官有诱导朵颜三卫头目及男妇到边互市而趁机掩杀请功的嫌疑。嗣后兵科给事中戴铣上言曰：

> 承平日久，边备隳废，守臣率多庸劣，失机偾事。今年正、二月间，辽东守臣捷音三至上，功积三百十八级，马畜、器械所获无算。据其所

---

[1]《明孝宗实录》卷一八一，弘治十四年十一月壬辰，第3337—3338页。

[2]《明孝宗实录》卷一八九，弘治十五年七月寅寅，第3492页。

[3][明]许进：《平番始末》，《续修四库全书》史部第433册，第269页。建议杀哈密人谎报功级者有可能是甘肃总兵都督刘宁，因刘宁之后曾因镇守大同不利被革俸闲住，他自陈"往年克复哈密功乞封伯爵"（见《明孝宗实录》卷二〇七，弘治十七年正月戊辰，第3852页）。

[4]《明孝宗实录》卷一四六、卷一四七，弘治十二年正月庚寅，二月辛丑、庚戌，第2573、2584、2588—2589页。

奏,似有非常之功,数十年来仅见此举,及今杨铭等审出夷情,乃大谬。

戴铣继而建议朝廷派遣大臣严查此事,孝宗纳其奏,命都察院右副都御史顾佐前往辽东勘验①。顾佐查实上报曰,辽东总兵都督李杲、镇守太监任良、巡抚都御史张玉三臣指示部将锦州、义州守备鲁勋、王熹设计"诱泰宁夷人入,给盐米,因以醉取之,斩首二百六十九人",不久又唆使宁远守备等官故技重施,诱斩四十四人。兵部论劾李杲等人"素无镇御之略",而徒以"诈取藩篱之夷",请朝廷严惩之。孝宗以"事无证佐,又干人众"为由,仅轻罚鲁勋、王熹等中级将官,对辽东镇巡大臣俱免纠责②。由此可见当时边镇将弱兵疲,守臣文恬武嬉,冒功成风的状况已十分普遍。在这种情况下,朝廷尤其是兵部等衙门严审军功,不轻请封爵,显然也是对成化中后期以后轻滥封爵的纠正。

总而言之,弘治一朝军力有限,选将方略僵化保守,导致将领少有重要功胜,同时明廷又能够以成化中后期的封爵乱象为戒,在一定程度上对冒滥之封有所遏制,因此始终未开军功封爵。这虽有益于整饬前朝弊政,却也是当时军政衰退背景下的无奈之举。

当然,弘治朝也不是绝对没有足以封爵的功胜,弘治十五年(1502)平定贵州米鲁一役就基本达到前朝勘定南方重大变乱的封爵标准。在弘治初年,与应对蒙古诸部的方略相似,孝宗与大臣在议处西南地区小规模变乱时也采取了较为谨慎的策略,不再轻易组织大军攻伐,而是主要责成当地文武守臣相机平定③。不过,弘治十四年以后贵州米鲁之乱在短时期内发展成为大患,明廷只能再次调遣重兵,专命统帅南下平复。

弘治十二年,云南霑益州土官安氏之女贵州普安州土官隆畅之妾米鲁与隆畅之子隆礼私通,又设计杀死隆礼与隆畅,并与营长阿保勾结,占据普安堡寨,攻杀官兵。因此次变乱规模较小,寻被贵州守臣平定,米鲁逃匿霑益州。至弘治十四年,米鲁又借霑益土兵夜袭普安,与普安营长福祐合兵四出劫掠,欲攻破普安州城以为割据。当年七月,贵州镇巡等官闻声遣军征讨,被米鲁、福祐所败,于是朝廷钦派南京户部尚书兼都察院左副都御史王轼提督军务,调集贵州、湖广、云南土、汉官军十二万前去平定米鲁。王轼

①《明孝宗实录》卷一五三,弘治十二年八月戊戌,第2709—2711页。
②《明孝宗实录》卷一五八,弘治十三年正月戊辰,第2840页。
③《明孝宗实录》卷五八,弘治四年十二月戊午,第1118—1119页。

大军未到之时,米鲁诈降复叛,贵州镇守太监杨友亲领军士欲抢先擒获米鲁,但被叛军击溃,杨友被俘获,随军中高级文武官员多人阵亡,贵州全境震动[①]。因普安州地近云南、广西[②],普安一地之乱牵动整个西南局势,引起明廷的高度重视,提督军务尚书王轼的责任重大。

值得注意的是,明廷征讨米鲁时只派遣了一名文臣提督王轼全权节制贵州"镇、巡等官",命其便宜处置一应事务[③],并未依照常制同时派遣武臣出任挂印总兵,更未循成化、弘治朝惯例选亲信京营勋臣挂帅出征。造成此役只派文臣提督不用武职总兵的原因,一方面应是由于贵州已有勋臣丰润伯曹恺镇守,临省湖广、云南又分别有挂印镇守总兵永康侯徐锜、黔国公沐琮,三名镇守勋臣中曹恺直接领兵参战,徐锜、沐琮协同调兵[④],因此不宜再增派勋臣出征。另一方面在于当时京、团营提督勋臣平江伯陈锐搜套无功闲住[⑤],而保国公朱晖复领大军开赴延绥前线,其他领兵经历较为丰富的勋臣少之又少[⑥],故此只能专责提督文臣统筹全军。质言之,平米鲁之役可谓明中期少有的仅以一名文臣为提督全权指挥的重大战事,即使在当时"以文统武"体制之下,王轼的权责也非常特殊。

王轼抵达贵州后迅速部署大军进剿叛酋所据堡寨。根据王轼的战后奏报,他将汇集的贵州、湖广、云南土汉军伍共分为八哨,自己居中节制调度,督军"八面会合,一鼓齐攻"。自弘治十五年(1502)正月至五月间,官军共破寨千余,擒斩叛军五千一十三名,收捕男妇千余人,最终直捣米鲁大营,击杀福祐,擒获米鲁,取得全胜,至此贵州叛乱地区底定[⑦]。《明武宗实录》王轼小传称其"贵州功尤巨,论者谓无愧一代名臣"[⑧]。战后孝宗升赏参战官军,王轼被加太子少保职衔,转任南京参赞军务兵部尚书,对此次赏赐,李东阳

---

①《万历野获编》卷三〇《土司·夷妇宣淫叛弑》,第760—762页。

②嘉靖《普安州志·疆域》,《天一阁藏明代方志选刊》第66册,上海,上海古籍书店影印,1961年。

③[明]王轼:《平蛮录》,《四库全书存目丛书》史部第46册,济南,齐鲁书社,1997年,第144页。

④[明]王轼:《平蛮录》,《四库全书存目丛书》史部第46册,第145页;《明孝宗实录》卷一八一,弘治十四年十一月辛丑,第3341页。

⑤[明]李东阳:《李东阳集·文后稿》卷二八《明故太傅兼太子太傅平江伯陈公墓志铭》,第1276页。

⑥弘治十二年七月,兵科给事中屈伸上奏,言公侯伯生长膏粱,"未经战阵,若不重加策励,恐其精锐坐销",因此乞请今后勋臣袭爵之初者,遣往"三边大镇屯兵处所,参随战守"以为历练,兵部覆论以为勋臣爵位尊隆,不便转历边镇,建议可送回营观阵,"听提督官叩问韬略,试验武艺"。由此可知勋裔普遍不谙兵事的窘境(见《明孝宗实录》卷一五二,弘治十二年七月丙寅,第2685—2686页)。

⑦[明]王轼:《平蛮录》,《四库全书存目丛书》史部第46册,第145—150页。

⑧《明武宗实录》卷一九,正德元年十一月辛卯,第566页。

在王轼墓志铭中有"论者以为未称其功"[①]的记载。

　　按照《万历野获编》的说法,米鲁之乱"止因一夷妇宣淫,尽灭隆氏之宗",又言"盖始于隆畅之耄聩,成于杨友之倖功,何物牡孽,梗我全盛,衽席之上,篡贼兴焉"[②]。意思是说此乱事出偶然,本不应酿成大患,但并不能因此就低估平定米鲁之战的意义。王轼有指挥平乱大功而未能封爵的原因,仍要归结于明代少封、不封文臣的僵化政策。王轼作为平乱期间贵州全境最高军事指挥官,在获削平僭乱大功的情况下仍不能得一伯爵之赏,反映出当时封爵制度已与实际军事指挥体制不相匹配。

本章结语

　　在勋臣制度方面,成化朝上承明"开国"百余年勋臣封爵制度之演化,下启正德佞幸冒滥之激增,因此这一时期可以看成明代爵制变化发展的重要阶段。史家常以"垂衣拱手"形容宪宗成化一朝的统治特色,从勋爵册封来看,这种垂衣而治,一方面表现为对"祖宗"旧制的继承与调整,另一方面表现为庸碌与专断的施政作风。在国家统治平稳、文官体制日益成熟的情况下,宪宗在成化初年能较好地贯彻军功封爵制度,在一定程度上听取科道部院等官员的相关建言,并适度强化封爵的阶序性。但在成化六年(1470)以后,面对搜套这样重大复杂的战事,宪宗决策能力之平庸暴露无遗,他一味大开封赏,以图激劝士气,又过度偏袒避战的搜套总兵赵辅,导致封爵轻滥,公议大失。至宪宗统治晚期,更任由太监汪直肆意参决军务,淆乱军功升赏秩序,视封爵大典如同儿戏。成化十九年宪宗又为维系京营由勋爵提督的体统而轻加左都督赵胜为昌宁伯。成化朝封爵的种种状况,从一个侧面反映出传统王朝承平日久后相对稳定与腐败并存的局面。至弘治朝,在国家统治更趋稳固的同时,明军军力已大大衰退,文恬武嬉,战功不显,兼之朝廷有意整饬成化中后期军功冒滥之弊,因此终孝宗一朝未开封赏。

---

①[明]李东阳:《李东阳集·文后稿》卷二八《明故太子太保南京兵部尚书致仕赠少保王公墓志铭》,第1302、1303页。
②《万历野获编》卷三〇《土司·夷妇宣淫叛弑》,第762页。

第七章　王守仁封爵原委与正德、嘉靖朝的勋封策略

王守仁在正德末年领兵平定江西宁王叛乱，又在嘉靖初年膺封新建伯，此乃明中叶震动士林的一桩大事。王守仁的爵位在嘉靖、隆庆两朝又有停袭、复嗣诸变故，其间原委甚可发覆。但由于阳明心学有着超迈时代的哲学意义，故后世学者多从学术史、思想史角度对王守仁进行研究，较为忽略新建伯爵位的册封、停罢等制度史议题，一些阳明研究论著对爵位问题多一笔带过[①]，即使有所涉及，也因缺少制度分析，难以揭示其详情[②]。新建伯爵位封罢的过程之所以曲折异常，虽与阳明学术存在一定的关系，但另有更为深层的原因。这首先在于正德、嘉靖两朝交替之际，明代军功封爵制度已积弊日深，使得王守仁有功难封，地位不稳。其次，世宗登极后，长期戒忌王守仁的勋爵身份，有意对其进行压制。因此本章结合明代勋爵册封制度沿革及嘉靖朝政局走向，尝试全面深入探析王守仁爵位封罢的问题。

一　恩幸冒滥与文封缺制：嘉靖朝之前爵制的两大积弊

（一）正德朝佞幸封爵的加剧

明代自洪武朝便立下公、侯、伯爵"非有社稷军功不封"的制度，实为官僚封爵最根本的原则。嘉靖朝兵部尚书杨博在《再议世袭大典》一疏中依据列朝事例，总结出六种可封爵的功勋，依次为"开国""靖难""御胡""平番""征蛮""擒反"[③]。这六类功勋与明王朝的建立及长治久安密切相关，因

---

① 如张祥浩：《王守仁评传》第一章《王守仁的生平经历》，南京，南京大学出版社，1997年，第51—52页。

② 如吕妙芬：《阳明士人社群——历史、思想与实践》第一章《学派的构建与发展》，"中研院"近史所，2003年，第54、55页；王宇：《合作、分歧、挽救：王阳明与议礼派的关系史》，《中山大学学报（社会科学版）》2009年第6期。

③ [明]杨博：《再议世袭大典》，[明]王守仁：《王阳明全集》卷三九《世德纪·附录》，上海，上海古籍出版社，2011年，第1679页。

此朝廷必以山河带砺之盟加与立功臣子,方体现出皇权至高无上的权威与正统。

明前中期军功爵制大体得到贯彻,且逐渐形成一次大功封爵与久任累功封爵两种相对固定的册封模式,此制度演化笔者在前章已有详论,为便于接续本章的讨论,现再概述如下。所谓大功封爵,即如"开国""靖难"功臣,以某一匡扶社稷的功勋膺爵。尔后还有在"土木之变"中因击退瓦剌入犯而被册封的武清侯石亨、昌平侯杨洪、定襄伯郭登等。以大功得封者一般直加为世爵,但随着明中期国家承平日久,真正意义上的社稷大功减少,至成化朝,以平蛮、平辽东女真等较大功勋受封的功臣也只限于先加为流爵。所谓累功封爵,即久有勋劳的老将由都督官经年积功而再加勋爵,以区别于大功勋臣。累功封爵者一般最初只准子孙世袭指挥使。如永乐十八年(1420)成祖册封久随征战的都督薛禄、金玉与薛斌为阳武侯、惠安伯与永顺伯,各子孙世袭指挥使①。再如正统朝宣府总兵都督谭广在镇"岁久",最终在正统六年(1441)积累"勋迹"而封永宁伯流爵②。相较而言,大功封爵膺爵者显然更加名正言顺,身份地位亦更为稳固。

然而,由于公、侯、伯勋爵是明廷赐予异姓大臣的最高荣享,臣子一旦膺封世爵,即与皇朝休戚与共,身份高于一般文武大臣,因此外戚、宠臣、宦官子弟等天然与皇帝关系亲近的贵幸便是潜在的加封对象。其中受皇帝宠幸的军官即有直接以小功、冒功受爵者,一些宦官子弟也加入滥封的行列,这于大功及累功封爵的旧例皆不符。如本书前章所述,近臣轻封的情况在洪熙、宣德、正统三朝已间或出现。至成化十五年(1479)后,太监汪直干预军功封赏,抚宁侯朱永夤缘汪直,先率兵清剿女真部落,又往大同攻打蒙古,皆战果不多,但仍累加封为世袭保国公③,封爵出现严重萎滥。至正德朝,在冒滥封爵不断加剧的大背景下,武宗本身恣肆顽劣、统驭无方,导致内臣弟侄及佞幸武弁冒功滥封达到有明一代之最,现列表总结如下(见表7):

---

① 《明太宗实录》卷二三二,永乐十八年十二月甲寅,第 2242—2243 页。

② [明]罗亨信:《觉非集》卷一《赠永宁伯谭公荣升序》,《四库全书存目丛书》集部第29册,第451页。

③ [明]沈德符:《万历野获编》卷五《勋戚·定襄王》,第145页。

表7　正德佞幸封爵表 [1]

冒滥者及爵位	受封缘由	革除情况
泾阳伯神英	正德五年以左都督夤缘太监刘瑾，诉功传奉封。	正德五年夺爵，降右都督。
泰安伯张富	太监张永弟，正德五年张永参与平定宁夏安化王朱寘鐇之乱，并计除太监刘瑾，原与瑾有私诸臣争相献媚张永，奏请册封永弟二人，获准。	正德十六年革，降为锦衣卫指挥。
安定伯张荣	太监张永弟，封爵缘由与张富同。	正德十六年革，降为右都督。
高平伯谷大宽	太监谷大用兄，正德五年援大用协同平定宁夏朱寘鐇之乱准封。	正德十六年革爵。
平凉伯马山	太监马永成兄，正德五年援永成协同平定宁夏朱寘鐇之乱准封。	正德十六年革爵。
镇安伯魏英	太监魏彬义弟，冒魏姓，正德五年援彬协同平定宁夏朱寘鐇之乱准封。	正德十六年革爵，降为都督同知。
永寿伯朱德	原裴太监厮养子，后被武宗赐朱姓收为义子，正德五年以太监兄弟多援宁夏功封，亦冒宁夏功传奉封。	正德十六年革爵下狱。
永清伯谷大亮	太监谷大用弟，正德七年援大用参与平定刘六、刘七民乱准封。	正德十六年革爵。
镇平伯陆永	太监陆訚侄，正德七年援訚参与平定刘六、刘七民乱准封。	正德十六年革爵。
平虏伯江彬	原名江彬，初为蔚州卫指挥佥事，后入豹房为佞幸，引导武宗玩乐，被武宗赐朱姓，授官左都督，正德十三年扈从武宗巡边，冒应州功封。	正德十六年武宗死，江彬为杨廷和、张太后合力定计擒拿，世宗即位后将江彬处死。
安边伯许泰	世袭羽林前卫指挥使，被武宗赐朱姓，累官都督，正德十三年扈从武宗巡边，冒应州功封。	正德十六年革爵，流放海南。

值得注意的是，明廷为在表面上尊崇军功爵制，经常会赐予冒封佞幸一定的功勋名目，这就导致真正立功大臣的勋劳被无端瓜分。随着冒爵加剧，正常的封爵流程，乃至整个军功叙录制度都被严重干扰。如正德五年（1510），明宗室宁夏安化王朱寘鐇谋反，直接威胁皇权统治，朝廷遣兵镇压，但在京军到来之前，宁夏游击仇钺出奇谋迅速平息乱局，立有大功，被直接

---

① 本表依据列朝《明实录》及《明功臣袭封底簿》中各爵封爵缘由、过程编制，并参［明］王圻：《续文献通考》卷一九七《封建考·皇明异姓封建》，第 11709—11710 页；［明］王世贞：《弇山堂别集》卷三九《恩泽公侯伯表》，第 703—704 页，及《明史》相关传记。

封为咸宁伯,提督京营的太监张永未能亲自平乱,却"攘为己功",恩及兄弟,张永同党太监谷大用、马永成、魏彬的兄弟也纷纷"冒以运筹获封"①。正德八年(1513),朝廷平息刘六、刘七民乱,武宗欲以荫叙加封监军太监谷大用弟都督大亮、监军太监陆訚侄锦衣卫指挥陆永为世爵,命兵部"视宁夏例封拜",兵部执不可,云:

> 今群贼殄灭,乃诸将并力,初非一人之功,比之宁夏不同。且诸将刘晖、郤永、时源、神周等驱弛战阵,万死一生,议功不过升都督等官,大亮、永欲累功承荫,躐居诸将之右,窃恐边将解体,他日谁肯效死。况累功非旧例,请再荫两家弟侄无官者各一人。②

明代以实际军功封爵,正德朝以前除"夺门"主谋太监曹吉祥以迎驾恩及其侄曹钦封昭武伯的特殊情况外,并无内臣弟侄援功封爵之常例③,因此兵部所论基本合理,但武宗当即以内批否决,令兵部再议。兵部"复请比朱宁例加升谷大亮与陆永为右都督",此"朱宁"指武宗朝冒加国姓的佞幸钱宁,钱宁一向恃宠升赏无度,兵部请比钱宁加升谷大亮、陆永二人,已属重大让步,但武宗仍不满意,坚持命文武大臣集议,朝臣"执奏如前"兵部所议。皇帝最终越过阁部,下内批封谷大亮永清伯、陆永镇平伯④。

另外,自正德十三年始,武宗即自封为"镇国公"⑤,并且常以此名号出巡各地,这在某种意义上也是一种冒滥,甚至可以说是明代最无稽的冒爵。公、侯、伯爵册封作为周代封建宗法制度的残余,之所以在秦汉以降的帝制时期被长期保留,其根源就在于勋爵体制能够体现皇权统治的正统与秩序。武宗自封国公是为满足他个人的军功情节,但这种行为无疑极大削弱了封爵制度的严肃性,使国家大典沦为君主之游戏。正德十四年七月,当时江西宁王朱宸濠叛乱,意在夺取天下,但武宗却欲以威武大将军镇国公的名号亲征平叛,实有颠倒体局、动摇朝廷根基的危险。故科道诸臣汪玄锡、吴闾毫不客气地上奏曰:"威武大将军、镇国公之称,陛下安得而冒之。顺逆之理,贵先正名,名既不正,徒启奸邪之口,疑反侧之心。"武宗对此置若罔闻,坚持

---

① [明]郑晓:《今言》卷二,"一百四十四条",第84—85页。
②《明武宗实录》卷九七,正德八年二月丙午,第2037页。
③ 成化朝宁晋伯刘聚虽系内臣刘永诚侄,但刘聚本身有一定的实在军功,不是单纯的援功冒滥封爵。
④《明武宗实录》卷九七,正德八年二月丙午,第2036—2038页。
⑤《明武宗实录》卷一六六,正德十三年九月癸丑,第3215页。

以所谓镇国公之名亲率六师征讨,并斥责抗命者严惩不贷①。

(二)文职封爵的制度缺陷

轻功冒滥之外,明代中期另一较显著的封爵弊病即文臣勋封的制无定法。明代自洪武朝始就少封文臣。"开国"有功文士中封公爵者仅韩国公李善长一人,其余汪广洋、刘基分别为忠勤、诚意伯爵,除此"开国"大封的三人外,洪武中期以后还有奉土归降朱元璋的元末岭南豪酋何真被封东莞伯。对于少封文臣政策的成因,从根本上说,朱元璋通过参与大规模农民起义推翻元朝并夺取天下,明代"开国"战争的激烈与残酷程度非唐、宋等前朝以世家旧将谋夺帝位者可比,明初即使有部分文人儒士参与朱元璋政权的建设,亦难发挥关键作用,因此皇帝依实际军功行赏,少封文官或仅赐文士以低爵,这在一定程度上具有合理性②。

不过,洪武"开国"文臣封爵的细节安排也反映出朱元璋不重视文臣功劳,尽可能压制文官爵赏的倾向,对后世封爵制度的影响深远。根据朱元璋所赐韩国公诰券文辞,李善长得封的原因是从征最久,而"转运粮储,供给器仗,未尝缺乏"③。可知朱元璋是将李氏视为最亲信的军队后勤主管,故与前线战将徐达、李文忠等一体加封高爵④,李氏的这种功勋地位显然非其他文士能匹。与李善长的元勋地位不同,汪广洋、刘基作为较晚归附朱元璋的儒臣谋士,二人封爵诰辞中皆强调"屡献忠谋""多效谋猷"⑤的军中参谋之功,汪、刘之封无疑是当时更具典型性的文臣封爵。不过,相比公、侯武将,汪广

---

①《明世宗实录》卷一七六,正德十四年七月丙辰,第3430页。

②有学者还指出,洪武"开国"大封之前,从军儒臣陶安、章溢等人多已去世,这也是造成朱元璋少封文臣的客观原因之一(见曹循:《明代臣僚封爵制度略论》)。此说符合事实情况,但应非朱元璋少封文官的根本原因。

③[明]黄金:《皇明开国功臣录》卷一《补遗·李善长》,周骏富辑:《明代传记丛刊》第23册,第164页。

④《明太祖实录》卷五八,洪武三年十一月丙申,第1128—1134页。

⑤《明太祖实录》所录汪广洋诰辞曰:"朕观往古俊杰之士,能识真主于草昧之初,效劳于多艰之际,终成功业,可谓贤知者也。汉之张子房、诸葛亮,独能当之。朕提师渡江入姑孰,中书右丞汪广洋同诸儒来谒,就职从征,剸繁治剧,屡献忠谋,驱驰多难,先见之哲,可方古人。"刘基诰辞曰:"朕观诸古俊杰之士,能识真主于草昧之初,效劳于多难之际,终成功业,可谓贤知者也。汉之张子房、诸葛亮独能当之。朕兵至括苍,前御史中丞刘基挺身来归,委质事朕,累察乾象,多效谋猷。"(见《明太祖实录》卷五八,洪武三年十一月乙卯,第1144—1145页)

洋、刘基不但爵低禄少,而且只授诰命,不领铁券,亦不许爵位世袭①,可知朱元璋颇轻视文臣的参佐功劳,有意裁压文臣封爵的规格。另外值得注意的是,查刘基封爵诰命原文,朱元璋还特别赞其有"睹列曜垂象,每言有准,多效劳力"②的方技术士之能,这显然有违军功封爵的严肃性③,可见朱元璋对文臣军功的认定又较随意。

朱元璋还在《大明律》中特设"文官不许封公侯"一条限制文臣封爵,这一法条也被历代学者视为明代文臣封爵的根本原则,但此律作为行政法令其实并非完善。"文官不许封公侯"律令的核心内容十分严苛,即"文官非有大功勋于国家,而所司朦胧奏请辄封公侯爵者,当该官吏及受封之人皆斩"。律文又言"生前出将入相,能除大患,尽忠报国者,同开国功勋,一体封侯谥公,不拘此律"④,指一般情况下只有"开国"功臣才可封公、侯高爵,后世文臣功勋达到一定级别可生封侯,但仍不可封公爵,只能死后追封。明代集大成而具有官修性质的律注典籍《大明律集解附例》⑤对此有进一步解释,云:

> 盖公、侯爵命之首,必开国元臣而始膺此,所以优待大功、大勋者也。凡文官非有推诚宣力,建大功勋于国家,而所司朦胧奏请辄封,则罔上行私,窃冒殊典,当该官吏及受封之人,无分首从皆斩。⑥

然而何为文官可封高爵的"大功勋",该律所言却模糊不清。因朱元璋罢废宰相,明朝又无规范的文、武职官互转制度,故律文中"出将入相"一语无实际意义,而"能除大患、尽忠报国",也属泛泛不明之词。即便以三名"开国"文臣的功勋为参考,汪广洋、刘基的谋士之功显然未至"大功勋"的级别,而韩国公李善长的资历地位又几乎无人能及,难以为后世援引为例。至于文

---

① 刘基初封诚意伯时不准许世袭,也不见颁授铁券的记载。至洪武二十四年,朱元璋正式准刘基孙刘廌世袭祖爵(见《明太祖实录》卷二〇八,洪武二十四年三月辛丑,第3095—3096页)。至嘉靖十年,明廷议复刘基后裔诚意伯爵位,群臣会议上言,"刘基之后,孙廌承嗣",太祖"许以世袭丹书之誓,俱存铁券,载在国史"(见《明世宗实录》卷一二七,嘉靖十年闰六月己丑,第3023页。按馆本《明实录》此条日期写作"乙丑",误,可证刘基准世袭祖爵时才颁下铁券)。
② [明]刘基:《刘伯温集》附录五《御书颂表·诚意伯诰》,杭州,浙江古籍出版社,2016年,第817页。
③ 所谓刘基的"睹列曜垂象"之劳应不完全是迷信占卜,可能兼有通过观察天文气象协助军事部署,但不可否认,朱元璋确实长期将刘基视作帐下方士弄臣以畜之,并通过塑造刘基的仙家行迹以宣扬自己顺应天道一统江山的正统性(见杨讷:《刘基事迹考述》,第111—117页)。
④ 《大明律》卷二《吏律一·职制·文官不许封公侯》,第30页。
⑤ 张伯元:《〈大明律集解附例〉"集解"考》,《华东政法大学学报》2000年第6期。
⑥ 《大明律集解附例·吏律·文官不许封公侯》,清光绪三十四年重刊本。

臣立何种功勋可封伯爵,该条也完全没有提及。总而言之,"文官不许封公侯"律只是规定限制文臣封爵的等级,但未明确文臣封爵的功级标准,对如何量功册封文臣缺乏指导意义。

由于"文官不许封公侯"律文本身片面不完备,是故后世律学之书解此条时也多作虚谈,甚至不知所云。如成化朝《刑台法律》强解"大功勋"为"以劳定国曰功",以"辅成王业曰勋",又解"出将入相"为"帅兵御寇、论道经邦"等 ①,相当于没有解释。雷梦麟《读律琐言》一书有言:"'生前出将入相'三句,相连并看。若徒出将入相,虚有禄位之尊而不能除大患,及虽除大患亦不过因人成事,侥幸成功,而非有尽忠报国之实者,皆不许封侯谥公。"②所论亦较空泛,难以据此量功。

实际上,"文官不许封公侯"律并不是一条基于前代律学传统而制定的成熟吏律,而是朱元璋个人偏狭统治理念的产物。清代律家薛允升指出,"《唐律》无文,系明代专条,总系猜忌大臣之意",又称其乃"一时之私意"③。可知,朱元璋出于对文职大臣权势的防范而制定了该律,其意就在于告诫子孙勿轻授臣子荣宠。同样,《大明律》中"奸党"等律令,也非因袭前朝,属明太祖首创,以"猜忌臣下,无弊不防"④。

朱元璋轻视文臣功劳,并且严令限制文官封爵,但又不曾规范文臣的军功标准,这对后世影响深远。永乐朝以降,明廷只能固守洪武朝少封、低封文职的基本原则,甚至连伯爵也尽量不授予文职,故自永乐朝始至正德朝结束的百余年内,文臣封爵者仅有忠诚伯茹瑺、靖远伯王骥、兴济伯杨善、武功伯徐有贞及威宁伯王越五人 ⑤。即使明代中期以后文臣开始多充任参赞、提督、巡抚之职以直接指挥军事征战,但少封文臣的政策仍未得到适时调整,文臣膺爵的可能依旧微乎其微。成化朝兵部尚书兼都御史王越军功卓著,

①《刑台法律》卷一《吏律第一·职制·文官不许封公侯》,《海王邨古籍丛刊》,北京,新华书店,1990年。
②［明］雷梦麟:《读律琐言》卷二《吏律一·职制·文官不许封公侯》,北京,法律出版社,1999年,第73页。
③［清］薛允升:《唐明律合编》卷九《文官不许封公侯》,第152页。
④［清］薛允升:《唐明律合编》卷九《奸党》,第167页。
⑤明代还有部分文臣生前无爵而死后被追赠爵位以示优待,他们是洪武朝陶安赠姑熟郡公、王道赠太原郡侯、叶琛赠南阳郡侯、许瑗赠高阳郡侯、胡深赠缙云伯、毛麟赠西河伯、赵天麒赠天水伯、孙炎赠丹阳县男、王恺赠当涂县男,永乐朝姚广孝赠荣国公,宣德朝郭资赠汤阴伯,正统朝吴中赠沭阳伯(见［明］王世贞:《弇山堂别集》卷六《皇明异典述一·文臣赠爵》,第112—113页)。其中姚广孝僧人出身,非单纯文臣。

但还是在党附权阉汪直的情况下才等封伯爵。嘉靖朝兵部尚书杨博总结，文职大臣"守臣死绥""督抚剿寇"等勋劳尚不足以封爵[1]，这种说法其实并没有太多道理，也不过是僵化因循旧章。另外，明代自洪武中后期就开始限制勋臣的权力，永乐以后渐趋形成勋臣"不得预九卿事"的国政方略，朝廷尽量将勋贵地位与行政职权相分离，这更使得文职大臣不便封爵，而文臣一旦封爵，也很难再被安排相应的行政职务。

文臣封爵缺乏一定标准，这反而使得推恩轻封或非常规的封赏得以杂错其中。如燕王朱棣起兵"靖难"时，身边几乎没有高级文臣，至攻破南京，朱棣随即封"迎驾"的兵部尚书茹瑺为忠诚伯[2]，此一封赏的政治用意明显，实为推恩安抚建文降臣。另如天顺朝兵部尚书兼翰林院学士徐有贞及都御史杨善以"夺门"功，分别受封武功伯、兴济伯[3]，皆属非常态册封。虽然正统朝兵部尚书王骥以总督军务平麓川功得封靖远伯[4]，有实在军功，但相较后世总督大臣于谦、王越等人，王骥的勋绩亦非绝对突出，他之所以得爵，应得益于明代首位总督军务文臣的特殊身份。

又因为文臣常凭借非常规的政治因素得封，是故他们也更易卷入朝中政争，受牵连而获罪罢爵，导致文臣勋贵的地位素不稳固。如天顺朝以"夺门"封爵的兵部尚书杨善与内阁大学士徐有贞的爵位均被停罢。杨善死后，其子杨宗本先承袭父爵，至成化朝降为锦衣卫指挥同知[5]。徐有贞因与"夺门"首臣石亨有矛盾，被亨排挤，直接贬谪为广东右参政[6]。成化朝大珰汪直倒台后，与汪亲昵的原都御史威宁伯王越亦被罢爵。王越罢爵本有冤枉，但被皇帝强冠以"结党乱政，欺罔弄权，开惹边衅"[7]的罪名。至弘治七年（1494），孝宗复命王越以"左都御史致仕起总督"，弘治十年，再起用为"左都御史，加太子太保"，"着去总制三边"[8]，终生不再为勋臣。

囿于以上所述问题，明代文臣勋爵的身份、职权就显得非常混乱不定。

①［明］杨博：《再议世袭大典》，［明］王守仁：《王阳明全集》卷三九《世德纪·附录》，第1679页。
②《明太宗实录》卷一二上，洪武三十五年九月甲申，第199—200页。
③《明英宗实录》卷二七四、卷二七六，天顺元年正月丙戌，天顺元年三月癸酉，第5804、5873页。
④［明］李贤：《古穰集》卷一一《奉天翊运推诚守正文臣特进光禄大夫柱国兵部尚书靖远伯追封靖远侯谥忠毅王公神道碑铭》，景印《文渊阁四库全书》第1244册，第592—593页。
⑤《明功臣袭封底簿》卷二《兴济伯》，第250—251页。
⑥《明英宗实录》卷二七九，天顺元年六月庚子，第3532页。
⑦《明功臣袭封底簿》卷一《威宁伯》，第192—193页。
⑧《明功臣袭封底簿》卷一《威宁伯》，第193—194页。

勋臣本兼有两种身份。一方面,勋臣不同于一般文武,在爵、官、职务、服饰、朝班及禄米与田土方面享特殊待遇,构成相对独立的贵族群体,徐学谟《世庙识余录》中有"公侯伯谓之勋臣,非武臣也,故文武官有功者皆得封"①之说。另一方面,勋臣由文武大臣晋升,也会保留受封前的身份特征。朱元璋初封功臣时,就制定了"宣力武臣"与"守正文臣"两种勋号,以区别不同出身的勋臣。但由于武职出身者占勋爵的绝大多数,少数的文臣勋贵即常被一并视为武将,身份尤显尴尬。如王骥起初封号为"推诚宣力武臣、特进荣禄大夫、柱国、靖远伯",天顺朝才调整、增补为"奉天翊卫推诚守正文臣、特进光禄大夫"②,这被史家王世贞称为"文职冒武号"③。王骥的职事也比较杂乱。正统初封伯爵时,他依勋臣例不领兵部尚书等实品官职,但以总督军务的钦差全权领兵平定云南麓川之变;景泰朝,他又像一般武将勋臣一样,"佩平蛮将军印"出征。至英宗复辟,王骥因参与"夺门"有功,再次被授予兵部尚书职,不久以侯伯"朝朔望"④。另如,徐有贞封爵之前对同为"夺门"功臣的石亨言:"愿得为武弁以从兄后。"于是石亨替徐有贞上奏皇帝,英宗这才封有贞为武功伯⑤。可见徐有贞自己就把封爵与武臣身份联系起来。但徐氏得爵后仍以殿阁大学士"供职于文渊阁"⑥。兴济伯杨善封爵后掌左军都督府,寻加礼部尚书,兼领部事⑦,他一人同时拥有文臣、武臣两种职官模式更显怪异。叶盛在《水东日记》中评王骥、徐有贞、杨善等人时言,"天顺初,诸司当事多武臣","内阁则武功伯,兵部则靖远伯,礼部则兴济伯",将其讽刺为"官制异常"⑧。明中后期史家王世贞亦称这些文臣勋爵的任用"其事至奇"⑨。成化朝威宁伯王越在受封之初文臣身份特征较凸显,他曾自奏勋臣在朝会时本与武职同列西班,但因自己仍兼左都御史职,故当在东班列席如

---

①［明］徐学谟:《世庙识余录》卷二,《四库全书存目丛书》史部第49册,济南,齐鲁书社,1996年,第204页。

②［明］李贤:《古穰集》卷一一《奉天翊卫推诚守正文臣特进光禄大夫柱国兵部尚书靖远伯追封靖远侯谥忠毅王公神道碑铭》,景印《文渊阁四库全书》第1244册,第592—593页。

③［明］王世贞:《弇山堂别集》卷六《皇明异典述一·文职冒武号》,第111页。

④［明］李贤:《古穰集》卷一一《奉天翊卫推诚守正文臣特进光禄大夫柱国兵部尚书靖远伯追封靖远侯谥忠毅王公神道碑铭》,景印《文渊阁四库全书》第1244册,第592—593页。

⑤《明英宗实录》卷二七六,天顺元年三月癸酉,第5873页。

⑥《明英宗实录》卷二七六,天顺元年三月丙子,第5879页。

⑦《明英宗实录》卷二九一,天顺二年五月丁亥,第6207—6208页。

⑧［明］叶盛:《水东日记》卷一〇《官制异常》,第112—113页。

⑨［明］王世贞:《弇山堂别集》卷一七《皇明奇事述二·文武互用之极》,第321页。

旧,宪宗准其奏①。后王越与宪宗宠信的太监汪直亲近,宪宗欲重用王氏管理戎务,又命他循武勋例"掌前军都督府掌府事,总督五军、十二营兵马",继而任挂印将军领兵作战,不再莅管都察院事。王越就此"不复有荐绅念"②,欲彻底转为武官身份,不受"文臣不得封公侯"的制度限制,以便晋封高爵,但最终未果。

二　王守仁封爵前后的政治处境

(一)武宗及群小攘夺江西军功

王守仁以平定江西宁王叛乱加封新建伯爵,这是正德、嘉靖两朝交替之际的一大事件,但明中期佞幸冒滥授爵、文臣封爵规范性薄弱等爵制积弊,均对王守仁的封爵产生了不良影响。

正德十四年(1519),江西宁王朱宸濠叛乱初起,武宗诏江西城中并附近地方官员军民等"有纠聚义兵擒杀逆贼者",可"量功之大小拜侯、伯及升授都指挥、指挥、千百户等官,世世承袭"③。这通武宗的金口御令在明代被称为"黄榜封侯拜伯之令"④、"黄榜之谕"⑤,是明廷通过诏令的形式公开许下的封爵承诺。黄榜之令代表着朝廷的威严,理应遵照施行,但南赣巡抚王守仁指挥军队擒获宁王后,武宗却出尔反尔,对守仁等平乱诸臣不予升赏。明人多指出,武宗身边佞幸纷纷攘功,是造成守仁有勋不录的直接原因。如守仁年谱云,太监张忠、佞幸许泰等"挟天子以偕乱,莫敢谁何?"⑥《万历野获编》载,宸濠被擒后,"江彬等诱上仍纵之大江,与战而获之以居功"⑦。黄绾《阳明先生行状》详曰:

> 公既擒濠,欲令人献俘,虑有余党沿途窃发,欲亲解赴阙,因在吉安上疏,乞命将出师。朝廷差安边伯许泰为总督军务,充总兵官,平虏伯

①《明宪宗实录》卷二〇一,成化十六年三月辛丑,第3532页。

②[明]王世贞:《威宁伯王越传》,[明]焦竑辑:《国朝献征录》卷一〇《伯二·除封》,周骏富辑:《明代传记丛刊》第109册,第358页。

③《明武宗实录》卷一七六,正德十四年七月丁巳,第3434页。

④《明世宗实录》卷九八,嘉靖八年二月甲戌,第2299页。

⑤[明]杨一清:《杨一清集·密谕录》卷六《政谕中·论方献夫代任吏部尚书奏对》,第1035页。

⑥[明]钱德洪:《王阳明年谱二》,[明]王守仁:《王阳明全集》卷三四,第1407—1408页。

⑦[明]沈德符:《万历野获编》卷六《内监·内官张永志铭》,第164页。

江彬为指督等官,左都督刘晖为总兵官,太监张忠为提督军务,张永为
提督,赞画机密军务,并体勘濠反逆事……至中途,闻捷报,计欲夺功,
乃密请上亲征。①

《明武宗实录》所载与此有出入,但也强调张忠、江彬等人预谋夺功的不轨举
动,称王守仁献俘奏报至朝廷时,武宗南征的队伍已驻跸至涿州,武宗本人
"留太监张忠私第",而随武宗扈从的内官张忠、张永及佞幸武将江彬、许泰
等"欲掩为己功,于是留守仁之疏不下"②。以上这些记载也深刻影响了后世
的研究者。不过,王守仁捷报是在正德十四年(1519)七月三十日方从吉安
发出③,而武宗七月十三日已决意南下④,在涿州接到奏报已八月⑤,绝无《阳
明先生行状》所谓张永等人先行勘功、继而煽动武宗亲征之事。

实际上,在武宗下平宸濠封爵黄榜之前,明廷就不时在兵戎倥偬之际出
封爵赏格信令以激励士气。不过,封赏赏格能否兑现,常无定法。早在景
泰初,朝廷就曾为抗击瓦剌内犯而设立悬赏,准能杀也先者赏国公及太师职
衔,能杀伯颜帖木儿及奸细太监喜宁者封侯爵⑥。后喜宁被宣府右参将杨俊
擒拿,给事中、监察御史等请加杨俊侯爵,但景泰皇帝却以"俊等率官军守
备,职所当为,难照榜例"为由,仅升杨俊为右都督⑦。景帝不册封杨俊,有一
定的合理原因。其一是因为杨俊父杨洪当时已晋升昌平侯⑧,父子同时领
受侯爵过于显赫,这在明代未有先例。其二是杨俊在"土木之变"前弃守独
石、马营各堡寨,犯有过失,也不宜骤封爵级。正德七年,刘六、刘七乱起,中
原震动,朝廷又准官军"能剿灭贼一伙者,如宁夏例,待以封爵"⑨。所谓"宁
夏例",指此前宁夏游击仇钺以奇计迅速平定安化王叛乱之功封咸宁伯,这
是正德朝一次较合规制的大功封爵⑩。至正德八年,中原民乱平息,武宗出内

①[明]黄绾:《黄绾集》卷二四《阳明先生行状》,上海,上海古籍出版社,2014年,第474页。
②《明武宗实录》卷一七七,正德十四年八月丁亥,第3467页。
③[明]王守仁:《王阳明全集》卷一二《别录四·擒获宸濠捷音疏》,第443页。
④《明武宗实录》卷一七六,正德十四年七月甲辰,第3415页。
⑤《明武宗实录》卷一七七,正德十四年八月丁亥,第3467页。
⑥《明英宗实录》卷一八九,废帝郕戾王附录第七,景泰元年二月癸未,第3873—3874页。
⑦《明英宗实录》卷一九〇,废帝郕戾王附录八,景泰元年三月辛亥,第3900—3901页。
⑧杨洪死后,由嫡长子杨杰袭爵,杰寻病死,朝廷即命已任都督的杨俊袭昌平侯(见《明功臣袭封底
　簿》卷一《昌平侯》,第139—140页)。
⑨《明武宗实录》卷八三,正德七年正月己未,第1798页。
⑩《明功臣袭封底簿》卷一《咸宁伯今为咸宁侯》,第33页。

批特封参与平乱的都督佥事谷大亮为永清伯、锦衣卫指挥使陆永为镇平伯。谷大亮系监军太监谷大用弟,陆永系太监陆訚侄,二人的军功不显,实属夤缘得爵。武宗执意册封谷、陆二人,虽然在表面上兑现了此前的封爵赏格,但却难掩借助信令冒封佞幸的事实。据以上事例可见,在明代中期,明廷封爵赏格的执行并不严格,因此武宗违背信令拒不加封王守仁,也是延续了这一旧政。

"宁藩之乱"是明中叶少有的危及皇权统治根基的大动乱,从某种意义上而言也为朝臣建立社稷大功提供了潜在的机会,即使不设黄榜之信令,平叛者理应循祖制封拜高爵。但平定宸濠之乱对武宗本身而言也有特殊意义。武宗颇重视自封的镇国公之爵,他自称有"统帅六师,扫除边患"的奇功,甚至如勋臣例降内批自加"注后军都督府带俸"①,以尽量让这一儿戏符合国家制度。在这种情况下,武宗特举镇国公、大将军的名号,亲率六师,奉天征讨宁王,就是为借此炫耀军威,增显自身爵号的合理性。因此,武宗自出征时就视江西功勋为天子禁脔,这才是导致守仁有功难叙的根本原因。江彬、许泰诸佞幸不过是胁从武宗蚕食江西军劳,但明人为避讳武宗,仅将攘夺守仁功勋的恶名加诸江、许群小。至清人毛奇龄修撰《武宗外纪》时,即不再刻意强调佞幸、权阉扰乱功赏的举动,而是直言守仁上报江西捷后,"匿不使下"②,明指武宗故意遮蔽王守仁的战绩。

(二)嘉靖朝臣对王守仁地位的压制

直至正德十六年(1521)四月,嘉靖皇帝登极,他这才以江西大功加荫王守仁子正宪为锦衣卫副千户③。当年十一月,朝廷正式"追论江西功",封王守仁新建伯,加奉天翊卫推诚宣力守正文臣封号,特进光禄大夫、柱国勋阶、散官,并准兼官南京兵部尚书参赞机务④。新建伯册封之令甫下,王守仁即在嘉靖元年(1522)正月两次力请辞爵。一般而言,臣子对朝廷封赏都要礼仪性地谢恩请辞,但是从守仁的辞疏中可见,他并非假意作态,而是为表达不满。在第一道辞爵疏中,守仁明言:"戮力勤王之绩,所谓同功一体者也。今

---

① 《明武宗实录》卷一六六,正德十三年九月癸丑,第 3215 页。
② [清]毛奇龄:《明武宗外纪》,《中国历史研究资料丛书》,上海,上海书店,1982 年,第 24 页。
③ 《明世宗实录》卷一,正德十六年六月丙午,第 43 页。
④ 《明世宗实录》卷八,正德十六年十一月丁巳,第 291 页。

赏当其功者固已有之，然施不酬劳之人尚多也。"又言："今闻纪功文册，复为改造者多所删削。其余或力战而死于锋镝，或犯难而委于沟渠，陈力效能者尤不可枚举。"①在第二道辞爵疏中，守仁曰："朝廷爵赏，本以公于天下，而臣以一身掠众美而独承之，是臣拥阏朝廷之大泽，而使天下有不均之望也。"②他继而又直接批评朝廷纪功的过失：

> 夫下之人犯必死之难以赴义，则上之人有必行之赏以报功。今臣独崇爵，而此同事诸人者乃或赏或否，或不行其赏而并削其绩，或赏未及播而罚已先行，或虚受升职之名而因使退闲，或冒蒙不忠之号而随以废斥。由此言之，亦何苦捐躯赴义，以来此呶呶之口，而自求无实之殃乎？③

王守仁门生光禄寺少卿黄绾别上有《明军功以励忠勤疏》，言平定江西诸臣除知府伍文定升副都御史，得荫一子外，其他"因功废黜"者有邢珣、徐琏"但升布政使，即令闲住"，戴德孺"虽升布政使，即死于水，皆无荫子"，副使陈槐"独黜为民"④。黄绾所论与王守仁《再辞封爵普恩赏以彰国典疏》可相互印证。

　　嘉靖皇帝以外藩初登大宝，且时年仅十五岁，尚不谙熟朝局庶政，因此这种虽册封王守仁伯爵，但对江西平叛诸臣"名示迁而阴抑绌"⑤的处理，应出于当时主政的内阁大学士杨廷和，王守仁年谱即载，"宰辅"欲"阻先生之进，乃抑同事诸人"⑥。与廷和同为内阁大学士的杨一清也言，杨廷和因忌王守仁"功高名高"而"不令入朝，乃升南京兵部尚书"⑦。王守仁勘定重大内乱，得爵名正言顺，兼之正德朝"封侯黄榜"高悬未赏，故世宗继位后，理应兑现封赏信令，以涤荡前朝弊政，树新朝威仪，这是杨廷和务必推动新建伯加封的主要原因，但册封王守仁显然不是出自廷和的诚心本意。

　　明代中期文臣封爵几成旷典，守仁封新建伯后，就成为朝中唯一的新

①［明］王守仁：《王阳明全集》卷一三《别录五·辞封爵普恩赏以彰国典疏》，第504页。
②［明］王守仁：《王阳明全集》卷一三《再辞封爵普恩赏以彰国典疏》，第506页。
③［明］王守仁：《王阳明全集》卷一三《再辞封爵普恩赏以彰国典疏》，第507页。
④［明］黄绾：《黄绾集》卷三一《议江西军功疏》，第607—608页。
⑤［明］王世贞：《弇州续稿》卷八六《浙三大功臣传·王守仁》，景印《文渊阁四库全书》第1283册，第258页。
⑥［明］钱德洪：《王阳明年谱三》，［明］王守仁：《王阳明全集》卷三五，第1417页。
⑦［明］杨一清：《杨一清集·密谕录》卷五《政论上·论王守仁为人如何奏对》，第1001页。

封文臣勋贵,其身份地位俨然凌驾于包括阁臣在内的所有文官之上①,这自然会引发朝臣的嫉妒。据王世贞所记,王守仁"以功高,文臣预五等爵"而"忌者蜂起"②。守仁始得爵时,朝中即有"言者"向世宗建议王氏"不当来京宴赏,以致奢费"③。冯梦龙《古今谭概》别载,王文成公封新建伯后"戴冕服入朝,有帛蔽耳",某公戏曰:"先生耳冷?"守仁笑曰:"我不耳冷,先生眼热。"④《古今谭概》是一部笑谈笔记,所载虽不一定完全符合史实,却生动反映了彼时文臣对守仁膺爵的不平衡心态。

就杨廷和而言,他早在正德末年勘定江西军功时,就曾对王守仁有所排挤。据阳明后学耿定向所撰《新建侯文成王先生世家》云:

> 时辅臣恶本兵王琼甚,而先生(指王守仁)奏捷疏每归功本兵。盖谓平贼擒濠,以改提督得便宜行事,琼本谋也。辅臣素忌先生,以此滋不悦,捷奏久不赏。⑤

当时杨廷和之所以为难守仁,一方面与王守仁亲近兵部尚书王琼有关⑥,但更直接的原因无疑是守仁已获大功封爵的条件,引起杨廷和等部院大臣的嫉妒。与王守仁交往甚密的嘉靖朝礼部尚书霍韬就直言,在正德末年,权阉佞幸张忠、许泰阴倾守仁,"当时大学士杨廷和、尚书乔宇亦忌王守仁之功",不但"不与辩白",更"黜伍希儒、谢源,俾落仕籍"⑦。伍希儒、谢源皆是曾在

---

① 如丁元荐《西山日记》载,王守仁封爵后归里而"貂蝉"出道,沿途民众"嵩呼",路遇原兵部尚书张邦奇时,守仁"下马侍立",邦奇拱手呼:"伯安,老夫僭矣。"可知王守仁虽出于情理尊重本乡贤达,而面对业已封爵的守仁,老臣张邦奇也要表现出礼让之意,以示与勋爵之间身份的轩轾(见[明]丁元荐:《西山日记》卷下,《四库全书存目丛书》子部第242册,济南,齐鲁书社,1995年,第682页)。
② [明]王世贞:《弇州续稿》卷八六《浙三大功臣传·王守仁》,景印《文渊阁四库全书》第1283册,第258页。
③ [明]黄绾:《黄绾集》卷三一《议江西军功疏》,第607页。
④ [明]冯梦龙:《古今谭概》第二六《雅浪部·大夏南新建伯》,北京,中华书局,2007年,第324页。这里的"冕服"应为朝服之误,明代勋爵公、侯、驸马、伯着朝服时头戴梁冠,外罩漆纱笼巾,可部分遮耳(见万历《大明会典》卷六〇《礼部十九·冠服二·文武官冠服·朝服》,第383页)。
⑤ [明]耿定向:《耿定向集》卷一三《新建侯文成王先生世家》,上海,华东师范大学出版社,2015年,第530页。
⑥ 王守仁巡抚南赣期间与兵部尚书王琼为善,宁王起兵时,琼言:"南赣有王某在,自足以了兹事。"对守仁寄予重望(见[明]魏良弼:《太常少卿魏水洲先生文集》卷三《简抚按文宗特建阳明先生祠》,《四库全书存目丛书》集部第85册,济南,齐鲁书社,1997年,第43页)。另据年谱载,守仁平乱过程中,常听王琼"先事为谋",每有捷报,必归功于王琼,导致"宰辅憾",故论功时将"纪功册改造,务为删削"(见[明]钱德洪:《王阳明年谱三》,[明]王守仁:《王阳明全集》卷三四,第1417页)。
⑦ [明]霍韬:《渭厓文集》卷二《地方疏》,《四库全书存目丛书》集部第68册,济南,齐鲁书社,1997年,第531页。

守仁军中纪功的监察御史,可见这时杨廷和就已经开始通过打击守仁同事以削弱王氏的影响力。

几乎在王守仁封爵的同时,世宗为稳固统治,还欲以"定册迎立功"册封阁臣杨廷和、毛纪等为伯爵[①]。此一加封明系推恩轻授,与永乐朝茹瑺等迎驾封爵近似,时任兵部主事的霍韬上《论大臣封伯疏》,认为"定策"封爵,诚"窃天命""贪天功"[②]。因此即使世宗执意封拜,杨廷和等阁臣皆不敢轻受,不得不反复请辞。其中杨廷和五次上奏辞封,称"以封爵之典而加儒臣,非常之赏,以论议之官而享世禄,无妄之福"[③]。毛纪同样连上五疏请辞,"终至于谢官后已"[④]。在这种情况下,王守仁以卓越的平叛军功正式封爵,更使杨廷和等朝中元老颜面无光。

王守仁遭受冷落的情况在嘉靖之初持续了相当长的时间,即所谓"当路忌之,六载不召"[⑤]。嘉靖元年(1522),守仁以伯爵仍兼南京参赞务之职,他奏请自江西顺道赴浙江余姚归省,再赴南都就任[⑥],不巧其父王华在当年二月病卒,故守仁留浙江守制[⑦]。嘉靖三年后,守仁服阙,例当起复,但仍不得任用。具体而言,如嘉靖四年七月,应天巡抚吴廷文首荐新建伯王守仁"文武全才,宜暂掌南京都督府事",但兵部覆议认为"文臣掌府事未便,俟别缺推用"[⑧]。嘉靖五年十月,礼部尚书席书奏言:"新建伯王守仁服阙年余,尚未拜封,请差官催取。"[⑨]世宗这才准守仁回朝以备任职。同年兵部尚书缺员,而"吏部会推者再,俱未允试",监察御史熊爵乃言:"本兵重地,贵在得人,新建伯王守仁、尚书彭泽,皆壮猷元老,可当是任。"其章下吏部,然吏部以兵部侍郎王时中请报,朝廷遂升任时中为兵部尚书[⑩]。

①《明世宗实录》卷一二,嘉靖元年三月壬申,第444页。

②[明]霍韬:《渭厓文集》卷一《论大臣封伯疏》,《四库全书存目丛书》集部第68册,第466、467页。

③[明]杨廷和:《杨文忠三录》卷八《辞谢录四》,景印《文渊阁四库全书》第428册,上海,上海古籍出版社,1987年,第873、877页。

④[明]毛纪:《辞荣录》,《四库全书存目丛书》史部第59册,济南,齐鲁书社,1996年,第476—479页。

⑤[明]雷礼:《镡墟堂摘稿》卷一二《阳明先生传》,《续修四库全书》集部第1342册,上海,上海古籍出版社,2002年,第347页。

⑥[明]钱德洪:《王阳明年谱二》,[明]王守仁:《王阳明全集》卷三四,第1414页。

⑦[明]钱德洪:《王阳明年谱二》,[明]王守仁:《王阳明全集》卷三四,第1417—1418页。

⑧《明世宗实录》卷五三,嘉靖四年七月乙卯,第1322页。

⑨《明世宗实录》卷六九,嘉靖五年十月乙卯,第1567页。

⑩《明世宗实录》卷六九,嘉靖五年十月辛酉,第1570页。

嘉靖三年初，杨廷和已因反对嘉靖帝"大礼议"而被逐出朝廷①，故此后妒忌守仁的"当路者"显然另有其人。据王世贞所撰王守仁传记载：

> 会守仁之所善席书与门人方献夫、黄绾皆以"议礼"得幸上，力称守仁贤，而复为言之张璁、霍韬等，皆有所推毂。然江西辅臣故衔守仁，不能特荐，犹持前论。而其乡人之忌者，至诬之史，以故推兵部、若三边、若团营，皆弗果用。②

《明史》在引用此段时，直接改写为："费宏故衔守仁，复沮之。"③明指继杨廷和之后压制守仁的"江西辅臣"是时任内阁首辅的江西铅山人费宏。对此有学者质疑，费宏一家被宸濠逼迫家破人亡，没有理由与守仁为难④。另外，费宏是"首发"朱宸濠不轨事的大臣⑤，在王守仁擒获宁王后，费宏还曾作《贺大中丞阳明王公讨逆成功序》以为庆贺，他与王守仁声气相通，按常理不太可能蓄意打压守仁。不过根据学者束景南的考证，在嘉靖四年、五年间，王守仁因与费宏政见不合而屡生抵牾⑥，当时王守仁若以勋爵还朝掌事，也隐然对费宏的元辅地位形成冲击，因此费宏确实有可能反目成仇力阻起用守仁。

但需要注意的是，明人所谓嘉靖朝长期与守仁为难的"江西辅臣"其实并非费宏一位，据隆庆初江西巡抚任士凭所上请复新建伯世袭咨议云：

> （守仁服阙例该起复后）江西辅臣有私憾本爵者，密为进谗以阻其进。嘉靖六年，广西岑猛倡乱，兵部论荐本爵总督四省军务，前去荡平，又成大功。时本部力参其擅离职役，及参其处置广西思、田、八寨事恩威倒置，又诬其擒宸濠时军功冒滥，乞命多官会议。明年，江西辅臣复进密揭，命多官会议，遂削世袭伯爵。⑦

---

① 《明世宗实录》卷三六，嘉靖三年二月丙午，第899页。
② [明] 王世贞：《弇州续稿》卷八六《浙三大功臣传·王守仁》，景印《文渊阁四库全书》第1283册，第258页。
③ 《明史》卷一九五《王守仁传》，第5166页。
④ 杨正显：《觉世之道：王阳明良知说的形成》前言，北京，北京师范大学出版社，2015年，第10页。
⑤ 《明世宗实录》卷一，正德十六年四月丙午，第42—43页。
⑥ 见束景南：《王阳明年谱长编》，嘉靖四年乙酉，嘉靖五年丙戌，上海，上海古籍出版社，2017年，第1720—1724、1768—1772页。
⑦ [明] 任士凭：《江西奏复封爵咨》，[明] 王守仁：《王阳明全集》卷三九《世德纪·附录》，第1671页。

上引这段史料所记的"江西辅臣复进密揭，命多官会议，遂削世袭伯爵"等事发生在嘉靖八年（1529）王守仁病故后①，而嘉靖六年费宏就已致仕归乡②，无法再向皇帝进奏密揭言说守仁的是非，因此这段提到的"江西辅臣"就不可能再是费宏，而是别有其人。又守仁嘉靖八年被停罢爵位世袭后，有阳明及门弟子黄绾上奏申辩，云"萼与守仁旧不相合"③，因而丑诋守仁，此说与任士凭所论相合。可知，任士凭所谓的"江西辅臣"就是"议礼"重臣江西安仁人桂萼。桂萼在嘉靖初历任翰林学士、吏部尚书等职，八年以后入阁辅政④，故亦有"江西辅臣"之称谓。众所周知，嘉靖三年至五年间桂萼虽尚未位至辅臣，但因协助世宗"议礼"而骤得升用，已具备影响朝廷人事任用的能力。相比不受世宗重用的阉迈元辅费宏，"议礼"新贵桂萼作为当朝宠臣，当然更有理由和能力排陷王守仁，以保证自己的权威。

综上所述，王守仁以文职立大功得封勋爵后，隐然位列阁部大臣之上，这遭到朝中重臣的忌惮，无论阁老旧辅抑或"议礼"新贵，皆力抗守仁重新回朝任事。

三　王守仁入阁之议与世宗对守仁的态度

在嘉靖三年、四年间，与王守仁过从甚密甚至执弟子礼的席书、方献夫和霍韬等人纷纷以支持"大礼议"跻身公卿大僚之列，席书在嘉靖三年即已官至礼部尚书⑤。在朝中阳明故人实力渐强的情况下，守仁的地位仍被压制，这就并非完全是费宏或桂萼之力所为。由于当时世宗已经成年并有能力清肃反对"大礼议"的大臣，因此王守仁受冷落的背后，皇帝的意志显然起到更关键的作用，这一点在王守仁入阁受阻一事上体现得尤为明显。

---

①详见后文对守仁罢爵的讨论。
②［明］夏言：《夏桂州先生文集》卷一六《明故光禄大夫柱国少师兼太子太师吏部尚书华盖殿大学士赠太保谥文宪费公墓志铭》，《四库全书存目丛书》集部第75册，济南，齐鲁书社，1997年，第36页。
③［明］黄绾：《黄绾集》卷三二《明是非定赏罚疏》，第624页。
④［明］方献夫：《西樵遗稿》卷七《桂文襄公墓志铭》，《四库全书存目丛书》集部第59册，济南，齐鲁书社，1997年，第127页。
⑤《明世宗实录》卷三七，嘉靖三年三月丙戌，第933页。

（一）守仁入阁争议辨析

嘉靖六年（1527）五月，两广瑶民变乱蜂起，朝廷于是启用王守仁，命他以伯爵兼都察院左都御史，"总制两广及江西湖广邻近地方军务"，讨平广西田州土司岑猛余党①。根据时人记载，王守仁此次得任两广总制军务，实得益于张璁、桂萼的保举。如王守仁年谱载：

> 先是广西田州岑猛为乱，提督都御史姚镆征之。奏称猛父子悉擒，已降敕论功行赏讫。遗目卢苏、王受构众煽乱，攻陷思恩。镆复合四省兵征之，久弗克，为巡按御史石金所论。朝议用侍郎张璁、桂萼荐，特起先生总督两广及江西、湖广军务，度量事势，随宜抚剿。②

不过阳明弟子黄绾另指出，"张公孚敬拉桂公萼同荐"，桂萼"不得已"，故勉强推举守仁③。检桂萼奏议集，确有《请起用旧臣通雍蔽以安天下疏》，其文云："如姚镆者，解官回避，更令旧有誉望如王守仁者深入其地以勘问之，则情不壅蔽而东南之地不足忧也。"④但桂萼此疏所上时间是嘉靖六年六月，当时守仁已领命开赴两广，因此世宗仅批答桂萼曰："守仁已起用两广，趣令赴任。"未做更多回应⑤。桂萼上奏较迟，这说明桂萼起初并未与张璁一同保举守仁，只不过在张璁上奏之后又复荐，显然有弥补之意。对于桂萼态度的这种转变，谙熟西南边事的田汝成在所著《炎缴纪闻》中有如下解释：

> 又闻员外郎吴鼎曰，新建伯之起用思田也，盖桂萼之力居多。云萼自以遭时际主，致位宰辅，非立奇功不足贾重后世，会安南有乱，冀可传檄取之，乃阴以意指授守仁，专为思田出者，使密探安南要领。⑥

按此说，桂萼在守仁南下之际又萌生了借助守仁"密探安南要领"，用以稳固自身政治地位的野心。王世贞在撰写王守仁传记时兼采诸家之说，认为

---

①《明世宗实录》卷七六，嘉靖六年五月丁亥，第1697页。

②［明］钱德洪：《王阳明年谱三》，［明］王守仁：《王阳明全集》卷三五，第1441页。

③［明］黄绾：《黄绾集》卷二四《阳明先生行状》，第477页。

④［明］桂萼：《文襄公奏议》卷二《请起用旧臣通雍蔽以安天下疏》，《四库全书存目丛书》史部第60册，济南，齐鲁书社，1996年，第62页。

⑤《明世宗实录》卷七七，嘉靖六年六月壬戌，第1720页。

⑥［明］田汝成：《炎檄纪闻》卷一《岑猛》。此段史料中所谓桂萼"致位宰辅"，只是泛言桂氏当时政治地位甚高，嘉靖六年桂萼历任翰林学士、吏部侍郎、礼部尚书兼翰林学士、吏部尚书等职，但尚未入阁。

守仁之起,由张璁、桂萼保荐,但"萼故不能善守仁"而因张璁"强之",当时情形是张、桂二人"积不相下",萼"暴贵,喜功名,风守仁以取安南"①。王世贞所论应较符合事实。也就是说,张璁、桂萼虽皆曾保荐王守仁总制两广,但二人并非合作关系,而是因二人相互争宠,故先后有意拉拢守仁,其目的均是效仿正德君臣,借王守仁之力再攫取岭南功绩。尤其是桂萼一开始并未积极保荐守仁南下,他之后态度有变,只是不欲岭南运筹之功为张璁所独占。值得注意的是,桂氏在推举守仁的同时,还请求世宗起废罢职的原正德朝兵部尚书王琼,任以陕西三边总制②。王琼、王守仁皆与旧辅杨廷和有隙,王琼曾因依附宦官刘瑾而一向官名不佳,但桂萼在世宗面前却着重强调"琼见恶于人,皆为杨廷和"③。故桂萼向世宗接连奏请启用王守仁与王琼,亦有进一步扫清杨廷和政治影响,并向世宗表忠心的私意。同为"议礼"重臣的方献夫在所撰桂萼墓志铭中,着重称许桂氏"荐用故尚书王公琼、新建伯王守仁"④一事,将其列为桂萼的政绩之一,但实际上桂萼保荐王守仁、王琼的政治目的并非纯粹。

然而,彼时另有阳明及门弟子黄绾向朝廷提议召守仁留京,授予他内阁大学士之任,其疏云:

> 守仁学原性命,德由忠恕,才优经济,使之事君处物,必能曲尽其诚,尤足以当薰陶、备顾问……前者言官屡荐,故尚书席书、吴廷举,今侍郎张璁、桂萼皆荐之,曾蒙简用为两广总制。臣谓,总制寄止一方,何若用之朝堂,可以赞襄谋议,转移人心,所济天下矣……伏惟陛下念明良遭际之难,亟召守仁,令与大学士杨一清共图至治。另推才能,为两广总制。⑤

黄绾所奏没有得到皇帝批准。但据黄氏撰写的《阳明先生行状》,世宗在守仁南下两广前,本有意召其为阁臣而未果,其文云:

---

① [明]王世贞:《弇州续稿》卷八六《浙三大功臣传·王守仁》,景印《文渊阁四库全书》第1283册,第259页。
② [明]桂萼:《文襄公奏议》卷二《请起用旧臣通雍蔽以安天下疏》,《四库全书存目丛书》史部第60册,第62页。
③ [明]杨一清:《杨一清集·密谕录》卷五《政谕上·论王琼可用否奏对》,第999页。
④ [明]方献夫:《西樵遗稿》卷七《桂文襄公墓志铭》,《四库全书存目丛书》集部第59册,第127页。
⑤ [明]黄绾:《黄绾集》卷三一《议江西军功疏》,第608页。

　　　　予（指黄绾）时为光禄寺少卿，具疏论江西军功，及荐公才德，堪任
　　辅弼。上喜，亲书御札，并疏付内阁议。杨公一清忌公入阁与之同列，
　　乃与张公孚敬具揭帖，对曰："王守仁才固可用，但好服古衣冠，喜谈新
　　学，人颇以此异之，不宜入阁，但可用为兵部尚书。"桂公知，遂大怒詈
　　予，潜进揭帖毁公，上意遂止……十二月，杨公一清与桂公萼谋，恐（王
　　守仁）事完回京，复命见上，予与张公又荐之，上必留用，又题命公兼理
　　巡抚。①

　　按照黄氏所言桂萼始终反对王守仁留京，杨一清起初极力排斥王守仁
入阁，但同意王氏可留任兵部尚书。不过，一清后来态度进一步强硬，转而
与桂萼力阻守仁回京。在黄绾笔下，与杨一清不同的是，张璁起初虽也反对
守仁入京，但此后态度趋缓，甚至在一定程度上支持守仁回京辅政。不难看
出，黄绾的记载有刻意批评杨一清而褒扬张璁的倾向，这一记载的真实性甚
为可疑，需详辨之。

　　根据黄绾《阳明先生行状》有"杨公一清忌公入阁与之同列，乃与张公
孚敬具揭帖"的说法，可知当时张璁与杨一清曾同时上奏论守仁事。明人所
称的"揭帖"，大多指内阁等衙门上奏的机密文书，而嘉靖朝本有"银印密疏"
制度，皇帝赐张璁、桂萼、杨一清、翟銮等亲信大臣银印以密封奏议，便于君
臣之间商讨并处理朝政②。幸运的是，杨一清有《密谕录》存世，其中收录的
答嘉靖帝《论王守仁为人如何奏对》密奏，应即黄绾提及的揭帖，查杨氏原
疏云：

　　　　臣切惟守仁学问最博，文才最富……但其学术近偏，好行古道，服
　　古衣冠，门人弟子高自称许，故人亦多毁之者。其精忠大节，终不可泯
　　也。近日，皇上起用两广，最惬公论，但人望未满，以为如此人者，不宜
　　置之远方。若待田州夷患宁息，地方稍安，遇有兵部尚书员阙，召而用
　　之，则威望足以服人，谋略可以济险，陛下可以无三边之虑矣。③

　　将这段文字与黄绾转述的"王守仁才固可用，但好服古衣冠，喜谈新学，人颇
以此异之，不宜入阁，但可用为兵部尚书"之词相比较，能够发现两点问题：

①［明］黄绾：《黄绾集》卷二四《阳明先生行状》，第478页。
②见拙文《试论嘉靖朝"银印密疏"的使用》，《故宫学刊》第10辑，北京，故宫出版社，2013年。
③［明］杨一清：《杨一清集·密谕录》卷五《政谕上·论王守仁为人如何奏对》，第1000—1001页。

第一，黄绾大抵截取杨一清密奏中的部分内容，但一清原奏对守仁的评论较为公允，甚至有所回护，黄氏的转引却加强了贬责色彩。第二，尤其值得注意的是，"不宜入阁"四字在杨氏原疏中不见。考虑到现存《密谕录》是杨一清辑录嘉靖六年至九年（1527—1530）间君臣密谈而上呈世宗收存的原始文件①，杨氏不太可能篡改其中内容，故"不宜入阁"显系黄绾转述时自行添加。可见，杨一清并未有阻止守仁入阁的言论，黄绾对一清的指摘不实。当时的史家王世贞对此早有判断："杨一清者，雅知守仁，而会黄绾尝上疏称守仁贤，谓当入辅，而又有他疏阴指一清，辞甚厉，一清亦不能无憾也。"②从杨一清《论王守仁为人如何奏对》的题名中亦可知，世宗在接到黄绾题请守仁入阁的上疏后，并没有向杨一清等明确垂询王氏是否应该入阁，仅针对守仁的过往事迹而泛泛发问，甚至表现出对守仁才干、人品的质疑。故黄绾所谓"上喜，亲书御札"的说法显然夸大失实。

　　黄绾引述的揭帖内容主要出自杨一清密奏，而张璁相应的奏答内容又如何呢？检万历刻张璁《太师张文忠公文集》，不见有任何涉及王守仁任职的论述。实际上，张璁的奏答应与杨一清同属密奏范畴，故不录于文集亦属正常。在与皇帝私密交流的过程中，有"银印密疏"资格的张璁、桂萼、杨一清、翟銮四人有可能互相知晓所上密揭的部分内容③，除此旁人再难探知密奏详情。然而，黄绾却能在事后较准确地转引杨一清密奏中的部分言辞并稍加篡改，其中必有隐情。

　　依笔者前文所论，张璁在嘉靖六年五月本曾力主守仁出镇两广，但按黄绾《阳明先生行状》的记载，当年十二月张氏又有与黄绾一道奏请王守仁回京的意向。由于相关旁证不充分，尤其是张璁密奏揭帖阙载，故难以断定张氏是否确如黄琯所言对王守仁态度有所变化。根据《万历野获编》所载，黄绾因"议礼"素附张璁、桂萼，而与杨一清不协④。嘉靖八年，内阁遴选南京会试考官时，张璁欲以"翰林、春坊官姓名捻阄"选任，黄绾亦列名其中，而杨

①［明］杨一清：《杨一清集·密谕录》卷七《政论下·录进密谕本》，第1066页。《密谕录》原抄本藏台湾。
②［明］王世贞：《弇州续稿》卷八六《浙三大功臣传·王守仁》，景印《文渊阁四库全书》第1283册，第259页。
③通过杨一清密奏《论王琼可用否奏对》可知，杨一清在应承皇帝密问的同时，对张璁、桂萼的相应意见也大体知晓（见［明］杨一清：《杨一清集·密谕录》卷五《政论上·论王琼可用否奏对》，第998—999页）。
④［明］沈德符：《万历野获编》卷七《内阁·词臣论劾首揆》，第191页。

一清以黄氏非科举出身,不谙经学,且"捃阄乃市井之事,非内阁所宜"加以阻止,被张、黄深恨之[①]。由于张璁、黄绾二人深相结纳而共与杨一清为敌,在这种情况下,是否有张璁得知杨一清密奏内容并泄露给黄绾的可能,需进一步发掘史料再作研究,此处暂且存疑。

综上所述,黄绾《阳明先生行状》中与世宗诏问王守仁入阁有关的一系列记载多属篡乱不可信之言,明显有抬高王守仁、褒扬张璁而抹黑杨一清的意图。

(二)制约守仁入阁的政治与制度因素

实际上,王守仁能否入阁牵涉到复杂的制度与朝局背景,并非张璁、桂萼或杨一清等一二阁臣就能参决,也未必如有些学者所认为的守仁入阁应该是当之无愧。

自嘉靖六年(1527)王守仁复出后,朝野内外的阳明门生就多企望守仁能够出任吏、兵二部尚书乃至宰辅之高位,为之奔走者绝非黄绾一人。守仁亲炙弟子礼科都给事中魏良卿在嘉靖六年曾奉书云:"老师此行,朝廷必有以处老师,无可无不可也。愚谓继诸公之后,亦可补府、部之缺。"[②]甚至在王守仁已经坐镇两广期间,礼部尚书方献夫"又荐文成入内阁"[③]。霍韬写与王守仁的一则信笺亦可证此事,信中转述方献夫所论:"庙堂尤急,必得先生入阁,则默赞潜旋,自非时辈所可望。若居冢宰,则转移士习,鼓动世风,决大有可观。"且霍韬对此议也表示认同[④]。阳明子弟之所以极力挽请守仁任职阁部,自然是为了推动阳明思想在政治层面的实践,同时也是从根本上维护王守仁的文臣勋爵的特殊地位,以免其他朝中大臣继续对其进行排压。明代文臣勋爵身份虽高,但所领官职不定,实际政治地位易受冲击,若守仁领爵的同时能够兼领高级文职,便不可轻易撼动。

保举阁部大臣并非易事,王门后学如此自信于推举守仁留京,就在于深

①[明]杨一清:《杨一清集·密谕录》卷六《政谕中·乞休致仕奏疏》,第1022—1023页。
②[明]魏良弼:《太常少卿魏水洲先生文集》卷三《奉阳明先生》,《四库全书存目丛书》集部第85册,第46页。该信中有"近得邸报,费、石二老先生去位,继之者必遂庵"之句。其中"费"与"石"分指曾任内阁大学士的费宏与石珤,"遂庵"指"杨一清"。据《明世宗实录》,费宏、石珤同在嘉靖六年致仕(见《明世宗实录》卷七三,嘉靖六年二月癸亥,第1647页),杨一清随即为首辅。故可知魏良弼此信札写于嘉靖六年,正值守仁领命总制两广之际。
③[明]沈德符:《万历野获编》卷一四《科场·贵后拜师》,第378页。
④[明]霍韬:《渭厓文集》卷六《复阳明先生》,《四库全书存目丛书》集部第69册,第142页。

信"致良知"思想是守仁取得军事功绩的根源,而凭"致良知"之道经邦济世,可无往而不胜。守仁初封爵时,其门人方献夫就在信札中云:

> 江西之变,人心摇摇,先生一举而定,人皆称先生拨乱反正之才,而不知先生之有本也。非诚有古人成败利钝非所计者之心,其安能之此,足以见儒者之用,而先生之实学也,亦可以息平时世俗之哓哓矣。甚贺,甚贺。[①]

阳明后学王畿更有如下追忆:

> (王守仁)倡义起兵也,人皆以为愚,或疑其诈。时邹谦之在军中,见人情汹汹,入请于师,师正色而起曰:"此义无所逃于天地之间,使天下尽从宁王,我一人决亦如此做。人人有个良知,岂无一人相应而起者?若夫成败利钝,非所计也。"[②]

黄绾在奏请朝廷留守仁入辅时,亦首先强调王氏"学原性命",其次再论及功绩。需要指出的是,方献夫、王畿均提到守仁因学有所本,故能为政不计"成败利钝",敢于有所作为。此语源出诸葛亮《后出师表》"臣鞠躬尽瘁,死而后已,至于成败利钝,非臣之明所能逆睹也"[③]。可知阳明后学皆目守仁为当世孔明,有出将入相之能。内阁大学士费宏在评价守仁江西勋劳时,也特赞其"学术之正又超出乎俗流",故"弗以成败利钝芥蒂于其中"[④],所言与方献夫、王畿如出一辙。在这种观念指导下,阳明弟子内部自然认为,封爵后的王守仁理应在封爵后加任阁部重职,以"三不朽"儒家大德垂范群臣。

　　然而,无论方献夫抑或霍韬,他们推举守仁的请求均未得到世宗的积极回应,可知黄绾的受挫绝非偶然,必然是世宗权衡后的决断。对于非"议礼"臣僚的同类奏请,嘉靖皇帝的反映更为冷淡。嘉靖七年(1528),御史胡明善上奏:"新建伯王守仁性与道合,思若有神,抚绥广寇,兵不血刃,大学士杨一清有济险应变之才,折冲御侮之略,盖天所授以佐中兴,幸早召守仁入与一

①[明]方献夫:《西樵遗稿》卷八《寄王阳明·又》,《四库全书存目丛书》集部第59册,第142—143页。
②[明]王畿:《龙谿王先生全集》卷一三《读先师再报海日翁吉安起兵书序》,《四库全书存目丛书》集部第98册,济南,齐鲁书社,1997年,第500页。
③[三国]诸葛亮:《诸葛亮集》,北京,中华书局,2009年。
④[明]费宏:《费宏集》卷一四《贺大中丞阳明王公讨逆成功序》,上海,上海古籍出版社,2007年,第500页。

清同心辅政。"世宗答曰："任用大臣朝廷自有处置。"① 嗣后，胡明善所议即石沉大海。同年，御史马津言王守仁"功高人忌，毁誉失实，请召至庙堂以慰民望"，世宗答曰："两广未宁，守仁方有重寄。"并斥马津"妄奏渎扰"②。嘉靖中后期，钱德洪在编撰阳明年谱时，虽然依照"其事则核之奏牍，其文则禀之师言"③ 的原则，却独不载有关黄绾等人保举王守仁入阁诸事迹，显然是知其中曲折艰难而故意隐晦。

王守仁之所以难当辅臣之任，这首先在于世宗对王守仁本不亲近信重，这可从前引世宗询问杨一清"王守仁为人如何"的奏答中反映出来。一清向皇帝对曰：

> 宸濠之变，与吉安知府伍文定首创大义举讨贼，遂破南昌而入，据守其城。宸濠在江上，闻义兵起，急还江西。守仁命伍文定等领义兵迎拒，连战于鄱阳湖，大破之，遂执宸濠，地方大定，远近人心始安。是时，朝命未下，独先勤王，武宗亲征至保定而捷报已至矣。④

杨氏接下来又特别提醒世宗"论功行赏"，守仁"封拜实宜"⑤。王守仁当时已领爵多年，但杨一清仍不厌其烦陈述王氏在江西平叛的过程，说明世宗长期以来都对守仁封爵一事不甚满意。

从国家制度来说，王守仁也不宜入阁。第一，按明代惯例，勋爵不可深度参与国政，而勋臣入直内阁在明代更少有先例，不合规制。明代唯一一名入阁典机务的勋臣，是天顺初年"夺门"封武功伯的徐有贞，但这纯属特殊时期的非常擢用，而有贞也旋因失宠被英宗剔除罢免，因此后世皇帝不可能再轻许勋臣入阁。第二，明代"非翰林不入内阁"⑥，王守仁从未有过馆阁履历⑦，又非赞礼有功受到皇帝的宠信，故被超擢为阁臣的机会渺茫。第三，当时广西动乱初平，确实需要善于抚定民乱的王守仁继续镇守。综合以上这三点来看，阳明后学屡屡保举王守仁入阁参预机务，实有强求朝廷升用大臣

①《明世宗实录》卷八九，嘉靖七年六月甲辰，第 2012 页。
②《明世宗实录》卷八九，嘉靖七年六月乙卯，第 2039—2040 页。
③［明］钱德洪：《阳明先生年谱序》，［明］王守仁：《王阳明全集》卷三七《年谱附录二》，第 1501 页。
④［明］杨一清：《杨一清集·密谕录》卷五《政论上·论王守仁为人如何奏对》，第 1000—1001 页。
⑤［明］杨一清：《杨一清集·密谕录》卷五《政论上·论王守仁为人如何奏对》，第 1001 页。
⑥《明史》卷七〇《选举志二》，第 1702 页。
⑦明代非翰林出身者较少谥"文"字，但王守仁逝后谥"文正"，王世贞认为其"以武勋得之，尤为奇伟"（见［明］王世贞：《弇山堂别集》卷九《皇明异典述四·非翰林官谥文》，第 170 页）。

之嫌,这无疑会进一步招致世宗对守仁的不满。

四　新建伯爵位停袭、复嗣的过程

(一)王守仁"因学停爵"

嘉靖皇帝不喜守仁是一个比较复杂的问题,除了学术因素以外,还需结合嘉靖八年(1529)守仁病逝后新建伯爵被强行停袭一事以做深入分析。

王守仁在嘉靖七年十月即上疏奏请回乡养病,并已完成地方事务交接,时两广"新任太监、总兵亦皆相继莅任",广西、广东巡按又"安靖行事"①。此外,守仁还推荐郧阳巡抚林富代任提督两广军务②。王氏告病疏入朝后未报③,在这种情况下,王守仁自知大限难延,未等朝廷批准即自行北归,嘉靖七年年底至江西南安而卒④。守仁虽然行至江西南安,其实尚未离开"总制两广及江西、湖广邻近地方军务"的信地,但这依旧引起世宗的震怒。嘉靖八年二月,世宗下旨切责守仁"擅离重任",并认为守仁"学术、事功多有所议",于是命吏部会官详定新建伯"封拜宜否"⑤。吏部不久上奏曰:

> 守仁事不师古,言不称师,欲立异以为名,则非朱熹格物致知之论,知众论之不与,则著朱熹晚年定论之书,号召门徒,互相唱和。才美者乐其任意,或流于清谈;庸鄙者借其虚声,遂敢于放肆。传习转讹,悖谬日甚。其门人为之辩谤,至谓杖之不死,投之江不死,以上渎天听,几于无忌惮矣。若夫剿畬贼、擒除逆濠,据事论功,诚有可录,是以当陛下御极之初,即拜伯爵,虽出于杨廷和预为己地之私,亦缘有黄榜封侯拜伯之令。夫功过不相掩,今宜免夺封爵,以彰国家之大信,申禁邪说,以正天下之人心。⑥

对此,世宗覆答:"卿等议是。守仁放言自肆,抵毁先儒,号召门徒,声附虚

①[明]王守仁:《王阳明全集》卷一五《别录七·乞恩暂容回籍就医养病疏》,第581页。
②《明世宗实录》卷九七,嘉靖八年正月乙巳,第2262页。
③[明]钱德洪:《王阳明年谱三》,[明]王守仁:《王阳明全集》卷三五,第1460页。
④[明]钱德洪:《王阳明年谱三》,[明]王守仁:《王阳明全集》卷三五,第1463页;《明世宗实录》卷九七,嘉靖八年正月乙巳,第2261—2262页。
⑤《明世宗实录》卷九八,嘉靖八年二月戊辰,第2287—2289页。
⑥《明世宗实录》卷九八,嘉靖八年二月甲戌,第2299页。

和,用诈任情,坏人心术。近年士子传习邪说,皆其倡导。至于宸濠之变,与伍文定移檄举兵,仗义讨贼,元恶就擒,功固可录,但兵无节制,奏捷夸张,近日掩袭寨夷,恩威倒置,所封伯爵本当追夺,但系先朝信令,姑与终身,其殁后恤典俱不准给。都察院仍榜谕天下,敢有踵袭邪说果于非圣者,重治不饶。"[①]守仁的新建伯爵位随即停袭。

世宗罢停新建伯世袭,对于王氏的打击程度甚至超过武宗,这颇为蹊跷。对王守仁身后遭遇,明朝人多归咎于时任吏部尚书桂萼的排陷。如黄绾上奏朝廷言,守仁"功高而见忌,学古而人不识",故"不容于世",及"萼不与守仁,遂致陛下不之知"[②]。田汝成还进一步解释称,守仁在两广未能协助桂萼完成"密探安南要领"以树大功的计划,导致"萼遂恚恨",于是"会守仁物故,而以他事发怒,诎勋名"[③]。不过,王世贞在撰写王阳明传记时,提出了不同意见,他指出守仁死后,"桂萼觇上意不悦守仁,因奏参其擅离职,并处置田州事宜失当"[④],此说应更接近历史事实。如上文所论,世宗对守仁膺爵早有不满,桂萼或因未能邀取两广功勋而煽动世宗黜置守仁世袭爵禄,但这也是桂萼长期揣摩世宗态度后的顺承之举。

明代以军功封爵,在一般情况下,朝廷若罢黜停袭勋爵也应从复勘功勋着手。如成化元年(1465),朝廷以"夺门"迎驾功不实,升者皆不许世袭[⑤]。再如嘉靖十年(1531),天顺朝所封"征苗"武平伯陈友后裔陈大策因年幼,请朝廷优给待袭爵,吏部勘验武平伯封爵缘由后,认为陈友历年军功较少,封爵似有不实,因此后代"传之世世,视国初诸将间关百战而后裂封者已滥"[⑥]。不过,世宗在谕令吏部重新审议王氏"封拜宜否"时,特指称守仁"学术、事功多有所议",将"学术"列在"事功"之前。吏部官也遵照"圣意"行事,在会奏中主要批判的是王氏的学术思想,反而基本认可王氏的既往功

---

①《明世宗实录》卷九八,嘉靖八年二月甲戌,第2299—2300页。

②[明]黄绾:《黄绾集》卷三二《明是非定赏罚疏》,第625、627页。

③[明]田汝成:《炎徼纪闻》卷一《岑猛》。

④[明]王世贞:《弇州续稿》卷八六《浙三大功臣传·王守仁》,景印《文渊阁四库全书》第1283册,第259页。

⑤《明宪宗实录》卷一六四,成化十三年庚午,第2973—2974页。

⑥[明]郑汝璧:《皇明功臣封爵考》卷四《武平伯》,《四库全书存目丛书》史部第258册,第491页。

绩,可知确实无法找出守仁军功方面的重大问题①。此外,勋臣如果犯有谋逆、重大军事失机等重罪,也会被直接罢免甚至处死,不在铁券免死及"八议"减刑之论。如成化四年(1468),宁夏总兵广义伯吴琮在领兵平定满四之乱时大败,被革爵充军②。但王守仁也不曾犯有这些重罪。综上可知,如果严格依照军功论核封爵的制度,所谓王守仁"放言自肆"之类并不构成停爵的充分理由。

实际上,世宗在私下也曾尝试直接找到王守仁军功方面的过失,以便更名正言顺地停罢王氏爵禄。在吏部建议追停新建伯后不久,世宗便与大学士杨一清密谕沟通守仁的功过,其间嘉靖帝甚少言及阳明学术,而着重讲论守仁在江西军功不实,在两广举措失当:

> 王守仁窃负儒名,实无方正之学。至于江西之事,彼甚不忠,观其胜负以为背向。彼见我皇兄亲征,知宸濠必为所擒,故乃同文定举事,实文定当功之首,但守仁其时官在上耳。且如擒宸濠于南直隶地方,却去原地杀人,至今孰不知其纵恣。前日两广之处,见彼蛮寇固防,却屈为招抚,捐我威武甚矣,至于八寨而纵戮之。以此看来,势之固而有备者,则不问其为罪之首从轻重,一于抚之,否则乘而杀戮,自云奇功,是人心而否哉? 况崇事禅学,好尚鬼异,尤非圣门之士,是可问乎? 弗问乎? ③

面对皇帝的诘难,杨一清勉强作答曰:

> 伏承谕及王守仁事。所其放言自肆,诋毁先儒,号召门生传习,附和学术,可恶。及兵无节制,奏捷夸张,掩袭寨夷,恩威倒置,数语尽之矣。功罪不相掩,功疑惟重,皆吏部会本中语。其欲不夺其爵,止终本身,亦该部会官所处,臣等未敢加重。④

①有学者认为,桂萼主持的吏部会议保住了守仁本身的爵位,这说明桂萼仍对王氏有所回护(见王宇:《合作、分歧、挽救:王阳明与议礼派的关系史》)。此说可待进一步讨论。因为桂萼与守仁关系之紧张当时尽人皆知,阳明门徒魏良弼甚至在奏疏中公开言道"萼忌守仁而毁之,亦朝士所知"(见[明]魏良弼:《太常少卿魏水洲先生文集》卷二《乞恩放回疏》,《四库全书存目丛书》集部第85册,第41页)。这种情形下,很难想象桂萼对王氏有所庇佑。
②《明功臣袭封底簿》卷二《广义伯》,第298页。
③[明]杨一清:《杨一清集·密谕录》卷六《政谕中·论方献夫代任吏部如何奏对》,第1034页。
④[明]杨一清:《杨一清集·密谕录》卷六《政谕中·论方献夫代任吏部如何奏对》,第1034—1035页。

显然,世宗希望得到杨一清的积极回应,然而一清所答基本上是重复吏部会奏的内容,未能有所发挥。细辨嘉靖皇帝所谓守仁"见我皇兄亲征,知宸濠必为所擒,故乃同文定举事"的说法,实已接近武宗朝佞幸对王守仁的污蔑之辞,稍存公道之心者皆无法认同。另外世宗称守仁在两广"屈为招抚""纵戮八寨",意在一笔抹杀守仁平南下勘乱的功绩,这也大失公允。

在守仁爵位罢停之前,世宗就曾向杨一清等阁臣诘责王守仁在两广的军事举措。嘉靖七年(1528)七月,王守仁"袭八寨、断藤峡"[①]并上捷报,但引起世宗不满,一清在《论剿广西八寨贼奏对》中曾为守仁辩护:

> 前日发下兵部所覆王守仁剿广西八寨贼本,已经拟票……钦蒙御笔批改:"这捷音近于夸诈,有失信义,恩威倒置,恐伤大体。但各洞傜贼习乱日久,亦不可泯王守仁,姑写敕奖励。"钦此。臣等恭读数过,相顾骇愕,诚不能窥测圣意。切谓八寨之捷,以为有功则当速加赏赉,不宜更加诘责;若如圣谕,以为有失信义,恩威倒置,王守仁被罪之不暇,而何奖励之有?……兹者,王守仁假湖广便道之师,用思田新附之众,稽合众谋,兼收群策,一鼓而破其巢穴,诚足以慑服傜、僮之心,发舒华夏之气,功实俊伟。此非兵部之私言,亦中外臣工之公论也。[②]

一清甚至对世宗言:"若不信守臣,不听大臣,而一以圣意裁处,万一有失政,坏地方大事,则臣下皆得以辞其责,恐非社稷之利也。"[③]杨氏显然对世宗执意贬低守仁广西功绩的做法不甚认同,乃至有此激烈的谏词。据王世贞所记,王守仁平定广西断藤峡乱后,世宗以手诏问阁臣杨一清等,"谓守仁自夸大,且及其生平学术,一清等不知何所对"[④],反映的正是杨一清上《论剿广西八寨贼奏对》时的情形。虽然时人对王守仁总制及巡抚两广期间的举措存在争议[⑤],但至少在大部分朝中公卿看来,守仁在不到一年内能基本平息两广变乱,功劳尚可称颂。再查王守仁在嘉靖七年七月初十日所上《八寨断藤峡捷音疏》,虽有铺陈繁琐之嫌,但并无世宗所谓"奏捷夸张"之弊[⑥]。甚至

①[明]钱德洪:《王阳明年谱三》,[明]王守仁:《王阳明全集》卷三五,第1455页。

②[明]杨一清:《杨一清集·阁谕录》卷三《奏对·论剿广西八寨贼奏对》,第887—888页。

③[明]杨一清:《杨一清集·阁谕录》卷三《奏对·论剿广西八寨贼奏对》,第888页。

④[明]王世贞:《弇州续稿》卷八六《浙三大功臣传·王守仁》,景印《文渊阁四库全书》第1283册,第259页。

⑤见[明]田汝成:《炎徼纪闻》卷一《岑猛》。

⑥[明]王守仁:《王阳明全集》卷一五《别录七·八寨断藤峡捷音疏》,第555—566页。

连皇帝自己也仅以"近于夸诈"但"亦不可泯"等模棱两可的说法贬损王守仁指挥无方。

苦于对守仁各种军事过失的指摘皆无法坐实,世宗在批复吏部会议新建伯停袭时,仍以贬斥阳明学术思想为主,兼而泛泛批评守仁曾在江西"兵无节制,奏捷夸张",在两广"恩威倒置",同时又不得不承认守仁江西"功固可录"。

(二)"议礼"大臣动向与新建伯停罢的深层原因

传统观点一般认为,世宗以守仁为学不正的名义停袭其新建伯爵,通过嘉靖君臣切磋理学的谈话记录也可知,世宗确实对心学一脉杂糅佛理的思想风格有所厌弃①,不过,反感心学思想并非世宗停袭守仁伯爵的根本原因。有一个历史现象不可不注意,即世宗虽下令严禁阳明弟子继续传习讲学,但实际情况是在嘉靖一朝,王门子弟在各地的讲会活动此起彼伏,方兴未艾②。最典型者,王守仁身故后的第二年,阳明弟子薛侃即在杭州天真山建精舍私祭守仁,并招引"四方同志如期陈礼仪,悬钟磬,歌诗,侑食。祭毕,讲会终月"③。更有甚者,阳明弟子戚玄任归安县令期间,在明知"时学禁方严,士以讲学为讳"的情况下,依然"集邑中才俊文学数十辈于胡安定书院",传讲"千圣之学不外于心"的阳明学说,后戚玄又在京师讲学,听者甚众④。这说明世宗实际上对阳明学术的传播并不特别在意⑤。

隆庆朝吏部尚书杨博追议新建停爵事时有感而叹:"游击仇钺,于时得

①如世宗曾就"后世心学不明,所说欠当"要求方献夫应答,献夫顺应帝意答:"后世心学不明,却将善心看作慈悲怜悯意,思讲时臣亦觉得其言欠分晓,大抵其意盖指后世佛氏之学,以清净寂灭为心法,以慈悲怜悯为善果,而不知有帝王义并行之道,但其言欠提揭明白耳……自古帝王言心学者,莫要于尧、舜、禹相授受之言,曰'人心惟危,道心惟微,惟精惟一,允执厥中'之四言者,千古圣贤传授心法也,千古言心字亦始于此。后世学者多漫尔说过,视为常说,不知其言实切己,彼溺于词章训诂之儒者,固不足与语此矣。至于知言心学者,亦多不知体认斯言,每或流于佛氏虚无之教。"(见[明]方献夫:《西樵遗稿》卷三《恭答圣谕讲心学疏》,《四库全书存目丛书》集部第59册,第62—63页)。

②见陈时龙:《明代中晚期讲学运动》,上海,复旦大学出版社,2007年。

③[明]钱德洪:《王阳明年谱附录一》,[明]王守仁:《王阳明全集》卷三六,第1467页。

④[明]王畿:《龙谿王先生全集》卷二〇《刑科都给事中南玄戚君墓志铭》,《四库全书存目丛书》集部第98册,第684页。

⑤有学者指出,阳明学术中存在某种"不驯"的意味,与皇权专制理念相抵牾,故引起嘉靖不喜(见吕妙芬:《阳明士人社群——历史、思想与实践》第一章《学派的构建与发展》,第54、55页)。此说较中肯,但尚未能揭示守仁与世宗相抵牾的具体原因。

封咸宁伯,人无间言,同一藩服捕反,何独于新建伯而疑之乎?"①正德朝宁夏游击仇钺以平定宁夏安化王之乱封爵,嘉靖朝王守仁以平定江西宁王之乱封爵,仇、王二人一武一文,封爵缘由相近,但他们的境遇差别巨大,这显然不能仅从阳明学术的角度进行解释。为厘清这一事件的原委,还需跳出传统思路,再从嘉靖初年的政治背景及王守仁作为文臣勋爵的特殊地位论起。

首先,世宗册封王守仁是兑现正德朝黄榜钦命,这在嘉靖初年有招徕士心的意义,但无形中也使世宗自己完成了武宗未落实的旧政,这就诚非世宗所愿。故停罢新建伯,也是嘉靖帝与前朝政治遗产切割的表现。世宗自己就曾指出,守仁"所封伯爵本当追夺,但系先朝信令,姑与终身",强调册封守仁本属无可奈何。

更为重要的是,王守仁作为一代文宗,封爵后在朝中形成特殊的影响力,这始终为世宗所戒忌。细检文献可知,前述王守仁停爵后,世宗在向杨一清密询王守仁功过的同时,还向杨氏咨询了方献夫是否宜任吏部尚书一事,这通君臣之间的秘密问答收录在杨氏《密谕录》中,名为《论方献夫代任吏部如何奏对》②。世宗虽没有直接讲明方献夫任职吏部与王守仁停爵之间的关联,但两事必然存在一定的联系。笔者前文已叙,在王守仁生前,其门生故交方献夫、黄绾、席书、霍韬等以"议礼"得宠,成为仅次于张璁、桂萼的政坛新贵。这些大臣出于对阳明平生学术及事功的推崇,皆不遗余力地保举王守仁复出,甚至推举守仁这位非翰林出身的勋爵入阁辅政。若其所议被朝廷采纳,守仁就将以勋爵贵胄、士宦领袖、学术宗师三者合一的地位立身朝堂,极易形成一种与皇权相乖离的政治力量。"议礼"派阳明门徒对老师的强烈追随无疑会挑动到皇帝的猜忌之心。另外,守仁从未公开、正式表达过是否支持"大礼议"③,这种暧昧态度随时可能影响阳明后学的立场,更

---

①[明]杨博:《再议世袭大典》,[明]王守仁:《王阳明全集》卷三九《世德纪·附录》,第1679—1680页。

②[明]杨一清:《杨一清集·密谕录》卷六《政谕中·论方献夫代任吏部如何奏对》,第1034页。

③学者对王守仁在"大礼议"中态度的研究颇多,大体认为守仁偏向"议礼"一派,但隐而未发。其实明人对此早有论断。《明世宗实录》,嘉靖七年,有原反对"大礼议"的南京刑部署员外郎陆澄上疏称,其师王守仁有言:"父子天伦不可夺,今上孝情不可遏,礼官之言未必是,张、桂诸贤未必非。"陆氏听其言而"自悔其议礼之非,初为人所误"(见《明世宗实录》卷八九,嘉靖七年六月乙卯,第2039页)。似可证守仁暗中实偏向"议礼"派。《万历野获编》又云,"有主事陆澄,亦以大礼抗疏异议,请告归,及见张、桂大用,又疏诵张、桂之功,谓得之业师王守仁",及"文成附大礼不可知,然其高弟如方献夫、席书、霍韬、黄绾辈皆大礼贵人,文成无一言非之,意澄言亦不妄"(见[明]沈德符:《万历野获编》卷二〇《言事·一人先忠后佞》《言事·陆澄六辩》,第508—509、511页)。

使皇帝不安。故此,世宗趁守仁身故之时将其停爵罢恤,应有震慑其他朝臣的直接目的。

从现有资料来看,守仁被追论之时及之后,除最早皈依阳明心学且与守仁"订终生盟"[1]的南京礼部右侍郎黄绾敢于上《明是非定赏罚疏》为老师申辩外[2],其余身居高位或受世宗宠信的阳明门生故旧如吏部尚书方献夫、詹事霍韬、光禄寺卿黄宗明等皆未有所奏白。霍韬、方献夫在嘉靖七年(1528)还曾上《地方疏》为守仁平定广西瑶乱但"功不白"而抱不平[3],但阳明罢爵后他们却默然失声,显然是有意退避自保。

总而言之,世宗对王学一脉"号召门徒互相唱和"而"敢于放肆"的政治风气深感不安,尤其警惕守仁对朝中"议礼"重臣的影响。从某种意义上说,新建伯的停袭是世宗对"议礼"朝臣进行整饬的结果。这也反映出明代长期存在的文臣封爵制度不健全、文职勋臣地位不稳,常受政局影响而被停罢的问题。

(三)新建伯爵的复嗣

世宗贸然停袭王守仁新建伯爵,这于制度、情理皆有不公,阳明后学对此"相为愤懑慷慨",有"发大议于其庭"[4]者。王门弟子王畿径言:"先师始以平濠功,封新建伯,其后以论学为世所忌","诬以持两端之说,竟夺爵"。又言:"忌者訾毁其学,不惟不与其功,且并诬其心事。"[5]阳明子弟以外,在嘉靖、隆庆之际,朝野之士也多意识到停罢王守仁爵位并非合理。如高岱《鸿猷录》有言,守仁"以他议竟夺爵"[6]。另如徐渭曾代人拟写奏议云:

说者又以为守仁聚生徒,盈海内,名为道德而实伪学,为可遗弃。臣窃意不然,学术之与事功,无有殊二,此自学士自修之说也。若朝廷赏罚当功罪,非以学术也。椎埋屠贩,恣睢不逞,亡人伦、鲜行谊之徒,

---

①[明]李一瀚:《礼部尚书兼翰林院学士黄公绾行状》,[明]黄绾:《黄绾集》卷四〇,第728页。
②[明]黄绾:《黄绾集》卷三二《明是非定赏罚疏》,第624—628页。
③[明]霍韬:《渭厓文集》卷二《地方疏》,《四库全书存目丛书》集部第68册,第530—531页;《明世宗实录》卷九四,嘉靖七年闰十月癸巳,第2194—2195页。
④[明]茅坤:《茅坤集·茅鹿门先生文集》卷三四《策·开国功臣》,第913—914页。
⑤[明]王畿:《龙谿王先生全集》卷一五《先师画像记后语》,《四库全书存目丛书》集部第98册,第551页。
⑥[明]高岱:《鸿猷录》卷一四《讨宁庶人》,第321页。

犹得裂土而封,世世勿失,此岂以学真伪哉? 守仁之于学,其真与伪,臣姑勿论,纵其伪也,尽其死力于艰难,索其罪谴于讲说,朝以劳而封之,莫以其学而夺之,无乃大相缪乎? ①

徐渭明言该奏疏系"代某宗师不上",说明时人在讨论相关问题时尚存忌讳。

至穆宗登极,新帝多对嘉靖一朝的沉冤错案加以平反厘正,新建伯复封势在必行。隆庆元年(1567)三月,先有给事中辛自修、岑用宾奏请复新建伯爵位世袭,穆宗一改乃父之命,敕令江西、浙江抚按官复勘平定宁王功状,至隆庆二年五月,经吏部覆议,最终复王守仁新建伯世袭②。阳明门徒王畿将此归功于当时膺服阳明学的内阁大学士徐阶的努力,认为徐氏"博采舆论,参之独见,终始按覆",乃使守仁"久郁之功,烨然复表于世"③。不过,对于新建伯停袭这种明显不合理的裁决,朝廷若久不反正,将大失信于天下,以致隳坠士气。如浙江巡按王得春查勘守仁军功时奏称,"其伯爵之袭,臣等固谓其为皇上新政第一事"④。吏部尚书杨博覆议认为,阳明复爵,"此诚四十年未备之缺典,海内人心,兴灭继绝,所望于皇上者,诚不浅也"⑤。名臣茅坤更有言,新建伯"近亦稍稍序录,亦足以慰天下忠臣义士之气"⑥。故当穆宗新立,前朝政治阴影逐渐退散的情况下,守仁复爵实势在必行。值得注意的是,当时江西巡抚任士凭奏称守仁系因"擅离职役"、处置广西"恩威倒施"及"擒宸濠时军功冒滥"⑦三项诬罪停爵。同样,浙江巡按王得春认为,王氏罢袭乃因桂萼"从中主议,谓其不俟命而行,非大臣礼"⑧。而对于当年世宗君臣重点批评的学术问题,赣、浙巡、按等官反而绝口不提,可知,隆庆时人已充分意识到"因学罢爵"的不合理。

---

① [明]徐渭:《徐渭集·徐文长三集》卷一四《为请复新建伯爵封爵疏》,第442页。
② 《明穆宗实录》卷二〇,隆庆二年五月戊午,第551—552页。
③ [明]王畿:《龙谿王先生全集》卷一五《先师画像记后语》,《四库全书存目丛书》集部第98册,第551页。
④ [明]王得春:《浙江巡抚奏复封爵疏》,[明]王守仁:《王阳明全集》卷三九《世德纪·附录》,第1674页。
⑤ [明]杨博:《会议复爵疏》,[明]王守仁:《王阳明全集》卷三九《世德纪·附录》,第1677页。
⑥ [明]茅坤:《茅坤集·茅鹿门先生文集》卷三四《策·开国功臣》,第913页。
⑦ [明]任士凭:《江西奏复封爵咨》,[明]王守仁:《王阳明全集》卷三九《世德纪·附录》,第1671页。
⑧ [明]王得春:《浙江巡抚奏复封爵疏》,[明]王守仁:《王阳明全集》卷三九《世德纪·附录》,第1674页。

本章结语

在明代,王守仁是罕有的能树立"三不朽"勋德的大臣。他以平江西宁藩叛乱之功膺封伯爵,但却生前屡遭打压,身后世爵被罢,这反映出明代封爵制度的严重问题。至正德朝,封爵制度已出现佞幸冒滥及文臣册封无章法的弊病。在此背景下,就出现了武宗及身边群小公然攘夺王守仁江西军功的情况。至嘉靖朝,部分朝臣又嫉妒守仁文职勋臣的特殊地位,纷纷对其加以排陷。更重要的是,嘉靖皇帝本身对守仁的政治影响力非常戒忌,这是新建伯被"冒夺"的直接原因。新建伯停嗣之后,世宗进一步停封勋爵,并形成一种制度导向,对明代中后期军功封爵制度的演化造成重大影响。

第八章　嘉靖朝以降勋爵的停封与激封

自成化中后期至嘉靖朝，明代封爵制度期经历了一个由成化滥封到弘治停封，再由弘治停封到正德滥封，最终在嘉靖以后又趋于少封甚至停封的进程。本书前章已对成化中后期的混乱封爵、弘治朝的停止封爵、正德朝严重的冒滥封爵以及嘉靖朝王守仁"因学停爵"等重要爵制演化环节做了论述，为进一步揭示明代封爵制度的整体演进规律，笔者专辟此章，探讨嘉靖以降军功封爵基本停滞的重大体制变化。以往有学者试图从武官地位低下等方面解析中晚明爵制的这一演变，但通过翻阅大量相关文献可发现，如欲深入探究这一问题，必须结合嘉靖一朝的政治背景进行分析才能切中肯綮。世宗起自外藩，且以小宗仓促入继大统，与朝中勋戚及文武大臣多无瓜葛，故多疑而不信朝臣，亦不轻出赏赍。在封爵一事上，世宗明显表现出停封的意图，他公然负信于天下，悬设封爵黄榜而不兑现，而这一做法逐渐形成制度导向，为后嗣皇帝所沿袭。自嘉靖初王守仁被封新建伯后，历经嘉靖、隆庆、万历、天启四朝近百年时间，仅有李成梁一人在极特殊的情况下以军功膺爵，难堪成例。这种变化趋势虽然在一定程度上遏制了冒功滥爵，但却使勋爵册封失去原设的功能与意义，而且最终诱发了崇祯及南明诸朝草率激封武将的另一种制度畸变。

一　世宗对封爵制度的导向

（一）世宗整顿前朝封爵与不封新爵

经过明中期的制度蜕变，至世宗登极伊始，勋爵中外戚恩泽爵与佞幸冒滥爵的数量已占比较多，对原有的军功勋爵制度产生了冲击。前章已对正德一朝内臣子弟、恩幸边将冒封激增的情况作了总结，现再简论明代外戚推恩封爵的演化进程。

明初戚畹之臣无军功封爵的情况较少，永乐朝不多的外戚非战功授爵者是大名公主驸马王宁,他从建文帝一方纳款归附成祖而被封永春侯,实属安抚优待①。但值得注意的是,永乐朝永安公主驸马袁容与永平公主驸马李让二人功资平平,也以北平守城功被加封为世袭广平、富阳二侯②,其推恩授爵的色彩已较浓厚。尔后,仁宗朝所封张皇后兄彭城伯张泉,英宗朝所封张泉弟惠安伯张昇二人与袁容、李让的情况相仿,他们在"靖难之役"中亦有一定军功,但主要还以戚臣身份受封,其中张昇功资尤低,这说明明代遏制外戚封爵的政策已有松动的趋势。

　　万历朝首辅张居正曾指出,"至宣德中叶,始有外戚恩泽之封",而"弘治以来,遂为故事"③,这是指自宣德朝始,完全没有军功背景的戚畹开始广泛被授予勋爵。永乐朝以后,皇帝为裁抑外戚及勋贵势力,逐渐倾向于与较低社会阶层的成员联姻,此即《弇山堂别集》所载"自成祖而后,后妃不选公侯家"④。《万历野获编》又言:"公主俱选庶民子貌美者尚之,不许文武大臣子弟预。"⑤这种状况下,皇帝仍然会册封这些外戚世袭侯、伯,形成一批纯粹的戚里"恩泽爵"⑥。至嘉靖朝以前,恩泽外戚共计十一家,见表8:

表8　宣德至正德外戚恩泽封爵表⑦

爵号及始封者	封爵前出身、职官	与皇后、皇太后关系	爵位封袭状况
会昌伯孙忠	永城主簿,督夫营天寿山陵,有劳,迁鸿胪寺序班。	英宗生母宣宗孙皇后父	孙忠宣德四年封会昌伯,子孙继宗天顺元年晋封会昌侯,传孙铭、孙杲两代,至嘉靖朝停袭。

---

①［明］王世贞:《弇山堂别集》卷九《皇明异典述四·驸马封侯》,第164页;［明］王世贞:《弇山堂别集》卷三九《恩泽公侯伯表》,第699页。

②［明］王世贞:《弇山堂别集》卷九《皇明异典述四·驸马封侯》、卷三九《恩泽公侯伯表》,第164、699页。

③［明］张居正:《张太岳集》卷四五《论外戚封爵疏》,上海,上海古籍出版社,1984年,第555页。

④［明］王世贞:《弇山堂别集》卷九《皇明异典述四·外戚握兵政》,第165页。

⑤［明］沈德符:《万历野获编·补遗》卷一《公主下嫁贵族》,第808页。

⑥［明］王圻:《续文献通考》卷一九七《封建考·皇明异姓封建》,第11688—11691页。

⑦本表依据历朝《明实录》及［明］王圻:《续文献通考》卷一九七《封建考·皇明异姓封建》,第11711—11712页;［明］王世贞:《弇山堂别集》卷三九《恩泽公侯伯表》,第700—703页;《明史》卷一〇八《外戚恩泽侯表》,第3273—3285页。

爵号及始封者	封爵前出身、职官	与皇后、皇太后关系	爵位封袭状况
安平伯吴安	丹徒人吴彦名子。	景泰帝生母吴氏兄	吴安景泰七年封，英宗复辟降府军前卫指挥佥事，后升锦衣卫带俸指挥使。
庆云侯周寿	昌平人周能子，周能以皇后父于天顺朝被授锦衣卫千户，成化朝追封庆云侯。	宪宗生母原英宗妃周太后弟	周寿成化三年封庆云伯，成化十七年进侯，后子周瑛嗣爵，嘉靖八年停袭。
长宁伯周彧	昌平人周能子，庆云侯周寿弟。	宪宗生母原英宗妃周太后仲弟	周彧成化二十一年封，传周瑭、周大经两代，嘉靖八年停袭，嘉靖三十八年周大经死，子周世臣降授锦衣卫指挥同知。
安昌伯钱承宗	海州人，本官锦衣卫都指挥使，英宗钱皇后父钱贵曾孙。	宪宗嫡母英宗钱皇后侄孙	钱承宗弘治二年封安昌伯，嘉靖五年死，子钱维圻嗣，寻死，世宗以外戚恩泽革安昌伯爵，授承钱承宗庶长子钱维垣锦衣卫指挥使。
瑞安侯王源	上元人王镇子，王镇成化初以宪宗纯皇后父授金吾左卫指挥使，成化四年进右都督，弘治六年追封阜国公。	宪宗王皇后弟	王源成化二十年封瑞安伯，弘治六年晋封瑞安侯。嘉靖三年王源子王桥嗣，后嘉靖中停袭。
崇善伯王清	上元人王镇子，瑞安侯王源弟。	宪宗王皇后弟	王清弘治十年封崇善伯，嘉靖十三年死，子王极停袭降职为锦衣卫都指挥同知。
安仁伯王潘	上元人王镇子，瑞安侯王源弟。	宪宗王皇后弟	王潘正德二年封安仁伯，子王桓嗣爵，后嘉靖中停袭。
寿宁侯张峦	兴济人，诸生。	孝宗张皇后父	张峦弘治三年封寿宁伯，弘治五年晋封寿宁侯。长子张鹤龄嗣，嘉靖初以"定册"加昌国公爵，嘉靖十二年以罪除爵，谪南京锦衣卫指挥同知。
建昌侯张延龄	兴济人，寿宁侯张峦次子。	孝宗张皇后弟	张延龄弘治八年封建昌伯，弘治十六年传奉晋建昌侯，嘉靖十二年以罪下狱，嘉靖二十五年弃市。
庆阳伯夏儒	上元人，布衣。	武宗毅皇后父	正德二年封庆阳伯，子夏臣嗣，嘉靖八年停袭。

外戚领爵者无论出身,皆依武将例,加"推诚宣力武臣"之号,更有冒名之嫌,不合体统。《涌幢小品》有评,"国家于皇太后、皇后之父兄或子侄,皆封伯",而诰命则曰"推诚宣力武臣","夫亲臣也,而曰武,名实相违殊甚"[1]。

嘉靖帝出自外藩,他自己与前朝佞幸、外戚关系疏远,甚至视其为潜在威胁。因此登极之初,世宗便下诏裁革正德元年(1506)以来诸色人等传升、乞升官员。于是正德朝冒封的太监子弟、佞幸武将谷大宽、张富、朱德等迫于压力纷纷自请除爵[2],世宗顺势将他们削夺殆尽。这项政令主要由当时主政的内阁大学士杨廷和执行,但必然得到了世宗的大力支持。

世宗又因统嗣问题,尤其疾恨孝宗外家昌国公张鹤龄、建昌侯张延龄兄弟。张氏兄弟本身亦负罪累累,故最终被罢废,延龄下狱身死[3]。至嘉靖五年(1526)十二月,英宗外戚安昌伯钱维圻病卒,其庶兄钱维垣请嗣爵,下吏部议,吏部请"止照伊祖钱钦旧例,准袭锦衣卫带俸指挥使",世宗准其奏[4]。嘉靖八年(1529),钱维垣祖母王氏又奏称"夫祖历有军功,乞要查照累朝皇亲封袭事例",被吏部驳回,嘉靖帝借此下诏吏部会同府、部、院、寺、科道等官会议外戚封爵事务[5]。多衙门会议结果云:

> 祖宗之制,非军功不封。洪熙初,都督张昇始以外戚封彭城伯,其弟昇亦以都督乞封惠安伯,外戚之封自此始。其后,侯孙忠、周寿、王源,伯周域(应为或)、王清、王濬皆援张昇例。又其后,伯钱承宗、公张鹤龄复援王源例。循习至今,有一门而并公、侯者,有一时而并侯、伯者,有兄弟三人而并侯、伯者。爵赉无章,转相承袭,禄米岁增,国用愈诎。往时开国、靖难之勋封者,不满五十人,未几罢去者十有九人,后虽旋复收录,不过授以指挥使耳。彼托属掖庭,一门数贵而传袭三四世,不已踰分乎?况盈虚消息,盛满难居,汉樊、阴二氏之言足为明监。臣等谨议得:魏、定二公虽在戚里,皆一时佐命元勋;彭城、惠安二伯即以恩泽封,而军功居半。其余外戚见封爵者,第宜终其身,毋得请袭。自今皇亲、驸马并如祖宗旧制,毋得夤缘请封。有出特恩一时赏赉者,第如故事,

---

①[明]朱国桢:《涌幢小品》卷八《皇亲封伯》,上海,上海古籍出版社,2012年,第151页。
②《明功臣袭封底簿》卷二《高平伯》《平凉伯》《镇安伯》《泾阳伯》《泰安伯》《安定伯》《永寿伯》,第195—202、225—243页。
③《明世宗实录》卷一五五,嘉靖十二年十月丙子,第3502页。
④《明功臣袭封底簿》卷二《安昌伯》,第206页。
⑤《明功臣袭封底簿》卷二《安昌伯》,第207—208页。

量授指挥、千百户等官终其身。有妄引洪熙以后例请者,听吏部、科、道官纠举,置之重典。①

对此,世宗答复:"戚里滥膺封爵,名器既轻,人不知劝,固当裁革。念系先朝恩命,及今已封,姑与终身,子孙俱不准承袭,着为令。"②嘉靖八年(1529)任史部尚书者乃"议礼"功臣方献夫,他应该非常清楚世宗敌视前朝外戚的心理,因此多官会议的结果实乃方氏等官顺承帝意所致。世宗尽除外戚的意图非常强烈,为此,就连他自己的母族蒋氏以及皇后陈氏、方氏诸家也仅封爵而不许世袭,或出特恩承袭一代③。

　　世宗打击佞幸、外戚,本质上是为肃清政治隐患,并非以维护军功封爵原则为第一要务。嘉靖帝自己也试图以"定策"功加内阁大学士杨廷和等伯爵未果,并正式册封往安陆迎奉大驾入京的驸马崔元为京山侯世袭④,嘉靖二十五年(1546),世宗又册封宠信道士陶仲文为恭诚伯,名义是非常无稽的"祷雨济旱,力赞平狱"⑤功。只不过世宗自以涤荡武宗朝弊政为标榜,因此在滥封方面明显收敛。嘉靖朝之后,整饬外戚、内官子弟封爵的措施部分地被明廷延续。其中不许外戚世袭勋爵贯彻得较好,明亡以前,仅有神宗生母李氏家族、神宗皇后王氏家族分别世袭武清侯、永年伯爵两辈以上⑥。宦官子弟的冒爵在天启朝魏忠贤把持朝局时出现较大反复,忠贤侄魏良卿初封肃宁伯,后加侯爵,最终升至宁国公。良卿弟良辅封东平侯,忠贤从孙魏鹏翼为安平伯⑦。爵制此时被玩弄于权奸的股掌之间,但这也是极端个别的现象。

　　从客观影响上来说,冒滥、推恩的革除整饬了勋爵册封制度,本应促进

①《明世宗实录》卷一○六,嘉靖八年十月己巳,第2504—2505页。

②《明世宗实录》卷一○六,嘉靖八年十月己巳,第2505—2506页。

③[明]沈德符:《万历野获编》卷五《勋戚·中宫外家恩泽》,第151页。实际上,在嘉靖初年,世宗自己的外戚亲属已多不堪用,这也促使皇帝进一步下定决心罢尽外戚世袭爵禄。如世宗祖母昌化伯邵氏子孙在嘉靖初年即陷入袭爵之争,久而不绝。再如世宗母蒋氏无亲兄弟,故其堂弟蒋轮被封为玉田伯,蒋轮又无嫡子,故以庶子蒋荣袭。另如世宗第一位皇后陈氏嘉靖七年(1528)死后,其父泰和伯陈万言"亦绌"(见《明功臣袭封底簿》卷二《昌化伯》,第359页;[明]费宏:《明故太子太保玉田伯赠太保谥荣僖蒋公(轮)墓志铭》,《新中国出土墓志·北京一》下册,第190页;《明史》卷三○○《外戚传·陈万言》,第7678页)。

④《明世宗实录》卷一四,嘉靖元年五月己酉,第473页。

⑤《明世宗实录》卷三五九,嘉靖二十九年四月壬戌,第6432页。

⑥《明史》卷一○八《外戚恩泽侯表》,第3295—3296页。

⑦《崇祯长编(六十六卷)》卷二,天启七年十月庚申,第82页;《明史》卷一○七《功臣世表》,第3299—3301页。《崇祯长编》载魏良辅为"东平侯",而《明史》载魏良辅为"东安侯",此处从《长编》。

军功封爵平稳发展，但实际情况却是，世宗转向了停罢封爵的另一种极端。需要指出的是，在国家统治相对稳定而少征战的时期，朝廷减少功臣册封本是适时的制度调整。笔者在此前的章节中已述，明代自永乐朝始就少封公、侯高爵而多封伯爵；成化朝前期无论大功、累功，普遍先封功臣以子孙世袭指挥使等官的流伯。又如在弘治一朝，明廷本就少举征伐，而仅有的几次大规模军事行动又战果不丰，因此朝廷未再册封勋臣。不过，与弘治朝不同，嘉靖一朝却是明代战事最为频仍的时代之一，"南倭"与"北虏"战患不断，而且大将辈出，屡获重要功胜，有待封赏者不在少数。名将俞大猷、戚继光勿论，《明史》还有评，都督马永、梁震、周尚文、沈希仪等"虽古名将何以加"，但"功高赏薄"①。如久充大同总兵的周尚文，在升至左都督后又屡有功勋，累加太保兼太子太傅等公孤职衔②。周尚文是明代都督武臣中首位加三公职衔者③，其功勋卓著几无赏可酬，但仍未沾爵禄。再如名将沈希仪，充柳庆参将时已积首房至五千余级，后又充总兵出镇贵州、宣大、广西等地，却官不过都督④。另如镇守贵州十余年的总兵右都督石邦宪，指挥大小战役无算，积首二千余级，但也仅获得"于旧衔上加提督"及死后追授左都督的褒赠⑤。相比明中期久镇宣府加封流伯的永宁伯谭广，久战湖广、贵州加世袭勋爵的南和伯方瑛，以及久镇辽东封世爵的丰润伯曹义等勋臣，周尚文、沈希仪等一批将领的功勋有过之而无不及，但皆止于流官，可见朝廷并非无功可赏，也不是完全为了抑制军功冒滥，而是有意不开封赏。

周尚文死后，礼科给事中沈束上奏为周氏重开恤典，认为"尚文有不泯之功，朝廷有未尽之赏"，请兵部阅实先后功绩，以便"赠以封爵，延之世赏"。世宗接到沈束奏议后大怒，言："周尚文连疏自伐功劳，又肆言甲辰未得酬报，怨望多端，宽而未治，不知何故即死；束言官也，乃不行重劾，反肆欺狂，毁朝廷擅权。"并将沈束下锦衣卫问罪禁锢⑥。明代有人曾指出，周尚文死不

---

①《明史》卷二一一《列传第九十九赞》，第 5598 页。

②《明世宗实录》卷三四八，嘉靖二十八年五月乙亥，第 6300—6301 页。

③[明]王世贞：《弇山堂别集》卷四一《公孤表·太保》，第 747 页。

④[明]唐顺之：《唐顺之集·荆川先生文集》卷一四《都督沈紫江生墓碑记》，杭州，浙江古籍出版社，2014 年，第 654 页。

⑤[明]张鼎立：《前军都督府右都督赠左都督石公邦宪墓志铭》，[明]焦竑辑：《国朝献征录》卷一〇六《都督府一·左右都督》，周骏富辑：《明代传记丛刊》第 114 册，第 478—480 页。

⑥《明世宗实录》卷三四八，嘉靖二十八年五月己卯，第 6302—6303 页。

追爵,是由于内阁大学士严嵩父子忌恨周氏而"没其功"[①],但从世宗如此强硬的措辞来看,他本身对追封周氏甚为反感。另据王世贞《弇山堂别集》,自嘉靖朝始,功臣边将虽死亦不追封成为普遍情况[②],这就表明,军功封爵趋于停滞仍然是世宗统治方略主导的结果,并非严嵩所能完全左右。

(二)平倭之功负信不封

有学者指出,嘉靖朝之后武官受文官统领,地位低下,督抚文臣不为其请功,导致武将难再封爵,而明代本有少封文官的传统,这就造成整个封爵制度趋于停顿[③]。此观点可备一说,然而嘉靖朝不封勋爵的原因仍可进一步推敲。首先,虽然明代中后期督抚文臣基本垄断了军机的奏报之权,但明代勋臣封爵作为国之大典,不在升赏之常例,需吏、兵等衙门合议,最终由皇帝亲断,并非地方督抚不报就不封。而且万历朝也曾有督抚文臣为都督总兵报功请爵,但所请未果,封爵仍旧长期停滞,此情况笔者将在后文详论。至于"以文统武"指挥体制与勋爵难封的关系,笔者也会在本章后续小节中围绕万历平哱之战再做专论。其次,明代确实有少封文臣的传统,但文臣有军功者原则上仍可封伯爵[④],尤其是嘉靖朝又屡屡特设"南倭""北虏"封爵悬赏以激励臣子,强调不拘文武士庶之分,在这种情况下,当时督抚文臣作为战区最高指挥官征战立功,符合封爵信令而可侯伯爵者颇有其人,并非完全不能封拜。因此笔者认为,嘉靖一朝不开勋封的原因仍与世宗个人的统治导向密切关系,而世宗的封爵策略又直接影响到其后嗣皇帝的决策。现先围绕嘉靖朝"南倭"封爵赏格失信,对督抚文臣有功而不授爵的现象做进一步论析。

实际上,在世宗统治时期,多有人重提封爵之议,如嘉靖二十三年(1544),兵部覆议都给事中戴梦桂上奏时言:

> 破虏之术,莫过于用间。凡遇降胡可用,及所获贼间,勿拘文法,任

---

①[明]王樵:《方麓集》卷六《使代记》,景印《文渊阁四库全书》第1285册,上海,上海古籍出版社,1987年,第223页。《明史·周尚文传》亦采类似说法(见《明史》卷二一一《周尚文传》,第5583页)。

②嘉靖朝仅追封世宗亲倖锦衣卫掌卫都督陆炳为忠诚伯,其余边将皆不享死后追爵的褒扬(见[明]王世贞:《弇山堂别集》卷四〇《追封王公侯伯表》,第734页)。

③见曹循:《明代臣僚封爵制度略论》,《西北师大学报(社会科学版)》2011年第1期。

④《大明律》卷二《吏律一·职制·文官不许封公侯》,第30页。

使豢养,因纵入房中,或刺其名酋,或斗其党与,或潜报房中消息,或引之使来归附,有功者与战胜者同赏。所司能用间而擒王斩将者,即得封侯。[1]

对此,世宗批复:"所言既为御戎奇策,即如拟务以实举行,毋事虚文。"[2]此后,世宗又多次悬赏文武士吏杀敌以封爵。嘉靖三十四年(1555)七月,兵部尚书杨博覆宣、大总督许论奏议,请准一应人等能斩获俺答、把都儿、辛爱、大头儿首级来献者,"封以伯爵,赏银一万两,授以坐营、坐府职衔管事"[3]。世宗准其议。同年,巡按御史金澍、陶承学各言中国叛人汪直久住日本主谋祸乱,"俱要悬立爵赏"。兵部议覆,请如宣、大例,"有能斩获汪直首级来献者",可"封以伯爵,赏银一万两,授以坐营、坐府职衔管事"[4]。世宗下诏悉从部议[5]。至此,南、北两边防御之事,皆高悬封爵赏格。茅坤云,"圣天子赫然震怒",而"特采百官议,悬之以通侯之爵、万金之赏,诏中外,情亦亟矣"[6]。从世宗屡准封爵赏格来看,他自己在表面上也承认军功封爵制度的作用与意义。

世宗设封爵悬赏的做法无疑是效仿前朝旧制。如本书第七章已述,明廷在面临重大战事时常出封爵赏格以激励士气,不再完全拘泥于将领斩获之数,这又被称为封爵"黄榜"。不过,封赏信令能否兑现,常出于皇帝一时私意,并无一定之规。就世宗亲设的南北两大封爵悬赏而言,由于嘉靖朝并未从实质上解决"北房"袭扰的问题,因此宣、大封爵悬赏自然无法落实,此可毋论。但浙直总督、兵部尚书胡宗宪指挥军队擒获汪直后,朝廷在无恰当理由的情况下,仍然不遵循信令封爵,相比前朝赏格之弊,这更失朝廷威信。嘉靖三十八年(1559)末,胡宗宪题报浙江捷奏,世宗命下兵部议功,兵部尚书杨博特别提到此前的封爵钦赏,因事关重大,遂奏请会同九卿等多官合议浙江功赏事宜:

---

① 《明世宗实录》卷二八五,嘉靖二十三年四月戊寅,第5514—5515页。

② 《明世宗实录》卷二八五,嘉靖二十三年四月戊寅,第5515页。

③ [明]杨博:《杨襄毅公本兵奏议》卷二《覆宣大总督尚书许论请悬赏格购擒虏酋疏》,《四库全书存目丛书》史部第61册,第281页。

④ [明]杨博:《杨襄毅公本兵奏议》卷二《覆巡江御史金澍等请悬赏格购倭酋首疏》,《四库全书存目丛书》史部第61册,第289页。

⑤ 《明世宗实录》卷四二五,嘉靖三十四年八月乙亥,第7360页。

⑥ [明]茅坤:《茅坤集·茅鹿门先生文集》卷一一《贺宫保胡公序》,杭州,浙江古籍出版社,2012年,第420页。

看得逆酋王直等背华向夷,罪恶深重。一旦为我用间擒获,寘诸法典,是皆我皇上之功,一时诸臣何敢言劳。但彼时奉有钦依悬赏甚重,若竟置之不叙,倭患未宁,恐无以为方来之劝。事干功赏,相应广集众思,以昭公是。合候命下,容臣等会同九卿并六科、十三道掌印官逐一计处明白,斟酌具奏,恭候圣裁。①

皇帝批准其奏。至嘉靖三十九年(1560)二月,兵部会同吏部等衙门上奏曰:

深惟除恶务本之意,不吝万金、封爵之赏。仰荷圣明躬叩上穹,惠流下土,大张天宪,今已明正其辜,默运玄威,早为阴夺其魄。十年巨寇,一旦成擒,神谋圣武,臣等浅昧,何所揄扬。所据一时当事诸臣,决策陈力,劳亦难泯。除功非应录者不议外,其在外宣力,如总督军务都察院右都御史兼兵部右侍郎胡宗宪,职专阃外,权重师中,张兵拒险而筹算惟精,用间设谋而计处允当,功委非常,赏当从重。但今江海妖氛未见尽熄,正属本官殚力设谋,刻期荡平之日,似应酌处……议拟合候命下,将胡宗宪特加升荫。②

从合议疏中"功委非常,赏当从重",但"今江海妖氛未见尽熄,正属本官殚力设谋,刻期荡平之日,似应酌处"二句看,诸衙门显然寄希望于胡宗宪继续领兵靖除东南倭患,但又忌惮其在地方坐大权势以致失控,故欲枉顾赏格而不赐其爵位。诸官所论又正合皇帝"圣意",世宗实不希望掌控东南军政大权的胡宗宪再加勋爵之尊,因此在答复吏部会议奏疏时回避此前所立封爵黄榜,进一步强调自己作为皇帝通达上苍神祇的"默运玄威",并以此减挫胡氏等人的勋劳,他说:"这逆贼擒获,实荷玄佑,你每议功全不奏请举谢,岂人心欤!"嘉靖帝继而下诏:"胡宗宪矢心为国,殚竭忠谋,劳绩殊常,宜加显擢,以示激劝。着加太子太保、左都御史兼兵部左侍郎,照旧总督,还荫一子与做锦衣卫副千户。"③"南倭"封爵之赏就此降为一般的加官荫子。

胡宗宪当然也自知皇帝心意,因而在谢表中陈言:"臣向者偶当机会,

① [明]杨博:《杨襄毅公本兵疏议》卷四《会议浙直总督都御史胡宗宪计获逆寇王直升赏疏》,《四库全书存目丛书》史部第61册,第328页。
② [明]杨博:《杨襄毅公本兵疏议》卷四《会议浙直总督都御史胡宗宪计获逆寇王直升赏疏》,《四库全书存目丛书》史部第61册,第328—329页。
③ [明]杨博:《杨襄毅公本兵疏议》卷四《会议浙直总督都御史胡宗宪计获逆寇王直升赏疏》,《四库全书存目丛书》史部第61册,第329页。

诱置拘囚（汪直），良由皇上之德威，动应圣人之神武，是以天夺其魄，假手于臣。"又云："至于近来斩馘之小捷，不过一时追逐之微劳。"[1]胡宗宪的这一《擒王直等降敕奖励谢表》出自幕僚徐渭之手。徐氏以文名，在为胡宗宪撰写各类章奏表颂时常极尽词章之能，但此谢表却重点摘抄吏部等衙门会议奏中的内容，不可谓不慎。东南剿倭战役中功勋最著的总督大臣胡宗宪，在完成黄榜所列任务的情况下尚不能膺一伯爵，遑论其他督抚乃至官位更低的文臣武将。

　　嘉靖朝是明代"以文统武"体制逐步完善的时期，朝廷本可适当册封全权指挥战役的有功文臣督抚，但封爵反而趋于停滞，这不能不说是一种制度的倒退。笔者前文已论，世宗登极伊始虽然同意册封平定江西宁乱的王守仁为新建伯世袭，但始终戒忌守仁以勋爵之尊在朝臣中形成的影响力，于是在嘉靖八年（1529）王守仁死后，旋即不顾军功原则，借所谓"学术不正"的名义强行停罢王氏新建伯爵位世袭[2]。停罢新建伯后，世宗仍不希望执掌地方军政大权的文臣督抚晋封爵级，故不惜枉顾封爵信令，这与当年贸然停罢王守仁爵位世袭的举措如出一辙，均反映出他猜忌群臣、不轻出赏赉以压制臣子地位的一贯统治理念。

　　需要指出的是，嘉靖十一年（1532），世宗复封洪武、永乐朝除爵的"开国"勋臣李文忠、常遇春、邓愈、汤和、刘基后代为侯伯[3]，此举似乎与他罢停封爵的导向相左，对此需稍作说明。实际上，世宗复封五家失爵子孙，与以军功再开新封有本质不同，不能因复封而否定皇帝有停罢封爵的倾向。明廷时或复录前朝罢爵勋家，而"开国"诸勋被废多有无辜，朝中早有抚恤遗族之议。在弘治朝，孝宗就曾录李、常、邓、汤四家后代为南京锦衣卫世袭指挥，又授刘氏后代为浙江处州卫世袭指挥[4]，各奉祖宗祭祀，所以世宗的复封在某种程度上仍是延续前朝故政。另外，"开国"功臣理应与皇权休戚与共，世宗继封五家裔孙的举措显然也是一种政治姿态，旨在强调自己继承祖宗

①［明］徐渭：《徐渭集·徐文长三集》卷一三《代擒王直等降敕奖励谢表》，北京，中华书局，1983年，第431—432页。
②《明世宗实录》卷九八，嘉靖八年二月甲戌，第2299—2300页。
③《明世宗实录》卷一三七、卷一三九，嘉靖十一年四月辛卯、嘉靖十一年六月甲申，第3226—3227、3254页。
④［明］朱国桢辑：《皇明开国臣传》卷一《四功臣子孙复爵始末》，周骏富辑：《明代传记丛刊》第25册，第68页；《明孝宗实录》卷八二、卷一八九，弘治六年十一月庚子、弘治十五年七月己卯，第1548、3486页。

大统的合理性。世宗不封当朝有功大臣，却转而优恤前洪武旧勋，这本身就体现出当时封爵体制的失衡。

二　晚明封爵的长期停滞

世宗贸然停罢王守仁爵位，不遵循军功封爵制度册封大臣，又设封爵赏格而不兑现的一系列举措，对后世影响深远。在万历朝，设封爵黄榜而不执行的情况依旧，尤其体现在"万历三大征"的叙功上。

（一）军事指挥系统繁复与宁夏平哱之功不封

万历二十年（1592）三月，宁夏哱拜初反，总督三边兵部尚书魏学曾告变，朝廷下旨责令督抚率兵力剿，并许诺能斩哱拜子哱承恩者，"许以侯、伯延世"①，能擒献哱贼者也"与世封"②。同年，兵部针对日本入犯朝鲜题请："关白平秀吉倡乱元凶，妖僧玄苏实为谋主，有能擒斩二贼来献者，照前议通侯重赏。"神宗亦准其奏，并命在军中宣示赏令③。但事后，这两道信令均不了了之，参战臣子无人膺爵。如果说援朝之战明、日双方互有胜负，丰臣秀吉未能成俘，这与悬格中"擒斩"的条件不符，因此封赏无法兑现，那么宁夏平哱氏之功不封的原因就更显复杂。

平哱大臣难封的最显见原因在于，担任战役武职主帅的都督李如松父李成梁当时已封宁远伯世袭，而如松作为李家长子本有承袭父爵的资格④，故其本身不便再封爵级。除此之外，根据《万历三大征考》的记载，明廷"初议宁夏功成封爵，后廷议不一，诏免行"⑤。至于朝议论功不合的具体缘由，万历二十年翰林院庶吉士陈懿典曾上《宁夏讨逆叙功请慎加封爵议》，其中有如下论析：

> 今刘、许、哱拜业已被诛，首恶哱承恩亲缚阙下，虽曰祖宗威灵，主

---

①《明神宗实录》卷二四六，万历二十年三月乙酉，第4590页。

②《明神宗实录》卷二四七，万历二十年四月壬寅，第4601页。

③《明神宗实录》卷二五五，万历二十年十二月庚子，第4743页。

④《明神宗实录》卷一〇二，万历八年七月丁酉，第2018页。

⑤［明］茅瑞徵：《万历三大征考·哱氏》，《续修四库全书》史部第436册，上海，上海古籍出版社，2002年，第12页。

上神武,人心内变,适会其逢,然不可谓非行间文武勠力之所致也,即加以封爵,夫谁曰不宜? 而愚以为当慎者,何也? 则以王骥、王越、王守仁,皆一人终始其事而封;仇钺、李成梁皆独收全胜而封,而李之伯仅止于一身;项忠、杨一清始皆议封爵,而卒以升荫不封。今日之事,欲封总督则魏(指先任陕西三边总督魏学曾)既被逮,叶(指原甘肃巡抚,继魏学增任陕西三边总督的叶梦熊)又始事;欲封大帅,则萧(指参将萧如薰)坚城守,李(指提督总兵李如松)摧强虏。独封之而不可,各封之而不能□之,何其不慎也。①

按照陈懿典所述,以前朝文武大臣封爵成例为参照,宁夏平哱之功理应封爵,但当时参与指挥的文武官员较多,各官不宜一体皆封,又难定彼此功资高下。特别是平哱战役过程中明廷曾更替最高文帅陕西三边总督人选,这更增大了战后量功定赏的难度。

　　陈懿典所论的两点情况确实存在,其背后反映的是晚明军事指挥体制的问题。嘉靖、万历朝以后,边镇及战区"以文统武"体制愈发繁复,武将之上有经略与督抚等文帅,文帅之外又有监军御史等官纪功监察。就平哱拜一役来说,最高指挥陕西三边总督先后由魏学曾及原甘肃巡抚叶梦熊担任,另有文帅宁夏巡抚朱正色协同指挥,还有御史梅国桢监军②。功勋较卓著的武帅有提督陕西军务专征总兵李如松③、先任宁夏后任陕西总兵的董一奎④、宁夏总兵萧如薰、宁夏副总兵麻贵⑤等人。随着军事指挥系统中职官数量与层级的累增,各官之间的职权关系也日趋复杂,极易相互掣肘,陕西三边总督更替一事在很大程度上就与此有关。

　　哱乱初起时,由三边总督兵部尚书兼右都御史魏学增坐镇灵州全权指挥平叛,并领钦赐尚方宝剑可临阵斩杀不用命者⑥。万历二十年(1592)七

①[明]陈懿典:《陈学士先生初集》卷二八《宁夏讨逆叙功请慎加封爵议》,《四库禁毁书丛刊》集部第79册,北京,北京出版社,2000年,第515页。
②[明]茅瑞徵:《万历三大征考·哱氏》,《续修四库全书》史部第436册,第6、8、9、11页。
③《明神宗实录》卷二四七,万历二十年四月甲辰,第4602页。
④哱乱初起时,董一奎时任宁夏总兵,萧如薰任宁夏平虏堡参将,后萧坚守堡寨御敌有功,至万历二十年六月,朝廷升萧如薰为宁夏总兵,改董一奎为陕西总兵(见[明]茅瑞徵:《万历三大征考·哱氏》,《续修四库全书》史部第436册,第7页;《明神宗实录》卷二四九,万历二十年六月丁巳,第4645页)。
⑤[明]茅瑞徵:《万历三大征考·哱氏》,《续修四库全书》史部第436册,第7页。
⑥《明神宗实录》卷二四九,万历二十年六月己丑,第4629—4630页。

月,神宗以魏学曾讨贼"久无成功",命罢官回籍候命,改命宁夏巡抚右副都御史叶梦熊为兵部右侍郎,接替魏学曾总督陕西三边军务,并管领原赐尚方剑①。平哱战争胜利后的万历二十年(1592)十月,监军御史梅国桢曾上奏曰:

> 前任督臣魏学曾以师久无功,上干宸怒,今逆贼平矣,退虏、灌城、招降三事,学曾先期布置,与有功焉,独闻变时似蹉跎缓耳。臣前请切责诸臣,止欲振起士气,乃逮学曾之旨,发自臣疏,悔恨若无所容。使学曾不蚤白,臣将受万世訾议。②

按照梅氏此疏所言,平哱之功虽最终归于后任三边总督叶梦熊之手,但也多赖前任总督魏学曾布划有方。而明人亦有"魏督臣于讨逆甚有功,以阻缓被逮,不旬日而西事竟平,新督叶公勿如"③的评价。综合明代各类文献的记载可知,魏学曾在平乱期间确实攻城一度迟缓,又欲招抚哱氏,引起神宗的不满④。但也要看到,学曾在万历二十年七月末罢任前,已基本将合围宁夏镇与决堤淹城等重要攻城举措布置妥当⑤。客观而言,明军起初进攻稍迟,也不能完全归咎于魏学曾怯懦无策。哱氏长期"阴结死士"谋据宁夏,而其起事又突然,官军措手不及,即"不能疾趋者,亦势也"⑥。而且哱乱爆发的同时,朝鲜战事亦起,明廷内部"朝议汹汹",朝臣多有招安"西贼"而"专力东方"或"用密计以贿退虏"⑦等议,这在一定程度上也影响了前线指挥官的决断。宁夏战役结束前后,朝中就多有申救魏学曾者。根据时任兵科给事中许弘纲所言:"魏学曾功魁罪首,业已鉴自圣衷,然被罪则救者连章,叙功则赞者交

---

① 《明神宗实录》卷二五〇,万历二十年七月甲申、丁亥,第4665、4667页。

② 《明神宗实录》卷二五三,万历二十年十月己丑,第4704—4705页。

③ [明]梅国桢:《第八疏》旁批,[明]陈子龙辑:《明经世文编》卷四五二《梅客生奏疏》,第4965页。

④ 见《明神宗实录》卷二四九,万历二十年六月庚子,第4636页;《万历邸钞》,万历二十年壬辰卷,扬州,广陵古籍刻印社,1991年,第680—681、682页。

⑤ 六月二十日,官军完成对宁夏镇城的合围,开始同时攻击四面城门(见《万历邸钞》,万历二十年壬辰卷,第685页)。七月二十一日,明军计划开闸放水淹浸宁夏镇城,此前城中军民饥饿以致食树皮、坏靴,城破已指日可待(见[明]梅国桢:《第八疏》,[明]陈子龙辑:《明经世文编》卷四五二《梅客生奏疏》,第4965—4966页)。

⑥ [明]许弘纲:《群玉山房疏草》卷上《申救督臣疏》,《四库未收书辑刊》5辑第24册,北京,北京出版社,2000年,第190页。

⑦ [明]诸葛元声:《两朝平攘录》卷三《宁夏》,《续修四库全书》史部第434册,上海,上海古籍出版社,2002年,第152页。

口,人心如此,公论可知。"① 就连继任三边总督叶梦熊也上疏自云:"与前督臣魏学曾功罪相同,今宁夏已平,学曾未蒙宽宥,臣愧愈深。"② 综上可知,魏学曾于平定哱乱出力甚大,虽有过失,但尚不掩其功绩。

在上引这段万历二十年十月的梅国桢奏疏中,梅氏还称自己曾报请朝廷"切责诸臣"是导致魏学曾被罢的原因之一。查《万历邸钞》收录的二十年八月梅国桢"请切责诸臣"奏文,其中指出军中号令不严,诸将不协等弊事,但并未专门论劾魏学曾③。至于魏学曾被罢的细节,根据钱谦益所撰梅国桢神道碑的记载,梅国桢初以魏学曾"迟顿玩寇"而薄之,后知学曾"忠诚为国",故梅与魏二人能"倾心相信,誓以共死",但宁夏巡抚叶梦熊"思掩学曾功代其位",又与梅国桢不合。当梅国桢上疏论劾前线文武"不能协和"时,恰巧叶梦熊先有"蜚语"奏入,神宗因而震怒,于是将总督魏学曾落职逮问,改以叶梦熊更代执掌陕西三边军务④。按照以上记载可知,督臣与抚臣之间的矛盾是魏学曾被谴的最直接缘由。由于梅国桢亲魏而疏叶,因此梅氏神道碑的记载有很强的贬叶色彩。不过,明人也有"宁夏之功,说者以为叶、李实攘魏之功"⑤的认识,此亦可证宁夏战役中督抚相争的事实。

实际上,宁夏战役中官员相互抵牾的情况不仅见于魏学曾和叶梦熊之间。在叶梦熊继任三边总督后,叶氏与监军梅国桢二人也颇不协。钱谦益在梅国桢神道碑中还记曰,梅国桢监督武将李如松、麻贵等围攻宁夏镇城时,国桢设计劝降哱拜子哱承恩诛杀同党刘东旸、许朝而开门归附,叶梦熊闻之,急自灵州总督驻地赴宁夏城下攘功,"封赐剑,下令尽诛降者",于是官兵生俘已经归降的哱承恩,又围攻哱家宅邸,哱拜惶恐自尽,哱氏族党阖门焚死,侥幸活者也被擒获⑥。所谓叶梦熊杀降夺功一事,也见于沈德符《万历野获编》:

> 初哱承恩受围既久,乃请降于监军御史梅衡湘(国桢),亦许贷其命,

① [明]许弘纲:《群玉山房疏草》卷上《宁夏叙功疏》,《四库未收书辑刊》5辑第24册,第216页。
② 《明神宗实录》卷二五四,万历二十年十一月辛巳,第4728—4729页。
③ 《万历邸钞》,万历二十年壬辰卷,第687—691页。
④ [清]钱谦益:《牧斋初学集》卷六四《通议大夫兵部右侍郎兼都察院右佥都御史赠副都御史梅公神道碑铭》,第1499—1500页。
⑤ [明]许弘纲:《西夏叙功敬陈末议以重爵赏疏》旁批,[明]陈子龙辑:《明经世文编》卷四三〇《史许二公奏疏》,第4705页。
⑥ [清]钱谦益:《牧斋初学集》卷六四《通议大夫兵部右侍郎兼都察院右佥都御史赠副都御史梅公神道碑铭》,第1500—1501页。

且授以官,承恩欣然,斩刘东阳(即刘东旸)诸叛贼以献。既而督臣叶龙潭(梦熊)愧功非己出,决策诛之,遂俘之朝,寸磔于市。梅恨甚。[①]

不难看出,以上钱谦益、沈德符的记载对叶梦熊的评价过低,叶氏毕竟在战争后期有统筹全军的功劳,其擅杀之举也可谓事出有因[②],但这些记载仍反映出当时总督与监军矛盾之深。

另据万历二十年(1592)八月兵部题奏称"近闻宁夏诸将忌功不相下",神宗答曰:"宁夏讨贼无功,皆因主帅军令不肃,叶梦熊既受新命,凡军中俱受节制。"又着重强调:"监军专司监纪,无侵事权。"[③]同月,兵科给事中许弘纲奏言:"将心不齐,士气未振。督臣调度灵州,武臣当督战城下,乃诿其事于监军御史,且诸将咸受督臣节制,李如松何独不然。"又请如松当听督臣叶梦熊节制,梅国桢"但纪功罪,毋侵兵权"[④]。由此可见,总督叶梦熊与监军梅国桢二臣不协的同时,主将李如松也与总督文臣有所龃龉,而各武将之间亦"不相下"。在明代中后期,监军御史虽职在"记功之责,例主纠弹,不主荐举",但因身在军中,难免参与军事决策,乃至僭越军权[⑤]。从朝廷严命梅国桢"毋侵兵权"来看,国桢本身就有越权指挥的倾向,因此叶督、梅监二人产生争端,问题绝非只出在叶梦熊身上。另外,武将总兵李如松领"提督陕西军务"[⑥]职衔,体统甚高,本易与文帅相抗,李如松又系由梅国桢力荐获任[⑦],故更有可能亲近国桢而不听总督调遣。

综上所论,由于宁夏参战高级文武职官较多,指挥系统内部矛盾重重,导致文职主帅被中途更换,其余将帅也争执不已,延缓了战况进程,最后功虽成但赏亦难定。对此兵科给事中许弘纲总结道:

> (宁夏战役)陛下主之以总督矣,又为之聚二三都御史矣,庭遣一监军、一大将矣。当今岂患不多人,患人多而见未尽合耳。忌挠一旨,凛

①[明]沈德符:《万历野获编》卷一七《兵部·杀降》,第445页。
②当时哱承恩虽归降,但哱拜麾下仍有苍头甲兵可战,局势易生反复(见[明]瞿九思:《万历武功录》卷一《哱拜哱承恩列传》,《四库禁毁书丛刊》史部第35册,第453页)。
③《明神宗实录》卷二五一,万历二十年八月戊子,第4669—4670页。
④《明神宗实录》卷二五一,万历二十年八月辛亥,第4683页。
⑤[明]沈德符:《万历野获编》卷一九《台省·御史与边功》,第495页。
⑥《明神宗实录》卷二四七,万历二十年四月甲辰,第4602页。
⑦[明]梅国桢:《为叛丁悖乱异常时事万分可虑疏》,[明]陈子龙辑:《明经世文编》卷四五二《梅客生奏疏》,第4962页;[清]钱谦益:《牧斋初学集》卷六四《通议大夫兵部右侍郎兼都察院右佥都御史赠副都御史梅公神道碑》,第1500页。

若秋霜,孰敢不戒,然功名利誉之念,人皆有之,彼念封侯未卜,谁氏劳苦,莫辨功高,容或互相观望耳。[1]

但既然平哱之功足当封爵,又有世封黄榜高悬,朝廷就理应尽量勘定诸臣功过,制定出相对合理的封赏措施,以兑现信令,激劝后来。就宁夏战功的情况来看,也并非完全不能考量各臣功劳以分定赏赉。如许弘纲就曾分门别类陈奏平哱诸臣功劳高低:

> 则当叙灭贼之功、遏贼之功,萧如薰尚矣,来保之守灵州,李昫诸人之收复城堡,是其次也;退贼之功,李如松尚矣,麻贵之力战,董一元之捣巢是其次也……灭贼之功,原出叶梦熊独断,而诸将之乘机戮力,抑又其次矣。若诸偏裨自不得与大将齐衡,提督、总兵自不得与督臣并论,而总督、巡抚、监军三臣者,全军皆属驾驭,成则一体论功,正不必以某事某策分彼己、较低昂,此轻重之等也。[2]

而翰林院庶吉士陈懿典也提出过一个比较可取的封爵意见,即按照"荡平之首功,宜归于制府提衡"的原则,先复前任总督文帅魏学曾官职,以观后效,再量加后任文帅叶梦熊以流伯之爵,同时对监军御史及主要武将"重加恩荫",以"既不失朝廷悬令之初意,又不滥"[3]。不过,神宗最终只准总督叶梦熊、巡抚朱正色、监军梅国桢、总兵李如松、萧如薰等俱升官一级,荫一子锦衣卫指挥同知世袭,又命魏学曾以原官致仕[4]。对于此前的封爵赏格,神宗也仅下令"俟后有戡乱大功与封典合者,申明举行"[5],以了此事。这无疑反映出朝廷对封爵事务的消极态度。

(二)平播之功不封与明廷的消极封爵策略

相比宁夏不封尚有一定的客观原因,李化龙等平定四川播乱却不受封的情况则更说明当时朝廷对封爵的懈怠。

---

① [明]许弘纲:《群玉山房疏草》卷上《条陈兵事疏》,《四库未收书辑刊》5辑第24册,第184页。
② [明]许弘纲:《群玉山房疏草》卷上《宁夏叙功疏》,《四库未收书辑刊》5辑第24册,第215—216页。
③ [明]陈懿典:《陈学士先生初集》卷二八《宁夏讨逆叙功请慎加封爵议》,《四库禁毁书丛刊》集部第79册,第516页。
④ 《明神宗实录》卷二五九,万历二十一年四月丁亥,第4803页。
⑤ [明]茅瑞徵:《万历三大征考·哱氏》,《续修四库全书》史部第436册,第12页。

万历二十七年(1599),因播州土司杨应龙变起,兵部陈防播六议,其中有"悬格赏"一条,言:"应龙背逆,华夷共愤,请悬购募之令,无论吾人、土人,有杀贼立功者,或宠以世爵。"神宗命"俱如议",仍令兵部明白开列擒斩播酋的封赏条例,以"风示天下"。兵部随即复条议,"凡汉人、土人,或擒斩应龙父子,或斩将破敌,各以轻重,定封爵有差",遂通行颁示①。这里提出的封爵条件,并不拘泥于擒杀"元恶"杨应龙本人,而是兼及其子,并参考其他战功,其实叙功标准较宽。

万历二十八年,总督军务兵部侍郎李化龙平定播州之乱,应龙自缢,其子被俘,化龙于是上报文武官员功罪,兵部覆议播功,但未论及封爵之事②。此后,神宗一直拖延赏功之事不报,以至阁臣沈一贯上揭帖催促神宗早作决策③。至万历三十二年九月底,神宗终于下旨内阁:

> 平播功大,乃是平定一国,开疆展土,奇勋懋绩,如何题叙升赏内无一当封侯、伯世爵?使朝廷威镇华夷,激劝大典不尽宣扬,何以显忠劳之臣,血战之将?……先生每可体朕意,详拟改票来看。④

显然,神宗突然意识到前有播功封爵之信令理应兑现,故特下此谕。辅臣沈一贯等于是进票拟云:

> 诚如圣谕,委应从厚升赏,惟是遍查旧例,如宣德九年平松潘功,总兵官方政止加升左都督;成化三年平都掌蛮功,提督程信止加兼大理寺卿;万历二年平九丝蛮功,巡抚曾省吾止加升侍郎,总兵刘显止加升都督同知。此皆四川最著军功,并未有封侯、伯世爵者。若近年总兵官李成梁封宁远伯,则辽东虏功与苗蛮功不同,又系积功累级,历十数年而后得,非以一次大功便与封爵。且成梁系一身独将,非有二三同事也。今播功虽大,而在事各官有一总督、三巡抚、五总兵,俱同功一体之人,众擎易举之事,概行封拜,人将谓之滥,择一特加,人又谓之偏。以故众议谓封爵未甚合例,众功难又尽封,不若于原拟升赏上各加优厚,使与

---

①《明神宗实录》卷三三七,万历二十七年七月乙亥,第6254、6255页。

②[明]李化龙:《平播全书》卷五《叙功疏》,《续修四库全书》史部第434册,上海,上海古籍出版社,2002年,第420页。

③[明]沈一贯:《敬事草》卷一五《催播州、皮林叙功本揭帖》,《四库全书存目丛书》史部第63册,济南,齐鲁书社,1996年,第459页。

④[明]李化龙:《平播全书》卷五《叙功疏》,《续修四库全书》史部第434册,第484页。

者、受者于心皆安……督臣李化龙原拟加太子太保，今改拟加少保，原拟世荫指挥佥事，今改拟指挥使。总兵刘綎原拟复官，陈璘原拟加右都督，今俱改拟升左都督，仍将原荫副千户俱改拟指挥使……夫文官至少保，已列公孤之尊；武职至左、右都督，可称侯、伯之亚。而荫至挥使，世世承袭，与国同休，抑又邻于勋爵之崇。似此恩典极为优异，近年宁夏、朝鲜、松山诸功，皆未有此，足以播之青史，夸之外夷，传之天下，后世为不朽之大业，昭代之盛举矣。①

神宗接到内阁揭帖后基本同意阁臣所奏，未再生册封之意②。

若仔细推敲，内阁所奏种种不加册封的理由并非完全成立。第一，按照《明会典》定制，征战功以擒斩北虏为首，辽东女真次之，西番及苗蛮又次之③，沈一贯等广引前代四川军功事例，得出"并未有封侯、伯世爵"的结论，这大体符合事实。不过，成化三年（1467）平四川都掌蛮后，朝廷虽未开世爵之封，但却封晋了总兵襄城伯李瑾为流侯，游击将军都督罗秉忠为顺义流伯④。而万历朝平杨应龙之役的战争规模及功绩又大于成化朝都掌蛮之战，且播州战前特设封爵信令，因此即便比照平都掌蛮功，播州之功也完全足当流爵之赏。只不过沈一贯对这些事实皆回避不谈。第二，沈一贯所谓"众功难又尽封"的问题也不是不能解决。明廷此前就有并封一次战役中多名大臣的成例。如正统朝录征阿台诸臣时，战功最著的西路副总兵蒋贵被封为定西世伯，战功稍欠的中路总兵任礼与东路副总兵赵安分别被封宁远、会川流伯⑤。又如正统朝平定云南麓川时，英宗一并加封总督兵部尚书兼大理寺卿王骥为靖远伯，总兵定西伯蒋贵为定西侯⑥。平播战役参战指挥官虽较多，但明廷完全可以参酌前朝故事，细考诸臣功资高下以并封两三名贡献最大

---

① [明]沈一贯：《敬事草》卷一六《论播功难封拜揭帖》，《四库全书存目丛书》史部第63册，第504—505页。

② [明]沈一贯：《敬事草》卷一六《论播功难封拜揭帖》，《四库全书存目丛书》史部第63册，第505页。

③ 万历《明会典》卷一二二《兵部六·功次》，第631页。

④ 《明宪宗实录》卷五七，成化四年八月己酉，第1168页；《明功臣袭封底簿》卷二《顺义伯》、卷三《襄城伯》，第305—306、492—493页。按，馆本《明宪宗实录》此条阙载罗秉忠封爵一事，根据抱经楼本补（见《明宪宗实录校勘记》卷五七，第207页）。

⑤ [明]钱溥：《定西侯泾国武勇蒋公神道碑》，《皇明名臣琬琰录》卷一四，周骏富辑：《明代传记丛刊》第43册，第475页；《明功臣袭封底簿》卷二《宁远伯》《会川伯》，第268—269、346页。

⑥ 《明英宗实录》卷九二，正统七年五月丁亥，第1871—1872页。

的平播文武将帅。第三，所谓"文官至少保，已列公孤之尊；武职至左右都督，可称侯、伯之亚"，以及荫子指挥使"又邻于勋爵之崇"的说法，更枉顾勋爵列正一品之上，在身份、地位等方面与一般职官截然不同的制度性区别，纯系诡辩。

根据茅元仪的说法，当时神宗对播州升赏事宜"久不报"，大臣"不测圣意"，但"一日忽传圣谕，谓爽约之非"，于是沈一贯询问元仪父工部郎中茅国缙的意见，国缙"以为当行圣意"，但沈一贯执意不可 [1]。沈一贯等阁臣有可能为了维护自己最高文职大臣的地位而阻拦册封李化龙等文臣，但朝廷无信于报功之约，又不能完全归咎于一贯诸臣。自嘉靖朝始，明廷久不封勋爵，这甚至形成一种为朝野上下默认的惯例。若非神宗亲自提出播州功臣应大封，兵部只能一如东事、哱拜例，对爵赏之约避而不提。但神宗拖沓怠政又大权独揽，决策反复无常，臣下难以揣测其真意。与此同时，沈一贯等阁臣"软熟"而无策，谨慎而不敢有所展布，在这种情况下，封爵大典更不易轻开。

"万历三大征"的获胜皆有"削平僭乱"乃至"开拓疆土"的社稷大功意味，即使不立赏格，总督、总兵诸臣按大功旧制封拜爵赏，亦不为过。反倒是赏格本属一时特命，本应作为封爵制度的辅助机制来运行，但这些悬赏又屡屡无信，蜕变为一种虚夸的政治姿态。对此秕政，茅元仪进一步批评道：

> 至今建州之役，悬国公之赏，而人莫敢信也。顷上谕督师袁崇焕曰："封侯之赏，朕不敢吝。"当亦未知旧悬格耳，然人意得伯即不爽矣。悬格而负之，国家第一秕政也。[2]

这里提到的"建州之役，悬国公之赏"，是指天启二年（1622）熹宗谕兵部仍悬示赏格，准吏民有能建立奇功，"擒获奴酋者封公，获酋子者封侯，俱予世袭"，如能擒获努尔哈赤部下各头目及叛逆渠魁，"亦准封伯" [3]。天启五年三月，太仆寺卿黄运泰进一步上"破格悬赏"之请，其中明示，一应文武官员，有能歼灭努尔哈赤克复辽阳者，"准照云南黔国例，晋封国公，世守辽阳"；若

---

① [明]茅元仪：《掌记》卷二，《四库禁毁书丛刊》集部第110册，第372页。
② [明]茅元仪：《掌记》卷二，《四库禁毁书丛刊》集部第110册，第372页。
③ 《明熹宗实录》卷一八，天启二年正月癸亥，第936页。

有侠士、刺客之流"能潜购奴酋,归献疆土者,其世爵、封土亦如之"①。相比以前泛泛封爵或封侯、伯之令,此次具体到"国公世镇"的奖励,更显特异,当然也是更难兑现的一纸空文。至明亡之前的崇祯十六年(1643)六月,思宗仍在悬立赏格,以"万金、爵通侯"购李自成,以"五千金、官极品仍世锦衣卫指挥使"购张献忠②,而此时的封爵承诺已经完全不可能兑现了。

三　李成梁得封的特殊性

晚明唯一一次正式的军功封爵,是万历七年(1579)加封辽东总兵李成梁为宁远伯,八年入世袭。此例也被沈一贯等援引,作为反对册封播州功臣的理由。李成梁的封爵确属特例,他臣难以企及。

李氏多次在辽东独立指挥阻击战,"积功累级,历十数年而后得"③爵,其"武功之盛,二百年来未有"④。成梁自隆庆四年(1570)十月升署都督佥事任总兵官⑤,封爵前连续总镇辽东八年,历有战功。据时人统计,成梁于万历二年(1574)以东州之捷升左都督,三年以沈阳之捷加太子太保,六年以辽河之捷加太保,七年凭海州之功加封伯爵,八年因鸭儿匮之捷加世袭伯爵⑥。其中,万历六年在劈山、海州、团山等地抗击泰宁速把亥及土蛮诸部的大举入犯,前后斩首超过千级⑦,是李氏被封爵的直接原因。

万历五、六年间,土蛮部落屡犯辽东,至万历六年正月,土蛮集结大军突逼劈山一带,"欲拆墙深入",辽东主帅李成梁亲率明军迅速拦截,大败犯敌,"在阵斩获首级四百三十五颗,内酋首五颗",收获牛马器械无算,明军仅阵亡一名,伤二百五十九名。此次劈山阻击战获胜后,蓟辽督抚向朝廷奏捷,

---

① 《明熹宗实录》卷五七,天启五年三月丁巳,第2614页。
② 《崇祯实录》卷一六,崇祯十六年六月丁丑,第480页。
③ [明]沈一贯:《敬事草》卷一六《论播功难封拜揭帖》,《四库全书存目丛书》史部第63册,第504页。
④ 《明史》卷二三八《李成梁传》,第6190页。
⑤ 《明穆宗实录》卷五〇,隆庆四年十月庚子,第1249页。
⑥ [明]赵志皋:《内阁奏题稿》卷四《题边功爵赏》,《续修四库全书》史部第479册,第48页。
⑦ [明]瞿九思:《万历武功录》卷一二《速把亥列传》,《四库禁毁书丛刊》史部第36册,第218—219页。主导这几次入犯的泰宁部酋长速把亥"频岁犯辽,迄无宁日",乃万历朝一大边患。据《万历武功录》云:"嘉、隆以来,(辽左)房患何岁亡之,甚至杀大将军如艾草菅。甚哉,速把亥之为祸首也。"可知泰宁部为患东边之厉(见[明]瞿九思:《万历武功录》卷一二《速把亥列传》,《四库禁毁书丛刊》史部第36册,第222页)。

当时兵部覆奏就认为,此战战果已可与成化朝王越威宁海子捣巢之大功相媲美,与近期辽东诸战绩相比也"尤为奇特",兼之李成梁此前积累"节年功次已及数千",故拟请"大破赏格",加封成梁为勋爵[①]。再查时任内阁大学士张居正的奏议,称李成梁"出边二百余里,斩获四百三十","使东胡破胆,顿消窥伺之谋,西虏惊心,益谨款关之约,诚该镇百余年间未有之奇勋也",又云"有非常之功者宜受非常之赏,今该镇捷报实为非常,俟兵部题覆本上,臣等谨遵谕,拟赏悉从优厚"[②]。但正式发旨的时候,神宗只准加李成梁太保兼衔[③],并未立即封爵。这应该是由于明廷已半个世纪未尝册封勋臣,因此首辅张居正等阁臣也未敢轻拟再开封典。

至万历六年(1578)年末,李成梁又在海州、团山等地领军杀败大举进逼的土蛮等部三万余众,斩擒八百八十四名,战绩更超过劈山之功。于是蓟辽总督梁梦龙、辽东巡抚周咏即刻奏报请功,疏中再次建议朝廷重开爵赏:"请比先朝刘江之封广宁伯,以倭首七百级;曹义之封丰润伯,施聚、焦礼之封怀柔伯、东宁伯,亦不过以首虏四五百级。而况成梁先时击破逆杲,斩首捕虏至一千二百余级。今北虏一级,已足倍东虏,宜加封爵。"[④]转年,即万历七年正月,兵部接蓟、辽奏报后认为,辽东一战"使三万之寇狼狈败遁,既收功于塞外,及保全乎境中,为谋已奇,其功甚伟",甚至将此战与朱元璋"肇运逐胡"及朱棣"犁庭扫穴"的武功相比拟,有"二百年来,仅有此捷"之赞誉。兵部继而建议皇帝将此捷报"荐告郊庙,播谕中外,庶几慑夷酋之胆"[⑤]。神宗特喜,于是在皇极门宣捷,并特遣英国公张溶祭告郊庙[⑥]。万历七年四月,正在荆州丁忧的首辅张居正接到兵部差官递送的神宗圣旨,令其详议辽东大捷军功,居正奏曰:

> (辽东)该镇文武诸臣协心用命,功委可嘉。圣谕欲加厚赏,诚不为过……如总兵李成梁,素称忠勇,屡立奇勋。前次劈山之捷,该部议加

---

① [明]项笃寿:《小司马奏草》卷三《题为恪遵明旨仰仗天威飞报主将御虏非常奇捷事》,《续修四库全书》史部第478册,上海,上海古籍出版社,2002年,第583—585页。

② [明]张居正:《张太岳集》卷四二《辽东大捷赐免加恩疏》,第530页。

③ [明]项笃寿:《小司马奏草》卷三《题为恪遵明旨仰仗天威飞报主将御虏非常奇捷事》,《续修四库全书》史部第478册,第586页。

④ [明]瞿九思:《万历武功录》卷一二《速把亥列传》,《四库禁毁书丛刊》史部第36册,第219页。

⑤ [明]项笃寿:《小司马奏草》卷六《题为北虏大举入犯仰仗灵威主将奋剿大捷事》,《续修四库全书》史部第478册,第669页。

⑥ 《明神宗实录》卷八三,万历七年正月戊辰,第1751页。

封爵，臣欲留此殊典，以待后功，故未敢拟。今次大捷，伊虽未尝亲历战阵，而号令调度，实由主将，论功行赏，乃宜首叙，似应量加流爵，以劝功能。①

这次在张居正的全力支持下，成梁得以膺封宁远伯流爵。

综上所述，就李成梁万历六年（1578）一年劈山、团山等战的斩获首虏数量而言，就已超过前朝久镇辽东封爵的丰润伯曹义、怀柔伯施聚和东宁伯焦礼三人的积首数②；又不亚于永乐朝以一次杀败倭寇大功获封广宁伯的刘荣的斩获数③。而且李成梁指挥各战的规模与战略意义也非同小可，极大程度上遏制了土蛮、泰宁等部对辽东的威胁。若以累功标准而论，李成梁本身也有以都督、总兵职衔镇守辽东将近十年的资历，累年所积首虏数量无疑更多。因此无论比照大功还是累功之例，李成梁已至不可不封的地位。

另外，主持大政的内阁首辅张居正虽然在万历六年年初未轻拟册封李成梁，但大赏李氏显然也在他的布划之中。张居正料理边务，全依仗辽东李成梁、蓟镇戚继光，视二将为己之心腹，国之干城。张居正在给辽东巡抚周咏的信函中曾明言，对李成梁"奖提爱护，意固不为不厚"④，而李、戚对张居正亦颇为恭顺，自称"门下沐恩小的"⑤。因此李成梁、戚继光二人在边关可相对独立行使指挥权，较少受到督抚文臣的节制，蓟、辽督抚文臣也能配合为李成梁奏请功赏。可以说，当时与李成梁条件相仿，可待爵命的大将只有戚继光，但继光的边功又实难与李成梁相侔。因为戚氏筹边主防御，"蓟镇墙台之严"其却蒙古部落"窥伺之心"，蒙古诸部故转而"年年犯辽如水"⑥，反使得李成梁有机会屡立战功。成梁本人又圆滑善媚，"中外要人，无不饱其重赇"，甚得朝士欢心⑦。戚、李二人之外，别无将帅既有实功，又得当权者深遇，自然无沾爵禄之幸。

值得注意的是，李氏在一年之内两立重大战功，斩获俘虏超过千数，又

---

① [明]张居正：《张太岳集》卷四二《奉谕拟辽东赏功疏》，第540页。
② 正统、景泰、天顺朝任辽东总兵的曹义及副总兵施聚、焦礼三人虽无重大军功，但在天顺朝以久镇超二十年，累功封伯爵。三人履历，见本书第五章第三节的相关论述。
③ 《明太宗实录》卷二二四，永乐十八年四月戊午，第2206—2207页。
④ [明]张居正：《张太岳集》卷三〇《答辽东周巡抚》，第375页。
⑤ [明]沈德符：《万历野获编》卷一七《兵部·武将自称》，第452页。
⑥ [明]杨兆：《为北虏大举入犯仰仗天威恭报主将奋剿大捷疏略》，[明]刘效祖：《四镇三关志·辽镇制疏》，《四库禁毁书丛刊》史部第10册，北京，北京出版社，2000年，第409页。
⑦ 《明史》卷二三八《李成梁传》，第6190页。

有多年积累的战果,但他凭此超迈前人的勋绩,辅以朝中重臣的支持,也不过先封流伯,这恰恰反映出当时封爵的条件异常苛刻,已至一般大臣不可企及的程度,这显然并不合理,由此也可见明廷消极封爵的方略依旧延续。

李成梁封爵之例一开,其后朝臣便有继封辽东边将之请,但难再获准。万历二十二年(1594),时任辽东总兵董一元率众在镇武堡大败入犯的土蛮、泰宁诸部大军,斩首四百余,迫使蒙军一夜奔逃,"天明然后驻马聚哭",有"非三五年后,败气未易复"[1]之创。更重要的是,明朝劲敌、泰宁部故酋速把亥仲子把都儿在此战中被伤,不愈而死[2],此役之后,泰宁为患辽左的势头被进一步遏制。万历二十三年,辽东巡抚李化龙上报军功,恳请朝廷超封董一元,其奏云:

> 镇守总兵董一元,精忠天日为昭……考辽东自隆、万以来,虽首功多有,而境内斩获实未有若此之多。即先朝如曹义、焦礼、施聚,皆以辽东剿虏封拜,其斩获亦未踰四百以外。况今日之辽乃垂亡之际,而今日之战遂能决辽左存亡之机。即臣等始愿,亦不及此,大将劳绩,委为异常。所当查照令甲,加爵锡荫,以酬殊勋者也。[3]

兵部覆论此功时,也认为董一元"既树非常之功,当加非常之典",拟照先朝曹义、焦礼、施聚三臣典例,加封董一元伯爵不世袭。该奏下大学士赵志皋等议,内阁票拟为:

> 此兵部鼓舞边将,作其忠勇,封一人而可以兴起各边将臣也。臣等窃思,封拜大典,朝廷殊恩,三臣(指曹义、焦礼、施聚)旧例未及远考,近年以总兵封伯爵者,惟李成梁一人,然查其封伯缘由,皆有历年功次,非止一朝……董一元初镇辽东,遂奏奇捷,平定辽隔,委当重酬,然岁非屡积,功犹可待,遽加封典,似觉稍骤。臣等欲遽依兵部所拟,恐非朝廷慎重封典之心;欲不依其所拟,恐失兵部激励将臣之意。昨日兵部到臣朝房商榷,原有两拟:一照李成梁东州叙功,升左都督加太子太保;一照李

---

[1] [明]李化龙:《抚辽疏稿》卷一《镇武大捷疏》,《四库禁毁书丛刊》史部第69册,北京,北京出版社,2000年,第29—31页。

[2] [明]瞿九思:《万历武功录》卷一二《卜言兔卜言把都儿列传》,《四库禁毁书丛刊》史部第36册,第231页。

[3] [明]李化龙:《抚辽疏稿》卷一《镇武大捷疏》,《四库禁毁书丛刊》史部第69册,第31—32页。

成梁海州叙功,封伯爵。臣等窃思,封爵大典,原系特恩,非臣等所敢轻拟,谨具二拟并原本封进,请自上裁。[1]

神宗最后同意后一种方案,升董一元为左都督,加师保衔[2]。

万历中期以后,辽东危机已渐显露,因此辽抚李化龙特请再开封典以振奋士气。显然,化龙及兵部官员意识到李成梁封爵的独一性,故在请封董一元时有意避开这一近例,转而追引明中期丰润伯曹义、东宁伯焦礼、怀柔伯施聚故事。不过,董一元镇武堡之捷虽可称伟,但他于万历二十二年(1594)当年方充辽东总兵[3],在镇年资尚不能与焦礼、施聚等久守辽边二十年的老将相俦。另外,李成梁在一年之内取得两次重大战捷,又总镇辽东将近十年的近例事实上已形成最新的封爵标准,因此阁臣票拟时也不敢轻易避之不言。可以说,阁臣赵志皋等对董一元叙功的拟议谨慎不敢有所为,但其暂缓封爵之请也有一定的依据。董一元已有此次重大功勋,又被朝廷视为"犹可待"之将,足以具备进一步争取爵赏的资本,但他嗣后充御倭总兵官出征朝鲜,却因出师不利而被罢夺宫保职[4],彻底失去了受爵机会。这进一步印证,若无李成梁所具备的特殊综合优势,臣子几乎没有可能在万历时期得一爵禄。

四　崇祯朝及南明诸政权对武将的激封

军功封爵作为国之重典,有两大实际功能,一是为激励武将进取,二是为维护皇朝礼法及等级秩序,可谓皇权统治的重要基础之一。在晚明国难当头之际,爵制的激励功用更为凸显,这也是督抚、兵部力请加封董一元的根本原因。由于明代中后期勋爵册封基本停滞,正如前引沈一贯等所言,大臣以军功"荫至挥使,世世承袭",已经"临于勋爵之崇",因此明廷实在一定程度上以荫子锦衣卫世袭替代封爵。这本是国家原设体制的萎缩与制度的倒退,而不应轻易地引以为律。复社名士陈子龙认为:"乃知汉貂零落,非多

①[明]赵志皋:《内阁奏题稿》卷四《题边功爵赏》,《续修四库全书》史部第479册,第48页。
②《明神宗实录》卷二八二,万历二十三年二月辛酉,第5221页。
③《明神宗实录》卷二七三,万历二十二年五月壬寅,第5068页。
④《明史》卷二三九《董一元传》,第6214页。

不赏之功,楚印摩挲,岂尽数奇之士也。"[1] 他以楚汉故事来讽刺本朝皇帝不封爵禄的吝啬行为。

皇帝过于吝惜爵赏,无疑会使得大臣丧失为国效忠的进取心,这非但不利于皇朝统治的巩固,反而有自掘统治根基的隐患。茅元仪指出:"嘉靖以来,并以摹斩功开国者亦寡矣,封爵日难,建竖亦日少,国家乌得中兴乎。"[2] 针对此秭政,陈子龙曾提出补救措施:

> 今欲天下奋智亡身,趋功名,为天子去所恶,则莫若轻封爵赏矣……今天下之患,人轻上位而意无求进。圣王设所慕以系其心,以其事异而名重也。夫爵,权物也,滥则重之,以示有尊也;旷则轻之,以示能臻也。今则其旷之时也……今若少轻之若汉法,人且毕奋。[3]

他进一步建议,罢去各种虚衔,复子爵与男爵,合公、侯、伯为五等,以此大力嘉奖武将,激发他们与国休戚的责任感[4]。陈氏的一人之见当然不可能被朝廷所采纳,且单凭更改爵制,也无法挽救明朝。

至崇祯朝,面对内外交困的局势,思宗开始醒悟,试图以战时紧急封爵的方式激励武将为国效力。按《崇祯实录》的说法,崇祯二年(1629),后金兵抵北京城下时,思宗急赐入援的总兵满桂玉带、貂裘,并加封东平侯[5]。满桂封侯之说并不见于其他明末清初史料,桂在崇祯二年又很快战死,故其膺爵的细节并不清晰。不过,《崇祯实录》系清初预修《明史》时编辑[6],所记应有根据。崇祯十七年三月,李自成农民军进逼北京,思宗又仓促加封辽东总兵官左都督吴三桂为平西伯,平贼将军总兵左都督左良玉为宁南伯,蓟镇总兵右都督唐通为定西伯,凤泸总兵左都督黄得功为靖南伯,"各给敕印",其余镇守武职如山东总兵刘泽清、江北总兵刘良佐等也有升职[7]。

明代此前也曾有先封武将勋爵,再待其立功扶保社稷的先例。如"土木之变"后瓦剌大军进逼北京,监国郕王加封在军中尚未破敌的北京守将石亨

---

①[明]陈子龙:《陈子龙全集·陈忠裕公全集》卷二五《〈仁宣以来侯者表〉序》,第771页。
②[明]茅元仪:《掌记》卷四,《四库禁毁书丛刊》集部第110册,第384页。
③[明]陈子龙:《陈子龙全集·陈忠裕公全集》卷二二《五等诸侯论》,第706—707页。
④[明]陈子龙:《陈子龙全集·陈忠裕公全集》卷二二《五等诸侯论》,第707页。
⑤《崇祯实录》卷二,崇祯二年十一月丁亥,第64页。
⑥谢贵安:《睿宗、崇祯及南明诸朝〈实录〉纂修考述》,《史学史研究》1999年第2期。
⑦《崇祯实录》卷一七,崇祯十七年三月壬辰,第531页。

为武清伯、宣府守将杨洪为昌平伯以作激励[1]。景帝之封对鼓舞士气、激励明军击退瓦剌有一定的作用，但崇祯十七年（1644）的战时封爵已不能救大厦于将倾。思宗加升吴三桂等人官爵后，随即诏他们率师入京，然而吴三桂、刘泽清皆不奉诏，唯有唐通入卫，思宗故命其与太监杜之秩守居庸关[2]。

正统十四年（1449）与崇祯十七年（1644）明朝面临的整体形势有根本区别，仅从战争决策与封爵制度合理性的角度而论，相比景帝的战时之封，思宗的封赏确实更显盲动失当而缺乏实际意义。景帝之所以特册封石亨、杨洪二人，是因为此二将均是当时北京城防最关键的人物。石亨正在京师城内主持防务，随时披甲以待与瓦剌鏖战，杨洪在瓦剌背后坚守宣府孤城，也做好了策应北京的准备。相比之下，思宗不考虑现实情况，一并册封辽东吴三桂、武昌左良玉、蓟镇唐通、江淮黄得功四人，四人中仅唐通驻防地离京师较近，吴三桂身处山海关外，左良玉、黄得功更远在千里，很难及时进京勤王。另外，景帝加封石亨、杨洪时，勋爵制度作为明代大臣最高嘉奖体系尚能运行正常；石亨、杨洪不拘常格跻身贵胄元勋行列，自然会奋力疆场，衷心报国。但思宗册封吴三桂等人时，明代封爵信令颁授无章，勋爵制度长期停滞，难以再起到感召武将的作用，吴三桂等业已对明廷的空头承诺丧失信心，他们拥兵鼠首，早生二臣之心。

甲申三月十七日，农民军包围北京，早朝时崇祯皇帝召对诸臣，文武百官皆"束手无策，相向不能对，或泣下"，朝中有大臣认为刘泽清宜封东平伯，皇帝默而不应[3]。据谈迁《国榷》记载，当时又有左谕德杨士聪、卫胤文对阁臣云："左良玉、吴三桂俱封，而遗刘泽清，且临清地近，可虞也。"于是阁臣上揭帖，思宗最终封泽清为东平伯[4]。对此，《崇祯实录》亦有朝廷"封刘泽清东平伯"[5] 的记载。不过，据《明季南略》转引南明弘光朝大学士史可法请设四镇奏议，有"（高）杰、（刘）泽清、（刘）良佐似应封伯"[6] 之言，明指刘泽清当时并未膺爵，其说与《国榷》等书的记载相异。查史可法文集所录《议设

---

① 《明英宗实录》卷一八一，正统十四年八月壬申；《明功臣袭封底簿》卷一《昌平侯》，第138—139页。
② ［明］文秉：《烈皇小识》卷八，《中国历史研究资料丛书》，上海，上海书店，1982年，第229页。
③ 《崇祯实录》卷一七，崇祯十七年三月乙巳，第540页。
④ ［明］谈迁：《国榷》卷一〇〇，思宗崇祯十七年三月丙午，第6042页。
⑤ 《崇祯实录》卷一七，崇祯十七年三月丙午，第543页。
⑥ ［清］计六奇：《明季南略》卷一《史可法请设四镇》，北京，中华书局，1984年，第26页。

四藩疏》原文,亦未具体提及四镇封爵之事①。另据《烈皇小识》,崇祯十七年
(1644)三月,刘泽清不顾朝廷北援保定之命,大肆徇略临清后继续南下劫
掠②。故泽清在崇祯朝大概未正式接到封爵敕命即仓皇南奔,这同样反映出
爵赏已失去激励武官的作用。

相比嘉靖、万历年间的久不加封,崇祯朝的激封可谓反弹性的制度畸
变。在北京沦陷之前,明廷原有的军政体制已近失序,各地武将本容易拥兵
自重,而思宗的草率加封更直接埋下弘光朝四镇割据的隐患。弘光新立后,
继承崇祯遗政,晋封退守长江、淮河一线的黄得功为侯爵,又册封刘良佐为
广昌伯,高杰为兴平伯,加上刘泽清,时称“四镇”。左良玉亦加封侯爵,镇守
武昌。但这些武将并不以江防为能,而是挟势争权,频生内乱,加速了弘光
政权的败亡,此学界所共知。弘光朝甚至遥加已经投降清朝的吴三桂为“蓟
国公”③世袭,又封远在福建的郑芝龙为“南安伯”④。这些封拜有名无实,仅
为表现安边抚远的姿态。

弘光以降的南明诸朝廷皆延续崇祯朝的激封故政,频频册封武将以为
拉拢,导致封爵机制大乱,公、侯、伯爵甚为轻滥。战功之外,当时大凡归附、
定策者例推恩加爵,如隆武帝被郑芝龙拥戴入闽后,郑氏“族戚部将封侯者
伯者十余人”⑤。大规模的加封在南明最后一个政权永历朝表现得最为突出,
可知当时形势之危乱,朝政之荒率。如湖南守将杨国栋虽被封为武陵伯,但
未入朝受拜,仅能领“空头”⑥敕书。另如马进忠、曹志建以麻河功加封鄂国
公、永国公后,永历诸帅无不享公爵⑦。永历朝廷甚至打破异姓大臣生前不许
封王的祖制,加封多名武将为亲王、郡王。因南明受封者过多,故笔者仅制
表胪列鲁王、隆武、永历三朝封公爵以上武将的概况,以为示意(表9):

① [明]史可法:《史忠正公集》卷一《议设四藩疏》,《续修四库全书》集部第1387册,上海,上海古籍
　　出版社,2002年,第170页。
② [明]文秉:《烈皇小识》卷八,第230页。
③ [明]陈洪范:《北使纪略》,扬州,广陵古籍刻印社,1990年。
④ 《弘光实录钞》卷二,第213页。
⑤ [清]温睿临:《南疆逸史》卷五四《列传第五十·杂传·郑芝龙》,北京,中华书局,1959年,第
　　423页。
⑥ [明]王夫之:《永历实录》卷一〇《曹杨张列传》,长沙,岳麓书社,2011年,第439页。
⑦ [明]王夫之:《永历实录》卷一〇《曹杨张列传》,第438页。

表9　鲁王、隆武、永历各政权公爵以上勋臣表

所封官员	履历	爵号	资料出处
郑遵谦	浙江人,山西佥事郑尹子,举兵反清,拥立鲁王监国。	鲁王封义兴伯,晋侯爵,一说终加公爵。	《鲁之春秋》卷二一《勋卫一·郑遵谦》,《鲁春秋·监国纪》。
方国安	贵阳人,崇祯时为总兵,弘光时镇池口,迎鲁王监国。	鲁王封镇东侯,晋荆国公(一说越国公)。	《鲁之春秋》卷二一《勋卫一·方国安》,《鲁春秋·监国纪》。
王之仁	巴陵人,崇祯时为松江总兵,弘光朝调宁绍总兵,迎鲁王监国。	鲁王封武宁侯,晋定国公(一说兴国公、宁国公)。	《鲁之春秋》卷二一《勋卫一·王之仁》,《浙东纪略》,《鲁春秋》。
郑芝龙	南安人,攻剽海中,崇祯时受招抚,累官都督、总兵,迎隆武帝入闽。	弘光朝封南安伯,后以拥戴隆武帝晋平虏侯,终加平国公。	《思文大纪》卷一,《南疆逸史》卷五四《列传第五十·杂传·郑芝龙》。
郑鸿逵	芝龙异母弟,中武进士,弘光时充总兵守江口,迎隆武帝入闽。	弘光朝封靖虏伯,隆武朝晋定虏侯,终加定国公。	《南疆逸史》卷五四《列传第五十·杂传·郑鸿逵》。
郑成功	郑芝龙子。	隆武朝封忠孝伯,永历朝加封延平王。	《思文大纪》卷一,《南疆逸史》卷五四《列传第五十·杂传·郑成功》。
郑彩	郑芝龙从子,迎鲁王入闽。	隆武朝封永胜伯,鲁王封建国公。	《鲁之春秋》卷二二《勋卫二·郑彩》。
焦琏	原平蛮将军杨国威中军参将。	永历朝封新兴伯,后晋新兴侯,终宣国公。	《永历实录》卷八《焦胡列传》。
马进忠	本陕西"群盗",后降于总兵左良玉,累功都督同知、副总兵。	永历朝封武昌伯,后晋武昌侯、鄂国公,终汉阳王。	《永历实录》卷九《马卢二王列传》。
王进才	故李自成别部,弘光朝投降湖广总督何腾蛟。	永历朝封襄阳侯,晋襄国公。	《永历实录》卷九《马卢二王列传》。
曹志建	南京人,少落魄,初应募隶湖广巡抚方孔炤军中,累官副总兵。	永历朝封保昌伯,后晋保昌侯,终永国公。	《永历实录》卷一〇《曹杨张列传附》。
金声桓	本陕西"群盗",后总兵左良玉,又降清为江西提督,寻"反正"归附永历朝廷。	反正时自封豫国公,得到何腾蛟承认,永历帝又封其为昌国公,后从其原豫国公爵位。	《永历实录》卷一一《金王李陈列传》。

续表

所封官员	履历	爵号	资料出处
王得仁	本陕西"群盗",归附金声桓。	与金声桓归降南明时自封建武侯,后为永历朝承认,终晋建国公。	《永历实录》卷一一《金王李陈列传》。
李成栋	陕西宁夏人,本"起群盗",后就淮镇降,累官总兵官都督同知,再降清为广东提督,又归附永历朝廷。	永历朝封惠国公。	《永历实录》卷一一《金王李陈列传》。
王祥	四川督师王应熊苍头,以受应熊宠信官副总兵,领其军。	永历朝骤封忠国公。	《永历实录》卷一二《王杨皮列传》。
皮熊	四川人,行伍出身,累官副总兵、贵州提督军务。	永历朝封匡国公。	《永历实录》卷一二《王杨皮列传》。
高必正(高一功)	陕西米脂人,初从李自成起兵,后为清军挫,降湖广总督何腾蛟。	永历朝封郧国公。	《永历实录》卷一三《高李列传》。
李赤心(李过)	李自成族子,高必正外甥。	永历朝封邓国公。	《永历实录》卷一三《高李列传》。
孙可望	张献忠养子,献忠死,率其余部,自封东平王,后归附永历朝。	胁迫永历帝,自封秦王,欲以此篡夺皇位。	《小腆纪传》卷六五《列传五十八·逆臣二·孙可望》。
李定国	陕西榆林人,张献忠养子,随孙可望入滇,归附永历朝。	永历朝初封国公,因驱除孙可望封晋王。	《永历实录》卷一四《李定国列传》。
刘文秀	张献忠养子,自封抚南王,随孙可望入滇,归附永历朝,孙可望命其镇守云南,后从李定国抗孙可望。	永历朝封南康王,晋蜀王。	《小腆纪传》卷三七《列传三十·刘文秀》。
白文选	从张献忠"为盗",随孙可望入滇,归附永历朝,后从李定国抗孙可望。	永历朝封巩国公,加巩昌王。	《明季南略》卷一四《续孙可望据云贵事》。
王尚礼	张献忠旧部,随刘文秀镇滇。	永历朝封保国公。	《小腆纪传》卷六五《列传五十八·逆臣二·孙可望附》。

所封官员	履历	爵号	资料出处
王自奇	张献忠旧部,随刘文秀镇滇。	永历朝封夔国公。	《小腆纪传》卷六五《列传五十八·逆臣二·孙可望附》。
冯双礼	孙可望部将,后归李定国。	永历朝封庆阳王。	《明季南略》卷一四《续孙可望据云贵事》。
马尽忠	孙可望部将,后归李定国。	永历朝封汉阳王。	《明季南略》卷一四《续孙可望据云贵事》。
马维兴	孙可望部将,后归李定国。	永历朝封叙国公。	《明季南略》卷一四《续孙可望据云贵事》。
贺九仪	孙可望部将,后归李定国。	永历朝封广国公。	《明季南略》卷一四《续孙可望据云贵事》。
马宝	孙可望部将,后归李定国。	永历朝封淮国公。	《明季南略》卷一四《续孙可望据云贵事》。
李来亨	李自成侄李锦养子,后随高必正归降永历朝,授总兵官、都督同知。必正为孙可望掩杀,来亨走巴、归间。	初封侯爵,后晋临国公。	《永历实录》卷一五《李来亨列传》,《存信编》卷三。
王光兴	本起"群盗",降熊文灿,守郧阳,兵败后久在房县与清兵对峙。	永历朝封南漳伯,后李定国联络诸将时晋荆国公。	《永历实录》卷一五《李来亨列传》,《存信编》卷三。
郝永忠(郝摇旗)	本李自成别部偏校,后降何腾蛟,授总兵官、都督同知。	永历朝封南安侯,晋益国公。	《永历实录》卷一五《李来亨列传》,《存信编》卷三。
刘体纯	李自成余部。	永历朝封皖国公。	《存信编》卷三。
袁宗第	李自成余部。	永历朝封靖国公。	《存信编》卷三。
王友进	李自成余部。	永历朝封宁国公。	《存信编》卷三。
刘承胤	应天人,应募为兵,以何腾蛟荐,为总兵官镇守武冈,后自割据,迎永历驾入武冈。	隆武朝封定蛮伯,永历朝晋武冈侯,终加兴国公。	《南疆逸史》卷五六《列传第五十二·佞幸》。
陈邦傅	浙江绍兴人,以赇中武举,历官柳、庆参将,因与丁魁楚平定靖江王,擢都督同知,挂平蛮将军印。	永历朝封思恩侯,加庆国公。	《永历实录》卷二六《叛臣列传》。

以上这些南明勋臣中，确有能忠心抗清者，但割据一方、淆乱朝局的勋帅、勋镇更不在少数。实际上，南明诸小朝廷多为郑芝龙、孙可望等强势武将控制，爵赏完全是其掌中之物。对这些权臣而言，领受爵位仅仅是为增加擅政的资本，绝无为国尽忠的荣誉与责任可言。

本章结语

　　封爵一方面为国家公议，具有山河带砺、与国休戚的特殊政治意义，另一方面，也在一定意义上带有皇帝私赏的性质，因此，册封与否更多地取决于皇权的需要，如果皇帝的价值取向有所偏颇，封爵制度就会出现畸变，并难以得到纠正，这与一般品官的选任有所不同。在明代前中期，朝廷基本根据军功原则封爵，国家公议的特征尚能体现。但也要看到，仁宗、宣宗开始推恩外戚，武宗又滥封佞幸，朝廷还时常违背封爵赏格，这些做法无疑体现了皇帝个人意志对封爵的左右。尔后，世宗以藩王入继大统，与朝中大臣多不亲近，其独断意识较祖辈更甚。为强化皇权，嘉靖帝在整饬前朝推恩冒功封爵的同时，转为拒不加封新贵，并进一步延续前朝妄设封爵黄榜而不兑现的惯例。与前朝滥封相比，世宗停封的做法，更显得视爵禄为私器而不肯与人，封爵作为军国典制的原设意义大大丧失。受世宗这一导向的影响，隆庆、万历、天启三朝及崇祯前期，正式的封爵仅有一例，造成边将无以进取、边患亦难平息的后果。至崇祯末年，大明江山岌岌可危，思宗又寄希望于封爵以振兴士气，故一反世宗旧制，草率加封各路武将。思宗的战时激封不过使制度畸变走向另一个极端，非但不能挽救局势，反而加剧了明末武将的专横跋扈。

第九章　明代勋爵承袭制度

明廷在册封勋爵的同时,实行严格的勋爵承袭勘验制度,以保证勋家传承有序,与国休戚。但迄今为止,除功臣铁券颁赐外,包括五府宗图开造、吏部等衙门勘查及勋臣子弟优给等勋爵承袭制度的很多重要环节都未得到深入探析,相关研究明显不足。另外,朝廷的严密勘验整肃了勋臣的家族秩序,实际上起到以国家强制力构建勋臣宗族组织的作用。在国家制度的约束与引导下,勋臣家族内部的宗族活动也较活跃。不过,与此同时,族众之间争夺爵位、破坏宗族的现象也频频发生。鉴于明代勋爵承袭问题尚未得到学界的足够重视,笔者尝试在本章兼顾制度史的梳理与家族史的分析,考察勋爵承袭制度的构建过程与具体运作规律,并揭示勋臣家族内部的活动状况。

一　勋臣爵位承袭制度的形成过程

(一)勋爵继承的基本制度与流程

朱元璋初封功臣时,对勋爵承袭的制度设计尚且粗简。他大体规定当时得封公、侯者皆可世世承袭[1],且一般由嫡长子优先继承爵位。勋臣如果无子,身死爵除,如洪武四年(1371),广德侯华高无子,"以铁券纳之墓中"[2]。爵位承袭以铁券、诰命为凭证,铁券分为左右两面,一存内府,一颁发与勋臣家,遇勋臣请袭时取出对比勘验[3]。可见洪武初年基本构建了嫡长继承的勋

---

① 《明太祖实录》卷五八,洪武三年十一月丙申,第1134页。

② 《明太祖实录》卷六四,洪武四年四月乙未,第1217页。

③ 正德《明会典》卷八《吏部七·验封清吏司·诰敕附铁券》第1册,第105页;万历《明会典》卷六《吏部五·验封清吏司·功臣封爵》,第30页。与正德、万历两朝《明会典》不同,《明太祖实录》记,铁券分为左右,"左颁诸功臣,右藏内府"(见《明太祖实录》卷四五,洪武二年九月甲寅,第904页)。现存明代铁券中,有会川伯赵安券、高阳伯李文券及朱永抚宁侯、保国公铁券四副明确标记为右券,且四券均长期在民间留存,非明代宫廷旧物,据此可知,《明会典》中左券藏内府、右券留勋臣家的记载应更可信。

爵继承制度,遵循先嫡后长、无子国除的总原则。至洪武二十六年(1393)《诸司职掌》编成,其中详细规定了由吏部司封部具体负责执行的勋臣爵位继承制度:

> 受封官身死,须以嫡长男承袭。如嫡长男事故,则嫡孙承袭。如无嫡子嫡孙,以嫡次子孙承袭。如无嫡次子孙,方许庶长子孙承袭。不许换越。仍用具奏,给授诰命。劄付翰林院撰文,具手本送中书舍人书写,尚宝司用宝完备。①

至此,明代勋爵承袭正式依照"嫡长继承"原则执行,与一般武职、宗室、衍圣公及土司等世袭官爵的承袭原则一致,勘验以铁券、诰命为准。

但朱元璋也经常依个人好恶改变承袭原则。如洪武二十一年(1388)十月,朱元璋以"罔思报国之意,亏忠违礼"罢黜常遇春子常茂郑国公爵位,又改封常遇春次子常昇为开国公②。另外,朱元璋颁布完善勋爵继承制度时已近洪武末年,当时开国功臣及其子弟多遭打击屠戮,有幸连续承袭爵位者寥寥无几,该制度几乎成为空文,大批勋家处于封而不袭的尴尬境地。可以说,朱元璋为后代留下了一套勋爵继承制度的遗产,该制度的真正落实是在永乐朝以后。

永乐以后,勋臣的地位在整体上趋于稳定,勋爵代际承袭方步入正轨。勋爵依洪武朝所定"父死子继"与"先嫡后长"的基本原则承袭,另外还有"兄终弟及"③及隔代世袭等特殊袭爵情况④。正式承袭时,朝廷需"征券诰,论功过,覈嫡孽",以"第其世、流、降、除之等"⑤。世爵子孙承袭本爵,流公、流侯子孙降等世袭,流伯子孙降为一般武官。若勋臣再立新功加爵准世袭者,子孙世袭新爵,如永乐三年(1405),新城侯张辅加封为英国公,"子孙世袭"⑥。加爵不准世袭者,子孙世袭原爵,如成化四年(1468),襄城伯李瑾以

---

①《诸司职掌·吏部·司封部·封爵》,《续修四库全书》史部第748册,第598页。

②《明太祖实录》卷一九四,洪武二十一年十月丙寅,第2913页。

③如成化八年(1472),第二代东宁伯焦寿死无子,其弟焦俊嗣(见《明宪宗实录》一一〇,成化八年十一月己酉,第2149页)。

④如定西侯蒋贵子蒋义有"足疾",故朝廷命蒋贵孙蒋琬越过其父,直接袭爵(见《明英宗实录》一八四,废帝郕王附录第二,正统十四年十月壬子,第3617—3618页)。

⑤万历《明会典》卷六《吏部五·验封清吏司·功臣封爵》,第30页;[明]郑晓:《今言》卷一"六十二条",第35页;《明史》卷七二《职官志一·吏部》,第1735页。

⑥《明功臣袭封底簿》卷三《英国公》,第389页。

征"四川、贵州反叛蛮寇"进封流侯,李瑾死后子孙还袭襄城伯①。有的勋爵承袭几代后,又因特殊缘故降袭,如永乐朝都督薛斌封永顺伯,"子孙世袭指挥使",薛斌死后,仁宗特许其子薛寿童世袭伯爵,后又世袭两代,至正德朝,薛玺按流伯例降为指挥使②。

爵位承袭的具体勘验工作主要由吏部、吏部下属验封司及五军都督府协同负责。《吏部职掌》记载:"公、侯、伯事故,子孙奏袭,行礼、工二部查祭葬毕,本部方与具题,行移该府保勘应否袭爵,取具结状、宗图,连人送部辨验诰券明白,奏请定夺。"③据此,前一代勋臣亡故,嗣爵者必须先将死者安葬,方能向朝廷请袭,此为袭爵流程的第一步骤。嘉靖二十年(1541),世宗题准"公、侯、伯病故,必先奏请殡葬,方许袭爵,违者,参奏治罪"④,严格遵从"先葬后袭""为人后者为人嗣"的礼法传统。是故,为了能迅速安排丧事以保证爵位承袭,明代有"每勋戚大臣病故,上遣谕祭,丧家辄厚币为谢,习以为常"⑤的风气。成年勋爵子弟请求承袭一般自行向朝廷奏请袭爵,未成年待袭者通常由他人代请,代请者多是其母亲或祖母,这些女性家族成员在袭爵事务中发挥了很大的作用。如武定侯郭氏家族曾一度失去爵位,长支后代郭良权且被授予指挥使之职。郭良在成化、弘治年间不断奏袭,引起皇帝反感,成化十五年(1479),宪宗判他"若再来搅扰,将指挥革去",至弘治元年(1488),郭良再请,孝宗将其革职发落⑥。此后郭良继续请袭爵,其母亲许氏亦不顾风险在十余年间多次代为奏请,至弘治十五年,孝宗皇帝最终准郭良复袭武定侯爵⑦。也有勋臣家族男性成员出面为晚辈请袭的事例。万历初年成国公朱希忠死,其弟左都督朱希孝"奏将朱希忠嫡长男朱时泰承袭"⑧。朱希孝在世宗朝即以都督管锦衣卫事,"加太保、赐肩舆",并扈从世宗出行,承上"密旨",地位煊赫,且朱希孝与其兄成国公朱希忠关系亲密,堪

①《明功臣袭封底簿》卷三《襄城伯》,第492—494页。

②《明功臣袭封底簿》卷二《永顺伯》,第365—367页。

③[明]李默:《吏部职掌·验封一》,《四库全书存目丛书》史部第258册,济南,齐鲁书社,1996年,第211页。

④万历《明会典》卷六《吏部·验封清吏司·功臣袭封》,第31页。

⑤[明]焦竑:《玉堂丛语》卷五《廉介》,北京,中华书局,1981年,第169页。

⑥《明功臣袭封底簿》卷一《武定侯》,第89—90页。

⑦《明功臣袭封底簿》卷一《武定侯》,第90—92页。

⑧[明]郑汝璧:《皇明功臣封爵考》卷二《成国公》,《四库全书存目丛书》史部第258册,第367页。

比西汉"万石君兄弟"①。凭借这样的身份地位,朱希孝代表家族请爵,更显庄重。

　　按袭爵程序,待袭爵者安葬前代勋臣并向吏部奏报请袭事宜后,由五军都督府初步勘验请袭者身份,以待吏部进一步勘验。嘉靖朝以后,五府勘验制度进一步完善,其标志是勋家世系宗图备案机制的确立。关于五府勘合与勋臣宗图绘制,详载《皇明功臣封爵考》所录嘉靖三十四年(1555)六月吏部上奏:

> 我朝于凡勋爵袭替,虽以诰券为重,尤于保勘加严,所以明系属、慎封爵也……但两京五府向无册籍可稽,遇有奏袭,不过临时取勘……合无备行两京五军都督府各委堂上官一员,将各该公、侯、伯始封、承袭来历并立功人下的派子孙与应袭之人俱备造宗图人册,一样三本,一本存留本府,一送本部(吏部),一送吏科,各备照,向后五年一次造报,着为定规。②

洪武初封功臣时,朱元璋即命"大都督府、兵部录上诸将功绩"③,可知有关封爵的原始文案收存于主管军务的大都督府及兵部内。洪武十三年(1380),大都督府分化为五府,至永乐以后五军都督府名义上是国家最高军事机关,但主要负责收掌各类军事档案,遇事"并移所司而综理之"④,可见五府具备勘验勋爵承袭、编纂勋家宗图册籍的先决条件。而且五府衙门与勋臣关系密切,五府素由勋臣执掌,勋臣普遍带俸于五府,是故由五府首先完成勋爵承袭的保勘工作较为合理。永乐以后,兵部执掌各类军事行政事务,五府常被认为是"不过守空名与虚数"⑤的闲职部门,但参与勋爵承袭勘验无疑是五军都督府的一个重要行政职能。

　　至于由哪一都督府具体负责哪一家勋臣的袭爵勘验及宗图开造,史无明载。依隆庆朝兼掌吏部的阁臣高拱《掌铨题稿》所录《题行查建平伯孙高

---

①[清]孙承泽:《畿辅人物考》卷一七《朱金吾希孝》,北京,北京古籍出版社,2010年,第196—197页。

②[明]郑汝璧:《皇明功臣封爵考·典例·功臣世系》,《四库全书存目丛书》史部第258册,第322页。此事亦见于《明世宗实录》,其文曰:"吏部奏勋爵宗支旧无册籍,一遇故绝,争袭纷然,无所考证,乞如军职贴黄例,行两京五军都督府,将各公侯伯父祖始封、承袭来历并立功者的派子孙与应袭者所自出,备造宗图文册,一存本府,一送本部,一送吏科,每五年一造,请着为令,以杜纷竞。诏可。"(见《明世宗实录》卷四二三,嘉靖三十四年六月丙子,第7335页)。

③《明太祖实录》卷五八,洪武三年十一月壬辰,第1126页。

④《明史》卷七六《职官志五·五府都督府》,第1856—1857页。

⑤[清]孙承泽:《春明梦余录》卷三〇《五军都督府》,第455页。

添爵疏》，建平伯高士文后代在嘉、隆两朝因袭爵不定反复产生争议，一直是由掌前军都督府的勋臣负责勘验，如有前军都督府管府事靖远伯王瑾咨，后又有前军都督府管府事怀宁侯孙秉元及前军都督府掌事太子太保英国公等官张溶参与会审①。而高士文在永乐五年（1407）以前军都督府佥事战死交阯，追封伯爵准世袭②，后代建平伯高霆亦带俸于前府③。据此推知，高士文自前府都督加封勋爵，其封爵前的履历档案即应保存在前军都督府，而建平伯后代亦循祖宗例多带俸于前府，故由该府负责高氏承袭的勘验与造图，其他勋家也应该与之类似。嘉靖三十四年（1555）以后定勋臣宗图每隔五年定期造册，分别收存于五府、吏部与吏科以备互对勘合。万历朝任吏部验封司郎中的郑汝璧辑录有《皇明功臣封爵考》，书中附有大量勋臣宗图的样本，其基本形制是简单的世系图，记载每一代袭爵子孙及支系子孙的姓名，有时或兼记勋家子孙的个人履历。

五府初验完成，将造册文案转交吏部，请袭爵者侯吏部的进一步验证。吏部勘验主要由验封司负责，该司"赞冢宰诏王册勋伐，遇封拜则核故实，议可否"，其"职司无重于此矣"④。若吏部勘验该爵祖先功绩履历及历代世系无妨，子孙即可正常承袭本爵，若吏部发现问题，也会上奏建议将该爵停袭，子孙有可能降授一般武职。

吏部勘验勋臣袭爵所凭借的实物依据除铁券、诰命、五府开验宗图外，还有关键的《功臣袭封底簿》一种。《功臣袭封底簿》由吏部验封司编订，记录各爵的封爵缘由、历代承袭状况。现存的《明功臣袭封底簿》是经正德、嘉靖两朝三次誊抄补修成型的版本。该版本《底簿》前言载，正德四年（1509）八月，吏部验封司查得"前项底册止有该部壹本见存，其余查无下落"，故"经呈部照式，誊补壹本收贮本司存照"。至嘉靖九年（1530）初，吏部又请求准验封司以"坚厚纸张置簿三扇"，用"楷书誊录"出三份加盖吏部印章，分藏吏部本堂、吏部验封清吏司和吏科⑤。可见明代早有修撰《功臣封袭底簿》一式三份贮藏以备勘验的定制，不过《功臣袭封底簿》最初修纂时间不详。嘉

①［明］高拱：《高拱全集·掌铨题稿》卷三四《题行查建平伯孙高添爵疏》，第474、478—479页。
②《明太宗实录》卷七〇、卷八一，永乐五年八月庚戌、永乐六年七月癸丑，第985、1081页。
③高拱《题行查建平伯孙高添爵疏》中称高霆为"前军都督府已故建平伯"。明代文献中凡出现某府与某爵联写的情况，一般是指该勋爵带俸于该府。
④［明］郑汝璧：《皇明功臣封爵考》凡例，《四库全书存目丛书》史部第258册，第301页。
⑤《明功臣袭封底簿》前言，第3—4页。

靖二十六年(1547),吏部验封司又一次上奏请重新登记底簿,并云:

> 本司文卷年久多缺,除魏国公徐鹏举等叁拾叁员遗失宗图,另行查补外,其成国公朱希忠等贰拾肆员宗图见在,俱合查照原图附入底簿后,通用堂印钤盖,照旧收掌,以后遇有奏袭到部,揭簿按图查明。[①]

至此,吏部所掌勋臣宗图与底簿合二为一,形成经纬纵横的严密模式。

遇特殊情况时,勋爵承袭还需由吏部及五府以外的多个衙门联合勘验,其中兵部由于主管军功事务,故较多参与勋爵承袭的勘验。另外,镇守云南黔国公爵位的勘查过程就例有云南抚按方面官参加。如弘治九年(1496),第四代黔国公沐琮死,沐崑将嗣,廷议以沐崑为沐琮从孙,"止宜嗣昭靖初封侯爵"而不应袭公爵。皇帝令"事下云南守臣覆议"[②]。如果袭爵案情复杂,甚至上升到刑法层面,尚需礼部、三法司、六科甚至锦衣卫介入。

(二)勋爵优给与教习制度

若请袭爵者年幼,明代还有所谓"借袭"一说。如广宁伯爵刘荣有三子,长刘湍、次刘淮,再次刘安。刘湍"袭爵早卒无嗣",刘淮"亦卒,其子瑄方幼",刘安"乃借袭",后"正统己巳守大同"进封广宁侯。但成化十二年(1476),刘安死,刘安子刘璇与本应袭爵的刘瑄"争袭屡上疏各自陈"[③]。可见"借袭"这种权宜之法极易引起勋臣家族成员争袭爵位,是故明代通常以勋臣优给制度处理请爵者年幼的问题[④]。

《吏部职掌》对勋臣优给的规定是,凡公、侯、伯死后子孙未出幼者,"奏请优给,本部具题,行移该府保勘明白,连人开送,覆题应给禄米,请自上裁"[⑤]。年幼的待袭者由其亲属代为向朝廷奏报请袭,经吏部、五府保勘后,一般不立刻袭爵,而由皇帝决定其优养待遇,成年后再正式袭爵。为幼年勋臣

---

①《明功臣袭封底簿》前言,第9—10页。

②见[明]蒋冕:《黔国公谥庄襄沐公崑墓志铭》,[明]焦竑辑:《国朝献征录》卷五《公一·世封公》,周骏富辑:《明代传记丛刊》第109册,第159页。

③《明宪宗实录》卷一五四,成化十二年六月庚寅,第2810页。

④"借袭"与"优给"也广泛存在于明代一般军官的世袭中,可与勋爵承袭相较(见于志嘉:《明代军户世袭制度》第三章《武官的世袭与武选》第一节《武官集团的形成与世袭法》,台北,学生书局,1987年,第144—145页;李荣庆:《明代武职袭替制度述论》,《郑州大学学报(哲学社会科学版)》1990年第1期;梁志胜:《明代卫所武官的借职制度》,《陕西师范大学学报(哲学社会科学版)》2002年第1期)。

⑤[明]李默:《吏部职掌·验封一》,《四库全书存目丛书》史部第258册,第211页。

子弟代请优给的一般是前代勋臣的配偶,也就是待袭爵者的嫡母、生母或祖母。在前任勋臣身死、应嗣后代尚幼的情况下,这些女性成员自然是向朝廷奏请优给的最佳人选。有时拥有特殊身份的男性勋臣家族成员也会出面为年幼亲属代请优给。如成化二十二年(1486),本应以长子袭宁阳侯爵但犯罪坐废的陈晟向朝廷奏报:"臣罪废,臣男宜优给。"意在将其幼子陈辅优给①。

关于一般武职出幼年限,明代嘉靖朝抄本档案《兵部武选司条例》载,"洪武元年起至三十一年以前,三十五年以后至弘治、正德获功升者,子孙优给至十五岁出幼",而"洪武三十一年起至三十五年止奉天过江获功升职者,子孙优给至十六岁出幼"②。在明代,以"奉天靖难"功授职的武官为"新官",在优给袭职问题上受到一定的优待。洪武朝得职者为"旧官",他们与永乐元年(1403)以后得官者在优给袭职待遇上均略逊于"新官"③。而据《明功臣袭封底簿》的记载,永乐以降勋臣出幼年龄亦有十五岁和十六岁两种,应沿袭自一般武官的规定。如景泰六年(1455),"靖难"元勋英国公张辅子张懋满十六岁,准出幼④。而洪武功臣武定侯郭英后代郭良天顺五年(1461)"年方八岁"由母请爵,朝廷命"出幼时来说",至成化四年,郭良应出幼,是年十五岁整⑤。又如成化五年(1469),永乐朝所封恭顺伯吴允诚后代吴鉴十五岁出幼⑥。

勋爵优给禄米一般有两种给赋模式。其一是每年给原额禄米一半,此法与一般武职优给无异⑦,其二是正统十三年(1448),英宗命八岁的徐永宁暂不袭定国公爵,"每月与米十石优养"⑧,该种方式此后被更多地援引做成例使用。由于优给制度权由皇帝定夺,初期常带有随意性,勋臣出幼年纪和优给禄米数额亦不定,甚至有待袭爵者长期领优给,但频频被推迟出幼年纪而不能正式袭爵的事故。如宣德七年(1432),六岁的陈埙请遂安伯爵,宣

①[明]徐学聚:《国朝典汇》卷三一《勋臣考》,《北京大学图书馆馆藏善本丛书·明清史料汇编》,北京,北京大学出版社,1993年,第2176页。

②《兵部武选司条例·袭替》,《天一阁藏明代政书珍本丛刊》第14册,第363页。

③关于明代武职袭替的系统论述,见于志嘉:《明代军户世袭制度》第三章《武官的世袭与武选》第一节《武官集团的形成与世袭法》,第144页。

④《明功臣袭封底簿》卷三《英国公》,第391页。

⑤《明功臣袭封底簿》卷一《武定侯》,第88页。

⑥《明功臣袭封底簿》卷三《恭顺侯》,第427、429页。

⑦于志嘉:《明代军户世袭制度》第三章《武官的世袭与武选》第一节《武官集团的形成与世袭法》,第144页。

⑧《明功臣袭封底簿》卷三《定国公》,第370页。

宗以其"年纪小",准"每岁与他禄米一半优养",又命"到十岁时引来见了,着他袭遂安伯爵"。至宣德八年(1433),宣宗又命陈埙十五岁时再议袭爵事宜。正统六年(1441),陈埙年满十五而上报袭爵,英宗又命令其"待二十岁来说"。拖延至正统十一年(1446),陈埙方袭爵①。明中期以后,优给成例渐多,勋臣优给制度渐趋稳定。

也有一些幼年请爵者以稚童直接袭爵,但出幼之前也需专门看护优养,不能视事领职。如第二代英国公张懋十一岁袭爵,景帝命他"在家读书"免朝参,至景泰六年(1455)张懋满十六岁,准出幼②。另嘉靖十五年(1536),黔国公沐绍勋死,云南抚按官以"本镇难以缺官",请沐绍勋子沐朝辅"不候出幼,止年十岁袭黔国公,充总兵官,挂印镇守",得到皇帝批准,但沐朝辅年幼期间云南相应事务"暂令巡抚都御史处分"③。

对于新袭爵的勋家子弟,明代规定他们入国子监读书习礼,以儒学强化对勋胄的教育与约束,同时督促勋裔兼习武艺,不忘军功之本。勋臣教习的具体规制,《明世宗实录》载,嘉靖元年(1522)命公、侯、伯"初袭未经事任"且年三十以下者送国子监读书,仍十日一赴团营操习④。嘉靖朝修定的《吏部职掌》有载,新袭公、侯、伯爵并驸马"年二十五岁以下者",由吏部验封司"用手本送礼部转送国子监读书习礼"⑤,这应是嘉靖中期以后改定的制度。《国子监通志》也明确记载,"驸马未成婚及公、侯、伯未通礼仪者"需"奉旨送监读书学礼"⑥。勋臣若犯有过失,明廷也有革除冠带遣送国子监读书思过的惩戒措施,此即《今言》所总结的勋臣"幼而嗣者,学于国子监。有过革冠服,平巾学于国子监"⑦。对于尚未袭爵的勋臣子孙,早在洪武十四年(1381),朱元璋就特命功臣子弟入监学习,并告诫他们知书达礼可"永保爵禄"的重要性⑧。至弘治元年(1488),孝宗正式奏准勋家应袭子孙年十五岁以上三十岁以下

①《明功臣袭封底簿》卷三《遂安伯》,第513—514页。

②《明功臣袭封底簿》卷三《英国公》,第391页。

③[明]高拱:《高拱全集·掌铨题稿》卷三四《题黔国公沐昌祚袭爵疏》,第466页;[明]郑汝璧:《皇明功臣封爵考》卷四《黔国公》,《四库全书存目丛书》史部第258册,第450—451页。

④《明世宗实录》卷一三,嘉靖元年四月壬午,第455页。

⑤[明]李默:《吏部职掌·验封一》,《四库全书存目丛书》史部第258册,第212页。

⑥《国子监通志》卷三《生员》,《天一阁藏明代政书珍本丛刊》第12册,北京,线装书局,2010年,第85—86页。

⑦[明]郑晓:《今言》卷一,"第六十二条",第35页。

⑧《明太祖实录》卷一三五,洪武十四年正月癸丑,第2142页。

者,依国子监"监生读书、作课、讲书、习礼成法",以专官教之,每岁间月一赴国子监考校文事,"间月一赴教场操练武艺"[①]。嘉靖四十二年(1563)五月,兵部又请将袭爵勋臣年三十五岁以下及应袭勋臣子孙不拘年齿,俱送京营训练,听戎政文武大臣按期"随营校射",同时督促其熟读兵书,并由戎政大臣上报随营训练勋臣子孙名单,待每年年终由巡营科道官考评诸勋的训练成效,获准[②]。这项勋臣子孙随营训练的政策直至明末仍在执行,并在一定程度上与勋家优给制度相结合。明末档案记万历三十四年(1606)九月,因年幼准优给的广宁伯应袭子刘嗣爵在同年十二月"咨送京营教习",尔后每年通过京营总督勋臣、巡营科道官的考覆,至万历三十八年(1610)经吏部奏报出幼准袭爵位[③]。总而言之,明廷构建了一套国家制度确保勋家后裔较早接受完整的教化训练,以期他们渐成文武之材。

勋臣国子监、京营教习之外,明代还构建了半官方的勋爵家庭教育机制,其确立时间甚至比国子监教习制度还早。早在永乐朝,成祖就曾"命吏部慎简名儒"专门教导第二代定国公徐景昌,得"重厚雅则"的丰城人丁秀恒。尔后景昌寒暑朝夕从丁秀恒问学,"礼咸备"[④]。至宣宗登极,仍下令"行在吏部尚书蹇义择文学儒者,往教魏国公徐显宗",并称"勋戚家有教官,此祖宗所定"[⑤],指的就应是永乐朝徐景昌之事。至正统年间,勋家已经"例设教书儒士一人",正统元年(1436)英宗令公、侯、伯各爵自行保除教书儒士[⑥]。若年轻勋臣恣肆顽劣,不遵守家中教官的督责,仍将被强制"送入国子监习礼"[⑦]。景泰五年(1454),明廷又准勋家教官"三年考,中者给冠带",冠带教官再经勋臣奏保,由吏部考勘,"考中者除训导,于本督府带俸"[⑧],可进入正式的学官序列。至弘治十三年(1500),孝宗还因勋臣所奏保的训导教

①《明孝宗实录》卷二一,弘治元年十二月丁巳,第501页。

②《杨襄毅公本兵疏议》卷一一《覆给事中冯成能储养世胄团练乡兵疏》,《四库全书存目》史部第61册,第493页。

③《礼部为原任太子太师广宁伯刘嗣爵请照例赐祭事题稿》,《中国明朝档案总汇》第11册,第110—111页。

④[明]杨士奇:《定国公徐景昌》,[明]焦竑辑:《国朝献征录》卷五《公一·世封公》,周骏富辑:《明代传记丛刊》第109册,第147页。

⑤《明宣宗实录》卷一〇,洪熙元年十月丙子,第2680页。

⑥[明]李默:《吏部职掌·文选三·求贤·公侯教读》,《四库全书存目丛书》史部第258册,第52页。

⑦《明英宗实录》卷三三三,天顺五年甲午,第6833页。

⑧[明]李默:《吏部职掌·文选三·求贤·公侯教读》,《四库全书存目丛书》史部第258册,第52页。

官多不当,命国子监于监生内选拔勋家教官,"着为定制"①。

　　综上所述,明代勋爵承袭制度源起于洪武、永乐朝,经过不断发展,至嘉靖朝,包括请袭、五府宗图绘制、吏部底簿编纂在内的一整套袭爵制度皆趋于完善。明代实行武职世袭制度,而勋臣多自武将晋封,因此勋爵承袭与武职承袭在嫡长优先、幼年年限等基本原则上大体相同,但勋爵承嗣的勘验显然规格更高、程序更严,这无疑是因为勋臣与皇权休戚与共,保证勋爵传承有序对凸显皇朝统治合理性的意义更大,即所谓"河山带砺国与咸,父死子嗣限制严"②。对于新袭爵的勋臣及未袭爵的勋家子弟,明廷也致力于培养他们读书习礼、兼修文武。不过通过本书整体的讨论,特别是后文第十章的论述可知,由于勋臣群体在两京世享高爵厚禄,又被限制参与朝政,因此难免形成养尊处优、恣肆横行的风气,他们即便制度化地接受规范的文武教养,也难脱纨绔故习,尤其无法保证军事素养的维系。

(三)存世明代铁券流传情况质疑

　　由于铁券是勋爵册封与承袭的重要物质凭证,因此学界对铁券制度的研究已较多,相关问题笔者不再赘述。不过,素被学者忽视的是,若参照勋爵封袭制度与勋臣封袭史实,迄今已知五件被明确认定的明代铁券原物的流传过程多存在疑点,有必要再进一步加以梳理。首先将这五件铁券文物的信息列表归纳如下(见表10):

表 10　存世明代勋爵铁券留存情况表

所属勋臣	铁券类型	铁券留存情况	勋爵封袭情况	资料出处
会川伯赵氏	右券	原为赵氏土官后代世存,今藏甘肃省文物商店。	正统三年,土官都督同知赵安以副总兵征阿台、朵儿只伯,封会川伯流爵,子孙世袭原临洮卫指挥使。	刘光煜:《明会川伯赵安金书铁券》,《中国文物报》2018年4月13日;《明功臣袭封底簿》卷二《会川伯》。

①[明]李默:《吏部职掌·文选三·求贤·公侯教读》,《四库全书存目丛书》史部第258册,第52页。
②[明]李东阳:《李东阳集·文后稿》卷二六《定国公墓志铭》,第1283页。

续表

所属勋臣	铁券类型	铁券留存情况	勋爵封袭情况	资料出处
修武伯沈氏	不详	原为罗振玉旧藏,1945年后流散,1954年后为辽宁省旅顺市征集,今藏旅顺博物馆。	正统六年,左都督沈清以修造功冒封修武伯世爵,子沈荣正统八年袭爵。沈荣后随英宗北征阵亡。景泰三年朝廷复录沈荣子沈煜袭伯,弘治十四年停袭,子孙改任锦衣卫指挥使。	吕媛媛:《明正统七年的沈清铁券》,《历史档案》2015年第4期;《明功臣袭封底簿》卷二《修武伯》。
高阳伯李氏	右券	原为李氏土官后代世存,今藏青海省档案馆。	天顺元年,大同总兵土官右都督李文以抵御鞑靼进犯有功封高阳伯流爵,天顺四年李文镇守大同不利,鞑靼突破雁门关,威胁京师,论罪革爵。	陈素琴:《青海省档案馆收藏的明代金书铁券》,《档案》1994年第4期;张寿年:《馆藏珍品—明代金书铁券》,《中国档案》1998年第7期;《明英宗实录》卷二八〇,天顺元年七月戊子;《明英宗实录》卷三二一,天顺四年十一月甲戌。
抚宁侯、保国公朱氏	皆右券	朱氏抚宁侯、保国公二券属清宫嘉庆、道光朝旧藏,但有可能征集自民间,非传承自明宫旧物,今藏北京故宫博物院。	景泰二年,宣府总兵左都督朱谦以抵抗瓦剌有功封抚宁伯世袭,寻病逝,子朱永袭爵。朱永成化三年以平荆襄流民升抚宁侯流爵,成化六年征套准侯爵世袭,成化十五年阿附汪直征建州女真冒升保国公流爵,成化十七年又随汪直出大同,以冒滥轻功准授公爵世袭。朱永子朱晖自弘治九年承袭保国公一辈,之后子孙降袭抚宁侯。	李大鸣:《明朝的三张存世"免死铁券"》,《紫禁城》2008年第5期;《明功臣袭封底簿》卷三《保国公今袭抚宁侯》。

值得注意的是,上举这五件存世明代铁券中,除修武伯券相关信息不明外,其余会川伯、高阳伯、抚宁侯及保国公四券均是右券,并曾长久在民间留存,其中会川伯、高阳伯两券更明确曾在两家勋臣后裔中世代流传,应属

颁赐给勋家的铁券凭证。不过,会川伯赵安及高阳伯李文两爵都是流伯,子孙不再袭爵,按明代制度他们的铁券不能再传于子孙,而且李文后又失事革爵,铁券更应上缴销毁。但明代也有"靖难"功臣成阳侯张武无子停袭,其女婿及义子仍私藏成阳侯铁券诰命五十年以上不上缴的情况①,说明朝廷有时会疏于追索停罢勋臣的铁券。尤其赵安、李文家族又都是西北土官出身,他们受中央政府的管制相对较弱,因此也不排除赵、李两家私留铁券的可能。

朱永原袭父朱谦抚宁伯爵,在成化朝先自立公功升抚宁侯,又党附太监汪直累加封为保国公,最终准保国公世袭,今北京故宫博物院所藏保国公铁券就是朝廷专为恩准朱永保国公子孙世袭所颁赐的。但朱氏保国公爵纯系冒功滥封,朱永死后仅由其子朱晖承袭一辈,至朱永孙辈就降袭为原封抚宁侯爵,故这付保国公世袭铁券按理也应缴还内廷,不应继续留在朱氏子孙手中。朱永后裔末代抚宁侯朱国弼曾在南京协助马士英"定策",拥戴福王建立南明弘光小朝廷,故被弘光帝复升为保国公②,不知是否有可能弘光朝廷将原朱永的保国公世袭右券颁还给朱国弼,导致该券流落民间,至清中期又被征入宫廷。

总而言之,明代铁券原物存世稀少,现今又分藏于各地文物部门,不易集中对比查验,因此这些铁券在历史上的流传情况仍待进一步深入探究。

二 勋爵的革除、复录与停袭

(一)勋爵的革除与复录

在明代,勋臣虽领有免死铁券,享与国休戚之荣宠,但其爵位也会因各种特殊原因被革除罢废。朱元璋屠废"开国"功臣殆尽的特殊情况勿论,成祖对其父的严酷政治传统仍有所继承。一方面,成祖继续剪除洪武旧勋以除后患,故《名山藏》一书称"景隆以负国壖户,江阴以被劾入券,长兴以傲

---

①见《明太宗实录》卷二四,永乐元年十月戊申,第433—434页;《明功臣袭封底簿》卷二《成阳侯》,第165页。

②[明]李清:《南渡录》卷三,杭州,浙江古籍出版社,1988年,第119页。

上夺田"①。另一方面,如果亲封勋臣有过失或涉嫌疑,成祖也会革爵以惩罚之,尤其是勋臣兵败失机,难免遭到严厉处置。如永乐七年(1409),"靖难"首臣淇国公丘福领兵北征,轻举进攻,造成"所失亡数万"的结局,丘福虽战死,仍削除封爵,追夺诰券,徙家海南②。以致明中期内阁大学士李贤有"永乐初,靖难功臣不下数十人,然克享禄位于悠久者鲜矣"③的说法。然而,此说显然有所夸大,细核史料可知,成祖所封勋臣中平稳承袭爵位的世爵勋贵和子孙承袭指挥使等武官的流爵勋臣占到全部勋贵的百分之七十以上④,勋臣如无重大过失是能够克保禄位的。即使是惩处勋贵,明成祖也常留有余地,如魏国公徐辉祖因曾辅佐建文帝,甚至两度被成祖废除爵位,但最终魏国公一爵还是被保留下来⑤。再如协同丘福出征的安平侯李远与武城侯王聪二人曾劝诫丘福谨慎用兵,故永乐皇帝特准二人子李安、王琰承袭伯爵⑥。

洪熙、宣德两朝后,政治氛围渐缓,仁、宣二帝尤其优礼前朝"靖难"勋旧,一些军事失机的勋臣即便阵亡或判罚下狱,家族也不会被永远停罢爵禄。如泰宁侯陈愉永乐二十年随驾北征失机,"送锦衣卫收监,病故",至仁宗登极,许陈愉侄陈锺承袭泰宁侯祖爵⑦。再如宣德二年(1427)安远侯柳升指挥明军征战交阯时,中伏兵败身死,宣宗闻讯后"叹惋久之",称"升不用朕言,致有此失,此升负朕"⑧,但并未马上将安远侯爵位罢黜。至英宗登极,

① [明]何乔远:《名山藏》卷四一《勋封记上》,第1101页。此处"景隆"指曹国公李景隆,"江阴"指江阴侯吴高,"长兴"指长兴侯耿炳文。这几家洪武勋臣曾为建文帝抵抗燕军,后受到成祖打击而革爵或不得嗣爵。

② [明]何乔远:《名山藏》卷六〇《臣林记五·永乐臣·丘福》,第1610页。

③ [明]李贤:《古穰集》卷一〇《奉天靖难推诚宣力武臣特进荣禄大夫柱国太保宁阳侯追封滹国公谥武靖陈公神道碑铭》,景印《文渊阁四库全书》第1244册,第582页。

④ 见[明]王世贞:《弇山堂别集》卷三八《永乐以后功臣公侯伯年表》,第671—685页;[明]王圻:《续文献通考》卷一九七《封建考·皇明异姓封建》,第11699—11704页。

⑤ 《明史》详细记述了成祖对魏国公家族的疑忌,文曰:"成祖入京师,辉祖独守父祠弗迎。于是下吏命供罪状,惟书其父开国勋及券中免死语。成祖大怒,削爵幽之私第。永乐五年卒……辉祖死逾月,成祖诏群臣:'辉祖与齐、黄辈谋危社稷。朕念中山王有大功,曲赦之。今辉祖死,中山王不可无后。'遂命辉祖长子钦嗣。九年,钦与成国公勇、定国公景昌、永康侯忠等,俱以纵恣为言官所劾。帝宥勇等,而令钦归就学。十九年来朝,遣辞归。帝怒,罢为民。仁宗即位,复故爵。"(见《明史》卷一三《徐达传》,第3731页)

⑥ [明]王世贞:《弇山堂别集》卷三八《永乐以后功臣公侯伯年表》,第675、676页;《明史》卷一五四《王忠传》,第4091页。

⑦ 《明功臣袭封底簿》卷三《泰宁侯》,第412页。陈愉之名在馆本《明实录》中或写作"陈愉"或写作"陈瑜",作"愉"者略多,抱经楼本、广方言馆本也"愉"与"瑜"并存。

⑧ 《明宣宗实录》卷三三,宣德二年十一月辛卯,第839—840页。

柳升子柳溥请袭,经吏部议,英宗下诏,柳升"虽是失机被贼杀死,不系谋逆之数,既有世袭侯爵诰券,准他袭爵"①。另有一些战场失机的勋臣虽遭到革爵下狱的惩处,但依旧有机会继续担任高官,甚至可以重新复爵。这样,除爵变得和一般的过失降职类似。

如第二代荣昌伯陈智宣德年间在交阯战场上失律夺爵,被"降作为事官,发宣府立功",至正统四年(1439)"恩宥,降宣府左卫指挥使"②。所谓"事官"是犯罪勋臣及武职除爵罢官后所领的一种权宜职事。再如宁阳侯陈懋正统初以镇守甘肃失机误事,导致明军大败,被举朝弹劾,革爵闲住,至正统五年(1440)陈懋又复爵,仍领兵征战③。在"土木之变"前后的朝廷用人之际,失机勋臣也常获准立功赎罪。如镇远侯顾兴祖在"土木之变"中私自逃回,本应处死,但景帝削其爵,命他参与北京保卫战以立功赎罪,后顾兴祖又积功为都督同知,到景泰三年(1452)时准复封伯爵④。

正统朝以后,针对勋臣的非军事日常犯罪,明廷也逐步采取制度化的减罪优抚。勋臣作奸犯科者多可缴纳钱财赎罪还爵,或被责令闲住减俸,但保留原爵。如正统十年永康侯徐安管安定门闸,私自打死门卒,事觉下锦衣卫拘验,刑部最终判罚徐安赎徒还爵,英宗从之⑤。再如景泰五年,嗣爵昌平侯杨俊盗仓储钱粮以饱私囊,罪当除爵绞死,却被准赎绞还爵⑥。又如成化十二年(1476)六月,修武伯沈煜"容留通奸",并同丰润伯曹振、泰宁侯陈桓及靖远伯王玙等勋贵"混杂僧娼饮酒"。事发后,沈煜被判罚"住俸带头巾闲住",曹振三人罚俸一年且不许领职事,但四人爵位无损⑦。有勋臣犯大罪革爵论死,但只要所犯未到谋逆叛国的程度,其子弟依然继承原爵,家族的勋臣地位不会丧失。嘉靖二十年(1541)九月,"强悍无人臣礼"且屡犯"奸利事"的武定侯郭勋被嘉靖帝投入锦衣卫监狱,瘐死。郭勋死后,皇帝夺去了他的诰命铁券,但没有株连其宗家,不久郭勋的儿子又嗣武定侯爵⑧。总而言之,

①《明功臣袭封底簿》卷三《安远侯》,第432页。
②《明功臣袭封底簿》卷二《荣昌伯》,第276页。
③《明英宗实录》卷一五、卷三四五,正统元年三月甲申,天顺七年七月癸卯,第289—290、7082页。
④[明]王世贞:《弇山堂别集》卷三八《永乐以后功臣公侯伯年表》,第675页。
⑤《明英宗实录》卷一二七,正统十年三月戊子,第2538—2539页。
⑥《明英宗实录》卷二四二,废帝郕戾王附录第六十,景泰五年六月己丑,第5267页。
⑦《明功臣袭封底簿》卷一《丰润伯》,第59页。
⑧[明]沈德符:《万历野获编》卷五《勋戚·大臣恣横》,第141页;《明史》卷一三〇《郭英传》,第3823—3824页。

勋臣群体虽恣肆横行,但朝廷整体上对勋臣犯罪持较宽容的态度,尽量维系其世袭贵胄的地位不替。

此外,明廷不时会复录此前罢爵的勋臣后代子孙为世袭军官,以作安抚。如英宗对景泰朝册封的勋贵昌平侯杨洪、定襄伯郭登心怀不满,复辟后迅速打击两爵,不过宪宗、孝宗又陆续对两家有所补录复用,并未赶尽杀绝。杨洪子杨俊在景泰七年(1456)因"强奸父妾"被罢爵,由子杨珍袭爵,英宗复登极后追究杨俊罪责,连带将杨珍除爵充军,杨氏家人在成化、弘治朝不断奏请,孝宗终录杨珍为龙虎卫带俸指挥[①]。定襄侯郭登在天顺初被纠劾降为都督佥事,天顺八年(1464)郭登复爵,登死后爵位由其过继为子的亲侄郭嵩承袭一代,尔后郭嵩子郭参改降为锦衣卫带俸指挥使[②]。成化四年(1468),宁夏总兵广义伯吴琮与镇守陕西平凉等处宁远伯任寿在平定满四之乱时指挥失误,导致明军惨败,被革爵充军,二人困死戍所[③]。成化十六年,任寿子任弘奏请比照前朝泰宁侯陈愉、安远侯柳升军事失机,但子侄仍袭祖爵之旧例,复嗣父原宁远伯爵,吏部核查后认为,陈愉"以失机下锦衣卫狱,寻卒于家",柳升"以失机为贼所杀",故两家后裔皆得袭,而任寿"死于戍,事体不同,弘所请可勿听",宪宗最终命任弘降袭龙骧卫带俸指挥使[④]。弘治八年(1495),吴琮子吴镇又请袭父爵,孝宗命镇袭锦衣卫指挥使带俸[⑤]。泰宁侯陈氏是"靖难"大功勋家,安远侯祖先柳升是永乐中后期成祖特别依赖的宿将,广义伯、宁远伯二爵的勋资地位难与泰宁、安远两家相俦,因此吴琮、任寿兵败遗戍后子孙难以照例再袭原爵,但广义、宁远两伯子孙得以坐享京卫指挥俸食,仍可谓不失优遇。甚至某些冒滥得爵者被停袭后,亦享子孙世袭锦衣等卫的优待。如世宗登极后全面打击武宗朝所封佞幸勋臣,太监张永兄弟泰安伯张富、安定伯张容先后自请辞爵,因世宗仍有意起用张永,故又特准富、荣二人继续任为指挥使、右都督,并子孙世袭锦衣卫指挥使[⑥]。

在一些特殊情况下,朝廷还会酌情集中复录前朝失爵勋家后代为世袭

①《明功臣袭封底簿》卷一《昌平侯》,第140—141页。

②《明功臣袭封底簿》卷二《定襄伯》,第254—255页。

③《明功臣袭封底簿》卷二《宁远伯》《广义伯》,第269、298页。

④《明宪宗实录》卷二一〇,成化十六年十二月辛酉,第3660—3661页。

⑤《明孝宗实录》卷一〇二,弘治八年七月己丑,第1864页。

⑥《明功臣袭封底簿》卷二《泰安伯》《安定伯》,第235—236、239—240页。

武官,或直接还其爵位,使功臣家族香火绵延。明代第一次较大规模的勋爵复录,是天顺元年(1457)七月,权贵石亨以前朝勋臣"以罪削爵,子孙不得袭已久"为由,请朝廷复录广平侯袁容、富阳侯李茂芳、安顺侯薛贵、成山侯王通、保定侯孟瑛的子侄①。当时英宗以"夺门"重登帝位不久,又恰逢承天门失火,正有意大赦天下以稳定朝局,而前朝勋臣无疑是安抚收罗的重点,于是英宗下宽恤诏,在石亨所请几家勋爵外,又增补升赏镇远侯顾氏等数家勋裔,或复其爵禄,或量授其武职,其条文云:

> 广平侯、武定侯子孙还袭侯爵,富阳侯、安顺侯、成山侯、保定侯子孙都袭伯爵,镇远伯仍复侯爵,清远伯、会宁伯子孙都袭都指挥,安平伯、荣昌伯子孙都袭都指挥同知。②

这些勋戚家族中,清远侯王友永乐随驾北征时失机下狱,放出后又发怨望诽谤之言,故罢爵废居,子孙不得袭爵③。成祖永平公主驸马富阳侯李让因被仁宗所厌弃,故嗣子李茂芳被强行褫夺爵禄④。第二代保定侯孟瑛因兄孟贤曾交通赵王朱高燧,也被仁宗革除流放⑤。成山侯、荣昌伯、安平伯三爵皆在宣德初年因镇守交阯失事被革除降用⑥。土官会宁伯李英因干预其他土官家族承袭,打死人命,在宣德七年(1432)被革爵闲罢⑦。嗣爵镇远侯顾兴祖因"土木之变"后自逃回京被除爵,戴罪立功⑧。另外武定侯、安顺侯、广平侯三家未犯罪责,各因特殊事由子孙停罢爵禄。其中武定侯郭英家族各房争袭爵位不止,导致爵位长期空缺⑨。达官安顺侯薛贵因无亲生子孙,故宣德十年(1435)死后以弟薛可可帖木儿降袭指挥使⑩。成祖永安公主驸马广平侯袁

①《明英宗实录》卷二八〇,英宗天顺元年七月壬午,第6014页。
②《皇明诏令》卷一三《承天门灾宽恤诏》,《续修四库全书》史部第457册,上海,上海古籍出版社,2002年,第288页。按,原文清远伯误作"靖远伯"。
③《明太宗实录》卷一五五,永乐十二年九月戊子,第1789—1790页;《明功臣袭封底簿》卷一《清远侯》,第130页。
④《明功臣袭封底簿》卷一《富阳侯》,第117—120页。
⑤《明太宗实录》卷二五九,永乐二十一年五月己丑,第2379—2381页;《明仁宗实录》卷四下,永乐二十二年十一月辛卯,第150—151页;《明功臣袭封底簿》卷一《保定侯》,第97页。
⑥《明功臣袭封底簿》卷一《安平伯》、卷二《荣昌伯》、卷三《成山伯》,第101、276、524页。
⑦《明宣宗实录》卷九〇,宣德七年五月壬午,第2064页;《明英宗实录》卷八二,正统二年三月癸巳,第554页。
⑧[明]王世贞:《弇山堂别集》卷三八《永乐以后功臣公侯伯年表》,第675页。
⑨《明功臣袭封底簿》卷一《武定侯》,第86—87页。
⑩《明功臣袭封底簿》卷一《安顺侯》,第132—135页。

容后代非公主所亲生,故在正统元年(1436)被降授长陵卫指挥使①。由于英宗天顺元年(1457)诏书中只有"还袭""都袭"等字样,没有准许这些复爵子孙"世世承袭",因此其中不少勋家在成化、弘治、正德各朝又被吏部陆续奏停,子孙复降授一般世袭武职。

明朝第二次较大规模优恤前朝失爵勋裔,是孝宗复"开国"功臣子孙为指挥使。弘治五年(1492),孝宗寻找到李文忠裔孙李浚、常遇春曾孙常复、邓愈玄孙邓炳、汤和玄孙汤绍宗四家"开国"公爵后裔,将他们皆授以南京锦衣卫世袭指挥使,"各近坟茔守祀"。至弘治十五年,孝宗又录刘基后代为处州卫指挥使②。第三次是嘉靖十一年(1532)四月,世宗在孝宗复录的基础上,以"兴亡继绝"与"酬德报功"③的名义,再封"开国"五家后代,其中常遇春后裔常玄振为怀远侯、李文忠后裔李性为临淮侯、邓愈后裔邓继坤为定远侯、汤和后裔汤绍宗为灵璧侯④,不久又复刘基后代刘瑜为诚意伯⑤。

明代中期以后,勋臣被革爵而子孙永不复录者一般出于两种原因:第一,勋臣权势太重,对皇权构成潜在威胁,或勋臣直接有谋逆举动,这种情况一般出现在一时得宠弄权的奸佞勋臣身上。如天顺朝忠国公石亨、昭武伯曹钦,嘉靖朝平虏伯江彬、咸宁侯仇鸾等。第二,立功勋臣后代绝嗣,无亲生子孙可承袭爵位。如"靖难"功臣云阳伯陈旭家族无男性后裔,其义孙陈铭在景泰六年(1455)将云阳伯诰券上缴,云阳伯正式断绝⑥。

(二)吏部等衙门奏停勋爵承袭

明中期以后,吏部在勘验勋臣承袭时的参议权不断增强,常会针对前朝特恩准袭或祖先本就封赏不当的勋家提出较严苛的停袭降职意见,在一定程度上保证了军功封爵制度的严肃性。尤其在弘治一朝,由于朝廷革除前朝弊政的力度较强,故孝宗经常批准吏部等官的停爵奏议。现主要根据《明功臣袭封底簿》相关记载,结合《明实录》,将成化、弘治、正德三朝经吏部等

---

①《明功臣袭封底簿》卷一《广平侯》,第123—124页。

②[明]朱国桢辑:《皇明开国臣传》卷一《四功臣子孙复爵始末》,周骏富辑:《明代传记丛刊》第25册,第68页;《明孝宗实录》卷一八九,弘治十五年七月己卯,第3486页。

③《明世宗实录》卷一二七,嘉靖十年六月乙丑,第3022—3023页。

④《明世宗实录》卷一三七,嘉靖十一年四月辛卯,第3226—3227页。

⑤《明世宗实录》卷一三九,嘉靖十一年六月甲申,第3254页。

⑥《明功臣袭封底簿》卷二《云阳伯》,第290页。

衙门勘议而停袭的勋爵列表胪列如下（见表 11）：

表 11　成化、弘治、正德三朝吏部等衙门议奏停袭勋爵概况表

停袭爵勋	成化朝以前封袭经过	停袭时间及吏部等衙门奏停意见	不宜继续承袭的原因
富阳侯	成祖永平公主驸马李让永乐元年封富阳侯世袭。永乐八年李让子李茂芳袭爵，李茂芳永乐二十二年被仁宗夺爵，销毁诰券。李茂芳子李舆正统二年授长陵卫指挥佥事，天顺元年英宗下诏复录前朝勋家，李舆准袭富阳伯。	成化十五年李舆死，子李钦请袭祖爵，成化十六年经吏部查验上奏，天顺元年"诏书内不曾开有世袭"，故宪宗命李钦仍袭长陵卫指挥佥事。	第二世李茂芳罢废失爵久，天顺元年仅恩许子孙承袭爵位一辈。
保定侯	都督孟善以"靖难"大功封保定侯，子孟瑛嗣爵。孟瑛因兄孟贤曾交通赵王朱高燧谋逆，被革除流放。天顺元年英宗下诏复录前朝勋家，孟瑛子孟俊准袭保定伯爵。孟俊子孟昂在天顺、成化朝又特准承袭伯爵一辈。	成化十一年，孟昂子孟达出幼，奏请承袭保定伯爵，经吏部查验，宪宗命孟达"既是曾孙，不应承袭"，着在京卫任世袭指挥使。	第二世孟瑛因族亲谋逆罢废失爵久，天顺元年仅恩许子孙承袭爵位一辈。
广平侯	成祖永安公主驸马袁容永乐元年封广平侯世袭，袁容嫡子袁祯先袭爵，无子，袁容庶子袁瑄正统元年请袭，经吏部议请，奉英宗圣旨，袁瑄非公主亲生，难以承袭，降任长陵卫世袭指挥佥事。天顺元年英诏复录前朝勋家，袁瑄准袭广平侯。袁瑄死后，经吏部议请，弟袁琇成化十五年仍降袭长陵卫指挥佥事。袁琇死，袁瑄妻张氏奏请侄袁辂袭爵，后袁辂又向太监梁芳献宅邸以为护国永昌寺，至成化二十二年宪宗准袁辂照天顺元年诏书袭侯爵。	弘治元年，兵科都给事中夏㫤等弹劾袁辂请托京营提督总兵英国公张懋、襄城侯李瑾谋坐营管事，袁辂坐营期间素行奸贪，不当再袭侯爵，吏部查验后题请，孝宗准袁辂承袭一辈，以后子孙只降袭长陵卫指挥佥事。后袁辂死，弘治五年袁瑄妻张氏请以袁辂子袁夔袭爵，十二年袁夔自请袭爵，经吏、兵各部驳议，皆不准，袁夔仍袭指挥佥事。	袁氏后代以非永安公主亲生降袭指挥，天顺元年仅恩许子孙承袭爵位一辈。

续表

停袭爵勋	成化朝以前封袭经过	停袭时间及吏部等衙门奏停意见	不宜继续承袭的原因
安顺侯	都督金事薛贵永乐二十年封安顺伯流爵,宣德元年进封安顺侯世袭,后死无子。宣德十年英宗登极初,薛贵弟薛可可帖木儿(汉名薛山)请袭,经吏部议请,英宗"钦依诰券内无弟侄世袭事例,不准,但念薛贵前功",薛可可帖木儿准做世袭指挥。天顺元年英宗下诏复录前朝勋家,薛可可帖木子薛忠准袭安顺伯。后薛忠死,子薛珌奏袭,吏部查称无世袭缘由,但英宗天顺七年仍钦准薛珌袭伯一辈①。	弘治三年薛珌病故,子薛昂请袭,吏部查验上奏,天顺元年"诏书不曾开有世袭字样,不该承袭",孝宗命薛昂改袭燕山右卫指挥使。	始封祖薛贵无亲生子孙,本已降授弟为指挥使,天顺元年仅恩许子孙承袭爵位一辈,且袭爵者也非薛贵直系后代。
平乡伯	左都督陈怀正统九年封平乡伯流爵,正统十四年随英宗北征阵亡,陈怀子陈辅、孙陈政在景泰至成化朝蒙恩特许承袭伯爵两代。陈政成化二十一年自陈镇守两广有功,"久居烟瘴",乞要子孙再袭伯爵,宪宗准其奏。成化二十二年陈政子陈信袭爵。	弘治六年陈信死,陈政妾王氏奏请陈政庶次男陈俊袭爵,经吏部会同兵部查验会奏,孝宗命"陈俊祖父伯爵既不该承袭",着做指挥使原卫带俸。	始封祖陈怀本封流伯,后代已屡蒙恩命特准承袭。

①列朝《明实录》与《明功臣袭封底簿》对安顺侯后代世系的记载互有出入,颇多错乱。按底簿记载,薛贵无子,死后弟薛可可帖木儿请袭侯爵,吏部议不准,最后宣宗命可可帖木儿降袭指挥使以奉薛贵祀。至天顺复辟,英宗下诏安顺侯子孙袭伯爵,先有"薛忠系帖木儿亲侄,袭伯爵,故,男薛珌奏袭",吏部"查无世袭缘由,题奉钦依准袭伯爵",弘治三年二月薛珌死,其母张氏"奏要将孙男薛昂袭爵",吏部"查得诏书不曾开有世袭字样,不该承袭",孝宗命薛昂袭指挥使(见《明功臣袭封底簿》卷二《安顺侯》,第134—135页)。《明英宗实录》先记薛贵死后无子,其弟薛可可帖木儿请袭不准,授官京卫指挥使以奉贵祀(见《明英宗实录》卷三,宣德十年三月己丑,第73—74页),又称天顺朝特恩准袭安顺伯的薛忠是安顺侯薛贵侄(见《明英宗实录》卷二八〇,天顺元年七月壬午,第6014页),而在薛忠小传中别记忠是薛贵侄孙,薛忠父薛山曾被宣宗特准世袭指挥奉祀薛贵(见《明英宗实录》卷三四六,天顺六年十一月庚子,第6983页)。《明孝宗实录》记薛忠嗣子薛珌、珌子昂事时,先称薛贵是薛珌曾伯祖,后称薛贵是薛昂曾祖父,又载薛贵无子,英宗准以贵弟可可帖木儿袭指挥使奉祀,而薛可可帖木儿是薛珌父(见《明孝宗实录》卷三五、卷三八,弘治三年二月己丑、五月戊寅,第755、815页)。笔者综合比对以上记载,在表中对安顺侯薛贵袭爵弟侄世系做一最合理的叙述。

续表

停袭爵勋	成化朝以前封袭经过	停袭时间及吏部等衙门奏停意见	不宜继续承袭的原因
修武伯	左都督沈清正统六年以修造功夤缘内臣冒封修武伯世爵,子沈荣正统八年袭爵,沈荣正统十四年随英宗北征阵亡。景泰三年复录沈荣子沈煜袭伯,沈煜犯奸宿革去冠带,后沈煜子沈祺、沈坊①又袭伯两次。	弘治十四年,沈坊子沈瑞出幼,经吏部与会多官查验会奏,沈清"委无军功,例难准袭",孝宗命沈瑞改任锦衣卫指挥使。	始封祖沈清非军功封世爵,第三世沈煜行为不轨,理应停罢。
永顺伯	都督同知薛斌永乐十八年封永顺伯流爵,永乐二十二年子薛绶以五岁幼童蒙经叔父安顺伯薛贵引见面圣,被仁宗特许世袭父爵。薛绶正统十四年随英宗北征阵亡,子薛辅、孙薛勋在景泰及成化朝蒙恩特许承袭伯爵两代。	薛勋正德六年死,子薛玺奏请袭爵,经吏部等衙门查验会奏,武宗命薛玺依照薛斌流伯"原有成旨"降袭锦衣卫指挥使。	始封祖薛斌本流伯,后代屡蒙恩命特准承袭,不宜再世袭。

以上这些勋臣家族中,除广平侯李茂芳最初被罢爵的原因不明外②,或本为流伯,或无亲生子孙袭爵,或冒滥封爵,或牵连谋逆之罪,均以充分理由被降职为一般指挥使武官。而且这些勋家本坐废日久,已远离权力中心,与皇室的关系疏远,故子孙再被降为一般武职,也不会影响朝局。

笔者前章已论,至世宗登极之初,明廷开始系统停罢、减袭正德朝佞幸冒爵及列朝外戚恩封者,这一举措进一步促使吏部重新审议前朝所封世爵是否得当,现再条列嘉靖朝吏部相关奏请事例于下,如在嘉靖五年至嘉靖六年间(1526—1527),吏部多次指出,天顺初年所封辽东总兵曹义非"开

---

①按《明宪宗实录》的记载,沈坊系沈祺子(见《明宪宗实录》卷二八四,成化二十二年十一月甲寅,第4807页),但《明孝宗实录》记沈坊是沈祺弟(见《明孝宗实录》卷七三,弘治六年三月己巳,第1364页),又《明功臣袭封底簿》也记沈祺无子,由弟坊袭爵(见《明功臣袭封底簿》卷二《修武伯》,第262页),由此可断定《明宪宗实录》的记载有误。

②明代典籍多仅记李茂芳坐事、谋逆罢爵,不载具体原因。《明功臣袭封底簿》对茂芳除爵过程记述相对较详,据此可知仁宗在永乐二十二年八月突然严斥:"李茂芳他父死早了,无人教训,不知礼仪,吏部去了冠带,户部住了禄米,还做公侯称呼,着去国子监肄业处读书十年。"李茂芳入国子监一个月后,就又被褫夺爵位诰券,连同其父原驸马及燕府仪宾诰命一并销毁(见《明功臣袭封底簿》卷一《富阳侯》,第118—119页)。可见仁宗对李氏丝毫不留情面,意在彻底抹去李氏驸马与皇室的亲属关系。按理推测,能引起仁宗如此仇恨的理由,想必是李让在永乐年间曾与汉王或赵王有所款通,对仁宗太子之位不利。

国""靖难"元勋,只有镇守边功,子孙承袭三世足当,应降袭为一般武职①。
嘉靖六年(1527),成化朝所封搜套功臣宁晋伯刘聚嗣孙刘岳卒,无子,侄刘
文奏袭,吏部查验奏称,"伊祖刘聚止以镇守边方,斩获功次而得,视开疆拓
土、削平僭乱者不同,生前未授世袭诰券",建议停袭②。又嘉靖十年及嘉靖
十三年(1531—1534),天顺朝所封征苗功臣武平伯陈友后裔陈大策报请优
给及正式袭爵,吏部审议后认为祖陈友军功无多,"似为冒滥",理应停袭,但
已传袭六辈,请世宗定夺是否应再袭③。嘉靖十五年,吏部上报,又查得与丰
润伯曹义同封的原辽东副总兵怀柔伯施聚子孙也不宜继续承袭祖爵④。

　　丰润伯曹义、怀柔伯施聚在天顺元年(1457)以久镇辽东加爵,按照累
功成例,他们本宜先封流伯,因此嘉靖朝吏部奏请降袭而爵的提议不无道
理。而武平伯陈友以通事达官起家,早年战功平平,英宗复辟之初,被特封
武平伯世袭;成化朝宁晋伯刘聚以亲旧内臣子弟优势身份,又逢当时搜套
战役艰难的特殊时局,被累加封世伯,陈友、刘聚二爵的世袭地位也可商议。
不过世宗集中处置完对自己统治稳定较不利的前朝佞幸及外戚后,就并不
愿继续停罢其他前朝所封世爵,以致引起勋贵群体的动摇,因此对吏部的以
上奏请皆不理会,仍准许丰润伯、怀柔伯、武平伯、宁晋伯子孙世袭如故。由
此可见,虽然吏部勘验勋爵承袭时参议权较强,但最终定夺袭爵与否的还是
皇帝本人。

三　勋臣的宗族组织与宗族意识的兴起

　　中国古代封爵世袭本缘起于商、周宗法封建制度。明廷制定严格的爵
位承袭勘验制度以保障勋臣世袭地位,这实际上起到了以国家强制力整肃
勋臣家族内部秩序的效果。尤其是宗图、底簿制度以国家档册的形式明细
了勋臣家族的历史起源、宗派世系,其效仿上古宗法制的"旷然复古"⑤意味
浓厚。勋臣族内严格的世系传承甚至成为了明代士人理想化宗法制的范

①《明世宗实录》卷八四,嘉靖七年正月庚寅,第1897页;《明功臣袭封底簿》卷一《丰润伯》,第59—
　60页。
②《明功臣袭封底簿》卷一《宁晋伯》,第67—68页。
③[明]郑汝璧:《皇明功臣封爵考》卷四《武平伯》,《四库全书存目丛书》史部第258册,第491页。
④[明]郑汝璧:《皇明功臣封爵考》卷五《怀柔伯》,《四库全书存目丛书》史部第258册,第512页。
⑤《明史》卷一〇五《功臣世表一》,第2999页。

本,《大学衍义补》即云:

> 欲行宗子之法,必自世胄始。今世文臣无世袭法,惟勋戚及武臣世世相承,以有爵禄,此法断然可行。若夫见任文臣及仕宦人家子孙与夫乡里称为大族巨姓,自谓为士大夫者,朝廷宜立定制,俾其家各为谱系……若夫军官袭替故事,明具宗支图,亦俾其明白开具,如五宗之法。①

《菽园杂记》作者陆容亦认为,"古人宗法之立,所以立民极、定民志也",然而"古者公卿大夫,世禄世官,其法可行","今人不能行者","势不可行也",但明代"武职尤有世禄世官遗意,然惟公侯伯家能行之"②。

除规范袭爵承袭本身,明代还实行一系列措施,进一步加强勋臣的宗族组织与活动,将其上升为国家制度的一部分。如明代定制:"公、侯及品官之家,宜造屋三间于居宅之东奉祀祖先,如未能造屋及祠堂窄狭,须请神主出中堂享祭。若高祖年远子孙不能记其排行、名讳者,则开其位只祭三代。"③至永乐三年(1405),成祖正式将魏国公徐达家族祭祀纳入国家祭祀系统内,他传谕礼部:"中山王勋德,国朝第一,当百世不忘。自今正旦、清明、中元、十月朔、冬至,皆遣祭于家庙。凡祭日,魏国公与遣祭官一揖而进。陪酒与送迎之礼,皆本府指挥一员行之。"④而"靖难"首臣成国公家族的祭祀也有上升为国家祭祀的意味。成国公家族墓地在北京天寿山帝陵附近的北泽山,拱卫皇陵,且与皇陵共同受祭,朱氏姻亲明中期内阁大学士李东阳曾作诗盛誉:"二王(指追封东平王初代成国公朱能及其子追封平阴王成国公朱勇)祔葬六陵东,丘垄成行列上公……河山带砺君恩远,俎豆春秋祀事同。"⑤成化十五年(1479)二月,南京礼部又请修勋臣坟墓,宪宗"敕工部修治,无子孙者复其墓邻一人守护之"⑥。勋臣家族中除承袭本爵者外,还有大批无爵子弟,他们的社会经济地位也存在悬殊。为了团结勋臣家族成员,正统十二年

①[明]丘濬:《大学衍义补》卷五二《治国平天下之要·明礼乐·家乡之礼中》,北京,京华出版社,1999年,第458页。
②[明]陆容:《菽园杂记》卷一三,第160页。
③[明]张卤辑:《皇明制书》卷二〇《节行事例·祀先凡例》,《续修四库全书》史部第788册,上海,上海古籍出版社,2002年,第766页。
④[明]周晖:《续金陵琐事》上卷《家庙五祭》,南京,南京出版社,2007年,第199页。
⑤[明]李东阳:《李东阳集·诗后稿》卷九《成国省墓北泽山奉赠一首》,第903页。
⑥[明]徐学聚:《国朝典汇》卷三一《勋臣考》,第2176—2177页。

（1447）英宗规定勋臣禄米"有自愿分与族亲者听"，如果勋贵不欲分发禄米，"亲族不许争讼分夺"①。

　　基于优厚境遇，永乐以降勋臣家族不断繁衍壮大。徐达后代"一门两公"，"往往对握二都兵政"②，南京的魏国公家族世代坐镇南都，直至明亡；北京的定国公例充任五府职务，享受恩宠③。明中叶名臣李贤以"太宗文皇帝靖难功臣尤盛，而元勋上公子孙继者亦惟平阴王一门"④形容成国公朱勇家族的兴盛；李贤还褒誉英国公张氏家族"今世勋臣之盛，无如张氏一门"⑤。面对朝廷厚待和家族兴盛之况，明代中期以后一些勋臣家族成员，尤其是儒学素养较高者自发地产生了宗族荣耀感，他们践行礼祀、抚恤族众并热心于收集家族文物，宗族意识和行动不亚于文人士大夫。如成化、弘治间嗣平江伯的陈锐力行维护宗族，他"礼重丧祭，抚庶弟铎、镃及诸妹、群从，皆为婚嫁，分所得禄以给族党"⑥。隆平伯高霭在正德朝奉命往兰州册封藩王的途中，"道经咸阳，自谓原籍本县白良里人"，特意"访求伊祖士文丘坟，设牲拜祭"，其盛况"乡里之人，众所共见"⑦。晚明居南京的卫国公邓愈后人秀才邓武津收藏有邓愈曾穿着的战裙，邓武津常对来客展示此裙以耀家门⑧。而诚意伯刘基后代家中收藏有朱元璋钦赐刘基子刘璟的铁简，刘基后人亦常将此铁简文物"每出以示客"⑨，万历朝名士焦竑就曾亲见此简⑩。

　　勋臣家族中的女性也在凝聚宗族力量上发挥着重要作用。如武定侯郭良原本长期不能正常袭爵，其妻柏氏以"祖爵未嗣，忧方大耳"激励他去维护家族的权益。柏氏还对郭家族党中"虽幼且贱，亦施礼遇，未尝以贵盛加人"⑪，表现出缉和宗族的意识。另据《万历野获编》记载，明代勋臣家族还

①万历《大明会典》卷三八《户部二十五·廪禄一·公侯驸马伯禄米》，第275页。

②[明]周晖：《续金陵琐事》上卷《一门两公》，第203页。

③《明史》卷一三《徐达传》，第3731—3732页。

④[明]李贤：《古穰集》卷一〇《特进荣禄大夫右柱国太保成国公追封平阴王谥武愍神道碑铭》，景印《文渊阁四库全书》第1244册，第580—581页。

⑤[明]李贤：《古穰集》卷一七《奉天翊卫推诚宣力武臣特进光禄大夫柱国文安伯追封文安侯谥忠僖张公墓志铭》，景印《文渊阁四库全书》第1244册，第660页。

⑥[明]李东阳：《李东阳集·文后稿》卷二六《明故太傅兼太子太傅平江伯陈公墓志铭》，第1277页。

⑦[明]高拱：《高拱全集·掌铨题稿》卷三四《题行查建平伯孙高添爵疏》，第477页。

⑧[明]周晖：《续金陵琐事》上卷《战裙》，第192页。

⑨[明]周晖：《续金陵琐事》上卷《铁简》，第199页。

⑩[明]沈德符：《万历野获编》卷五《勋戚·刘璟铁简》，第137页。

⑪[明]李东阳：《李东阳集·文后稿》卷三〇《封武定侯夫人郭母柏氏墓志铭》，第1334页。

以嫡长子继承制为核心,自发形成了一套组织宗族的"爵主"机制:

> 凡公、侯、伯家最尊嫡长,其承袭世封者,举宗呼为"爵主"。一切凶
> 吉大事以及争阋构斗,皆听爵主分剖曲直。其罪稍轻不必送法司者,得
> 自行笞禁,不避尊行,亦尤天家亲藩及郡王体例,最合古人宗法。然惟
> "开国""靖难"诸故家为其然,其他暴贵者,不能尽听约束矣。①

勋臣家族的宗族组织由此可见一斑。但这条史料也反映出一个问题,即勋
家子弟不尊宗法、不听约束的现象同样广泛存在,这其中族众间争袭爵位导
致家族矛盾激化的状况尤为突出,有必要详加考论。

四 勋臣家族的爵位争袭

明朝制定严格的袭爵勘验制度以"辨嫡庶,明伦序,以杜争端"②,但并不
能完全杜绝勋家内部的争袭。勋臣子孙"争袭纷然"③的情况时有发生,严重
破坏其宗族内部的和谐。经笔者不完全统计,择出有明一代典型争袭事件
十二例,现按事件发生的先后顺序编号胪列,以资分析。

1. 遂安伯家族事例

永乐八年(1410)遂安伯陈志死,其罪废嫡长子陈良之子陈瑄与以军功
任指挥使的嫡次子陈春之子陈瑛二人争袭爵,分辨不下。成祖认为陈瑄父
亲无功,但他是嫡长孙,陈瑛父亲"随征曾出气力,做指挥",陈瑛现已袭指挥
之职务,但若袭爵"于嫡孙的理上有碍"。于是命吏部曰:"写两个纸阄着他
拈,拈着的袭遂安伯。"最终陈瑛得袭④。

正统十一年(1446),遂安伯陈瑛死,庶长男陈埙袭爵。正统十四年陈
埙北征死无子,母朱氏请其弟陈韶袭爵,陈瑄继续争袭爵。景帝以"如今朝
廷用人之际",命总兵官石亨、杨洪及兵部选陈韶、陈瑄二人中"老成堪任事"
的先袭爵。结果陈瑄"年老筋力衰微罢",陈韶因"身量长成"得袭⑤。

---

①[明]沈德符:《万历野获编》卷五《勋戚·爵主兵主》,第147页。
②万历《大明会典》卷六《吏部·验封清吏司·功臣袭封》,第31页。
③《明世宗实录》卷四二三,嘉靖三十四年六月丙子,第7335页。
④《明功臣袭封底簿》卷三《遂安伯》,第512—513页。
⑤《明功臣袭封底簿》卷三《遂安伯》,第514—515页。

2. 泰宁侯家族事例

永乐十七年（1419），泰宁侯陈珪死，长子陈玺自立军功为武城左卫指挥使，"先故"，次子陈愉袭爵。永乐二十年陈愉北征失机发锦衣卫，后死，陈玺子陈锺与陈愉子陈镛皆告袭。永乐二十二年八月，朝廷下旨："陈玺的儿子陈锺既是陈珪庶长孙，依太祖高皇帝定的例，着陈锺袭封泰宁侯。"①

3. 武定侯家族事例

洪武所封武定侯郭英因在"靖难"期间支持建文一方，至永乐登极后被顺势停罢子孙承袭②。仁宗登极后，郭氏后代又以外戚之尊复爵，但各支子孙间产生争端。具体来说，第一代武定侯郭英正妻马氏无子，后代"俱郭英庶出子孙"。其中妾何氏生郭镇，为永嘉公主驸马，生男郭珍，郭珍生郭昌、郭昭，郭昌生郭良。郭英又有妾严氏生郭铭，郭铭生郭琮、郭玹，郭玹生男郭聪。郭玹因有姐郭氏为仁宗贵妃，故永乐二十二年，仁宗钦准"都督郭玹着他袭封武定侯"。宣德十年（1435），永嘉公主奏"要将男郭珍袭爵"。英宗为安抚公主，命郭珍"特授锦衣卫指挥佥事，支俸不管事"。至正统十二年（1447）七月，郭玹病故，郭珍及郭玹男郭聪各奏争袭。十二月，英宗因郭珍、郭聪争袭不下，命："既他每争袭，都不准袭侯爵，只与郭聪做指挥佥事，锦衣卫带俸。"③

天顺元年七月十二日，英宗钦诏武定侯子孙还袭侯爵，命左府并都察院勘问，"得郭英嫡长曾孙郭昌应该袭爵"，同时郭聪亦奏要争袭爵位。天顺三年（1459）五月，英宗命郭昌袭爵。天顺五年二月郭昌病故，昌正妻曳氏无子，侧室许氏生一子名郭良，于是"曳氏奏要将庶长男良袭爵，年方八岁"，朝廷命"出幼时来说"。至天顺八年三月，曳氏奏郭良优给，朝廷每月与郭良食米二石④。

成化四年（1468），郭良出幼应袭爵，而郭聪又诬奏郭良系奸生之子，继续争爵，吏部上报。宪宗以郭氏"既争袭不明"，着"郭良只着做指挥锦衣卫

---

① 《明功臣袭封底簿》卷三《泰宁侯》，第 412 页。

② 黄阿明：《明代临淮郭氏家族若干史实辨正》，《历史教学问题》2019 年第 3 期。

③ 《明功臣袭封底簿》卷一《武定侯》，第 85—87 页。底簿原文郭镇作郭振，据郭英神道碑改（见［明］杨荣：《文敏集》卷一七《开国辅运推诚宣力武臣柱国武定侯赠营国公谥威襄郭公神道碑铭》，景印《文渊阁四库全书》第 1240 册，第 267 页）。

④ 《明功臣袭封底簿》卷一《武定侯》，第 87—88 页；［明］王诏：《武定侯郭公墓志铭》，［明］郭良、郭勋辑：《毓庆勋懿集》卷八。按郭英正妻未生子，因此郭良仅是郭英长曾孙，并非嫡长曾孙，《底簿》此处记载略有失。

指挥佥事”。后郭良不断上报请求袭爵，宪宗命吏部“会同礼部并锦衣、科道查勘明白”，最终以“既再先停袭有故，若再来搅扰，将指挥革去，该科记着”答复郭良。弘治元年（1488）十一月郭良又奏要袭爵，终被革去指挥职事闲住。但郭良与其亲母许氏依然坚持向朝廷请爵，最终在弘治十五年，经多官会议，郭良复武定侯爵[①]。

4. 崇信伯家族事例

天顺四年（1460）十一月崇信伯费钊死，嫡子费淮当袭，庶长子费溥争袭。天顺八年六月，宪宗以费淮母朱氏既封夫人为据，认定费淮当以嫡子袭爵，成化元年（1465）钦准费淮优给待嗣[②]。

5. 宁阳侯家族事例

天顺七年七月，宁阳侯陈懋死，庶长子陈晟初任勋卫，后因罪谪戍，庶次子陈润嗣爵。成化二年六月陈润“卒无子”，陈懋庶三子陈瑛成化七年嗣，陈晟“争瑛不宜嗣”。宪宗命陈瑛先暂借袭爵，待陈晟子长成后再议。成化二十二年，陈晟子陈辅出幼，宪宗奏准辅袭爵，别任陈瑛为勋卫。弘治八年陈辅病故无嗣，陈瑛孙陈继祖与陈懋幼子陈昴又争袭不决，朝廷判陈继祖年幼优给，至正德元年（1506）继祖出幼正式袭爵[③]。

6. 广宁伯家族事例

广宁伯爵刘荣有三子，长刘湍，次刘淮，再次刘安。刘湍“袭爵早卒无嗣”，刘淮“亦卒，其子瓘方幼”，刘安于是被准暂先借袭，他“正统己巳守大同”加封广宁侯。成化十二年，刘安死，刘安子刘璇与本应袭爵的刘瓘“争袭屡上疏各自陈”。成化十二年六月，广宁伯争袭事下吏部等所司议，判定“瓘为荣嫡次子之子，当为祖后，而安之功亦在所论”，故宪宗命“以爵归瓘”，授刘璇为锦衣卫正千户[④]。

7. 隆平侯家族事例

弘治十七年三月，隆平侯张佑死无子，其堂弟张禄、再从弟张禬与族人张沂、张渼“争袭侯爵，分异家资”，相讦不下，事报南京法司，但久勘不决，于是张禄“复奏解京问理”。朝廷委派刑部三法司、锦衣卫等多衙门拘集张氏

---

①《明功臣袭封底簿》卷一《武定侯》，第88—92页。
②《明功臣袭封底簿》卷三《崇信伯》，第545—546页。
③《明功臣袭封底簿》卷三《宁阳侯》，第455—458页。
④《明宪宗实录》卷一五四，成化十二年六月庚寅，第2810页。

"各舍亲族",稽查张家"宗图脉流",最终判令张禄支脉最近,应承袭祖爵,而张褶等"因分异启争,遂谋夺嫡,法不可容,并助恶之人,锦衣卫俱杖之三十,发戍海南、甘肃肃州等卫"①。

8.黔国公家族事例

嘉靖二十六年(1547)六月,黔国公沐朝辅病故,妻黔国夫人陈氏"奏将长男沐融优给"。世宗准沐融以年幼袭黔国公爵,与半俸优给,其叔"沐朝弼与做都督佥事,暂令挂印充总兵官镇守云南等处地方"。嘉靖二十八年五月沐融病故,沐朝弼与陈氏"奏将沐融亲弟沐巩优给"。世宗准沐巩袭公爵,"与半禄优给,着沐朝弼并抚按、三司官好生看护"。嘉靖二十九年八月,沐巩病故,都督佥事沐朝弼奏袭祖爵,陈氏具奏其夫沐朝辅"遗有庶男亦要争袭"。世宗命吏部会同法司查勘明白。嘉靖三十三年十一月勘验完成,朝廷下圣旨:"这事情既勘议明白,沐朝弼领镇已久,免其赴京,着袭封黔国公,照旧镇守地方。陈氏免究,何纶等、沐朝功等都发隔别省分边卫充军,其余依拟。"②

9.阳武侯家族事例

阳武侯薛禄应袭嫡子薛勋"未袭卒",勋有子三人,长薛诚夭卒,次薛诜,次薛赟。自宣德七年(1432)始,由薛诜一支子孙嗣爵,至嘉靖二十三年薛诜曾孙薛翰死,无子。是故薛赟曾孙薛幹"以次当嗣",并已按袭爵程序"为翰治丧,疏请恤典"。但薛氏族人薛瑾曾因保勘索贿于薛翰不得,因此与薛氏"蘗子之后"薛伟串通密谋,"讦幹为奸生不得嗣",事下都督府勘问。阳武侯家"旁裔玳、仁等各乘时妄奏当袭,累十年不能决"。后薛幹、薛瑾及薛伟相继死,薛瑾子佚、薛伟子韩"各仍与幹子鋠争袭,而玳等观望其间"。隆庆六年(1572),都督府会法司"究尽得诸情实",上报皇帝:"故侯诜之后既绝,则应继者在其弟赟之后明甚。今诸蘗裔纷纷争袭,垂三十年,薛氏一门生者未袭,死者未葬,实薛瑾一人为之胎祸。臣等悉心廉问,幹子鋠宜嗣阳武侯爵,其诸妄奏各当以罪。"穆宗报可③。

①《明武宗实录》卷四二,正德三年九月戊申,第974—975页;《明功臣袭封底簿》卷一《隆平侯》,第188页。按,《明实录》记张禄为张佑弟,《明功臣袭封底簿》记为堂弟。若依《明实录》,兄终弟及,即不应存在袭爵争议,故从《底簿》。

②[明]郑汝璧:《皇明功臣封爵考》卷四《黔国公》,《四库全书存目丛书》史部第258册,第450—451页。

③[明]郑汝璧:《皇明功臣封爵考》卷四《阳武侯》,《四库全书存目丛书》史部第258册,第466页。

10. 魏国公家族事例

魏国公徐鹏举夫人张氏早卒无子,庶长子徐邦瑞本应袭爵,但徐鹏举宠爱嬖妾郑氏所生幼子徐邦宁,因此鹏举在嘉靖朝就曾图谋行贿权佞严世蕃将郑氏立为正室夫人,再贿赂兵部尚书刘采,将徐邦宁送入国子监读书,以代替长子邦瑞的应袭之位,但遭到刘采斥责未果。隆庆初年,徐邦宁亲自以金银珠宝为贿勾结诚意伯刘世延帮助策划夺爵。诚意伯刘世延阴谋贿赂国子监祭酒姜宝帮助徐邦宁打通关节,但姜宝"疑不绝",当时恰有国子监助教郑如瑾"亦阴入邦宁贿,证世延语于宝所",使得姜宝动摇,姜宝于是告诫国子监吏"毋纳邦瑞"入学。与此同时,徐鹏举也强留邦瑞,不遣之入国子监,配合徐邦宁等人的争袭活动。隆庆四年(1570),山西副使冯谦对姜宝论及郑如瑾与徐邦宁的夺爵之谋,并且提醒"外议颇诬及宝",姜宝至此大惧,上章告发徐邦宁与郑如瑾的阴谋,事下南京法司鞫问。经史科揭发,吏部核实,刘世延"意图(徐)邦宁家积之富,期结姻亲,密为画议"。而首恶刘世延竟然"反移牒至刑部,言己与徐氏世仇,未尝与鹏举废立议",言辞甚倨傲,导致"吏不敢诘"。最后朝廷惟判令郑如瑾革职为民,徐鹏举夺禄米一月,徐鹏举妾郑氏"追夺诰命",而徐邦宁及其党徒各受罚治有差[①]。

11. 南和伯家族事例

南和伯方炳在嘉靖朝因子方应奇年幼,故分禄米与叔方禾之子方烨,以备不测时方烨可袭爵。隆庆元年九月,方炳病故,当时方炳继母徐氏与方炳子方应奇在方炳从堂弟方辉家居住。隆庆三年,方应奇"出痘身故,遂致嫡支绝袭"。按伦序本该方炳堂弟方烨袭爵,但方辉与方氏家人方福图谋"寻些事故,阻住方烨"以夺爵位,便奏告方烨父方禾是"还俗尼僧"所生,而方烨兄弟三人"俱不修饰行止",南和伯爵应由方辉承袭。穆宗命吏部转行南京右军都督府查勘,南京右府查访"南和伯亲族邻佑",将审查文案并南和伯家族宗图行移吏部验封司,吏部核定认为方烨"应继明矣",方辉"所告尼僧一节,年远无凭",属"明悉僭越,法纪难容"。隆庆六年,穆宗准方烨袭爵[②]。

---

① 《明穆宗实录》卷四一,隆庆四年正月己卯,第1021—1022页;[明]许重熙:《嘉靖以来注略》卷六《隆庆注略》,《四库禁毁书丛刊》史部第5册,北京,北京出版社,1997年,第119页。
② [明]高拱:《高拱全集·掌铨题稿》卷三四《题南和伯方烨袭爵疏》,第469—471页。

12. 新建伯家族事例

万历五年（1577），王守仁孙王承勋袭新建伯，其长子王先进子业昌早夭，过继弟先达子业弘为嗣以待袭爵。王先达妻章氏骄悍，对王先进曰："阿伯无子，袭爵应自我夫耳。由夫及子，爵安往？"王先进被此言激怒，于是改收继族子王业洵为后，并将家产及田宅数百顷皆赠与王业洵。尔后，王承勋病逝，王先进也未袭死，王先进养子王业洵自知"非文成后，例不应袭，袭者终是先达"，又惧怕王先达与其争产，于是诽谤王先达为乞养子，另推举王承勋弟王承恩子先通当嗣爵，导致王守仁家族成员数十年相争不决。崇祯时，王先达子王业弘复与王先通疏辨争袭，当时王业洵兄王业浩已任两广总督，有司畏惧业浩，倾向于以王先通袭爵，而当朝公侯勋贵又多得王先通一党的贿赂，也支持王先通。先通嗣爵后，王业弘愤恨不已，"持疏入禁门"诉，又自刎而未死，被执下狱[①]。

明代勋爵承袭遵从嫡长制，若以此，可将上述事件分为若干类。

第一，嫡、庶支间争袭。属于此类的有事件4。在中国传统社会中，嫡、庶分别有如天壤，正常情况下以庶争嫡，严重违背伦序，是故此类事件数量很少。而事件4中崇信伯庶长子费溥凭借长子身份即与嫡子费淮袭爵，明显无理取闹，致以宪宗斥责他"这厮再来妄争打扰，不饶"[②]。

第二，长、次支间争袭。属于此类的有事件1、2、3、5、6、8、10。在无嫡、庶之分的情况下，长、次之别同样清晰明确，应不易出现袭爵争议，但上举相关事例中长支有不宜或不便袭爵的特殊原因，而次子一支具备先袭的优势条件，这就会导致长、次系势相争。如事件1遂安伯家与事件5宁阳侯家长支罪废，事件2泰宁侯家长支早卒，故以次支暂借先袭，引起长支后代不满。事件3是因为武定侯幼支子孙郭珑凭借姐郭氏为仁宗贵妃的近亲外戚身份争先袭爵，而长支子孙也具有祖母为永嘉公主的戚臣身份，故相斗不下。事件10更为特殊，起因于魏国公徐鹏举以个人情感好恶废长立幼，破坏国家法定袭爵制度。此后徐邦宁的勾结行贿、刘世延的搬弄是非等等，充分暴露了勋爵争袭过程中的各种阴暗。在处理此类争袭案件时，朝廷决策的不当常会激化争袭双方的矛盾。如编号1遂安伯事例中，成祖不按长幼次序，采用了抓阄天决的滑稽做法，致使次支陈瑛嗣爵。事件3中，明廷没

---

① [明]李清：《三垣笔记·崇祯》，北京，中华书局，1982年，第5—6页。
② 《明功臣袭封底簿》卷三《崇信伯》，第546页。

有制定出解决武定侯家族争端的合理方案，英宗就草率下了"既他每争袭，都不准袭侯爵，只与郭聪做指挥佥事"的决策，导致本可简单处理的案件拖延几十年之久。在某些特殊情况下，朝廷也会有意强化次支的应袭地位。如"土木之变"后，景帝因"如今朝廷用人之际"，优选"老成堪任事"者袭遂安伯，于是造成遂安伯幼支后裔陈韶取代长支后裔陈瑄袭爵。

　　第三，嫡长大宗绝嗣，旁支远、近间争袭。事件 7、9、11、12 均属此类，而由于承袭问题长期拖延不绝，事例 2 武定侯家族争袭亦出现多支争抢的趋势。勋臣多代繁衍后，族众庞大，所谓"使其父子相承，嫡庶犹为易辨，万一门祚衰绝，苗裔或恐失真"①，导致各旁支子弟趁乱纷争。这样的争袭往往涉及多支、多人，勘验过程旷日持久，严重影响勋臣家族的稳定。如阳武侯家族纷争三十余年，爵位"久之不得请"，家族"田宅并入官"②。此类争袭的过程中又无不充斥着私自收养、贿赂、诬告、伪证等种种犯罪行为，使得吏部、五府等勘验衙门难于处理，常需法司衙门参与审查。对某些恶劣的争袭行径，朝廷亦严惩不贷。如事件 7 中朝廷判令隆平伯家族"助恶之人"杖责三十，谪发海南、肃州等卫。事件 9 阳武侯家族旁支群起冒争，最终朝廷判罚"其诸妄奏各当以罪"。

　　从前举多个勋爵争袭事例中不难看出，明代前中期的争袭主要与袭爵勘验制度的不完善以及"土木之变"等特殊事件的影响有关，争袭者也多少有一定的袭爵理由。至明代中后期，伴随着勘验制度趋于完善，多支、多人纷争的事故反而愈发频繁，而且犯罪化趋势严重。毋庸置疑，明代中后期勋臣家族支脉分化、人口繁衍是激化争袭矛盾的客观原因之一。除此之外，笔者认为，导致明代中后期争爵频发的制度与政策性原因还主要有三点：其一是明代勋爵制度的停封畸变，其二是朝廷对勋家的不合理优抚，其三是勘验流程中存在的腐败。现逐一阐述如下：

　　在明代，获封勋爵意味着取得了极高的尊贵身份和经济待遇，所谓"武胄之贵，惟勋与戚"③。自洪熙、宣德承平始，大规模、多人次的勋爵册封逐步减少，《弇山堂别集》指出，成祖册封"靖难"及平定安南功臣后，"自是终诸帝世，仅一大封（指英宗封"夺门"之臣），而其他破军、杀将、戡乱、偾工之特

①［明］郑汝璧：《皇明功臣封爵考·典例·功臣世系》，《四库全书存目丛书》史部第 258 册，第 322 页。
②《明史》卷一五五《薛禄传》，第 4249 页。
③［明］李东阳：《李东阳集·文后稿》卷三〇《武定侯夫人郭母柏氏墓志铭》，第 1334 页。

封者,不与焉"①。自嘉靖朝后,除平定江西宁王之变的王守仁封新建伯以及镇守辽东的总兵李成梁封宁远伯外,明代就长期不依军功正常册封大臣,文臣武将征战立功再多者也不过量加官衔而已,难享一爵赏。明末名士陈子龙认为:"夫爵,权物也。滥则重之,以示有尊也。旷则轻之,以示能臻也。今则其旷之时也。"②明末清初史家查继佐也感慨道:"功小者得世袭指挥以下无斁,而公侯之世早折,是功大之报反啬于其小者?"③明代中后期爵禄成为了只有少数人才能享受的真正的旷世荣典,在这种情况下,部分勋臣家族成员难免觊觎本家爵禄,一有可乘之机便群起争之。

　　朝廷某些不合理的优抚措施也诱导了勋爵争袭的发生。如嘉靖十年(1531),以旁支袭爵的晋宁伯刘文请求给本生父母诰命,吏部奏议勋爵需积有年劳,才准封赠,世宗同意了吏部议案,未批准刘文所请。但至嘉靖十四年(1535),旁支嗣爵的丰城侯李熙要求将"诰命移封所生父母、祖父母",竟得到皇帝准奏。至嘉靖十九年(1540),以旁支继爵的东宁伯焦栋上请比照李熙事例移封本生,下吏部议,吏部强调武职勋爵"嫡脉相传",并无"移封之例",且"不俟移封以伸孝",但世宗未采纳吏部意见,仍准焦栋移封④。对本身以小宗入继正统而坚持为本生父母正名的嘉靖帝来说,准许勋爵旁支请封在一定程度上又强化了"大礼议"尊崇本生的理念,但这种变乱成法的行为也会刺激勋臣旁系族众争夺爵位的野心。

　　嘉靖以后,朝廷虽然以重典惩治恶意争袭者,但仅做个案化处理,未能真正构建系统的法令条规遏制犯罪化的争袭行径。而且本着优恤勋臣的原则,皇帝还会酌情宽待某些恶意争爵者,如前举事件10中,妄图废长立幼的魏国公徐鹏举仅"夺禄米一月",协助徐鹏举幼子徐邦宁夺长的诚意伯刘世延竟也逃过惩处。这种姑息纵容也使得勋臣族众敢于冒险争夺。

　　在晚明政治风气日趋腐败的大环境下,勋爵勘验执行不力的情况屡屡发生。如前举新建伯争袭案例中,王业洵、王先通一党倚仗业洵兄业浩任两广总督的权势,又遍贿两京勋贵,最终保勘王先通袭爵,而伦序更近的王业弘被逼自杀以为申告。这一事件充分体现了勘验制度公正性的丧失。

---

① [明]王世贞:《弇山堂别集》卷三八《永乐以后功臣公侯伯表》,第671页。
② [明]陈子龙:《陈子龙全集·陈忠裕公全集》卷二二《五等诸侯论》,北京,人民文学出版社,2011年,第707页。
③ [清]查继佐:《罪惟录》卷一五《班爵志》,杭州,浙江古籍出版社,2012年,第772页。
④ [明]郑汝璧:《皇明功臣封爵考·典例·袭爵请封》,《四库全书存目丛书》史部第258册,第321页。

值得注意的是,勋臣自己的宗族组织看似严密规范,但本质上是高度依附于皇权统治的僵化机制,其自主功能较弱,一旦朝廷勋爵封袭制度本身出现弊病,勋家所谓的宗族组织也就无力阻止争袭行为的发生,反而受其冲击。如前举阳武侯家族事例中,前代阳武侯薛斡死时,其母鸡氏"持诰券对诸族人"说:"我老且死,诸子争袭未定也,恐失此,乃立券与之族长瑾,令藏以俟袭者。"薛瑾取得诰券后"谋为奸利",待鸡氏死后,他便疏奏:"阳武侯诰券实在臣瑾手,臣当袭。"薛瑾非阳武侯家嫡长近支,其族长之位应该是在勋爵未立的情况下由族众所推举,职在辑和宗家,但薛瑾却凭借这一身份参与争爵,"导致事下府、部,按问不决者久之"①。鸡氏本想发挥宗族力量遏制争端,但薛瑾反而利用族长之位参与争爵,完全破坏了宗族组织本应具有的调节机制,进一步激化了阳武侯家族内部的矛盾。

本章结语

明代为保证勋臣爵位承袭有序,设计出一整套袭爵勘验制度。这些较严格的勋爵承袭制度客观上起到了整合勋臣宗族秩序的作用。部分勋臣子弟在国家制度基础上,进一步自发构建宗族组织,维护家族权益。然而,在宋明以降,士大夫及庶民多出于集合人口与控制共同财产的生产生活需要才构架宗族活动②。与之相比,明代勋臣宗族仅在形式上保持了严密的宗法构架,但缺乏实际的社会经济功能。而明廷勘验勋爵承袭,并将勋臣宗法上升为国家制度,也主要是为了借助封建礼法强化朱明皇权统治的合法性。因此,勋臣宗族只是上古宗法制度的僵化遗存,自身活力不足。至嘉靖朝以后,勋臣家族人丁繁衍,家口众多,加之勋臣承袭勘验制度本身有所松懈腐化,这都导致勋家内部争夺爵位事件层出不穷,并向长期化、复杂化及犯罪化的程度发展。勋臣僵化的宗族组织并不能真正起到协调族众关系、平息争端的作用,反而屡屡受到争袭事态的冲击与破坏。

---

① 〔明〕郑汝璧:《皇明功臣封爵考》卷四《阳武侯》,《四库全书存目丛书》史部第258册,第466页。
② 〔英〕莫里斯·弗里德曼著,刘晓春译:《中国东南的宗族组织》8《政治权力和经济控制》,上海,上海人民出版社,2000年,第95页。

第十章　明代勋臣的管军职权

洪武中后期,朱元璋开始限制勋臣介入朝政,勋臣的职权范围被压缩,这一政策在后代相沿成制。不过,勋贵毕竟以军功封袭爵位,他们作为朝中最高武职大臣仍被选授高级军政职权。《明史·职官志》总结勋臣所管领的职事为,充京营总督,五军都督府掌印、金书,南京守备,或出充镇守总兵官。[1]《明史·功臣世表》归纳为"典宿卫,领京营,镇陪京,督漕运,寄隆方岳"[2]。按照《明功臣袭封底簿》的记载,这些军事职权又可基本分为三类,即"管事""管军"及"侍卫"[3]。"管事"主要应指执掌五军都督府事。"管军"指统管京营、团营操练,守备南京及指挥军队征战镇戍,也包括督理军队营造、运送等杂务。"侍卫"专指管带大汉将军、红盔明甲将军、叉刀围子手与府军前卫等卫带刀官等宫廷侍卫官军。在明代,五军都督府体统虽高,但主要负责管理、签发军事文档,属一般军事行政事务,而且掌府勋臣若兼领京营管操事务,以营务为重。宫廷侍卫虽为大内禁军,但明中期以后侍卫的礼仪功能较强,故掌侍卫者多系驸马及年轻新袭爵的勋贵。相比之下,三类职权中只有"管军"是真正意义上的军事实权[4]。勋臣的"管军"所涉范围较广,而且各职衔皆属钦差,无绝对的品级高下之别,但若细分其权责轻重与执掌高低,大致京营与团营提督总兵、南京守备、重大征伐的统帅总兵是第一等级的显要职权;南京协同守备、提督操江、各地镇守总兵,尤其是大镇挂印总兵是第二等级的职权;京营与团营坐营管操官、各处副总兵、游击将军等是第三等职权,明初还有勋臣担任参将一级更低军事指挥官的情况;最后一等就是指挥军民修筑、押运粮储以及领兵牧马等杂务。不过,在某些情况下,修建等非战守职务的权威与体统也不低。明中期以后,在一般情况下,嗣爵勋

---

① 《明史》卷七六《职官志五·公侯伯》,第1856页。
② 《明史》卷一〇五《功臣世表一》,第3000页。
③ 见《明功臣袭封底簿》卷一《丰润伯》,第59页。
④ 勋臣管五军营上直围子手、三千营侍卫将军、府军前卫等侍卫军官在广义上也可视作管军职权,但明代管侍卫官又与狭义的管营操军马、镇守征战官在体统、权限方面有别,因此本章暂不涉及勋臣侍卫问题,而将在后续章节专门讨论。

臣一生的统军轨迹是初任京、团营各分营、分司坐营管操官,或任管侍卫官以为军事历练的开始,表现较突出者有可能升任镇守总兵或任南京提督操江、南京协同守备①,最终少数人得入掌京营、团营提督总兵或南京守备等要职。而遇朝廷大征伐时,京、团营提督勋臣一般领命指挥重兵出征,其权责尤重②。虽然明中期以后文臣及内官对京营提督、南京守备及各地总兵形成相应的制衡,但被授予管军职权的勋贵大臣仍是朝中不可忽视的力量。

对于明代勋臣军权任授的机制与规则,清修《明史·职官志》所谓勋臣"才而贤"③者可领军管事的说法忽略了勋臣选用过程中重要的贵族血统因素;而学者以往多从外部制度层面梳理京营、南京守备、地方总兵的建制沿革④,缺少对相关职务人事选用规律的研究⑤,实难准确反映勋臣在国家权力结构中的位置。事实上,勋臣家族世代相沿,与朝休戚,在明代不同时期,勋臣各家、各代以及不同群体之间所掌统兵之权各有差异,这种职权消长的背后主要是朝廷的任用策略在起作用,其中的一些选任机制并不载于典章,

①南京提督操江勋臣虽也领提督之名,专理长江下游兵防,但事实上名位体统常在京营提督总兵、南京守备勋臣之下。如嘉靖朝南京兵科给事中虞恺上奏言:"提督操江侯、伯、都御史俱系大臣,领敕专任提督,正与京营提督大臣事体相当,在京坐营乃提督属官耳,南京守备、操江均之为提督,况南京守备职司机务,其于江操不过临时阅视,虽系提督,尤非专职。今乃以提督操江大臣比之坐营等官,遂至近来每遇阅操,都御史则先期出巡回避,其守备、参赞、操江武臣勉强了事。"(见《明世宗实录》卷二九〇,嘉靖二十三年九月丁巳,第5578页)
②明中期较典型的勋臣任职情况,可见第二代定西侯蒋琬,十六岁袭爵,天顺朝初管侍卫将军,成化朝转坐团营,后升甘肃镇守总兵,转协守南京兼提督操江,终回京提督神机营、团营并兼掌都督府(见〔明〕程敏政:《篁墩文集》卷四四《太保兼太子太傅掌左军都督府事定西侯追封凉国公谥敏毅蒋公墓志铭》,景印《文渊阁四库全书》第1253册,第64—65页)。又见成化、弘治朝的平江伯陈锐,初坐三千营、团营,兼领侍卫,后出镇两广,总兵漕政,最终任神机营提督兼掌左军都督府事,任京营提督期间还曾挂将军印领京、边军出塞搜套(见〔明〕李东阳:《李东阳集·文后稿》卷二六《明故太傅兼太子太傅平江伯陈公墓志铭》,第1275—1276页)。有勋臣曾任京、团营坐营、坐司官,又转任地方镇守总兵,有可能因失机犯罪罢职回京,复启用坐营、坐司管事,也有可能未升任京、团营提督总兵者,复回京坐营管操,这不完全意味着降职。另外,很多勋戚不经外镇历练就直接由坐营官升任总管京、团营或出任南京守备,这一方面是由于部分勋臣特别为朝廷所宠信,另一方面是由于弘、正两朝以后明廷逐步减少选派勋臣在外领兵。
③《明史》卷七六《职官志五·公侯伯》,第1856页。
④见中国社会科学院历史研究所明史研究室编:《百年明史论著目录·军事》,合肥,黄山书社,2012年,第140、142、147页。
⑤日本学者谷光隆较早地统计过各群体、各代勋臣充任京营指挥官与地方总兵的情况,但其所依赖的史料主要为《明史·功臣世表》等晚出史料,不能全面反映勋臣统兵职权的演化轨迹(见〔日〕谷光隆:《明代の勳臣に關する一考察》,《东洋史研究》29卷4号,1971年)。近年来有苏辰、罗东阳《明代南京守备体制人员任职研究》对南京守备、协守勋臣的任职状况进行了较为详尽的量化统计,但因研究主题所限,未能旁及其他勋臣领兵职权(见苏辰、罗冬阳:《明代南京守备体制人员任职研究》,《古籍整理研究学刊》2015年第3期)。

而是明廷依例相沿、渐趋形成的惯制,需要通过排查比较分析具体的人事任免情况方能揭示。有鉴于此,本章大体选取"土木之变"与世宗继统作为两个时间节点[1],又依据史实将勋臣分为"开国""靖难"旧勋与宣德以后新封勋臣两大类别[2],拟在特定时间内比较勋臣各代、各家族、各类群之间统军职权的差异,并将勋臣的某些职权任用规律与一般都督武职的任职规律做对比,以求深入研究勋贵的权位状况,并探讨明代国家政治与军事权力结构演化之大要。

一　"靖难"旧勋在"土木之变"前后的统军状况

（一）"土木之变"前勋臣管军职权的分化

由于明代"开国"大封功臣及洪武朝所封其他功臣在洪武中后期遭受大规模株连屠戮,爵禄多不保,故终明一世,构成勋爵主体的是成祖"靖难"大封的诸家功臣。永乐朝以其他战功册封的勋贵一般也是"靖难"燕军的重要将领[3],因此也可视为"靖难"功臣。永乐朝另有部分勋贵如西宁侯宋氏、恭顺伯吴氏因守边、归降而受到成祖的特别优待封赏,甚至联姻帝室,他们与成祖的关系甚至比多数"靖难"大封功臣还密切,可与"靖难"功臣一并归入广义的永乐旧勋行列。此外,洪熙、宣德两朝还加封过保定伯梁铭、忠勤伯李贤、清平伯吴成、崇信伯费聚等燕邸旧从老臣,他们当归入更宽泛的旧勋贵胄之群。

在正统十四年（1449）"土木之变"中,共计有英国公张辅、成国公朱勇、泰宁侯陈瀛、西宁侯宋瑛、恭顺侯吴克忠、襄城伯李珍、遂安伯陈埙、武进伯朱冕、永顺伯薛绶、平乡伯陈怀、修武伯沈荣等一批随驾北征的勋臣蒙

---

[1] 至于选取时间节点的原因有二：第一,就整个明代历史进程而言,"土木之变"及世宗继统基本是明史学界公认的划分明前期与明中期、明中期与明中后期的标志事件。第二,单就勋臣职权的演化状况而言,"土木之变"造成大批"靖难"旧勋死难,素被学者认为是造成明代勋臣权势衰落的重要原因,但此说值得进一步辨析。而嘉靖朝以后明廷军功封爵趋于停滞,世宗又更迭京营制度,加强"以文统武"机制,这些举措无疑也对勋臣的统兵职权有重大影响。

[2] 所谓"旧勋"包括"开国""靖难"勋贵以及部分明前期所封外戚,所谓新封勋臣指宣德中期以后受封的无明显"开国""靖难"功勋背景的功臣。

[3] 如按广宁伯刘荣封爵诰命所载,刘荣在"靖难"过程中屡有战功,本应封爵,但因几误事机,"是以止授都督",后再以镇守辽东破倭功封伯爵（见［明］郑汝璧：《皇明功臣封爵考》卷五《广宁伯》,《四库全书存目丛书》史部第258册,第527页）。

难①。其中除平乡伯陈怀及修武伯沈荣为正统朝所册封勋家后裔外，其余皆为永乐、洪熙、宣德三朝所封旧勋或勋裔，因此学界据此普遍认为，"土木之变"导致"靖难"勋臣权势彻底衰落，然而这种看似合理的观点其实并未经过严密的论证，值得进一步推敲。

自洪武中后期，明廷就开始削弱勋臣的权势，限制、防范勋臣参预朝政。在永、洪、宣三朝，形成了勋臣仅具体领管军政庶务的惯制，只有第一代及个别第二代"靖难"老臣尚能在一定程度上参议朝政，勋臣整体上的政治影响力已渐趋下降。在土木堡蒙难的旧勋勋臣中，除元勋老臣英国公张辅外，其余皆是相对年轻的第二代甚至第三代嗣爵者，他们生前多已不能参决朝议。因此，只有以统兵职权的多寡及高低作为勋臣权势兴衰的衡量标准，对比正统十四年（1449）前后各家、各代勋臣领职的情况，方能较为准确地判断"土木之变"对"靖难"勋臣实际权位的影响。笔者根据《明实录》记载，参酌《明功臣袭封底簿》及勋臣碑铭、传记资料，将永乐朝至正统十四年历代"靖难"勋臣的管军情况总结列表如下（见表12）：

表12　"土木之变"前"靖难"勋臣统兵情况表

爵名	第一代封爵原因及管军职权	第二代管军职权	第三代管军职权	第四代管军职权
淇国公	丘福建文四年以"靖难"功封，世袭。永乐七年任征虏大将军，总兵北征鞑靼，兵败身死，爵除，家属流放海南。			
成国公	朱能建文四年以"靖难"功封，世袭。永乐四年任总兵领大军征交阯，病死军中。	朱勇，能子，永乐五年袭。永乐朝留守南京，总管在京军官操练，又扈从北征。宣德朝从宣宗征汉王、巡北，又总管京营操练。正统九年领兵征兀良哈，十四年从英宗北征，至鹞儿岭遇伏死。		

①《明英宗实录》卷一八〇、卷一八一，正统十四年七月癸巳，正统十四年八月庚申、壬戌，第3490—3491、3496—3498、3499—3502页。

爵名	第一代封爵原因及管军职权	第二代管军职权	第三代管军职权	第四代管军职权
英国公	张辅建文四年初以"靖难"战死元勋张玉子封信安伯,永乐三年晋封新城侯。永乐四年往河南南阳平草寇,同年任征夷副将军,佐总兵成国公朱能征交阯,后代为总兵,六年以征南功晋英国公,世袭。屡平交阯变乱,镇守其地,十四年还京后屡从成祖北征。宣德元年从宣宗征汉王,后总管京营操练。正统十四年从英宗北征阵亡。			
成阳侯	张武建文四年以"靖难"功封,世袭,永乐元年卒,无子爵除。			
泰宁侯	陈珪建文四年以"靖难"功封,世袭。永乐朝掌缮工事营建北京。	陈瑄,珪长子,自立功为武成左卫指挥使,早卒未袭爵。陈愉,珪次子,永乐十七年袭。永乐二十年督运北征粮草,失律,下狱死。	陈钟,陈瑄子,永乐二十二年八月仁宗登极之初袭。早卒未管军。	陈灏,钟子,宣德五年袭,七年卒。未管军。陈瀛,灏弟,宣德十年袭。正统十二年提督修建仓厂,十四年从英宗北征阵亡。
武安侯	郑亨建文四年以"靖难"功封,世袭。永乐元年任总兵守备宣府,领兵巡边,节制宣府、万全诸卫所,七年往开平备御、巡边,八年以后屡从成祖北征,率军巡边修筑提备,仍任总兵在宣府、开平等地镇守备御。仁宗登极后久任总兵镇守大同。宣德四年选领马步兵及神铳手于宣府听调配合阳武侯薛禄等巡边。	郑能,亨子,宣德十年袭。正统初提督修建北京仓厂,后坐五军营分营督操,提督牧马。	郑宏,能子,正统十一年袭。正统十四年以前未管军。	

续表

爵名	第一代封爵原因及管军职权	第二代管军职权	第三代管军职权	第四代管军职权
保定侯	孟善建文四年以"靖难"功封,世袭。永乐元年以后任总兵镇辽东。	孟瑛,善子,永乐十一年袭。永乐十二年后屡从成祖北征,督运粮草,又提督修建王府,督领官军、幼军在京操备。仁宗登极后以参将协镇交阯。洪熙朝因族兄贤勾结赵王,除爵充事官备守宣府。宣德十年蒙赦为京卫世袭指挥使。		
同安侯	火真建文四年以"靖难"功封,世袭。永乐初守备宣府,屡领兵巡北。永乐七年任右副将军从总兵淇国公丘福北征,兵败身死,爵除。			
镇远侯	顾成建文四年以"靖难"功封,世袭。久充总兵镇贵州。	顾统,成子,袭成原官普定卫指挥使,成归附燕军,统被建文帝所诛。	顾兴祖,统子,永乐十三年袭。永乐二十年督运北征粮草,二十一年督军平广西柳州"蛮贼"。洪熙、宣德朝久任总兵镇守广西,因事被罢。正统初管军粮转运、捕蝗等杂务,正统八年总督神机营操练,十四年从英宗北征,逃回,革爵效力。	
靖安侯	王忠建文四年以"靖难"功封,世袭。永乐元年往北平管军民屯种,七年任左参将从总兵淇国公丘福北征,兵败身死,爵除。			

爵名	第一代封爵原因及管军职权	第二代管军职权	第三代管军职权	第四代管军职权
武城侯	王聪建文四年以"靖难"功封,世袭。永乐元年任左副总兵随总兵武安侯郑亨守备宣府,屡领兵巡北,七年任左副将军从总兵淇国公丘福北征,兵败身死。	王琰,聪子,永乐七年特许袭爵,后病故无嗣。未管军。		
永康侯	徐忠建文四年以"靖难"功封,世袭。以老成留侍太子监国,掌兵政。	徐安,忠子,永乐十六年袭。宣德朝提督运木。正统十三年总督山东备倭。		
隆平侯	张信建文四年以"靖难"功封,初子孙世袭伯爵,仁宗登极加世袭侯爵。永乐二十年总督北征粮草。洪熙、宣德朝屡领兵督造边堡及陵寝,宣德元年总右掖军从宣宗征汉王。	张镛,信子,自立功为指挥金事,早卒未袭爵。	张淳,镛子,正统七年以指挥金事袭。未管军。	张福,淳子,正统十二年袭。未管军。
安平侯	李远建文四年以"靖难"功封,子孙世袭伯爵。永乐元年任右副总兵,随总兵武安侯郑亨守备宣府,七年任右参将从总兵淇国公丘福北征,兵败身死。	李安,远子,永乐七年特许袭伯爵。永乐二十一年扈从成祖北征,任北征大军左掖将领,率军巡边修筑提备。仁宗登极之初掌四川都司,洪熙元年任参将镇守交阯。宣德元年掌交阯都司,二年失事下锦衣卫狱,削爵降为事官。后再升都督官历镇甘肃、凉州、松潘等地,正统七年从征麓川失事,再降为事官。		
成安侯	郭亮建文四年以"靖难"功封,子孙世袭伯爵。永乐朝镇守永平、开平等处,从成祖北征,屡督军粮运送。	郭晟,亮子,永乐二十二年仁宗登极时准袭侯爵。未管军。		

续表

爵名	第一代封爵原因及管军职权	第二代管军职权	第三代管军职权	第四代管军职权
思恩侯	房宽建文四年以"靖难"功封,子孙世袭指挥使。未管军。			
兴安伯	徐祥建文四年以"靖难"功封,世袭,封爵后第二年卒。未管军。	徐永,祥子,早卒未袭爵。	徐亨,永子,永乐二年袭。永乐十二年始屡从成祖北征,又久守备开平,领兵往来巡备兴和、开平、大同等处。宣德元年任左副总兵从总兵黔国公沐晟征交阯,十年备守永宁。正统初提督修建仓厂、山陵,正统九年领一路军出剿兀良哈晋兴安侯,同年镇守陕西。	
武康伯	徐理建文四年以"靖难"功封,世袭。永乐初居守北京。	徐桢,理子,永乐七年袭。未管军。	徐勇,桢子,正统十三年未出幼,优给,景泰四年卒,未正式袭爵。	
襄城伯	李濬建文四年以"靖难"功封,世袭。永乐元年任总兵镇守江西,操练军民。	李隆,濬子,永乐四年袭。仁宗登极命镇守山海、永平,寻久任南京守备,提督南京一应军事。正统六年还掌行在中府兼督操围子手,寻任三千营提督总兵,十年奉敕巡备大同等镇。	李珍,隆子,正统十三年袭。从英宗北征阵亡。	

爵名	第一代封爵原因及管军职权	第二代管军职权	第三代管军职权	第四代管军职权
新昌伯	唐云建文四年以"靖难"功封,子孙世袭指挥使。封爵后往北平管军屯,寻卒。			
新宁伯	谭忠建文四年以父渊"靖难"功封,世袭。永乐朝屡从成祖北征,任北征大军掖、哨将官,督运粮草,率军巡边修筑提备。宣德元年从宣宗征汉王,后任右副总兵从总兵黔国公沐晟征交阯,失利,寻往云南统兵操备。	谭璟,忠子,宣德十年袭。正统十四年充总兵镇守浙江。		
应城伯	孙岩建文四年以"靖难"功封,世袭。永乐十一年备防开平,后镇守通州。	孙亨,岩子,永乐十七年袭,二十一年卒。未管军。	孙英,亨子,永乐二十一年袭,二十二年卒,未管军。 孙杰,英弟,永乐二十二年袭。正统八年督修仓厂,九年镇守永平、山海。	
富昌伯	房胜,建文四年以"靖难"功封,子孙世袭指挥使。永乐四年卒。未管军。			
忻城伯	赵彝建文四年以"靖难"功封,世袭。永乐八年镇守宣府,十二年督运、防护北征粮草,十三年后久镇徐州。	赵荣,彝子,宣德元年袭。宣德元年分守京师城门。"土木之变"后寻管三千营。		

续表

爵名	第一代封爵原因及管军职权	第二代管军职权	第三代管军职权	第四代管军职权
云阳伯	陈旭,建文四年以"靖难"功封,世袭。永乐初往中都留守司及直隶卫所阅视军马、城池,永乐四年任右参将从总兵成国公朱能征交阯,后又屡率兵平交阯变乱。永乐八年卒,无子国除。			
广恩伯	刘才,建文四年以"靖难"功封,子孙世袭指挥同知。永乐朝屡从成祖北征,八年任北征大军分哨主将,又从隆平伯张信督理永平、山海等处堡寨修造。			
平江伯	陈瑄建文四年以"靖难"归附功封,初子孙世袭指挥使,仁宗登极准子孙世袭伯爵。永、洪、宣三朝久充漕运总兵,镇守淮安。	陈佐,瑄子,宣德十年袭。正统元年卒,未管军。	陈豫,佐子,正统二年袭。正统十二年管神机营右哨,十三年任右副总兵,从总兵宁阳侯陈懋平福建邓茂七之乱。	
丰城侯	李彬永乐元年以"靖难"功封,世袭。永乐二年领兵平江西永新等地叛乱,又往镇广东,四年平河南南阳草寇,同年以左参将随总兵成国公朱能征交阯,六年任总兵操练沿江水师,后累领兵剿捕倭寇,十年任总兵镇守甘肃,十二年扈从北征,十三年转镇陕西,十五年转镇交阯。	李贤,彬子,永乐二十一年袭。宣德元年督运军饷,三年领军驻守遵化配合宣宗北征,四至七年累提督修筑赤城、永宁、隆庆等地边堡及在京仓厂,督运独石军粮,管京营训练。英宗登极之初提督营建景陵,督运口外军粮,正统二年任总兵镇守大同,四年督运通州粮料分贮宣府、大同,五年转任南京守备。		

爵名	第一代封爵原因及管军职权	第二代管军职权	第三代管军职权	第四代管军职权
宁阳侯	陈懋永乐元年以"靖难"功初封宁阳伯，世袭。永乐六年始久镇宁夏，七年以招徕降附晋宁阳侯，世袭，八年后屡扈从成祖北征，任分哨、精骑将领。宣宗登极之初领京营兵从征汉王，后仍久任总兵镇守宁夏各地，宣德末年回京，提督京营训练。英宗登极之初复出任总兵镇守甘肃，正统十三任总兵平福建邓茂七之乱。			
成山侯	王通永乐元年以父真"靖难"功初封武义伯，永乐七年始督修天寿山陵寝，陵成晋成山侯，世袭。后扈从成祖北征，任北征大军分掖将领，永乐十二年阅视宣府、大同军马，十五年副泰宁侯陈珪掌北京营建。宣德元年任总兵官征交阯，因弃交州城革爵为民。正统十四年复起为都督金事领兵抵御瓦剌。			
清远侯	王友永乐元年以"靖难"功初封清远伯，世袭。永乐二年任总兵巡哨海道，剿捕海寇，五年从征交阯，六年晋侯爵，八年扈从成祖北征，因违节度，与妻出诽谤出怨言，下狱夺爵。			

续表

爵名	第一代封爵原因及管军职权	第二代管军职权	第三代管军职权	第四代管军职权
安乡伯	张兴永乐元年以"靖难"功封,世袭。永乐五年卒。未管军。	张勇,兴侄,从张兴参与"靖难"立功,永乐七年以都指挥同知袭。未管军。	张安,勇子,永乐十五年袭。宣德元年分守京师城门。正统六年督京畿军民捕蝗,十三年镇守广东雷、廉、高、肇等地。	
荣昌伯	陈贤永乐元年以"靖难"功封,世袭。永乐十三年卒。未管军。	陈智,贤子,永乐十四年以常山右护卫指挥使袭。永乐十八年任左参将协总兵丰城侯李彬征交阯。宣德元年交阯失事,削爵降为事官,发宣府立功。正统元年以事官往永宁卫管操,四年改任宣府左卫指挥使。		
遂安伯	陈志永乐元年以"靖难"功封,世袭。永乐八年卒。未管军。	长子陈良、次子陈春皆早卒。	陈英,春子,永乐八年袭。永乐十二年后屡从成祖北征,任北征大军分管将领,并督运粮草,率军巡边修筑提备。仁宗登极后久任总兵巡防镇守永平、山海。宣德三年任左参将,从总兵阳武侯薛禄镇守蓟州、永平、山海。	陈壦,英子,正统十一年袭。从英宗北征阵亡。
富阳侯	李让,永乐元年以驸马有"靖难"功封,世袭。封爵第二年卒。未管军。	李茂芳,让子,永乐二年袭爵,仁宗登极后恶李让父子,罢爵。未管军。		

爵名	第一代封爵原因及管军职权	第二代管军职权	第三代管军职权	第四代管军职权
广平侯	袁容永乐元年以驸马有"靖难"功封,世袭。成祖北征、宣宗征巡时皆留守北京。	袁祯,容子,宣德四年袭,未管军。弟瑄以非公主所生,降袭长陵卫指挥使。		
西宁侯	宋晟永乐三年以久镇甘肃,招徕降附封,初子孙世袭指挥使,仍任总兵镇守甘肃,逝后准子孙世袭本爵。	宋琥,晟子,驸马,永乐六年袭。永乐八年任总兵官镇守甘肃,后召还,督修皇陵殿,二十一年督南京五城兵马捕盗,留镇南京。洪熙元年削爵。 宋瑛,琥弟,洪熙元年袭。宣德三年领军驻守遵化配合宣宗北征。正统朝英宗祭陵时居守北京,提督各门官军,正统十四年总督大同军务,瓦剌破关殁于阵。		
安远侯	柳升永乐六年以征交阯功初封伯。永乐八年以从成祖北征晋安远侯,仁宗登极准子孙世袭侯爵。永乐朝屡从成祖北征,任北征大营总兵,并久管神机营,永乐九年又任总兵镇守宁夏,十五年副泰宁侯陈珪掌北京营建,十八年任总兵平山东青州唐赛儿之乱。宣德元年任总兵再征讨交阯,二年在交阯战殁。	柳溥,升子,宣德十年英宗登极之初袭。正统三年任总兵官镇守广西,"土木之变"后还京掌神机营。		
建平伯	高福永乐六年以父都督高士文征交阯死节封,世袭。永乐十二年扈从成祖北征督粮。	高远,福子,洪熙元年袭。宣德元年分守京师城门。后未再管军。		

续表

爵名	第一代封爵原因及管军职权	第二代管军职权	第三代管军职权	第四代管军职权
宁远侯	何福永乐七年以镇守甘肃、招徕降人封,不定流世。仍任总兵镇守甘肃,永乐八年扈从成祖北征,后以建文旧臣,又北征期间数违节度,疑惧自杀死,爵除。			
恭顺侯	吴允诚永乐十年以归附封恭顺伯,初不定流世。永乐十二扈从成祖北征,后仍居凉州管领本部军众,准子孙世袭。	吴克忠,允诚子,永乐十六年袭。永乐朝屡从成祖北征,镇守凉州。洪熙元年以征北功兼外戚晋侯爵,世袭。宣德四、五年任副总兵,从总兵阳武侯薛禄出塞巡边,六年任右副总兵,领军运粮独石等处。正统九年领一路军出剿兀良哈,十四年北征阵亡。		
广宁伯	刘荣永乐十七年以辽东破倭功封,世袭。仍任总兵镇守辽东。	刘湍,荣子,永乐十八年袭。宣德元年分守京师城门。后"不知检身",行径不良,未再管军。刘安,湍弟,宣德十年袭。正统朝督神机营备操。正统十四年"土木之变"前任总兵镇守大同。		
安阳侯	郭义永乐十八年以老臣录"靖难"旧功封,子孙世袭指挥使,寻卒。未管军。			

爵名	第一代封爵原因及管军职权	第二代管军职权	第三代管军职权	第四代管军职权
阳武侯	薛禄永乐十八年以累功封,初子孙世袭指挥使,仁宗登极准子孙世袭侯爵。永乐朝屡从成祖北征。洪熙、宣德两朝数任大将总兵出塞巡哨征剿,宣德朝任先锋从征汉王,扈从巡边,后管神机营,任总兵镇守蓟州、永平,提备修筑边堡,押运边粮,又训练京卫将士。	薛勋,禄子,早卒未袭爵。	薛诜,勋子,宣德七年袭,正统四年卒。未管军。	薛琮,正统朝未袭幼,优给。
惠安伯	金玉永乐十八年以老臣累功封,流爵,寻卒。未管军。			
永顺伯	薛斌永乐十八年以成祖胡骑侍从累功封,初流爵,永乐十九年卒。仁宗登极准子孙世袭本爵。	薛绶,斌子,永乐二十二年袭。正统十四年从英宗北征,至鹞儿岭遇伏死。		
武进伯	朱荣永乐二十年以累功封,世袭。永乐朝从成祖北征,任总兵官镇守辽东。	朱冕,荣子,洪熙朝袭。宣德元年调领青州中护卫军于辽东守备,三年任右参将,从总兵阳武侯薛禄镇守蓟州、永平、山海,二年至七年间屡从总兵或独自督运边储,又出塞巡徼,十年提督神机营操练。正统二年任总兵统大同、宣府兵巡边,四年后久任总兵镇守大同,十四年从英宗北征阵亡。		

续表

爵名	第一代封爵原因及管军职权	第二代管军职权	第三代管军职权	第四代管军职权
安顺伯	薛贵，薛斌弟，永乐二十年以成祖胡骑侍从累功封，初流伯，仁宗登极准世袭，宣德元年晋安顺侯世袭。永乐二十一、二十二年从成祖北征，宣宗登极后领兵巡徼塞外。无子。①			
忠勇王（忠勇伯）	永乐二十一年以鞑靼大酋归附封。永乐二十二年从成祖北征。宣德朝从宣宗巡边。	蒋信，金忠甥，正统九年出剿兀良哈封忠勇伯，有降等承袭舅金忠王爵之意，世袭。正统九年，十四年从英宗北征。		
保定伯	梁铭仁宗登极初以侍从旧臣"靖难"居守北平旧封，世袭。洪熙、宣德朝任参将镇守宁夏。宣德元年任副总兵从征交阯，病死军中。	梁珤，铭子，宣德十年英宗登极之初袭。正统朝督修京仓、训练兵士，正统十年提督大营五军往草场牧马，十三年任左副总兵从总兵宁阳侯陈懋平福建邓茂七之乱。		
忠勤伯	李贤洪熙朝以燕邸故臣"靖难"旧劳封，流爵，寻卒。未管军。			
广义伯	吴管者系原恭顺伯吴允诚子，洪熙朝以外戚兼有军功推恩封，世袭。未管军。	吴玘，管者子，正统四年袭。统管定州鞑靼官军。		

①薛贵死后，其弟薛可可帖木儿授世袭指挥使，天顺"复辟"恩准可可帖木儿后裔袭伯安顺伯爵，承袭三代后停爵。

爵名	第一代封爵原因及管军职权	第二代管军职权	第三代管军职权	第四代管军职权
清平伯	吴成宣宗登极之初以东宫侍卫累功封,世袭。初领兵巡徼塞外,宣德朝从征汉王为先锋,后屡任副总兵,从总兵阳武侯薛禄或独自出塞巡徼,督运边储,宣德三年扈从宣宗巡边,四年晋清平侯,流爵。	吴英,成孙,宣德十年袭。未管军。		
崇信伯	费瓛宣德元年以燕邸故臣累功封,寻准世袭。宣德元年从征汉王为先锋,选领乐安千户所军于甘肃备御,后久任总兵镇守甘肃。	费钊,瓛子,宣德三年袭。正统朝提督官军往草场牧马,正统十四年镇守福建。		

从上表可看出,"土木之变"前以"靖难"勋臣为主的旧勋世家的领职状况呈现出若干特点:

第一,首封的功臣普遍继续统领军队,掌握兵权,他们在永乐朝或从成祖亲征,或各领兵讨伐与镇守各地。仁宗登极后,仍延续成祖旧政,"简任老成分莅边镇"[1]。不过,各爵之间权位的高低分化趋势逐渐显现。其中英国公张辅、宁阳侯陈懋作为少数至正统朝依然在世的"靖难"老臣,他们元勋宿将的地位愈发凸显。此外武安侯郑亨、新宁伯谭忠、丰城侯李彬所领军权也较重。永乐中期以后,以"征交阯"功封爵的安远侯柳升受到成祖重用,地位逐渐抬升。永乐二十二年(1424)成祖最后一次北征时,柳升甚至成为中军统帅[2],位在诸老将之上。其余资历稍浅的燕邸旧臣中,还有永乐十八年所封阳武侯薛禄在洪熙、宣德两朝军权明显上升。仁、宣二帝凡兴兵征伐巡徼,多命薛禄为主要将官,如薛禄在仁宗登极之初巡边至大松岭,洪熙元年(1425)佩镇朔大将军印北巡,宣德初任先锋官平汉王,宣德二年(1427)扈

①[明]罗亨信:《觉非集》卷四《武进伯朱公神道碑铭》,《四库全书存目丛书》集部第29册,第551页。
②[明]杨荣:《北征记》,邓士龙辑:《国朝典故》卷一八,第322页。

从御驾北巡，宣德五年（1430）再佩镇朔大将军印出塞巡视至奇黄岭[①]，可谓当时尤被朝廷所倚重的战将。

第二，与张辅、陈懋、柳升等充总兵战守、训练的勋贵相比，泰宁侯陈珪、隆平侯张信主要负责指挥士卒营建修筑，这看似权力较低。其中陈珪长期主持北京城池宫殿建设[②]，张信自永乐十年（1412）始与驸马沐昕共同督理武当山宫观修缮[③]，永乐二十一年之后，张信又率兵修筑山海、蓟州一带关隘[④]。陈珪封爵时就已年近七旬，故不适合再率兵南征北战[⑤]，但督修北京的任务艰巨重大，与其他修建事项不同，非掌兵经验丰富且受皇帝信重的老臣不能担任，而陈珪膺此职事时能"经画有条"[⑥]，不失宿将之名。张信在"靖难"中凭借为燕王传报密信而得宠，本缺少实在军功，他受封侯爵后，屡领成祖钦命在北京监视太子及诸藩王，并刺探"密要事"[⑦]。宣德二年（1427）八月，张信又以勋爵之尊与户部尚书郭敦同往陕西整饬庶务，处置粮草等事[⑧]。可知张信的情况也比较特殊，他虽不常统领兵士征战，但却以皇帝亲信身份执行各类特殊任务，实际地位并不低。

第三，封爵后即不再管领军伍的首封功臣有思恩侯房宽、驸马富阳侯李让、兴安伯徐祥、遂安伯陈志、荣昌伯陈贤、安乡伯张兴、富昌伯房胜、安阳侯郭义、惠安伯金玉及忠勤伯李贤诸人。思恩侯房宽在洪武朝原任大宁都司都指挥同知，燕兵围攻大宁时，城中士卒"缚宽以降"，房宽自此效力朱棣，但战斗屡次失利，成祖登极后，念旧情勉强册封房氏为思恩侯，但对他并不信重[⑨]，故未授予其统军重任。其他首封旧勋无法继续统兵的主要原因是由于老迈伤病。如兴安伯徐祥永乐二年年老病逝[⑩]，驸马富阳侯李让也在永乐二

①［明］杨士奇：《东里文集》卷一二《奉天靖难推诚宣力武臣特进荣禄大夫柱国太保阳武侯追封鄞国公谥忠武薛公神道碑铭》，第183页。

②《明太宗实录》卷二一一，永乐十七年四月甲辰，第2135页。

③《明太宗实录》卷一二九，永乐十年六月戊午，第1597页。

④《明太宗实录》卷二六一，永乐二十一年七月壬寅，第2389页。

⑤陈珪永乐十七年病逝，时年八十五岁（见《明太宗实录》卷二一一，永乐十七年四月甲辰，第2135页）。

⑥《明太宗实录》卷二一一，永乐十七年四月甲辰，第2135页。

⑦［明］郑晓：《吾学编》第十九《异姓诸侯传》卷下《张信》，《四库禁毁书丛刊》史部第45册，第195页。

⑧《明宣宗实录》卷三〇，宣德二年八月丁丑，第786页。

⑨《明太宗实录》卷九八，永乐七年十一月丁酉，第1293页。

⑩《明太宗实录》卷三一，永乐二年五月丁卯，第562—563页。

年（1404）早逝[①]，富昌伯房胜永乐四年故去[②]，安乡伯张兴在"靖难"战事中"身被数十枪，伤重不任战"，且死于永乐五年[③]，他们都没有机会参与永乐朝以后的军事活动。安阳侯郭义、惠安伯金玉及忠勤伯李贤都是以燕军老将久任积功封爵，他们封爵时已病重将逝[④]，根本无力继续统辖军伍。而且郭义在"靖难之役"结束后基本不再率军征战[⑤]，李贤原系燕府赞善出身，终生军功资历颇低[⑥]，更不宜管领戎务。

第四，嗣爵的旧勋勋臣中，成国公朱勇以"靖难"首臣后裔的身份，被成祖以"老成可托"委以心腹，故受命留守南京、管军训练，权位相较其他年轻嗣爵勋贵为重。朱勇在洪熙、宣德朝继续享有"眷顾益隆"的地位，仍被仁、宣二帝"深倚重"，宣德朝后久握京营大营操练的重权[⑦]。朱勇之外，镇远侯顾兴祖、襄城伯李隆、丰城侯李贤、西宁侯宋琥、武进伯朱冕、广宁伯刘安等嗣爵后裔既管京营、南京守备事，又外守重镇，职权也高于同侪。又兴安伯徐祥嗣孙徐亨长期在交阯、开平、永宁、陕西南北各地管兵征战；平江伯陈豫虽未任总兵大将，但累坐京营分营，又数从大将征讨，最终以平福建矿乱在景帝登极后升封平江侯[⑧]；恭顺侯吴克忠屡领兵出塞巡视征剿，徐、陈、吴二人的领军职权亦比较突出。这些勋裔之所以获得重用，除个人能力比较突出外，自然也在很大程度上得益于家族先辈的荫泽。如顾兴祖祖父顾成、陈豫祖父陈瑄虽为建文降将，但顾成自洪武朝始就久镇贵州，"竭诚奉公，至老死不倦"[⑨]，对稳定西南地区贡献巨大；而陈瑄自永乐初即提督漕运，终生尽忠守责，为有明一代漕政重臣[⑩]。再如李贤父第一代丰城侯李彬本就是屡被

---

①《明太宗实录》卷三三，永乐二年八月乙未，第592页。

②《明太宗实录》卷六〇，永乐四年十月丙午，第877页。

③《明太宗实录》卷六三，永乐五年正月乙亥，第906页。

④《明太宗实录》卷二三三、卷二三九，永乐十九年正月戊寅、永乐十九年七月戊寅，第2252—2253、2283页；《明宣宗实录》卷二，洪熙元年六月癸丑，第32页。

⑤《明功臣袭封底簿》卷一《安阳侯》，第148页。

⑥《明功臣袭封底簿》卷二《忠勤伯》，第245页。

⑦［明］李贤：《成国公赠平阴王谥武愍朱公勇神道碑》，［明］焦竑辑：《国朝献征录》卷五《公一·世封公》，周骏富辑：《明代传记丛刊》第109册，第163页。

⑧《明英宗实录》卷一八五，正统十四年十一月壬午，第3675页。

⑨［明］杨士奇：《镇远侯赠夏国公谥武毅顾成神道碑》，［明］焦竑辑：《国朝献征录》卷七《侯一·世封侯》，周骏富辑：《明代传记丛刊》第109册，第229—231页。

⑩［明］杨士奇：《东里文集》卷一三《奉天翊卫宣力武臣特进荣禄大夫柱国追封平江侯谥恭襄陈公神道碑铭》，第189—192页。

成祖授予统驭重任的宿将[①];朱冕父朱荣系成祖晚年亲信将领;西宁侯宋琥、恭顺侯吴克忠二人除出身守边重臣家族外,更分别有成祖驸马与皇室外戚的贵戚身份。此外,徐亨祖父徐祥在燕邸诸将中年龄较长,因此封爵后不久即病逝,但徐祥是成祖燕邸"侍卫左右"的近臣,以忠勤著称[②],这无疑对徐氏后代的任职有积极影响。可以说,前代勋臣的功绩表现是后辈袭爵者能否得到重用的关键因素之一,这反映出朝廷选用勋臣时的血缘政治特征。

第五,除以上第四所论朱勇等人外,其余嗣爵位的勋贵一般至少领一项管营或外镇的职事,而隆平侯、成安侯、富阳侯、广平侯、阳武侯、武康伯、建平伯、清平伯八家后代勋裔基本不统军马。如上文所述,隆平侯张氏家族本有少涉兵戎的传统,子孙缺少军事历练,难任要职。驸马富阳侯李让嗣子李茂芳与广平侯袁容嗣子袁祯袭爵时都应较年轻,无力管军,而且李茂芳又被仁宗罢黜,袁祯享爵时间较短,更不可能被委以统兵职权。成安侯、阳武侯、武康伯子弟之所以少领兵政职事,也各有特殊原因。第一代成安侯郭亮初仅准子孙世袭伯爵,永乐二十二年(1424)郭亮死后,仁宗特准其庶长子郭晟"还袭做侯爵,等他这一辈了再定夺"[③]。郭晟侯爵之位本出自特恩,他却在宣德五年(1430)扈跸出行时"怠惰偷安",夜叩德胜门而私自回京,失信于皇帝,因此受到严厉责罚[④],不可能再被重用。第一代阳武侯薛禄虽身为永、洪、宣三朝大将,但其家族后辈屡有幼年袭爵者,难再掌军;而武康伯家族也有同样的袭爵者年幼的情况[⑤]。清平伯家由于第二代嗣孙吴英袭爵后就患疾[⑥],故无法统帅军队。另外,第二代建平伯高远享爵时间久,至成化朝依然在世,但他始终未掌统兵要职,高远早年曾把守北京城门,后又掌两京都督府事,以至"年老无为"[⑦],应属确无统兵才干。

第六,勋臣若犯有军政过失,尤其是造成重大军事失败,就会遭到夺爵下狱的严厉惩罚,这直接导致部分"靖难"功臣在永乐本朝即失去世袭贵族身份,其中最著名者,即淇国公丘福。永乐七年,丘福充总兵北征蒙古时战

①[明]倪谦:《丰城侯李彬传》,[明]焦竑辑:《国朝献征录》卷七《侯一·世封侯》,周骏富辑:《明代传记丛刊》第109册,第243页。

②《明太宗实录》卷三一,永乐二年五月丁卯,第562—563页。

③《明功臣袭封底簿》卷三《成安伯》,第501页。

④《明宣宗实录》卷七〇,宣德五年九月庚申,第1651页。

⑤《明功臣袭封底簿》卷二《武康伯》、卷三《阳武侯》,第303、449页。

⑥《明英宗实录》卷一八,正统元年六月庚申,第366页。

⑦《明孝宗实录》卷一六,弘治元年七月丁亥,第402页。

败身死①,成祖震怒,将丘福家族"削爵,追夺诰券"并流放海南②。再如清远侯王友在永乐八年(1410)随驾北征时,因畏避敌军,领军绕远就粮,导致兵士饿死无数,而被判处"斩罪,没锦衣卫监候",不久因发风疾而放出调养,后又因诽谤怨望罢爵废居,病故。王友子王顺未能袭爵,而是在永乐十三年随军征战,至仁宗登极后方准升羽林前卫军官③。此外,安平侯李远跟从淇国公丘福北征中伏身死,本可夺爵,但因李远战前曾泣谏丘福勿轻兵突进,故被成祖特许子孙仍世袭伯爵。李远子安平伯李安在永乐、洪熙朝屡执掌戎务,已被明廷视作可任之将材,但宣德朝以后李安反复指挥作战不利,最终仍夺爵沦为事官④。嗣爵勋臣因战事不利被削爵者,还有荣昌伯陈智以交阯失律而革爵降为指挥使。由此可见,战场失机是导致勋爵地位动摇的最主要原因,此终明之世未变。

　　总体来看,在永乐、洪熙、宣德、正统四朝,无论初封还是嗣爵的旧勋勋臣,一般情况下多能执掌内外兵政,尤以率军外镇者居多,形成明代前期"诸边要害则遣侯伯勋臣镇扼"⑤的格局。如洪熙初年,仁宗遣首封武安侯郑亨镇守大同,第二代保定侯孟瑛、襄城侯李隆分别镇守交阯和山海,首代武进伯朱荣镇守辽东⑥,而岭南则有第二代镇远侯顾兴祖率领官军平复变乱⑦。但由于勋臣年龄较大或较小、自身伤病、传承中断、个人能力及受宠程度高下等等因素,统兵职权在各勋家之间已有分化之势。对比子孙平稳承袭的勋家各代之间的领兵情况,大致可见,泰宁侯、武安侯、成安侯、武康伯、建平伯、阳武侯、清平伯诸家的管军职权有衰落的趋势,而其余各家普遍能在代际间维系军权,其中兴安伯、襄城伯、平江伯、安乡伯、遂安伯等勋家后代的职权还有所增强。对嗣爵勋臣而言,父祖功劳突出且受皇帝宠信者,尤易为朝廷重用。某些勋家甚至连续多代担任同样的统兵要职,在一定程度上形成专授,权势较其他勋臣为显。

①《明太宗实录》卷九五,永乐七年八月甲寅,第1260页。
②《明太宗实录》卷九七,永乐七年十月丁未,第1283页。
③《明太宗实录》卷一五五,永乐十二年九月戊子,第1789—1790页;《明功臣袭封底簿》卷一《清远侯》,第130页。
④《明太宗实录》卷九六,永乐七年九月戊寅,第1271页;《明功臣袭封底簿》卷一《安平侯》,第101—102页。
⑤《明史》卷一五九《赞》,第4352页。
⑥《明仁宗实录》卷一下,永乐二十二年八月乙未,第24页。
⑦《明仁宗实录》卷一下,永乐二十二年八月辛酉,第27页。

（二）"土木之变"后旧勋勋裔管军职权的维系

必须承认，景泰朝倾向于任用在抵抗瓦剌与平定各地变乱等战役中表现突出的新晋武将统领重兵以替代军事能力渐显不足的"靖难"及其他旧勋勋裔。于谦在北京保卫战后就曾上奏称："今朝廷所倚任者，石亨、杨洪、柳溥、孙镗、卫颖、范广、张軏数臣，其次则署都督金事张义、雷通诸人。"①这些武职中，除柳溥、张軏出身"靖难"勋旧子弟外，其余皆系由卫所或边镇崛起的新贵。如正统十四年（1449）九月，兵部尚书于谦奏劾统领京营三千营的"靖难"勋裔忻城伯赵荣不赴营操练，"以致军容不整，纪律全无，士卒喧哗，行伍错乱"，于是朝廷"以都督金事孙镗代领军务"②。又如景帝登极之初，当时镇守蓟州、永平及山海关等处的"靖难"勋裔总兵应城伯孙杰被兵部奏论"素无将略，不能恤下，士卒嗟怨，军政废弛，闻边报而退怯，纵贪酷以自如"，兵部"奏准会官另行推选"，最终朝廷选用参将都指挥宗胜"充总兵官镇守代替"，孙杰被罢职回京③。景泰朝新设十团营，中兴名将昌平侯杨洪子都督杨俊与太监阮让共督四营④。景泰末年，杨洪侄都督同知杨能又回京总督神机营⑤，同时提督神机营的还有自贵州取回的总兵左都督方瑛，自怀来取回的守备都指挥李鉴⑥。

不过，景泰一朝正是用人之际，因此景帝也不可能完全弃用前朝旧勋后裔。如正统十四年自大同总兵任上私自回京的广宁伯刘安及土木堡失机逃回的镇远侯顾兴祖都被罢官爵，但二人不久被准宽宥，继续以总兵及副总兵职衔"领军杀贼"⑦。景泰元年（1450），又有旧勋子弟英国公张辅弟都督张軏及第二代恭顺侯吴瑾督管三千营操练⑧。

至天顺朝以后，嗣爵的"靖难"勋臣进一步得到重用。首先，在明中叶，

①［明］于谦：《于谦集》奏议卷一《北伐类·钦差总督军务少保兼本部尚书于谦为预定安边事》，第11页。

②《明英宗实录》卷一八三，废帝郕王附录第一，正统十四年九月己亥，第3585页。

③［明］叶盛：《叶文庄公奏议·西垣奏草》卷二《纠劾孙杰疏》，《续修四库全书》史部第475册，第256页。

④《明英宗实录》卷二二四，废帝郕戾王附录第四十二，景泰三年十二月癸巳，第4857页。

⑤［明］陈镐：《武强伯杨公能传》，［明］焦竑辑：《国朝献征录》卷一〇《伯二·除封》，周骏富辑：《明代传记丛刊》第109册，第354页。

⑥《明英宗实录》卷二三八，废帝郕王附录第五十六，景泰五年二月辛丑，第5188页。

⑦《明英宗实录》卷一八四，废帝郕王附录第一，正统十四年十月乙卯，第3624页。

⑧《明英宗实录》卷一九二、卷一九七，废帝郕戾王附录第十、废帝郕戾王附录第十五，景泰元年五月丙寅，景泰元年十月庚辰，第4017、4180页。

英国公张辅、成国公朱勇、泰宁侯陈瀛、西宁侯宋瑛、恭顺侯吴克忠、襄城伯李珍、遂安伯陈埙、武进伯朱冕、永顺伯薛绶等十名土木堡阵亡"靖难"勋臣的子弟虽在父兄蒙难的情况下仓促袭爵，但这些忠烈勋裔的管军权位仍较稳固，至有接连数代在京或在外执掌重兵，升任京、团营提督，南京守备，协同守备，操江提督及各地镇守总兵等高级职务者。现综合列朝《明实录》的记载制表总结相关情况如下（见表13）：

表13 嘉靖以前"土木"阵亡"靖难"勋臣后裔所领高级军权表

土木堡阵亡者	嗣爵者	嗣爵者所领高级军职权
英国公张辅	张懋，辅子	成化十年始提督五军营，此后久提督五军营兼管十二团营营务。
成国公朱勇	朱仪，勇子	天顺八年守备南京，在任三十三年。
	朱辅，仪子	弘治十三年守备南京，正德六年回京提督三千营，期间任总兵领军北上防秋，正德十二年复守南京。
泰宁侯陈瀛	陈泾，瀛弟	天顺五年任总兵镇守广西，成化三年协同守备南京。
	陈桓，泾子	弘治元年任总兵镇守宁夏。
西宁侯宋瑛	宋诚，瑛孙	天顺元年任总兵镇守甘肃。
	宋恺，诚侄	正德二年协守南京。
恭顺侯吴克忠	吴瑾，克忠子	景泰元年提督三千营。
	吴鉴，瑾子	弘治十三年镇守陕西。
襄城伯李珍	李瑾，珍弟	天顺八年提督五军营，成化二年暂管三千营军马，成化三年任总兵剿捕四川都掌蛮，因功晋流侯，二十三年兼协保国公朱永提督十二团营，仍提督五军营。
	李廊，瑾侄	弘治十三年领兵督防紫荆、倒马、龙泉三关，寻召还提督五军营。
遂安伯陈埙	陈韶，埙弟	成化二年自三千营坐营官升调南京提督操江，成化十三年坐神机五千营，弘治元年升领三千营，弘治十年兼管提督修造神乐观。
	陈鏸，韶孙	正德八年任总兵镇守蓟州，十年团营振威营坐营，世宗登极后提督京、团营。
武进伯朱冕	朱瑛，冕子	天顺元年任总兵镇守广西。
永顺伯薛绶	薛勋，绶孙	弘治朝坐京营管事，十四年选领京营听征军操练，正德四年自京营坐营官升提督南京操江。

　　依据上表所示,英国公张辅嗣子张懋久握提督京营、团营的大权。张辅另有弟张軏、张輗因结交石亨、曹吉祥参与"夺门之变",分别封太平侯、文安伯爵,二人是兼有旧勋背景及"夺门"权幸身份的勋臣。张軏、张輗皆曾握有京师统兵之权,太平侯张軏天顺元年(1457)任总兵官,操练随侍营选官舍,后又总管三千营①,张軏嗣子第二代太平侯张瑾又与伯父文安伯张輗交替管领锦衣卫宿卫将军,张瑾继而在天顺八年坐团营耀武营管操②。时任内阁大学士李贤赞英国公一族之盛:

> 今世勋臣之盛无如张氏一门。盖永乐初靖难之臣虽众,而功之著者河间、定兴两王也;天顺初翊戴之臣虽多,而功之著者文安、太平两公也。呜呼!张氏父子兄弟四人咸建非常之功,此所以享福禄荣名于当世,与国咸休也。③

　　成国公朱勇嗣子朱仪、孙朱辅接连守备南都,朱仪甚至成为有明一代连任南京守备时间最长的勋臣之一。英国公、成国公两家权势在诸勋家之上,得以保持"土木之变"前的地位。其余"土木之变"阵亡勋臣的袭爵子弟也多在内外领兵管事,基本接续了家族在正统十四年(1449)以前的政治地位,其中更有遂安伯陈韶、襄城伯李珍、李鄌、恭顺侯吴瑾等得以掌管提督京、团营的要职。外镇的土木战死旧勋子孙中,驸马西宁侯宋瑛子宋杰先袭爵而早卒,杰子宋诚景泰六年(1455)九月袭爵,袭爵数月后就受命掌右军都督府,英宗复辟后宋诚又即刻领敕挂平羌将军印任总兵镇守甘肃,出镇时年不过三十岁④,延续了宋氏久守西北的军事传承,这也无疑反映出景帝与英宗对土木堡蒙难功臣后代的信赖与重用。

　　若再广泛地考察,其他嗣爵的旧勋子孙,在天顺、成化、弘治乃至正德朝也仍多被授予两京管兵重职。提督京营及守备南京者,如天顺元年广宁侯

①《明英宗实录》卷二七六、卷二七七,天顺元年三月癸未、天顺元年四月癸丑,第5887、5919页。
②《明英宗实录》卷三二七,天顺五年四月癸酉,第6736页;《明宪宗实录》卷四,天顺八年四月壬子,第117页。
③[明]李贤:《古穰集》卷一七《奉天翊卫推诚宣力武臣特进光禄大夫柱国文安伯追封文安侯谥忠僖张公墓志铭》,景印《文渊阁四库全书》第1244册,第660页。
④[明]倪谦:《倪文僖集》卷二八《大明故平羌将军甘肃总兵官西宁侯宋公墓志铭》,景印《文渊阁四库全书》第1245册,第534页。

刘安总管神机营[①]；成山伯王镛弘治二年(1489)神机营管操[②]；广宁伯刘佶正德九年(1514)提督五军营[③]；崇信伯费柱在正德十年提督三千营[④]；新宁伯谭祐更是久典京营，他成化十四年(1478)协守南京，自十五年始改为神机营总兵，弘治二年受命提督十二团营，仍兼督三千营，弘治十三年专督团营，正德四年改督五军营，六年又督三千营，九年复提督五军营兼团营，直至嘉靖初年仍执掌京营[⑤]。另如本稿第一章第三节已论，南京武职提督操江自成化二年始设后就专由勋臣充任，成化朝有"靖难"勋裔遂安伯陈韶、成山伯王琮、武安侯郑宏三人先后任职，尔后弘治、正德朝任提督操江的旧勋后裔不多，有安乡伯张恂、永顺伯薛勋等[⑥]。

　　天顺朝以后总镇地方乃至领重兵征讨的旧勋后裔也保持一定的人数。特别是天顺、成化、弘治三朝常派遣亲信京营提督勋臣担当挂印大帅出塞搜套或南下平乱，因此部分京营"靖难"勋裔得以执掌内外重兵，权势尤显煊赫。除上文表13中列举诸勋外，明中期在外领兵征战与镇守的嗣爵旧勋还有保定侯梁珤天顺元年(1457)充总兵官镇守陕西，在镇凡七年[⑦]；成山伯王琮天顺五年七月佩征虏前将军印充总兵官镇守辽东[⑧]；武安侯郑宏在天顺八年佩征虏前将军印充总兵官镇守辽东[⑨]；广义伯吴琮成化元年佩征夷将军印往四川平定变乱，成化二年佩征西将军印镇守宁夏等[⑩]；武安侯郑英弘治十四年镇守陕西[⑪]；弘治朝另有永康侯徐锜通过贿赂打通关节，出任湖广挂印总兵[⑫]。

　　需要特别注意的是，在天顺至正德朝，镇远侯顾氏、丰城侯李氏、安远侯

①《明英宗实录》卷二七七，天顺元年四月癸丑，第5919页。刘安原袭广宁伯，正统朝任大同总兵，英宗复辟后念刘安旧德，晋其为广宁侯。

②《明孝宗实录》卷二四，弘治二年三月甲戌，第550—551页。

③《明武宗实录》卷一〇九，正德九年二月己未，第2244页。

④《明武宗实录》卷一三二，正德十年二月甲戌，第2629页。

⑤[明]费宏《费宏集》卷一八《明故特进光禄大夫柱国太傅兼太子太傅新宁伯谥庄僖谭公墓志铭》，第623—624页。

⑥《明孝宗实录》卷一三四，弘治十一年二月壬午，第2359页；《明武宗实录》卷五四，正德四年九月甲寅，第1226页。馆本《明实录》此条将"永顺伯"误作"永宁伯"。

⑦《明宪宗实录》卷四九，成化三年十二月戊申，第1006页。

⑧《明英宗实录》卷三三〇，天顺五年七月庚戌，第6791页。

⑨《明宪宗实录》卷三，天顺八年三月壬申，第83页。

⑩《明宪宗实录》卷一六、卷三二，成化元年四月乙未、成化二年七月甲午，第353、644页。

⑪《明孝宗实录》卷一七四，弘治十四年五月癸亥，第3182页。

⑫《明孝宗实录》卷一八五，弘治十五年三月甲午，第3414页。

柳氏及平江伯陈氏四家"靖难"勋裔几乎每一辈都得以执掌内外重要军务，权位在旧勋世家子孙中格外突出。第二代镇远侯顾兴祖正统十四年（1449）自土木堡阵前逃回，降都督同知后继封镇远伯，天顺初复侯爵，往南京协同守备①。兴祖卒后，镇远侯爵的承袭出现短暂波折，终由顾成玄孙辈的顾溥袭爵②。顾溥弘治二年（1489）佩征蛮将军印镇守湖广，召回京后提督团营兼三千营③。溥子顾仕隆正德朝任漕运总兵并镇守淮安长达十年之久，世宗登极之初调湖广总兵，后回京提督三千营④。丰城侯家族中，李勇成化七年（1463）充神机营总兵，成化十五年改调协守南京⑤。其子李玺弘治十六年总理三千营操练⑥。玺庶兄李旻正德五年（1510）任贵州镇守总兵，嘉靖三年（1524）改挂印镇守湖广，六年转任南京协同守备⑦。安远侯家族中，柳溥正统十四年被从广西召还"总神机营"，寻复镇广西，天顺元年（1457）再还京，总神机营，期间还曾挂平虏将军印任总兵往陕西行都司"选调官军、土兵剿杀胡寇"⑧。柳溥嗣孙柳景在成化二十二年至弘治二年（1489）任两广总兵，景子柳文也在正德朝反复总镇两广⑨。柳文还曾在正德朝任湖广总兵，直至嘉靖七年仍在南京专管操江兼理巡捕⑩。平江侯陈豫在景泰、天顺年间长期镇守山东临清，又守备南京⑪。陈豫嗣子平江伯陈锐在成化六年佩征蛮将军印镇守两广，后于久任漕运总兵，弘治元年（1488）"入督神机营，转五

①《明英宗实录》卷三五五，天顺七年七月甲子，第 7098 页。

②《明功臣袭封底簿》卷三《镇远侯》，第 419 页。

③[明]李东阳：《李东阳集·续集·文续稿》卷一一《明故太子太保镇远侯谥襄恪顾公神道碑铭》，第 278 页。

④[明]谢廷谅：《镇远侯荣靖公顾仕隆》，[明]焦竑辑：《国朝献征录》卷七《侯一·世封侯》，周骏富辑：《明代传记丛刊》第 109 册，第 234—235 页。

⑤《明宪宗实录》卷八八，成化七年二月乙巳，第 1707 页；[明]王世贞：《弇山堂别集》卷六四《南京守备协同参赞大臣年表·南京协同守备年表》，第 1204 页。

⑥《明孝宗实录》卷二〇〇，弘治十六年六月甲子，第 3724 页。

⑦《明武宗实录》卷六七，正德五年九月乙卯，第 1468 页；《明世宗实录》卷三五、卷七九，嘉靖三年正月乙酉，嘉靖六年八月壬子，第 884、1754 页。

⑧[明]钱溥：《安远侯谥武肃柳溥墓志铭》，[明]焦竑辑：《国朝献征录》卷七《侯一·世封侯》，周骏富辑：《明代传记丛刊》第 109 册，第 250—251 页；《明英宗实录》卷二八五，天顺元年十二月辛丑，第 6103 页。

⑨嘉靖《广西通志》卷六《表四·总兵》，《四库全书存目丛书》史部第 187 册，济南，齐鲁书社，1997 年，第 77 页。

⑩《明武宗实录》卷一五八，正德十三年正月甲辰，第 3028 页；《明世宗实录》卷八七，嘉靖七年四月丙寅，第 1983 页。

⑪《明英宗实录》卷三五七，天顺七年九月甲申，第 7125—7126 页。

军营"。总督京营期间的弘治十三年,陈锐还"佩靖北将军印,统京营及诸路兵马"出大同御边搜套,无果而还[①]。锐子陈熊在正德三年(1508)任漕运总兵[②]。

丰城侯、镇远侯、安远侯、平江伯四家子孙甚至多代专门膺选南京协同守备及湖广、两广、漕运三总兵等职务。第二代丰城侯李贤在正统朝即任南京守备之职[③],其后代李勇、李旻又两代协守南京。镇远侯顾溥、顾仕隆父子皆曾镇守湖广、提督三千营,而顾氏始封先祖顾成又曾镇守贵州。明代湖广、贵州镇守职权关系紧密,顾成永乐朝镇贵州时就曾统领湖广、贵州二都司官军征苗[④]。第二代安远侯柳溥在正统朝镇守广西,而其嗣爵后辈柳景、柳文又都曾获任两广总兵之职。平江伯家族管领漕运的历史也可上溯至始封祖陈瑄[⑤],之后陈瑄曾孙陈锐、玄孙陈熊又膺任总漕其职。明中期翰林名臣程敏政有评,陈瑄"首总漕府"而"其漕规踵行至今",陈锐能继承祖宗"遗烈"[⑥]而仍领漕运故职。内阁大学士李东阳也作评曰,陈锐"惟漕河事尤劳且久",盖"其讲究区画,得诸家范者为多"[⑦]。南京协同守备系留都重务,湖广、两广、漕运三总兵也素被朝廷视为地方军政要职,而丰城、镇远、安远、平江四家多代领此四职,权势可见一斑。虽然南京协同守备及湖广、两广、漕运三总别有其他勋臣或都督领任,四家勋臣并未如黔国公沐氏一样固定世代专挂征南将军印并授云南总兵之职,但仍在一定程度上形成世爵与世职相结合的家族传统。

综上所述,"土木之变"之后,"靖难"勋裔并没有失去在军中的权势。

①[明]李东阳:《李东阳集·文后稿》卷二六《明故太傅兼太子太傅平江伯陈公墓志铭》,第1275—1276页。

②[明]谢纯:《漕运通志》卷三《漕职·总兵》,《续修四库全书》史部第836册,上海,上海古籍出版社,2002年,第60页。

③《明英宗实录》卷二一○,废帝郕戾王附录第二十八,景泰二年十一月壬寅,第4514页。

④《明太宗实录》卷一四二,永乐十一年八月乙丑,第1699页。洪熙朝后,湖广、贵州二省常同时由一名总兵领镇,至成化二年(1466),朝廷方以湖广、贵州两地"相去地远,事难遥制"为由,命湖广、贵州总兵官都督金事李震"专镇湖广",右副总兵都指挥金事李安专镇贵州(见《明宪宗实录》卷二五,成化二年正月丙辰,第493页)。

⑤[明]杨士奇:《东里文集》卷一三《奉天翊卫推诚宣力武臣特进荣禄大夫柱国追封平江侯谥恭襄陈公神道碑铭》,第189—190页。

⑥[明]程敏政:《篁墩文集》卷三四《太傅兼太子太傅平江伯陈公寿诗序》景印《文渊阁四库全书》第1252册,第593页。

⑦[明]李东阳:《李东阳集·文后稿》卷二六《明故太傅兼太子太傅平江伯陈公墓志铭》,第1276—1277页。

事实上,自天顺朝以后直至嘉靖朝以前的六十余年内,朝中有三十余家"靖难"及其他旧勋家族平稳传袭,其中仍有二十余家、三十余名旧勋子弟被选任执掌统兵要职,甚至对某些职位形成把持之势。这些袭爵功臣后裔尤以坐掌南北两京兵枢者为多,也有一定数量的勋裔能庚续先祖在边陲重镇战守的传统。

当然,旧勋勋家中别有成安伯郭氏、隆平侯张氏、阳武侯薛氏、兴安伯徐氏、忻城伯赵氏、建平伯高氏、安顺伯薛氏、清平伯吴氏等在天顺至正德朝长期军权不显,子孙未有升任京营或团坐营官以上职务者,而武进伯朱氏、保定侯梁氏在天顺朝朱冕、梁珤任总兵镇守广西、陕西后军权也有所衰落。其中成安伯、隆平侯、阳武侯、建平伯、清平伯数家袭爵子孙在"土木之变"前就未被朝廷委以统兵要职;兴安伯徐氏在成化、弘治朝有嗣爵者残疾或年幼①,自然无法执掌戎政;安顺伯薛氏以弟侄推恩袭爵数代②,勋臣地位不稳,故也难升任重职。不过,在承认确实有一部分旧勋勋臣兵权中衰的同时,也不能因此就否定明中期以"靖难"勋臣为主的旧勋世家总体上仍保持较强军中权势的事实。

还需要指出,宁阳侯陈懋是天顺朝最后仅存的"靖难"元老勋臣,他权位虽有数次起伏,但整体上终生不失大将之尊③,然而陈氏后代却由于特殊原因而长期职权不显。宁阳侯家的衰败首先与家族成员骄纵腐化、门风甚恶有关。陈懋本身掌权时就有"贪财好色,挟势张威,无所不为"的恶名,仅以老臣而身免重罚④。陈懋应袭长子勋卫陈昭在宣德八年(1433)"坐同父宁阳侯懋侵欺官粮、官盐"闲罢,又在侍卫内廷时以"不丰洁"为名拒收御赐光禄寺酒肉,被宣宗斥为奢侈傲慢"非令器"⑤。尔后,陈昭弟陈晟任勋卫候袭,但晟又犯罪不得嗣,明廷以陈晟弟陈润代替应袭之位,陈润在天顺七年(1463)正式袭爵。陈润领爵三年早卒,无嗣,弟陈瑛袭爵。此时已罢废的陈晟又再与陈瑛争袭,宪宗准陈瑛先借袭,待陈晟有子长成再议。后陈晟生子陈辅,陈晟与其妻于是屡奏请以陈辅代替陈瑛领爵,至成化二十二年(1486),陈辅出幼,宪宗奏准辅袭爵,别任陈瑛为勋卫。陈辅又在弘治元年(1488)因"荒

---

① 《明功臣袭封底簿》卷三《兴安伯》,第508页。
② 见本书第九章第二节的考证。
③ 《明英宗实录》卷三五四,天顺七年七月癸卯,第7082页。
④ 《明功臣袭封底簿》卷三《宁阳侯》,第455页。
⑤ 《明宣宗实录》卷一〇二,宣德八年五月庚辰,第2291页。

淫逼死人命"而罢爵闲居,弘治八年病故无嗣。陈辅死后,陈瑛孙、陈懋长曾孙陈继祖与陈懋幼子陈昂争袭,最终陈继祖以七岁幼童优给,至正德元年(1506)出幼正式袭爵[①]。可见陈懋子孙中多犯罪废居或早卒无嗣者,这导致陈氏家族长期处于爵位无法正常传承、族亲争袭不已的困境,自然无法为朝廷所重用,这在"靖难"元老重臣家族中十分罕见。

二　明中期重旧、重亲的勋贵选任倾向

(一)重用"靖难"旧勋的原因

旧勋后代在明中期多被授予较高的军权,他们中的一些佼佼者确实能力过人,足可委任。如天顺二年(1458),时任两广巡抚叶盛奏报:"经过山东,访得平江侯陈豫在彼受任,事妥民服,兼之绝不骚扰。臣与陈豫绝无知交,但询访得朝廷任用得人,下民感戴圣恩,臣亦不觉感动。"[②]另如镇远侯顾家自顾溥袭爵后,即被时人盛赞为"世世不乏令人"[③]。

然而,嗣爵旧勋子弟中职不配能者更加常见。早在正统朝,第二代兴安伯升兴安侯徐亨就自认非大将之材,又评价当时总领京营训练的第二代成国公朱勇被"强虏视之婴儿"[④]。至天顺、成化朝以后,勋裔之庸乏更为普遍,这多可从部院大臣及言官的弹劾中反映出来。京营将领中如英国公张懋、新宁伯谭祐等几十年把持统军操训大权[⑤],不过坐享祖先遗泽。正德朝给事中周玺弹劾张懋"废弛戎务",谭祐"衰老无为"[⑥],其中张懋更是骄奢淫逸,以致举朝侧目。弘治朝提督京营的遂安伯陈韶、成山伯王镛被劾"谬掌兵

①《明功臣袭封底簿》卷三《宁阳侯》,第456—458页;[明]李贤:《古穰集》卷一〇《奉天靖难推诚宣力武臣特进荣禄大夫柱国太保宁阳侯追封濬国公谥武靖陈公神道碑铭》,景印《文渊阁四库全书》第1244册,第584页。

②[明]叶盛:《叶文庄公奏议·两广奏草》卷四《推举大将疏》,《续修四库全书》史部第475册,第405页。

③[明]谢廷谅:《镇远侯荣靖公顾仕隆》,[明]焦竑辑:《国朝献征录》卷七《侯一·世封侯》,周骏富辑:《明代传记丛刊》第109册,第233页。

④[明]叶盛:《水东日记》卷五《徐兴安论将》,第52页。

⑤《明武宗实录》卷一二二,正德十年三月丙戌,第2461页;[明]费宏:《费宏集》卷一八《明故特进光禄大夫柱国太傅兼太子太傅新宁伯谥庄僖谭公墓志铭》,第624页。

⑥[明]周玺:《垂光集·论兴草疏》,景印《文渊阁四库全书》第429册,上海,上海古籍出版社,1987年,第280页。

权,徒拥虚位"①。外镇勋臣中,安远侯柳景镇守两广时"贪酷无状",被罢职革爵,复爵后冠带闲住②。天顺朝镇守广西的武进伯朱英在任渎职,"以致蛮贼猖獗",为巡抚叶盛所奏劾③。成化四年(1468),宁夏总兵广义伯吴琮在平定满四之乱时"希功妄进",导致明军大败,被革爵充军,广义伯爵至此罢停④。弘治朝武安侯郑英有"谋勇"之名,但弘治十八年(1505)镇守陕西期间仍被都御史杨一清奏罢⑤。镇守蓟州的遂安伯陈鏸在正德十六年(1521)被六科给事中安金等劾奏"骄不知兵",故被诏还京⑥。上举文臣对勋臣的这些弹奏也许存在一定的偏见,但仍大体反映了明中期嗣爵勋臣军事能力堪忧的事实。

即使是明中期久在两广、淮安等地镇戍,有"一时武臣多称重"之赞的平江伯陈锐,在弘治朝领京营兵搜套时也暴露出"不闲将略"的严重问题,被《明实录》编修官评为"出师无功,偾其前烈"⑦。陈锐子平江伯陈熊平生事迹更显不堪。陈熊通过门客陈璟与族人陈伟的协助,交通关节,获得漕运总兵之职,并携陈璟、陈伟二人赴任"以为助"。在璟、伟的怂恿下,陈熊督漕期间"煽威黩货",借势收购田宅,又劝淮安富民代出其价,"而以璟辈及一二无赖主之"。后陈熊同宗绍兴卫督漕指挥使陈俊"欲以湿润官米贸银输京"以图蒙蔽,陈熊许之,事发,陈熊被下诏狱。当时权阉刘瑾素与陈熊不合,于是借机罗织陈熊罪名,"诬以赃私及诸不法",陈熊因此被夺爵发配海南,几致丧命,刘瑾败后才得以复爵。陈熊虽罪不至死,但他品行不端,大肆聚敛,引起淮安极大民怨,《明实录》称其遭到刘瑾威逼"固无足惜"⑧。陈熊有负父祖累代督漕业绩,专事谋取私利,已沦为漕政之大蠹。

明代自洪武朝始就以文武兼备为目标,重视勋爵子弟的教养,构建出以

---

①《明孝宗实录》卷一六一,弘治十三年四月癸丑,第2902页。

②《明孝宗实录》卷一八四,弘治十五年二月己酉,第3389页。

③[明]叶盛:《叶文庄公奏议·两广奏草》卷一二《劾贪懦将疏》,《续修四库全书》史部第475册,第469—470页。

④《明功臣袭封底簿》卷二《广义伯》,第298页。

⑤《明武宗实录》卷六,弘治十八年十月乙卯,第191页;《明武宗实录》卷一四二,正德十一年十月甲寅,第2787页。

⑥《明武宗实录》卷一二六,正德十六年六月丁丑,第2528—2529页。

⑦《明孝宗实录》卷一九四,弘治十五年十二月甲寅,第3575页。

⑧《明武宗实录》卷五八、卷八二,正德四年十二月戊戌,正德六年十二月庚子,第1288、1786页。

国子监习礼为主,以随京营训练和家庭训导为辅的严密的勋裔教育体制①。但天顺朝之后,大多数旧勋后代已绵延承袭三四代,后辈嗣爵勋贵自幼在南北两京优养,他们多有一定的文化水平,反而缺少实战军事经验,又普遍耽于富贵享乐。在这种情况下,兵部依然推选,皇帝依旧钦派这些勋裔执掌重兵,难免就会出现不堪委任的窘况。明廷之所以长期贯彻选用勋旧后裔管军的方略,这可以从三个方面加以解释:

第一,勋臣凭借社稷战功而与皇权相与共,而"靖难"及其他旧勋勋臣更以大功协助朱棣夺取皇位并强化统治,重开一脉帝系,他们与皇室的利益高度一致,君臣之间的关系也能更加稳固、长久地世代延续。

第二,对在"土木之变"中阵亡的勋臣而言,他们的殉难为家族增添与国休戚的资本,朝廷必然会尽量恢复乃至超擢这些勋家后代的权位以为优抚。如英国公张辅在土木堡阵亡时,其应嗣幼子张懋年仅九岁,尚未出幼,按律理应先予优给,不宜立即袭爵,但朝廷为褒扬张辅忠烈,依然命张懋直接承嗣公爵②。张懋平生无指挥实战的经验,但却在成化、弘治、正德三朝总揽京、团营操训大权,荣宠至极,名臣程敏政有"今太傅(指张懋)之忠贤"得报自"先王(指张辅)以身殉国之遗泽"③的看法。

第三,英宗一生历尽"土木之变""夺门之变""曹石之变"等重大政治变故,逐渐形成信重旧臣以图朝局稳定的选任方略,天顺、成化朝内阁大学士李贤有言,英宗复辟后特"思用旧人"④。宪宗、孝宗二帝延续英宗依靠"旧人"的故政,仍不吝任用勋旧子弟。例如依前文所论,在天顺"夺门"之初,景泰朝崛起的新兴勋将多被石亨等罗织迫害,为稳定边镇,英宗不得不派遣旧勋子弟前去镇戍以为权宜。另如孝宗在选用勋贵掌京营时,甚至不以勋臣实际军事能力作为首要考量条件。弘治十七年(1504)六月,孝宗召内阁大学士刘健、李东阳商讨京营总兵人选,孝宗明确提出京营总兵"未必要

①见曹循:《论明代勋臣的培养与任用》,《云南社会科学》2012年第3期;拙文《明代前中期武职"文教化"现象初探》,《中国社会历史评论》2016年第17卷。

②[明]程敏政:《篁墩文集》卷四一《英国太夫人吴氏行状》,景印《文渊阁四库全书》第1253册,第31页。

③[明]程敏政:《篁墩文集》卷二八《英国太夫人称寿序》,景印《文渊阁四库全书》第1252册,第491页。

④[明]李贤《古穰集》卷一一《奉天翊卫推诚守正文臣特进光禄大夫柱国兵部尚书靖远伯追封靖远侯谥忠毅王公神道碑铭》,景印《文渊阁四库全书》第1244册,第593页。

经战阵,但要有谋略耳"①,并坚持留用"日事淫佚","未尝一经行阵"②的英国公张懋提督京营。明中期这种倚重旧勋后代管军的政策一直持续至正德朝,甚至对嘉靖朝以后的军事选任机制仍有一定的影响。

当然,明廷也意识到任用纨绔旧勋的弊端,故在重用旧勋掌控京、团营的同时,也不会完全不顾他们的军事素养,部分外镇期间表现良好,积有较多管军经验的旧勋常被取回京师提督营务,如根据李东阳《燕对录》的记载,弘治十三年(1500)六月,孝宗与内阁诸臣讨论调湖广总兵镇远侯顾溥入总京营:

> (孝宗)因问:"溥如何?"臣健等皆应曰:"溥在湖广甚好。"臣东阳曰:"况新有贵州功。"上曰:"然。"则令兼管神机营。臣东阳曰:"谭祐掌神机营久,但系伯爵,若与溥同营,即当为副。溥虽侯爵,但新自外入,若令管五军营,名在张懋次,而令张伟副佑,似于事体稍便。"上从之,即令撰手敕稿。③

从弘治君臣的对话中可以看出,朝廷虽然比较看重顾溥有在地方镇守的业绩,但仍极力维护张懋作为元勋公爵后代在京营中的尊荣地位。

(二)皇亲身份对提升勋臣职权的作用

明中叶诸帝保守的勋臣任用方略还反映在对具有外戚皇亲背景的"开国"勋臣以及个别外戚的倚重上。不可否认,明代较严格地防范外戚权力的扩展,外戚在政治与军事上整体势弱④,尤其是英宗登极之后,太皇太后张氏特告诫其二兄彭城伯张景与都督张昇,禁止二人参与国事政议⑤,明廷就此正式形成不许外戚管军、管事的惯例。但"开国""靖难"勋臣常有联姻帝室者,这些勋臣却借助戚畹身份获得特别倚重。笔者在本书第一章已论,自朱元璋始,明廷就有对勋贵择亲戚而任的传统,在洪武朝后期,"开国"勋家绝大多数被清洗屠戮,但曹国公李文忠、西平侯沐英与驸马梅殷仍以朱元璋外甥、养子或女婿的最亲近身份被委以重任。洪武二十八年(1395)七月,朱

①[明]李东阳:《燕对录》,[明]邓士龙辑:《国朝典故》卷四九,第1192页。
②《明武宗实录》卷一二二,正德十年三月丙戌,第2462页。
③[明]李东阳:《燕对录》,[明]邓士龙辑:《国朝典故》卷四九,第1188页。
④明代后妃自明初自功臣之家逐步转为选自一般军民之家,外戚权势随之出现变化。关于明代外戚权力地位的最新研究,见叶群英:《明代外戚研究》,中国人民大学出版社,2018年。
⑤《明英宗实录》卷二、卷七五,宣德十年二月丁巳、庚申,正统六年正月壬子,第53—54、56、1457页。

元璋又宣圣旨给信国公汤和夫人胡氏等勋戚家属云:"魏国公、曹国公、信国公、西宁侯、武定侯恁这几家系皇亲,再后有事不干法司问,只着亲戚自问,便有死罪也饶了。若是遍数多了,恁自讨分晓理会。"① 这反映出朱元璋在统治末期仍在很大程度上依赖最信任的皇亲勋臣维系朝政。至永乐、洪熙、宣德三朝,"开国"功臣进一步凋零殆尽,除世镇云南的沐英后代黔国公沐氏之外,残存的洪武所封勋臣大多依凭外戚身份维持朝中权位,这其中以武定侯郭英与魏国公徐达后裔最为典型。

武定侯郭氏家族与朱明皇室具有多重联姻关系,第一代洪武征云南功臣武定侯郭英有妹嫁朱元璋为宁妃,生鲁王,郭英又有子郭镇选尚朱元璋女永嘉公主为驸马,另有二女分选为辽王妃、郢王妃,还有孙女为仁宗贵妃②,郭氏是明初典型的具有皇亲身份的勋贵。首任武定侯郭英无嫡系子孙,其庶支后代中,有郭玹因有姐郭氏为仁宗贵妃,于永乐二十二年(1424)被仁宗钦准袭封武定侯③。嗣后,郭玹以皇亲身份从宣宗征汉王、巡边,又历任五军营总理及凤阳皇陵修造提督等职。正统九年(1444),玹被钦敕佩镇朔将军印,"以戚里世勋之重"镇守宣府④。借助皇亲身份的优势,郭玹在宣德、正统两朝管军之权尤显。不过,武定侯家族在明中期再次陷入长久的家族争袭,故子孙难再领职事⑤。弘治十五年(1502)郭良复袭爵后,郭氏后裔继续得到朝廷任用。郭良本身任至参将一级,他曾坐管团营效勇营,又曾充参将训练营兵以备征调⑥。至郭良子郭勋一辈即开始屡任要职,郭勋在正德四年(1509)总管三千营操练,正德七年至十二年挂印镇守两广,嘉靖朝复总三千营操练,前后总营务二十余年⑦。

①[明]郭良、郭勋辑:《毓庆勋懿集》卷一《御书·洪武二十八年七月二十二日圣旨》。
②[明]郭良、郭勋辑:《毓庆勋懿集》卷一《洪武三年三月十一日太祖高皇帝书》《洪武七年鲁王书》;[明]杨荣:《文敏集》卷一七《开国辅运推诚宣力武臣柱国武定侯赠营国公谥威襄郭公神道碑铭》,景印《文渊阁四库全书》第1240册,第267页。
③《明功臣袭封底簿》卷一《武定侯》,第373—374页。
④[明]罗亨信:《觉非集》卷三《宣府新城记》、卷四《镇朔将军总兵官武定侯郭公墓志铭》,《四库全书存目丛书》集部第29册,第542、553页。
⑤见《明功臣袭封底簿》卷一《武定侯》,第86—92页。
⑥《明孝宗实录》卷一九三、卷二一五,弘治十五年十一月丙戌,弘治十七年八月己未,第3562、4043页。按,《明孝宗实录》弘治十五年十一月丙戌条将郭良爵名误写作武靖侯。
⑦《明武宗实录》卷五七,正德四年十一月己巳,第1271页;[明]王世贞:《弇山堂别集》卷八九《兵制考》,第1705页;《苍梧总督军门志》卷一《历官·总镇》,北京,全国图书馆文献缩微复制中心,1991年,第19页。

　　再看徐达后裔魏国、定国两公后代重新执掌兵柄的过程。第二代魏国公徐辉祖由于在"靖难"期间支持建文帝，为朱棣所深恨，朱棣登极后将辉祖罢黜闲居，仅勉强保留其子孙爵禄①，这导致辉祖后代在永乐至正统朝权势不显。但魏国公家毕竟是联姻帝室的有明第一勋戚重臣，至天顺朝，第四代魏国公徐承宗及其子第五代魏国公徐俌又凭借皇亲身份祭祀孝陵，继而两代接连担任南京守备之职，长镇陪都②。徐承宗自天顺元年（1457）开始担任守备，在任六年③。徐俌本在成化十五年（1479）掌南京左军都督府事，并以外戚身份专管陵祀，至弘治九年（1496）再推任南京守备，兼掌南京中府事，仍继续祭祀孝陵，弘治十四年，徐俌自陈请罢守备之职，至正德七年（1512）复任，前后任职守备多年④。徐辉祖弟徐增寿因在"靖难"中款通燕军而被成祖追封定国公并准子孙世袭⑤，受到极大优赏。但在增寿之后袭爵的定国公徐景昌、徐显忠、徐永宁三人分别因犯过、早卒、患病等原因未领要职⑥。至正德朝，第五任定国公徐光祚才开始总管神机营操练。总体来说，徐氏魏国、定国两支中，魏国公徐辉祖虽曾与朱棣有隙，但其后裔作为留驻南京的勋戚首臣，却得以长期维系管军权位。北京定国公家族一脉与朱棣关系更亲密，但因徐景昌、徐显忠、徐永宁三代数十年皆不足委任，家族未形成掌管职事的传统，子孙仅食禄优养，其兵戎之权反而不及南京魏国公家，也不及同在北京的"靖难"英国公、成国公家族，在公爵中相对弱势。

　　不少"靖难"勋臣之所以能够久掌兵权，也与其戚畹身份有一定关系。如在英国公张氏家族中，张辅有妹及次女先后为成祖、仁宗妃⑦。张辅弟文安伯张軏本身即因"父、兄之功且联姻戚里"，在正统初升锦衣卫都指挥佥事。

①《明功臣袭封底簿》卷三《魏国公》，第85—87页。
②明代有"孝陵奉祀礼，专敕皇亲"之制，即例由外戚、驸马代行。魏国公徐承宗始，孝陵祭祀一般由具有外戚身份的守备、协守勋臣兼摄行祭事（见［明］郑晓：《今言》卷二，"第一百三十三条"，第79页）。
③《明英宗实录》卷三六〇，天顺七年十二月庚寅，第7154—7155页。
④［明］乔宇：《乔庄简公集》卷一〇《明故南京守备掌中军都督府事太子太傅加赠光禄大夫右柱国太傅谥庄靖魏国徐公墓志铭》，中国国家图书馆藏明隆庆五年（1571）刻本。
⑤［明］郑汝璧：《皇明功臣封爵考》卷二《定国公·定国公徐增寿传》，《四库全书存目丛书》史部第258册，第380页。
⑥《明功臣袭封底簿》卷三《定国公》，第370—371页。
⑦［明］程敏政：《篁墩文集》卷四一《英国太夫人吴氏行状》，景印《文渊阁四库全书》第1253册，第31页。

正统十四年（1449），张軏更被英宗以"勋戚故托以心膂"任命为禁军长官[1]。

此外，《明宪宗实录》中有所谓"祖宗旧制不许蕃将掌兵"，至天顺朝恭顺侯吴瑾掌府事，成化初又用广义伯吴琮为宁夏总兵，"遂成例"[2]之论，此说其实并不准确。番将出身的同安侯火真、清平伯吴成早在永乐、宣德朝已经率兵出征[3]，吴琮堂兄广义伯吴玘在宣德朝也管辖过安置定州的归附靼鞑官兵[4]。恭顺、广义二勋爵权位的特殊性与他们的蕃将出身无关，实得益于外戚身份。恭顺侯、广义伯两家同出一系，其祖先本蒙古归附部落出身的吴允诚。允诚永乐朝初封恭顺伯世袭，他有女及孙女分别为成祖、宣宗妃[5]，故后代尤受皇帝信任。允诚子吴克忠凭借戚里推恩，在洪熙朝进侯爵[6]。克忠弟吴管者也在洪熙元年（1425）自都督同知封广义伯[7]。克忠子恭顺侯吴瑾更在天顺初"以勋戚随侍，应对称旨"[8]。《明宪宗实录》之所以强调吴氏兄弟以"蕃将掌兵"，应该是有意淡化皇帝重用戚臣的事实。

天顺朝始，更有纯粹外戚出身的会昌侯孙氏家族提督京、团营。首任会昌伯孙忠是宣宗孙皇后父，他本任县主簿这一低级文官，后因督率民夫修造皇陵升鸿胪寺班序，无任何军功资历[9]，在宣德、正统两朝也不曾管领军政。至景泰初年，孙忠曾上奏，保荐广西总兵安远侯柳溥"廉能公正，智勇超群，宜召回统领军务"。后兵部集廷臣会议，称："溥诚堪用，但两广蛮寇生发，宜留溥镇之。"次日，景泰帝还是特命召柳溥还朝[10]。可见在朝局危难之际，孙忠已开始凭外戚之尊初步参议军事。孙忠子孙继宗在景泰朝袭爵，英宗复

①［明］李贤：《古穰集》卷一七《奉天翊卫推诚宣力武臣特进光禄大夫柱国文安伯追封文安侯谥忠僖张公墓志铭》，景印《文渊阁四库全书》第1244册，第661页。

②《明宪宗实录》卷一一〇，成化八年十一月戊申，第2149—2150页。

③《明太宗实录》卷九五，永乐七年八月甲寅，第1261页；《明功臣袭封底簿》卷三《清平伯》，第541页。

④《明英宗实录》卷七八，正统六年四月癸未，第1542页。

⑤见奇文瑛：《碑铭所见明代达官婚姻关系》，《中国史研究》2011年第3期。

⑥［明］李贤：《古穰集》卷一〇《恭顺侯追封凉国公谥忠壮吴公神道碑铭》，景印《文渊阁四库全书》第1244册，第589页。

⑦《明功臣袭封底簿》卷二《广义伯》，第297页。

⑧［明］李贤：《古穰集》卷一〇《恭顺侯追封凉国公谥忠壮吴公神道碑铭》，景印《文渊阁四库全书》第1244册，第589页。

⑨［明］李贤：《古穰集》卷一〇《推诚宣忠翊运武臣特进荣禄大夫柱国会昌伯累赠奉天佐理推诚宣力武臣特进光禄大夫右柱国太傅安国公谥恭宪孙公夫人董氏合坟神道碑铭》，景印《文渊阁四库全书》第1244册，第587页。

⑩《明英宗实录》卷一八三，废帝郕戾王附录第一，正统十四年九月甲午，第3578页。

辟后,继宗被加封为侯爵,随即受命"总五军等营"。至成化初期,继宗又兼总十二团营,此后提督京、团营几二十年之久。孙继宗年过七旬时屡次请解兵柄,未被宪宗允许,至孙氏年逾八十,阘迈不堪时,才被解除团营之职,成化十五年(1479)继宗以八十五岁高龄病逝。孙继宗提督京、团营期间,其应袭嫡子锦衣卫指挥使孙璲长随之"赞画"军务,营中将士多得孙璲抚辑[①],可见孙氏对营政影响之深。

外戚掌兵有违前朝旧规,因此孙继宗在任期间屡为言路所论劾,但始终"眷礼不衰"[②]。继宗又被时人称为"大总戎"[③],明中期将领都督李颜等多由孙氏保荐而获任[④]。不过,明人也曾批评孙继宗在统领京营的近二十年时间内不曾"展一筹以御夷狄,树一勋以报国家",仅"尸位素餐,怀禄固宠"[⑤]。孙继宗死后,其嗣孙孙铭仍循继宗成例执掌兵权,成化朝他初"管三千营"分司,弘治间又接连坐五军营分营、团营耀武营管操,兼掌五军营所属惮忠、效义二营,正德初转坐奋武营,终升神机营提督总兵,并兼管五府,人谓"一时武臣尤为称首"[⑥],俨然管军大将而非椒房戚畹。

王世贞《弇山堂别集》有论,依明代祖制,外戚"优游食禄奉朝请而已",但"惟会昌侯孙继宗以元舅总团营兵马","此亦政体一大变"[⑦],将孙氏家族的管兵职权视作一种重大的制度异变。《明史》载:"自景泰前,戚臣无典兵者,帝(指英宗)见石亨、张軏辈以营军夺门,故使外戚亲臣参之,非故事也。"[⑧]这一观点说明了外戚典兵的直接原因,但也强调其为天顺朝一时体制之变。另有学者指出,"曹石之变"后,英宗对文臣、武臣和宦官专兵皆有所

---

① [明]程敏政:《篁墩文集》卷四二《昭勇将军锦衣卫指挥使孙公墓志铭》,景印《文渊阁四库全书》第1253册,第47页。

②《明宪宗实录》卷一九七,成化十五年十一月己酉,第3562页。

③ [明]倪岳:《青谿漫稿》卷二一《大明昭武将军上轻车都尉南京锦衣卫掌卫事都指挥佥事丁公神道碑》,景印《文渊阁四库全书》第1251册,第291页。

④ [明]丘濬:《重编琼台稿》卷一七《重恩堂记》,景印《文渊阁四库全书》第1248册,上海,上海古籍出版社,1987年,第351页。

⑤《明宪宗实录》卷一三〇,成化十年六月甲申,第2459页。

⑥ [明]毛澄:《太保会昌侯孙公神道碑》,[明]焦竑辑:《国朝献征录》卷三《戚畹》,周骏富辑:《明代传记丛刊》第109册,第112页。孙铭原名孙镇,因避英宗名讳后改名为"铭"(见《明宪宗实录》卷二一〇,成化十六年十二月甲戌,第3671页;[明]程敏政:《篁墩文集》卷四二《昭勇将军锦衣卫指挥使孙公墓志铭》,景印《文渊阁四库全书》第1253册,第47页)。

⑦ [明]王世贞:《弇山堂别集》卷九《皇明异典述四·外戚握兵政》,第165页。

⑧《明史》卷三〇〇《外戚·孙继宗传》,第7668页。

警惕，故"出现了外戚典兵的异常现象"[①]，或认为孙氏管军属外戚职权的特例[②]，所论与《明史》相一致。英宗一生多次历经重大政治变故，导致他对文武朝臣难以信任；而孙继宗祖孙是皇室至亲，由孙氏总领京营，即使他们于营政无所展布，也可保证军权牢牢为皇帝所控制，因此孙继宗等人必然受到英宗及其后代皇帝的特别委任，从这一点上说，孙氏家族的崛起确实有历史特殊性。不过，考虑到前文所叙自洪武、永乐朝始明廷素有重用联姻帝室的勋臣的传统，事实上形成另一种隐藏的祖制，因此明中期外戚典兵情况的出现也并非完全是一时之变，而是具有一定的政策延续性。

　　总而言之，限制外戚管兵与重用有戚臣身份的勋臣管兵这两条祖制一明一暗，看似相互矛盾但实际上并行不悖，保证了皇帝可以不失灵活地控驭贵胄之臣，并在必要时加强外戚在政治与军事方面的作用。值得注意的是，外戚管军制度的变化还反映出明代很多所谓"祖制"并非一成不变的国家定制，而是各种变通之法的混合，可随时根据皇权统治的需要而取舍。

　　成化二十年（1484）始，宪宗又任命仁宗张皇后外戚彭城、惠安两伯后裔管领侍卫将军，其中惠安伯张瓒成化二十年管侍卫将军[③]，彭城伯张信成化二十二年管围子手侍卫[④]。管领宫廷侍卫虽非军事要职，但却是年轻勋贵接受军事历练以备升领职事的起点，可知宪宗有意培植张氏子弟继续执掌兵政。彭城、惠安两伯家族祖先张昶、张昇兄弟在"靖难"之役中略有军功，常被明人视作以外戚并功劳封爵，兼有武勋的身份，但成化朝以前彭城、惠安两爵外戚的身份特征更为显著，较少参与军国事务。如第一代彭城伯张昶曾在宣宗登极之初管京营"右哨军马"[⑤]，宣宗出巡时张昶还曾守卫皇城城门[⑥]，但未能长期执掌兵戎。张昶弟惠安伯张昇在永乐朝曾以"元舅之亲"侍从皇太孙习读诗书[⑦]，张昇任都督官后一度掌管五府事务，至宣德四年

---

①洪国强：《论于谦与景帝君臣关系的变动及其对土木之变后京营领导体制重建的影响》，《明史研究论丛》第12辑，北京，故宫出版社，2014年。

②叶群英：《明代外戚研究》第二章《外戚的政治待遇与政治活动》第二节《外戚任事》，第108—109页。

③《明宪宗实录》卷二五二，成化二十年五月己酉，第4270页。

④《明宪宗实录》卷二七六，成化二十二年三月壬戌，第4652页。

⑤〔明〕杨士奇：《特进荣禄大夫柱国彭城伯张公墓志铭》，〔明〕焦竑辑：《国朝献征录》卷三《戚畹》，周骏富辑：《明代传记丛刊》第109册，第107页。

⑥《明宣宗实录》卷二〇，宣德元年八月戊辰，第528页。

⑦〔明〕王直：《抑庵文后集》卷四《思敬堂集》，景印《文渊阁四库全书》第1241册，上海，上海古籍出版社，1987年，第390页。

（1429）二月，宣宗命昇与太师英国公张辅共辍掌都督府，领职食禄如故，同时准张辅朝夕随侍，论究军国重事，张昇只以外戚优养①。按照张昇墓志的记载，昇在辍管五府事务后也获得了"凡朝廷有大政事"可"预议"的权力②，但此说不见于《明宣宗实录》的相关条目中。再考《明英宗实录》可知，张昇是在英宗登极之初被元老辅臣杨士奇等人请荐可参议国事，张昇妹太皇太后张氏随即致书张㫤、张昇二兄，告诫二人今后只"朔望朝参，凡有政议，悉勿与闻"，又特请敕禁止张昇参议国政③，此即上文提到的明代禁止外戚管事、管军政策的依据。总体上看，宣德四年以后，张昇仅偶尔在皇帝出巡时复兼掌行在五府事务并居守北京④，其他时间仍主要以亲戚之臣食禄奉朝请。至张昇嗣孙张琮袭爵时，依然"奉朝请，未尝有失"⑤，不管戎务。因此宪宗在统治末期突然起用张瓒、张信二人管领侍卫，显然有特殊的目的。外戚会昌侯孙氏无任何军功，导致其家族成员久掌兵戎的情况备受朝臣质疑，而且孙氏家族在军中权势太盛，也需要加以节制，是故宪宗任用有"靖难"背景的彭城伯、惠安伯两家外戚，应是为了更加名正言顺地延续外戚亲臣管军的机制，并在一定程度上平衡孙氏家族的势力。

　　弘治、正德朝以后，惠安伯家族成员进一步循会昌侯家之例管军，并被逐步授予重职。弘治元年（1488），惠安伯张瓒转迁在五军营右哨坐营管操⑥。张瓒之子张伟更是在弘治八年领神机营中军坐营管操，十二年镇守陕西，十三年回京提督神机营，连续督领内外重兵⑦。正德元年（1506），张伟又同英国公张懋、保国公朱永共同提督团营，三年兼总管三千营，六年充总兵官领京营兵，会同提督军务右都御史马中锡讨河北刘六、刘七之乱，时"河南、山东、

①《明宣宗实录》卷五一，宣德四年二月癸未，第1216—1217页。

②《特进荣禄大夫柱国惠安伯永城张公圹志》，[明]焦竑辑：《国朝献征录》卷三《戚畹》，周骏富辑：《明代传记丛刊》第109册，第108页。

③《明英宗实录》卷二、卷七五，宣德十年二月丁巳、庚申，正统六年正月壬子，第53—54、56、1457页。

④《明宣宗实录》卷七一、卷一一二，宣德五年十月丙子，宣德九年九月庚辰，第1665、2531页；[明]杨士奇：《东里文集·东里别集·代言录》，《太皇太后谕二兄书》，第477页；《特进荣禄大夫柱国惠安伯永城张公圹志》，[明]焦竑辑：《国朝献征录》卷三《戚畹》，周骏富辑：《明代传记丛刊》第109册，第108页。

⑤《明宪宗实录》卷四五，成化三年八月壬子，第934—935页。

⑥《明孝宗实录》卷二一，弘治元年十二月己酉，第494页。

⑦《明孝宗实录》卷九九、卷一四九、卷一六二，弘治八年四月癸亥，弘治十二年四月辛卯，弘治十三年五月丙辰，第1819、2618、2912页。

北直隶镇、巡、三司等官悉听伟、中锡节制"①，张伟俨然成为统兵职权最重的勋臣之一。直至嘉靖七年（1528），张伟仍领京、团营兵操练，并不时挂平虏将军印任总兵，率兵赴北边巡警②。弘治朝之后，彭城伯家族虽没有出现如张伟一般的大将，但也代有典兵之臣。与张伟同辈的彭城伯张信在弘治朝坐团营管操③，张信子张钦于正德十一年（1516）受命在神机营坐营管操④。嘉靖帝登极后停罢前朝外戚爵位世袭，会昌侯也在停袭之列，此后孙氏家族退出管军领域。彭城、惠安两伯因祖先有一定的军功，故在嘉靖朝被保留爵位，其后裔仍循勋臣之例领军管事，在权力地位方面已更近勋臣而非戚臣。

由于明中期诸帝遵循勋旧统兵的策略，在天顺、成化、弘治、正德四朝，执掌两京兵权的"靖难"旧勋后裔与残存的"开国"勋家及部分外戚皇亲形成一个紧密相依的贵戚权力群体。这其中又以总管京、团营的英国公张懋、新宁伯谭祐、外戚会昌侯孙继宗最为显赫。

自成化七年（1471）始至弘治、正德两朝，明廷京营统领机制进一步确立，一般情况下，京营五军、三千、神机三大营每营例设两名总兵提督，每营的两名提督总兵虽职衔名号一致，但事实上存在主官与协官的关系，而同时期团营总设两到三名提督，团营提督常由六名京营提督总兵中的二三人兼任⑤。孙继宗、张懋、谭祐三名旧勋戚分别自天顺元年（1457）、成化十年（1474）、成化十五年始主管三大营提督事务，又屡兼总团营，皆历职几十年不替，至七八十岁阇迈不堪时方解兵柄，这种贵族的久任待遇显然是一般文武大臣难以企及的。张、谭、孙三人任期内，大批"靖难"旧勋及戚臣子弟同时坐营管事，京、团

①《明武宗实录》卷一三、卷四五、卷七三，正德元年五月庚寅，正德三年十二月庚午，正德六年三月庚午，第 396、1025、1617 页。

②《明世宗实录》卷八七，嘉靖七年四月乙丑，第 1982 页。

③《明孝宗实录》卷一四四，弘治十一年十一月己丑，第 2521 页。

④《明武宗实录》卷一三三，正德十一年正月辛卯，第 2645 页。

⑤根据敕书文献，成化七年明廷始命会昌侯孙继宗、武靖侯赵辅、襄城侯李瑾、丰城侯李勇、都督冯宗、赵胜六人提督三大营，同时例有定襄伯郭登、抚宁侯朱永提督团营（见［明］郭良、郭勋辑：《毓庆勋懿集》卷二《制敕·定襄伯郭登·成化七年三月初四日敕》）。关于此时三大营每营两名提督总兵的主、副关系，《明宪宗实录》载，命丰城侯李勇为神机营总兵，右都督冯宗为三千营总兵，都督同知赵胜为五军营总兵，三人"协同"京营总兵会昌侯孙继宗等管事（见《明宪宗实录》卷八八，成化七年二月乙巳，第 1707 页）。后抚宁侯朱永又总兵团营兼提督三千营（见《明宪宗实录》卷一〇一，成化八年二月庚午，第 1957 页）。弘治朝孝宗与阁臣讨论京营提督任免时，也言及三大营各营提督有一主一副的实际职分（见［明］李东阳：《燕对录》，［明］邓士龙辑：《国朝典故》卷四九，第 1188 页）。关于明中期京、团营提督员数相沿成定制的记载，见［明］郑晓：《今言》卷一，"第五十条"，第 26 页；万历《明会典》卷一三四《兵部十七·营操·京营》，第 685—686 页。

营管理体制渐趋僵化。如天顺八年，十二团营坐营官中耀武营太平侯张瑾、练武营广平侯袁瑄、显武营遂安伯陈韶、敢勇营广义伯吴琮，皆属此类①。张懋等向朝廷推举京营将官人选时，也特别重视将官的亲旧背景。弘治元年（1488），兵科都给事中夏祚与浙江道监察御史魏璋等言官奏劾称，京营提督总兵英国公张懋、襄城侯李瑾二人"不以将官为重，惟以亲戚为私"，一意保举驸马袁容后代广平侯袁铬坐五军营管事，而袁铬"谋勇未闻，奸贪素著"，理应罢职②。

会昌侯孙氏还通过与诸"靖难"家族通婚来构建权力庇佑。如"靖难"勋裔泰宁侯陈泾"无他才能，徒以会昌侯孙继宗婿得进用"。陈泾镇守广西期间，"以数千军为数百蛮所困，大损国威"，但因系国舅女婿，故"罪重刑轻"，以致论者不平③。又如会昌侯孙铭嗣子孙杲娶镇远侯顾溥女④，形成勋臣与外戚之间的联姻。"开国""靖难"旧功臣之间的通婚情况更是盘根错节。以军中权势较盛的勋家为例，如新宁伯谭祐娶安远侯柳溥女，谭祐又有女分别外嫁魏国公徐俌子徐璧奎与阳武侯长子薛藩⑤。成国公朱勇二女分别嫁泰宁侯陈瀛、彭城伯张谨⑥。遂安伯陈鏸娶英国公张懋三子锦衣卫都指挥使张铭女⑦。姻亲网络强化了旧勋戚之间的奥援，使贵戚诸家得以更加稳固地延续政治地位。

三　嘉靖之前新封勋臣的军权状况

（一）宣德、正统两朝新封勋臣的任职特征

笔者定义的新封勋臣，专指宣德至正德朝获封的已无显著"开国"或"靖难"功资的勋爵。通过梳理这些勋臣各家族、各代际之间统军权力的差异，并将其与旧勋、外戚的管军情况加以比对，可进一步揭示明代中期勋臣

---

①《明宪宗实录》卷四，天顺八年四月壬子，第117页。

②《明孝宗实录》卷一七，弘治元年八月壬辰，第409页。

③《明宪宗实录》卷一〇六，成化八年七月癸亥，第2079页。

④［明］毛澄：《太保会昌侯孙公神道碑》，［明］焦竑辑：《国朝献征录》卷三《戚畹》，周骏富辑：《明代传记丛刊》第109册，第112页。

⑤［明］费宏：《费宏集》卷一八《明故特进光禄大夫柱国太傅兼太子太傅新宁伯谥庄僖谭公墓志铭》，第624页。

⑥［明］陈询：《明平阴武愍王（朱勇）墓志铭》，《新中国出土墓志·北京一》下册，第80页。

⑦［明］杨一清：《明故诰封陈（鏸）夫人张氏墓志铭》，《新中国出土墓志·北京一》下册，第191页。

选任掌兵机制的特征。

　　"开国""靖难"以外新封勋臣又可按封爵时间的前后分为两大群体,即宣德、正统朝受封者与景泰、天顺、成化、正德四朝受封者。宣德、正统两朝所封新建伯李玉、宁远伯任礼、定西侯蒋贵、永宁伯谭广、修武伯沈清、平乡伯陈怀、招远伯马亮等勋臣多以燕军中低级军官乃至兵卒的身份参与了"靖难之役",后再立新功跻身勋臣行列[①],因此他们在一定程度上具备"靖难"老将身份,但其燕邸元勋或永乐朝重臣的背景并不突出。这些勋臣实际上是介于"靖难"旧勋与"土木之变"后新晋勋将之间的群体,他们多系流爵,子孙不传,不构成勋臣的主体。另外,宣德、正统朝还册封了部分西北土官与归附达官,正统朝另封文官兵部尚书王骥为世袭勋爵,这些勋臣也无显赫"开国""靖难"背景,是故在此一并讨论。现依据《明实录》及其他史料的记载列表说明这些勋臣家族在嘉靖朝以前的统军状况(见表14):

表14　嘉靖以前宣德、正统朝新封勋臣管军情况表

爵名	第一代封爵原因及管军职权	第二代管军职权	第三代管军职权	第四代管军职权	第五代管军职权
会宁伯	李英,宣德二年以土官平西番功封,初流爵,宣德三年召回京,以忠谨准世袭。宣德七年犯事后下狱革爵,后子孙改袭指挥。				
新建伯	李玉宣德四年以扈从北巡战功并东宫侍从旧臣封,流爵。宣德、正统朝选练京卫舍人以备东宫随侍,久同英国公张辅、成国公朱勇提督京营操练。				

---

① 任礼、蒋贵各以燕山护卫军卒起家,二人终生甚至不识字(见《明宪宗实录》卷一三,成化元年正月辛未,第209页;[明]李贤:《古穰集》卷二九《杂录》,景印《文渊阁四库全书》第1244册,第786页)。

续表

爵名	第一代封爵原因及管军职权	第二代管军职权	第三代管军职权	第四代管军职权	第五代管军职权
顺义伯	金顺宣德四年以达人归附、传奉封，流爵。未管军。				
奉化伯	滕定宣德四年以达人归附、传奉封，流爵。宣德五年充右参将从总兵官阳武侯薛禄巡边，又往来永宁、隆庆卫提督修城。				
宁远伯	任礼正统三年以败鞑靼阿台、朵儿只伯功封，初流爵。正统五年仍充总兵官镇守甘肃，十一年收捕沙洲都督喃哥准子孙世袭。景泰中提督三千营，寻改守备南京。	任寿，礼子，成化元年袭。成化初任总兵镇守宁夏、陕西，成化五年因征陕西土酋满四不利，免死谪戍。			
定西侯	蒋贵正统三年以败鞑靼阿台、朵儿只伯功封伯，世袭。正统四年以伯爵任左副总兵镇守甘肃，七年以平麓川晋定西侯，世袭。后继任总兵平定云南麓川之乱。	蒋琬，贵孙，正统十四年袭。宪宗登极初先团营坐营，寻任总兵镇守甘肃，成化八年改协守南京、提督操江，十年以后升团营提督总兵，兼督京营神机营，又总京营兵出御蒙古，节制宣、大诸路军。	蒋骥，琬子，成化二十三年袭。弘治朝先坐营管操，弘治九年任总兵镇守蓟州，十三年转镇辽东，失机，十七年改神机营五千下坐营管操，十八年再任总兵镇守湖广。	蒋鏊，骥子，正德四年袭。正德十年神机营五千下坐营管操。	

爵名	第一代封爵原因及管军职权	第二代管军职权	第三代管军职权	第四代管军职权	第五代管军职权
会川伯	赵安正统三年以败鞑靼阿台、朵儿只伯功封,流爵。正统四年仍充副总兵,协同定西伯蒋贵镇守凉州。				
永宁伯	谭广正统六年以久镇宣府累功封,流爵。正统六年后仍充总兵镇守宣府,至正统九年以年过八十召还。				
修武伯	沈清正统六年以夤缘内臣冒督造宫殿功封,正统八年卒。	沈荣,清庶长子,正统八年袭。正统十二年管三千营左右十队并府军前卫军马操练,十四年从英宗北征阵亡。	沈煜,荣子,景泰三年袭。宪宗登极之初镇守山海、永平,成化二年协管五军营营操,寻任总兵镇守大同,四年改镇宁夏,守边不利回京,十六年协守南京。	沈祺,煜子,成化十九年袭,二十二年卒。未管军。沈坊,祺弟,成化二十二年袭,弘治六年卒。未管军。后停爵子孙世袭指挥使。	
靖远伯	王骥正统七年以兵部尚书总督军务平麓川功封,初流爵,后再以麓川平乱准世袭。景泰初佩平蛮将军印征湖广、贵州苗乱。	王瑺,骥子,天顺四年袭。成化朝领神机营军草场牧马。	王添,瑺子,成化七年袭。成化十二年坐五军营营操。	王宪,添子,成化十九年袭。弘治、正德朝累坐三千、五军营分司、分营管操。	王瑾,宪子,正德十年袭。正德十二年坐神机右哨管操。

续表

爵名	第一代封爵原因及管军职权	第二代管军职权	第三代管军职权	第四代管军职权	第五代管军职权
平乡伯	陈怀正统九年出剿兀良哈有功,为太监王振所重获封,本流爵,正统十四年从英宗北征阵亡,准世袭。	陈辅,怀子,正统十四年袭,景泰五年卒。未管军。	陈政,辅子,景泰六年袭。成化六年坐团营奋武营管操,八年任总兵镇守两广,在镇十九年。	陈信,政子,成化二十二年袭。弘治元年三千营坐司,弘治六年卒。后停爵子孙世袭指挥使。	
招远伯	马亮正统九年出剿兀良哈有功,为太监王振所重获封,流爵。正统十年总管三千营操练。				

现依表所示,并结合其他史料,分析总结这些勋贵管军职权的规律与特征。

第一,上表中首封功臣基本上按照军功大小、能力高低而任职各有不同。其中部分勋臣并无显赫功资,而以老臣恩封甚至有冒滥封爵色彩,他们封爵后或职权平平,或随即优养闲居。如以归附旧臣受安抚得封的顺义伯金顺、以修造功冒封的修武伯沈清即为此类。新宁伯谭广、平乡伯陈怀封爵时也已老病[①],不能再领统军重职。与这些勋臣不同,宁远伯任礼、定西侯蒋贵、新建伯李玉、招远伯马亮四人封爵后进而被授予较高的统军之权。任礼"持节可观",素有大将之质,封爵后仍长期镇守甘肃,尔后取回督管京营,又守备南京[②]。蒋贵"起自行伍一卒之微",而能"与士卒同甘苦""及临战阵,必当先直冲""未尝不亲手击杀数十人",因此"往往取胜"[③]。正统七年(1442),已封定西伯的蒋贵奉命平定云南麓川土司叛乱,此洪武、永乐两朝之后明廷一大战事,蒋贵得以膺功加升侯爵,继续被委以统兵职责[④]。新建伯李玉战功不如任礼、蒋贵二勋,但李玉"历仕四十年,小心敬畏,受知列

---

①陈怀正统四年(1439)已"年老"而"驱驰效力为艰",谭广获爵时更已年近八十(见《明英宗实录》卷五一、卷一二二,正统四年二月壬子,正统九年十月丁未,第975、2444页)。

②《明宪宗实录》卷一三,成化元年正月辛未,第210页。

③[明]李贤:《古穰集》卷二九《杂录》,景印《文渊阁四库全书》第1244册,第786页。

④[明]钱溥:《定西侯赠泾国公谥武勇蒋贵神道碑》,[明]徐纮:《皇明名臣琬琰录》前集卷一四,第479—480页。

圣"[1]，能忠谨守职，故封爵后久掌京营。马亮封伯虽有轻进冒功之嫌，但他素以悍勇善骑射著称[2]，故又被任命总管三千营。会川伯赵安、靖远伯王骥封爵前后职权变化不大。赵安本西北凉州土官，故受封后继续以副总兵镇守凉州[3]。王骥文臣出身，以总督军务兵部尚书与蒋贵共襄平定麓川而封伯爵，后不时在西南一代镇剿[4]。

第二，"土木之变"对宣德、正统朝新封勋臣后裔的地位与职权产生较大影响。如修武伯沈清以修造功封爵，而且沈清本无嫡子，仅有一子沈荣系外妇所生，沈清通过结交太监，将沈荣立为嗣子，最终得以袭封伯爵，因此沈荣的勋爵地位并不稳固。沈荣后随英宗北征阵亡，景泰帝特准其子沈煜嗣爵[5]。沈煜"非统驭之才"[6]，但长期内管营操，外镇边方。成化十二年（1476），沈煜因"容留通奸"，被罚"住俸带头巾闲住"[7]，复俸后依然受命协守南京[8]。沈煜以纨绔之辈却能督领重兵，立身不败，应在很大程度上得益于朝廷对沈氏殉难忠臣家族的优赉信任。平乡伯陈氏子孙之所以能在正统、景泰之际平稳袭爵，并在成化朝久领统兵重职，也与首封平乡伯陈怀在土木堡蒙难有关。平乡伯本系流爵，陈怀战死后，子陈辅奏请袭爵，吏部以平乡伯铁券无世袭字样驳回其请，但景帝还是以"陈怀既父子三人阵亡"特准陈辅世袭。陈辅逝后，其子陈政又请袭，吏部再次奏明平乡伯非世爵，请移交兵部查功，经兵部复查后，景帝仍以陈怀"历朝有功"，特准陈政承袭祖爵[9]。陈政作为忠烈勋裔，为明廷所重用，他自成化八年佩印任总兵镇守两广，累十九年不替[10]，间有平乱之功[11]，为明中期守边重臣。不过，相比修武伯沈

①［明］杨溥：《新建伯荣僖李公墓志铭》，［明］徐紘辑：《皇明名臣琬琰录》前集卷一五，周骏富辑：《明代传记丛刊》第43册，第510页。

②《明英宗实录》卷一四三，正统十一年七月壬辰，第2834页。

③《明英宗实录》卷五〇，正统四年正月癸卯，第967页。

④［明］李贤《古穰集》卷一一《奉天翊卫推诚守正文臣特进光禄大夫柱国兵部尚书靖远伯追封靖远侯谥忠毅王公神道碑铭》，景印《文渊阁四库全书》第1244册，第592—593页。

⑤《明英宗实录》卷一〇六，正统八年七月己卯，第2160页；《明功臣袭封底簿》卷二《修武伯》，第261页。

⑥《明宪宗实录》卷一三〇，成化十年六月甲申，第2459页。

⑦《明功臣袭封底簿》卷一《丰润伯》，第59页。

⑧《明宪宗实录》卷二一〇，成化十六年十二月戊午，第3656页。

⑨《明功臣袭封底簿》卷二《平乡伯》，第330—331页。

⑩《明宪宗实录》卷二七一，成化二十一年十月甲申，第4575页。

⑪［明］周洪谟：《明故平乡伯陈公墓志铭》，《新中国出土墓志·北京一》下册，第109页。

煜,陈政的管军能力无疑也更突出一些。对陈政镇守两广十九年的表现,《明实录》有"熟谙夷情,虽不能殄绝草窃,杜绝货赂,然视后之继者则大有间"①的公允评论。

另外,定西侯蒋贵嗣孙蒋琬袭爵时正值"正统己巳之变",蒋琬虽年仅十六岁,但他上表谢恩五日后即被景帝授命掌左军都督府,天顺朝又屡领府军前卫,转管宿卫大汉将军,皆表现"忠勤"而为皇帝所察。至成化朝,蒋琬出镇守甘肃,转协守南京,升任京营、团营提督总兵,累掌内外重兵,是成化、弘治朝权势最重、最受朝廷倚重的勋臣大将之一②。虽然蒋琬是在国家危难、人才匮乏之际被屡屡擢用,但其本身军事能力也在诸勋贵后裔之上。弘治朝礼部尚书程敏政评价蒋琬"能体德意而嗣其祖烈,崛然有声",可称当世儒将③。蒋琬祖父蒋贵平生保持朴素的战士作风,每临阵率子弟冲锋在前④,故蒋氏后辈实战历练较多,能代有人才。蒋琬之后,其子蒋骥操守清廉,一循父祖管兵之例,"历官中外二十余年",且"卒之日,家无余资",在纨绮子弟中十分少见⑤。蒋家至第五代袭爵子孙蒋瑽时还能领任协守南京的重职。有赖于家族将门风气的良好传承及"土木之变"后的特殊时局,定西侯蒋家能累世膺任统兵要职,权势几与"靖难"元勋后裔相侔。相较定西侯蒋氏,靖远伯王骥后代子孙因才干平庸等因⑥,长期仅执掌牧马、坐京营分团分司等职务,无堪管兵重任者。至嘉靖中期王瑾一辈,久渐勋将风气,始领协守南京及提督三千等营的要职⑦。

综上所论可知,宣德、正统朝新封诸爵身处承平时代,因此他们也就缺少了"开国""靖难"功臣以社稷大功享山河带砺的特别尊隆地位,不具备为明廷长期倚重的先决条件,而主要凭借个人军事才能的优劣被任免。同时也应看到,"土木之变"家族成员殉难的历史,依然对这些勋家嗣爵后辈的任

①《明宪宗实录》卷二七一,成化二十一年十月甲申,第4575—4576页。
②［明］程敏政:《篁墩文集》卷四四《太保兼太子太傅掌左军都督府事定西侯追封凉国公谥敏毅蒋公墓志铭》,景印《文渊阁四库全书》第1253册,第64、65页。
③［明］程敏政:《篁墩文集》卷四四《太保兼太子太傅掌左军都督府事定西侯追封凉国公谥敏毅蒋公墓志铭》,景印《文渊阁四库全书》第1253册,第65页。
④《明宪宗实录》卷一三,成化元年正月辛未,第210页。
⑤《明武宗实录》卷五一,正德四年六月戊辰,第1164—1165页。
⑥如第三代靖远伯王添被奏劾"轻浮"非"驭众之才"(见《明宪宗实录》卷一二二,成化九年十一月戊申,第2355页);第四代靖远伯王宪历任管侍卫及京营坐营等官,不过"循常守职"而已,因此未擢至总兵大将级别(见《明武宗实录》卷一一九,正德九年十二月辛丑,第2403页)。
⑦《明世宗实录》卷四三、卷八六,嘉靖三年九月戊寅,嘉靖七年三月癸巳,第1122、1954页。

职产生较重要的影响。

（二）景泰至正德朝新封勋臣的崛起

明弘治朝不曾新封勋臣，而景泰、天顺、成化与正德四朝所封勋臣，通常出身于两京或地方卫所武职，升任五府都督职衔后任统兵将领，以戡定内乱外患的较大军功晋封勋爵。景泰、天顺、成化、正德四朝勋臣中子孙平稳嗣爵者较多，他们是"靖难"勋裔之外明代世袭勋爵群体的另一支重要力量。通过梳理四朝勋臣各家族、各代际之间统军职权的差异，并将他们与旧勋外戚的任职情况做比较，可进一步揭示明中叶勋臣任用机制的特征。

需要指出的是，这一时期还有三类勋臣的出身与任职比较特殊，因此不列入新封勋臣的范畴内讨论：第一，天顺朝武功伯徐有贞、兴济伯杨善、成化朝威宁伯王越等文臣勋爵，他们的职权与大多数的武将勋臣不完全相同，其子孙也未长久世袭，故不与武职勋臣并论。第二，天顺"夺门"武将功臣中，太平侯张軏、文安伯张輗弟兄是成祖"靖难"重臣张玉之子、元老勋贵英国公张辅之弟，张軏、张輗以"靖难"旧臣子弟支持"夺门"而受封，二人的勋旧背景显著，因此不能完全视为新封勋臣。不过，与张氏兄弟情况近似的景泰朝所封定襄伯郭登系"开国"功臣武定侯郭英裔孙，成化朝武靖侯赵辅是"开国"追封梁国公赵德胜的曾侄孙，赵辅又以勋裔身份受到宪宗重用，但郭登、赵辅自身立功封爵时距明朝"开国"已有七十余年乃至上百年，且郭登本身久战边关，赵辅更以卫所武官起家，故二人仍主要属新封功臣行列，不能单纯视作"开国"勋裔。第三，天顺朝"夺门"主谋太监曹吉祥侄昭武伯曹钦、正德朝宦官子弟泰安伯张富、永寿伯朱德、高平伯谷大宽及豹房亲幸平虏伯江彬、安边伯许泰等，都属特殊的佞幸勋臣，不宜与其他勋臣混而论之。

初封的景泰、天顺、成化、正德四朝勋臣多在边镇立功得爵，因此这些勋臣受封后间有继续留任原驻防地者。如景泰初封抚宁伯的宣府总兵官朱谦，受爵后继镇宣府，后于景泰二年（1451）在镇病逝[①]。另如景泰朝所封金齿参将南宁伯毛胜久驻其地，直至天顺四年（1460）病故[②]。再如天顺初辽东

---

①《明英宗实录》卷二〇一，废帝郕戾王附录第十九，景泰二年二月丁酉，第4311—4312页。

②［明］李贤：《古穰集》卷一一《奉天翊卫推诚宣力武臣特进荣禄大夫柱国南宁伯封南宁侯谥庄毅毛公神道碑铭》，景印《文渊阁四库全书》第1244册，第596—597页。

副总兵施聚膺怀柔伯,他虽年近八旬,但仍充副总兵守备义州①。天顺元年,原正统、景泰朝新封勋臣子侄辈,会宁伯李英堂侄大同总兵右都督李文、昌平侯杨洪侄宣府总兵左都督杨能、忠国公石亨侄大同游击将军石彪同时封高阳伯、武强伯、定远伯,石彪后在天顺三年又加封定远侯②。这些自身立功受封的新封第二代勋臣仍在边统兵效力,其中石彪封侯后任总兵,佩征夷将军印往宁夏备边③,李文、杨能封伯后留守原镇④。武平伯陈友天顺二年任游击将军,随总兵安远侯柳溥前去陕西行都司凉州等处备边,不久奉敕挂印任总兵仍在宁夏一带"剿贼",天顺三年晋流侯,四年逝⑤。成化朝协守甘肃的都督毛忠在成化三年(1467)受封伏羌伯后,被敕命"协守如故",成化四年甘肃土酋满四叛乱,毛忠领兵平乱,力战而死⑥。

更多的首封景泰、天顺、成化、正德四朝功臣被朝廷任命在两京及边塞、地方交替管军。最典型者,如景泰、天顺朝权贵石亨,他获封武清伯、侯后即入掌京、团营,又不时挂印任统御总兵出防各镇,石亨以主持"夺门"进封忠国公后,更进一步在朝弄权,并仍常领兵巡边,处置边方戎政⑦。与石亨同以击退瓦剌大功获封昌平侯的宣府总兵杨洪,封爵后曾入京提督三千营兼掌左府,后景帝"虑虏情反覆,宜有大将在边",仍命杨氏挂印镇守宣府,洪在镇两月病故⑧。同样,景帝所封定襄伯郭登受爵后仍任大同总兵,备守迤北,郭登天顺朝被罢爵降职,至成化初复爵,又挂印以总兵镇守甘肃,后召还长期提督神机营,兼督团营⑨。景泰朝因平定苗乱封南和伯的镇守湖广、贵州总兵方瑛,在封伯之初曾召回提督神机营,不久后又奉敕佩平蛮将军印任总兵出

---

① 《明英宗实录》卷二七五、卷三〇三,天顺元年二月甲辰,天顺五年五月癸卯,第5843、6418页。

② 《明英宗实录》卷二八〇、卷三〇二,天顺元年七月戊子,天顺三年四月己巳,第6022、6401页。

③ 《明英宗实录》卷二九三,天顺二年七月癸卯,第6262页。

④ 《明孝宗实录》卷三三,弘治二年十二月壬子,第731页;[明]陈镐:《武强伯杨公能传》,[明]焦竑辑:《国朝献征录》卷一〇《伯二·除封》,周骏富辑:《明代传记丛刊》第109册,第354页。

⑤ 《明英宗实录》卷二八五、卷二九六、卷三一三,天顺元年十二月辛丑,天顺二年十月壬午,天顺四年三月丙午,第6103、6311、6569—6570页。

⑥ [明]邓廷瓒:《伏羌伯赠伏羌侯谥武勇毛公忠传》,《国朝献征录》卷九《伯一·世封伯》,周骏富辑:《明代传记丛刊》第109册,第312—314页。

⑦ 《武清侯石亨》,[明]焦竑辑:《国朝献征录》卷一〇《伯二·除封》,周骏富辑:《明代传记丛刊》第109册,第341—342页。

⑧ [明]陈循《芳洲集》卷七《故奉天翊卫推诚宣力武臣特进荣禄大夫柱国昌平侯追封颍国公谥武襄杨公神道碑铭》,《四库全书存目丛书》集部第31册,第215—216页。

⑨ [明]彭时:《定襄忠武侯神道碑》,[明]商辂:《奉天翊卫宣力武臣特进荣禄大夫柱国追封定襄侯谥忠武郭公墓志铭》,[明]郭良、郭勋辑:《毓庆勋懿集》卷七、卷八。

平贵州铜鼓等处变乱，至天顺初年病逝于镇所①。以"夺门"封宣城伯卫颖封爵后先出镇甘肃，至成化二年（1466）改佩征敌前将军印总镇辽东，成化四年回京，成化八年再次外派领兵守备凤阳，成化十三年以后调掌南京后府，协练南京营兵，兼领督习水战②。昌平侯杨洪侄镇守延绥都督同知杨信天顺二年（1458）晋封彰武伯后，起初加挂印总兵职衔，仍镇守延绥等处③，成化初曾一度回京提督三千营，寻挂印统京营兵往延绥备边，尔后复佩将印出镇大同，至病逝前一年的成化十二年（1476），仍以"历练先成、熟知边务"不允回京④。成化朝领兵大将武靖侯赵辅封爵前本任神机营提督管操⑤，封爵后仍提督京营军伍如故，遇有朝廷征伐即挂印领营兵精锐出战⑥。正德五年（1510）以平定宁夏安化王之乱封咸宁伯的宁夏游击将军仇钺，留镇宁夏不久即调入北京提督三千营，后又领营兵平定河北、河南民乱，终晋咸宁侯世袭，后又提督京营⑦。

　　另有极少数第一代新勋受封后调入京师任职，基本上不再外派管军。如天顺朝以"夺门"及平定曹钦叛乱累封怀宁伯、侯的孙镗，在天顺朝以后久提督三千营事⑧，孙镗在天顺五年曾以伯爵任挂印总兵领京营精锐往陕西防御鞑靼部众，但军马未正式开拨就遇到曹钦谋反，孙镗平叛后随即被英宗敕命留京不再出征西北⑨，应意在稳定京城局势。

　　整体来说，景泰至正德所封第一代功臣主要职在统兵征战，防守边方。如昌平侯杨洪、南和伯方瑛、襄城伯卫颖、彰武伯杨信等虽曾一度专掌京营戎务，但在任时间均较短暂。在天顺、成化两朝，有定襄伯郭登、怀宁侯孙镗、武靖侯赵辅等新勋在京提督营政时间较长，这种情况在首代新封勋臣中

①［明］李贤：《古穰集》卷一一《奉天翊卫推诚宣力武臣特进荣禄大夫柱国南和侯谥忠襄方公神道碑铭》，景印《文渊阁四库全书》第1244册，第595页。
②［明］李东阳：《李东阳集·文后稿》卷二二《明故奉天翊卫宣力武臣特进荣禄大夫柱国宣城伯赠宣城侯谥壮勇卫公墓志铭》，第1225页。
③《明英宗实录》卷二八七，天顺二年二月乙巳，第6150—6151页。
④《明宪宗实录》卷三一、卷一五三、卷一七三，成化二年六月庚戌、壬子，成化十二年五月乙巳，成化十三年十二月庚子，第616、618、2788、3122页。
⑤《明宪宗实录》卷六，天顺八年六月乙巳，第159页。
⑥《明宪宗实录》卷二七九，成化二十二年六月丙戌，第4702页。
⑦［明］杨廷和：《咸宁伯进封侯谥武襄仇钺墓志》，［明］焦竑辑：《国朝献征录》卷一〇《伯二·除封》，周骏富辑：《明代传记丛刊》第109册，第361—362页。
⑧《明英宗实录》卷二七七，天顺元年四月癸丑，第5919页。
⑨《明英宗实录》卷三二九、卷三三〇，天顺五年六月壬午，天顺五年七月戊午，第6768、6795页。

并不多见。自正统末年至成化初年,蒙古瓦剌、鞑靼等部袭扰不息,明朝内地各处流民、盗匪、少数民族之乱又此起彼伏,因此朝廷特重以军功崛起的新晋大将,充分发挥他们的实战才能与经验,屡用于边镇与疆场而不疲。

景泰至正德所封勋臣嗣爵子弟的管军职权状况又与父祖有所不同,现依据《明实录》列表说明如下(见表 15):

表 15　嘉靖以前四朝新封嗣爵勋臣管军情况表 [①]

	第二代管军职权	第三代管军职权	第四代管军职权	第五代管军职权
定襄伯	郭嵩,登侄,收养为子。成化朝分督五军营,成化十三年专管南京操江。以非郭登亲子停袭,子孙授锦衣卫世袭指挥使。			
抚宁侯(保国公)	朱永,谦子,景泰二年袭爵。景泰六年坐团营管操。天顺四年巡边宣府,七年总管三千营。宪宗登极初提督神机营,营建山陵。成化、弘治朝内提督三千营、十二团营,外八佩将印任总兵,先后征剿荆襄流民、建州女真、河套鞑靼,累功晋抚宁侯,又夤缘太监汪直封保国公世袭。	朱晖,永子,弘治六年特准袭保国公一代。弘治十一年坐五军营管操,十三年升提督三千营,十四年挂印任总兵出塞搜套,十六年复兼提督团营。武宗登极之初再任总兵统京营军往宣府、大同备御。	朱麒,晖子,正德七年袭抚宁侯。寻五军营右哨坐营管操,九年守紫荆关,十二年任总兵镇守两广。	

---

①景泰朝"中兴"名将昌平侯杨洪袭爵子孙三人杨杰、杨俊、杨珍皆因故未能任职,因此昌平侯家不列入表中。其中杨洪嫡长子杨杰先袭爵,但早卒,后以洪庶长子都督杨俊袭爵,俊不久即坐罪罢废,子杨珍袭,至天顺初杨俊被诛,杨珍罢爵流放,未管军。正德朝所封咸宁侯仇钺嗣孙仇鸾嘉靖朝才袭爵任职,且仇鸾权力状况特殊,与嘉靖二十九年(1550)京营体制更迭密切相关,笔者将在后文详论,此处暂不展开讨论,故也不列入此表。

	第二代管军职权	第三代管军职权	第四代管军职权	第五代管军职权
南和伯	方毅,瑛子,天顺四年袭。屡行奸淫之事败坏伦常,天顺六年革爵。未统兵。	方寿祥,毅子,成化十七年袭。弘治三年五军营左哨、十三年神机营五千下、十四年团营显武营坐营管操、牧马,并管听征军操练。正德元年升任南京提督操江,四年任总兵镇守贵州,五年转镇湖广,十一年复提督操江。		
南宁伯	毛荣,胜子,天顺三年袭。天顺六年分领辽东取还官军。成化二年坐营管操,寻任总兵镇守贵州,五年改镇守两广,未至卒。	毛文,荣子,成化七年袭。先分领京营戎务,成化十四年任南京提督操江。弘治元年转协守南京。	毛良,文子,弘治七年袭。弘治朝坐三千营分司、神机营分营管操。正德十一年五军营右掖、十五年团营效勇营坐营管操。	
怀宁侯	孙辅,镗子,成化七年袭,成化十六年卒。未管军。	孙泰,辅子,成化十六年袭。弘治朝五军营中军坐营管操,总管牧马。	孙应爵,泰子,弘治十五年袭。弘治十六年神机营左掖、十七年团营伸威营坐营管操,寻充左参将分领京营听征官军。武宗登极初领京营备援宣府官军,正德三年神机营五千下坐营管操,寻升提督神机营,四年兼督团营,七年南京提督操江。	孙瑛,正德十二年袭。未管军。
宣城伯	卫璋,颖子,弘治十一年袭爵。弘治十三年以后累坐三千营头司、团营显武营、神机营分营管操。	卫錞,彰子,正德十三年袭。正德十六年坐团营果勇营管操。		

续表

	第二代管军职权	第三代管军职权	第四代管军职权	第五代管军职权
丰润伯	曹璘，义子，未袭卒。	曹振，璘子，天顺四年袭。成化朝三千营坐营管操，提督牧马。弘治初提督操江，专管南京新江口战船操习。	曹恺，振子。弘治三年袭。弘治五年以后累坐神机营右掖、团营敢勇管操，十三年镇守贵州，平乱不利，回京坐效勇营。正德六年守京城九门防河北流民，十五年起用南京操江提督。	
东宁伯	焦亮，礼子，有疾不袭。	焦寿，亮子，天顺七年袭。天顺七年三千营坐营管操。成化二年任总兵官镇守蓟州、永平，八年改镇甘肃。 焦俊，寿弟，成化九年袭。初坐神机营右掖管操，成化二十年统听征军马备防密云，二十一年任总兵镇守甘肃，后调镇宁夏，失机回京。弘治三、四年坐三千营分司、团营练武营管操，八年南京提督操江，十一年镇守贵州，十三改任总兵镇湖广，未至卒。	焦淇，寿子，弘治十四年袭。弘治十五年神机营坐营管操，管理牧马。正德二年改团营振威营，三年神机营五千下坐营管操，五年任总兵镇守两广。 焦洵，淇弟，正德八年袭。正德朝三千营坐司。	
怀柔伯	施荣，聚子。天顺七年袭，成化元年卒。未管军。	施鉴，荣子，成化元年袭。成化三年坐五军营中军管操，提督放马，坐纳贿罢职。弘治三年复坐团营练武营管操，四年升南京协同守备。	施瓒，鉴子，弘治八年袭。弘治九年神机营左哨、十五年团营振威营坐营管操。正德二年充总兵镇守贵州兼提督清平卫等地。	

	第二代管军职权	第三代管军职权	第四代管军职权	第五代管军职权
武平伯	陈能,友子,天顺四年袭爵。成化朝提督官军牧马。	陈纲,能子,成化二十年袭。弘治四年以后坐京、团营管操。	陈勋,纲子,弘治九年袭。弘治十一年三千营坐司、团营坐营管操。正德二年升三千营提督总兵。 陈熹,纲弟,正德五年袭。正德八年五军营坐营管操。	
彰武伯	杨瑾,信子,成化十四年袭,弘治二年卒。未管军。	杨质,瑾子,弘治十年袭。正德初提督京营牧马。		
武靖伯	赵承庆,辅子,成化二十三年袭。弘治元年领神机营五千下操练,二年管南京操江,八年转协同守备南京。	赵弘泽,承勋子,正德三年袭。正德四年五军营右哨坐营,六年任南京操江,后坐罪闲居。		
伏羌伯	毛佺,忠子,早卒未袭。	毛锐,佺子,成化五年袭。成化十三年领兵防守山海、永平,十八年协同守备南京。弘治元年任总兵镇守湖广,二年移镇两广。正德二年镇守淮安提督漕运,六年任总兵征剿山东、直隶流民,十六年复镇守湖广。		
宁晋伯	刘禄,聚子。成化十年袭,十一年卒,未管军。	刘福,禄弟,成化十一年袭。成化十四年五军营中军、二十年团营鼓勇营坐营操。弘治五年镇守蓟州,九年提督三千营。	刘岳,福子,弘治十五年袭。正德六年分守京师九门防河北流民,九年出守古北口。	

根据表15分析嗣爵四朝勋臣管军职权的代际与家族之间的差异,并结合表14及本章前文所述,对全部嗣爵新勋裔与旧勋世家后裔的统军情况作比较,可得出如下结论:

第一,相比父祖仍普遍在边镇与地方统兵,更多的四朝新封嗣爵勋臣转而在两京任职,能够延续父祖在外统兵职权的新勋裔有保国公朱永及嗣子朱晖、嗣孙朱麒三人,东宁伯焦寿、焦俊兄弟及焦寿子焦淇三人,又有南宁伯毛荣、南和伯方寿祥、丰润伯曹恺、怀柔伯施瓒、伏羌伯毛锐、宁晋伯刘福与刘岳,他们占全部明中期嗣爵新封勋贵数量的三分之一左右。

第二,在新勋及旧勋家族数量基本固定的成化七年(1471)至世宗登极以前这段时间内,全部新勋后裔在外管军的人数、频次要略多于同时期的旧勋后裔,而且新勋裔总体人数较少,因此他们具有在外统兵的职权优势。但由于"开国""靖难"勋旧后裔中仍有黔国公、镇远侯、安远侯、平江伯等世代或多代总镇一方的世家,故新封勋裔外掌节钺的优势也并非十分明显。

第三,将成化七年以后至正德朝全部嗣爵新勋与同时期老旧功臣子弟在两京管军的情况相比对,可知新封勋裔升任南京提督操江较多,先后共计有成化朝任定西侯蒋琬、南宁伯毛文,弘治朝任丰润伯曹振、武靖伯赵承庆、东宁伯焦俊,正德朝任南和伯方寿祥、武靖伯赵弘泽、怀宁侯孙应爵、丰润伯曹恺九名。旧勋后裔提督操江者只有成化朝武安侯郑宏、弘治朝安乡伯张恂、正德朝永顺伯薛勋三名。同时期任南京协同守备的新勋裔数量与"靖难"勋裔数量基本持平[1]。但同时期新勋后裔又较难升任京、团营提督及南京守备的最高级军职。以提督京、团营者为例,在成化、弘治、正德三朝的限定时期内,新勋家族袭爵子弟中有蒋琬、朱永、朱晖、孙应爵、刘福、陈勋六人曾任营政总兵,但嗣爵旧勋中共计有英国公张懋,成国公朱辅,定国公徐光祚,武定侯郭勋,丰城侯李勇及李玺,镇远侯顾溥,平江伯陈锐,遂安伯陈韶、襄城伯李瑾、李鄘,广宁伯刘佶,新宁伯谭祐,成山伯王镛及崇信伯费柱十五名[2],外加仁宗、宣宗外戚后裔惠安伯张伟、会昌侯孙继宗、会昌侯孙铭等十八人曾总管京营与团营,旧勋后裔的数量为新勋后裔的三倍。再以守备

①[明]王世贞:《弇山堂别集》卷六四《南京守备协同参赞大臣年表·南京协同守备年表》,第1203—1204页。

②遂安伯陈鏸、镇远侯顾仕隆各在正德十六年五月、十二月升任京营提督总兵,但当时已是世宗登极之时,故不统计入内(见《明世宗实录》卷二、卷九,正德十六年五月丙寅、十二月壬子,第99、324页)。

南京者为例,自正统朝直至嘉靖初年,仅有宁远伯任礼一名守备勋臣非"开国""靖难"功臣家族出身,其余任南京守备者嗣爵皆"开国""靖难"勋裔,尤以"开国"魏国公徐氏及"靖难"成国公朱氏两家勋裔为多[①]。

综上所述可见,在明中期,朝廷铨选两京最高官军职务时偏重老旧勋家后裔的倾向非常明显,而南京提督操江因权责相对较低,故从成化初年专选亲信勋臣[②]担任逐渐演化为更广泛授予嗣爵新勋。当然,同一时期内"靖难""开国"及其他旧勋外戚共计有三十余家,传承一代以上的新勋十九家,前者备选人数自然更多,被选任的几率也就更高。不过,旧勋后裔与新勋后裔在关键职务上任职人次的巨大差异显然不能完全用二者的数量差异来解释。另外,考虑到英国公张懋、会昌侯孙继宗、新宁伯谭祐等皆领京营二十年之久,成国公朱仪一人独守南京三十三年,而新封勋裔中掌两京最高兵权二三十年者只有保国公朱永一人,因此仍可确认两京最高军权主要被旧勋所掌领的事实。

第四,就表 15 所见四朝新勋后裔的情况来看,他们之中,抚宁侯朱氏、东宁伯焦氏、伏羌伯毛氏三家勋臣的权位格外突出,其中又以宣府总兵抚宁伯朱谦家族后裔权势最盛,朱谦嗣爵子孙在成化、弘治、正德三朝"肺腑无二"[③],权势凌驾诸新晋勋家之上,而与"靖难"元勋英国、成国二公家相侔。朱氏、焦氏、毛氏三家之所以获得朝廷重任,首先与历代嗣爵者军事素养较为出众相关。如进封保国公的原第二代抚宁伯朱永,权势超迈父祖。他前后提督京、团营达三十余年之久,又屡膺命征伐四方,朱永其人"器宇弘深,治军严肃",故指挥作战"人莫敢不用命"[④]。朱永子朱晖同样"屡专阃外之寄",虽才能不及其父朱永,但"老成谨厚,亦有足称"[⑤],才干强于同侪勋裔。东宁伯焦俊作为家中次子,本无望袭爵,故"少事商贩",后幸袭兄焦寿爵位,并执掌戎政。焦俊虽非以"折冲御侮"为所长,但在军中能"谦和下士",故"以功名终"[⑥]。上举这些受到重用的新封勋裔除个人能力较出色外,一般还

①[明]王世贞:《弇山堂别集》卷六四《南京守备协同参赞大臣年表·南京守备》,第 1202—1203 页。
②见笔者在本书第一章第三节的相应论述。
③[明]王世贞:《抚宁侯进保国公朱永传》,[明]焦竑辑:《国朝献征录》卷七《侯一·世封侯》,周骏富辑:《明代传记丛刊》第 109 册,第 260 页。
④《明孝宗实录》卷一〇九,弘治九年二月戊午,第 1996 页;[明]王世贞:《弇山堂别集》卷四《皇明盛事述四·八佩将印》,第 66 页。
⑤《明武宗实录》卷七八,正德六年八月丁酉,第 1716 页。
⑥《明孝宗实录》卷一六六,弘治十三年九月癸酉,第 3024 页。

具有特殊的政治背景。如朱永曾在英宗北归时随父朱谦在宣府迎驾得当，为英宗格外信任，宪宗之后诸帝又谨遵英宗嘱托，继续将朱永一族目为朝中心腹①。朱永在成化后期又与得宠的权阉汪直相党比，颇得汪氏奥援而立身不败②。东宁伯焦氏、抚羌伯毛氏二家在建功立业的基础上，也有夤缘宦官以巩固权势的行为。焦俊嗣子焦淇才能品行不及父辈，"屡督戎兵不甚谙练"，最终通过贿赂正德朝大珰刘瑾得以出镇两广③。第二任伏羌伯毛锐所领各类军职之多，在勋臣中已属罕见。毛锐管军"老成廉静"④，有祖父西北老将毛忠之遗风⑤，实为不可多得的贵胄良将。但正德三年（1508），权阉刘瑾欲陷害兵部尚书刘大夏，牵连毛锐下狱，毛锐复出后，转而党附贿赂刘瑾，以此再起任漕运总兵。正德六年，毛锐率军在与河北刘宸起义军的战斗中大败，但因依附监军太监谷大用而未被治罪⑥。

四朝新勋本多卫所边将出身，其家族与皇室的关系相对疏远，故无论初封还是嗣爵，他们主要凭个人才能或循资历被朝廷遴选授职，很少获得特别的加恩任用，这就造成历代勋臣的掌兵职权高低不定，少有如成国公、英国公、魏国公等连续数代或长时期受领高职。如南宁伯毛良在弘治朝曾"献其祖神武阵图及车战法，自荐知兵"，请求在内外试用，之后才被推选授予京营坐营官⑦。与其他新封勋裔不同，抚宁侯朱永及东宁、伏羌二伯子孙除才干可称道外，更借与英宗的特殊情谊，或通过结交近侍获得重用。

事实上，明代中期受到皇帝重用的新封勋家，多通过攀结旧勋以稳固地位，而旧勋故戚也选择与军功新贵联姻以延续门祚的兴旺。如保国公朱永娶英国公张懋姐为妻，张懋、朱永二人以姻党并立为朝中权势最盛的勋贵大

---

①［明］王世贞：《抚宁侯进保国公朱永传》，［明］焦竑辑：《国朝献征录》卷七《侯一·世封侯》，周骏富辑：《明代传记丛刊》第109册，第258页。

②［明］王世贞：《抚宁侯进保国公朱永传》，［明］焦竑辑：《国朝献征录》卷七《侯一·世封侯》，周骏富辑：《明代传记丛刊》第109册，第259页。

③《明武宗实录》卷八〇，正德六年十月甲辰，第1744页。

④《明世宗实录》卷二七，嘉靖二年五月乙未，第765页。按馆本《明实录》将此条时间"乙未"误作"己未"。

⑤［明］郑汝璧：《皇明功臣封爵考》卷四《伏羌伯·伏羌伯毛忠传》，《四库全书存目丛书》史部第258册，第500页。

⑥《明史》卷一五六《毛忠传》，第4283页。

⑦《明武宗实录》卷一四〇、卷一四二，正德十一年八月丁卯、十月己酉，第2764、2785页。

臣 ①。与朱永相似,定西侯蒋贵孙女嫁会昌侯孙继宗长子孙琏 ②。而定襄伯郭登子郭嵩因系会昌侯孙继宗侄女婿,其岳父是孙继宗弟孙显宗,故得以袭爵领职事 ③。旧勋与外戚势力在整个勋爵群体中长期占据优势地位。

四　明中后期勋臣统帅京、团营与专守重镇体制

(一)正德、嘉靖两朝新旧勋臣更迭主管营务的格局

明嘉靖朝以后京营的改革及京营戎政为勋臣专掌的情况学界已有所论及 ④,但这一任用制度演化的若干细节尚待进一步研究。实际上,有鉴于明中期京、团营由"靖难"功臣后裔、外戚子弟统领的机制过于保守,在正德朝及嘉靖中前期,皇帝曾多次尝试以新晋边将取代旧勋故戚提督京营,但皆无效果,于是至嘉靖三十一年(1552)之后,明廷转而更加顽固地委派"开国"和"靖难"老旧勋戚后裔执掌京营。现详论这种人事任用机制的演化过程 ⑤。

勋臣所领管军职责中,以京、团营提督总兵的位阶较高,实权也较大。

①〔明〕王世贞:《抚宁侯进保国公朱永传》,〔明〕焦竑辑:《国朝献征录》卷七《侯一·世封侯》,周骏富辑:《明代传记丛刊》第109册,第260页;〔明〕程敏政:《篁墩文集》卷四一《英国太夫人吴氏行状》,景印《文渊阁四库全书》第1253册,第31页。

②〔明〕钱溥:《定西侯赠泾国公谥武勇蒋贵神道碑》,〔明〕徐纮:《皇明名臣琬琰录》前集卷一四,第479—480页。

③〔明〕倪岳:《青谿漫稿》卷二二《南京前军都督府掌府事定襄伯郭公墓志铭》,景印《文渊阁四库全书》第1251册,第312页;〔明〕刘定之:《呆斋续稿》卷三《镇国将军锦衣卫都指挥同知孙公显宗淑人吴氏墓铭》,《四库全书存目丛书》集部第34册,第201页。孙显宗还与正统、天顺新封勋臣宁远伯任礼家族、丰润伯曹义家族有联姻关系。

④见〔日〕奥山宪夫:《嘉靖二十九年的京营改革について》,《东方学》1982年及论文集《明代军政史研究》,东京,汲古书院,2003年;罗丽馨:《明代京营之形成与衰败》,《明史研究专刊》第6期,第24—25页;〔日〕青山治郎:《明代京营史研究》,东京,響文社,1996年。

⑤日本学者奥山宪夫曾通过统计正德、嘉靖两朝京、团营提督、坐营军官的总数,得出勋臣任职京营者逐渐减少,普通武官数量逆转性增多,正德朝以降勋臣主力被排除出京营的结论(见〔日〕奥山宪夫:《明代军政史研究》第Ⅲ部《中期以后の军の统制》第一章《京营の诸势力》一《勋臣の排除》,第317—319页)。如果单纯从京营各级管操官的数量上来说,嘉靖朝勋臣在总数上确实少于都督、都指挥等各级普通武臣。嘉靖朝以后朝廷长期不再册封勋爵,勋臣本身总体人数相比明中期只减不增,而普通中高级武职的数量不断增多,大大超过勋臣,兼之嘉靖十九年以后营制改革,添设副将、参游等职衔以待流官,因此在京营管操的普通武职多于勋臣并不足为怪。事实上,一般武职在京营系统中人数虽多,但通常只任各分营、分司坐营、掌号官,或京营戎政副总、参游,历嘉靖一朝,无论嘉靖十九年以前的旧三大营、团营体制,还是嘉靖十九年以后的京营戎政衙门体制,京营最高主帅职位一直由勋臣,尤其是"靖难"勋裔所垄断。勋臣在京营中人数虽少,但无疑居于主导地位。

京营三大营每营设勋臣总兵提督,别设太监管领监督;团营以京营勋臣、太监兼提督,另选兵部大臣并管。京、团营大权虽由勋臣、内臣、文臣共掌,形成相互平衡之势,但勋臣在营政事务中更有主导权,如内阁大学士杨一清与嘉靖帝讨论京营总兵人选时曾云:"夫戎务之举,虽有内臣、文武相兼提督,而其本则在主将,古人所谓责在元帅是也。"[1]另外,凡以坐营管操起家领职,且表现良好的勋臣,就有望被朝廷进一步重用。如嘉靖朝嗣爵的永康侯徐源初历坐京、团营管操,后推升南京协同守备,被赞为"本将才,又自京营往,所至有声"[2]。明中期以后,凡朝廷兴兵大征,也多遣执掌营政的勋爵选领营兵出战[3]。如成化朝保国公朱永、武靖侯赵辅、宁晋伯刘聚率军征讨各地,正德朝惠安伯张伟平定刘六、刘七等皆循此成例。

　　京营、团营提督总兵权责重大,故明中叶诸帝倾向于任用旧勋后裔及个别外戚执掌营务,但保守的统领机制也是导致营政长期不振的重要原因之一[4]。面对这种情形,明廷并非没有优化京、团营总兵人选的举措。如孝宗"注意边务",即特命新立贵州战功的湖广总兵镇远侯顾溥入京提督京营[5]。在正德一朝,旧勋后裔中还有洪武勋戚子孙武定侯郭勋先任三千营提督,后出镇两广,又自两广总兵调入提督三千营[6],郭勋在世宗登极之初转任五军营兼团营提督总兵[7]。相比英国公张懋、会昌侯孙继宗、新宁伯谭祐等始终在京师养尊处优的勋戚,顾溥、郭勋等具有管理地方兵政的经验,这在明朝君臣看来多少有利于整饬戎政。

　　正德朝仍在一定程度上延续了天顺以后任用旧勋外戚提督京、团营的旧制。如正德六年(1511)八月,当时京、团营提督总兵就由英国公张懋、定国公徐光祚、武定侯郭勋、新宁伯谭祐等"开国""靖难"勋臣及戚臣会昌侯孙铭担任[8]。但武宗好兵事,又亲昵佞幸边将,因此他特从十二团营中选拔精

①[明]杨一清:《杨一清集·密谕录》卷五《政谕上》,第1006页。
②[明]程文德:《程文恭公遗稿》卷一九《永康侯爱蓘徐公墓志铭》,《四库全书存目丛书》集部第90册,济南,齐鲁书社,1997年,第278页。
③万历《明会典》卷一三四《兵部十七·京营》,第686页。
④罗丽馨:《明代京营之形成与衰败》,《明史研究专刊》第6期,第27页。
⑤[明]李东阳:《李东阳集·续集·文续稿》卷一一《明故太子太保镇远侯谥襄恪顾公神道碑铭》,第278页。
⑥《明武宗实录》卷五七、卷八二、卷一五二,正德四年十一月己巳、正德六年十二月辛卯、正德十二年八月戊辰,第1271、1779、2951页。
⑦《明世宗实录》卷二,正德十六年五月壬子,第59—60页。
⑧[明]郭良、郭勋辑:《毓庆勋懿集》卷二《制敕·太保武定侯名勋·正德六年八月二十二日敕》。

锐另设东西两官厅,由宠信的武官江彬、许泰等充任提督,欲以亲近边帅制衡甚至更替勋贵掌事,这在客观上起到打破京营统帅体制僵局的作用。

正德九年(1514)十一月,武宗传旨命兵部推选团营西官厅管操将领提督操练镇国府春秋两班、宣府备防官军及新选团营军士。兵部初推都督许泰、杨英、马昂、咸宁侯仇钺与南和伯方寿祥等人,武宗不满,下令再推,兵部复举怀宁侯孙应爵、丰润伯曹恺、都督时源,武宗仍不满人选,又命再推,兵部最后以署都督金辅、杨宏名上,又言都督张俊、都指挥朱彬亦可用,但"俊已老,彬官卑,况彬先为千总,有妄杀罪,若掌中军,害事益多",故初不敢轻举,至此武宗正式下旨称,"彬事前已辩明",于是"命彬及许泰提调中军,不妨营务"[1]。朱彬就是被武宗赐改朱姓的宣府都指挥江彬。通过这次西官厅提督的推任不难看出,武宗变更营帅选用格局的意向十分明确且迫切,尤其意在擢用宣府武官江彬,而兵部官员考虑到江彬佞臣出身,虽未轻率推举,但也已揣明上意,因此拟定名单时就刻意排除"靖难"旧勋后裔,转而多举都督边帅与新封勋家,其中四名备选勋臣中,咸宁侯仇钺是正德本朝功臣,南和伯方寿、怀宁侯孙应爵与丰润伯曹恺三人是景泰、天顺两朝新封勋家子孙,皆非出自"靖难"勋臣旧家。

正德十一年(1516)七月二十九日,武宗又命司礼监太监赖义传奉圣旨:"团营西官厅军官出差数多,见今各边累奏,声息不绝,着兵部同许泰等官会议,何项人马以备自警应用。"后兵部尚书王琼等奏报:

> 臣等会同监督团营西官厅左都督许泰等议得,五军、三千、神机三大营并团营查出本年七月分官军除差占、出哨、防守等项一万六千七百三十二员名,做工四万八千八百八员名外,五军营见在京卫官军及殚忠、效义二营舍余共四千六百七十五员名……合无乞敕各该提督官各整点操练,听候调用,合行事宜,各另议定夺。[2]

当时三大营及团营尚有会昌侯孙铭、新宁伯谭祐、广宁伯刘佶、崇信伯费柱

---

①《明武宗实录》卷一一八,正德九年十一月丙戌,第2397页。

②[明]王琼:《晋溪本兵敷奏》卷一《京畿类·为传奉事》,《续修四库全书》史部第475册,上海,上海古籍出版社,2002年,第580—581页。

等人提督操练①,抽调京、团营老家军伍入西官厅,这些勋臣理应合议,但武宗却特出内旨,独命监督西官厅的都督许泰与兵部检选全部京、团营军,将孙铭等人排除在外,待许泰等人拟议后再命京、团营各提督官执行具体的整点齐备的任务。

依仗武宗的宠信,江彬、许泰等"入侍禁中"的"新贵诸将"②屡与当时典兵的"靖难"勋裔相冲突。如武宗南巡南京期间,已冒封平虏伯的江彬奴视沿途文武百官,南京守备成国公朱仪在江彬面前长跪以献媚,独镇守淮安的漕运总兵镇远侯顾仕隆"稍不为屈",却遭到江彬"怒数窘之"③的报复。然而,正德朝入京的边将多属邀宠佞幸之臣,他们不过借助皇帝宠信逞一时之威。嘉靖改元后这些佞幸边将被逐一清理,他们并没有真正取代旧勋故戚在京、团营中的优势地位。

世宗登极后,也长期留意京、团营将领的优选问题,这最初缘起于嘉靖八年(1529)提督总兵武定侯郭勋罢任一事上。当年年初,营政提督太监张永病故,而提督五军兼团营的勋臣武定侯郭勋又骄横恣肆,因此世宗特与内阁大学士杨一清秘密商议营政主将的人选④。一清首先言郭勋与原张永以及提督团营兵部尚书李承勋之间的矛盾云:

> 武定侯郭勋乃与之为仇,永亦无可奈何,惟谨避之耳。承勋被其面加折挫,含愤忍气,不敢声言……且郭勋久总兵权,熟谙戎务,其明敏才辩,各提督勋臣诚不及之。但性贪气横,骄蹇自恣,张忠、王时中辈皆听其所为,不与争较,相与甚欢……然若郭勋者欲更代,亦难其人。

对此,世宗答:

> 但勋之心亦素存忠者,其性未进于本,本者善也。故恣暴成性,不肯省图改之。所谓欲胜理,不过一常才耳。如肯改过,则为一超群之才

---

① 《明武宗实录》卷五二、卷一〇九、卷一三二,正德四年七月壬子,正德九年二月庚戌、己未,正德十年十二月甲戌,第1193、2240、2244、2629页;[明]毛澄:《太保会昌侯孙公神道碑》,[明]焦竑辑:《国朝献征录》卷三《戚畹》,周骏富辑:《明代传记丛刊》第109册,第112页;[明]费宏:《费宏集》卷一八《明故特进光禄大夫柱国太傅兼太子太傅新宁伯谥庄僖谭公墓志铭》,第623—624页。
② [明]杨廷和:《咸宁伯进封定侯谥武襄仇钺墓志》,[明]焦竑辑:《国朝献征录》卷一〇《伯二·除封》,周骏富辑:《明代传记丛刊》第109册,第361页。
③ [明]谢廷谅:《镇远侯荣靖公顾仕隆》,[明]焦竑辑:《国朝献征录》卷七《侯一·世封侯》,周骏富辑:《明代传记丛刊》第109册,第234—235页。
④ 《明世宗实录》卷二、卷九七,正德十六年五月壬子、嘉靖八年正月丁未,第59—60、2264页。

而无及者。今握兵已久，当以更用，但时乏人耳，可徐图之。①

可见当时世宗已对郭勋不满，有意更替之。

至嘉靖八年（1529）二月，武定侯郭勋就正式被罢职闲住。郭勋被黜的背景十分复杂，其直接起因在于他收取赃贿，干扰司法。当时有原锦衣卫籍的知州金辂因罪发配隆庆卫充军，郭勋受金辂贿赂，遣人欲"篡取"金氏回京以为庇佑，而带管金辂的指挥使王臣不从，于是郭勋党徒将金辂、王臣二人一并收缚"以归"，王臣到京后被郭勋私自拷掠甚急，不得不也"用重贿得免"。此事被巡按御史赵镗告发，世宗亲自诘问郭勋，郭勋自辩无其事，世宗"恶其强辩"，下法司议罪。最终世宗钦定郭勋罪责曰："勋受命提督营务，不修职业，专事诛求，威福自恣，怨声盈路，取回钦发军犯，擅罪边卫军官，却又饰词强辩，无人臣礼。"姑念郭氏"勋戚世臣，罢其典兵及保傅官阶，令于中府带俸闲住"②。

不过，私取罪犯回京只是郭勋被免职的原因之一，郭氏被黜还有更深层的因由。郭勋因与"议礼"重臣内阁大学士张璁等相援成党而受到重用，但他执掌营务时一向横行恣肆，积累"不法奸赃巨万"③，且与同僚相争，郭勋的种种行径无疑也会对"议礼"大臣造成不良影响，不利于"大礼议"之后朝局的稳定，因此按照世宗自己的话来说，惩处郭勋"正为保全与所交，亦是保全璁"④。而世宗罢用郭勋，显然也是在一定程度上警示张璁等"议礼"重臣，勿蹈郭勋恃宠恣肆的覆辙。

郭勋罢任后，世宗再次与内阁大学士杨一清密议团营提督总兵的人选。世宗首先提出欲召两广总兵丰城侯李旻回京提督团营，以添补郭勋的职位空缺，杨一清随即顺承上意，称李旻"读书能守，通达世情，晓畅军旅，取以代勋，甚宜"⑤。一清继而又推举当时坐团营的咸宁侯仇鸾⑥更代李旻出镇两广，并建议在适当时机将仇鸾取回总管京、团营，杨氏的奏言如下：

今侯伯中出色者甚少，仅有一咸宁侯仇鸾，边将子孙，闲于韬略，习

①［明］杨一清：《杨一清集·密谕录》卷五《政论上·论举代提督团营官奏对》，第1006—1007页。
②《明世宗实录》卷九八，嘉靖八年二月戊寅，第2308—2310页。
③《明世宗实录》卷九八，嘉靖八年二月戊寅，第2308页。
④［明］杨一清：《杨一清集·密谕录》卷五《政论上·论郭勋罪状奏对》，第1011页。
⑤［明］杨一清：《杨一清集·密谕录》卷五《政论上·论补提督团营内臣奏对》，第1011—1012页。
⑥《明世宗实录》卷八六，嘉靖七年三月壬辰，第1953页。

于军旅,骑射为团营第一,肯惜行止,士大夫多知而敬之,而勋嫉之如仇,以其屡建言营中积弊故也。但年少,资历尚浅,若且用之边镇,令其再历数年,则他日团营提督无能过于斯人矣。皇上再加相访,姑用之三千、五军各营之副,亦可以渐而进,不然暂用之两广亦可,此愚臣之可保者也。

世宗最后同意派遣仇鸾前往两广总镇以为历练,而丰城侯李旻回京提督营务,曰:"着仇鸾去,待缺回京,亦使其历知边事。但李旻之来,当使继勋之次,张伟仍为佐,可也。"①

世宗决意取回丰城侯李旻接替郭勋执掌营务的原因,是看重了李旻"远镇"两广而在朝中"无内党",可以尽心管理营务而不易党附"议礼"诸臣以仗势横行。待朝廷正式铨选团营提督总兵时,世宗特别强调需会推"老成廉静"者,兵部第二次推举"始及李旻",世宗于是"越次用之"②。

至于杨一清为何特别保举仇鸾作为将来京、团营总兵的人选,除仇氏当时年富力强、表现出一定的军事才能外,还在很大程度上与一清和仇鸾祖父仇钺的私人关系有关。正德二年(1507)杨一清总制陕西三边时,就曾推举都指挥金事仇钺担任宁夏游击将军③。正德五年,宁夏安化王朱寘鐇叛乱,明廷敕杨一清提督军务、太监张永总督军务,共襄领兵征讨平叛,在杨一清等率京兵到达之前,仇钺已经先期用计擒拿朱寘鐇,平定动乱④。由此可见,一清与仇钺实有同事故旧之谊。杨一清与张永驻守宁夏期间,张永公开反对权阉刘瑾,杨一清虽未力赞其意,但有所回护,二人关系匪浅⑤。嘉靖帝登极后,一清就曾推举张永提督团营⑥,而杨一清保荐仇鸾可堪日后营政重任,无疑也是念及与仇氏的旧情。

然而,世宗作为独断乾纲的君主,绝非仅听取杨一清一次密奏就留意仇鸾。世宗之所以开始重视对咸宁侯仇鸾的培养,显然是由于深知前朝惯用旧勋外戚执掌京营戎政的弊端。在与杨一清讨论两广总兵例用勋臣的规制

①[明]杨一清:《杨一清集·密谕录》卷五《政论上·论补提督团营内臣奏对》,第1012—1013页。
②《明世宗实录》卷九八,嘉靖八年二月甲午,第2323页。
③[明]杨廷和:《咸宁伯进侯谥武襄仇钺墓志》,[明]焦竑辑:《国朝献征录》卷一〇《伯二·除封》,周骏富辑:《明代传记丛刊》第109册,第360页。
④[明]杨一清:《杨一清集·西征日录》,第704、710—711页。
⑤[明]杨一清:《杨一清集·制府杂录》,第721—722页。
⑥[明]杨一清:《杨一清集·密谕录》卷五《政论上·论起用旧臣奏对》,第1001—1002页。

时,世宗就有"夫用都督者,取其才也;用侯伯者,不过以其名位耳"①的看法,说明世宗对当时勋臣普遍才练不足的情况有着清晰的认识。仇氏家族与久在两京豢养的旧勋家族不同,其家世守西北宁夏,是未脱军旅习气的新封勋臣。仇鸾祖父仇钺平定朱寘鐇之乱后,即在正德六年封拜咸宁伯,入京提督三千营。正德七年,仇钺又因平定刘六、刘七之乱而晋升侯爵,继续提督三千营。仇钺虽与江彬等正德朝佞幸边将在同一时期内晋封,但并未久侍豹房,不曾邀宠乱政②。在世宗看来,仇鸾作为袭爵不久的边将子孙,理应比老旧勋戚乃至其他新封勋家更谙习戎务,而且仇鸾祖父仇钺不曾与武宗诸小为伍,仇鸾自己坐营管操时又敢与横暴的提督总兵郭勋相抗,故仇氏更可信赖。

在之后的二十余年内,仇鸾果颇受朝廷重用,他历充两广、宁夏、甘肃等地总兵,又以副将扈从世宗巡幸承天府③,还曾被授以征夷副将军职衔预征安南④,间又被举将才回京任坐营管操官及五府佥书等职⑤。在嘉靖二十七年(1548)仇鸾镇守甘肃期间,他被陕西三边总督曾铣弹劾下狱,后大学士夏言、曾铣因兴复河套事被大学士严嵩构陷,仇氏从狱中配合严嵩上疏攻讦夏、曾二人,直至夏言、曾铣事败被世宗处死后,仇鸾方被放出⑥。这次罢职下狱并未严重影响仇鸾以后的仕途,他在嘉靖二十九年六月俺答破关杀败大同官兵之际又被紧急起用为大同总兵⑦,此亦可见世宗确实对仇鸾有所倚重。不过,仇鸾虽长期在南北各地统兵镇守,但却未如杨一清最初保荐的一般升任京、团营提督。在嘉靖八年之后很长一段时间内,明廷仍偏于选用"靖难"勋裔遂安伯陈穗、襄城伯李全礼、成国公朱希忠、丰城侯李熙、英国公

①[明]杨一清:《杨一清集·密谕录》卷五《政论上·论补提督团营内臣奏对》,第1013页。
②[明]杨廷和:《咸宁伯进封侯谥武襄仇钺墓志》,[明]焦竑辑:《国朝献征录》卷一〇《伯二·除封》,周骏富辑:《明代传记丛刊》第109册,第361—362页。
③[明]赵时春:《赵浚谷文集》卷一〇《逆鸾本末》,《四库全书存目丛书》集部第87册,济南,齐鲁书社,1997年,第379—380页。
④《明世宗实录》卷二二七,嘉靖十八年闰七月辛酉,第4720—4721页。
⑤《明世宗实录》卷二二〇、卷二七二,嘉靖十八年正月庚寅,嘉靖二十二年三月癸丑、癸亥,第4540、5350、5353页。
⑥[明]王樵:《方麓集》卷五《使代记》,景印《文渊阁四库全书》第1285册,第221—222页。
⑦《明世宗实录》卷三六二,嘉靖二十九年闰六月乙丑,第6451—6452页。

张溶等人提督营政①。世宗甚至还因念武定侯郭勋旧情,在郭氏罢职一年后复任其为京营五军营总兵②。

世宗之所以未在短时期内升用仇鸾总管京、团营,其一应是由于正德朝骤用江彬之弊的前鉴不远,因此世宗对营政总兵的擢拔更加谨慎,以致不得不沿袭保守的勋旧任用方略;其二应是由于嘉靖十年以后鞑靼各酋扰边加剧,西北各镇戎务倥偬,而仇鸾系西北将门子孙,因此世宗更倾向于安排仇氏在宁夏、甘肃各镇履职历练,以实边方之寄。总而言之,仇鸾在嘉靖中前期虽未任营政总兵,但仍长期被世宗与朝廷视作将材之储。

嘉靖二十九年(1550),鞑靼俺答汗率众掠边,兵临北京城下,史称"庚戌之变",仇鸾领大同官兵勤王,世宗随即命他为平虏大将军,统辖各路勤王兵马,可"斩副总兵、文官三品以下懦不战者",故此大臣皆畏惧之③。"庚戌之变"这一突发事件促使世宗进一步看清旧勋子弟的懦弱无能,世宗进而决定正式擢用仇鸾总掌京营兵政。

当时,在"少不更事"④的成国公朱希忠等旧勋后裔领导下,京、团营兵勇组织无序,难堪守护京师的重任。鞑靼兵退后的嘉靖二十九年九月初,内阁大学士严嵩、李本急请更替营政将领,其奏云:"(团营)仍用未经战阵之将领之,须大加整刷,方可善后。请敕兵部亟选武臣中素有谋略、曾任边镇者以充提督、坐营之任。"⑤吏部侍郎王邦瑞也奏言团营选将之弊云:

> 国初京营劲兵不减七八十万,而元戎宿将常不乏人……(团营)训练之不精,其罪不在军士而在将领。今之提督武臣即十二团营之总帅、坐营等官,即各营之主帅,而号领、把总之类,又古偏裨之官。其间多属世胄纨绔,不闲军旅,平时则役占营军以空名支饷,临操则四集市人呼舞博笑而已,军安得足且精乎?⑥

①《明世宗实录》卷一七五、卷二二一、卷二二六、卷二五三、卷二六四、卷三二八,嘉靖十四年五月丁卯,嘉靖十八年二月壬子,嘉靖十八年七月乙亥,嘉靖二十年九月己亥,嘉靖二十一年七月甲寅,嘉靖二十六年闰九月庚辰,第3795、4591、4695、5086、5234、6041页。

②《明世宗实录》卷一一三、卷一一四,嘉靖九年五月辛丑,六月庚申,第2685、2698页。

③[明]赵时春:《赵浚谷文集》卷一〇《逆鸾本末》,《四库全书存目丛书》集部第87册,第380页。

④[明]谢廷谅:《镇远侯荣僖公顾寰》,[明]焦竑辑:《国朝献征录》卷七《侯一·世封侯》,周骏富辑:《明代传记丛刊》第109册,第237页。

⑤《明世宗实录》卷三六五,嘉靖二十九年九月辛卯,第6511—6512页。

⑥《明世宗实录》卷三六五,嘉靖二十九年九月辛卯,第6514—6515页。

王邦瑞特别强调,京、团营将领"世胄纨绔,不闲军旅",并建议:"今皇上亲见其害矣,臣愚不胜忧国,恳款愿大振乾纲,严饬提督朱希忠、陈鏸等,令洗涤自新,或推让贤能,以保禄位。"[1]不久,朱希忠、陈鏸等求罢兵权,嘉靖帝即刻准二人"辞团营提督"[2]。

随着"靖难"旧勋后裔朱希忠、陈鏸等落去职务,世宗又调遣边将充任营政副官,为委任仇鸾入掌京营做前期准备。嘉靖二十九年(1550)九月九日,世宗先命镇守陕西总兵成勋、宣府副总兵孙勇、西官厅听征总兵高秉元、神机营左哨坐营官张仲继等俱充五军、三千、神机等大营"协同提督官"[3]。当年十月,世宗将团营、两官厅并入京营三大营,专设戎政府统领营务,并任命仇鸾总督京营,铸"戎政之印"给之[4]。十一月,朝廷又正式命署都督佥事成勋、孙勇、高秉元、张仲继各充京营副将,另调都督、都指挥一级的军官任京营参将,其中不乏边镇出身者[5]。至此,京营要职全部由以仇鸾为核心的边镇将领所领任。

世宗对京营统领机制的变更具有颠覆性。京、团营总兵久由少数勋戚老臣交互充任,这些勋戚的事权过大,即使他们是亲旧故臣,又有营政总督兵部文臣、提督太监及部分总兵都督流官相互制衡,但仍对皇权稳定构成潜在威胁。因此,明廷长期沿袭永、洪、宣三朝京营制度尚未完全确立时临时统管随驾军伍的职能特性,不设营政实体衙门及印信,以对京营总管勋贵的权位加以限制。与此同时,如本书第二章所论,明中期以后朝廷为解决营政总兵无官印的问题,又例敕营、团提督勋臣兼管五府,通准他们借用五府印信处理营政文移,这种权宜之法可谓是对"祖制"的变通。至嘉靖二十九年九月,世宗计划合并京、团营而改设戎政府,这才下令"提督京营武职大臣一应文移,不宜借用府印,准给与关防"[6],之后正式铸造更显权威的戎政之印以给仇氏。对此《明史》有评:"戎政之有府与印,自仇鸾始。"[7]

嘉靖帝设置戎政府衙门并铸戎政之印,将京营提升为最高实体军事机

①《明世宗实录》卷三六五,嘉靖二十九年九月辛卯,第6515页。
②《明世宗实录》卷三六五,嘉靖二十九年九月辛卯,第6516页。
③《明世宗实录》卷三六五,嘉靖二十九年九月己亥,第6524页。
④《明世宗实录》卷三六六,嘉靖二十九年十月辛酉,第6537页。
⑤《明世宗实录》卷三六七,嘉靖二十九年十一月庚寅,第6559页。
⑥[明]赵堂:《军政备例》,《续修四库全书》史部第852册,第607页。
⑦《明史》卷八九《兵志一·京营》,第2180页。

关,这就彻底打破了所谓的"祖制"。世宗如此大费周章,其目的之一就是为仇鸾提供施展军事才能的条件。世宗甚至一改京、团营例由勋臣、内臣及文官共襄统领、相互制衡的体制,废除监督太监,并命令协理戎政府的文臣只领关防,明显将协管文臣的权位置于仇鸾之下。对此,《万历野获编》有论:

> 京营之制,自嘉靖二十九年复国初三大营,以文武大臣二人主之,
> 武称总督,文称协理,印曰"戎政之印",则总督专掌。坐是文臣不敢专
> 制,如咸宁侯仇鸾则凭恃上宠,奴视协理矣。[①]

仇鸾还上奏请以京营副将成勋、密云副总兵徐仁分别充任蓟州、大同二总兵,世宗不顾兵部会推武官的惯常程序,也不准京营戎政文臣参议推选,直下内批准仇鸾所奏。当时升任协赞戎政兵部尚书的王邦瑞上疏批评仇鸾专权,世宗乃以"戎政初修,忠将是托,况朕有密咨,非其自擅"[②]来回护仇鸾,可见世宗对仇氏的信重。至此,仇鸾作为戎政总督执掌练兵选将的大权,其权势之盛,为明代京营总兵之最。

世宗给予仇鸾极大的权责,仇鸾更仰皇帝微意,屡屡以边镇战将的姿态推动所谓的营务改革。仇氏上任后不久就强行奏调大同官兵六千人并宣府、甘肃、宁夏、延绥四镇每镇官兵各三千人,外加延绥家丁与宣、大两镇游兵入京防秋[③],且"不许该镇官掣肘"[④]。大量守边军士入京后,各镇军力空虚,造成"边兵益弱"且"边人苦之"[⑤]的后果。又根据谢廷谅所撰镇远侯顾寰传记,仇鸾"奏调边军骁勇者数万人隶近畿"以张声势,导致京师"人人心寒",而仇鸾又对营兵剥削匿占如故,并未真正振刷营规[⑥]。可以说,仇氏不过是重复了正德朝江彬征调"外四家"入京护卫之法,这种大规模、常态化调遣边兵入京的做法绝非良方,反而容易引起政局动荡。《明世宗实录》载,至嘉靖三十一年(1552),仇鸾"数在上前画策",但"调兵御虏皆无效",于是"上

---

① [明]沈德符:《万历野获编》卷一三《礼部·协理关防》,第 346 页。
② 《明世宗实录》卷三六八,嘉靖二十九年十二月丙寅,第 6582 页。
③ 《明世宗实录》卷三六六,嘉靖二十九年十月甲子,第 6538—6539 页。
④ [明]徐阶:《世经堂集》卷二《请依兵部留宣大镇兵》,《四库全书存目丛书》集部第 79 册,济南,齐鲁书社,1997 年,第 371 页。
⑤ 《明世宗实录》卷三六六,嘉靖二十九年十月甲子,第 6539 页。
⑥ [明]谢廷谅:《镇远侯荣僖公顾寰》,[明]焦竑辑:《国朝献征录》卷七《侯一·世封侯》,周骏富辑:《明代传记丛刊》第 109 册,第 237—238 页。

心厌之"，"会诸镇告警，鸾病不能行，乃诏收其兵权"①，此仇氏盛极而衰的分水岭。

尔后，即有大学士徐阶密奏仇鸾通倭，又有锦衣卫都督陆炳奉命侦缉仇鸾，连发仇鸾所谓"通虏"等阴谋。仇鸾患重病后不久身死，嘉靖帝命三法司会审追论仇氏之罪，最终判定仇鸾谋反大逆，将其戮尸斩首，传示九边，株连亲党②。关于仇鸾"通虏"谋逆之事，明中后期私撰史书如赵时春《逆鸾本末》、高岱《鸿猷录·追戮仇鸾》等皆大加渲染，不过这些记载应传抄自陆炳奏议及三法司案牍并有所发挥③。相比之下，《明世宗实录》有仇鸾召引鞑靼谋反"非其实"④的官方认定，应符合事实。世宗一向标榜承天法祖、恢复"祖宗"旧制，但为了振兴营政，他不惜打破历朝营制成规而擢用仇鸾。但仇鸾最终举措无当，事未成而身先死，世宗难免自忿于识人不慧，因此追加仇氏谋逆重罪以泄愤恨。

对仇鸾的兴衰，《万历野获编》还有如下记载：

> 鸾袭其祖爵，出镇甘肃、大同。既附分宜，倾贵溪，陷之极典，得上异眷，佩平虏大将军印。骤贵而骄，狎视分宜父子，分宜已恨之，又忤缇帅陆武惠，因夺其大将印。鸾先病亟，至是悸死。死之三日，其家人通虏事发，上震怒，追研鸾棺剉尸，妻子俱斩。⑤

此说将仇鸾崛起与败落的原因皆归结为他与大学士严嵩、夏言以及锦衣卫掌印都督陆炳之间的复杂关系，这一观点虽不完全准确，但由此可知，依附朝中权臣、参与政争也是仇鸾用以维系权势的主要手段。可以说，仇鸾虽历任边塞，却并非真正的统御将才，他主要是借助"庚戌之变"的特殊时机，依靠谄顺上意，兼而结党营私而获得重用，最终又因统管戎政不利，辜负世宗皇恩而迅速覆灭。

由于世宗擢用仇鸾的目的就是为取代此前垄断京营的旧勋外戚群体，因此仇氏总督戎政期间与"靖难"勋裔矛盾重重，双方几不能相容。仇鸾有

①《明世宗实录》卷三八八，嘉靖三十一年八月乙亥，第6827页。
②《明世宗实录》卷三八八，嘉靖三十一年八月乙亥，第6827—6828页。
③［明］赵时春：《赵浚谷文集》卷一〇《逆鸾本末》，《四库全书存目丛书》集部第87册，第381页；［明］高岱：《鸿猷录》卷一六《追戮仇鸾》，第374页；《明世宗实录》卷三八八，嘉靖三十一年八月乙亥，第6827页。
④《明世宗实录》卷三八八，嘉靖三十一年八月乙亥，第6828页。
⑤［明］沈德符：《万历野获编》卷五《勋戚·咸宁侯》，第141页。

妹嫁平江伯陈圭,但陈圭却"深嫉鸾",仇鸾也"数入密疏"向世宗攻讦陈氏,导致陈圭"几中奇祸"[1]。当朝中有人怀疑仇鸾"通虏"时,仇氏又诬陷曾提督京、团营的成国公朱希忠勾结鞑靼,妄图将罪嫌转嫁给希忠[2]。

世宗任用仇鸾的尝试最终与武宗宠任江彬一样以失败告终,可知在京营积弊日深的情况下,通过扩充个别边将权势以图整顿营政的做法并不现实。由于江彬、仇鸾的权位皆出于皇帝的一时超拔,为维系皇帝的宠信,他们通过频繁选兵调将或排挤政敌等非常规手段以求在短时期内表现军事能力,所举必多轻率冒进,更易引发整个京营体制的紊乱。

仇鸾败后,世宗自省任将无方,认为"用边兵之义已尽,只是京兵之不振,祗恐其难"[3],戎政改革至此陷入进退两难的困境。一方面,世宗新设戎政府,对原京、团营体制的更替力度过大,若短时期内又恢复三大营、团营旧制,皇帝的威信就会严重受损。嘉靖三十一年(1552)十一月,仇鸾已病重将死,不能屡职,京营戎政总督员缺,兵部以"京营旧制,文武大臣俱用提督名衔"以防大臣擅权乱政为由,建议革去仇鸾曾领任的戎政总督职衔,"请复旧便"。但世宗答曰:"总督京营戎政,朕所定名,忠否存乎人耳,何得辄行奏改?"[4]另一方面,世宗吸取任用仇鸾失策的教训,退而继续铨任"靖难"勋裔总督戎政。继仇鸾担任戎政总督者依次为丰城侯李熙、平江伯陈圭及镇远侯顾寰[5],三人皆系"靖难"功臣子孙。据陈圭墓志铭载:"鸾既伏法,上益厘正京营之制,饬诸武备,而提督者难其人,本兵疏举二人皆不允,御批特以授公。"[6]可见当时世宗对戎政总督的人选颇举棋不定,经反复斟酌后才能决断。对于世宗保留戎政新制但简用旧勋管事的这一矛盾策略,郑晓在为顾寰所撰的上任贺辞中有所透露,其文云:"伏惟我皇上勇智天锡,圣武日昭,焕乎鼎新,毅然革故。谓书重世臣之选,盟府可传;谓诗壮元老之猷,简书具

①[明]严嵩:《钤山堂集》卷三六《明故太保兼太子太傅平江伯赠太傅谥武襄陈公墓志铭》,《四库全书存目丛书》集部第56册,济南,齐鲁书社,1997年,第314页。

②[明]赵时春:《赵浚谷文集》卷一〇《逆鸾本末》,《四库全书存目丛书》集部第87册,第381页。

③[明]徐阶:《世经堂集》卷二《答京兵谕》,《四库全书存目丛书》集部第79册,第372页。

④《明世宗实录》卷三八八,嘉靖三十一年八月己亥,第6826页。

⑤[明]王世贞:《弇山堂别集》卷八九《兵制考》,第1705页。《弇山堂别集》原文误将丰城侯李熙名作"李瑾",根据《明世宗实录》改(见《明世宗实录》卷三八八,嘉靖三十一年八月戊寅,第6830页)。

⑥[明]严嵩:《钤山堂集》卷三六《明故太保兼太子太傅平江伯赠太傅谥武襄陈公墓志铭》,《四库全书存目丛书》集部第56册,第313页。

在。"①

　　李熙、陈圭、顾寰三人皆曾任大镇总兵，其中李熙曾总镇湖广②，陈圭、顾寰均曾镇守两广③，陈圭更"在粤且十年"④之久。明廷委派李、陈、顾三人总督戎政，无疑是考虑到他们有总兵边方的军政经验。不过，嘉靖君臣更看重的是李熙等三人老成旧勋的身份，冀图通过他们来确保营务运转的平稳，避免仇鸾冒进扩权的情况再度出现。如陈圭曾久与仇鸾不协，世宗任命陈氏总督营政，自然是考虑到他不会重蹈仇鸾的覆辙。顾寰总督营政之后，世宗还特别告诫兵部"勿轻覆诸建白"以乱所谓戎政"旧章"⑤。在朝廷这种保守政策的指导下，顾寰前后独掌戎政十余年，"仅自洁己，小剔宿蠹而已"⑥，不敢轻易有所举措，也明显以仇鸾为戒。

　　世宗虽下定决心复专用旧勋后裔主管京营戎政，但京营主帅毕竟不同于五府长官，其亲率十数万禁军，身系京师保卫重任，特别是在嘉靖末年，"北虏"危机愈发严峻，北京防务年年吃紧，绝非仅凭勋爵、皇亲坐镇京营就能确保太平。因此世宗在复用旧勋后裔李熙、陈圭与顾寰等人的同时，也并未完全放弃取用有实战经验的边将都督管理京营戎政的布划。嘉靖四十二年（1563）十二月，世宗多次与内阁大学士徐阶商讨京营总督的人选。起初，世宗认为戎政总督镇远侯顾寰暂不可替换，但勋臣"若于阵战亦又难之"，故有"如不必侯伯，用者或有否"的疑问。对此徐阶答曰："合无俟兵部覆科疏至，臣等拟请，降旨使会官于侯伯之外公举以闻，纵目下未用，亦可以为副将，备缓急也。"⑦提出了选都督流官以为副将的建议。不久，世宗又根据徐阶的建议，提出："（顾）寰所任京戎，只着恤练兵卒，冲锋破敌须别以一二，以备缓急。如旧例三营六总多了，今将副择而用之，亦好。"实有意正式选拔善战将领充任京营副将，并委派勋臣总兵与流官副将分管平时训练

①［明］郑晓：《郑端简公文集》卷四《贺提督漕运总兵镇远侯平溪顾公简授总督京营戎政帐词并序》，《四库全书存目丛书》集部第85册，济南，齐鲁书社，1997年，第218页。

②《明世宗实录》卷二六四，嘉靖二十一年七月甲寅，第5234页。

③《苍梧总督军门志》卷一《历官·总镇》，第19页。

④［明］严嵩：《钤山堂集》卷三六《明故太保兼太子太傅平江伯赠太傅谥武襄陈公墓志铭》，《四库全书存目丛书》集部第56册，第313页。

⑤［明］谢廷谅：《镇远侯荣僖公顾寰》，［明］焦竑辑：《国朝献征录》卷七《侯一·世封侯》，周骏富辑：《明代传记丛刊》第109册，第238页。

⑥［明］王世贞：《弇山堂别集》卷八九《兵制考》，第1705页。

⑦［明］徐阶：《世经堂集》卷二《答京营总督谕一》，《四库全书存目丛书》集部第79册，第394页。

与战时指挥。对于世宗的计划,徐阶仅谨慎对答曰:"钦定总兵官一员,非臣下所敢擅增,伏乞降谕兵部遵行。"①最后,世宗认定"京将一总,初因看逆贼是个不容人之物,今亦不必添,见有副将名目选用即可"。徐阶应承曰:"出令调遣者,主将之事也;领兵攻战者,偏裨之事也。今若精选能冲锋破敌之副将,而仍以一总调遣之,则制不必更,而人皆得用,且无两大难使之嫌。"②至此,京营戎政由勋臣一名总领的制度不变,仅添设副将若干以为应对突发战事的权宜之法。

(二)隆庆以后旧勋后裔总督营政机制的固化

隆庆朝以后,京营统帅机制虽间或小有更迭,但新制常旋设旋废,真正有效的制度改革难以推行,而每当新政废止后,京营戎政由"开国""靖难"旧勋后裔把持的机制就会进一步被固化。

隆庆四年(1570)二月,明廷再一次更定京营统帅机制,裁撤戎政总督,复设三大营总兵,初拟以原任戎政总督恭顺侯吴继爵领五军营总兵,中府金书署都督金事袁正、五军营副将署都督金事焦泽分领神枢、神机二营③。朝廷拔擢袁正、焦泽二人为京营主将,显然还是要通过吸纳边将以振刷营中弊政。袁正、焦泽都是嘉靖二十九年(1550)"庚戌之变"后崛起的镇将,袁正此前曾任宣府参将、通州副总兵、陕西镇守、密云副总兵等职④,焦泽曾任大同游击将军、大同参将、宣府副总兵、大同与山西总兵等职⑤,二人历任各边,谙熟戎务,又没有特别显赫的职级地位,不易结党谋私、倚权恣肆,而且他们当时均已在北京任职,是整饬京营训练的适当人选。不过,恭顺侯吴继爵耻于与流官都督同管营政,故以"才薄"为名固请辞罢,穆宗知继爵之意,又革袁正、焦泽二流官,尽以三营总兵归于勋爵⑥。对此,都给事中温纯奏言:

> 古人拜将,或拔自行伍奴仆,以官择人,不以人充官,惟取其适用

①[明]徐阶:《世经堂集》卷二《答京营总督谕二》,《四库全书存目丛书》集部第79册,第395页。
②[明]徐阶:《世经堂集》卷二《答京营总督谕二》,《四库全书存目丛书》集部第79册,第395页。
③《明穆宗实录》卷四二,隆庆四年二月乙丑,第1061页。馆本《明实录》此条失袁正之名及袁、焦二人的原任职衔,据其他版本补之(见《明穆宗实录校勘记》卷四二,第374页)。
④《明世宗实录》卷三六七、卷四四二、卷四六〇,嘉靖二十九年十一月甲午,嘉靖三十五年十二月丁未,嘉靖三十七年六月丙申,第6562、7566、7780页。
⑤《明世宗实录》卷三六一、卷四一一、卷四二二,嘉靖二十九年六月乙巳、嘉靖三十三年六月乙酉、嘉靖三十四年五月癸丑,第6445、7165、7326页。
⑥《明穆宗实录》卷四三,隆庆四年三月甲戌,第1080—1081页。

耳。今勋臣中止用一继爵，已非得已，若尽革流官，欲于数十人中求三大将，岂不难哉？臣惟天下事谋之在始，断之贵果，即京营集议数月以来，始而曰永革勋臣，既而曰兼用勋臣，今皇上又欲尽用勋臣。臣恐议论日多，绩效鲜著，不如姑务择人，毋拘拘世类之为得也。①

但温纯所议被寝不行。正式任命吴继爵等人时，穆宗改三大营"总兵"名衔为"提督"名衔，除吴继爵任五军营提督外，另选定西侯蒋佑领神枢营，平江伯陈王谟领神机营②。温纯仍奏称"将材难得，请杂用流官以饬戎务"，兵部覆议认可其奏，但穆宗认为"事已前决，不允"，并特降内批越过兵部直接委任吴继爵等勋臣，兵部亦"不得已"③而从之。至隆庆五年（1571）初，穆宗又废京营三提督，复戎政总督之制，当时恭顺侯吴继爵已改他任④，戎政总督的职选"颇难其人"，以致"久不推补"，穆宗最终敕命嘉靖朝曾经担任过戎政总督的老臣镇远侯顾寰复任总督⑤。当时顾寰已年近七十，礼科都给事中张国彦等论其年衰不堪兵戎，顾氏自己也奏陈"年力衰老，不胜重任"，至当年十一月，顾寰方被穆宗准解戎政之职⑥。

不难看出，隆庆一朝所谓京营制度的改革主要是在表面上更迭京营统帅的名衔，穆宗并不愿真正深化革新营帅的选任机制，反而枉顾正常的将才选拔流程与规律，一味坚持京营主将必由勋臣世爵统领的方略，同时管营勋臣也以贵胄自傲，京营主帅的选任资格形成异常僵化的身份性壁垒，也就是上引给事中温纯奏议中提到的不"以官择人"而"以人充官"。但勋裔中背景与资历符合戎政总督职位者又非常有限，这就导致京营统帅甚至无人可用。

在万历以后的整个晚明时期，京营戎政总督主要由"开国""靖难"勋家嗣爵后代领任的机制维持不变，明中期新封各勋家及都督流官都难与旧勋后裔相抗。排查列朝《明实录》，在万历、天启两朝相继任戎政总督者见表16：

①《明穆宗实录》卷四三，隆庆四年三月甲戌，第1081页。
②《明穆宗实录》卷四三，隆庆四年三月壬午，第1088—1089页。
③《明穆宗实录》卷四三，隆庆四年三月壬午，第1089页。
④［明］王世贞：《弇山堂别集》卷八九《兵制考》，第1705页。
⑤《明穆宗实录》卷五四，隆庆五年二月辛亥，第1349页。
⑥［明］杨博：《杨襄毅公本兵奏议》卷二三《覆都给事中张国彦等论总督京营戎政镇远侯顾寰解任疏》，《四库全书存目丛书》史部第61册，第784页。

表 16　万历、天启各朝京营戎政总督任职表

	任职时间	任前军政履历	外镇经历	爵位类型
彰武伯杨炳	隆庆五年至万历十四年	嘉靖四十五年管侍卫红盔将军，隆庆二年右府金书，四年掌左府事。	无	新勋勋裔
临淮侯李言恭	万历十四年至万历二十四年	隆庆二年以应袭子弟充五军营游击兼管侍卫红盔将军，万历四年中府金书，七年掌左府事，九年守备南京。	无	嘉靖朝继封"开国"勋裔①
泰宁侯陈良弼	约万历二十四年至三十八年	嘉靖四十五年掌府军前卫事，隆庆四年左府金书，万历四年掌南京右府并提督操江，十二年转北京左府金书，十四年前府掌印，十六年南京中府掌印，二十三年守备南京。	无	"靖难"勋裔
宁阳侯陈应诏	万历三十八年至万历四十年	万历十三年掌府军前卫印，十七年南京中府金书，十九年转北京左府金书，三十一年前府掌印。	无	"靖难"勋裔
永康侯徐应坤	万历四十年至万历四十三年	万历二十三年以应袭子弟管侍卫红盔将军，万历三十八年袭爵后仍管侍卫将军。	无	"靖难"勋裔
忻城伯赵世新	万历四十四年至万历四十七年	万历三十六年掌南京前府事。	无	"靖难"勋裔
泰宁侯陈良弼	万历四十七年至天启二年		无	"靖难"勋裔

---

① 临淮侯系洪武"开国"功臣李文忠后代。文忠子李景隆在永乐朝被锢废南京，爵位不传，至嘉靖朝，世宗复录李氏子孙，继封其为临淮侯世袭。

续表

	任职时间	任前军政履历	外镇经历	爵位类型
恭顺侯吴汝胤	天启二年至六年	万历三十二年右府金书，三十五年兼管侍卫红盔将军，三十七年升中府掌印。	无	永乐旧勋勋裔
保定侯梁世勋	天启六年至崇祯元年	万历三十五年右府金书，三十七年兼管侍卫大汉将军。	无	宣德旧勋勋裔

　　崇祯元年（1628），思宗又召宁阳侯陈光裕、襄城伯李守琦、清平伯吴遵周、诚意伯刘孔昭于文华殿，"问京营若何整理"，随后便以李守琦总督京营①。据吴伟业《绥寇纪略》统计，崇祯一朝，提督京营者有襄城伯李守锜及其嗣子李国桢、成国公朱纯臣、恭顺侯吴惟英等②，这些勋臣无一例外都是旧勋后裔。

　　以上所列述的万历、天启、崇祯诸朝总督戎政勋臣中，除彰武伯杨炳外，其余皆出自"开国""靖难"旧勋家族，而且他们均无外镇履历，终生仅在南、北两京任职，军事素养尚不及嘉靖后期及隆庆朝顾寰、陈圭等戎政总督。需要强调的是，京营戎政制度确立后，明廷在嘉靖三十一年（1552）至隆庆三年（1569）间虽屡次命令勋臣及应袭胄子拨发各营观操听训，经戎政文武大臣、巡营科道例行检校，出色者可量授参将、游击③，但勋爵操习机制的实际成效却并不明显。据万历十年（1582）任工科左给事中的李熙所见，当时入营随操的勋胄、勋裔"不过数人耳"，其余皆"高坐逸游，骄蛮脆弱，韬钤战阵，漫不经心"④。至于京营内副将、参游等官的选任也例多用流官，各家勋臣则少有三大营、团营时期由坐营官累经历练而升任总兵营务者。如上举表16总督营政诸勋之中，只有临淮侯李言恭⑤、泰宁侯陈良弼⑥二人曾选充京

---

①《崇祯长编》卷一五，崇祯元年十一月辛未，第857—858页。

②［清］吴伟业：《绥寇纪略》补遗上《虞渊沉》，上海，上海古籍出版社，1992年，第375—378页。

③万历《明会典》卷一三四《兵部十七·京营·营政通例》，第688页。

④［明］李熙：《陈末议以裨戎务疏》，［明］吴良辑：《万历疏钞》卷三七《戎务类》，《续修四库全书》史部第469册，上海，上海古籍出版社，2002年，第423页。

⑤《明穆宗实录》卷一八，隆庆二年三月辛未，第516页；《明神宗实录》卷一一七，万历九年十月乙卯，第2208页。

⑥《明神宗实录》卷二九二，万历二十三年十二月庚戌，第5407页。

营游击将军及曾守备南京掌南都军马，积累有较多的管兵经验，因此这二人升任戎政总督后在任时间也较长，至老病方替。除却李、陈二人，余者多仅在久任管侍卫官[①]及五府金书、掌印官后就被擢为京营戎政总督。而宫廷侍卫基本属于礼仪而非实战部队，五府又不过掌军政文移，这些管事勋臣的战阵历练着实有限，其坐镇戎政府后的实际管军能力可想而知。

由此可见，晚明朝廷在选任京营总督时唯重旧勋身份的可靠性，几乎不再将军事才干作为主要考量因素。这种营帅铨选策略在皇朝统治相对稳定的时期尚可勉强维持营操制度的日常运作，但也势必会导致营政愈发萎靡不振。据《甲申核真略》载，至崇祯朝危急存亡之际，当时提督京营的成国公朱纯臣"本长厚无他技能，直以元勋班首为上所托，非真鉴其才识择而命之"[②]。襄城伯李守锜总督京营时更"纵使肆掠"，京营士兵"白昼为盗，露兵大明门外"[③]。李守锜子李国桢年二十余就执掌京营大权，实纨绔"大言无忌"之人，临战"不闻有何调度"[④]。

鉴于嗣爵勋臣军事历练不足却执掌京师重兵，在万历六年（1578）三月，有南京贵州道试监察御史陈希美上奏建议，请"将公、侯、伯除五府掌印、金书不遣外，其余择其年二十以上，五十以下者"，量取"一半遣之边方，悉隶大将麾下，练习戎事，遇有边警，使之将兵"[⑤]。此议点明了当时勋爵兵政经验不足的弊病，但勋臣体统尊隆，养尊处优，他们尚难在京营接受严格的观操受训，更遑论将其中无事者直接派往边镇历练。兵部接报后覆议：

> 为照国家用人，惟贤是使，固未尝以世类而弃，亦不当以世类而私。

---

① 关于带管红盔、明甲将军及掌府军前卫事等勋臣专领侍卫官制度的形成，详见本书第十二章的内容。

② ［清］杨士聪：《甲申核真略》，杭州，浙江古籍出版社，1985年，第21页。

③ ［清］郑达：《野史无文》卷三《烈皇帝遗事上》，《台湾文献史料丛刊》第5辑，台北，大通书局，1987年，第5页。

④ ［清］杨士聪：《甲申核真略》，第20页；［清］钱甹只：《甲申传信录》卷四《元勋世爵》，《中国历史研究资料丛书》，上海，上海出版社，1982年，第56页。

⑤ ［明］项笃寿：《小司马奏草》卷三《题为国运方泰帝治惟新恳乞圣明及时修举以裨万世治安事》，《续修四库全书》史部第478册，第588页。按，项笃寿兵部原疏中作"南京贵州道试监察御史陈"，未明言该御史全名，但查《明神宗实录》可知，万历五年（1577）有陈希美任南京贵州道试御史（见《明神宗实录》卷六四，万历五年七月乙未，第1420—1421页）。又《明史·职官志》总结勋臣职权云："其才而贤者，充京营总督，五军都督府掌印、金书，南京守备，或出充镇守总兵官，否则食禄奉朝请而已"（见《明史》卷七六《职官志五·公侯伯》，第1856页），此句应本源自万历六年兵部的这条奏议。

通查"开国""靖难"及累朝续封公、侯、伯并连外戚恩泽列爵世家,未
及六十余姓,其有才能堪用者,见推管理红盔将军,两京五府掌印、金
书,提督戎政,总督漕运,管理操江,镇守云南、湖广,十已居其六七见在
新任。已经保荐听用者,不过数人,候缺推补。其余老幼不堪及曾有过
犯被论闲住者,止奉朝请,食其封禄,庶几保全勋名,延庆于后。若使徒
限年资,不择臧否,咨用边方,恐三等崇阶,难居倅幕,与参谋议,又侵事
权,非所以全功臣而辨等威也。所据御史陈建白,无非以宠禄世卿,义
均休戚,俾其明习边事,堪备缓急,实乃为国得人之意。况各官叨承世
爵,俱当晓畅军务,谙练兵戎,边情略晓,委应加意。恭候命下,本部行
令各爵,不拘见任、听用,年力精壮者,各要习熟武艺,讲求韬略,其有才
望卓越,智勇兼优者,不拘腹里、边方,大将员缺,一体推用。①

神宗准兵部所议。兵部虽然强调铨用勋臣不当因"世类而私",也明奏管军
勋臣应具备"习熟武艺"与"讲求韬略"等能力,但并未进一步提出切实可行
的提高勋臣军务能力的方案,不过旧调重谈、因袭故政而已。

　　明末京营统领体制唯一稍具突破性的革新,发生在天启二年(1622)。
天启二年正月,熹宗诏边镇宁夏、延绥总兵萧如薰、白兆庆留京练兵,二月又
加原神机营副将王世钦为总兵以统练营兵②,当年三月,朝廷特铸神机、神
枢、五军营"练兵总兵"关防颁给萧如薰、白兆庆、王世钦三人③,以落实他们
的练兵职权。至天启二年八月,萧如薰等以"权轻掣肘为言",越过京营戎政
总督恭顺侯吴汝胤,向内阁投送揭帖表达不满,请求"三大将各立一营,得握
操纵,不必仍属京营见辖之兵"。虽然吴汝胤对此三将之请极力反对,但经
过兵部等衙门合议后,熹宗批准萧如薰的陈乞,敕命:"这分练事宜依议着实
行,其岁终举劾着凭各总兵开送,以重事权。"④按嘉靖二十九年(1550)以后
的营政统领制度,京营戎政例由勋臣任总督或总兵,都督流官最高不过任副
将以为佐贰,而萧如薰、白兆庆、王世钦三名都督官各以总兵职衔立新营专
督训练,他们在权责地位上已与戎政总督恭顺侯吴汝胤相接近。在万历、天

---

①[明]项笃寿:《小司马奏草》卷三《题为国运方泰帝治惟新恳乞圣明及时修举以裨万世治安事》,
　《四库全书存目丛书》史部第62册,第292—293页。
②《明熹宗实录》卷一八、卷一九,天启二年正月癸亥、二月甲午,第937、990页。
③《明熹宗实录》卷二〇,天启二年三月壬子,第1022页。
④《明熹宗实录》卷二五,天启二年八月辛卯,第1282页。

启两朝交替之际,女真后金政权不断壮大,不断侵扰辽东,因此天启二年的这次京营改革显然是为应对后金政权日益严重的威胁,但其法用仍未脱正德、嘉靖朝调边将入京以谋求加强京营训练的窠臼,而且这次京营练兵之策的推行颇为仓促,不久就告罢。总而言之,晚明朝廷仍鉴于嘉靖朝任用仇鸾失策的教训,基本上以牺牲京营管理效率为代价,坚持通过僵化委任可靠旧勋子弟的消极办法维持京营大军的稳定。

笔者已论的明代两京勋臣所领钦差职权中,五府堂上官事权较轻但职位数量最多,营政主帅实权最重但职位数量较少,两类职权的差异较大,其由勋臣专领的原因也不尽相同,可作一简要对比。如前章所论,五府事权平平,对领任者的年资、能力要求不高,但名义上又是国家最高军职机关,因此明廷不吝专选尊隆勋臣执掌五府,既可限制勋臣的实际权力,又凸显了朝廷军国体统的秩序威严。与五府长官不同,京营主帅所掌兵权极重,关乎京师安危,因此务必以皇帝最信重的将领掌管才能确保朝局稳定,而在京满朝臣子中唯世袭勋贵最与朱明皇室休戚与共,在这种情况下,明廷也不断强化专选勋臣,尤其是旧勋后裔总领京营的机制,甚至渐趋忽视勋臣的实际军事能力,最终营帅职位仅由少数旧勋后裔充任,形成更加闭塞的贵族身份界限。不过,南北两京五府掌印、金书职位共二十五员,与之相比,嘉靖朝以前京、团营提督总兵大体共六员,嘉靖二十九年(1550)戎政府设立后京营戎政总督仅一员,同时期任五府堂官的勋臣数量明显多于任营帅者,除少数兼掌府事的营帅与兼金书五府的坐营勋臣,更多被仅仅安置在五府管事的勋臣军事实权有限。就这种情况可知,明代中后期勋臣群体整体上处于位高权低的处境。五府长官与京营总帅两类职务实权一低一高,职位一多一少,但皆由贵胄勋臣专领,这充分反映出勋臣在明代国家权力结构中复杂的地位与作用。

(三)勋臣专领两广、湖广总兵规制的形成

与京营提督主帅、南京守备、协守、武职操江提督不同,各出征与镇守总兵职衔本非为勋爵专设,而是广泛授予勋臣、都督等高级武将,明初甚至都指挥一级的武官都可任总兵征戍。而自弘治、正德朝开始,各地总兵、武职镇守,尤其是边镇总兵的人选更是出现由勋臣、都督并任转为主要由都督流官担任的变化,勋臣出镇者渐趋减少。如辽东镇在天顺、成化、弘治各朝有

丰润伯曹义、海宁伯董兴、成山伯王琮、武安侯郑宏、宣城伯卫颖、定西侯蒋骥等任镇守总兵[①]，弘治朝蒋骥镇守辽东之后，辽东总兵全改为都督，仅万历朝李成梁以流官自立功封宁远伯。蓟州等处在天顺至正德朝有修武伯沈煜、东宁伯焦寿、宁晋伯刘福、定西侯蒋骥、遂安伯陈鏸等镇守，正德朝陈鏸后皆为流官镇守[②]。宁夏镇成化朝有广义伯吴琮、修武伯沈煜、东宁伯焦俊等勋贵任总兵镇守，弘治元年（1488）有泰宁侯陈桓镇守，后尽用都督[③]。

　　造成弘治中期以后勋臣外镇者逐步减少的原因无疑有二：第一，嗣爵勋臣世代优养，军事素养不断衰退，难以承担在边镇及大省统管兵戎的重任。仅成化一朝，就有镇守陕西、宁夏的勋裔宁远伯任寿、广义伯吴琮指挥平定满四之乱不当，丧师陷地[④]。还有镇守广西的总兵泰宁侯陈泾"不能御贼"，导致梧州城破，"以列侯总戎"而为"蛮獠所轻蔑，损国之威，贻笑边方"，仅因系外戚会昌侯孙继宗女婿而未遭责罚[⑤]。第二，"以文统武"与"以内制外"机制确立后，总督、巡抚等文职大臣主管地方军政，镇守太监也有权监管军事，而勋臣毕竟身份尊贵，若镇守地方，易与督抚大臣及镇守内臣产生抵牾，不利于地方管理秩序的稳定。如景泰朝任大同总兵的中兴大将定襄伯郭登就既与提督军务都御史年富不协，又与镇守太监陈公相争[⑥]。另如成化朝两广镇守总兵平乡伯陈政与巡抚右福都御史朱瑛争座不得，故上奏称朱英"偏执己见，事相矛盾"[⑦]。此外，弘治一朝就不曾新封勋臣，而正德朝夤缘冒爵者多，正式功封者少，嘉靖朝之后明廷愈发吝于封爵，若不计冒滥得爵者，嘉靖至天启几十年内仅有王守仁、李成梁二人被加封，勋爵册封制度趋于停滞，在这种情况下，各地镇守都督总兵难以加封至勋臣一级，不能产生新的边将勋爵。

　　不过，《春明梦余录》一书又载，明代中后期勋爵仍止充两广、湖广、漕运三总兵[⑧]。继而搜诸史料可知，在明中期以后九边及内地各处总兵陆续由都

①嘉靖《辽东志》卷五《官师志·爵命》，《续修四库全书》史部第646册，上海，上海古籍出版社，2002年，第575—576页。
②［明］刘效祖：《四镇三关志·蓟镇职官·武阶》，《四库禁毁书丛刊》史部第10册，第457页。
③嘉靖《宁夏新志》卷二《武阶》，《续修四库全书》史部第649册，第97页。
④《明功臣袭封底簿》卷二《宁远伯》《广义伯》，第269、298页。
⑤《明宪宗实录》卷二六，成化二年二月癸未，第517页。
⑥［明］于谦：《于谦集》奏议卷五、卷七《杂行类·兵部为陈言边务事》《杂行类·兵部为劾奏事》，第243—244、329—331页。
⑦《明宪宗实录》卷一九八，成化十五年十二月癸亥，第3478页。
⑧［清］孙承泽：《春明梦余录》卷三〇《五军都督府·封拜考》，第457页。

督流官担任的情况下,确实仍有嗣爵勋臣连续出守两广、湖广及总帅漕政。两广总兵直至嘉靖末年,湖广总兵至万历朝中期才不用勋臣专阃,漕运总兵至天启、崇祯仍偶用勋臣。但两广、湖广、漕运三总兵勋臣专任形成的时间各不相同,三职由勋爵专任的程度各有差异,其专任机制的成因也不尽相同,因此需逐一做具体分析。另外,云南一省自洪武朝即由黔国公沐氏家族世代统军镇守,又与其他省镇总兵有所区别,对于沐氏世镇云南的贵族政治特性,笔者另有专章研究,此处不作深论。

　　首先统计两广、湖广历任镇守武职的情况,梳理两镇勋臣专任制度的形成过程,并按照前文比较勋臣各类群、各代及各家族之间职权差异的方法,分析勋臣任职两广、湖广总兵的基本特征。

　　两广总兵是粤、楚、漕三处总兵中最早完全由勋贵专领的职务。按照《明宪宗实录》的记载,成化五年(1469)十一月,朝廷命太监陈瑄总镇两广,起复右副都御史韩雍为右都御史总督两广军务兼巡抚,南宁伯毛荣佩征南将军印充总兵官镇守两广[1]。但嘉靖《广西通志》及《苍梧总督军门志》皆以成化六年上任的平江伯陈锐为首个两广总兵[2],这是因为毛荣未到任即病死[3],未能履行职能。现以嘉靖《广西通志》卷六《表四·职官·总兵》及《苍梧总督军门志》卷一《历官·总镇》的记载为主,参考《明实录》,详列陈锐及以后历任镇守勋臣履职情况(见表17):

表17　两广总兵任职表

任职者	任职时间	勋爵类型
平江伯陈锐	成化六年至八年任	"靖难"勋裔
平乡伯陈政	成化八年至二十一年任	新勋勋裔
安远侯柳景	成化二十一年至弘治二年任	"靖难"勋裔
伏羌伯毛锐	弘治二年至正德二年,后转漕运总兵	新勋勋裔
安远侯柳文	正德二年至五年任	"靖难"勋裔

---

[1]《明宪宗实录》卷七三,成化五年十一月己亥,第1416页。

[2]嘉靖《广西通志》卷六《表四·总兵》,《四库全书存目丛书》史部第187册,第77页;《苍梧总督军门志》卷一《历官·总镇》,第19页。

[3]当时毛荣还在贵州总兵任上,尚未到两广履职即病逝。见《明宪宗实录》卷七五,成化六年正月乙酉,第1439页。

续表

任职者	任职时间	勋爵类型
东宁伯焦淇	正德五年任	新勋勋裔
安远侯柳文	正德五年至六年任	"靖难"勋裔
武定侯郭勋	正德六年至十二年任	洪武平滇勋裔
抚宁侯朱麒	正德十二年至嘉靖六年任	新勋勋裔
丰城侯李旻	嘉靖六年至八年任	"靖难"勋裔
咸宁侯仇鸾	嘉靖八年至十四年任	新勋勋裔
安远侯柳珣	嘉靖十四年至二十二年任	"靖难"勋裔
平江伯陈圭	嘉靖二十二年至二十九年任	"靖难"勋裔
镇远侯顾寰	嘉靖二十九年至三十二年任	"靖难"勋裔
定西侯蒋传	嘉靖三十二年至三十四年任	新勋勋裔
靖远伯王瑾	嘉靖三十四年至三十七年任	文臣新勋勋裔
丰润伯曹松	嘉靖三十七年至三十九年任	新勋勋裔
平江伯陈王谟	嘉靖三十九年至四十一年任	"靖难"勋裔
恭顺侯吴继爵	嘉靖四十二年至四十五年任	永乐旧勋勋裔

　　按照勋臣各群体、各家族与各代的分类可见，上表所列十九任两广勋贵总兵中，出自"开国""靖难"等旧勋勋家者有十位，占到总人数的百分之六十弱。由于旧勋勋家本身数量较多，被选职务的概率更高，且在镇两广时间超过十年的平乡伯陈政、伏羌伯毛锐、抚宁侯朱麒等重要总兵均非旧勋后裔，因此旧勋子弟在两广总兵任上仅可谓略占优势，其中仍以安远侯家族最为突出。正德、嘉靖朝之后，新勋后裔与旧勋后裔均久在两京豢养，各家勋臣多已承袭三四代以上，他们的军事历练无明显区别，军政才干普遍趋于平庸。在这种情况下，除个别勋臣仍延续家族的镇守职权外，勋臣的外镇职权受到群际、代际等因素的影响已不明显。

　　再看湖广镇守总兵的情况。湖广镇守武臣的建制在明前中期屡有变化，其所领敕命及所佩印信不时更换，且与贵州镇守武职分合不定。成化朝之后，湖广独立成镇不再更替，该镇总兵的职权与印信也趋于固定。综合《湖广图经志》卷一《司志·总兵官》及万历《湖广总志》卷一九《秩官三》的记载，兼考《明实录》，可知正德十二年（1517）以前，湖广总兵兼用勋爵和都督，任职者依次如下表（表18）：

表 18　正德十二年以前湖广镇守武职任职表

任职者	在任时间	镇守名衔	身份类型
都督萧授	永乐十六年至正统四年	充总兵镇守湖广、贵州。	普通武官
都指挥佥事张善	正统四年至五年	充参将,权佩征蛮副将军印代总兵萧授镇守湖广、贵州。	普通武官
都督佥事吴亮	正统五年至七年	佩征蛮副将军印充副总兵镇守湖广、贵州。	普通武官
都指挥佥事张善	正统七年至十四年	充参将,总督守备湖广地方。	普通武官
保定伯梁珤	景泰元年至三年	佩平蛮将军印,充总兵,出师征剿贵州、湖广"苗贼",非专镇总兵。	宣德旧勋勋裔
都督同知升右都督陈友	景泰三年至天顺元年	初以都督随保定伯梁珤平定"苗乱",景泰三年以副总兵留镇湖广。	镇守时无爵,天顺朝封武平伯
南和侯方瑛	天顺元年至三年	初以都督随保定伯梁珤平定湖广、贵州"苗乱",景泰三年分镇贵州,景泰五年封伯,景泰六年佩平蛮将军印充总兵再征湖广、贵州"苗乱",天顺元年升侯爵,专镇贵州,寻总领湖广、贵州镇守总兵。	第一代新封勋臣
都督佥事累升右都督封兴宁伯李震	天顺三年至成化十三年	佩平蛮将军印充总兵,代方瑛镇守湖广、贵州,天顺五年专镇湖广,成化元年复同领湖广、贵州两镇总兵,成化二年又改专镇湖广。成化十二年封兴宁伯,寻因牵入兵部尚书项忠案被罢。	先以都督镇守后封爵

续表

任职者	在任时间	镇守名衔	身份类型
都督佥事升都督同知王信	成化十三年至二十一年	佩平蛮将军印充总兵镇守湖广。	普通武官
都督同知冯昇	成化二十一年至弘治元年	佩平蛮将军印充总兵镇守湖广。	普通武官
伏羌伯毛锐	弘治元年至二年	佩平蛮将军印充总兵镇守湖广。	新勋勋裔
镇远侯顾溥	弘治二年至十三年	佩平蛮将军印充总兵镇守湖广。	"靖难"勋裔
东宁伯焦俊	弘治十三年	佩平蛮将军印充总兵镇守湖广,未至卒。	新勋勋裔
永康侯徐锜	弘治十三年至十五年	佩平蛮将军印充总兵镇守湖广。	"靖难"勋裔
署都督佥事欧磐	弘治十五年至十八年	佩平蛮将军印充总兵镇守湖广。	普通武官
定西侯蒋骥	弘治十八年至正德四年	佩平蛮将军印充总兵镇守湖广。	新勋勋裔
左都督毛伦	正德四年至五年	佩平蛮将军印充总兵镇守湖广。	普通武官
南和伯方寿祥	正德五年至九年	佩平蛮将军印充总兵镇守湖广。	新勋勋裔
都督同知杨英	正德九年至十二年	佩平蛮将军印充总兵镇守湖广。	普通武官

　　根据上表所示,在成化中期以前动乱频仍,湖广、贵州两镇尚未完全分离之时,任征讨或镇守总兵者明显以流官都督为主,勋爵总兵中南和侯方瑛、兴宁伯李震二人都是以都督官平定苗乱升封爵级后继而留镇,且李震封爵前以都督身份已在湖广征战、镇守十余年,他作为流官镇守的资历更深。这一时期以嗣爵勋臣充任总兵者只有保定伯梁珤一人。在嗣后的成化十三年至正德十二年(1477—1517)这一期间内,地方变乱逐步平息,湖广独立成镇的体制也趋于稳定,勋臣湖广总兵逐渐增多,共有实际就任嗣爵勋臣镇守六名,还有东宁伯焦俊接到任命但未真实上任,都督总兵相应降至五名。上表18所示湖广镇守外,自正德十二年安远侯柳文充湖广总兵后[1],直至万历中期之前,镇守湖广者基本皆为嗣爵勋臣,结合《湖广总志》与《明实

---

①《明武宗实录》卷一五六,正德十二年十二月己未,第3006页。

录》的逐年记载可知,他们依次是镇远侯顾仕隆、伏羌伯毛锐、丰城侯李旻、清平伯吴杰、伏羌伯毛江、抚宁伯朱麒、新宁伯谭纶、丰城侯李熙、东宁伯焦栋、安远侯柳震、平江伯陈王谟、临淮侯李庭竹、隆平侯张桐、怀宁侯孙世忠、武靖伯赵光远[①],在此期间内,仅嘉靖四十五年(1566)有署都督佥事黄印以流官领镇[②],勋爵专镇机制基本确立。正德十二年(1517)湖广总兵为勋臣专领后,十五位勋将中旧勋勋裔有顾仕隆、李旻、吴杰、谭纶、李熙、柳震、陈王谟、李庭竹、张桐九名,新勋勋裔有毛锐、毛江、朱麒、焦栋、孙世忠六名,旧勋后裔的人数稍多,但并不占据绝对优势,这又与勋臣任职两广总兵的情况相似。

在量化分析两广、湖广总兵基本任职规律的基础上,需进一步讨论的问题是,为何在明中期以后勋臣军事素养整体衰落,各地总兵普遍选任都督的情况下,两广、湖广反而仍专用勋爵。对此,以往学者常归结于两镇地域广大、位置重要等,但忽视了一个关键因素,即两广、湖广皆设置有大量土司世官以控驭部众,而勋臣作为世胄贵族临镇粤、楚两地,可与当地世袭土官形成贵族身份上的对等,这既便于地方管理,又可彰显朝廷威仪。勋臣的这种身份性职能是督抚文臣、镇守内臣以及其他武官无法完全替代的。

早在景泰朝,兵部尚书于谦就曾提到,两广"土官衙门数多"需"有名望大臣一员"总督镇守以为节制,并建议"太子太傅安远侯柳溥,先充广西总兵官,名望素著,蛮夷怀服",宜选充挂印总兵总管两广军马[③]。之后嘉靖皇帝在给内阁大学士杨一清的密谕中更亲自指出,两广总兵"用侯伯者,不过以其名位",又言"今戎夷亦知其官之大小以为犯扰焉,须体时宜,当用侯伯",杨一清对答言:"两广用侯伯久矣,若用都督,恐远人视之稍轻,圣谕甚当。"[④]所谓"名望""名位",强调的就是勋爵以尊隆身份代表皇权威严,以便安抚节制同样世代罔替的两广土司酋长,到达地方管理体制的平衡。嘉靖朝巡按广西御史钱嵊向朝廷建议两广总兵人选时,也有两广总兵需"熟谙

---

① 万历《湖广总志》卷一九《秩官三》,《四库全书存目丛书》史部第 194 册,济南,齐鲁书社,1997 年,第 625 页;《明世宗实录》卷九、卷一四九、卷一五七,正德十六年十二月辛卯,嘉靖十二年四月癸巳、十二月戊子,第 329、3431、3532 页;《明神宗实录》卷八、卷一七〇,隆庆六年十二月丁巳、万历十四年正月壬寅,第 280、3064 页。

② 《明世宗实录》卷五三三,嘉靖四十三年四月乙酉,第 8673 页。

③ [明]于谦:《于谦集》奏议卷四《南征类·兵部为陈言御寇救患等事》,第 168 页。

④ [明]杨一清:《杨一清集·密谕录》卷五《政谕上·论补提督团营内臣奏对》,第 1013 页。

夷情",以便使"诸蛮畏威敛迹"①的认识。由此可知,震服土司土人始终是两广总兵的要务,而勋臣作为与国休戚的贵胄,显然更有资格控驭土酋及其部众。多代间或镇守岭南的安远侯柳氏即谙熟土司家族事务,断事持正,特为诸酋所仰服,《水东日记》记正统朝广西总兵安远侯柳溥善于"驭土官"的事迹云:

> 一以恩结人心,始劳以酒食,答其把饭,然犹有善处,未尝有心于掊敛,待之如一,不以其把饭厚薄为轻重。其最可称,则却田州知府岑绍银事。初,绍奏幼子镛正出当袭,其家奴挟其庶长子奏请袭,安远折之曰:"父子间事,当从其父言。"镛遂得袭。绍德之,怀银一千两为谢,则却之曰:"我岂为此而为之!汝杀贼报国足矣。"②

湖广总兵在威服土酋这方面与两广总兵具有相似性,《明世宗实录》载,湖广总兵之设,根本职责在于"节制各边卫及宣慰等土官衙门,弹压溪峒苗獠"③。只不过成化中期以前苗乱频仍,为配合战事,湖广镇守体制更章不定,自然无法保证勋臣专镇。随着明中后期湖广地区日渐承平,镇守总兵制度不断成熟,朝廷特用勋爵专镇的倾向也愈发明显。至嘉靖朝,因勋胄多纨绔恣肆,故湖广地方抚、按文臣凌相、刘濂曾有裁革湖广总兵之请,尔后嘉靖十二年(1533)三月,继任湖广抚、按官汪珊、余鐀等又奏请保留湖广总兵曰:"湖广地里险远,夷苗杂处,先朝设总兵镇守,为虑深远。今以承平久,顿革之,一旦地方卒有不虞,万里请命,势何能及。"二人所奏下兵部覆议,兵部认为"总兵诚不可阙,但先年所用俱勋爵类、纨袴子,不解事,大为地方害",故"今宜选用谋勇,不必拘定勋臣"。世宗下旨曰:"总兵官如故用侯伯,自今各镇守不许妄议裁革。"④可见世宗仍然看重勋爵世臣节制"夷苗"的特殊意义。

值得注意的是,与两广、湖广唇齿相依的贵州军镇,其地位虽略低于两广、湖广,但也是土官林立之地,而且系西南要害孔道,然而明中期以后贵州

---

①[明]毛伯温:《毛襄懋先生奏议》卷一七《地方疏》,《四库全书存目丛书》史部第59册,济南,齐鲁书社,1997年,第735页。

②[明]叶盛:《水东日记》卷五《广西先后守将优劣》,第50—51页。

③《明世宗实录》卷三一〇,嘉靖二十五年四月甲午,第5823页。

④《明世宗实录》卷一四八,嘉靖十二年三月丁卯,第3418页。

镇守武臣选任的情况却不同于两广、湖广总兵①。成化二年(1466),有南宁伯毛荣任总兵镇守贵州②,之后在成化、弘治两朝及正德前中期镇守贵州的武职大臣③依次是都督吴经、都督彭伦、都督王通、东宁伯焦俊、丰润伯曹恺、都督颜玉、都督李昂、怀柔伯施璶、南和伯方寿祥、丰城侯李旻等④,这其中勋贵与流官各占一半。但自正德九年(1514)都督佥事李昂复任总兵⑤、正德十三年署都督佥事昌佐继任总兵⑥后,贵州即不再间用勋爵镇守⑦。由此可见,相较于贵州,明代中后期朝廷依然坚持两广、湖广由勋臣专镇,除了便于管制世袭土酋外,必然另有其他原因。

就两广地区的特殊性来说,该地区除控辖大量土司世官外,还地接海外,当地镇守太监、总督、总兵等官职在代天子把守国门,他们常需与安南、老挝、占城等外邦及其他西洋、南洋通贡诸国交涉。而勋爵封袭本有上古诸侯分封的遗意,明廷选勋臣充任两广总兵,实有凸显亲藩为屏之意,用以向外国宣扬天朝上国的威仪。此即明人所谓广西"外联交贵岭海,内杂土司蛮寨",是故特设征蛮将军、总兵官一员"外控交趾,内慑土夷,以壮国家之藩篱"⑧。在对外交涉方面,两广镇守勋臣又与世镇云南的沐氏有着相同的作用。明廷常敕两广、云南地方共襄处置军备,两地镇守体制具有高度的关联性。如成化十六年(1480),明廷探得"安南国与老挝相杀",安南国王又常集合兵马操练,声势颇壮,对此兵部上奏建议:"请敕云南镇守、总兵、巡抚、副总兵、巡按、三司及两广总镇、总督、总兵,广西镇守、巡按、三司等官一体

---

①贵州镇守武臣的地位相比湖广挂印总兵较低,素不配将印,但一般也泛称总兵。至孝宗登极之初的成化二十三年(1487)末,明廷申令各地镇守武臣不挂印者仍用"镇守"关防,不得擅称"总兵",蓟州(按,原文作"苏州",误)、贵州镇守皆循此例(见《明孝宗实录》卷八,成化二十三年十二月丙子,第166页)。又至弘治十五年(1502),署都督佥事颜玉镇守贵州时复加总兵官名衔(见《明孝宗实录》卷一八五,弘治十五年三月甲申,第3409页)。

②《明宪宗实录》卷三〇,成化二年五月丁酉,第609页。

③《明宪宗实录》卷二五,成化二年正月丙辰,第493页。

④万历《贵州通志》卷二《秩官·总兵官》,《日本藏中国罕见地方志丛刊》,北京,书目文献出版社,1990年,第41页。

⑤《明武宗实录》卷一一五,正德九年八月丙申,第2326页。

⑥《明武宗实录》卷一六八,正德十三年十一月癸亥,第3257页。

⑦万历《贵州通志》卷二《秩官·总兵官》,第41页。

⑧[明]郭应聘:《郭襄靖公遗集》卷一《议留广西镇守总兵官疏》,《续修四库全书》史部第1349册,上海,上海古籍出版社,2002年,第25、26页。

整兵,加谨防御。"①世宗欲征讨安南莫登庸时,也敕命云南、两广官军协调配合②。

　　至于湖广总兵,该职虽自正德十二年以后就基本由勋爵垄断,但勋臣专阃体制实际上是在嘉靖朝以后才真正稳定。具体来说,世宗登极之初,有镇远侯顾仕隆、伏羌伯毛锐先后任湖广总兵③,嘉靖二年(1523)五月,伏羌伯毛锐自陈年老体衰,请求解湖广兵柄归朝,兵部覆准其奏,但世宗坚持以毛锐"老成廉静"为由命其继续领镇④。尔后如前文已述,历嘉靖一朝,明廷所用湖广镇守几乎全是勋臣,勋爵专镇相沿而成定制。由于湖广承天府即原安陆州系世宗潜邸所在,因此世宗执意选用勋臣镇守湖广应是有意凸显龙兴之地的重要性。

　　另外,世宗生父兴献王的陵寝显陵位于湖广承天府,世宗专用勋臣镇守湖广还与显陵祭祀制度有关。按照明代惯制,帝后山陵岁时祀典例遣驸马、外戚或勋臣主祭。《太常续考》即载,各皇陵每岁清明、霜降、中元、冬至、正旦、万寿节岁祭,分遣"勋戚大臣"行礼⑤。正德、嘉靖之后,因为驸马数量较少、外戚封爵被抑制等因素,勋贵逐渐取代其他贵胄,成为最重要的陵寝主祭大臣⑥。相比两京陵寝主祭官,显陵岁时主祭官的身份起初较低,在嘉靖前期,一般由世任显陵祠祭署奉祀的世宗母家蒋氏子孙行礼,或用湖广地方官行礼⑦。但凡遇显陵修缮、立碑、承天府水灾等重大或特殊事由时,明廷也会派遣成国公朱麟、成国公朱希忠等高爵勋臣告拜显陵以示重视⑧。至嘉靖十八年(1539)九月,世宗正式下令,显陵忌日及岁时之祭用"所在镇守勋臣行礼"⑨,至此显陵常祭就与两京陵寝常祭一样专由勋臣主持,其祭礼规格大大提升。第二年,世宗遣镇守湖广总兵新宁伯谭纶祭祀显陵,落实了"镇守

①[明]余子俊:《余肃敏公奏议》卷三《本兵类·外夷声息事》,《四库禁毁书丛刊》史部第57册,北京,北京出版社,2000年,第583页。
②《明世宗实录》卷二〇〇,嘉靖十六年五月丁亥,第4196—4197页。
③《明世宗实录》卷二、卷九,正德十六年五月丙寅、十二月辛卯,第99、329页。
④《明世宗实录》卷二七,嘉靖二年五月己未,第765页。按,此"己未"条应为"乙未"条。
⑤《太常续考》卷四《长陵等陵事宜》,景印《文渊阁四库全书》第599册,上海,上海古籍出版社,1987年,第169页。
⑥有关明代帝陵遣祭制度流变的考论,详见本书第十三章第三节。
⑦《明世宗实录》卷四四、卷七八,嘉靖三年十月乙卯,嘉靖六年七月癸卯,第1149—1150、1745页。
⑧《明世宗实录》卷八二、卷九四、卷二〇三,嘉靖六年十一月甲午,嘉靖七年闰十月庚寅,嘉靖十六年八月丁卯,第1845、2193、4256页。
⑨《明世宗实录》卷二二九,嘉靖十八年九月己未,第4739页。

勋臣行祭礼奉敕为岁例”①的制度。又根据《礼部志稿》的规定,显陵每岁祭祀,需"遣镇守湖广勋臣行礼,勋臣有故,以守护奉祀官代行"②,奉祀官即指蒋氏皇亲,可见镇守勋臣仍是最重要的主祭官员。可以说,显陵祀礼规格的需要进一步强化了湖广由勋臣专镇的体制。

综上所论,两广、湖广总镇之所以长期为勋爵专领,主要是为节制土酋与震慑外藩,并兼顾特殊的国家礼制的需要。但镇守总兵毕竟是关系一方稳定的军政要职,因此朝廷仍需考虑备选者的实际军事能力,按《湖广图经志》所云,湖广"总戎之选必勋旧大臣有才略者"③。然而勋家数量有限,嗣爵之人又多纨绔无能,实难从中拔擢将材。嘉靖二十二年(1543),时任两广总兵安远侯柳珣病故④,总兵员缺,巡按广西御史钱嵘上章建议或可仍用勋臣,或可改用广西流官都督代替勋臣镇守两广,兵部尚书毛伯温的覆奏大体同意钱嵘之说,其文曰:

> (两广总兵)成化五年始因南宁伯毛荣,以后相沿多用侯伯。但将材难得,适用各有所宜,求材贵广,不当拘于资次。所据巡按御史钱嵘欲要或仍照旧规拟推勋臣,或暂破常格拟推沈希仪,无非计虑地方之意。相应题请,合候命下,容臣等会同五府、九卿、科道官,不拘侯伯、都督,从公推举相应官二员,请旨简用一员。⑤

毛伯温等改用都督的建议未果,此后两广总兵仍只选勋臣,继柳珣挂印镇守者是平江伯陈圭⑥。

直至嘉靖中期以后,两广屡遭倭寇、海盗以及当地盗贼之害,而湖广地区在万历二十七年(1599)也受到杨应龙叛乱的直接波及,在这种情况下,不谙戎马的勋爵世胄已无法肩负守护一方的重任。朝廷迫于严峻的形势,不再顾及表面上的礼法体统,逐渐罢用勋臣出镇两广与湖广。为清晰起见,下边做一简要叙述。

---

①《明世宗实录》卷二四四,嘉靖十九年十二月辛酉,第4909页。

②[明]俞汝楫:《礼部志稿》卷二八《祠祭司职掌·陵寝》,景印《文渊阁四库全书》第597册,第534页。

③《湖广图经志》卷一《司志·总兵官》,《日本藏中国罕见地方志丛刊》,北京,书目文献出版社,1990年,第86页。

④《明世宗实录》卷二七二,嘉靖二十二年三月甲戌,第5358页。

⑤[明]毛伯温:《毛襄懋先生奏议》卷一七《地方疏》,《四库全书存目丛书》史部第59册,第735页。

⑥《明世宗实录》卷二七五,嘉靖二十二年六月辛巳,第5388—5389页。

先说两广总兵以都督更代勋臣的情况。嘉靖中后期两广军务渐重,但通过前表17两广总兵任职表可以看出,嘉靖三十二年以后,历任两广勋臣总兵的在职时间一般只有两年左右,职位更替较为频繁,不再有久任者,这从一定程度上反映出诸勋臣不能胜任两广的军事职责。其中定西侯蒋传与丰润伯曹松皆赴任两年就病死于镇所[1],很可能与不堪操劳有关,平江伯陈王谟又操行有缺,以行贿被罢免[2]。继陈王谟之后总镇两粤的恭顺侯吴继爵在嘉靖四十四年(1565)督剿"贼党"不力被罚夺禄米[3],第二年继爵直接因"不足任事"被免职召回,朝廷继而因勋胄"难与经武"而"徒扰地方"[4],改命抗倭名将俞大猷镇守南粤[5],勋贵至此不再把持岭南戎务。

再看湖广总兵裁革世爵的原委。在万历朝前中期,湖广相对稳定无事,但世爵总兵多有不称职者,勋臣镇守体制几成冗职,故被反复裁革。万历八年(1580),明廷裁撤湖广总兵,时任总兵怀宁侯孙世忠被调回京[6]。万历十四年,武靖伯赵光远又被派出充任总兵镇守湖广[7],湖广总兵又得以复设。万历十八年,赵光远自陈不职,回京听用[8],此后,《明实录》中即不再有关于湖广总兵的记载,该职在实质上被第二次废除。至万历二十七年,播州杨应龙乱起,湖广因毗邻战区而戎务渐繁,时任总督川、贵、楚三省军务的兵部侍郎李化龙请求新设湖广总兵,其奏疏云:

> 湖广原有总兵,且以侯伯为之,后以承平日久,暂议裁革。今非无事时矣,原无者亦应议增,况原有者,自应议复。臣等以为武昌去南界远在二三千里,即声闻亦难相通,何况调度。臣可大宜移驻沅州,该省仍设一总兵,无事驻扎沅州,有事移驻偏桥。[9]

嗣后,在万历朝鲜战争中功勋卓著的都督陈璘领重兵充任湖广、偏桥总兵,

①《明世宗实录》卷四二三、卷四八九,嘉靖三十四年六月甲子,嘉靖三十九年十月辛亥,第7331、8144页。
②《明世宗实录》卷五一六,嘉靖四十一年十二月戊寅,第8480页。
③《明世宗实录》卷五四三,嘉靖四十四年二月己巳,第8769页。
④[明]郭应聘:《郭襄靖公遗集》卷一《议留广西镇守总兵官疏》,《续修四库全书》史部第1349册,第25页。
⑤《明世宗实录》卷五六二,嘉靖四十五年九月丁巳,第9015—9016页。
⑥《明神宗实录》卷一〇一,万历八年六月己未,第2002页。
⑦《明神宗实录》卷一七〇,万历十四年正月壬寅,第3064页。
⑧《明神宗实录》卷二三〇,万历十八年十二月甲申,第4268页。
⑨[明]李化龙:《平播全书》卷一《请内帑增将兵疏》,《续修四库全书》史部第434册,第289页。

属一时特设 ①。不过,自陈璘始,流官镇守湖广相沿成制,逐步取代勋臣。

(四)从万历、天启朝勋臣专领漕帅看明代"祖制"的实质

不同于两广、湖广总兵,镇守淮安漕运直至万历、天启朝才出现勋爵专任的趋势。现参酌明修《漕运通志》卷三《漕职表·总兵》、清乾隆修《淮安府志》卷一八《职官》及《明实录》的相关记载,制表以示任职者的概况(见表19):

表 19　天启朝以前漕运总兵任职表

任职者	任职时间	身份类型
平江伯陈瑄	永乐二年至宣德八年	"靖难"勋裔
都指挥佥事、署都督佥事王瑜	宣德八年至正统四年	普通武官
都督佥事武兴	正统四年至十四年	普通武官
都督佥事徐恭	正统十四年至天顺七年	普通武官
署都督佥事牛循	天顺七年至八年	普通武官
署都督佥事升都督同知杨茂	成化元年至七年	普通武官
泰宁侯陈泾	成化七年至八年	"靖难"勋裔
平江伯陈锐	成化八年至二十一年	"靖难"勋裔
都督同知王信	成化二十一年至二十二年	普通武官
署都指挥使升都督佥事都胜	成化二十二年至弘治七年	普通武官
署都督佥事升都督同知郭鋐	弘治七年至正德二年	普通武官
伏羌伯毛锐	正德二年至三年	新勋勋裔
平江伯陈熊	正德三年至四年	"靖难"勋裔
伏羌伯毛锐	正德四年至五年	新勋勋裔
镇远侯顾仕隆	正德五年至十六年	"靖难"勋裔
署都督佥事升都督同知杨宏	正德十六年至嘉靖九年	普通武官
都督佥事杨锐	嘉靖九年至十年	普通武官
署都督佥事升都督同知张奎	嘉靖十年至十三年	普通武官
署都指挥佥事刘玺	嘉靖十三年至十七年	普通武官

① [明]沈一贯:《敬事草》卷七《言湖广当增设视师大臣揭帖》,《续修四库全书》史部第 479 册,第 312 页。

续表

任职者	任职时间	身份类型
镇远侯顾寰	嘉靖十七年至二十三年	"靖难"勋裔
伏羌伯毛汉	嘉靖二十三年	新勋勋裔
都督佥事刘玺	嘉靖二十三年至二十五年	普通武官
署都督佥事万表	嘉靖二十五年至二十七年	普通武官
镇远侯顾寰	嘉靖二十七年至二十九年	"靖难"勋裔
署都督佥事郭琮	嘉靖二十九年至三十一年	普通武官
镇远侯顾寰	嘉靖三十一年至三十四年	"靖难"勋裔
署都督佥事万表	嘉靖三十四年	普通武官
署都督佥事方恩	嘉靖三十四年至三十六年	普通武官
署都督佥事黄印	嘉靖三十六年至四十三年	普通武官
临淮侯李廷竹	嘉靖四十五年至隆庆元年	嘉靖朝继封"开国"勋裔
署都督佥事福时	隆庆元年至三年	普通武官
镇远侯顾寰	隆庆四年	"靖难"勋裔
平江伯陈王谟	隆庆四年至五年	"靖难"勋裔
保定侯梁继璠	隆庆五年至六年	宣德旧勋勋裔
灵璧侯汤世隆	隆庆六年至万历十三年	嘉靖朝继封"开国"勋裔
怀宁侯孙世忠	万历十三年至二十年	新勋勋裔
新建伯王承勋	万历二十年至四十年	新封文臣勋裔
临淮侯李邦镇	万历四十四年至天启元年	嘉靖朝继封"开国"勋裔

依据上表,在明中叶,尤其是正德一朝,平江伯、镇远侯、伏羌伯三家勋臣充任漕运总兵者确实较多,形成一定的家族优势,其中平江伯陈锐、镇远侯顾仕隆等皆有十年以上久任的履历,权位更显突出。但整体来看,在隆庆四年(1570)以前,勋臣出任漕运总兵的人次与时长又不及都督流官。漕粮运送虽关乎京师与边关用度,系国之命脉,但漕运总兵并不需要维系特别的体统之尊,因此在明中期已常由都指挥一级的漕运参将循资量升署都督佥事职衔以领任①。另外,在隆庆朝之前,除平江伯陈瑄、都督武兴、都督徐恭、

---

① 如成化二十二年,漕运参将署都指挥佥事都胜升署都指挥使,佩漕运印任总兵,提督漕运镇守淮安(见《明宪宗实录》卷二八一,成化二十二年八月丙申,第4748页)。另如成化朝先以都指挥佥事任漕运参将的郭铉,弘治朝再任广西副总兵,又升署都督佥事,复转任漕运总兵(见[明]李东阳:《李东阳集·文后稿》卷三〇《明故荣禄大夫后军都督府都督同知郭公铉墓志铭》,第1329页)。

平江伯陈锐、镇远侯顾仕隆、都督郭铉等漕帅连续久任十年以上外,其余漕帅无论勋臣或流官,每任平均在职时间三年左右,任职时间虽相对较长,但并无勋臣垄断把持之势。不过,自隆庆四年(1570)至天启初年的五十余年内,连续有七名勋贵充任漕运总兵,勋臣专任渐成定制,特别是新建伯王承勋一人在职近二十年,是最为典型的勋臣专阃,其成因值得探讨。

先看隆庆朝最初任漕帅的镇远侯顾寰、平江伯陈王谟的情况。镇远侯顾氏、平江伯陈氏两家本有担任漕运总兵的传统,兼之顾寰、陈王谟二人在勋裔中才干较突出、声名较显,顾氏老成持重,历任中外,此前就多次膺选漕帅[①],陈氏嘉靖末年担任两广总兵时平乱有功,"能同心于提督","不闻异见于偏裨"[②],足可协调一方军政,因此这二人先后出任漕运总兵,尚属正常的职官选授。而且包括顾寰、陈王谟在内,隆庆朝三名漕运总兵勋臣的任职时间都不长,所谓专任之制尚未真正确立。

进入万历朝后,勋爵专任漕帅的趋势就更趋明显,其中灵璧侯汤世隆、新建伯王承勋任职时间皆超过十年,王承勋一人在任二十年的情况尤显特异。首先可以肯定,汤世隆的久任专阃在很大程度上出于河漕治理的需要。汤世隆在任的万历六年(1578),正值河道总理潘季驯整治河漕,世隆协同治河有功,表现出"官兵赴役,约束甚严,镇臣宣劳,尤征忠悃"的军事能力,被赞为"任久而闻见自真"[③],这也是他之后又得以长期留任漕帅而不替的主要原因。

与汤世隆不同,王承勋的专任更与神宗个人的统治理念有关。新建伯王承勋是王守仁孙,他被神宗独宠而长期授予漕帅之权的原因不见于明朝正史,但根据清人毛奇龄为编纂《明史》而撰的《王文成传本》记载:

> 神宗王皇后余姚人也,神宗尝问后家有官否,后对曰:"犹记新建伯(王承勋)妾犹子行也,见在京。"翼日召见(王承勋)于坤宁宫,赏赉甚厚,既而以后故,奉差为南京守备,十九年提督操江,二十年挂漕运总兵

①[明]谢廷谅:《镇远侯荣僖公顾寰》,[明]焦竑辑:《国朝献征录》卷七《侯一·世封侯》,周骏富辑:《明代传记丛刊》第109册,第236—237页。

②[明]杨博:《杨襄毅公本兵疏议》卷九《覆江广等处纪功御史段顾言等覈勘剿平逆寇张琏等功赏疏》,《四库全书存目丛书》史部第61册,第462—463页。

③[明]潘季驯:《两河经略》卷四《河工告成遵奉敕旨分别效劳官员乞恩查覈俯赐允行以励臣工以裨国计疏》,景印《文渊阁四库全书》第430册,上海,上海古籍出版社,1987年,第238页。

　　印。①

毛奇龄的说法虽近乎小说家之言,但参照明代史料可知此说有一定的根据。沈德符《万历野获编》载,在万历朝王守仁获准从祀孔庙之后,有"说者谓新建之孙与戚畹永年伯王伟共醵数万金,从内援得之"②。对于"说者"的这一传言,沈德符本人认为"尤为怪诞",并指出新建伯、永年伯两家王氏本非同族,不过,时人的传言也暗示王承勋与王皇后家关系非同一般,两家很可能有联宗之谊。

　　神宗与皇后王氏情感甚笃,因此推恩重用王氏宗亲王承勋也在情理之中。特别是考虑到神宗在统治的中后期以派遣矿监税使搜刮聚敛为能事,为保证宫廷钱粮供给,他自然倾向于任用与皇室关系较近的勋臣世胄总兵漕政。此外,王承勋本身又是万历朝兵部尚书吴兑的女婿③,这种家世背景也应是他久任漕帅的原因之一。

　　王承勋之所以能以一人独掌漕帅二十年,除得益于特殊的身份优势外,还应在一定程度上与万历中后期总漕官员任期普遍延长的政策有关。根据《明督抚年表》的统计,万历二十年(1592)以后,文臣漕运总督任期多在四年以上,尤其是曾与王承勋同时掌漕的总督李三才前后任职近十年④,业已形成久任的成例。需要指出的是,漕运事务繁难艰巨,又具有长时性、周期性的特征,因此督漕官员久任有利于落实职责,推进漕政,这在明中后期成为官员的普遍共识。早在嘉靖二十八年(1549),直隶巡按御史陈其学就奏请漕运、河道总督文臣皆"国计所系,非久任无以底绩",此议经吏部覆议后报可⑤。嘉靖三十八年,明廷又命总漕都御史"务要久任,必漕务修举,粮运无欠,方许迁转"⑥。万历二十六年巡漕御史张眷志再次建议漕运总督与漕储道官"比照边方事例",以三年为限,"依期定行超擢,不称者重加黜罚",报可⑦。

---

① [清]毛奇龄:《王文成传本》卷二《附·袭爵始末》,《续修四库全书》史部第551册,上海,上海古籍出版社,2002年,第101页。
② [明]沈德符:《万历野获编》卷一四《礼部·四贤从祀》,第363页。
③ [明]沈德符:《万历野获编》卷五《勋戚·嗣封新建伯》,第145页。
④ [清]吴廷燮:《明督抚年表》卷四《凤阳》,北京,中华书局,1982年,第340—343页。
⑤ 《明世宗实录》卷三四四,嘉靖二十八年正月辛卯,第6233—6234页。
⑥ 《明神宗实录》卷三六五,万历二十九年十一月丙申,第6819页。
⑦ 《明神宗实录》卷三六五,万历二十九年十一月丙申,第6819页。

不过，王承勋专领漕帅的时间过长，显然已不利于漕政的合理运行。承勋虽为大儒王守仁之后，但自幼沾染"勋贵余习"，"自声色游畋之外，别无雅嗜"[1]，并不长于军务。神宗独用王承勋二十年，这就引起文职衙门的反弹。漕帅之选任例由户部与兵部共襄拟议，至万历四十年（1612），户部题覆奏请裁撤勋臣漕帅，其疏云：

> 至今漕制悉备，而总兵觉为赘员，故有议裁之说。顾百万粮艘鳞集而行，赖总兵殿后，以督催众帮，以约束官军，裁之恐有后虞大失。成祖建设初意，所关非小，惟是官不可裁，而所当裁者有二：一旧勋之当易。王承勋在漕垂二十载，历年既久，谤议易生，当此崦嵫之日，顿苦展布之难，宜为更易。一世爵之当易。勋臣体统，抚按不便弹压，而江淮一路最苦于扰，不如革世爵而用流官，行兵部拣择武官廉能者充之，仍听总漕节制、举劾，往昔凌虐剥削等弊可以一扫。[2]

户部奏疏上后不久，王承勋被免职，但户部官坚持彻底裁革勋臣总漕，引起神宗的不满，神宗对户部的题请也久搁置不作批答，导致漕运总兵职务空缺达四年之久。直至万历四十四年，神宗遣太监王体乾诘问内阁漕运总兵人选"迟推"之责，阁臣无奈答曰："勋臣任之，此旧例也。近诸臣建议，以用非其人，徒滋多事，欲将勋镇裁革，或用武职官，屡经题请未奉明旨，今蒙传谕，即令兵部议覆。"[3]最终"开国"勋臣李文忠后代临淮侯李邦镇被选派提督漕运[4]。对于万历朝漕帅的裁改之议，顾起元《客座赘语》有云：

> 顷见台谏与部疏议漕运总兵改用流官，不必沿推世爵。案此官旧制，流官、世爵，原相兼并推，不待改也。嘉靖中，吾乡刘都督玺、黄都督印，皆以卫官任至总兵，管漕运。黄与先大夫往还，余犹及见之，颇非辽远。建议者不举此以闻于上，第云欲革世爵，改用流官，遂奉旨："祖宗旧制，原用勋臣。"不知兼用流官，正祖宗旧制也。[5]

可知神宗实以"祖宗旧制"的名义强行任用临淮侯李邦镇管漕，但专任勋

①[明]沈德符：《万历野获编》卷五《勋戚·世官》，第143页。
②《明神宗实录》卷四九七，万历四十七年七月癸丑，第9377—9378页。
③《明神宗实录》卷五四二，万历四十四年二月壬戌，第10307页。
④《明神宗实录》卷五四三，万历四十四年三月癸未，第10314页。
⑤[明]顾起元：《客座赘语》卷一《漕运总兵流官》，北京，中华书局，1987年，第2—3页。

爵在事实上已经违背了前朝相沿的勋臣世爵与都督流官并用的漕帅铨用规制。

天启元年（1621），漕运总兵临淮侯李邦镇因在任期间"殊不厌众心"，遭到"言官具疏论列"，言路趁势再次奏请裁罢漕运总兵，当时李邦镇自己也以病请退。相关章奏俱下户、兵二部会议，会议结果认为，李邦镇理应罢免，而且漕运总兵形同赘员，可"一去之为全利也"。此覆奏上后，熹宗传谕内阁，同意召回李邦镇，但执意要求遵照所谓"祖宗规制"再补漕帅。内阁大学士刘一燝又奏称，在文臣"漕、河两督臣并置"的情况下，即使勋臣"总兵得人，亦属冗赘"，况且前任勋臣漕帅任职时常有"盘查需勒"及"稽延不前"等弊蠹，故此票拟建议将漕运总兵"不问世官、流官"一并裁撤。熹宗最终下旨，勉强同意不再补推漕帅，同时依然强调"祖制用勋臣良有深意，却以一时利病议更"①。

漕运总兵在万历、天启之际的推选过程从一个层面反映出明代所谓"祖制"的本质。神宗枉顾前朝漕帅流官与世爵兼推的旧政，强言依照"祖制"任用勋贵，此可见所谓"祖制"概念被皇帝的滥用。在万历朝，勋臣专任漕帅渐成定制，这本是一定时期内的特殊任用规则，但在某种意义上也形成了新的"祖制"。至天启朝，熹宗皇帝反复强调漕帅选用勋臣系"祖宗规制""祖制"，无疑就特指神宗一朝的任用旧例。熹宗又称祖宗朝专选勋臣督漕系"良有深意"，但并未明言"深意"的具体内容。依笔者前文所论，万历初年汤世隆的久任主要由于河漕治理的需要，这尚有一定的合理性，但万历二十年（1592）以后新建伯王承勋的专任更多出于神宗的推恩之私，这种"深意"并不足以垂训后世。

实际上，明廷为适应统治需要，一直在对各类国家制度与机制进行调整，是故明代君臣援引的所谓"祖制"很多并非洪武、永乐两朝所立旧法，而是经列朝事例积累、相沿成习的各类规制。这些规制有的经整理后开载于《明会典》及各类法例汇编等国家典章之中，有些仅仅是日常行政中的通行惯例，甚至是一时权宜之策。在这种情况下，"祖制"有时不过是皇帝强调某些决策与行政合理性的说辞，皇帝出于一时之需，可以借此"祖制"攻彼"祖制"，凭"祖制"之名行一己之私。对于神宗、熹宗援引"祖制"任用勋臣

①《明熹宗实录》卷六，天启元年二月戊申，第281—282页。

总漕的种种理由,阁、部大臣并没有正面回应,而是基于兴利除弊的现实考虑,申论勋臣专任可能引发的不良后果。相比君主出于一己之私的独断,阁部所论更显允当。不过,明代素有以文、武职官对掌军务的定制,刘一燝等人彻底废除漕运总兵的建议也有操之过猛之嫌。最终,由于王承勋、李邦镇劣迹暴露,屡遭弹劾,皇帝只好同意群臣的奏请,暂罢漕运总兵,这也反映出一些不合理的"祖制"事实上缺乏行政指导效力,朝臣对其也不会一味遵照执行。

　　熹宗强调停推漕运总兵是"以一时利病议更",说明他并非真正从建制上将该职权裁撤,这就为勋臣漕帅的复任留下余地[1]。漕帅素称肥差,便于领职者剥削渔利,因此至崇祯朝,就又有勋臣谋求出任漕运总兵,按《崇祯长编》中兵科给事中陶崇道的奏报,其事原委如下:

　　　　兵科给事中陶崇道以灵璧侯汤国祚揭称诚意伯刘孔昭欲得漕运总兵,遣滕圃等以金珠、玉带遗结要路,又阳武侯薛濂为武选郎李继贞知友,托绍人蔡承忠、李弘轩,以万金馈嘱纶扉,钻营此缺,请敕国祚将把持情事、受贿姓名指实上闻,且深言此官不宜复设,以滋漕船耗费之弊。兵部尚书梁廷栋亦以汤国祚有钻营漕运之揭,请将本内列名各官俱令据实回话,廷辨其事,倘略有端倪,即应处以重典。李继贞则以先年停推漕镇一咨属其手笔,国祚憎其词严厉义正,无可挽回,故为此无端牵捏。章并下,国祚指实回奏,国祚谓此揭非其所为,请敕兵部追究何人所投,并令缉捕衙门严缉务获。[2]

由此可见,诚意伯刘孔昭、阳武侯薛濂曾直接行贿大臣以请托漕帅之职,而灵璧侯汤国祚也因不满于漕帅被撤,自己不得任职,有通过揭发刘、薛二人密谋以泄愤的嫌疑。不久,给事中陶崇道又就勋臣贿任漕运总兵一事上奏曰:

　　　　漕运总兵,国初以命勋臣,因其时未设总运大臣、巡漕御史故耳。自总运巡漕既设,勋臣遂成赘疣,自勋臣中有贪婪不肖者往,总兵益成

---

[1]包括著名明史专家黄仁宇在内,不少学者都仅依据《明熹宗实录》的记载,认为漕运总兵在天启朝被取消,这种观点其实不完全准确(见〔美〕黄仁宇著,张皓、张升译:《明代的漕运》第三章《明代管理大运河的行政机构》,北京,新星出版社,2005年,第46页)。

[2]《崇祯长编》卷三一,崇祯三年二月丙辰,第1725—1726页。

蛇蝎,此所以置不复用也。今汤国祚等乘多事之时,生觊觎之术,廷栋(指兵部尚书梁廷栋)宜斩钉截铁明告圣主,乃故为两可之词,窥探上意,岂大臣事君之道? ①

对于陶崇道的指摘,兵部尚书梁廷栋回奏云:"漕运总兵一事佥以省官为便,臣明言再三酌议,何尝为两可之词。且武官之抢攘始于文官之嘱托,若文官既奉公守法,既奔竞何由而起? 臣愿与科臣共守之,勿相尤也。" ② 此案至此不了了之。从陶崇道、梁廷栋二人的奏议中可见,当时朝臣虽普遍倾向于不用漕运总兵,但同时一些文职大臣也暗中诱导勋臣复任漕帅。另外,兵部尚书梁廷栋在参议漕运总兵复设时甚为谨慎,不敢有所决断。这些情况的出现,无疑与之前熹宗不愿彻底废除漕帅的态度有关。至崇祯末年,思宗"用人屡不效",故"又思用侯、伯",并自云:"毕竟是我家世官。" ③ 最终,崇祯帝钦命抚宁侯朱国弼"总漕淮安" ④,尽复漕运总兵制度。总而言之,受神宗旧政的影响,后嗣皇帝始终乐于任用勋臣参与统领漕政。

在晚明漕运总兵勋臣专任机制的形成过程中,有一个现象颇值得注意,即充任与贿选漕帅者多嘉靖朝复录的"开国"元勋后代。其实,早在嘉靖、隆庆之际,原曹国公李文忠后代临淮侯李廷竹即短暂充任过漕运总兵,此后灵璧侯汤世隆、临淮侯李邦镇先后任职,而崇祯朝预谋染指该职的诚意伯刘孔昭系"开国"谋臣刘基的后代。这些"开国"勋臣子弟久居南京,或便于在淮安任职。

本章结语

通过本章的论述,可以对明代勋臣领兵职权的特征做如下总结:

第一,以"靖难"勋臣为主的旧勋勋臣随朱棣夺取皇位,他们是人数最多、与皇权关系最紧密且权势最稳固的勋爵群体。"土木之变"以前,"靖难"老臣普遍拥有较高的管军职权,"土木之变"虽然造成部分"靖难"勋臣死难,但正因为这些勋臣曾伴随君王出生入死,因此英宗复辟之后更加信重他

①《崇祯长编》卷三一,崇祯三年二月己未,第 1738—1739 页。
②《崇祯长编》卷三一,崇祯三年二月己未,第 1740—1741 页。
③[明]李清:《三垣笔记·崇祯》,北京,中华书局,1982 年,第 76 页。
④[明]文秉:《烈皇小识》卷七,《中国历史研究资料丛书》,上海,上海书店,1982 年,第 227 页。

们的袭爵子弟,授予其京、团营提督、南京守备及大镇总兵等军事要职。在明中期天顺、成化、弘治各朝,"靖难"勋臣进一步与残存的"开国"功臣子弟以及部分外戚组成关系紧密的旧勋势力,他们长期把持内外最高管军职务。随着时间推移,至弘治、正德之际,旧勋子弟明显已不适合领兵在外,但他们仍占据京、团营主帅与南京守备的高位,至明亡而不衰。旧勋当中的英国公张氏、成国公朱氏、魏国公徐氏与外戚会昌侯孙氏等老贵戚家族成员常有几十年提督京营、镇守南京者,而平江伯陈氏、镇远侯顾氏、安远侯柳氏等一些勋家对某些外镇职务形成一定程度的垄断,这些勋家在军中的权势又高于其他旧勋家族。朝廷在任用嗣爵旧勋时,常信重其祖宗功德与亲臣身份,实际军事才能并非最主要考量因素,这无疑体现出较为鲜明的贵族政治与血缘政治倾向。

第二,宣德、正统以后各朝新封勋臣更主要凭个人能力备选统军。不同于"靖难"功臣世代享受正统地位,新封勋家缺少"从龙"大功,不具备为朝廷长期倚重的先决条件。第一代新勋普遍以边将起家,封爵后继续久镇边方者为多,长期在两京任职者相对较少。第二、三代新勋后裔的外镇职权相比父祖有较明显的萎缩。与久居京师的旧勋后裔相比,嗣爵新封勋臣在外镇职权方面略有优势。对少数宣德、正统朝所封新勋勋裔而言,祖辈在土木堡蒙难的事迹对他们提升管军职权有一定的积极影响。在新勋后代之中,也有如保国公朱永等权力煊赫者,不过他们一般具备特殊政治背景,或与皇帝有密切关系,或夤缘内臣权幸得势。可以说,旧勋在整个勋爵群体中占据优势,新封勋臣在一般情况下处于从属位置,很多新晋勋贵选择通过与旧勋结成姻党以维持权势,当然旧勋也乐于接纳最得势的新封权贵。

第三,在明代中后期,勋臣的统兵职权出现诸多体制性变化。由于旧勋子弟军事素养低下,他们长期把持京、团营,引发诸多弊政。有鉴于此,在正德、嘉靖两朝,皇帝反复调遣边将入主京营以求振刷营政。世宗甚至一反旧制,创设戎政府,重用新晋勋臣咸宁侯仇鸾执掌京军。不过,新兴武将在朝中缺乏根基,为邀取宠信,他们经常变乱京营制度并排挤政敌,这更引发京营管理体制的混乱。仇鸾败后,世宗一手主导的京营体制变革陷入进退两难的境地,在百般无奈的处境下,世宗只能转而更加保守地选用少数"开国""靖难"勋裔提督戎政,京营统帅机制日趋僵化。嘉靖朝之后,各地总兵多由战功卓著的都督流官充任,仅余两广、湖广、漕运三总兵为勋臣专领。

两广、湖广总兵在明中期即由勋臣专掌，这种专任机制的成因主要与勋爵弹压土司、震慑外藩、祭祀皇陵的特殊礼法职能有关。严格来说，漕运总兵由勋臣专领的情况仅出现在万历一朝，起因在于神宗长期宠信任用勋爵新建伯王承勋等监督漕政，以确保漕粮供给京师。在明廷全面推行"以文统武"机制的情况下，镇守地方的勋臣常与文臣督抚相抵牾，而勋臣对地方防务又无多建树，勋爵专镇制度几成冗赘。随着嘉靖、隆庆、万历三朝东南、西南各地局势动荡，战乱不断，两广、湖广总兵逐渐为俞大猷、陈璘等大将更代。由于漕运事关皇室核心利益，皇帝对勋臣掌漕制度时罢时用，直至崇祯朝仍有抚宁侯朱国弼提督漕运。

第十一章　黔国公世镇云南体制的衰变

在明代勋臣所领管军职权中，沐氏黔国公世代挂镇南将军印任总兵官专镇云南是一种贵族政治特征尤其明显的总兵镇守权力①。清初人冯甦在《滇考》中评论沐氏世镇时有言："武僖（指成化朝袭爵的黔国公沐琮）而后多雍容好墨翰，间不免骄佚，顾诸蛮习其威德，犹乐为用。"②此语道出了明代云南世镇制度虽渐趋不振但始终被明廷僵化固守的根本原因，就在于用世袭勋贵节制与安抚同为世袭身份的西南土司首领，以保持中央与地方统治秩序的对应与平衡。不过，明代中期开始沐氏子弟频频以低龄袭爵任事，这在客观上削弱了沐氏国公安抚与震慑"诸蛮"的"威德"，为方便行文，可将这种现象简称为黔国公"幼镇"。以往学者也曾注意到黔国公幼镇现象及其消极影响，并作有简单分析③。笔者通过进一步的研究认为，幼镇问题实际上关系到整个明代云南军政管理体制的发展方向，也是探析明代中后期"以文统武"体制下勋臣贵族性职权演化状况的典型个案。有鉴于此，本章主要围绕以下学界未曾涉及的三个方面展开讨论：第一，将幼镇现象出现的原因分为前期的自然原因与后期的人为原因分别加以剖析。第二，将幼镇现象的研究与云南军政权力结构演变的研究相结合，在"以文统武"体制发展的历史背景下，探析黔国公与云南巡抚、巡按等管军文臣的权力关系。第三，从贵族政治与官僚政治相互抵牾的角度揭示黔国公职权的衰变过程。

---

① 有学者将沐氏世镇制度的性质定义为"亚分封"。所谓"亚分封"之"亚"，即指沐氏世袭公侯之爵，世领镇南将军、云南总兵官之职，但又并非真正意义上的诸侯或藩王，需听命于朝廷，并受到抚、按大臣的节制（见李建军、谢雪冰：《论明代云南亚分封制》，《云南师范大学学报（哲学社会科学版）》2013年第5期）。但明代本没有真正意义上的分封制。在明初，朱元璋分封同姓宗藩主要是为了使子侄镇守军事要地，诸王并无治土临民的封建特权。永乐以降藩王的政治军事权力多被褫夺，分封更成为虚指。明代的勋爵封袭更不能与商周或西欧的诸侯封建相类比，仅可视为特殊的军功贵族制度。从这个意义上而言，"亚分封"这一概念存在诸多歧义，不能够准确概括沐氏世镇的性质。实际上，沐氏世镇脱胎于明初的武臣总兵，特别是勋臣总兵镇边体制，只不过在明代近三百年的时间里，云南总兵官、镇南将军一职皆由沐氏一家勋臣充任，其铨任资格以沐氏血统为首要条件，以政治学的观点来看，可称其为具有贵族政治特色的总兵镇守制度。

② ［清］冯甦：《滇考》卷下，《中国方志丛书》第140号，台北，成文出版社，1967年，第287页。

③ 见李建军：《明代云南沐氏家族研究》第三章《曲折演变与滇镇二百年风云》，沈阳，辽宁人民出版社，2002年，第163—164页。

一　沐氏幼镇概况

按明代武职管理制度,世袭武职分为新官与旧官两类。所谓"新官",指在朱棣"靖难"期间因功授职者,其应袭子弟十六岁出幼;"旧官"系洪武三十一年(1398)以前立功授官者,他们的应袭子弟十五岁出幼,出幼者可嗣官莅事①。勋贵袭爵亦比照此例,沐氏初封在洪武朝,应属旧官行列,不过从相关事例来看,黔国公后裔一般循新官惯例十六岁正式出幼袭爵。但云南一省孤悬边陲,汉夷错居,戎务倥偬,镇守黔国公若非年富力强,恐难经理其事。沐英、沐春、沐晟、沐昂等前几代沐氏总兵均历经军事磨练,以壮年履职。如西平侯沐英八岁为朱元璋收养,后征战南北,洪武十六年(1383)奉诏镇守云南时年近四十②,实身经百战之宿将。再如沐英子沐春十七岁随父征西,洪武十八年实授后军都督佥事,洪武二十五年袭爵镇守云南时三十岁左右③。沐春弟黔国公沐晟青少年时代被朱元璋授予后军都督佥事、左都督等职,后嗣父兄之位镇边④。沐晟弟沐昂在洪武三十年被"特除散骑舍人"一职,随太祖"晨夕侍卫",建文朝又升府军左卫指挥佥事,至永乐四年(1406)升云南都指挥同知,时年二十九岁⑤。然明代中期天下承平日久以后,就屡屡出现沐氏后裔刚刚出幼袭爵即领职镇守与未出幼就袭爵的情况,详见表20:

表20　沐氏低龄袭爵者表

黔国公	袭爵年龄	资料出处
沐琮	父黔国公斌死时琮仅一岁不满,成化元年琮十六岁袭爵,留京,至十八岁还镇云南。	谢绶:《太师武僖沐公神道碑》,正德《云南志》卷二七《文章五》。

① 见于志嘉:《明代军户世袭制度》第三章《武官的世袭与武选》第一节《武官集团的形成与世袭法》,第144页。
② [明]黄玉:《黔宁王神道碑》,正德《云南志》卷二七《文章五》,第340—341页。
③ [明]唐愚士:《西平惠襄公沐春行状》,[明]焦竑辑:《国朝献征录》卷五《公一·世封公》,周骏富辑:《明代传记丛刊》第109册,第151—152页。
④ [明]杨士奇:《黔国公赠定远王谥忠敬沐晟神道碑》,[明]焦竑辑:《国朝献征录》卷五《公一·世封公》,周骏富辑:《明代传记丛刊》第109册,第154页。
⑤ [明]胡濙:《定边伯沐公神道碑》,正德《云南志》卷二七《文章五》,第346页。

黔国公	袭爵年龄	资料出处
沐崑	沐琮从孙兼养子,弘治九年十六岁袭爵。	蒋冕:《黔国公谥庄襄沐公崑墓志铭》,焦竑辑:《国朝献征录》卷五《公一·世封公》。
沐朝辅	沐绍勋长子,嘉靖十五年十岁袭爵。	高拱:《高拱全集·掌铨题稿》卷三四《题黔国公沐昌祚袭爵疏》。
沐融、沐巩	沐融系沐朝辅长子,嘉靖二十六年袭爵优给,时年四岁。嘉靖二十八年,融夭折,由弟沐巩袭爵,时年三岁。	《明世宗实录》卷三二八,嘉靖二十六年九月甲辰;《明世宗实录》卷三五三,嘉靖二十八年十月戊午。
沐昌祚	沐朝弼子,沐朝辅侄,隆庆三年十四岁代管地方事务,隆庆四年十五岁正式袭爵。	高拱:《高拱全集·掌铨题稿》卷三四《题黔国公沐昌祚袭爵疏》。
沐启元	沐叡子,沐昌祚孙。万历四十年、天启三年两次以都督佥事充总兵、副总兵,与其祖沐昌祚并镇,时"乳臭、少不更事"之龄。昌祚死后正式袭爵。	《明神宗实录》卷五三六,万历四十三年八月庚午;《明熹宗实录》卷三〇,天启三年正月乙未;《明熹宗实录》卷三一,天启三年二月;《明熹宗实录》卷五七,天启五年三月丁卯。
沐天波(末代)	沐启元子,崇祯元年十一岁袭爵。	《崇祯长编》卷一四、卷一九,崇祯元年十月甲辰、崇祯二年三月丙寅。

由于袭爵者年少无力实际视事,朝廷即委派沐氏家族中其他成员代镇滇省,但代镇者也普遍年轻①。如沐斌死,其子沐琮童稚,故暂留南京不袭爵,由琮从兄沐璘代镇地方,璘被朝廷授右军都督府都督同知,特赐制谕,充总兵官,挂征南将军印,时年不过二十岁②。天顺二年(1458)沐璘死,沐琮仍未出幼,故由沐璘弟沐瓒继续以都督同知充总兵官,挂征南将军印代镇,时年二十岁③。嘉靖二十六年(1547),黔国公沐朝辅死,二子融、巩皆是幼儿,故

---

① 沐氏家族旁支代镇的情况最初始于都督沐昂。沐昂系西平侯沐英第三子,黔国公沐晟弟,长期在滇随侍沐晟征战。正统四年(1439),沐晟死于征讨麓川叛乱途中,其子沐斌继公爵,留京师侍从,朝廷又命沐昂充总兵官挂征南将军印继镇麓川。后沐昂死,沐斌赴云南履镇守之职(见[明]吴节:《袭封黔国公谥荣康沐公斌神道碑》,[明]焦竑辑:《国朝献征录》卷五《公一·世封公》,周骏富辑:《明代传记丛刊》第109册,第156页;[明]胡濙:《定边伯沐公神道碑》,正德《云南志》卷二七《文章五》,第347页)。沐晟在滇四十余年,死时子沐斌已四十余岁,但迫于战事,由弟沐昂代领兵,沐昂时年已六十余。有此先例,此后沐氏家族内代镇的情况屡见。
② [明]李贤:《总兵官都督沐公神道碑》,正德《云南志》卷二七《文章五》,第350页。
③ [明]王傲:《赞理都督沐公神道碑》,正德《云南志》卷二七《文章五》,第352页。

由朝辅弟朝弼以都督佥事代镇,但朝弼也不过是十六七岁的少年[①],此尤显荒诞。

造成沐氏袭爵或代镇者多年龄偏低的原因先后有二:以隆庆朝为限,此前出现幼镇,是因为沐氏家族男性成员频繁出现早逝与少子的情况,基本属不可抗的自然因素。沐昌祚及其子孙的低龄袭爵,主要是沐氏族内及沐氏与地方大臣政治斗争的结果,人为因素更加凸显。首先列表总结隆庆朝以前黔国公幼镇的缘由(见表21):

表 21　隆庆以前历代黔国公寿命及子嗣情况表[②]

低龄黔国公	沐琮	沐崑	沐朝辅	沐融、沐巩
幼镇形成原因	父黔国公沐斌仅二子,长子玘早卒,故幼子琮爵。	首封黔国公沐晟仅一子斌,斌仅一子琮,沐琮无子,又无近派弟侄,故抱养伦序最近再从孙沐崑为嗣,沐崑以低龄袭爵[③]。	父黔国公沐绍勋三十三岁早逝,仅两子朝辅、朝弼,皆年幼,长子朝辅袭。	父黔国公沐朝辅二十一岁早逝,二子融、巩幼。长融先袭,夭折,次巩继爵,寻亦夭折。

男丁病残、子嗣不繁,故不得不使幼童袭位,这种情况在依照血统传承的贵胄家族中经常出现,并非只有黔国公家族独有。明廷对未出幼而应嗣爵禄的勋臣子弟一般采取优给政策,即先不命其袭爵,而是给予禄米优养,待他们成年正式奏请后再准授爵禄。优给政策在一定程度上可以避免童稚者居高位的荒唐现象,对维护正常的政治秩序有积极作用。以与黔国公同

①[明]郑汝璧:《皇明功臣封爵考》卷四《黔国公》,《四库全书存目丛书》史部第258册,第451页;[明]高拱:《高拱全集·掌铨题稿》卷三四《题黔国公沐昌祚袭爵疏》,第466页。按,《题黔国公沐昌祚袭爵疏》所引沐昌祚奏疏称沐朝辅"历任九年病故",略不确,沐朝辅嘉靖十五年十二月正式袭爵任职,嘉靖二十六年六月卒,实际在任十年有余。

②本表主要根据正德《云南志》卷二七所收胡濙《定边伯沐公神道碑》、李贤《总兵官都督沐公神道碑》、王㒜《赞理都督沐公神道碑》、林瀚《参将锦衣都指挥使沐公神道碑》、《高拱全集·掌铨题稿》卷三四所收《题黔国公沐昌祚袭爵疏》及焦竑《国朝献征录》卷五所录吴节《袭封黔国公谥荣康沐公斌神道碑》、蒋冕《黔国公谥庄襄沐公崑墓志铭》等碑铭资料编制,同时参酌《明实录》与《明功臣袭封底簿》及《皇明功臣封爵考》等较为原始的资料编制。

③沐崑祖先是首封黔国公沐晟弟云南代镇都督沐昂,沐晟、沐昂皆沐氏始祖初代西平侯沐英子,但沐昂一支实际上子嗣亦不繁。沐昂长孙云南代镇都督沐璘二十八岁早逝无子,璘弟云南代镇都督沐瓒嫡长子参将沐诚二十六岁早卒,瓒嫡次子沐谦同样早卒,唯留一子沐崑存活,与黔国公沐琮伦序最近。沐崑袭爵时,有大臣奏请朝廷改沐崑降袭沐英原封西平侯爵,停罢自沐昂所加封的黔国公爵,事下云南守臣议,云南三司最终认为"百余年来云南人习知黔国公之称,一旦改公为侯而称西平,恐人心惊疑或致生变",因此沐崑仍系公爵之位(见[明]蒋冕:《黔国公谥庄襄沐公崑墓志铭》,[明]焦竑辑:《国朝献征录》卷五《公一·世封公》,周骏富辑:《明代传记丛刊》第109册,第159页)。

为公爵的勋胄为例,明廷对其家族年幼后代就频赐优给待遇。如定国公徐显忠正统十三年(1448)早逝,庶长男徐永宁以八岁幼童享受优养①。另如第七代成国公朱时泰万历二年(1574)四月袭爵,本年七月即病故,朝廷故准其庶长男朱应桢"照例优给"②。勋臣子弟即使幼年直接袭爵,一般也不得领职务,以免生乱。如正统十四年(1449)英国公张辅死难"土木之变",其应袭嫡长子勋卫张忠因"被马跌伤"而难以朝参,张忠庶长男张杰又"来历不明",故景泰元年(1450)朝廷命时年十一岁的张辅庶男张懋袭爵,并命懋在家读书免朝参③。但在世镇体制下,黔国公家族与其他勋家不同,他们以几近于亲王的至尊身份代表皇帝镇抚边方,故爵位、职衔不可空缺,即使应袭或代镇者年龄偏小,也要即刻袭爵领事以安服边夷。但朝廷频频准许低龄者继位,这无疑又不利于西南边陲的稳定。

实际上,导致黔国公家族幼龄镇情况频生的两个因素中,早期的自然因素对后期人为因素的形成有直接的影响。正是由于沐朝辅、朝弼及沐融、巩兄弟侄接连冲年视事,引发了政治危机,导致沐朝弼与云南巡抚恶意相争,最终被罢职拘禁。又因为沐朝弼的罢职,使得其子沐昌祚以弱龄袭爵,被动卷入权力纷争中而无法自拔。尔后,沐昌祚的不轨行径继续影响其孙沐启元、其曾孙沐天波低龄袭爵,世镇最终陷入无可挽救的困局。而这一系列的连锁事件直接牵扯到明代云南一省的权力结构演化,尤其是黔国公与巡抚、巡按文臣的职权配置问题。笔者下文就将对此层层剥茧,详细论述。

二　明前中期云南镇守体制的逐步完善

(一)镇守太监、文臣对沐氏世镇的补充与制衡作用

学者每每论及黔国公世镇云南制度,多强调沐家被朝廷赋予特殊的地方管理职权。沐英、沐晟父子镇守云南时确实有军事决断权,甚至一定程度上节制云南三司,将权力渗透到行政、外交、经济、司法诸领域。然而,这种体制极易形成专权,因此朝廷也不能任其发展。明中期以后,朝廷逐步在边

①［明］郑汝璧:《皇明功臣封爵考》卷二《定国公》,《四库全书存目丛书》史部第258册,第378页。
②［明］郑汝璧:《皇明功臣封爵考》卷一《成国公》,《四库全书存目丛书》史部第258册,第367页。
③［明］郑汝璧:《皇明功臣封爵考》卷一《英国公》,《四库全书存目丛书》史部第258册,第373页。

镇推行太监、武将、文臣共镇的体制① 及 "以文统武" 机制来节制总兵武将，云南亦不例外。正统朝始，渐有镇守太监及总督、参赞、巡抚、巡按文臣被派驻滇省，一方面为配合黔国公镇守，另一方面可与沐氏势力相互制衡。在这种情形下，黔国公的职权在一定程度上为内臣、文帅所分夺，巡抚大臣对沐氏总兵的节制作用尤其突出。

　　早在正统朝都督沐昂代镇时期，沐氏总领兵政的职权就有所旁落。据沐昂墓志记载，朝廷为平定麓川叛乱，于正统四年(1439)命沐昂领兵亲讨，当时随征者除副总兵都督吴亮外，还有太监吴诚、吉祥② ，二人显然职在监军。后吉祥受命镇守云南，英宗命其 "俟麓川寇平"③ 方准回京，继续处置征讨机宜，沐氏的领兵职权开始受到内臣的左右④ 。嗣后，由于沐昂出征未获麓川 "贼首"，故正统六年，英宗特遣总督军务兵部尚书靖远伯王骥、平蛮将军定西伯蒋贵为文武主帅出征云南。沐昂此时仅为都督衔，相比王、蒋二人权位、资历皆低，其职责是 "镇守内地，相机接应"。战后沐昂也仅因 "协赞" 王骥大军有功，升右军都督府右都督⑤ 。正统八年，朝廷再次钦命王骥、蒋贵出师直捣麓川，而沐昂负责 "分军同参赞侍郎侯琎"⑥ 进击，只充一路偏裨。王骥可谓是首位在云南军政权力上超越沐氏总兵的文臣。而随沐昂出征的参赞侍郎侯琎，又与总督文臣不同，系以兵部侍郎领参赞军务职。所谓 "参赞军务"，是明前中期逐渐在边区、军伍中制度化派驻的官员，专职协助武臣总兵处理军务⑦ 。据侯琎自言，正统七年，明廷以 "麓贼平"，但 "云南遐荒，去京

①学界一般将太监、武将总兵及文臣督抚共同镇守地方的体制称为 "三堂" 体制，关于 "三堂" 体制的概述，可见方志远：《明代国家权力结构及运行机制》第十三章《行省、三司与三堂：明代省级权力结构的调整》，第 264—276 页。

②[明]陈敬宗：《明故特进荣禄大夫右军都督府左都督追封定边伯谥武襄沐公墓志铭》，转引自华国荣等：《南京将军山明代沐昂夫妇合葬墓及 M6 发掘简报》，《东南文化》2013 年第 2 期。

③《明英宗实录》卷七六，正统六年二月甲申，第 1496—1497 页。

④宣宗即位之初，尝派遣内官云仙镇守云南。云氏主要职在持赍安抚戒谕少数民族首领，宣德四年(1429)，他因被外派 "怀愤嫉"，故 "教诱土官相仇杀"，后被宣宗召还北京，没有深入介入云南地方军政，对时任黔国公沐晟干预较少(见《明宣宗实录》卷三、卷三一、卷五二，洪熙元年七月庚午、宣德二年九月戊申、宣德四年三月庚午，第 72—73、812、1256 页)。

⑤[明]陈敬宗：《明故特进荣禄大夫右军都督府左都督追封定边伯谥武襄沐公墓志铭》，转引自华国荣等：《南京将军山明代沐昂夫妇合葬墓及 M6 发掘简报》。

⑥[明]陈敬宗：《明故特进荣禄大夫右军都督府左都督追封定边伯谥武襄沐公墓志铭》，转引自华国荣等：《南京将军山明代沐昂夫妇合葬墓及 M6 发掘简报》。

⑦见拙文《明代文臣参赞军务制度沿革考》，《王竑文化学术研讨会论文集》，昆明，云南人民出版社，2015 年。

万里,百蛮杂处,叛服不常,自昔虽有武臣镇临,特乏文臣以佐",乃"敕兵部左侍郎侯琎、刑部右侍郎杨宁迭更参赞戎务"①。可知云南参赞职位在沐氏之下,但亦对总兵有监督制衡的作用。

镇守太监及参赞、总督文臣管军的重要性在第二代黔国公沐斌镇守期间更加凸显。沐斌乃沐晟子,他正统十年(1445)初镇云南时已年近五旬,但因久居京师,未尝亲历战阵,缺少军事经验。沐斌就任镇守总兵时恰麓川叛乱余波未平,沐斌虽为全滇主帅,一应戎务却需镇守中官及文、武佐贰协同办理。如麓川土司思任发叛乱失败后奔逃缅甸,缅人将其拘捕送还,任发子思机发预谋中路邀截。收到战报后,沐斌会同镇守太监萧保、参赞侍郎杨宁等"提军沿途接取"②任发,以备不测。为落实战后安抚工作,朝廷敕斌会同"镇守监丞郝宁、都督方英、参赞侍郎侯琎统军往腾冲,包砌城垣,以抚以捕"③。而侯琎、杨宁二人每年更代参赞黔国公军事的情况一直延续到正统十四年④,可以说,参赞文臣伴随沐斌履职始终。另外,正统十三年麓川思机发再乱,朝廷第三次特遣兵部尚书王骥总督军务平叛,而给沐斌安排的是"督运粮饷,遥振军威"⑤的次要接应任务。

(二)云南文臣抚、按体制的发展

简要论述了云南镇守太监及总督、参赞文职的制度沿革,可进一步探析更重要的云南巡抚、巡按文臣对沐家幼爵权力的制衡。

景泰元年(1450),黔国公沐斌死,其子沐琮刚刚出生,无法履职,故于京师教养,由琮从兄沐璘、沐瓒兄弟相继代镇,璘、瓒就镇时也不过弱冠之年。后成化元年(1465)沐琮正式袭爵,三年(1467)还镇履职,刚满十八岁⑥。《明实录》已经出现诸如都督沐瓒"在镇二十余年,会边圉无事,以富贵

---

① [明]侯琎:《新筑腾冲司城记》,[明]刘文征:天启《滇志》卷二〇《艺文志第十一》,昆明,云南教育出版社,1991年,第655页。
② [明]吴节:《袭封黔国公谥荣康沐公斌神道碑》,[明]焦竑辑:《国朝献征录》卷五《公一·世封公》,周骏富辑:《明代传记丛刊》第109册,第156页。
③ [明]吴节:《袭封黔国公谥荣康沐公斌神道碑》,[明]焦竑辑:《国朝献征录》卷五《公一·世封公》,周骏富辑:《明代传记丛刊》第109册,第156页。
④ [清]吴廷燮:《明督抚年表》卷五《云南》,第599—600页。
⑤ [明]吴节:《袭封黔国公谥荣康沐公斌神道碑》,[明]焦竑辑:《国朝献征录》卷五《公一·世封公》,周骏富辑:《明代传记丛刊》第109册,第156页。
⑥ [明]倪岳:《青谿漫稿》卷二三《明故镇守云南总兵官征南将军太子太傅黔国公赠特进光禄大夫右柱国太师谥武僖沐公墓志铭》,景印《文渊阁四库全书》第1251册,第334页。

终,然渎货无厌,滇人少之"①的记载,流露出对沐氏后嗣理政能力衰颓的忧虑。据墓志碑铭资料记载,沐琮尚能平稳行使沐氏总兵的基本职权,他"尝奉敕督理军储,留意屯田,修治水利,慎简群僚,分任其事"②,可称一时太平将军。嗣后,自正德朝直至明亡,袭黔国公或以都督等职代镇云南的沐氏后裔沐崑,沐崑孙沐朝辅、朝弼兄弟,沐朝辅子沐融、巩兄弟,沐朝弼子沐昌祚,沐昌祚孙沐启元,沐启元子沐天波皆在低龄时即袭爵或就任。由于明代中后期西南边陲长期动荡,因此朝廷开始更加固定地在云南派设巡抚、巡按等文职官僚,综理各类事务,尤秉戎政,以平绥地方。至嘉靖朝,镇守太监基本革除③,抚、按文臣,尤其是云南巡抚在权位上渐趋与黔国公家族总兵平起平坐,甚至有所凌驾。在这种情况下,官僚政治的作用逐步凸显,沐氏贵族总兵的职权受到挤压,云南一省的权力结构发生变化。

一般而言,明代中后期巡抚是常驻一省,领都察院、兵部等中央官职,统领行政、军事、监察权的地方长官;巡按是由都察院每年更代派出,负责巡视一省庶务的钦差御史,不常驻地方,但有权纠察包括巡抚在内的地方长官。由于抚、按之职皆源自临时性钦差的制度特性,各地抚、按,尤其是巡抚的创建过程各有差异。关于云南巡抚、巡按建制,正德《云南志》所录周洪谟《巡抚都台碑记》有系统记载:

> (朝廷)每岁遣监察御史相继纠治,又命都察院都御史一员,职专巡抚,总风宪之纲领,典庶政之枢机,以肃百僚,以贞百庶……稽其所自,始于永乐二年,遣御史纠治云南,乃建察院于崇正门内。正统初,边夷煽乱,朝廷敕都御史武林郑公(原文作"邓公",但正统朝无邓姓官员巡抚云南,联系后文"予所居即往昔郑公视事之所",可知此处也应为"郑公")巡抚其地,乃改察院为都台。久之,地方宁靖,召还京师,其廨宇遂为镇守内臣所寓。成化十八年,木邦不靖,兵部会多官议……乃敕都御史程公宗等往其地抚谕……寻留公巡抚其地。时镇守太监王公谓:"予所居即往昔郑公视事之所。"乃谋诸同官覃公、总戎沐公,宜复以为巡抚

①《明宪宗实录》卷二一四,成化十七年四月癸酉,第3729页。
②[明]倪岳:《青谿漫稿》卷二三《明故镇守云南总兵官征南将军太子太傅黔国公赠特进光禄大夫右柱国太师谥武僖沐公墓志铭》,景印《文渊阁四库全书》第1251册,第335页。
③古永继:《明代驻滇宦官考》,《中国边疆史地研究》1999年第4期。

官厅事,且命有司重加修葺。①

又天启《滇志》别有详尽梳理:

> 巡抚都御史一,正统五年,始命都御史巡抚赞理军务。寻罢。成化十二年,从内阁商文毅公辂弭灾条议,复设巡抚。嘉靖间,加赞理军务,寻又罢。隆庆四年,复加赞理军务,兼制建昌、毕节等处。万历十二年,加督川贵兵饷。三十八年,加兼制东川,或尚书,或侍郎,或副都,或金都,无专衔。巡按监察御史一,永乐九年,始命监察御史巡按,寻复设清军御史,嘉靖末年,罢清军,以巡按兼摄。②

以上两则史料可大体反映云南抚、按官的沿革。其中巡按御史每年更代巡视纠察,典制相对清晰可循。据《明太宗实录》,有永乐二年(1404)"监察御史顾谦等往云南木邦等处抚绥夷民"③之说,与周洪谟《巡抚都台碑记》所记云南巡按"始于永乐二年"在时间上相合。但顾谦职在"抚绥夷民",这与全权巡查一省事务的巡按御史仍有所区别。另外,天启《滇志》有"永乐九年,始命监察御史巡按"的记载,而根据正德《云南志》,云南第一位巡按御史名郑进善④,此人恰在永乐九年由国子监升擢任监察御史⑤。但永乐九年之说也有问题,因为查《明太宗实录》可知,早在永乐六年云南已派遣有巡按监察御史陈敏⑥。综合以上各种记载可以大体确定,永乐二年明廷始派御史专巡云南少数民族地区,并兴建御史公署,此后偶遣巡按御史,而永乐九年应是正式确立监察御史更代巡按云南制度之年。

与云南巡按相比,相关史料中对云南巡抚制度缘起、发展的记载存在更多的模糊错漏之处,需要进一步考论。

第一,天启《滇志》有"正统五年,始命都御史巡抚赞理军务"之说,此说延续自正德《云南志·云南等处承宣布政使司·建制沿革》中"正统五年,命都察院都御史巡抚"⑦的记载。循其说查《明英宗实录》,正统五年(1440)

---

① [明]周洪谟:《巡抚都台碑记》,正德《云南志》卷三一《文章九》,第392页。
② [明]刘文征:天启《滇志》卷五《建设志第三·秩官·云南布政司》,第179页。
③《明太宗实录》卷三七,永乐二年十二月丙申,第637页。
④ 正德《云南志》卷一《云南等处承宣布政使司·巡按监察御史》,第111页。
⑤《明太宗实录》卷一一五,永乐九年四月戊午,第1469页。
⑥《明太宗实录》卷七八,永乐六年四月丙申,第1056页。
⑦ 正德《云南志》卷一《云南等处承宣布政使司·建制沿革》,第108页。

六月,确有行在都察院佥都御史丁璿被派至云南料理粮草屯田,事关"军机边务"有所见便者,丁璿也可与沐氏总兵及三司官"议协而行"[①]。此后,朝廷还曾命丁氏兼"提督云南各卫所官军操练"[②]。丁璿在总督边粮过程中,还一度奉敕核实军功并处理地方司法案件[③],甚至保举云南官员的升迁[④],职权较为宽泛,但各种史料中均不见他领有"巡抚"或"赞理军务"的记载。据以上各种史料记载可知,丁氏是专门派至云南处理麓川战役后勤工作的总督粮储官,由于职权特性,一定程度上可兼管地方事务与军事训练,这虽与后世巡抚相仿,但由于丁璿终究未领巡抚职衔,二者显然有名实之别。正是由于丁璿的特殊性,正德《云南志》的编纂者误以为丁璿就是首位云南巡抚,而天启《滇志》在继承《云南志》说法的基础上,又将明代后期云南巡抚所兼的"赞理军务"一职冒冠于丁璿。与丁璿类似,平定麓川战役期间派驻云南专职粮草事务的臣僚还有程富、焦宏等人,雷礼《国朝列卿纪》将这类职官归类为"敕使云南",而与"巡抚云南"相区别[⑤]。综上所述,故只能将丁璿的派驻视为云南巡抚建制的一个制度渊源。

第二,正统元年(1437),别有郑辰以工部左侍郎身份短期巡抚云南,其职责主要是纠弹布政、按察二司官员的不轨行为[⑥]。郑辰是《明实录》中见载的第一位领"云南巡抚"差遣职务的大臣,但由于制度化程度尚低,其历史地位素为后世所忽视[⑦]。

第三,正德《云南志》所收礼部尚书周洪谟《巡抚都台碑记》云:"正统初,边夷煽乱,朝廷敕都御史武林郑公巡抚其地。"此记载颇有错讹。所谓"武林郑公",系指浙江钱塘人郑颙[⑧],但据《明实录》,他实于正统十四年

①《明英宗实录》卷六八,正统五年六月壬申,第1302页。

②《明英宗实录》卷七四,正统五年十二月己巳,第1429页。

③《明英宗实录》卷七九、卷八〇,正统六年五月丁巳、六月乙亥,第1575、1586页。

④《明英宗实录》卷九一,正统七年四月壬辰,第1830页。

⑤[明]雷礼:《国朝列卿纪》卷一一五《敕使云南行实》,周骏富辑:《明代传记丛刊》第39册,第217—218页。

⑥《明英宗实录》卷一六,正统元年四月癸丑、辛酉,第313、321页;《明英宗实录》卷一七,正统元年五月丁丑,第334页。

⑦值得注意的是,由于郑辰派驻的时间短,制度化程度低,雷礼《国朝列卿纪》也将郑氏的情况归入"敕使云南"一类,不视他为云南首驻,不甚准确(见[明]雷礼:《国朝列卿纪》卷一一五《敕使云南行实》,周骏富辑:《明代传记丛刊》第39册,第217页)。

⑧天启《滇志》卷一〇《官师志第七·巡抚都御史·郑颙》,第352页。

（1449）十一月方以云南按察司副使代侯琎参赞总兵沐璘军务①，绝非正统初年即有巡抚之任。景泰朝，因郑颙副使之官与"三司颉颃，难于议事"，故朝廷累升其为大理少卿、都察院右佥都御史等京官，仍理参赞之事②。《明实录》中直至景泰六年（1455）三月，才出现"巡抚云南右佥都御史郑颙"③的记录，但未明确他加巡抚衔的时间及领巡抚的同时是否仍兼参赞军务。又郑颙任右佥都御史时曾为都督沐璘作《五华书屋记》④，自云"尝辱参"沐璘"军事"，可知当时郑颙确已不再担任参赞，这是郑氏景泰末年实改任云南巡抚的一例旁证。至天顺元年（1457）二月，郑氏转为福建按察副使⑤，之前两年内他都以巡抚之职镇云南⑥。郑颙之"巡抚"系由原"参赞"直接改任，故参赞军务可视为巡抚军事职权的源头。雷礼《国朝列卿纪》一书即将杨宁、侯琎以下诸参赞军务事迹收录于"巡抚云南行实"篇目下⑦，是有一定道理的。

通过以上史实考辨可知，在正统、景泰、天顺三朝，除郑辰及由参赞改任巡抚的郑颙二人之外，云南实际上不曾连续固定设置巡抚文臣。笔者前文已述，正统至天顺朝云南麓川战事连绵不断，明廷主要以总督、参赞文臣专事云南戎务，筹划平麓机宜，而这一时期内云南不确立巡抚制度，无疑是为避免职官叠压，事权不统。

至成化十年（1474），云南总兵黔国公沐琮奏报朝廷，请如两广总兵平江伯陈锐事例"节制云南三司"，兵科、兵部覆奏认为陈锐以两广勋臣总兵节制三司与"沐琮世守云南"不同，云南沐氏总兵不宜事权太重，以防"唐之藩镇"之虞，又提出"云南旧有巡抚都御史，今宜复之"。宪宗以两广总兵节制三司属"一时权宜"，故认可兵部所议，但同时不允云南复设巡抚文臣⑧。此时麓川战役早已结束，可是宪宗仍不许云南长期专设巡抚文臣，应是为在承

①《明英宗实录》卷一八五，废帝郕戾王附录第三，正统十四年十一月辛卯，第3686页。

②《明英宗实录》卷二〇七、卷二二八，废帝郕戾王附录第二十五、废帝郕戾王附录第四十六，景泰二年八月壬申，景泰四年四月丁未，第4445、4992页。

③《明英宗实录》卷二五一，废帝郕戾王附录第六十九，景泰六年三月己未，第5432页。

④［明］郑颙：《五华书屋记》，正德《云南志》卷三一《文章九》，第398页。

⑤《明英宗实录》卷二七五，天顺元年二月庚子，第5837页。

⑥按，颇疑周洪谟将正统初年云南督粮侍郎郑辰的事迹与郑颙相混淆，故出现《巡抚都台碑记》所谓"正统初朝廷敕都御史武林郑公巡抚"云南的张冠李戴的记载。

⑦［明］雷礼：《国朝列卿纪》卷一一五《巡抚云南行实》，周骏富辑：《明代传记丛刊》第39册，第219—221页。

⑧《明宪宗实录》卷一三一，成化十年七月庚申，第2474页。

平时期维系沐氏总兵专镇云南的尊贵体统。不过,当时全国各边镇大省多已有文职巡抚主掌大政,云南不固定设巡抚,已属体制有阙。

直到成化十二年(1476),内阁大学士商辂再次奏请朝廷,"云南与安南尤为切近,蛮夷土官衙门易生事变,宜命吏部推选刚正有为大臣一员巡抚其地,庶可安靖地方",故宪宗改南京户部左侍郎王恕为都察院左副都御史巡抚云南①。朝廷改王恕为都察院宪衔,无疑旨在赋予他更加名正言顺的纠察权。据《王端毅公集》所录王恕奏疏可知,他在弹劾力度上远超前辈巡抚郑辰,所指弊政囊括滇省军政要务的诸多层面,尤其与当时肆意横行的镇守太监钱能为难②。故王恕虽在滇仅九个月,却有"种种功德,于滇甚厚"③的时赞。后人追述云南巡抚建置时,亦有成化以前"未尝专设,专设,则始于三原王公"④的认识。

综上所论,正统初年至成化中期,明廷在云南分派的文职差遣中,负责督理粮草兼参议庶政、暂管操练的督粮官以及协理总兵军务的参赞都不是真正的巡抚大臣。不过,景泰、天顺朝之交,有原云南参赞军务郑颙转领巡抚,体现出云南参、巡之间密切的制度联系。从郑辰及王恕两名早期专任云南巡抚官的职权特征来看,他们驻巡时间较短,基本上属临时差派,且不直接管理行政、军事,但二人地位较高,可通过监督其他高级官僚在一定程度上介入军民庶务。

三 黔国公与云南巡抚权位的此消彼长

(一)巡抚对沐氏幼爵的替代作用

自成化十六年(1480)吴诚巡抚云南始,巡抚官开始兼行政、军事、监察等职权于一身。这表明云南巡抚、参赞二职进一步融合,形成新的巡抚体制。

成化十六年五月,宪宗以"云南近罢巡抚官,至是虑交人入寇"为由,敕

①《明宪宗实录》卷一五五、卷一五六,成化十二年七月癸亥、八月辛未,第2833—2834、2843页。
②[明]王恕:《参镇守官参随扰害夷方谢状》《乞严赏罚以禁盗贼状》《驾帖不可无印信疏》《参提夺占南甸田地军职奏状》,[明]陈子龙辑:《明经世文编》卷三九《王端毅公文集》,第298—301页。
③天启《滇志》卷一〇《官师志第七·巡抚都御史·王恕》,第353页。
④[明]郭斗:《都察院续题名记》,天启《滇志》卷二〇《艺文志第十一》,第662页。

巡抚湖广右副都御史吴诚巡抚云南①,初派时即以处置边区防务为要。吴诚在滇期间极力推动云南荒政、盐政的革新,执掌民事②,同时,他也上请朝廷防范安南入寇③,肩负着军事职责。若逐年翻检《明宪宗实录》所载吴诚履历,可知他在滇期间一直仅领巡抚衔,但《明实录》在吴诚去世后追述其生平时,却径称他"奉敕巡抚云南俱赞理军务"④。"赞理军务"即"参赞军务"之别称,但"赞理军务"与"巡抚"职衔连用时,却有着超越参赞军务协从总兵处理军务的权力范畴。明代中后期,文臣巡抚与提督、赞理等军政职衔的结合在全国范围内已非常普遍,边区若有挂印总兵派驻,其地的巡抚一般例加"赞理军务",仅是在名义上"稍逊"⑤总兵,实乃一省军政总指挥,甚至可以节制总兵以下武职。然相关公文敕命中极少出现"巡抚"与"赞理"之间加"俱"字的情况,万历《明会典》中所列当时巡抚结衔的正式模式一般为"巡抚某处地方赞理军务"⑥。故《明宪宗实录》独言吴诚"巡抚云南俱赞理军务",旨在强调一种非正式性,应是为突出吴氏非真领赞理衔,但事实上管理兵政的情况。

值得注意的是,天顺、成化年间,湖广、辽东、保定巡抚已有实兼赞理军务的情况⑦,但据《巡抚都台碑记》及天启《滇志》记载,云南巡抚直至嘉靖朝都未尝实领赞理。究其根源,是为了在名义上尊重沐氏总兵代天子专阃滇南军务的特殊地位。从这一点上来看,在明代中期"以文统武"军事体制日趋成熟的背景下,沐氏总兵依旧以勋胄身份维持了相对的尊荣,实为明初崇武体制在云南特殊军政环境下的残留。

吴诚之后任云南巡抚者也多效吴例,名义上不领赞理军务之职,但在一定程度上参预戎务。弘治、正德朝云南边事吃紧,巡抚开始直接调军作战。弘治十五年(1502)七月,巡抚陈金以云南兵克贵州米鲁流贼的进犯⑧。正德

---

①《明宪宗实录》卷二〇三,成化十六年五月癸卯,第3558页。

②《明宪宗实录》卷二一一、卷二一二,成化十七年正月庚寅、二月庚申,第3677、3690页。

③《明宪宗实录》卷二〇九,成化十六年十一月壬午,第3639页。

④《明宪宗实录》卷二四六,成化十九年十一月己亥,第4165页。

⑤[明]沈德符:《万历野获编》卷二二《督抚·参赞军务之始》,第553页。

⑥万历《明会典》卷二〇九《都察院一·巡抚建制》,第1041页。

⑦《明宪宗实录》卷二、卷四八、卷六六,天顺八年二月庚戌、成化三年十一月丙寅、成化五年四月甲寅,第56、984、1323页。

⑧《明孝宗实录》卷一八九,弘治十五年七月己丑,第3491页。

二年(1507),巡抚吴文度调兵征师宗州土民阿本叛乱[①]。可以说,巡抚大臣此时已作为全滇最高文职军政长官,与黔国公并立。随着巡抚、巡按体制的加强,沐氏总兵虽在名义上维持尊威之位,但在实际的政务活动中亦受到文职大臣的制度化制衡。

成化、弘治朝已经形成云南大政例由黔国公与巡抚、巡按、镇守太监协同参理的机制,嘉靖朝镇守太监革除后,转由黔国公及抚、按文臣共议,如成化十八年(1482),黔国公沐琮曾奉敕同巡抚都御史程琼往抚孟密等地,又如成化十九年桥甸反叛,沐琮"乃与镇、巡重臣合议",后命三司都指挥分道攻取[②]。弘治三年(1490),朝廷改原镇守衙门为"公议总府",令"镇、巡、三司官凡有地方重大事件,会议于此"。孝宗还特谕时任镇守太监刘录、黔国公沐琮及巡抚右副都御史王诏勿"偏执己见"以"互相评奏"[③]。又碑铭资料有载,弘治、正德朝袭爵领镇的黔国公沐绍勋"政尚廉静,动遵国典,恪守家法,无改庄襄公之旧。每抚、按、藩、臬会议大事,公不肯辄先出一语,语辄中"[④]。虽为溢美之词,但一定程度上透露出沐氏在抚、按文臣前退避、不敢轻出决策的境况。

至嘉靖十五年(1536),黔国公沐绍勋死,其长子沐朝辅袭爵,时年十岁,次子朝弼六岁。后沐朝辅于弱冠之年暴死,其子沐融、巩相继袭爵又相继夭折,其间由沐朝弼代镇地方,至嘉靖三十三年,朝弼正式袭黔国公爵[⑤]。在沐朝辅、朝弼兄弟子侄领爵的十余年内,沐氏总兵皆低龄不堪任,明廷为稳定西南边方,进一步扩大云南巡抚权限,不再刻意强调沐氏的贵族地位。沐朝辅初袭封时,朝廷以其幼小,"敕一应地方事务暂令巡抚处分",直至嘉靖十九年,时任巡抚都御史汪文盛上奏:"朝辅稍长,读书习礼,有祖父风,请改敕谕与臣等同议事如故。"沐朝辅方有会同抚、按参议云南大政的资格[⑥]。嘉靖二十六年,世宗命黔国公沐朝辅子沐融袭爵,与半禄优给,以朝辅弟朝

①《明武宗实录》卷二四,正德二年三月癸亥,第659页。
②[明]倪岳:《青谿漫稿》卷二三《明故镇守云南总兵官征南将军太子太傅黔国公赠特进光禄大夫右柱国太师谥武僖沐公墓志铭》,景印《文渊阁四库全书》第1251册,第335—336页。
③正德《云南志》卷五《志一·云南等处承宣布政使司·公署》,第109页。
④[明]夏言:《夏桂州先生文集》卷一六《镇守云南总兵官征南将军太子太傅黔国公赠特进光禄大夫左柱国太师谥敏靖沐公神道碑》,《四库全书存目丛书》集部第75册,第25页。
⑤[明]郑汝璧:《皇明功臣封爵考》卷四《黔国公》,《四库全书存目丛书》史部第258册,第451页;[明]高拱:《高拱全集·掌铨题稿》卷三四《题黔国公沐昌祚袭爵疏》,第466页。
⑥《明世宗实录》卷二四〇,嘉靖十九年八月戊寅,第4868页。

弼为都督佥事暂挂印充总兵官代镇云南，又以"朝弼亦弱龄未堪专阃"，敕"一应重大事务仍命巡抚官协同处分"①，时抚云南者为右副都御史应大猷。这就使得巡抚实际上成为全滇的最高军政长官，甚至暂时取代了黔国公的作用。

沐氏世镇具有天然的不稳定性，故明廷不断加强云南参赞、巡抚文臣建制，就是为了以更加优化、稳健的官僚政治形态弥补世袭政治的不足。至沐朝辅、朝弼兄弟子侄一辈，沐氏连续以童稚袭爵领职，云南巡抚作为一种应急机制顺势发挥了稳定局势的作用。但世镇与抚按体制作为贵族与官僚政治的不同运作方式，本有对立性，稍有不当即易激发贵胄与文臣的矛盾。

（二）滇巡赞理军务职衔与沐氏、滇抚权力关系的演化

沐氏与云南巡抚在职权上的矛盾以及朝廷在处理这一矛盾时的两难处境，在嘉靖、隆庆之际云南巡抚是否实际兼赞理军务这一问题上体现得尤为突出。当时不少公私文献对相关情况的记载十分混乱，故必须在辨析史料的基础上综合论述史实。

嘉、万时曾任贵州巡抚等职的云南人严清在《迁巡抚都察院记》中有如下记载：

> 肃皇帝中年，欲兴交南问罪之师，云南巡抚始兼赞理军务，于时首易玺书者，崇阳汪公文盛也……岁庚申，因事报罢。至新昌吕公光洵奏复之。②

《迁巡抚都察院记》是隆庆朝云南巡抚陈大宾为纪念巡抚衙门改迁，请其同年进士严清特为撰写③，系时人记时事，其说自有根据。成书时间稍后，正式的官方政书万历修《明会典》，对相关情况有略为不同的记载。其书言云南巡抚"嘉靖三十年加兼理军务，四十三年改赞理，隆庆三年加兼建昌、毕节等处地方"④。天启《滇志·建设志》又有云南巡抚"嘉靖间，加赞理军务，寻又罢。隆庆四年，复加赞理军务"⑤之说。这些记载都重在梳理嘉靖朝以

---

① 《明世宗实录》卷三二八，嘉靖二十六年九月甲辰，第 6047 页。
② ［明］严清：《迁巡抚都察院记》，天启《滇志》卷二〇《艺文志第十三》，第 661 页。
③ ［明］严清：《迁巡抚都察院记》，天启《滇志》卷二〇《艺文志第十三》，第 662 页。
④ 万历《明会典》卷二〇九《都察院一·巡抚建制》，第 1041 页。
⑤ ［明］刘文征：天启《滇志》卷五《建设志第三·秩官·云南布政司》，第 179 页。

后新出现的巡抚别兼赞理职衔的现象,而三说又各有出入,主要分歧体现在两点:

第一,《迁巡抚都察院记》与《明会典》中关于云南巡抚首实膺赞理军务的时间难以调和。《迁巡抚都察院记》认为是汪文盛巡抚云南而世宗遣兵征讨安南莫登庸期间,万历《明会典》认为是嘉靖三十年(1551),天启《滇志》以模糊的"嘉靖中"概括。

第二,关于巡抚所兼赞理的罢职与复设情况三说略有出入。《迁巡抚都察院记》认为在"庚申"年,即嘉靖三十九年巡抚所兼赞理被罢职,至吕光洵为巡抚时复设,而吕氏任云南巡抚的时间是嘉靖四十二年底至隆庆元年(1567)初①。万历《明会典》认为云南巡抚"兼理"在嘉靖四十三年改"赞理",此时间点与《迁巡抚都察院记》所论赞理复设时间相合,但《明会典》没有提及此前赞理曾被罢职的情况。《滇志·建设志》有赞理罢去的记载,但却将复职的时间定为隆庆四年,又与《迁巡抚都察院记》《会典》的说法相去较远。

可以说,上举三种资料皆有信史的性质,孰是孰非一时难辨。实际上,这些纷乱记载的背后,隐藏的正是沐氏总兵与云南巡抚冲突加剧,以致朝廷边策不定的史实,现尝试揭示其中曲折原委。

关于云南巡抚始兼赞理军务职衔的时间问题,首先看《迁巡抚都察院记》所谓汪文盛始加赞理之说。专记明代边事的《殊域周咨录》有载,嘉靖十九年(1540),世宗派遣诸路重兵压境安南以宣天威,其中"巡抚云南都御史汪、总兵官黔国公沐、巡按御史彭时济查议以莲花滩分为左右二哨,各委监统督率等官"②为一路出征大军。当时黔国公沐朝辅尚年浅,刚刚获得与抚、按共议政的权力③,故这支云南增援部队的最高指挥官必巡抚汪文盛无疑,《明史》至有"黔国公沐朝辅幼,兵事一决于文盛"④的说法。巡抚全权统兵,那么加授赞理军务衔以凸显军权应属合理。而明代督抚文臣名义上属皇帝钦差,以本官品级为阶序,领朝廷所颁敕书行事,具体职权开列于敕书内,职权变动时需换领敕文。《迁巡抚都察院记》中"云南巡抚始兼赞理军

①[清]吴廷燮:《明督抚年表》卷五《云南》,第611页。
②[明]严从简:《殊域周咨录》卷六《安南》,第225页。
③《明世宗实录》卷二四〇,嘉靖十九年八月戊寅,第4868页。
④《明史》卷一九八《汪文盛传》,第5242页。

务,于时首易玺书者,崇阳汪公文盛"即指汪文盛加授赞理时换领了敕命文书。但逐年排查嘉靖十九年(1540)前后《明实录》的记录,未见朝廷有加文盛赞理军务的敕命,笔者目下所见其他明代公私文献中也没有相关记载。反而是弹压安南期间,兵部尚书毛伯温、总兵咸宁侯仇鸾等人在奏报中称汪文盛的正式结衔为"钦差巡抚云南等处地方都察院右佥都御史"①,未言他有所谓赞理之职。

至于《明会典》嘉靖三十年云南巡抚加赞理之说,需从云南元江之乱论起。嘉靖二十五年(1546),元江土司家族乱起,于是明廷命云南总兵、巡抚合兵进剿②。嗣后,元江之乱愈演愈烈③,但这期间黔国公沐朝辅恰早卒,其嗣子沐融、沐巩兄弟又接连夭折,朝辅弟沐朝弼暂以都督镇守地方,并未正式袭爵,且亦未成年④。根据《明世宗实录》的记载,至嘉靖三十年五月,先有云南镇、抚官沐朝弼、石简"督集五哨兵环元江而壁"以围困敌军,其战不利,故全军撤回,预计秋末再征。七月,世宗"仍给敕朝弼会同新抚臣鲍象贤鸠兵讨贼,以靖地方"⑤。这里提到了颁发敕书给沐朝弼,但未提及是否给巡抚鲍象贤换授赞理敕书。不过嘉靖三十九年,时任兵部尚书的杨博在《覆云南总兵官沐朝弼请罢巡抚赞理军务疏》中引述了嘉靖三十年吏部等衙门关于云南巡抚加赞理衔的奏报及世宗的批复,是最具原始史料价值的政府公文:

> 吏部等衙门会题内称:"云南地方号称简僻,巡抚责任本为易称,但今土夷构乱,戕害守臣,天讨所加,事体重大,巡抚责任似宜委重,合无比照湖广、贵州事例,于巡抚上量加'兼理军务'字样,以便行事。"……奉圣旨:"鲍象贤着以原职巡抚云南地方,兼赞理军务,写敕与他。"⑥

①[明]毛伯温:《毛襄懋先生奏议》卷二〇《公移·一为檄问事》,《四库全书存目丛书》史部第59册,第784页。

②嘉靖二十五年,云南元江军民府土舍那监杀其叔土知府那宪,夺其印,"巡抚云南都御史应大猷等以闻,上命镇抚官发兵剿之"(见《明世宗实录》卷三〇七,嘉靖二十五年正月己卯,第5791页)。

③《万历野获编》又载,"值元江土舍那鉴倡乱","抚按官胡奎林(应箕)、总兵沐朝弼不能御"(见[明]沈德符:《万历野获编》卷二二《司道·徐方伯之死》,第569页)。

④[明]郑汝璧:《皇明功臣封爵考》卷四《黔国公》,《四库全书存目丛书》史部第258册,第451页。

⑤《明世宗实录》卷三七五,嘉靖三十年七月壬寅,第6684—6685页。

⑥[明]杨博:《杨襄毅公本兵疏议》卷五《覆云南总兵官沐朝弼请罢巡抚赞理军务疏》,《四库全书存目丛书》史部第61册,第368页。

至嘉靖三十二年(1553)，鲍象贤又独自"调集土汉兵七万人，广集粮运，将克期分哨进剿元江，为必取计"①，俨然全权统军。依此，严清《迁巡抚都察院记》中"云南巡抚始兼赞理军务，于时首易玺书者，崇阳汪公文盛"的说法不可取信，而嘉靖三十年才是世宗颁敕加鲍象贤"兼赞理军务"之年，这标志着朝廷名正言顺地落实了巡抚的军事统帅权。不过，鲍象贤兼授的赞理军务职能，仍可视为此前巡抚汪文盛所领军事决断权的延续与正规化，故《迁巡抚都察院记》中汪文盛首兼赞理之说虽不确，但亦有一定的根据。

再看云南巡抚所兼赞理被罢的情况，此事起因于黔国公沐朝弼的争权。沐朝弼自嘉靖三十三年(1534)正式袭爵后就极力摆脱此前十余年云南巡抚对沐氏军政职权的管制。嘉靖三十五年，朝廷曾赐敕黔国公沐朝弼，"令其节制土汉诸军"，而"抚按官不得擅调，诸司白事及移文谒见礼仪，俱先镇守而后抚按，违者以名闻"②。世宗下此旨意实事出有因，据《明实录》追述，"初朝弼自都督袭封，又先以事被勘，有司薄其为人，稍夺之事权，至是援父祖例，许之"③。嘉靖三十九年五月，东川土酋阿堂与霑益土官安九鼎相攻杀，时任云南巡抚的游居敬集兵征讨，但作战不利，为巡按御史王大任劾④。沐朝弼正借此巡抚军事指挥失误的机会上奏搏争兵权：

> 巡抚赞理军务，盖自鲍象贤始。是时元江兵乱之后，臣未袭爵，始加是敕，为一时平乱计耳。今总镇事权既有所归，而(游)居敬犹偃然妄以军门自处，擅兴师旅，激变夷民。臣知而不得谋，谋而不见听。祖父二百年来职掌荡然矣。⑤

朝弼特别强调此前鲍象贤是暂代自己统兵，属权宜行事。继而又言"今总镇事权既有所归，而居敬犹偃然以军门自处"，是声言自己已成年并正式袭有爵位，理应恢复黔国公总兵固有的军事职权，不应再受制于巡抚。朝弼疏上，世宗命下兵部议。通过杨博《覆云南总兵官沐朝弼请罢巡抚赞理军务

---

① 《明世宗实录》卷三九三，嘉靖三十二年正月丁酉，第6902页。
② 《明世宗实录》卷四三一，嘉靖三十五年正月壬戌，第7439页。
③ 《明世宗实录》卷四三一，嘉靖三十五年正月壬戌，第7439页。
④ [明]杨博：《杨襄毅公本兵疏议》卷五《覆巡抚云南都御史游居敬请征叛夷阿堂疏》，《四库全书存目丛书》史部第61册，第348页；[明]谢肇淛：《滇略·事略》，景印《文渊阁四库全书》第494册，上海，上海古籍出版社，1987年，第183页。
⑤ 《明世宗实录》卷四九〇，嘉靖三十九年十一月辛卯，第8163页。

疏》及《明实录》记载可知,世宗最终责令游居敬"拿解无容再议",又准兵部移咨新任巡抚云南蒋宗鲁及总兵沐朝弼曰:"以后地方一应军机,遵行本爵制敕,务要彼此计议停当,应径行者会行所司,应具奏者会本具奏,不许违拗偏执,有误大计。"嘉靖帝继而批准了兵部所覆"云南巡抚例当户部请敕,后以元江之变,暂加赞理军务,原不为例,今当仍旧革去兼衔"的提议 ①。此正与严清《迁巡抚都察院记》中"岁庚申,因事报罢"及天启《滇志》所谓云南巡抚"嘉靖间加赞理军务,寻又罢"的说法相印证,而万历《明会典》对此事有阙载。

　　世宗此番罢黜云南巡抚兼衔,主要是因为震怒于游居敬的失事。然而,在嘉靖朝沐氏总镇年幼资浅的情况下,朝廷协调云南镇、抚关系时常秉承一种兼顾双方的策略倾向,即尽量表面上维护黔国公的尊荣地位,稍抑巡抚体统,但不断强化巡抚的实际权力。这反映了明廷在贵族体制与官僚体制之间的摇摆不定。朝廷希望依靠勋贵威镇边庭,又碍于贵族体制的弊端,更多地依赖文臣解决实际问题。不久,皇帝所下"抚按官不得擅调土汉军",巡抚革去赞理的命令皆成虚文。

　　嘉靖四十二年(1563)十一月,吕光洵就任云南巡抚都御史 ②,当年有"易门贼李向阳等作乱,自称混天大王",行掠安宁、三泊等州县,"南安泥丛诸贼响应" ③。据兵部尚书杨博《请谕云南守臣协心平贼并命抚臣赞理军务疏》,嘉靖四十三年,兵科都给事中邢守庭因易门之乱难定而上奏朝廷:

　　　　(沐氏)总府世守云南,专管军务,巡抚都御史每事与之计议,谓之赞理军务。且无言元江之例,即如京营既有镇远侯顾寰,又有叶理都御史;南京既有魏国公徐鹏举,又有参赞尚书;两广既有恭顺侯吴继爵,又有提督侍郎,本以相济,原非相病。④

明代中后期,即使在勋臣留镇之处,"以文统武"体制也在大力推行。邢守庭所论即旨在减弱沐氏世镇的特殊性,使得云南巡抚拥有当时镇守文臣普遍

①[明]杨博:《杨襄毅公本兵疏议》卷五《覆云南总兵官沐朝弼请罢巡抚赞理军务疏》,《四库全书存目丛书》史部第61册,第368页;《明世宗实录》卷四九〇,嘉靖三十九年十一月辛卯,第8164页。
②《明世宗实录》卷五二七,嘉靖四十二年十一月壬午,第8595页。
③[明]谢肇淛:《滇略·事略》,景印《文渊阁四库全书》第494册,第183页。
④[明]杨博:《杨襄毅公本兵疏议》卷一四《请谕云南守臣协心平贼并命抚臣赞理军务疏》,《四库全书存目丛书》史部第61册,第564页。

拥有的名、实相配之尊。其议下兵部讨论并获得认可,世宗继而准兵部备行翰林院,将云南巡抚敕内增入"赞理军务"字样①。由此可知前引《迁巡抚都察院记》所言云南巡抚之赞理军务"至新昌吕公光洵奏复"为确。万历《明会典》所谓滇抚原"兼理军务"至嘉靖四十三年(1564)"改赞理",也系指吕光洵复职之事,但疑有编排、裁剪史料的失当,导致史实原委不清晰,这也是万历《明会典》修纂的通病。至于天启《滇志》所载隆庆四年(1570)云南参赞军务复职一说,明显指当年顺天府尹曹三旸升任右副都御史,巡抚云南兼建昌、毕节等地,并赞理军务一事②。曹三旸一上任就同时兼赞理军务职衔,这是云南巡抚军权得到进一步落实的标志,但曹氏兼赞理军务是在吕光洵之后,因此赞理军务自曹三旸抚滇始复一说不确。

吕光洵加赞理后平定易门之乱,嘉靖四十四年,世宗直接升光洵职为兵部尚书兼右副都御史,巡抚如故③。嘉靖四十五年十二月,吕光洵又讨平云南凤继祖及同党土舍高钦之乱④。至隆庆元年(1567),吕光洵讨平武定土司之乱,上奏朝廷以其地设置流官⑤。但据徐渭为吕光洵所撰行状,武定平后,沐朝弼"既衔公(指吕光洵)折其权",又厌光洵战后追论他"左祖贼若庄豪,激叛羽叛者诸阴事",故"痛一剪束",但吕光洵因"故望重",虽受沐朝弼谤奏,仅稍改南京工部尚书以归⑥。将吕光洵调职体现了皇帝对沐氏的偏袒,但此后云南巡抚例加赞理军务的制度固定下来。

值得注意的是,云南巡抚实兼赞理军务职衔的情况是地方体制重大更迭,但依照公文逐年编修的《明实录》却仅收录了嘉靖三十九年沐朝弼所上弹劾游居敬的奏疏,而在记述鲍象贤、游居敬、蒋宗鲁、吕光洵等滇抚行迹时,只字不提加或夺赞理军务之事。实录的阙载可能也造成了《明会典》与《滇志》等资料记载的混乱与错讹。

①[明]杨博:《杨襄毅公本兵疏议》卷一四《请谕云南守臣协心平贼并命抚臣赞理军务疏》,《四库全书存目丛书》史部第61册,第565页。

②《明穆宗实录》卷四五,隆庆四年五月甲申,第1134页。

③《明世宗实录》卷五四五,嘉靖四十四年四月己未,第8807页。

④《明世宗实录》卷五六六,嘉靖四十五年十二月乙未,第9062页。

⑤[明]陈善:《新建武定城治记》,天启《滇志》卷二〇《艺文志第十一》,第660页。

⑥[明]徐渭:《徐渭集·徐文长三集》卷二七《行状·吕尚书行状》,第652页。

四　幼镇问题的恶性发展

（一）沐朝弼自损世镇尊威

沐朝弼代镇期间就曾有与幼侄沐巩争夺爵位的举动。嘉靖二十九年（1550）六月，朝辅、朝弼嫡母故黔国公沐绍勋妻李氏上奏："故庶长男朝辅子巩蒙许袭祖爵，不幸四岁而孤，为庶次男朝弼所忌，常百计凌逼之，弱母幼儿，朝不保夕，乞如五世祖沐琮例，遣官护巩赴京，待其成长领镇。"[①] 不料沐巩寻殇。同年八月，沐朝弼称要袭爵，沐朝辅妻朝弼嫂陈氏因此前受到朝弼"百计凌逼"，又称沐朝辅遗有庶子，故与沐朝弼争爵。朝弼与陈氏争执不下，延至嘉靖三十三年（1554），经吏部与三法司勘验，世宗念朝弼"领镇已久，免其赴京，着袭封黔国公爵，照旧镇守地方"，陈氏免于纠责[②]。正式袭爵领镇后，沐朝弼更以实施暴政为能，受到抚、按官的连续弹击。嘉靖四十四年，世宗以沐朝弼屡犯律令，但念其世勋之后，"姑从轻罚，住禄米二年，如不悛改，抚按官指实奏闻"[③]。隆庆三年（1569），沐朝弼又"以抗违明旨屡被论劾"，且"常称疾不视事"，经过巡抚陈大宾的奏弹及兵部、兵科奏议，穆宗最终勒令沐朝弼罢职闲住，以其子昌祚袭爵[④]。

明廷此前长期回护沐朝弼，根本原因是为了维系黔国公代表天子镇边的尊严。可沐朝弼害侄欺嫂，又举动乖张，自损沐氏世镇威仪，这就突破了朝廷的底线，因此穆宗罢朝弼闲住。但沐朝弼闲住后依旧居于云南黔国公府中，实不利于沐昌祚袭爵管军务。鉴于此，云南巡抚陈大宾、巡按刘翾屡参朝弼前罪，欲绝其后患。陈、刘所奏送达朝廷，兵科都给事中温纯覆覈后亦上疏言："惜盖自沐朝弼革职以来，其子昌祚固难以父故而靳祖职，然所以迟迟其袭者，固以朝弼之罪一日未明，则朝廷之法一日未正，朝廷之法一日未正，则昌祚之袭自难轻议。"[⑤] 但未得到重视。至隆庆五年（1571），沐朝弼公开与其子沐昌祚争权，云南巡抚曹三旸、巡按许大亨各自上疏奏劾，称朝

①《明世宗实录》卷三六一，嘉靖二十九年六月丁巳，第6447页。
②［明］郑汝璧：《皇明功臣封爵考》卷四《黔国公》，《四库全书存目丛书》史部第258册，第451页。
③《明世宗实录》卷五五一，嘉靖四十四年十月丁卯，第8872页。
④《明穆宗实录》卷三〇，隆庆三年三月庚午，第803页；［明］高拱：《高拱全集·掌铨题稿》卷三四《题黔国公沐昌祚袭爵疏》，第468页。
⑤［明］温纯：《温恭毅集》卷二《仰遵成命纠正冒袭以彰法纪疏》，景印《文渊阁四库全书》第1288册，上海，上海古籍出版社，1987年，第406页。

弼"父子相残,军民被害",请求皇帝在沐朝弼扶送母柩回南京之际将他"即行安置"。穆宗此番又对沐朝弼有所安抚,判他依前旨"着照旧本镇闲住,以后如敢干预府事,生事虐民,巡、按官参来处治"①。

至神宗登极的隆庆六年(1572)八月,经过云南抚、按劾奏及兵部、三法司合议后,沐朝弼终于被判处大罪。首辅张居正向神宗上《议处黔国公沐朝弼疏》,建议严厉处理沐朝弼:

> 伏蒙发下兵部、三法司会议,原任云南总兵官黔国公沐朝弼罪状一本,内称朝弼罪恶显著,法应处死。臣等看得,朝弼稔恶有年,世宗皇帝时即欲拿问重处,但以其元勋后,侍未忍即置于法,止于罚住禄米。隆庆二、三年间,屡经抚按及科道官论劾,先帝亦不忍加刑,止令革任闲住。朝弼乃不知感恩省改,作恶愈甚,谋害亲子,擅杀无辜,揆其情罪,处死不枉,但其始祖三世皆有大功于国家,曾关给铁券,子孙许免一死,非有反逆实迹,似应稍从宽宥,待以不死,庶为情法之中。夫因其有罪而逮问之,既足以破奸宄之胆;念其先功而宽释之,又足以彰肆赦之恩。国法、皇仁两得之矣。②

神宗对张居正等人的题请给予了肯定:

> 你每说的是。沐朝弼屡抗明旨,积恶多年,擅杀无辜,情罪深重,本当依律处死,但念元勋世裔,姑从轻,着革去冠带为民,押发南京随住,还着内外守备衙门羁管。③

有学者认为,沐朝弼一贯为恶,之所以神宗即位时才被拘押,是因为当时由张居正主政,"不存在明朝皇室与沐氏家族之间亲情关系的障碍"④,其说值得商榷。前文已论,沐朝弼恶行早已暴露,世宗与穆宗之所以仍对其较为优抚之,主要是为保障世镇体制的稳定,并非因所谓皇室与沐氏的亲近关系而纯粹袒护沐朝弼个人。反而是沐朝弼在隆、万两朝的诸多不轨活动破坏了皇帝与沐氏之间的信任,自行动摇世镇的稳定性,最终招来大惩。据张居正

①［明］杨博:《杨襄毅公本兵疏议》卷二三《覆巡抚云南都御史曹三旸等议处革任黔国公沐朝弼疏》,《四库全书存目丛书》史部第 61 册,第 783 页。
②［明］张居正:《张太岳集》卷三七《议处黔国公沐朝弼疏》,第 476 页。
③［明］张居正:《张太岳集》卷三七《议处黔国公沐朝弼疏》,第 476—477 页。
④李建军:《明代云南沐氏家族研究》第三章《曲折演变与滇疆二百年风云》,第 169 页。

所奏,沐朝弼的关键罪责有二:其一是"谋害亲子"沐昌祚,此系公然违抗皇命、淆乱时局的恶行,前已为抚、按所揭发,故罪不可赦。其二是"擅杀无辜",所谓"无辜",其实专指御赐内臣。据时任刑部云南司郎中的郑汝璧所载,"朝弼益恣纵,淫刑多命,又杀上所赐阉人,罪状日著,始命缇骑逮至京师,下兵部会法司议,辟以闻"[①]。黔国公本代表皇帝威严,但沐朝弼擅杀御赐阉宦,枉顾朝廷恩待,这成为他被遣拘的直接原因。

(二)万历、天启间世镇体制的紊乱

万历二十三年(1595),沐朝弼嗣子沐昌祚以痼疾自请罢总兵职,朝廷保留昌祚黔国公爵位,另授其子沐叡都督金事,领总兵职衔代镇云南[②]。沐昌祚请辞时不过四十岁,所谓老病实为托词,只因他此前横行地方,屡被抚、按弹劾[③],故不得不自行求退。神宗准沐昌祚罢总兵事而依旧领爵,没有如此前处置沐朝弼一般,将昌祚罢爵拘捕南京,也有安抚之意。但除了安抚之外,朝廷使昌祚、叡父子并立的根本目的,应是剥离沐氏的"黔国公"爵与"征南将军、云南总兵官"之职,以年长的沐昌祚象征性地代表贵族世镇,并在一定程度上协助镇守,而由年轻的沐叡实际统兵管事。通过这种权宜之法,明廷试图削弱沐氏势力,遏制他们的狂悖之举,又希望在一定程度上维系沐氏世镇的权威。然而此措施非但没有对昌祚父子起到遏制作用,反而进一步刺激其肆意妄为,时有云南府"一城之中,突建新、旧两镇",沐叡、沐昌祚"各用爪牙,各收亡命,剥削土司,几失全省"[④]之说。至万历三十五年(1607),原武定土酋阿克围攻云南府以索取武定府印,巡抚陈用宾与沐叡谋议,竟"以印畀阿克",武定平乱后,神宗依然为此震怒,将用宾、叡一并拘捕南京瘐死,令沐昌祚复出"暂行"总兵事[⑤]。复任沐昌祚的同时,兵部题奏:"沐之子

---

①[明]郑汝璧:《由庚堂集》卷三六《睹记》,《续修四库全书》集部第1357册,上海,上海古籍出版社,2002年,第77页。

②《明神宗实录》卷二七七、卷二八三、卷二九〇,万历二十二年九月庚寅,万历二十三年三月丁丑,万历二十三年十月己未,第5130、5230、5378页。

③《明神宗实录》卷二三〇、卷二三九,万历十八年十二月壬辰,万历十九年八月丙午,第4271、4437页。

④《明神宗实录》卷五〇四,万历四十一年正月乙酉,第9587页。

⑤[明]沈德符:《万历野获编》卷二九《叛贼·武定四叛》,第753页;《明神宗实录》卷四四九、卷四六二,万历三十六年八月辛巳,万历三十七年九月丁酉,第8507、8721页。

姓非无可以承袭祖爵者,恐骄稗成习,仍复偾辕,不若求旧为便。"①可知朝廷已深刻认识到世镇顽疾之难解,有任其苟且残延的消极倾向。

万历四十年(1612)与天启三年(1623),朝廷又先后两次重施所谓"两镇"之法,命沐昌祚与其孙沐启元并立,但实际效果依旧不佳,可见云南世镇问题积重难返,明廷已无裨补之良方。万历四十年十月,沐昌祚再次称病请解任,朝廷加其孙沐启元都督佥事职充总兵镇守②。万历四十三年,兵部根据云南抚、按奏报而覆议,请停沐启元专阃之职:

> (沐昌祚)复行私请代,盖出于沐启元之逼胁,然启元乳臭,必贻滇患。今据抚臣奏列诸不法状,比其父献(应为叡)罪恶不啻什伯……且两镇并建,体多倾轧,闻昌祚亦悔于厥心,稍加钤束,至祖孙不相容,近则萧墙萌隙,远则危亡殆衅,亦大非沐氏之利也。③

神宗准其奏,第二次命沐昌祚照旧镇守,沐启元待昌祚年老后再由抚、按官保奏正式袭爵视事④。天启三年,滇黔一带土司叛乱迭起,巡按御史傅宗龙第三次提出两镇并建,并建议让沐昌祚、启元各自统领军队。此论甚为荒谬,但却被朝廷采纳,熹宗寻敕沐启元"以原加署都督佥事充援黔副总兵"⑤。不过当年六月,沐昌祚就自行奏陈"启元不堪任用"。兵部覆议认为"知孙莫若祖",且兵部不便遥度,此事应付云南抚、按臣酌情勘验详议⑥。天启三年十二月,云南巡抚闵洪学、巡按罗汝元论劾沐启元"狂悖不法,不堪援黔之寄",朝廷最终下旨"启元既不谙事体,不许筦兵,仍听抚、按官节制,该镇事务还着沐昌祚协同抚、按官料理",且不准相关人员继续上奏搅扰⑦。

尔后,明廷放任沐氏世镇制度自流的态度更加明显,甚至对沐氏子弟产生了淡漠之意。天启四年(1624)十二月,黔国公沐昌祚死,《明实录》中仅简短称昌祚"自隆庆三年嗣爵,领镇五十六年"⑧。对此镇守边陲半个多世纪的勋贵老臣别无生平介绍,纂史官可谓暗含春秋贬斥笔法。崇祯元年

①《明神宗实录》卷四六三,万历三十七年十月戊午,第8734页。

②《明神宗实录》卷五〇〇,万历四十年十月丁亥,第9471页。

③《明神宗实录》卷五三六,万历四十三年八月庚午,第10168页。

④《明神宗实录》卷五三六,万历四十三年八月庚午,第10169页。

⑤《明熹宗实录》卷三〇、卷三一,天启三年正月乙未、二月癸亥,第1499—1500、1557页。

⑥《明熹宗实录》卷三五,天启三年六月乙亥,第1816页。

⑦《明熹宗实录》卷四二,天启三年十二月己丑,第2171页。

⑧《明熹宗实录》卷四九,天启四年十二月辛巳,第2481页。

（1628），黔国公沐启元死，关于他的死因，徐弘祖在《徐霞客游记》中有如下记载："启元愈猖狂不可制，母宋夫人惧斩世绪，泣三日，以毒进，启元陨，事乃解。"① 但宋氏向朝廷奏请沐启元子沐天波袭爵时，仅称启元为"病故"②，《崇祯长编》隐晦称沐启元"暴卒"③，可知徐弘祖所记并非耳谈虚言，启元的暴虐无度已威胁到整个沐氏家族的安危，为沐氏至亲所不容。只不过朝廷没有兴趣深究沐启元的具体死因，崇祯帝得到宋氏奏请后直接准许沐天波承袭祖爵镇守。

　　笔者上文曾有论，以隆庆朝为界，在此之前，主要由沐氏子弟病夭少嗣等自然原因引发的幼镇导致云南守臣之间矛盾爆发，人为的官场斗争又进一步推动此后幼镇问题的恶化，而事态转折的关键点就在于沐朝弼的诸多恶劣举动。在明代中期，黔国公家族虽子嗣凋零，不得不以沐琮、沐崑等童稚袭爵，但由于当时尚有才干突出的沐氏族亲沐璘、沐瓒等支撑局势，尽心看护督导年幼的黔国公，促使沐琮、沐崑等人逐渐磨炼出基本的政治素养与操守④，故幼镇的弊端没有暴露。至嘉靖朝，沐朝辅、沐融、沐巩、沐朝弼两代四人频繁仓促以幼龄袭爵，导致这些沐氏子孙皆疏于文化教育与军政历练。沐朝弼的情况更为特殊，他十余岁代侄镇守，但没有黔国公的正式名分，又长期受到抚、按文官的节制，故心怀不满。正式袭爵后，沐朝弼权力欲望不断膨胀，屡次掀起族内纷争，并频频与抚、按相斗，最终遭到拘捕。自沐朝弼始，沐氏子孙就形成了恶劣的行事传统。一方面，前辈黔国公过早失事罢职，导致后辈在懵懂无知的情况下突然袭爵，无力管事。例如沐朝弼罢职时其子沐昌祚以冲龄补位。又如沐昌祚自请罢职时不过四十岁，其子沐叡应不过弱冠之年，此后又与昌祚并立的其孙沐启元更加年轻。另一方面，前代黔国公未死而后辈介入云南镇务，就引发沐氏父子、祖孙之间矛盾不断。如沐朝弼曾预谋迫害其子沐昌祚，而沐昌祚又与沐叡、沐启元明争暗斗不绝。

　　晚明时代的黔国公基本上都是自青少年时期就卷入残酷恶劣的权力斗

① ［明］徐弘祖：《徐霞客游记》卷一〇下《随笔二则》，上海，上海古籍出版社，1987年，第1132页。
② ［明］刘鸿训：《四素山房集》卷五《请发沐镇票拟疏》，中国国家图书馆藏明崇祯十六年（1643）刻本。
③ 《崇祯长编》卷一〇，崇祯元年六月己亥，第558页。
④ ［明］倪岳：《青谿漫稿》卷二三《明故镇守云南总兵官征南将军太子太傅黔国公赠特进光禄大夫右柱国太师谥武僖沐公墓志铭》，景印《文渊阁四库全书》第1251册，第334页；［明］杨慎：《升庵集》卷三《〈玉冈诗集〉序》，景印《文渊阁四库全书》第1270册，上海，上海古籍出版社，1987年，第36页。

争,普遍既无才干操守,又无礼仪道德,而且个性极端乖戾。云南抚、按对沐昌祚即有"贪淫不法"①、"悖戾偾事"②的评价。《万历野获编》直言万历年间代镇总兵沐叡的才干已远不及嘉靖中期以前的黔国公③。沐启元甚至曾擅自发动兵乱与云南巡、按相抗,对国体法度全然枉顾。徐弘祖在《徐霞客游记》对此有如下记录:

> 黔国公沐昌祚卒,子启元嗣爵(沐启元为沐昌祚孙,此处徐弘祖有误记),邑诸生往祭其父,中门启,一生翘首内望,门吏杖箠之,多士怒,亦箠其人,反为众桀奴所伤,遂诉于直指金公。公讳瑊;将逮诸奴,奴耸启元,先疏诬多士,事下御史。金逮奴如故,启元益嗔,征兵祭纛,环直指门,发巨炮恐之,金不为动。沐遂掠多士数十人,毒痛之。④

这些沐氏子孙显然无力担负云南一省军政重责,也无法与巡抚、巡按等官有效配合协作,世镇体制随之进入恶性循环。

(三)贵族政治弊端与世镇的勉强维持

对云南沐氏世镇体制在晚明时期的困局,有学者总结道,沐昌祚、沐叡、沐启元时期,"沐氏家族权位降到了有史以来的最低点","沐氏家族后继乏人,走向末落"⑤。由于这一阶段沐氏云南总兵职能的紊乱失效,地方一应军政事务主要依靠巡抚、巡按处置。万历朝人郭斗所做《都察院续题名记》对此有论:"云南远在万里,诸夷环处,而赞理军务,厥任匪轻。兵虽责之总镇,然政令之弛张、军机之缓急,巡抚实维掌握,事无纤巨,动关戎马。"⑥这主要表现在以下两个方面:

第一,云南总兵本以统领一省戎务为己任,但自嘉靖二十九年(1550)始,指挥军队平定云南内乱外祸的主帅都是巡抚大臣,少见总兵的身影,这可从《滇略》一书的统计中得到反映,不烦胪列如下:

> 嘉靖二十九年,元江土舍那鉴弑其主宪而自立,都御史石简讨之,

---

①《明神宗实录》卷二三〇,万历十八年十二月壬辰,第4271页。

②《明神宗实录》卷二三九,万历十九年八月丙午,第4437页。

③[明]沈德符:《万历野获编》卷二九《叛贼·武定府初叛》,第751页。

④[明]徐弘祖:《徐霞客游记》卷十下《随笔二则》,第1131—1132页。

⑤李建军:《明代云南沐氏家族研究》第三章《曲折演变与滇疆二百年风云》,第179、181页。

⑥[明]郭斗:《都察院续题名记》,天启《滇志》卷二〇《艺文志第十一》,第662页。

不克。

三十九年，东川土酋阿堂与霑益土官安九鼎相攻杀，巡抚都御史游居敬集兵讨之，为巡按御史王大任所劾。

四十二年，易门贼李向阳等作乱，自称混天大王，掠安宁、三泊等州县，南安泥丛诸贼响应。巡抚都御史吕光讨平之。

隆庆元年，巡抚云南尚书吕光洵讨武定酋，悉平之。奏设流官、改治、立守御、建学、作城。

万历元年冬十一月，命巡抚侍郎邹应龙同黔国公沐昌祚西征铁索箐、赤石崖，擒夷酋罗勤快等，七十二村悉平。

十三年，罗雄州土舍者继荣弑其父者濬而自立，巡抚都御史刘世曾讨，诛之。

二十一年，缅入……巡抚都御史陈用宾遣兵击走之。是年，巡抚都御史陈用宾城八关于腾冲……每四关设一守备戍之。自是缅不敢深入。

二十二年，擒多俺及其子，皆斩之。用宾复檄暹罗同攻缅，缅彼于奔命，自此边患少息。

二十五年，大侯州土酋猛廷瑞叛……与其妻父奉学兴兵攻堂兄思贤，所过州县，杀掠无算。巡抚都御史陈用宾疏请征剿。

三十五年十一月，武定土酋凤克叛，陷郡城，胁推官白明通索府印，遂围云南。巡抚陈用宾以印予之，乃解。

三十六年正月，凤克陷禄丰，杀知县苏梦旸，又谋陷元谋、罗次、嵩明等诸州县，杀掠无算。用宾寻发兵讨平之，俘克等。[1]

第二，沐氏总兵原本一定程度上负责管理云南城防、水利、文教、赋税等军民庶务，至嘉靖中期这些职权大幅度萎缩。以城墙修缮为例，正统十年（1445）十月，时任参赞军务的杨宁曾"奉敕偕总兵镇守官黔国公沐斌等，帅云南将士万五千城筑故址"，第二年沐斌又同参赞军务侯琎等领兵修筑腾冲城墙、城楼，且由"总帅诸公综其事，方面诸官董其役"[2]。弘治元年（1488）、二年（1489）间，云南分巡道按察副使林俊、分守道副使方守为修筑赵州新城，故"会计规缕，益饰以备"，后将会议结果上报黔国公沐琮、巡抚都御史王

---

① [明]谢肇淛：《滇略》卷七《事略》，景印《文渊阁四库全书》第494册，第183—186页。
② [明]侯琎：《新筑腾冲司城记》，天启《滇志》卷二〇《艺文志第十一》，第655—656页。

诏、巡按监察御史刘洪"等人,诸官"咸主可"①。嘉靖七年(1528),云南按察
使等官集议在寻甸"谓筑城复县,立千户所"之事,上报后总兵黔国公"泊前
巡抚、藩臬皆是之"②。这都是沐氏早期主管城防的实例。但从嘉靖中后期至
万历朝写成的云南建城题记来看,相关事务皆由巡抚、巡按等官指挥三司、
府县官员完成,基本不见沐氏总兵的参与情况,现列表详细反映相关情况
(见表22):

表22　嘉靖中后期以降云南城防建设概览表

时间	所修城墙	主持人员及修建过程	资料出处
嘉靖二十三年至二十六年	鹤庆府城	鹤庆知府周、分巡汪"相与揣其高卑",因而请于巡抚刘渠、巡按宋大本,获准。后巡抚应大猷、巡按郝铭、刘廷仪"主张众论,临窍不浮"。分守沈、朱、刘,兵宪曾、分巡安等人各负其责,从旁协赞。	李元阳:《新建鹤庆府城记》,天启《滇志》卷二〇《艺文志第十一》。
隆庆三年至四年	武定府城	隆庆二年,巡抚陈大宾因武定知府刘宗寅奏请,"躬往相度"武定府新城迁修事宜,布政司左使邹珤与议。隆庆三年五月正式起工筑城,完工于四年十二月。修建过程中,邹珤乃择经历张效、指挥同知唐致和、李盈门、沈恩予"分地并工",而"诸当建白者"同邹珤上达于云南巡抚陈大宾、巡按刘翲,皆报可,分巡道朱奎又协赞有劳,大功终成。	陈善:《新建武定城治记》,天启《滇志》卷二〇《艺文志第十一》。
隆庆四年	澄江府城	隆庆四年夏,巡按刘翲讶于澄江府无城郭,故知府徐进上请修城,巡抚陈大宾同巡按御史"檄三省诸大夫会议",布政司左使邹珤等皆与谋,终命广西府知府戴君时雍"度地,计费七千有奇","具白两台,疏于朝,下兵部覆议,如都御史、御史请"。修城过程中,临元兵备曾一经、布政司参政莫如善、罗元祯、分巡道蹇来誉"躬往视临",云南抚、按上请朝廷以盐课羡余为助金,故至隆庆四年十二月,城成。	陈善:《新建澄江府城记》,天启《滇志》卷二〇《艺文志第十一》。

①[明]张志淳:《新建赵州城记》,正德《云南通志》,第414—415页。
②[明]张志淳:《新建寻甸府城记》,天启《滇志》卷二〇《艺文志第十一》,第659页。

续表

时间	所修城墙	主持人员及修建过程	资料出处
隆庆五年至隆庆六年	广西府城	广西知府戴时雍先请于巡抚陈大宾、巡按刘翾,金曰:"宜。""上其议于朝,制可之。"巡抚曹三旸、巡按许大亨"相代至",戴复请。隆庆六年冬,新城成。	陈时范:《广西府筑城记》,天启《滇志》卷二〇《艺文志第十一》。
万历、天启间	云南府城	巡按御史潘浚"念滇介遐服,首城巨会,势尤居重御轻。城故无外郛,亦惟相延以有今日也"。巡抚沈公徽炌"以后时至,谋断罔不同心"。从旁经理"则右辖施公尔志,程督则宪副曾公守身、杨公为栋、赵公性粹,都阃尹君启昜暨广南守邵君建封、昆明令汪君从龙,咸与有劳"。	施尧化:《新建重关记》,《滇志》卷二〇《艺文志第十一》。

黔国公督办水利建设的情况与此类似。据《新建南坝闸记》《海口记》及《海口修濬碑》等碑铭资料的记载,沐英、沐昂、沐璘、沐琮,甚至沐朝弼,都参议过云南水利灌溉设施的布划,甚至直接指挥工程建设[①]。但隆庆朝开凿横山水洞、万历朝重濬海口时,由布政司、按察司等官上请抚、按,再由抚、按组织全省相关官员会议、督办其事,全无黔国公参与的记载[②]。仅万历四十六年(1618)因重修松华坝石闸,云南大小官吏多有捐献,黔国公沐昌祚亦有"慨然以近闸石山任其采用"[③],然属例行方便之举,非直接参与石闸整修的督理。

沐氏世镇体制发展至此,其唯血统任职的弊端已充分暴露,但明廷无法下定决心对云南世镇进行全面的整饬,究其原因,就在于沐氏勋贵与西南少数民族土官同为世袭身份,二者长久以来形成了地方统治秩序的对应与平衡。清初人冯甦对此有评,成化朝黔国公沐琮而后沐氏公爵"多雍容好墨翰,间不免骄佚,顾诸蛮习其威德,犹乐为用"。据《明实录》记载,嘉靖四十四年(1565)十月,云南巡按御史王净请求世宗革去沐朝弼官爵,另择

①[明]陈文:《新建南坝闸记》,正德《云南志》卷三一《文章九》,第396—397页;[明]杨慎:《海口修濬碑》,康熙《云南府志》卷一九《艺文三》,《中国方志丛书》第26号,台北,成文出版社,1967年,第491页;[明]陈金:《海口记》,康熙《云南府志》卷二一《艺文六》,第541页。

②[明]罗元祯:《横山水洞记》,天启《滇志》卷一九《艺文志第十一》,第636页;[明]方良曙:《重濬海口记》,天启《滇志》卷一九《艺文第十一》,第638—639页。

③[明]江和:《新建松华坝石闸碑记铭》,天启《滇志》卷一九《艺文志第十一》,第637—638页。

"宗枝或勋臣中贤者领镇事"①。此议旨在保留勋臣镇守云南,但打破沐氏一家对总兵职位的垄断,已有削弱血统任用的倾向。对此,世宗曾专门咨询内阁大学士徐阶,云:"朝弼终不改过,此地亦当预择代者,非他镇比,汝以为何如?"②徐阶奏言:

> 臣观朝弼屡次所为,委未有改过之意,又其威权太重,云南之人只知有西王,不甚知有朝廷……彼世守此地已久,恐一时亦轻动未得。去岁所以加巡抚赞理之衔,给与旗牌(指加吕光洵赞理一事),盖欲阴分其权也。而近日土官猛寅等三十余人奏言:"军务只当归于总兵。"外人或言此本系彼(指沐朝弼)唆使,或言系彼捏写,二说未知孰是。夫使彼有一于此,其意固皆可恶。然使真出于众土官,则其势抑又可知矣。③

嗣后,王诤所议不了了之。可知朝廷始终重视沐氏代皇帝守边以节制安抚边省土官世臣的作用。

不过,贵族血统任用的基础是"尊重",也就是贵族凭借特殊的身份荣誉来获得世人的畏服④,而明代勋贵的荣宠就源自他们的祖先征战立功,与皇室形成山河带砺的亲密关系。但沐朝弼等人的行为却辱没皇恩,败坏了黔国公作为贵胄世家的威信,导致时人对沐氏的敬意大损,云南世镇的根基受到动摇。根据过庭训《本朝分省人物考》的记载,曾任云南巡按的许大亨以"劾黔国公沐朝弼之暴",受到"滇人至今尸而祝之"⑤的怀念,可知云南军民对沐朝弼厌恶已甚。另天启朝刘文征编纂有《滇志》一书,堪称明代云南方志大成⑥,但该书所列历代沐氏总兵官的小传仅到弘治朝沐琮一辈,此后袭爵者皆不著录。与此相较,该书却收录了明初到万历朝几乎所有云南巡抚、巡按的列传⑦。由此可见,由于黔国公后辈普遍平庸无为乃至顽劣成性,使得他们的事迹为云南士人所忽略。沐朝弼等人的恶名甚至牵连了前辈黔国

①《明世宗实录》卷五五一,嘉靖四十四年十月丁卯,第8872页。
②[明]徐阶:《世经堂集》卷三《答预择云南镇守谕》,《四库全书存目丛书》集部第79册,第421页。
③[明]徐阶:《世经堂集》卷三《答预择云南镇守谕》,《四库全书存目丛书》集部第79册,第421页。
④[美]哈罗德·D·拉斯韦尔、亚伯拉罕·卡普兰著,王菲易译:《权力与社会:一项政治研究的框架》第九章《结构》,上海,上海人民出版社,2012年,第192—193页。
⑤[明]过庭训:《明分省人物考》卷五《北直隶·保定府二·许大亨》,扬州,广陵书社,2015年,第126页。
⑥方国瑜:《明修九种云南省志概说》,《思想战线》1981年第3期。
⑦天启《滇志》卷一〇《官师志第七·总兵官》,第352页;《官师志第七·巡抚都御史》第354页;《官师志第七·巡按御史》,第355页。

公。至明代中后期,朝野之士对明初的沐氏总兵也不再一味推崇,开始披露一些有损沐氏祖先尊荣的野史秘闻。如田汝成《炎徼纪闻》中记载了首代黔国公沐晟在征麓川过程中的死因:

> (沐)晟不遣兵,曰:"渡江非我使也。"左右力谏,晟乃以少兵往复逗留,(方)政知晟无援意,遂遣其子瑛过江还曰:"汝急归,吾死今日矣。"瑛叩首泣请同归,政拔剑叱之曰:"无多言,将官死分也。"遂策马驰夷兵,马蹶,夷兵攒刺为泥,一军皆没无孑遗者。晟闻败,弃江上积饷,披氈裘,杂众奔永昌,布政使应履平,按察使赖巽以状闻。上遣使者问罪,晟知不免,乃遣人语使者曰:"吾主将也,失律丧师不敢移罪,他乞无问。"遂以冷水啖酥饼,发病卒。①

田汝成所论不一定完全可信,但可反映出明代中后期黔国公威信下降的事实。此外,明末及清代方志《滇考》与《南中杂记》中有沐英、沐春、沐晟父子皆为朱元璋赐死之说,这样的记录显然并非事实②,但也是晚明士人对沐氏微妙心态变化的明证。

　　鉴于沐氏镇守体制的积弊难返,明末已多有官员果敢奏请从根本上罢黜云南世镇。万历十九年(1591)八月,云南巡抚都御史吴定以沐昌祚悖戾难处,专擅误军,又提出"镇臣须选勇略武臣暂摄"的意见,并且"自乞去位"③。吴定所请旨在广泛优选武臣以代替沐氏,这就相当于彻底废止了世镇制度,实具颠覆性,因此他也请求自免云南巡抚官职以示破釜沉舟之志。神宗对吴定奏议的反馈是诏曰:"地方有事,文武守臣政宜协心。吴定着照旧任事,沐昌祚姑令痛自省改。"④并无再多指示。同月,因沐昌祚"跋扈骄蹇",兵科署科事给事中王德完综合何选、吴定之说,请依沐朝弼例,将沐昌祚安置南京,王德完又称:"使其子继父爵,或优以藩王之例,解其兵柄,即采抚臣议,别遣忠勇大将为总兵摄之,仍令昌祚胄子送国学读书数年后,始听归滇。"⑤接到王德完奏议后,神宗批复曰:"昌祚骄恣玩法,屡戒不悛,着革

---

① [明]田汝成:《炎徼纪闻》卷四《猛密、孟养》。
② 见李清升:《云南部分志书中记载的沐英父子死因质疑》,《云南民族学院学报(社会科学版)》2002年第4期。
③ 《明神宗实录》卷二三九,万历十九年八月丙午,第4437页。
④ 《明神宗实录》卷二三九,万历十九年八月丙午,第4437页。
⑤ 《明神宗实录》卷二三九,万历十九年八月癸丑,第4441—4442页。

去服色,听候处分。"① 从万历皇帝对诸臣奏议的处理情况来看,一方面,朝廷充分意识到世镇体制的严重问题,故一改此前优抚黔国公的故例,对沐昌祚屡加训斥惩戒,转而平复抚、按文臣的不满;另一方面,沐氏世镇推行二百余年,根深节错,朝廷已无力补裨世镇体制的缺漏,更没有打破贵族垄断、别选大将的决心,仅勉强维持其存在。崇祯四年(1631),末代黔国公沐天波领镇时,又有朝臣提出教养黔国公之法,称"该镇以纨绔子而忽授专阃之任,非藉学问之力以匡其不逮",请按"在京勋爵之胄有入国学习礼之例"将沐氏子孙"就近演礼"②。此议相较吴定、王完德所请又趋于温和,但更无实际作用。

可以说,云南沐氏世镇体制在明末的实际军政功能已大大减弱,逐步蜕变为皇权统治在云南的政治象征。末代黔国公沐天波嗣爵时不过十岁,云南事务依旧由抚、按主管,朝廷明旨"重大事情暂听抚、按处分",云南主政文臣事实上对沐氏形成节制约束之权③。沐天波成年后恢复了一部分职权,他领兵平定沙定洲叛乱有功,明朝灭亡后,又扈从南明永历帝入缅,终在咒水被缅军俘杀。但沐天波精忠效力的作为并不意味着黔国世镇体制的改善,当时整个明代国家体制已在崩溃过程中,世镇何将安附焉。天波不过是以一人之力尽到与国始终的世爵本分而已。

本章结语

作为一种贵族政治色彩浓厚的地方军政管理体制,云南沐氏世镇是明廷为震慑边方、制衡抚绥西南世袭土官而设,并在较长时间内起到了重要作用。但世镇唯血统为尊,具有潜在的不稳定性,且易形成专权。鉴于此,明廷逐步实施以官僚制度弥补世镇制度弊端的方略,自正统朝开始向滇省派置各类文臣大员,辅佐并制衡黔国总兵,最终在成化朝形成巡抚、巡按总理庶务及监察的机制。由于早死、乏嗣等不可抗的自然因素,沐氏家族自明前中期就常有未成年人袭爵的情况,这一情况至嘉靖朝愈发严重。当时黔国公沐朝辅、沐朝弼兄弟子侄接连以孩童嗣爵,无力视事,故抚、按文臣开始全

①《明神宗实录》卷二三九,万历十九年八月癸丑,第4442页。
②《兵部为遵旨议奏已故原任镇守云南总兵官沐昌祚所陈善后条议事行稿》,《中国明朝档案总汇》第10册,第117页。
③《兵部为遵旨议奏已故原任镇守云南总兵官沐昌祚所陈善后条议事行稿》,《中国明朝档案总汇》第10册,第121页。

权管理滇省军政。但碍于沐氏代表天子镇边的特殊身份，朝廷尽量维护黔国公的专阃地位，这尤其体现在云南巡抚所兼赞理军务职衔的与夺情况上。最终，频繁的幼镇直接引发了沐氏家族内外的严重矛盾，这种矛盾又进一步促成幼镇问题的复杂与恶化。由于父、兄早死，黔国公沐朝弼仓促代镇，他自幼缺少基本的教养，素质难以与前代黔国公相比。朝弼正式袭爵后，为摆脱幼镇时期职权受制的境遇，屡与巡抚大臣相争而自损世镇根基。尔后，受到沐朝弼不良政治活动的干扰，其子沐昌祚及以后的黔国公多为暴虐狂童，根本无法主持云南戎政。在这种情况下，云南抚、按顺势代替了黔国公的一些重要职能，沐氏总兵的职权愈发萎缩。至明末，朝廷面对云南世镇困局举措无方，但又不得不保留此旧制以图西南稳定，最终持一种勉强维系的消极态度。

第十二章　明代宫廷侍卫体制与
勋臣侍卫职权

　　明宫侍卫制度与勋爵群体存在密不可分的联系。勋贵作为亲尊大臣，或自幼参与随侍，或统领侍卫部队，而侍卫中的勋卫一职还与勋爵承袭密切相关，因此研究明代勋爵不可绕开宫廷侍卫制度。明代皇宫卫戍部队分为"守卫"与"侍卫"两种。"守卫"由亲军卫兵士轮番充任，负责把守皇城、宫城诸门及在皇城日常直宿[①]。"侍卫"由锦衣卫大汉将军、三千营将军、五军营叉刀围子手、府军前等卫带刀官及勋卫、散骑舍人等特色军伍构成，负责朝会仪仗、夜值内禁及扈从皇帝出行，是更为贴身且具有礼仪功能的皇家亲从[②]，故又称"宿卫"[③]。侍卫的地位高于守卫，明人言宫廷"禁卫"时，常单指侍卫部队。已有学者就锦衣卫大汉将军做过具体的研究[④]，笔者对此制度不再重复讨论。另有学者在讨论明前期兵制时涉及府军前卫、围子手等军伍的建制，但因相关研究以列朝《明实录》及正德《明会典》为主要参考资料，故仍存在进一步发覆的空间。实际上，侍卫制度涉及宫廷机密，因此《明实录》及正德、万历两朝《明会典》皆未穷列其制。通过发掘锦衣卫、府军前卫选簿以及《天一阁藏珍本政书》等近刊明代官方档案，兼考碑传、奏议、杂史，才可能对明代侍卫做出更为全面与清晰的探析。综上所述，本章略论锦衣卫大汉将军，详考三千营红盔及明甲将军、五军营叉刀围子手、府军前卫、勋卫、散骑舍人的制度沿革，并在此基础上探究勋戚统领侍卫体制的设置、演化过程与政治意义。

---

①正德《明会典》卷一一七《兵部十三·守卫》第 2 册，第 559 页。
②正德《明会典》卷一一七《兵部十二·侍卫》第 2 册，第 554—558 页。
③《读律琐言》云："宫禁有宿卫之人，皇城门有守卫之人。"见［明］雷梦麟：《读律琐言》卷一三《兵律·宫卫·宿卫守卫人私自代役》，第 233 页。
④见张金奎：《锦衣卫将军浅论》，"明朝及其所处历史时代国际学术研讨会"，廊坊，2017 年。

一 三千、五军营侍卫的建制与统领体制

(一)红盔、明甲将军的建制沿革

明代宫禁侍卫有上统于京营者,其中三千营辖红盔、明甲将军两种,而五军营辖叉刀围子手。关于三千、五军等营侍卫的创设时间,明代官方典章皆不详载。明末陈仁锡在《皇明世法录》中记言,"永乐中,置五军、三千营,于是复增设红盔将军、明甲将军及叉手围子手之属,俱以备宿卫"①。嗣后明末清初查继佐的《罪惟录》②及清修《明史》③等书皆因循陈仁锡"永乐中"创京营侍卫的说法。不过,所谓"永乐中"之说也甚为模糊,诸家显然仍不能明确京营侍卫具体的肇创日期。事实上,永乐时期京营体制本身尚未完全确立,附属于京营的宿卫部队势必难以真正形成规制。

进一步捃诸史料可知,"红盔将军""明甲将军"的名号在明代文献中均出现较晚。据《明英宗实录》记载,正统十四年(1449)英宗"升都指挥佥事孙镗为左军都督佥事,仍在三千营把总,入直护卫"④,已明指三千营内辖有宫廷侍卫,但没有将他们记作红盔、明甲将军。兵部尚书于谦在景泰元年(1450)的奏议中提到京营有"轮流上直披明甲"⑤等官军,是笔者所见最早提及穿明甲侍卫者,但于谦依然未直言"明甲将军"的名称。另外,于谦子于冕为其父所撰的行状中载,于谦在"土木之变"后,曾"命红盔将军用爪"在朝堂上击打王振的两名亲信宦官⑥。不过,该行状写于弘治年间⑦,不能完全据此认定正统、景泰之际已经存在"红盔将军"的固定称谓。若逐年排检列朝《明实录》,至弘治、正德两朝,才正式出现红盔将军、明甲将军等名称的记载⑧。以上各种史实进一步说明,三千营将军是在较长时间内逐步成形的,

①[明]陈仁锡:《皇明世法录》卷四三《兵制·侍卫上直官军》,《四库禁毁书丛刊》史部第15册,北京,北京出版社,2000年,第154页。
②[清]查继佐《罪惟录》卷二〇《兵志·侍卫入直》,第887页。
③《明史》卷八九《兵制一》,第2185页。
④《明英宗实录》卷一八三,正统十四年九月甲午,第3578页。
⑤[明]于谦:《于谦集》卷七《杂行类·兵部为军务事》,第321页。
⑥[明]于冕:《先肃愍公行状》,[明]于谦:《于谦集·附录二》,第672页。
⑦于谦行状中有"越三年,今上皇帝即位,是为弘治元年,冕以应天尹致仕"之语,可知该行状完成于弘治年间(见[明]于冕:《先肃愍公行状》,[明]于谦:《于谦集·附录二》,第681页)。
⑧《明孝宗实录》弘治元年十二月戊午条记时有南和伯方寿祥领红盔将军带刀宿卫(见《明孝宗实录》卷二一,弘治元年十二月戊午,第502页)。又《明武宗实录》正德十年六月甲戌条有给事中王良佐等奏红盔、明甲将军例不候选操练(见《明武宗实录》卷一二六,正德十年六月甲戌,第2527页)。

并非在永乐朝的某一时间内被有计划地创建出来。

红盔、明甲虽皆统于三千营，但相比红盔将军，明甲将军与三千营的制度联系更为密切。

永乐十一年（1413），成祖准备第二次北征时，有都督薛斌统领的"随驾三千马队官军"[①]从征。薛斌曾言称三千马队中有"旧鞑靼人"[②]，所谓"旧"，应指这些鞑靼人属"靖难"燕军旧部。成祖"靖难"军伍中本多塞外骑士，而薛斌自己就是元朝官员后代，其父台归附而授世袭"燕山右卫指挥佥事"[③]，可知达官军马队作为成祖亲从，实有较长的历史渊源。至永乐十九年，西宁土官子弟李失剌"赴京作三千数内，随驾进征迤北"[④]。据此可知，三千达官军马队长期保持一定规模，以备随时扈从成祖应征。嗣后，这支达官马队就演化为三千营军伍的主干，成化朝兵部职方司郎中陆容所著《菽园杂记》称三千马队为"龙旗宝纛下三千小达子"[⑤]，而正德《明会典》载三千营例掌大驾龙旗、宝纛、勇字旗及御宝[⑥]等物，这些记载是三千营延续三千马队架构与职能的明证。再查《菽园杂记》，言三千营内有"坐营管操、上直披明甲等官"，别有"随侍营，则三千营之分支"[⑦]。其中"上直披明甲"官，当即指明甲将军，而"随侍营"系由宣德朝所选京卫幼官、舍人组成，职在侍从东宫。《菽园杂记》的记载显示出，明甲将军、随侍营虽都系侍卫部队，但明甲将军与三千营营操组织存在天然的隶属关系，不是后设的"分支"人员。又天顺五年（1461），都督佥事颜彪充总兵官，领"南京、江西及直隶、九江等卫官军"征剿"两广猺贼"[⑧]，时任巡抚两广佥都御史叶盛云，颜彪军中有明盔达官军，"贼所最惧，称为白帽天兵"[⑨]。据此，明代南北直隶的达军例着明盔甲，这种

①《明太宗实录》卷一四五，永乐十一年十一月乙未，第1716页。

②《明太宗实录》卷一四五，永乐十一年十一月乙未，第1716页。

③《明太宗实录》卷二四二，永乐十九年十月丁未，第2292页。

④李鸿仪编纂，李培业整理：《西夏李氏世谱》卷四《典册谱·供状·西宁卫右千户所李镇抚供状》，第92页。

⑤［明］陆容：《菽园杂记》卷五，第56页。

⑥正德《明会典》卷一一一《兵部六·营操·大营》第2册，第487页。

⑦［明］陆容：《菽园杂记》卷五，第56页。

⑧《明英宗实录》卷三二五，天顺五年二月丙申，第6719—6720页。

⑨［明］叶盛：《叶文庄公奏议·两广奏草》卷一二《请留达官达军疏》，《续修四库全书》史部第475册，第465页。

形制的甲胄或直接承袭自蒙元旧制①。综合以上几点进一步分析,明甲将军无疑直接源于披戴明盔甲的三千随侍从骑兵,随着永乐最后一次北征结束,三千营体制逐步确立,明甲将军也渐成固定编制。

此外,正德《明会典》还载,三千营一司管"前哨马营、上直明甲官军、随侍营、随侍东宫官舍"②等军。在《明会典》原文中,"前哨马营"与"上直明甲官军"之间有句读符号,"随侍营"与"随侍东宫官舍"之间亦有句读符号。《明史·兵志》抄录有《明会典》此句,而中华书局标点本将其点读为"前哨马营上直明甲官军、随侍营随侍东宫官舍"③。按,"随侍营"与"随侍东宫官舍"之间确可不读断,王世贞《弇山堂别集·兵制考》转引《会典》内容时,即将二者合称为"随侍东宫官舍"④。继查正德《明会典》,皇太子侍卫中有"随侍营带刀官舍一百五十八人"⑤,可知这些东宫侍卫平时确实编成一营训练,且附属在三千营内。至于"前哨马营"与"上直明甲官军"之间或连或断,尚可探讨。倘二者连读,"前哨马营"一词即为"上直明甲官军"一词的定语,这就传达出明甲将军统辖于或演化自哨马营的意思。有学者认为,正德《明会典》所谓的"前哨马营"是成祖"靖难"及北征时巡哨骑兵的"孑遗"⑥。若依此说,明甲将军的建制源头可准确追溯至这些哨马骑兵。不过,明廷素于边区哨卡设哨马营巡徼,"土木之变"之后设置尤多⑦,故此三千营下属"哨马营"不一定与成祖军中哨马存在直接的承袭关系。据叶盛《叶文庄公奏议》的记载,景泰初年,有太监张永奏请将部分口外官军"存留哨马营,安插操练",皇帝下旨云:"准他留在三千营操练听用。"⑧又《明武宗实录》

---

① 《明英宗实录》内载,"土木之变"后,有锦衣卫小旗聂忠上言:"太祖高皇帝、太宗文皇帝俱用红盔、黑甲,正统年间改造明盔、明甲。十四年太上皇帝亲征胡寇,回至土木起营之时,忽南坡有明盔、明甲人马来迎,疑是勇士哨马,不为设备,遂至败军陷驾。"据此可知明廷所造明盔、明甲形制,尤其是骑兵的明盔甲,与蒙古传统甲胄基本相同,难以区别(见《明英宗实录》卷二二五,废帝郕戾王附录第四十三,景泰四年正月癸未,第4916页)。

② 正德《明会典》卷一一一《兵部六·营操·大营》第2册,第488页。

③ 《明史》卷八九《兵制一》,第2176—2177页。

④ [明]王世贞:《弇山堂别集》卷八九《兵制考》,第1704页。

⑤ 正德《明会典》卷一一八《兵部十三·东宫侍卫》第2册,第566页。

⑥ 李新峰:《明前期军事制度研究》第三章《行伍组织》第三节《常备军》,第188页。

⑦ 如据景泰朝兵部尚书于谦奏议云:"今日夜不收往独石等处哨探回还,说称哨马营一带俱有达人驻扎,其势浩大。"(见于谦:《于谦集》卷二《钦差总督军务少保兼兵部尚书于谦等为军务事》,第87页)

⑧ [明]叶盛:《叶文庄公奏议·边奏存稿》卷二《再请发边军疏》,《续修四库全书》史部第475册,第329页。

载，正德元年（1506），武宗调派御马监太监张永于三千营管事，"兼管三千哨马营"[①]。此正德朝张永系武宗"八虎"之一，与景泰朝太监张永非一人，但其所管领的三千哨马营明系景泰朝口外留京骑兵制度的延续。正德六年，另有太监张景昌管三千营并三千哨马营[②]。正德六年以后，三千营内的这支哨马营即不再见于记载，应被解散。综上可知，正德《明会典》中的三千营"前哨马营"与"上直明甲官军"是没有关联的两支部队，此"前哨马营"专指景泰至正德初年存在于三千营内的由内臣统辖的特殊马队。

再来考论红盔将军的情况。正德《明会典》有载，红盔将军全称为"执大驾勇字旗五军红盔贴直官军、上直官军"[③]，其中"五军"二字与五军都督府或五军营无直接关系，而是反映红盔将军制度缘起的特殊名号。《明实录》中早在宣德七年（1432）就已有所谓"五军将军"的记载，当时宣宗曾命大兴左卫指挥佥事孙旺总领"五军将军操练"[④]。此"五军将军"之名在明前中期长久沿用，且五军将军侍卫与围子手侍卫、锦衣卫大汉将军侍卫分列并立。如成化十四年（1478）有遂安伯陈韶管五军将军侍卫，宁阳侯陈瑛管围子手侍卫[⑤]。再如怀宁侯孙泰在成化十七年统领"五军将军"带刀侍卫，第二年又"权管锦衣卫将军"[⑥]。进一步查对史料可知，"五军将军"之类的名号本是红盔、明甲两种侍卫将军的合称。如万历《明会典》有五军将军装备尖顶明盔、明甲及红漆皮盔的记载[⑦]。万历《明会典》记侍卫部队所挂符牌时，在围子手、府军前卫带刀官、锦衣卫大汉将军之外，别记有"大旗下、五军官员、将军六百二十五人"，此"大旗下、五军官员、将军"无疑包括红盔与明甲两种将军[⑧]。

---

①《明武宗实录》卷一三，正德元年五月庚子，第409页。

②《明武宗实录》卷七一，正德六年正月庚辰，第1575页。

③正德《大明会典》卷一一一《兵部六·营操·大营》第2册，第488页。

④《明宣宗实录》卷八七，宣德七年二月戊午，第2013页。

⑤《明宪宗实录》卷一八一，成化十四年八月甲寅，第3275页。

⑥《明宪宗实录》卷二一二、卷二二三，成化十七年二月辛亥，成化十八年正月庚辰，第3686、3836页。

⑦万历《明会典》卷一五六《兵部三十九·军器》，第801页。

⑧万历《明会典》卷二二二《尚宝司》，第1099页。"六百二十五人"或为"大旗下、五军官员、将军"的一半成员，该军总人数应一千二百五十人。因该条目中同时有"府军前卫带刀官二十员，每日上直"的记载，而按正德《明会典》的记载，有"凡府军前卫带刀官四十员，每班二十员"的定制，可知"六百二十五人"也是所谓"大旗下、五军官员将军"一班的人数。这应是三千营将军在明代较早时期的核编名额，其不见于《会典》中记叙京营、侍卫制度的部分，却有幸被保留在尚宝司的相关条文中。

　　根据学者研究,"大旗下""五军"的名号原本分指朱棣"靖难"军队各部,"大旗下"为御驾亲率精锐,"五军"指划为中、左、右、前、后诸营的全军主体①。永乐十二年(1414)成祖北征时,军中仍有"大旗、大营马队"②一部,应由原"靖难"燕军中"大旗下""五军"中的骑兵整合而来。这部分骑士在此后历次北征中继续存在,至成祖病逝榆木川时,仁宗书谕随征大营、五军总兵官宁阳侯陈懋、阳武侯薛禄等,命他们先率原随驾三千马队星夜回京,若三千马队不可动,即"于各营选精壮马队一万还京"③。据此推断,成祖最后一次北征结束后,原大旗、五军各部统属的大量骑士很可能随即与三千马队一道归并入三千营系统,这些精锐骑兵中的部分人员又逐渐演化为三千营宫廷侍卫军。因原属成祖大旗、五军系统的官兵数量较众,故三千营侍卫起初统称"大旗下、五军官员、将军"或"五军将军",嗣后与三千马队密切相关的一部有正式的明甲将军之名,其余大部用五军红盔将军之名。

　　至明代中后期,各种文献中仍常以"红盔将军"代指红盔、明甲两种三千营侍卫,而不单提明甲将军的名称。如世宗登极之初,兵部尚书彭泽曾上奏言,祖宗所设侍卫有"叉刀围子手,红盔将军,系隶五军、三千营"④,并没有提及"明甲将军",显然是将其归入三千营红盔将军内。又正德《明会典》记侍卫将军管领官时云,"掌领侍卫官三员,一员管大汉将军及府军前卫带刀官,一员管红盔将军,一员管叉刀官军"⑤,同样是把红盔、明甲将军合称为红盔将军。明代惯以"红盔将军"代指全部三千营将军,这还是因为红盔将军员数较明甲将军为多,在三千营侍卫将军中占主导。正德《明会典》载,三千营红盔将军一千五百员名,明盔将军四百八十员名⑥,这里的"明盔将军"无疑就是明甲将军。万历《明会典》又云,红盔将军一千五百员名,明甲将军五百零二员⑦。可知红盔将军人数始终是明甲将军的三倍左右。

　　正德、万历《明会典》中没有详列红盔、明甲将军的来源与佥选方式,不过,既然这些侍从起源于成祖北征部队,又隶属于三千营,按理应由京营军

①见李新峰:《明前期军事制度研究》第三章《行伍组织》第二节《亲征军》,第156—158页。
②《明太宗实录》卷一五四,永乐十二年八月丙辰,第1779页。
③《明仁宗实录》卷一上,永乐二十二年八月丙午,第5页。
④《明世宗实录》卷六,正德十六年九月乙亥,第260页。
⑤正德《大明会典》卷一一七《兵部十二·侍卫》第2册,第556页。
⑥正德《大明会典》卷一一七《兵部十二·侍卫》第2册,第558页。
⑦万历《明会典》卷一五六《兵部二十五·侍卫》,第728页。

士轮充,此可得证于正德、嘉靖朝兵部尚书彭泽的奏疏,彭氏奏云:

> 祖宗所设侍卫、守卫,如叉刀围子手、红盔将军,系隶五军、三千营,有侯伯以总辖之……以番休直上,环拱禁披。年来赢弱老稚得厕其间,其兜鍪甲楯,弊坏已过十一,非所以重宸严而示威肃也。宜令坐营官会原管侯伯、阅视科道,按籍简汰,其戎器蔽坏者,饬治之。至于五军、三千二营,虽系次拨之数,而其间亦有占役或代戍者,亦当均为审覆。①

又沈德符《万历野获编》别载,"殿廷侍卫之大汉,摆列之红盔,亦以市井乞丐得称将军"②,指当时红盔将军与锦衣卫大汉将军一样③,系有自民间无赖投充者。结合彭泽奏议中京营侍卫"赢弱老稚得厕其间"及五军、三千营"间亦有占役或代戍者"之词,可知明中后期应有一定数量的非最初法定备选人员,冒充混迹在三千营将军之中。

(二)叉刀围子手向宫禁部队的转化

所谓禁卫"围子手",非明代所独创。宋代宫廷仪卫奉宸队中即有"围子"的建制,据《宋会要辑稿》:

> 玉辂奉宸队,分左右,充禁卫,围子八重。崇政殿亲从围子二百人,为第一重。从里数出,御龙直二百五十人,为第二重;崇政殿亲从外围子二百五十人,为第三重;御龙直、骨朵子直二百五十人,为第四重……④

据此,"围子"泛指层层环绕摆列的军伍。至元代,朝廷仪仗中也有"控鹤围子队"⑤等。因有前朝旧制为依据,与红盔、明甲将军不同,"围子手"一词在明代出现甚早,洪武朝时亲王护卫、大将侍从中皆有围子手⑥以壮威仪。甚至至天顺年间,镇守广东太监阮随还在地方"买闲私占"围子手五百余,不

---

① 《明世宗实录》卷六,正德十六年九月乙亥,第 260 页。
② [明]沈德符:《万历野获编》卷一七《兵部都督将军》,第 452 页。
③ 锦衣卫大汉将军的选充制度,见张金奎《明锦衣卫侍卫将军制度简论》,《史学月刊》2018 年第 5 期。
④ [清]徐松辑:《宋会要辑稿》舆服一《绍兴卤簿》,北京,中华书局,1957 年,第 1755 页。
⑤ 《元史》卷七九《舆服志二·仪仗》,第 1981 页。
⑥ 《明太祖实录》卷七一、卷一三七,洪武五年正月壬子,洪武十四年四月丙辰,第 1313、2160 页。

许调用①。

　　与红盔、明军将军相同，专隶于五军营的侍卫叉刀围子手，在很大程度上也是沿袭自永乐北征部队。永乐十九年（1421），成祖准备第三次北征时，即于中军大营设置围子手一部②。成祖最后一次扫北时，再将"各周二十里"的长围置于全军营阵的最外层③，明显是为抵御蒙古骑兵的冲击。围子手所装备之"叉"，即锐钯，系三叉头长杆兵器，专用于挑刺敌方战马，其形制可见明末茅元仪所辑《武备志》④。

　　围子手大致在景泰年间才完全转化为五军营所属宫廷侍卫军伍。宣德七年（1432），有行在后军都督佥事李通奏，"大营操练围子手逃逸一千二百人"⑤。宣德九年，宣宗命"给围子手及五军、神机等营官军"甲胄兵仗⑥。宣德朝的"大营"指一个已渐趋虚化的京营主体构架，其下辖五军营、围子手等部⑦，可知当时围子手应尚未统于五军营内，而是与五军营并列。至正统十四年（1449）九月，武清伯石亨上奏"五军各哨缺官，乞赐升用"，并奏明有都指挥同知卫颖管右哨，都指挥佥事范广管大营围子手，署都指挥佥事张义管中军，署都指挥佥事陈友管左哨，都指挥佥事王良管右掖⑧。可知此时围子手虽仍称"大营围子手"，但已归入五军营统辖。景泰元年（1450）十月，也先遣使来和，兵部尚书于谦为壮宫廷威仪，奏请"在京三千、大营围子手官军，先一日俱贴班上直，务令整肃，不得喧闹、坐卧，违者治罪"。景帝从其议⑨。这说明围子手已具有"上直"侍从的职能。又于谦景泰三年四月曾上奏云：

　　　　臣点看得，本关（指紫荆关）并各口守备围子手、伍军等营，并大宁都司官军，除放班、事故外，见在官军九千七百一十三员名……如蒙乞

①［明］叶盛：《叶文庄公奏议·两广奏草》卷一三《劾内官阮随疏》，《续修四库全书》史部第 475 册，第 477 页。

②《明太宗实录》卷二三九，永乐十九年七月己巳，第 2282 页。

③《明太宗实录》卷二四九，永乐二十年五月癸酉，第 2324 页。

④［明］茅元仪：《武备志》卷一〇四，《续修四库全书》子部第 964 册，上海，上海古籍出版社，2002 年，第 333 页。

⑤《明宣宗实录》卷九一，宣德七年六月丙午，第 2083 页。

⑥《明宣宗实录》卷一一二，宣德九年八月辛未，第 2525 页。

⑦李新峰：《明前期军事制度研究》第三章《行伍组织》第三节《常备军》，第 187—190 页。

⑧《明英宗实录》卷一八三，废帝郕戾王附录第一，正统十四年九月壬寅，第 3589—3590 页。

⑨《明英宗实录》卷一九七，废帝郕戾王附录第十五，景泰元年十月戊寅，第 4178—4179 页。

敕该部,转行都督卫颖、围子手坐营都督过兴等,如遇换班之时,将各营
点选精锐官军前来更换,及行五军所管山东、河南、大宁等都司及南、北
直隶卫所,如遇放班回卫之日,务要点选精壮军士兑替前来。①

引文中提到的"伍军等营",无疑即"五军等营",而于谦景泰三年(1452)的
这段奏议反映出京营围子手部队在景泰初期的三个重要特征:第一,围子手
在一定程度上仍有别于五军营本部,但与五军营其他军伍共同出镇,关系密
切。第二,围子手还常被外派征战,不是单纯的宫廷侍卫。第三,围子手亦
循京营轮充制度,由各卫所军士选任。景泰三年七月,兵部再请选三千围子
手"操习武艺,以备随侍车驾"②,这部分围子手就此正式被编入宫廷侍卫行
列,不再频繁外派。

　　据正德、万历两朝《明会典》,五军营叉刀围子手官军例设三千员名③,每
大朝时,围子手列于奉天殿丹墀四隅周边,临近奉天门,属大殿最外圈,常朝
时,围子手列于金水桥南北,也属宫殿外围④,这种摆列大体上仍模仿了围子
手实战时在军阵外层戒备的状态。另明中叶名臣陆钦所著《病逸漫记》一书
还记:"广平侯袁瑄总领宿卫,忻城伯、怀宁侯轮直宿卫。九门凡十八卫,内
外开闭。围子手二千六百,作两番,指挥八人,日轮一人。"⑤比照《明实录》
的记载,广平侯袁瑄自成化二年(1466)"统三千营将军直宿守卫"⑥,忻城
伯赵溥成化六年管领将军直宿⑦,怀宁侯孙泰成化十七年、十八年分掌"五
军将军"及"锦衣卫将军"⑧,可知陆钦所记系成化朝宫廷侍卫建制。又陆钦
提到当时围子手有两千六百之人数,与《明实录》及正德、万历两朝《明会
典》中所载三千之数不同,说明成化朝围子手人数应有所裁减,后又增补至
三千员。

　　三千营红盔、明甲将军及五军营叉刀围子手诸军各以其所佩甲胄兵仗

①[明]于谦:《于谦集》卷六《杂行类·兵部为整点军伍等事》,第272—273页。

②《明英宗实录》卷二一八,废帝郕戾王附录第三十六,景泰三年七月戊申,第4708页。

③正德《明会典》卷一一七《兵部十二·侍卫》第2册,第558页;万历《明会典》卷一四二《兵部
　二十五·侍卫》,第728页。

④正德《明会典》卷一一七《兵部十二·侍卫》第2册,第555、556—557页;万历《明会典》卷
　一四二《兵部二十五·侍卫》,第728—729页。

⑤[明]陆钦:《病逸漫记》,[明]邓士龙辑:《国朝典故》卷六七,第1502页。

⑥《明宪宗实录》卷三二,成化二年七月壬辰,第642页。

⑦《明宪宗实录》卷七七,成化六年三月乙酉,第1488页。

⑧《明宪宗实录》卷二一二、卷二二三,成化十七年二月辛亥,成化十八年正月庚辰,第3686、3836页。

命名。这些军士的服佩光耀粲然，独具特色，用以凸显天子朝廷威仪。结合文献记载及图像资料，可对红盔、明甲、叉刀围子等军仗的基本形制与制造工艺做一简要考论。

明代工部下属有军器局及兵仗局两大军备制造衙门。其中军器局每年例造盔甲佩刀三千六百件，其余长枪火炮不等，而兵仗局专门成造修理"上直围子手、锦衣卫官旗、将军"兑领的盔甲、军器[①]。故可知红盔、明甲将军及围子手的甲胄亦由军器局督理，这一点可以在《工部厂库须知》一书中得到印证。所谓红盔将军的甲胄，系"红漆皮盔及衬盔，青布绦穿甲"[②]。"红盔"与"青甲"相配，或仿天、地之色，抑或应朱明火德之象。依《工部厂库须知》，修理红盔用黄丹、桐油、藤黄、水花硃、无名异、水胶、光粉、白棉等物料[③]，可知红盔系由各类红、黄色矿物染料混合浸染皮面而成。又青甲修造物料有乌梅、细三棱白布、粗棉布、白硝、高锡、废铁、熟建铁、松香、生挣牛皮、青白棉线、青布等[④]，知其为基本的布面甲形制。明代的明盔系尖顶形制[⑤]，而《菽园杂记》又有"明铁介胄"[⑥]的记载，故可知明盔甲系铁制，又被打磨至泛白色光泽。

实际上，红青盔甲、明盔明甲并非由三千营侍卫军伍专服，侍卫部队中锦衣卫大汉将军有着金盔甲、红盔青甲、明盔甲等诸色甲胄者，叉刀围子手亦服红盔青甲[⑦]。《出警入跸图》混杂绘制大量装配类似甲胄的骑士，不易辨认军伍所属。此外，明盔、明甲虽为"仪卫中之不可缺者"[⑧]，但也在普通军队中广泛装备[⑨]，如《王琼事迹图册·经略三关》及《平番得胜图》中绘有着白色明盔或全套明盔明甲的军士。不过，侍卫明甲例用红色及绿色潞绸织

①万历《明会典》卷一九三《工部十三·军器军装二》，第977页。

②万历《明会典》卷一九三《工部十三·军器军装二》，第977页。

③［明］何士晋辑：《工部厂库须知》卷八，《续修四库全书》史部第878册，上海，上海古籍出版社，2002年，第619页。

④［明］何士晋辑：《工部厂库须知》卷八，《续修四库全书》史部第878册，第623—634页。

⑤万历《明会典》卷一五六《兵部三十九·军器》，第801页。

⑥［明］陆容：《菽园杂记》卷四，第44页。

⑦正德《明会典》卷一一七《兵部十二·侍卫》，第554—556页。

⑧［明］何士晋：《题为奏缴已竣敬陈厂库事宜以裨节省事疏》，［明］何士晋辑：《工部厂库须知》卷八，《续修四库全书》史部第878册，第430页。

⑨据《小司马奏草》所载奏议，山西一镇即"合用明甲共七千三百八十九副"（见［明］项笃寿：《小司马奏草》卷四《题为承平日久边备渐弛悬乞圣明承格破格议处以资战守以肃疆场事》，《续修四库全书》史部第478册，第616页）。

缝,其"工料最巨"①,装饰性非一般实战甲胄可比。所谓"潞绸",即山西潞安府出产的高级绸缎,以色泽艳丽称著当时。现存故宫博物院的《徐显卿宦迹图》中第七开《皇极侍班》有较清晰的叉刀围子手形象,可资参看。

(三)永乐以降侍从军伍的构架与职能特色

京营红盔、明甲将军及叉刀围子手侍卫虽并非在永乐朝就完全建立,但通过一些记载可知,成祖曾亲自下令组建一批新的侍卫军伍。成祖登极之始,即"命五军十三卫,选银牌杀手有膂力胆量,身长五尺以上者,充将军被宿卫"②。朱元璋最初曾一度下令铸造带金字银牌一千五百面发给扈驾先锋以为标识,后寻罢其银牌而改用金牌,而"金牌"实为铜制③。嗣后,随侍的锦衣卫大汉将军等皆循例悬挂此类铜制"金牌"④。据此,成祖似有意恢复乃父银牌先锋宿卫制度。通查列朝《明实录》及《明会典》等官方政书,"银牌杀手"之名在永乐以后基本不再沿用,说明这部分宿卫应逐渐并入其他侍卫中,或被取消建制。

银牌杀手之外,据清修《钦定续文献通考》,永乐八年(1410)北征时,成祖命每卫选三五至六七人,共计一千二百人为一营"属神机营兼统",复拔擢其中"魁大者,令同将军捧刀侍卫",称之"千二营"。至宣德朝时,有大臣以千二营属"在外官军","常于内府出入不便,乃罢还卫"⑤。此事在《明宣宗实录》中亦有记载,可补《钦定续文献通考》的内容。宣德八年(1433)四月,先有成国公朱勇题请,永乐北征时所置千二营侍卫"常于内府出入不便,宜罢遣",宣宗准其奏⑥。不久,管神机营的都督佥事沈清又言:"神机营旧兼统千二营官军,近罢遣还伍,然是营置已十余年,请如旧。"宣宗答曰:"此皇祖在军中时所置,盖一时权宜,今朝廷侍卫自有定制,安得复用此辈,且已令归

---

①[明]何士晋辑:《工部厂库须知》卷八,《续修四库全书》史部第878册,第632、635页。

②《明太宗实录》卷一三,洪武三十五年十月乙亥,第244页。

③《明太祖实录》卷八二,洪武六年五月乙丑,第1479页。关于明代禁卫符牌,参见高寿仙:《明代用于禁卫的符牌》,《第十三届明史国际学术研讨会论文集》,长沙,湖南人民出版社,2011年,第420—421页。

④[明]陆容:《菽园杂记》卷四,第44页。

⑤清《钦定续文献通考》卷一二六《兵考·禁卫兵》,景印《文渊阁四库全书》第629册,上海,上海古籍出版社,1987年,第517—518页。

⑥《明宣宗实录》卷一〇一,宣德八年四月癸卯,第2271页。

伍矣。"故不从沈清所言①。此神机营千二营侍卫的性质明显与三千营将军、五军营围子手相仿②。

　　相比唐、宋等前朝,朱元璋以金选的大汉将军作为主要的宫禁宿卫,侍从部队的组织结构比较简单。不过,成祖夺取天下之初,出于进一步强化宫禁防范的目的,开始有目的地选拔卫所兵士组建新的银牌杀手、千二营侍从等,以平衡较单一的锦衣卫将军的力量。成祖的这种混编侍卫的防范意识无疑也为后嗣帝王所继承。在朱棣历次征伐过程中,形成了大批军中亲从及护卫部队,他们对皇室的忠诚度较高,实战能力较强,是宫廷禁兵的不二人选。成祖最后一次北征结束后,这些亲从护卫仍保留在京营之中,经洪熙、宣德、正统、景泰诸朝的调整,在明中期正式为红盔、明军将军及叉刀围子手,明代内廷侍卫的人员构成由此复杂化。为防止侍卫各部自专而导致失控,历代皇帝均不给予这些新形成的侍卫部队完全独立的建制,而是仍将他们平时附属于京营,随驾值勤时别选勋戚专门管领,形成统属不一、互相钳制之势。崇祯朝协管京营戎政的兵部侍郎李邦华对此总结为:"今之叉刀围子手、红盔、明甲军也,原虽出于京营,第统辖则勋爵为政,替补则兵部车驾司专职,虽领军把总尚寄营中,而军之消长,臣等不得过而问焉。"③

　　朝廷最初之所以选拔留用京营军伍侍从内廷,显然是为进一步加强宫

①《明宣宗实录》卷一〇一,宣德八年四月壬子,第2276页。

②据馆本《明英宗实录》天顺元年三月乙丑条,五军营提督总兵石忠国公石亨曾上奏称"五军中军、右哨、右掖、千二营原有白塔草场"(见《明英宗实录》卷二七六,天顺元年三月乙丑,第5867—5868页),此句广方言馆本作"五军中军、右哨、右掖二营原有白塔草场"(见《明英宗实录校勘记》卷二七六,第108页)。但右哨、右掖作为五军营分司不可单独称营,故馆本所记不误。又馆本《明世宗实录》嘉靖二十九年九月丁酉条记兵部会议京营事务奏疏云"十二、围子手、幼官殚忠等又俱有营,附于五军营"(见《明世宗实录》卷三六五,嘉靖二十九年九月丁酉,第6520页),其中"十二营"若当团营十二营解,则团营附属于五军营之说完全不合京营制度。查此条中之"十二"在三本中作"千二"(见《明世宗实录校勘记》卷三六五,第1917页),依此则有千二营附于五军营,比较合理。嘉靖二十九年九月兵部奏议中还称"五军所属二千、围子手等营",其中"二千"无疑也是"千二"之误(见《明世宗实录》卷三六五,嘉靖二十九年九月丁酉,第6522页)。又查正德《明会典》,明载五军营内辖有千二营,管"随驾摆列马队"(见正德《明会典》卷一一一《兵部六·营操·大营》第2册,第487页),万历《明会典》亦循此说。综合以上记载可知,天顺朝之后,五军营内另辖一"千二营",此五军营千二营负责训练扈从皇帝出行的骑兵,与宣德朝被撤销的神机营所辖侍卫千二营应存在一定的关联性,但又并非同一机构。《明实录》中对此五军营千二营的记载极少,且多有文字抄录讹误,故暂时难以考订此营的建制沿革。由于五军营千二营专用于扈从皇帝出行而非内廷日常侍卫,而明中期之后皇帝出驾次数减少,此营兵士或因不常被使用,其制度亦为明人所忽略。

③[明]李邦华:《文水李忠肃先生集》卷四《酌定三大营粮饷经制疏》,《四库禁毁书丛刊》集部第81册,北京,北京出版社,2000年,第195页。

禁保卫。不过,明中期以后,内廷防守又渐趋松懈。弘治朝兵部尚书马文升就曾指出,各类侍从"早朝侍卫,退朝后即散回家,皇城之内防奸者无几"[①],明末名士茅元仪也直言,朝廷对官员入宫时所佩牙牌的管理不严,而"宫门防诈之法全无矣,下至隶人出入,亦愳无制,自古竦虞未有甚于此日者"[②]。以具体事例而论,景泰末年武清侯石亨等发动"夺门之变"时,就有"宿卫官军惊愕不知所为"[③]。嘉靖朝更有著名的"壬寅宫变",万历朝又有不明身份男子王大臣、游民张差等闯入宫中图谋奸事,皆不为侍卫兵士所查,险些酿成大乱。显见,由于京师承平日久,军备懈怠,内廷侍卫的警备能力也有所衰弱。

实际上,明代中期以后,侍卫部队的主要职能是朝会摆列及扈从大驾,仪仗性较为突出,其中叉刀围子手肩负大内夜防的特殊巡守职能。对于全部锦衣卫将军、三千营将军、五军营围子等侍卫的具体职责,正德《明会典》记云:

> 凡正旦、冬至、圣节三大朝会、大祀誓戒、册封、遣祭、传制御殿,则用全直,常朝则更番……遇郊祀等项圣驾出入,则于卤簿仪仗中分行扈从,至则护卫斋宫及分守郊坛等处内外门禁。凡每日,轮将军一百名,分早晚两班于午门东西听候,夜则坐更。凡遇经筵,该班大汉将军二十人,有官者便服乌纱帽,无官者明盔便服,佩刀执金瓜,于文华殿内东西侍卫。凡五军叉刀官军,每夜于皇城直宿。[④]

又按正德《明会典》规定,常朝时侍卫分班次每日更相应直,大朝时需侍卫军队全员执勤[⑤]。对于这种应直方式的区别,明代文献中常称为"正直""贴直"。据《菽园杂记》载,大汉将军"常朝宿卫,各以番上,谓之正直;有大事,无番上,谓之贴直"[⑥]。正德《明会典》称红盔将军为"五军红盔贴直官军、上直官军"[⑦],这里的"上直"无疑又是"正值"的别称。关于诸侍卫的更番班次,正德《明会典》有载:

---

①《明孝宗实录》卷一三〇,弘治十年十月辛卯,第 2308 页。

②[明]茅元仪:《暇老斋杂记》卷一三,《续修四库全书》子部第 1133 册,第 658 页。

③[明]宋端仪:《立斋闲录》卷四,《续修四库全书》子部第 1167 册,第 618 页。

④正德《明会典》卷一一七《兵部十二·侍卫》第 2 册,第 554、557 页。

⑤正德《明会典》卷一一七《兵部十二·侍卫》第 2 册,第 554 页。

⑥[明]陆容:《菽园杂记》卷四,第 44 页。

⑦正德《大明会典》卷一一一《兵部六·营操·大营》第 2 册,第 488 页。

府军前卫带刀官四十员,每班二十员。旗手等二十卫带刀官一百八十员,每班四十员。锦衣卫将军一千五百七员名,每班三百二十五员名。三千营红盔将军一千五百员名,每班七百五十员名,把总指挥十六员;明盔将军四百八十员名,每班二百四十员名,把总指挥四员。五军又刀手三千名,每班一千名,把总指挥八员。[1]

逢朝会时,侍卫军伍自奉天、华盖殿至午门,左右依次站队,其列队位置均有定制,而大汉、三千营将军常交叉布列,详情见正德、万历《会典》相关部分的记载,为避免繁琐,兹不引其全文。

(四)勋戚、驸马专掌侍卫将军的机制

丘濬《大学衍义补》云:"禁旅之帅,必用勋旧之胄,三代之制。"[2]以功臣贵戚管理近侍,此为历代王朝通行的惯例。不过,在明代前期,侍卫部队尚未由勋爵专掌。宣德、正统时,锦衣卫大汉将军一般由本卫指挥一级的军官管领。如洪熙、宣德间,有锦衣卫指挥佥事毕盛"管将军,带刀上直"[3]。三千营将军、五军营围子手兼由都督、都指挥一级的高级武官统领。如宣德九年(1434),有署行在后军都督佥事都指挥同知武兴、都督佥事李通共同兼管围子手[4]。另如正统末年,有历任都指挥佥事、左军都督佥事的军官孙镗把总三千营入直护卫等[5]。

英宗在位的正统、天顺两朝是勋戚管理侍卫机制得以构建的关键时期。正统十四年(1449),英国公张辅弟都督佥事张軏被任命"领禁兵宿卫"。軏虽非袭爵勋贵,但却是功臣子弟,英国公家又联姻帝室,故张軏诚以勋戚"托以心膂之寄"[6]。至于张軏所管是哪一支侍卫部队,可通过他景泰元年(1450)的一份奏疏来分析:

> 旧制将军一千人,自土木陷没之后,今止六百余人……上直、贴直不足于用,乞遣官于山西、山东、陕西、河南、北直隶军民中,选其身力相

---

①正德《明会典》卷一一七《兵部十二·侍卫》第2册,第558页。

②[明]丘濬:《大学衍义补》卷一一八《治国平天下之要·严武备·宫禁之卫》,第1027页。

③《明宣宗实录》卷三,洪熙元年七月癸酉,第76页。

④《明宣宗实录》卷一〇九,宣德九年三月戊戌,第2451页。

⑤《明英宗实录》卷一八三,正统十四年九月甲午,第3578页。

⑥[明]李贤:《古穰集》卷一七《奉天翊卫推诚宣力武臣特进光禄大夫柱国文安伯追封文安侯谥忠僖张公墓志铭》,景印《文渊阁四库全书》第1244册,第661页。

应、公私无过者补役。①

在所有皇帝侍卫将军中，仅锦衣卫大汉将军有民间金补之法，故可知辄是大汉将军主官。天顺初，张辄以"夺门"封文安伯，仍领将军宿卫②，此笔者所见明代勋爵特管侍卫的开始。天顺五年（1461）四月，张辄久患疾命，英宗乃命其侄太平侯张瑾代管宿卫③。当年十一月，张辄复领宿卫将军，张瑾罢职，仅"令佩刀侍卫"④。第二年，张辄背发疽将死⑤，英宗别选武进伯朱云、定西侯蒋琬二爵一同"佩刀侍卫，管领将军"⑥。天顺五年，又有襄城侯李瑾领"三千营将军侍卫"⑦。

英宗专任勋戚管领侍卫部队的原因有二：其一是提升侍卫的礼法规格。随着宫禁部队渐趋成形，其战备职能减弱，礼仪职能增强，更需贵戚执掌以凸显朝廷和皇帝的尊隆。其二是确保随侍兵勇忠心无二。英宗在位期间屡蒙"土木之变""夺门之变""曹石之变"等重大变故，于是对文、武朝臣多不信重，更倾向于倚靠与皇室休戚与共的贵族世臣。正统朝统领侍卫的勋戚中，英国公张氏与皇室的紧密渊源自不必论，而定西侯蒋琬在"土木之变"中临危袭爵，以任职"忠勤"为皇帝信赖⑧。此外，武进伯朱云的祖父朱冕，亦有随英宗北征蒙难的烈迹⑨。天顺初，英宗甚至直接任命兼有外戚身份的恭顺侯吴瑾亲自"随侍应对"。在"曹石之变"发生的当晚，吴瑾同其弟广义伯吴琮"诣长安门告变"并领兵平叛，瑾本人更在乱军中战死⑩。这无疑促使英宗进一步贯彻世胄管理侍卫的方略。

在成化、弘治年间，贵戚普遍被任命管领侍卫，宫禁统领体制逐步确立，

①《明英宗实录》卷一九七，废帝郕戾王附录第十五，景泰元年十月戊子，第4185页。
②[明]李贤：《古穰集》卷一七《奉天翊卫推诚宣力武臣特进光禄大夫柱国文安伯追封文安侯谥忠僖张公墓志铭》，景印《文渊阁四库全书》第1244册，第661页。
③《明英宗实录》卷三二七，天顺五年四月癸酉，第6736页。
④《明英宗实录》卷三三四，天顺五年十一月乙丑，第6842页。
⑤[明]李贤：《古穰集》卷一七《奉天翊卫推诚宣力武臣特进光禄大夫柱国文安伯追封文安侯谥忠僖张公墓志铭》，景印《文渊阁四库全书》第1244册，第661页。
⑥《明英宗实录》卷三四七，天顺六年十二月戊辰，第6993页。
⑦《明孝宗实录》卷二四，弘治二年三月癸亥，第540页。
⑧[明]程敏政：《篁墩文集》卷四四《太保兼太子太傅掌左军都督府事定西侯追封凉国公谥敏毅蒋公墓志铭》，景印《文渊阁四库全书》第1253册，第64页。
⑨《明功臣袭封底簿》卷三《武进侯》，第538页。
⑩[明]李贤：《古穰集》卷一〇《恭顺侯追封凉国公谥忠壮吴公神道碑铭》，景印《文渊阁四库全书》第1244册，第589页。

先来看勋戚统领大汉将军的情况。据《菽园杂记》载，"管将军宿卫"，旧规"皆以国戚充之，勋臣非在戚里，不得与也"，而"管将军非国戚者，自安远侯柳景始"[①]。这里所谓的"管将军"，实专指锦衣卫大汉将军。因《明宪宗实录》有载，在成化十四年（1478），朝廷曾命广平侯袁瑄、安远侯柳景"带管奉天门两阶侍卫、带刀勋卫、指挥等官，寻命景专管大汉将军"[②]。其实，在柳景任职之前，并未有《菽园杂记》所谓"勋臣非在戚里"不得管领大汉将军的定制。已论及的明前中期诸多勋戚侍卫长官中，虽有张轩、张瑾、袁瑄等戚臣[③]，但蒋琬、朱云等皆非皇亲。反而是在柳景之后，成化二十二年（1487）有广德公主驸马樊凯"统禁兵，日介胄升殿侍卫"[④]。樊凯独领大汉将军几十年，至正德初才解任家居[⑤]，此后锦衣卫大汉将军基本由一名驸马专掌。《菽园杂记》强调了亲戚之臣统领大汉将军的特异性，但所记内容不甚确切。

　　三千营红盔、明甲将军在成、弘两朝例由多名勋爵更番领管。成化元年（1465），宪宗命丰城侯李勇、太平侯张瑾、抚宁侯朱永、襄城侯李瑾"轮番守卫直宿"[⑥]。因襄城侯李瑾在天顺末即管三千营将军，又按王世贞所言，朱永在成化初分领"大营禁兵"[⑦]，可知永也是统领三千营将军。成化六年，又有丰润伯曹振、忻城伯赵溥，"协同丰城侯李勇等管领将军，直宿侍卫"[⑧]，也可反映当时多官更代管领三千营将军的制度。在成化中期，五军营叉刀围子手亦渐为勋爵专管。成化十四年，宪宗命宁阳侯陈瑛"代都指挥佥事黄琮管围子手"带刀侍卫，黄琮回营管操[⑨]。弘治元年（1488），丰城侯李玺又专"领围子手官军侍卫"[⑩]。

---

① [明]陆容：《菽园杂记》卷五，第 52 页。

② 《明宪宗实录》卷一八一，成化十四年八月辛亥，第 3271 页。

③ 袁瑄父袁容娶成祖女为驸马都尉，又"靖难"有功兼封广平侯。瑄非公主嫡生，初授长陵卫指挥，天顺元年复袭侯爵，成化十四年卒（见《明功臣袭封底簿》卷一《广平侯》，第 122—124 页）。

④ [明]崔铣：《驸马都尉樊大振传》，[明]焦竑辑：《国朝献征录》卷四《驸马都尉》，周骏富辑：《明代传记丛刊》第 109 册，第 135 页。

⑤ 《明武宗实录》卷一〇〇，正德八年五月癸酉，第 2074 页。

⑥ 《明宪宗实录》卷一四，成化元年二月丙午，第 328 页。

⑦ [明]王世贞：《抚宁侯进保国朱公传》，[明]焦竑辑：《国朝献征录》卷七《侯一·世封侯》，周骏富辑：《明代传记丛刊》第 109 册，第 258 页。

⑧ 《明宪宗实录》卷七七，成化六年三月乙酉，第 1488 页。

⑨ 《明宪宗实录》卷一八一，成化十四年八月甲寅，第 3275 页。

⑩ 《明孝宗实录》卷一八，弘治元年九月六日丙寅，第 430 页。

经成化、弘治两朝制度调整，至正德《明会典》编成时，关于宿卫部队统领官员的正式规制如下：

> 朝廷侍卫将军等项人员，各设官统领……凡常朝，御奉天门，掌领侍卫官三员，一员管大汉将军及府军前卫带刀官，一员管红盔将军，一员管叉刀官军。①

这里"凡常朝"有官"一员管红盔将军"的记载，与前文三千营将军由多名勋戚管领的结论并不矛盾。因正德《明会典》又载，"凡管大汉将军及管叉刀官，每日侍卫"，管红盔将军官"三日一更番"②，这里的"管红盔将军"官，其实是泛指管三千营红盔、明甲将军者。据此可知，三千营将军系由多名勋戚每隔三日更番统率，只是当日应直时由一名勋戚领军入卫。万历《明会典》的相关记载基本沿袭自正德《会典》，唯进一步明确了管三千营将军勋臣的人数，其文曰：

> 掌领侍卫侯、伯、驸马等官六员。一员管锦衣卫大汉将军及勋卫、散骑舍人、府军前卫带刀官；四员管神枢营（即原三千营）红盔将军，每日一员轮直；一员管五军营叉刀官军。③

再据《明世宗实录》，嘉靖八年（1529）有抚宁侯朱麒、武平伯陈熹、应城伯孙越、平江伯陈圭管理红盔将军上直宿卫④，即是勋爵四员更番统领三千营将军的实例。可以说，正德、万历《明会典》中对侍卫统领制度的各类规定，实与成化、弘治两朝的相关事例基本吻合，又可上溯至天顺朝故政。

万历四十三年（1615），兵部题奏军政考选事宜，有"五府掌印、金书公、侯、伯、都督并管理府军前卫、掌管红盔将军侯、伯"⑤之称谓。可知当时管侍卫一职已被纳入勋爵军政考选之列。崇祯朝参赞京营戎政兵部侍郎李邦华又奏："今之叉刀围子手、红盔明甲军也，原虽出于京营，第统辖则勋爵为政，替补则兵部车驾司专职，虽领军把总尚寄营中，而军之消长，臣等不得过而

---

①正德《明会典》卷一一七《兵部十二·侍卫》第 2 册，第 554、556 页。
②正德《明会典》卷一一七《兵部十二·侍卫》第 2 册，第 557 页。
③万历《明会典》卷一四二《兵部二十五·侍卫》，第 728 页。
④《明世宗实录》卷一〇七，嘉靖八年十一月庚子，第 2533 页。
⑤《明神宗实录》卷五三五，万历四十三年八月丙子，第 10130 页。

问焉。"①侍卫部队虽多统属于京营,然而管领之权归于勋臣,兵勇的选拔更替又只经兵部奏请,京营长官不得参预,这反映出宫禁制度中一以贯之的权力制衡理念。

　　明代中期以后,初袭爵位的年轻勋臣或待袭爵的勋卫多以管理侍卫禁兵作为早期军政历练之一。如成化朝平江伯陈锐嗣爵后,先"领三千营分司",寻转坐团营奋武营"兼领禁卫"②。弘治朝袭爵的镇远侯顾仕隆初"司神机营戎务",正德朝"兼管红盔将军,复领围宿禁兵,带剑侍卫"③。万历朝灵璧侯汤之诰在膺爵后"不阅月",即受命"管红盔将军,赐蟒服及佛像、盔轮、钉甲、绣春刀"④。值得深究的是,汤之诰佩服的"绣春刀"是一种特殊的礼仪兵仗。依正德《明会典》,管领侍卫勋臣当直朝会时,皆佩一整套高规格军事装备,包括凤翅盔、锁子甲、金牌与绣春刀⑤。又孙承泽《春明梦余录》即云,"绣春刀极小,然非上赐,则不敢佩"⑥。故所谓"绣春刀",其刀身应较短狭,而刀柄、刀鞘装饰应繁复华丽,非适用于实战,更非大众一般所认为的锦衣卫军士惯用兵器。除侍卫仪仗外,明代勋爵、都督等高级将领或被特准佩绣春刀,以凸显高贵身份。如天顺朝,守卫西北的都督毛锐有在镇被赐"明甲、凤翅盔、绣春刀,以壮军容"⑦的特权。保国公朱晖在正德朝被授"蟒衣、玉带、绣春刀,皆出常格"⑧,可知该刀体统之尊。即使在锦衣卫内部,能被准佩绣春刀者,也属掌卫指挥使之类的高官。如于谦女婿成化朝任锦衣卫都指挥使的朱骥,"累荷绣春刀、彩币、宝镪"⑨。

---

①[明]李邦华:《文水李忠肃先生集》卷四《酌定三大营粮饷经制疏》,《四库禁毁书丛刊》集部第81册,第195页。

②[明]李东阳:《李东阳集·文后稿》卷二六《明故太傅兼太子太傅平江伯陈公墓志铭》,第1275页。

③[明]谢廷谅:《镇远侯荣靖公顾仕隆》,[明]焦竑辑:《国朝献征录》卷七《侯一·世封侯》,周骏富辑:《明代传记丛刊》第109册,第234页。

④[明]叶向高:《苍霞续草》卷九《南京前军都督府掌府事灵璧侯汤公墓志铭》,《四库禁毁书丛刊》集部第125册,第65页。

⑤正德《明会典》卷一一七《兵部十二·侍卫》第2册,第556页。

⑥[清]孙承泽:《春明梦余录》卷六三《锦衣卫》,第1226页。

⑦[明]邓廷瓒:《伏羌伯赠伏羌侯谥武勇毛公忠传》,[明]焦竑辑:《国朝献征录》卷九《伯一·世封伯》,周骏富辑:《明代传记丛刊》第109册,第313页。

⑧[明]李东阳:《李东阳集·文后稿》卷三〇《明故太保保国公墓志铭》,第1338页。

⑨[明]倪岳:《青谿漫稿》卷二二《大明故骠骑将军锦衣卫掌卫事都指挥使朱公墓志铭》,景印《文渊阁四库全书》第1251册,第310页。

二　府军前卫侍从体制

（一）府军前卫幼军的征佥与勾补

在洪武朝时，府军诸卫作为亲军卫所，即有宿卫皇帝、太子的职能。如谭广原系朱元璋骁骑卫军士出身，后调府军"为伍长带刀宿卫"[①]。洪武二十六年（1393）定东宫朝仪，设皇太子座于文华殿中，锦衣卫列仪仗于殿外，府军卫列甲士旗帜于文华门外[②]。不过，学者李新峰根据《明太祖实录》洪武二十五年"调府军前卫将士之有罪者隶甘州左护卫"，以及《明太宗实录》永乐十三年（1415）"设府军前卫亲军指挥使司"等记载，结合《逆臣录》中蓝玉自称府军前卫军为"参随"，推断该卫因系蓝玉嫡系部队，故在洪武末年被整体取消编制，至永乐朝复建[③]。此说比较符合史实[④]，但仍可进一步讨论。

成祖复建府军前卫的目的，在于安置扈从皇太孙朱瞻基的幼军。关于府军前卫在永乐朝的建制，《明太宗实录》相关全文云：

> （永乐十三年四月丁丑）设府军前卫亲军指挥使司，置官属。初上选幼军随侍皇太孙，至是立卫。置指挥使五员、指挥同知十员、指挥佥事二十员、卫镇抚十员、经历司经历五员、千户所正千户二十五员、副千户五十员、所镇抚五十员、百户二百五十员。命交阯土人阮公偲为指挥佥事。公偲镇夷卫土官阮如偶之子，初如偶以擒贼首黎苍功升指挥佥事，命还交州督运粮饷，溺水死，公偲来朝，致故有是命。[⑤]

但《明太宗实录》别载，永乐五年升义勇中卫指挥同知陈敬为府军前卫指挥使[⑥]。再查阅卫所选簿，永乐十年便有幼军被集中选入府军前卫充当侍从。

---

① ［明］王伟：《永宁伯谭公行状》，［明］徐纮辑：《皇明名臣琬琰录》卷一五，周骏富辑：《明代传记丛刊》第43册，第491页。
② 《明太祖实录》卷二二八，洪武二十六年六月壬寅，第3334页。
③ 李新峰：《明前期军事制度研究》第一章《机构设置》第三节《稳定时期》，第57页。
④ 据黄瑜《双槐岁钞》，洪武朝大学士刘三吾外孙单庆"以府军前卫千户坐蓝玉逆党伏诛"，三吾女刘氏黥刺为浆糊房。牵连之人已到千户一级与其家属，可知朱元璋清洗该卫之残酷（见［明］黄瑜：《双槐岁钞》卷二《刘学士》，第31页）。
⑤ 《明太宗实录》卷一六三，永乐十三年四月丁丑，第1844页。
⑥ 《明太宗实录》卷七四，永乐五年十二月甲辰，第1026页。

如朝邑县人马小蛮"选充府军前卫总甲,为随侍"[①]。同年,又有元城县人黄勉、文安县人齐礼分别以幼军选送到京,拨府军前卫,黄勉当年升充总甲,齐礼十三年升小甲[②]。由此可知,府军前卫在洪武朝应该并没有被完全裁撤,而是残存了部分机构,永乐朝的复建也是在此基础上展开。成祖显然经过较长时间准备来重设府军前卫,《明太宗实录》之所以特别强调"永乐十三年"的年限,乃因当年正式"置官属",将该卫各级长官配置完毕。从永乐十三年(1415)府军前卫指挥使五员、千户所正千户二十五员的军官配置来看,该卫应有官兵两万余人,而《明宪宗实录》详载,府军前卫幼军例设二万八千员[③],其规模远超一般卫所五千六百人的编制。从这一点看来,永乐皇帝之所以选择府军前卫统辖侍卫幼年军,就在于该卫原建制残缺,可以大力扩充其编制,而少涉及复杂的人事问题。

　　"幼军"在明代本非专隶府军前卫,亦非专职侍卫,而是泛指年轻军卒。如洪武十七年(1384),朱元璋下令"内外军卫士卒无余丁及幼军无父兄者,皆增给月粮一石"[④]洪武、永乐之际又有"习技幼军"[⑤]、"习匠幼军"[⑥]等名目,应属年资浅无法参战而在卫所内操习杂务者。不过,永乐朝府军前卫所辖幼军不同于其他幼军部队,更具特殊兵种的性质。据景泰朝兵部尚书于谦追叙,府军前卫大量的幼军实皆"选取民间壮勇子弟"时年及二十五六、至三十岁者[⑦],不由世袭军户充任。于谦又引永乐十一年成祖谕令:"随侍皇太孙操练的幼军,有亡故了的,着原选官司选来补,不要少了原数。若是那亡故了的户下,有年岁相应、精壮有气力、快走路这等,户下情愿要补的,着他来补。"[⑧]可知幼军子弟自愿袭替,非强制世役。

　　对于府军前卫金选年轻民夫而不用世军的制度,明人常称其似汉代"六

<hr>

①《府军前卫底簿·马胜》,《中国明朝档案总汇》第49册,第24页。
②《府军前卫选簿·黄寿、齐锃》,《中国明朝档案总汇》第49册,第55、72页。
③《明宪宗实录》卷一八五,成化十四年十二月庚戌,第3325页。
④《明太祖实录》卷一六九,洪武十七年十二月丁酉,第2574页。
⑤《明太祖实录》卷二四二,洪武二十八年闰九月己丑,第3517页。
⑥《明太宗实录》卷一二下,洪武三十五年九月辛卯,第212页。
⑦[明]于谦:《于谦集》卷五《杂行类·兵部为灾异等事》,第226页。另陆容《菽园杂记》载,府军前卫幼军皆选年二十以上者;黄瑜《双槐岁抄》一书云,幼军选年二十以下者(见[明]陆容:《菽园杂记》卷六,第68页;[明]黄瑜:《双槐岁钞》卷四《太孙侍从》,第66页)。三说比照,于谦官兵部尚书,所叙最早、最详,应源自官方文册,而陆容自曾任兵部职方司郎中,专管侍卫事务,其所论与于谦大体相合,故取于谦说为信。
⑧[明]于谦:《于谦集》卷五《杂行类·兵部为灾异等事》,第226页。

郡良家"①,又指其"与前代兵制暗合"②,有隋唐府兵制遗意。但是,这些比附反映的仅仅是表面现象,府军前卫的构建并非刻意法古,其制度特性与永乐朝的政局直接相关。永乐十年(1412)左右,正逢北京城市营建及成祖第二次扫北之际,南北军务倥偬,成祖显然难以抽调大批正规军队作为宫廷侍卫,而他又颇爱长孙,不愿降其扈从规模,故权且抽佥近三万民间壮丁以补裨。此外,由于成祖不喜太子,故朱高炽当时并无特种扈从,太孙独享随驾军伍,实已凌驾乃父,若再以世军充任,体统更高,对太子的地位实不利。幼军虽规模巨大,但年资较浅,地位也相对低下,与太孙当时隔代继承人的身份恰相符,不至于危及太子。即便如此,在登极伊始的永乐二十二年末,仁宗仍分拨府军前卫官军隶于其子郑王、襄王等藩府,致该卫在京仅余五个千户所③。府军前卫官军被分遣,幼军人数过多当然是原因之一,但更重要的是,幼军侍卫太孙的旧制难免使仁宗心生不满与忌惮。宣德二年(1427),这些外派官军纷纷请愿调还,宣宗又将他们召回府军前卫,尽复二十五千户所之编制④。通过此一侧面,可窥知皇室内部权力相争、父子相隔之一斑。

府军前卫幼军虽不世袭承役,却别有一套清勾之法。永乐十年初定,幼军佥派地包括"两直隶、江北、河南、山、陕、荆、蜀"⑤。幼军员阙时,朝廷在其原籍另行佥补壮勇。英宗统治之初,行在刑科给事中年富即有上奏,认为府军前卫幼军"死亡残疾,仍于民间佥补,富者受财脱免,贫者临时获解,深为民害",乞敕"今后遇有死亡,莫若就于二十五所内将一所调补"⑥。此论旨在停止勾补幼军,英宗命行在兵部详议,但未果。至景泰朝,永乐年间佥征的幼军已服役近四十载,年龄多六十岁以上,"俱成老疾,不堪差操",于是时任

①[明]丘濬:《大学衍义补》卷一一八《治国平天下之要·严武备·宫禁之卫》,第1024页。

②[明]陆容:《菽园杂记》卷八,第99页。

③《明宣宗实录》卷一五、卷二六,宣德元年三月辛亥、宣德二年三月甲辰,第408—409、682页。

④《明宣宗实录》卷二六,宣德二年三月甲辰,第682页。仁宗对府军前卫幼的外放及宣宗的调回,在档案资料中可见实例。如原府军前卫百户徐斌,宣德二年三月自典仗调回;另千户孙俊,永乐二十二年调越府,宣德二年调回(见《府军前卫选簿·徐昂、孙镗》,《中国明朝档案总汇》第49册,第17、26页)。

⑤[明]黄瑜:《双槐岁钞》卷四《太孙侍从》,第66页。关于府军前卫幼军征派省份,明代官方实录、政书多记载不明,《六部事例·兵例》所存成化朝兵部尚书白圭奏议,有"南北直隶并陕西"之说(见《六部事例·兵例》,《天一阁藏明代政书珍本丛刊》第5册,北京,线装书局,2010年,第485页)。《双槐岁钞》虽笔记之谈,但所列幼军佥派省份详于《六部事例》,且与《府军前卫底簿》中开列诸幼军履历相合,故取其说。

⑥《明英宗实录》卷四,宣德十年四月丁卯,第95页。

兵部尚书于谦提议:"合无候今年秋成之后,将前项老疾幼军,通行各该原籍官司,务要照名作急佥补前来,更替回还。"[1]至此,朝廷正式规定幼军年六十可退休更代。

自明中期始,朝廷佥补府军前卫幼军渐趋不力。宪宗登极之初,下诏宽恤天下臣民,甚至明旨"府军前卫幼军今后如有事故,不必佥补"[2]。此令甫出,引起幼军频频逃役,管理愈发困难。据成化元年(1465)兵科给事中梁璟奏言:

> 府军前卫军士不解诏书"幼军事故不必佥补充"之条,妄以为逃役者亦不清勾,故今已逃之数将及三千,见在之人亦皆摇动,诚恐仿效成风,操守渐乏,宜下令禁约。

事下兵部参奏,从其议[3]。明代卫所逃军被捕回者例发大同、宣府哨所戍边,据成化六年兵部尚书白圭所题,府军前卫幼军"怀恋乡土",以故"在逃者数多",又"畏避边方哨瞭,展转躲藏,不肯出首",甚至有"原籍挨获,起解中途仍复逃脱者",于是白圭奏请:

> 不为常例,许令出首,与免本罪。在京并附近潜住者,本部出榜晓谕,限三个月以里出首,送发着役;其在外者行移南北直隶并山东、河南、陕西、湖广、四川都、布二司,转行各府、州、县、所,自文书到日出榜晓谕,俱限三个月以里就于所在官司首告,免其问罪,解发着役;若仍恃玩在家,过限不首者,拿获问罪毕,日发大同、宣府哨瞭三年。

宪宗准其奏[4]。至此,府军前卫幼军的逃匿行径在一定程度上被朝廷所纵容。至成化七年,白圭再奏,进一步请求宽免府军前卫幼军逃亡者:

> 今查得本卫所在逃者数多,往年发册清勾,被官司差人押解前来,各军畏惧事例,行至中途抛弃妻子又行复逃。缘本卫幼军系例不勾丁人数,事故者照例住佥。在逃者惧怕发遣,展转脱逃,以致缺伍数多。如蒙准申,请乞转行兵部,合无将在逃幼军宽免发遣,照旧发落,选营补

①[明]于谦:《于谦集》卷五《杂行类·兵部为灾异等事》,第226—227页。
②《明宪宗实录》卷一,天顺八年正月乙亥,第19—20页。
③《明宪宗实录》卷二〇,成化元年八月癸卯,第408—409页。
④《六部事例·兵例》,《天一阁藏明代政书珍本丛刊》第5册,第428—429页。

操,庶得军伍有增。①

从实际效果来看,宽容的处理方式并未能缓解幼军继续逃匿之势。成化十四年(1478),府军前卫幼军"止存八千六百余人"②,不及初设时一半。按成化朝兵部郎中陆容的说法,该卫近比照旗手卫事例"为常令","不逃止终本身,逃者子孙勾补",于"今亦无逃者"③。查《明宪宗实录》及正德、万历两朝《会典》,并不见府军前卫有勾补幼军子孙之法,或此政执行时间较短而阙载。根据武宗初年兵部呈"幼军解补开豁例",可知当时所定追逃办法仍较宽容:幼军逃亡者若年未及五十且无疾病,仍解本役;若五十以上及疾故者,俱勾壮丁补伍;"役久未经逃者,老疾病故之日,即与开豁。"兵部又请三年一次验放,着为令④。弘治十三年(1500)朝廷奏定,除顺天府所属人民,"并腾骧左等四卫、牧马所军余及各处逃移不知下落之人,并正军、正匠外",其余在京不分官员、军民、匠役、校尉之家舍人、余丁、愿投军役者,造送兵部勘明,收充军役,"编入府军前卫各所食粮,俱送团营操练,止充一辈,愿当者听"⑤。这条法令反映了当时府军前卫兵源短缺、替补难继的窘况。

(二)府军前卫官军侍从职能的流变

府军前卫职能特殊,但在明中期明显有佥补不利、管理松懈的倾向,朝廷甚至放纵幼军逃亡,这种情况的产生实与府军前卫皇家侍从职能的衰弱有关。仁宗在位的约一年时间内,府军前卫兵士应仍随侍成为太子的朱瞻基。至宣德八年(1433)三月,已经继承皇位的宣宗朱瞻基敕命成国公朱勇、新建伯李玉及兵部,选拔"京卫幼军年十一至二十,体质俊伟者万人随侍皇太子"⑥。当年闰八月,宣宗又命朱勇、李玉二人整饬"在京所选随侍东宫幼军七千一百一十二人","以俟亲阅"⑦。这七千余名新选东宫随侍幼军实际上与府军前卫幼军无关,理由有如下三点:

---

① 《六部事例·兵例》,《天一阁藏明代政书珍本丛刊》第5册,第485—486页。
② 《明宪宗实录》卷一八五,成化十四年十二月庚戌,第3325页。
③ [明]陆容:《菽园杂记》卷八,第99页。
④ 《明武宗实录》卷二,弘治十八年六月丁巳,第48页。
⑤ 万历《明会典》卷一三七《兵部二十·军役》,第700页。
⑥ 《明宣宗实录》卷一〇〇,宣德八年三月壬午,第2255页。广方言馆本"年十一至二十"作"年十二至二十"(见《明宣宗实录校勘记》卷一〇〇,第391页)。
⑦ 《明宣宗实录》卷一〇五,宣德八年闰八月癸酉,第2352页。

第一，府军前卫幼军年龄皆在二十以上，而宣德朝所选京卫幼军皆在二十岁以下，二者征召年龄不相符合。

第二，新建伯李玉的情况需要特别说明。李玉系府军前卫军官出身，曾领管幼军，至宣德元年（1426），他以受知于皇帝而升中军都督佥事，仍掌府军前卫①。但李玉在宣德四年封爵后，便以元勋老臣身份与英国公张辅、成国公朱勇一道训练京营诸兵士，至正统朝又总管禁卫②，并非专领府军前卫。故不能因李玉参与选拔随侍东宫幼军，即认定这些幼军多出自府军前卫。

第三，府军前卫幼军例额二万八千人，宣德朝兵员尚足，而宣德八年征派京卫幼军一万人，如果其主体来自于府军前卫，应较容易征满，但最终只选得七千余人，未满原定名额。由于北京卫所选拔随侍东宫幼军不足数，故兵部提议应驰驿往南京选取，"然其间有子幼母老或依亲戚抚养不能远离者，宜官给船及口粮送赴北京"③。在府军前卫兵多的情况下，朝廷仍欲大费周章自南京北调幼军，可证府军前卫兵士应不在此次佥派范围内。另据《明宣宗实录》载，当时行在兵部右侍郎王骥、成国公朱勇等奏："比奉敕于京师诸卫选纪录幼军万人操练，今止得千余人，宜选诸卫军士中丁多者足之。"宣宗于是命尚书、侍郎、都御史计议，覆奏结果云：

> 旧例诸卫军士除正军之外，存一丁资给，余遣还有司供徭役。今京师诸卫军士在营有三丁以上至七八丁者，止一丁当军，余皆无役，不肯还本乡。宜于三丁以上者，选一丁，余听在营生理，供给军装，亦军民两便。

皇帝从其所议④。由此可进一步证实，当时所选随侍东宫的幼军基本出自京卫世袭军卒，且不足者以军家次子、余丁补之，与非世袭承役的府军前卫无涉。

综上所论可以断言，宣宗并未在登极后将府军前卫幼军正式转为太子侍从，而是别征一批新的幼军侍从东宫。显然，府军前卫幼军在宣德朝以后

---

① [明]杨溥：《新建伯荣僖李公墓志铭》，[明]徐纮辑：《皇明名臣琬琰录》前集卷一五，周骏富辑：《明代传记丛刊》第43册，第509页；《明宣宗实录》卷一五，宣德元年三月丙辰，第413页。

② [明]杨溥：《新建伯荣僖李公墓志铭》，[明]徐纮辑：《皇明名臣琬琰录》前集卷一五，周骏富辑：《明代传记丛刊》第43册，第509页。

③《明宣宗实录》卷一○○，宣德八年三月癸未，第2256页。

④《明宣宗实录》卷一○一，宣德八年四月癸卯，第2271—2272页。

被另行安排,关于其职责的流变,需从该卫幼官论起。

明代很早就选拔亲军卫各级军官加入皇帝的侍卫部队,这些扈从军官均被冠以"带刀"之名,大概源于唐代侍卫"带刀捉仗"[①]的称谓。具体事例,如第一代镇远侯顾成初以金吾卫副千户带刀侍从朱元璋[②]。再如正统朝封永宁伯的谭广,洪武时以锦衣卫总旗"入备宿卫"[③],此事在《明实录》中被记为谭广充"锦衣卫队长带刀宿卫"[④]。府军前卫幼官尤有侍从皇帝的职能。据《明宣宗实录》,早在宣德四年(1429)二月,宣宗就曾"选幼官指挥十人、千户十二人,分为两番佩刀入直",当月又特与府军前卫"带刀幼官指挥使魏荣等盔甲"[⑤]。这批带刀入直幼官显然属于皇帝扈从,且以出身府军前卫出身者为尊。明代中期之后,朝廷将侍从皇帝的府军前卫等卫幼官逐步扩展为诸卫军官,并正式确立相应的金选制度。按正德、万历《明会典》,皇帝侍卫军队中常设有府军前卫带刀官四十员、旗手等二十卫所带刀官一百八十员[⑥]。其中旗手诸卫一百八十名带刀官,分摊到每个卫所不过九人,可知侍从军官仍以出身府军前卫者独多。至嘉靖十七年(1538),朝廷正式题准,"凡府军前卫侍卫指挥等官,五年一次拣选,如侍卫将军例"[⑦]。

府军前卫幼官、军官之所以在皇帝侍卫部队中地位重要,诚与他们特殊的出身有关。府军前卫复建时,其各级军官多从其他卫所抽调升任,而以"靖难"中战死的燕军子弟为多,此即该卫幼官的主要来源[⑧]。如府军前卫所试百户张忠,系夹河阵亡燕山前卫中所小旗张丑儿嫡子[⑨]。另如小河战役阵亡的通州卫后所总旗姚金保,其子姚得以父功升通州卫后所副千户世袭,永乐十三年调府军前卫[⑩]。永乐十三年(1415)被成祖特召为府军前卫指挥金事的土官阮公偶,其父亦在明军征安南时战死。这些年少袭职的军官颇似

①《新唐书》卷二三上《仪卫志上》,第482页。

②《明太宗实录》卷一五一,永乐十二年五月丁酉,第1759页。

③[明]叶盛:《觉非集》卷一《永宁伯谭公传》,《四库全书存目丛书》集部第29册,第590页。

④《明英宗实录》卷一二二,正统九年十月甲子,第2451页。

⑤《明宣宗实录》卷五一,宣德四年二月己亥、乙巳,第1230、1235页。

⑥正德《明会典》卷一一七《兵部十二·侍卫》第2册,第558页;万历《明会典》卷一四二《兵部二十五·侍卫》,第728页。

⑦万历《明会典》卷一四二《兵部二十五·侍卫》,第730页。

⑧检诸卫所军职《选簿》,可知这种调原北平都司"靖难"阵亡军兵子弟为军官的情况并不仅限于府军前卫,而是较广泛存在于羽林诸卫、金吾诸卫等亲军上直卫所中,只是府军前卫更为突出。

⑨《府军前卫选簿·张堂》,《中国明朝档案总汇》第49册,第26页。

⑩《府军前卫选簿·姚清》,《中国明朝档案总汇》第49册,第122页。

汉代禁卫中的"羽林孤儿",对皇室的忠诚度非他军可比。对此,明人也有相关认识。天顺初任内阁大学士的岳正,其父岳兴由羽林前卫指挥金事升府军前卫指挥同知[①],岳正曾给与其父同官的某邹指挥作祭文云:"时公先子,及我先公,俱在行间,勋比业同。公父死事,公方在髫,加恩孤儿,公爵增高。文孙出阁,拔用英豪,时我先公,又帅公曹。"[②] 由此可知,因府军前卫军官多属成祖嫡系忠勇子弟出身,可世代为皇帝倚重,故宣宗将他们留选为自己的专职卫队,后世沿用不替。

现在回过头来讨论府军前卫幼军职能的变化问题。既然有府军前卫幼官成为天子亲从,照理该卫幼军也应循长官例升格为皇帝侍卫。据《明实录》,宣德五年(1430),朝廷设立"府军前卫幼军营"[③];而成化朝兵部尚书白圭指出,幼军本俱在三千营操练,至"正统年间,分拨五军、神机等营操备"[④];又景泰三年(1452),兵部请选府军前卫幼军二千,及围子手三千,"并作一营,操习武艺,以备随侍车驾"[⑤]。综合这些记载,幼军在一定程度上确实被备选为皇帝侍卫,并编入营伍训练。不过,这些幼军最初单独编伍,后分附各京营操习,统属不定。相较之,作为皇帝侍从的锦衣卫大汉将军始终"自为一营,遇下班之日,照例操练"[⑥]。这种营伍编制的频繁变化,反映出幼军愈发不为皇帝重视,其禁直地位不断衰落。成化年间,兵部尚书白圭奏言府军前卫幼军逃亡问题时,仅言"营、卫见缺人"[⑦],丝毫未提及逃军对宫廷侍卫部队的影响。再检正德、万历两朝《明会典》,府军前卫幼军亦不列入皇帝侍卫部队。

造成府军前卫幼军侍卫职能萎缩的原因不外有三点:首先,该卫幼军最初是成祖为太孙特设的随从,具有某种独享性,宣宗继位后或不乐后世皇子、皇孙沿用其制。其次,皇帝侍卫中锦衣卫大汉将军、五军营叉刀围子手、

① [明]叶盛:《泾东小稿》卷七《兴化知府致仕岳君墓志铭》,《续修四库全书》集部第1329册,第83—84页;《明宣宗实录》卷九〇,宣德七年五月己未,第2055页。
② [明]岳正:《类博稿》卷八《祭邹指挥文》,景印《文渊阁四库全书》第1246册,第426页。
③《明宣宗实录》卷六三,宣德五年二月癸未,第1481页。
④《六部事例》·兵例,《天一阁藏明代政书珍本丛刊》第5册,第485页。
⑤《明英宗实录》卷二一八,废帝郕戾王附录第三十六,景泰三年七月戊申,第4705页。馆本《明实录》作"随侍东驾",误,当从广方言馆本作"随侍车驾"(见《明英宗实录校勘记》卷二一八,第736页)。
⑥ 正德《明会典》卷一一一,《兵部六·营操·将军营》第2册,第489页。
⑦《六部事例》·兵例,《天一阁藏明代政书珍本丛刊》第5册,第429页。

三千营红盔将军等建制于洪武、永乐时期，且动辄千百员，数量已多，而府军前卫幼军建制较晚，人数却更众，即便宣宗及后代帝王有意提升该卫幼军为皇帝亲从，也很难恰当进行人员配置。最关键的是，幼军身份较低，本不适合凸显皇家侍从的威严，永乐时以幼军侍卫太孙，也属一时权宜。

实际上，明代东宫侍卫也逐渐剔除幼军，代以幼官。依前文所论，宣德朝本另择京卫幼军等扈从太子，但正德《明会典》记载东宫侍卫人员时却未尝言及这些新择幼军：

> （东宫侍卫）管领侍卫官二员；锦衣卫明盔将军三十人；三千营红盔将军三十人；丹陛、丹墀及文华门左右锦衣卫擎执伞扇仪仗官校四百十九人，答应官校六十六人；旗手卫陈列金鼓旗帜官军一百三十五人；随侍营带刀官舍一百五十八人、答应控马等项官舍二百二十人；五军叉刀官军三百二人；护卫官舍一千五百八十二人。①

这里罗列的东宫侍从中，大汉、红盔、明甲诸将军、叉刀官军及各卫旗校与皇帝侍从仪仗相同，仅"从各营、卫于应直人员照例差拨"②。其余随侍官舍别有来源，系"于公、侯、伯、都督、都指挥、指挥、千百户之家，选人物端正、年力相应者充"③。早在宣宗为太子建制扈从部队之时，除另外选拔的幼军外，也选送一些年轻军官及军官子弟，即幼官、舍人等。宣德五年（1430），宣宗命成国公朱勇提督在京诸卫幼军、舍人操练④。宣德七年，朱勇又领命操练公侯以下功臣子孙⑤。至宣德八年二月，皇帝进一步授命英国公张辅、成国公朱勇、新建伯李玉、兵部侍郎王骥等选"京卫武职舍人及见操幼官、舍人六千余人，以备东宫随侍"，并仍命朱勇总率训练⑥。当年四月，府军前卫指挥同知魏忠等十人奏"愿以子随侍东宫"，皇帝许之⑦。可知府军前卫官舍最初亦有隶东宫侍卫者，但并不占多数。正统、景泰两朝太子之位不定，东宫随侍制度

①正德《明会典》卷一一八《兵部十三·东宫侍卫》第2册，第565—566页。
②正德《明会典》卷一一八《兵部十三·东宫侍卫》第2册，第566页。
③正德《明会典》卷一一八《兵部十三·东宫侍卫》第2册，第566页。
④《明宣宗实录》卷六五，宣德五年四月辛未，第1527页。
⑤［明］李贤：《古穰集》卷一〇《特进荣禄大夫右柱国太保成国公追封平阴王谥武愍神道碑铭》，景印《文渊阁四库全书》第1244册，第581页。
⑥《明宣宗实录》卷九九，宣德八年二月壬子，第2233页。
⑦《明宣宗实录》卷一〇一，宣德八年四月丁亥，第2257—2258页。

也难成定制。天顺年间,英宗又"选官舍千人,立随侍营"①专侍太子,以锦衣卫都指挥丁瑄统之,正德《明会典》所载的东宫随侍营官舍侍从制度至此确立,而各类幼军也应随之退出东宫侍卫行列。

总之,府军前卫幼军在明中叶基本失去侍从职能,仅勉强附属于京营训练备战。与此同时,朝廷也无意对幼军进行强化管理,最终导致在营者苦于训练而逃匿不止,而本卫后继者又金补不力,整个府军前卫体制趋于废弛。

(三)勋贵管领府军前卫制度

府军前卫因职在侍从皇室,故朝廷对其管理的方式也有特殊。前文已论,府军前卫军官多系从他卫抽调的战死将士子弟,这一情况在较长时期内得以延续。至正统朝,尚有原大同前卫世袭百户张敬调府军前卫,而张敬父张山系"洪武三十四年夹河阵亡"②者。另外,勇猛有功的军官也常被调至府军前卫任职。如在成祖第一次北征中"为诸将先"的金吾左卫指挥使山云,后为府军前卫掌印③。再如,原在昌平侯杨洪麾下从事的宣府指挥使周英,景泰朝被准留京师"注府军前卫"④。当然,亦有部分府军前卫幼军因久有军劳,升任本卫世袭军官。如洪熙元年(1425)充幼军的渭南县人王虎山,正统四年(1439)为夜不收奏事有功升小旗,后在"北京保卫战"过程中立功,升本卫副千户管事⑤。正统十年充幼军的富顺县人曹堂,累有随军征战之功,成化十六年(1480)升实百户世袭⑥。总之,能任府军前卫军官者,非亲卒即干将,选拔标准较为严格。

诸指挥、千百户管事以外,朝廷更例设勋臣、都督一级的大将一名,全权统领府军前卫并掌管幼军操练。据碑铭资料,在永乐中,"四方选至幼军数万"悉隶右军都督府右都督薛禄麾下操习⑦。薛禄在永乐十六年(1418)还

①[明]倪岳:《青谿漫稿》卷二一《大明昭武将军上轻车都尉南京锦衣卫掌卫事都指挥金事丁公神道碑》,景印《文渊阁四库全书》第1251册,第291页。

②《府军前卫选簿·张敬》,《中国明朝档案总汇》第49册,第76页。

③[明]王伟:《怀远伯襄毅山公神道碑铭》,[明]徐纮:《皇明名臣琬琰录》前集卷一五,周骏富辑:《明代传记丛刊》第43册,第487页。

④[明]马中锡:《都指挥同知赠后军都督府都督金事周公英神道碑》,[明]焦竑辑:《国朝献征录》卷一一○《都司》,周骏富辑《明代传记丛刊》第114册,第601—602页。

⑤《府军前卫选簿·王泰》,《中国明朝档案总汇》第49册,第48页。

⑥《府军前卫选簿·曹恩》,《中国明朝档案总汇》第49册,第54页。

⑦[明]杨士奇:《东里文集》卷一二《奉天靖难推诚宣力武臣特进荣禄大夫柱国太保阳武侯追封鄞国公谥忠武薛公神道碑铭》,第183页。

曾上言朝廷称："府军前卫幼军二十五所,其掌卫事者尚杂以年少,未能抚辑,宜曾选老成军官领之。"成祖于是命指挥山云、李玉、王彧、陈敬、张玉同掌卫事①。李玉在洪熙年间升为都指挥同知②,宣德年间又升为都督佥事,但仍掌府军前卫,管幼军③。正统、景泰、天顺年间,勋臣掌府军前卫事务者,如正统十二年(1447)修武伯沈荣"管三千营左右十队并府军前卫军马操练习"④,天顺元年(1457)怀宁伯孙镗掌府军前卫⑤,天顺年间还有定西侯蒋琬领府军前卫⑥。沈荣、蒋琬虽为勋贵,但不比薛禄、李玉等元老战将,实年轻的新袭爵者⑦,由他们执掌府军前卫,可见该卫的职责渐轻,重要性逐步降低。在成化朝,勋臣掌卫的机制甚至出现过短期反复。《明宪宗实录》成化八年(1472)二月有如下一条记载:

> 命永清右卫带俸都指挥同知王信掌府军前卫事。卫辖二十五所,旧统以都督、侯伯一员,近以都指挥统之,辄为官军所持,以致政务丛委,兵部请仍简命侯伯,有旨止于都指挥内举公廉者以闻。信适自荆襄还,遂有是命。⑧

宪宗登极之初即下令不再佥补府军前卫幼军,故皇帝再降该卫统领级别,亦属正常。但成化十四年,又有伏羌伯毛锐"掌府军前卫事"⑨。可知朝廷仍不敢轻易放弃祖制,尽量维持府军前卫高级军政衙门的地位。

弘治、正德以降至明代中后期,即便府军前卫侍从职能衰落,但该卫由侯伯勋贵统领的体制延续不变。逢朝会时,府军前卫四十名带刀官附于大汉将军,由勋臣驸马一名提管,而本卫别设勋臣一名执掌庶务。万历《明会典》有载,嘉靖二十九年(1550),世宗正式诏五府大臣,并管理府军前卫侯

①《明太宗实录》卷二〇五,永乐十六年十月丙午,第2110页。
②《明宣宗实录》卷一〇,洪熙元年十月辛巳,第272页。
③[明]杨溥:《新建伯荣僖李公墓志铭》,[明]徐纮辑:《皇明名臣琬琰录》前集卷一五,周骏富辑:《明代传记丛刊》第43册,第509页;《明宣宗实录》卷一五,宣德元年三月丙辰,第413页。
④《明英宗实录》卷一五九,正统十二年十月戊子,第3105页。
⑤《明英宗实录》卷二七五,天顺元年二月戊戌,第5834页。
⑥[明]程敏政:《篁墩文集》卷四四《太保兼太子太傅掌左军都督府事定西侯追封凉国公谥敏毅蒋公墓志铭》,景印《文渊阁四库全书》第1253册,第64页。
⑦如沈荣正统八年(1443)袭修武伯爵;蒋琬"土木之变"后袭爵,时年十六岁(见《明功臣袭封底簿》卷二《修武伯》,第261页;[明]程敏政:《篁墩文集》卷四四《太保兼太子太傅掌左军都督府事定西侯追封凉国公谥敏毅蒋公墓志铭》,景印《文渊阁四库全书》第1253册,第64页)。
⑧《明宪宗实录》卷一〇一,成化八年二月乙亥,第1959页。
⑨《明宪宗实录》卷一八五,成化十四年十二月庚戌,第3325页。

伯与锦衣卫堂上掌印、金书官,"每遇考选军政之年,俱听自陈,去留取自上裁"①,将府军前卫掌印官列于都督府之后、锦衣卫之前。又明末《度支奏议》一书径言,"府军前卫,系勋爵管理"②。该卫长官级别甚至高于例由都督统领的锦衣卫,而与五军都督府、京营相侔。对于各勋爵来说,其初入军政领域时,常被授予管府军前卫职。如明中期新宁伯谭祐,在天顺朝以十余岁冲龄袭爵,他成年后所领的第一个正式军事职务即"坐立威营,兼掌府军前卫事"③。另如武靖伯赵承庆成化二十年(1484)袭爵,弘治元年(1488)二月掌府军前卫事④。可以说,作为名义上的宫廷侍卫职权,管府军前卫与管大汉、红盔将军、叉刀围子手宿卫一样,为年轻勋贵提供基本的军事管理训练。

值得注意的是,由于宣德皇帝与府军前卫特别亲近,这种紧密关系又影响到其子辈,故在永乐、宣德、正统、景泰、天顺诸朝,府军前卫还被作为勋戚、内监及文武大臣的恩荫寄禄衙门,颇与锦衣卫类似。首先被推恩为府军前卫军官的贵戚子弟,是宣宗皇后弟胡安。宣宗为太孙时,即聘光禄寺卿胡荣女为妃,后胡荣子胡安在永乐十五年(1417)被授职为府军前卫指挥佥事,但仅随侍太孙而不视事⑤。英宗继承皇位后,一循乃父之制,将母家孙太后子弟寄官在府军前卫。孙太后兄孙继宗初授府军前卫指挥使,后袭父孙忠会昌伯爵⑥。孙太后弟孙显宗在宣德元年(1426)入朝,当即被宣宗授府军前卫指挥同知⑦。此外,太后幼弟孙纯宗在正统十二年(1447)亦初授府军前卫副千户⑧。景泰朝,太监李永昌侄孙翰林院编修李泰子李祖寿,以伯祖"正统十四年整理军务有功",录为府军前卫百户⑨。甚至兵部尚书于谦之子于冕,也在景泰二年(1451)被皇帝授予府军前卫世袭副千户⑩。不过,随着府

① 万历《明会典》卷一一九《兵部二·铨选二·推举·考选》,第 616 页。
② [明]毕自严:《度支奏议》堂稿卷五《题覆户科给事中解学龙等会议疏》,《续修四库全书》史部第 483 册,上海,上海古籍出版社,2002 年,第 202 页。
③ [明]费宏:《费宏集》卷一八《明故特进光禄大夫柱国太傅兼太子太傅新宁伯谥庄僖谭公墓志铭》,第 623 页。
④ 《明功臣袭封底簿》卷一《武靖伯》,第 42 页;《明孝宗实录》卷一一,弘治元年二月乙巳,第 248 页。
⑤ 《明太宗实录》卷一八六,永乐十五年三月己亥、辛丑,第 1992、1993 页。
⑥ 《明宪宗实录》卷一九七,成化十五年十一月己酉,第 3472 页。
⑦ [明]李贤:《古穰集》卷一七《镇国将军锦衣卫都指挥同知孙公墓志铭》,景印《文渊阁四库全书》第 1244 册,第 665 页。
⑧ 《明英宗实录》卷一五八,正统十二年九月丙午,第 3079—3080 页。
⑨ 《明英宗实录》卷二三四,废帝郕戾王附录第四十三,景泰四年十月乙未,第 5108—5109 页。
⑩ 《明英宗实录》卷二〇六,废帝郕戾王附录第二十四,景泰二年七月癸卯,第 4416—4417 页。

军前卫在明中期渐趋失势,勋戚大臣惟以荫子锦衣卫为荣显,原荫府军者甚至改调至锦衣卫。如孙显宗、孙纯宗后均改调锦衣卫,而会昌伯第三代后裔亦尽为锦衣卫军官,未有任职府军前卫者①。于冕在弘治十年(1497)改注杭州前卫,后有曾孙于嵩在万历朝奏请改调锦衣卫,为指挥使②。

三　明代的勋卫与散骑舍人

(一)明前中期散骑舍人与勋卫制度的演变

散骑舍人与勋卫是明代由功臣贵戚及武职子弟担任的特殊宫廷侍卫官。据正德《明会典》,勋卫、散骑舍人依"旧制择公、侯、都督及指挥嫡长、次子为之,俸秩视八品",天顺朝令"俸秩比正千户"③。这里所谓"俸秩视八品"的旧制,实单指洪武朝散骑舍人的视品;而天顺朝"比正千户"之制,又单指勋卫,应不包括散骑舍人。其实,勋卫、散骑舍人二职既相互关联,又有着各自的制度流变轨迹,难以混而论之,现分别加以考论。

查《明太祖实录》,洪武九年(1376)即有散骑舍人之设,但未提及勋卫一职,原文载:

> 上命都督府择公、侯、都督及各卫指挥嫡长次子才可试用者,为散骑、参侍舍人,俸秩视八品,隶于都督府,佩弓刀充宿卫,或署各卫所事,及听省、府、台、部差遣,历试以事,其有才器超卓者,不次用之。于是择长兴侯耿炳文子瓛、荥阳侯杨璟子进等一百四人为散骑舍人。④

按朱元璋所定初制,散骑舍人本直接隶属大都督府,但洪武十三年大都督府解体后,散骑舍人转而归入锦衣卫,这也符合散骑舍人皇帝亲卫的身份。如朱棣"靖难"兵至灵璧时,有都督佥事袁义次子袁兴以"锦衣卫散骑舍人来朝"⑤。再据档案资料,洪武二十五年除散骑舍人的张信,在两年后转为锦衣卫世袭

---

① [明]李贤:《古穰集》卷一〇《推诚宣忠翊运武臣特进荣禄大夫柱国会昌伯累赠奉天佐理推诚宣力武臣特进光禄大夫右柱国太傅安国公谥恭宪孙公夫人董氏合坟神道碑铭》,景印《文渊阁四库全书》第1244册,第588页。
② 《锦衣卫底簿·于嵩》,《中国明代档案总汇》第49册,第270页。
③ 正德《明会典》卷一一七《兵部十二·侍卫》第2册,第557—558页。
④ 《明太祖实录》卷一〇三,洪武九年正月戊午,第1731—1732页。
⑤ 《明太宗实录》卷一三,洪武三十五年十月庚午,第242页。

百户^①。另据墓志所载,仁宗朝袭武定侯爵的郭玹,其长子郭聪为"锦衣卫散骑舍人"^②。洪武朝功臣子弟充散骑舍人带刀侍驾者颇多,甚至文官吏部尚书唐铎弟唐鉴,亦尝任散骑而"随直宿卫"^③。天启、崇祯朝名士茅元仪就有云,"散骑舍人,国初以处侯家子弟,然不必尽侯家子弟"^④。

散骑舍人或承袭父祖官爵,或别升高级军职。例如临江侯陈德子陈镛洪武九年(1376)为散骑舍人,洪武十四年袭父爵^⑤。信国公汤和庶子散骑舍人汤醴在洪武二十九年被擢为左军都督府都督佥事^⑥。另有蕲春侯康铎子康渊,两岁优给,又充散骑舍人,后被太祖"革去冠带,山西罢闲"^⑦,应是在洪武末年卷入勋贵党案而被打压。

永乐以降,散骑舍人之制大体稳定,部分勋戚、都督应袭子弟以充任该职作为嗣官爵前的过渡。如景泰朝所封定襄伯郭登无子,以其侄嵩为嗣,郭嵩初拜"散骑舍人,侍卫禁中",成化八年(1472)郭登死,嵩遂承袭伯爵^⑧。任散骑舍人的武将庶次子孙,或在锦衣卫机构内升职,如仁宗擢皇亲散骑舍人钱通为锦衣卫指挥佥事^⑨;或别调他卫,如英国公张辅弟锦衣散骑舍人张轸在永乐十四年(1416)升旗手卫指挥使^⑩。

散骑舍人中"舍人"一词,在明代泛指军官子弟,有时更扩展为对各类富贵子弟的代称,明代军中有各种舍人名号的人员听调差遣;"散骑"亦不过取汉代"散骑""散骑常侍"^⑪旧名,强调其职在随锦衣卫禁卫侍从。"散骑舍人"一职主要体现武官子弟的名位,是他们正式袭任军职前所领的预备性职官,领该职者除朝堂侍卫外别无具体、固定的事权与任务,在官僚结构

①《锦衣卫选簿·张槐》,《中国明代档案总汇》第49册,第346页。

②[明]罗亨信:《觉非集》卷四《镇朔将军总兵官武定侯郭公墓志铭》,《四库全书存目丛书》集部第29册,第553页。

③《明太祖实录》卷二二二,洪武二十五年十月乙卯,第3240页。

④[明]茅元仪:《暇老斋杂记》卷一三,《续修四库全书》子部第1133册,第656页。

⑤《明太祖实录》卷一八二,洪武二十年六月庚子,第2748页。

⑥《明太祖实录》卷二四四,洪武二十九年正月辛巳,第3539页。

⑦《明功臣袭封底簿》卷一《蕲春侯》,第157页。

⑧[明]倪岳:《青谿漫稿》卷二二《南京前军都督府掌府事定襄伯郭公墓志铭》,景印《文渊阁四库全书》第1251册,第311页。

⑨《明仁宗实录》卷一下,永乐二十二年八月甲子,第30页。

⑩《明太宗实录》卷一七八,永乐十四年七月癸巳,第1937页。

⑪[汉]班固:《汉书》卷一九上《百官公卿表第七上》,中华书局1962年标校本,第739页;[唐]杜佑撰,王文锦、王永兴、刘俊文、徐庭云、谢方点校:《通典》卷二一《职官三·宰相并官署·门下省》,北京,中华书局,2016年,第551页。

中的实际作用不大。因此散骑舍人仅设较低的八品俸秩,且在洪武九年
(1376)一次就广泛授予各级武职大臣家子弟达一百零四人,已显露出轻授
的趋势。洪武二十五年任散骑舍人的张信,甚至只是锦衣卫指挥佥事葛德
的姻亲妻侄[①],此类加授更显冒滥。随着勋贵与一般武职地位差距的拉大,
"散骑舍人"显然已不能完全体现贵戚子弟随侍天子的尊隆。

　　"勋卫"的职名实取法隋、唐旧制。隋、唐宫廷仪仗中有亲卫、勋卫、翊卫
三部,其中勋卫可由"勋官三品以上有封及国公子"[②]选补。可知相比"散骑
舍人","勋卫"更强调勋爵子弟的显贵身份。明代官方《实录》、政书中不见
勋卫一职的初设时间。清修《续文献通考》言,洪武九年正月"以勋臣子弟
有才者置勋卫、散骑舍人"[③],是将勋卫的肇始年份混同于散骑舍人,其实无
确切依据。排查《明太祖实录》,至洪武十八年(1385)徐达去世时,方在其
小传中出现徐氏次子徐添福"授勋尉"及"早世"[④]的记载。这里的"勋尉"
显然是"勋卫"之误,因为《明太宗实录》别载,朱棣登极之初,擢故魏国公徐
达之孙、"勋卫添福"之子徐茂先为宗人府仪宾,以娶周王女兰阳郡主[⑤]。徐
添福实笔者所见明代首位充勋卫的功臣子弟。又《明太祖实录》洪武二十四
年三月戊子条云,有勋卫徐增寿与其兄魏国公徐辉祖等公侯"往陕西等处防
边"[⑥]。检《明实录》所收徐增寿小传可知,增寿以魏国公徐达子,又特"勇敢
善骑射",被太祖"选为勋卫带刀侍从"[⑦]。洪武朝勋贵都督子弟多授散骑舍人
亲从,但徐达次子徐添福却独领勋卫,添福早卒后,徐氏三子徐增寿又再补
兄职,这反映了朱元璋特隆徐氏家族开国元勋的地位。由于勋卫几为徐氏
专任,其授职又稍显随意,制度化不强,故徐添福、徐增寿兄弟始膺勋卫的时
间史无详载,勋卫品级亦不明。另外,曹国公李文忠次子李增枝在洪武朝也
被授勋卫[⑧]。

---

①《锦衣卫选簿·张槐》,《中国明代档案总汇》第49册,第346页。

②《新唐书》卷四九上《百官志四上·十六卫》,第1281—1282页。

③清《钦定续文献通考》卷一二六《兵考·禁卫兵》,景印《文渊阁四库全书》第629册,上海,上海古
　籍出版社,1987年,第515页。

④《明太祖实录》卷一七一,洪武十八年二月己未,第2618页。

⑤《明太宗实录》卷一一,洪武三十五年八月辛未,第188页。

⑥《明太祖实录》卷二〇八,洪武二十四年三月戊子,第3093页。

⑦《明太宗实录》卷九下,洪武三十五年六月辛未,第137页。

⑧《明太祖实录》卷一六〇,洪武十七年三月戊戌,第2484页。《明实录》原文载增枝任"勋尉",当系
　"勋卫"之误。

在明前期,勋卫一职的授予仍不普遍,目下史料所见仅有四例,依授职时间先后依次为:第一,武定侯郭英之孙郭登在仁宗登极之初被授为勋卫,后于正统八年(1443)从征云南升锦衣卫指挥佥事,正统十四年随军抵抗瓦剌有功,景泰朝晋封定襄伯[①]。第二,宁阳侯陈懋长子陈昭在仁宗登极时为勋卫,宣德八年(1433)坐同父侵占官粮、官盐罪而罢闲[②]。第三,英国公张辅应袭嫡长子张忠于洪熙元年(1425)加勋卫。正统十四年,张辅在土木堡战殁,张忠因"被马跌伤手足"难以袭爵,张忠庶子张杰又系使女所生,"来历不明",故朝廷遂以张忠幼弟张懋嗣英国公[③]。第四,平江伯陈瑄第三子陈仪,正统中被擢勋卫而"日带刀侍从",后累升锦衣卫指挥佥事,而陈仪又是在元勋重臣成国公朱勇的保荐下被授任勋卫[④]。

综合分析以上自洪武至正统朝的事例,可知明初勋卫升授虽制度性尚不完善,但仍大体形成了三个基本特征:其一,勋卫仅为一小部分勋贵子弟所领,一般武臣家难沾此恩,绝无散骑舍人一次加升百余人的情况,但亦不能由此判断勋卫的品级地位在当时一定比散骑舍人高。其二,领勋卫的这些贵戚子弟或是应袭嫡长子孙,或是旁支子弟,并非固定,从有限的事例来看,旁支任职者的数量稍多。一个明显例子,即武定侯郭玹嫡长子郭聪为散骑舍人,而郭玹同辈的远支郭登却初授勋卫。直至景泰、天顺之际,尚有定襄伯郭登应袭子郭嵩为散骑舍人,而登弟璟为勋卫的情况[⑤]。其三,从郭登、陈仪等皆升为锦衣卫军官这一点来看,勋卫亦如散骑舍人之例铨注锦衣卫。锦衣卫的一个职官特性就是勋戚大臣子弟恩荫寄禄无常员之所在[⑥],是故散骑舍人、勋卫皆注锦衣卫本有制度上的依托。

至天顺朝之初,勋臣嫡长应袭子弟开始较多地被集中加授为勋卫,这显然是英宗复辟后对新、老勋爵的酬赏,其情况大略如下表(见表23):

①《明功臣袭封底簿》卷二《定襄伯》,第253页。

②[明]李贤:《古穰集》卷一〇《奉天靖难推诚宣力武臣特进荣禄大夫柱国太保宁阳侯追封濬国公谥武靖陈公神道碑铭》,景印《文渊阁四库全书》第1244册,第583页;《明宣宗实录》卷一〇二,宣德八年五月庚辰,第2291页。

③《明仁宗实录》卷八上,洪熙元年三月己卯,第254页;《明功臣袭封底簿》卷三《英国公》,第390—391页。

④《明英宗实录》卷三,宣德十年三月戊戌,第78—79页;[明]王直:《抑菴文集》卷一〇《都指挥佥事陈公墓志铭》,景印《文渊阁四库全书》第1241册,第207页;[明]杨士奇:《东里文集》卷一三《奉天翊卫推诚宣力武臣特进荣禄大夫柱国追封平江侯谥恭襄陈公神道碑铭》,第192页。

⑤郭璟任勋卫之事,见《明英宗实录》卷二八六,天顺二年正月庚辰,第6127页。

⑥锦衣卫内勋戚、宦官子弟本恩荫寄禄无常员(见《明史》卷七六《职官志五·锦衣卫》,第1862页)。

表 23　天顺朝勋卫任职、袭爵情况表

所属勋臣家族	领勋卫子弟伦序	任勋卫前官职	由勋卫所晋升的官爵	史料出处
英国公张辅弟文安伯张輗家	张輗嫡次子张斌	无	天顺六年袭父爵。	《明英宗实录》卷二七五,天顺元年二月甲辰;《明功臣袭封底簿》卷二《文安伯》。
宁阳侯陈懋家	陈懋庶三子陈晟	无,待袭爵	成化二年以揽纳事发,下法司夺官闲住。	李贤:《古穰集》卷一〇《奉天靖难推诚宣力武臣特进荣禄大夫柱国太保宁阳侯追封濬国公谥武靖陈公神道碑铭》;《明宪宗实录》卷三七,成化二年十二月癸卯。
宁远伯任礼家	任礼嫡长子任寿	锦衣卫正千户	成化元年袭父爵。	《明英宗实录》卷二七七,天顺元年四月癸卯;《明功臣袭封底簿》卷二《宁远伯》。
兴济伯杨善家	杨善长子杨宗	锦衣卫副千户	天顺二年袭父爵。	《明英宗实录》卷二七七,天顺元年四月甲寅;《明功臣袭封底簿》卷二《兴济伯》。
安远侯柳升家	安远侯柳升长孙、柳溥长子柳承庆	无,待袭爵	承庆以腿疾难以任事,承庆嫡子柳景天顺五年袭爵。	《明英宗实录》卷二八四,天顺元年十一月庚午;《明功臣袭封底簿》卷三《安远侯》。

明代勋爵公、侯、伯不设品级,但秩序在正一品之上。勋卫、散骑舍人作为贵胄子弟所任职官,也不设具体品级,但可与品官相较以定禄秩。上表中所列的杨宗在任勋卫之前任副千户,而他之所以得充勋卫,是因为其父兴济伯兼礼部尚书杨善上奏诸子"夺门"有功,请量加授职。英宗在加任杨宗勋卫的同时,又将杨善诸子杨容、杨能俱升一级[1]。由此可知,勋卫一职在当时应高出副千户一阶,与正千户相侔,锦衣卫正千户任寿转任勋卫的例子也可证此点,这就与正德《明会典》中天顺朝令勋卫"俸秩比正千户"[2]的记载完全相符。勋卫一职的秩级至此正式确定,高于仅相当于正八品的散骑舍人。除上表所列勋臣应袭子弟任勋卫者外,天顺初年,兵部尚书靖远伯王骥嫡子王

---

[1]《明英宗实录》卷二七七,天顺元年四月甲寅,第 5919—5920 页。
[2] 正德《明会典》卷一一七《兵部十二·侍卫》第 2 册,第 557—558 页。

玉、王瑢皆早卒,以庶长子王瑞袭爵,庶次子王珩充任勋卫[①],当别有候补袭爵之意。

(二)勋卫授予与勋爵承袭制度

成化、弘治之后,勋家应袭子孙逐渐例领勋卫以确立在家族中的正统地位,勋卫一职除负责宫廷侍卫外,还与勋爵承袭制度紧密结合。如襄城侯李瑾嗣子李鼏、保国公朱永嗣子朱晖二人,皆曾为勋卫带刀侍从[②]。另如定西侯蒋琬家嗣爵长子蒋骥曾任勋卫[③]。明代例有勋臣子弟入京营观阵习操以为教养之制,而至嘉靖四十年(1561),世宗批准兵部所请在营训练的勋臣应袭子弟"如遇科道官举荐,授以勋卫之职,遇有营中相应员缺,酌量擢用"[④]的建议。尔后至有"公侯世子称勋卫"[⑤]的说法,将勋家应袭子孙与勋卫相等同。至此勋卫又常被称为"小侯"[⑥],取汉代邓禹幼子邓鸿为小侯之典故[⑦],反映出勋卫虽非勋爵但亚享其尊的过渡身份。晚明时期,朝廷遍立诸家勋贵应袭子孙任勋卫,相关事例不胜枚举。

可以说,勋卫选任在一定程度上成为勋爵承袭的附属制度,勋卫具备了标识勋爵应袭地位的礼法功用,与皇家太子、亲王家世子有一定的相似性,其作为宫廷侍卫的本职反居次要。与勋卫相比,散骑舍人由于品级较低、授

---

① [明]李贤:《古穰集》卷一〇《奉天翊卫推诚守正文臣特进光禄大夫柱国兵部尚书靖远伯追封靖远侯谥忠毅王公神道碑铭》,景印《文渊阁四库全书》第1244册,第594页。成化年间,有南和伯方煜、泰宁侯陈桓、丰润伯曹振、锦衣卫指挥王珩等各在家"招妓兴乱"诸事,其中的锦衣指挥王珩就是原任靖远伯勋卫者(见《明宪宗实录》卷一五四,成化十二年己丑,第2809—2810页)。

② 《明宪宗实录》卷二三七,成化十九年二月戊寅,第4028页;《明功臣袭封底簿》卷三《襄城伯》,第494页;《明孝宗实录》卷六二,弘治五年四月壬戌,第1202页;《明功臣袭封底簿》卷三《保国公今袭抚宁侯》,第399—400页。

③ [明]程敏政:《篁墩文集》卷四十四《太保兼太子太傅掌左军都督府事定西侯追封凉国公谥敏毅蒋公墓志铭》,景印《文渊阁四库全书》第1253册,第65页。

④ 《兵部为举荐承袭诚意伯刘永锡与例相符并照例推补锦衣卫员缺事题行稿》,《中国明朝档案总汇》第30册,第14—15页。

⑤ [明]茅元仪:《暇老斋杂记》卷一三,《续修四库全书》子部第1133册,第656页。

⑥ 如万历朝临淮侯李言恭、李宗城父子,在充勋卫期间皆被称为"李小侯"(见[明]王世懋:《王奉常集》卷六《李唯寅贝叶斋诗集序》,《四库全书存目丛书》集部第133册,济南,齐鲁书社,1997年,第273页;[明]欧大任:《欧虞部集》文集卷二《李小侯婚颂并序》,《北京图书馆古籍珍本丛刊》第81册,北京,书目文献出版社,2000年,第610页)。

⑦ 据《后汉书·邓寇列传》,东汉开国功臣邓禹有四子,前三子分封为三侯,幼子邓鸿为"小侯",即非正式领爵,但享相近的地位。勋卫非正式勋爵,但系爵位继承人,其地位与汉代小侯相近,故明人以此名代称勋卫(见[南朝宋]范晔:《后汉书》卷一六《邓寇列传》,中华书局1965年标校本,第605页)。

职较滥，且没有演化出更加实际、具体的职能，在官僚结构中的定位模糊，故在明代中后期极少再被加授，几至停用。《明实录》中再次出现集中加官散骑舍人的记载，已是熹宗登极之初，时皇帝推恩，诏补勋臣子弟朱元臣等九人为散骑舍人，"轮流带刀侍卫，令锦衣卫带俸"①。朱元臣是时任成国公朱纯臣末弟，过继给其叔锦衣卫指挥使朱应梅为后②。可知在勋爵应袭子弟已大多例任勋卫的情况下，朝廷重授散骑舍人，是为给部分未沾爵禄的勋家庶次子弟一定的地位。不过这只是一时变通之法，并不意味着散骑舍人制度的全面复设。随着散骑舍人的趋于停设，勋卫最终成为勋臣子弟最重要的荣耀性职衔。

　　明中期之后，勋臣非袭子弟仍不时被授勋卫者，这多是在勋家出现无嫡长子应袭、子孙孤弱或爵主被罢等特殊状况时，朝廷给与的特别安置。如宁阳侯陈懋天顺七年（1463）卒，当时其长子陈昭坐废，第二、第三子陈福、陈宁均已先死，第四子陈晟任勋卫应嗣，但因事充军，故由晟弟陈润袭爵。至成化二年（1466），陈润卒无子，其弟陈瑛以陈懋庶子请袭，而陈晟以兄长身份争袭，朝廷准瑛借袭，待陈晟有子后退还。成化十七年，陈晟子陈辅出幼请袭爵，朝廷准其奏，并安排失爵的陈瑛为勋卫，带俸闲住③。再如第四代靖远伯王宪是第三代王添独子，王宪成化十九年袭爵时年幼，仍需在国子监习礼，宪后生二子瑾、瑚，以瑾应袭，瑚并任勋卫④。另如万历朝有诚意伯勋卫刘世学，系原诚意伯刘世延从弟，世学任勋卫当与刘世延在嘉靖、万历朝反复犯事革爵，家无主事有关⑤。当然，也有少部分勋爵任意为庶次子奏讨勋卫之职，或受皇帝推恩而得官。

　　值得注意的是，明末人茅元仪在所著笔记中有云，"魏国、镇远等六家自应袭外，介弟支子得别袭一勋卫，他家遇覃恩方可乞"⑥，又云"今魏国、镇远

①《明熹宗实录》卷三，泰昌元年三月庚子，第161页。

②［明］叶向高：《苍霞续草》卷一三《成国公左军都督府掌府事赠太子太保谥□□荫亭朱公暨封成国夫人孙氏合葬墓志铭》，《四库禁毁书丛刊》集部第125册，第155页。

③《明功臣袭封底簿》卷三《宁阳侯》，第456—457页；［明］李贤：《古穰集》卷一〇《奉天靖难推诚宣力武臣特进荣禄大夫柱国太保宁阳侯追封濬国公谥武靖陈公神道碑铭》，景印《文渊阁四库全书》第1244册，第584页。

④［明］郑汝璧：《皇明功臣封爵考》卷四《靖远伯》，《四库全书存目丛书》史部第258册，第479页；《明宪宗实录》卷二三七，成化十九年二月壬辰，第4033页。

⑤《明神宗实录》卷三一一，万历二十五年六月戊寅，第5810页；李谷悦：《明朝历代诚意伯》，《古代文明》2014年第2期。

⑥［明］茅元仪：《暇老斋杂记》卷一三，《续修四库全书》子部第1133册，第656页。

六家多袭一次子为勋卫"①。六爵支子法定世袭勋卫之说,不见于其他记载,颇具小说色彩。从常理上来说,在明代中期以后应袭子弟例充勋卫的情况下,若有多家勋贵形成支子世袭此职的定制,就极易引起族众争袭爵位,朝廷不会行此下策。

进一步查检史料可以发现,上引茅元仪的记载又本自晚明文翰名臣李维桢为万历朝镇远侯顾承光弟勋卫顾承学所撰家传。依照家传再结合钱谦益为顾承学所撰墓表的记载可知,嘉靖、万历年间袭领镇远侯的顾寰无子,因此以在扬州看守祖坟的弟顾宇之长子承光为嗣。顾承光万历十年(1582)袭爵后②,其弟顾承学自扬州"省兄京师",承光于是上请朝廷加承学官为锦衣勋卫,并对弟慨言:"凡世臣支裔称勋卫盖冒尔,义嗣者为正,然犹家户所有,自义嗣外更许子弟一人为勋卫,惟二公、三伯、一侯,侯则吾家。"尔后承学就任勋卫,并带刀侍卫皇帝,但在京随侍不到一年就告归扬州。后万历二十三年(1595)承学死,其子顾大猷又袭父勋卫之职,亦短暂随侍后归乡③。由此可知,顾承学起初以支子得任勋卫是经过了其兄顾承光的奏请,而且此任事出有因。由于顾承光本身就是在长支顾寰绝嗣的情况下袭爵,而他袭爵时年已五十六岁,且膝下仅有一子顾大礼④,因此他奏请加勋卫与弟承学也是为确立次位的继承人,用以保证家族爵位有人传袭,这与大多数勋家别立勋卫的原因相同。至于顾承学子顾大猷又嗣父勋卫一辈,这确实可谓异典优待,但顾大猷身处天启、崇祯两朝明代覆亡之际,故该职实际上也未传袭成规。

另外,根据顾承光所述,包括镇远侯家在内,朝中共有二公、三伯、一侯六家勋爵曾获准别立一支次子弟为勋卫,这与茅元仪"魏国、镇远等六家"支子无需"恩覃"即可"别袭"勋卫的说法相对应。不过顾承光所言应该是指

---

① [明]茅元仪:《三戍丛谭》卷一〇,《续修四库全书》子部第1133册,上海,上海古籍出版社,2002年,第540页。

② 《明神宗实录》卷一二三,万历十年四月丙申,第2291页。

③ [明]李维桢:《大泌山房集》卷六三《顾贞白家传》,《四库全书存目丛书》集部第152册,济南,齐鲁书社,1997年,第70页;[明]钱谦益:《牧斋初学集》卷六六《镇远侯勋卫顾君墓表》,第1538—1539页。另李维桢还撰有《镇远侯世家》记述晚明以前镇远侯顾氏历代史事,其中记顾承学、顾大猷任勋卫的情况与《顾贞白家传》及顾大猷墓表基本一致。

④ 顾承光嘉靖六年(1527)生人,万历二十六年(1598)逝,有子顾大礼。至承光卒时大礼已生二子,但承光袭爵时大礼不一定已有子嗣(见[明]叶向高:《镇远侯顾承光墓志铭》,[明]焦竑辑:《国朝献征录》卷七《侯一·世封侯》,周骏富辑:《明代传记丛刊》第109册,第240页)。

万历十年（1582）前后一时的情况，并不是说这六家有别立支子勋卫的定制，也没有说这些支子勋卫可世袭罔替。单就魏国公家的情况来说，无明确资料可佐证魏国公家某支子孙不经奏请即可世袭勋卫，但该爵在成化至万历朝屡有次支子弟受推恩领任该职，在一定程度上形成惯例性优待，具体情况如下：

明初徐达次子徐添福、三子徐增寿相继任职勋卫，但此并非真正意义上的军职世袭，而是皇帝对徐家的特别赏赉。此后，成化十四年（1478）三月，有第六代魏国公徐俌弟徐佐在俌的乞请下被朝廷授予勋卫带刀侍从[①]。徐俌成化十五年始即久住南京奉祀孝陵[②]，因此他在离京前一年奏请其弟代侍皇帝，虽有冒滥恩荫之嫌，亦是尽人臣之责。据徐俌墓志记载，他正德十二年（1517）卒时，三子的状况分别为"长壁奎，先一年卒；次应宿，锦衣勋卫；次天锡，锦衣指挥"[③]，而由徐壁奎子徐鹏举袭爵[④]。复检《明武宗实录》，正德七年，徐俌请以其子徐天赐为勋卫，朝廷准其奏[⑤]。徐应宿为徐俌次子，徐天赐为徐俌三子，二人皆无军功，但应宿终生仅为勋卫，天赐反而超越其兄被升至锦衣卫指挥，这一情况颇不寻常。对此最合理的解释是，徐应宿早卒，故徐俌再请徐天赐补为勋卫，这就又与徐添福、增寿兄弟接连任职的情形相类。徐应宿任勋卫的时间不详，但徐天赐正德七年补任勋卫时，徐俌长子徐壁奎仍在世，且壁奎子鹏举应已近成年，魏国公家无子嗣承袭危机，天赐之任当属无端恩授。王世贞《游金陵诸园记》有云，徐俌爱其少子锦衣指挥天锡，将世传园林"悉橐而授之"[⑥]，据此可进一步判定，天锡实因父亲徐俌的宠信而补任勋卫一职。正德十一年十二月，在徐俌乞请下，徐天锡又被武宗直接从勋卫升为南京锦衣卫指挥佥事[⑦]。当时徐俌长、次子皆已卒，俌本身亦在残年，唯有三子徐天赐可主家事，故朝廷在补授天锡勋卫的基础上继续超擢其军职。徐天锡子徐缵勋、徐继勋虽皆任锦衣卫军职[⑧]，但史料中未见他

① 《明宪宗实录》卷一七六，成化十四年三月乙酉，第 3183 页。

② ［明］郑晓：《今言》卷二，"一百三十三条"，第 79 页。

③ ［明］乔宇：《乔庄简公集》卷一〇《南京守备太子太傅魏国徐公墓志铭》。按，"徐壁奎"又作"徐璧奎"或"徐奎璧"，"徐天锡"又作"徐天赐"，古"赐"与"锡"通假。

④ 《明功臣袭封底簿》卷三《魏国公》，第 375 页。

⑤ 《明武宗实录》卷九三，正德七年十月乙丑，第 1982 页。

⑥ ［明］王世贞：《弇州续稿》卷六四《游金陵诸园记》，景印《文渊阁四库全书》第 1282 册，第 835 页。

⑦ 《明武宗实录》卷一四四，正德十一年十二月癸丑，第 2819 页。

⑧ ［明］王世贞：《弇州续稿》卷六四《游金陵诸园记》，景印《文渊阁四库全书》第 1282 册，第 835、838 页。徐继勋甚至以署都指挥佥事金书南京锦衣卫事，成为南锦衣卫最高长官之一（见《明世宗实录》卷四八四，嘉靖三十九年五月庚午，第 8077 页）。

们曾领勋卫的记载,因此缵勋、继勋的官职应得自一般的勋戚恩荫,非以勋卫转升。再查阅晚明历代魏国公资料,徐鹏举长子徐邦瑞隆庆六年(1572)袭爵后①,其弟邦荣又于万历元年(1573)继补为勋卫②。徐鹏举享爵久,徐邦瑞袭爵时年已四十余,膝下又有成年子三人③,人丁兴旺,无需再择旁支充勋卫。徐邦荣的获任可视为此前魏国公家多立勋卫传统的延续。另外,徐邦瑞待嗣期间,其父徐鹏举曾有意立最幼子邦宁为嗣,引发持久争端④。邦瑞袭爵后请立三弟邦荣为勋卫,或意在进一步断绝幼弟徐邦宁争袭的可能。徐邦瑞后代中,仅应袭子徐维志充勋卫,其余二子维学、维明不任⑤。徐邦荣、徐维志叔侄二人或曾同时并任勋卫。第九任魏国公徐维志终年四十一岁,卒时嗣爵的长子徐弘基年方十五,刚刚出幼,次子徐弘谟年龄更小⑥,兄弟二人或都未曾领任勋卫。需要指出的是,在徐俌袭爵之后,魏国公一脉世居南京,即便子弟充任勋卫,也无法真正随侍宫廷,如世镇云南的黔国公家族,无论应袭、旁支子孙,基本不见领该职者。但徐氏子弟仍在缺少充足理由的情况下多次被授勋卫,这反映出朝廷对"开国"首勋的优赉。

又按照镇远侯顾承光所言,在魏国公、镇远侯以外,当时还有一公与三伯四家勋臣曾请立支子为勋卫。以目下掌握资料来看,不计魏国公家,顾承光所指的另外一家公爵最有可能是英国公家,因为该家族有张元功、张元德兄弟在万历初年长期并任勋卫⑦,较为瞩目。不过,若扩大考察范围,可知定国公、英国公两家自成化朝直至明末,成国公家在明中后期,均接连有数代支次子弟任职勋卫,其中定国家四次任,成国家三次任,英国两次任,

---

① [明]郑汝璧:《皇明功臣封爵考》卷一《魏国公》,《四库全书存目丛书》史部第258册,第324页。
② 《明神宗实录》卷二〇,万历元年十二月乙卯,第546页。
③ [明]王世贞:《弇州续稿》卷一一八《南京守备掌中军都督府事魏国公徐少轩公墓志铭》,景印《文渊阁四库全书》第1283册,第651、652页。
④ [明]许重熙:《嘉靖以来注略》卷六《隆庆注略》,《四库禁毁书丛刊》史部第5册,北京,北京出版社,2000年,第119页。
⑤ [明]王世贞:《弇州续稿》卷一一八《南京守备掌中军都督府事魏国公徐少轩公墓志铭》,景印《文渊阁四库全书》第1283册,第652页。
⑥ [明]袁吉贞:《明故南京协同守备掌南京后军都督府事魏国公冲宇徐公墓志铭》,转引自邵磊:《明中山王徐达家族成员墓志考略》,《南方文物》2013年第4期。
⑦ 张元功在万历九年十二月以勋卫袭父爵,至万历二十四年十一月卒(见《明神宗实录》卷一一九、卷三〇四,万历九年十二月庚戌,万历二十四年十一月庚子,第2230、5698页),由弟元德袭爵。而根据张元德墓志记载,元功、元德先后被立为勋卫,且元德任勋卫长达二十余年(见叶向高:《苍霞续草》卷一〇《英国公凤冈张公墓志铭》,《四库禁毁书丛刊》集部第125册,第102页),由此可知元功、元德兄弟在万历初年的较长时间内曾并任勋卫。

虽非茅元仪所论有法定世袭之制，但也形成一定的优待惯例，可资进一步讨论。

　　定国公家别立勋卫皆事出有因，非相沿成制，更非由某一家支固定承袭。在成化十四年（1478），有定国公徐永宁堂弟徐永宏为勋卫带刀侍从①。定国公徐永宁在成化朝曾长期罪废在家养病②，徐永宏是永宁唯一的同辈兄弟，因此朝廷授予永宏勋卫，应有命其代掌定国家事之意。至成化十六年，徐永宁应袭长子徐世英按例任勋卫③。成化二十年，徐世英上告徐永宏"饮酒宿娼"，此案经反复审谳后，宪宗奏准将徐永宏革去勋卫发原籍居住④。明中期勋卫授予与爵位承袭渐生关联，徐永宏、徐世英从叔侄二人同时充勋卫，难免引发争端。弘治元年（1488），徐永宁次子徐世华又任勋卫⑤，不过徐世华在任时，徐世英应已未袭而卒⑥。从徐永宁的年龄来看，徐世英享年不长，遗下二子光祚、光祀当皆年幼⑦，故由世英弟世华充勋卫候补袭爵。弘治十年，经徐永宁奏请，其长孙徐光祚任勋卫⑧。此时徐光祚必已出幼，故正式任职以确立待袭地位。徐光祚弘治十七年嗣爵后，光祚弟光祀又在正德元年（1506）任勋卫⑨。依照徐光祚兄弟的年龄判断，光祀补任勋卫，也是由于当时光祚尚无子或有子年幼。又据《皇明功臣封爵考》所收定国公世系宗图显示，其家族第八代嗣爵子孙徐延德弟延勋曾充勋卫⑩。查徐延德墓志可知，他

---

①《明宪宗实录》卷一七五，成化十四年二月辛酉，第3164页。《明实录》中载徐永宏为徐达曾孙，有误。按定国公家宗图，第三代定国公徐显忠唯有独子徐永宁，永宁嗣爵为第四代定国公。故与定国公徐永宁同伦的徐永宏应系显忠弟显义之子，乃徐达第五代孙（见郑汝璧：《皇明功臣封爵考》卷二《定国公》，《四库全书存目丛书》史部第258册，第379页）。

②《明功臣袭封底簿》卷三《定国公》，第371页。

③《明宪宗实录》卷二〇七，成化十六年九月乙酉，第3606页。

④《明宪宗实录》卷二五二，成化二十年五月庚戌，第4270页。

⑤《明孝宗实录》卷一四，弘治元年五月己丑，第355页。

⑥[明]郑汝璧：《皇明功臣封爵考》卷二《定国公》，《四库全书存目丛书》史部第258册，第379页。按，《明功臣袭封底簿》中将徐世英名误写作徐世美（见《明功臣袭封底簿》卷三《定国公》，第372页）。

⑦据徐永宁墓志记载，他弘治十七年去世时年六十四岁，按此推算，永宁子世英死时年应二十余，世英子更在冲龄（见[明]李东阳：《李东阳集·文后稿》卷二六《定国公墓志铭》，第1283页）。

⑧《明孝宗实录》卷一二六，弘治十年六月壬午，第2244页。

⑨《明武宗实录》卷二〇，正德元年十二月癸亥，第581页。

⑩[明]郑汝璧：《皇明功臣封爵考》卷二《定国公》，《四库全书存目丛书》史部第258册，第379—380页。

袭爵时年仅十六 ①，刚刚出幼，故以弟徐延勋先充勋卫候嗣。

英国公家族之所以两度别立支子任勋卫，均是由于长支乏嗣。景泰至正德朝在任六十余年的第二代英国公张懋长子张锐死，朝廷补任懋嫡长孙张崙为勋卫待嗣 ②，朝廷又别立张锐弟张钦为勋卫 ③。正德十年（1515）三月，张懋病故，由时任锦衣卫带俸指挥同知的张钦出面为幼侄崙奏请袭爵 ④。可见，张钦任勋卫之后更便于代父兄掌家。至嘉靖朝，嗣英国公爵的张崙之子张溶有六子，溶先以长子张元功充勋卫袭爵，因元功无子，又以第二子张元德继任勋卫以候嗣，元功死后，元德终袭兄爵。值得一提的是，张元德较早与兄元功并立为勋卫，而张元功先袭爵位，领爵又有十年之久，因此张元德前后有二十余年任勋卫待袭的经历 ⑤。

在嘉靖、万历、天启三朝，成国公朱氏家族曾三次请补支次子充勋卫，皆有特殊缘由。据成国宗图旁注所示，嘉靖十三年（1534），成国公朱凤以祖宗"开国、靖难功臣，以身殉国，比例乞荫"，经兵部题报，皇帝钦授朱凤次子希孝为勋卫 ⑥。希孝任勋卫时，其长兄朱希忠尚未袭爵，兄弟二人当并任勋卫。朱凤题请次子任勋卫的原因，除争取朝廷优待外，实与家族子嗣不繁有关。依照朱希忠、希孝的碑铭资料，希孝任勋卫时年仅十七 ⑦，而朱希忠在两年后以时龄二十二岁袭爵 ⑧，兄弟二人应都尚无子嗣或独子孤幼。故希孝先补任勋卫，如此即使希忠早卒，成国公爵位也可以兄终弟及的方式传承。朱希孝后在锦衣卫衙门内由勋卫累升至左都督掌卫事 ⑨，希忠、希孝兄弟同时官居

① ［明］李春芳：《李文定公贻安堂集》卷八《定国公敬斋徐公墓志铭》，《四库全书存目丛书》集部第113 册，济南，齐鲁书社，1997 年，第 222 页。

② ［明］边贡：《华泉集》卷一二《张勋卫妻游氏墓志铭》，景印《文渊阁四库全书》第 1264 册，上海，上海古籍出版社，1987 年，第 211 页。

③ 《明宪宗实录》卷一七六，成化十四年三月壬申，第 3176 页。

④ 《明功臣袭封底簿》卷三《英国公》，第 392—393 页。

⑤ ［明］郑汝璧：《皇明功臣封爵考》卷三《英国公》，《四库全书存目丛书》史部第 258 册，第 374 页；［明］叶向高：《苍霞续草》卷一〇《英国公凤冈张公墓志铭》，《四库禁毁书丛刊》集部第 125 册，第102 页。

⑥ ［明］郑汝璧：《皇明功臣封爵考》卷二《成国公》，《四库全书存目丛书》史部第 258 册，第 368 页。

⑦ ［明］张居正：《张太岳集》卷一二《特进光禄大夫柱国太保兼太子太傅掌锦衣卫事后军都督府左都督赠太傅谥忠僖朱公神道碑》，第 155 页。

⑧ ［明］张居正：《张太岳集》卷一二《特进光禄大夫柱国太师兼太子太师成国公追封定襄王谥恭靖朱公神道碑》，第 152 页。

⑨ ［明］张居正：《张太岳集》卷一二《特进光禄大夫柱国太保兼太子太傅掌锦衣卫事后军都督府左都督赠太傅谥忠僖朱公神道碑》，第 154—155 页。

极品,为当时朝堂盛事。朱希忠唯有一应袭子朱时泰[①],无次子再任勋卫;朱
希孝独子不寿,以侄孙朱应梅为后而荫授锦衣卫指挥[②],亦无子孙担任勋卫。
朱时泰袭爵不到一年即死,其子朱应桢在万历初年袭爵[③],而应桢弟朱应槐
在万历十二年(1584)又被授予勋卫一职[④]。按《明实录》记载,万历十四年,
时朱国桢已死,其母成国太夫人刘氏奏请朝廷赐祭葬,礼部覆斥云:"应桢
少年不知自爱,死于非命,似当量行裁减,或以别无隐情照例给与。"[⑤]另《明
史·功臣世表二》云,应桢万历十四年自杀[⑥]。朱应桢亡故的具体细节不明,
但无疑自戕身死。至于《明史》所谓朱应桢死于万历十四年的说法,当是
取《明实录》中应桢母刘氏奏请丧礼的时间。不过,逐年翻检《明神宗实录》
可知,朱应桢在万历十一年频繁代天子主持各类国家祭典,但万历十二年、
十三年的实录中却完全不见有关他的记载。据此,朱应桢应于万历十二年
已自尽,因属非正常死亡,故需查验而导致下葬延迟,这也与应桢弟朱应槐
万历十二年补任勋卫的时间相吻合。朱应桢死时,其遗腹子朱鼎臣尚未出
生[⑦]。概言之,朱应槐是在其兄应桢暴死的情况下被暂且授职勋卫,作为排在
朱鼎臣之后的第二顺位继承人。朱应槐也是明代少有的次子充勋卫但最终
得爵者。万历二十八年,朱鼎臣正式膺爵,但享爵仅一年余即卒且无子[⑧],由
其叔应槐就袭。朱应槐四十五岁时寿终,一生有子四人,长子早卒,次子朱
纯臣袭爵为末代成国公,三子朱苌臣,四子朱元臣[⑨]。据《明熹宗实录》记载,

---

① [明]张居正:《张太岳集》卷一二《特进光禄大夫柱国太师兼太子太师成国公追封定襄王谥恭靖朱
　公神道碑》,第154页。

② [明]张居正:《张太岳集》卷一二《特进光禄大夫柱国太保兼太子太傅掌锦衣卫事后军都督府左都
　督赠太傅谥忠僖朱公神道碑》,第154—155页。

③ [明]郑汝璧:《皇明功臣封爵考》卷二《成国公》,《四库全书存目丛书》史部第258册,第369页;
　《明史》卷一〇六《功臣世表二》,第3100页。按成国公宗图旁注云,朱应桢万历二年袭爵"年幼
　优给"。《明史·功臣世表二》载,朱应桢万历八年袭爵。应桢或万历二年优给,万历八年出幼正式
　袭爵。

④ 《明神宗实录》卷一五六,万历十二年十二月庚戌,第2878页。

⑤ 《明神宗实录》卷一七六,万历十四年七月辛亥,第3247页。

⑥ 《明史》卷一〇六《功臣世表二》,第3100页。

⑦ [明]叶向高:《苍霞续草》卷一三《成国公左军都督府掌府事赠太子太保谥□□荫亭朱公暨封成国
　夫人孙氏合葬墓志铭》,《四库禁毁书丛刊》集部第125册,第154页。

⑧ 《明神宗实录》卷三四五、卷三六三,万历二十八年三月辛亥,万历二十九年九月己酉,第6424、
　6771页。

⑨ [明]叶向高:《苍霞续草》卷一三《成国公左军都督府掌府事赠太子太保谥□□荫亭朱公暨封成国
　夫人孙氏合葬墓志铭》,《四库禁毁书丛刊》集部第125册,第155页。

朱纯臣弟朱蒉臣又任勋卫,并受命往南京"守催防卫军器"①。由于朱应槐卒时尚值壮年,其子朱纯臣即便已出幼袭爵,年龄也不会太大,很可能尚无子,故先以弟朱蒉臣充勋卫。

至于顾承光所谓当时别立支子勋卫的"三伯"是哪三家伯爵,首先应包括上文提到的万历朝有爵主从弟刘世学任勋卫的诚意伯家族。另外,靖远伯王瑾长子王学诗先在万历元年(1573)以勋卫袭爵,领爵三年病逝,无子故绝,由学诗弟锦衣卫千户王学礼袭爵,而王学礼以"恩荫累升"锦衣千户②,因此有可能曾与兄学诗并任勋卫。靖远伯家族人丁素寡薄,立一支子为勋卫无疑也是为确保勋爵传袭。余一家伯爵待考。

综上所述,"二公、三伯、一侯"更许"子弟一人为勋卫"本是镇远侯顾家对万历初年一时状况的描述,此说又被茅元仪演绎为"六家自应袭外"旁支子弟法定"别袭一勋卫"的奇谈。经过进一步的考证可知,镇远侯家确实有旁支子孙在万历、天启朝世袭勋卫一辈,另外魏国公、定国公、英国公、成国公等勋家在支子领任勋卫一事上享受特异优赉,但又绝非元仪笔下的"别袭"或"多袭"成制。上举各爵勋卫都需经奏讨获"覃恩"而得,除魏国公家常随意奏请外,另外四家多是在遇到本爵早卒、长房乏嗣等承袭危机时,才有庶次子孙被准许任职候袭。可以说,朝廷补授部分勋家支子以勋卫之职,这在大多数情况下仍是将勋卫作为勋爵承袭的附属制度来运作,用以保证勋家爵位的平稳传承。而魏国、定国、英国、成国四爵作为"开国""靖难"元勋,明显在勋卫补授的待遇上较他爵为优厚。

(三)明中后期部分勋卫职权的增加

以诸侯、功臣子孙侍从宫禁的制度在中国古代早有渊源,弘治朝内阁大学士丘濬对此有言:"周制,宫伯掌王宫之士庶子,凡在版者,则是王朝宿卫之人,皆公卿大夫士之子弟也。祖宗以来,用功臣子弟以为勋卫,盖亦此意。"③明代"散骑舍人""勋卫"之名本就取自汉、唐官职,可视为对前朝旧制的继承。此外,蒙元朝廷有伴当、质子、怯薛等贵族侍从,对明初皇家宿卫

---

①《明熹宗实录》卷六〇,天启五年六月乙巳,第2861页。

②[明]郑汝璧:《皇明功臣封爵考》卷四《靖远伯》,《四库全书存目丛书》史部第258册,第479页。

③[明]丘濬:《大学衍义补》卷一一八《治国平天下之要·严武备·宫禁之卫》,第1021页。

的建制也存在一定影响①。无论汉、唐旧制抑或草原传统,贵族子弟侍卫宫禁都具有四个方面的功能:一为保证帝王安危,凸显朝堂威仪;二为训练功臣子弟的军事、礼仪技能;三为体现贵族身份;四为象征臣子对帝王的人身依附关系,有纳献质子之意。明中期以后,勋臣应袭子孙例领勋卫一职,这更多是为体现他们胄子的尊隆身份,各爵勋卫除在典礼朝会时侍从皇帝外,实际军政职权不高。又由于勋卫铨注于锦衣卫,该职又是勋家庶次子孙升任锦衣卫军职的基础。据《明史·刑法志》,锦衣卫军官有"勋卫、任子、科目、功升"②四种,而勋卫位列其首。成国公家次子勋卫朱希孝、魏国公家三子勋卫徐天赐等,均由勋卫陞升至锦衣卫军官,希孝甚至以都督掌锦衣卫印。另如万历朝成山伯王允忠弟王允廉为勋卫,允廉在万历三十年(1602)补锦衣卫南镇抚司金书管事③。

　　在嘉靖、隆庆、万历三朝勋家应袭者例授勋卫的同时,皇帝又开始授予一些勋卫较多的职权。根据崇祯朝兵部档案的引录,嘉靖四十年(1561)京营巡营科道官何起鸣等人奏请:"公侯伯应袭随营习练韬略骑射,内多武勇可观,然而有限制,不得及时录用。欲要拔其可观者,量授相应职衔试用。"该奏移交兵部覆议,兵部建议在随营观习武备的勋家应袭者中,"如遇科道官举荐,授以勋卫之职,遇有营中相应员缺,酌量擢用",上报后获得世宗批准④。又据万历朝参赞戎政兵部侍郎魏时亮奏议:

　　　　(勋臣)应袭则授锦衣卫勋卫,附记将材簿内,遇有将领员缺并推……嘉靖四十四年如徐文璧、张元功,万历四年如陈胤兆,九年如徐廷辅,俱授勋卫,管红盔将军,则以应袭而荐用者也。有管营务充参游佐击,在嘉靖四十四年则王应龙,四十五年则王学诗,隆庆二年则李言恭、卫国本是也。⑤

---

① 李治安:《元代质子军刍议》,《历史教学》1988年第5期;萧启庆:《元代的宿卫制度》,《内北国而外中国:蒙元史研究》上册,北京,中华书局,2007年,第216—220页。

② 《明史》卷九五《刑法志三》,第2339页。

③ [明]余继登撰,[明]冯琦编:《淡然轩集》卷六《明太子太保平江伯赠少保谥武靖万峰陈公墓志铭》,景印《文渊阁四库全书》第1291册,上海,上海古籍出版社,1987年,第898页;《明神宗实录》卷三七七,万历三十年十月甲寅,第7096页。

④ 《兵部为举荐承袭诚意伯刘永锡与例相符并照例推补锦衣卫员缺事题行稿》,《中国明朝档案总汇》第30册,第14—15页。

⑤ [明]魏时亮:《为勋裔失教缓急乏人乞赐申饬旧制务敦预养以责成世臣报效疏》,[明]陈子龙辑:《明经世文编》卷三七一《魏敬吾文集二》,第4029页。

由此可知,在嘉靖末年,朝廷开始着意选任勋卫署理诸如侍卫官、营操将官等本归勋爵管辖的事务,并出现"附记将材簿"以备推用的制度,其中定国公勋卫徐文璧、英国公勋卫张元功等最早实管宿卫将军。另查《明穆宗实录》,隆庆元年(1567)军政考选时,管红盔将军者为武定侯郭大诚、彰武伯杨炳及勋卫徐文璧、张元功等人[①],可确证魏时亮奏疏所言不虚。神宗初年,军政考选时至有"专管围子手、红盔,侯、伯、勋卫等官"[②]的合称,可知当时勋卫已例与勋爵并为侍卫管领官。比照魏时亮奏议中列举的具体成例,如万历四年(1576),有平江伯勋卫陈胤兆"管理红盔将军,上直侍卫"[③];而定国公徐文璧长子徐廷辅虽早卒未袭爵,但充勋卫期间仍特许"先后管理红盔将军及叉刀围子手"[④]。

除管侍卫的勋卫外,嘉靖、隆庆之际还有成山伯勋卫王应龙、靖远伯勋卫王学诗及临淮侯勋卫李言恭已在京营中充任偏裨,职权更显。有关李言恭的管兵履历,万历朝名臣王世懋在《赠李惟寅袭临淮侯序》中言:"国家制,当勋臣世,诸胄子不得任事,独惟寅为当道所器,得参戎政,已又为中领军,皆前所无,自惟寅始着令甲矣。"[⑤]李言恭系明初曹国公李文忠后裔,他在万历三年袭临淮侯爵[⑥]。再查《明穆宗实录》的记载,李言恭充勋卫时尝兼"充五军营游击将军"[⑦],也就是王世懋所谓"参戎政"。言恭不久又与靖远伯勋卫王学诗同管红盔将军侍卫[⑧],即世懋所言的"中领军"。不过,根据前文所论,李言恭又并非首名实管军务的勋卫,因此王世懋的记载在一定程度上有所失实。

嘉靖朝以后,明廷选任勋卫管事的做法并非突发奇想,而应与当时勋家子弟能力普遍衰落、难以承担军政职责的现实状况有关。笔者在前章已述,

---

① 《明穆宗实录》卷三,隆庆元年正月甲戌,第72页。

② 《明神宗实录》卷三,隆庆六年七月甲辰,第106页。

③ 《明神宗实录》卷四八,万历四年三月乙未,第1090页。

④ [明]邓原岳:《西楼全集》卷一五《明定国小侯徐公墓表》(代),《四库全书存目丛书》集部第174册,济南,齐鲁书社,1997年,第116页。

⑤ [明]王世懋:《王奉常集》卷五《赠李惟寅袭临淮侯序》,《四库全书存目丛书》集部第133册,第262页。按,李言恭字惟寅。

⑥ 曹国公爵在李文忠子李景隆任时被罢,弘治六年朝廷录文忠嫡长玄孙李濬为世袭指挥使,嘉靖十一年李濬子李性被复封临淮侯,子孙世袭(见《明功臣袭封底簿》卷一《曹国公今为临淮侯》,第21—23页)。

⑦ 《明穆宗实录》卷一八,隆庆二年三月辛未,第516页。

⑧ 《明穆宗实录》卷二一,隆庆二年六月癸巳,第574页。

至嘉靖中后期，"北虏"连年犯边，最终威逼京城，导致"庚戌之变"，但职在防护京师的京、团营提督勋臣率不得其人。"庚戌之变"发生时，执掌营政的"靖难"功臣后代成国公朱希忠、遂安伯陈鏸等怯懦无为，吏部侍郎王邦瑞称京、团营将领多"世胄纨绔，不闲军旅"，并建议："愿大振乾纲，严饬提督朱希忠、陈鏸等，令洗涤自新，或推让贤能，以保禄位。"① 不久，朱希忠、陈鏸等求罢兵权，嘉靖帝即刻许其"辞团营提督"②。世宗随后设戎政府，以边帅子孙出身的勋臣咸宁侯仇鸾接替朱希忠等提督京师防护。仇氏骤秉戎政大权，恃宠恣肆，"数在上前画策"，但仍"调兵御虏皆无效"，致使"上心厌之"，不久"诸镇告警，鸾病不能行，乃诏收其兵权"③。徐阶、陆炳等权臣又罗织仇鸾"通虏"罪名，最终仇氏虽病死，法司仍判他谋反大逆，世宗将其戮尸传首，并株连亲党④。仇鸾并非真有谋逆之举，只是他"贪戾"而驭兵失策，有负世宗信重之初意，故为皇帝所深恨⑤。

世宗在晚年开始授予部分勋卫管事之职，正是看到勋爵群体普遍庸碌无能之积弊，希望年轻勋卫能够较早参预军事，待日后可堪总督京营戎政的大用。或有鉴于急用仇鸾的教训，朝廷对勋卫的选用仍比较谨慎，有徐徐教养之意，这些勋卫大多只是管领宿卫将军，这尚未脱离侍从本职，个别在京营中分管军伍者，也非被给予重权。不过，明廷选用、培养勋卫的效果并不明显。崇祯朝又有大臣提议选拔勋卫中干练者，严训其火器操法，令其防守北京城门，以报家国之恩⑥，亦不多见成效。需要强调的是，晚明时期对勋卫职权的调整，是将各家勋卫作为备选对象，从中拔擢适当人员加授一定事权，但这并不意味着"勋卫"这一职官的固定权责被扩展，大部分充领勋卫的勋家子弟的职权仍然仅仅为侍从宫禁，待袭本爵，其余担任一般军官的勋戚子弟更无职权上的优遇，故也不能因勋卫职权增加就认为当时勋戚子弟的权力获得提升。

晚明时期真正以勋卫身份执掌要职的贵胄子弟数量甚少，其中又以临

①《明世宗实录》卷三六五，嘉靖二十九年九月辛卯，第6515页。
②《明世宗实录》卷三六五，嘉靖二十九年九月辛卯，第6516页。
③《明世宗实录》卷三八八，嘉靖三十一年八月乙亥，第6827页。
④《明世宗实录》卷三八八，嘉靖三十一年八月乙亥，第6827—6828页。
⑤《明世宗实录》卷三八八，嘉靖三十一年八月乙亥，第6828页。
⑥［明］程开祜：《筹辽硕画》卷二六，《国立北平图书馆善本丛书》，上海商务印书馆1937年影印版，中国国家图书馆藏。

淮侯李言恭嗣子李宗城及镇远侯子弟顾大猷最显。

万历二十二年（1594），抗倭援朝战争暂时告停，明廷计划册封日本关白丰臣秀吉为国王以作安抚。时任明军经略的宋应昌奏报朝廷，"请择才力武臣"充任册封大使①。明代册封亲王、妃嫔一律由勋臣充当正使，而这次册封日本更关乎军国体统，非国内礼仪事务可比，所以宋应昌所谓"择才力武臣为使"的建议，其实是强调派遣有才干的勋贵充任册使。当时，临淮侯李言恭嗣子勋卫李宗城欲凭借册封日本的功劳"复先世曹国公故封"，兵部尚书石星于是向万历皇帝推荐宗城出使，获得皇帝钦准②。李宗城父李言恭在守备南京时期，曾与南京兵部尚书郝杰合编刊行过《日本考》一书，借以向国内传播日本信息。该书收录有大量日本"山川地理及世次土风"的资料，而"于字书译语，胪载尤详"③。李宗城因此被皇帝认为是熟悉日本掌故、可委以册封重任的最佳人选。然而，明朝使团登陆釜山后，日本战意又起，李宗城受到随行人员恫吓，旋即丢弃印册逃归，时有"贻笑远人"④之说。

再来看顾大猷的事例。天启元年（1621），朝廷为加强江防，曾委派御史游士任募兵江淮，士任保举数人，请量加武职⑤。兵部于是提议：

> 自御史游士任剧谈江淮之士，请自充招募之使，臣部驰心以拟奋臂之呼，极目以盼扬帆之报，非一日矣……今果有奇材剑客，不盗虚声，方效推毂，岂蹈刓印耶？勋卫顾大猷，量加参将，管副总兵事。⑥

这里提到的顾大猷，即镇远侯家支子世袭勋卫者。大猷自幼生长于镇远侯家祖籍地扬州，万历年间，他入京袭锦衣勋卫之职，欲以世臣参论国政，但未遂愿，于是离京而壮游天下，以考察边地形势，研究抵御蒙古的方略。对于顾氏的这段经历，与顾大猷交好的名臣吏部尚书赵南星有详细记载：

①［明］茅瑞徵：《万历三大征考·倭上》，《续修四库全书》史部第436册，第18页。
②［明］沈德符：《万历野获编》卷一七《兵部·日本》，第437页。
③［清］纪昀总纂：《四库全书总目提要》卷七八《史部三十四·地理类存目七·日本考五卷》，石家庄，河北人民出版社，2000年，第2017—2075页；李言恭、郝杰：《日本考》，《四库全书存目丛书》史部第255册，济南，齐鲁书社，1996年，第569页。
④［明］茅瑞徵：《万历三大征考·倭上》，《续修四库全书》史部第436册第19页；［明］沈德符：《万历野获编》卷一七《兵部·日本》，第437页。
⑤《明熹宗实录》卷一一，天启元年六月甲戌，第547—548页。
⑥［明］鹿善继：《鹿忠节公集》卷四《覆游侍御疏》，《续修四库全书》集部第1373册，上海，上海古籍出版社，2002年，第163页。

　　（顾大猷）入京师嗣勋卫，适倭踏朝鲜，所建欲从军一用其偶傥奇伟之画策，而当事者主封贡，不果。会矿税议起，金吾与貂珰杂出，或欲以属所建，所建污之，遂请急归。顷之游楚、游越，北游徐沛，之齐鲁，之赵西，从蒲坂入关中。①

顾大猷被游士任保举授参将职管副总兵事，正可实践其"偶傥奇伟之画策"，然而，大猷就任不久，就被忌恨游士任的阉党诋毁罢职。据《酌中志》载：

　　台臣游士任以募兵之差，已毕辞，濒行，特上疏力劾客氏，盖首犯凶锋之第一人，故乙丑缇骑之逮，亦首及士任也，客氏甚恨之。②

士任抨击客氏而同东林党政见相合，故被崔成秀列名"东林点将录"而遭到迫害③。至天启二年（1622），魏党即将打击对象扩大至士任招募的顾大猷等人，时兵科给事中王志道题奏：

　　何谓议论已明，游士任一案是也。何谓国法已明，熊廷弼一案是也。乞立敕士任将见在之兵，听按臣董羽宸查点，交辅臣李邦华调用，束手归朝，虚实自见。其孟淑孔等即应逮来京，与顾大猷同一究追。④

第二年，法司判顾大猷"借练兵之名，为骗官之计，托疾规避而坐耗廪粮"，将其贬戍⑤。顾大猷后终生家居闲住，在崇祯中"邑邑不得志而卒"⑥。

　　明朝末年，国家对武将的选用有务虚之风，凡矫饰好文者常为朝廷所重。李言恭风流偶傥，有"奋迹词坛，招邀名流，折节寒素"⑦的时誉，公卿大臣多推毂其人，神宗也以青眼待之。因此，李言恭子李宗城可以借助家族名望谋得要职，但宗城并无真才实干，最终丧辱国威。与李宗城相比，顾大猷忠心报国，却碍于时局稗政，只能老死乡间。从李、顾二人的例子可以看出，明廷对勋卫的超擢任用基本以失败告终，导致这种用人失策的主要原因有二：首先，勋卫并非正式勋爵，又非一般武官，本就在官僚结构中地位特殊，

---

① [明]赵南星：《赵忠毅公诗文集》卷一〇《寿顾母王太夫人七十序》，《四库禁毁书丛书》集部第68册，北京，北京出版社，2000年，第260页。引文中"所建"指顾大猷，"所建"系大猷字。
② [明]刘若愚：《酌中志》卷八《两朝椒难纪略》，北京，北京古籍出版社，1994年，第44页。
③《东林点将录》，钱人麟辑：《东林别乘》，广东省中山图书馆藏。
④《明熹宗实录》卷二七，天启二年十月甲戌，第1361页。
⑤《明熹宗实录》卷三〇，天启三年正月戊午，第1548页。
⑥ [明]钱谦益：《列朝诗集小传》丁集下《顾勋卫大猷》，上海，上海古籍出版社，2008年，第590页。
⑦ [明]钱谦益：《列朝诗集小传》丁集上《李临淮言恭》，第461—462页。

朝廷对个别勋卫的擢拔常出于一时之需,甚至有盲动之嫌,难以形成制度化的任用模式。其次,勋戚家族军事素养整体败落,勋卫作为勋家子弟势必大多沾染父祖纨绔习气,难堪大用。

根据崇祯三年(1630)的一份档案,当时有"锦衣卫带俸指挥同知安乡伯勋卫"张国相自云:

> 遵格循例入于武学肄业,可以课臣实用于万一。臣于甲子科中试将材武举,己巳新科适逢六年会举大典,蒙兵部考选,中臣会举副榜第一,曾经奉部具录奏闻。今有臣同榜陆鸣皋已经题奉加衔酌用,吕承谊等业蒙加衔在部效用。臣名虽附会榜,戡尚格于勋卫,未蒙题加录用,窃思无补盛时,宁不自惭自愧。手伏乞皇上原臣实睹目事之多难,欲图效力于无地,恳祈圣明,俯敕兵部查照升鸣皋等成例,将臣加衔在部,使臣得备员缓急酌用,可听鞭策驱驰。[①]

张国相的这份奏疏中可以反映出明朝覆灭之前勋卫任职的矛盾特征。首先,自勋卫加升锦衣军官衔者也可与一般军官一样参加武举、会举等武职选拔考试,以备选将材[②]。但勋卫出身者即使有科考功名,一般不会优先被授予管事权责。可见当时朝廷有意将勋卫选拔纳入正轨,但有可能是鉴于前朝擢用勋卫无果的窘况,故不再轻易加授勋卫实权。

本章结语

宫禁部队与皇权统治相始终,而禁军中又以亲从侍卫最近天子,汉之诸郎、唐之三卫、元之怯薛、内卫皆属此类。明代侍卫在继承前代制度的基础上又另具特色,这主要体现在侍卫军伍的来源较多样,组织结构与统领机制更显复杂。具体而言,明代不设专管近侍兵勇的实体衙门与专职官员,而是分设锦衣卫大汉将军、三千营红盔、明甲将军、五军营叉刀围子手、府军前等卫带刀侍卫官及勋卫与散骑舍人等各类互不统属的禁卫军伍。其中大汉将军在洪武朝即形成定制,由锦衣卫自民间佥选材力人士,以驸马总领。京营

---

① 《锦衣卫指挥同知张国相等为请兆例加衔酌用事奏本》,《中国明朝档案总汇》第7册,第121页。
② 会举是为在两京武学就学的武职特设的考选名目,某种程度上是对贵戚带俸及京卫军官子弟的优选途径(见曹循:《明代两京武学的会举》,《历史档案》2018年第1期)。

红盔、明甲将军及叉刀围子手来源于成祖"靖难"与北征的嫡系部队,在永乐朝以后逐步由战斗兵士转变为宫禁侍卫。京营侍卫将军平日仍归三千及五军各营统辖,执勤时另由勋臣督管。府军前卫带刀官的亲从职能沿袭自永乐朝该卫幼军侍从太孙的职能。明中期以后,府军前卫幼军地位下降,朝廷转而选拔本卫军官随侍皇帝,并保留该卫超出一般卫所规格的人员组织构架,又专命都督、勋戚一级的武职大臣统领府军前卫。勋卫、散骑舍人自洪武朝作为贵戚军官的子弟随侍帝王。天顺、成化朝以后,勋卫逐渐成为勋家应袭子弟例任职衔,与勋爵承袭身份紧密结合,与此同时,散骑舍人基本上停罢不授。至嘉靖、万历以后,皇帝又开始授予某些勋卫统辖侍卫部队、出使外国、领军作战等管事权责。

　　可以说,明宫侍卫的设置充分体现了传统王朝的内廷防范理念。成祖难以信任原南京锦衣卫侍从军伍,故另外添设多支侍卫部队,以相互钳制。尔后,洪熙、宣德、正统、景泰诸帝又逐步将成祖数次征伐中形成的亲从护卫兵员保留在京营组织中,最终形成隶属于京营的内廷侍从部队。英宗因历经"土木之变""南宫政变""曹石之变"等变难,在天顺复辟后难以完全信任一般将领,故尤倚重勋戚之臣统帅侍卫以保证宫禁安全。宪宗、孝宗又秉承父祖遗志,将侍卫制度构建完备。有赖于严密的防范措施,明代不似汉、唐、元等前代王朝,未尝发生过由侍从禁军发动的宫廷政变,但削弱禁卫部队的实战能力也会滋生其他的隐患。如"夺门之变"发生时,因武清侯石亨、都督张軏等掌京营"大小兵"[1],而石亨、曹吉祥等又有子弟、家兵为先锋,便轻易击败了侍卫都督范广[2]。明末茅元仪又曾直言:"宫门防诈之法全无矣,下至隶人出入亦俱无制,自古竦虞未有甚于此日者。"[3]明代中后期便有游民王大臣、张差等人阑入宫禁为难,不为兵士所查,险些酿成大乱。

---

①［明］李贤:《天顺日录》,［明］邓士龙:《国朝典故》卷四八,第1123页。

②［明］郑晓:《吾学编》第十九《皇明异姓诸侯传》卷下《石亨》,《四库禁毁书丛刊》第45册,第221页;《明史》卷一七三《石亨传》,第4615页。

③［明］茅元仪:《暇老斋杂记》卷一三,《续修四库全书》史部第1133册,第658页。

第十三章　明代勋臣在国家礼制中的作用

明代国家礼制因袭中国传统王朝礼制传统,可大致分为两类:一类是由礼部祠祭司掌管的祭祀类礼仪,即上古五礼中的吉礼,这包括对天地神祇的岁时大、中、小祭及各种临时祭告;另一类是由礼部仪制司掌管的其他典礼仪式,囊括上古凶、宾、军、嘉四礼,具体而言有朝会、冠礼、婚礼、册封、燕享、丧葬等各类仪轨。在明代,凭军功封袭公、侯、伯爵位的勋贵乃朝廷之世臣,或兼为椒房之亲戚,他们处于国家身份等级中极高的地位,故常被皇帝授权主持或列席以上所列各类军国大典,这既是一种特殊职权,同时也是一种极高的荣宠。学界以往未能充分揭示勋臣在国家祭祀等礼仪活动中的重要作用,这对明代礼制研究而言不得不说是一个缺憾,因为对勋臣这一职能的认识不足,直接影响到对勋臣权力的准确分析。有鉴于此,本章在概论勋臣礼仪职权特征的基础上,将着重探讨勋臣请告、代祭郊庙与主祭帝陵等重大祀典的演化过程,藉以进一步分析勋臣在明代国家权力结构中的地位。

一　勋臣礼制职权的类别与特征

明代勋贵受皇帝钦差主持或参与重大礼制事务既普遍又频繁。由于朱元璋宣称明代制度"法体汉唐"且"参以宋朝之典"[1],而洪武初年编修的《大明集礼》又广引汉、唐、宋旧制以为参照,是故在正式讨论明代勋臣各类礼制职权之前,有必要简单梳理汉、唐、宋等前代王朝对祭礼大臣人选的规定,探究其对明代勋臣参与礼仪制度的影响。

秦汉以降,历代王朝多派遣三公大臣主持、参与重大典礼。各朝代三公官号有所出入[2],一般以太尉、司徒、司空为三公,以太师、太傅、太保为三师,或有改三师为三者。无论三公名号如何,它们皆属品级最高、体统最

①[明]朱元璋:《明太祖集》卷二《废丞相、大夫罢中书诏》,第30页。
②龚延明:《"三公官"从相之别称到正官考识》,《浙江大学学报(人文社会科学版)》2009年第5期。

尊的职官,由最显赫的元老重臣任受,因此具有特殊的礼仪职责。东汉正式规定,太尉、司徒、司空等三公有参与"郊祀之事"的权力[1]。隋、唐亦以太尉、司徒、司空为三公,职在"佐天子理阴阳,平邦国",并在皇帝无法亲临祭祀时代而摄之[2]。宋初太尉、司徒、司空等三公不专授,亦无固定职能,为"宰相、亲王使相"等高官宗室的加官[3];当朝廷祭祀、册封时,又特以宰相"摄太尉"或"摄司徒"[4]行礼,可知当时太尉等职衔仍与祀礼相关。政和二年(1112),宋徽宗罢废太尉、司徒、司空,以太师、太保、太傅为三公[5]。即使在礼制大变的元代,朝廷也借鉴唐、宋仪轨,以宰相、司徒等摄祭郊庙[6],并遣太尉册封皇后、太子等[7]。朱元璋一循北宋末期制度,不立太尉、司徒、司空,设太师、太傅、太保为三公,列正一品;又设少师、少傅、少保为三孤,列从一品[8]。明代三公、三孤亦无专授,无定权,三公一般为勋戚、驸马的荣誉加衔,文武官僚生前可领三孤,而领三公者极少,故有"三公仅公、侯、伯"[9]之谓。但并非所有勋臣都例兼三公,他们之中功勋出众、受皇帝青睐或享年久者方能循资历加衔。

　　受到前朝制度的影响,明代公、孤兼衔与大臣的祭祀、礼仪职权之间确实存在一定的关联,如景泰初,景帝派遣少保内阁大学士高穀以三孤老臣身份往南京、凤阳祭拜孝陵、皇陵、祖陵,所下敕谕曰:"以尔为内阁保傅重臣,勤慎专一,特命赍捧香币等物径诸凤阳、南京祭告。"[10]不过,作为主持国家礼制事务最多的勋贵,其相关权责又并非完全源于三公兼衔,因为洪武朝生前领三公者仅太师韩国公李善长与太傅魏国公徐达二人,建文、永乐两朝甚至

---

① [南朝宋]范晔:《后汉书》百官志一《太尉、司徒、司空》,北京,中华书局1965年标校本,第3557、3560、3561—3562页。

②《新唐书》卷四六《百官志一·三师三公》,第1184页。

③ [清]徐松辑:《宋会要辑稿》职官一《三公三少》,第2334页。

④ [清]徐松辑:《宋会要辑稿》礼一《郊祀仪注》、礼五〇《后妃尊号》,第398、1535页。

⑤《宋史》卷一六一《职官志一·三公》,第3772页。

⑥《元史》卷七二《祭祀志一·郊祀上》、卷七四《祭祀志三·宗庙上》,第1781、1831页。

⑦《元史》卷六七《礼乐志一·册立皇后仪、册立太子仪》,第1674、1678页。

⑧《明史》卷七二《职官志一·三公三孤》,第1731页。

⑨ [明]王世贞:《弇山堂别集》卷四一《公孤表》,第742页。与三公类似的高级虚职还有从一品的三孤,即少师、少傅、少保;从一品的太子三师,即太子太师、太子太傅、太子太保;正二品的太子三少,即太子少师、太子少傅、太子少保。勋贵中兼太子三师、三少者更多。宣德中,老臣英国公张辅、吏部尚书蹇义、户部尚书夏原吉、内阁大学士杨士奇等解去正职,而以公、孤兼职参议政务,此明代唯一一公、孤等官为实权职务的事例(见拙文《洪熙、宣德朝公孤辅政再探》,《明史研究》第12辑)。

⑩ [明]陈循:《芳州文集》卷二《敕谕少保高穀往南京祀典》,《四库全书存目丛书》集部第31册,第109页。

不授三公 ①，但当时勋贵仍多参与祭礼活动；另外，终明一代，也有大量尚未加公、孤兼衔的年轻勋爵被委任主持礼事。

实际上，勋臣之所以普遍参与礼事，主要还是与其所领公、侯、伯爵位的尊隆等级有关。在唐、宋、元诸朝，爵位并非人臣所领之最高名衔，爵位的品秩通常低于三公、宰辅，且被较为广泛地加授与臣子。不同于唐、宋诸朝较多封赐爵位，明廷特别重视勋爵之授，而爵位的相应品秩高于包括三公在内的所有品官，洪武朝公、侯二爵定为正一品以上，永乐以后公、侯、伯三爵皆列超一品 ②。此外，明代世爵遵循子孙承袭的制度，勋臣具有与朝廷山河带砺的政治神圣性，是皇权统治的直接代表。值得注意的是，在洪武初年，李善长、徐达等开国元勋仍以勋臣兼宰相的双重身份参与朝廷祭典，但朱元璋罢废中书省后，朝中即没有与勋爵地位相比肩的可堪重大典礼的臣工。因此，明代勋贵作为地位最尊、与皇帝关系最近的朝臣，取代了汉、唐三公及宋朝宰相在国家祭祀与礼仪活动中的位置。

不可否认，在一般情况下，三公兼职越高的勋贵在礼仪事务上的职权也更加突出。被仁宗首赐太师之衔的"靖难"老臣英国公张辅，就在宣德、正统朝屡被任命监修实录、知经筵 ③。另如嘉靖朝频频代祀郊庙的礼仪重臣武定侯郭勋，后再晋翊国公爵，加太师兼衔；另一名代祭勋臣成国公朱希忠也加升至太师职衔 ④。但这些勋贵之所以在礼仪层面职责显重，根本上仍因为他们是与皇帝关系紧密的元老公爵。可以说，太师等三公职衔只是巩固、提高了这些勋贵既有的祭礼权责。相应地，勋臣也常因主持礼事而加、升三公职衔，如张辅嗣子英国公张懋即以监修实录、知经筵累由太傅兼太子太师升至太师兼太子太师 ⑤，而万历朝定国公徐文璧由于多次代摄郊祭先加太傅，后升任太师 ⑥。

①［明］王世贞：《弇山堂别集》卷四一《公孤表》，第 742 页。

②［明］王圻：《续文献通考》卷一九七《封建考·皇明异姓封建》，第 11684 页。

③《明英宗实录》卷一八一，正统十四年八月壬戌，第 3500 页。

④《明世宗实录》卷一八九，嘉靖十五年七月戊寅，第 3995 页；［明］张居正：《张太岳集》卷一二《特进光禄大夫柱国太师兼太子太师成国公追封襄王谥恭靖朱公神道碑》，第 153 页。

⑤［明］杨一清：《明故特进光禄大夫左柱国太师兼太子太师英国公谥恭靖追封宁阳王墓志铭》，《北京市文物研究所藏墓志拓片》，北京，燕山出版社，2003 年，第 229 页。

⑥［明］沈一贯：《喙鸣诗文集·文集》卷一六《太师兼太子太傅掌后军都督府事定国公赠特进光禄大夫柱国谥康惠西亭徐公墓志铭》，《四库禁毁书丛刊》集部第 176 册，北京，北京出版社，2000 年，第 282 页。

需要指出的是,明代公、侯、伯爵位本以社稷军功封袭,但自洪熙朝始,外戚多被推恩授予勋爵[①],而与外戚同为异姓皇亲的驸马都尉阶序在侯爵之下伯爵之上,明人甚至有"公、侯、驸马伯四等之爵"[②]的说法。领爵外戚及驸马地位尊隆,又为皇帝至亲,故也有权主持礼仪大典。因此,勋臣与外戚、驸马等其他贵族礼仪职权的异同亦需加以考辨。

现具体考述勋臣、外戚、驸马的各类祭祀、礼仪职权。王世贞在《凤洲笔记》中将勋臣的礼仪职权大致总结为班首朝贺,代祀天地,知经筵,监修国史与主持进士礼部宴[③]等。其实,勋戚贵胄的相关职务并不限于此五种,应进一步分类详论。

第一,参与、主持重要国家祭祀。明代将国家祭祀分为大祭、中祭、小祭三等,其中天地、太庙、社稷为大祀;先农、山川、历代帝王、孔子、旗纛等为中祀,嘉靖朝增加朝日、夕月两项中祭。大祭一般由皇帝亲祀,有事则大臣代祀,中祭则多以有司致祭,时或皇帝亲行,祭祀时又有主祭、分献陪祭之别[④]。勋臣参与大、中祭祀的情况非常普遍。按明代通例,勋臣在天地、社稷大祭中一般充当分祭的角色。例如,洪武十二年(1379),朱元璋合祭天地于南郊,有魏国公徐达及公、侯等分献日月、星辰、岳、镇、海、渎、山川诸神[⑤]。弘治八年(1495),太常寺卿崔志瑞言:"故事,大祀天地,看牲、分献惟用公、侯、伯,其皇亲并驸马带俸者俱不与。"孝宗于是"命罢驸马皇亲如旧"[⑥],但并未彻底执行。嗣后皇亲驸马仍与勋贵一起参与大祀,如弘治十五年正月,驸马崔元、驸马林岳、广宁伯刘佶、南宁伯毛良等"俱以有事大祀,奏乞蟒衣"[⑦]。勋臣主持京内各种中祀的情况更为寻常,如洪武九年十月,太庙修建完成,朱元璋乃命韩国公李善长、信国公汤和等"分祀在京群神"[⑧]。明代中期开始,京师太岁、风云、雷雨、岳、镇、海、渎、山川诸神等中祭也多由勋臣领任,如成

①[明]张居正:《张太岳集》卷四五《论外戚封爵疏》,第555页。

②《明英宗实录》卷一九一,废帝郕戾王附录第九,景泰元年四月庚辰,第3943页。

③[明]王世贞:《凤洲笔记·续集》卷二《续说二》,《四库全书存目丛书》集部第114册,第746页。

④正德《明会典》卷八〇《礼部三十九·祠祭清吏司·祭祀一》第2册,第208页;万历《明会典》卷八一《礼部三十九·祠祭清吏司·祭祀通例》,第460页。

⑤《明太祖实录》卷一二二,洪武十二年正月己卯,第1969—1970页。

⑥《明孝宗实录》卷一〇六,弘治八年十一月戊申,第1947页。

⑦[明]俞汝楫:《礼部志稿》卷八一《祀法备考·陪祀妄乞蟒衣》,景印《文渊阁四库全书》第598册,第454—455页。

⑧《明太祖实录》卷一一〇,洪武九年十月己未,第1820页。

化二十三年（1487）八月保国公朱晖主祭[①]，弘治十八年（1505）八月有英国公张懋主祭[②]。再如按明制，承天门外每月朔望有神纛之祭，专祭火雷之神，由"神机营提督官请祭于校场"[③]，而神机营提督官皆以勋臣充任。嘉靖十一年（1532），世宗接受礼部尚书夏言的建议，定朝日、夕月二坛祭祀仪轨，日坛间岁一亲祭，月坛三岁一亲祭，其余年岁由大臣代祭[④]。终嘉靖一朝，日、月二坛多由勋臣拜祭[⑤]。隆庆元年（1567），礼部又议定，东、西两郊日、月之祭除定年皇帝亲祭外，余岁则遣官祭祀[⑥]。对此，《明史》补充云："遣文大臣摄祭朝日坛，武大臣摄祭夕月坛。"[⑦]其实，爬疏隆庆、万历诸朝实录，日、月二祀仍由勋臣专代。嘉靖十一年新建历代帝王庙之后，世宗常派遣勋臣或阁部大臣交替代祀历代帝王[⑧]。另外，由于明初勋贵多在各地征战，故常被委任主持地方名山大川的祭拜，如明太祖钦命领兵在外的功臣代为祭祀四方岳镇海渎[⑨]；另如"靖难"功臣安远伯柳升、平江伯陈瑄率兵巡海备倭时，成祖尝命他们"以牲币祭告东海之神"[⑩]。

第二，耕耤礼充"三公"。中国古代王朝皆在仲春行耕耤礼，以天子亲耕的形式凸显农桑为立国之本。举行耕耤礼时，又需重臣从旁协耕。《礼记·月令》载，周天子"帅三公、九卿、诸侯、大夫躬耕"[⑪]。汉代耕耤亦以"天子、三公、九卿、诸侯、百官以次耕"[⑫]。《大唐开元礼》规定，"皇帝将诣望，谒者引三公及应从耕侍耕者各就耕位"[⑬]。宋代以三公、三少、宰臣、亲王使相各"作行五推之礼"[⑭]。据此可知，历代皇帝亲耕都以三公作为最重要的协

---

①《明宪宗实录》卷二九三，成化二十三年八月丙戌，第4976页。

②《明武宗实录》卷四，弘治十八年八月辛未，第138页。

③《太常续考》卷三《旗纛坛》，景印《文渊阁四库全书》第599册，第161页。

④《明世宗实录》卷一三七，嘉靖十一年四月壬寅，第3231页。

⑤排查《明世宗实录》的记载，定国公徐延德、成国公朱凤、朱希忠父子、英国公张溶、武定侯郭勋、镇远侯顾寰、遂安伯陈鏸、宣城伯卫守正皆有祭祀日、月二坛的经历。

⑥《明穆宗实录》卷二，隆庆元年正月丙寅，第49页。

⑦《明史》卷四九《礼志三·朝日夕月》，第1270页。

⑧如嘉靖十四年有成国公朱凤祭帝王庙，二十七年有英国公张溶祭帝王庙，四十二年镇远侯顾寰祭帝王庙等（见《明世宗实录》卷一七八、卷三三九、卷五一八，嘉靖十四年八月庚戌，嘉靖二十七年八月甲子，嘉靖四十二年二月丁丑，第3835、6179—6180、8500页）。

⑨［明］朱元璋：《明太祖御制文集》卷五《命功臣祀岳镇海渎敕》，第82页。

⑩《明太宗实录》卷八六，永乐六年十二月辛卯，第1141—1142页。

⑪［清］孙希旦：《礼记集解》卷一五《月令第六之一》，北京，中华书局，1989年，第415页。

⑫［南朝宋］范晔：《后汉书》志四《礼仪上·耕》，第3106页。

⑬《大唐开元礼》卷四六《耕籍》，北京，民族出版社，2000年，第268页。

⑭［清］徐松辑：《宋会要辑稿》礼六《耕耤》，第496页。

赞者。明代藉田基本沿袭前朝典制，据《太常续考》，皇帝每在先农坛亲耕，有"三公"五推，"尚书九卿"九推①。从明代中期的事例来看，明廷例以勋戚充耕耤仪式中的三公，但这些贵戚并不一定都真领太师、太傅、太保三公之职。成化二年（1466），有定襄伯郭登、隆平侯张佑、广平侯袁瑄充三公行五推礼②，郭登、张佑、袁瑄这三名勋戚就均无公孤兼职。弘治元年（1488），有镇远侯顾溥"充三公行五推犁之礼"，顾溥时年二十余，未领兼职③。嘉靖元年（1522）春，世宗命成国公朱辅、定国公徐光祚、外戚寿宁侯张鹤龄充三公"从耕耤田"④。朱辅终生最高兼职是太子太傅⑤，而徐光祚在正德朝已兼太傅⑥，张鹤龄亦兼太傅⑦，真领三公者已较明中期为多。王世贞《弇山堂别集》记载，耕耤三公"今例以公侯兼三太者充之"⑧，特别强调了三公兼职，这应系明代中后期的成例。总而言之，明代耕耤之"三公"属临时性的礼仪名衔，由三名勋戚在行礼时充任，与当时实际职官序列中的太师、太保、太傅"三公"职衔并不完全一致。

第三，充当重大典礼的使者。按唐制，皇帝纳后行纳采礼，以"太尉为使者，宗正卿为副使"，册封皇后时"如纳采命使之仪"，以三公、太尉为正使，司徒为副使⑨。宋代以宰相、枢密使等高官"摄太尉"或"摄司徒"持节册封皇后⑩。明代概以勋臣主持皇家婚礼，并充使者册封皇后。早在永乐十五年（1417）三月，成祖为皇太孙朱瞻基举行纳征礼以聘孙氏为妃时，即命驸马都尉西宁侯宋琥为正使、隆平侯张信为副使⑪。再如洪熙元年（1425）三月，宣宗甫继位，乃命正使太师英国公张辅、副使定国公徐景昌、副使安远侯柳升持节册妃胡氏为皇后⑫。以勋臣充当太子、亲王册封的正使也是明代相延已久的成例。宣德三年（1428），遣太师英国公张辅为正使、少师行在吏部尚

①《太常续考》卷三《先农坛耕耤事宜》，景印《文渊阁四库全书》第559册，第150页。
②《明宪宗实录》卷一四，成化元年二月甲午，第321页。按，张佑在明代文献中又作"张祐"。
③［明］李东阳：《李东阳集·续集》卷一一《明故太子太保镇远侯谥襄恪顾溥神道碑铭》，第278页。
④《明世宗实录》卷一〇，嘉靖元年正月丁卯，第377页。
⑤《明世宗实录》卷三一，嘉靖二年九月己丑，第825页。
⑥《明武宗实录》卷一一六，正德九年九月甲申，第2353页。
⑦《明武宗实录》卷四，弘治十八年八月乙卯，第117页。
⑧［明］王世贞：《弇山堂别集》卷八《皇明异典述三·藉田孤卿五推》，第138页。
⑨《大唐开元礼》卷九三《嘉礼·纳后上》，第435、441页。
⑩［清］徐松辑：《宋会要辑稿》礼五三《册后》，第1565页。
⑪《明太宗实录》卷一八六，永乐十五年三月乙未，第1990页。
⑫《明宣宗实录》卷三，洪熙元年七月乙亥，第80页。

书蹇义为副使册封皇长子朱祁镇为皇太子①。弘治二年（1489），朝廷准唐王世子、襄王世子分别袭王爵，并封二世子妃为王妃，又册封唐、襄二府宗子多人，故遣武安侯郑英、怀宁侯孙泰、阳武侯薛伦、定西侯蒋骥、清平伯吴琮、东宁伯焦俊、兴安伯徐盛、建平伯高进、彭城伯张信、修武伯沈坊等勋贵持节充正使前往②。当时陪同册封的翰林文臣程敏政还曾赠诗与定西侯蒋骥云："使节新持第一番，金貂光彩动襄樊。名传凤将家声远，恩重亲王礼意繁。"③嘉靖四十四年（1565）世宗正式奏准，册封亲王及亲王妃以勋戚大臣为正使④。明代郡王的册封典礼也多由勋贵主持，如正统二年（1437）十月，英宗以武定侯郭玹、新宁伯谭广为正使，刑科给事中郭瑾、工科给事中李昇为副使，使持节册封辽简王植诸子为郡王⑤。

　　第四，皇家冠礼掌冠。《大明集礼》有载，唐皇太子加冠，命司徒为宾；宋皇太子冠，以礼部尚书为掌冠，鸿胪卿为赞冠；今拟国朝皇太子加元服，命三公一人为宾掌冠，太常卿为赞冠⑥。又载："宋冠皇子，太常为掌冠，阁门为赞官；今拟国朝冠亲王，前期选礼部、太常司官有德望者奏闻，为宾赞行事。"可知明初预设掌冠、赞冠人选时，本欲杂参唐、宋旧制。不过，从永乐以降太子、亲王行冠礼的实际情况来看，明廷例以勋戚掌冠，以阁部大臣从旁协赞、宣戒。如永乐九年（1411）十一月，成祖在华盖殿为皇太孙行冠礼，命定国公徐景昌"持节掌冠"，户部尚书夏原吉"赞之"，礼部尚书吕震"宣敕戒"⑦。再如成化朝外戚会昌侯孙继宗、勋臣襄城侯李瑾曾为崇王、徽王等亲王掌冠⑧，而英国公张懋为皇太子掌冠⑨。又万历二十九年（1601），皇太子及福王、瑞王、惠王、桂王各加冠，以定国公徐文璧、泰宁侯陈良弼、怀远侯常胤绪、永康侯徐文炜、新建伯王学礼持节掌冠，阁部大臣李戴、沈一贯等赞冠、

---

①《明宣宗实录》卷三六，宣德三年二月戊午，第895页。

②《明孝宗实录》卷三〇，弘治二年九月壬戌，第668—670页。

③［明］程敏政：《篁墩文集》卷八一《送嗣定西侯蒋公骥使襄府》，景印《文渊阁四库全书》第1253册，第621页。

④［明］俞汝楫：《礼部志稿》卷一五《仪制司执掌·王国礼·凡遣使册封》，景印《文渊阁四库全书》第597册，第224页。

⑤《明英宗实录》卷三五，正统二年十月癸酉，第684页。

⑥《大明集礼》卷二三上《嘉礼·皇太子加元服·宾赞》，中国国家图书馆藏明嘉靖九年（1530）内府刻本。

⑦《明太宗实录》卷一二一，永乐九年十一月丁丑，第1527页。

⑧《明宪宗实录》卷二一、卷一〇六，成化元年九月甲寅、成化八年七月壬子，第415、2073页。

⑨《明宪宗实录》卷一七六，成化十四年三月甲子，第3165页。

宣戒①。

第五,护卫皇帝、皇后入葬。中国古代高规格葬礼例设"护丧"一职,"护丧"又称"护葬",指在帝后梓宫入葬的沿途料理丧礼。唐、宋两朝多以太尉三公及宰相为山陵使为帝后护丧②,明初为成祖、宣宗护丧者为内阁大学士杨荣③。明代内阁虽无宰相之实,但在辅政职能上近似前朝宰辅,明廷以阁臣护葬皇帝,这大体仍属沿袭前朝旧例。仁宗归葬时,护丧行礼者系其子襄王朱瞻墡④,这一人选强调了皇室内部的血亲关系。不过,由于明代严格的亲王分封就藩制度,使得正统朝以后北京无久居宗亲,于是外戚、驸马便以亲眷身份料理帝、后丧仪,《翰林记》一书明确有载,明朝"护葬用勋戚"⑤。揆诸历朝《明实录》,明代中期以后,皇家丧礼例由驸马、外戚护丧。以弘治十七年(1504)四月太皇太后周氏的入葬为例,孝宗给当时护丧的驸马蔡震所下敕云:"尔为国戚,礼宜护葬,凡山陵道途祭奠及一应丧事,皆以属尔。"⑥其中"尔为国戚,礼宜护葬"一句,明指护丧因具有皇帝家族事务的性质,故专用皇亲执掌。另如嘉靖二十七年(1548)世宗皇后方氏卒,有驸马京山侯崔元及皇后弟安平伯方承裕护丧⑦。

"护丧"之外,驸马还广泛参与皇家丧礼的其他环节。还以弘治十七年太皇太后葬事为例,其入葬前由驸马马诚告拜宗庙⑧,入葬后有驸马马诚、游泰告拜诸陵以为敬⑨。明代皇室丧礼另有"护卫"之职,例如护卫太皇太后周氏入葬的大臣是英国公张懋,他接到的敕书云:"特命尔总领官军防护,尔须严加戒约,经过道路不许撒放驴马作践田苗,亦不许假以做饭等项名色,擅到人家搅扰及抢夺柴草等物。如违,轻则听尔量情惩治,重则奏闻区处。"⑩

①《明神宗实录》卷三六五,万历二十九年十一月癸卯,第6823页。

②见吴丽娱:《终极之典:中古丧葬制度研究》上编下《皇帝丧葬的组织机构与凶仪慰哀》第三章《唐代的皇帝丧葬与山陵使》,北京,中华书局,2012年,第326、334、340页。

③《少师工部尚书兼谨身殿大学士赠特进光禄大夫左柱国太师谥文敏杨公行实》,[明]杨荣:《文敏集·附录》,景印《文渊阁四库全书》第1240册,第413、417页。

④《明宣宗实录》卷九,洪熙元年九月丁酉,第225页。

⑤[明]黄佐:《翰林记》卷一五《护葬》,第203页。

⑥《明孝宗实录》卷二一〇,弘治十七年四月甲辰,第3918—3919页。

⑦《明世宗实录》卷三三六,嘉靖二十七年五月庚辰,第6145页。据方承裕墓志铭记载,方氏系"孝烈皇后弟",袭父爵为安平伯(见[明]秦鸣雷:《明故少保兼太子太保安平伯松亭方公墓志铭》,《北京市文物研究所藏墓志拓片》,第229页)。

⑧《明孝宗实录》卷二一〇,弘治十七年四月乙巳,第3919页。

⑨《明孝宗实录》卷二一〇,弘治十七年四月己酉,第3921页。

⑩《明孝宗实录》卷二一〇,弘治十七年四月丙午,第3919页。

可知张懋职在统兵护送梓宫至天寿山陵区。与护丧相比,领兵护送帝、后梓宫具有明显的军事侍卫色彩,并非完全是皇室一家之礼事,因此以勋臣大将任事更为适宜。据《明神宗实录》所载,万历四十二年(1614),皇太后李氏将入葬陵寝,礼部奏请"一请敕命勋戚重臣一员充奠献使并护丧;一请敕命武职大臣一员管领官军护侍梓宫"①。其中"勋戚重臣"主要是指外戚驸马,"武职大臣"主要是指勋贵。

第六,领朝班。明代凡有大小朝会,皆以勋戚驸马置于臣僚队列的最前端以体现朝堂威仪。洪武十六年(1383),朱元璋诏定朝参官员坐次,每奉天门朝会赐坐时"公侯至都督金事坐于门内,守卫指挥坐于都督金事之后",而"稍南六部尚书及署都督府事官坐于门外"②。洪武二十年,朱元璋又颁布朝参之仪,规定"凡朝班序立,公侯于文武班首,次驸马,次伯,自一品以下各以序"③。领朝会班首者一般是身份最尊或资历最显的公爵,如洪武末年京中公爵仅余魏国公徐达嗣子徐辉祖、曹国公李文忠嗣子李景隆,故建文帝即位后仍命辉祖以元勋后代领朝班④。班首之位的更替亦有一定的制度可循,在成化、弘治两朝,英国公张懋、保国公朱永二人长期"岁时迭为班首"⑤。正德九年(1514)九月,朝中大臣以万寿节赴灵济宫习仪,英国公张懋告假未能出席,造成班首之位空缺,于是成国公朱辅、定国公徐光祚争首席不下,皇帝下令:"辅等爵同,辅袭在先,班次已定,元旦庆贺又已致词祝赞,光祚不谙事体,妄相争论。"故将朱、徐二人俱罚俸⑥。嘉靖十八年(1539),原武定侯郭勋已加爵至翊国公,并兼太师衔,礼部尚书严嵩于是奏请郭勋当充班首,位在原班首定国公徐延德之前,世宗准奏⑦。又如万历三十七年(1609)七月,定国公徐文壁病故,出现"班首缺人"的情况,神宗准推英国公张惟贤补之⑧。明代通例,勋臣不领军政职务者"食禄奉朝请而已"⑨,出席朝会有闲散事务

---

①《明神宗实录》卷五二〇,万历四十二年五月乙亥,第9812页。

②《明太祖实录》卷一五八,洪武十六年十一月甲寅,第2444页。

③《明太祖实录》卷一八六,洪武二十年十月丁卯,第2789页。

④[明]王世贞:《魏国公徐辉祖传》,[明]焦竑辑:《国朝献征录》卷五《公一:世封公》,周骏富辑:《明代传记丛刊》第109册,第146页。

⑤[明]王世贞:《抚宁侯进保国公朱永传》,[明]焦竑辑:《国朝献征录》卷七《侯一·世封侯》,第260页。

⑥《明武宗实录》卷一一六,正德九年九月甲申,第2353页。

⑦《明世宗实录》卷二二〇,嘉靖十八年正月己亥,第4561—4562页。

⑧《明神宗实录》卷三七四,万历三十七年七月甲戌,第7028—7029页。

⑨《明史》卷七六《职官五·公侯伯》,第1856页。

的性质,但同时也是各爵应尽的重要职责,勋戚大臣一般情况下不能无故缺席。成化二年(1466),定国公徐永宁"以失朝为鸿胪寺所奏",宪宗于是命永宁"闲住"①以为惩戒。对于久患疾病的老臣而言,出席朝会实有困难,可奏请给假,如崇祯朝惠安伯张庆臻因重病难行,于是奏云:

> 臣以谫劣庸才,谬蒙皇上之眷养,敢不竭志尽忠,捐糜图报,以尽臣子职分。念臣旧有血虚病根,偶失调理,顷缘十月间为客感所乘,以致手足顽麻,筋骨无力,步履维艰难,兼之痰火攻肺,咳嗽不宁……臣系勋臣,原奉朝请,恐误公务,伏乞皇上准给假调理。②

不过,明代中期以后朝会管理松懈,大臣失朝成风,勋戚贵胄尤常不朝③,这反映出贵族群体悠游享乐而置国家礼法于不顾的腐朽之态。

第七,侍陪宴享。据《礼部志稿》所载定例,明廷"凡进士赐恩荣宴于礼部,命勋臣一员侍宴"④。可知明代进士恩荣宴规格之高。明人杨守阯有云:"选士而宴集,其来久矣,然皆未有若我朝之制,公侯主席,保傅、乡士陪列,礼隆乐备。"⑤成化、弘治朝礼部尚书吴宽自言:"予初登进士第,时武靖侯赵公(指赵辅)实奉诏待宴礼部。"⑥而隆庆、万历朝内阁大学士徐阶得中进士时,由成国公朱辅"主宴恩荣"⑦。明代中后期,凡皇帝大宴藩邦使臣时,也例由提督戎政勋爵侍宴。万历朝临淮侯李言恭曾自记侍宴事迹:"故事,朝鲜、琉球、安南陪臣,遣大宗伯宴之,其他种种不可名状,悉属之总督戎政勋臣,用以示威武也。"⑧

---

①《明宪宗实录》卷三〇,成化二年五月辛未,第 587 页。

②《左军都督府带俸太傅张庆臻为旧疾陡发恳思给假调理事奏本》,《中国明朝档案总汇》第 8 册,第 344 页。

③如嘉靖元年六月十日有英国公张崙等失朝,嘉靖十一年十二月七日有临淮侯李性等三百余人失朝(见《明世宗实录》卷一五、卷一四五,嘉靖元年六月乙酉、嘉靖十一年十二月庚辰,第 493、3370 页)。关于明代的朝参制度的松懈,见邱仲麟:《点名与签到——明代京官朝参、公座文化的探索》,《新史学》第 9 卷第 2 期,1998 年;高寿仙:《明代京官之朝参与注籍》,《故宫博物院院刊》2008 年第 5 期。

④[明]俞汝楫:《礼部志稿》卷二一《仪制司执掌·礼宴·诸宴通例》,景印《文渊阁四库全书》第 597 册,第 371 页。

⑤[明]杨守阯:《碧川文选》卷二《琼林锡宴图诗序》,《四库全书存目丛书》集部第 42 册,济南,齐鲁书社,1997 年,第 15 页。

⑥[明]吴宽:《家藏集》卷一一,景印《文渊阁四库全书》第 1255 册,上海,上海古籍出版社,1987 年,第 81 页。

⑦[明]徐阶:《世经堂集》卷一九《明故太子太傅赠太傅谥恭僖成国朱公神道碑铭》,《四库全书存目丛书》集部第 80 册,第 16 页。

⑧[明]李言恭:《青莲阁集》卷三《宴夷·有序》,《四库全书未收》第 5 辑第 23 册,北京,北京出版社,2000 年,第 439 页。

　　第八，知经筵。英宗皇帝统治之初"特敕勋臣一人知经筵"，此后遂成为定制，勋臣之外，又有内阁大学士"或知或同知经筵"①。所谓"知经筵"，即主持、监督经筵。按理勋爵知经筵者一般文化素养较高，如正统朝成国公朱勇因幼年读书学习，知晓忠孝大义，因而长期"兼知经筵事"②。不过，皇帝任命勋臣知经筵，并非旨在让他们讲说经史，实为彰显朝堂威严③。经筵时别有侯、伯勋贵一人领锦衣卫将军先期直殿以护卫皇帝④，同样具有仪仗作用。

　　第九，监修《实录》。永乐皇帝登极伊始，即命南京归降的勋臣曹国公李景隆等重修建文年间编订的《明太祖实录》，此后形成内阁大学士总裁实录，而"元勋上公一人监修"⑤的制度。每当前朝《实录》修成，监修勋臣都会上表向当朝皇帝通告修撰情况⑥。在明代前中期，英国公张辅、张懋父子两代曾连续监修五朝实录，其中首代英国公张辅监修太宗、仁宗、宣宗三朝实录，张辅嗣子张懋又负责监修宪宗、孝宗两朝实录⑦。明代中后期，成国公朱希忠一人又监修世宗、穆宗两朝实录⑧。张、朱两家公爵能享受如此隆宠，与他们"靖难"元勋家族的身份密不可分。《明英宗实录》有载，张辅对永乐、洪熙两朝实录的编纂把控甚严，"日与馆阁儒臣商订去取"⑨。不过，《寓园杂记》又云，张辅曾与侯、伯二十余人向英宗奏告："臣等皆武夫，不谙经典。"⑩可知张氏文化素养并不高。张辅亲历"靖难""扫北"等大事，因此能参谋实录中史事的取舍，但应不会直接参与编写。张辅之后监修实录的勋臣一般不会再提出具体的修撰意见，他们是以贵胄之尊代表皇帝监督翰林文臣修史，以凸显国史编纂的权威与庄严。

　　第十，参与重大司法审判。司法审判并非真正意义上的礼仪祭祀职权，

---

①正德《明会典》卷五〇《礼部九·经筵》第 1 册，第 560 页。

②[明]李贤：《古穰集》卷一〇《特进荣禄大夫右柱国太保成国公追封平阴王谥武愍神道碑铭》，景印《文渊阁四库全书》第 1244 册，第 581 页。

③[明]朱国祯：《涌幢小品》卷二《经筵词》，第 22—23 页。

④[明]黄佐：《翰林记》卷九《开经筵》，第 123—124 页。

⑤[明]王世贞：《弇山堂别集》卷八《皇明异典述三·文臣监修国史》，第 137 页。

⑥[明]黄佐：《翰林记》卷一三《修实录》，第 160—161 页。

⑦[明]黄佐：《翰林记》卷一三《修实录》，第 160—161 页；[明]王世贞：《弇山堂别集》卷二《皇明盛世述二·父子三公》，第 18 页。

⑧[明]张居正：《张太岳集》卷一二《特进光禄大夫柱国太师兼太子太师成国公追封定襄王谥恭靖朱公神道碑》，第 152—153 页。

⑨《明英宗实录》卷一八一，正统十四年八月壬戌，第 3500 页。

⑩[明]王锜：《寓园杂记》卷二《英国公听讲》，北京，中华书局，1984 年，第 14 页。

但勋臣参与司法事务却有鲜明的礼法象征意义。明代自洪武朝始，即仿照唐、宋各朝"录囚"之法，在刑部、都察院、大理寺三法司各官主审刑案之外，另委派文武衙门官员集中会审重囚，以彰显刑戮之允当。至洪熙朝，仁宗任命公、侯、伯勋臣同五府堂上官、六部堂上官、内阁大学士与给事中会审，遇案情有可疑者令再问。天顺二年（1458），英宗正式确立了霜降后三法司与勋臣、内阁、五府、六部参决重犯的制度，称为"朝审"[①]。在会审中，勋臣的实际审判权力时有不同，常依勋臣个人能力及其他会审大臣的态度而变化。据《玉堂丛语》载，正统初期杨荣、杨士奇等内阁老臣在职，皇帝"每秋敕文武大臣赴宪台审录重狱"，自英国公张辅而下"俱逊避"，"俟二杨先生决之"[②]。另据碑铭资料，在成化、弘治朝，南京守备成国公朱仪每岁录南京囚犯，当执笔下判时，"必从容讯问，务求其情"[③]。普遍而言，勋臣在会审中不可能过多地发表意见。以天顺以后勋臣固定参与的朝审为例，明代规定"朝审主以冢宰"，即吏部尚书主审，偶有户部尚书、内阁首辅主持的情况，但勋臣始终没有主审资格[④]，他们莅临审案现场，主要是起到代表皇帝彰显审判公正的作用，正如宣宗曾说："古者断狱必讯于三公、九卿，所以合至公，重民命也。"[⑤]除正式的会审外，皇帝还会针对特殊情况安排勋臣列席多官联合审问，如永乐十四年（1416）应城伯孙岩私杀金吾右卫千户马俊，此案在审理过程中召问不实，于是成祖命刑部、都察院、大理寺三法司官员会同公、侯等复审[⑥]。由于该案件涉及勋贵、军官诸人等，因此特许公、侯勋爵亲临问刑。又如成化年间大旱，宪宗敕命成国公朱仪与相关衙门"会谳狱囚，多所矜释"[⑦]。这一审判属于中国传统的"天灾"赦囚，皇帝敕朱仪参与刑狱，还是为了突出朝廷大赦的权威。

　　值得注意的是，在明代中后期，嗣爵勋臣逐渐少被派遣出镇四方、统兵

---

①万历《大明会典》卷一七七《刑部十九·朝审》，第903页。

②［明］焦竑：《玉堂丛语》卷二《政事》，第36页。

③《成国公赠太师谥庄简朱仪神道碑》，［明］焦竑辑：《国朝献征录》卷五《公一·世封公》，周骏富辑：《明代传记丛刊》第109册，第165页。

④［明］沈德符：《万历野获编》卷八《内阁·宰相谳狱之始》，第206页；《明史》卷九四《刑法志二》，第2307—2308页。

⑤［明］朱睦㮮：《英国公赠定兴王张辅传》，［明］焦竑辑：《国朝献征录》卷五《公一·世封公》，周骏富辑：《明代传记丛刊》第109册，第177页。

⑥《明太宗实录》卷一七八，永乐十四年七月丙午，第1941页。

⑦《成国公赠太师谥庄简朱仪神道碑》，［明］焦竑辑：《国朝献征录》卷五《公一·世封公》，周骏富辑：《明代传记丛刊》第109册，第164页。

征战,而是主要久居两京,领授五府、京营、侍卫及南京守备等职务。从一些勋爵的履历来看,在执掌两京军政事务的同时,他们最频繁的职事即主持各类皇家典礼。较为典型者,嘉靖、隆庆、万历三朝在爵的成国公朱希忠,曾祭拜显陵、代祭郊庙,又册封太子、监修两朝实录、知经筵事,即使晚年解除营府之务后,仍参与礼仪事务而不辍①。再如隆庆、万历朝领爵的临淮侯李言恭,终生好文习礼,历掌礼仪事务,屡屡分祭天地、册封宗藩,更在外藩朝贡时多次陪侍燕享,而皇帝之所以乐于任用言恭专侍燕享,就在于他好“奋迹词坛,招邀名流”②,有儒者之风,可宣扬天朝气度。另如隆庆朝袭爵的定国公徐文璧,曾为隆庆、万历两朝太子冠礼的掌冠使;又长期“摄班首”,屡次充正使册封诸嫔妃及藩王,并主持皇家婚礼;还曾充耕耤三公,知经筵,以皇亲身份护葬孝安皇太后;甚至八次主持进士恩荣宴,连年代祭天地。相比徐文璧所领礼仪职事的繁多,其军政职权却只有领管侍卫将军、执掌都督府及领兵营建等③。可见,在这些嗣爵勋臣身上,军事贵族的身份特征日趋减弱,宫廷贵族的特性日趋明显。

综上所述,可对明代勋臣祭祀、礼仪职权的特征做出两点基本结论:首先,明代勋臣全面替代前朝三公、宰相在朝廷重要祭祀与典礼中的作用,显示出国家政治与礼制体系中重爵的特征。其次,有爵位的外戚与驸马都尉常与勋臣共同参与礼制活动,而从皇家丧礼举办的情况来看,皇帝更倾向于委派戚臣驸马主持具有皇家私礼性质的仪式。在这两点结论的基础上,本章将进一步研究勋臣参与郊庙、社稷、山陵等国家最高祀礼的情况。

二　从请告到代祭:勋臣在郊庙社稷祀典中的作用

(一)请告与代祭郊庙社稷的一般规制

天地、太庙、社稷之祭是明代法定的朝廷大祀④,明代勋戚、驸马所领最

---

① [明]张居正:《张太岳集》卷一二《特进光禄大夫柱国太师兼太子太师成国公追封定襄王谥恭靖朱公神道碑》,第153页。
② [清]钱谦益:《列朝诗集小传》丁集上《李临淮言恭》,第461—462页。
③ [明]沈一贯:《喙鸣诗文集·文集》卷一六《太师兼太子太傅掌后军都督府事定国公赠特进光禄大夫柱国谥康惠西亭徐公墓志铭》,《四库禁毁书丛刊》集部第176册,第281—282页。
④ 正德《明会典》卷八〇《礼部三十九·祠祭清吏司·祭祀一》第2册,第208页;万历《明会典》卷八一《礼部三十九·祠祭清吏司·祭祀通例》,第460页。

高祭祀职权就是代替皇帝请告或主祭天地、太庙、社稷,现着重论析此重要职权如下:

明末所修《太常续考》载,"凡国有册立、册封、冠、婚、营缮、出师、岁时旱潦大灾难,请告郊、庙、社稷"①。这里所谓的"请告"又称"祭告",即指临时祭拜以向神灵及祖宗通告请示,以求护佑。针对不同事件,朝廷请告对象也不尽相同,如皇帝登极要遍告天地、宗庙、社稷,皇室婚礼一般仅告天地与太庙,皇室冠礼或仅告宗庙。另外,岁时灾变除告天地、社稷外,朝廷还会特别请告山川云雨诸神,以祈祷风调雨顺。请告仪式系国家大典,多选勋戚、驸马等贵胄大臣执行,更有皇帝亲准传奉委派的情况②。笔者尽量均衡选取明朝前期、中期、后期三个时段的各种事例,列表以示勋戚大臣在请告仪式中的表现(见表24):

表24　勋臣请告事例表

典礼类别	事例	告天地者①	告太庙者	告社稷者	告山川、城隍、后土司工之神者	资料出处
皇帝登极	仁宗登极	英国公张辅	定国公徐景昌	宁阳侯陈懋		《明仁宗实录》卷一上,永乐二十二年八月丁巳。
	宪宗登极	会昌侯孙继宗	广宁侯刘安	怀宁侯孙镗		《姚文敏公遗稿》卷一〇《礼部为礼仪事》,《四库全书存目丛书》集部第34册。
	神宗登极	成国公朱希忠、英国公张溶	驸马许从诚	定西侯蒋佑		《明神宗实录》卷二,隆庆六年六月甲子。

①《太常续考》卷七《太常寺·告郊庙社稷》,景印《文渊阁四库全书》第559册,第255页。

②如嘉靖三十二年,北京外城修成,世宗命司礼监传奉圣谕,遣成国公朱希忠请告太庙(见[明]欧阳德:欧阳南野先生文集》卷四《城工告庙》,《四库全书存目丛书》集部第80册,济南,齐鲁书社,1997年,第572页)。

③嘉靖九年开始,世宗改合祀天地为分别祭祀天地于南、北郊,故明代后期告天、地者为两人。

续表

典礼类别	事例	告天地者	告太庙者	告社稷者	告山川、城隍、后土司工之神者	资料出处
册立皇子	天顺七年册太子、封诸亲王	忠国公石亨	文安伯张軏	太平侯张軏		《明英宗实录》卷二七六，天顺元年七月戊辰。
	成化十一年册太子	英国公张懋	抚宁侯朱永	襄城侯李瑾		《明宪宗实录》卷一四七，成化十一年十一月癸丑。
	万历二十九年册太子及诸王	南郊成国公朱应槐、北郊宁阳侯陈应诏	驸马侯拱宸	彰武伯杨世阶		《明神宗实录》卷三六四，万历二十九年十月己卯。
皇室冠礼	景泰四年皇太子冠礼		宁阳侯陈懋			《明英宗实录》卷二二六，废帝郕戾王附录第四十四，景泰四年二月乙未。
皇室冠礼	成化十四年太子冠礼		抚宁侯朱永			《明宪宗实录》卷一七六，成化十四年三月癸亥。
	天启元年熹宗冠礼	南郊成国公朱纯臣、北郊泰宁侯陈良弼	驸马万炜			《明熹宗实录》卷五，天启元年正月甲午。
皇帝婚礼	正统七年皇帝纳采礼	英国公张辅	西宁侯宋瑛			《明英宗实录》卷九二，正统七年九月辛酉。
	天顺八年宪宗大婚	会昌侯孙继宗	怀宁侯孙镗			《明宪宗实录》卷六，天顺八年六月辛卯。
	万历六年神宗大婚	南郊英国公张溶、北郊保定侯梁继璠	驸马许从诚			《明神宗实录》卷七一，万历六年正月辛未。

续表

典礼类别	事例	告天地者	告太庙者	告社稷者	告山川、城隍、后土司工之神者	资料出处
上帝后号	永乐二十二上永乐皇帝、皇后谥号	英国公张辅	宁阳侯陈懋	安远侯柳升		《明仁宗实录》卷二上，永乐二十二年九月上辛巳。
	成化二十三年上皇太后徽号	保国公朱永	驸马周景	襄城侯李瑾		《明宪宗实录》卷二八九，成化二十三年四月乙酉。
	隆庆六年上隆庆皇帝谥号	南郊成国公朱希忠、北郊英国公张溶	驸马许从诚	定西侯蒋佑		《明神宗实录》卷三，隆庆六年七月丙戌。
修缮营建	成化元年承天门修成	会昌侯孙继宗	定襄伯郭登		工部尚书白圭祭司工之神	《明武宗实录》卷一一九，正德九年十二月己丑。
	万历三年修缮庙、社稷工完		驸马许从诚	镇远侯顾寰	侍郎陶承学祭后土司工之神	《明神宗实录》卷四四，万历三年十一月庚戌。
岁时灾变	正统八年久旱	英国公张辅		成国公朱勇	礼部尚书胡濙告太岁、风云、雷雨岳、镇、海、渎、山川之神	《明英宗实录》卷一〇三，正统八年四月庚子。
	成化五年十月当寒反燠	英国公张懋		抚宁侯朱永	武靖侯赵辅告山川	《明宪宗实录》卷七四，成化五年年十二月月辛亥。
	万历十八年亢大旱无雨	南郊定国公徐文璧、北郊恭顺侯吴继爵			临淮侯李言恭告山川，伏羌伯毛登告风云雷雨	《明神宗实录》卷二二二，万历十八年四月戊子。

续表

典礼类别	事例	告天地者	告太庙者	告社稷者	告山川、城隍、后土司工之神者	资料出处
大征大捷	英宗北亲征瓦剌	英国公张辅	成国公朱勇			《明英宗实录》卷一七五,附录第九,正统十四年二月辛未。
	正德十四年御驾南征	新宁伯谭祐	驸马蔡震			《明武宗实录》卷一七七,正德十四年八月戊辰。
	万历三十九年宣甘镇捷	英国公张惟贤、武定侯郭大诚	驸马侯拱宸			《明神宗实录》卷四八三,万历三十九年五月戊午。

由上表不难看出,请告天地者一般为公爵,或当时年资最长的勋旧老臣,而成国公、英国公两家"靖难"元勋后裔被派出的次数最多。请告宗庙者以驸马或有皇亲身份的勋臣为主,如众所周知的定国公徐氏为成祖徐皇后家,西宁侯宋氏有子弟为驸马[1],而宁阳侯陈氏有女嫁成祖为妃[2]。另如文安伯张軏是英国公张辅弟,辅、軏父张玉有女为成祖贵妃,张辅自己又有女为仁宗贵妃[3],张氏一门自然也属皇亲之类。请告社稷者一般为有资历的侯、伯勋臣。需要说明的是,请告宗庙在国家大典之外也有皇室家礼的性质,但明代规定同姓宗王分封各地而不留两京,在这种情况下,由作为皇帝亲眷的驸马、外戚请告宗庙也是符合情理的。其实,明代与宗庙相关的礼仪活动也多由驸马戚臣主持。如正德九年(1514)十二月举行宗庙祫祭之前遣告列朝祖宗,由驸马都尉蔡震告拜朱元璋曾祖懿祖皇帝及朱元璋祖父熙祖皇帝[4]。另如嘉靖二十九年(1550)祧仁宗昭皇帝神位,有驸马邬景和奉命

---

①《明史》卷一二一《公主传·安成公主、咸宁公主》,第3670页。

②[明]李贤:《古穰集》卷一〇《奉天靖难推诚宣力武臣特进荣禄大夫柱国太保宁阳侯追封潘国公谥武靖陈公神道碑铭》,景印《文渊阁四库全书》第1244册,第583页。

③《明太宗实录》卷八八,永乐七年二月己卯,第1169页;《明仁宗实录》卷八上,洪熙元年三月丁丑,第251页。

④《明武宗实录》卷一一九,正德九年十二月丁巳,第2410页。

行礼,别有驸马谢诏亲捧仁宗神主①。

　　明代岁时大祀举行的时间、频次基本沿袭历代旧制。天地之祭,洪武初定每年以冬至日南郊祭天、夏至日北郊祭地,洪武十年(1377)以后定每年春正月合祭天地于南郊,嘉靖九年又复南北分祭制度如洪武初;宗庙之祭,每年以春正月、夏四月、秋七月、冬十月四行,并在岁末行合享之祫礼;社稷之祭,以春二月、秋八月岁时两行②。岁时大祀是朝廷最重要的礼仪活动之一,明代典制明确规定由皇帝亲拜,但若皇帝遇事无法亲行,仍需由他人代理。中国历代朝廷多对大祀代祭人选有具体规定,例如唐代郊庙与社稷祭祀便多由臣子代摄③,明代代祀仪轨亦载于国家典章制度中,但没有具体开列代祭的人选④。其实,明代前中期的皇帝多遵循祖制,相对勤于亲祭,从有限的臣子代祭事例中可知,亲王、驸马、外戚、勋臣等皇亲国戚与勋旧大臣皆可作为代祭人选。明初代祀郊庙者一般为太子、皇孙,他们作为天潢贵胄,有着最为名正言顺的代祭权责。永乐年间,成祖久居北京,皇太子留驻南京,因而常以太子代祀天地⑤。另外,仁宗第十子卫王瞻埏受到父兄宠爱,终身留京未之国,因此在宣德、正统两朝摄"郊、社、陵、庙"⑥祭祀之事。如宣德九年(1434),宣宗巡边,当年十月孟冬的宗庙大祭即由卫王代行⑦。至正统初期,因英宗年幼,卫王作为皇叔仍不时代祭南郊⑧。

　　正统四年(1439)正月,朝廷将大祀天地,时卫王已薨,北京再无久驻的宗亲,英宗于是遣英国公张辅摄礼⑨,这应该是明代勋戚代主大祀之始。正

---

①《明世宗实录》卷三六七,嘉靖二十九年十一月壬寅,第 6568 页。

②万历《明会典》卷八一《礼部三十九·祠祭清吏司·郊祭一》、卷八五《礼部四十三·祠祭清吏司·社稷等祀》、卷八六《礼部四十四·祠祭清吏司·庙祀一》,第 461、488、497 页。

③见〔日〕金子修一:《唐代の大祀·中祀·小祀について》,《高知大学学术研究报告》第 55 卷,人文科学第 2 号,1976 年。

④洪武朝所定大祀遣祭之仪,详见《明太祖实录》卷二二八,洪武二十六年六月壬寅,第 3338—3339 页。

⑤正德《明会典》卷八〇《礼部三十九·祠祭清吏司·祭祀一·郊祀》第 2 册,第 209 页。逐年排查《明太宗实录》,永乐十二年以后,皇太子代祭较为频繁,显然由于成祖忙于北方事务,难以亲祭南都庙坛(见《明太宗实录》卷一四七、卷一六〇、卷一七二、卷一九六、卷二〇八、卷二二〇的相关记载)。

⑥〔明〕郑晓:《吾学编》第十六《皇明同姓诸王传》卷三《卫王》,《四库禁毁书丛刊》史部第 45 册,第 142 页。

⑦《明宣宗实录》卷一一二,宣德九年九月癸未、戊子,第 2533 页。

⑧《明英宗实录》卷二六、卷三八,正统二年正月丙午,正统三年正月丁酉,第 522、735 页。

⑨《明英宗实录》卷五〇,正统四年正月甲午,第 963 页。

统十四年八月,英宗北征至宣府,又遣在京的驸马都尉焦敬祀社稷 ①。与皇子亲王代祭相比,勋戚驸马代祀的体统与规格已经降低,但明代王子出京就藩是不可动摇的祖制,卫王成年却不之国实属非常个例,在北京无宗室的情况下,代祭制度只能相应做出调整,转而主要由异姓贵族承担。从英国公张辅、驸马焦敬二人的履历与身份来看,张氏系"靖难"功臣,又兼有外戚身份,是正统朝地位最高的元勋老臣;而焦敬乃仁宗女庆都公主驸马,按辈分为英宗姑丈。张、焦二人作为当时京中尊隆的贵胄皇亲,显然是最适合代领大祀的人选。景帝也曾因病连夜下旨命成国公朱仪代祭太庙 ②。至景泰末年,景帝病重,忠国公石亨又被紧急授权代拜天地、宗庙 ③。据《明实录》中内阁大学士陈循的奏言记载,景帝在准备亲祭南郊的前一天夜晚独召石亨至斋宫,于榻前授命其代礼,石亨亲见皇帝病势危急,因此萌生迎英宗复辟的计划 ④。可见,当时景帝确实已无法亲祭。综上所述,在明代前期,勋戚代摄大祀的情况多出于特殊原因,并非常例。

(二)正德、嘉靖两朝勋戚代祭的常态化

至正德朝,大祀由贵胄一时权宜代行的机制出现变化。由于武宗荒于游嬉,平日无事即频繁派遣勋戚、驸马出祭,勋戚代摄开始成为常态,这既标志着大祀制度偏离祖宗典制的衰变,也反映了皇权日渐腐化的态势。在正德十二(1534)、十三(1535)、十四(1535)、十五(1536)诸年,武宗因北巡边镇、南征宁王诸事,更无暇顾及庙坛岁祭,故全权指派勋戚代祀宗庙、社稷。笔者现依《明武宗实录》,将相关情况胪列如下(见表 25):

表 25　正德朝勋戚、驸马代祀宗庙、社稷事例表

年份	代祀宗庙者	代祀社稷者
正德二年		春二月,英国公张懋
正德三年		秋八月,新宁伯谭祐
正德四年	冬十月,驸马樊凯	秋八月,英国公张懋

①《明英宗实录》卷一八一,正统十四年八月戊午,第 3496 页。
②《成国公赠太师谥庄简朱仪神道碑》,[明]焦竑辑:《国朝献征录》卷五《公一·世封公》,第 164 页。
③《明英宗实录》卷二七三,景泰八年正月辛未、戊寅,第 5781、5782 页。
④《明英宗实录》卷三三五,天顺五年十二月己丑,第 6854 页。

续表

年份	代祀宗庙者	代祀社稷者
正德五年	夏四月,驸马蔡震 秋七月,驸马樊凯	春二月,英国公张懋 秋八月,新宁伯谭祐
正德六年	夏四月,驸马游泰 冬十月,驸马游泰	春二月,惠安伯张伟
正德七年		春二月,定国公徐光祚 秋八月,会昌侯孙铭
正德八年	秋七月,成国公朱辅	
正德九年	冬十月,驸马蔡震	春二月,新宁伯谭祐 秋八月,成国公朱辅
正德十年	夏四月,成国公朱辅	春二月,成国公朱辅 秋八月,新宁伯谭祐
正德十一年	冬十月,驸马游泰	春二月,新宁伯谭祐 秋八月,定国公徐光祚
正德十二年	春正月,驸马林岳 夏四月,驸马马诚 秋七月,会昌侯孙铭 冬十月,驸马游泰 岁末祫祭,会昌侯孙铭	春二月,驸马游泰 秋八月,定国公徐光祚
正德十三年	春正月,驸马游泰 夏四月,定国公徐文祚 秋七月,驸马崔元 冬十月,驸马马诚 岁末祫祭,驸马崔元	秋八月,会昌侯孙铭
正德十四年	春正月,驸马游泰 夏四月,驸马蔡震 秋七月,驸马蔡震 冬十月,驸马崔元 岁末祫祭,驸马崔元	春二月,新宁伯谭祐
正德十五年	春正月,武定侯郭勋 夏四月,驸马崔元 秋七月,驸马游泰 冬十月,驸马崔元 岁末祫祭,驸马蔡震	
正德十六年	春正月,驸马崔元	春二月,武定侯郭勋

从以上事例中可见正德朝的代祭有两个特点:首先,勋戚大臣未有代祭

天地者。祭祀天地是历代王朝最重要的礼仪大典,体现了皇权天授的统治合理性,即所谓"帝王之祀莫重于郊"①,因此武宗也不敢无端将祭祀天地的职责授与朝臣。其次,正德皇帝大体上以驸马或有皇亲身份的勋臣代祭宗庙,以一般勋臣代祭社稷,这又与请告郊庙时勋戚、驸马的职分原则相一致。整体而言,武宗接连数年遣臣下代祀宗庙、社稷,这已属变乱祖制,更有损国体,但他仍在某些方面遵守了祭礼的传统规制。

武宗荒怠郊庙的做法起到了不良的示范作用,对后世影响深远。嗣后,世宗以小宗入登大宝,他推行分祀天、地,恢复宗庙"同堂异室"的礼制改革为治史者所熟知。嘉靖十一年(1532)以前,世宗每岁必亲郊,颇显敬天法祖之意,但自嘉靖十一年始,他长期不亲拜郊庙,与武宗相比有过之而无不及。

据《明世宗实录》记载,嘉靖十一年惊蛰,"始行祈谷礼于圜丘","上以疾不能躬事",乃命武定侯郭勋代祭②,此嘉靖朝勋戚代祭大祀之始。中国历代王朝多在孟春上辛日祈谷,其规格与郊祀相仿,不过朱元璋礼制从简,不设祈谷之制,明代祈谷乃世宗首创,隆庆之后亦停不行③。既然嘉靖帝如此热衷于恢复古礼,祈谷又属国之大典,皇帝理应尽力亲行;而且,在嘉靖十一年,世宗是年龄尚不及而立的青年,即便有病,难说是因病重而无法亲祭。关于世宗力主兴复祈谷又怠于亲祭的深层缘由,还需从他礼制改革的根本目的论起。据《明世宗实录》的记载,世宗恢复祈谷礼,与其推行郊祀分配二祖之事密切相关:

> 初上(指世宗)更定郊祀,谓二祖(指朱元璋、朱棣)并配非古礼,欲分配圜丘、大祀殿,因诸臣固请,乃许大祀殿祈谷奉二祖配,而心不然也。十年正月上辛,大祀殿行礼毕,谕大学士张孚敬:"二圣配帝之事决不可为范后世,自来只是祖配天,今大报并祈谷俱当奉太祖配。"寻亲制祈谷祝文并仪注,改用惊蛰日行礼于圜丘,奉高皇帝配,仪视大报少杀,着为定典。④

---

① [明]夏言:《夏桂洲先生文集》卷一一《请敕廷臣会议郊祀礼疏》,《四库全书存目丛书》集部第74册,济南,齐鲁书社,1997年,第492页。
②《明世宗实录》卷一三四,嘉靖十一年正月辛未,第3175—3176页。
③万历《明会典》卷八四《礼部四十二·郊祀四·祈谷》,第484页。
④《明世宗实录》卷一三四,嘉靖十一年正月辛未,第3175—3176页。

有学者认为,世宗力主在郊祀中独配太祖,其根本意图在于置太祖神位于宗庙的正中,以便升祧德祖而将兴献王祔入帝系正统①。整体而言,世宗礼制改制的本质是为推崇生父,当嘉靖十一年(1532)祈谷独配太祖的目的达到后,他就失去了亲主祀礼的兴趣,于是遣郭勋代行。另据《万历野获编》所言,皇帝命郭勋代行祈谷的敕令发下时,"张永嘉新召还居首揆,夏贵溪新简命拜宗伯,不闻一言匡正"②。张璁、夏言等"议礼"重臣之所以对代祭无所匡谏,正是因为他们早已揣明皇帝革新礼制的真正目的。

世宗复创祈谷而又不亲行,这大失朝廷威仪,当时朝臣中并非没有诤谏的大臣,给事中叶洪就奏言:"祈谷、大报,祀名不同,其为郊天一也。"又言:"郊禋礼重,不宜摄以人臣,请俟圣躬万福,即于仲月上辛改卜其吉,銮舆仍亲行礼。"对此,世宗答曰:"祈谷之祭与大报不同,礼文自有隆杀,况遣官代祭乃祖宗朝故事,洪妄言,姑不究已而。"③此外,刑部主事赵文华指出郭勋"武臣不宜代祭",但皇帝以郭勋"乃勋戚重臣,不可与武职比"批驳之,并夺赵文华俸五月④。世宗所强调的"遣官代祭乃祖宗朝故事"及郭勋是"勋戚重臣"的说辞,虽然有一定的道理,但却回避了勋戚代郊在正统诸朝只是一时权宜的事实,有将代郊制度化的倾向。世宗这种在制度层面公然夸大代祀的合理性的做法,在懈怠礼事方面比武宗又更甚一步。

至嘉靖十一年二月,世宗疾病已有所康复⑤,但在当年及嘉靖十二年两年中,他依旧反复以养病为名深居大内,并派遣武定侯郭勋独领天地、宗庙、社稷的祭祀大权。嘉靖十一年夏至,世宗派遣武定侯郭勋代祀方泽⑥。在嘉靖十二年,郭勋几乎代领了全部大祭,其中正月代祭宗庙⑦,二月代祈谷⑧,五月代祭地于方泽⑨,八月代祀太社、太稷⑩,十一月代祭天于圜丘⑪,凡此种种,不一而足。值得注意的是,当时世宗大力推行的四郊分祭制度刚刚确

①赵克生:《明代郊礼改制述论》,《史学集刊》2004年第2期。
②[明]沈德符:《万历野获编》卷一《列朝·代祀》,第50页。
③《明世宗实录》卷一三四,嘉靖十一年正月辛未,第3176页。
④《明世宗实录》卷一三四,嘉靖十一年正月辛未,第3176页。
⑤《明世宗实录》卷一三五,嘉靖十一年二月庚辰,第3189页。
⑥《明世宗实录》卷一三八,嘉靖十一年五月戊午,第3243页。
⑦《明世宗实录》卷一四六,嘉靖十二年正月庚戌,第3380页。
⑧《明世宗实录》卷一四七,嘉靖十二年二月丙子,第3395页。
⑨《明世宗实录》卷一五〇,嘉靖十二年五月壬戌,第3442—3443页。
⑩《明世宗实录》卷一五三,嘉靖十二年八月戊寅,第3468页。
⑪《明世宗实录》卷一五六,嘉靖十二年十一月乙丑,第3525页。

立,此时频繁遣官代祭郊庙,不但有违祖宗礼法,也不利于新定礼制的落实。由此亦可见,世宗的礼仪改革多是为配合推崇生父而为之,他对国家祭祀本身很可能并没多关心。沈德符《万历野获编》对此有直接批评:

> 嘉靖十一年二月惊蛰节,当祈谷于圜丘,上命武定侯郭勋代行……次年十一月,大祀天于南郊,又命郭勋代之,大小臣遂无一人敢谏者。时上四郊礼甫成,且亲定分祭新制,遂已倦勤如此。①

至嘉靖十三年(1534)四月,郭勋仍代祭太庙,户科给事中张选对此提出异议,且言辞颇为激烈:

> 《语》曰:"吾不与祭,如不祭。"《传》曰:"神不享非类。"宗庙之不可不躬、不敬、不诚也,明矣。前者正月初九日孟春,特享太庙,时享世庙,适陛下圣体违和,暂遣勋臣代祭,内外臣民皆知陛下出于不得已耳,非诚敬之不至也。今者四月初一日孟夏,又当祫享太庙,时享世庙,大小臣工咸谓迩来圣躬万福,必亲行礼无疑。昨鸿胪寺为礼仪事,请于二十八日升殿,奉圣旨:"是。"今早乃遇免朝。万一复如故事,仍遣勋臣代祭,则陛下不得致其如在之诚。而异姓之臣气脉不通,祖宗在天之灵恐不来享,虽陛下孝本天性,养亲之诚无时不在,倘不躬行大事,则迹涉怠玩,惧无以风四方而示来世也。即如圣躬平复之初,未任趋蹡拜跪之劳,亦当明诏礼官,先期告庙,以陈其不得已之故。陛下亦须静处斋宫,以通神明之贶,以俟竣事,不可直谓遣某姓某官代祭而已也。②

张选所谓"异姓之臣气脉不通,祖宗在天之灵恐不来享"及"倘不躬行大事,则迹涉怠玩"的言辞,直接指摘皇帝怠慢列祖列宗,且有质疑嘉靖帝继统正当性的意味,触及皇帝的忌讳,世宗因而震怒,严敕礼部云:"是否朕偷安忽祀,礼部看了来说。"③礼部尚书夏言顺承"圣意",引经据典,逐条批驳张选所奏,夏氏疏云:

> (张选)以为执礼进谏之忠,然实不知其言之悖于理也。且夫代祭

---

①[明]沈德符:《万历野获编》卷一《列朝·代祀》,第50—51页。
②[明]夏言:《夏桂洲先生文集》卷一一《参驳给事中张选言时享不当遣官疏》,《四库全书存目丛书》集部第74册,第545—546页。
③[明]夏言:《夏桂洲先生文集》卷一一《参驳给事中张选言时享不当遣官疏》,《四库全书存目丛书》集部第74册,第546页。

之礼,其来尚矣。《周官》大宗伯之职曰:"若王不与祭,则摄位。凡太祭,王后不与,则摄而荐豆笾,彻。"《记》曰:"君子之祭也,必身亲莅之,有故则使人,可也。"今陛下以圣躬未康,遣官代事,乃礼之正,何谓不可? 至谓孔子曰"吾不与祭,如不祭",是言圣人之心,亦因有故不得与祭而使他人代之,故虽祭若未祭,然非谓虽疾必欲亲祭而不复可使人代也。所谓"神不享非类"者,盖指立异姓以莅宗祀之谓,非指代祭言也。《语》曰:"子之所慎,斋、战、疾。"是疾之所当慎,无以异于祭。孟子论礼,有"时而轻于食,是身固有重于礼"。今陛下致慎于疾,所重者身,是有得于孔子、孟子之意……且摄祭系循古礼,何假告庙之文;享祀既非躬亲,安取斋居之义。是选之言实异于《周礼》、孔孟之训矣。[1]

夏言覆奏上后,世宗仍怒意不解,他认为张选"罪不可宥",并责备夏言对张选有所回护,且依旧命令郭勋摄事太庙祭典[2]。细揣夏言所论,实多强为之说,如"吾不与祭,如不祭"与"神不享非类"等是中国传统祀礼中的最基本原则,夏言却偷换概念,百般曲解;夏氏为世宗开出的因遵循孔孟"慎疾"之教而无法亲祭的托词尤显牵强。然而,夏言的一整套奏言毕竟为代祭找到了更加充足的上古礼制依据,这使得皇帝可以进一步无所顾忌地派遣臣下代祀郊庙与社稷。

嘉靖十三年(1534)十月,世宗已久不视朝,又连续多年不亲郊庙,引发朝士非议,皇帝于是召谕内阁大臣:"因自幼受病,率五七日而解,今者病深,痰火间作,故早朝多废,不视事者一月。固欲假此静养,以冀消除,尤为郊祀二年不亲,心甚不宁,故专一摄养以候大报,恐群臣不悉朕意。"世宗又命礼部将召谕阁臣的内容播告群僚,以安朝局[3]。关于世宗当时确切病状,因史载未详,无法悉知,但可以肯定的是,世宗在所谓害病的这三年内一直有精力与能力控制朝政,他在嘉靖十二年迅速打击前朝外戚张鹤龄、张延龄兄弟[4];又接连赐予内阁大学士方献夫、夏言等人密疏银印,以便君臣之间密言政事,这表明世宗随时可以处理机要庶务[5]。

---

① [明]夏言:《夏桂洲先生文集》卷一一《参驳给事中张选言时享不当遣官疏》,《四库全书存目丛书》集部第74册,第546—547页。
②《明世宗实录》卷一六二,嘉靖十三年四月丁酉,第3596页。
③《明世宗实录》卷一六八,嘉靖十三年十月甲辰,第3682页。
④《明世宗实录》卷一五五,嘉靖十二年十月丙子,第3502—3505页。
⑤见拙文《论嘉靖朝"银印密疏"的使用》,《故宫学刊》第10辑。

　　嘉靖十五年正月,世宗依然以身染疾病为由命令郭勋在奉先、崇先两殿代行时享,祭拜祖宗 ①,所谓疾病,至此基本属于无端托词。奉先殿是明代皇帝家庙,与作为国家大祀的太庙祖宗祭拜相比,奉先殿时享更属皇室私礼,务必由皇帝亲拜。《明经世文编》所收万历朝礼部尚书沈鲤《庙享事宜疏》有旁批云:"奉先之祭,家人之礼也,即遇遣官,皆是勋旧执事。" ②明指郭勋代祭之事。嘉靖中期之后,勋臣岁时代主大祀已成惯例,相关事例不胜枚举,《万历野获编》总结云:

　　　　(世宗)至中叶而高拱法宫,臣下不得望清光,又何足异。盖代祀天地自癸巳(嘉靖十二年)始。至甲午(嘉靖十三年)后,遂不视朝。己亥(嘉靖十八年)幸承天还,途中火灾,上仅以身免,因归功神佑。壬寅(嘉靖二十一年)宫婢之变,益以为事玄之效,陶仲文日重矣。然邵元节实以嘉靖三年召入,五年遂封清微妙济守静修真凝元衍范志默秉诚至一真人,给玉、金、银牙印章各一,得密封言事……至陶仲文更劝上以退居,为祈天永命秘术,何论郊祀哉! ③

这段记载还道出了世宗长期不亲祀郊庙的另一层原因,即耽迷于道教醮修。由此可进一步证明,世宗的国家礼仪改革多追求表面形式,一旦成功将生父兴献王称宗祔庙,世宗便径自追求道家玄修而弃儒家正统祭典于不顾。嘉靖十八年(1539)之后,世宗常在紫禁城内的玄极宝殿举行拜天大礼以代替郊祀 ④。玄极宝殿同时供奉皇天上帝及世宗生父追封睿宗的神位,其形制有仿上古明堂之意 ⑤,世宗在此宝殿祭天,根本目的还是为了强化睿宗在宗庙中的正统地位。不过,即便是在玄极宝殿举行拜天仪式,皇帝也不时指派勋臣代为主持,如嘉靖二十二年、二十四年万寿圣节的玄极殿拜天礼均由成国公朱希忠摄行 ⑥,世宗对国家礼事的懈怠经此暴露无遗。

①《明世宗实录》卷一八三,嘉靖十五年正月甲子,第3888页。
②[明]沈鲤:《庙享事宜疏》旁批,[明]陈子龙辑:《明经世文编》卷四一七《沈龙江文集一》,第4525页。
③[明]沈德符:《万历野获编》卷一《列朝·代祀》,第50—51页。所谓"己亥幸承天还"的记载有误,世宗南幸承天是在嘉靖戊戌年,即嘉靖十七年。
④《明世宗实录》卷二二八,嘉靖十八年八月丙戌,第4726页;万历《明会典》卷八四《礼部四十二·郊祀四·嘉靖中定玄极宝殿拜天仪》,第488页。
⑤李军、王子林:《钦安殿与玄极宝殿考》,《故宫博物院馆刊》2011年第6期。
⑥《明世宗实录》卷二七七、卷三〇二,嘉靖二十二年八月壬午,嘉靖二十四年八月庚子,第5417、5734页。

需要指出的是,武定侯郭勋之所以被全权授予代祀大权,实有几个特殊原因:第一,郭勋是首先在"大礼议"中支持张璁、桂萼的勋贵,于世宗有扶保之功,他因此被加爵至翊国公[①]。第二,郭氏投皇帝所好,长期延引道士帮助世宗修玄炼丹[②],由是为皇帝所信赖。第三,武定侯家族除身为"开国"勋旧外,还兼有皇亲身份。具体来说,武定侯家始祖洪武功臣郭英有妹嫁朱元璋为宁妃,有子郭镇选为朱元璋女永嘉公主驸马,另有二女分选为辽王妃、郢王妃,还有一孙女为仁宗贵妃[③],因此郭氏子孙相比其他勋臣更适合代祀宗庙。在明中后期,勋戚代祀虽被皇帝肆意滥用,但主要以皇亲戚臣参与宗庙礼仪的原则却被较好贯彻。郭勋之外,常被世宗授权代祭的勋臣还有成国公朱希忠。历嘉靖、隆庆两朝,朱希忠共计"代祀圜丘三十有九,方泽二十有七",主持其他中祀的次数"尤众"[④]。在强调君臣有别、敬天法祖的中国传统社会,朱希忠超高规格的代祀大权已堪称奇事。朱希忠能够得此尊荣,除了"靖难"元勋后代的身份外,还与他的救驾功劳有关。嘉靖十七年,世宗南幸湖广承天府以祭拜显陵,归京时在卫辉行宫时遭遇火灾,成国公朱希忠与锦衣卫都督陆炳护送皇帝逃离险境,"由是被恩遇"[⑤]。由于世宗认为自己能够从承天火灾中"仅以身免"实系神灵保佑,自然将护驾的朱希忠视作神意的执行者而特加宠信,继而授予他沟通神祇的祭祀重职。

在世宗蛰居西苑玄修期间,郭勋、朱希忠与其他得幸的文臣、勋贵、外戚,如大学士严嵩、咸宁侯仇鸾、驸马都尉京山侯崔元诸人一同"直庐应制",为皇帝撰写"醮辞、门联以至表、启、歌、颂之类"[⑥]。嘉靖皇帝还不断提高郭勋等人在典礼活动中的地位。明代殿试之后例在礼部为新科进士举办恩荣宴,世宗强命郭勋在恩荣宴中列主席位次,导致礼部官员与郭氏争位,皇帝

①[明]沈德符:《万历野获编》卷一八《刑部·嘉靖丁亥大狱》,第465页。

②《明史》卷一三〇《郭英传》,第3824页。

③[明]郭良、郭勋辑:《毓庆勋懿集》卷一《洪武三年三月十一日太祖高皇帝书》《洪武七年鲁王书》;[明]杨荣:《文敏集》卷一七《开国辅运推诚宣力武臣柱国武定侯赠营国公谥威襄郭公神道碑铭》,景印《文渊阁四库全书》第1240册,第267页。

④[明]张居正:《张太岳集》卷一二《特进光禄大夫柱国太师兼太子太师成国公追封定襄王谥恭靖朱公神道碑》,第153页。

⑤[明]沈德符:《万历野获编》卷五《勋戚·陆炳扈驾功》,第142—143页;《明史》卷一四四《朱能传》,第4079页。

⑥[明]王世贞:《弇山堂别集》卷九《皇明异典述四·勋戚武臣直庐应制》,第165—166页。

最终回护郭勋,切责礼官①。在武举会试上,郭勋要求列座于兵部尚书之上,又与兵部官员相讦,世宗同样偏袒郭勋②。嘉靖帝甚至改变"武臣贵至上公,无得乘轿"的祖制,特赐朱希忠乘坐肩舆,此举被时人称为"旷典"③。郭勋、朱希忠二人享有无与伦比的礼仪职权与优待,甚至其他贵戚也无法望其项背。翻检《明世宗实录》可知,嘉靖一朝,英国公张溶也较为频繁地被派遣祭祀或请告郊庙、社稷,但张溶礼仪之权仍不能与郭勋、朱希忠二人相匹。

世宗急于躬亲大祀的行为对其子孙穆宗、神宗有着进一步的影响。穆宗亦曾派遣成国公朱希忠等代祀郊庙,但代祭次数相比世宗稍有减少。如隆庆二年(1568)正月,穆宗本已传旨命"孟春太庙遣公朱希忠代行",但因当年恰逢会试,大学士徐阶等力劝皇帝亲祭,其奏议云:

> 臣等窃惟,祭祀者,国家之大礼;春祭者,四时之首禋。在皇上必亲奉祼将,而后为孝为敬;在祖宗列圣亦必得皇上之躬亲对越,而后来格来歆。故孔子曰:"吾不与祭,如不祭。"自非有甚不得已之事,未有可以遣官代行者。况今朝觐官吏、会试举人,咸集京师,观望朝廷之举动……且自宫至庙,其路不远;奠献有数,其礼不繁。皇上躬一奉行,劳亦不甚。夫以宗庙大礼,虽劳犹不当避,况非甚劳者乎? 臣等用敢批沥上请,伏乞圣明,俯赐鉴允,仍亲诣太庙行礼。④

徐阶在奏疏中着重强调的,仍然是礼制传统中"吾不与祭,如不祭"的规范,这与嘉靖朝给事中张选批评世宗时所奏的核心内容相同。不过,不同于世宗的刚愎独断,穆宗接到徐阶奏报后,转而同意亲祭宗庙一次。由此可知,穆宗对于派遣大臣代祀之事尚不固执坚持,在一定程度上有扭转乃父故政的倾向。

神宗荒于国家祭礼的程度更甚于其父祖,他亲政后静摄深宫"不郊不庙"三十年的行径已为治史者所熟知,但容易被忽视的问题是,在皇帝"不郊不庙"的同时,国家大祀基本上全部由勋戚代理。可以说,勋戚代祭在万历一朝基本上是不成文的国家定例,这也标志着自正德朝以后皇帝对大祀

---

① [明]徐学谟:《世庙识余录》卷三,《四库全书存目丛书》史部第49册,济南,齐鲁书社,1996年,第208页。
② [明]沈德符:《万历野获编》卷五《勋戚·大臣恣横》,第140—141页。
③ [明]沈德符:《万历野获编》卷五《勋戚·戚里肩舆之滥》,第152页。
④ [明]徐阶:《世经堂集》卷四《请躬奉庙享》,《四库全书存目丛书》集部第79册,第434页。

亲祭的懈怠达到最高峰。神宗选派的代祭者也多集中为公爵数人,其中英国公张惟贤"每郊、坛、庙、社诸大祀,必命代进"[1],而定国公徐文璧更是"无岁不代郊"[2]。勋臣之外,万历朝驸马许从诚、侯拱宸、万炜等亦频繁代祀郊庙社稷,尤以太庙为多,相关事例不胜枚举,如万历三年(1575)许从诚代祭社稷[3],万历十五年末许从诚、侯拱宸代行太庙祫礼[4],万历三十一年冬至万炜代致祭宗庙[5],万历四十一年秋、冬侯拱宸代祭社稷又代行祫祭[6]。

三　从亲王到勋臣:两京帝陵主祭官员人选的变化

明代帝后陵寝之祭虽在朝廷礼仪体系中被定为中祀,但由于皇帝颇重祖宗山陵体统,因此陵祭的重要性实际上不亚于作为大祀的太庙祭祀[7]。明代山陵之祭一般遣官代摄,而主祭官的人选历经变化,最终在万历朝之后主要由勋臣专领。可以说,祭陵是勋臣最高的礼仪职权之一,尤能体现他们的尊隆地位,因此笔者在本章专辟一节考论明代两京帝陵主祭官的演化过程,藉以进一步探析勋臣群体在明代国家礼制中的突出作用。

(一)亲王、驸马的宗亲身份与陵祭职权

关于明代帝陵的岁时祭祀,据正德、万历两朝《明会典》及《礼部志稿》记载,南京孝陵每岁正旦、孟冬、忌辰、万寿圣节俱行香,清明、中元、冬至俱大祭。北京陵寝清明、中元、冬至大祭,而忌辰、正旦、孟冬、万寿节行香。嘉靖十五年(1536)七月,又增改霜降"遣官行礼"[8]。每当某一先帝、先后的忌

①[明]叶向高:《苍霞续草》卷一〇《英国公凤冈张公墓志铭》,《四库禁毁书丛刊》集部第125册,第102页。

②[明]沈一贯:《喙鸣诗文集·文集》卷一六《太师兼太子太傅掌后军都督府事定国公赠特进光禄大夫柱国谥康惠西亭徐公墓志铭》,《四库禁毁书丛刊》集部第176册,第282页。

③《明神宗实录》卷三八,万历三年五月壬寅,第887页。

④《明神宗实录》卷一九三,万历十五年十二月癸未,第3635—3636页。

⑤《明神宗实录》卷三九〇,万历三十一年十一月壬申,第7355页。

⑥《明神宗实录》卷五一一、卷五一五,万历四十一年八月戊子,万历四十一年十二月壬子,第9663、9721页。

⑦《明代帝王陵墓制度研究》第四章《明代帝王陵墓制度若干问题的专题研究》第四节《明代皇陵祭祀制度研究》,北京,人民出版社,2006年,第493—497页。

⑧正德《明会典》卷八三《礼部四十二·祭祀四·陵寝》第2册,第244页;万历《明会典》卷九〇《礼部四十八·陵坟等祭·陵寝》,第515页;[明]俞汝楫:《礼部志稿》卷二八《祠祭司职掌·陵寝》,景印《文渊阁四库全书》第597册,第533页。

辰时,朝廷就会单独祭祀其入葬的陵寝。如宣德十年(1435)五月,逢仁宗忌日,故专祭献陵[①]。另如宣德十年七月,时会成祖徐皇后忌日,英宗又遣官祭拜长陵[②]。其余清明、冬至等大节,所有天寿山陵寝均被一次性祭拜。此外,逢新陵修成、帝后入葬及宫殿修缮等大事,朝廷也会不时祭告陵寝以示敬天法祖[③]。

　　明代规定,"帝王陵寝及孔子庙则传制特遣"[④]。明代帝陵祭祀一般由大臣主持,皇帝亲祭者较少。根据万历朝内阁大学士朱国祯《涌幢小品》的统计,"国朝谒陵亲祭,自英宗正统后,五朝不复举","至世宗乃克亲行,穆宗一行,神宗亦如之。又以寿工,亲往者三"[⑤]。相较明代其他皇帝,世宗亲祭陵寝的次数较多,且对陵寝制度的更迭亦多[⑥]。嘉靖帝此举,其一为监督自己陵寝的修建,其二无疑也是为拉近与祖宗神灵的关系,强化他以小宗外藩继承大统的合理性。不过,嘉靖、隆庆之际蒙古连年进犯北边,昌平天寿山陵区迫近前线,皇帝车驾毕竟不便轻至。隆庆元年(1567)八月,穆宗有意效仿乃父而亲自祭拜天寿山,内阁大学士徐阶连续上奏请止,其疏云:

　　　　皇上欲躬诣天寿山行秋祭礼,盖重祖宗弓剑之藏,切岁时霜露之感,此乃圣孝所发,比之别样游幸不同,臣等岂不欲将顺。但天子之孝,以保安社稷为大。故累朝旧制,发引之送,止于午门,而祭之礼惟太庙亲奉。其山陵皆只遣官,即在常时尚不轻出,凡以重社稷也。今东西二虏日夕窥伺,发旗聚兵,已有行迹,蓟、辽、宣、大警报屡闻,此何时耶?皇上顾欲冒危而往,万一至彼,稍有震惊,于时悔之亦复何及。[⑦]

穆宗接徐阶等人的奏疏后便打消了亲自祭陵的计划[⑧]。

　　至于祭拜陵寝的大臣人选,正德《明会典》又记载,南京孝陵祭事特令"勋旧大臣一员"主持,而北京陵寝"俱分遣驸马都尉行礼"[⑨]。弘治朝内阁大

①《明英宗实录》卷五,宣德十年五月癸未,第105页。
②《明英宗实录》卷七,宣德十年七月癸酉,第129页。
③正德《明会典》卷八三《礼部四十二·祭祀四·陵寝》第2册,第244页。
④正德《明会典》卷八〇《礼部三十九·祠祭清吏司·祭祀一》第2册,第208页。
⑤[明]朱国祯:《涌幢小品》卷六《陵祭》,第100页。
⑥万历《明会典》卷九〇《礼部四十八·陵坟等祭·陵寝》,第515页。
⑦[明]徐阶:《世经堂集》卷四《止驾诣天寿山疏一》,《四库全书存目丛书》集部第79册,第429—430页。
⑧《明穆宗实录》卷一一,隆庆元年八月戊申,第319页。
⑨正德《明会典》卷八三《礼部四十二·祭祀四·陵寝·宗庙祫祀之礼下》第2册,第244页。

学士丘浚在《大学衍义补》中提到了《会典》不载的亲王主祭故事：

> 我朝上陵之礼，岁凡三举焉。清明也，中元也，冬至也。每遇行礼，
> 文武诸司各遣官一员，而以亲王或驸马都尉主祀事。天下无事，天子于
> 清明日亦时或一行。其忌日，则惟遣驸马，而百官不与焉。①

若进一步爬梳史料可知，明前期朝廷最初兼用亲王、驸马祭陵，不久即独用
驸马。《涌幢小品》一书对此总结为："宣德中，留驸马颛职祀事。长陵复土，
宣宗自祭，间遣亲王，或改驸马。"②

明代丧仪多承袭唐、宋旧制，如永乐元年（1403）五月，逢太祖朱元璋忌
辰，礼部尚书李至刚等奏："考《宋会要》，凡国忌，前后各二月不行刑，不视
事，不举音乐，禁屠宰，百官赴景灵宫奉真殿行香。"又云："宋制，凡忌日于
各佛殿诵经，设帝后位，百官行香，今后宜依宋制，于天禧等五寺并朝天宫，
令僧道诵经三昼夜。"③山陵之祭也不例外。陵祀既属国家祀典，又切近皇帝
家族事务，故在唐、宋两朝即例有宗室、外戚等皇家亲眷参与或主持，这直接
影响到明代相关制度的构建。据《大唐开元礼》记载，唐代皇帝上陵时，有
"皇亲五等以上、诸亲三等以上并客使等应陪位者俱就位"，又有"皇亲、诸亲
并客使等并依位序"④站立。其中"皇亲"即同姓宗室，"诸亲"即外戚诸臣。
北宋已有委任宗室定期拜陵的定制，清代学者徐乾学《读礼通考》对此有详
细考证：

> （宋真宗大中祥符四年）命礼官定春秋二仲遣官朝陵礼注，以祭服
> 行事，专差宗正卿一员朝拜三陵，别遣官二员分拜诸陵……其后添差陵
> 庙行礼官四员，选朝官、京官宗姓者充。翰林学士钱惟演言："春秋朝陵
> 载于旧式，公卿亲往，盖表至恭。唐显庆中，始诏三公行事。天宝以后，
> 亦遣公卿巡谒。盖取朝廷大臣，不必须同国姓。后参用太常、宗正卿。
> 晋开运中，亦命吏部侍郎。近年以来止遣宗正等官，人轻位卑，实亏旧
> 制。望自今于丞郎、诸司三品内遣官，阙则差两省谏、舍以上。所冀仰
> 副追孝之心，以成稽古之美。"景佑初，沧州观察使守节言："寒食节例遣

---

①［明］丘濬：《大学衍义补》卷五九《治国平天下之要·秩祭祀》，第516页。
②［明］朱国祯：《涌幢小品》卷六《陵祭》，第100页。
③《明太宗实录》卷二〇上，永乐元年五月庚辰，第355—356页。
④《大唐开元礼》卷四五《吉礼·皇帝拜五陵》，第260页。

宗室拜陵,而十月令内司实往,非所以致祭。"乃诏宗室正刺史以上一员
朝拜。①

与宋代宽泛地派遣宗正官、宗室刺史以上拜陵相比,明初陵祭多任亲王,在
永乐朝,太子、太孙甚至也主持过山陵拜祭活动,《昌平山水记》有言,山陵
祭祀"国初遣太子、亲王"②。相关事例,如永乐十八年(1420)成祖派遣太孙
朱瞻基在冬至祭祀孝陵③。再如洪熙元年(1425)四月,仁宗遣太子谒祭凤阳
皇陵、南京孝陵④。又如宣德三年(1428)清明,朝廷遣郑王瞻埈"祭长陵、献
陵"⑤。还有宣德十年五月仁宗忌辰,英宗又遣其叔父卫王瞻埏祭献陵⑥;正
统元年(1436)清明,卫王又赴南京祭孝陵等⑦。卫王朱瞻埏因终身未出藩,
因此能够屡摄礼事,而仁宗第二子郑王瞻埈在宣德四年才就藩河南⑧,留居
京城的时间较长,因此也有代皇帝出祭的机会。古人"事死如事生,事亡如
事存",皇帝特遣太子、亲王祭陵,显然是注重主祭者身份的尊贵以及与自己
亲属关系的紧密,其目的在于虔诚告慰祖宗神灵以求庇佑家国天下。实际
上,"重尊"与"重亲"是明代陵寝主祀选任的两个基本原则。"重尊"体现出
山陵祭祀作为国之大典的威严,而"重亲"体现了陵祭同时具有皇室家礼的
性质。

在仁、宣两朝,也有驸马都尉长期担任孝陵主祭官,如仁宗时镇守南京
的成祖常宁公主驸马沐昕曾受命负责孝陵"四时祭祀",而南京都督府印信
由同时镇守的襄城伯李隆兼管,昕不与府事⑨。正统中期以后,南、北两京不
再有久居的亲王宗子,驸马便全面承担起祭陵的任务。相比亲王祭陵,驸
马在亲、尊两方面的体统已然降低。可以说,在明代中期,严格的亲王之国
制度已然影响到国家祭祀规格的维系,这与明初甚至宋代相比,在某种程度

①[清]徐乾学:《读礼通考》卷九四《上陵》,景印《文渊阁四库全书》第114册,上海,上海古籍出版
　社,1987年,第278页。
②[清]顾炎武:《昌平山水记》卷上,《熹庙谅阴记事(外五种)》,《顾炎武全集》,上海,上海古籍出版
　社,2012年,第609页。
③《明太宗实录》卷二三一,永乐十八年十一月癸酉,第2237页。
④《明仁宗实录》卷九下,洪熙元年四月辛亥,第291页。
⑤《明宣宗实录》卷四〇,宣德三年三月丙申,第977页。
⑥《明英宗实录》卷五,宣德十年五月癸未,第105页。
⑦《明英宗实录》卷一四,正统元年二月戊戌,第247页。
⑧《明宪宗实录》卷三〇,成化二年五月乙酉,第600页。
⑨《明仁宗实录》卷七下,洪熙元年二月戊辰,第244页。

上已属阙制。但是驸马身为皇室异姓近亲,其官阶又为超一品,位在勋臣公侯之下、伯爵之上,属顶级贵族,明人甚至有"公、侯、驸马伯四等之爵"[①]的说法,因此皇帝命驸马代替亲王拜陵,仍是为保证亲亲之仪与尊尊之制。成化、弘治朝翰林学士程敏政有《中元送蔡、樊二都尉谒陵用草庭都尉韵》,咏驸马蔡震、樊凯祭陵之事,可生动证明这一点:"都城初过雨,辇道净无尘。香帛供原庙,金貂遣懿亲。"又云:"去说贤劳共,来看帝命申。金兰忘异姓,玉树羡同伦。"[②]

可以说,由于明代的亲王分封制度,使得驸马部分地承担了本属宗室亲王的职能。另外,按《明会典》规定,宗人府国初"以亲王领府事,后但以勋戚大臣掌之"[③]。所谓掌府之"勋戚大臣",主要是有外戚身份的勋臣与驸马,但仍以驸马为多。宣德二年(1427),有身兼外戚身份的武定侯郭玹掌宗人府事[④]。嗣后,正统年间驸马沐昕、井源等先后统领府事[⑤],并相沿成例。

(二)勋臣、外戚在祭陵中作用的变化

成化朝之后,外戚、勋臣开始较多充任陵寝主祭,在明代中后期又逐渐代替驸马祭陵,对此《涌幢小品》有祭陵"南改魏国,庭臣皆陪;北则兼用勋戚,庭臣分陪"[⑥]的概论。现分论南、北两京陵祭人选的具体变化过程。

自正统初年至成化后期的明代中叶阶段,南京孝陵的祭祀基本由驸马专掌。正统六年(1441),太祖女宝庆公主驸马赵辉接替前任祭陵驸马沐昕"往南京奉孝陵岁时祀礼"[⑦]。赵辉历事六朝,专主奉祀,兼掌南京左军都督府,至成化十四年(1478)卒[⑧]。朝廷以赵辉一人长期专领祀事,实有支应不暇的隐患。赵辉主祭期间的天顺六年(1462),其长子病故,有丧不宜行礼,于是英宗暂遣魏国公徐承宗往祭孝陵[⑨],此勋臣祭祀孝陵之始,但并未成制。

①《明英宗实录》卷一九一,废帝郕戾王附录第九,景泰元年四月庚辰,第3943页。

②[明]程敏政:《篁墩文集》卷七四《中元送蔡樊二都尉谒陵用草庭都尉韵》,景印《文渊阁四库全书》第1253册,第542页。

③正德《明会典》卷一《宗人府》第1册,第42页。

④[明]罗亨信:《觉非集》卷四《镇朔将军总兵官武定侯郭公墓志铭》,《四库全书存目丛书》集部第29册,第553页。

⑤《明英宗实录》卷一二〇、卷一五九,正统九年八月乙卯,正统十二年十月庚申,第2422、3091页。

⑥[明]朱国祯:《涌幢小品》卷六《祭陵》,第100页。

⑦《明英宗实录》卷八二,正统六年八月庚辰,第1645页。

⑧《明宪宗实录》卷一七六,成化十四年三月癸酉,第3176页。

⑨《明英宗实录》卷三一一,天顺六年六月丙子,第6921—6922页。

成化九年,南京太常少卿刘宣上奏直言:"孝陵等祭专命驸马都尉赵辉……假令临期有故,不及奏请,欲更他官,则未有成命。请于五府、六部大臣内各增一员,遇有事故,即代行事。"宪宗诏准其奏①。由于资料阙载,笔者暂未查到当时由何人预备更代赵辉祭陵,不过此令仍未改变孝陵由驸马一名专祭的定制。赵辉死后,由宣宗女顺德公主驸马石璟继续主祭并掌南京左军都督府,璟在职一年卒②,魏国公徐俌正式成为石璟的继任者③。

自徐俌主祭孝陵始,单纯的驸马主祭官减少,孝陵转而主要由兼有皇亲身份的勋臣奉祀。按正德《明会典》所载,孝陵祭祀由"勋旧大臣一员"④掌领,并未言及驸马,这主要就是指魏国公徐俌主祀之后的情况。嘉靖十三年(1534),徐俌孙魏国公徐鹏举辞南京守备之职,但仍上奏请求朝廷保留其奉祀孝陵的职权,吏部覆议鹏举奏疏时,罗列了自徐俌以降历任孝陵主祭官的情况:

> 看得魏国公徐鹏举奏称伊系皇亲,先年奉敕主祀孝陵,近辞任,乞要仍命主祀一节为照。孝陵之祀,先年俱系简命皇亲,奉敕专掌,凡以隆本根,重陵祀而敦孝思也。自成化以来,则专以魏国公徐俌主之,盖俌亦仁宗皇后(此处原文有误,"仁宗皇后"应为"仁孝皇后",指成祖太后、魏国公徐达女徐氏)之亲也。后俌改任守备,则又以附(驸)马都尉杨伟主之。伟故,乃始命西宁侯宋恺协同守备,兼掌祀事。盖自是而官无专设矣。宋恺既去,则仍以徐鹏举兼之。备查旧例,亦或暂令守备代行,然皆不为常典,盖未有不系皇亲而奉敕主者也。今鹏举既准辞任,前项主祀似应别选,但伊祖徐俌先年主祀,亦不系见任守备之时,况主祀之与守备事体本无相关,今南京别无皇亲堪以拣用,所据本爵之请,相应俯从,但恩典出自朝廷,本部未敢擅拟,伏乞圣裁。⑤

据此,勋臣充任孝陵奉祀官的首要条件是兼有皇亲身份,而徐鹏举之所以被选任,也与皇亲出身有关,郑晓《今言》一书对此也有所总结:

---

①《明宪宗实录》卷一二〇,成化九年九月丁巳,第2329、2331页。
②《明宪宗实录》卷一九五,成化十五年十月乙酉,第3437页。
③《明宪宗实录》卷一九四,成化十五年九月丙子,第3430页。
④正德《明会典》卷八三《礼部四十二·祭祀四·陵寝》第2册,第244页。
⑤[明]李遂:《李襄敏公奏议》卷二《覆议魏国公主祀孝陵疏》,《四库全书存目丛书》史部第61册,济南,齐鲁书社,1996年,第42—43页。

孝陵奉祀礼,专敕皇亲……成化十五年,专敕魏国公徐俌。弘治九年,俌改守备南京,专敕驸马都尉杨伟。正德八年,伟卒,协同守备西宁侯宋恺兼掌行祭礼。正德十六年,恺还京,礼部请命南京协同守备丰城侯李旻奉祀。上曰:"孝陵奉祀,先年有专官,奉敕行礼。恁部里还议拟来说。改敕魏国公徐鹏举,令掌南京中府事。"①

按照主祀孝陵者必出身皇亲的标准,自成化十五年(1479)至隆庆初年主持孝陵祭祀的诸勋贵中,魏国公徐俌、徐鹏举祖孙是成祖皇后徐氏宗亲;西宁侯宋恺本身不是驸马,但出身于兼具驸马皇亲身份的功臣世家,其曾伯祖西宁侯宋琥、曾祖西宁侯宋瑛分别选尚成祖女安成、咸宁公主②。又根据上引《今言》这段记载统计明中期以后历任孝陵奉祀官的在职时长,魏国公徐俌在任约十七年,驸马杨伟在职十七年,西宁侯宋恺管事八年,魏国公徐鹏举在世宗登极之初的正德十六年(1521)五月受命主祭孝陵③,七月被命兼守备南京④,直至隆庆四年(1570)去世,专祭时间超过四十年⑤。由此可知,自成化十五年徐俌任主祭至隆庆初徐鹏举去世之间的近百年中,南京孝陵由勋臣奉祀的时间已大大长于由驸马奉祀的时间,且魏国徐氏一家在任时间尤为长久。

公、侯勋贵阶级高于驸马,由他们之中曾联姻帝室者祭拜山陵,亦不失朝廷祀陵重尊重亲之制。然而,明代皇室与勋家通婚的情况大体只出现于正统朝以前,对于明中期以后的皇帝而言,魏国、定国等勋爵与皇帝的亲缘关系已较远,不比当朝驸马的皇亲身份。但是造成勋臣在嘉靖朝以后依然取代驸马祭祀孝陵的主要原因,一方面在于可用的驸马人数非常有限,另一方面在于勋臣尤其是魏国公一族具备独特的祭祀条件,现就此两方面原因分论如下:

明代列朝公主数量较少,且间有早殇者,因此驸马数量本就不多,尤其

---

① [明]郑晓:《今言》卷二《一百三十三条》,第79页。

② 《明功臣袭封底簿》卷三《西宁侯》,第421—425页;《明史》卷一二一《公主传·安成公主、咸宁公主》,第3670页。

③ 《明世宗实录》卷二,正德十六年五月癸亥,第92页。

④ 《明世宗实录》卷四,正德十六年七月戊寅,第207页。

⑤ 《明穆宗实录》卷四二,隆庆四年二月辛丑,第1034页。徐鹏举在南京期间,其南京守备之职被时夺时与,但却始终执掌孝陵祭祀(见[明]王世贞:《弇山堂别集》卷六四《南京守备、协同、参赞大臣年表·南京守备》,第1202页)。

是武宗无女，导致至正德末年朝中仅有蔡震、游泰、崔元等驸马在世。世宗入继大统之后，嘉靖朝各类礼事繁多，亟需贵戚驸马主持仪轨，但蔡震、游泰二人因与世宗关系疏远且年老，不受重用，极少再被派遣参与祀礼①，仅往安陆迎驾封京山侯的驸马崔元被委以礼事重托②。嘉靖二年（1523）以后，明廷又陆续增选驸马邬景和、谢诏、李和、许从诚数人。其中邬景和与谢诏二人分别在嘉靖二年及嘉靖六年选尚兴献王女永福长公主与永淳长公主，邬、谢二人是世宗的姐夫、妹夫③。而李和、许从诚二人作为世宗女婿，实已晚至嘉靖三十四年、三十六年才膺选驸马④。总体而言，嘉靖一朝堪用的驸马数量仍十分有限，而且这些驸马还要承担北京天寿山陵祭与请告、代祭宗庙等礼仪事务，以及管理宗人府、锦衣卫大汉将军等职，不宜再分派南都久奉孝陵。

　　由于帝陵祭祀必由亲戚之臣主持，在驸马阙员不足用的情况下，朝廷自然就会委派具有皇亲身份的勋贵充任南京守备、协同守备等职，继而命他们兼祀孝陵以为便宜。其中魏国公徐氏家族作为洪武"开国"元勋首臣，地位在诸贵戚中最高，而且相比驸马只享一世皇亲重臣的尊荣，徐氏子孙世袭公爵之位，更与皇明国祚相始终，颇适合长久专祀太祖孝陵，从而保证孝陵祭礼规格的延续。可以说，自徐鹏举之后，皇帝专委驸马一名主祭孝陵的制度基本告罢⑤。隆庆四年（1570），又有朱元璋外甥李文忠后代临淮侯李庭竹接替徐鹏举守备南京，仍掌中军都督府事，并奉祭孝陵⑥。万历至崇祯诸朝，世居南京的历代魏国公无论是否充任守备等职，一般都要执掌孝陵祭祀。

　　与南京相比，北京帝陵主祀大臣的变化过程更显复杂，这主要体现在外

---

① 蔡震成化二年选尚英宗女宪宗妹淳安长公主，游泰成化九年选尚英宗女宪宗妹隆庆长公主（见《明宪宗实录》卷三四、卷一一八，成化二年九月丙申，成化九年七月癸丑，第 687、2278 页），蔡、游二人都是世宗姑爷辈的故老戚畹，至世宗登极时应已六十岁左右。通查《明世宗实录》，蔡震、游泰在嘉靖朝就很少再参与礼仪祭祀活动。

② 《明世宗实录》卷一四，嘉靖元年五月己酉，第 473 页。

③ 《明世宗实录》卷七九，嘉靖六年八月戊辰，第 1761 页；《明穆宗实录》卷八、卷二九，隆庆元年五月壬午，隆庆三年二月壬午，第 239、758 页；[明] 王世贞：《弇山堂别集》卷三六《郡王·公主》，第 652 页。

④ 《明史》卷一二一《公主传》，第 3675 页。

⑤ 根据列朝《明实录》的记载，嘉靖朝以后，仅隆庆元年永陵完工时，穆宗曾遣驸马许从诚南下告祭孝陵，除此以外，南都岁时陵寝常祭皆不再用驸马（见《明穆宗实录》卷一〇，隆庆元年七月己巳，第 282 页）。

⑥ 《明穆宗实录》卷四三，隆庆四年三月癸酉，第 1079 页。

戚的情况上。自成化朝始，天寿山陵寝的日常祭祀已由驸马全面主持，仅景泰皇帝陵寝自弘治元年（1488）起由仪宾祭拜①，规格低于其他帝陵。但驸马人数毕竟有限，于是皇帝便兼派有爵位的外戚祭祀帝陵。如弘治元年四月，宪宗茂陵修建完毕，孝宗分派驸马都尉王增、杨伟、游泰及太皇太后周氏弟长宁伯周彧、太后王氏弟瑞安伯王源分祭诸陵②。这是《明实录》中较早的有关外戚祭陵的记载。以这些领爵外戚主祭帝后陵寝，也可确保祀陵大典亲亲尊尊的体统。在驸马特缺的正德末年与嘉靖前期，外戚便被普遍地派出陵祭，其中孝宗张太后兄弟寿宁侯张鹤龄、建昌侯张延龄充任主祭的次数尤多。如正德十四年（1519），张氏兄弟同时被指派主祭长陵、献陵、景陵、裕陵、茂陵③。正德十六年十月，武宗皇帝神主被奉入太庙附享，世宗又遣张鹤龄、张延龄及安仁伯王桢分祭长陵等七陵④。嘉靖六年（1523）九月，世宗遣已晋封昌国公的张鹤龄与建昌侯张延龄、驸马京山侯崔元三人往祭七陵⑤。

外戚参与陵祭的同时，具有戚臣身份的勋贵也不时被授予主祭职权，较早一例见于景泰元年（1450）十二月，当时景帝命人修缮被瓦剌大军袭扰的天寿山陵寝，并特遣宁阳侯陈懋告祭长、献、景三陵⑥。这次祭拜非常规岁祭，而是专为告安祖宗神灵。陈懋系景泰朝唯一在世的"靖难"功臣，当然是告拜祖宗的不二人选。此外，陈懋有女嫁成祖为陈丽妃⑦，陈氏因而也具有外戚身份。另如正德十六年十二月末，朝廷以正旦将近，特遣英国公张崙、恭顺侯吴世兴、彭城伯张钦分祭天寿山陵寝⑧。这些勋臣之中，英国公张氏家族曾两次联姻帝室，张氏始祖"靖难"元勋张玉有女为成祖贵妃，张玉子首代英国公张辅又有女为仁宗贵妃⑨。恭顺侯吴氏家族也分别有女被成祖、宣宗纳为贵妃⑩。彭城伯张钦系出仁宗张皇后家族，其始封祖中军左都督张旹有"靖难"

①《明孝宗实录》卷一六，弘治元年七月甲子，第384页。
②《明孝宗实录》卷一三，弘治元年四月丁巳，第317页。
③《明武宗实录》卷一七八，正德十四年九月庚申，第3483页。
④《明世宗实录》卷七，正德十六年十月己卯，第271页。
⑤《明世宗实录》卷八〇，嘉靖六年九月甲辰，第1790页。
⑥《明英宗实录》卷一九九，废帝郕戾王附录第十七，景泰元年十二月庚寅，第4231页。
⑦［明］李贤：《古穰集》卷一〇《奉天靖难推诚宣力武臣特进荣禄大夫柱国太保宁阳侯追封溶国公谥武靖陈公神道碑铭》，景印《文渊阁四库全书》第1244册，第583页。
⑧《明世宗实录》卷九，正德十六年十二月戊申，第357页。
⑨《明太宗实录》卷八八，永乐七年二月己卯，第1169页；《明仁宗实录》卷八上，洪熙元年三月丁丑，第251页。
⑩奇文瑛：《碑铭所见明代达官婚姻关系》，《中国史研究》2011年第3期。

军功,但更以"戚里之荣"的资格膺世爵①,属半外戚、半勋贵。

嘉靖八年(1529),世宗停罢前朝外戚世袭勋爵,并限制新晋外戚继续封袭爵位②。经过这一制度变革,外戚可堪祭陵资格者逐渐减少,因此兼备外戚身份的勋臣成为祭祀陵寝的重要群体。如嘉靖二十九年,孝烈皇后忌辰,世宗委派武定侯郭守乾祭永陵③。前文已述,武定侯家族在明初曾多次与朱明皇家联姻。而在明代中后期,帝后陵寝数量累增,主祭官员的需求量随之增多,这使得大批没有皇亲身份的勋贵参与到陵祭活动中。如嘉靖年间,就有成安伯郭应乾、怀柔伯施焘等出祭④。再如隆庆元年(1567)正月,逢宣宗忌辰,穆宗遣广宁伯刘允中祭景陵⑤。又如隆庆五年元旦将至,安远侯柳震、成安伯郭应乾、伏羌伯毛登又被派出拜陵⑥。以上所举祭陵勋臣皆非皇亲。

至万历朝,朝廷在正旦、清明等日都要派遣更多的主祭官。崇祯朝修订的《太常续考》载:

> 每岁清明、霜降、中元、冬至、正旦、万寿圣节共六次,本寺共题请,分遣勋戚大臣五员行礼,长、景二陵一员,献、裕二陵一员,茂、泰、康三陵一员,永陵一员,昭陵一员。⑦

再逐年排检《明神宗实录》的相关记载可知,大致在万历十六年(1588)之后,岁时祭祀时,各个陵寝均专设一名大臣拜祭。如万历十六年霜降,有勋戚陈良弼、薛钲等九人分祭九陵⑧。自天启朝开始,每新建一座帝陵,朝廷即增派一名主祭大臣,天启年间天寿山陵寝增加至十座,主祭大臣随之增补到十名⑨,而崇祯朝又增大臣两名专祭光宗、熹宗陵寝⑩,至此天寿山陵寝岁时主祭官员增至十二名。朝廷如此安排,应是采纳了万历朝内阁大学士、礼部尚书沈鲤的建议。

---

①《明功臣袭封底簿》卷三《彭城伯》,第550页。

②《明世宗实录》卷一〇六,嘉靖八年十月己巳,第2504—2506页。

③《明世宗实录》卷三六七,嘉靖二十九年十一月丁未,第6569页。

④《明世宗实录》卷四一四,嘉靖三十三年九月甲寅,第7200页。

⑤《明穆宗实录》卷二,隆庆元年正月己未,第28页。

⑥《明穆宗实录》卷五二,隆庆四年十二月癸亥,第1310—1311页。

⑦《太常续考》卷四《长陵等陵事宜》,景印《文渊阁四库全书》第599册,第169页。

⑧《明神宗实录》卷二〇三,万历十六年九月壬子,第3793页。

⑨如天启元年元旦,即有镇远侯顾大礼、隆平侯张国彦、武安侯郑惟孝、怀宁侯孙承荫、武进伯朱自洪、清平伯吴遵周、广宁伯刘嗣爵、忻城伯赵之龙、彭城伯张嘉猷、永年伯王明辅等十人拜陵(见《明熹宗实录》卷五,天启元年正月癸酉,第229页)。

⑩《太常续考》卷四《长陵等陵事宜》,景印《文渊阁四库全书》第599册,第169页。

沈鲤在万历十二年晋礼部尚书后，曾上《典礼疏》综论礼仪事务，其中有言：

> 今日山陵，言之乃圣驾当亲行者也，而不得不遣官者，势也。孔子曰："吾不与祭，如不祭。"即专官犹未尽圣意之精诚，况一官而遣之两祭或三祭乎？此其诚意不足，姑未暇论。乃其行礼之时，已近二更，每陵相去各一里许，山径崎岖，林木丛蔚，马仆奔驰，灯火互混。有主祭官已到而陪祭官不到者，有行礼将及半而班仪尚未整者。虽有台省纠仪诸臣，昏黑之间，孰得而辨？如遇风雨，失礼犹多。似宜每陵各遣主祭官一员，其陪祀官亦各照衙门预先分定，庶诸臣之诚意可观，而皇上之委用无忝。①

沈氏所议确实是出于现实考虑，弘治朝大学士王鏊《中元朝陵值雨已而开霁次倪、韩二长官韵》中即有"世途难料是阴晴，自昔朝陵怯此行"②的诗句，反映了中元节多阴雨，大臣在天寿山路途之艰险。

在帝陵主祭官不断添设的情况下，没有皇亲外戚身份的勋臣进一步得以补任出祭，勋贵自此基本代替外戚祀陵。如万历二十四年（1596）清明节，朝廷遣抚宁侯朱继勋、隆平侯张炳、宁阳侯陈应诏、武安侯郑惟忠、清平伯吴国乾、广宁伯刘允正、新宁伯谭国佐、永年伯王栋、武平伯陈如松等勋戚拜陵③。这些贵胄当中，仅王栋为当朝外戚，宁阳侯陈应诏有较远的皇亲关系，其余皆功臣后代，与皇室无亲缘。

值得注意的是，相比正德、嘉靖两朝，隆庆、万历、天启、泰昌、崇祯五朝所封驸马数量不少，共计侯拱宸、万炜、梁邦瑞、王昺、杨春元、冉兴让、刘有福、齐赞元、巩永固九人可堪祭礼④。然而，遍查《明实录》，万历以降，侯拱宸、万炜等依旧以皇亲身份代祀与请告宗庙，却几乎不再参与天寿山陵寝的岁时祭祀⑤，驸马的陵祭之权被勋臣取代，这一现象颇值得考析。笔者此前已提到，相比宗庙祭祀，陵寝祭祀是更加重大的皇朝典礼⑥，陵祭的这种重要

---

① ［明］沈鲤：《亦玉堂稿》卷四《典礼疏》，景印《文渊阁四库全书》第1288册，上海，上海古籍出版社，1987年，第254页。

② ［明］王鏊：《震泽集》卷三《中元朝陵值雨已而开霁次倪、韩二长官韵》，景印《文渊阁四库全书》第1256册，上海，上海古籍出版社，1987年，第175页。

③ 《明神宗实录》卷二九五，万历二十四年三月丙子，第5482页。

④ 《明史》卷一二一《公主传》，第3675—3677页。

⑤ 万历元年，因修建穆宗昭陵，由许从诚等祭告山陵。但此例非岁时祭祀（见《明神宗实录》卷二，隆庆六年六月甲戌，第46页）。

⑥ 见《明代帝王陵墓制度研究》第四章《明代帝王陵墓制度若干问题的专题研究》第四节《明代皇陵祭祀制度研究》，第493—497页。

性在嘉靖朝以后又被进一步强化①。另外,请告宗庙属因事而起②,正式性也不及陵寝岁时常祭。从保证陵祭礼法规格的角度来说,勋臣在很大程度上相比驸马更适合担任主祭,因为驸马与天子的亲缘关系会随皇位的更迭而减弱,而勋臣以祖先军功得享山河带砺之尊,同朱明皇朝统治相始终,勋贵的世臣身份恰能凸显帝陵祭礼的庄重威严。

综合本节的讨论来看,明代陵祭本应由王子皇孙主持,但由于分封就藩制度不允许宗亲久居两京,而太子又不宜频繁轻出,嘉靖、万历两朝甚至久不立太子,于是相关祀典不得不降等由世居两京的异姓贵族代劳。在明代中后期,异姓贵族中驸马、外戚也因各种原因不再适合广泛派出祭陵,最终勋臣凭借与国休戚的世臣地位成为最重要的陵寝祭祀群体。由于明代最后不以宗室、外戚、驸马,而主要以勋臣祭陵,致使陵祭皇室家礼的属性在客观上被弱化,这在北宋以降历朝历代均是少见的③。

(三)陵寝的分祭与合祭

前引《太常续考》中有一记载颇值得注意,即日常祭祀时"长、景二陵一员,献、裕二陵一员,茂、泰、康三陵一员,永陵一员,昭陵一员"的人员配置差异。这样的配置是经过长期调整才在万历初年最终确立的,万历中叶每陵各派大臣专祭后,此制度也随即告停,不过其间沿革仍值得考索。

自洪熙至天顺朝,帝陵虽不断增建,但岁时祭陵者始终为一名亲王或驸马。如正统十二年(1447),倪谦曾作《陪祀三陵倡和诗》④,所谓"三陵",即指成祖长陵、仁宗献陵与宣宗景陵。英宗裕陵修成后,宪宗开始增派一名

---

①一个典型事例,即在礼制改革过程中,世宗本欲待宗庙新建完成后亲自拜谒山陵,但在嘉靖十五年,世宗又因急于选择自己的陵寝,便在宗庙修成之前亲谒天寿山,并祭祀祖宗陵墓(见[明]夏言:《夏桂洲文集》卷一一《奉旨议建山陵疏》,《四库全书存目丛书》集部第74册,第524—525页)。

②明廷"凡国有册立、册封、冠、婚、营缮、出师、岁时旱潦大灾难,请告郊、庙、社稷"(见《太常续考》卷七《太常寺·告郊庙社稷》,景印《文渊阁四库全书》第559册,第255页)。

③如前文所叙,宋代帝陵由宗正官代祀,而清代各处皇陵若非皇帝亲祭,也由皇子、亲王或宗室觉罗大臣摄行(见《钦定大清会典则例》卷八〇《礼部·祠祭清吏司一·陵寝》,景印《文渊阁四库全书》第622册,上海,上海古籍出版社,1987年,第521、524、532—533页)。

④[明]倪谦:《倪文僖集》卷二《陪祀三陵倡和诗》,景印《文渊阁四库全书》第1245册,上海,上海古籍出版社,1987年,第249页。需要指出的是,明代陵寝主祭官专选亲王、驸马、勋戚高级贵胄,但分祭官并无特殊身份要求,而是由各衙门朝官大量充任。正德《明会典》卷八三《礼部四十二·祭祀四·陵寝》载,南京孝陵每祭有"南京各衙门文武官俱陪行礼",北京则"各衙门文武官陪祭"。另《涌幢小品》卷六《祭陵》载,孝陵"庭臣皆陪",天寿山陵"庭臣分陪"。这些陪祭臣僚,尤其是翰林文臣,常会写下有关祭祀的唱和诗词,对于考论陵祭的合分颇有帮助。

大臣祭陵。如成化元年（1465）清明节，有驸马石璟、薛桓祭拜长陵、献陵、景陵、裕陵①。参照前引《太常续考》的记载可知，长陵与景陵由一名大臣主祭、献陵与裕陵由另一人主祭的制度至此确立。另外，成化朝翰林学士程敏政、李东阳有《恭诣长陵、景陵行礼》②的唱和之诗，而《礼部志稿》有成化四年"吏部左侍郎崔恭清明节陪祭献陵、裕陵"③的记载。这可进一步证明当时长、景与献、裕四陵两两配对分祭的情况。

　　从长陵、献陵、景陵、裕陵四座陵寝的相对位置来看，景、裕二陵距离最远，而长、景距离较近，献、裕距离也较为相近，长、献的位置相距最近。是故，朝廷取距离相对较近的陵寝两两配对分祭，更便于主祭官员在天寿山陵区的行程。除却行程因素外，这样的配对分祭或兼顾宗庙昭穆次序，因为嘉靖朝以前，成祖与宣宗在宗庙中的位置均为右穆，而仁宗与英宗同为左昭④。弘治朝茂陵修成，但主祭者仍为两名大臣⑤，势必有一名大臣专祭两座帝陵，另一名大臣祭拜其余三座。按理，茂陵应与长、景或献、裕之中的某一对陵寝合祀。至于茂陵祭祀如何归并，遍查史料未有详载。

　　正德年间，孝宗泰陵修成，朝廷又增派一名驸马，是为合祭茂陵、泰陵二陵⑥。茂陵系宪宗陵寝，泰陵系孝宗陵寝，二帝昭穆相异，显然昭穆伦序不再是朝廷将此二陵配对祭祀的原因。相较此前修建的陵寝，泰陵位置较为偏远，仅与茂陵稍近，可见合祭二陵主要为路途便利。至嘉靖朝，在武宗康陵

---

①《明宪宗实录》卷一五，成化元年三月庚戌，第331页。

②［明］程敏政：《篁墩文集》卷七三《成化癸卯冬至谒陵与李宾之学士联句二十首·恭诣长陵、景陵行礼》，景印《文渊阁四库全书》第1253册，第534页。

③［明］俞汝楫：《礼部志稿》卷八一《陪祀·陪祀官报名》，景印《文渊阁四库全书》第598册，第454页。

④关于十三陵陵址是否遵循昭穆秩序，史实阙载，故学界有不同的观点。刘毅《明代帝王陵墓制度研究》一书对明代帝陵有全方位的研究，但未正面讨论天寿山诸陵的昭穆问题。朱鸿认为，嘉靖朝之前昌平陵区以长陵为中心有所谓"倒昭穆"的格局，属一家之言（见朱鸿：《微旨阴寓——明十三陵的历史意涵》，《明清宫廷史学术研讨会论文集》第1辑，北京，紫禁城出版社，2011年）。依据现有史料分析，笔者认为，由于朱元璋陵寝不在北京，于是十三陵大致以成祖长陵为中排列，未能遵照宗庙昭穆秩序。明中叶之后，皇帝为弥补这种制度缺憾，很可能以长、景、献、裕四陵配对分祭的方式体现宗庙昭穆。

⑤如弘治元年清明节，有驸马王增、蔡震分祭五陵（见《明孝宗实录》卷一一，弘治元年二月庚戌，第251页）。

⑥如正德元年清明节，有驸马蔡震、游泰、黄镛三人分祭长陵、献陵、景陵、裕陵、茂陵、泰陵（见《明武宗实录》卷一一，正德元年三月乙酉，第342页）。

修成的情况下,主祭陵寝者仍为三名①,按《太常续考》记载,可知当时茂陵、泰陵、康陵三陵已经统归一名大臣祭祀。嘉靖皇帝这样安排的原因,除三陵位置相对靠近外,或为压低孝宗、武宗的地位。隆庆元年(1567),世宗永陵修成,穆宗又增设一名主祭官单独祭祀该陵②,应有突出乃父新开一脉帝系之意。自此,每新建帝陵,均享岁时单独祭拜的待遇。万历中,神宗又在岁时常祭时派遣勋戚分别祭拜每一座天寿山陵寝,多陵合祭的制度不复存在。

本章结语

中国传统儒家伦理认为,国君是上天在人间的化身,君主通过祭祀沟通天地神祇,以获得神灵庇佑,彰显代天理民的统治合法性。明代勋爵凭借功臣贵族的身份与地位,作为皇权统治秩序的代表而参与各类重大祭祀典礼,是朱元璋在洪武朝就确立的制度。勋臣以外的亲王、外戚、驸马等宗室贵戚亦以尊尊亲亲的身份参与祭礼,而这些宗室国戚更多地被选派参与具有皇室家礼性质的祀典。明代最高级的国家大祀是对郊庙、社稷的岁时祭拜,本当由皇帝亲行主持。在明代前中期,勋戚驸马一般会被临时授命请告郊庙、社稷,仅在个别情况下可权宜代替天子行祭大祀,但无代祀的固定职责,这原本合乎传统礼制规则。但由于明代中后期武宗、世宗、穆宗、神宗等多位皇帝皆怠于礼事而刚愎专断,他们频频委派勋戚大臣代行大祀,导致明朝祖宗成法大乱,臣子代祭大祀逐渐成为明代不载典章的定制。从某种意义上说,代祭的肆意发展可视为明中后期皇权日趋腐化的一个标志。明代与郊庙祭祀几乎同等重要的祭典,就是帝后山陵的岁时常祭。通过两京帝陵祭祀制度的演变可知,正统以前例以宗室亲王主祀,一以凸显国家祀典之尊,一以展现皇室家礼之亲。不过,由于亲王分封之国制度,明代中期以后宗室不再留京,驸马、外戚即作为异姓皇亲代替王子皇孙祭陵。正德、嘉靖之际,又因为驸马数量较少以及外戚封爵被抑等因素,勋贵逐渐取代其他贵胄,成为最重要的主祀大臣。随着主祭人员的变化,祖宗陵寝祭祀作为皇帝家礼

---

① 如嘉靖二年清明节,恭顺侯吴世兴、彭城伯张钦、安昌伯钱承宗分祭七陵(见《明世宗实录》卷二四,嘉靖二年三月甲寅,第685页)。

② 如隆庆元年万寿节日,有玉田伯蒋荣、彭城伯张熊、成安伯郭应乾、清平伯吴家彦四名勋戚分祭长陵、献陵、景陵、裕陵、茂陵、泰陵、康陵、永陵(见《明穆宗实录》卷三,隆庆元年正月己卯,第82页)。

的属性逐渐减弱。

　　在两京无宗亲的情况下,勋贵因与朱明王朝之间存在山河带砺的军功盟誓,故相比外戚、驸马,他们在国家礼制体系中起到了更加突出的作用。在明中后期,一些久居两京的袭爵勋臣终生少掌实际兵权,而参与国家礼仪祭祀却成为他们最主要最频繁的职责。主持祭祀、礼仪显然不是军政大权,其仪式程序固定不变;行礼大臣的选派也多需经过礼部、太常寺等衙门的提请,勋臣只是具体的执行者;但也要看到,朝廷赋予勋贵重大礼制职权,这强化了他们代表王朝统治秩序的重要地位,使得他们仍然作为朝中不可忽视的力量而存在。

第十四章　勋臣与晚明政局

　　勋臣介入明季党争的历史现象曾引起部分学者的注意[1]，但相关论述极少从制度沿革和历史发展的角度进行深入的剖析。万历、天启及弘光朝某些勋臣之所以参与党争，溯其缘由，远可推至明初勋臣任用制度之肇始，近则开启于嘉靖朝勋臣策略之调整。明代体制本限制勋臣参与朝政，但世宗优恤个别勋贵，在一定程度上放松了对他们权力的制约，客观上激发了勋贵阶层谋求政治权力的愿望。万历朝诚意伯刘荩臣借助党争扩展权势的倾向已显露端倪，至弘光朝，以诚意伯刘孔昭为代表的一批勋臣依附权臣阉党马士英、阮大铖等人排挞东林党人，公然争夺政治权力，他们的政治活动加速了弘光政权的覆灭[2]，明代勋臣制度最终走到了它的反面。为澄清历史细节，笔者专辟一章集中考察嘉靖以后勋臣价值取向的变化，分析勋臣介入晚明党争的原因并梳理其线索，揭示当时勋臣对政局的影响，藉以进一步考察有明一代勋臣制度的弊病。

一　明中后期勋臣参与党争的历史背景

（一）世宗勋臣政策的影响

　　明代勋臣的政治权力状况经过了复杂的长期演变过程。朱元璋起初授命开国勋贵管理各种军政庶务，后又不断削弱勋臣对朝局的影响，乃至对其

---

[1]有关勋臣与晚明、南明朝局的研究中，日本学者小野和子从明代文武关系角度分析了诚意伯刘孔昭在党争中的行径（见〔日〕小野和子著，李庆、张荣湄译：《明季党社考》第八章《南京福王政权下的党争》第三节《文和武》，上海，上海古籍出版社，2006年，第328—329页）；美国学者司徒琳《南明史——1644—1662》提出弘光政权"勋臣的政治化"概念（见〔美〕司徒琳著，李荣庆等译：《南明史——1644—1662》序言、第一章《首次抵抗：弘光政权》，上海，上海古籍出版社，1992年，第3—8、13—14页）；李谷悦所著《明朝历代诚意伯》（《古代文明》2014年第2期）对勋臣参与晚明政治的问题有所涉及。

[2]《清史稿》将勋臣在弘光朝的政治行为定义为"干政"，这较符合史实（见《清史稿》卷二四八《赵之龙传》，北京，中华书局1974年标校本，第9665页）。

展开致命打击。永乐朝秉持"重勋爵武臣"①的方略,同时也在很大程度上限制了勋贵的实权。至明代中期,朝廷"禁勋臣预九卿事"和"以文统武"的政策逐步成型,勋臣身份虽高但职权受到制度性管束的政治格局基本固定下来。关于"禁勋臣预九卿事",明人总结云"凡公、侯、伯之任,入则掌参五府,总六军,出则领将军印为大帅,督留都筦钥,辖漕纲,独不得预九卿事"②。此法限制了勋贵在军事以外的议政与行政职权。另外,"以文统武"格局又使勋贵的军权受到文臣管理与节制,晚明入华的西方传教士利玛窦以独特视角概述了"以文统武"格局对勋臣的影响:

> 对于解放国家的人和持同情态度的领袖们,也赐给荣誉头衔和年俸,他们被任命为军事长官,薪俸优厚,但和别人一样受到文官的管辖。③

明廷抑制勋贵介入朝政的体制,延续了秦汉以降,尤其是隋唐科举制建立以后注重能力资格的官僚政治取代注重身份性资格的贵族政治的历史发展趋势,但明代勋臣依旧与皇帝关系特殊,他们仍世代享有尊崇的贵胄地位,法定地位在一般文武大臣之上,又可凭借贵族身份专掌部分高级职位与权责。就勋臣所掌各种军政职权而论,南京守备、提督操江、各地总兵之职受到文臣、内臣的较强制衡,明中期之后勋臣出任镇守总兵者还逐步减少;五府、侍卫长官的实际权力不高,但体统颇重;京、团营提督、总督之权受束制相对较少,是勋臣最重要的实权所系,但能够升掌京、团营大权的勋臣毕竟还是勋臣群体中的少数。此外,勋臣还被朝廷专敕主持国家祭祀,参与朝会大典,这进一步强化了他们凌驾于品官的礼法地位。整体来说,勋臣地位甚高但权力受制,权位不相称,而他们又掌握一定的、非其他朝臣可染指的军事实权,有借之进一步扩展权势的可能性。这种复杂矛盾的权位状况使勋臣成为长期盘踞在两京朝堂之上的特殊政治阶层。一些勋贵不满于职权有限且为文臣节制的境况,其参与政治的欲望很容易被激发出来。至世宗入统,一连串事件相继发生,为勋臣逐步介入党争,进而深入影响政局提供了机会。

---

① [明]黄景昉:《国史唯疑》卷二,《续修四库全书》史部第432册,上海,上海古籍出版社,2002年,第26页。
② [明]王世贞:《弇山堂别集》卷三七《公侯伯表总叙》,第657页。
③ 〔意大利〕利玛窦、〔比利时〕金尼阁著,何高济、王遵仲、李申译:《利玛窦中国札记》第1卷,第六章《中国政府机构》,北京,中华书局,1983年,第47页。

　　世宗以外藩入统，极力拉拢利用朝中各种势力，勋贵当然不例外。嘉靖帝特别优待勋臣的举措有二：其一是复洪武、永乐朝停封的李文忠、常遇春、邓愈、汤和和刘基五家勋臣爵位；其二是超越既定体制扩展部分勋贵的职权。

　　嘉靖十年（1531）六月，刑部主事李瑜提出请复诚意伯爵位，于是世宗令吏、礼两部商议复李、常、邓、汤、刘五家勋臣爵位的事宜。两部官员认为刘基是堪比张良、诸葛亮的开国首要谋臣，且太祖"召谕再三"许其家族世袭爵位，"丹书之誓俱存铁券"，故请皇帝遵照"兴亡继绝"与"酬德报功"之义裁定，世宗最终准刘氏嗣爵，并诏李、常、邓、汤四家亦继封"以副皇祖报功之意"①。嘉靖十一年四月，世宗封常玄振怀远侯、李性临淮侯、邓继坤定远侯、汤绍宗灵璧侯，两个月后又复刘基后代刘瑜为诚意伯②。五家子孙复爵后，世宗又在三四年内陆续命令他们循例在南北两京任事，其中常玄振先金书南京左军都督府而后升管南京后府③，李性嗣爵叔李沂金书南京后府④，邓继坤金书南京后府⑤，汤绍宗嗣子汤佑贤往北京管侍卫红盔将军⑥，刘瑜先金书北京中军都督府后升掌南京前府⑦。这些"开国"勋裔复爵后不久就均被授以五府、侍卫职事，即使这些职位并非管军重权，但也显示出世宗对他们的信重之托，尤其反映出明廷有意专用这些久居南京的"开国"勋裔承担南都高级军政职务。

　　嘉靖朝被皇帝特别任用的勋臣乃武定侯郭勋与咸宁侯仇鸾。郭勋在"大礼议"中表现积极，《万历野获编》有"张永嘉（璁）暴贵，武定侯郭勋首附之，因得上异宠"之说⑧。嗣后，郭勋成为嘉靖朝最得宠信的礼仪重臣之一，他久代祀天地、宗庙，又与勋臣成国公朱希忠、咸宁侯仇鸾等侍从世宗在西苑蛰居修玄，"直庐应制"⑨。仇鸾在嘉靖二十九年六月的"庚戌之变"中以

①《明世宗实录》卷一二七，嘉靖十年六月乙丑，第3022—3023页。
②《明世宗实录》卷一三二、卷一三九，嘉靖十一年四月辛卯，嘉靖十一年六月甲申，第3226—3227、3254页。
③《明世宗实录》卷一七八，嘉靖十四年八月丙辰，第3836页。
④《明世宗实录》卷一六〇、卷一七六，嘉靖十三年闰二月乙巳，嘉靖十四年六月甲午，第3573、3803页。
⑤《明世宗实录》卷一八八，嘉靖十五年六月戊子，第3966页。
⑥《明世宗实录》卷一八二，嘉靖十四年十二月甲寅，第3885页。
⑦《明世宗实录》卷一四九、卷一五九，嘉靖十二年四月癸巳，嘉靖十三年二月辛未，第3431、3559页。
⑧［明］沈德符：《万历野获编》卷一八《刑部·嘉靖丁亥大狱》，第465页。
⑨［明］王世贞：《弇山堂别集》卷九《皇明异典述四·勋戚武臣直庐应制》，第165—166页。

大同总兵身份领兵勤王,世宗命他为平虏大将军,统各路勤王兵马,可"斩副总兵、文官三品以下懦不战者",大臣皆畏惧之①。蒙古兵退后,世宗加仇鸾太保衔,下诏奖誉之②。此后仇鸾又趁世宗欲惩处夏言之际,迎合严嵩以倾轧夏言,再次得到皇帝的信任③。

世宗不吝赋予郭勋、仇鸾军政大权,纵容他们压制文臣。如命郭勋总五军营、督团营、掌后军都督府、督理四郊兴造④,郭勋甚至因督建功得以"拜太师,后又加翊国公世袭"⑤。《嘉靖以来首辅传》载,郭勋常恃宠"上书论劾大臣"以争权,而嘉靖帝对其所论"无不立应"⑥。《明史》又载,郭勋"陈时政",极力诋毁"大小诸臣不足任",请皇帝"复遣内侍出镇守"⑦。相比郭勋,仇鸾则气焰更盛。嘉靖二十九年(1550),皇帝革除提督京营内臣,设戎政府,铸"戎政之印"给仇鸾,命他总督京营。明代有"五军府皆开府给印,主兵籍而不与营操,营操官不给印"之制,以此保证武将勋贵不会专权,而"戎政之有府与印,自仇鸾始"⑧。嘉靖帝还赐郭勋、仇鸾二人密疏银印,准其上密揭⑨。凭借"戎政之印"和密疏银印在手,仇鸾有了在制度上排挤文臣的条件,他在戎政任上独断专横,"所上疏即内批行",不下兵部议⑩。嘉靖三十年,仇鸾布置诸将防秋,欲征调副都御史商大节所领部队,大节以"九卿不当受鸾节制"为由抗拒,仇鸾对其弹劾,世宗竟下商大节狱,导致他瘐死狱中,"自是诸司摇手,无敢言(仇鸾)者"⑪。嘉靖三十一年,仇鸾计划领兵行边,世宗准兵、户、工三部侍郎各简僚属从军,皆隶属仇鸾幕府中;仇鸾僭拟苛责条法,"动则以军法为言"处置随征的文官⑫。

世宗复五家爵位的目的不仅仅是为了笼络重用国初旧臣,更是为自己

①[明]赵时春:《赵浚谷文集》卷一〇《逆鸾本末》,《四库全书存目丛书》集部第87册,第380页。

②[明]高岱:《鸿猷录》卷一六《追戮仇鸾》,第373页。

③[明]沈德符:《万历野获编》卷五《勋戚·咸宁侯》,第141页。

④《明史》卷一三〇《郭英传》,第3823页。

⑤[明]沈德符:《万历野获编》卷五《勋戚·武定侯进公》,第140页。

⑥[明]王世贞:《嘉靖以来首辅传》卷三《夏言》,景印《文渊阁四库全书》第452册,上海,上海古籍出版社,1987年,第454页。

⑦《明史》卷二一〇《谢瑜传》,第5550页。

⑧《明史》卷八九《兵志一·京营》,第2180页。

⑨嘉靖朝银印密疏的详情,见拙文《试论嘉靖朝"银印密疏"的使用》,《故宫学刊》第10辑。

⑩[明]高岱:《鸿猷录》卷一六《追戮仇鸾》,第373—374页。

⑪[明]高岱:《鸿猷录》卷一六《追戮仇鸾》,第375页。

⑫[明]高岱:《鸿猷录》卷一六《追戮仇鸾》,第375页。

继统而非继嗣寻找合理性。嘉靖朝议礼重臣张璁指出,复爵的决策是世宗"体圣祖之心而复报功之典,天下万世之公议也"①,凸显了世宗继承前朝优待勋贵的政策,可强化他承接祖宗大统的地位。而综合来看世宗只恩封"开国"勋裔,但停罢新封王守仁新建伯爵,又长期不再册封有功大臣的种种举措,可知世宗对勋爵册封本质上持一消极态度,不欲朝中形成新的勋臣势力。另外需要说明的是,嘉靖帝刚愎独断,在"大礼议"等政治斗争中又形成了对文臣极不信任的态度,他特许郭勋扩张权势并在一定程度上压制文官,只是权宜性地利用郭勋制衡朝局。世宗授予仇鸾极高的戎政权力,也是源自"庚戌之变"后更迭京营制度的特殊需要,这更非常例。《国榷》一书明确指出,郭勋"因议礼称旨,私伺上之怒喜而窃之,既威福自己出,屡借条对,饰其短而树其权"②。亲身经历"庚戌之变"的高岱也称仇鸾"不过窃一时之权,以肆其毒"③。故此,明代基本的勋臣任用制度在嘉靖朝并没有变化,郭、仇以外的勋臣均无职权的扩展,如亦受到皇帝青睐的成国公朱希忠,唯以礼仪事务为己任,明哲保身,史载:

> 唯王(朱希忠)以忠慎自结于上,独被隆宠,三十年无丝发不当上意。每廷议大事,常逊居后,不敢发端,然一有言,辄中肯款。世宗晚年诸大礼,即辅臣有不知者,常问王,以王少在左右,明习故事也。然不问即终不言,其周慎如此。④

郭、仇的权力完全依附于皇权存在,二人最终也因骄横欺瞒犯上,一入锦衣卫狱瘐死⑤,一被开棺戮尸,革爵抄家⑥。

(二)诚意伯家族阑入朝局与结怨东林

虽然限制勋臣参政的体制未变,但世宗优恤"开国"勋裔,又在一定程度

---

①[明]张璁:《太师张文忠公集·奏议》卷七《请复开国勋爵》,《四库全书存目丛书》集部第77册,济南,齐鲁书社,1997年,第155页。

②[明]谈迁:《国榷》卷五七,世宗嘉靖二十年九月乙未,第3618页。

③[明]高岱:《鸿猷录》卷一六《追戮仇鸾》,第376页。

④[清]孙承泽:《畿辅人物志》卷一七《朱恭靖希忠》,第196页。

⑤[明]沈德符:《万历野获编》卷五《勋戚·大臣恣横》,第141页;《明史》卷一三○《郭英传》,第3823—3824页。

⑥[明]高岱:《鸿猷录》卷一六《追戮仇鸾》,第375—376页;[明]赵时春:《赵浚谷文集》卷一○《逆鸾本末》,《四库全书存目丛书》集部第87册,第381页。

上放松了对勋臣权力的管控,这就在客观上激发了勋贵谋求政治权力的心理,复爵后的诚意伯刘氏家族于此表现得尤为突出。

嘉靖十八年(1539),担任南京武操江的第一代复封诚意伯刘瑜在视察营兵操练时晚到,又与同视营操的南京守备勋臣魏国公徐鹏举互争坐次高下不决,刘瑜于是怒率军众离席,导致操练不能正常举行。事后徐鹏举及南京兵部尚书王轼奏劾刘瑜"骄肆不职",刘瑜被罢职闲住[①]。明代中后期,南京操江大臣与守备诸臣久在职权、地位方面存在抵牾[②],而刘瑜在复封五家"开国"子孙中资历最深,他早在弘治朝就以洪武功臣后代被复录为浙江处州卫指挥使[③],复爵后的刘瑜在嘉靖十二年、十三年任五府堂上官[④],是五家复封勋裔中较早被任用者,至嘉靖十五年刘瑜又率先被授予提督操江的掌兵实权[⑤],由此显见,刘瑜有依仗军中资历,又挟新封得重用之势,在南京诸勋中树立威权的苗头,但被朝廷及时裁抑,其行未果。

如果说刘瑜的表现尚属一般情形的勋臣骄横,但至其嗣孙刘世延一辈的恣肆行径就更显变本加厉,而且世延已有介入政事、谋取权势的趋向。嘉靖三十九年,掌南京右军都督府事的诚意伯刘世延斥散了南京振武营哗变兵士[⑥],他因立有此功劳,"由是自负,藐诸公卿",并"喋喋上封事"[⑦],颇有效仿郭勋、仇鸾的势头。嘉靖三十九年二月,南京兵部尚书张鏊奏请革五府属卫军余替役收粮等事,皇帝准之,刘世延因与张鏊有私怨,故草拟奏疏反对张鏊的意见。世延还请南京守备勋臣魏国公徐鹏举共同上奏,未获同意,故私自"阴署鹏举等名于疏中,独遣人入奏之"。事发后,嘉靖帝判令刘世延闲住[⑧],不久复任五府长官[⑨]。可见世延上奏并非完全为国言事,而是兼以发泄私愤,且手段不轨,影响颇恶。又史载刘世延虽屡屡上言但多"见格"不报,

①《明世宗实录》卷二二五,嘉靖十八年六月己未,第4690页。

②《明世宗实录》卷二一、卷二九〇,嘉靖元年十二月庚寅,嘉靖二十三年九月丁巳,第617—619、5578页。

③《明孝宗实录》卷一八九,弘治十五年七月己卯,第3486页。

④《明世宗实录》卷一四九、卷一五九,嘉靖十二年四月癸巳,嘉靖十三年二月辛未,第3431、3559页。

⑤《明世宗实录》卷一九三,嘉靖十五年十一月癸亥,第4079页。

⑥此次兵变详情见周志斌:《晚明南京兵变二题》,《学海》2006年第3期。

⑦[明]朱国桢:《皇明开国功臣传》卷三《诚意伯刘公》,周骏富辑:《明代传记丛刊》第25册,台北,明文书局,1991年,第213页。

⑧《明世宗实录》卷四八一,嘉靖三十九年二月癸亥,第8040—8041页。

⑨《明世宗实录》卷四九七,嘉靖四十年闰五月乙卯,第8241页。

于是"忿而恣横"①。这是由于当时"大礼议"已结束,京营戎政的改革也告失败,世宗及后嗣皇帝没有兴趣继续依照郭勋、仇鸾之例突破体制地任用勋贵,因此刘世延所议当然不会受到重视。

至万历朝,刘世延搅入朝局的势头依旧。张居正死后,有御史丁此吕弹劾礼部侍郎高启愚曾经在主持南京会试时出"舜亦以命禹"考题以暗劝张居正篡位,该事件拉开了清算张居正的序幕,晚明"党祸"由此形显②。有史料隐晦表明,所谓"舜亦以命禹"的题目出自刘世延的授意③。《明实录》所收吏部覆查丁此吕的奏章中,也提及刘世延谢恩本有"狂悖之言",以致"朝臣无不惊骇"④,虽未明指"舜亦以命禹"之议是否实出刘口,却暗示出刘世延也曾参与对张居正的攻讦,由此有介入党争的意图。

相比刘世延政治方面的不良表现,他对南京地区经济利益的攫取更为恶劣,可谓勋贵腐化的典型。刘世延的所为在万历二十二年(1594)被集中揭发出来,时任南京刑部右侍郎的王樵负责审理刘世延案件,其奏疏详细记录了刘世延多次命令恶仆、宗党抢夺他人田土,并谋害田主的种种犯罪行为⑤。刘世延犯下如此大罪,但神宗基于优待勋臣的惯例,仅勒令刘氏回原籍浙江青田闲住。刘世延因此更加目无国法,他甚至"傲不肯行",并宣称:"我有铁券,捶死一人纳一可免,谁难我者!"⑥此亦可见朝廷的纵容进一步加剧了勋臣的恣肆横暴。

万历三十三年,南京福建道御史孙居相等累奏刘世延诸"擅杀人命、奸夺财产妻女"与"雕刻假印、刊刻谣词"等不法事,又特劾世延"妄称星变,遣

① [明]朱国桢:《皇明开国功臣传》卷三《诚意伯刘公》,周骏富辑:《明代传记丛刊》第25册,第213页。
② 谢国桢:《明清之际党社运动考》二《万历时代之朝政及各党之纷争》,上海,上海书店出版社,2004年,第10—11页。
③ 徐秉义所撰《倪元璐传》称许重熙的《五朝注略》一书记载有刘世延出"舜亦以命禹"之议(见[清]徐秉义:《倪元璐传》,[清]倪会鼎:《倪元璐年谱·附录》,北京,中华书局,1994年,第100页),但翻检《四库禁毁书丛刊》所收《五朝注略》已经不见相关文字。原因可能是许重熙在《五朝注略》中记有大量刘基家族的丑闻,引起末代诚意伯刘孔昭的愤怒,许重熙迫于压力删除了相关内容。该事件还牵连了崇祯朝的东林重臣倪元璐,引起倪与刘孔昭的矛盾,此详见后文。
④ 《明神宗实录》卷一四七,万历十二年三月癸卯,第2747页。
⑤ [明]王樵:《方麓集》卷一《堪覆诚意伯刘世延事情疏》,景印《文渊阁四库全书》第1285册,第123页。关于刘世延罪案的具体情况,见罗晓翔:《从刘世延案看明末南京治安管理与司法制度》,《明清论丛》第12辑。
⑥ [明]朱国桢:《皇明开国功臣传》卷三《诚意伯刘公》,周骏富辑:《明代传记丛刊》第25册,第213页;[清]查继佐:《罪惟录》卷八《刘基传》,第1404页。

牌赴京,明犯无将",并言南京勋戚子弟见刘世延横行恣肆,又屡受宽免,于是多"相与效尤"①。关于刘氏所谓"妄称星变赴阙"之事,万历朝御史李邦华的奏疏中有更加详尽的记载:

> 万历三十三年,世延忽称星变,招兵集饷,遣牌赴阙,图谋不轨。为世延运筹决策以妄希张良、李靖之成功者,刘世学也。及被南京御史萧如松、朱吾弼、孙居相、李云鹄等交章论劾,奉旨下法司,严拿监拘,世延遂死狱中,廷讯未竟,世学因而漏网。②

这里提到的刘世学系刘世延堂兄弟③,时任诚意伯勋卫④。刘世延、刘世学身为勋家之后,即便再狂悖妄为,应该也不会故意叛乱。刘世延死后,皇帝宽纵了刘世学,可知刘氏兄弟并无谋逆之实。刘氏族内世传占星之术,当时刘世延或借天变之名进一步扩展权势,但世延几十年内屡屡骄横无法,已为南京朝野所深恨,更为皇帝所不容,于是神宗借此机会将其彻底惩办。

刘世延妄参朝事,而其从弟刘世学、孙刘荩臣、曾孙刘孔昭更进一步参与万历朝党争。刘世延死后,世学"自揣其生平播虐闾里,不敢复归青田,乃侨寓常州,假托天文、禅教,惑视荧听",后又逃回京师,"百计为"刘荩臣"营袭原爵"⑤。至此,世学、荩臣从祖孙二人勾结一处。万历四十年(1612),正是东林党与齐、楚、浙、昆诸党斗争日趋激化的阶段。是年十一月,内阁大学士叶向高曾上奏议云:

> 时门户纷纭,枝蔓不已,御史周起元有《近习蔽明疏》,翟凤翀论科臣彭惟成并及诚意伯刘荩臣从祖世学。荩臣为之伸理,且讥刺东林,丑诋御史,台省群起攻之。⑥

---

①《明神宗实录》卷四一二,万历三十三年八月乙卯,第7723页。

②[明]李邦华:《文水李忠肃先生集》卷一《纠劾勋臣疏》,《四库禁毁书丛刊》集部第81册,第40页。

③刘世延嗣爵孙名刘荩臣,《明神宗实录》有"诚意伯刘荩臣从祖世学"的记载,可知刘世延、刘世学为堂兄弟关系(见《明神宗实录》卷五〇二,万历四十年十一月辛巳,第9525页)。

④《明世宗实录》卷三一一,万历二十五年六月戊寅,第5810页。

⑤[明]李邦华:《文水李忠肃先生集》卷一《纠劾勋臣疏》,《四库禁毁书丛刊》集部第81册,第40页。据《明季北略》载,刘世延死后诚意伯爵位本应嫡系孙刘莱臣继承,但刘莱臣庶兄刘荩臣强行冒袭。后刘荩臣子刘孔昭继续冒袭。刘孔昭还借机杀死其叔刘莱臣以绝后患。刘荩臣、刘孔昭父子品行可见一斑(见[清]计六奇:《明季北略》卷二〇《刘孔昭杀叔》,北京,中华书局,1984年,第425页)。

⑥《明神宗实录》卷五〇二,万历四十年十一月辛巳,第9523、9525页。

这条材料显示出诚意伯刘荩臣由于从祖刘世学被论劾而与东林党为难的状况。叶向高疏中提到的周起元乃东林名宿,他所上《近习蔽明疏》全名是《题为政柄旁落近习蔽明乞揽干刚以新盛治事疏》,疏中揭露齐、昆、浙诸党介入铨选的活动 ①。叶向高奏疏中所涉论劾刘世学的翟凤翀是朝中正臣,他没有什么党派活动的记录,态度中立,但以耿直敢谏、力抨弊政闻名一时 ②。与刘世学一并为翟凤翀所奏劾的给事中彭惟成,曾帮助诸党抨击东林党人吏部尚书孙丕扬。彭惟成的弹劾直接促使孙丕扬罢职,导致孙丕扬澄清吏治的计划不得落实 ③。综上所述可知,刘世学应该是与齐、昆、浙诸党牵扯在一起,故为朝士所奏,而刘荩臣为了替世学报仇,便不论是非,与东林为难。

至于刘世学与诸党的渊源,以及刘荩臣攻击东林党的具体情形,李邦华《纠劾勋臣疏》有更详细的揭示:

> (刘世学)窟穴既就,阴谋愈毒,奔走勋戚之门,游说公卿之侧,直入奸邪之幕,簧蛊痴愚之子。衣冠状貌,不过山人谈客,机械戈矛,直欲覆地翻天。浊乱朝政,流毒缙绅。即如御史钱春与世学谊托肺腑,好缔朱陈,只一论劾徐兆魁,辄有"金戈年例"之说。"金戈"者,钱也;"年例"者,恨春参兆魁而处以年例也。夫今朝廷虽乏人,然宰执部院,森然在列,是非用舍,各有攸司。世学一无赖游徒,敢尔凭城作威,结党横议,几于手握王章,口衔天宪,罪难磬竹,法在无贳。御史周起元、翟凤翀偶以建言摘及,尚未暴其罪恶,即将荩臣名目,公然出疏,署言名贤于泉下,喷黑血于朝绅,甚且自矜……祖宗二百余年之天下,言官论勋臣者多矣,曾有勋臣而敢诋言官者乎?勋臣被劾而自辩者有矣,曾有奸棍被劾而勋臣敢党护代辩者乎?且荩臣目不识丁,腹同储草,安知封事为何物?今试查其疏语,剑戟填胸,波涛满纸,众手各撰,更复何疑?人言其平日潜养死士,广交缙绅,若徐兆魁等,神出鬼没,设谋布算,事权在握,衅端叵测。④

① [明]周起元:《周忠愍奏疏》《题为政柄旁落近习蔽明乞揽干刚以新盛治事疏》,景印《文渊阁四库全书》第430册,上海,上海古籍出版社,1987年,第264—265页。

② 康熙《益都县志》卷七《事功·翟凤翀》,《中国方志丛书·华北地方》第375号,台北,成文出版社,1983年,第488页。

③ 《明史》卷二二四《孙丕扬传》,第5904页。

④ [明]李邦华:《文水李忠肃先生集》卷一《纠劾勋臣疏》,《四库禁毁书丛刊》集部第81册,第40—41页。

李邦华系东林党人邹元标的亲传弟子，又与顾宪成等关系密切①，他站在东林的立场上，对刘世学、刘荩臣的评论可能有所夸张，但基本反映了这一事件的来龙去脉。这篇奏疏中提到的徐兆魁、钱春二人政治立场迥异，时任浙江道御史的徐兆魁平素依附浙、宣诸党，系万历三十八年（1610）力攻东林党人漕运总督李三才的主要人物②；而钱春乃东林名宿钱一本之子，因徐兆魁攻击李三才、顾宪成等人，故首劾兆魁"恬邪"③。据李邦华所言，刘世学初与御史钱春交好，后因为钱春论劾徐兆魁，即与钱春反目，遭到周元起等人的纠劾，于是刘荩臣出面协同世学反诋东林诸臣。刘荩臣"詈言名贤于泉下"，应具体指其追劾顾宪成之事。万历四十年十一月，不少朝臣上疏请求为本年五月去世的东林领袖顾宪成赠谥，刘荩臣却参劾顾宪成，极尽诋毁之，遭到举朝非议而作罢④。顾宪成已作古，刘荩臣仍不依不饶地抨击之，可见他对东林怨恨之深。

刘世学先附钱春，后附徐兆魁，刘荩臣因世学与钱春有隙即大力攻讦东林。从刘氏祖孙二人的这些表现来看，他们延续了刘世延淆乱朝局以谋求权益的做法。尤其应注意的是，正如李邦华所言，刘荩臣"潜养死士，广交缙绅"，"设谋布算，事权在握"，由此可见，刘氏家族萌生了通过主动参与党争、攻击文臣以攫取更大政治权力的意向。

到了崇祯朝，诚意伯家族的刘孔昭便直接与支持阉党的阁臣温体仁沆瀣一气。崇祯帝登极后，诛魏阉、定"逆案"、清阉党、起正人，一时国家政治颇有起色，但自崇祯元年（1628）与阉党关系暧昧的温体仁入阁后，形势发生了变化。《幸存录》与《东林始末》有载，温体仁一味"专意逢迎"，"庇私党，排异己，未尝有迹，但因事图之，使若发自上者，而主柄阴为所假，上竟不之疑"⑤。温体仁就这样媚骗君主，把持朝局，进而排陷东林。他初诬钱谦益，以阻止钱入阁，后借袁崇焕事"欲陷钱龙锡以遍织时贤"⑥。温体仁还极力与

---

①［清］施闰章：《学余堂文集》卷一六《李忠肃传》，景印《文渊阁四库全书》第1313册，上海，上海古籍出版社，1987年，第192页。

②《明神宗实录》卷四六六，万历三十八年癸卯，第8794页。

③《明史》卷二三一《钱一本传》，第6041页。

④见张宪博：《顾宪成赠谥、从祀文庙成败探析》，《中国史研究》2010年第4期。

⑤［明］夏允彝：《幸存录》下《门户杂志》，《中国历史研究资料丛书》，上海，上海书店，1982年，第33—34页；［明］蒋平阶：《东林始末》，《中国历史研究资料丛书》，上海，上海书店，1982年，第51页。

⑥［明］夏允彝：《幸存录》下《门户杂志》，第34页。

东林党老臣侯恂为难①，而素与东林为敌的诚意伯家族嗣爵刘孔昭即参劾侯恂"以媚乌程（温体仁）"②。此后，刘孔昭又因与东林名宿倪元璐结下私怨而愈发倒向温体仁。

　　崇祯年间，常熟籍监生许重熙著有一部讲述嘉靖至崇祯间史事的编年通史，名《五朝注略》。该书称诚意伯刘基并非"渡江"大功臣，又揭露刘世延"邪横，捏有司长短"的诸多丑行。许崇熙同乡族叔许士柔"不知其中之及刘氏"，无意中将《五朝注略》泄露给刘孔昭，孔昭读罢大怒，诘问许士柔如何防止《五朝注略》传播。许士柔言："此不难，重熙，国子监生也。盖与祭酒言之，立毁其版。"③许士柔此举实际上在为许重熙避祸④，因为许士柔深知时任国子监祭酒的倪元璐刚直又明辨是非，不可能听信刘孔昭的说辞而重办许重熙。刘孔昭面见倪元璐，请求毁弃《五朝注略》书版，倪元璐表面上同意，但《五朝注略》其书"是非甚辨"，倪元璐实际上没有干涉此事。一个月以后，刘孔昭见《注略》"书版尚在"，便对倪元璐横生恨意⑤，埋下他配合温体仁污蔑攻讦倪元璐的种子。

　　思宗一度颇器重倪元璐，崇祯八年（1635），他点倪元璐任国子监祭酒一职，甚有望入阁参政。温体仁惧怕倪元璐入阁后压制自己，便想方设法排挤之。温体仁身为辅臣，不可能亲自无端弹劾倪元璐，而当时科道官中也缺少可供温利用的对象，于是在崇祯九年，温体仁自拟奏疏，"出袖中弹文"给刘孔昭，以助刘孔昭谋求京营戎政总督职务为诱，唆使他代己攻击倪元璐，而温、刘所弹劾的议题系倪元璐以妾代妻冒恩封⑥。弹劾奏疏上后，皇帝命吏部

---

①［清］侯方域：《壮悔堂集》卷五《司成公家传》，《四库禁毁书丛刊》集部第51册，北京，北京出版社，2000年，第497页。

②［明］文秉：《烈皇小识》卷四，第120页。

③［清］徐秉义：《倪元璐传》，［清］倪会鼎：《倪元璐年谱·附录》，第100页。

④后来刘孔昭承温体仁意，极力攻讦倪元璐，语涉许重熙，许士柔"密封"《五朝注略》原书"进御史"，亦在防止祸端进一步蔓延，以保护倪元璐与许重熙（见［明］钱谦益：《牧斋有学集》卷二八《明故南京国子监祭酒赠詹事府詹事翰林院侍读学士石门许公合葬墓志铭》，上海，上海古籍出版社，1996年，第1056页）。

⑤［清］徐秉义：《倪元璐传》，［清］倪会鼎：《倪元璐年谱·附录》，第100页。另有关《五朝注略》所载诚意伯家族事迹论述"是非甚辨"之考究（见杨讷：《刘基事迹考述》，第186—190页）。

⑥［清］倪会鼎：《倪元璐年谱》卷三，崇祯九年四月，第39页。又根据档案资料，崇祯九年五月，京师有匿名片纸张贴街市，称刘孔昭输银一万三千，打点请托温体仁及体仁党羽都察院都御史唐世济，谋取京营戎政总督一职。刘孔昭当时上疏申辩，称崇祯元年京营总督员缺时，自己曾面承崇祯帝召对，当时就"无心希进"，故不可能在九年以后又行贿谋取营职。刘孔昭又称他膺选后军都督府掌印时，因同管后府的金书系自己的母舅，曾疏请转任府分以为回避，故也不可能贪恋京营（转下页）

详议,吏部尚书姜逢元、刘宗周等皆为倪元璐申辩,倪自己也上章正名[①]。后吏部判倪元璐"冠带闲住",温体仁却欲借此事"开大狱",崇祯帝无意将案件扩大化,亲自下旨将倪元璐放归[②]。刘孔昭还在温体仁弹劾奏疏的基础上加入指摘许重熙的内容,称其"书生不当妄言国事"。许重熙也被罚"革去衣巾",追毁书版[③]。《倪元璐年谱》中载,倪元璐闲住后,"刘孔昭谋泄",温体仁见无法推举刘孔昭入掌京营,便推举刘孔昭南下充任武职操江提督,负责长江防御[④]。综合上述史实可见,刘孔昭为一己之私,已深入参与党争,且行事恶劣,明季名士文秉在评价刘孔昭等刘基后代族人时,不无讽刺地说:"鸣呼,青田有此孙,辱青田矣。"[⑤]

在限制勋贵参政的固有体制下,刘世延、刘荩臣无皇帝支持,仅凭己意恣肆而为,不可能产生较大的影响力。刘孔昭则选择依附于掌握实权的朝臣,通过排挤东林党人以捞取利益并达到公报私仇的目的,而温体仁则是看中刘氏家族素不睦东林的背景,唆使孔昭以勋臣之尊为自己冲锋陷阵,压制对手,于是双方形成了一种政治同盟关系,在朝中产生了极坏的影响。

复爵后的诚意伯刘氏后裔数代搅入政局,在诸勋家中尤显突出,甚至形成一种恶劣的家族传统,这一现象的成因,除与嘉靖朝以后勋臣政策的变化以及刘世延、刘孔昭等人不良的价值取向有关外,还有可能关系到刘氏的家族历史。刘氏始封祖洪武"开国"功臣诚意伯刘基平生以鸿儒自居,自负命世之才,但在元明之际复杂的政治环境下,却屡经宦海沉浮。他初仕元朝,后转投朱元璋政权,无奈被视为方士之流,入明后因贰臣身份也并未真正受到朱元璋的信重,最终虽封伯爵,但随即遣归乡里,抑郁老死[⑥]。刘氏子孙应

(接上页)职位(见《诚意伯刘孔昭为匿揭倾陷恳乞罢斥以免谗忌事奏本》,《中国明朝档案总汇》第22册,第263页)。不过,刘孔昭提出的这两条辩词显然非常牵强。

①[清]倪会鼎:《倪元璐年谱》卷三,崇祯九年四月,第39页。

②[明]谈迁:《国榷》卷一〇三,思宗崇祯十七年十二月丙子,第6171页;[清]倪会鼎:《倪元璐年谱》卷三,崇祯九年四月,第39页。另温体仁、刘孔昭对倪元璐以妾代妻冒封的弹劾纯属诬陷。有的资料显示,倪元璐为举人时娶吏部尚书陈有年女陈氏为妻,陈因世宦出身,对倪元璐的母亲不甚尊礼。倪元璐"凌母命,不得已出之"。后倪续娶王氏,再中进士。这样,乡试登录录中即载倪元璐妻为陈氏,会试则载王氏,两人均为正妻而非妾。然倪元璐为官时已休陈氏而娶王,故陈不得恩封(见[清]蒋士铨:《倪文贞传》,[清]倪会鼎:《倪元璐年谱·附录》,第112页)。

③[明]文秉:《烈皇小识》卷四,第120页。

④[清]倪会鼎:《倪元璐年谱》卷三,崇祯九年四月,第39页。

⑤[明]文秉:《烈皇小识》卷四,第120页。

⑥详见杨讷《刘基事迹考述》全文考析。

深知祖宗遗恨,因此复爵后相比其他勋家更有提高权位、重振前人未竟功业的诉求,只不过他们心怀叵测,选择以不轨手段强行介入政局,非但未能张大门风,反而辱没了祖宗英德。

(三)崇祯帝重用勋臣的后果

崇祯末年国家内外交困,动荡不堪,皇帝又刚愎多疑,对朝臣多不信任,故出现了人才无以为继的情况,无奈之下,崇祯帝想到了重用勋贵。李清《三垣笔记》载:

> 上(崇祯帝)用人屡不效,又思用侯、伯,曰:"毕竟是我家世官。"其最属意者,襄城伯李国桢与抚宁侯朱国弼、诚意伯刘孔昭、忻诚伯赵之龙也。[1]

清初史家全祖望亦言,"思宗以文、武大臣多不足用,思得勋臣、戚臣与同休戚",尝曰:"此究属吾家世臣。"[2] 到崇祯时,列朝封袭的勋臣共存五十二名,其中二十余位领有职事[3],综合《绥寇纪略》及《明史·功臣表》的记载,拥有职权的勋贵如下(见表 26):

表 26 崇祯朝勋臣职务表

勋臣名爵	所领职事	所在地
定国公徐允祯	掌左军都督府,并参议国事	北京
成国公朱纯臣	"首百僚,兼领天子之禁军"	北京
英国公张惟贤	万历、天启、崇祯"三朝顾命"	北京
英国公张世泽	"掌环列"	北京
永康侯徐锡登	"备宿卫"	北京
西宁侯宋裕德	"备宿卫"	北京
恭顺侯吴惟英	提督京营	北京
彭城伯张光祖	左军都督府金书	北京
惠安伯张庆臻	提督京营	北京

---

① [明]李清:《三垣笔记·崇祯》,第 75—76 页。
② [清]全祖望:《明施公子墓碣铭》,《鲒埼亭文集选注》上篇,济南,齐鲁书社,1982 年,第 90 页。
③ [清]吴伟业:《绥寇纪略·补遗上·虞渊沉》,第 375—378 页。

续表

勋臣名爵	所领职事	所在地
襄城伯李守锜、李国桢	提督京营,李国桢"在事尤重"	北京
宣城伯卫时春等九名伯爵	"备宿位"	北京
魏国公徐弘基	南京守备	南京
忻城伯赵之龙	协守南京	南京
镇远侯顾肇迹	任职南京	南京
安远侯柳祚昌	任职南京	南京
南和伯方一元	任职南京	南京
东宁伯焦梦熊	任职南京	南京
诚意伯刘孔昭	提督操江	南京
临淮侯李弘济	守卫凤阳皇陵	江、淮一代
抚宁侯朱国弼	镇守淮安管漕运	淮河地区
黔国公沐天波	镇守云南	云南

　　虽然上举这些勋臣仍主要领任侍卫长官、五府堂上官、京营总督、南京守备、操江提督、漕运总兵等勋爵固有职务,但思宗特意强化了与他们的亲密关系,并在一定程度上提高了他们的任职权限。崇祯帝对这些勋贵寄予厚望,他以极高规格于中左门召见忻城伯赵之龙、抚宁侯朱国弼,又钦命朱国弼"总漕淮安",赵之龙"掌南京中军都督府印,管守备事"[1]。襄城伯李国桢、抚宁侯朱国弼、忻城伯赵之龙因最受皇帝"属意"而"在事尤重"。思宗还裁撤文职操江都御使,专命刘孔昭负责江防[2]。另外,据《甲申核真略》记载,在农民军兵临城下之际,崇祯帝传谕内阁,命成国公朱纯臣督内外军,而"仍属意元勋"朱纯臣"或可佐东宫以图一效"[3]。

　　然而,勋贵的职权一向受体制束缚,勋臣群体又经过长期的腐化蜕变,到崇祯时,这些纨绔子弟的实际能力已不能满足皇帝扶保社稷的需要。《甲申核真略》载,成国朱纯臣本"无他技能,直以元勋为上所托"[4]。更甚者如总督京营襄城伯李守锜"纵使肆掠",所部士兵"白昼为盗,露兵大明门外"[5]。

①[明]文秉:《烈皇小识》卷七,第227页。
②《明史》卷二五一《蒋德璟传》,第6504页。
③[清]杨士聪:《甲申核真略》,第14页。
④[清]杨士聪:《甲申核真略》,第21页。
⑤[清]郑达:《野史无文》卷三《烈皇帝遗事上》,第5页。

李守锜之子李国桢恃宠骄横，每逢召对，其他大臣皆跪奉，独国桢"从旁立语，睨视上，几无人臣礼"。李国桢还蒙蔽崇祯帝，假称京营士兵战斗力强大，及至李自成围城，崇祯帝才获知京营兵士早已奔散①。李自成攻北京时，留居勋臣抵抗无力，城破之日，仅襄城伯李国桢、惠安伯张庆臻、宣城伯卫时春自杀殉国，其余以成国公朱纯臣、定国公徐允祯为代表者，悉数被俘或投降，后又多为农民军追赃拷掠致死②。曾任弘光朝户科给事中的熊汝霖对崇祯帝宠用勋贵之举有评："先帝委任勋臣，而官舍选练，一任饱飏；京营锐卒，徒为寇藉。"③

更与思宗初衷相违的是，聚集在南京的勋贵借机进一步与阉党官员勾结，《枣林杂俎》记"桐城阮大铖初附善类，与嘉善魏大中争吏科都给事，因投逆珰"，废居南京后"日同士英及抚宁侯、诚意伯狎饮"④。崇祯初年，阮大铖曾因依附魏忠贤而遭罢黜，流寓南都，因遭到东林及复社士人的鄙视排挤，不得不堵门避客。当时恰逢因赃贿遭戍的马士英也流落南京，马、阮二人"气类相投，又同病相惜，日夕过从，遂成莫逆"，而在南京提督操江的刘孔昭便渐渐向二人靠拢⑤。崇祯十四年（1641），与阮大铖交好的周延儒再次被起用为内阁大学士，阮大铖立即展开行动，通过巴结周延儒，协助马士英再次任官，据《鹿樵纪闻》载：

> 及宜兴再召，大铖使人奉金杯为寿，且曰："息壤在彼。"延儒举杯爵者三，曰："前言固宜践，成案难遽翻。归语尔主，有堪心腹托者，当先用为督抚；俟彼以边才荐，必得□以报。"使者反命，大铖喜，士英即以为请，不数月而士英奉特旨总督凤阳矣。⑥

马士英为凤阳总督，加紧与盘踞在南京的阮大铖及刘孔昭勾结，为此后政局的发展埋下祸根。

---

①[清]杨士聪：《甲申核真略》，第20页；[清]钱邦只：《甲申传信录》卷四《元勋世爵》，《中国历史研究资料丛书》，上海，上海书店，1982年，第56页。

②殉明勋臣事迹可见[清]计六奇：《明季北略》卷二一下《殉难勋戚·李国桢》《殉难勋戚·张庆臻》，第550—551、553页；[清]钱邦只：《甲申传信录》卷三《世臣》、卷四《元勋世爵》，第37、56—57页。

③《弘光实录钞》卷一，第194页。

④[清]谈迁：《枣林杂俎·逸典·阮大铖》，北京，中华书局，2006年，第108页。

⑤[清]吴伟业：《鹿樵纪闻》卷上《马阮始末》，《明代野史丛书》，北京，北京古籍出版社，2002年，第323—324页。

⑥[清]吴伟业：《鹿樵纪闻》卷上《马阮始末》，第324页。

二　勋臣介入弘光政局

（一）勋臣协助马士英"定策"并入阁

北京被李自成农民军攻克后，南京迅速成为明廷新的政治中心，福王、潞王等宗室纷纷南下避难；当时南京九卿科道之臣多有东林党及复社背景，如南京兵部尚书参赞机务史可法、南京户部尚书高弘图、詹事府詹事掌南京翰林院事姜曰广等[①]，而马士英、阮大铖等亦在南都一带活动。南都诸臣欲重新组织政府，首要面对"定策"大计。有关马、阮胁迫南都诸臣抢先拥立福王及东林党人在"定策"上失误的问题多有学者论述[②]，此不赘言。需要指出的是，以马士英为首的奸党为取得"定策"先机极力拉拢勋臣、镇将及宦官势力，在这些被拉拢的势力中勋臣提督操江诚意伯刘孔昭等人的表现尤显突出。《明季南略》载，马士英"内贿刘孔昭，外贿刘泽清，同心推戴"，必欲立福王而后快[③]。另据《弘光实录钞》载，因身负"逆案"长期闲居南京的阮大铖自以为"线索在手"，也与"诚意伯刘孔昭，凤阳总督马士英幕中密议"[④]。福王入宫前，曾明确提出拥立潞王的南京礼部尚书吕大器出于忌惮心理，把持"礼、兵二部印，纡回不前"，刘孔昭马上"怒形于色"，并"面折"吕大器[⑤]。最终，南京臣僚普遍同意拥立福王，甲申年（1644）五月，群臣迎奉福王进入南京城。

很多勋臣也像刘孔昭一样，迅速向马、阮等人靠拢，积极参与拥立行动，希图分一杯羹。福王进入南京后，他们自以为拥立功高，"人人皆有德色"[⑥]，以图邀功牟利。甲申年五月初二日，群臣参谒福王于行宫，灵璧侯汤国祚突然当庭弹劾"户部措饷不发"，其措辞极为激愤。一般情况下，户部事务无勋臣建策之理，故吕大器当庭斥责汤国祚，称其"非对君礼"[⑦]，汤无言以对。福

---

①除史可法、高弘图、姜曰广外，当时身处南京及周边的重要东林党、复社大臣还有南京礼部尚书吕大器、南京吏部尚书掌都察院事张慎言、给事中李清及应天巡抚张国维、淮阳巡抚路振飞等。福王立后，刘宗周、徐石麒、解学龙、祁彪佳、章正宸、陈子龙等东林、复社大臣又陆续进入南都朝堂。
②见顾诚《南明史》第二章《弘光朝廷的建立》第一节《继统问题上的纷争和史可法的严重失策》，北京，光明日报出版社，2011年，第30—37页。
③［清］计六奇：《明季南略》卷一《南京诸臣议立福藩》，第6页。
④《弘光实录钞》卷一，第169页。
⑤［清］徐鼒：《小腆纪传》卷三〇《吕大器传》，北京，中华书局，1985年，第303页。
⑥［清］顾炎武：《圣安本纪》卷一，《台湾文献史料丛刊》第3辑，台北，大通书局，1984年，第37页。
⑦［清］计六奇：《明季南略》卷二《福王登极》，第9页。

王并未严斥国祚,仅告诫大器、国祚两人"文武宜和衷"①。这一小插曲看似无足轻重,但却开启了勋臣擅自廷议六部庶务的先河,弘光朝文臣与勋臣间的冲突就此展开。

当时福王以监国名义视政,参谒福王后,群臣汇集于备守太监家中,讨论福王应该继续以监国号行使权力还是即刻登极,大多数官员以为称监国为宜。此前主张立潞王的吕大器此时惧祸也请福王"后日即登极"。南京吏部尚书张慎言和南京户部尚书高弘图等人考虑到"国虚无人",也请求福王马上即位。史可法认为"太子存亡未卜",表示反对。刘孔昭马上提出"今日既定,谁敢更移,请即正位"。在多数人的劝阻下,即刻登极之议被搁置②。会议后,刘孔昭再次提议福王"宜即登大宝以正人心"。御史祁彪佳认为监国之名可以彰显福王贤德谦逊,等到为崇祯帝发丧后择吉日登极为好。祁彪佳所议比较符合社稷公论,故"礼臣、魏国等皆然之"③。刘孔昭的计划虽落空,但经过步步运筹,马、阮等人及以刘孔昭为代表的勋臣不断巩固拥立"定策"之功,占尽先机。

福王监国之后,于甲申年(1644)五月初二日举行廷推选任大僚,"改史可法、高弘图为礼部尚书,升马士英兵部尚书,姜曰广、王铎礼部左侍郎,俱兼东阁大学士",而史可法仍掌兵部事,张慎言还为吏部尚书④。马士英的入阁得益于刘孔昭的推荐。明代本没有勋臣入列推举阁臣的先例⑤,弘光帝为了消弭文武臣僚间已出现的不和,特别准许勋臣参与这次廷推。其间诚意伯刘孔昭竟然推举自己入内阁,史可法说:"本朝无勋臣入阁例。"刘孔昭回应:"即我不可,马士英有何不可!"诸臣对此无言以应,加之此时马士英正交通拥兵十万的高杰、刘泽清等镇臣"临江以挟制廷臣",这才得以入阁⑥。实际上,明代有非翰林不入内阁的定制,马士英未尝任翰林儒臣,入阁资格并不充分,只不过马氏取得拥戴先机,又以勋将为党援,史可法、张慎言诸臣迫于形势不得不对其让步。力保马士英入阁外,刘孔昭还特举阮大铖任官,

①[明]谈迁:《国榷》卷一○一,思宗崇祯十七年五月己丑,第6082页。
②[清]计六奇:《明季南略》卷一《福王登极》,第9页;[清]李天根:《爝火录》卷三,杭州,浙江古籍出版社,1985年,第120页。
③[清]李天根:《爝火录》卷三,第121页。
④[清]顾炎武:《圣安本纪》卷一,第38页。
⑤万历《大明会典》卷五《吏部四·推升》,第27页。
⑥[清]计六奇:《明季南略》卷二《诸臣升迁推用》,第15页;《圣安本纪》卷一,第38页。

但"逆案"关乎大是大非,史可法批驳:"此先帝钦定逆案,毋庸再言。"[1]马、刘等人对阮大铖的初次推举因此作罢。

刘孔昭荒诞推荐自己入阁,又举荐马士英、阮大铖,勋贵政治野心膨胀的势头可见一斑。而在自此次参与廷推阁臣之后,刘孔昭等勋臣就在事实上获准拥有保举阁部大臣的权力,继而深入参与到南都政权的朝事之中,这显然已违背明代限制勋臣参与九卿庶政的惯制。有学者曾指出,南都勋贵"对文官当权心怀不满,将福王视为自己的保护人,将马士英视为强大的盟友,希望恢复其家族自明初便已失去的某些权力"[2]。另一方面,马、阮为巩固既得利益,对勋臣的拉拢也是不遗余力,对此《爝火录》所论甚明:"马士英入阁辅政,乃掌兵部事。"他"挟拥戴功,内结勋臣朱国弼、刘孔昭、赵之龙,外连诸镇,谋擅朝权"[3]。

总而言之,在弘光南渡之际,明朝旧的统治秩序趋于松动,新的统治秩序亟待确立,在这种情况下,勋臣通过与"定策"权臣结党的方式,得以突破原有的体制管束,继而深度介入政局。不过勋臣参政既与弘光朝的特殊时局有关,也是明代中后期以后勋臣政治取向长期发展的结果。自嘉靖朝始,部分勋臣上言朝事并与文臣争权之风渐有萌发。弘光朝勋臣中结纳马、阮的核心人物诚意伯刘孔昭,其家族在嘉靖朝以后参政欲望即开始高涨且不断结怨东林,阑入党争。早在崇祯朝,刘孔昭就曾通过依附阁臣温体仁成功捞取政治利益。崇祯帝擢用刘孔昭提督操江,这在客观上又促成了孔昭与马、阮的进一步结合。而明代南京及周边例设守备、协守、管府、奉祀、操江、督漕等多名勋臣常驻领职,勋家中"开国"元勋魏国公徐氏及嘉靖继封"开国"勋裔灵璧侯汤氏、临淮侯李氏、诚意伯刘氏等更世居或久任于南京,这些勋胄形成一个相对独立而又具有趋同性的贵族群体。在南京弘光朝廷这样一个小政治环境中,不少南都勋臣就会受刘孔昭的影响而靠拢马、阮以谋求政治利益。勋臣身份尊崇,又握有军权,马、阮正可利用以压制对手。这样马、阮就与勋臣们形成了一个利益共生体,拥戴福王"定策"是其共生的基础,对抗东林以争权夺势是其共生的目的。需指出的是,在这一共生关系

①〔清〕李天根:《爝火录》卷三,第128页。
②〔美〕魏斐德著,陈苏镇、薄小莹译:《洪业——清朝开国史》第五章《南京政权》第三节《皇位继承危机》,南京,江苏人民出版社,2010年,第217页。
③〔清〕李天根:《爝火录》卷三,第159页。

中,马士英始终处于主导地位,他取信于福王进而操控之,通过内阁把控决策权,成为皇权的"寄生"[①]者;而勋贵仍不能直接控制内阁辅政与部院等衙门的行政,只是听任马、阮指使,为权力的次级寄生者。刘孔昭妄图自己入阁,"以舆论不许"而告罢,其间马士英"亦不欲"[②]的态度起了十分重要的作用。可见弘光朝勋臣的权力来源于权臣,而勋臣的政治活动也必须处于权臣的可控范围内,因此勋臣在国家行政层面仍缺少独立的政治身份。

(二)勋臣对铨选制度的破坏

马士英虽与阮大铖相互交结,但自身未入"逆案",所以他得以借"定策"功跻身阁僚,但阮大铖等盘踞在南京的阉党份子却仍处于罢官闲住状态。当时内阁大学士姜曰广、高弘图及吏部尚书张慎言主导铨政,他们极力"申拔正类",抑制阉党势力,故时有"举动一裁自曰广"[③]之说。因此,挟"定策"功的马、阮等人便预谋打击东林,翻动"逆案"以延引同类,而"密结勋戚、中贵之桀骜不驯者"以"揽权归己"[④]就成了他们的既定方针。

弘光政权建立之初,吏部尚书东林党人张慎言主持铨政,而内阁大学士史可法也在一定程度上控制着朝局。可以说,这一时期的铨选掌握在东林党人手中,其铨选原则可以从福王《监国诏》中反映出来:

> 罪废各官内,除逆案、计典、赃私,不得轻议外,其中情有可原,才足戡乱者,诏差官会同抚、按官从公采访,列名报闻,分别酌用,不得借端燃灰,致滋倖滥。[⑤]

与此同时,弘光朝还大力推行保举、荐举之法,以招徕人才:

> 山林草泽、下僚贱吏,有真正奇才异能,堪以匡时御乱者,除前谕已颁,抚按行各属从公察报外,今仍着在京阁部科道等衙门,一体从公保举,确定人数,以凭拔用。如徇情贿嘱,事后发觉及试验罔效者,举主

---

① [日]小野和子著,李庆、张荣湄译:《明季党社考》第八章《南京福王政权下的党争》第三节《文和武》,第332页。

② [明]李清:《三垣笔记》下《弘光》,第118页。

③ [清]查继佐:《国寿录》卷二《内阁姜公传》,北京,中华书局,1959年,第31页。

④ [清]查继佐:《国寿录》卷二《内阁姜公传》,第31页。

⑤ [清]李天根:《爝火录》卷三,第123页。

连坐。[1]

东林主导的铨政是相对宽松的,仅坚持了基本政治底线,所限制者唯阉党及贪腐之人。至于保举制度,其在隆庆以降已经"徒为故事"[2];而福王初立,人才匮乏,保举制的全面重启亦符合当时的现实需求。

宽泛的铨选政策使大批南京故臣和北来朝臣纷纷跻身朝班。不久,张慎言又拟"北来诸臣,虽屈膝腼颜,事或胁从,情非委顺,如能自拔南来,酌定用"之法[3]。此议一出,先朝废籍者多有所用,很多以"封疆"坐废的大臣被再召起用,一些投靠过李自成的"失节"官员,如崇祯朝兵科给事中光时亨等也得晋身[4]。客观来说,在国家危难的用人之际,张慎言提议北来诸臣"宜随才录用,不当概以死责"[5],是为更快更多地为朝廷延引人才,也有合理性,故慎言所为福王"俱嘉纳之"[6]。与此同时,张慎言坚持崇祯钦定"逆案",强调"逆案无容更议,其在戍籍废居者一从清论,不挠毁誉"[7],对"逆案"阉党特加排斥。

张慎言力主铨政无所遗漏,但由于他确实对所谓"封疆"及"失节"之臣较为优待,同时又因慎言本身倾向东林阵营,故很容易被依附于马世英的勋臣所攻击。如诚意伯刘孔昭曾上所谓的《痛陈积习疏》,言:"封疆失事之臣,其罪岂在钦定逆案下。"福王采纳刘孔昭的建议,下旨命:"失事各官,今后不许朦胧起用。"还命令曰:"有不遵者,科道官据实纠参重治。"[8] 在弘光朝为崇祯帝举行祭祀大典时,刘孔昭且哭且诉,他指责光时亨是"阻驾致先帝崩"的罪魁祸首,并认为不处置光时亨"何以慰在天之恫"[9]。在此后的政治斗争中,刘孔昭等马、阮一党故意夸大并利用"封疆失事"及"从逆"等罪名,借以作为打击东林的口实。但实际上刘孔昭自己也曾推举投降农民军的钱位坤

①[清]计六奇:《明季南略》卷一《国政二十五款》,第12页。

②[清]孙承泽:《春明梦余录》卷三四《吏部·保举》,第537页。

③[清]计六奇:《明季南略》卷一《刘孔昭凌侮张慎言》,第18页。

④光时亨为崇祯朝兵科给事中。农民军逼近北京时,光时亨曾极力奉劝崇祯帝固守北京,不要迁都南京,北京城破时,光时亨又投降李自成,继续担任兵科给事中(见[明]李清:《三垣笔记》下《弘光》,第128页;[清]计六奇:《明季北略》卷二〇《李明睿议南迁》,第416—417页)。

⑤[清]徐鼒:《小腆纪传》卷一二《张慎言传》,第139页。

⑥[清]徐鼒:《小腆纪传》卷一二《张慎言传》,第140页。

⑦[清]徐鼒:《小腆纪传》卷一二《张慎言传》,第140页。

⑧[明]谈迁:《国榷》卷一〇一,思宗崇祯十七年五月丁未,第6103页;[清]李天根:《爝火录》卷三,第180页。

⑨[明]李清:《三垣笔记》下《弘光》,第128页。

为官①,可见孔昭力请"封疆"与"从逆"者不当举,并非真为维护铨政清明,只不过为配合马士英等扰动朝局,以达到浑水摸鱼捞取政治利益的目的。

(三)勋臣廷劾张慎言

福王朱由崧正式登极后改元弘光,福王即南明历史上的弘光帝。在弘光统治初期,朝廷主要面临内饬朝纲、外筹江防两大问题,而朝中有史可法、马士英两位主要阁臣,二人也皆有统兵出任督抚的经验,故孰留孰出一时难定。当时司礼太监韩赞周提议"马相堪任督师,史相堪任居守",但是士英不乐继续出镇,借口自己"多负勤苦,筋力备矣,无能为也",又说:"史老先生屡建奇绩,目今番山鹞(高杰)已至淮南,淮安士民仰公圣德,不啻明神慈父,督师者,非公而谁?"②马士英的目的显然是为排挤史可法出朝,以便揽大权于己。马士英还把史可法曾经反对福王登极的"七不可"之议奏告弘光帝,激化弘光帝对史可法的愤根,直接逼迫史可法离京,最终使其督师江上③。《弘光实录钞》一书就指出,史可法的出督完全是受到压制,"不得已而出"④。

甲申(1644)五月十八日,史可法离京,马士英于五月二十二日正式入直,开始全面控制内阁。马士英操握权柄后的首要任务就是继续和刘孔昭等人勾结,完成"必欲起大铖"的目的⑤,而史可法被排挤出权力核心,这大大减轻了他们的阻力,史评:"可法出督师,士英入辅政,与刘孔昭比,欲尽起逆案诸人,先荐阮大铖。"⑥除刘孔昭外,很多勋臣们都参与了支持阮大铖入朝的阴谋。如《爝火录》载:"士英必欲起大铖,令刘孔昭、汤国祚、赵之龙等荐大铖知兵。"⑦另据《过江七事》载,是时诚意伯刘孔昭已知士英即将柄权,"而所急者大铖也,遂首为言冤,且实才,余嗫嚅不敢言"⑧。但"逆案"是崇祯帝钦定,具有绝对权威性,弘光朝还颁有"逆案不得轻议"的诏令,吏部尚书张慎言又"秉铨持正,度不可进言"⑨,这就阻断了阮大铖被起废的可能。马

---

①[明]谈迁:《国榷》卷一〇二,思宗崇祯十七年七月己酉,第6133页。
②[清]应廷吉:《青燐屑》卷上,《中国历史研究资料丛书》,上海,上海书店,1982年,第131页。
③《明史》卷二七四《史可法传》,第7018页。
④《弘光实录钞》卷一,第171页。
⑤[清]计六奇:《明季南略》卷一《刘孔昭凌侮张慎言》,第18页。
⑥[清]温睿临:《南疆逸史》卷七《吕大器》,第59页。
⑦[清]李天根:《爝火录》卷四,第214页。
⑧[明]陈贞慧:《过江七事·持逆案》,《中国历史研究资料丛书》,上海,上海书店,1982年,第217页。
⑨[清]徐鼒:《小腆纪传》卷一二《张慎言传》,第140页。

士英、刘孔昭必须先排挤掉张慎言才能达到其目的。

甲申五月二十三日，张慎言落实酌用北来诸臣的政策，举荐了崇祯朝辅臣吴甡、吏部尚书郑三俊二人。在大学士高弘图的拟议下，弘光帝召吴甡入朝，郑三俊未召入[1]。这本属于正常的铨选程序，却引起了一场朝中风波。张慎言所举吴、郑二人在前朝素有清名，"皆为诸小人所畏"[2]，加之清正干练的张慎言本身对阉党就是一大威胁，所以奸党对慎言的举荐极为仇视。刘孔昭已经意识到"慎言清执不可回"，故"先一日"召勋臣聚饮，谋划"廷纠计去冢臣"，而后再找机会援引阮大铖[3]。

当日常朝结束，勋臣们在刘孔昭带领下群跪于大殿，"指慎言及甡为奸邪"，其"叱咤之声，直撤御座"[4]。勋臣合诋张慎言"专选文职，略武臣"，又称吴甡、郑三俊"为悖先帝，诚奸臣也"，灵璧侯汤国祚、忻城伯赵之龙"言如之"[5]。其间刘孔昭甚至边叫嚣"杀此老奸"边拔刀冲向张慎言，张慎言无奈，"于丛人中辗转相避"，以致"班行大乱"。面对嚣乱不堪的朝堂，弘光帝毫无能力维持，只得连声说："文武各宜和衷，何得偏竞。"[6] 经阁臣高弘图等百般和解，勋臣才退下[7]。退朝后，刘孔昭又写了一篇较长的奏疏专门弹劾张慎言，现引部分文字如下：

> 臣见其条陈内伪命一款，谓屈膝腼颜之臣，事或胁从，情非委顺，俟其归正，不必苛议。臣不胜骇愕。又见其荐举吴甡、郑三俊，更为可异。甡受命督师，逗留三月，不出国门一步。殆后遗戍，悠游里居。三俊保用侯恂，丧师蹙地，引用吴昌时，招权植党。此皆万世罪人，何居乎而荐之？慎言原有二心，当告庙决策迎立主上之时，阻难奸辨，人人咋舌，廷臣具在可质。伏乞收回吴甡陛见之命，将慎言之受贿重处，以为欺君误国之戒。[8]

另据《过江七事》记载，魏国公徐弘基、诚意伯刘孔昭等勋臣当时曾向弘光

①《明史》卷二七五《张慎言传》，第 7038 页。
②《弘光实录钞》卷一，第 187 页。
③［明］谈迁：《国榷》卷一〇一，思宗十七年五月庚戌，第 6105 页。
④《弘光实录钞》卷一，第 187 页。
⑤［明］谈迁：《国榷》卷一〇一，思宗十七年五月庚戌，第 6105 页。
⑥［清］徐鼒：《小腆纪传》卷一二《张慎言传》，第 140 页。
⑦［明］李清：《南渡录》卷一，第 21 页。
⑧《弘光实录钞》卷一，第 187—188 页。

帝面奏：“文臣朋党误国。”并指责吏部尚书张慎言“专权结党，擅引旧辅吴甡”。他们甚至再次集议，妄图援引“高皇帝开国时以魏国徐达为左丞相例”争取入阁的机会，只是谋而未发。科道官李沾、郭维经等予以回击说：“诸勋臣不勤王，不忠，乃乘国变侵官乱政，并觊入阁事。”双方相持不下，又引起了朝堂大哗[①]。大学士姜曰广请求弘光帝处分蓄意攻讦张慎言的勋贵，而面对朝局纷纷，软弱的弘光帝只欲息事宁人，他不辨是非，信口下了“朝廷用人，自是吏部职掌，但有不当，许勋臣、科道纠参”的口谕。这正中勋臣的下怀，刘孔昭立刻起身“手招诸勋臣”，言：“来！圣明已许吾辈纠参矣！速谢恩！”[②]弘光帝的昏庸被勋臣充分利用。正如姜曰广所说：“上在位日浅，未明习国家故事，并许勋臣纠参。此曹纨绔子，易动以利，天下事使渠辈得操长短，败矣！”后来姜曰广自票拟，明令禁止勋臣弹劾纠参的行为[③]。由于勋臣的特殊贵胄身份，且他们的弹劾权来自马士英的支持和弘光帝的特许，因此姜曰广的努力没有起到作用。参驳权竟然被皇帝准为勋臣的法定职权，有了这一利器，刘孔昭等便时时滥发议论，弹劾异己。

群勋堂而皇之围攻冢宰的乱象令史可法敏锐地感到新一轮政治斗争即将全面展开，他对此上奏说：

> 不意二十三日早朝，有文武忿争一事。闻之昔主辱则臣死，今主死而臣生，凡属臣工，谁能无罪？文臣固多误国，武臣岂尽矢忠？累累降贼者，宁独文臣哉……各怀偏私，日寻水火，文与武不和，而文与文又不和，朋党之祸炽，人才之用阻……冢臣慎言复行举用（吴甡），诸臣既谓不可，公廧言之可也，公疏争之可也。何事痛哭喧呼，声彻殿陛？闻之骄将悍卒，不益轻朝廷而长祸乱耶？[④]

明清之际的史家谈迁也以“文臣畸轻，孔昭畸重”评价弘光朝的政局，并指出刘孔昭等勋臣“不甘右列”，甚至到了“马士英不敢抗”[⑤]的地步。日本学者小野和子多少沿袭了史可法和谈迁的看法，她总结弘光朝东林和反东林的对立“表现为文和武的对立”，而且马、阮是依托勋臣及四镇的军事力量作

---

①［明］陈贞慧：《过江七事·正纠参》，第198页。
②［明］陈贞慧：《过江七事·正纠参》，第198页。
③［明］陈贞慧：《过江七事·正纠参》，第199页。
④［明］史可法：《史忠正公集》卷一《请尊上权化水火疏》，《续修四库全书》集部第1387册，第171页。
⑤［清］谈迁：《枣林杂俎·逸典·勋臣跋扈》，第107页。

后盾来实现阉党的统治的①。"文武对立"和"马、阮依托勋臣"确实不假，但勋臣与马、阮的关系尚需辨析，"马士英不敢抗"的说法失于夸张。通过更多的史籍记载可以看出，勋臣仅仅是马、阮等人的鹰犬。如《明季南略》载，刘孔昭之所以在朝堂上狂悖无忌惮地攻击张慎言，就是因为"史可法辞朝而马士英入直"②。《烬火录》记："马士英念慎言秉铨，阮大铖终不能起，乃令刘孔昭、汤国祚、赵之龙等力攻慎言。"③查继佐则认为对张慎言的攻击实是"士英嗾诚意伯刘孔昭弹之"④。谈迁自己也写到"大铖废久"，"计沮，嗾孔昭拉勋臣廷攻冢宰"，并且认为"南渡之祸始于诚意，溃于士英、大铖"⑤。

　　勋臣干扰铨选、肆意纠弹的现象皆因起用阮大铖的阴谋而生，当时任职南明的东林党人之所以普遍反对马、阮及勋臣的行径，除了要维护崇祯朝所定"逆案"外，还在于捍卫分权明责、维护行政合理化的理念，这也是万历朝以来东林党人参与政治斗争的根本动因之一。由于弘光朝马士英等人唆使勋臣扰乱铨法并肆意弹劾朝臣，这种做法前所未有地破坏了国家体制运行，因此许多朝臣不断从维护部门分职、保证行政运作的理念出发抨击勋臣。给事中罗万象说："祖制以票拟归阁臣，参驳归言官，不闻委勋臣以纠劾也。使勋臣得兼纠劾，文臣可胜逐哉！"⑥御史王孙蕃亦批驳曰："用人，吏部职掌。奈何廷辱冢宰！"⑦大学士高弘图言："文武官各有职掌，毋得侵犯，即文臣中各部不得夺吏部之权，今用人乃慎言事，孔昭一手握定，非其所私即谓之奸，臣等皆属赘员矣。"⑧

（四）张慎言离朝与阮大铖"陛见"

　　在勋贵不断弹劾的逼迫下，大学士高弘图、姜曰广和吏部尚书张慎言几乎同时请求罢官离朝。起初弘光帝还"有意为明主"，经常召见张慎言、高弘图等东林重臣，劝阻他们不要轻易告退，并听取他们对铨选的意见和对勋臣

①〔日〕小野和子著，李庆、张荣湄译：《明季党社考》第八章《南京福王政权下的党争》第三节《文和武》，第333页。

②〔清〕计六奇：《明季南略》卷一《刘孔昭凌辱张慎言》，第21页。

③〔清〕李天根：《烬火录》卷四，第233页。

④〔清〕查继佐：《罪惟录》卷九《史可法传》，第1528页。

⑤〔清〕谈迁：《枣林杂俎·逸典·勋臣跋扈》，第107页。

⑥《明史》卷二七五《张慎言传》，第7039页。

⑦《明史》卷二七五《张慎言传》，第7039页。

⑧〔清〕计六奇：《明季南略》卷一《刘孔昭凌辱张慎言》，第19页。

乱政的批评。但马士英势力渐强，弘光帝很快沦为"直高拱听之，不复知外边事"的傀儡[1]，朝政濒临于崩溃。

甲申（1644）六、七月间，被谈迁评价为"品望夙著，为南渡首登"[2]的张慎言终于不堪勋贵的屡次诋辱，"四疏乞罢，乃得请"。继史可法出督后，张慎言又罢去，朝中东林势力进一步削弱，铨选秩序被冲击，这就为阮大铖的起用创造了条件。张慎言离朝前，马士英即于甲申六月亲自上奏推举阮大铖，其奏文如下：

> 原任光禄寺卿阮大铖，居山林而不忘君父，未任边疆，而实娴韬略。北信到时，臣与诸臣面商定策，大铖致书于臣及操臣刘孔昭，戒以力扫邪谋，臣甚服之。须遣官立召，暂假冠带，来京陛见，面问方略。如其不当，臣甘同罪；若堪实用，则臣部见缺右侍郎，当赦其往罪，敕部起补。[3]

诚意伯刘孔昭又配合马士英的上奏，随即进言：

> 伏读诏书，罪废各逆案、计典、赃私俱不得轻议，而置封疆失事于不言，闻当事者仍将有以用之也。此诏款之中，乃见一段门户之肺胆，朋党之祸，于斯为烈。[4]

马士英又乘高弘图出督漕务而不在内阁的机会，"自拟旨"代天子言，让阮大铖"冠带陛见"，这种操控皇权、谋取私利的行径引起举朝大骇。六月初八日朝会，高弘图上奏："大铖可用，必须九卿会议。"对此，马士英自己也不得不承认"会议则大铖必不得用"。弘图又试图引导弘光帝，故进言："臣非阻大铖，旧制京堂必会议，乃于大铖更光明。"马士英狡辩道："臣非受其贿，何所不光明？"高弘图以"何必言受贿，一付廷议，国人皆曰贤"对之[5]。高弘图反对阮大铖入朝的理由丝丝入扣，说到底是维护国家的铨选制度的合理运行。幸而继张慎言为吏部尚书的徐石麟乃东林党人黄尊素的弟子，石麟一如张慎言所为，"以祖宗之法"裁抑奸党[6]。在大多数朝臣反对下，马、阮的

---

①［清］计六奇：《明季南略》卷一《刘孔昭凌辱张慎言》，第20页。
②［明］谈迁：《国榷》卷一〇二，思宗十七年六月丙寅，第6114页。
③《弘光实录钞》卷一，第174页。
④《弘光实录钞》卷一，第176页。
⑤［清］计六奇：《明季南略》卷一《马士英特举阮大铖》，第41页。
⑥［清］温睿临：《南疆逸史》卷七《徐石麟》，第54页。

势头暂时被遏制住。可见张慎言虽去,东林大损,但余力尚存,权臣阉党尚不足以完全撼动朝纲。

三　勋臣参政模式的形成

(一)勋臣与马士英的政治协同

面对东林强烈声讨,"举朝为难,铨衡不敢任其责"的局面,马士英计划采用更加极端的方法,越过常规选官制度,以中旨起用阮大铖。所谓"中旨",又称"内传"或"内批",是指皇帝越过内阁、六部等国家部门,从宫中直接传旨并令执行的非正常出令方式。如果是皇帝越过吏部,以中旨滥授的职官,就被称作"传奉官",这种情况在成化朝盛行一时[①]。内传授官这种荒唐的选官制度,在成化朝以后渐渐减少,但从来没有销声匿迹。君主以一人之私,枉顾国家铨选定制任官已属不合理,而弘光朝居然是马士英代皇帝"假中旨"[②]起用阮大铖,这就更为荒诞。这时候的所谓"中旨",名义上是由弘光帝下发,实际上是马士英以阁臣身份代拟,经弘光帝草草首肯后发出。顾炎武就认为弘光朝的内传授官只能称为"内批"而非"内旨",因为它本身不是皇帝的圣旨[③]。基于对弘光帝的控制,马士英既然能够避开高弘图,独自拟旨令阮大铖"冠带陛见",便可以进一步假天子令而起用阮大铖。

但内传毕竟非良法,正式起用阮大铖前,马士英还做了一番试探。甲申(1644)七月,马士英乘户部尚书周堪赓久不到任的机会,先用"中旨传升"素有清望的吏部侍郎张有誉为户部尚书,"借以开传升倖门"[④],为阮大铖的出山探路。吏科给事中章正宸封还马士英的条旨,上言力争说:"臣于有誉,非争其人,争其事也。传升一途,非所以待正人君子。有誉贤者,未必即受,是用有誉者,乃所以斥有誉也。"[⑤]大学士高弘图以张有誉"不经会推",缴还内传的成命,马士英又自行票旨言:"特用出自朕裁,卿不必过为疑揣,仍着

---

① 《明史》卷一七七《姚夔传》,第 4715 页。
② [清]黄宗羲:《黄梨洲文集·传状类·移史馆吏部左侍郎章格庵先生行状》,上海,上海古籍出版社,1959 年,第 7 页。
③ [清]顾炎武:《圣安本纪》卷二,第 66 页。
④ [清]邹漪:《明季遗闻·南都上》,《台湾文献史料丛刊》第 5 辑,台北,大通书局,1987 年,第 49 页;
　 [清]李天根:《爝火录》卷五,第 284 页。
⑤ [清]黄宗羲:《黄梨洲文集·传状类·移史馆吏部左侍郎章格庵先生行状》,第 7 页。

遵前旨行。"吏科给事中章正宸力争士英所票之非，于是高弘图继续票拟称："再发改。"经过几次拉锯式的较量，张有誉"卒以廷推简用"①。张有誉最终没有以内传升除，可见马士英希图单纯僭越君权，以内传援引的做法实在冒天下之大不韪，很难成功，但内传之口一开，便不可收拾。

甲申（1644）六月至八月间，在马士英为援引阮大铖做准备的同时，勋臣也极力配合马、阮的行动。刘孔昭等人继续弹劾朝中维护铨选制度的大臣，迫使他们离朝，并不断利用他们在福王监国初获许的举荐权保举同党入朝。勋臣此时纠弹东林文臣的名目可谓至极，手段也日趋成熟。如对"力沮"阮大铖入朝的姜曰广，马、阮二人采用断章取义的办法诬陷之。姜曰广的一封奏疏中有先帝崇祯用勋臣"以内传"，"所得勋臣，则力沮南迁、尽撤守御，狂稚之李国桢"一句，马士英揪住这句话，暗中唆使勋臣朱国弼、刘孔昭攻击姜曰广，污蔑姜"诽谤先帝，诬蔑忠臣李国桢"②。此外勋贵干挠铨选的势头，亦不在纠弹之下。抚宁侯朱国弼枉引《会典》，认为推选阁部大臣，"当用五府"③。朱国弼、刘孔昭甚至合疏条陈所谓新政，提出"吏部用人，必勋臣商榷""各部行政，必勋臣面定""皇上图治，必勋臣召对"④的无理要求，这种荒唐的"新政"当然不会被采纳，但可见勋贵的嚣张气焰。

除了向朝廷提出各种荒谬条款，勋臣的举荐活动也向规模化发展。如忻城伯赵之龙举荐把总黄家鼒为南京鸿胪寺少卿。黄家鼒本为鸿胪寺班序，前已自行放弃文官身份而充当武职，现在又通过贿赂赵之龙谋求回到鸿胪寺任职⑤。又如刘孔昭以所谓"循良卓异"名目举荐官员，受荐者中有冯大任一人，而冯素有恶名，被户科所弹劾"赃私狼戾"。此后刘孔昭又推荐钱位坤，称其"忠实可信"，请亟收用⑥，而钱位坤却是投降李自成的"从逆之臣"⑦，如前文所述，刘孔昭曾在弘光朝祭祀思宗的活动中明确反对起用曾投降李自成的官员，现在却出尔反尔，其毫无原则的政治投机行径显露无疑。

①［清］李天根：《爝火录》卷五，第284页。
②［清］徐鼒：《小腆纪传》卷一一《姜曰广传》，第136—137页。
③［明］谈迁：《国榷》卷一〇二，思宗崇祯十七年七月戊戌，第6129页。
④［清］计六奇：《明季南略》卷二《七月甲乙总略》，第73页。
⑤［明］谈迁：《国榷》卷一〇二，思宗崇祯十七年六月辛巳，第6125页。
⑥［明］谈迁：《国榷》卷一〇二，思宗崇祯十七年七月己酉，第6133页。
⑦《明史》卷二七五，《解学龙传》，第7044页。

(二)举荐与"内批"相结合的窃政手段

马士英在妄图自拟内传召张有誉入朝未能得逞后,又试图将勋臣掌控的举荐权和自己掌握的内批结合起来,形成一种先由勋臣上荐保举某人,再由马士英借内传批准该人入职的选官模式。勋臣地位尊隆,他们的举荐可以减小舆论的压力,马士英便可进一步谋划将被保举的大臣引入朝中。利用这种钻制度空子的手段,马士英首先成功拔擢了阉党残余张捷,最终帮助阮大铖重新出山。

崇祯朝原吏部侍郎张捷前因荐举"逆案"中人吕纯如而"得罪公论",名列逆党,马士英"方欲用大铖",故计划先以中旨的方式起用张捷。甲申(1644)八月,镇臣刘泽清首先举荐张捷,"马士英继之",而"廷议多持不可"。最后在元老勋臣魏国公徐弘基的"特荐"下,张捷以"内传复故官"①。据《弘光实录钞》载,魏国公徐弘基追随马士英举荐张捷的目的是使张捷"佐铨政"②。这种明目张胆地为起用阮大铖作准备的行径当然会引起朝中官员的非议。户科给事中熊维典上言讽刺,称魏国公徐弘基特荐张捷,"亦见勋臣勤于荐吏"③。吏科给事中章正宸提出,"勋臣无荐举文臣例",如果被举荐人"果贤者",应该"耻受勋臣荐举"④。但熊、章的奏议均无法挽回局面。从这一事件可见,马士英虽然能够操纵弘光帝发出内批,但他本人毕竟不是皇帝,面对首次举荐张捷后"廷议多持不可"的局面,马士英也不敢贸然行动;而徐弘基举荐张捷后仅受到个别朝臣的非议,马士英便可顺理成章地矫内批授官。显然,徐弘基以魏国公的尊贵身份压制住了朝议,佐助了马士英。

甲申八月,在勋臣安远侯柳祚昌的举荐下,马士英成功起用了阮大铖。柳祚昌首先向朝廷疏请"急用忠干之臣",推荐阮大铖,弘光帝即下内批:

> 阮大铖前陛见,奏对明爽,才略可用。朕览群臣所进"逆案",阮大
> 铖并无赞导实迹。时事多艰,需人干济,着添注兵部右侍郎办事,群臣

---

① [清]徐鼒:《小腆纪传》卷六二《奸臣·张捷传》,第705—706页。
② 《弘光实录钞》卷二,第212页。
③ [清]计六奇:《明季南略》卷二《朱统鐕诬诋姜曰广》,第80页;[清]李天根:《爝火录》卷六,第303页。
④ [清]黄宗羲:《黄梨洲文集·传状类·移史馆吏部左侍郎章格庵先生行状》,第8页。

不得从前把持渎扰。①

所谓弘光帝的内批圣旨,是出于皇帝自己的意志还是出于马士英的私意,史籍中未见记载。但毋庸置疑,此时皇帝的意志已经渐与马士英的意志合流。马士英可以肆无忌惮地操纵弘光帝以达到不可告人的目的。阮大铖被起用后,先添注兵部右侍郎,"旋命兼右金都御史,巡阅江防",不久转升兵部左侍郎,弘光元年(1645)二月,进本部尚书②。

对于阮大铖的起用,朝中正人当然会激烈批评,一向维护东林的都御史刘宗周指摘阮大铖的阉党身份,并谴责内传的乱用:

> 致魏大中竟死于诏狱,杀大中者珰,而大铖其主使者也……祖宗故事,九卿大僚必用廷推,主之者吏部,而台省主参驳……乃者中旨频降,司农之后,继之以少宰……未几大铖之司马又继之。③

刘宗周奏疏中所谓"司农"即张有誉,"少宰"即张捷。刘宗周从东林党人一贯秉持的各衙门分权明责、有序行政的原则进一步指出了勋臣妄自推举的不良后果:

> 从此廷推可废,一切部院台省职掌继此而废。独容此二三权贵人,朝进一人焉报可,暮进一人焉报可,而其为斜封墨敕之渐,有不待问者。④

继之,刘宗周又一针见血地指明,勋臣的举荐完全是出于马士英的操纵,并揭露了马士英篡夺大柄,致使皇权旁落的结局:

> 夫一大铖耳,枢辅言之而不果行,臣意其必屈体公议,与天下更始矣。夫何勋臣祚昌,又继承其风旨,更唱迭和,终至取旨而后已。宰相之权如此,将置陛下于何地乎?荐牍之纷纷也,方奉明旨申饬,大小臣工,一概报罢,而勋首犯之,臣尤不能为祚昌解。⑤

然而再深刻的批评都为时晚矣,通过一系列尝试后,马士英操纵的"勋臣举

①[清]顾炎武:《圣安本纪》卷二,第80页。
②[清]温睿临:《南疆逸史》卷五六《阮大铖》,第447页。
③[明]刘宗周:《刘宗周全集·文编一·奏疏五·纠逆案邪臣疏》,杭州,浙江古籍出版社,2007年,第272—273页。
④[明]刘宗周:《刘宗周全集·文编一·奏疏五·纠逆案邪臣疏》,第273页。
⑤[明]刘宗周:《刘宗周全集·文编一·奏疏五·纠逆案邪臣疏》,第273—274页。

荐"与"矫旨内传"相结合的恶劣模式最终逐步形成机制,东林党人处于无可奈何的境地。

(三)奸党控制朝局与勋臣参政的程序化

几乎与阮大铖被起用的同时,大学士高弘图、姜曰广二人即去官,左都御史刘宗周、吏部尚书徐石麟亦相继被排挤出朝①。弘光帝本"读书少,未能亲决章奏",大抵"汉阿斗之类",时人认为即使"史、高诸公在朝,犹难辅之,况易以马、阮"②。在东林重臣纷纷去国,朝政无人匡扶后,马、阮就掌控了朝廷大权,弘光帝反而"拱手听之"③,这尤其体现在铨选的流程上。东林党人吏部尚书张慎言、徐石麒罢去后,阮大铖即"密邀内奄取中旨"以同党张捷主持吏部④。甲申年(1644)十月二十日张捷就任吏部尚书,马士英未料到阮大铖行动如此迅速,此后甚"惮大铖"⑤。张捷名义上掌铨政,然部务却由阮大铖"一手握定",张捷"惟奉行马、阮指挥,贿赂公行",将列名"逆案"者尽其举用,导致"吏道庞杂已甚"⑥、铨选几不可问的严重后果。

权臣阉党牢牢操控铨政后,便多以正常程序招引同党,因而矫用内传的次数有所减少,但马、阮及勋臣间程序化的选官机制依然存在。在马、阮指挥下,勋贵一方面继续弹劾朝中残存的东林党人,为援引小人扫清障碍;另一方面不断举荐阉党分子,帮助马、阮起用同党。甲申十月二十八日,御史胡时亨上疏抨击这一非常规的铨政模式:"近来章奏弹劾,文武升授,皆出勋臣之口。"⑦黄宗羲也曾揭露勋臣与马、阮结纳弄权的模式曰:"马、阮传通奸赂,毁裂恩仇,孽勋悍将、宫奴市侩,时相为帝。中旨贤于部推,私门热于庙堂。"⑧马士英等人的行径已经完全超出了弘光帝的控制,据《国榷》记载,时有"马士英当国,与刘孔昭、阮大铖等比,浊乱国是",而"朱国弼、赵之龙侵

---

①马士英、阮大铖及投靠马、阮的勋臣、宗室、镇臣、言官揪住"定策"等议题,不断弹劾东林诸臣,致使高弘图等被迫离朝(详见[清]徐鼒:《小腆纪传》卷一一《高弘图传》、卷一二《徐石麟传》,第134—135、142页;[清]王夫之:《永历实录》卷六《陈姜列传》,第399页)。

②[清]吴伟业:《鹿樵纪闻》卷上《福王下》,第284—285页。

③[清]吴伟业:《鹿樵纪闻》卷上《福王上》,第275页。

④[清]徐鼒:《小腆纪传》卷六二《奸臣·张捷传》,第706页。

⑤[清]李天根:《爝火录》卷七,第346页。

⑥[清]邹漪:《明季遗闻·南都下》,第74页;[清]温睿临:《南疆逸史》卷七《张慎言》,第53—54页。

⑦[清]李天根:《爝火录》卷七,第353页。

⑧[清]黄宗羲:《黄梨洲文集·碑志类·光禄大夫太子太保吏部尚书谥忠襄徐公神道碑铭》,第103—104页。

挠吏事,边警日迫,而上不知也"①。

现列举史实,揭示这一极端参政模式的运行状况。

第一,勋臣借各种罪名攻讦东林及其他朝臣的事例如下:

甲申(1644)九月二十四,少詹事徐汧就职,"即陈时政七事",抨击阉党。安远侯柳祚昌随即"希马、阮旨,疏攻之",柳祚昌在奏疏中指责徐汧"朝服谒潞王于京口,有异志",而且自恃东林魁首,"与复社诸奸张采、华允诚、杨廷枢、顾皋狼狈相倚",又言:"陛下定鼎金陵,彼公然为《讨金陵檄》,所云'中原逐鹿,南国指马'是为何语?乞置汧于理,除廷枢、皋名,立行提讯。其余徒党,容臣次第纠弹。"柳祚昌此疏排陷了大批东林官员,一时"善类咸惧"。此时马士英也"不欲兴大狱,乃寝其奏",徐汧称病告归②。

甲申十二月,怀宁侯孙维城疏劾旧辅吴甡。吴甡是张慎言所举荐的人选,孙维城的弹劾明显有斩草除根之意。当时孙维城新袭爵,"人皆谓刘孔昭等教之也"③。

弘光元年(1645)正月,阮大铖及其党徒张振孙、杨维垣欲弹劾刑部尚书东林党老臣解学龙,解学龙乃称病告归。保国公朱国弼④及张孙振马上希阮大铖意,"力诋"解学龙。最终解学龙因"从贼案不结"⑤的罪名被革职。同月,刘孔昭攻讦御史王孙蕃"不与定策"。王孙蕃曾屡次弹劾勋臣干政的现象,并自陈刘孔昭曾"至其榻前,密商定策",刘孔昭因此甚恨孙蕃,故极力弹劾之⑥。

弘光元年二月二十日,隆平侯张拱日弹劾都察院左佥都御史郭维经"不迎皇考御容"⑦。朱国弼又借机称郭维经在署任大理寺、刑部时对曾投降李自

---

① [明]谈迁:《国榷》卷一〇三,思宗崇祯十七年九月庚申,第6154页。
② [清]李天根:《爝火录》卷七,第349页;[清]徐鼒:《小腆纪传》卷一七《徐汧传》,第187—188页。
③ [明]李清:《南渡录》卷四,第181页。
④ 抚宁侯朱国弼因协助马士英"定策"晋封保国公。朱国弼的祖先朱永曾在成化朝"交中贵"汪直,"伐属夷,冒封保国公",至此朱国弼又借"定策得之",世人"讥其世冒"(见[明]李清:《南渡录》卷三,第119页)。
⑤ 《弘光实录钞》卷三,第240页;[清]李天根:《爝火录》卷八,第392页。解学龙是东林党元老,南都初立时被召为吏部左侍郎后升任刑部尚书。所谓"从贼案不结",是指解学龙在刑部尚书任上没有清算曾经投降李自成的官员。实际上弘光朝的铨选宗旨就是广纳贤才,当时战事倥偬,也不具备逐一纠查官员政治背景的条件,"从贼案不结"完全是欲加之罪。
⑥ 《弘光实录钞》卷三,第241页。
⑦ [明]谈迁:《国榷》卷一〇四,弘光元年二月庚申,第6183页。

成的武愫处理不当,并指责郭维经"执法之官,甘心庇逆",要求朝廷予以重惩,最终郭被勒令致仕回籍①。

弘光元年(1645)二月,朱国弼又受阉党杨维垣的指使攻击担任过淮抚的东林老臣路振飞。杨维垣因身陷"逆案"谪居淮安,路振飞"待之薄";而朱国弼曾与路振飞共事,二人矛盾重重。至此,朱国弼、杨维垣沆瀣一气,诬告路振飞在淮抚任上"先警纵囚,旅拒奔藩"。路振飞督漕时尝拜谒凤阳皇陵,有"占者言凤阳有天子气,其下当应之云云",也为朱国弼所利用,他借机诽谤路振飞"私语凤阳王气,心怀异图"。不久,路振飞被解职离朝②。

此外,惠安伯张养志奏劾吏部文选司郎中陆康稷贪污③。针对张养志的奏劾,弘光帝特别下旨批示称"不必苛求"④,可见张养志所劾应无十足根据,而且弘光帝此时对勋贵的肆意弹劾也产生了厌恶。

第二,勋贵不断举荐阉党分子入朝以补充各文职空缺,事例如下:

甲申(1644)十二月十一日,忻城伯赵之龙疏荐"逆案"中人陈尔翼等。当时户科给事中吴适恰好移署吏科,他抄参驳回了赵之龙的提议,引起赵之龙大怒,赵之龙上疏争辩。早被阉党安排充任吏部尚书的张捷根本不顾科臣的参驳,仍然奏请皇帝起用陈尔翼。最终陈尔翼被题用,但没有马上任职⑤。在援引陈尔翼的过程中,依附阉党的勋贵负责举荐,阉党出身的吏部尚书负责铨选,给事中参驳的职能被挤压殆尽,明代的铨选制度遭到完全破坏,吴适上疏愤言:

> 臣入垣,详看内勋臣赵之龙荐用人才一疏,内有陈尔翼者,察系钦定逆案中人。简阅原案,颂逆有"内外诸臣心""厂臣之心"等语。又荐崔呈秀为本兵,以为逆迹昭然,非若他人可以影响辨释也……不意勋臣复出一疏,期必用而后已。何其不谙职掌,而为是喋喋者乎!祖宗典制,惟科臣专封驳之责,未闻以勋爵参之也。以诖魏逆者为公道,将魏逆在今日,应昭雪而后可。以荐举崔逆者为公道,将崔逆在今日,应推

①[清]李天根:《爝火录》卷八,第402页。
②[清]徐鼒:《小腆纪传》卷二四《路振飞传》,第246—247页;[清]谈迁:《国榷》卷一〇四,弘光元年二月癸酉,第6187页。
③[明]谈迁:《国榷》卷一〇四,弘光元年四月丙辰,第6201页。
④[清]李天根:《爝火录》卷九,第416页。
⑤[明]李清:《三垣笔记·弘光》,第112页。

用而后可。①

不久，安远侯柳祚昌又推荐程士达充任督理京营的文臣，吴适再参"士达不过积分监生，非属举贡正途"，勋臣"何得侵枢戎职掌，以夺铨部权衡"②，吴适的一系列弹奏深刻揭示了勋臣举荐行为对国家吏、兵诸部正常铨选秩序的干扰。

弘光元年（1645）正月，在崇祯朝就充当大学士温体仁爪牙的南京吏部左侍郎蔡奕琛③因刘孔昭的举荐，被任命兼东阁大学士，直文渊阁④。明代阁臣例由皇帝钦点，或经九卿会推，皇帝裁夺。而此时单凭刘孔昭片言就可成功推举内阁大学士，可见体局实已大坏，弘光政权确实难以长久了。

本章结语

客观而言，在王朝危亡的非常时期，勋臣作为世享国恩的贵族，本有义务为国效力，扶保社稷；明廷也可以适当突破所谓祖制成规以任用勋臣，甚至在一定程度上准许勋臣参议朝事，发挥作用。不过，从弘光朝南京勋臣的政治表现来看，他们非但不能挺身救国，反而与马、阮诸臣沆瀣一气，为谋取私利而淆乱朝政。当南京防线崩溃，弘光帝、马士英等君臣各自逃命时，忻城伯赵之龙率魏国公徐允爵、保国公朱国弼、隆平侯张拱日、临淮侯李祖述、怀宁侯孙维城、灵璧侯汤国祚、安远侯柳祚昌、定远侯邓文囿、宁晋伯刘允极、南和伯方一元、东宁伯焦梦熊诸勋戚大臣集体向进入南京的清豫亲王多铎投降⑤，诚意伯刘孔昭泛海出走，最后"不知所终"⑥。多铎授予赵之龙清朝爵位三等阿思哈尼哈番，将徐允爵等勋戚皆"置勿用"⑦。这些世享国恩的明代贵族争先投奔新主，此更是明王朝莫大之哀。

永乐朝以后，明廷实行一整套勋爵制度以维持勋臣尊崇并世袭罔替，

①《弘光实录钞》卷三，第 243 页。
②[清]邹漪：《明季遗闻·南都下》，第 74—75 页。
③[清]吴伟业：《吴梅村全集》卷二四《文集二·杂文二·复社纪事》，上海，上海古籍出版社，1990年，第 602 页。
④[明]谈迁：《国榷》卷一〇四，弘光元年正月辛丑，第 6177 页。
⑤《清史稿》卷二四八《赵之龙传》，第 9665 页。
⑥[清]王夫之：《永历实录》卷一《大行皇帝纪》，第 368 页。
⑦《清史稿》卷二四八《赵之龙传》，第 9665—9666 页。

同时限制勋贵参与国政,致使勋贵群体在政治结构中处于尴尬的地位。嘉靖帝拉拢个别勋贵制衡朝局的举措刺激了勋臣扩展权势并与文臣抗衡的心理,但世宗秉持固有的勋臣职权制度,无意建立一个系统合理的勋臣参政机制,这就使得之后个别无良勋臣通过介入党争,依附权臣阉党以谋求利益,诚意伯刘氏家族就是这方面的代表。至弘光朝,以诚意伯刘孔昭为首的一批勋臣协助马士英拥戴控制弘光帝,又在马、阮授意下凭借身份优势排挤东林,援引阉党残余,严重干挠了国家铨选制度。南都东林诸臣秉持分权明责、合理行政的政治理念,全力与之抗争,但迫于形势,功败垂成。弘光政权就此体局大乱以致迅速覆灭。勋臣群体作为在矛盾而渐趋畸形的体制下形成的特权寄生阶层,缺乏政治是非观与责任感,他们凭借贵族身份肆意干政,又集体投降新朝,希求继续坐享富贵,终至弃山河带砺之誓于不顾①。

①当时亦非所有勋臣皆不堪。如据《弘光实录钞》载,勋臣之中惟怀远侯常延龄“骨鲠不为马士英所用,阮大铖之起,具疏争之,每必多不合,故解任而去”(见《弘光实录钞》卷三,第245页)。另如初与马、阮亲近的魏国公徐弘基后也“与马、阮忤”,但他亦无力回天,不得不“决志乞休”,令其子徐允爵袭爵(见[清]徐鼒:《小腆纪传》卷二〇《徐弘基传》,第211页)。但个别勋贵的义举不能代表勋贵群体在弘光朝的政治表现。

结　论

一　明代勋爵封袭制度的基本特点

笔者在本书前言部分曾简要概述明代勋爵封袭制度的基本特点，现在全书研究的基础上对明代勋爵制度的特征做以下系统性的总结：

第一，爵位等级大大简化。明代王爵对内仅授予宗室及归附的少数民族首领，对外授予朝鲜、安南等藩属国国君，在此之外，又专设公、侯、伯三等爵位册封异姓大臣。勋爵有流有世，世爵子孙承袭本爵，流爵子孙降等承袭，流伯子孙承袭指挥使等普通军官。明中期大规模战事减少，加之武职冗赘，因此朝廷通常先封大臣以流伯、流侯之爵，再立功者才可加至世爵。在这种情况下，流伯、流侯成为固定的两级爵等，而世袭公爵基本停封，勋爵秩序实际上调整为流公、世侯、流侯、世伯与流伯五等，但仍比唐、宋等前朝的爵级要简化。

第二，勋爵品秩极高。明代勋爵不设具体品级，但爵位的实际级别高于一般实品官职。在洪武朝，公、侯爵位列在品官正一品之上，伯爵列正二品之上。永乐朝之后，公、侯、伯三等爵位皆列在正一品之上，高出所有文武品官，在整个异姓大臣官爵序列中处于最高的位置。第一代被封爵的大臣，以及立有新功的嗣爵后辈，又以爵位为中心兼领一套包括封号、高级散阶、勋官在内的荣誉职衔，这些头衔也是一般文武大臣所不能领受的。

第三，爵制的军功爵特征鲜明。明朝开国伊始，朱元璋就构建出一套以军功为核心准则的勋臣册封制度，后世沿用不替。在实施的过程中，又逐渐形成大功封爵与累功封爵两种较为固定的模式，且以大功封爵为主，累功封爵为辅。朝廷行赏时，由吏部、兵部专责论功拟定大臣爵等待遇。明代虽也有外戚、亲旧老臣推恩及佞幸冒滥封爵等偏离军功原则的情况出现，但从整体上看，明廷仍能贯彻依军功封爵的基本制度，受封爵禄者以有功的高级武职为主，总体人数少于唐、宋等前朝。可以说，明代封爵在标准上更近秦汉军功爵制。

第四,封爵具有事例法特性。永乐中期以后,在国家逐渐承平、开疆拓土大征伐逐渐减少的情况下,明廷开始将战役的规模、战略意义与斩擒数量作为考量将帅能否封爵的重要标准。又由于封爵是非常规开设的国家大典,不宜设定具体的功级标准,尤其是斩获量级不定,因此每当重要战役结束后,需由吏、兵等部具体审核将帅功勋,再综合参考此前封爵成例以确定能否开设爵赏。

第五,封爵制度在战事或政局影响下会衍生出特殊模式。如永乐朝为强化西北边防,一度以招抚功册封甘肃、宁夏镇将。再如正统与景泰之际北京保卫战前,明廷对统军将领石亨、杨洪的战时激励封爵。另外一些特殊封爵虽然也出于一时朝局之需,但明显违背军功封爵原则。如英宗天顺“复辟”后为平衡朝中势力而强行并封宣府、大同将领。再如成化朝为应对搜套战事以轻功册封延绥征进诸将。

第六,明代勋爵册封制度在演化过程中出现几种明显的畸变情况:其一是洪熙、宣德朝对少功甚至无功外戚的推恩封爵,这又致使外戚封爵的情况在明代中叶相沿成例。其二是正德朝最大化的内臣子弟与权幸武臣冒功封爵。其三是嘉靖朝以后,在内外战事不断的情况下,明廷少封甚至不封勋爵导致勋爵册封近乎停滞。其四是南明各政权对武将的无序激封。

第七,明代勋封尤重子孙承袭流程。勋爵有流有世,流爵子孙降等袭爵,或改袭指挥使等普通武官,世爵子孙承袭祖宗本爵。勋爵世袭遵照嫡长优先原则,幼年袭爵者又有优给制度。朝廷以吏部、五军都督府、兵部、礼部等衙门协同处置勋臣承袭事务,严格勘验各爵承袭资格,而这在客观上也促成勋爵家族宗法秩序的构建。明代勋爵当中,除“开国”功臣几乎被朱元璋剪除殆尽外,其余世爵家族在无重大过失的情况下,子孙多能沿袭直至明亡。

第八,明代历朝勋臣的身份类型反映出封爵从封闭到相对开放最终又趋于封闭的过程,且“靖难”燕军军官及其后裔长期是军功封爵的主要对象。由于“开国”功臣经过洪武大案后所剩无多,因此成祖“靖难”后两次大封的功臣以及这些功臣的嗣爵子孙便构成了明代勋臣的主体。永乐三年(1405)之后至宣德四年(1429)以前所封的功臣大多也系燕邸亲旧出身或与皇帝存在特殊的亲近关系,故这一时期封爵的对象实际上被限制在一个较为狭窄的燕邸重臣与老臣群体内。宣德四年以后至正统一朝,更多“靖难”低级军官或军卒出身的将领更代燕邸亲旧膺封勋爵,还有个别西北土官出身的悍将得封爵禄,此时封爵的范围有所扩大,但仍大体不出"靖难"燕军将士群类。正统十四年(1449)以后,明廷在较长时间内面临严峻的北边与内地变乱危机,故在景泰、天顺两朝,一批新兴边镇将领有机会崭露头角,立功封爵,这些功臣及嗣爵子孙构成"靖难"勋臣以外明代勋臣的另一主要组成部分。不过,这些新兴边将很多也是"靖难"官军的子孙,这反映出"靖难"军裔长期在军中处于优势地位。而至成化一朝,所封勋臣又多系与皇室存在亲密关系的京营将领或两京贵胄达官,地方普通军官已很难升至勋爵一级,封爵对象的范围又渐趋封闭。

第九,文臣封爵人数稀少且制度性较弱。明代文臣得爵者人数稀少,一般仅可封伯爵,且功勋标准不定。有明一代,文臣膺公爵者唯"开国"韩国公李善长一人,生前封伯爵者有刘基、汪广洋、何真、茹瑺、王骥、徐有功、杨善、王越、王守仁九人。这其中,茹瑺以投降燕军得爵,徐有功、杨善以天顺"夺门"得爵,皆属非常规封爵。王越本身有军功,但也存在夤缘太监汪直的嫌疑。由于册封缺少规制,享爵文臣的身份与职权也较混乱,常在文、武两途之间游离不定。

不难看出,明代勋爵封袭作为国家至高功赏大典,既有强大的制度延续性,又有一定的制度变通性,还同时存在蜕变异化的制度不稳定性。

二 朝廷公器与皇帝私赏
——明代勋爵封袭制度所反映的两面性

明代勋爵封袭制度之所以呈现出上述种种特征,既是中国古代官爵体制演化变迁的自然结果,又与明代皇帝个人的统治方略及价值取向密不可分。一方面,在古代中国,勋爵册封历经几千年的发展沿革,形成了一整套传统的原则,至明初又进一步确立了较为严格的军功勋爵规制,因此勋爵册封无疑是彰显明王朝统治秩序与朝廷公议的重典。而另一方面,由于勋爵封赏与皇权统治的关系过于密切,勋爵封拜在很大程度上取决于皇权统治的需要,甚至在一定程度上具有皇帝私赏的性质。对于封爵制度特征反映出的公器与私赏的两面性,可从以下几个方面进行阐述:

第一,明代爵制等级的简化符合唐、宋以后官爵秩序由繁到简的整体演化规律。中国古代官爵制度在唐代趋于稳定,至宋代愈发繁复,而辽、金、元各代在继承吸收唐、宋官制的基础上,实已对复杂的官爵制度加以简化,例如元代虽设八等爵级,但实际上只以郡王、国公二爵加封大臣,其余亲王、郡公、郡侯等通常用于大臣死后追封。朱元璋登极时虽号称"法承汉唐",但更直接地承袭了元代业已趋简的职官体制,另外朱元璋崛起于草莽,遵循实用主义的统治方略,缺乏设置各种复杂荣誉职衔的兴趣,明代三等公、侯、伯勋爵封袭制度就是在这种历史发展背景下构建的。

　　第二,明代封爵之所以崇尚军功,公、侯、伯爵级之所以品秩极高,并重视子孙承袭,实主要与朱元璋、朱棣父子夺取天下的方式有关。朱元璋、朱棣皆以大规模战争统一全国,明代"开国"与"靖难"战事的时间较长,战争进程较激烈曲折,"从龙"臣子们与皇帝"结发相从",因此具有特殊的政治地位。在这种情况下,皇帝登极后,为彰显皇朝建立的合法性与正统性,强化国家统治秩序,自然会贯彻封爵的军功原则与世袭制度,同时将勋爵等级设为正一品之上而与一般官品相区隔。又由于文士儒臣在激烈的实战中难以发挥作用,明廷少封文臣也具有一定的合理性,不过这也造成了明代文臣封爵制无定法的问题。可以说,明代勋爵制度充分融合了前代五等爵制的等级框架与军功爵制的册封原则,构建出一套符合本朝统治需要的高层军事贵族制度,并最大程度地发挥了这一制度对巩固国家统治基础的作用,这标志着中国古代封爵制度的高度成熟。

　　第三,军功封爵标准常随皇权统治在不同时期的需要而产生变迁。勋爵封拜是明代国家最高军功嘉奖制度,与一般文武职官任授不同,从某种意义上说,是皇权统治在国家等级秩序上的直接延伸,与皇权乃至皇帝个人意志的关系十分紧密,因此即便在洪武、永乐两朝封爵时,也存在以君臣亲疏而定功臣爵等、排名等待遇的情况。正是由于封爵与皇权关系密切的特性,勋封又不仅仅是一种嘉奖机制,同时也是皇帝控驭朝纲的有力手段,在特定的历史条件下,封爵标准必然会随着皇权统治的需要而出现变化,乃至于皇权的腐朽也会影响到军功爵制的有效贯彻。例如由于勋爵与国休戚,身份凌驾于一般朝臣之上,因此外戚皇亲、故旧老臣、内阁子弟等皇帝的亲幸群体本身即是推恩滥封的对象,尤其是在朝廷统治趋于稳定之后,爵禄更容易蜕变为皇权私赏而轻授给外戚佞幸。另外,世宗的统治方略直接导致明代中后期封爵制度的停滞。世宗以小宗仓促入继大统,与朝中勋戚及文武大臣多无瓜葛,多疑而不信朝臣,亦不轻出赏赉。在封爵一事上,世宗的态度甚为消极,明显表现出停封的意图,而他的做法又逐渐形成制度导向,为后嗣皇帝所沿袭。由于世宗停封政策的影响,加之其他勋爵难封的客观原因,在嘉靖、隆庆、万历、天启四朝近百年时间内,明廷仅正式册封功臣王守仁、李成梁两名勋臣,导致勋爵制度失去原设的功能与意义,由此朝廷赏罚公信大损。自崇祯末年至南明时期,皇帝及当权者又在危亡之际畸变性地大封武将,迫于形势,永历朝甚至加封孙可望、李定国等权臣亲王之爵,但已于事无补,这一时期,爵赏几乎成为南明权臣镇帅手中的玩物。

三　明代勋臣权力变化的基本走向

关于明代勋臣的权力状况,可以从皇权体系下贵族政治与官僚政治的关系角度加以说明。

从历史上各国政治体制的演变进程来看,在君主统治之下,贵族政治与官僚政治是两种被广泛采用的政体类型。贵族与官僚在任职资格、权力行使等方面存在明显差异。贵族政治的特征在于,贵族凭借血缘优势世代承袭权力与地位,他们通常领有世袭封地采邑,享受封地内劳动者上交的租税,并自主统管治内政治、经济、军事、司法等事务,这种分封制在一定程度上分化了最高君主的权力。与贵族政治不同,官僚政治的特征在于官僚主要凭借个人能力、才干被选拔管理国家事务,他们的职责分工明确,权位不世袭,没有封地,仅领国家颁发的俸禄。相比贵族政治,官僚政治更适用于大一统的中央集权国家,而欧洲中世纪晚期以来的历史经验表明,君主以官僚政治取代贵族政治治理国家,更有利于统一民族国家的形成,是一种普遍的发展趋势。

在古代中国,以文官体制为核心的官僚政治形成时间较早,发展程度也较高,而典型的贵族政治实际上仅存在于西周、春秋诸侯分封时期。秦汉以降,历代中央王朝均采取抑制贵族割据势力的统治方略,而代之以察举、科举等手段铨选流官协助皇帝管理国家。不过,贵族政治的因素也长期残存延续。首先,从官爵设置的层面来看,爵位封袭作为上古诸侯分封的政治遗存被各个朝代所保留,成为构建皇权体系下臣子身份等级秩序的基础。其次,从国家权力构成的层面来看,历代皇帝以"家天下"为根本统治原则,皇权的稳固离不开功臣、世家、贵戚等身份性政治群体。这些亲旧大臣领受爵禄,世代承袭,又常被皇帝以特殊方式授予高级职位。对于凭借武力立国的王朝而言,皇帝与军事化的贵胄阶层显然有着更加紧密的关系。可以说,在皇权大一统的历史背景下,中国传统的贵族政治具有自身特点,这主要表现为,贵族世家虽在一定程度上凭借身份与血统优势获取政治权力,但缺乏西欧中世纪贵族在封地内的自主统治权,他们职权地位高度依赖于皇帝,同时他们又未完全脱离官僚体制的管控,甚至可以说是官僚体系的独特组成部分。中国传统王朝贵族势力膨胀的时期,也一般被学者认为是皇权政治在特殊条件下的变态状况①。

　　明代整个武官袭任体制皆有一定的贵族世袭色彩,其中又以作为高级武胄的勋臣世袭与任事最为典型。明代勋臣的职权状况符合中国古代贵族政治的一般特征,但又在具体制度细节方面独具特色。

　　朱元璋在构建勋臣选任制度时就陷入矛盾的境地。建国之初,朱元璋在赐予部分亲信功臣爵位之外,再加授他们譬如中书省丞相、大都督府各级都督、地方行政长官等高级有品职官,命他们专责掌管内外军政要务。不久,朱元璋不再限于具体官衔,而是差遣勋贵以本爵领钦命广泛参预军国庶政,勋臣所领品官有虚化倾向。自此至明终,除某些特殊情况外,勋贵不再兼领品官,仅领皇帝钦差敕命行事,而身份性的贵族爵位就是勋臣行使职权的依托。勋臣作为身份特殊而与皇帝关系特别紧密的臣僚,不经过中书省、六部等文职机构的选派,直接听授朱元璋的旨令执掌各类权事,这一任职方式无疑具有一定的贵族政治色彩,但考虑到明初戎务倥偬,加之蒙元贵族政治遗风尚存,重用勋贵参与朝政显然具有一定的必然性;而且开国勋臣以社稷军功封爵并掌权,这与主要凭借血缘优势任职的嗣爵勋贵仍有所不同。洪武中期之后,朱元璋意识到勋臣权势对皇权统治的威胁,开始逐步限制、削弱勋臣的权力,但他最终没有适时调整勋臣的职权任用机制,而是一方面严厉打击第一代勋臣,不惜将他们屠戮殆尽;另一方面又致力于完善封爵制度,并重用少数最亲近的勋戚子弟与驸马近臣,强化血缘与亲缘的任用原则。

　　永乐以后,朝廷对勋贵的任职选用基本上是在继承洪武旧制的基础上作调整。皇帝既将勋臣的事权制束在一定范围内,并通过以文官为主导的

①田余庆:《东晋门阀政治》后论,北京,北京大学出版社,2009年,第309页。

官僚体制加以管控；又在很大程度上维持勋臣职权的贵族血统特性，从而保证勋臣继续作为巩固皇权统治的重要力量之一。

经过长期的国家权力调整与演化，明朝确立了两种制衡勋臣的机制，一是"禁勋臣预九卿事"机制，二是"以文统武"机制。"禁勋臣预九卿事"限制勋臣参与中央文职机构的议政与行政，而他们作为高级武胄只执掌具体的军政事务。"以文统武"机制又使得勋臣与一般武官一样，受到兵部、督抚等文职衙门和官员的铨选与节制。"禁勋臣预九卿事"与"以文统武"皆未正式列入国家典章，而是作为惯例性的国家管理机制被执行。在这些机制尚未完全定型的明代前中期，不时出现勋臣权力扩大的特殊情况。如在永乐、洪熙、宣德、正统各朝，以英国公张辅为代表的"靖难"老勋仍对朝政有一定的影响，景泰、天顺两朝崛起的新贵石亨等借"夺门"之功恃宠骄横，排挤文臣，干预朝政。不过，这些情况皆属一时特例，并不能以此否定明朝限制勋臣权力的基本国策。

历经永乐至正统朝的军政体制调整，大约至天顺、成化朝，明朝逐步确立了宫廷侍卫官、两京五军都督府堂上官、京营提督总兵、南京守备、协守、操江以及部分重镇总兵等国家最高军职例由勋臣专领的选任机制，其他武职即使将才卓著也较难担任这些职务。虽然勋臣必须通过兵部等文职衙门的铨选才能任职，且管事时也要受到文臣与内臣的监督制约，但不可否认，勋爵爵位与相关高级军事职权形成紧密的对应关系。勋臣的贵族身份与血统，而非实际军事能力，是这些职务的首要选任条件。

弘治、正德两朝以后，朝中勋臣以在两京生长的嗣爵者为主，他们因实战经验非常有限，逐渐少被派出征战，但依旧把持五府长官、京营提督、南京守备、操江等两京军政要职以及云南、漕运、两广、湖广总兵等职事。明中期以后，明廷还特别倾向于从"靖难"旧勋子弟中选任京营提督与南京守备等最重要的两京典兵将官，而云南总兵更是终明一世专授黔国公沐氏家族，形成异常僵化的勋臣任用体制。

军事职权之外，明代勋臣还广泛参与主持国家重大礼制事务。明代勋贵及部分领爵外戚、驸马作为两京地位最高的臣子，取代了汉、唐三公及宋朝宰相在国家大典中的重要位置，又在一定程度上代替了不居京师的宗室参与皇家礼事。在明代前中期，勋臣与外戚、驸马的礼仪职权各有偏向，勋臣主要负责代告天地、社稷、知经筵、监修实录等国家礼仪事务；外戚、驸马主持宗庙告祭、山陵祭拜等具有皇家礼仪性质的典礼。由于正德、嘉靖两朝驸马数量稀少，嘉靖帝又裁抑外戚封爵，使得明中后期勋臣在礼制活动中的职权逐步增多、重要性不断增强。至晚明时期，一部分勋臣执掌的祭礼事务甚至比军政事务还要繁多，他们有从军事贵族向宫廷贵族转变的倾向，在形式上，这一点与欧洲近代贵族的权力转向有一定的相似性，但背后的历史成因又不尽相同。虽然明代中后期勋臣军事职权渐有萎缩之趋势，但礼仪职权却无疑强化了勋臣在朝中的尊贵地位，客观上将勋臣置于国家礼法规仪的突出位置。

四　明代勋臣权力与地位形成的原因

明代勋臣权位状况形成的原因并不复杂。明太祖和明成祖均以战争夺取天下，结有山河带砺之盟的功臣群体对于彰显朱明王朝的正统性以及稳固皇权的根基具有无可替代的作用。明太祖朱元璋出身社会底层，他本身既无显赫家族势力，又缺少世家大族的支持，只以游僧参与元末农民战争而最终一统天下；而明成祖朱棣又通过藩王谋反的非常规方式夺取帝位，他的统治本就缺少政治合法性，因此朱元璋、朱棣两代帝王都面临统治基础相对薄弱的问题，在这种情况下，他们必然重用"从龙"勋臣以强化皇权。但强大的军事贵族集团又是皇权的潜在威胁，朱元璋晚年在重用与诛灭勋臣之间动摇不定，甚至进退维艰，勉强为后世留下一个基本的勋臣制度框架。永乐之后的帝王最终选择在将勋臣权势压制到不足以威胁皇权的前提下，保留他们亲尊大臣的地位，特准他们执掌部分高级军政与祭礼职权，发挥他们作为世胄贵族稳固皇权统治基础，并彰显皇朝典制威仪的作用。

明中期异常保守的勋贵戚臣选任机制的形成与英宗个人的统治理念直接相关。天顺改元后，为稳定政局，经历多次重大政治变故的英宗着意"思用旧人"，于是大力提拔旧勋及母舅孙氏家族掌兵。尔后，宪宗、孝宗受英宗统治观念及前朝制度惯性的影响，延续乃父、乃祖故政，在很大程度上仍旧依赖亲旧勋戚管兵。

至于京营、五府、侍卫、南京守备各职及滇、粤、楚、漕各总兵由勋臣专掌专管的具体原因又各不相同。五军都督府与宫廷侍卫虽实权有限，但五府在名义上是国家最高武职机构，侍卫是宫廷大驾朝仪部队，由勋臣专掌五府与侍卫,能够充分凸显皇朝统治的秩序与威仪。京营提督、南京守备执掌两京兵防重任,举动关乎朝廷安危,也务必由勋贵世臣,特别是最与国休戚的"开国""靖难"勋旧后裔掌控。云南、两广、湖广各地土司世官林立,滇、粤两地又毗邻安南、缅甸等藩属外邦,而勋贵大臣是古代封建诸侯之遗存,代表皇权统治的等级性,皇帝委派勋臣坐镇滇、粤、楚三省,其目的在于以尊隆世臣对等节制同样具有世袭身份的土官与藩主。漕运关乎京师粮草用度,在万历朝以后,皇帝便倾向于派遣亲信勋臣从中调度以确保国之命脉的畅通。南京守备、湖广总兵还肩负奉祀孝陵、显陵的职责,为不降低帝陵祭祀的礼法规格,也需要他们以勋臣之尊代皇帝举行祭礼。总之,朝廷专任勋臣执掌部分国家事务,除实际的军事意义外,还特别体现了以贵胄强化皇朝统治秩序的目的。尤其是以勋臣专镇云南等边远少数民族地区的体制,强化了地方管理中勋臣与土司之间贵族身份的高度匹配,保证了国家权威在特殊地域的长久延续,这是符合当时国家治理需要以及少数民族地区客观历史发展阶段的制度,在一定时期内具有一定的合理性。

对于勋臣职权状况的成因,还可以从明代"祖制"的角度作进一步分析。明代的祖制在很多情况下并非是洪武一朝设置完备并为后世延续的制度。实际上,朱元璋的统治方略具有鲜明的实用主义特征,他晚年为强化皇权,就已经屡屡更章各种制度。明代后世所谓的"祖制",多是历朝积累的具有变通性的习惯法例,各种法例之间充满抵牾与矛盾。后世皇帝出于现实统治的需要,可以违背或援引前代成例,在违背前朝旧制的时候,皇帝即不将其视为祖宗章法;而在援引旧制时,皇帝则将其提升至"祖制"的高度,即便这些"祖制"只是一时权宜之策。明代对勋臣的任用就具有这种鲜明的"祖制"特征。勋臣作为世袭贵族高度依附于君主,其权位与皇权存在紧密的共生关系。又由于勋臣不领实品官职,不固定统辖于国家某一机构,因此他们甚至在某种意义上不属于朝廷命官,而是皇家的私臣①。由于勋臣的这种特殊身份,皇帝与朝廷常基于统治的需要调整勋臣的任用策略,之后某些任用成例逐步因循而成为机制或常规,但这些机制或常规又非严格的典章法条。如在选拔勋臣提督京营时,永乐以后历代皇帝始终倚重"靖难"旧勋后代,

---

① 嘉靖、万历朝归有光曾根据兴安伯家藏文献撰写《兴安伯世家》,根据该文的记载,英宗时尝"集诸武臣及子弟驰骑,命悬本爵牙牌,夺得公者与公,夺得侯者与侯",由此可知皇帝也不时视勋臣为坐下弄倖。

这种倾向最终相沿成制,至明末不替。再如,自洪武朝起皇帝即有意重用勋臣之中兼有皇亲身份者,但明廷在制度层面却并未真正授予外戚重要职权,而英宗、宪宗超擢外戚孙继宗的行为,虽然违背了公开的"祖制",但却遵循了隐秘的"祖制"。又如,明廷为在一定程度上削弱京营提督勋臣的权位,长期不设京营总兵印信,但却命京、团营提督勋臣兼掌五府职事,准许他们以五府印信权宜处理营政文案,直至世宗才彻底打破祖制设置戎政府,而后嗣皇帝又将戎政府制度作为前朝"祖制"严加遵守。此外,熹宗屡屡强调漕运总兵专用勋臣是"祖宗规制",其实这只是万历一朝的故事。

五　明代勋臣制度引发的弊政

不可否认,明代构建了一套矛盾但不失严密的勋臣封任制度,这一制度在较长时期内对稳固皇权统治、维护国家权力结构的平衡具有一定的作用,勋臣也成为国家政治构架中不可代替的部分,但本就矛盾且愈发僵化的勋臣封任制度也极易引起各种弊政,在一定情况下反而会动摇皇朝统治的稳定。

首先,在明代中后期,袭爵的勋贵数代世居两京,他们安享富贵已久,多已难堪军政重任。实际上,因勋爵专任而导致的五府长官空缺、京营战力萎靡等问题始终困扰着明廷。面对勋臣不堪委任的现实状况,明廷也曾尝试将一些职务改授给才干突出的大将,如广东总兵一职在嘉靖朝由名将俞大猷充任之后即不再选用勋爵,又如湖广也在万历朝转由陈璘等立有战功的都督流官镇守。不过还应该看到,朝廷为确保统治稳定,也常坚持推行某些职务由勋臣专任的策略,并消极对待因勋臣专任引发的弊政。如世宗在擢用新晋勋臣咸宁侯仇鸾总督营政失策后,反而进一步强化了"开国""靖难"旧勋执掌戎政的机制。再如漕运总兵在万历、天启时期被反复裁撤,最终崇祯帝又起用勋臣提督漕运。又如嘉靖、万历两朝,针对数代云南黔国公骄纵不堪委任的情况,屡有官员请以流官代替黔国公镇守云南,而皇帝在不断扩大巡抚权责使之统管云南军政实施补救的同时,却始终保留沐氏专镇体制。

更严重的问题是,矛盾的权位配置使得勋臣长期处于扭曲的政治状态中,一旦原有的皇权统治秩序出现紊乱,勋臣群体中孕育的不良倾向就会集中显露并产生恶劣的影响。一方面勋贵虽世享国恩,但基本被排除在中枢权力之外,难以形成相应的政治能力与操守;而在另一方面,他们世代聚集在南北两京,有机会掌握一定的军事实权,并广泛参与国家祀典,这就决定了相较于宗室、戚臣等其他贵族群体,他们更接近核心权力,具有进一步扩展权力和介入朝政的条件和可能。嘉靖帝登极之后,在他的某些举措的引导下,勋臣群体中显露出新的参政动向。具体来说,嘉靖帝以外藩入统,为稳固统治,他进一步抬高武定侯郭勋、咸宁侯仇鸾等个别勋臣的权力,尤其在礼法与领兵职权方面有意压制文臣以平衡权力布局。世宗重用郭、仇二勋的一时举措在一定程度上刺激了其他勋臣的权力欲望,但明廷并无意建立一个新的勋臣参政机制,而是仍坚持原有的勋贵任用体制。在这种情况下,以诚意伯刘世延为代表的勋臣就出现了与文臣相抗,并扰乱朝政的倾向。刘世延的行径继而影响到刘氏家族其他成员,导致他们逐步形成通过党争介入政局、扩充权势的传统。在万历、天启两朝党事激烈的阶段,诚意伯家族刘世学、刘荩臣等人就因私怨而与东林党人为敌。崇祯朝诚意伯刘孔昭为攫取利益,更进一步攻讦东林以勾结权奸阁臣温体仁。至南明弘光一朝,朝局更加动荡,权臣马士英以"定策"之功控制弘光帝,成为皇权的寄生者,而以诚意伯刘孔昭为先锋的一大批南都勋臣又与马士英、阮大铖相合党援,甘当次一级的权力寄生者。其时,包括诚意伯刘孔昭、忻城伯赵之龙、抚宁侯朱国弼在内的大批勋臣在马、阮唆使下援引阉党残余,排挤朝中不合作的大臣,肆意破坏铨选制度,加速了弘光政权的覆灭。

总而言之,明代勋爵封袭与勋臣任用体制始终紧密依附于皇权本身。除朱元璋、朱棣父子两代君王奠定勋爵封任的制度框架外,对明代勋臣制度演化影响较大的两个皇帝无疑是英宗与世宗。英宗在天顺复辟以后逐渐倾向于任用勋旧故臣,导致明代中期高级军事将领选任,尤其是两京管军将领的选任具有重亲重旧的保守特征;世宗消极封爵,同时又在一定程度上扩展仇鸾、郭勋等个别勋臣权力的做法,对晚明勋臣制度演变走向以及勋臣群体的价值取向产生了深远的影响。

主要参考文献

一、基本古籍

正史、实录、政书、档案类

《大明集礼》,中国国家图书馆藏明嘉靖九年内府刻本。

《大明律》,北京,北京大学出版社,1999 年。

《大明律集解附例》,清光绪三十四年重刊本。

《大唐开元礼》,北京,民族出版社,2000 年。

《后汉书》,北京,中华书局 1965 年标校本。

《皇明条法事类纂》,《中国珍稀法律典籍集成》,北京,科学出版社,1994 年。

《皇明诏令》,《续修四库全书》,上海,上海古籍出版社,2002 年。

《嘉靖祀典考》,北京大学图书馆藏抄本。

《京营巡视事宜》,美国国会图书馆藏明万历刻本。

《军政条例》,《续修四库全书》,上海,上海古籍出版社,2002 年。

《吏部职掌》,《四库全书存目丛书》,济南,齐鲁书社,1996 年。

《明功臣袭封底簿》,《明代传记丛刊》,台北,明文书局,1991 年。

《明实录》,台北"中研院"史语所校勘影印本。

《明史》,北京,中华书局 1974 年标校本。

《逆臣录》,北京,北京大学出版社,1991 年。

《清史稿》,北京,中华书局 1974 年标校本。

《宋会要辑稿》,北京,中华书局,1957 年。

《宋史》,北京,中华书局 1976 年标校本。

《太常续考》,景印《文渊阁四库全书》,上海,上海古籍出版社,1987 年。

《天一阁明代珍本政书丛刊》,北京,线装书局,2010 年。

《通制条格》,《续修四库全书》,上海,上海古籍出版社,2002 年。

《新唐书》,北京,中华书局 1975 年标校本。

《刑台法律》,《海王邨古籍丛刊》,北京,新华书店,1990 年。

《元史》,北京,中华书局 1976 年标校本。

《中国明朝档案总汇》,桂林,广西师范大学出版社,2001 年。

《诸司职掌》,《续修四库全书》,上海,上海古籍出版社,2002 年。

何士晋辑:《工部厂库须知》,《续修四库全书》,上海,上海古籍出版社,2002 年。

孔贞运:《皇明诏制》,《续修四库全书》,上海,上海古籍出版社,2002 年。

雷梦麟:《读律琐言》,北京,法律出版社,1999 年。

清《钦定续文献通考》,景印《文渊阁四库全书》,上海,上海古籍出版社,1987 年。

施沛:《南京都察院志》,《四库全书存目丛书补编》,济南,齐鲁书社,1997 年。

正德《明会典》,东京,汲古书院,1989 年。

万历《明会典》,北京,中华书局,1989 年。

王圻:《续文献通考》,台北,文海出版社,1979 年。

谢纯:《漕运通志》,《续修四库全书》,上海,上海古籍出版社,2002 年。

薛允升:《唐明律合编》,北京,法律出版社,1999 年。

张卤辑:《皇明制书》,《续修四库全书》,上海,上海古籍出版社,2002 年。

赵堂:《军政备例》,《续修四库全书》,上海,上海古籍出版社,2002 年。

文集、笔记、杂史类

《弘光实录钞》,《中国历史研究资料丛书》,上海,上海书店,1982 年。

毕自严:《度支奏议》,《续修四库全书》,上海,上海古籍出版社,2002 年。

陈鼎:《东林列传》,《明代传记丛刊》,台北,明文书局,1991 年。

陈全之:《蓬窗日录》,《续修四库全书》,上海古籍出版社,2002 年。

陈循:《芳州文集》,《四库全书存目丛书》,济南,齐鲁书社,1997 年。

陈子龙:《陈子龙全集》,《明清文献丛刊》,北京,人民文学出版社,2011 年。

陈子龙等选辑:《明经世文编》,北京,中华书局,1962 年。

程开祜:《筹辽硕画》,《国立北平图书馆善本丛书》,上海商务印书馆,1937 年,中国国家图书馆藏。

程本立:《巽隐程先生文集》,《明别集丛刊》,合肥,黄山书社,2013 年。

程敏政:《篁墩文集》,景印《文渊阁四库全书》,上海,上海古籍出版社,1987 年。

程文德:《程文恭公遗稿》,《四库全书存目丛书》,济南,齐鲁书社,1997 年。

邓世龙辑：《国朝典故》，北京，北京大学出版社，1993 年。

邓原岳：《西楼全集》，《四库全书存目丛书》，济南，齐鲁书社，1997 年。

丁丙编：《于公祠墓录》，光绪九年丁氏嘉惠堂刊《武林掌故丛编》。

丁元荐：《西山日记》，《四库全书存目丛书》，济南，齐鲁书社，1995 年。

方献夫：《西樵遗稿》，《四库全书存目丛书》，济南，齐鲁书社，1997 年。

费宏：《费宏集》，上海，上海古籍出版社，2007 年。

冯梦龙：《古今谭概》，北京，中华书局，2007 年。

傅维鳞：《明书列传》，《明代传记丛刊》，台北，明文书局，1991 年。

高岱：《鸿猷录》，上海，上海古籍出版社，1992 年。

高拱：《高拱全集》，郑州，中州古籍出版社，2006 年。

耿定向：《耿定向集》，上海，华东师范大学出版社，2015 年。

谷应泰：《明史纪事本末》，长春，吉林出版集团，2005 年。

顾起元：《客座赘语》，北京，中华书局，1987 年。

顾炎武：《顾炎武全集》，上海，上海古籍出版社，2012 年。

顾炎武：《日知录校释》，长沙，岳麓书社，2011 年。

顾炎武：《圣安本纪》，《台湾文献史料丛刊》，台北，台湾大通书局，1984 年。

顾祖禹：《读史方舆纪要》，北京，中华书局，2005 年。

归庄：《归庄集》，上海，上海古籍出版社，2010 年。

桂萼：《文襄公奏议》，《四库全书存目丛书》，济南，齐鲁书社，1996 年。

郭良、郭勋辑：《毓庆勋懿集》，明正德朝刻本。

过庭训：《明分省人物考》，扬州，广陵书社，2015 年。

何良俊：《四友斋丛说》，北京，中华书局，1999 年。

何乔远：《名山藏》，福州，福建人民出版社，2010 年。

贺钦：《医闾先生集》，沈阳，辽宁人民出版社，2011 年。

侯方域：《壮悔堂集》，《四库禁毁书丛刊》集部第 51 册，北京，北京出版社，
　　2000 年。

黄金：《皇明开国功臣录》，《明代传记丛刊》，台北，明文书局，1991 年。

黄绾：《黄绾集》，上海，上海古籍出版社，2014 年。

黄宗羲：《黄梨洲文集》，上海，上海古籍出版社，1959 年。

黄佐：《翰林记》，《丛书集成初编》，上海，商务印书馆，1937 年。

霍韬：《渭厓文集》，《四库全书存目丛书》，济南，齐鲁书社，1997 年。

计六奇：《明季北略》，北京，中华书局，1984 年。

计六奇：《明季南略》，北京，中华书局，1984 年。

姜曰广：《过江七事》，《中国历史研究资料丛书》，上海，上海书店，1982 年。

蒋平阶：《东林始末》，《中国历史研究资料丛书》，上海，上海书店，1982 年。

焦竑：《玉堂丛语》，北京，中华书局，1981 年。

焦竑辑：《国朝献征录》，《明代传记丛刊》，台北，明文书局，1991 年。

金堡：《岭海焚余》，《四库禁毁书丛刊补编》，北京，北京出版社，2005 年。

金幼孜：《金文靖集》，景印《文渊阁四库全书》，上海，上海古籍出版社，
1987 年。

来斯行：《槎庵小乘》，北京，北京出版社，2000 年。

雷礼：《镡墟堂摘稿》，《续修四库全书》，上海，上海古籍出版社，2002 年。

雷礼：《国朝列卿纪》，《明代传记丛刊》，台北，明文书局，1991 年。

李邦华：《文水李忠肃先生集》，《四库禁毁书丛刊》，北京，北京出版社，
2000 年。

李东阳：《李东阳集》，湖南，岳麓书社，2008 年。

李鸿仪编纂，李培业整理：《西夏李氏世谱》，沈阳，辽宁人民出版社，1998 年。

李化龙：《抚辽疏稿》，《四库禁毁书丛刊》，北京，北京出版社，2000 年。

李化龙：《平播全书》，《四库全书存目丛书》，上海，上海古籍出版社，2002 年。

李清：《南渡录》，北京，中华书局，1988 年。

李清：《三垣笔记》，北京，中华书局，1982 年。

李天根：《爝火录》，杭州，浙江古籍出版社，1985 年。

李贤：《古穰集》，景印《文渊阁四库全书》，上海，上海古籍出版社，1987 年。

李诩：《戒庵老人漫笔》，北京，中华书局，1982 年。

李逊之：《三朝野记》，《中国历史研究资料丛书》，上海，上海书店，1982 年。

李言恭：《青莲阁集》，《四库未收书辑刊》，北京，北京出版社，2000 年。

廖道南：《殿阁词林记列传》，《明代传记丛刊》，台北，明文书局，1991 年。

刘定之：《呆斋续稿》，《四库全书存目丛书》，济南，齐鲁书社，1997 年。

刘鸿训：《四素山房集》，中国国家图书馆藏明崇祯十六年刻本。

刘基：《刘伯温集》，杭州，浙江古籍出版社，2016 年。

刘若愚：《酌中志》，北京，北京古籍出版社，1994 年。

刘三吾：《坦斋刘先生文集》，《四库全书存目丛书》，济南，齐鲁书社，1997 年。

刘三吾：《坦斋先生文集》，明成化朝刻本。

刘崧：《槎翁文集》，《四库全书存目丛书》，济南，齐鲁书社，1997年。

陆容：《菽园杂记》，北京，中华书局，1985年。

鹿善继：《鹿忠节公集》，《续修四库全书》，上海，上海古籍出版社，2002年。

罗亨信：《觉非集》，《四库全书存目丛书》，济南，齐鲁书社，1997年。

马文升：《马端肃奏议》，景印《文渊阁四库全书》，上海，上海古籍出版社，1987年。

毛伯温：《毛襄懋先生文集》，《四库全书存目丛书》，济南，齐鲁书社，1997年。

毛纪：《辞荣录》，《四库全书存目丛书》，济南，齐鲁书社，1996年。

毛奇龄：《明武宗外纪》，《中国历史研究资料丛书》，上海，上海书店，1982年。

茅坤：《茅坤集》，杭州，浙江古籍出版社，2012年。

茅瑞徵：《万历三大征考》，《续修四库全书》，上海，上海古籍出版社，2002年。

茅元仪：《武备志》，《续修四库全书》，上海，上海古籍出版社，2002年。

茅元仪：《暇老斋杂记》，《续修四库全书》，上海，上海古籍出版社，2002年。

茅元仪：《掌记》，《四库禁毁书丛刊》，北京，北京出版社，2000年。

沐昂：《素轩集》，《续修四库全书》，上海，上海古籍出版社，2002年。

倪会鼎：《倪元璐年谱》，北京，中华书局，1994年。

倪谦：《倪文僖集》，景印《文渊阁四库全书》，上海，上海古籍出版社，1987年。

倪岳：《青谿漫稿》，景印《文渊阁四库全书》，上海，上海古籍出版社，1987年。

欧阳德：《欧阳南野先生文集》，《四库全书存目丛书》，济南，齐鲁书社，1997年。

潘柽章：《国史考异》，《续修四库全书》，上海，上海古籍出版社，2002年。

彭华：《彭文思公文集》，《四库全书存目丛书》，济南，齐鲁书社，1997年。

彭时：《可斋杂记》，《续修四库全书》，上海，上海古籍出版社，2002年。

彭时：《彭文宪公集》，《四库全书存目丛书》，济南，齐鲁书社，1997年。

钱𪸩只：《甲申传信录》，《中国历史研究资料丛书》，上海，上海书店，1982年。

钱谦益：《列朝诗集小传》，上海，上海古籍出版社，2008年。

钱谦益：《牧斋初学集》，上海，上海古籍出版社，2009年。

钱谦益：《牧斋有学集》，上海，上海古籍出版社，1996年。

钱人麟辑：《东林别乘》，广东省中山图书馆藏。

乔宇：《乔庄简公集》，国家图书馆藏明隆庆五年刻本。

丘濬：《大学衍义补》，北京，京华出版社，1999年。

丘濬：《重编琼台稿》，景印《文渊阁四库全书》，上海，上海古籍出版社，
　　1987 年。

瞿九思：《万历武功录》，《四库禁毁书丛刊》，北京，北京出版社，2000 年。

全祖望：《鲒埼亭文集选注》，济南，齐鲁书社，1982 年。

沈德符：《万历野获编》，北京，中华书局，1959 年。

沈一贯：《喙鸣诗文集》，《四库禁毁书丛刊》，北京，北京出版社，2000 年。

沈一贯：《敬事草》，《四库全书存目丛书》，济南，齐鲁书社，1996 年。

史玄：《旧京遗事》，北京，北京古籍出版社，1986 年。

宋端仪：《立斋闲录》，《续修四库全书》，上海，上海古籍出版社，2002 年。

宋濂：《宋濂全集》，北京，人民文学出版社，2014 年。

宋濂：《宋学士全集》，《丛书集成新编》，台北，新文丰出版公司，1985 年。

孙承泽：《春明梦余录》，北京，北京古籍出版社，1992 年。

孙承泽：《畿辅人物志》，北京，北京出版社，2010 年。

谈迁：《国榷》，北京，中华书局，1958 年。

谈迁：《枣林杂俎》，北京，中华书局，2006 年。

田汝成：《炎檄纪闻》，嘉业堂本。

屠叔方辑：《建文朝野汇编》，《四库全书存目丛书》，济南，齐鲁书社，1996 年。

汪广洋：《凤池吟稿》，景印《文渊阁四库全书》，上海，上海古籍出版社，
　　1987 年。

王崇武：《奉天靖难记注》，上海，商务印书馆，1948 年。

王夫之：《永历实录》，长沙，岳麓书社，2011 年。

王畿：《龙豁王先生全集》，《四库全书存目丛书》，济南，齐鲁书社，1997 年。

王锜：《寓圃杂记》，北京，中华书局，1984 年。

王樵：《方麓集》，景印《文渊阁四库全书》，上海，上海古籍出版社，1987 年。

王琼：《晋溪本兵敷奏》，《续修四库全书》，上海，上海古籍出版社，2002 年。

王世懋：《王奉常集》，《四库全书存目丛书》，济南，齐鲁书社，1996 年。

王世贞：《名卿绩纪》，《明代传记丛刊》，台北，明文书局，1991 年。

王世贞：《弇山堂别集》，北京，中华书局，1985 年。

王世贞：《弇州四部稿》，景印《文渊阁四库全书》，上海，上海古籍出版社，
　　1987 年。

王世贞：《弇州续稿》，景印《文渊阁四库全书》，上海，上海古籍出版社，

1987 年。

王守仁:《王阳明全集》,上海,上海古籍出版社,2011 年。

王越:《黎阳王襄敏公疏议诗文辑略》,《四库全书存目丛书》,济南,齐鲁书社,1997 年。

王直:《抑菴文集》,景印《文渊阁四库全书》,上海,上海古籍出版社,1987 年。

魏良弼:《太常少卿魏水洲先生文集》,《四库全书存目丛书》,济南,齐鲁书社,1997 年。

温睿临:《南疆逸史》,北京,中华书局,1959 年。

文秉:《烈皇小识》,《中国历史研究资料丛书》,上海,上海书店,1982 年。

吴宽:《家藏集》,景印《文渊阁四库全书》,上海,上海古籍出版社,1987 年。

吴伟业:《鹿樵纪闻》,《中国历史研究资料丛书》,上海,上海出版社,1982 年。

吴伟业:《绥寇纪略》,上海,上海古籍出版社,1992 年。

夏完淳:《续幸存录》,《中国历史研究资料丛书》,上海,上海书店,1982 年。

夏言:《夏桂洲文集》,《四库全书存目丛书》,济南,齐鲁书社,1997 年。

夏允彝:《幸存录》,《中国历史研究资料丛书》,上海,上海书店,1982 年。

项笃寿:《小司马奏草》,《续修四库全书》,上海,上海古籍出版社,2002 年。

徐弘祖:《徐霞客游记》,上海,上海古籍出版社,1987 年。

徐纮辑:《皇明名臣琬琰录》,《明代传记丛刊》,台北,明文书局,1991 年。

徐阶:《世经堂集》,《四库全书存目丛书》,济南,齐鲁书社,1997 年。

徐渭:《徐渭集》,北京,中华书局,1983 年。

徐学聚:《国朝典汇》,《北京大学图书馆馆藏善本丛书·明清史料汇编》,北京,北京大学出版社,1993 年。

徐学谟:《世庙识余录》,《四库全书存目丛书》,济南,齐鲁书社,1996 年。

徐鼒:《小腆纪传》,北京,中华书局,1958 年。

许重熙:《五朝注略》,《四库禁毁书丛刊》,北京,北京出版社,2000 年。

薛允升:《唐明律合编》,北京,法律出版社,1999 年。

阳抱生:《甲申朝事小纪二编》,北京,书目文献出版社,1987 年。

杨博:《杨襄毅公本兵奏议》,《四库全书存目丛书》,济南,齐鲁书社,1996 年。

杨廉:《杨文恪公文集》,《续修四库全书》,上海,上海古籍出版社,2002 年。

杨慎:《升庵集》,景印《文渊阁四库全书》,上海,上海古籍出版社,1987 年。

杨士聪：《甲申核真略》，杭州，浙江古籍出版社，1986年。

杨士奇：《东里文集》，北京，中华书局，1998年。

杨廷和：《杨文忠三录》，景印《文渊阁四库全书》，上海，上海古籍出版社，1987年。

杨一清：《杨一清集》，北京，中华书局，2001年。

叶盛：《泾东小稿》，《续修四库全书》，上海，上海古籍出版社，2002年。

叶盛：《水东日记》，北京，中华书局，1980年。

叶盛：《叶文庄公奏议》，《续修四库全书》，上海，上海古籍出版社，2002年。

叶向高：《苍霞续草》，《四库禁毁书丛刊》，北京，北京出版社，2000年。

应廷吉：《青燐屑》，《中国历史研究资料丛书》，上海，上海书店，1982年。

于谦：《于谦集》，杭州，浙江古籍出版社，2016年。

余继登：《淡然轩集》，景印《文渊阁四库全书》，上海，上海古籍出版社，1987年。

余继登：《典故纪闻》，北京，中华书局，1981年。

余子俊：《余肃敏公奏议》，《四库禁毁书丛刊》，北京，北京出版社，2000年。

俞本撰，李新峰笺证：《纪事录笺证》，北京，中华书局，2015年。

俞汝楫：《礼部志稿》，景印《文渊阁四库全书》，上海，上海古籍出版社，1987年。

岳正：《类博稿》，景印《文渊阁四库全书》，上海，上海古籍出版社，1987年。

查继佐：《国寿录》，北京，中华书局，1959年。

查继佐：《罪惟录》，杭州，浙江古籍出版社，1986年。

张璁：《太师张文忠公集》，《四库全书存目丛书》，济南，齐鲁书社，1997年。

张居正：《张居正集》，上海，上海古籍出版社，1984年。

赵南星：《赵忠毅公诗文集》，《四库禁毁书丛刊》，北京，北京出版社，2000年。

赵时春：《赵浚谷文集》，《四库全书存目丛书》，济南，齐鲁书社，1997年。

赵翼：《陔余丛考》，石家庄，河北人民出版社，2003年。

赵翼：《廿二史札记校证》，北京，中华书局，1984年。

赵志皋：《内阁奏题稿》，《续修四库全书》，上海，上海古籍出版社，2002年。

郑汝璧：《皇明功臣封爵考》，《四库全书存目丛书》，济南，齐鲁书社，1996年。

郑晓：《今言》，北京，中华书局，1984年。

郑晓：《吾学编》，《四库禁毁书丛刊》，北京，北京出版社，2000年。

周晖:《金陵琐事》卷一,《中国方志丛书·华中地方》,台北,成文出版社,
　　1983年。

周晖:《续金陵琐事》,南京,南京出版社,2007年。

周起元:《周忠愍奏疏》,景印《文渊阁四库全书》,上海,上海古籍出版社,
　　1987年。

朱风、贾敬颜:《汉译蒙古黄金史纲》,呼和浩特,内蒙古人民出版社,2007年。

朱国桢:《皇明开国功臣传》,《明代传记丛刊》,台北,明文书局,1991年。

朱国桢:《涌幢小品》,上海,上海古籍出版社,2012年。

朱元璋:《洪武御制全书》,合肥,黄山书社,1995年。

朱元璋:《明太祖集》,合肥,黄山书社,2014年。

邹漪:《明季遗闻》,台湾文献史料丛刊,台北,台湾大通书局,1987年。

方志类

成化《山西通志》,《四库全书存目丛书》,济南,齐鲁书社,1996年。

成化《中都志》,《天一阁藏明代方志选刊续编》,上海,上海书店,1990年。

正德《大同府志》,《四库全书存目丛书》,济南,齐鲁书社,1996年。

正德《云南志》,《云南史料丛刊》,昆明,云南大学出版社,2000年。

嘉靖《固原州志》,银川,宁夏人民出版社,1985年。

嘉靖《广西通志》,《四库全书存目丛书》,济南,齐鲁书社,1997年。

嘉靖《辽东志》,《续修四库全书》,上海,上海古籍出版社,2002年。

嘉靖《宁夏新志》,《续修四库全书》,上海,上海古籍出版社,2002年。

嘉靖《陕西通志》,国家图书馆藏缩微胶片。

嘉靖《宣府镇志》,《中国方志丛书·塞北地方》,台北,成文出版社,1970年。

隆庆《九边图说》,《玄览堂丛书初集》,台北,正中书局,1981年。

万历《贵州通志》,《日本藏中国罕见地方志丛刊》,北京,书目文献出版社,
　　1990年。

万历《湖广总志》,《四库全书存目丛书》,济南,齐鲁书社,1997年。

万历《临洮府志》,《中国西藏及甘青川滇藏区方志汇编》,北京,学苑出版社,
　　2003年。

万历《西宁卫志》,西宁,青海人民出版社,2016年。

万历《延绥镇志》,上海,上海古籍出版社,2011年。

顺治《肃镇志》,《中国方志丛书·华北地方》,台北,成文出版社,1970 年。

康熙《临洮府志》,《中国西藏及甘青川滇藏区方志汇编》,北京,学苑出版社,
　　2003 年。

康熙《益都县志》,《中国方志丛书·华北地方》,台北,成文出版社,1983 年。

康熙《云南府志》,《中国方志丛书》,台北,成文出版社,1967 年。

乾隆《狄道州志》,《中国方志丛书·华北地方》,台北,成文出版社,1970 年。

乾隆《甘肃通志》,景印《文渊阁四库全书》,上海,上海古籍出版社,1987 年。

《苍梧总督军门志》,北京,全国图书馆文献微缩复制中心,1991 年。

《湖广图经志》,《日本藏中国罕见地方志丛刊》,北京,书目文献出版社,
　　1990 年。

《全辽志》,《辽海丛书》,沈阳,辽海书社,1934 年。

《肃州新志》,北京,中华书局,2006 年。

冯甦:《滇考》卷下,《中国方志丛书》,台北,成文出版社,1967 年。

何景明:《雍大记》,《四库全书存目丛书》,济南,齐鲁书社,1996 年。

梁份:《秦边纪略》,西宁,青海人民出版社,2016 年。

刘文征:天启《滇志》,昆明,云南教育出版社,1991 年。

刘效祖:《四镇三关志》,《四库禁毁书丛刊》,北京,北京出版社,2000 年。

考古资料

《新中国出土墓志·北京一》,北京,文物出版社,2003 年。

《北京市文物研究所藏墓志拓片》,北京,燕山出版社,2003 年。

二、研究著作

白翠琴:《瓦剌史》,长春,吉林教育出版社,1991 年。

曹永年:《蒙古民族通史》第三卷,呼和浩特,内蒙古大学出版社,2002 年。

樊树志:《崇祯传》,北京,人民出版社,1997 年。

方志远:《明代国家权力结构及运行机制》,北京,科学出版社,2008 年。

顾诚:《明末农民战争史》,北京,光明日报出版社,2012 年。

顾诚:《南明史》,北京,光明日报出版社,2011 年。

韩大成:《明代城市研究》,北京,中华书局,2009 年。

胡丹:《明代宦官制度研究》,杭州,浙江大学出版社,2018年。

胡凡:《嘉靖传》,北京,人民出版社,2004年。

李建军:《明代云南沐氏家族研究》,沈阳,辽宁人民出版社,2002年。

李新峰:《明前期军事制度研究》,北京,北京大学出版社,2016年。

李媛:《明代国家祭祀制度研究》,北京,中国社会科学出版社,2011年。

林为楷:《明代的江防体制》,明史研究小组印行,2003年。

吕妙芬:《阳明士人社群——历史、思想与实践》,"中研院"近史所,2003年。

孟森:《清朝前纪》,北京,中华书局,2008年。

钱国莲:《风孰与高——于谦传》,杭州,浙江人民出版社,2006年。

束景南:《王阳明年谱长编》,上海,上海古籍出版社,2017年。

王天有:《明代国家机构研究》,北京,北京大学出版社,1992年。

王毓铨:《莱芜集》,北京,中华书局,1983年。

王毓铨:《王毓铨集》,北京,中国社会科学出版社,2006年。

吴廷燮:《明督抚年表》,北京,中华书局,1982年。

萧启庆:《内北国而外中国:蒙元史研究》,北京,中华书局,2007年。

肖立军:《明代省镇营兵制与地方秩序》,天津,天津古籍出版社,2010年。

谢国桢:《明清之际党社运动考》,上海,上海书店出版社,2005年。

许倬云:《西周史》,北京,生活·读书·新知三联书店,2012年。

阎步克:《从爵本位到官本位——秦汉官僚品位结构研究》,北京,生活·读书·新知三联书店,2009年。

杨光辉:《汉唐封爵制度》,北京,学苑出版社,2004年。

杨讷:《刘基事迹考述》,北京,北京图书馆出版社,2004年。

杨正显:《觉世之道:王阳明良知说的形成》,北京,北京师范大学出版社,2015年。

叶群英:《明代外戚研究》,北京,中国人民大学出版社,2018年。

于志嘉:《明代军户世袭制度》,台北,学生书局,1987年。

张显清、林金树主编:《明代政治史》,桂林,广西师范大学出版社,2003年。

张祥浩:《王守仁评传》,南京,南京大学出版社,1997年。

赵连赏:《中国古代服饰图典》,昆明,云南人民出版社,2007年。

赵现海:《明代九边长城军镇史》,北京,社会科学文献出版社,2012年。

朱绍侯:《军功爵制考论》,北京,商务印书馆,2008年。

〔美〕黄仁宇著,张皓、张升译:《明代的漕运》,北京,新星出版社,2005年。

〔美〕司徒琳著,李荣庆等译:《南明史(1644—1662)》,上海,上海古籍出版社,1992年。

〔美〕魏斐德著,陈苏镇、薄小莹译:《洪业——清朝开国史》,南京,江苏人民出版社,2010年。

〔日〕奥山宪夫:《明代军政史研究》,东京,汲古书院,2003年。

〔日〕川胜义雄著,徐谷芃、李沧济译:《六朝贵族制社会研究》,上海,上海古籍出版社,2007年。

〔日〕稻叶君山著,但涛译:《清朝全史》,北京,中国社会科学出版社,2008年。

〔日〕和田清著,潘世宪译:《明代蒙古史论集》,呼和浩特,内蒙古人民出版社,2015年。

〔日〕内藤湖南著,林晓光译:《东洋文化史研究》,上海,复旦大学出版社,2016年。

〔日〕青山治郎:《明代京营史研究》,东京,响文社,1996年。

〔日〕小野和子著,李庆、张荣湄译:《明季党社考》,上海,上海古籍出版社,2006年。

〔意大利〕加塔诺·莫斯卡著,贾鹤鹏译:《统治阶级》,南京,译林出版社,2002年。

三、学术论文

北京市文物研究所:《北京市朝阳区明赵胜夫妇合葬墓发掘简报》,《文物》2008年第9期。

曹循:《论明代勋臣的培养与任用》,《云南社会科学》2012年第3期。

曹循:《明代卫所军政官述论》,《史学月刊》2012年第12期。

曹循:《明代臣僚封爵制度略论》,《西北师大学报(社会科学版)》2011年第1期。

曹循:《明代两京武学的会举》,《历史档案》2018年第1期。

陈亮:《明朝回回人陈友家族考述》,《回族研究》2012年第2期。

陈素琴:《青海省档案馆收藏的明代金书铁券》,《档案》1994年第4期。

刁书仁:《成化年间明与朝鲜两次征讨建州女真》,《史学集刊》1999年第

2 期。

丁慧倩:《明代军卫与回回人——以北直隶定州〈重修清真礼拜寺记〉为例》,《回族研究》2012 年第 3 期。

樊永学、邓文韬:《黑城出土的举荐信与北元初期三位宗王的去向》,《西夏学》第 11 辑,上海,上海古籍出版社,2015 年。

方国瑜:《明修九种云南省志概说》,《思想战线》1981 年第 3 期。

高寿仙:《明代京官之朝参与注籍》,《故宫博物院院刊》2008 年第 5 期。

高寿仙:《明代用于禁卫的符牌》,《第十三届明史国际学术研讨会论文集》,长沙,湖南人民出版社,2011 年。

龚延明:《"三公官"从相之别称到正官考识》,《浙江大学学报(人文社会科学版)》2009 年第 5 期。

古永继:《明代驻滇宦官考》,《中国边疆史地研究》1999 年第 4 期。

顾诚:《靖难之役和耿炳文、沐晟家族——婚姻关系在封建政治中作用之一例》,《北京师范大学学报》1992 年第 5 期。

韩大成:《明代的官店与皇店》,《故宫博物院院刊》1985 年第 4 期。

洪国强:《论于谦与景帝君臣关系的变动及其对土木之变后京营领导体制重建的影响》,《明史研究论丛》第 12 辑,北京,故宫出版社,2014 年。

侯馥中:《试析朱元璋重典治官吏与屠戮功臣》,《唐都学刊》2007 年第 1 期。

胡吉勋:《郭勋刊书考论——家族史演绎刊布与明中叶政治的互动》,《中华文史论丛》2015 年第 1 期。

胡鹏飞:《明代首任南宁伯毛胜镇守金腾事迹浅析》,《明代云南治理与开发国际学术研讨会论文集》,昆明,云南人民出版社,2018 年。

胡小鹏、魏梓秋:《〈明兴野记〉与明初河州史事考论》,《西北师范大学学报(社会科学版)》2011 年第 6 期。

华国荣等:《南京将军山明代沐昂夫妇合葬墓及 M6 发掘简报》,《东南文化》2013 年第 2 期。

黄阿明:《明代临淮郭氏家族若干史实辨正》,《历史教学问题》2019 年第 3 期。

黄彰健:《读明刊〈毓庆勋懿集〉所载明太祖与武定侯郭英敕书》,《"中研院"史语所集刊》第 34 本下册,1963 年。

金吉堂:《敕赐清真寺的五百年》,李兴华、冯今源编:《中国伊斯兰教史参考资料选编》,银川,宁夏人民出版社,1985 年。

李大鸣:《明朝的三张存世"免死铁券"》,《紫禁城》2008 年第 5 期。

李福君:《明代铁券文书的使用与管理》,《档案学通讯》2007 年第 1 期。

李谷悦:《明朝历代诚意伯》,《古代文明》2014 年第 2 期。

李建军、谢雪冰:《论明代云南亚分封制》,《云南师范大学学报(哲学社会科学版)》2013 年第 5 期。

李清升:《云南部分志书中记载的沐英父子死因质疑》,《云南民族学院学报(社会科学版)》2002 年第 4 期。

李荣庆:《明代武职袭替制度述论》,《郑州大学学报(哲学社会科学版)》1990 年第 1 期。

李荣庆:《明代的军功地主与土地问题》,《郑州大学学报(哲学社会科学版)》1992 年第 5 期。

李新峰:《土木之战志疑》,《明史研究》第 6 辑,合肥,黄山书社,1999 年。

李新峰:《明代大都督府略论》,《明清论丛》第 2 辑,北京,紫禁城出版社,2001 年。

李新峰:《明代前期的京营》,《北大史学》第 11 辑,北京,北京大学出版社,2005 年。

李新峰:《明初勋贵派系与胡蓝党案》,《中国史研究》2011 年第 4 期。

李永强、刘凤亮:《新获明代怀柔伯施聚、施鉴墓志》,《文物春秋》2008 年第 1 期。

李治安:《元代质子军刍议》,《历史教学》1988 年第 5 期。

梁志胜:《明代卫所武官的借职制度》,《陕西师范大学学报(哲学社会科学版)》2002 年第 1 期。

林延清:《朱棣五征漠北应重新评价》,《南开史学》1989 年第 2 期。

刘复生:《"都掌蛮"研究二题——明代"都掌蛮"的构成和消亡》,《四川大学学报》1998 年第 2 期。

刘光煜:《明会川伯赵安金书铁券》,《中国文物报》2018 年 4 月 13 日。

刘源:《"五等爵"制与殷周贵族政治体系》,《历史研究》2014 年第 1 期。

刘长江:《明初皇室姻亲关系与蓝玉案》,《北大史学》第 5 辑,北京大学出版社,1998 年。

陆韧:《泛朝政化与史料运用偏差对边疆史地研究的影响——以明代"三征

麓川"研究为例》,《中国边疆史地研究》2010 年第 1 期。

罗丽馨:《明代京营之形成与衰败》,《明史研究专刊》第 6 期,台北,大立出版社,1983 年。

罗晓翔:《从刘世延案看明末南京治安管理与司法制度》,《明清论丛》第 12 辑,北京,故宫出版社,2012 年。

吕媛媛:《明正统七年的沈清铁券》,《历史档案》2015 年第 4 期。

米海平:《明代土官李英事略》,《青海民族研究》1996 年第 2 期。

南炳文:《关于燕王朱棣的两篇救书造假案献疑》,《西南大学学报(社会科学版)》2011 年第 3 期。

潘洪纲:《论明代沐氏世镇云南》,《云南社会科学》1987 年第 2 期。

蒲章霞:《"土木之变"原因考析》,《中国边疆民族研究》第 3 辑,北京,中央民族大学出版社,2010 年。

奇文瑛:《碑铭所见明代达官婚姻关系》,《中国史研究》2011 年第 3 期。

奇文瑛:《论明初卫所制度下归附人的安置与任用》,《民族研究》2012 年第 6 期。

邱仲麟:《点名与签到——明代京官朝参、公座文化的探索》,《新史学》第 9 卷第 2 期,1998 年。

屈川:《川南"都掌蛮"反明斗争考述》,《民族研究》1987 年第 4 期。

屈川:《川南"都掌蛮"消亡原因探析》,《贵州民族研究》2003 年第 4 期。

邵磊:《明初开国功臣墓志校正》,《四川文物》2008 年第 6 期。

邵磊:《南京出土明初勋贵及其家族成员墓志考》,《文献》2010 年第 3 期。

邵磊、骆鹏:《明宪宗孝贞皇后王氏家族墓的考古发现与初步研究》,《东南文化》2013 年第 5 期。

邵磊:《江苏南京白马村明代仇成墓发掘简报》,《文物》2014 年第 9 期。

邵磊:《明代首任南宁伯毛胜暨夫人白氏合葬墓志略识》,《苏州文博论丛》第 5 辑,北京,文物出版社,2014 年。

邵磊:《明中山王徐达家族成员墓志考略》,《南方文物》2013 年第 4 期。

王继光:《明代的河州卫:《〈明史·西番诸卫传〉研究之一》,《西北民族研究》1986 年第 1 期。

王剑:《铁券、铁榜与明初的贵族政治》,《西南师范大学学报(哲学社会科学版)》1999 年第 6 期。

王韦：《洪武中后期南京重大工程的主持者——崇山侯李新生平考略兼谈〈明史·李新传〉考证》，"第十八届明史国际学术研讨会暨首届阳明文化国际论坛"，江西崇义，2017年。

王雄：《明朝的蒙古族世家》，《蒙古研究》第7辑，呼和浩特，内蒙古大学出版社，2003年。

王宇：《合作、分歧、挽救：王阳明与议礼派的关系史》，《中山大学学报（社会科学版）》2009年第6期。

王玉祥：《论朱元璋经略洮州》，《甘肃社会科学》2003年第6期。

吴琦、朱忠文：《论永乐到宣德年间开国功臣家族命运的变化——以巩固新政权合法性为视角的研究》，《安徽史学》2016年第2期。

武沐、陈亮：《明代西宁李氏家族补阙》，《青海民族研究》2016年第1期。

徐启宪：《金书铁券与明代功臣封爵》，《紫禁城》1993年第6期。

姚胜：《"通事锦衣卫"述论》，"明代锦衣卫制度与新田骆氏锦衣卫世家学术研讨会"，湖南，新田，2019年。

袁俊卿、阮国林：《明徐达五世孙徐俌夫妇墓》，《文物》1982年第2期。

张海瀛：《明代的赐田与岁禄》，《明史研究论丛》第4辑，南京，江苏古籍出版社，1991年。

张金奎：《明锦衣卫侍卫将军制度简论》，《史学月刊》2018年第5期。

张寿年：《馆藏珍品——明代金书铁券》，《中国档案》1998年第7期。

张宪博：《顾宪成赠谥、从祀文庙成败探析》，《中国史研究》2010年第4期。

张兴年：《明初河湟土官身份调适与构建——以李氏土官为例》，《青海民族大学学报（社会科学版）》2013年第3期。

赵克生：《明代郊礼改制述论》，《史学集刊》2004年第2期。

赵克生：《试论明朝太庙的功臣配享及其变动》，《故宫博物院院刊》2005年第3期。

赵现海：《明代总兵制度的起源》，《明史研究论丛》第9辑，北京，故宫出版社，2011年。

赵毅：《论麓川之役》，《史学集刊》1993年第3期。

郑克晟：《明代的官店、权贵私店和皇店》，《明史研究论丛》第1辑，南京，江苏人民出版社，1982年。

周松：《洪武朝塔滩蒙古与明朝的关系》，《中国边疆史地研究》2011年第

2 期。

周松:《明代内附阿鲁台族人辨析》,《西北民族大学学报(哲学社会科学版)》
　　2011 年第 5 期。

周松:《军卫建置与明洪武朝的西北经略》,《中国边疆史地研究》2018 年第
　　6 期。

周志斌:《晚明南京兵变二题》,《学海》2006 年第 3 期。

朱鸿:《论明仁宗监国南京之宫僚及其笃念旧人之政》,《"国立编译馆"馆刊》
　　第 21 卷第 2 期,1992 年。

朱鸿林:《文献足征与文献阻征——从韩雍处置大藤峡事宜的一封奏疏说
　　起》,《文献》2010 年第 2 期。

朱忠文:《论武定侯家族的袭爵之争——以族权与皇权关系为视角的研究》,
　　《安徽史学》2018 年第 5 期。

朱子彦:《从铁券制、铁榜文看明初朱元璋和功臣的关系》,《上海大学学报
　　(社科版)》1989 年第 5 期。

朱子彦:《论明代铁券制度》,《史林》2006 年第 5 期。

朱子彦:《论明代铁券制度与皇权政治》,《东岳论丛》2006 年第 6 期。

〔日〕谷光隆:《明代の勳臣に關する一考察》,《东洋史研究》29 卷 4 号,
　　1971 年。

〔日〕金子修一:《唐代の大祀・中祀・小祀について》,《高知大学学术研究
　　报告》第 55 卷,人文科学第 2 号。